유통관리사

2급 | 한권으로 끝내기

1권 | 유통·물류일반관리 + 상권분석

시대에듀

유통관리사 2급 한권으로 끝내기

머리말 PREFACE

유통관리사 시험은 매년 출제수준이 높아지고 있습니다. 그러다보니 학습해야 할 이론도 점차 방대해져 수험생들의 부담이 커지고 있습니다. 하지만 출제수준에 상관없이 전 과목 평균 60점 이상이면 자격증을 취득할 수 있기 때문에 보다 체계적이고 효율적인 학습이 필요합니다. 이에 2026 개정판에서는 최소한의 시간투자로 수험생들의 학습효율을 높이기 위하여 많은 부분에 신경을 썼습니다.

01 최다 출제 POINT와 학습목표 제시

시험을 앞두고 어떻게 마무리해야 할지 난감한 수험생들, 처음 시험을 준비하여 어떻게 공부해야 할지 모르는 수험생들을 위해 과목별 출제경향 분석을 통한 최다 출제 POINT와 구체적인 학습목표를 제시하였습니다.

02 챕터별 대표유형문제 수록

본격적으로 학습하기 전에 각 챕터별로 자주 출제되는 대표유형문제를 먼저 짚고 넘어가도록 구성하였습니다. 챕터마다 대표적으로 등장하는 키워드에는 무엇이 있고, 출제경향은 어떻게 되는지 살펴보도록 하였습니다.

03 핵심이론과 출제지문 퀴즈, 필수 기출문제 수록

수험생이 꼭 학습해야 할 핵심이론을 간결·명료하게 수록하였고, 챕터를 마칠 때마다 시험에 출제된 지문을 바탕으로 구성된 퀴즈를 통해 학습한 이론내용을 확인할 수 있도록 하였습니다. 아울러 핵심이론과 최근 출제경향을 바탕으로 테마별로 구성한 필수 기출문제를 풀어보며, 효과적인 학습이 가능하도록 하였습니다.

04 과년도 기출표시

문제풀이에 있어서 기출문제는 매우 중요하기 때문에 출제된 기출문제를 전면 분석하여 각 이론 내용에 기출된 연도와 회차를 표시하였습니다. 이론 내용을 전체적으로 습득하기 부족한 수험생들이 기출표시된 내용만이라도 정리해둔다면 최종 정리에 많은 도움을 받을 수 있을 것입니다.

05 필수암기 필기노트와 최빈출 200제 제공

시험 전 반드시 암기해야 하는 내용만 주제별로 요약한 필수암기 필기노트와 시험에 자주 출제된 유형의 200문제를 엄선한 최빈출 200제를 수록하여 수험생들이 시험 직전 최종 마무리 학습을 효율적으로 할 수 있도록 구성하였습니다.

본서는 자격증을 준비하는 수험생 여러분께 한 권의 책 이상의 도움을 드리고자 기획되었습니다. 아무쪼록 본서가 자격증 취득에 길라잡이가 되길 바라며, 수험생 모두의 합격을 진심으로 기원합니다.

집필진 · 편집진 일동

유통관리사 2급 한권으로 끝내기

자격시험 안내 INTRODUCTION

주 관
산업통상부

시행처
대한상공회의소

응시자격
제한 없음

검정기준
유통업 경영에 관한 전문적인 지식을 터득하고 경영계획의 입안과 종합적인 관리업무를 수행할 수 있는 자 및 중소유통업의 경영지도능력을 갖춘 자

검정 세부사항

등 급	시험방법	시험과목	출제형태	시험시간	합격기준
2급	필기시험	유통물류일반관리 상권분석 유통마케팅 유통정보	객관식 5지선다형 (90문항)	100분	매 과목 40점 이상, 평균 60점 이상

2026년 시험일정

회 별	등 급	원서접수	시험일자	발표일자
1회	2 · 3급	4월 중순	5월 초	6월 초
2회	1 · 2 · 3급	8월 초	8월 말	9월 말
3회	2 · 3급	10월 말	11월 중순	12월 중순

※ 정확한 시험일정은 시행처의 확정공고를 확인하시기 바랍니다.

원서접수방법
인터넷 접수 - 대한상공회의소 자격평가사업단(http://license.korcham.net)

가점 부여기준
10점 가산
→ 유통산업분야에서 3년 이상 근무한 자로서 산업통상부가 지정한 연수기관에서 40시간 이상 수료 후 2년 이내 2급 시험에 응시한 자

과목별 세부 출제기준 CRITERION

유통관리사 2급 한권으로 끝내기

1과목 유통·물류일반관리

대분류	중분류	세분류
유통의 이해	유통의 이해	• 유통의 개념과 분류 • 유통(중간상)의 필요성 • 유통기능(function)과 유통흐름(flow)
	유통경로 및 구조	• 유통경로의 개념 • 유통경로의 유용성 • 유통경로의 유형과 조직 • 유통경로의 믹스
	유통경제	• 유통산업의 경제적 역할 • 상품생산·소비 및 교환 • 유통비용과 이윤
	유통산업의 이해 및 환경	• 유통의 발전과정 • 유통환경의 변화와 특징 • 유통산업관련 정책 • 글로벌 유통산업의 동향과 추세
유통경영전략	유통경영 환경분석	• 유통경영전략의 필요성과 이해 • 유통경영의 비전과 목표 • 유통경영의 외부적 요소 분석 • 유통경영의 내부적 요소 분석
	유통경영전략의 수립과 실행	• 유통기업의 사업방향 결정 • 기업수준의 경영전략, 사업부수준의 경영전략, 기능별 경영전략 • 경쟁우위와 경쟁전략 • 경영혁신 • 다각화·통합전략과 아웃소싱전략 • 전략적 제휴, 합작투자, 인수합병전략 • 유통기업의 글로벌화 전략 • 경영전략의 대안 평가 및 선택 • 기타 유통경영전략
	유통경영전략의 평가 및 통제	• 전략의 평가 • 전략의 통제 • 성과의 환류(feedback)
유통경영관리	조직관리	• 조직이론 • 조직의 의사전달과 갈등관리 • 조직구조의 유형 및 설계 • 조직문화와 리더십 • 조직의 목표관리와 동기부여
	인적자원관리	• 인사관리의 기초와 개념 • 직무분석과 직무평가 • 인적자원의 확보와 개발 • 인적자원의 활용과 배치 • 인적자원의 보상과 유지
	재무관리	• 재무관리의 개요 • 화폐의 시간적 가치와 현재가치 및 균형가격 • 자본예산과 자본조달 • 자본비용
	구매 및 조달관리	• 구매 및 조달관리의 개념 및 절차 • 공급자 선택 및 관리 • 구매실무(원가계산, 구매가격, 구매계약, 구매협상, 재고관리) • 품질관리 • 글로벌 구매 및 조달관리

대분류	중분류	세분류	
물류경영관리	도소매물류의 이해	• 도소매물류의 기초 • 도소매물류의 고객서비스	
	도소매물류관리	• 물류계획 • 운송, 보관, 하역, 창고관리 • 포장관리 • 물류관리를 위한 정보기술 • 물류비 • 물류아웃소싱과 3자물류, 4자물류 • 국제물류	
유통기업의 윤리와 법규	기업윤리의 기본개념	• 기업윤리의 기본개념 • 기업윤리의 기본원칙 • 유통기업의 사회적 책임 • 유통기업윤리 프로그램의 도입과 관리 • 기업환경의 변화와 기업윤리 • 시장구조와 윤리 • 양성평등에 대한 이해	
	유통관련 법규	• 유통산업발전법 • 전자문서 및 전자거래기본법 • 소비자기본법	

2과목 상권분석

대분류	중분류	세분류	
유통 상권조사	상권의 개요	• 상권의 정의와 유형	• 상권의 계층성
	상권분석에서의 정보기술 활용	• 상권분석과 상권정보	• 상권정보시스템, 지리정보 활용
	상권설정 및 분석	• 상권분석의 개념 및 평가 방법 • 업태 및 업종별 상권의 분석과 설정 • 상권·입지분석의 제이론	• 상권설정 • 상권조사의 방법과 분석
입지분석	입지의 개요	• 도매입지와 소매입지의 개요 • 물류와 입지	• 업태 및 업종과 입지
	입지별 유형	• 지역 공간 구조 • 쇼핑센터	• 도심입지 • 기타입지
	입지선정 및 분석	• 입지선정의 의의 • 업태별 입지 개발방법 • 입지의 선정	• 입지영향인자 • 경쟁점(채널) 분석
개점전략	개점계획	• 점포개점 의의 및 원칙 • 개점입지에 대한 법률규제검토	• 투자의 기본계획
	개점과 폐점	• 출점 및 개점 • 업종전환과 폐점	• 점포개점을 위한 준비

과목별 세부 출제기준 CRITERION

유통관리사 2급 한권으로 끝내기

3과목 유통마케팅

대분류	중분류	세분류	
유통마케팅 전략기획	유통마케팅전략	• 시장세분화 • 포지셔닝 전략	• 목표시장 선정
	유통경쟁전략	• 유통경쟁의 개요 • 소매업태의 성장과 경쟁 • 서비스 마케팅	• 유통경쟁의 형태 • 글로벌 경쟁전략
	상품관리 및 머천다이징전략	• 머천다이징 및 상품관리의 개요 • 업태별 머천다이징 및 상품기획 • 상품 매입과 구매계획 • 단품관리전략	• 머천다이징과 브랜드 • 상품 카테고리 계획과 관리 • 상품수명주기별 상품관리전략
	가격관리전략	• 가격관리의 개요 • 가격설정 정책	• 가격설정의 방법 • 업태별 가격관리
	촉진관리전략	• 촉진관리전략의 개요 • 업태별 촉진전략(옴니채널, O2O, O4O 등) • e-Retailing 촉진	• 프로모션믹스 • 소매정보와 촉진
디지털 마케팅 전략	소매점의 디지털 마케팅 전략	• 디지털 마케팅에 대한 이해 • 소매점의 디지털 마케팅을 위한 목표결정 • 경쟁분석과 마케팅 포지셔닝	• 온라인 구매결정과정에 대한 이해 • 타겟 고객층 파악
	웹사이트 및 온라인 쇼핑몰 구축	• 사용자 경험(UX)에 대한 이해 • 온라인 쇼핑몰 기능과 결제 시스템 • 검색엔진 마케팅과 검색엔진 최적화(SEO) • 보안과 개인정보 보호	• 온라인 쇼핑몰의 중요성과 이점
	소셜미디어 마케팅	• 소셜미디어 플랫폼에 대한 이해 • 소셜미디어 광고	• 소셜미디어 마케팅 전략과 콘텐츠 제작
	데이터분석과 성과측정	• 디지털 마케팅 데이터 분석의 개요 • 사용자 데이터 수집과 분석	• 효과적인 분석도구와 측정지표
점포관리	점포구성	• 점포구성의 개요 • 점포 디자인 • 온라인 쇼핑몰 UI, UX 등	• 점포의 구성과 설계 • 온라인 쇼핑몰 구성과 설계
	매장 레이아웃 및 디스플레이	• 매장 레이아웃의 개요 • 매장 배치와 통로 설정 • 상품진열 및 배열기법 • 컬러 머천다이징의 기초지식	• 매장의 구성과 분류 • 상품진열의 조건 및 형식 • 비주얼 프리젠테이션 개요 및 기술 • 디스플레이 웨어와 POP 광고 취급방법
	매장환경관리	• 매장 환경의 개요 • 매장 구성요소와 관리 및 통제	• 매장 내외부 환경관리 • 매장 안전관리
상품판매와 고객관리	상품판매	• 상품판매의 개요 • 상품 로스(Loss)관리	• 판매서비스
	고객관리	• 고객의 이해 • 고객정보의 수집과 활용	• 고객관리의 개요 • 고객응대기법
	CRM전략 및 구현방안	• CRM의 배경 및 장점 • CRM의 정의 및 필요성 • CRM 구현 단계	• CRM의 도입방법 및 고려사항 • CRM의 유형 • 유통기업의 CRM 구축방안
유통마케팅 조사와 평가	유통마케팅 조사	• 유통마케팅 조사의 개요 • 유통마케팅 자료분석기법	• 유통마케팅 조사의 방법과 절차
	유통마케팅 성과 평가	• 유통마케팅 성과 평가의 개요 • 유통업의 성과평가 • 영향력 및 갈등 평가 • 온라인유통마케팅의 성과지표(전환율, 노출수, CPC, CPM 등)	• 유통마케팅 목표의 평가 • 경로구성원의 평가

4과목 유통정보

대분류	중분류	세분류	
유통정보의 이해	정보의 개념과 정보화 사회	• 정보와 자료의 개념 • 정보혁명의 의의와 특성 • 정보화 사회의 특징과 문제점	• 정보·자료·지식 간의 관계 • 정보화 사회의 개요 • 정보의 유형
	정보와 유통혁명	• 유통정보혁명의 시대 • 정보화 진전에 따른 유통업태의 변화	• 유통업에 있어서의 정보혁명
	정보와 의사결정	• 의사결정의 이해 • 의사결정의 단계와 정보 • 의사결정지원 정보시스템(DSS, GDSS, EIS 등) • 지식경영과 지식관리시스템 활용	• 의사결정의 종류와 정보
	유통정보시스템	• 유통정보시스템의 개념 • 유통정보시스템의 운영환경적 특성 • 유통정보시스템의 기획 • 정보 네트워크	• 유통정보시스템의 유형 • 유통정보시스템의 구성요소 • 유통정보시스템의 분석/설계/구축
주요 유통정보화기술 및 시스템	바코드, POS EDI, QR 시스템 구축 및 효과	• 바코드의 개념 및 활용 • EDI의 개념 및 활용	• POS의 개념 및 활용 • QR의 개념 및 활용
유통정보의 관리와 활용	데이터관리	• 데이터베이스, 데이터웨어하우징, 데이터마트 • 빅데이터, R, 데이터마이닝 등 데이터 수집·분석·관리기술 및 관련 장비 • 데이터 거버넌스	
	개인정보보호와 프라이버시	• 개인정보보호 개념 • 개인정보보호 기술 • 프라이버시 개념 • 프라이버시 보호 기술	• 개인정보보호 정책 • 보안시스템 • 프라이버시 보호 정책
	고객충성도 프로그램	• 고객충성도 프로그램의 개념과 필요성	• 고객충성도 프로그램을 위한 정보기술
전자상거래	전자상거래 운영	• 전자상거래 프로세스 • 전자결제시스템	• 물류 및 배송 관리시스템
유통혁신을 위한 정보자원관리	ERP 시스템	• ERP 개념 • ERP 구축	• ERP 요소기술 • 유통분야에서의 ERP 활용
	CRM 시스템	• CRM 개념 • CRM 구축	• CRM 요소기술 • 유통분야에서의 CRM 활용
	SCM 시스템	• SCM 개념 • SCM 구축	• SCM 요소기술 • 유통분야에서의 SCM 활용
신융합기술의 유통분야에서의 응용	신융합기술	• 신융합기술 개요 • 신융합 핵심기술 • 신융합기술에 따른 유통업체 비즈니스 모델 변화	• 디지털 신기술 현황
	신융합기술의 개념 및 활용	• 빅데이터와 애널리틱스의 개념 및 활용 • 인공지능의 개념 및 활용 • RFID의 사물인터넷의 개념 및 활용 • 로보틱스와 자동화의 개념 및 활용 • 블록체인과 핀테크의 개념 및 활용 • 클라우드컴퓨팅의 개념 및 활용 • 가상현실과 메타버스의 개념 및 활용 • 스마트물류와 자율주행의 개념 및 활용	

유통관리사 2급 한권으로 끝내기

도서 **활용법** COMPOSITION

최다 출제 POINT & 학습목표

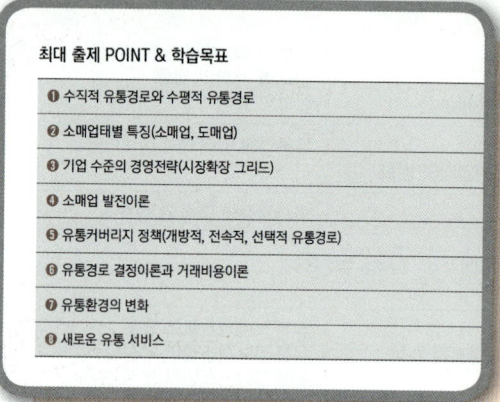

각 챕터별로 최다 출제 POINT와 학습목표를 제시하여 이론을 학습하기에 앞서 핵심이 되는 중요이론을 큰 틀에서 짚어볼 수 있도록 하였습니다.

최신빈출 대표유형문제

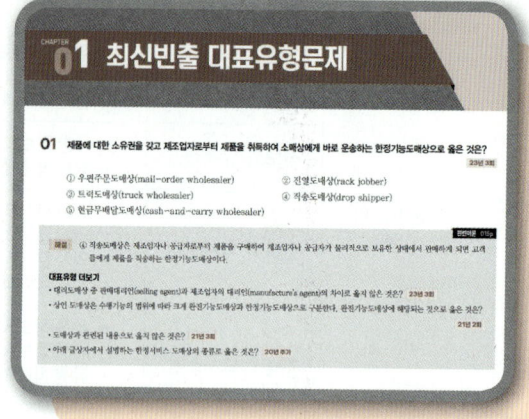

각 챕터에 자주 출제되는 대표적인 유형의 최신기출문제를 실어, 학습 전 출제경향을 파악할 수 있도록 하였습니다.

기출표시

해당 이론이 몇 년도, 몇 회 시험에 출제되었는지 기출표시를 하여 자주 출제되었던 중요 이론을 쉽게 파악하고, 출제빈도를 정확히 확인할 수 있도록 하였습니다.

출제지문 퀴즈로 핵심체크!

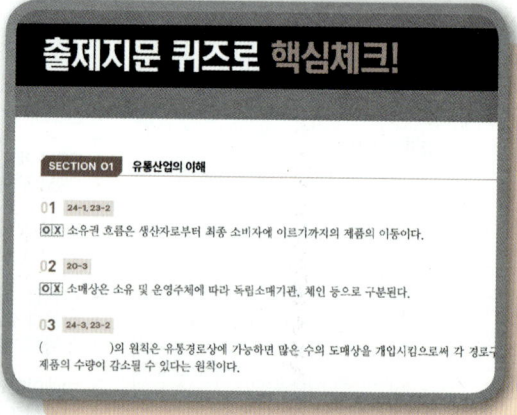

챕터마다 출제지문 퀴즈를 풀어보며 실제 기출문제에 관련 이론내용이 어떤 방식으로 출제되었는지 파악할 수 있도록 하였습니다.

THE NEXT STEP IN SUCCESS
성공의 다음단계, 시대에듀와 함께라면 가능합니다.

합격의 공식 Formula of pass | 시대에듀 www.sdedu.co.kr

중요내용 별도 표기

본문에서 수험생들이 눈여겨 학습해야 할 중요내용을 별도로 표기하고, 추가로 학습하면 좋을 내용을 '더 알아보기'로 구성하였습니다.

테마로 푸는 필수기출문제

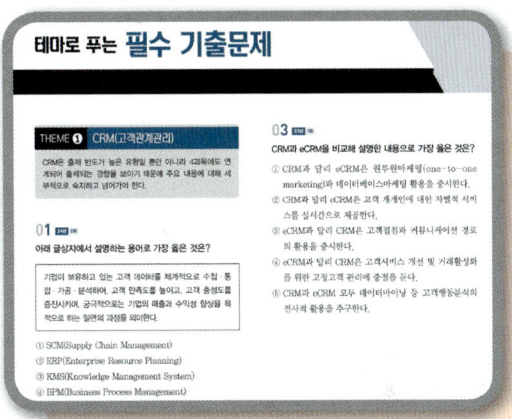

핵심이론과 최근 출제경향을 바탕으로 테마별로 구성된 필수 기출문제를 상세한 해설과 함께 수록하였습니다.

필수암기 필기노트

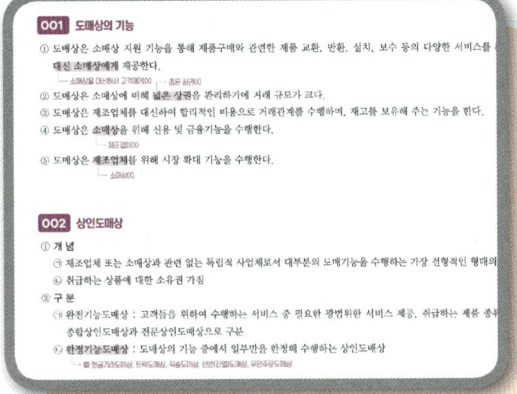

시험 전 반드시 암기해야 하는 내용만 주제별로 요약한 필수 암기 필기노트를 통해 시험 직전까지 빈출이론을 체크할 수 있도록 하였습니다.

최빈출 200제

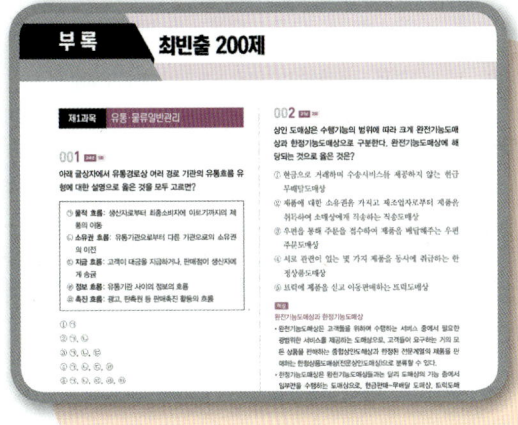

시험에 자주 출제된 유형의 200문제를 엄선한 최빈출 200제를 수록하여 수험생들이 시험 직전 최종 마무리 학습을 효율적으로 할 수 있도록 구성하였습니다.

합격 수기 INTERVIEW

유통관리사 2급 한권으로 끝내기

 비전공자 유통관리사 2급 합격수기(2022년 2회 시험 합격자 김*현)

우선 요약해서 말씀드리자면 "3권 핵심요약"을 기본으로 강의수강 및 암기하신 뒤 "기출문제"를 많이 풀어보는 게 가장 중요합니다. 물론 강사님께서는 요약만 보지 말라고 하시지만 꼭 핵심요약에서 나오는 게 아닌 문제들 때문입니다. 물론 저도 그런 문제에 심각성을 느꼈습니다. 하지만 기본베이스 자체가 거의 핵심요약을 기반으로 하면 못해도 40~50점은 나옵니다. 약 40점이 나온다고 가정했을 때 나머지 30점 이상은 기출문제를 기반으로 부족한 부분을 토대로 공부하는 게 중요합니다. 즉 목표는 70~80점으로 잡고 시작하는 게 가장 바람직합니다. 필자는 30대 중반입니다. 우선 제 공부방법을 알려드리겠습니다.

공부방법

물론 푸시는 분들에 따라 다르겠지만 저는 이런 방식으로 생각해두었습니다.
2과목 → 4과목 → 1+3과목 순서를 추천드립니다. 내용이 좀 길 수 있지만 제가 풀던 방식에 상세 내용을 적어봅니다.

2과목 상권분석

많은 분들이 이 과목을 과락이라 하셨는데 상식적으로 가장 많은 고득점을 가질 수 있는 과목이 "상권분석과 유통정보"입니다. 간단하게 생각해서 1과목 25, 2과목 20, 3과목 25, 4과목 20을 총점 100으로 환산했을 때 1, 3과목을 15개 이상 맞을시 60점이고 2, 4과목에서 15개를 맞을시 75점입니다. 즉 평균점수 중에 동 숫자일시 15점이라는 이점을 가져올 수 있습니다. 그렇기에 저는 이 과목을 과락을 면하는 게 아닌 "초집중"해서 85점 이상 점수를 받았습니다. 가장 중요한 건 이해입니다. 이 과목에서 가장 중요한건 학자들이 무슨 공식을 냈는지 미칠 정도로 달달 외워대는 것입니다. 범위가 좁고 한정적인만큼 꾸준히 나오는 것 위주로 공부하면 가장 고득점이 가능한 과목입니다.

4과목 유통정보

기본적으로 4과목은 간단암기입니다. 예를 들어서 EDI(전자문서교환), CRP(지속적인 상품보충), BSC(균형성과표) 등 용어의 정의만 외우고 유추해서 풀었습니다. 즉 용어를 암기 및 이해한 뒤 문제를 읽고 유추하는 방식을 토대로 푸시는 게 가장 좋은 방법입니다. 4과목도 75점 맞췄습니다.

1과목 유통물류일반관리 + 3과목 유통마케팅

가장 중복이 많고 겹치는 부분이 많아서 굳이 설명한다면 각종 중요 이론들(소매수레바퀴이론, 차륜이론, 아코디언이론, 정성, 정량. 수직/수평적 유통경로, bcg매트릭스, 마이클포터 등)은 무조건 풀로 암기하시는 전제 하에 공부하시는 것을 추천드립니다. 그리고 어려운 것 중 하나가 법률과 재무관련 문제입니다. 솔직히 법률과 재무 둘 다 버렸습니다. 시간도 많이 잡아먹고 공부범위도 넓을뿐더러 난해합니다. 그냥 간단하게 (문제/답) 외워서 똑같은 문제가 나오면 그대로 문제/답 찍기하고 아니면 찍는 게 낫습니다. 반복 숙지 위주로 하시다가 1과목과 3과목 기본베이스 위주로 공부하되 각 과목에 특색적인 부분을 보충해서 공부한다고 생각하시면 최소 합격점수 나옵니다. 저는 1과목 64점, 3과목 56점을 획득했습니다.

위의 공부방법으로 저는 평균 70점대로 무난하게 합격했습니다.
무엇보다 30대 중반 넘어가도 다 이해되고 암기가 쉬웠기 때문에 강사님들께서 굉장히 잘 가르치시는 게 느껴졌습니다. 다만, 잘 알려주시는 건 좋으나 불필요한 수준까지 알려주는 건 다소 아쉬웠습니다. 하지만 전체적으로 알려주기 위함이기 때문에 충분히 이해합니다. 정말 강사님들께 감사드리고 추후 CS, 물류관리사 등을 다시 배울 의향이 있습니다.
정말 시대에듀에 감사함을 느낍니다. 이상입니다.

이 책의 차례 CONTENTS

유통관리사 2급 한권으로 끝내기

PART 01_유통·물류일반관리

CHAPTER 01 유통의 이해
최신빈출 대표유형문제 · 004
SECTION 01 유통산업의 이해 · 008
SECTION 02 유통경로 및 구조 · 016
SECTION 03 유통경제 · 033
SECTION 04 유통산업의 이해 및 환경 · 042
출제지문 퀴즈로 핵심체크! · 049
테마로 푸는 필수 기출문제 · 052

CHAPTER 02 유통경영전략
최신빈출 대표유형문제 · 072
SECTION 01 유통경영 환경분석 · 074
SECTION 02 유통경영전략의 수립과 실행 · 081
SECTION 03 유통경영전략의 평가 및 통제, 환류 · · · · · · · · · · · · · · · · · · · 095
출제지문 퀴즈로 핵심체크! · 099
테마로 푸는 필수 기출문제 · 100

CHAPTER 03 유통경영관리
최신빈출 대표유형문제 · 110
SECTION 01 조직관리 · 114
SECTION 02 인적자원관리 · 135
SECTION 03 재무관리(Financing Management) · · · · · · · · · · · · · · · · · · 147
SECTION 04 구매 및 조달관리 · 159
출제지문 퀴즈로 핵심체크! · 167
테마로 푸는 필수 기출문제 · 169

CHAPTER 04 물류경영관리
최신빈출 대표유형문제 · 182
SECTION 01 도소매물류의 이해 · 186
SECTION 02 도소매물류관리 · 200
출제지문 퀴즈로 핵심체크! · 230
테마로 푸는 필수 기출문제 · 232

CHAPTER 05 유통기업의 윤리와 법규

최신빈출 대표유형문제 · 254
SECTION 01 기업윤리의 기본개념 · 256
SECTION 02 유통관련 법규 · 263
출제지문 퀴즈로 핵심체크! · 275
테마로 푸는 필수 기출문제 · 276

PART 02_상권분석

CHAPTER 01 유통상권조사

최신빈출 대표유형문제 · 286
SECTION 01 상권의 개요 · 290
SECTION 02 상권분석에서의 정보기술 활용 · · · · · · · · · · · · · · 294
SECTION 03 상권설정 및 분석 · 301
출제지문 퀴즈로 핵심체크! · 316
테마로 푸는 필수 기출문제 · 318

CHAPTER 02 입지분석

최신빈출 대표유형문제 · 346
SECTION 01 입지의 개요 · 348
SECTION 02 입지별 유형 · 356
SECTION 03 입지선정 및 분석 · 365
출제지문 퀴즈로 핵심체크! · 372
테마로 푸는 필수 기출문제 · 374

CHAPTER 03 개점전략

최신빈출 대표유형문제 · 388
SECTION 01 개점계획 · 390
SECTION 02 개점과 폐점 · 406
출제지문 퀴즈로 핵심체크! · 410
테마로 푸는 필수 기출문제 · 411

PART 1

유통·물류일반관리

CHAPTER 01 유통의 이해
CHAPTER 02 유통경영전략
CHAPTER 03 유통경영관리
CHAPTER 04 물류경영관리
CHAPTER 05 유통기업의 윤리와 법규

CHAPTER 01 유통의 이해

최신빈출 대표유형문제

SECTION 01 유통산업의 이해
1. 유통의 개념과 분류
2. 유통업태의 이해

SECTION 02 유통경로 및 구조
1. 유통경로의 개념
2. 유통경로의 유형
3. 유통경로의 조직
4. 유통경로구조의 결정이론
5. 유통경로의 믹스
6. 유통경로의 파워(힘)와 갈등

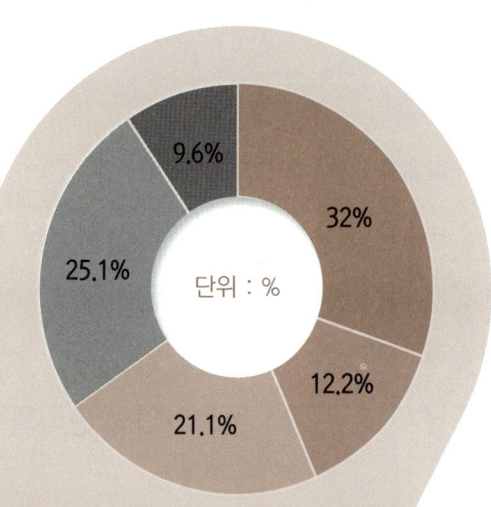

- 유통의 이해
- 유통경영전략
- 유통경영관리
- 물류경영관리
- 유통기업의 윤리와 법규

최근 5년간 챕터별 출제비중 / 회당 평균 8문제 출제(5개년 기준 총 15회)

비중		출제영역	2021	2022	2023	2024	2025	합계
32%	제1장	유통의 이해	23	19	25	27	26	120
12.2%	제2장	유통경영전략	10	7	8	9	12	46
21.1%	제3장	유통경영관리	15	19	21	14	10	79
25.1%	제4장	물류경영관리	19	21	14	20	20	94
9.6%	제5장	유통기업의 윤리와 법규	8	9	7	5	7	36
		합계(문항 수)	75	75	75	75	75	375

SECTION 03 유통경제
1. 유통산업의 역할
2. 제품 생산·소비·교환과 수요·공급
3. 유통비용과 유통이윤

SECTION 04 유통산업의 이해 및 환경
1. 유통산업의 발전과정
2. 글로벌 유통산업의 동향과 추세

출제지문 퀴즈로 핵심체크!

테마로 푸는 필수 기출문제

최대 출제 POINT & 학습목표

❶ 수직적 유통경로와 수평적 유통경로

❷ 소매업태별 특징(소매업, 도매업)

❸ 기업 수준의 경영전략(시장확장 그리드)

❹ 소매업 발전이론

❺ 유통커버리지 정책(개방적, 전속적, 선택적 유통경로)

❻ 유통경로 결정이론과 거래비용이론

❼ 유통환경의 변화

❽ 새로운 유통 서비스

CHAPTER 01 최신빈출 대표유형문제

01 제품에 대한 소유권을 갖고 제조업자로부터 제품을 취득하여 소매상에게 바로 운송하는 한정기능도매상으로 옳은 것은? `23년 3회`

① 우편주문도매상(mail-order wholesaler)
② 진열도매상(rack jobber)
③ 트럭도매상(truck wholesaler)
④ 직송도매상(drop shipper)
⑤ 현금무배달도매상(cash-and-carry wholesaler)

`관련이론 015p`

해설 ④ 직송도매상은 제조업자나 공급자로부터 제품을 구매하여 제조업자나 공급자가 물리적으로 보유한 상태에서 판매하게 되면 고객들에게 제품을 직송하는 한정기능도매상이다.

대표유형 더보기
- 대리도매상 중 판매대리인(selling agent)과 제조업자의 대리인(manufacture's agent)의 차이로 옳지 않은 것은? `23년 3회`
- 상인 도매상은 수행기능의 범위에 따라 크게 완전기능도매상과 한정기능도매상으로 구분한다. 완전기능도매상에 해당되는 것으로 옳은 것은? `21년 2회`
- 도매상과 관련된 내용으로 옳지 않은 것은? `21년 3회`
- 아래 글상자에서 설명하는 한정서비스 도매상의 종류로 옳은 것은? `20년 추가`

02 아래 글상자에서 설명하는 유통이 창출하는 소비자 효용으로 가장 옳은 것은? `22년 2회`

> 탄산음료의 제조사들이 탄산음료의 원액을 제조하여 중간상인 보틀러(bottler)에게 제공하면, 보틀러(bottler)는 탄산음료 원액에 설탕과 감미료를 첨가하여 탄산과 혼합해 병이나 캔에 넣어 소매상에게 판매하고 소비자는 탄산음료를 마시는 혜택을 누릴 수 있다.

① 시간효용
② 장소효용
③ 소유효용
④ 형태효용
⑤ 거래효용

`관련이론 017p`

해설 ④ 생산된 상품을 적절한 수량으로 분할 및 분배함으로써 효용이 발생하는 형태효용에 대한 설명이다.

대표유형 더보기
- 아래 글상자 ⊙과 ⓒ에 해당하는 유통경로가 제공하는 효용으로 옳게 짝지어진 것은? `21년 1회`
- 아래 글상자의 ⊙, ⓒ, ⓒ에서 설명하는 유통경로의 효용으로 옳게 짝지어진 것은? `21년 3회`
- 유통경로가 창출하는 효용 가운데 아래 글상자가 설명하는 효용으로 옳은 것은? `19년 2회`
- 유통경로가 일반적으로 창출하는 효용과 예시로 가장 옳지 않은 것은? `18년 1회`

03 유통업태의 발전에 관한 이론으로 옳은 것은? **24년 2회**

① 아코디언이론이 초점을 두고 있는 부분은 가격과 마진이다.
② 소매차륜이론은 상품믹스에만 초점을 맞추어 설명하는 한계가 있다.
③ 소매수명주기이론은 한 소매기관이 등장해서 사라지는 과정을 진입단계, 발전단계, 쇠퇴단계로 설명한다.
④ 진공지대이론은 소비자는 점포가 제공하는 서비스의 수준과 상품의 가격에 영향을 받는다고 설명한다.
⑤ 변증법적이론은 장점을 가진 새로운 경쟁자가 출현하는 경우 기존의 소매업태는 완전히 모방하는 전략을 취한다고 설명한다.

관련이론 013p

해설 ① 아코디언이론은 가격이나 마진이 아니라 상품믹스의 변화에 초점을 두고 있다.
② 소매차륜이론은 아코디언 이론이 초점을 맞춘 상품믹스가 아니라 가격이나 마진에 중점을 두고 있다.
③ 소매수명주기이론은 한 소매기관이 출현하여 초기 성장단계, 발전단계, 성숙단계, 쇠퇴단계의 4단계 과정을 거쳐 사라지는 소매수명주기를 따라 변화한다는 이론이다.
⑤ 변증법적이론은 두 개의 서로 다른 경쟁적인 소매업태가 하나의 새로운 소매업태로 합쳐지는 소매업태 혁신의 합성이론이다.

대표유형 더보기
- 소매업 발전이론 중 아래 글상자의 괄호 안에 들어갈 이론을 순서대로 나열한 것으로 옳은 것은? **24년 3회**
- 소매업태 발전에 관한 이론 중 소매차륜(수레바퀴)이론에 해당하는 내용만을 나열한 것은? **19년 1회**
- 서로 경쟁하던 슈퍼마켓과 할인점의 복합 형태인 슈퍼센터의 등장을 설명해 줄 수 있는 소매업태 혁신과정이론으로서 가장 옳은 것은? **18년 2회**

04 기업형 수직적 유통경로 시스템에 대한 설명으로 옳지 않은 것은? **24년 1회**

① 생산에서 판매에 이르는 시간을 단축해 시장환경에 신속하게 대응할 수 있다.
② 내부 직원이 아웃소싱업체에 비해 경쟁의식이 떨어지면 실적이 저조할 수 있다.
③ 외부 업체에 돌아갈 마진을 내부화함으로써 수익성을 제고시킬 수 있다.
④ 수요가 줄어들거나 경쟁에서 뒤처질 경우 유연하게 대응할 수 있다.
⑤ 회사의 정책이나 전략을 일사불란하게 수행할 수 있다.

관련이론 021p

해설 ④ 수직적 유통경로(VMS ; Vertical Marketing System)는 전통적 유통경로에 비해 효율성과 효과성은 높지만, 자율성과 유연성은 낮다.

대표유형 더보기
- 유통경로의 유형 중 가맹본부로 불리는 경로구성원이 계약을 통해 생산-유통과정의 여러 단계를 연결시키는 형태의 수직적 마케팅 시스템(vertical marketing system)으로 가장 옳은 것은? **23년 2회**
- 유통기업의 경로구조에 대한 설명으로 옳지 않은 것은? **22년 2회**
- 수직적 유통경로에 관한 설명 중 가장 옳지 않은 것은? **20년 2회**
- 수평적 유통경로에 비해 수직적 유통경로가 갖는 특징만을 모두 고른 것은? **19년 3회**

01 ④ 02 ④ 03 ④ 04 ④

05 아래 글상자에서 설명하는 유통의 형태로 가장 옳은 것은? 23년 3회

- 각 판매지역별로 하나 또는 극소수의 중간상에게 자사 제품의 유통에 대한 독점권을 부여하는 것이다.
- 소비자가 제품 구매를 위해 적극적인 탐색을 하고 쇼핑을 위해 기꺼이 시간과 노력을 아끼지 않는 경우에 적합하다.

① 집중적 유통
② 개방적 유통
③ 선택적 유통
④ 전속적 유통
⑤ 중간적 유통

관련이론 029p

해설 ④ 전속적 유통은 일정한 상권 내에 제한된 수의 소매점으로 하여금 자사 상품만을 취급하게 하는 배타적 유통경로전략을 말한다.

대표유형 더보기
- 장소의 편의성이 높게 요구되는 담배, 음료, 과자류 등과 같은 품목에 일반적으로 이용되는 유통채널의 유형으로 가장 옳은 것은? **22년 1회**
- 소비재의 유형별로 일반적인 경로목표를 설정할 경우에 대한 설명으로 가장 옳지 않은 것은? **22년 3회**
- 시장커버리지 전략 중 하나인 선택적 유통과 관련된 설명으로 가장 옳은 것은? **19년 3회**
- 다음 중 집중적 유통경로(intensive distribution channel)에 가장 적합한 것은? **18년 1회**
- 경로커버리지 유형 중 전속적 유통(exclusive channel)에 대한 설명으로 가장 옳지 않은 것은? **18년 2회**

06 제품/시장 확장그리드(product/market expansion grid)에서 기존제품을 가지고 새로운 세분시장을 파악해서 진출하는 방식의 기업성장전략으로 가장 옳은 것은? 23년 3회, 22년 3회

① 시장침투전략(market penetration strategy)
② 시장개발전략(market development strategy)
③ 제품개발전략(product development strategy)
④ 다각화전략(diversification strategy)
⑤ 수평적 다각화전략(horizontal diversification strategy)

관련이론 035p

해설 ② 시장개발전략에는 기존제품을 통한 시장확장전략이나 새로운 목표 세분시장의 지리적 확장 등이 포함된다(기존제품+신규시장).

대표유형 더보기
- 최상위 경영전략인 기업 수준의 경영전략으로 옳지 않은 것은? **23년 1회**
- 앤소프(Ansoff, H. I.)의 성장전략 중 아래 글상자에서 설명하는 전략으로 가장 옳은 것은? **21년 3회**
- 기업 수준의 성장전략에 관한 설명으로 가장 옳지 않은 것은? **20년 추가**
- Ansoff의 제품/시장확장 그리드에서 신제품으로 기존 시장에 침투하는 전략은? **20년 2회**

07 유통산업 구조변화 요인과 관련된 소비자 욕구 및 행태적 변화 설명으로 옳지 않은 것은? `24년 2회`

① 소비자의 생활수준이 올라감에 따라 소비자의 구매패턴이 삶의 질을 중요시하고 우선시하는 방향으로 변화되었다.
② 소비자의 욕구에도 점차 다양성과 개성이 나타나게 되었다.
③ 외환위기를 거치게 되면서 낮은 가격이면서 질 좋은 제품을 추구하는 합리적인 가치중심 소비행태가 확산되었다.
④ 합리적인 가치중심 소비형태가 확산되면서 가격이 상대적으로 저렴한 인터넷쇼핑이 각광을 받게 되었다.
⑤ 소비자가 고가의 제품을 구매하는 경향이 나타나면서 고급 소비시장이 만들어졌지만 소비시장의 양극화 현상은 발생되지 않았다.

`관련이론 042p`

해설 ⑤ 소비시장의 양극화 현상에 따라 개인가치에 부합하는 상품에 대해서는 과도한 수준의 소비가 발생하고 관심이 적은 생필품은 저가격 상품을 탐색하는 경향이 증가하고 있다.

대표유형 더보기
- 최근 유통시장 변화에 대해 기술한 내용으로 옳지 않은 것은? `21년 3회`
- 최근 국내외 유통산업의 동향과 추세에 대한 설명으로 옳지 않은 것은? `20년 2회`
- 최근에 진행되고 있는 유통환경의 변화에 관한 설명으로 옳지 않은 것은? `19년 2회`
- 최근이나 미래의 유통환경 변화에 대한 내용으로 가장 거리가 먼 것은? `18년 1회`

08 서비스 유통의 형태인 플랫폼 비즈니스(platform business)에 대한 설명으로 가장 옳지 않은 것은? `23년 3회, 22년 3회`

① 플랫폼을 통해 사람과 사람, 사람과 사물을 연결함으로써 새로운 유형의 서비스가 창출된다.
② 정보통신기술의 발달은 사람 간의 교류를 더 빠르고 효율적으로 실현시키면서 플랫폼 비즈니스 성장에 긍정적인 영향을 미치고 있다.
③ 플랫폼 비즈니스의 구성원은 크게 플랫폼 구축자와 플랫폼 사용자로 나뉜다.
④ 플랫폼은 정보, 제품, 서비스 등 다양한 유형의 거래를 가능하게 해주는 일종의 장터이다.
⑤ 플랫폼 비즈니스 사업자는 플랫폼을 제공해주는 대가를 직접적으로 취할 수 없으므로, 광고 등을 통해 간접적으로 수익을 올리는 비즈니스 모델이다.

`관련이론 046p`

해설 ⑤ 플랫폼 비즈니스 모델이란 플랫폼 서비스를 통해 수익을 내는 모델로, 플랫폼 주도 기업과 참여자, 또는 참여자 간 공동의 이익이 존재해야 한다.

대표유형 더보기
- 모바일 쇼핑의 주요한 특성으로 옳지 않은 것은? `23년 1회`
- 풀필먼트(fulfillment)에 대한 설명으로 가장 옳지 않은 것은? `22년 2회`
- 식품매장을 중심으로 주목받고 있는 그로서란트(grocerant)에 대한 설명으로 가장 옳지 않은 것은? `22년 1회`

05 ④ 06 ② 07 ⑤ 08 ⑤

CHAPTER 01 유통의 이해

SECTION 01 유통산업의 이해

1 유통의 개념과 분류

01 유통과 유통관리의 개념

(1) 유통의 사전적 의미

"거침없이 흘러서 통한다" 또는 "세상에 널리 통용된다"는 뜻

(2) 유통의 개념

① 생산자로부터 소비자에게 상품(재화 · 물품 · 제품) 및 용역(用役, goods and services)의 이전을 통해 장소(place), 시간(time) 및 소유(possession), 형태(form)의 효용을 창조하는 활동
② 생산과 소비를 이어주는 중간기능

(3) 유통관리

① 유통활동을 통하여 소비자의 만족을 증대시키고, 유통이 능률적으로 수행될 수 있도록 조절 · 통제하는 활동
② 상거래활동과 물적활동을 관리하여 고객서비스를 향상시키고 유통비용을 절감하는 것
③ 목적 : 매출증대와 가격의 안정화

(4) 유통기관이 창출하는 가치 **24-2**

장소의 가치	• 제조업체는 특정지역에서 제품을 생산하고 최종소비자는 광범위하고 다양한 장소에 있으므로 제품 전달과 수령이 어려움 • 이같은 물리적 장소의 불일치를 해결하기 위해 유통업체가 중간에서 제품을 한 장소에서 다른 장소로 전달하는 장소(place)의 기능을 함 • 물품을 직접 전달하는 역할 및 서비스 수행 예 사과를 산지로 직접 가서 구매하는 것이 아니라 집 근처 편의점에서 구매
형태의 가치	• 제조업체는 소수의 제품을 대량생산하려 하고, 소비자는 소량의 다품종 제품을 구매하려는 형태의 불일치를 나타냄 • 중간에서 유통업체가 제조업체로부터 다량의 생산품을 구입하여 소량으로 분배(포장)하여 소비자에게 판매함으로써 문제 해결의 역할을 수행함 예 1인 가구인 A씨가 묶음이 아닌 낱개로 라면을 구매
탐색의 가치	• 제조업체와 소비자의 직거래 시, 제조업체는 소비자가 원하는 제품을 직접 탐색하여 제조, 광고, 판촉, 전달해야 하므로 막대한 비용이 발생하고 소비자는 각 제조업체 별로 물건을 직접 구입해야 하는 번거로움 발생 • 유통업체는 이런 문제점을 해결하여 소비자와 제조업체 간 탐색 과정을 쉽게 해주는 역할 수행
거래횟수 감소의 가치	소비자와 제조업체 사이의 유통업체 참여는 다수 생산자와 소비자 간 직거래로 인한 거래횟수를 줄여 비용 감소와 고객 만족도를 증진시킴

02 유통의 분류 21-1, 19-1

(1) 상적 유통(상류)

① 상품의 매매 자체를 의미하는 것으로, 생산자를 포함하여 중간상과 소비자 사이에서 발생하는 교환과정의 총칭
② 소유권 이전기능, 매매기능 → 법적 소유권의 흐름
③ 상업활동을 통한 이익의 최대화 지향
④ 소유효용 창출

(2) 물적 유통(물류)

① 상적 유통 과정에 의한 상거래 성립 후 물품인도 이행 기간 중 발생하는 제품 포장, 운송, 보관, 하역 등의 활동
② 제품의 물리적 이전에 관여하는 독립적인 기관이나 개인들로 구성된 네트워크
③ 생산자로부터 소비자로의 물품 인도를 통해 인격적·시간적·공간적 효용 창출
④ 유형적인 물자 운송을 통해 재화의 공간적·시간적 한계 극복, 장소적 조정기능

(3) 특 성

① 제품의 물리적 흐름과 법적 소유권의 흐름은 반드시 동일한 경로로 이루어지거나 동시에 이루어져야 할 필요는 없음
② 예를 들어, 제품은 물리적으로 이전되지 않으면서도 한 번 이상 소유자가 바뀔 수 있고, 소유자는 그대로 있으면서 제품만 다른 장소로 수송 가능

03 유통의 기능 24-2, 23-3, 18-3

(1) 유통·물류의 5대 기능

운송기능 (수송+배송)	물자를 효용가치가 낮은 장소에서 높은 장소로 이동시켜 효용가치를 증대시키기 위한 물류활동 → 생산지역과 소비지역의 공간적 상이함 해결
보관기능	물품 저장을 통해 생산과 소비의 시간적 간격을 해소시켜 시간적 효용을 창출하는 활동 → 생산시기와 소비시기 불일치 해결
포장(유통가공)기능	• 상품을 품질 수준에 따라 분류하거나 규격화하여 거래 및 물류 유통이 원활히 이루어지도록 보조하는 기능 • 물자의 수·배송, 보관, 거래, 사용 등에 있어서 그 가치 및 상태를 유지하기 위해 적절한 재료, 용기 등을 사용하여 보호하는 물류활동 • 생산의 종착점으로서 표준화, 모듈화의 대상
하역기능	물류센터 내에서 일어나는 활동 중 보관, 포장, 유통가공을 제외한 나머지 *피킹 분배, 분류, 상하차 등의 제품을 취급하는 모든 활동 *피킹 : 출고할 상품을 물류 창고의 보관 장소에서 꺼내는 일
정보처리기능	물류활동 관련 정보를 제공하여 운송, 보관, 포장, 하역 등 모든 기능을 전자적 수단으로 연결시켜 종합적인 물류관리 효율성을 향상시키는 활동

(2) 유통의 기능 24-3

유통기능	물적 유통 기능	장소적 기능	재화의 생산과 소비 사이의 공간적 불일치를 극복하고 사회적 유통을 조성하는 것 → 운송 과정
		시간적 기능	상품을 생산시점에서 소비시점까지 저장함으로써 상품의 효용가치를 창조하는 것으로 생산·소비의 시간적 간격을 해소 → 보관
		양적 통일 기능	상품생산과 소비수량이 일치하지 않는 수량적 불일치가 발생하는 경우 수집과 분산을 통한 생산소비를 양적으로 합치시키는 기능
	상적 유통 기능	인격적 통일 기능	재화·서비스를 생산자로부터 소비자에게 사회적으로 유통시켜 인격적으로 이전시키는 기능 → 소유권 이전 기능
유통조성 기능		품질적 통일(표준화) 기능	• 상품을 품질수준에 따라 분류하거나 규격화함으로써 거래 및 물류가 원활하게 되도록 하는 기능 • 거래 및 물적 유통이 원활히 이루어지도록 보조하여 사회적 유통 촉진 및 상거래 영역 확대 • ISO인증, 국가별 표준규격 등
		금융적 통일 기능	생산자와 유통업자가 소비자에게 상품을 전달하고 받는 화폐의 흐름(flow)이 원활하게 이루어지도록 하는 기능
		시장정보제공 기능	생산자와 소비자 간 정보를 수집하고 상호 간의 의사소통을 원활하게 해주는 기능
		위험부담 기능	상품이 생산자에서 소비자에게 유통되는 과정에서 발생하는 물질적 위험이나 경제적 위험을 상업기관에서 부담하는 기능(보험 등)

2 유통업태의 이해

01 유통기구의 유형 25-2, 19-1

(1) 업 종

① 무엇을 판매하고 있는가(What to sell) → 상품 종류에 따른 분류
② 소매기업이 취급하는 주력상품의 총칭(예 의류점, 정육점, 가구점, 가전판매점 등)

(2) 업 태

① 어떠한 방법으로 판매하고 있는가(How to sell) → 영업 전략에 따른 분류
② 상품계열, 취급상품의 가격대, 판매방법, 시스템 통제방법 등에 따라 다양한 형태(예 백화점, 편의점, 할인점, 카테고리 킬러 등)

(3) 업종과 업태의 비교

항 목	업종 개념	업태 개념
시 각	생산자	소비자
주도자	제조업체	소매업체
분류기준	제품성격	소매전략
점포크기	소규모	대규모
장 점	제조업체의 통제 용이	소비자 편리, 소매효율 증대, 거래 촉진

02 소매업

(1) 개념

소비재를 타인으로부터 조달하거나 또는 스스로 제조하여 소비자에게 최종적으로 판매하는 일을 주 업무로 하는 유통업

(2) 소매상의 기능 25-1, 20-2, 19-3

소비자에 대한 기능	생산 및 공급업자에 대한 기능
• 우량 품질의 적정한 가격대 상품을 엄선해 제공 • 소비욕구 추세에 맞추어 다양한 상품구색을 갖추어 소비자들의 상품선택 소요 비용·시간 절감을 도움 • 광고·판매원서비스·점포 디스플레이 등을 통해 상품정보, 유행정보, 시장트렌드, 생활정보 제공 • 자체 신용정책을 통해 소비자 금융부담을 덜어주는 금융기능 수행 예 할부판매 • 쇼핑의 장소·즐거움·편의 제공 • 구매환경 형성 및 적정 소매가격 설정 • 애프터서비스 제공, 배달·설치·사용방법 교육	• 판매활동을 대신하고 올바른 소비자정보 전달 • 물적유통기능 수행 • 필요한 상품의 재고 확보 및 유지(생산자의 재무부담을 덜어줌) • 판매촉진활동을 통해 새로운 고객 창출 • 제조사·업자에 대한 생산노력 지원

(3) 특성

① 소비자와 가까운 장소에서 공급선 비용감소 및 소비자의 구매편의 제공
② 소매상 협동조합을 통해 도매행위 가능

(4) 소매업의 종류

① 점포 소매업 24-1

백화점	• 선매품 중심, 생활필수품, 전문품에 이르기까지 다양한 상품 계열 취급 • 상품 계열별로 부문 조직화된 대규모 소매상
슈퍼마켓	• 저비용·저마진·대량판매 및 셀프서비스에 의해 운영되는 규모가 큰 상점 • SSM(Super Supermarket) : 대규모 유통 기업에서 체인 형식으로 운영하는 슈퍼마켓으로, 면적은 1,000~3,000제곱미터 미만이며, 일반 슈퍼마켓과 편의점보다는 크고 대형마트보다 작음
대형마트	식품·가전 및 생활용품 위주로 점원 도움 없이 소비자에게 소매하는 점포
편의점	• 소비자 일상생활에 밀접한 폭넓은 상품을 취급하는 소규모 소매업태 • 24시간 구매 가능, 상품회전율이 높음, 고마진 업태
할인점	• 표준적인 상품을 저가격으로 대량 판매하는 상점으로 모든 제품에 대하여 상시적으로 싼 가격(EDLP ; Every Day Low Price)으로 판매 • 신속하고 높은 상품회전율
창고형할인점	• 넓은 매장에서 저렴한 가격으로 상품 제공 • 고객 서비스 수준은 최소로 제공
전문(할인)점	• 특정 범위 내의 상품군을 전문으로 취급하는 소매점 • 취급하는 제품계열이 한정되어 있으나 해당 제품계열 내에서는 매우 다양하고 깊이 있는 품목 취급
복합쇼핑몰	• 도심 지역의 재활성화를 위하여 도시 재개발(Urban Development)의 일환으로 형성된 새로운 쇼핑센터 • 쇼핑하면서 여가도 즐길 수 있게 구성된 대규모 상업시설
아웃렛	사용상 문제없는 하자상품, 재고·이월상품 등을 대폭 할인하여 판매하는 상설 점포

팩토리아웃렛	제조업체가 직영체제로 운영하는 상설할인 매장
카테고리 킬러	좁은 범위 상품을 깊은 구색을 갖추고 싸게 판매하는 대형 전문 할인매장
드럭스토어 23-2	• 의사의 처방전 없이 구입할 수 있는 일반의약품 및 화장품·건강보조식품·음료·생활용품·다과류 등 다양한 상품을 판매하는 복합형 전문점 • 건강·미용용품을 주로 판매하는 헬스앤뷰티(H&B)스토어 개념

② 무점포 소매업

인터넷 쇼핑몰	정보제공에 의한 판매가 이루어지는 형태로 유통경로가 짧고 단순하며 쌍방향 마케팅 가능
텔레마케팅	• 인바운드 : 불평고객의 문제해결, 제품소개, 서비스 예약 등을 통해 고객에게 가치 제공, 텔레마케터가 적극적으로 고객반응 창출 • 아웃바운드 : 기업이 능동적으로 제품과 서비스를 알리는 방식, 인바운드에 비해 거래성사율이 높고 보다 마케팅 지향적
카탈로그 판매	지속적인 고객 데이터베이스 관리를 통한 선호제품 대상의 카탈로그 개발이 중요
TV 홈쇼핑	매체를 활용해 가상점포를 운영하는 유통경로로 중소업체는 비교적 저렴한 비용으로 접근 가능
방문판매	무점포소매상 중에서 가장 오래된 형태로 화장품 및 학습지 시장에서 지속되고 있음
우편판매	점차 인터넷 쇼핑몰 등에 밀려 매출 감소 중
자동판매기	소비자가 현금·카드 결제 시 원하는 제품이 자동적으로 나오는 기계로, 무점포소매상에 포함
다단계판매	수많은 판매원이 개입되나 상품 자체는 중간상 개입 없이 중간과정을 거치지 않고 직접 소비자에게 전달되는 직접판매의 형식을 취함

③ 연쇄점(chain)
   ㉠ 복수의 점포를 각지에 분산배치하여 연쇄(chain) 조직으로 운영하는 사업형태
   ㉡ 중앙조직과 연쇄점 상호 간에 체인처럼 연결된 조직구조를 갖고 있는 사업 유형
   ㉢ 소매업·음식업 등에서 기업규모를 대형화하기 위해 실시
   ㉣ 연쇄점의 형태 22-3, 20-추가

정규연쇄점 (regular chain)	• 단일자본으로 많은 복수점포를 경영·관리하는 연쇄점 • 중앙 본부의 통일적 관리를 받는 대규모 소매조직
직영점형 연쇄점 (corporate chain)	• 체인본부가 주로 소매점포를 직영함 • 가맹계약을 체결한 가맹점에 대한 상품공급, 경영지도
조합형(협동형) 연쇄점 (cooperative chain)	• 동일업종의 소매점들이 협동조합을 설립하여 조직화 • 공동구매, 공동판매, 공동시설활용 등 수행
임의형 연쇄점 (voluntary chain)	• 같은 업종의 소매업자가 공동매입 도모를 위해 결성 • 조직의 주체는 가맹점이며 전 가맹점이 경영의 의사결정에 참여 • 경영의 독립성과 연쇄점화로 얻는 이득을 동시 획득 • 일부 기능을 체인 본사에 위탁하여 프랜차이즈 시스템을 갖추고 영업하기도 함
마스터 프랜차이즈 (master franchise)	• 기업의 해외 진출 시 현지 기업과 계약하여 가맹사업 운영권 판매 • 약정된 기간 동안 가맹본사의 비즈니스 포맷을 독점적으로 사용하여 특정 지역 내에서 합의된 개발 일정에 따라 프랜차이즈 판매(가맹점 모집) 권리 부여

(5) 소매상의 분류기준 25-2, 20-3, 18-3

분류기준	내용
점포 면적에 따라	대규모, 중소규모
일정한 형태의 점포유무에 따라	점포소매상, 자판기 등의 무점포소매상
상품 다양성, 구색에 따라	다양성 고, 저 / 구색 고, 저
소유 및 운영주체(경영방식)에 따라	독립소매기관(단독점), 체인
마진 및 회전율에 따라	회전율 고, 저 / 마진율 고, 저
고객에게 제공되는 서비스 수준에 따라	완전서비스, 한정서비스, 셀프서비스 등

(6) 소매상 진화발전이론 25-1, 24-3, 24-2, 19-1, 18-3, 18-2, 18-1

수레바퀴(소매차륜) 이론	• 소매기관들이 혁신적인 형태에서 출발하여 성장 후 새로운 개념을 가진 신업태에 그 자리를 양보하고 사라지게 된다는 이론 • 가격이나 마진에 초점 → 저가격을 기반으로 한 새로운 소매업태 출현 설명 • 3단계 구성 : 진입단계–성장단계–쇠퇴단계 • 사회 · 경제적 환경 변화에 따른 소매상 진화 · 발전을 설명하는 대표적 이론 • 비용적인 요인들을 강조하여 설명하므로 편의점의 고가격 · 상품구색 등 초기에 고이윤, 고가격을 추구하는 새로운 소매상이나 24시간 영업 등 비가격적 요소에 대해 설명하지 못함
소매점 아코디언 이론	• 소매점에서 취급하는 상품믹스로 소매점 진화과정 설명(가격 · 마진보다 상품믹스 변화에 초점) • 상품믹스의 확대 → 수축 → 확대 과정이 아코디언과 유사 • 다양한 상품구색을 갖춘 점포로 시작(확대) → 점차 전문화 · 한정화된 상품 계열을 취급하는 소매점 형태로 진화(수축) → 다시 다양하고 전문화된 상품 계열을 취급하는 소매점으로 진화(확대) • 원스톱 쇼핑, 전문점을 찾는 다양한 소비자층의 존재에 대해 설명하지 못함 • 저관여상품 소매업태와 고관여상품 소매업태의 발전과정을 구분하지 못함
변증법적 이론	• 두 개의 서로 다른 경쟁적인 소매업태가 하나의 새로운 소매업태로 합쳐지는 소매업태 혁신의 합성이론 • 고서비스 · 고가격 소매기업과 저서비스 · 저가격 소매기업 사이의 경쟁이 선호분포의 중심을 향해 이동하여 기존의 서비스와 가격수준을 제공하는 소매기관은 사라지게 됨 • 서로 경쟁하던 슈퍼마켓과 할인점의 복합형태인 슈퍼센터의 등장을 설명할 수 있음
소매수명주기 이론	소매점 유형이 도입기 → 성장기 → 성숙기 → 쇠퇴기의 단계를 거친다는 이론(제품 수명주기 이론과 동일)
진공지대 이론	• 기존의 소매업태가 다른 유형의 소매로 변화할 때 그 빈자리(진공지대)를 새로운 형태의 소매업태가 채운다는 이론 • 소비자는 점포가 제공하는 서비스 수준과 상품 가격에 영향을 받음 • 소비자의 서비스와 가격에 대한 선호도를 중심으로 새로운 업태 등장을 설명
빅 미들(big middle) 이론	• 최초의 소매업발전 이론 • 각 소매업체들은 '혁신'과 '저가격'이라는 무기를 들고 '빅 미들'이라 불리는 링에 오르는 싸움꾼으로, 업태 간 치열한 경쟁을 통해 '빅 미들'에서의 생존(지속 성장) 도모 • 최근 성장이 정체되고 있는 슈퍼마켓, 대형마트, 백화점 등 오프라인 유통 대표 업체는 '쇠퇴'라는 빅 미들의 출구 가까이 위치 • 플랫폼 비즈니스를 추구하는 온라인 쇼핑몰은 높은 성장률, 큰 시장 규모로 출구에서 가장 먼 곳에 위치

03 도매업

(1) 개 념

① 제품을 소매업 및 기타 상인, 산업체와 기관 사용자에게 판매하는 유통업
② **도매거래** : 최종 소비자와의 거래를 제외한 모든 거래를 포함

(2) 기 능 `24-2, 24-1, 20-추가, 19-3, 18-3`

제조업자를 위한 기능	소매상을 위한 기능
• 시장확대기능(제조업체를 대신하여 광범위한 시장에 산재해 있는 소매상들 포괄) • 재고유지기능(제조업체 재고 일부를 보유하여 제조업체 재정 부담 감소) • 주문처리기능 • 시장정보제공기능 • 고객서비스대행기능 • 제품촉진, 제품소유, 위험공유 서비스 제공	• 고객 욕구 충족을 위한 다양한 상품구색기능 • 소단위판매기능 • 신용 및 금융기능 • 물류비절감 기능 • 소매상서비스기능(컨설팅서비스, 제품설치·교환·반환·보수 등 기술지원서비스 등을 제조업체 대신 제공)

(3) 특 성 `24-1`

① 고객의 다양한 욕구 충족을 위해 다수 제조업자의 제품을 구비하여 고객에게 제공함으로써 시장 확대 기능 수행
② 소매상에 비해 넓은 상권을 대상으로 하여, 1회 거래규모가 소매상보다 월등히 큼
③ 생산자보다 더 고객과 밀착되어 있으므로 고객 욕구를 파악하여 생산자에게 전달
④ 최종 소비자보다 재판매 고객과 거래, 소매상과 달리 상이한 법적 규제 및 세법 적용

(4) 도매상의 종류

① **상인도매상(Merchant Wholesaler)** `23-3, 21-3, 21-2, 20-3, 20-추가, 19-3, 19-2, 18-2`

㉠ 개 념
- 제조업체 또는 소매상과 관련 없는 독립적 사업체로서 대부분의 도매기능을 수행하는 가장 전형적인 형태의 도매상
- 취급하는 상품에 대한 소유권 가짐

㉡ 구 분

완전기능도매상	• 고객들을 위하여 수행하는 서비스 중 필요한 광범위한 서비스 제공 • 취급하는 제품 종류에 따라 종합상인도매상과 전문상인도매상으로 구분 • 유 형	
	종합상인도매상	고객들이 요구하는 거의 모든 상품을 취급
	전문상인도매상 (한정상품도매상)	서로 관련 있는 몇 가지 전문계열의 제품 동시 취급

한정기능도매상	도매상의 기능 중에서 일부만을 한정해 수행하는 상인도매상 • 유 형	
	현금거래도매상 (현금무배달도매상)	• 중소소매상을 상대로 상품을 공급하는 도매상 • 배송은 구매자 책임하에 현금거래조건으로 판매 • 배달하지 않는 대신 싼 가격으로 제품 공급 • 거래대상 소매상은 제한적이나 재무적인 위험을 질 염려가 없음
	트럭도매상	• 고정적인 판매루트(특정 지역)를 가지고 있으며, 트럭이나 기타 수송 수단으로 판매와 동시에 상품 배달 예 야채, 과일 등 부패성 식품 공급
	직송도매상	• 공급자나 생산자로부터 제품을 구매하여 제품에 대한 소유권을 갖고, 판매 시 생산자가 소매상에게 직접 제품을 운송하도록 함 • 일반관리비와 인건비 절약 가능 • 주로 석탄, 목재 등 원자재나 중장비 등 산업에서 활동
	선반(진열)도매상	• 소매점의 진열선반 위에 상품을 공급하는 도매상 • 재고수준에 대한 조언, 저장방법에 대한 아이디어 제공 • 주로 식료와 잡화류 취급 • 소매상들이 진열도매상을 이용하는 이유 : 매출비중이 낮은 품목들에 대해 소매상을 대신해 진열대에 진열하거나 재고관리하는 것이 중요하기 때문
	우편주문도매상	인적 판매 노력에 대한 비용이 제품판매로써 지원되지 못하는 외진 지역에 있는 소규모의 소매상들에게 판매

② 대리도매상(Agent) 19-3
　㉠ 개념 : 제품에 대한 소유권 없이 제조업자나 공급업자를 대신하여 제품을 판매하는 도매상
　㉡ 유 형

제조업자 대리인	• 여러 제조업자의 위탁으로 제품을 대신 판매하는 도매상 • 제품에 대한 신용판매는 하지 않으나 제품 배달·판매를 위한 조사 지원 및 머천다이징, 촉진 지원 등 역할 수행
판매대리인 (위탁판매인)	• 판매조건에 관한 결정권한은 가지고 있지만 제품에 대한 소유권을 제외한 모든 도매기능 수행 • 계약상 모든 마케팅 활동의 결과에 대한 책임을 짐 • 지속적인 기반 위에서 거래하는 것은 아님
수수료상인	• 공급자가 제시한 가격의 범위 내에서 구매자와 가격에 대한 협상 진행 • 판매 후 판매가에서 수수료 및 기타 경비 제외
브로커	• 구매자와 판매자를 만나게 해주고 단지 상품판매에 대한 협상을 도와주는 역할 수행 • 독립된 중개기관으로 구매자와 판매자 사이의 판매계약 촉진 • 가격설정권 없음

ⓒ 제조업자 대리인(manufacture's agent)과 판매대리인(selling agent)의 차이 `23-3`

구 분	제조업자 대리인	판매대리인
제품 취급 범위	일부 제품 취급	모든 제품 취급
활동범위	판매대리인보다 좁음	제조업자 대리인보다 넓음
의사결정	자율적 의사결정 범위 한정	비교적 자율적인 의사결정 가능
판매 지역	제조업자의 시장지배력이 약한 지역에서만 활동	모든 지역에서 판매
신용 제공 여부	신용 제공 불가능	신용 제공 가능
역 할	장기적 계약으로 제조업자 제품을 특정 지역에서 판매 대행	기업 마케팅 부서의 기능 수행

ⓓ 전속 대리점 제도 `24-3` : 중간상이 여러 생산자에게 자유로이 다양한 상표의 제품을 구매하여 판매하던 형태와 달리, 중간상이 특정 제조업체의 제품만을 대행하여 판매하는 형태

③ 제조업자 도매상 `18-2`
  ㉠ 독립적인 개인이 운영하는 도매상이 아닌, 제조업자가 직접 운영하는 도매상
  ㉡ 제조업자가 직접 도매기능 수행

④ 산업재 유통업체 `18-2`
  ㉠ 소매상이 아닌 제조업자들을 대상으로 상품을 판매하는 도매상
  ㉡ 재고유지, 신용판매, 배달 등 다양한 유통 서비스 제공
  ㉢ 주로 제조업체에 필요한 *MRO나 *OEM 품목 취급

*MRO(기업소모성자재) : 제품 생산과 직접 관련된 원자재를 제외한 모든 소모성자재
*OEM(Original Equipment Manufacturer) : 주문자의 요구에 따른 상표명을 부착하여 제품을 제작하는 것

SECTION 02 유통경로 및 구조

1 유통경로의 개념

01 유통경로(distribution channel) 정의와 특성

(1) 정 의 `25-1, 24-1`
  ① 제품이나 서비스가 생산자로부터 최종 소비자에 이르기까지 소유권이 이전되어 가는 통로 또는 단계
    → 구매자의 수요 충족을 위해 판매자가 보유한 제품·서비스 공급 과정에 필요한 하나의 연결고리
  ② 생산물이 최초의 생산자로부터 최종소비자에게 이동되는 과정에 참여하는 개인 및 조직의 집합체
    → 도·소매상 등 많은 조직이 참여하여 상호의존 관계 형성
  ③ 제조업자 → 도매상 → 소매상 → 소비자로 이어지는 수직적 연계
  ④ 고객이 제품이나 서비스를 사용·소비하기 위해 필요한 경로

(2) 유통경로의 특성   25-1, 21-1, 18-1

유통경로의 지역성	• 유통경로는 각 나라의 고유한 역사적 배경과 시장 환경에 의해 영향을 받게 되므로 각국의 유통경로는 매우 다른 양상을 보임 • 각국의 특성에 따른 고유한 형태의 유통경로 존재 예 우리나라는 도매상이 취약하고 제조업자의 유통 지배력이 강하며, 미국은 국토가 넓어서 제조업자의 전체 소매업체 관리가 힘들어 일찍이 도매상이 발달
유통경로의 비탄력성	• 유통경로는 다른 마케팅 믹스 요소와 달리 한 번 결정되면 다른 유통경로로 전환이 용이하지 않음 • 마케팅 믹스 중 환경변화에 대응하거나 조정해야 할 필요가 있을 때 가장 유연성 있게 대응하기 어려운 요소 • 따라서 유통경로 선정 및 결정은 기업의 성공에 큰 영향을 끼침
유통경로의 탈중계현상	• 전통적인 중개자(유통경로, 유통채널) 역할이 사라지고 다양한 시장 주체들이 하나의 네트워크로 연결되는 것 • 전자상거래 등장으로 기존의 복잡한 유통 단계가 점차 단순화되고 있음

02 유통경로의 유용성   25-2

(1) 유통경로의 효용   22-2, 21-3, 21-1, 20-3, 19-2, 18-3, 18-2, 18-1

시간효용	• 보관기능을 통해 생산과 소비 간 시간적 차이를 극복시켜 줌 • 소비자가 원하는 시간에 제품 및 서비스 공급을 받을 수 있게 해줌 예 24시간 영업 편의점에서 소비자는 원하는 시점 어느 때나 제품 구매가 가능 예 중간상이 시즌이 지난 의류를 재고 보관 후 다음해 시즌에 재판매
장소효용	• 운송기능을 통해 생산지와 소비지 간 장소적 차이를 극복시켜 줌 • 소비자가 제품이나 서비스를 구매하기 쉬운 곳에서 구매할 수 있게 해줌 • 중간상은 적절한 곳에 물류센터 및 도·소매상을 설치하여 운반 효율성·신속성을 강화하고 소비자가 편의에 맞는 장소에서 제품의 구매가 가능하도록 시스템화함 예 편의점은 소비자의 집 근처에 있어 제품 구매가 쉬움
소유효용	• 생산자와 소비자 간 소유권 이전을 통해 효용 발생 • 소비자가 제품을 소비할 수 있는 권한을 갖는 것을 도움 예 중간상이 제조업체를 대신해서 고객에게 신용판매나 할부판매를 제공
형태효용	• 생산된 상품을 적절한 수량으로 분할 및 분배함으로써 효용 발생 • 소비자가 원하는 양을 분할해서 구매 가능 예 탄산음료 제조사들이 탄산음료 원액을 중간상인 보틀러(bottler)에게 제공하면 보틀러가 탄산음료 원액에 설탕·감미료를 첨가하고 탄산과 혼합하여 병이나 캔에 넣어 소매상에게 판매하고, 소비자는 그 탄산음료를 구매

(2) 유통경로(중간상)의 필요성

① 유통경로와 중간상이 필요한 이유   23-2

㉠ 중간상의 개입으로 시간적·공간적 불일치 해소

㉡ 거래의 표준화·일상화로 제반 비용 감소, 비효율 개선

㉢ 생산자의 대량생산과 소비자의 다품종 소량구매 니즈로 인한 생산과 소비수량 불일치 해소

㉣ 생산자와 소비자 상호 간 정보 불일치로 인한 불편 해소

㉤ 중간상을 통해 제품 탐색 과정 효율성 제고

② 중간상 필요 원칙 25-1, 24-3, 23-2, 21-3, 21-2, 20-3, 19-1, 17-2

총 거래수 최소화의 원칙	중간상의 개입으로 거래 총량(사회적 총 거래수)이 감소하여 제조업자와 소비자 양자에게 실질적인 비용 감소 제공
집중준비(집중저장)의 원칙	• 유통경로 과정에 가능하면 많은 수의 도매상을 개입시켜 소매상의 대량 보관기능을 분담함으로써 각 경로구성원에 의해 보관되는 제품의 수량이 감소될 수 있음 • 사회 전체적으로 상품의 보관 총량을 감소시킬 수 있으며, 소매상은 최소량의 제품만을 보관하게 됨
분업의 원칙	다수의 중간상이 분업의 원리로써 유통경로에 참여하면 유통경로 과정의 다양한 기능들(수급조절기능, 보관기능, 위험부담기능, 정보수집기능 등)이 경제적·능률적으로 수행될 수 있음
변동비 우위의 원칙	• 유통 분야는 변동비 비중이 고정비보다 높음 → 변동비 우위의 원리 • 제조업은 고정비 비중이 변동비보다 높음 → 생산량이 증가할수록 단위당 생산비용이 감소하는 규모의 경제 작용 • 중간상을 배제하고 제조와 유통기관을 통합하여 대규모화하는 것보다, 제조업체와 중간상이 적절한 규모로 역할 분담하여 변동비를 분담하는 것이 비용면에서 훨씬 유리
정보축약 및 정합의 원칙	• 중간상을 통해 생산자는 수요정보를 얻고, 소비자는 공급정보를 얻음 • 중간상은 이런 정보를 유통과정을 통해 집약적으로 표현하여 제공

(3) 중간상의 선별(분류) 기능 : 올더슨(W. Alderson)의 구색창출과정 22-3, 22-1, 21-2, 21-1, 20-2, 17-3

① 개념 : 제조업자가 만든 제품 및 서비스의 선별과 소비자가 요구하는 구색 간의 불일치를 해소하는 기능
② 중간상의 선별(분류) 기능

분류 (Sorting Out)	• 생산과정에서 이질적인 생산물을 색이나 크기, 용량 등에 따라 동질적인 단위로 나누는 과정 • 생산자가 직접 수행하며, 생산자의 표준화 기능이라고도 함
집적, 수합 (Accumulation)	• 여러 경로를 통해 들어온 제품들을 대규모 공급이 가능하도록 동질적인 집단으로 묶는 기능 • 도매상이나 소매상들이 수행
배분, 분배 (Allocation)	• 동질적인 제품 덩어리를 나누는 기능으로, 흔히 소규모 판매 단위로 나누는 것(bulk, breaking) • 중계기구(중계도매상)라 불리는 중간상인들이 수행
구색, 구색갖춤 (Assortment)	• 이질적인 것이 모두 다시 모이는 단계 • 여러 경로를 통해 들어온 제품을 다시 판매하기 위해서 사용 목적이 서로 관련성 있는 상품별로 모으는 것 • 도매상과 소매상들이 판매대상을 위해 수행

03 유통경로시스템의 3대 기능(전방·후방·양방 기능) 24-1, 22-1, 21-1, 19-2, 18-1

(1) 전방기능 흐름

① 수송·보관과 같은 물적 소유권이나 촉진 등의 기능들이 생산자로부터 최종 소비자의 방향으로 흐르는 것
② 내 용

물적(물리적) 소유	공급업자(생산자) → 운송업자 → 제조업자 → 중간상 → 최종 소비자 예 보관 및 배달 관련 비용 • 소유권이 없는 경우에도 상품에 대한 물리적 보유가 가능한 경우가 있음(대리중간상)
소유권	• 공급업자(생산자) → 운송업자 → 제조업자 → 중간상 → 최종 소비자 • 제조업체, 도·소매상 등은 상품 소유권 이전을 통해 수익 창출 • 취득세, 부가가치세 등의 거래비용 발생
촉진	• 광고대행사, 자사제품의 판매를 위한 촉진활동 등(예 광고, 홍보, 인적판매 비용) • 제조업체가 도매상을 대상으로, 소매상이 소비자를 대상으로 하는 전략은 푸시(Push)전략임

> **+ 더 알아보기** 풀 전략과 푸시 전략
>
> - **풀 전략(Pull Strategy)**
>   - 유통채널이 최종 소비자를 당기는 방법
>   - 제조업자가 최종구매자를 대상으로 광고나 홍보를 하고 소비자가 그 광보나 홍보에 반응해 소매점에 상품이나 서비스를 주문·구매하는 전략
> - **푸시 전략(Push Strategy)**
>   - 유통채널을 통해 최종 소비자들에게 제품을 들이미는 방법
>   - 제조업자가 유통업자들을 대상으로 촉진예산을 인적 판매와 거래점 촉진에 집중 투입하여 유통경로상 다음 단계의 구성원들에게 영향을 주고자 하는 전략

(2) 후방기능 흐름

① 주문, 대금결제처럼 최종 소비자로부터 소매상 → 도매상 → 생산자의 방향으로 흐르게 됨
② 내 용

주문 및 시장정보	• 유통기능의 효율화를 위해 주문의 확보가 매우 중요 • 고정 고객 확보 및 관리 중요
대금 결제	• 최종 소비자 → 중간상 → 은행 → 제조업자 → 은행 → 공급업자(생산자) • 소유권 이전에 대한 반대급부 • 대금회수의 신속화, 대금회수의 방법, 기간, 대손처리문제 등

(3) 양방기능 흐름 `24-3`

① 거래를 협상하거나 금융·위험부담과 같은 기능
② 내 용

협 상	수요와 공급의 연결상담(거래조건, 가격, 관할권), 거래상대방에 대한 조사 필요(예 시간 및 법적 비용)
금 융	생산자금, 외상판매 등
위험부담	수요변화, 원자재수급 및 가격변화 등에 대한 계약, 재고수준, 반품처리 등(예 보험 및 사후관리 비용)

(4) 유통경로상 여러 기관의 유통흐름 유형 `24-1, 23-2`

물적 흐름	생산자로부터 최종 소비자에 이르기까지의 제품의 이동
소유권 흐름	유통기관으로부터 다른 기관으로의 소유권 이전
지급 흐름	고객이 대금을 지급하거나 판매점이 생산자에게 송금
정보 흐름	유통기관 사이 정보의 흐름
촉진 흐름	광고, 판촉원 등 판매촉진 활동의 흐름

2 유통경로의 유형

01 유통경로 유형

(1) 소비재 유통경로(Consumption goods Distribution)

① 소비재 : 일상생활에서 직접 소비하는 재화

② 소비재 유통경로의 네 가지 유형

직접마케팅 경로	제조업자 → 소비자(제조업자가 소비자에게 직접 판매)
소매상 경로	제조업자 → 소매상 → 소비자
도매상, 소매상 경로	제조업자 → 도매상 → 소매상 → 소비자
세 가지 중간상 사용 경로	제조업자 → 도매상 → 중간도매상 → 소매상 → 소비자

(2) 산업재 유통경로(Industrial Distribution) 22-3

① 산업재 : 제조, 가공, 재판매를 위하여 생산되고 사용되는 재화

② 산업재 유통경로 특징

　㉠ 제조업자와 소비자 간 직접판매가 많으며, 소비재보다 경로가 짧고 단순

　㉡ 고객의 수는 적으나 한 번에 대량을 적재하므로 거래규모가 큼

　㉢ 원자재의 저가격 협상, 수급 연속성, 안정적 공급 경로 구축이 중요

　㉣ 용도와 기준에 따라 원자재와 부품, 설비, 소모품 등으로 구분

　㉤ 구매자와의 장기 공급계약이나 밀접한 인적 유대에 의해 거래되는 경우가 많음

　㉥ 산업재 중 수선소모품(못, 청소용구, 페인트 등)은 소비재 중 편의품과 같은 성격을 가짐

　㉦ 운영소모품(윤활유, 잉크 등) 거래는 구매노력이 적게 들어 구매결정자의 지위나 가격이 낮음

(3) 서비스 유통경로(Service Distribution)

① **무형성** : 서비스는 형체가 없으므로 일반적 상품과 같은 물리적 보관·운송 불가능

② **생산자와의 비분리성** : 의료, 자동차 수리, 미용, 호텔, 여객 수송 등 대부분 서비스는 생산과 동시에 소비되며, 생산자와 상품 분리 불가능

③ 무형성과 생산자와의 비분리성 특성으로 직접 마케팅경로가 가장 일반적

02 유통경로 시스템 내 거래관계 유형 19-1

(1) 거래관계 유형

① **단속형 거래(discrete transaction)** : 유통경로 내 거래당사자들이 현재의 거래를 통해 최대의 이윤을 올리고자 하는 거래형태

② **관계형 교환(relational exchange)** : 유통경로 내 거래 당사자들이 현재 및 미래의 경로성과 모두에 관심을 가지며 연속적 거래를 통해 발생되는 이윤을 극대화하고자 하는 거래형태

(2) 단속형 거래와 관계형 교환의 비교

구 분	단속형 거래	관계형 교환
거래처에 대한 내용	단순고객으로서의 거래처	동반자로서의 거래처
지배적 거래 규범	계 약	거래윤리
거래경험의 중요성	낮 음	높 음
신뢰의 중요성	낮 음	높 음
잠재거래선의 수	다수의 잠재거래선	소수의 잠재거래선

3 유통경로의 조직

01 전통적 유통경로(Traditional Marketing System) 18-3

(1) 개념
① 제조업자와 소비자 간 거래에 도매상과 소매상이 자연발생적으로 참여하는 가장 일반적 형태의 경로조직
② 각기 다른 기능을 수행하는 독립적인 경로기관들로 구성
③ 경로성과나 마케팅 기능에는 거의 관심 없이 주어진 마케팅 기능만 수행
④ 구조화된 분업이 존재하지 않으며, 규모의 경제 실현 가능성 낮음

(2) 특 징
① 경로구성원들 간 결속력(Commitment)이 매우 약하고, 공통의 목표를 거의 가지고 있지 않거나 미약하여 경로 기능이 원활하게 수행되지 못하는 경우가 많음
② 경로구성원들 간 연결이 느슨하여 구성원들의 유통경로로의 진입과 철수가 용이
③ 경로구성원들 간 업무조정이 어렵고, 구성원들 간 이해관계 충돌 시 조정이 매우 곤란
④ 전통적 유통경로는 수직적 유통경로(VMS)보다 자율성·유연성은 높으나 효율성·효과성은 낮음

02 수직적 유통경로(VMS ; Vertical Marketing System)

(1) 개념 24-1, 22-2, 19-1
① 마케팅 경로상에서 중앙(본부)에서 계획된 프로그램에 의해 집중적으로 계획된 유통망을 주도적으로 형성하며, 상이한 단계에서 활동하는 경로구성원들을 전문적으로 관리·통제하는 네트워크 형태의 경로조직
② 전통적인 경로구조에서 수행되는 기능상의 일부 또는 전부를 통합하여 수행하는 방식
③ 전통적 경로구조에 비해 갈등해소 및 의사소통을 증진하여 거래비용 감소
④ 생산부터 소비까지 여러 유통 활동을 체계적으로 통합·일치·조정시켜 유통질서 유지 및 경쟁력 강화 → 유통의 효율성 제고
⑤ 생산부터 판매까지 시간 단축으로 시장환경에 신속 대응 가능
⑥ 유통경로의 수직적 통합 방법 : 합작투자, 컨소시엄, M&A 등

(2) 장단점 24-1, 20-2, 19-3

장 점	단 점
• 외부업체에 대한 마진을 내부화하여 수익성을 제고하고 총 유통비용 절감 • 자원, 원재료의 안정적 확보 • 혁신적 기술 보유 가능 • 새로 진입하려는 경쟁기업에게 높은 진입장벽으로 작용 • 유통경로상의 통제 수준 강화 가능 • 마케팅 비용절감 • 경쟁업체에 효율적 대응 가능	• 초기에 막대한 자금 소요(경로조직에 대한 투자 및 관리비용 증가) • 시장이나 기술 변화, 경쟁에서 뒤처지는 경우 등에 유연하고 기민한 대응 곤란 • 각 유통단계에서 독자성이나 전문성 상실 • 내부 직원이 아웃소싱업체에 비해 경쟁의식이 떨어질 시 실적 저조

(3) 수직적 유통경로 유형 22-2, 20-추가

① 기업형 유통시스템(Corporate System)

㉠ 유통경로상의 한 구성원이 다음 단계의 경로구성원을 인수 등을 통한 소유에 의해 지배하는 형태(예 SPA브랜드 등)

㉡ 장점 : 유통경로상 통제 가능, 제품생산·유통에서 규모의 경제 실현 가능

㉢ 단점 : 시장이나 기술 변화에 대한 기민한 대응이 어려워 소유 규모가 커질수록 환경 변화에 신속하고 유연하게 대응하기 힘들어짐

㉣ 구 분

전방통합	제조회사가 자사소유의 판매지점이나 소매상을 통합하는 형태
후방통합	소매상이나 도매상이 제조회사를 소유하는 형태

② 계약형 유통시스템(Contractual System) 19-2

㉠ 수직적 유통시스템 중 가장 일반적인 형태

㉡ 생산이나 유통활동에서 상이한 수준에 있는 독립적인 유통기관들이 상호경제적인 이익 달성을 위해 계약을 체결하고 그 계약에 따라 수직적 계열화를 꾀함

㉢ 구 분

- 도매상 후원 자유 연쇄점 : 도매상이 후원하고 다수의 소매상들이 계약으로 연합하여 수직 통합하는 형태
- 소매상 협동조합 : 독립된 소매상들이 연합하여 소매 협동조합 같은 임의 조직 결성 후 공동으로 구매하고 광고, 판촉활동 등을 하다가 최종적으로 도매활동이나 소매활동을 하는 기구로 수직 통합하는 형태
- 프랜차이즈 시스템(Franchise System) 23-2, 20-2

개 념	모회사나 본부가 가맹점에게 특정 지역에서 일정 기간 동안 영업할 수 있는 권리를 부여하고 그 대가로 로열티를 받는 시스템
의 의	• 모회사(프랜차이저, Franchisor)와 개인 혹은 조직(프랜차이지, Franchisee)과의 계약관계 • 프랜차이저가 프랜차이지에게 사업전반에 걸쳐 운영상 필요한 지도·지원(상호, 상표, 상징 및 경영노하우 등)과 면허상 특권을 부여하며, 프랜차이지는 사업 자금을 투자하고 본부에 가입금·보증금·로열티 등을 지급함
특 징	• 계약형 VMS의 가장 대표적인 사례 : 계약을 통해 생산-유통 과정의 여러 단계를 연결시키는 형태 • 주로 합법적 파워에 의해 운영

조직유형	제조업자-소매상 프랜차이즈		제조업자가 프랜차이즈 본부가 되어 소매상을 가맹점으로 참여시킨 형태
	제조업자-도매상 프랜차이즈		제조업자가 프랜차이즈 본부가 되어 도매상을 가맹점으로 참여시킨 형태 예 정유회사-석유대리점 등
	도매상-소매상 프랜차이즈		도매상이 프랜차이즈 본부가 되고 소매상을 가맹점으로 참여시킨 형태
	서비스회사-소매상 프랜차이즈		서비스회사가 프랜차이즈 본부가 되고 소매상을 가맹점으로 참여시킨 형태 예 외식업, 자동차 대여업, 인스턴트업, 숙박산업 등
장단점	프랜차이저 (본사)	장점	• 사업확장을 위한 자본조달 용이, 규모의 경제 실현 가능 • 높은 광고효과 및 사업 안정성 • 단기간에 광범위한 판매망 확보 가능 • 상품개발에 전념 가능 • 직접적인 노사갈등 감소
		단점	• 과도한 비용과 노력 • 통제의 어려움 • 우월적 · 지배적인 사고방식으로 시스템 전체 활력 감소 우려 • 투자수익률에 비해 전체 이익 증가 곤란
	프랜차이지 (가맹점)	장점	• 실패 위험성이 적음 • 초기 비용이 적으며, 경험이 없어도 쉽게 사업 가능 • 소비자 신뢰 획득 용이 • 효과적인 판매촉진 활동 가능 • 표준화된 제품과 서비스 제공 가능
		단점	• 실패 영향이 시스템 전체와 타 점포에 높은 부정적 파급효과 • 본부 방침 변경 시 가맹점이 의사결정에 참여하기 힘듦 • 가맹점이 본부의 의사를 따라야 하는 종속계약이므로 계약 내용에 가맹점의 요구 조건 등 반영이 힘듦 • 불리한 조건의 계약 체결 시 가맹점 손해 발생 가능성 • 본부 사세 약화 시 본부의 지도 · 지원 제공이 힘듦 • 개별 점포 각각의 상황에 맞는 유연한 대처 미흡 • 점포별 경영개선 노력 저하 우려

③ **관리형 유통시스템(Administrative System)** 22-2
　㉠ 소유권이나 명시적 계약 형태가 아닌 묵시적 협력관계로 형성된 경로 리더(Channel Leader)에 의해 생산 및 유통단계가 통합되는 형태
　㉡ 점유율이 높거나 판매망이 넓은 제조업자나 유통업자가 경로 리더가 되거나 경로구성원 지원
　㉢ 독립적인 경로구성원 간 상호 이해, 협력에 의존하지만 협력에 대한 계약상 의무는 없음

④ **동맹형 유통시스템(Alliances System)**
　㉠ 둘 이상의 경로구성원들이 대등한 관계에서 상호 의존성을 인식하고 긴밀한 관계를 자발적으로 형성한 통합된 시스템(계약이나 소유에 의한 통합이 아님)
　㉡ 제휴시스템이라고도 함

(4) 수직적 유통경로 유형 비교

유 형	기업형	계약형	관리형	동맹형
통합방식	소유	계약	경로 리더 의존	상호 의존
독립여부	소유	독립	독립	독립
통합정도	비독립	높음	낮음	매우 낮음
상호의존도	매우 높음	높음	낮음	높음

(5) 전통적 유통시스템과 수직적 유통시스템 중 계약형 경로의 특성 비교 18-3

구 분	계약형 유통시스템	전통적 유통시스템
계약의 성격	개발된 장기적 계약	개별주문에 의한 교섭
권한의 위치	개별구성원에 주로 존재	개별구성원에 배타적으로 존재
경로의사 결정 위치	경로조직 내의 승인된 업체와 본부	개별구성원
구조화된 분업	경로기능의 분업 동의	존재하지 않음
규모의 경제 실현 가능성	높음	낮음

03 수평적 유통(마케팅) 시스템(Horizontal Marketing System) 20-2

(1) 수평적 유통경로의 의의

① 동일한 경로단계의 두 개 이상 무관한 개별 기업들이 대등한 입장에서 자원 및 프로그램을 결합하여 연맹체를 구성하고 공생·공영하는 시스템 → 공생적 마케팅(Symbiotic Marketing)
② 동일한 유통경로상 기관들이 독자성을 유지하며 시너지 효과도 얻을 수 있음
③ 경쟁자와 비경쟁자 상관없이 목표를 위한 결속 가능(예 슈퍼마켓 체인점들이 점포에서 은행 업무를 제공하기 위해 지역은행과 계약하는 경우)

(2) 수평적 유통경로를 통해 기업 간에 얻을 수 있는 시너지효과

① 마케팅 시너지 : 여러 제품에 대해서 공동으로 유통경로, 판매, 관리, 조직, 광고 및 판매촉진, 시장판매하고 창고를 공동으로 이용하며 얻는 효과
② 투자 시너지 : 공장의 공동사용, 원재료의 공동조달, 공동연구개발, 기계 및 공구의 공동사용으로 얻는 효과
③ 경영관리 시너지 : 경영자 경험 결합 및 기업결합 등으로 얻는 효과

(3) 마케팅제휴(marketing alliance) 전략 20-2

촉진제휴 (promotional alliance)	• 제휴회사의 상품이나 서비스에 대한 프로모션을 목적으로 하는 것 • 대상고객이 비슷하고 보완적 소비를 목표로 하는 기업들이 상대기업의 로고 등을 교환하여 고객에게 노출시키는 공동브랜딩(Co-Branding) 예 햄버거 가게에서 해피밀 세트 구매 시 디즈니캐릭터 장난감 제공, 아이스크림 가게에서 아이스크림 구입 시 스누피 캘린더북 제공 등
로지스틱스 제휴 (logistics alliance)	물류시스템을 갖추지 못한 제휴 회사의 상품을 위한 물류서비스를 제공하는 제휴
가격제휴 (price alliance)	제휴 업체 간에 타사 고객을 위한 가격 할인 등을 제공하는 것

04 제조업의 수직계열화와 수평계열화 18-2

(1) 수직계열화

① 생산, 제조, 판매 등을 전부 한 기업이 도맡아 하는 것
② 제품을 생산하는 공급자부터 제품을 판매하는 판매사까지 전체 사슬에 관련된 기업을 하나의 큰 틀의 계열사로 두게 되는 것 → 제조업자가 유통업자를 지배하고 조직화하는 행위
③ 제조업 중심 수직계열화를 통한 경로 통합은 유통기능 중복 최소화의 효과를 가져 옴
④ **범위** : 생산자의 소비자에 대한 자사제품 직접 판매 시 활용, 통신판매, 방문판매, 소매점 직영 등

(2) 수평계열화

생산이면 생산업에만, 제조면 제조업에만, 판매면 판매업에만 종사하는 기업으로, 제품을 생산하는 데 있어서 큰 관련성이 없는 기업을 계열사로 두어 다방면의 사업 확장이 가능한 구조

4 유통경로구조의 결정이론

01 연기-투기이론(Postponement-speculation Perspective) 23-3, 21-2, 19-3, 19-1, 18-3, 18-1

(1) 개념

① "누가 재고를 유지해야 하는가", "누가 재고 보유에 따른 위험을 감수하느냐"에 의해 경로구조 결정 → 재고를 어느 구성원이 가지는가에 따라 유통경로가 만들어짐
② 경로구성원들은 고객의 요구 시점까지 최종 제품 생산공급을 가능한 한 연기(혹은 회피)하거나 적극적으로 재고를 부담하는 투기 중 선택 가능
③ 선택에 따라 경로길이가 달라짐 → 재고 보유 연기 시 경로 길이가 짧아지고, 투기적 재고 보유 시 경로 길이가 길어짐

(2) 연기전략과 투기전략

구 분	내 용
연기전략 (Postponement) 22-3, 22-1, 19-1	• 제품 생산 마지막 단계에서 완성을 미루었다가 고객의 요구 확인 후 반영하여 최종 생산하는 전략(제품의 완성을 최대한 연장시키는 전략) • 재고보유로 인한 위험 및 불확실성을 다른 구성원에게 전가시켜 경로효율성을 확보하는 전략 • 도매상의 제품 취급 연기로 인해 생산자가 소매상이나 최종 소비자에게 직접 판매하므로 경로가 짧아짐 연기 전략의 적용과 경로길이 • 중간상이 재고 부담을 줄이기 위해 재고 보유를 연기하려 하면 제조업자가 재고부담을 가짐 → 경로길이가 짧아짐 • 산업재의 경우 소수의 구매자가 일정한 구매주기에 집중 구매하므로 경로구성원들은 고객 수요가 발생하는 시점까지 재고부담 연기를 원함 → 산업재 제조업자는 경로길이가 짧은 유통경로를 통해 경로활동을 직접 수행 • 특수산업용 기계 제조업자가 주문을 받지 않는 한 생산을 미룸 → 경로길이가 짧아짐
투기전략 (Speculation)	• 제품 이익이 높은 경우, 경로구성원들이 제조업자 대신 투기적 재고를 유지하는 등 적극적인 경로활동을 수행해 제조업자의 재고부담 비용을 대신 부담하는 전략 • 이 경우 제조업자는 신속한 상품재고 이동을 위해 많은 중간상들을 경로 활동에 참여시키게 되어 경로길이가 길어짐 • 소비재(편의재)의 경우 소비자들이 다빈도 소량구매를 하므로 많은 중간상들이 재고위험을 부담하여 긴 유통경로를 띠게 됨

02 기능위양이론(Functional Spin-off Perspective) 25-1, 23-3, 21-2, 19-1, 18-3

① "누가 어떤 기능을 얼마나 효율적으로 수행하는가?"
② 유통경로의 구조는 기능수행의 경제적 효율성 여부에 의해 결정 → 특정 업무 수행 시 소요되는 비용이 가장 낮은 유통기관이 해당 업무를 수행하는 방향으로 결정됨
③ 경로구조 설계 시 각 경로구성원이 경로기능을 수행하는 데 드는 상대적 비용 고려
④ 다른 유통경로구성원이 비용 우위를 갖는 기능은 위양하고, 자신이 더 비용 우위를 갖는 일은 직접 수행(예 유통자금이 부족한 중소기업이 경쟁이 치열한 상품시장에 진입할 경우 전문적인 중간상에게 마케팅 기능 일부를 위탁하는 것이 바람직하나, 기업 규모가 커지면 중간상 이용보다 직접 그 기능을 수행하는 것이 더 효과적일 수 있음)
⑤ 각 유통기관은 비용우위를 갖는 기능들만을 수행함으로써 유통경로 최적안의 선택이 가능해짐

03 사용자-대리이론(Principal-Agency Theory) 23-3, 18-3, 18-1

(1) 개 념

① "의뢰인에게 최선의 성과를 가져다주는 효율적인 계약인가?"
② 유통경로의 구조는 의뢰인(경로구성원)에게 최선의 성과를 가져다주는 대리인(경로구성원)을 찾아 계약을 맺는 과정에서 결정됨
③ 대리인과 의뢰인 사이에는 계약 전과 후의 정보 비대칭성(정보 불균형)이 존재
④ 따라서 의뢰인은 대리인 선정 시 정보 불균형 극복을 위해 소요되는 비용(정보수집, 평가 등)이 적은 대리인을 선택하게 됨

(2) 계약 전·후의 정보 비대칭성

계약 전의 정보 비대칭성	• 역선택의 문제 • 정보를 갖지 못한 쪽이 바람직하지 못한 상대방과 계약할 가능성 높음
계약 후의 정보 비대칭성	• 도덕적 해이의 문제 • 정보를 가진 측이 그렇지 못한 측의 이익에 반하는 행동을 취하는 경향

04 게임이론(Game Theory) 23-3, 18-3, 18-1

① "경쟁관계에 있는 구성원들이 어떻게 자신의 이익을 극대화하는가?"
② 수직적으로 경쟁관계에 있는 제조업체와 중간상이 각자 자신의 이익을 극대화하기 위해 자신과 상대방의 행위를 조정하는 과정에서 유통경로구조 결정
③ 중간상의 기능을 수직적으로 통합하여 생산과 판매의 기능을 제조업체가 동시에 수행할 것인가, 독립적 중간상을 이용하여 생산과 판매기능을 분리시킬 것인가, 독립적인 중간상을 이용한다면 어떤 형태의 중간상을 몇 단계에 걸쳐 활용할 것인가 등을 경쟁업체들 간의 힘의 구조를 토대로 설명

05 거래비용이론(Transaction Cost Theory) 23-3, 19-1, 18-3, 18-1

(1) 개 요

① "기업이 어떻게 유통경로구조의 수직적 통합을 통해 경로구성원들과의 시너지 효과를 창출하는가?"
② 거래비용 증가 원인 및 해결방안을 수직적 통합으로 나타냄
③ 기업이 시장을 통해 독립된 경로구성원과 거래하는 것보다, 유통경로와 관련된 활동을 직접 수행할 경우 기회비용을 절감할 수 있기 때문에 기업내부화(수직적 통합)가 이루어짐
④ 거래비용의 발생 요인 22-1

인적 요인	거래 주체의 제한된 합리성, 기회주의적 행동경향(무임승차 등)
환경적 요인	거래자의 수(소수의 참여자), 정보의 밀집성(비대칭성), 불확실성과 복잡성
거래의 특성	거래특유자산의 존재, 큰 수요변동, 성과의 계측성, 거래빈도

(2) 거래비용이 높아지는 경우 24-2

① 거래 당사자 간 정보의 비대칭성(밀집성)이 높은 경우
② 거래자의 수가 적은 경우
③ 거래환경의 불확실성이 높은 경우
④ 거래특유자산이 많고 수요변동이 큰 경우

(3) 거래비용과 유통경로의 길이

① 긴 유통경로 형성 : 기업의 수직적 통합 비용이 크기 때문에 수직적 통합을 통한 내부조직 구축에 의한 생산비용에 비해 시장을 통한 거래비용이 낮은 경우
② 짧은 유통경로 형성 : 수직적 통합으로 마케팅 기능을 직접 수행하는 비용이 시장을 통한 거래비용보다 낮은 경우

06 체크리스트법 21-3, 20-3, 19-1

① 유통경로구조를 결정하는 데 필요한 여러 가지 고려해야 할 요인들을 종합·반영하여 중간상을 결정하는 방법
② 체크리스트법에서 고려해야 요인

시장요인	시장규모, 지역적 집중도, 구매빈도, 평균 주문량
기업요인	기업규모, 재무적 능력, 경영 전문성, 통제에 대한 욕망
제품요인	기술적 복잡성, 제품의 크기와 중량, 부패성, 단위당 가치, 제품표준화 등
경로구성원요인	마케팅 기능 수행의지, 수행하는 서비스의 수와 품질, 구성원의 이용비용
환경요인	환경적 고려요인의 수

5 유통경로의 믹스

01 유통경로 설계

(1) 유통경로 설계에 영향을 미치는 시장 특성 25-1, 22-2

시장지리 (Market Geography)	• 생산자로부터 소비자까지의 물리적인 거리 차이 • 장거리와 단거리의 거리편의성이 고객만족에 중요한 영향을 줌
시장밀도 (Market Density)	• 지리적 영역단위당 구매자의 수 • 시장밀도가 높으면 지리적 영역단위당 구매자 수가 높아지므로 한정된 유통시설을 이용해 많은 고객 상대 가능
시장크기 (Market Size)	• 어떤 특정한 시장에서 잠재적 구매자와 판매자의 수 • 시장크기는 시장을 구성하는 소비자들의 수에 의해 결정

(2) 유통경로 결정 요인 25-2

환경요인	경기변동, 법적·제도적 환경
시장요인	시장의 형태, 잠재고객의 수, 시장의 지리적 집중도, 주문의 크기
제품요인	단가, 부패가능성, 제품의 기술적 특징
중간상요인	중간상이 제공하는 서비스, 중간상 이용 가능성, 제조업자 및 중간상의 정책, 중간상 유형별 장단점
기업요인	• 인적·물적·재무적 자원 • 기업의 규모와 자본력이 크거나, 제품계열이 넓고, 신제품을 적극적으로 개발하려는 경우 → 직접유통이 유리 • 경험자의 경험이 풍부한 경우 → 직접유통의 경향이 높음
경쟁적요인	• 경쟁자의 유통경로믹스 • 경쟁업자와의 경쟁력 차별화를 위해 직접유통 수행
경로커버리지 정책 요인	'얼마나 많은 수의 점포를 특정 지역에 설립할 것인지, 경로 흐름에서 어떤 유형의 경로구성원이 필요한지의 결정(경로커버리지)'을 통해 실재고객과 잠재고객의 욕구를 실현하는 것이 경로관리의 핵심적인 관점
경로구조상 요인	경로구조는 할당된 유통기능들을 담당하는 경로구성원들의 집합으로, 다중 유통경로정책은 경로 간 갈등이 최대화된다는 단점이 있음
제조업체의 유통경로 지배방법에 의한 요인	• 광고를 통해 강력한 브랜드 이미지 구축 • 제조업체의 방침에 따르지 않는 유통업체에게 제품판매를 중단하기도 함 • 중간상들에게 정기적으로 시장정보를 제공하여 중간상의 경쟁력 향상 지원

(3) 경로목표를 달성하기 위한 경로전략에서 다루는 사항 **24-3**

가격 결정정책	유통경로를 통한 가격과 가격수준 결정
상품계열정책	전속거래, 상품묶음 등
경로구성원 선별·결정 정책	경로구성원의 능력 평가 등을 통한 경로구성원 선별과 결정
경로 소유권 정책	경로기능을 경로구성원 간에 배분하는 과정
유통경로 커버리지 정책	고객에게 제품을 제공하기 위해 점포를 얼마나 활용할지 결정

02 유통경로 커버리지(Coverage, 범위)의 결정

(1) 유통경로 커버리지(유통경로 범위) 개념 **25-2, 23-2**

① 특정 지역에서 자사 제품을 취급하는 점포를 얼마나 많이 활용할 것인가 결정하는 것
② 어떤 유통경로를 선택하느냐에 따라 중간상 개수, 유통비용, 관리 등이 달라짐 → 목표에 맞는 효율적 유통경로 정책 필요
③ 유통경로 커버리지 전략 선택 시 고려해야 할 요소 : 취급하는 제품의 유형, 고객구매행동, 기업의 경로 통제 욕구, 점포의 포화 정도 등

(2) 유통경로 커버리지 정책 **23-3, 22-2, 22-1, 19-3, 18-2, 18-1**

개방적(집중적) 유통경로 (Intensive Channel Strategy)	• 희망하는 소매점이면 누구나 자사의 상품을 취급할 수 있도록 하는 유통경로전략 • 많은 경로구성원 이용으로 시장 노출 극대화 • 장소의 편의성이 높게 요구되는 품목(담배, 음료, 과자류, 일용품 등 편의품)에 적용 • 일부 의약품은 고객 편의를 위해 편의점을 통한 개방적 유통 사용 • 공격적인 유통이 가능한 집약(집중)적 유통경로
전속적(배타적) 유통경로 (Exclusive Channel Strategy)	• 일정한 상권 내에 하나 또는 극소수의 제한된 소매점에 제품 유통 독점권을 부여하고 자사 상품만 취급하게 하는 유통경로전략 • 유통비용을 낮춤과 동시에 경로구성원 수가 많을 때보다 구성원들과 관계를 더 잘 유지할 수 있음 • 브랜드 충성도(Brand royalty)가 높은 제품을 생산하는 제조업체가 채택 • 제조업체의 소매점포에 대한 통제력 강화를 통해 자사 전략에 맞는 자사 브랜드 이미지 유지 가능 → 소비자에게 제품과 연관된 배타성·유일성 이미지를 효과적으로 전달 • 소비자가 제품 구매를 위해 적극적 탐색, 쇼핑에 대한 시간과 노력을 아끼지 않는 경우 적합 → 적은 점포 수로도 원활한 유통 가능 • 주로 구매빈도가 낮고 비규칙적인 전문품(자동차, 고가구, 카메라 렌즈, 고급 의류, 보석, 특정 브랜드의 전자제품 등) 유통에 이용
선택적 유통경로 (Selective Channel Strategy)	• 개방적 유통경로와 전속적 유통경로의 중간적 형태 • 일정 지역 내에 일정 수준 이상의 이미지, 입지, 경영능력을 갖춘 소매점을 선별하여 이들에게 자사 제품을 취급하도록 하는 선택적 유통경로 전략 • 주로 가구, 의류, 가전제품과 같은 선매품 유통에 이용 – 이질적 선매품의 경우 품질비교가 가능하도록 유통시킴 – 동질적 선매품의 경우 가격비교가 용이하도록 유통시킴
다중 유통경로 (Multi Channel Strategy)	• 2개 이상의 유통경로를 동시에 사용하는 전략 • 온·오프라인의 다양한 채널에서 구매 가능하나 각 채널이 연계되지 않아 고객은 하나의 문제를 해결하기 위해 최소 3개의 채널을 사용해야 함 • 단점 : 유통경로 간 갈등 심화 가능성, 이중가격 형성 가능성

03 유통경로 길이의 결정 23-2, 23-1, 20-추가

(1) 개 념

① 유통경로의 길이(Length) : 생산자와 구매자 사이에 개입하는 중간상 수준의 수
② 유통경로수준 : 생산자와 소비자 사이에 중간 유통상이 몇 단계에 걸쳐서 개입하는가
③ 제품특성, 수요특성, 공급특성, 유통비용구조 등에 영향을 받으며, 특히 제품특성(품질, 가격 등)과 밀접한 관련

(2) 제조업이 선택할 수 있는 유통경로 길이 결정 요인

영향 요인	긴 경로	짧은 경로
제품(상품)특성	• 표준화된 경량품 • 비부패성 상품 • 기술적 단순성, 편의품	• 비표준화된 중량품 • 부패성 상품 • 기술적 복잡성, 전문품
수요특성	• 구매단위가 작음 • 구매빈도 높고 규칙적	• 구매단위가 큼 • 구매빈도 낮고 비규칙적
공급특성	• 생산자 수 많음 • 공급자의 자유로운 시장 진입·탈퇴 • 지역적 분산 생산	• 생산자 수 적음 • 공급자의 제한적 시장 진입·탈퇴 • 지역적 집중 생산 • 유통경로 통제 욕구 강함
비용구조특성	• 장기적 유통비용이 안정적 • 총마진이 비교적 낮은 편의품	• 장기적으로 불안정 → 최적화 추구 • 총마진이 비교적 높은 전문품

04 직접유통경로, 간접유통경로 19-2

(1) 직접유통경로

① 개념 : 제조업자(생산자)가 소비자에게 직접 유통
② 직접유통 발생 이유 24-1

  ㉠ 유통 관련 시설 발달로 제조업자와 구매자의 접촉이 용이
  ㉡ 도매상이 부당한 이윤을 얻고 있다는 생산자의 불만
  ㉢ 대형할인점과 같이 큰 자본력과 충분한 보관시설을 갖춘 파워 리테일러의 성장
  ㉣ 시간·장소 제약을 극복할 수 있는 온라인 쇼핑의 증가

(2) 간접유통경로

① 개념 : 제조업자와 소비자 사이에 중간상(도매상, 중간도매상, 소매상) 존재
② 간접유통 발생 이유 24-1

  ㉠ 유통기관 비용은 제조업에 비해 고정비가 낮고 변동비가 높으므로 제조업자가 직접유통까지 담당하면 규모의 경제 달성이 어려움
  ㉡ 제조와 유통 기능을 분리하는 것이 비용 측면에서 효율적

(3) 제조업자의 직접, 간접 유통경로 선택 요인

직접유통경로 선택 요인	간접유통경로 선택 요인
• 고객의 제품 기술정보에 대한 욕구가 높을 경우 • 상품이 고가 · 복잡 · 고기술형인 경우 • 고객화(Customization) 필요성이 높을수록 • 중요한 영업비밀이 있는 경우 • 제품정보에 대한 서비스 기대가 높은 경우 • 상품 취급 가능한 유능한 중간상들이 많지 않은 경우 • 제품 1회 구매량(구매 규모)이 큰 경우	• 제품의 규격이나 용도 등 제품 명세에 대한 고객의 욕구가 다양할 때 • 하나의 제품과 연관된 여러 제품(보완재)들이 공급되어야 할 경우 • 구매자에게 중간상에 의해 구매 가능 품목이 한 데 모아져 있는 원스톱 쇼핑(one-stop shopping)이 매우 중요한 경우

(4) 통제가능성 및 투자비의 높낮이에 따른 유통경로 선택 요인

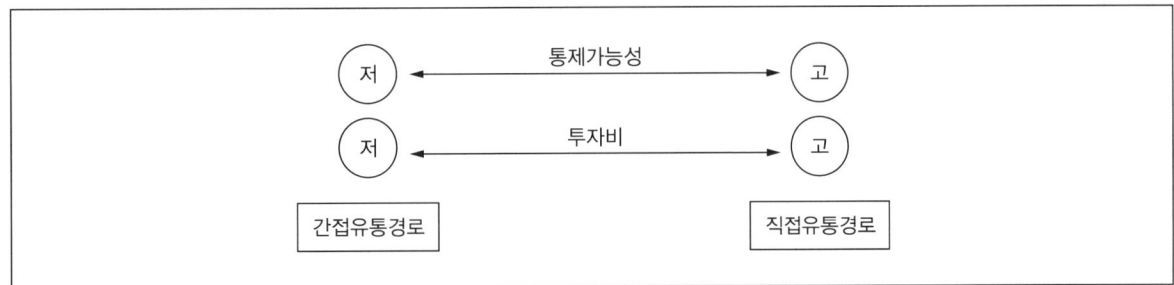

05 상품군별 유통경로 24-2

구 분	소비형태	내 용
분산형	대량생산 소량소비	• 대규모 생산과 소규모 소비를 하는 일반적인 소비용품 • 공산품, 생활필수품 등의 유통에 적합한 유통기구
중개형	대량생산 대량소비	• 중개기능만 필요 • 공업용 원료나 가공을 위한 광산물 등을 대량 생산하여 건설현장이나 공장 등에 대량 소비
수집 · 중개 · 분산형	소량생산 소량소비	• 수집기관-중계기관-분산기관이 모두 필요한 가장 복잡한 유통구조 • 최종 소비용 농산물 및 수산물과 같은 소규모 생산과 소규모 소비에 적합한 유통기구
수집 · 중개형	소량생산 대량소비	• 최종 소비가 아닌 가공된 제품을 공급하는 유형 • 분산기관이 생략된 경로 • 농산물이나 임산물의 가공

6 유통경로상의 파워(힘)와 갈등

01 유통경로의 경로구성원 파워(power)의 원천 23-3, 19-2, 18-2

(1) 준거적 권력(Referent Power)

① 한 경로구성원이 여러 측면에서 장점을 갖고 있고 다른 경로구성원이 그와 일체성을 가지고 한 구성원이 되고 싶어 하며 거래관계를 계속 유지하고 싶어 할 때 미치는 영향력

② 유명상표를 취급한다는 긍지와 보람, 상호 간 목표 공유, 상대방과의 관계지속 욕구, 상대방의 신뢰 및 결속 등이 대표적

(2) 전문적 권력(Expert Power)

① 한 경로구성원이 특별한 전문지식이나 경험을 가졌다고 상대방이 인지할 때 가지는 영향력

② 경영관리에 관한 상담과 조언, 영업사원의 전문지식 교육, 종업원의 교육과 훈련, 경영 정보 및 소비자 정보의 제공, 상품의 진열 및 전시에 관한 조언 등

(3) 정당성 권력(Legitimate Power, 합법적 권력)

① 다른 구성원들에게 영향력을 행사할 정당한 권리를 갖고 있고 상대방도 당연히 그렇게 해야 한다고 내재적으로 지각할 때 미치는 영향력

② 상표등록, 특허권, 프랜차이즈권리, 기타 법률적 권리, 조직 내의 공식적인 지위 등

(4) 보상적 권력(Reward Power)

① 한 경로구성원이 다른 경로구성원에게 여러 가지 물질적 또는 심리적인 도움을 줄 수 있을 때 형성되는 영향력

② 자신의 보상을 조정할 수 있는 능력을 가지고 있다고 인식할수록 증가

③ 판매지원, 영업활동지원, 금융지원, 신용조건, 특별할인, 리베이트, 광고지원, 판촉물지원, 신속한 배달, 지역독점권 제공 등

(5) 강압적 권력(Coercive Power)

① 한 경로구성원의 영향력 행사에 대해서 구성원들이 따르지 않을 때 처벌이나 부정적 제재를 받을 것이라고 지각하는 경우에 미치는 영향력

② 강제력의 강도는 처벌이 지닌 부정적 효과의 크기에 비례

③ 상품공급의 지연, 대리점 보증금의 인상, 마진폭의 인하, 대금결제일의 단축, 전속적 지역권의 철회, 끼워 팔기, 밀어내기, 기타 보상적 파워의 철회 등

(6) 정보적 권력(Informative Power)

① 다른 경로구성원이 이전에 얻을 수 없었거나 알 수 없었던 정보 또는 일의 결과를 제공해 준다고 인식하는 경우에 갖게 되는 영향력

② 시장환경 정보, 소비자 정보, 제품 정보, 마케팅 정보 제공 등

02 유통경로상의 갈등 18-3, 18-2

(1) 개요
① 유통업체 규모에 따른 힘의 증가로 유통업체 간 힘의 불균형이 발생하여 유통경로 내의 갈등이 증대하고 있음
② 경로구성원 간 실제 보이는 반응과 기대하는 반응이 상호 불일치하는 경우에 발생
③ 상호의존적 관계가 높을수록 구성원 간 갈등 발생 가능성 상승

(2) 갈등 원인
① **영역의 불일치** : 상권범위 혹은 각 경로원의 수행 역할에 대한 구성원 간의 견해 차이로, 각자의 역할과 영역이 서로 합의되지 않는 경우 발생(예 프랜차이즈에서 가맹점이 본부에 상권보장을 요구하는 경우)
② **기회주의적 행동** : 거래파트너가 자신의 이익 추구를 위해 거래 관련정보를 왜곡하거나 잘못된 정보를 제공하는 것
③ **인식의 불일치** : 동일한 상황에 대해 서로 다른 반응을 불러일으키는 경우 발생
④ **목표의 불일치** : 경로구성원들이 상대방의 목표를 존중하지 않고 간섭할 때 나타남

(3) Etgar가 구분한 유통경로에서 발생하는 갈등 원인 25-1

구조적 원인	• 상대방의 이익과의 충돌을 반영하는 것 • 목표의 불일치, 자율에 대한 욕구, 희소자원에 대한 경쟁
태도적 원인	• 경로구성원들의 경로 및 환경에 대한 정보의 수신과 그 처리과정 방법의 차이에서 비롯됨 • 역할 · 영역 불일치, 기대 불일치, 지각 불일치, 의사소통 불일치

SECTION 03 유통경제

1 유통산업의 역할 25-2, 24-2, 23-2, 23-1, 22-2, 21-3, 21-2, 19-1

01 경제적 역할

(1) 생산자와 소비자 간의 매개 역할
① 생산과 소비의 중개를 통해 제조업 경쟁력을 높이고 소비자 후생 증진에 큰 기여
② 생산과 소비 사이에서 발생할 수 있는 괴리를 줄여 생산과 소비를 원활하게 연결 → 생산자와 소비자 간 촉매 역할
③ 제조업자는 규모의 경제 실현을 위해 소품종 대량생산을, 소비자는 다양한 제품라인을 요구 → 유통경로를 통해 제품구색의 불일치 완화
④ 생산자와 소비자가 직접 거래할 경우 발생하는 제반 비용 감소
⑤ 양자의 중간에서 각각의 정보를 상대방에게 제공하여 소비자 니즈에 맞는 제품 생산 가능
⑥ 고객에게 상품정보, 유행정보, 생활정보 등 무형적 가치 제공
⑦ 생산자는 부가가치를 높일 수 있고 소비자에게는 폭넓은 선택의 기회 제공

(2) 고용창출
　　① 유통산업은 3차 산업 중 가장 비중이 높으며 향후 지속적인 성장으로 높은 고용창출 효과 기대 가능
　　② 다양한 유통업을 통한 고용창출 효과를 가져옴

(3) 물가조정
　　① 유통구조가 효율화되면 제품의 최종 소비자 가격은 낮아지고, 유통경로에 대한 투자 위험 흡수 가능
　　② 유통업체 간, 제조업과 유통업체 간 경쟁을 촉진하여 물가를 조정하는 역할 담당
　　③ 모바일 쇼핑 같은 신업태 등장, 유통단계 축소 등 구조 개선으로 상품 거래비용, 소매가격 하락을 가져와 물가안정에 기여

(4) 산업발전의 촉매역할
　　① 후기산업사회 이후 소비자 욕구의 다양화로 유통의 경제적 역할 확대
　　② 유통산업은 국민경제 및 서비스산업 발전에 파급효과가 크고 높은 성장잠재력을 지닌 고부가가치 산업으로 평가됨
　　③ 유통부문의 활발한 신규시장 개척으로, 제조업체에 대한 유통업의 거래 교섭력이 증가하면서 제조업체 간 경쟁 촉발 및 제조업 전체 경쟁력 제고
　　④ 생산과 소비의 중개 및 연결을 통해 국가경제 순환에 중요한 역할
　　⑤ 유통구조 개선을 통해 국가 경제에 이바지

02 사회적 역할

(1) 원활한 물품의 흐름 촉진
　　① 유통산업의 발전으로 생산자가 만든 고품질 상품을 소비자에게 저렴 · 신속하게 전달 가능
　　② 생산 · 소비의 양과 질을 합리적으로 결정하여 물품의 흐름을 원활하게 할 수 있음

(2) 풍요로운 사회에 공헌
　　질 좋은 제품을 소비자에게 안정적으로 저렴하게 공급하여 풍요로운 국민생활에 공헌

(3) 소비문화의 창달
　　① 유통시설은 도시변화가 상업시설의 핵심을 이루면서 도시발전의 지표와 상징적 역할 담당
　　② 소비자의 소비 · 쇼핑패턴 변화는 사회 전체 소비문화를 결정짓는 중요한 요소로 작용
　　③ 다양한 소비자의 욕구를 충족시켜줄 수 있는 소비문화를 발전시킴

2 제품 생산·소비·교환과 수요·공급

01 제품의 생산과 소비, 교환

(1) 제품의 생산과 판매 전략
　　① 제품 생산의 개념
　　　　㉠ 생산과 소비의 일치에서 잉여생산물 발생 → 교환의 필요성 발생

ⓒ 생산자들이 판매 이윤을 목적으로 제품 대량 생산 수행
　　ⓒ 생산자들은 제품 판매와 생산을 모두 유지하는 것이 중요
② 제품수명주기(Product Life Cycle) `25-1, 23-2, 23-1`
　　㉠ 어떤 상품이 시장에 최초로 도입되어 폐기에 이르기까지의 과정
　　㉡ 제품수명주기 : 도입기 → 성장기 → 성숙기 → 쇠퇴기의 단계를 거침

도입기	• 판매량과 이익이 모두 낮으며 경쟁자 수도 소수(초기투자비용으로 수익성이 낮거나 마이너스) • 시장 확대 전략에 초점
성장기	• 판매량과 이익 모두 급성장하여 경쟁자 수 증가 • 시장 침투 전략에 초점
성숙기	• 판매량은 저성장, 이익은 정점에 달하며 경쟁자 수도 다수(시장점유율은 안정되나 수익성 감소 시작) • 시장점유율 유지 전략 예 브랜드·모델 다양화, 가격 대응, 브랜드 차별화와 편익 강조 광고, 집중적 유통 강화 등
쇠퇴기	• 소매기관의 상대적 취약성이 명백해지며 판매량과 이익 모두 급격히 감소 • 경쟁에서 뒤처지게 되는 단계

③ 앤소프(Ansoff, H. I.)의 제품/시장 확장그리드(product/market expansion grid) `23-3, 23-1, 22-3, 21-3, 20-추가, 20-2`
　　㉠ 최상위 경영전략인 기업 수준의 경영전략
　　㉡ 제품/시장 확장그리드를 이용한 성장전략 유형

구 분		상품 및 접근전략	
		기존제품으로 접근	신제품으로 접근
시 장	현재 : 기존시장	시장침투전략(market penetration strategy)	제품개발전략(product development strategy)
	신규 : 신시장	시장개발전략(market development strategy)	다각화전략(diversification strategy)

　　ⓒ 유형별 세부 전략

시장침투전략	시장점유율이나 제품 용법을 향상시키기 위한 전략
시장개발전략	기존제품을 통한 시장확장전략, 새로운 목표 세분시장의 지리적 확장
제품개발전략	제품개선, 제품계열확장, 동일시장 내 신제품개발
다각화전략	수직적 통합, 연관사업 다각화, 비연관사업 다각화 등

(2) 소비와 교환
① 상품의 소비
　　㉠ 소비자는 자신의 니즈(needs)나 욕구를 충족시키기 위하여 상품이 가지는 유용성을 소비함
　　㉡ 기업은 소비자가 요구하는 정보를 파악하고 적합한 제품을 생산하여 기업 존속 및 발전
② 상품의 교환
　　㉠ 생산자와 소비자의 교환활동은 화폐를 매개로 상호 간 필요에 의해 발생
　　㉡ 제품 판매자가 소비자가 요구하는 구색을 갖추고 있지 않다면 효율적 교환 곤란
　　ⓒ 이런 제약요소로 인해 중간상(도매상, 소매상)이 필요하며, 이는 사회적 분업 촉진에 영향을 끼침

02 수요와 공급

(1) 수 요

① 개 념
  ㉠ 수요 : 소비자가 재화 및 서비스를 구매하려는 욕구
  ㉡ 수요량 : 소비자가 구매하려는 수량
  ㉢ 수요의 가격탄력성 : 재화의 가격에 영향을 주는 요인이 변화할 때 그 수요가 얼마나 민감한 반응을 보이는지 나타내는 개념

② 수요의 가격탄력성에 영향을 주는 요인 23-1

상품 성질	사치품일 경우 가격탄력성이 크고, 생활필수품의 경우 가격탄력성이 낮음
대체재 유무	대체재가 있는 경우 가격탄력성이 크고, 대체재가 없는 경우 가격탄력성이 낮음
재화의 용도	재화의 용도가 다양할수록 가격탄력성이 큼
소비자 소득 수준	소득에서 재화의 가격이 차지하는 비중이 클수록 가격상승 시 구매를 연기하여 가격탄력성이 큼 → 소득에서 재화의 가격이 차지하는 비중과 가격탄력성은 비례

(2) 공 급

① 개 념
  ㉠ 공급 : 생산자가 재화 및 서비스를 판매하려는 욕구
  ㉡ 공급량 : 생산자가 판매하려는 수량

② 공급량 결정에 영향을 주는 요인

상품 가격	상품 가격이 높게 형성되면 공급 증가
생산요소 가격	생산요소(노동, 자본, 토지) 가격 하락으로 생산원가 하락 시 공급 증가
대체재 가격	대체재 가격이 상품보다 높게 형성되면 수요 상승에 대비해 공급 증가
기술 수준	기술 수준 향상으로 생산원가 하락 시 공급 증가

3 유통비용과 유통이윤

01 유통비용

(1) 개 념
  ① 유통을 수행하는 경제적 활동에 의한 비용으로 상적 유통, 물적 유통 및 조성 기능 수행에서 발생
  ② 최근 제조업 분야에서 유통비용과 같은 간접원가의 중요성 인식 확대

(2) 구 분

직접비용	• 상적유통 앞뒤에서 발생하는 물적 유통비용 • 유통에 직접적으로 지불되는 비용 • 수송비, 보관비, 하역비, 포장비 등
간접비용	• 상품 및 서비스 판매와 관련된 상적 유통비용 • 간접적으로 투입되는 비용 • 점포임대료, 통신비, 자본이자 등

(3) 제조업체가 부담하는 유통비용 21-1

신제품 입점비	제조업체가 유통업체에 신제품 납품 시 진열대 진열을 위해 지원하는 비용
리베이트	판매가격의 일정률에 해당하는 현금을 반환하는 것
물량비례보조금	특정 기간 내 구매하는 상품의 양에 따라 지원금 지급
머천다이징 보조금	점포 내 판촉물 전시 혹은 소매점광고에 자사 상품 소개 시 지급
제품진열 보조금	신제품 구매 시, 특별 전시 시 지급
소매점 재고보호 보조금	제조업자 판촉기간 동안 소매상이 구입한 상품의 재고위험성을 보상하는 것
상품지원금	유통업체가 하자 있거나 오래된 상품 등을 구매 시 이를 보상하기 위해 지급하는 비용

02 유통이윤

(1) 개 요

① 유통단계상 구성원들의 이윤
② 유통업자의 정상이윤, 위험에 따른 프리미엄, 독과점 초과이윤 등에 의해 결정

(2) 이익모형

① 전략적 이익모형(SPM ; Strategic Profit Model) 19-1

㉠ 개 요

개 념	• 다양한 재무비율들 간의 상호 관련성 분석 • 순이익률(수익성), 자산회전율(활동성), 레버리지 비율(안정성)로 구성되어 있음 전략적 이익 모형(SPM) = 순이익률 × 자산회전율 × 레버리지 비율 $= \dfrac{순이익}{순매출액} \times \dfrac{순매출액}{총자산} \times \dfrac{총자산}{자기자본} = \dfrac{순이익}{자기자본}$
시사점	• 기업의 재무적 목표 : 순자본 투자에 대한 충분한 수익률을 올리는 것 • 경로성과를 높이기 위해 자본관리, 마진관리, 재무관리 제시 • 자본, 마진, 재무계획 간 관계를 잘 활용하는 기업이 높은 수익을 올릴 수 있음 • 목표투자수익률을 달성하기 위해 다른 기업들이 채택한 재무전략 평가에 유용한 기준 제시 • 투자수익률을 높이기 위한, 즉 수익성 향상을 위한 3가지 방법 : 자산회전율을 높이거나, 이익 마진을 증가시키거나, 레버리지 효과를 높이는 것

ⓒ 구성요소 25-2

투자수익률(ROI ; Return On Investment) 21-2	• 투자에 대한 이익률 • 순자본(소유주의 자본, 주주의 자본, 수권자본)에 대한 순이익의 비율 → 순이익/순자본(투자액) • 경영성과 측정기준 중 가장 널리 사용되는 지표 • 측정 방법 – ROI가 높으면 투자비용 대비 이익률이 높다는 의미 – ROI가 낮으면 자산 과잉투자 등으로 사업이 성공적이지 못하다는 의미 – ROI가 높으면 효과적인 레버리지 기회를 활용했다고도 해석 가능
자산회전율	• 순매출액/총자산 • 대차대조표의 자산 측면에서 전체적인 성과척도를 나타냄
매출액순이익률	• 순이익/순매출액 • 제품 · 서비스 원가, 영업비용(감가상각 포함), 차입자금 비용 등을 판매수익으로 표현하여 기업이 감당할 수 있는 경영능력을 나타내는 지표
총자산이익률(ROA ; Return On Asset)	• 당기순이익/총자산 • 기업의 세금차감 후 당기순이익을 자산총액으로 나누어 얻어지는 수치 • 특정 기업이 자산을 얼마나 효율적으로 운용했는지 나타내는 수익성 지표
레버리지비율	• 총자산/순자본(자기자본) • 기업의 타인자본에 대한 의존도를 측정하는 지표 • 기업이 장 · 단기적인 목적으로 자금을 얼마나 차입했는지 나타냄

② 제품별 직접이익(DPP ; Direct Product Profitability) 20-추가
  ㉠ 소매업체의 제품성과를 평가하는 측정도구
  ㉡ 경로구성원이 취급하는 제품 수익성 분석의 한 기법
  ㉢ 각 경로대안의 총 마진에서 제품별 영업활동이나 상품머천다이징활동에 의해 발생하는 직접제품비용을 뺀 제품수익성을 평가하여 직접제품이익이 가장 높은 경로 대안을 선택하는 방법
  ㉣ 제품평가에 있어서 고정비를 제외한 변동비만을 고려하여 분석
  ㉤ 구매자의 입장에서 특정 공급업자의 개별품목 혹은 *재고관리단위(SKU ; Stock Keeping Unit) 각각에 대한 평가에 가장 적합한 방법

*재고관리단위(최소유지상품단위, SKU) : 유통매장에서 해당 상품을 관리하는 최소단위를 정해놓은 것

+ 더 알아보기 시장점유율 25-2

• 해당 시장의 전체 판매량(혹은 총매출액) 중 소매업자의 매출액이 차지하는 비율
• 소매업자의 총매출액을 총시장매출액으로 나누어 계산

$$시장점유율 = \frac{소매업자의\ 총매출액}{총시장매출액}$$

• 시장점유율의 계산 시 지역이나 업종은 구분하여야 함

03 원가계산

(1) 개념

① 원가는 3요소인 재료비, 노무비, 경비를 바탕으로 계산
② 판매원가와 판매가격 산출 시의 기본요소

(2) 원가의 3요소와 추가요소

3요소	재료비	• 규격별 소요량에 단위당 가격을 곱한 금액의 합 • 직접재료비와 간접재료비로 구분
		직접재료비: 제품생산과 직접적인 측면에서 계산
		간접재료비: 보조 및 소모성 등의 재료비를 바탕으로 계산
	노무비	• 공정별 노무량에 단위당 가격을 곱한 금액의 합 • 직접노무비와 간접노무비로 구분
		직접노무비: 제조작업의 직접적인 활동 측면에서 계산
		간접노무비: 보조작업자 등과 같이 직접노무 이외의 노무를 바탕으로 계산
	경비	• 구성 비목 : 전력 및 수도광열비, 운반비, 감가상각비, 지급임차료, 보험료, 교통 및 통신비 등 • 제품과의 관련성 등에 따라 직접 계산하여 부과하거나 일정 기준에 따라 배부하기도 함
추가요소	일반관리비	• 기업 유지를 위한 관리활동 부문에서 발생하는 제비용 • 제조원가에 일정률의 일반관리비율을 곱하여 계산 • 제조원가와 합산되어 판매원가 산출
	이윤(이익)	• 총원가에서 재료비, 외주가공비, 기술료를 차감한 금액에 일정률의 이윤율을 곱하여 계산 • 판매원가와 합산하여 판매가격 산출
	부가가치세	• 개별 적용이 아닌 총액 적용을 기본으로 함 • 계약목적물 전체의 공급가액 합계금액에 부가가치세율을 곱하여 계산

04 가격정책

(1) 원가를 고려한 가격결정전략 : 원가가산기준법(cost plus basis method) **24-2**

① 개념
　㉠ 제품이나 서비스를 생산하는 데 드는 총 생산비용에 원하는 이익 금액을 추가하는 가격책정방법
　㉡ 제조원가 요소를 부과하거나 배부해서 산출

② 원가의 5단계 구성도
　㉠ 직접원가 = 기초원가(직접재료비, 직접노무비) + 직접경비
　㉡ 제조원가 = 직접원가 + 제조간접비(간접재료비, 간접노무비, 간접경비)
　㉢ 총원가 = 제조원가 + 비제조원가(판매비, 일반관리비)
　㉣ 판매원가 = 총 원가 + 희망(예정) 이익

ⓜ 판매가격 = 판매원가 + 제세공과금, 물류비 등

판매 가격	판매 원가	총 원가	제조원가 (제품 원가)	직접원가	직접 경비	기초원가
					직접 재료비	
					직접 노무비	
				제조간접비 (간접재료비, 간접노무비, 간접경비)		
			비제조원가	판매비(판매간접비)		
				일반관리비		
		희망이익				
	제세공과금, 물류비					

③ 비용가산에 따른 가격결정
  ㉠ 총비용에 사전에 결정된 목표이익을 가산함으로써 가격을 결정하는 것
  ㉡ 먼저 총생산량을 추정한 후 고정비용과 변동비용을 산출하여 여기에 목표이익을 합산한 다음 이 값을 총생산량으로 나누어 가격을 결정함

- 단위당 원가 = $\dfrac{총고정비 + 총변동비}{예상 생산량}$
- 적정가격 = $\dfrac{단위당 원가}{1 - 마진율} = \dfrac{단위당 고정비 + 단위당 변동비}{1 - 마진율}$

(2) 심리적 가격결정전략 18-2

단수가격 (Odd Pricing)	• 시장경쟁이 치열할 때 소비자들에게 심리적으로 저렴하다는 느낌을 주어 판매량을 늘리려는 가격결정방법 • 제품 가격을 100원, 1,000원처럼 현 화폐단위에 맞게 책정하는 것이 아닌, 조금 낮은 95원, 970원, 990원처럼 단수로 책정
관습가격 (Customary Pricing)	일용품처럼 장기간에 걸친 소비자 수요로 관습적으로 형성되는 가격
명성가격 (Prestige Pricing)	자신의 명성이나 위신을 나타내는 제품은 일시적 가격상승 시 수요 증가 경향을 보이기도 하는데, 이를 이용해 고가로 가격을 설정하는 방법
준거가격, 유보가격, 최저수용가격	• 준거가격(Reference Price) : 구매자가 가격이 저가인지 고가인지를 판단하는 데 기준으로 삼는 가격 • 유보가격(Reservation Price) : 구매자가 어떠한 제품에 대해서 지불할 용의가 있는 최고가격 • 최저수용가격(Lowest Acceptable Price) : 구매자들이 품질을 의심하지 않고 구매할 수 있는 가장 낮은 가격

(3) 경쟁강도를 반영한 가격결정전략 19-2

HLP(하이로우, High-Low Pricing) 전략	촉진용 상품을 대량 구매해 일부는 세일용으로 판매하여 저가격 이미지를 구축하고, 일부는 정상가격으로 판매해 높은 이윤을 달성하고자 하는 전략
EDLP(Every-Day Low Pricing) 전략	• 상시저가전략으로 보통 대형마트나 할인점에서 채택 • 수익성 향상보다 시장점유율 향상에 초점을 두는 전략비용기반의 가격결정
COP(Consumer-Oriented Pricing) 전략	동일한 제품의 가격을 단골고객에게는 저가에 판매하고, 일반고객에게는 비싸게 파는 방식

경쟁대응가격 결정법 (Going-rate Pricing)	비용·수요에 기초한 가격이 아닌, 경쟁업자가 결정한 가격을 기준으로 판매가격 결정
오픈프라이스(Open Price) 제도	• 제조업자가 판매가격을 정하는 기존 권장소비자가격제와 달리 최종 판매업자(유통업자)가 실제 판매가격을 정하고 표시하는 가격제도 • 유통업체들 간 경쟁을 유발하여 소비자 가격을 인하하기 위해, 유통업체가 자율적으로 판매가격을 정해 표시할 수 있도록 허용 • 같은 제품이더라도 판매점포마다 서로 다른 가격 판매 가능

(4) 소매점의 판매목표 설정 방법 25-2

① 판매목표는 객관적인 자료 수집 및 자료 분석을 통하여 설정
② 상권 특성, 경쟁사 영향 요인 등을 감안하여 설정
③ 금년의 목표는 전년도 판매목표 달성률을 감안하여 설정
④ 목표 수립 시 계절특성, 행사계획을 반영하고 매입·재고계획과 연동

(5) 유통업체의 인플레이션 상황에서의 대처 방법 22-3

① 취급하는 상품 종류를 재정비하여 재고비용이나 수송비용 절감
② 무료설치, 운반, 장기보증과 같은 부가적 상품서비스를 줄이거나 없앰
③ 생산성 낮은 인력이나 시설 정리 및 정보화로 이를 대체
④ 더 저렴한 포장재 사용으로 포장비 절감
⑤ 절약형 상표, 보급형 상표 비중을 높임

(6) 상표의 종류 18-1

① **전국상표(NB ; National Brand) 상품** : 제조업체에 의해 개발, 생산, 프로모션 등에 관한 활동이 이뤄지고 여러 유통업체에 의해 판매되는 상품
② **개별상표(PB ; Private Brand) 상품** : 유통업체가 자체개발한 상품(Store Brand 상품)
③ **무상표(Generic Brand) 상품** : 노브랜드(No Brand)라고도 하며, 광고비를 없애고 포장을 간소화함으로써 원가절감을 실현시키는 것이 목적
④ **점포상표(Store Brand) 상품** : 소매업자가 독자적으로 사용하고 있는 브랜드로 소매업자가 직접 기획하여 생산한 오리지널 브랜드와 하청을 주어 납품받은 브랜드
⑤ **경쟁상표(Fighting Brand) 상품** : 후발진입상표가 가격으로 도전해올 때 시장개척상표가 자사의 핵심제품가격을 내리지 않고 후발주자와 싸울 수 있는 상품을 개발하여 저가상품으로 가격을 매칭하는 것

05 규모의 경제와 범위의 경제 22-1, 21-2, 20-2

(1) 규모의 경제

① 생산량의 증가에 따라 단위당 생산비가 감소하는 현상
② 기업은 생산량 증대를 통한 단위당 비용 하락으로 이익 획득

(2) 범위의 경제
  ① 서로 다른 제품을 공동 생산설비를 사용해 생산하는 것이 각각 다른 생산설비를 사용하는 것보다 효과적이라는 이론
  ② 한 기업이 다양한 제품을 동시에 생산하여 비용상 우위를 누리는 것
  ③ 하나의 생산과정에서 두 개 이상의 생산물이 생산되는 경우 나타날 수 있음
  ④ 하나의 제품 생산 과정에서 부산물이 발생할 경우 나타날 수 있음
  ⑤ 상이한 제품들에 공통적으로 투입되는 생산요소 존재 시 동시 생산을 함으로써, 별개의 기업들이 각각의 상이한 제품들을 생산할 때보다 비용 하락
  ⑥ 제조업체에 비용절감 효과를 가져 옴

SECTION 04 유통산업의 이해 및 환경

1 유통산업의 발전과정

01 우리나라 유통산업 발전 과정

(1) 우리나라 유통산업의 전개 `23-2, 21-2`
  ① 1960년대 이후 제조업 부문 중심의 성장을 이룸
  ② 1970년대 수출 주도, 성장 위주 경제 정책으로 유통업은 상대적으로 낙후
  ③ 1980년대 이후 소득 증가로 소비자 욕구가 증대되면서 유통산업 부문의 육성과 활성화가 중요과제로 부상함
  ④ 1996년 유통시장 개방 이후 백화점, 전통시장 중심의 이중 구조에서 대형마트, 무점포판매업 등 다변화된 구조로 변화

(2) 우리나라 유통산업 현황
  ① 유통기관의 대형화와 현대화가 이루어지고 있음
  ② 정부는 유통산업 진흥 및 발전을 위해 「유통산업발전법」 제정

02 우리나라 유통산업 환경 변화 `24-1, 20-추가, 19-2, 18-1`

(1) 시장개방 가속화 `24-1, 18-2`
  ① 1996년 국내 유통시장 완전 개방으로 점포 수와 점포당 매장 면적 제한 철폐
  ② 국내 유통시장 개방 가속화에 따른 긍정적 영향 : 선진 유통기법 도입 촉진, 소비자의 선택 폭 확대, 경쟁 촉진에 따른 유통 효율성 제고, 고객 서비스 수준 향상
  ③ 국내 유통시장 개방 가속화에 따른 부정적 영향 : 국내 영세유통업자의 시장점유율 위축

(2) 대형 유통업체의 성장 24-3, 24-1, 18-2

① 소비 트렌드의 변화
- ㉠ 소비자 행동이 대형 유통업체에 유리한 방향으로 전개
- ㉡ 대형매장을 찾아 일괄 구매(one-stop shopping) 추구
- ㉢ 소비자들의 다양한 구매패턴에 따라 '어느 점포, 어떤 매장을 이용할 것인가'의 선택 부각
- ㉣ 소비자의 소비 형태 및 니즈 변화로 점차 차별화된 여러 가지 유통형태 등장 → 제조업자, 도매업자, 소매업자 각각의 역할 구분이 점점 모호해짐
- ㉤ 적정 물류서비스에 대한 고객욕구 점점 증가
- ㉥ 빠른 배송, 짧은 리드타임 요구 등으로 시간 단축의 중요성 점차 증가

② 대형화·집중화·통합화
- ㉠ 유통업계의 대형화·집중화 현상으로 유통업체 영향력 증대
- ㉡ 제조업, 도매업, 소매업의 전통적 유통채널 구조가 무너지면서 고유기능에 국한하지 않고 모든 기능을 복합적으로 수행
- ㉢ 유통업의 국제화와 정보화 진전
- ㉣ 무점포 판매 증가

③ 규모의 경제
- ㉠ 가격이 전략적 무기가 되면서 유통업체들이 규모의 경제 추구
- ㉡ 아웃소싱을 통한 물류비 절감효과 상승

④ 기술혁신
- ㉠ 유통과 IT가 결합하면서 유통의 경쟁력 증대 → 경쟁도구로서 첨단기술의 중요성 증가
- ㉡ 정보처리 기술발달로 유통업체의 정보수집능력 증가
- ㉢ 유통업체들이 자신들이 지닌 막강한 소비자 데이터를 바탕으로 공급업체 및 소비자와 관계 구축 → 제조업체보다 유리한 고지를 점함
- ㉣ 유통정보기술의 발달로 재고관리, 배송, 주문 등에서 기술혁신을 이루어 효율적 경영 가능, 가격경쟁력 발생
- ㉤ IT 발전으로 소매업체에서 취급하는 최소유지상품단위(SKU)의 수가 크게 증가하여 효율적인 운영 실현
- ㉥ 소매업체와 공급업체 간 상품주문, 수배송관리, 재고관리, 판매현황 등 정보 공유가 가능해짐

⑤ 자사브랜드(PB ; Private Brand)의 개발·육성 22-1
- ㉠ 유통업체들의 파워가 강해지면서 유통업체 브랜드(PB) 개발이 활발해져 내셔널 브랜드(NB)로 확실한 자리매김을 하지 못한 생산업체 브랜드는 유통업체에 대한 제품 공급이 더욱 어려워지는 현상 발생
- ㉡ 소매유통회사를 중심으로 PB 상품을 강화하는 이유 : 편의성의 극대화, 수익성 개선 및 증가, 점포의 차별화와 이미지 개선의 수단, 상품개발의 용이성, 소비자의 구매성향 변화에 적극적인 대응

⑥ 파워소매상의 등장
유통경로시스템에서의 힘의 균형이 점차 제조업체에서 유통업체로 넘어가며 '파워 소매상' 등장 → 지속가능한 경쟁우위 확보가 점점 어려워지고 있음

(3) 소비자 변화에 따른 유통환경 변화

① 정보기술 발전으로 인한 소비자의 소비방식 변화

㉠ 정보기술 발전으로 소비자 목소리가 커지며 프로슈머(Prosumer) 등장

> **더 알아보기** 프로슈머(Prosumer)
>
> - 앨빈토플러의 '제3의 물결'에서 언급한 것으로 '생산자(Producer)'와 '소비자(Consumer)'를 합성한 말이다.
> - 고객 자신이 기업의 생산과정에 직접 참여하는 것으로 제품 및 서비스도 이제는 소비자가 원하는 방향으로 만들어져야 경쟁력이 있다는 것이다.

㉡ 모바일을 이용한 전자상거래 판매비중 상승

㉢ 구매 의사결정과정에서 온라인과 오프라인 간의 경계가 더욱 모호해지며 온·오프라인을 넘나드는 O2O 서비스 증가(온·오프 융합시대)

> **더 알아보기** O2O 서비스 `18-2`
>
> 온라인과 오프라인을 유기적으로 결합해서 새로운 가치를 창출해내는 서비스(예 모바일 쿠폰을 매장에서 사용, 앱(app)을 통한 음식배달 등)

② 소비자 욕구 및 행태적(소비문화) 변화 `24-2, 19-2`

삶의 질 향상	• 소비자 생활수준 향상으로 소비자 구매패턴이 삶의 질을 중요시·우선시하는 방향으로 변화 • 건강에 대한 관심 증가로 친환경 농산물 및 관련 제품 판매 증가
개성적 쇼핑 형태	• 소비자의 욕구에 점차 다양성과 개성이 나타나게 됨 • 단순구매를 넘어서는 쇼핑의 레저화, 개성화 추세 • 패키지 형태의 구매보다 자신의 취향에 맞게 다양한 상품을 구입하는 경향 • 소비시장의 양극화 현상에 따라 개인 가치에 부합하는 제품에는 과도한 소비를, 관심이 적은 생필품은 저가격 상품을 탐색하는 성향 증가
합리적 소비형태 확산	• 외환위기를 거치며 낮은 가격과 질 좋은 제품을 동시에 추구하는 합리적인 가치중심 소비형태 확산 • 합리적인 가치중심 소비형태 확산을 통해 상대적으로 저렴한 인터넷 쇼핑 각광
쇼핑의 효율화	• 시간의 효율적 사용을 원하는 소비자 요구 증가 • 소비자가 직접 해외에서 구매하는 현상 증가

③ 가구 및 성별 역할 변화

㉠ 1인 가구의 증가로 소량구매를 통한 경제적 합리성 추구

㉡ 여성의 사회적, 경제적 활동 증가로 즉석식품과 편의점, 배달서비스 발전

㉢ 남여 성별 고정역할의 구분이 약해지며 소비시장 변화

03 최근 유통산업의 추세 `23-1, 21-3, 21-2, 20-2, 18-1`

(1) 유통업체 관련 추세

① 환경 관련

㉠ 수직적 통합을 통해 2개 이상의 가치 활동을 통합하여 단순한 가치사슬을 유지하고, 낮은 재고비용을 필요로 하는 가치사슬이 중요해짐

- ⓒ 복합쇼핑몰, 카테고리 킬러 등 신규업태가 탄생하고 업태 간 경계가 모호해지고 있음
- ⓒ 업태 간 경쟁 심화로 단순한 매출보다는 이익에 초점을 둔 경쟁 심화
- ⓔ 온라인 유통업체들은 신성장 전략으로 PB상품의 개발과 같은 제품 차별화에 적극적
- ⓜ e-커머스가 식료품을 포함한 일상소비재 시장으로 확산되는 추세
- ⓗ 풀필먼트 서비스로 유통 단계 획기적으로 단축

② 배송 관련
- ⓐ 온라인쇼핑 시장 성장 증대로 유통업체의 배송 경쟁 치열
- ⓑ 신선식품 배송 수요 증가

③ 기술발전 관련 **24-3**
- ⓐ 소비자의 구매 패턴 등을 담은 빅데이터를 기반으로 생산과 유통에 대한 의사결정이 이루어지고 있음
- ⓑ 모바일과 IT기술 확산에 따른 리테일테크(retail+tech) 발달 가속화

> **+ 더 알아보기** 리테일테크(retailtech)
>
> 소매점을 뜻하는 리테일(Retail)과 기술을 뜻하는 테크놀로지(Technology)가 결합된 용어로, 소매점(마트, 편의점 등)에 정보통신기술을 접목한 것이다. 첨단기술이 점원 역할을 대신하는 무인점포가 대표적인 리테일테크이다.

- ⓒ 디지털 기술 및 다양한 기술의 융합으로 온라인 플랫폼을 통해 개인화된 제품으로 변화된 소비자 선호에 대응 가능
- ⓔ VR/AR 등을 이용한 가상 스토어에서 물건 구매 가능
- ⓜ 방대한 데이터를 바탕으로 개인이 원하는 서비스를 큐레이션하여 제공
- ⓗ 글로벌 유통기업들이 무인점포를 만들고, 시범적으로 드론 배송서비스 시작

④ **채널 전환** : 소비자의 멀티채널 소비 증가로 고객중심으로 유통업체가 채널을 융합하는 옴니채널로 전환하는 추세 확산

(2) 고객 관련 추세
① 정보기술 발전으로 블로거 마케터 등 온라인 마케터 영향력이 확대되며 프로슈머의 필요성 증가
② 소비자가 직접 제품개발과 유통과정에도 참여하는 등 능동적인 소비자 등장
③ 나홀로가구 증가로 소용량제품, 미니가전제품 등 1인 가구를 위한 서비스 등장

(3) 소매점 관련 추세 **21-3, 20-추가**
① 소매업의 과학적 상품관리 필요성 점차 증대
② 소매업체가 온라인과 오프라인 채널을 병행해서 운영하기도 함
③ 외식업체들은 매장에 설치한 키오스크로 주문을 받아 생산성을 높이고 고객의 이용경험을 완전히 바꾸는 혁신 시도
④ 가공·즉석식품의 판매는 편의점 매출에 긍정적인 영향을 끼침

(4) 향후 시장 변화 예측
① 인구성장 정체로 상품시장의 양적 포화와 공급 과잉을 초래하게 될 것으로 예측
② 구매력을 동반한 노인인구 증가는 건강과 편의성을 추구하는 새로운 수요를 만들 것으로 예측됨

04 새로운 유통 모델

(1) **옴니채널(Omni Channel)** `25-2, 24-3, 24-2, 22-2`

① 온라인, 오프라인, 모바일 등 고객을 둘러싸고 있는 모든 쇼핑채널들을 유기적으로 연결해 고객이 어떤 채널에서든 같은 매장을 이용하는 것처럼 느낄 수 있도록 한 매장의 쇼핑환경

② 각 유통채널의 특성 결합으로 고객이 다양한 경로를 넘나들며 상품검색과 구매가 가능하도록 돕는 쇼핑환경 제공

③ 여러 채널의 결합을 통해 고객 편의와 기업실적을 극대화시키는 유통방식

④ 옴니채널 등장을 통해 업태 내 경쟁은 해소되었으나 업태 간 경쟁은 심화됨

⑤ 옴니채널 사례

　㉠ TV홈쇼핑기업 C사가 반품 물품 회수를 계열사 편의점을 통해 진행함

　㉡ 의류판매기업 J사가 고객이 온라인에서 구매한 의상을 오프라인 매장에서 받아볼 수 있는 서비스를 제공함

　㉢ 오프라인 주방싱크대 판매기업 H사가 온라인을 통해 주방 인테리어 전문컨설팅을 제공함

　㉣ 온라인쇼핑몰 운영기업 A사가 아웃렛이나 복합쇼핑몰에서 매장을 운영함

(2) **모바일 쇼핑** `23-1`

① 스마트폰의 상용화로 모바일 쇼핑이 증가하며 기존 유통업체들도 진출하여 경쟁 치열

② 가격과 함께 쉽고 편리한 구매환경에 대한 중요성도 상승

③ 스마트폰으로 가격 검색 후 오프라인 매장에서 실물을 보고 구매하는 역쇼루밍(Reverse Showrooming) 증가

> **+ 더 알아보기　쇼루밍과 역쇼루밍**
>
> - 쇼루밍(Showrooming) : 백화점과 같은 오프라인 매장에서 상품을 직접 만져보고 체험한 다음, 정작 구매는 보다 저렴한 온라인으로 하는 소비패턴을 의미
> - 역쇼루밍(Reverse Showrooming) : 온라인을 통해 상품에 대한 각종 정보를 검색하고 비교해 상품의 구매를 결정한 후, 오프라인 매장을 직접 방문해 구매하는 방식

④ 정기적인 구매가 이루어지는 생필품은 모바일 쇼핑의 대표적인 판매 품목 중 하나임

(3) **플랫폼 비즈니스(Platform Business)** `23-3, 22-3`

① 플랫폼 비즈니스 모델 : 플랫폼 서비스의 모델을 통해 수익을 내는 모델(서비스 모델과 수익 모델의 결합)

② 플랫폼 : 정보, 제품, 서비스 등 다양한 유형의 거래를 가능하게 해주는 일종의 장터

③ 플랫폼 비즈니스의 구성원 : 크게 플랫폼 구축자와 플랫폼 사용자로 구분

④ 플랫폼을 통해 사람과 사람, 사람과 사물을 연결함으로써 새로운 유형의 서비스 창출

⑤ 정보통신기술 발달은 사람 간 교류를 더 빠르고 효율적으로 실현시키면서 플랫폼 비즈니스 성장에 긍정적인 영향을 끼침

⑥ 플랫폼이 가치 창출과 이익실현의 중심이므로 플랫폼 비즈니스 사업자는 플랫폼 제공 대가를 직접적으로 취할 수 있음

⑦ 플랫폼 주도 기업과 참여자, 또는 참여자 간 공동의 이익이 존재해야 함

(4) **그로서란트(Grocerant)** `22-1`

① 식료품점인 그로서리(Grocery)와 레스토랑(Restaurant)의 합성어

② 식재료를 판매하고, 그 식재료를 이용한 음식을 맛볼 수 있는 신개념의 식문화 공간 → 복합식품매장
③ 식재료 쇼핑에 외식 기능을 더해 소매와 외식의 경계를 없앤 서비스 → 온라인 쇼핑몰과 경쟁하기 위한 오프라인 쇼핑몰의 차별화 요소로 각광
④ 매장에서 판매하는 식재료를 이용해 고객에게 메뉴를 제안하고 즉시 제공
⑤ 제철 식재료와 추천상품을 제안하는 등 다양한 방식의 운영 가능

(5) 소셜커머스(Social Commerce) 19-2
① 소셜미디어와 온라인 미디어를 활용하는 전자상거래의 일종
② 일정 수의 소비자들이 모여서 공동구매를 통해 가격하락 유도
③ 사업자로부터 상품을 구매한 업체가 소비자에게 상품을 판매하는 B2B2C 형태 거래

(6) 오픈마켓(Open Market) 19-2
① 개인 또는 소규모 업체가 온라인상에서 직접 상품을 등록해 판매할 수 있는 전자상거래 사이트
② 판매자가 직접 제품을 판매하고, 구매자가 직접 판매자에게 제품을 구매(중개 방식)
③ 업체가 제공하는 장소에서 소비자에게 직접 상품을 판매하는 C2C 형태 거래

(7) 풀필먼트 서비스(Fulfillment Service) 24-3, 22-2
① 개 념
  ㉠ 판매상품의 입고, 분류, 재고관리, 배송 등 고객에게까지 도착하는 전 과정을 일괄처리하는 시스템
  ㉡ 판매자 입장에서 번거로운 물류에 신경쓰지 않고 기획, 마케팅 등 본업에 집중할 수 있도록 도와줌
  ㉢ e-commerce 시장 성장으로 소비자 소비패턴이 오프라인에서 온라인으로 이동하며 급격히 발달
  ㉣ 다품종 소량 상품, 주문 빈도가 잦은 온라인 쇼핑몰에 적합
  ㉤ 생산지에서 최종 목적지까지의 배송을 말하는 라스트마일(last mile) 배송의 성장과 함께 부각
② 풀필먼트 센터
  ㉠ 온라인 판매자가 입고, 재고 관리, 주문 처리, 상품 포장, 배송까지 전 과정을 담당하는 시설
  ㉡ 복잡한 유출수송(outbound)의 경로 관리를 위하여 최신 기술을 활용한 시스템 구축
  ㉢ 소매점포에 납품되기 위하여 해당 상품이 납입된 시점에서 바로 판매될 수 있는 상태로 배송하는 플로어 레디(floor-ready) 상품 포함
  ㉣ 제품을 식별할 수 있는 레이블을 준비하여 제품에 붙이는 티케팅(ticketing)과 마킹(marking)까지 센터 내에서 수행
  ㉤ 상품 수령 및 검수는 UPC라벨이나 RFID로 이루어짐
  ㉥ 부패가능성이 높은 상품이나 유행에 민감한 패션상품 등은 저장보다 크로스도킹 이용

05 유통채널 구조와 유통경로 변화 단계

(1) 전통적인 유통채널 구조의 변화 과정 23-2

> 전통시장 단계 → 제조업체 우위 단계 → 소매업체 성장단계와 제조업체 국제화 단계 → 소매업체 대형화 단계 → 소매업체 국제화 단계

(2) 유통산업의 환경에 따른 유통경로의 변화 21-1

> 싱글채널 → 듀얼채널 → 멀티채널 → 크로스채널 → 옴니채널

① **싱글채널** : 하나의 오프라인 점포에서 구매
② **듀얼채널** : 두 개 이상의 오프라인 점포에서 구매 가능
③ **멀티채널** : 온·오프라인의 다양한 채널에서 구매 가능하나 각 채널은 경쟁 관계
④ **크로스채널** : 온·오프라인 경계가 무너지면서 상호 보완
⑤ **옴니채널** : 다양한 채널이 고객의 경험관리를 중심으로 하나로 통합

2 글로벌 유통산업의 동향과 추세

01 글로벌 유통산업 동향 23-1, 22-1

(1) 유통시장 개방 가속화
　① 무역장벽이 상대적으로 낮아져 유통시장 개방이 가속화되며 글로벌 경영 증가
　② 글로벌 기업들은 효율적 운영을 위해 시장 각각의 특성이나 관련 국가규정 등을 분석, 잠재성 높은 신규시장 발굴을 위해 노력함

(2) 규모의 경제를 실현하기 위한 협력 강화
　① 소매업체들의 해외 신규출점이 증가하고, 대형업체 간 인수합병(M&A) 및 전략적 제휴를 통한 거대화 도모로 경쟁력 강화
　② 전자상거래 시장 선점과 대규모 네트워크 구축 추진을 통한 해외시장 진출 확대로 경쟁력 강화 및 성장 도모

(3) 효과적인 운송체계
　① 주문, 운송, 조달 등에서 시간 및 수송량의 중요성 증가로 운송수단이 고속화·규모화
　② 피기백(Piggy-Back Service), 피시백(Fishy-Back Service), 씨앤에어(Sea-Air Service) 등 운송수단의 혼합 이용 증가
　③ 글로벌 유통 발전으로 국가 간 흐름이 증가하여 지구온난화, 환경문제 등을 최소화하기 위한 환경지향적인 녹색물류 지향

02 기업 간 경쟁에 따른 전통적 비즈니스에서 글로벌 비즈니스로의 변화 방향 22-1

① 이익 지향에서 이익 및 사회 지향으로 변화
② 사후 비판에 대응하는 반응적 윤리에서 선행적 윤리로 변화
③ 고객 만족에서 고객을 즐겁게 하는 것으로 변화
④ 경영자에서 고객으로 초점 변화
⑤ 제품 지향에서 품질 및 서비스 지향으로 변화

출제지문 퀴즈로 핵심체크!

SECTION 01 유통산업의 이해

01 24-1, 23-2

[O][X] 소유권 흐름은 생산자로부터 최종 소비자에 이르기까지의 제품의 이동이다.

02 20-3

[O][X] 소매상은 소유 및 운영주체에 따라 독립소매기관, 체인 등으로 구분된다.

03 24-3, 23-2

(　　　　　)의 원칙은 유통경로상에 가능하면 많은 수의 도매상을 개입시킴으로써 각 경로구성원에 의해 보관되는 제품의 수량이 감소될 수 있다는 원칙이다.

04 22-3, 22-1, 21-2, 21-1, 20-2

중간상의 선별기능 중 (　　　　)은/는 구매자가 원하는 소규모 판매단위로 나누는 활동이다.

SECTION 02 유통경로 및 구조

01 21-1

[O][X] 유통경로가 제조업체를 대신하여 신용판매나 할부판매를 제공하는 것은 소유효용이다.

02 19-2

[O][X] 주문, 대금결제는 후방기능 흐름에 속한다.

03 23-2, 21-3, 20-3

총거래수 (　　　　)의 원칙은 유통경로에서는 중간상이 개입함으로서 단순화, 통합화된다는 것이다.

04 24-1

(전통적/수직적/수평적) 유통경로 시스템 중 기업형 유통시스템은 회사 정책이나 전략을 일사불란하게 수행할 수 있다.

05 21-2

[O][X] '재고를 어느 구성원이 가지는가에 따라 유통경로가 만들어진다'라고 하는 유통경로 결정 이론은 연기-투기이론이다.

SECTION 03 유통경제

01 21-2

O X 유통산업은 국민경제 및 서비스산업 발전에 파급효과가 크고 성장잠재력이 높은 고부가가치 산업으로 평가되고 있다.

02 21-1

유통업체가 하자있는 상품, 생산된 지 오래된 상품, 질이 떨어지는 상품 등을 구매할 때 이를 보상하기 위해 지급하는 비용은 (   )이다.

03 24-2

O X 원가가산기준법(cost plus basis method)은 총원가에 희망(예정) 이익을 더하여 판매가격을 산출하는 것이다.

04 23-3, 23-1, 22-3, 21-3, 20-추가, 20-2

O X 시장침투전략은 새로운 시장에 기존의 제품으로 진입하여 시장을 확장하는 전략이다.

05 22-1, 21-2

O X 범위의 경제는 서로 다른 제품을 각각 다른 생산설비를 사용하는 것보다 공동의 생산설비를 이용하면 보다 효과적이라는 이론이다.

06 23-2, 23-1

소매수명주기이론에서 (   )는 시장점유율이 떨어지고 수익이 감소하여 경쟁에서 뒤처지게 되는 단계이다.

SECTION 04 유통산업의 이해 및 환경

01 24-1, 18-2

O X 유통채널의 전통적 구조가 무너지면서 제조업체, 도매업체, 소매업체들이 그들의 고유 기능만 수행하고 있다.

02 20-추가, 19-2, 18-1

O X 1인가구 증가로 대량구매를 통한 경제적 합리성을 추구하는 고객이 증가하고 있다.

03 20-2

O X 모바일, IT기술 확산으로 리테일테크 발달이 가속화하고 있다.

04 23-1

스마트폰을 통해 가격을 검색하고 오프라인 매장에서 실물을 보고 구매하는 (　　　　)이 증가하고 있다.

05 23-3

서비스 유통 형태인 (　　　　)는 플랫폼을 통해 사람과 사람, 사람과 사물을 연결하여 다양한 유형의 거래를 가능하게 해주는 일종의 장터이다.

06 19-2

(　　　　)에서는 사업자로부터 상품을 구매한 업체가 소비자에게 상품을 판매하는 B2B2C형태의 거래가 이루어진다.

정답 및 해설

SECTION 01
01 × ▶ 소유권 흐름은 유통기관으로부터 다른 기관으로의 소유권의 이전을 말한다.
02 ○
03 집중준비
04 분배(allocation)

SECTION 02
01 ○
02 ○
03 최소
04 수직적
05 ○

SECTION 03
01 ○
02 상품지원금
03 ○
04 × ▶ 시장개발전략에 대한 설명이다. 시장침투전략은 기존 제품의 품질 향상을 통해 시장점유율을 높이려는 전략이다.
05 ○
06 쇠퇴기

SECTION 04
01 × ▶ 고유기능에 국한하지 않고 모든 기능을 복합적으로 수행하게 되었다.
02 × ▶ 소량구매 고객이 증가하고 있다.
03 ○
04 역쇼루밍(reverse showrooming)
05 플랫폼 비즈니스(platform business)
06 소셜커머스

테마로 푸는 필수 기출문제

THEME ❶ 유통의 기능과 가치

유통의 기본적 기능을 묻는 문제가 가끔 출제되는데, 유통의 기능은 유통관리사 과목 전체 이해에 있어 중요한 내용이므로 기능 및 기능별 특성에 대하여 잘 이해해야 한다.

01 24년 2회

아래 글상자의 괄호 안에 들어갈 유통의 기능으로 가장 옳은 것은?

> (　　　　)은 유통경로상에서 수행되는 유통의 기능 중 거래 및 물적 유통이 원활히 이루어지도록 보조하는 것으로 상품을 품질수준에 따라 분류하거나 규격화함으로써 거래 및 물류가 원활히 되도록 하는 기능이다.

① 운송기능
② 보관기능
③ 표준화기능
④ 정보제공기능
⑤ 위험부담기능

02 24년 3회

유통경로상에서 수행되는 유통의 기능 중 거래 및 물적 유통이 원활하게 이루어지도록 보조하는 조성기능에 해당되지 않는 것은?

① 소비자 또는 생산자에게 자금을 대부함으로써 거래를 원활하게 하는 기능
② 재고유지 및 상품의 진부화를 포함한 여러 가지 위험을 부담하는 기능
③ 예상판매량, 가격정보, 소비자 정보 등을 생산자에게 제공하는 기능
④ 생산시점과 소비시점의 차이를 연결함으로써 장소 효용을 창조하는 기능
⑤ 상품을 품질 수준에 따라 분류하거나 규격화하는 기능

THEME ❷ 소매상과 도매상

소매상·도매상이 수행하는 기능과 그 종류에 대한 문제 모두 빈번하게 출제된다. 소매상이 수행하는 기능은 공급업자와 소비자를 위한 기능으로 구분되며, 도매상이 수행하는 기능의 경우 소매상과 제조업체를 위해 수행하는 기능으로 구분된다. 차이점에 대해 잘 알아두도록 한다.

03 24년 1회

소매업태의 유형에 대한 설명으로 옳지 않은 것은?

① 복합쇼핑몰은 쇼핑을 하면서 여가도 즐길 수 있게 구성된 대규모 상업시설이다.
② 팩토리 아웃렛은 제조업체가 직영체제로 운영하는 상설할인 매장이다.
③ 편의점은 고객의 접근성이 높은 지역에 위치하며 고마진, 저회전율을 특징으로 한다.
④ 창고형할인점은 고객서비스 수준은 최소로 제공하지만 넓은 매장에서 저렴한 가격으로 상품을 제공한다.
⑤ 전문할인점은 특정상품계열에 대해 깊이 있는 상품구색을 갖추고 있다.

04 24년 2회

아래 글상자에서 제조업자를 위한 도매상의 기능 설명으로 옳은 것을 모두 고르면?

> ㉠ **시장확대 기능** : 제조업자는 합리적인 비용으로 필요한 시장의 커버리지를 유지하기 위해 도매상에게 의존한다.
> ㉡ **재고유지 기능** : 도매상들은 제조업자의 재무부담과 막대한 재고보유에 따른 위험을 감소시켜 준다.
> ㉢ **주문처리 기능** : 다수의 제조업자들의 제품을 구비한 도매상들이 많은 소매상들의 소량주문을 보다 효율적으로 처리한다.
> ㉣ **시장정보제공 기능** : 고객들의 제품이나 서비스에 대한 욕구를 쉽게 파악하여 제조업자에게 정보를 제공한다.
> ㉤ **고객서비스 대행 기능** : 제조업자를 대신해 소매상들에게 제품의 교환, 반환, 설치, 보수, 기술적 조언 등의 제공을 통해 생산성을 향상시킨다.

① ㉠
② ㉠, ㉡
③ ㉠, ㉡, ㉢
④ ㉠, ㉡, ㉢, ㉣
⑤ ㉠, ㉡, ㉢, ㉣, ㉤

05 23년 3회

대리도매상 중 판매대리인(selling agent)과 제조업자의 대리인(manufacture's agent)의 차이로 옳지 않은 것은?

① 판매대리인은 모든 제품을 취급하지만 제조업자의 대리인은 일부 제품만을 취급한다.
② 판매대리인은 제조업자의 대리인보다 활동범위가 넓고 비교적 자율적인 의사결정이 가능하다.
③ 판매대리인은 제조업자의 시장지배력이 약한 지역에서만 활동하지만 제조업자의 대리인은 모든 지역에서 판매를 한다.
④ 판매대리인은 신용을 제공하지만 제조업자의 대리인은 신용을 제공하지 못한다.
⑤ 판매대리인은 기업의 마케팅 부서와 같은 기능을 수행하는 도매상인 반면 제조업자의 대리인은 장기적인 계약을 통해 제조업자의 제품을 특정 지역에서 판매 대행을 하는 도매상을 말한다.

06 23년 2회

아래 글상자에서 설명하는 소매상 유형으로 옳은 것은?

> 일반의약품은 물론 건강기능식품과 화장품, 생활용품, 음료, 다과류까지 함께 판매하는 복합형 전문점

① 상설할인매장
② 재래시장
③ 드럭스토어
④ 대중양판점
⑤ 구멍가게

07 20년 추가

소매상을 위한 도매상의 역할로 가장 옳지 않은 것은?

① 다양한 상품구색의 제공
② 신용의 제공
③ 시장의 확대
④ 컨설팅서비스 제공
⑤ 물류비의 절감

08 25년 1회

아래 글상자의 내용 중 소비자를 위한 소매상의 기능으로 옳은 것만을 나열한 것은?

> ㉠ 신용판매 및 할부판매를 통한 금융기능제공
> ㉡ 제품의 배송 및 설치를 통한 정보제공기능
> ㉢ 애프터서비스를 제공하거나 사용 방법을 안내하는 서비스 제공기능
> ㉣ 제품 선택비용과 시간절감을 가능하게 하는 구색제공기능
> ㉤ 합리적인 비용으로 재고를 보유하는 재고유지기능

① ㉡, ㉤
② ㉠, ㉢, ㉣
③ ㉡, ㉣, ㉤
④ ㉡, ㉢, ㉣, ㉤
⑤ ㉠, ㉡, ㉢, ㉣, ㉤

09 25년 2회

소매업을 분류하는 기준에 대한 설명으로 가장 옳지 않은 것은?

① 대규모와 중소규모는 점포 면적에 따른 구분이다.
② 제공하는 서비스수준에 따라 완전서비스, 한정서비스, 셀프서비스 등으로 구분한다.
③ 판매하는 상품의 종류에 따라 업태별 구분을 한다.
④ 경영방식에 따라 단독점과 체인점으로 구분한다.
⑤ 점포의 유무에 따라 점포소매업, 무점포소매업으로 구분한다.

THEME ❸ 유통경로(distribution channel)

유통경로의 개념과 기능, 특성, 필요성 등 유통경로에 대한 이해도를 묻는 문제들이 다양한 방식으로 출제된다. 유통경로에 대한 이해는 유통관리사 시험의 기본이므로 그 개념에 대해 확실히 이해하도록 한다.

11 24년 1회

유통경로(distribution channel)의 일반적 특성 설명으로 옳지 않은 것은?

① 유통경로는 생산물이 최초의 생산자로부터 최종소비자에게 이동되는 과정에 참여하는 개인 및 조직의 집합체를 의미한다.
② 유통경로에는 제조업체, 도·소매상 등과 같은 많은 조직이 참여하고 있으며 이들은 상호 의존 관계에 있다.
③ 유통경로는 제품이나 서비스를 고객이 사용 또는 소비하기 위해 필요한 것이다.
④ 유통경로는 구매자의 수요를 충족시키기 위해 판매자가 보유한 제품과 서비스를 공급하는 과정에서 필요한 하나의 연결고리로 이해할 수 있다.
⑤ 유통경로는 개별기업이 자사의 상품을 시장에 공급하기 위해 사용하는 경로라는 점에서 모든 기업이 이용할 수 있는 각각의 판매경로의 종합체라 할 수 있으며 사회적으로 상품을 유통하는 유통기관과 동일시된다.

10 24년 1회

도매상에 대한 설명으로 가장 옳은 것은?

① 소매상을 대신해서 고객에게 제품 설치, 제품 교환 등의 기술지원서비스를 제공한다.
② 소매상에 비해 좁은 상권을 관리하므로 거래 규모가 작다.
③ 제조업체를 대신해서 재고를 보유해 주는 기능을 한다.
④ 제조업체를 위해 신용 및 금융기능을 제공한다.
⑤ 소매상을 위해 시장 확대 기능을 수행한다.

12 23년 2회

유통경로상에 가능하면 많은 수의 도매상을 개입시킴으로써 각 경로구성원에 의해 보관되는 제품의 수량이 감소될 수 있다는 원칙으로 가장 옳은 것은?

① 분업의 원칙
② 변동비 우위의 원칙
③ 총거래수 최소의 원칙
④ 집중준비의 원칙
⑤ 규모의 경제 원칙

13 21년 3회

아래 글상자의 ㉠, ㉡, ㉢에서 설명하는 유통경로의 효용으로 옳게 짝지어진 것은?

> ㉠ 소비자가 제품이나 서비스를 구매하기에 용이한 곳에서 구매할 수 있게 함
> ㉡ 소비자가 제품을 소비할 수 있는 권한을 갖는 것을 도와줌
> ㉢ 소비자가 원하는 시간에 제품과 서비스를 공급받을 수 있게 함

① ㉠ 시간효용, ㉡ 장소효용, ㉢ 소유효용
② ㉠ 장소효용, ㉡ 소유효용, ㉢ 시간효용
③ ㉠ 형태효용, ㉡ 소유효용, ㉢ 장소효용
④ ㉠ 소유효용, ㉡ 장소효용, ㉢ 형태효용
⑤ ㉠ 장소효용, ㉡ 형태효용, ㉢ 시간효용

14 25년 1회

유통 및 유통경로에 대한 설명으로 가장 옳지 않은 것은?

① 유통산업이란 도매상, 소매상, 물적유통기관 등과 같이 유통기능을 수행 및 지원하는 유통기구들의 집합을 의미한다.
② 유통경로는 특정 제품이나 서비스가 사용될 수 있도록 하는 과정에 참여하는 일체의 상호의존적인 조직들이다.
③ 유통경로관리는 제조업체-도매상-소매상-소비자로 이어지는 수직적 연계를 설계 및 관리하는 과정이다.
④ 유통은 마케팅에 있어 제품, 가격, 촉진과 함께 마케팅믹스를 구성하는 하나의 요소로 인식되기도 한다.
⑤ 온·오프라인을 융합한 다양한 유통경로 형성으로 다른 마케팅믹스 요소와는 달리 쉽게 변화하는 탄력성을 지닌다.

15 23년 1회

유통경로 기능에 관한 설명으로 옳지 않은 것은?

① 교환과정의 촉진
② 소비자와 제조업체의 연결
③ 제품구색 불일치의 완화
④ 고객서비스 제공
⑤ 경로를 통한 유통기능의 제거

16 25년 1회

경로구성원들이 유통경로구조를 설계할 경우 고려해야 할 요인들에 대한 설명으로 가장 옳지 않은 것은?

① 고객의 욕구와 선호하는 유통경로와 같은 최종소비자에 대한 이해
② 생산자로부터 소비자까지의 물리적인 거리 차이인 시장지리
③ 지리적 영역단위 당 제조업체 대비 유통업체의 수인 시장밀도
④ 시장을 구성하는 소비자 수에 의해 결정되는 시장크기
⑤ 기업의 제품을 실제로 구매하는 구매자

THEME ④ 유통산업의 개념과 사회·경제적 역할

유통산업 자체의 개념과 유통산업의 사회적 역할 · 경제적 역할 각각의 개념에 대한 질문이 출제되며, 사회적 역할과 경제적 역할의 차이점을 묻는 질문도 가끔 출제되므로 잘 구분하여 익히도록 한다.

17 24년 2회

유통업이 산업 전반에 가져오는 경제적 역할에 대한 설명으로 옳지 않은 것은?

① 다양한 소비자의 욕구를 충족시켜줄 수 있는 소비문화를 발전시킨다.
② 유통구조의 효율화를 통한 가격안정에 기여한다.
③ 다양한 유통업을 통해 고용창출 효과를 가져온다.
④ 생산자와 소비자를 연결시켜 주는 역할을 한다.
⑤ 제조업 전체의 경쟁력을 제고시키는 산업발전을 도모한다.

18 23년 2회

유통산업의 경제적 의의에 대한 설명으로 가장 옳지 않은 것은?

① 유통산업은 국민 경제적 측면에서 생산과 소비를 연결해주는 기능을 수행한다.
② 유통산업은 국민들로 하여금 상품이나 서비스 소비를 가능하게 함으로써 생활수준을 유지 · 향상시켜준다.
③ 유통산업은 국가경제를 순환시키는 데 중요한 역할을 담당하고 있다.
④ 우리나라 유통산업은 2010년대 후반 유통시장 개방과 자유화 정책 이후 급속히 발전하여 제조업에 이은 국가 기간산업으로 성장하였다.
⑤ 유통산업은 생산과 소비의 중개를 통해 제조업의 경쟁력을 높이고 소비자 후생의 증진에 큰 기여를 하고 있다.

19 22년 2회

유통의 경제적 의미에 대한 설명으로 가장 옳지 않은 것은?

① 유통을 통해 생산자는 부가가치를 더 높일 수 있고, 소비자에게는 폭넓은 선택의 기회가 주어질 수 있다.
② 유통을 통해 생산과 소비 사이에서 발생할 수 있는 괴리를 줄여서 생산과 소비를 원활하게 연결할 수 있다.
③ 후기산업사회 이후 소비자들의 욕구가 다양해지면서 유통의 경제적 역할이 축소되고 있다.
④ 유통산업은 신업태의 등장, 유통단계의 축소 등과 같은 유통구조 개선을 통해 국가경제에 이바지하고 있다.
⑤ 유통은 일자리 창출에 기여하는 동시에 서비스산업 발전에 중요한 역할을 한다.

20 25년 2회

아래 글상자에서 유통경로의 사회 · 경제적 기능에 대한 설명으로 옳은 것을 모두 고르면?

> ㉠ 상품의 사용가치와 경제적 효용을 높인다.
> ㉡ 소비자에게 정보제공의 기능을 한다.
> ㉢ 소비자에게 제품 구색 불일치를 완화시켜 준다.
> ㉣ 소비자에게 거래의 표준화가 이루어지도록 한다.
> ㉤ 생산자와 소비자를 연결시켜 거래가 원활히 이루어지도록 한다.

① ㉠
② ㉠, ㉡
③ ㉠, ㉡, ㉢
④ ㉠, ㉡, ㉢, ㉣
⑤ ㉠, ㉡, ㉢, ㉣, ㉤

21 21년 2회

유통산업의 개념 및 경제적 역할에 대한 설명으로 가장 옳지 않은 것은?

① 유통산업이란 도매상, 소매상, 물적 유통기관 등과 같이 유통기능을 수행·지원하는 유통기구들의 집합을 의미한다.
② 우리나라의 경우 1960년대 이후 주로 유통산업 부문 중심의 성장을 이루었으나, 1980년대 이후에는 제조업의 육성과 활성화가 중요 과제가 되었다.
③ 유통산업은 국민경제 및 서비스산업 발전에 파급효과가 크고 성장잠재력이 높은 고부가가치 산업으로 평가되고 있다.
④ 유통산업은 경제적으로 일자리 창출에 크게 기여하고 있는 산업이며 서비스산업 발전에도 중요한 역할을 하고 있다.
⑤ 유통산업은 모바일 쇼핑과 같은 신업태의 등장, 유통단계의 축소 등의 유통구조의 개선으로 상품 거래비용과 소매가격하락을 통해 물가안정에도 기여하고 있다.

THEME 5 중간상의 필요성

중간상이 필요한 이유에 대해서는 주로 중간상 필요 원칙과 중간상의 선별 기능 관련 문제가 출제된다. 특히 중간상 필요 원칙은 거의 매해 출제되므로 확실히 이해하여야 한다.

22 22년 1회

아래 글상자의 괄호 안에 들어갈 중간상이 수행하는 분류기준으로 가장 옳은 것은?

- (㉠) 이질적인 제품들을 색이나 크기, 용량 등에 따라 상대적으로 동질적인 집단으로 구분하는 활동
- (㉡) 다양한 생산자들로부터 제공되는 제품들을 대규모 공급이 가능하도록 다량으로 구매하여 집적하는 활동
- (㉢) 구매자가 원하는 소규모 판매단위로 나누는 활동

① ㉠ 분류(sorting out), ㉡ 수합(accumulation), ㉢ 분배(allocation)
② ㉠ 구색갖춤(assorting), ㉡ 분류(sorting out), ㉢ 분배(allocation)
③ ㉠ 분배(allocation), ㉡ 구색갖춤(assorting), ㉢ 분류(sorting out)
④ ㉠ 분배(allocation), ㉡ 수합(accumulation), ㉢ 분류(sorting out)
⑤ ㉠ 분류(sorting out), ㉡ 구색갖춤(assorting), ㉢ 수합(accumulation)

23

유통경로에서 중간상이 필요한 이유에 대한 설명으로 가장 옳지 않은 것은?

① 제조업자는 생산을, 유통업자는 유통을 전문화함으로써 보다 효율적인 기능 수행이 가능하다.
② 유통경로상에 도매상을 개입시킴으로써 각 경로구성원에 의해 보관되는 제품의 총량을 감소시킬 수 있다.
③ 수급조절이나 정보수집 같은 기능을 유통기관이 대행해서 경제적일 수 있다.
④ 유통분야에서는 고정비가 차지하는 비중이 변동비보다 상대적으로 커서 규모의 경제 효과를 누릴 수 있기 때문이다.
⑤ 생산자와 소비자 간의 직접 거래에 비해 거래 빈도의 수와 거래비용을 낮춰 준다.

THEME 6 유통경로의 구분

유통경로는 전통적, 수직적, 수평적 경로로 구분되며, 각 경로의 차이를 묻는 문제가 종종 출제되므로 확실히 구분하여 익히도록 한다.

25

유통경로에서 발생하는 각종 현상에 관한 설명으로 가장 옳지 않은 내용은?

① 유통경로의 같은 단계에 있는 경로구성원 간의 경쟁을 수평적 경쟁이라고 한다.
② 제조업자는 수직적 마케팅 시스템을 통해 도소매상의 판매자료를 공유함으로써 효율적 재고관리, 경로전반의 조정개선 등의 이점을 얻을 수 있다.
③ 가전제품도매상과 대규모로 소매상에 공급하는 가전제조업자와의 경쟁은 업태 간 경쟁이다.
④ 이미지, 목표고객, 서비스 등 기업전략의 유사성 때문에 수평적 경쟁이 생기는 경우도 많다.
⑤ 유통기업은 수직적 경쟁을 회피하기 위해 전방통합, 후방통합을 시도하기도 한다.

24

중간상이 필요한 이유 중 집중준비의 원리에 대한 설명으로 가장 옳은 것은?

① 제조업자는 생산을, 유통업자는 유통을 전문화함으로써 보다 효율적이고 경제적일 수 있다.
② 유통경로상에 가능하면 많은 수의 도매상을 개입시켜서 경로구성원에 의해 보관되는 제품의 총량을 감소시킬 수 있다.
③ 중간상에게 유통기능을 분담시키는 것이 비용면에서 훨씬 유리할 수 있다.
④ 중간상이 참여하면 생산자와 소비자 간의 거래빈도수를 감소시켜 거래비용을 절감할 수 있다.
⑤ 소비자가 원하는 상품을 항상 준비하여 24시간 구매할 수 있는 편의점처럼 시간 효용을 제공한다.

26

아래 글상자 내용 중 업종개념과 업태개념의 비교 설명으로 옳지 않은 것은?

구 분	항 목	업종 개념	업태 개념
㉠	시 각	생산자	소비자
㉡	주도자	제조업체	소매업체
㉢	분류기준	제품성격	소매전략
㉣	점포크기	대규모	소규모
㉤	장 점	제조업체의 통제 용이	소비자 편리, 소매효율 증대, 거래촉진

① ㉠
② ㉡
③ ㉢
④ ㉣
⑤ ㉤

27 18년 3회

전통적 경로와 계약형 경로의 특징을 비교한 것으로 옳지 않은 것은?

구 분		전통적 경로	계약형 경로
㉠	계약 성격	개별주문에 의한 교섭	개발된 장기적 계약
㉡	경로의사 결정 위치	개별구성원	경로조직내 승인된 업체 및 본부
㉢	권한위치	개별구성원에 주로 존재	개별구성원에 배타적으로 존재
㉣	구조화된 분업	존재하지 않음	경로기능의 분업 동의
㉤	규모의 경제 실현 가능성	낮 다	높 다

① ㉠
② ㉡
③ ㉢
④ ㉣
⑤ ㉤

THEME 7 프랜차이즈시스템과 연쇄점(chain)

프랜차이즈 시스템과 연쇄점은 소매점의 유형을 묻는 문제에서 체인 방식과 관련되어 종종 출제되므로 각 시스템별 특성과 종류에 대해 잘 숙지하도록 한다. 프랜차이즈 시스템의 경우 유통경로 중 수직적 마케팅 시스템 유형 관련 문제로도 종종 출제된다.

28 23년 2회

유통경로의 유형 중 가맹본부로 불리는 경로구성원이 계약을 통해 생산-유통과정의 여러 단계를 연결시키는 형태의 수직적 마케팅 시스템(vertical marketing system)으로 가장 옳은 것은?

① 기업형 VMS
② 위탁판매 마케팅 시스템
③ 복수유통 VMS
④ 프랜차이즈 시스템
⑤ 관리형 VMS

29 23년 2회

가맹점이 프랜차이즈에 가입할 때 고려해야 할 점으로 가장 옳지 않은 것은?

① 프랜차이즈가 갖는 투자리스크를 사전에 검토한다.
② 기존의 점포와 겹치지 않는 입지인지 검토한다.
③ 자신의 가맹점만이 개선할 수 있는 부분을 활용한 차별점을 검토한다.
④ 본사에 지불해야 할 수수료를 고려해야 한다.
⑤ 본부의 사업역량이 충분한지 검토해야 한다.

30 22년 3회

각 점포가 독립된 회사라는 점에서 프랜차이즈 체인방식과 같지만, 조직의 주체는 가맹점이며 전 가맹점이 경영의 의사결정에 참여한다는 차이점이 있는 연쇄점(chain)의 형태로 가장 옳은 것은?

① 정규연쇄점(regular chain)
② 직영점형 연쇄점(corporate chain)
③ 조합형 연쇄점(cooperative chain)
④ 마스터 프랜차이즈(master franchise)
⑤ 임의형 연쇄점(voluntary chain)

31 20년 추가

아래 글상자에서 설명하는 연쇄점의 형태로 옳은 것은?

㉠ 같은 업종의 소매점들이 공동매입을 도모하려고 결성한 체인조직
㉡ 일부기능을 체인 본사에 위탁하여 프랜차이즈 시스템을 갖추고 영업하기도 함
㉢ 경영의 독립성과 연쇄점화로 얻는 이득을 동시에 획득

① 정규연쇄점(regular chain)
② 직영점형 연쇄점(corporate chain)
③ 임의형 연쇄점(voluntary chain)
④ 마스터 프랜차이즈(master franchise)
⑤ 조합형 체인(cooperative chain)

32

프랜차이즈 유통사업시스템에 대한 내용으로 옳지 않은 것은?

① 본부가 자본을 투입하여 매장을 직접 운영하고, 가맹점은 기술과 노하우를 제공하여 빠른 속도로 사업이 전개될 수 있도록 한다.
② 본부방침에 변경이 있을 경우 가맹점은 그 의사결정에 참여하기 힘들다.
③ 가맹점과 본부 간의 계약이 본부의 의사를 따라야 하는 종속계약이기 때문에 계약내용에 대하여 가맹점 희망자의 요구사항이나 조건 등을 반영하기 힘들다.
④ 불리한 조건의 가맹계약을 체결하여 계약해지 시 가맹점이 손해를 입는 경우가 발생할 수 있다.
⑤ 본부 사세가 약화되는 경우 본부로부터 지도와 지원을 충분히 받기 어려워진다.

33

수직적 마케팅 시스템의 계약형 경로에 해당하지 않는 것은?

① 소매상 협동조합
② 제품 유통형 프랜차이즈
③ 사업형 프랜차이즈
④ 도매상 후원 자발적 연쇄점
⑤ SPA브랜드

THEME 8 유통경로구조의 결정이론

유통경로구조의 결정이론별 주요 특징에 대해 묻는 출제가 자주 출제되므로 5가지 이론에 대한 세부 특징을 구분하여 숙지해야 하며, 연기-투기이론과 거래비용이론은 종종 출제되므로 확실하게 이해하도록 한다.

34

아래 글상자에서 설명하는 경로구조 결정 이론으로 옳은 것은?

- 경로구조를 설계함에 있어 각 경로구성원이 경로기능을 수행하는 데 드는 상대적 비용을 고려한다.
- 각 유통기관은 비용우위를 갖는 기능들만을 수행함으로써 유통경로 최적안의 선택이 가능해진다.

① 연기-투기이론(theory of postponement-speculation)
② 기능위양이론(theory of functional spinoff)
③ 시장거래비용이론(market transaction cost theory)
④ 게임이론(game theory)
⑤ 대리이론(agency theory)

35

아래 글상자에서 거래비용이론상 거래비용이 높아지는 경우만을 모두 고른 것은?

㉠ 거래자의 수가 적은 경우
㉡ 거래 당사자 간 정보대칭성이 높은 경우
㉢ 거래환경의 불확실성이 높은 경우
㉣ 거래특유자산이 많고 수요변동이 큰 경우
㉤ 수직적 계열화가 일어난 경우

① ㉡, ㉣
② ㉣, ㉤
③ ㉠, ㉢, ㉣
④ ㉡, ㉢, ㉣
⑤ ㉠, ㉡, ㉢, ㉣, ㉤

36 23년 3회

특정 업무를 수행하는 데 소요되는 비용이 가장 낮은 유통경로기관이 해당 업무를 수행하는 방향으로 유통경로의 구조가 결정된다고 설명하는 유통경로구조이론으로 가장 옳은 것은?

① 대리인(agency)이론
② 게임(game)이론
③ 거래비용(transaction cost)이론
④ 기능위양(functional spinoff)이론
⑤ 연기-투기(postponement-speculation)이론

37 21년 3회

유통경로구조를 결정하기 위해 체크리스트법을 사용할 때 고려해야 할 요인들에 대한 설명으로 옳지 않은 것은?

① 재무적 능력이나 규모 등의 기업요인
② 시장규모와 지역적 집중도 등의 시장요인
③ 제품의 크기와 중량 등의 제품요인
④ 경영전문성이나 구성원 통제 등에 대한 기업요인
⑤ 구매빈도와 평균 주문량 등의 제품요인

38 19년 3회

유통경로 구조결정 이론 중 연기·투기이론에 대한 설명으로 옳은 것은?

① 경로구성원 중 누가 비용우위를 갖고 마케팅 기능을 수행하는지에 따라 유통경로가 결정된다는 이론이다.
② 중간상들이 재고부담을 주문 발생시점까지 연기시키려고 하면 제조업자가 재고부담을 져야 하므로 경로길이는 길어진다.
③ 산업재 제조업자는 경로길이가 긴 유통경로를 통해 경로활동을 직접 수행한다.
④ 소비재의 경우 소비자들은 다빈도 소량구매를 하므로 많은 중간상들이 재고위험을 부담한다.
⑤ 중간상들이 제조업자 대신 투기적 재고를 유지하는 경우 경로길이가 짧아진다.

THEME 9 유통경로 길이와 직·간접 유통경로

유통경로 관련하여 유통경로 길이를 묻는 문제와 직접유통경로, 간접유통경로 개념에 대한 문제가 가끔 출제되므로, 그 개념에 대해 명확하게 이해하도록 한다. 특히 유통경로 길이에 영향을 끼치는 요인 및 유통경로 길이가 긴 경우와 짧은 경우의 특성에 대해 숙지하여야 한다.

39 24년 1회

기업이 소비자에게 제품을 직접 판매하는 직접유통이 발생하게 된 이유로 가장 옳지 않은 것은?

① 도매상이 부당한 이윤을 얻고 있다는 생산자의 불만 때문이다.
② 유통 관련 시설이 발달하여 제조업자와 구매자가 쉽게 만날 수 있기 때문이다.
③ 대형할인점처럼 자본력이 크고 보관시설도 충분히 갖춘 파워리테일러의 성장 때문이다.
④ 시간과 장소의 제약을 극복할 수 있는 온라인 쇼핑이 증가했기 때문이다.
⑤ 유통기관의 비용은 제조업과 달리 고정비가 크고 변동비율이 높기 때문이다.

40 23년 1회

유통비용을 최소화시킬 수 있는 유통시스템 설계를 위한 유통경로의 길이 결정 시 파악해야 할 요소 중 상품요인과 관련된 것만으로 옳게 나열된 것은?

① 부피, 부패성, 기술적 특성, 총마진
② 고객에 대한 지식, 통제의 욕구, 재무적 능력
③ 비용, 품질, 이용가능성
④ 지리적 분산, 고객밀집도, 고객의 수준, 평균 주문량
⑤ 단위가치, 상품표준화, 비용, 품질

41 20년 추가

유통경로의 길이(channel length)가 상대적으로 긴 제품으로 가장 옳은 것은?

① 비표준화된 전문품
② 시장 진입과 탈퇴가 자유롭고 장기적 유통비용이 안정적인 제품
③ 구매빈도가 낮고 비규칙적인 제품
④ 생산자수가 적고 생산이 지역적으로 집중되어 있는 제품
⑤ 기술적으로 복잡한 제품

42 19년 2회

제시된 그림은 확보해야 할 통제가능성 및 투자비의 높낮이에 따라 생산자들이 선택할 가능성이 높은 유통경로를 나타낸 것이다. 생산자가 간접유통경로를 선택할 가능성이 가장 높은 경우로 옳은 것은?

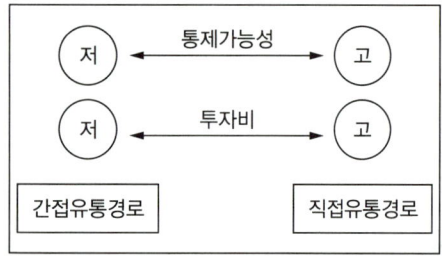

① 구매자에게 원스톱 쇼핑(one-stop shopping)이 매우 중요한 경우
② 중요한 영업비밀이 있는 경우
③ 상품 판매를 위해 높은 수준의 서비스나 일관된 경험을 제공하는 것이 중요한 경우
④ 상품이 고가이고, 복잡하며 고기술형인 경우
⑤ 상품을 취급할 수 있는 유능한 중간상들이 많지 않은 경우

THEME 10 유통경로의 파워와 갈등 관리

유통경로 파워와 갈등 관리는 3과목 유통마케팅에 같은 유형이 연계되어 출제되는 경우가 종종 있다. 따라서 경로파워별 특징에 대해 정리하고, 유통경로 갈등 원인에 대해 3과목의 내용과 같이 연결하여 이해하는 것이 좋다.

43 23년 3회

유통경로에서 발생하는 각종 힘(power)에 관한 설명으로 가장 옳지 않은 것은?

① 합법력은 법률이나 계약과 같이 정당한 권리에 의해 발생하거나 조직 내의 공식적인 지위에서 발생한다.
② 강제력의 강도는 처벌이 지닌 부정적 효과의 크기에 반비례한다.
③ 정보력은 공급업자가 중요한 정보를 가지고 있다는 인식을 할 경우 발생한다.
④ 준거력은 공급업자에 대해 일체감을 갖는 경우에 발생한다.
⑤ 보상력은 재판매업자가 자신의 보상을 조정할 수 있는 능력을 가지고 있다고 인식할수록 증가한다.

44 22년 3회

경로 지배를 위한 힘의 원천으로 가장 옳지 않은 것은?

① 보상적 힘
② 협력적 힘
③ 합법적 힘
④ 준거적 힘
⑤ 전문적 힘

45 19년 2회

아래 글상자의 설명과 경로구성원 파워(power)의 원천을 옳게 연결한 것은?

> ㉠ 경로구성원 A가 B에게 영향력을 행사할 권리를 가지고 있고, B가 그것을 받아들일 의무가 있다고 믿기 때문에 발생하는, A의 B에 대한 파워
> ㉡ 경로구성원 B가 A와 일체감을 갖기를 원하기 때문에, A가 B에 대해 갖는 파워

① ㉠ – 정보적 파워, ㉡ – 준거적 파워
② ㉠ – 강압적 파워, ㉡ – 전문적 파워
③ ㉠ – 준거적 파워, ㉡ – 합법적 파워
④ ㉠ – 보상적 파워, ㉡ – 전문적 파워
⑤ ㉠ – 합법적 파워, ㉡ – 준거적 파워

46 25년 1회

유통경로에서 발생하는 갈등의 원인을 태도에서 기인하는 것과 구조적 원인으로 구분할 때 다음 중 구조적 원인에 의한 갈등으로 옳은 것은?

① 경로구성원 간에 서로 다른 목표를 추구할 경우에 발생하는 목표불일치
② 각자의 역할과 영역이 서로 합의되지 않아서 발생하는 역할·영역의 불일치
③ 서로 상대방의 능력에 대해 일치된 합의가 없을 때 발생하는 기대불일치
④ 정보전달의 지연, 메시지의 잘못된 해석과 같은 의사소통불일치
⑤ 특정 사건이나 실체에 대해 경로구성원 간에 지각하는 정도가 다르기에 발생하는 지각불일치

47 18년 2회

유통 경로상의 갈등에 대한 내용으로 옳지 않은 것은?

① 상호의존적 관계가 높을수록 구성원들 간의 갈등이 발생할 가능성이 높아진다.
② 유통업체의 규모에 따른 힘이 감소하면서 유통경로 내 갈등은 거의 사라진 상태다.
③ 영역(역할)불일치로 인한 갈등은 상권범위 혹은 각 경로구성원이 수행할 역할에 대한 구성원 간의 견해 차이에 의해 발생할 수 있다.
④ 경로구성원들이 상대방의 목표를 존중하지 않고 간섭할 때는 목표불일치로 인한 갈등이 나타날 수 있다.
⑤ 프랜차이즈에서 가맹점이 본부에 상권보장을 요구할 때 나타나는 갈등은 영역불일치로 인한 경로 갈등이다.

THEME ⑪ 유통경로와 유통채널의 변화

유통환경 변화에 따른 유통경로의 변화 관련 문제가 종종 출제되고 있으며, 이는 전통적 유통경로의 변화 단계와 유통채널의 변화 단계 관련 문제로 구분할 수 있다. 변화 단계별 특징 및 순서에 대해 명확하게 숙지하도록 한다.

48 23년 2회

아래 글상자에서 전통적인 유통채널 구조가 점진적으로 변화하는 과정이 순서대로 옳게 나열된 것은?

> ㉠ 전통시장단계
> ㉡ 제조업체 우위단계
> ㉢ 소매업체 성장단계와 제조업체 국제화단계
> ㉣ 소매업체 대형화단계
> ㉤ 소매업체 국제화단계

① ㉢ – ㉣ – ㉤ – ㉠ – ㉡
② ㉡ – ㉢ – ㉣ – ㉤ – ㉠
③ ㉠ – ㉡ – ㉢ – ㉣ – ㉤
④ ㉤ – ㉠ – ㉡ – ㉢ – ㉣
⑤ ㉣ – ㉤ – ㉠ – ㉡ – ㉢

49 24년 2회

아래 글상자에서 설명하는 내용으로 옳은 것은?

> 인터넷, 모바일, 오프라인 매장 등 여러 채널의 결합을 통해 고객의 편의와 기업의 실적을 극대화시키는 유통방식을 말한다.

① POS
② EDI
③ RFID
④ Omni Channel
⑤ SSU

50 25년 2회

옴니채널의 사례로 가장 옳지 않은 것은?

① 오프라인 가구판매기업 A사가 온라인을 통해 인테리어 전문컨설팅을 제공한다.
② 서적판매기업 B사가 고객이 온라인에서 구매한 책을 오프라인 매장에서 받아볼 수 있는 서비스를 제공한다.
③ 숙박예약플랫폼기업 C사가 고객이 온라인에서 예약한 후 숙소에서 체크인하여 이용할 수 있는 서비스를 제공한다.
④ 온라인쇼핑몰 운영기업 D사가 복합쇼핑몰이나 아웃렛에서 매장을 운영한다.
⑤ TV홈쇼핑기업 E사가 계열사 편의점을 통해 반품 물품을 회수한다.

51 24년 3회

디지털기술의 발전으로 인한 유통산업의 환경변화에 대한 설명으로 가장 옳지 않은 것은?

① 소매기술을 통해 온라인과 오프라인을 결합한 쇼핑 경험을 제공할 수 있다.
② 온라인과 오프라인의 경계 구분이 무의미할 정도로 온·오프융합시대로 접어들고 있다.
③ 경쟁도구로서 첨단기술의 중요성이 증가하고 있다.
④ 플랫폼 기반의 유통비즈니스가 주목받고 있다.
⑤ 옴니채널의 등장으로 업태 간 경쟁은 해소되었지만 업태 내 경쟁은 격화되었다.

THEME 12 유통환경 변화 트렌드와 글로벌 유통산업 동향

유통환경 변화 및 유통환경 변화에 따른 유통경로의 변화 관련 문제가 종종 출제되고 있다. 따라서 현재 유통환경의 변화 트렌드와 이로 인해 유통산업의 경로가 어떤 변화 과정을 거쳤는지 연계하여 이해하는 것이 좋다.

52 23년 1회

아래 글상자 내용 중 글로벌 유통산업 환경변화의 설명으로 옳은 것을 모두 고르면?

> ㉠ 유통시장 개방의 가속화
> ㉡ 주요 소매업체들의 해외 신규출점 증대 및 M&A를 통한 초대형화 추진
> ㉢ 선진국 시장이 포화되어감에 따라 시장 잠재성이 높은 신규시장 발굴에 노력
> ㉣ 대형유통업체들은 해외시장 진출확대를 통해 성장을 도모

① ㉠, ㉡
② ㉠, ㉢
③ ㉠, ㉣
④ ㉡, ㉢, ㉣
⑤ ㉠, ㉡, ㉢, ㉣

53 23년 1회

모바일 쇼핑의 주요한 특성으로 옳지 않은 것은?

① 스마트폰이 상용화되면서 모바일 쇼핑이 증가하게 되었다.
② 기존의 유통업체들도 진출하는 추세로 경쟁이 치열해졌다.
③ 가격과 함께 쉽고 편리한 구매환경에 대한 중요성도 높아졌다.
④ 스마트폰을 통해 가격을 검색하고 오프라인 매장에서 실물을 보고 구매하는 쇼루밍(showrooming)이 증가하고 있다.
⑤ 정기적인 구매가 이루어지는 생필품은 모바일 쇼핑의 대표적인 판매 품목 중 하나이다.

필수 기출문제 정답과 해설

01 정답 ③

해설 표준화기능은 상품을 품질수준에 따라 분류하거나 규격화함으로써 거래 및 물류를 원활하게 하여 상품의 사회적 유통을 촉진시키고 상거래의 영역을 확대시키는 유통 기능이다.

02 정답 ④

해설 ④ 유통의 물적기능 중 장소적 기능에 대한 설명이다.
거래 및 물적 유통이 원활하게 이루어지도록 보조하는 조성기능에는 위험부담기능, 금융기능, 표준화기능, 정보제공기능 등이 있다.
①은 금융기능, ②는 위험부담기능, ③은 정보제공기능, ⑤는 표준화기능에 대한 설명이다.

03 정답 ③

해설 편의점(CVS; Convenience Store)은 고객의 접근성이 높은 편리한 위치에 입지하여 매우 작은 상권을 가진 점포로, 상품회전율이 높고 고마진 업태이다.

04 정답 ⑤

해설 모두 옳은 내용이다.

05 정답 ③

해설 제조업자의 대리인은 제조업자의 시장지배력이 약한 지역에서만 활동하지만 판매대리인은 모든 지역에서 판매를 한다.

06 정답 ③

해설 드럭스토어는 의사의 처방전 없이 구입할 수 있는 일반의약품 및 화장품·건강보조식품·음료 등 다양한 상품을 판매하는 매장이다.

07 정답 ③

해설 시장의 확대는 제조업자를 위한 도매상의 역할이다.

08 정답 ②

해설 생산자 대신 제품을 배송·설치하고 정보를 제공(ⓒ)하는 정보제공기능과, 합리적인 비용으로 재고를 보유(ⓜ)하는 재고유지기능은 생산 및 공급업자를 위한 소매상의 기능에 해당한다.

09 정답 ③

해설 ③ 판매하는 상품의 종류에 따른 구분은 업종별 구분이다. 업태별 구분은 영업 전략에 따른 구분으로 상품계열, 취급상품의 가격대, 판매 방법, 시스템 통제방법 등에 따라 백화점, 편의점, 할인점, 카테고리 킬러 등 다양한 형태로 나뉜다.

10 정답 ③

해설 ③ 도매상은 제조업체를 대신하여 합리적인 비용으로 거래관계를 수행하며, 재고를 보유해 주는 기능을 한다.
① 도매상은 소매상 지원 기능을 통해 제품구매와 관련한 제품 교환, 반품, 설치, 보수 등의 다양한 서비스를 제조업체 대신 소매상에게 제공한다.
② 도매상은 소매상에 비해 넓은 상권을 관리하기에 거래규모가 크다.
④ 도매상은 소매상을 위해 신용 및 금융기능을 수행한다.
⑤ 도매상은 제조업체를 위해 시장 확대 기능을 수행한다.

11 정답 ⑤

해설 유통경로는 제품이나 서비스가 생산자로부터 최종소비자에 이르기까지 소유권이 이전되어 가는 통로 또는 단계이며, 유통기관은 유통경로의 활동이나 역할을 맡아 관리하는 기관을 말한다. 즉, 도·소매상을 유통기관이라고 부르며, 이들에 의하여 구성되는 일련의 집합을 유통경로라 한다.

12 정답 ④

해설 집중준비의 원칙은 유통경로 과정에 가능하면 많은 수의 도매상이 개입하여 소매상의 대량 보관기능을 분담함으로써 사회 전체적으로 상품의 보관 총량을 감소시킬 수 있으며, 소매상은 최소량의 제품만을 보관하게 된다는 것이다.

13 정답 ②

해설 유통경로의 효용
- **시간적 효용** : 보관기능을 통해 생산과 소비 간 시간적 차이를 극복시켜 준다.
- **소유적 효용** : 생산자와 소비자 간 소유권 이전을 통하여 효용이 발생된다.
- **장소적 효용** : 운송기능을 통해 생산지와 소비지 간 장소적 차이를 극복시켜 준다.
- **형태적 효용** : 생산된 상품을 적절한 수량으로 분할 및 분배함으로써 효용이 발생된다.

14 정답 ⑤

해설 유통경로는 다른 마케팅 믹스 요소와 달리 한 번 결정되면 다른 유통경로로 전환이 용이하지 않은 비탄력적인 특성을 지닌다. 따라서 유통경로 선정 및 결정은 기업의 성공에 큰 영향을 미친다.

15 정답 ⑤

해설 유통경로의 기능
교환과정의 촉진, 제품구색 불일치의 완화, 거래의 표준화, 생산과 소비 연결, 고객서비스 제공, 정보제공기능, 쇼핑의 즐거움 제공

16 정답 ③

해설 시장밀도는 지리적 영역단위당 구매자의 수를 말하며, 시장밀도가 높으면 지리적 영역단위당 구매자 수가 높아지므로 한정된 유통시설을 이용해 많은 고객을 상대할 수 있다.

17 정답 ①

해설 ① 유통산업의 사회적 역할에 속한다.

18 정답 ④

해설 우리나라의 유통산업은 1996년 유통시장 개방 이후 백화점, 전통시장 중심의 이중 구조에서 대형마트, 무점포판매업 등 다변화된 구조로 변화하였다.

19 정답 ③

해설 후기산업사회 이후 소비자들의 욕구가 다양해지면서 생산자와 소비자 중간에서 각각의 정보를 상대방에게 제공함으로써 소비자니즈에 맞는 제품을 생산할 수 있는 유통의 경제적 역할이 확대되고 있다.

20 정답 ⑤

해설 ㉠ 유통경로는 제품에 시간·장소·소유·형태 효용을 부가해 부가가치를 창출함으로써 제품의 사용가치와 경제적 효용을 높인다.
㉡ 유통경로는 소비자에게 상품정보, 유행정보, 생활정보 등 무형적 가치를 제공한다.
㉢ 제조업자가 만든 제품 및 서비스의 선별과 소비자가 요구하는 구색 간의 불일치를 해소한다.
㉣ 거래의 표준화·일상화를 통해 비용을 감소시키고 비효율을 개선시킨다.
㉤ 생산과 소비 사이에서 발생할 수 있는 괴리를 줄여 생산과 소비를 원활하게 연결한다.

21 정답 ②

해설 우리나라의 경우 1960년대 이후 제조업 부문 중심의 성장을 이루었으나, 1980년대 이후에는 주로 유통산업 부문의 육성과 활성화가 중요 과제가 되었다.

22 정답 ①

해설 ㉠ **분류(sorting out)** : 이질적 상품을 비교적 동질적인 개별 상품단위로 구분하는 것이다.
㉡ **수합(accumulation)** : 다수의 공급업자로부터 제공받는 상품을 모아서 동질적인 대규모 상품들로 선별하는 것이다.
㉢ **분배(allocation)** : 동질적 제품을 분배, 소규모 로트의 상품별로 모아서 분류하는 것이다.

23 정답 ④

해설 **변동비 우위의 원칙**
유통분야는 변동비가 차지하는 비중이 고정비보다 크므로 무조건적으로 제조와 유통기관을 통합하여 대규모화하기보다는 각각의 유통기관이 적절한 규모로 역할분담을 하는 것이 비용면에서 훨씬 유리하다.

24 정답 ②

해설 ② 집중준비의 원리는 중간상을 가능하면 많이 개입시킴으로써 소매상의 대량 보관기능을 분담하고 각 경로구성원에 의해 보관되는 제품의 수량을 감소시킬 수 있으며, 소매상은 최소량의 적정량만을 보관할 수 있다는 것이다.
① 분업의 원칙과 관련된 내용이다.
③ 변동비 우위의 원리에 대한 내용이다.
④ 총 거래수 최소화의 원리에 대한 설명이다.
⑤ 집중 준비의 원리는 많은 중간상의 개입을 통해 제품의 보관기능을 분담하여 사회 전체적으로 상품의 보관 총량을 감소시키는 것으로, 시간 효용을 제공하는 것은 아니다.

25 정답 ③

해설 가전제품도매상과 대규모로 소매상에 공급하는 가전 제조업자와의 경쟁은 서로 다른 경로수준에 위치한 경로구성원 간의 경쟁에 해당하므로 수직적 경쟁이다. 업태 간 경쟁은 유사한 상품을 판매하는 서로 상이한 형태의 소매업체 간 경쟁을 의미한다.

26 정답 ④

해설 업종은 업태 중 세분화된 사업의 분류를 뜻하므로 점포 크기는 업태 개념이 대규모, 업종 개념은 소규모이다.

27 정답 ③

해설 권한위치는 전통적 유통경로에서 개별구성원에 배타적으로 존재하지만, 계약형 유통경로에서는 개별구성원에 주로 존재한다.

28 정답 ④

해설 프랜차이즈 시스템(Franchise System)은 모회사나 본부가 가맹점에게 특정 지역에서 일정 기간 동안 영업할 수 있는 권리를 부여하고 그 대가로 로열티를 받는 계약형 유통시스템의 형태로, 수직적 마케팅 시스템에 해당한다.

29 정답 ③

해설 상품개발에 전념하여 차별점을 검토하는 것은 본사에서 고려해야 할 점에 해당한다.

30 정답 ⑤

해설 임의형 연쇄점은 같은 업종 소매점들이 공동매입을 도모하기 위해 결성한 체인조직으로 경영의 독립성과 연쇄점화로 얻는 이득을 동시에 획득한다.

31 정답 ③

해설 임의형 연쇄점은 같은 업종의 소매업자가 공동매입 도모를 위해 결성한 연쇄점 형태로, 조직의 주체는 가맹점이며 전 가맹점이 경영의 의사결정에 참여한다.

32 정답 ①

해설 본부는 가맹점과 계약을 체결하여 가맹점에게 상호, 상표, 상징 및 경영노하우를 제공하고, 가맹점은 사업에 필요한 자금을 투자하여 본부의 지도 및 원조하에 사업을 행하며, 그 보상으로 일정한 대가(로열티)를 본부에 지불한다.

33 정답 ⑤

해설 SPA브랜드는 기업형 유통시스템(Corporate System)에 속한다.

34 정답 ②

해설 **기능위양이론(Functional Spin-off Perspective)**
- 유통경로 설계 시 유통경로의 구조는 기능수행의 경제적 효율성 여부에 의해 결정됨
- 유통경로의 구조는 특정 업무 수행 시 소요되는 비용이 가장 낮은 유통기관이 해당 업무를 수행하는 방향으로 결정됨
- 다른 유통경로구성원이 비용우위를 갖는 기능은 위양하고, 자신이 더 비용우위를 갖는 일은 직접 수행함

35 정답 ③

해설 ⓒ 정보의 비대칭성(밀집성)이 높은 경우 거래비용이 높아진다.
ⓜ 수직적 계열화를 통해 내부화를 할 경우 시장을 통해 독립된 경로구성원과 거래하는 것보다 거래비용이 낮아진다.

36 정답 ④

해설 기능위양이론은 유통경로의 구조는 기능수행의 경제적 효율성 여부, 즉 "누가 어떤 기능을 얼마나 효율적으로 수행하는가"의 여부에 의해 결정된다고 보는 이론이다.

37 정답 ⑤

해설 체크리스트법을 통해 매출액을 추정하기는 어렵기 때문에 매출액을 추정하기 위한 요인에 해당하는 구매빈도와 평균 주문량 등은 체크리스트법 사용 시 고려해야 할 요인에 포함되지 않는다.

38 정답 ④

해설 ① 경로구성원 중 누가 재고보유에 따른 위험을 감수하느냐에 따라 유통경로가 결정된다는 이론이다.
② 중간상들이 재고부담을 주문 발생시점까지 연기시키려고 하면 제조업자가 재고부담을 져야 하므로 경로길이는 짧아진다.
③ 산업재 제조업자는 경로길이가 짧은 유통경로를 통해 경로활동을 직접 수행한다.
⑤ 중간상의 투기행위는 제조업체와 소비자 사이에 중간상이 존재하는 간접경로 혹은 긴 경로의 이용을 초래한다.

39 정답 ⑤

해설 유통기관의 비용은 제조업에 비해 고정비가 낮고 변동비의 비율이 높다. 그러므로 제조업자가 직접유통까지 담당하면 규모의 경제를 달성하기 어려워 제조와 유통을 분리하여 기능을 분담하는 것이 비용 측면에서 효율적이다.

40 정답 ①

해설
- **부피** : 표준화된 경량품일수록 유통경로 길이가 길고, 비표준화된 중량품일수록 유통경로 길이가 짧다.
- **부패성** : 비부패성 상품은 유통경로가 길고, 부패성 상품은 유통경로 길이가 짧다.
- **기술적 특성** : 기술적으로 단순할수록 유통경로 길이가 길고, 기술적으로 복잡할수록 유통경로 길이가 짧다.
- **총마진** : 마진이 비교적 낮은 편의품은 유통경로 길이가 길고, 마진이 비교적 높은 전문품은 유통경로 길이가 짧다.

41 정답 ②

해설 전문품, 비규칙적인 제품, 기술적으로 복잡한 제품, 생산자 수가 적은 제품은 유통경로 길이가 상대적으로 짧다.

42 정답 ①

해설 원스톱 쇼핑(one-stop shopping)은 소비자가 상품구입을 모두 한 군데에서 마치는 구매행동으로 원스톱 쇼핑이 매우 중요한 구매자는 자신이 필요한 상품을 일일이 직접 거래하는 직접유통경로보다 중간상에 의해 구매 가능한 품목이 한 데 모아져 있는 간접유통경로를 선호한다.

43 정답 ②

해설 강제력은 한 경로구성원의 영향력 행사에 대해서 구성원들이 따르지 않을 때 처벌이나 부정적 제재를 받을 것이라고 지각하는 경우에 미치는 영향력이므로 강제력의 강도는 처벌이 지닌 부정적 효과의 크기에 비례한다.

44 정답 ②

해설 경로 지배를 위한 힘의 원천(유통경로의 파워)에는 준거적 힘, 전문적 힘, 합법적 힘, 보상적 힘, 강압적 힘, 정보적 힘 등이 있다.

45 정답 ⑤

해설
- **정보적 파워** : 다른 경로구성원이 이전에 얻을 수 없었거나 알 수 없었던 정보나 일의 결과를 제공해준다고 인식하는 경우에 갖게 되는 영향력
- **강압적 파워** : 경로구성원 A의 영향력 행사에 경로구성원 B가 따르지 않을 때 A가 처벌을 가할 수 있는 능력
- **전문적 파워** : 경로구성원 A가 특별한 지식이나 기술을 보유함으로 인해 B에게 미칠 수 있는 영향력
- **보상적 파워** : 경로구성원 A가 B에게 보상을 제공할 수 있는 능력

46 정답 ①

해설 Etgar는 유통경로에서 발생하는 갈등의 원인을 크게 경로구성원의 구조적 원인과 태도적 원인으로 구분하였다.

구조적 원인	• 상대방의 이익과의 충돌을 반영하는 것 • 목표의 불일치, 자율에 대한 욕구, 희소자원에 대한 경쟁
태도적 원인	• 경로구성원들의 경로 및 환경에 대한 정보의 수신과 그 처리과정 방법의 차이에서 비롯됨 • 역할 · 영역 불일치, 기대불일치, 지각불일치, 의사소통 불일치

47 정답 ②

해설 유통업체의 규모에 따른 힘이 증가하면서 제조업체와 유통업체간 힘의 불균형이 발생하여 유통경로 내 갈등은 증대하고 있다.

48 정답 ③

해설 유통채널 구조의 변화 과정
전통시장단계 → 제조업체 우위단계 → 소매업체 성장단계와 제조업체 국제화단계 → 소매업체 대형화단계 → 소매업체 국제화단계

49 정답 ④

해설 옴니채널(Omni Channel)은 소비자가 온라인, 오프라인, 모바일 등 다양한 경로를 넘나들며 상품을 검색하고 구매할 수 있도록 한 서비스로, 각 유통채널의 특성을 결합해 어떤 채널에서든 같은 매장을 이용하는 것처럼 느낄 수 있도록 한 쇼핑환경을 말한다.

50 정답 ③

해설 숙박예약플랫폼기업 C사가 고객이 온라인에서 예약한 후 숙소에서 체크인하여 이용할 수 있는 서비스를 제공하는 것은 단순히 숙박 예약만 온라인으로 진행한 것으로, 온오프라인을 넘나들며 일관된 경험을 할 수 있게 해주는 옴니채널의 사례로 적합하지 않다.

51 정답 ⑤

해설 다양한 채널을 통합한 옴니채널의 등장으로 구매 시간 · 장소의 제한이 사라지고 온오프라인 간 채널의 경계가 약화되며 채널 간, 업태 간의 경계를 넘나드는 경쟁이 심화되고 있다.

52 정답 ⑤

해설 ㉠, ㉡, ㉢, ㉣ 모두 글로벌 유통산업 환경변화에 대한 설명이다.

53 정답 ④

해설 쇼루밍(showrooming)은 백화점과 같은 오프라인 매장에서 상품을 직접 만져보고 체험한 다음, 정작 구매는 보다 저렴한 온라인으로 하는 소비 패턴을 의미한다.

CHAPTER 02 유통경영전략

최신빈출 대표유형문제

SECTION 01 유통경영 환경분석
1. 거시적, 미시적 환경 요인
2. 외부적 환경요소 분석 : 포터(M. Porter)의 산업구조분석모형(5-force model)
3. 내부적 환경요소 분석 : 포터(M. Porter)의 가치사슬 분석(value chain model)
4. 유통경영의 외부환경과 내부환경 요소의 결합 분석

SECTION 02 유통경영전략의 수립과 실행
1. 유통기업의 사업 방향
2. 유통기업의 경영전략
3. 경쟁우위와 경쟁전략, 경영혁신
4. 다각화 전략, 통합 성장 전략, 아웃소싱 전략
5. 전략적 제휴 및 합작투자, 인수합병 전략
6. 유통기업의 글로벌화 전략

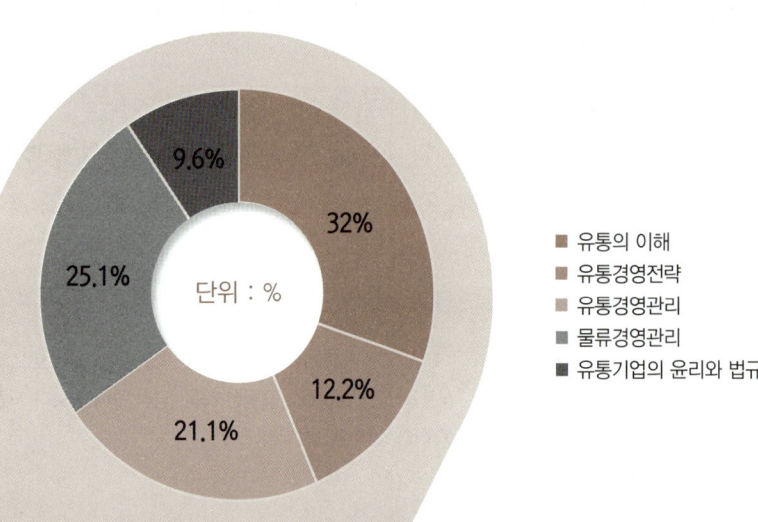

- 유통의 이해
- 유통경영전략
- 유통경영관리
- 물류경영관리
- 유통기업의 윤리와 법규

최근 5년간 챕터별 출제비중 / 회당 평균 3.1문제 출제(5개년 기준 총 15회)

비 중	출제영역		2021	2022	2023	2024	2025	합 계
32%	제1장	유통의 이해	23	19	25	27	26	120
12.2%	제2장	유통경영전략	10	7	8	9	12	46
21.1%	제3장	유통경영관리	15	19	21	14	10	79
25.1%	제4장	물류경영관리	19	21	14	20	20	94
9.6%	제5장	유통기업의 윤리와 법규	8	9	7	5	7	36
	합계(문항 수)		75	75	75	75	75	375

SECTION 03 유통경영전략의 평가 및 통제, 환류

1. 전략의 평가 및 통제
2. 성과의 측정과 환류(Feedback)

출제지문 퀴즈로 핵심체크!

테마로 푸는 필수 기출문제

최대 출제 POINT & 학습목표

❶ 미시환경과 거시환경

❷ 포터의 산업구조분석모형

❸ 유통경로 성과 평가

❹ 유통경영전략 유형

❺ 포터의 가치사슬모형(value chain model)

❻ 유통경영전략 수립

❼ 포트폴리오분석

❽ 기업 혁신전략

CHAPTER 02 최신빈출 대표유형문제

01 아래 글상자의 유통경영 환경 내용 중 거시환경에 속하는 것만을 모두 나열한 것은? **24년 1회**

┌───┐
│ ㉠ 정부의 규제 및 지원   ㉡ 정보기술의 발전   ㉢ 브랜드 인지도 │
│ ㉣ 국민 소득 증가   ㉤ 우수한 직원   │
└───┘

① ㉠, ㉡
② ㉠, ㉡, ㉣
③ ㉠, ㉡, ㉤
④ ㉠, ㉣, ㉤
⑤ ㉠, ㉡, ㉢, ㉣, ㉤

관련이론 074p

해설	거시환경	정치·법률적 환경, 기술적 환경, 경제적 환경, 사회문화적 환경 등
	미시환경	시장의 경쟁 환경, 원료공급자, 자사, 마케팅중간상, 고객, 협력업자 등

대표유형 더보기
- 유통환경분석 시 고려하는 거시환경, 미시환경과 관련된 내용으로 옳지 않은 것은? **22년 2회**
- 유통환경 분석의 범위를 거시환경과 미시환경으로 나누어볼 때 그 성격이 다른 하나는? **21년 1회**
- 유통경영환경에 대한 설명으로 옳지 않은 것은? **21년 3회**
- 기업의 과업환경에 속하지 않는 것은? **21년 2회**

02 유통기업 결합형태에 따른 인수 및 합병(M&A)의 유형과 내용 설명이 가장 옳은 것은? **25년 2회**

① 수직적 M&A: 기존의 경쟁자 대상 M&A
② 수평적 M&A: 제품라인을 보완하기 위한 M&A
③ 제품확장형 M&A: 시장을 확대·보완하기 위한 M&A
④ 시장확장형 M&A: 기존의 공급자 또는 고객 대상 M&A
⑤ 복합형 M&A: 전략적 연계관계가 별로 없는 기업 대상 M&A

관련이론 092p

해설 ⑤ 복합형(다각적) M&A은 사업 영역을 확장하기 위해 전략적 연계관계가 별로 없는 다른 산업에 속한 기업을 인수하는 형태이다.

대표유형 더보기
- 아래 글상자가 설명하는 합작투자 유형으로 옳은 것은? **23년 3회**
- 아래 글상자의 사례에 해당하는 유통경영전략으로 가장 옳은 것은? **21년 1회**

03 마이클 포터의 5가지 세력 모델과 관련한 설명으로 옳지 않은 것은? 23년 1회

① 과업 환경을 분석하는 것으로 이해관계자 분석이라 할 수 있다.
② 산업 내 기업의 경쟁강도를 파악해야 한다.
③ 신규 진입자의 위험은 잠재적 경쟁업자의 진입 가능성으로 진입장벽의 높이와 관련이 있다.
④ 구매자의 교섭력과 판매자의 교섭력이 주요 요소로 작용한다.
⑤ 상호보완재의 유무가 중요한 경쟁요소로 작용한다.

관련이론 075p

해설 ⑤ 대체재의 유무가 중요 경쟁요소로 작용한다.

대표유형 더보기
- 마이클 포터(Michael E. Porter)가 제시한 5가지 세력모형을 이용하여 기업을 분석할 때, 이 5가지 세력에 해당되지 않는 것은? **22년 2회**
- 마이클 포터(Michael Porter)의 산업구조분석모형(5-forces model)에 대한 설명으로 옳지 않은 것은? **21년 2회**
- 유통경영의 외부환경을 분석하기 위해 포터의 산업분석을 활용할 경우에 대한 설명으로 가장 옳지 않은 것은? **22년 1회**

04 경로성과를 평가하기 위한 척도의 예가 모두 올바르게 연결된 것은? 21년 3회

① 양적 척도 – 단위당 총 유통비용, 선적비용, 경로과업의 반복화 수준
② 양적 척도 – 신기술의 독특성, 주문처리에서의 오류수, 악성부채비율
③ 양적 척도 – 기능적 중복 수준, 가격인하 비율, 선적오류 비율
④ 질적 척도 – 경로통제능력, 경로 내 혁신, 재고부족 방지비용
⑤ 질적 척도 – 시장상황정보의 획득 가능성, 기능적 중복 수준, 경로과업의 반복화 수준

관련이론 096p

해설 지문에 제시된 척도의 예를 양적 척도와 질적 척도로 구분하면 다음과 같다.
- 양적 척도 – 단위당 총 유통비용, 선적비용, 주문처리에서의 오류수, 악성부채 비율, 가격인하 비율, 선적오류 비율, 재고부족 방지비용
- 질적 척도 – 경로과업의 반복화 수준, 신기술의 독특성, 기능적 중복 수준, 경로통제능력, 경로 내 혁신, 시장상황정보의 획득 가능성

대표유형 더보기
- 유통경로 성과를 측정하는 변수 중 정량적 측정변수로 가장 옳지 않은 것은? **20년 3회**
- 경로성과의 양적 척도 또는 질적 척도의 예들이 모두 옳게 나열된 것은? **19년 2회**
- 유통경로의 성과 평가에 있어 정량적 척도로 옳지 않은 것은? **19년 2회**

01 ② 02 ⑤ 03 ⑤ 04 ⑤

CHAPTER 02 유통경영전략

SECTION 01 유통경영 환경분석

1 거시적, 미시적 환경 요인 22-2, 21-3, 21-1, 19-3, 19-1

01 거시적 환경

(1) 개 념

① 사회 전체 모든 기업에 간접적·공통적으로 영향을 미치는 요인
② 기업이 통제할 수 없는 것

(2) 거시적 환경 요인 24-1, 20-2, 19-2

구분	내용
정치·법률적 환경	• 정부의 규제 및 지원, 기업이 따라야 할 규범·규제·법, 각종 인허가 등 • 기업에게 이익이 되는 측면에서 정치적 전략을 통해 관련 법률 제정에 영향을 미치기 위한 시도 포함 • 정부는 기업 발전을 위한 경제적 여건을 마련하기도 하고, 기업의 공익저해·독점 등 불건전한 활동 시 규제하기도 하는 양면적 성격을 지님 • 규정의 변화에 따라 적응해가야 함 **정치·법률적 환경 적용 예시** 20-추가 • 커피 프랜차이즈 업체에서 매장 안에서 머그잔을 활용하며, 전체 매장 플라스틱 빨대를 종이 빨대로 교체 • 대형마트에서 일회용 비닐봉투 사용을 금지하고 장바구니 사용 장려 • 대형마트가 중소유통업과의 상생발전을 위해 2주에 한 번 휴점
기술적 환경	• 정보기술(IT)의 발전 • 산업 전반의 업무 효율화와 유통발전 및 현대화를 가져옴 • 급격한 기술발전으로 하루가 다르게 변화 추세 가속 • 디지털, 네트워크, 인공지능, 자율주행기술 등
경제적 환경	• 원재료 수급에서부터 제품 판매에 이르는 기업의 모든 경제적 활동과 간접적으로 연계 • 재화·서비스의 생산 및 분배 관련한 지역·국가·국제적 상태 • 자본주의, 사회주의 같은 경제체제 • 국가의 경제정책은 기업에게 직접적인 영향을 미침
사회·문화적 환경	• 국민소득 증가, 교육수준의 향상, 소비자보호 운동 등 • 사회를 구성하는 개인의 행위에 영향을 미치는 집단, 문화·가치관, 전통, 관습 등 → 사회제도, 사회적 태도 등 • 인구통계학적 특성(인구분포, 연령, 출생률, 사망률, 노년층의 비율, 직업, 소득수준 등) • 의식, 생활양식 등의 사회적 환경(건강, 웰빙, 힐링 등) • 가치관과 문화의 다양성을 인정하고 기업활동의 기준을 다르게 적용해야 함

02 미시적 환경 21-2

(1) 개념

① 경영활동에 직접적으로 영향을 미치는 산업환경(산업구조)
② 기업 생존에 직결

(2) 미시적 환경 요인

내부 경영 환경	• 기업 내부에 존재하는 환경 • 기업의 전략적 환경 : 비전, 목표, 정책, 기업 자신의 핵심역량(인력, 자본, 기술력, 생산능력, 유통 등) 등
과업환경	• 기업을 둘러싼 외부환경 • 기업 성장·생존에 직접적 영향을 미치는 환경 • 기업이 어떤 제품이나 서비스를 생산하는가에 따라 달라짐 • 시장의 경쟁환경, 경쟁기업, 원료공급자, 마케팅중간상, 고객, 협력업자, 정부규제(규제기관) 등

+ 더 알아보기 매출에 영향을 미치는 내적·외적 환경요인 25-1

내적 환경요인	자사 내부에서 통제·조정 가능한 요인 예 점포 면적, 영업시간, 물류 시스템 등
외적 환경요인	자사 외부에서 발생하며 통제가 어려운 요인 예 경쟁점, 상권변화, 시장환경 등

2 외부적 환경요소 분석 : 포터(M. Porter)의 산업구조분석모형(5-force model)

23-1, 22-2, 22-1, 21-2, 19-1, 18-1

01 개요

① 과업환경 분석 모형 → 기업의 이해관계자 분석
② 산업 내 기업의 경쟁 강도(정도)를 파악해야 함
③ 기업의 전략적 위치 및 기업전략은 산업환경에 있는 다섯 가지 세력에 의해 결정
④ 다섯 요소(세력)들의 수준에 따라 산업의 매력도 측정
⑤ 각 요소들의 힘(영향력)이 강할수록 해당 기업에 위협이 되고, 약할수록 기회가 됨

02 산업구조분석모형의 다섯 가지 세력

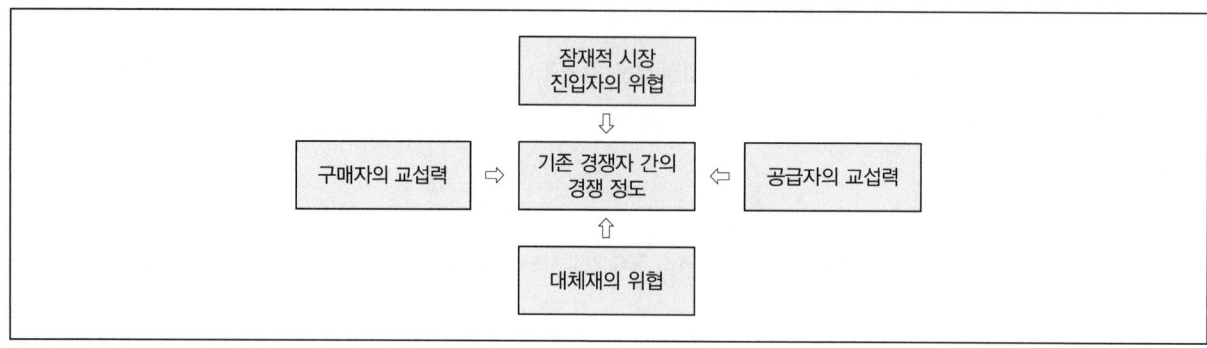

(1) 기존 경쟁자 간의 경쟁 정도

　① 경쟁 양상 및 산업 전체 수익률 결정에 대한 가장 중요한 요인은 이미 그 산업 내에서 경쟁하고 있는 기업들 간의 경쟁 관계임
　② 경쟁기업 간 경쟁 정도가 낮을수록(해당 산업 참여 기업 수가 적을수록) 수익률이 높아지고, 경쟁 정도가 높을수록 수익률이 낮아짐
　③ 경쟁기업 간의 동질성이 높을수록 암묵적인 담합 가능성이 높아짐

(2) 잠재적 시장 진입자의 위협

　① **진입장벽** : 기존 기업들이 신규진입기업에 비해 가지는 우위
　② 신규 진입자의 위험은 잠재적 경쟁업자의 진입 가능성으로, 진입장벽의 높이와 관련 있음
　③ 진입장벽의 강화는 신규 진입자의 진입을 방해함

(3) 공급자의 교섭력

　① 공급자들은 자신의 협상능력이 강할 때 가격을 높임으로써 이윤의 폭을 넓힐 수 있음
　② 공급자의 협상 능력이 클수록 기업 원가부담이 증가하여 이윤 감소 → 공급자의 교섭력이 클수록 시장매력도가 낮아짐

(4) 구매자의 교섭력

　① 구매자의 협상능력에 더 영향을 미치는 것은 판매하는 기업과 구매하는 기업 간의 협상력의 차이
　② 강력한 구매자는 협상력을 행사하여 가격을 낮추어 공급자로부터 이익을 빼앗을 수 있음
　③ 구매자의 교섭력이 클수록 자사의 수익률 하락(생산자 입장에서 소매상의 힘이 커질수록 가격결정에서 불리)
　④ 제품차별화가 심할수록 구매자는 가격에 대해 민감하지 않게 됨

(5) 대체재의 위협

　① 대체재의 유무에 따라 산업의 수익률이 달라짐
　② 대체재의 가격이 낮고 품질이 우수하며 성장성이 클수록 수익률이 낮아짐
　③ 대체재가 많으면 많을수록 기업들이 자신의 제품이나 서비스에 높은 가격을 받을 수 있는 가능성은 줄어듦

03 수평적 경쟁과 수직적 경쟁 25-1, 21-2, 21-1, 20-3

(1) 개념

수평적 경쟁	• 유통경로의 동일한 단계에 있는 경로구성원 간의 경쟁 • 이미지, 목표고객, 서비스 등 기업전략의 유사성으로 인해 수평적 경쟁이 발생하기도 함 예 할인점과 할인점 간의 경쟁, 백화점과 백화점 간의 경쟁
수직적 경쟁	• 서로 다른 경로수준에 위치한 경로구성원 간의 전쟁 • 유통기업의 경우, 수직적 경쟁 회피를 위해 전방·후방 통합 시도 • 제조업자는 수직적 마케팅 시스템을 통해 도소매상의 판매자료 공유로 효율적 재고관리, 경로 전반 조정 개선 가능 예 제조업자와 도매상 간의 경쟁 예 가전제품도매상과 대규모로 소매상에 공급하는 가전 제조업자와의 경쟁

(2) 수평적·수직적 경쟁의 요인

경쟁요인	힘의 원천	강도의 판단 요인	힘의 작용
수평적 경쟁요인	대체재	구매자의 성향 및 대체재 가격 등	진입장벽(위협)
	잠재적 시장 진입자	제품차별화 및 비용우위 등	
	기존 경쟁자	시장성장률 및 비용구조 등	
수직적 경쟁요인	공급자	공급자 전환비용 및 전방통합능력 등	교섭력
	구매자	구매자 전환비용 및 후방통합능력 등	

+ 더 알아보기 업태 내 경쟁과 업태 간 경쟁

업태 내 경쟁	유사한 상품을 판매하는 서로 동일한 형태의 소매업체 간 경쟁
업태 간 경쟁	유사한 상품을 판매하는 서로 상이한 형태의 소매업체 간 경쟁(예 할인점과 편의점 간의 경쟁)

3 내부적 환경요소 분석 : 포터(M. Porter)의 가치사슬 분석(value chain model)

20-3, 20-추가

01 가치사슬(Value Chain)

(1) 개 념

① 기업이 제공하는 제품이나 서비스가 사업 활동의 어느 부분에서 부가가치가 더해지고 있는가를 분석하는 방법
② 기업의 업무 프로세스 관점에서 내부자원을 분석하는 기법 → 기업 내부 프로세스에 초점
③ 기업 내부 단위활동과 활동들 간 연결고리의 문제점 및 개선방안을 체계적으로 찾는 데 유용한 기법

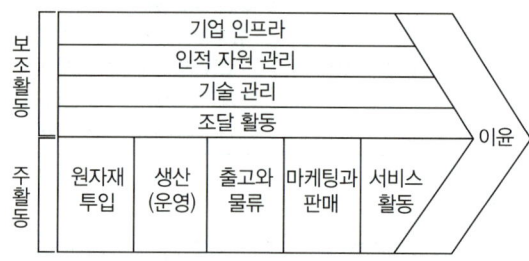

[가치사슬 모형의 예시]

(2) 목 적

기업의 강점·약점을 파악하여 경쟁기업에 대해 차별화를 이루는 것

02 기업의 가치창출활동

(1) 개 념

① 기업의 가치는 주활동과 보조활동의 가치창출 활동에 의해 결정됨
② 주활동은 부가가치를 직접 창출하는 부분이고, 보조활동은 부가가치가 창출될 수 있도록 간접적인 역할을 하는 부분임

(2) 가치창출활동의 구분

주활동(Primary Activities, 본원적 활동)	제품의 생산, 운송, 마케팅, 영업, 판매, 물류, 서비스 등과 같은 현장 업무 활동 예 대리점지원, 생산, 물류, 재고보유, 고객 서비스
보조활동(Support Activities, 지원활동)	구매, 기술개발, 경영혁신, 인사(인적자원관리), 조달활동, 기업하부구조(재무·기획), 전산정보, 회계 등 현장 활동을 지원하는 제반업무 예 기술연구, 재무, MIS, 기획, 디자인

4 유통경영의 외부환경과 내부환경 요소의 결합 분석

01 SWOT(Strength, Weakness, Opportunity, Threat) 분석 24-1, 23-1, 22-1

(1) 개 념

① 기업이 내부환경 및 외부환경 등을 분석하여 자사의 강점과 약점, 기회와 위협요인을 규정하고, 이를 기반으로 마케팅 전략을 수립하는 데 사용되는 기법
② SWOT 분석 활용 목표 : 기회를 최대화하고 위협을 최소화한 기업 차원의 효율적 사용
③ 전사적 차원, 사업단위 차원 모두 활용 가능

(2) 구성요소

강점(Strength)	(기업 외부요소를 차단하고, 사실에 기초한) 기업 내부의 강점 예 기업 내의 충분한 자본력, 기술적 우위, 유능한 인적자원 등
약점(Weakness)	(기업 외부요소를 차단하고, 사실에 기초한) 기업 내부의 약점 예 생산력의 부족, 미약한 브랜드 인지도 등
기회(Opportunity)	기업의 사회·경제적 기회 예 현재 자사의 목표시장에 경쟁자가 없거나 또는 경제상황이 회복되어 새로운 사업 기회가 생긴다면 외부로부터 발생하는 기회에 해당
위협(Threat)	외부적인 위협(사회·경제적 또는 타사로부터의 위협) 예 중소기업이 새로 시작한 사업에 대기업이 막강한 자본력으로 시장에 진입하는 경우

(3) SWOT 분석결과 전략수립구조

구 분		기업 내부 환경	
		강점(Strength)	약점(Weakness)
기업 외부 환경	기회(Opportunity)	SO 전략 (공격적 확장 전략)	WO 전략 (안정 우회전략)
	위협(Threat)	ST 전략 (안정 성장전략)	WT 전략 (사업축소 및 철수전략)

(4) 상황별 전략

SO전략 (강점-기회 전략)	• 기업 내부의 강점을 살려 기회를 포착하는 전략 → 확장전략 • 시장기회 선점 전략, 시장·제품 다각화 전략
ST전략 (강점-위협 전략)	• 기업 내부 강점을 살려 위협을 회피하는 전략 → 안정전략 • 시장침투 전략, 제품확장 전략
WO전략 (약점-기회 전략)	• 기업 내부 약점을 보완하여 기회를 포착하는 전략 → 안정전략 • 핵심역량 강화전략, 전략적 제휴
WT전략 (약점-위협 전략)	• 기업 내부 약점을 보완하여 위협을 회피하는 전략 → 사업축소 및 철수전략 • 철수, 전략적 제휴, 벤치마킹, 핵심역량 개발

02 BCG 매트릭스(The Boston Consulting Group's Growth-Share Matrix) 19-3

(1) 개 념

① 경영전략 수집 분석도구로 활용되는 대표적인 사업포트폴리오 분석기법
② 수익의 주요 지표로서 현금흐름에 초점 → 수익과 현금흐름이 판매량과 밀접한 관계에 있다고 가정

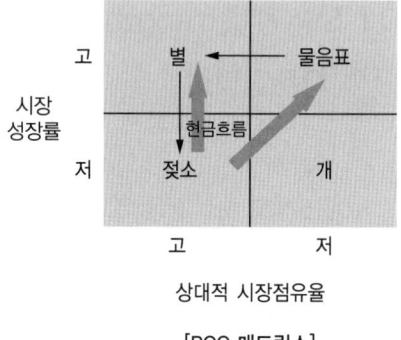

[BCG 매트릭스]

(2) BCG의 성장-점유 매트릭스의 변수

시장성장률	• 수직(세로)축 • 제품이 판매되는 시장의 연간 성장률, 시장의 매력 척도
상대적 시장점유율	• 수평(가로)축 • 상대적 시장점유율, 시장에서 기업의 강점 측정 척도

(3) BCG 매트릭스의 구성

별(Star) 사업부	• 시장성장률도 높고 상대적 시장점유율도 높은 사업부 • 제품수명 주기상에서 성장기 • 선도기업 지위 유지 위해 많은 투자 자금 필요
젖소(Cash Cow) 사업부	• 시장성장률은 낮지만 높은 상대적 시장점유율을 유지하는 사업부 • 제품수명주기상에서 성숙기에 속함 • 성공한 사업으로 규모의 경제와 높은 수익을 가짐
물음표(Question Mark) 사업부	• 시장성장률은 높으나 상대적 시장점유율이 낮은 사업부 • 제품수명주기상에서 도입기에 속함 • 경쟁력이 확보될 수 있는 소수 사업부에 집중투자하는 전략 필요
개(Dog) 사업부	• 시장성장률도 낮고 시장점유율도 낮은 사업부 • 제품수명주기(Material Life Cycle)상에서 쇠퇴기에 속함 • 유지할 것인지, 축소 · 철수할 것인지 결정해야 함

03 맥킨지 사업포트폴리오 분석(GE/Mckinsey Matrix) 20-3

(1) 개 요

① 기업의 전략적 사업단위에 대한 비즈니스 포트폴리오 분석을 수행하는 모델
② 산업성장률, 시장점유율 이외의 다양한 환경 · 전략변수들을 반영한 사업부 평가모형

(2) 구성 요소

① 산업매력도와 사업 강점(사업 경쟁력)의 두 차원으로 구성
② 각 차원을 평가하는 데 사용되는 변수들

산업매력도 평가 변수	시장규모(기존 경쟁기업 수), 산업성장률, 산업의 평균수익률, 경쟁 정도, 산업의 집중도, 산업의 전반적 수급상황, 기술적 변화 및 차별화 정도, 진입장벽 높이 정도와 철수 장벽 유무 등
사업부의 시장강점(사업 경쟁력) 평가 변수	시장점유율, 관리능력, 기술 수준, 제품의 품질, 상표이미지, 생산능력, 원가구조, 유통망, 원자재 공급원의 확보 등

SECTION 02 　유통경영전략의 수립과 실행

1 유통기업의 사업 방향

01 유통기업의 사업 방향 개요와 단계

(1) 사업 방향 개요

① **사업 방향** : 사업이 나아가고자 하는 바
② 사업 진단을 통해 영향 요인들을 분석하여 지향하는 방향을 명확히 함
③ 사업방향 확인을 통해 기업의 단기·중기·장기 전략 명료화
④ 사명, 비전, 목표, 핵심 성공요소 등 고려 필요

(2) 유통경영전략 수립단계 23-3

기업의 사명 정의 → 기업의 목표 설정 → 사업포트폴리오 분석 → 성장전략의 수립

02 유통기업의 사업 방향 결정 절차

(1) 유통기업의 사명 결정

① 시장 지향적이어야 하고, 현실성을 지니고 있어야 함
② 너무 광범위하게 또는 너무 좁게 설정되어서는 안 됨
③ 사명이 구체적이어야 함
④ 사명은 기업이 지니고 있는 독특한 역량에 기초하여 설정되어야 함
⑤ 조직구성원들에게 동기부여할 수 있어야 함
⑥ 비전을 제시할 수 있어야 함

(2) 유통기업의 목표 설정

① 설정 방법
　㉠ 기업 사명과 비전을 바탕으로 설정
　㉡ 사명은 구체적인 경영목표로 전환되어 목표에 의한 경영이 수행되어야 함
　㉢ 유용한 목표 설정 : 명백하고, 측정 가능하며, 정량적이고, 구체성을 지녀야 함
　㉣ 목표는 계층화시켜 설정 : 사업단위별 하위목표로 세분되고 다시 사업 단위의 각 제품시장별 하위목표로 재분류

② 설정 내용

시장 성과 목표	매출액, 시장점유율
재무적 성과 목표	• 달성하고자 하는 금전적·경제적 달성치 • 수익성(Profitability)과 생산성(Productivity)으로 구분

사회적 목표	• 사회적 욕구를 어느 정도 충족시킬 수 있는가 • 고용 효과, 세금의 공정한 납부, 소비자에게 폭 넓은 선택의 제공, 소비자의 공정한 대우, 사회지원 활동 등
개인적 목표	• 소매업자 개인이나 종업원의 욕구를 어느 정도 충족시킬 수 있는가 • 종업원의 자기만족, 지위, 존경, 권위 등

③ 경영자가 목표 설정 시 고려해야 할 요소 23-2
  ㉠ 조직 미션과 종업원의 핵심 직무 검토
  ㉡ 목표 결정 시 개별적으로 결정하거나 외부 투입을 고려하여 결정
  ㉢ 목표 진척사항 평가를 위한 피드백 메커니즘 구축
  ㉣ 가용한 자원 평가
  ㉤ 공통의 목표를 명확히 설정하고 목표 달성에 따라 보상 실시

④ 기업이 갖춰야 할 핵심역량의 조건 19-2
  ㉠ 역량이 경쟁자 대비 높은 고객가치를 창출할 수 있게 지원해야 함
  ㉡ 역량이 시장에서 쉽게 거래될 수 없으며 희소성이 있어야 함
  ㉢ 역량의 모방이 불가능하며 대체 불가능한 능력이어야 함

⑤ 피터 드러커(Peter Drucker)의 최고 경영자 자질론 24-3
  ㉠ 공통의 목표 수행을 위해 통합된 팀워크를 조직하고 활용할 수 있어야 함
  ㉡ 경영목표를 설정하고 그 목표 관리를 성공적으로 수행할 수 있어야 함
  ㉢ 경영관리를 미시적 관리인 기업경영과 거시적 관리인 정부정책적 관리로 구분하여 수행하되, 이 둘을 통합하여 조화를 이룰 수 있어야 함
  ㉣ 경영목표에 대한 성공적인 확신 및 전략과 전략적 의사 결정을 수행할 수 있는 능력을 가져야 함
  ㉤ 최고경영자는 기업 내·외부 환경변화와 이에 따른 위험부담을 신속하게 파악하고 대책을 수립할 수 있어야 함

(3) 사업 방향 결정을 위한 분석
  ① 환경 및 기업 분석을 통한 경영전략 수립 필요
  ② 자사(Company)·경쟁사(Competitor)·고객(Customer)인 3C와 유통(Channel) 분석 후, SWOT 분석 수행
  ③ 사업 포트폴리오 분석 틀
    ㉠ 기업의 전략 수립 : SWOT 분석
    ㉡ 효과적인 자원배분 : BCG 매트릭스, GE/Mckinsey 매트릭스 등
  ④ 경영전략 수립을 위한 환경분석 중 전략과제의 도출 순서 20-2
    ㉠ 사업종류, 사업영역, 경쟁상황, 최고경영층의 방향에 관한 자료 준비
    ㉡ 외부환경에 대한 6가지 요인(경제적, 사회적, 정치적, 인구통계학적, 제품과 기술, 시장과 경쟁)에 대한 기회와 위협을 평가·정리
    ㉢ 외부환경에 있어서 장래에 대한 평가와 예측 준비
    ㉣ 내부조직의 강·약점을 관리와 조직, 운영, 재무, 마케팅 등의 측면에서 도출
    ㉤ 외부의 기회와 위협, 조직의 강점과 약점을 상호 연계하여 전략 대안을 개발
    ㉥ 전략 대안 중 전략적 선택

2 유통기업의 경영전략

01 유통경영전략 개요

(1) 경영전략 개념
- ① 기업의 유지와 성장을 위해 격변하는 기업 외부 환경 변화에 전사적인 차원에서 적응 또는 대응하기 위한 방향 설정 및 대응 수단 선택에 관한 의사결정
- ② 기업의 추구 방향에 따라 4가지 유형적 방향성을 지님

(2) 유통경영전략의 필요성
- ① 유통경로는 높은 전환비용으로 다른 유통경로로의 전환이 어려움
- ② 유통은 경로상 상이한 시장 환경과 각 나라의 고유한 역사적 배경 등에 영향을 받으므로 전략적 차원의 접근 필요
- ③ 기업은 유한한 자원으로 고객 니즈의 효과적 충족 방안을 모색하기 위해 전략 수립
- ④ 전략은 치열해지는 경쟁, 마케팅, 다른 기능적 전략 등에서 경영자에게 유용한 방향 제공

(3) 앤소프(Ansoff, H. I.)의 경영전략의 기능 25-2
- ① 경영전략은 환경에 적응하고 환경을 창조하는 지속적인 과정임
- ② 경영전략은 경영목적 달성을 위한 포괄적인 수단임
- ③ 경영전략을 통해 기업이 장차 당면할 전략적 문제나 기회를 발견할 수 있음
- ④ 경영전략은 각 부문의 경영활동을 전체로 통합하는 기능이 있음
- ⑤ 경영전략은 정보수집을 효율적으로 하기 위한 결정 규칙을 가지고 있음

02 경영전략의 유형

(1) 경영전략의 4가지 유형과 성장전략

① 경영전략의 4가지 유형 20-3

성장 전략	• 기업 규모를 증대시키고 영업 범위를 확대하는 공격적인 사업 전략 • 매출액 증대, 시장점유율 증대 등 외형적 성장 추구
축소 전략	• 효율성 달성 및 성과 향상을 위해 기업 규모를 축소하는 전략 • 다운사이징, 구조조정(리스트럭처링, Restructuring), 영업양도전략, 분사, 청산 등
안정화 전략	큰 변화 없이 현상 유지를 목표로 하는 전략(위험부담 최소화)
협력 전략	• 2개 이상 기업이 공동의 목표 달성 및 경쟁우위 확보를 위해 협력하는 win-win 전략 • 전략적 제휴

② 유통경로의 성장전략 19-1

통제 전략	• 유통경로기관보다 기업(channel leader)의 힘이 더 강할 때만 활용 가능 • 통제, 이행, 순응을 지시
권한위임 전략	유통경로기관보다 기업(channel leader)이 더 잘 알려져 있고 자금력도 있으며 지역에서 영향력이 있을 때 사용
협력 전략	• 유통경로기관과 기업(channel leader)의 힘이 비슷할 때 사용 • 신뢰와 관계의 중요성 인정

③ 소매업체가 추구할 수 있는 다양한 성장전략의 예 24-3

수직적 통합	PB를 기획하던 소매업체가 생산 공장을 소유하는 것
관련 다각화 전략	현재 표적시장과 새로운 사업기회에 공통점이 있어 동일한 물류시스템을 활용함
시장침투 증가 전략	표적시장에 보다 많은 점포를 개설하거나 기존 점포의 영업시간을 확대함
소매업태 개발기회	동일한 표적시장의 고객에게 또다른 소매믹스를 가진 새로운 소매업태를 제공함

(2) 시장대응전략과 경쟁우위전략 19-2

시장대응전략	제품수명주기전략, 제품/시장믹스전략, 포트폴리오전략 등
경쟁우위전략	원가우위전략, 차별화전략, 집중화전략

(3) 전통적 전략과 가치혁신 전략 19-1

항목	전통적 전략	가치혁신 전략
업종에 대한 가정	주어진 경영조건 및 경영환경에 최선을 다함	산업조건을 초월하여 경쟁과 무관하게 전략 성공을 위한 아이디어와 기회 모색, 신시장 창출
전략적 초점	단순히 경쟁사와 싸워 이기고 앞서는 데 초점	경쟁사들과의 직접 경쟁보다 새로운 가치 창출로 차별적 우위 확보
고객 초점	고객의 드러난 욕구를 충족하며 고객기반 확대	고객이 가치를 두는 특성에 내포된 강력한 공통성을 기반으로 전략수립
자산과 능력	현재 가진 자원으로 최대한 성과 개선 가능한 방법 연구	'만약 새롭게 시작하면 어떨까'하는 방법을 연구
제품/서비스의 제공	• 해당 산업이 전통적으로 제공한 상품 및 서비스로 정의 • 명확하게 설정된 한계 내에서 제품/서비스 실현	구매자들이 원하는 문제의 총체적 해결 측면을 고려하여 해당 산업이 고객에게 강요해온 불편한 부분 극복

(4) 사업관리기법 21-3, 20-2

가치창조경영	기업 의사결정기준을 회계상 매출에서 벗어나 경제적 이익에 근거한 기업가치인 경제적 부가가치를 중심으로 하는 사업관리기법
상생기업경영	대기업과 중소기업 간 협력을 통해 서로의 단점을 보완하여 경쟁력을 강화시키는 윈윈(win-win) 전략
펀경영	경영자가 재미를 통한 리더십을 발휘해서 직원의 자발적 참여, 헌신, 창의력 등을 유도하는 관리방식
지식경영	조직 내 지식의 발굴, 공유 및 적용을 통해 조직의 문제해결 역량을 향상시킴으로써 경쟁우위를 갖게 하는 프로세스
크레비즈	• 크리에이티브 비즈니스(Creative Business)의 줄임말로 '창조사업'을 의미 • 정보 · 지식, 바이오 등 첨단 경제자원과 기존 사업지식, 전문기술을 융합해 창의적 아이디어와 발상의 전환으로 새로운 가치를 창출하는 신종 고부가가치 사업

03 경영전략의 수준

(1) 기업수준의 경영전략 21-2

① 기업이 경쟁하는 시장 및 사업 영역 결정
② 가장 상위의 경영전략, 기업 내에서 이루어지는 모든 계획 수립의 근간
③ 조직의 목표 · 역량과 변화하는 마케팅 기회 간 전략적 적합성을 개발 · 유지하는 과정

④ 기업 전반의 목적 및 사명을 정의하는 것에서 시작
⑤ **구성** : 시장 진입·철수, 기업 인수·합병, 기업 매각 등의 의사결정, 기업목표 수립, 사업단위 선택, 기업 전체 성과평가
⑥ 기업수준의 전략계획 수립 후 사업수준별 경영전략, 기능별 경영전략을 일관성 있게 수립해야 함
⑦ 기업수준의 경영전략 계획 실현을 위해 마케팅 등 기타 부서들이 구체적 실행계획을 수립해야 함

(2) 사업부 수준의 경영전략
① 기업이 각각의 시장에서 경쟁하는 구체적인 방법 결정
② 기업수준의 경영전략의 하위전략
③ 기업의 사업영역에서 경쟁할 수 있는 방법을 형성하는 활동계획
④ **구성** : 사업단위의 목표수립, 시장세분화에 따른 표적시장 결정과 포지셔닝, 마케팅믹스 관리, 사업단위 성과평가

(3) 기능별 경영전략
① 사업부 수준의 경영전략 구체화 및 주요 기능별 가치창출 극대화를 위해 수립되는 전략
② 기업 전략, 사업부 전략의 하위 전략
③ 자원의 효율성·생산성 극대화에 초점
④ **구성** : 연구개발, 생산, 재무, 인적자원의 배분 및 활용 등 기능별 분야에서 세부적인 수행 방법 결정

3 경쟁우위와 경쟁전략, 경영혁신

01 경쟁우위(Competitive Advantage)

(1) 기업의 경쟁우위
① 타사와의 차별적인 자원을 기초로 함
② **타사와의 차별적인 자원** : 자원개발 소요시간이 길거나 타사가 획득하기 어려운 자원

(2) 기업의 자원 활용
① 고객이 자사를 선택하게 하는 방법으로 활용해야 함
② 고객을 정확하게 이해하기 위한 효율적인 의사소통 필요 → 이를 통해 이익제고, 비용절감 도모 가능

02 경쟁전략(Competitive Strategy)

(1) 개념
① 핵심역량 강화, 가치창조 활성화, 시너지 창출을 통해 경쟁우위를 확보하려는 전략
② 경쟁전략의 목표 설정을 위해 기업의 지속가능한 경쟁우위 능력인 경쟁력 요인 분석 필요
③ 산업구조(소비자 수요 및 기술발전 등), 경쟁기업(전략적 목표 및 자원, 역량 등), 내적역량(경영자원 및 핵심역량) 고려 필요

(2) 경쟁전략 유형

모방전략과 방어전략	모방전략	선도(선발)기업의 제품이 시장에서 성공할 경우, 이를 후발기업이 모방하여 시장에 진입함으로써 선도기업을 뛰어넘으려는 전략
	방어전략	지속적인 기술혁신 및 성과와 관련된 정보를 보호하는 등의 노력을 통해서 경쟁자의 진입을 막고자 하는 전략
시장침투전략		기존의 (소매)업태를 활용하여 자신의 표적시장 내에서 신규 고객을 창출하거나 기존 고객들의 충성도를 높이기 위해 마케팅을 더욱 강화하는 전략
소매업태 개발전략		동일한 표적시장의 고객에게 지금까지와 다른 소매믹스로 새로운 소매업태를 제공하는 전략
제품의 차별화, 지연 전략		• 지역마다 다양한 고객 요구 대응을 위해 제품을 현지상황에 맞게 변경하는 현지화를 통해 마케팅 성공을 극대화하면서 생산표준화를 통해 비용절감 • 가장 적합한 글로벌 로지스틱스(Logistics) 전략

03 경영혁신(Management Innovation)

(1) 개 요

① 기업의 비즈니스 수행 방식에 큰 변화를 일으켜 기업 경쟁력을 강화시키는 과정이나 수단
② 미래지향적인 경영 지향, 기업 재구축 필요
③ 혁신의 원인으로는 기업조직의 타성이나 경제시스템의 변동, 금융 부문의 비효율성, 정부규제 등이 있음

(2) 경영혁신의 성공요건 19-2

① 최고경영자의 강력한 의지 및 지원 필요
② 경영혁신의 목표 · 방법 · 기대효과에 대하여 충분한 설명 필요
③ 변화하지 않으면 도태될 수 있다는 긴박감과 위기감 조성
④ 변화관리를 위하여 전문적인 체계, 기법, 전문가, 전담부서 등 활용
⑤ 혁신이 계획대로 추진 및 정착될 수 있게 세밀한 사전준비와 사후관리 진행

(3) 경영혁신 기법 20-3

벤치마킹 (Benchmarking)	어느 특정분야에서 "최상의 혹은 가장 모범적인 기업 · 조직"을 표적으로 삼아 연구하여 자기 기업과의 성과 차이를 비교하고, 이를 극복하기 위해 그들의 뛰어난 운영 프로세스를 배우며 부단히 자기혁신을 추구하는 경영기법
기업경영혁신(BPR ; Business Process Reengineering)	• 1990년대 초 미국에서 제창한 개념 • 엔지니어링 혹은 비즈니스 프로세스 리엔지니어링이라고도 함 • 비용, 품질, 서비스, 속도 등 기업의 핵심적인 역량, 즉 성과 측면의 극적인 향상을 위해 기업의 프로세스를 근본적(Radical)으로 재사고하고, 급진적(Dramatic)으로 재설계하는 것 • 데이터를 조직화하고, 방향을 설정하기 위하여 컴퓨터나 정보기술의 사용이 포함됨
전사적품질관리(TQM ; Total Quality Management)	• 고객만족을 목표로 품질관리 부문에 전사적인 참여를 통해 조직 내 업무프로세스 · 시스템을 지속적으로 개선시키는 통합적인 관리기법 • 제품 및 서비스 품질을 향상시켜 장기적인 경쟁우위 확보를 위해 기존 조직문화와 경영관행을 재구축하는 것
전사적자원관리(ERP ; Enterprise Resource Planning)	• 기업이 통합된 데이터에 기반을 두고 재무, 생산소요계획, 인적자원, 주문충족 등을 시스템으로 구축하여 관리하는 것 • 전반적인 기업 업무 프로세스를 통합 · 관리하여 정보를 공유함으로써 효율적인 업무처리 가능

유연제조시스템(FMS ; Flexible Manufacturing System) 20-3	• 시장의 상황 변화에 따라 제품의 생산량을 유연성 있게 조절하여 생산하는 시스템 • 기존의 개별적인 자동화 기술 및 시스템을 하나의 생산시스템으로 통합하여 다품종 소량생산방식에 대한 융통성과 대량생산에서의 높은 생산성을 동시에 달성하려는 제조시스템 • 목표 : 유연성, 생산성, 신뢰성 • 구성 : 수치제어(numeric control) 공장기계, 자동반송시스템, 중앙통제컴퓨터, 자동창고시스템, 산업용 로봇으로 구성 • 적용 : 자동차 분야에 가장 효과적
다운사이징 (Downsizing)	• 기업 효율성 향상을 위해 의도적으로 기업 내 인력, 계층, 작업, 직무, 부서 등의 규모를 축소시키는 일종의 구조조정 • 수익성을 높이기 위해 기구를 축소 · 폐쇄 · 단순화하는 등 단기적 전략이 아닌 장기적 경영전략
구조조정(리스트럭처링, Restructuring)	• 기업 경영의 근본적 구조를 재구축하여 기업의 존속과 발전을 도모하기 위한 경영 • 사업 편성을 변경하고 개발 · 생산 · 유통시스템을 구조적으로 변혁, 재편성하여 발전 가능성이 있는 방향으로 사업구조를 바꾸거나 비교우위가 있는 사업에 투자재원을 집중적으로 투입하는 경영전략
전략적 제휴 (Strategic Alliance)	• 특별한 관계가 없던 기업들이 각자 독립성을 가지고 특정 분야에 대하여 상호보완적 · 지속적인 협력관계를 위한 제휴를 맺는 전략 • 상호 각각의 약점을 보완하고 경쟁우위 강화

(4) 도매상의 혁신전략 23-1

전 략	내 용
도매상의 합병 및 매수	기존시장에서의 지위확보, 다각화를 위한 전후방 통합
회사 다각화	유통다각화를 통한 유통라인 개선
자산 재배치	회사의 핵심사업 강화 목적, 조직의 재설계
전방과 후방통합	이윤과 시장에서의 지위강화를 위한 통합
자산가치 높은 브랜드 보유	시장에서의 지속적인 경쟁력을 획득하기 위한 전략
부가가치 높은 서비스 개발	급행서비스에서 주문서비스까지 가치 증가를 위한 다양한 서비스 제공
국제시장으로의 확장	합작투자, 전략적 제휴를 통한 해외진출 가속화
유통의 새로운 기술	온라인 주문 · 발주 시스템, 창고 자동화, 향상된 재고관리

4 다각화 전략, 통합 성장 전략, 아웃소싱 전략

01 다각화 전략(Diversification Growth Strategy) 20-2

(1) 개 요

① 기존의 제품이나 시장과는 완전히 다른 새로운 사업을 시작하거나 인수하는 전략
② 기업이 속한 산업 밖에서 기회를 발견하려는 전략

(2) 형 태

수직적 다각화	기업이 자신의 분야에 포함된 분야로 사업영역을 확장하는 것
수평적 다각화	자신의 분야와 동등한 수준의 다른 분야로 다각화하는 것
집중적 다각화 (연관 사업 다각화)	• 핵심기술 한 가지에 집중해서 판매하는 것 • 경영합리화, 시장통제, 금융상 이점 등을 위해 상호 간 협정이나 제휴를 통해 과다경쟁 없이 기업 조직 안정 및 시장 지배하려는 것
복합적 다각화 (비연관 사업 다각화)	• 해당 사업이 연계한 동종업종의 것일 수도 있으며, 자신들의 업종과는 다른 분야로 확장해서 운영할 수도 있음 • 기존 사업이 하향 상황일 때 새로운 성장수단 탐색 방안으로 활용

02 통합 성장 전략(Integration Growth Strategy)

(1) 수직적 통합 전략(Vertical Integration Strategy)

① 개념 : 가치사슬상에서 2개 이상의 가치 활동을 통합하여 수행하는 것
② 형태 : 전방통합(forward integration)과 후방통합(backward integration)으로 구분

전방통합	• 제품 흐름이 하류로 이동할 때 하류 시스템을 통합하는 통합방법 • 마케팅 경로상 유통시스템에 대한 소유 · 통제 강화 예 제조사가 도매상 및 소매상을 확보하거나 진출
후방통합	• 상류로 진출하는 통합방법 • 마케팅 경로상 공급시스템에 대한 소유나 통제 강화 예 유통업체가 공급업체를 인수, 제조업체가 원료공급자를 통합(인수)

③ 수직적 통합의 장단점 22-3, 21-1

장 점	단 점
• 관련된 각종 기능 통제 가능 • 안정적인 원재료 공급효과 • 유통경로구성원에 대한 통제 용이	• 분업에 따른 전문화의 이점을 누리기 어려움 • 경우에 따라 비용구조 증가 • 조직 비대화로 관료화 문제 발생 • 유연성이 줄어들 수 있음

(2) 수평적 통합 전략

① 동일 마케팅 경로상의 일부 경쟁자에 대한 소유나 통제를 강화하는 통합 방법
② 예를 들어 생산자가 같은 생산자인 경쟁자를 소유하거나, 도매상이 같은 도매상인 경쟁자를 통합하는 것

03 아웃소싱 전략(Outsourcing Strategy) 24-3

(1) 개 념

① 자사의 핵심역량에 집중하면서 비핵심적이고 반복적인 프로세스를 분사 또는 외주 등의 방법을 통해 분리하여 기업가치를 제고하는 전략
② 아웃소싱이 수직적 통합보다 더욱 넓은 시장을 커버하는 데 유리
③ 수직적으로 통합된 경우보다 외부유통업체의 경우가 자신의 역할을 더 충실히 수행하려는 동기가 더 높음
④ 아웃소싱의 영역이 점점 확대되어 핵심기능까지 과감히 아웃소싱하는 기업이 등장하는 추세
⑤ 해외 아웃소싱의 경우, 국가에 따라 부정적인 원산지 효과를 얻을 수 있음

(2) 기업이 아웃소싱을 실시하는 이유 23-3, 21-2

① 비용상의 이점(투자비용, 고정비용 절감으로 획기적인 비용절감 가능)
② 불충분한 생산능력 보유 및 전문성 결여로 인한 생산 불가능
③ 구매부품의 품질 측면의 우수성
④ 다른 채널의 파트너로부터 규모의 경제효과 획득 가능
⑤ 분업의 원리를 통한 이익(파트너가 특정 기능을 더 효율적으로 실행 시 추가 이익 가능)
⑥ 아웃소싱 파트너의 혁신적인 혜택과 자사 기술보다 우월한 기술을 누릴 수 있음

(3) 기업이 자재나 부품, 서비스를 자체 생산하는 이유 22-2

① 자신들이 가진 특허기술 보호
② 경쟁력 있는 외부 공급자 부재
③ 자사의 기존 유휴 생산능력 활용
④ 리드타임, 수송 등에 대한 통제 가능성 확대

(4) 인소싱과 아웃소싱의 비교 21-3

구 분	개 념	장 점	단 점
인소싱	전통적인 방법으로 조직의 계통과 체계를 통해 서비스와 기능을 직접 전달하는 경제활동 방식	• 프로세스 통제권 확보 • 품질 관리 가능 • 의사소통 용이	• 과다 투자 위험 • 과다 물량생산 위험 • 업무 전문성 제한 • 경직성 존재
아웃소싱	제품 조달을 비롯한 사업의 일부 또는 많은 부분을 외부에 위탁하는 방식	• 투자비용 최소화 • 비용절감(고정비를 변동비로 전환) • 제휴로 상호 win-win • 분업의 원리로 파트너 특화 이익	• 부적절한 업체 선정 위험 • 프로세스 통제권 상실로 인한 교섭력 약화 • 리드타임 장기화 가능성 • 핵심지원활동 상실 가능성

(5) 아웃소싱 성공전략 19-3

회사 전략 관련	• 최고 경영자의 지속적인 관심과 지원, 실천 의지 • 아웃소싱 목적과 기업 전체 전략의 일치 • 장기발전 전략에 따라 추진해야 함 • 고용조정 측면이 아닌, 경쟁력 강화차원에서 접근 • 현재 핵심역량 및 향후 주력해야 할 분야에 대한 전략적 분석 선행 • 궁극적인 목표가 고객서비스를 통한 현재와 미래의 고객만족임을 유념
비용 관련	지출되는 비용을 명확히 파악하여 아웃소싱 시 비용절감효과 측정
조직 관련	• 인원감축 등 저항에 대비한 인력관리를 통해 조직구성원 사기저하 방지 • 멀티컬쳐(Multi-Culture)의 조직문화 조직 내 정착
아웃소싱 업체 관련	• 아웃소싱 담당 가능 관련 기업과의 네트워크 구축 • 공급업체 통제를 위해 한 공급업체에 대한 의존보다 복수의 업체 이용 • 공급업체에 대한 명확한 품질기준 및 평가기준 확립, 이를 철저히 관리 • 분사형 아웃소싱은 유능한 분사장 선발 및 충분한 육성기간을 거쳐 추진

5 전략적 제휴 및 합작투자, 인수합병 전략

01 전략적 제휴(Strategic Alliance)와 합작투자(Joint Venture) 23-3, 23-2, 22-1, 19-1

(1) 개 념

① 전략적 제휴와 합작투자의 의미
  ㉠ 전략적 제휴(Strategic Alliance) : 경쟁·협력 관계의 기업 및 사업부 사이에 일시적으로 협력관계를 구축하는 것
  ㉡ 합작투자(Joint Venture) : 시장 점유율 성장을 위해 둘 이상 개별기업에 의해 형성되는 기업형태
② 다수의 기업들이 자신의 경쟁우위 요소를 바탕으로 각자의 독립성을 유지하면서 전략적으로 상호협력 관계를 형성함으로써 타 경쟁기업에 대해 경쟁우위를 확보하려는 경영전략
③ 상호협력을 바탕으로 기술·생산·자본 등 특정 분야에 2개 또는 다수의 기업이 분야별로 협력체계를 구축하는 것
④ 독립기업들 사이의 공동관계(예 같은 식품회사인 아시아 지역의 A사와 유럽 지역의 B사가 해외시장 유통 시 상대방의 제품을 각자의 유통망에서 유통 → 유럽 지역에서는 A사의 제품이 B사 유통망을 통해 공급되고, 아시아 지역에서는 B사 제품이 A사 유통망을 통해 공급됨)

(2) 특 징

① 기업은 기업 활동 중 일부나 전부에 있어 협력적인 관계를 구축하는 기능별 제휴전략 추구가능(예 기업 간 직능별 제휴, 연구개발 컨소시엄(Consortium), 기술제휴, 라이선싱 등)
② 자원과 위험을 공유하거나 신제품 개발과 시장진입의 속도를 단축할 수 있게 해줌

> **더 알아보기** 여러가지 투자 유형
> - 관리계약(management contracting) : 국내외에 있는 특정 기업의 경영을 대행하거나 특정 업무를 관리하고, 그에 대한 반대급부로 대가를 받기 위해 맺은 계약
> - 공동소유(joint ownership) : 하나의 물건에 대한 소유권을 2인 이상의 다수인이 공동으로 갖고 있는 형태
> - 간접수출(indirect exporting) : 제조업자가 자국 내에 있는 무역상사를 통해서 해외에 수출하는 것

02 인수합병전략(M&A ; Merger and Acquisitions Strategy) 19-1

(1) 개 념

① 인수와 합병이 결합된 개념
   ㉠ 인수(Acquisitions) : 하나의 기업이 다른 기업의 경영권을 얻는 것
   ㉡ 합병(Merger) : 둘 이상의 기업들이 하나의 기업으로 합쳐지는 것
② 다른 회사의 매입, 매각과 결합을 다루는 기업전략
③ 유통기업의 인수합병의 주요 동기 25-1

위험회피	외부 리스크(예 경쟁격화, 경기변동)를 줄이고 안정성 확보
시장점유율 확대	경쟁사를 인수함으로써 시장 내 영향력 확대
부족한 경영자원 취득	인재, 기술, 유통 인프라 등 부족한 자원을 외부에서 확보
해외시장 진입시간 단축	현지 기업 인수를 통해 직접 진출보다 빠른 시장 진입 가능
규모의 경제 및 범위의 경제 달성	• 규모의 경제 : 규모 확대를 통해 원가 절감 • 범위의 경제 : 다양한 사업 결합으로 시너지 창출

④ 인수합병의 효과
   ㉠ 경영 합리화
   ㉡ 재무상 시너지 효과
   ㉢ 경영 위험 분산 효과
   ㉣ 기업 규모 대형화로 인한 규모와 범위의 경제 효과
   ㉤ 매수기업 인지도와 경로 이용을 통해 진입장벽 완화

(2) 인수합병(M&A) 유형

인수	자산인수	투자자가 해당 기업이 보유하고 있는 특정한 경제적 재화나 영업권 또는 기업의 일부를 매수하거나 사업의 일체를 인수하는 것
	주식인수	주식 매수를 통해 회사의 경영권을 인수하는 것
합병	흡수합병	인수기업이 대상기업을 흡수하는 것
	신설합병	양 기업이 합병하여 새로운 회사를 설립하는 것
	역합병	실질적인 인수기업이 소멸하고 피인수기업이 존속하는 것

+ 더 알아보기 카르텔(cartel)

- 상호 간 경쟁의 제한이나 완화를 목적으로 동종 또는 유사산업 분야의 독립기업 간 협정에 의해 결성되는 기업연합 전략
- 생산 및 판매에서 경쟁 방지 및 수익 확보를 위해 동종상품이나 상품군을 독립기업 간에 수평적으로 결합하는 형태

(3) 유통기업 결합형태에 따른 인수합병(M&A)의 유형 25-2

수직적 인수합병(M&A)	효율성을 극대화하기 위해 공급사슬 내 다른 단계를 담당하는 회사를 인수 → 기존의 공급자 또는 고객 대상
수평적 인수합병(M&A)	규모를 키우기 위해 유사한 산업 내에서 경쟁하고 있는 경쟁자를 인수 → 기존의 경쟁자 대상
제품확장형 인수합병(M&A)	제품 다각화를 위해 제품라인이나 브랜드, 기술 분야 등을 확대·보완 → 제품라인의 보완
시장확장형 인수합병(M&A)	시장의 지리적 영역을 확대하기 위해 특정 시장에 기반을 두고 있는 기업을 인수 → 시장을 확대·보완
복합형 인수합병(M&A)	사업 영역을 확장하기 위해 전략적 연계관계가 별로 없는 다른 산업에 속한 기업을 인수 → 전략적 연계관계가 별로 없는 기업 대상

6 유통기업의 글로벌화 전략

01 글로벌화 전략 23-2

(1) 개 념

① 나라 간 국경의 개념을 뛰어넘어 지구촌 전체를 하나의 경영 단위로 삼아 경영활동을 전개해가는 경영전략
② 국가별 차별성보다 동질성에 초점을 두며, 비용우위 확보에 중점

(2) 글로벌화 전략의 세 가지 전략 유형 : 시장거래, 중간적 거래, 수직적 거래 25-1, 24-3

시장거래	수출(Export)	• 가장 기본적인 해외 시장의 진출 방법
		• 단기적, 일회성 형태 거래로 리스크가 낮음
		• 유 형
		  - 간접수출 : 국내외 전문 무역업체, 해외 바이어 이용
		  - 직접수출 : 자체 수출 부서나 계열 무역회사 이용

중간적 거래	합작투자(Joint Venture)	• 2개국 이상의 기업·개인·정부기관이 영구적인 기반 아래 특정 기업체 운영에 공동으로 참여하는 국제경영방식 • 전체 참여자가 공동으로 소유권 소유(독립적 기업의 지분 소유) • 현지 파트너의 환경·문화·언어 등 지식 이용 가능 • 위험부담 분산 가능 • 전략적 제휴 시 현지업체의 물류 및 창고를 이용할 수 있음
	지분제휴	• 협력적 계약으로 파트너 기업의 지분 부분 소유 • 파트너 기업에 대한 지분 투자 혹은 쌍방 간 지분 투자

중간적 거래	계약(Contract) – 비지분 제휴	계약생산	• 주문자가 주문한 제품에 주문자의 상표를 붙이고 생산은 제3국의 다른 기업에서 이루어지는 방식으로, 상표부착방식(OEM)이 대표적 • 라이선싱과 직접투자의 중간적 성격을 띠고 있으나 지분 참여가 없다는 점에서 직접투자와 구분 • 해외고객에게 자사의 제품을 직접 공급 가능한 생산 여력이 미치지 못하거나 현지시장이 협소하여 직접투자형태 진출이 타당하지 않은 경우 이용
		턴키방식	시설물, 프로젝트, 산업시스템을 수입하는 해외의 현지에서 해당 시스템 등이 정상적으로 가동할 수 있게 관련 설비, 노동력, 기술 등을 총체적으로 수출하는 방식
		프랜차이징(franchising)	• 모회사나 본부가 가맹점에게 특정 지역에서 일정 기간 동안 영업할 수 있는 권리를 부여하고 그 대가로 로열티를 받는 시스템 • 조직, 마케팅, 운영 관련 지원을 지속적으로 제공 • 진입업체의 위험은 낮으나 통제력이 제한적일 수 있음 • 해외 설립 시 가맹계약 해지, 간판 교체 등 잠재적 경쟁자 발생 가능성
		라이선싱(licensing)	• 상표 등록된 재산권을 가지고 있는 개인 또는 단체가 타인에게 대가를 받고 재산권을 사용할 수 있도록 상업적 권리를 부여하는 계약 • 라이선서(Licensor)는 상표 등록된 재산권을 가지고 있는 자를 말하고 라이선시(Licensee)는 권리를 대여 받는 자를 지칭
		위탁제조	• 주문자상표부착생산 • 생산성을 가진 제조업체에 자사가 요구하는 상품을 제조하도록 위탁하여 완성된 상품을 주문자의 브랜드로 판매하는 방식
수직적 (위계적) 거래		직접투자	• 100% 직접적인 자금 투자 및 100% 소유 자회사 • 높은 수준의 투자를 요구하지만 투자자의 해외 통제권 강도가 가장 높음 • 많은 자금과 인력 투입으로 리스크가 높음
		인수합병	• 두 기업이 하나의 기업으로 통합되는 것 • 기업은 인수합병으로 새로운 산업의 핵심역량과 자원을 확보할 수 있으며, 이를 바탕으로 시장진입을 신속하게 할 수 있음

더 알아보기 제조협약(Contract Manufacturing)

글로벌시장 참여방법의 하나로, 외국의 제조업자가 국내 제조업자의 브랜드로 제품을 생산하는 경영형태

(3) 유통기업들의 글로벌 신규시장 진입 시의 풀(Pull) 요인 마케팅 **24-2**

① 풀(Pull) 요인 마케팅 시 위협요인

㉠ 문화적 차이 존재

㉡ 통화의 차이 발생

㉢ 해외정부의 제약조건 발생

㉣ 후진국 진출 시 유통시스템과 기술 부재

㉤ 경영방식 차이로 해외에서 위협요인의 수용이 어려울 수 있음

② 풀(Pull) 요인 마케팅을 위한 해결 방안

㉠ 상대 문화에 대한 깊이 있는 지식을 가지고 선호하는 비즈니스 방식 이해

㉡ 국가적 차별성보다 동질성에 초점을 둔 공감대 형성을 통해 현지화 작업 선행

(4) 글로벌조직(국제기업)

① 글로벌조직(국제기업)의 조직 구조

㉠ 기업들의 수출 확대 및 해외직접투자를 통한 국제화 진행으로, 국제화된 사업을 반영하기 위한 조직구조를 구성
㉡ 기존에 국내사업부가 있을 경우, 기업은 해외영업부나 국제사업부와 같은 새로운 사업부를 설치하여 국제업무 담당

② 글로벌조직의 유형

국제사업부 조직 (International Division) 24-3	• 회사 내에 부서 급의 국제사업부를 두고 지리적으로 구분하는 단계
	• 국제사업부 내에 지역별 혹은 제품별로 세분화한 부서를 조직
	• 국제사업부 추가를 통해 국제화에서 발생할 수 있는 조직상의 문제 해결 가능
	• 초기 단계의 조직으로 시장 확장 시 계층수가 불어나는 한계가 있음
	• 국제기업 조직하에서의 국제사업부의 장점
	  – 국제경영활동에 대한 책임 및 권한이 확실해짐
	  – 국제경영활동 관련 업무가 국제사업부에 집중되어 신속한 의사결정 가능
	  – 국제사업부 내 지역별 조직을 활용하여 해당지역의 시장정보를 효과적으로 습득할 수 있음

글로벌 제품 조직 (Global Product Structure) 25-2	• 가장 일반적인 구조로, 각 제품 사업부에서 해당 제품에 대한 전 세계 생산 및 판매 담당 • 장점과 단점

글로벌 제품 조직 (Global Product Structure) 25-2	장점	• 전 세계 다양한 사업·제품 관리에 효율적으로, 다양한 국가 및 지역시장의 요구사항을 더욱 잘 고려할 수 있음 • 각 제품집단은 각 마케팅 영역에 대해 더 나은 의사소통 가능 • 서로 다른 제품집단에 대해 보다 많은 자율권과 개발 가능성이 주어짐
	단점	• 제품 표준화 필요, 사업부 간 경쟁이 심화될 수 있음 • 제품 또는 제품집단에만 초점을 맞출 시 다른 분야, 다른 기능영역을 소홀히 할 수 있음 • 특정 지역 내에 다수의 판매망이나 유통망 운영 시 자원 낭비 가능성 발생

글로벌 지역 조직 (Global Geographic Structure)	• 세계적 관점에서 지역을 구분하여 지역 사업부를 두는 형태로, 제품이 성숙기에 이르러 안정적 생산을 이룰 때 적합 • 현지 시장의 특성 및 문화에 대한 이해를 통한 유연한 경영이 가능 • 단 독립적인 지역 운영으로 본사의 통제 난이도 상승, 중복된 인력 발생 가능성
글로벌 매트릭스 조직 (Global Matrix Structure)	• 매트릭스 구조의 수평적·수직적 조정 달성이 필요할 때 효율적인 구조 • 제품별·지역별 두 가지 축에 의해 조직화된 경우가 일반적 • 제품의 표준화와 현지화를 동시에 고려할 때 적합하나 소통과 조정을 위한 상당한 자원이 필요함

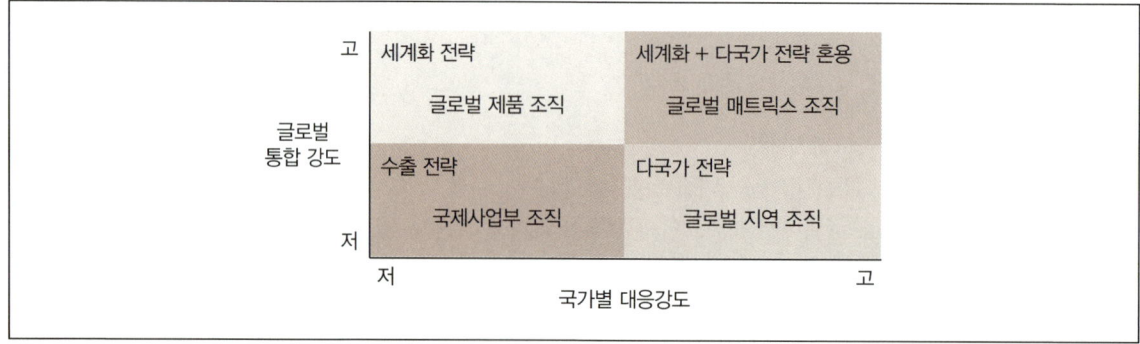

02 현지화 전략

(1) 개념

제품을 현지상황에 맞게 변경하여 현지화를 통한 마케팅 성공을 극대화하면서 생산표준화를 통한 비용절감을 얻기 위한 전략

(2) 특성

① 국가별 동질성보다 차별성에 초점을 두며 현지 재무성과 극대화에 중점
② 해당 국가의 보호무역주의, 환율변동, 문화 차이 등의 이유로 수립
③ 글로벌화와 현지화는 보완적인 관계 → 다차원적인 접근 필요

SECTION 03 유통경영전략의 평가 및 통제, 환류

1 전략의 평가 및 통제

01 전략의 평가

① 전략적 계획과 운용적 정책을 바탕으로 한 실제 성과가 설정된 계획과 일치하는지 확인하는 것
② 기준이 되는 평가 분석자료는 판매실적, 연구개발실적, 생산실적 등 가시적인 기업운영의 자료를 토대로 함
③ 전략적 평가를 통해 외부환경·내부자원 분석이 올바르게 이루어졌는지, 전략적 목표 및 하위전략이 적절하게 이루어졌는지, 전개 과정이 적절하게 설계·수행되었는지 파악 가능

02 전략의 통제

(1) 개념

목표를 달성할 수 있도록 조직의 성과를 감독 및 평가하는 활동

(2) 유통마케팅 통제 활동   21-3

① 현재 기업의 마케팅 활동 결과를 평가하고 해석해 시정조치 활동을 하는 것
② 유통경영목표가 성취될 수 있도록 성과를 측정하고 성과와 목표 사이에 차이가 발생한 원인을 분석 후 시정조치
③ 유통경영전략 실행과정에서 예상치 않은 일들이 많이 발생하기 때문에 지속적으로 실시되어야 함
④ 성과에 대한 철저한 분석과 시정조치 없이는 다음 번에 더 나은 성과 기대가 어려움

(3) 구 성

전략적 통제	• 기업환경하에서 기업 전략방향 및 그 내용을 통제하는 행위 • 조직 전체와 장기적 측정에 중점
전술적 통제	• 전략계획의 실행 • 시장점유율, 프로그램 이행 등 중기적 측정에 중점
운영적 통제	• 단기적으로 달성하여야 할 과업 • 생산불량률 등 단기적 측정에 초점

2 성과의 측정과 환류(Feedback)

01 성과의 측정·평가 기준 22-2

(1) 유통경로 성과를 평가하는 차원 24-3, 22-1, 19-3

효율성(efficiency)	• '무엇을 얼마나 어떤 방법으로 생산할 것인가' • 일정한 비용에 의해 얼마나 많은 산출이 발생하였는지 측정(투입 대 산출의 비율)
형평성(equity)	• '누구에게 분배할 것인가' • 유통시스템에 의해 제공되는 혜택이 여러 세분시장에 어느 정도 골고루 배분되는지 측정
효과성(effectiveness)	• 하나의 경로시스템이 표적시장에서 요구하는 서비스 산출을 얼마나 제공하였는가를 측정 • 투입보다 산출에 중점을 두는 목표지향적 성과기준 • 효과성 평가를 위한 주요 차원 : 상품의 속성수준과 품질, 수요의 자극, 고객욕구변화에 대한 대응성
생산성(productivity)	• 경로구성원이 경로산출물을 얻기 위해 자원을 효율적으로 사용한 정도 • 자원의 투입에 의해 생산되는 성과의 양
수익성(profitability)	재무적 효율성을 나타내는 지표

(2) 유통경로 성과를 평가하기 위한 척도(측정변수) 21-3, 20-3, 19-3, 19-2

양적 척도(정량적 척도)	질적 척도(정성적 척도)
• 단위당 총 유통비용 • 악성부채(부실채권) 비율 • 판매예측의 정확성 • 새로운 세분시장 수 • 새로운 중간상들의 수와 비율 • 상품별·시장별 고객 재구매 비율 • 가격인하 비율 • 선적비용, 선적오류 비율 • 주문처리에서의 오류 횟수 • 손상된 상품 비율 • 재고부족 방지비용 • 고객불평건수, 고객추천수	• 시장상황정보의 획득 가능성 • 기능적 중복 수준 • 경로과업의 반복화 수준 • 브랜드 경쟁력 • 상표 내 경쟁의 정도 • 신기술의 독특성 • 경로통제능력 • 경로 내 혁신

(3) 소매업체에서 사용하는 성과척도 25-1, 17-3

조직 수준	투입(input) 척도	산출(output) 척도	생산성(output/input) 척도
기업	점포공간 면적	순매출	자산수익률
	종업원 수	순이익	자산회전율
	재고	매출/이익 성장	종업원당 매출
	광고비용	–	단위면적당 매출
상품관리	재고수준	순매출	총투자수익률(GMROI)
	가격인하	총마진	재고자산회전율
	광고비	매출성장	매출 대비 광고비
점포운영	MD 비용	순매출	매출 대비 가격인하비율
	점포면적	총마진	단위면적당 순매출
	설비 운영비	매출성장	판매원 판매시간당 순매출
	판매원 수	–	매출 대비 설비 운영비

02 성과 측정 방법 : 균형성과표(BSC ; Balanced Score Card) 22-2, 19-3

(1) 개 요

① 재무, 고객, 내부 프로세스, 학습과 성장 등의 관점에서 균형 있게 평가하는 전략적 성과관리방법
② 과거성과에 대한 측정지표를 통해서 미래성과를 창출하는 측정지표
③ 전통적인 재무제표뿐 아니라 비재무적 측면도 균형적으로 고려함
④ 각 지표들은 전략과 긴밀하게 연계되어 상호작용함
⑤ 조직의 지속적 생존을 위한 핵심 성공요인이 중요

(2) 측정지표

재무관점	• 기업 경영을 통한 기업의 손익개선을 나타내는 재무성과 측정지표 • 총자산수익률, 기업 CF
고객관점	• 고객관점 품질, 서비스, 비용, 시간 등 고객의 관심사항을 반영한 측정지표 • 고객유지율, 반복구매율
내부 프로세스 관점	• 고객의 기대에 부응하기 위한 업무프로세스와 경쟁우위 요소인 자사의 핵심역량을 측정하는 지표 • 성과달성 프로세스, Value Chain 점검
학습과 성장 관점	• 기업의 비전달성과 연관된 조직의 학습방법과 개선사항을 측정하는 지표 • 미래지향적인 관심, 비재무적 성과측정, 종업원 만족도

03 성과평과결과의 환류(Feedback)

(1) 개 념

① 성과를 체계적으로 관리하고 지속적으로 개선시키기 위해 실시
② 제한된 자원을 배분하여 기업 사명 및 목표 달성, 경쟁우위 확보를 위해 기업환경을 분석하여 전략을 수립하고 실행하는 과정 전반에 대한 피드백

(2) 활용 방법

① 효과적인 개선을 위해 개선 우선순위 확인 필요 → 이를 토대로 목표, 실행계획, 자원배분 등의 프로세스 진행
② 경영전략 실행 산출물이 목표를 달성하였는지, 그 실행과정상 문제점이 무엇인지 등을 점검하고 그 결과를 성과평가 기준으로 활용하며, 새로운 전략 수립 시 활용
③ 성과평가결과는 조직의 인사와 보수에 연계 가능, 성과관리제도 개선을 위한 정보 제공

출제지문 퀴즈로 핵심체크!

SECTION 01 유통경영 환경분석

01 22-2
[O][X] 기업이 따라야 할 규범, 규제, 법 등은 미시환경에 포함된다.

02 22-1
[O][X] 포터의 산업분석을 활용하는 경우, 생산자 입장에서 소매상의 힘이 커질수록 가격결정에서 불리하다.

SECTION 02 유통경영전략의 수립과 실행

01 22-3, 21-1
[O][X] 수직적 통합 시 합병하는 회사 측은 분업에 따른 전문화의 이점을 누리기 힘들어진다.

02 24-3, 23-3
(　　　　　)을 실시하는 기업은 분업의 원리를 통해 이익을 얻을 수 있다.

SECTION 03 유통경영전략의 평가 및 통제, 환류

01 22-1, 19-3
[O][X] 유통경로 성과기준 중 유통시스템의 혜택이 세분시장에 어느 정도 골고루 배분되고 있는가 측정하는 것은 형평성이다.

02 21-3, 19-2
[O][X] 단위당 총 유통비용, 선적비용, 가격인하비율 등은 유통경로성과를 측정하는 척도 중 양적 척도에 속한다.

정답 및 해설

SECTION 01
01 × ▶ 기업이 따라야 할 규범, 규제, 법 등은 거시환경에 포함된다.
02 ○

SECTION 02
01 ○
02 아웃소싱

SECTION 03
01 ○
02 ○

테마로 푸는 필수 기출문제

THEME ❶ 미시적·거시적 환경과 유통경영 환경분석

유통경영전략을 수립하기 위하여 미시적·거시적 환경 관련 문제는 반드시 출제되는 분야이므로, 미시적환경과 거시적 환경의 차이점과 이를 이용한 산업구조 분석 방법은 무엇이 있는지 꼭 알아둔다.

01 21년 3회

유통경영환경에 대한 설명으로 옳지 않은 것은?

① 거시환경은 모든 기업에 공통적으로 영향을 미치는 환경이다.
② 과업환경은 기업의 성장과 생존에 직접적 영향을 미치는 환경으로 기업이 어떤 제품이나 서비스를 생산하는가에 따라 달라진다.
③ 인구분포, 출생률과 사망률, 노년층의 비율 등과 같은 인구통계학적인 특성은 사회적 환경으로 거시환경에 속한다.
④ 제품과 종업원에 관련된 규제 및 환경규제, 각종 인허가 등과 같은 법과 규범은 정치적·법률적 환경으로 과업환경에 속한다.
⑤ 경제적 환경은 기업의 거시환경에 해당된다.

02 21년 2회

기업의 과업환경에 속하지 않는 것은?

① 경쟁기업
② 고객
③ 규제기관
④ 협력업자
⑤ 인구통계학적 특성

03 22년 1회

유통경영의 외부환경을 분석하기 위해 포터의 산업분석을 활용할 경우에 대한 설명으로 가장 옳지 않은 것은?

① 기존 경쟁자들 간의 경쟁 정도를 확인해야 한다.
② 공급자의 협상능력이 클수록 산업전반의 수익률이 증가하여 시장 매력도가 높아진다.
③ 생산자입장에서 소매상의 힘이 커질수록 가격결정에서 불리하다.
④ 외부환경이 미치는 영향은 기업에 따라 기회 또는 위협으로 작용한다.
⑤ 대체재의 유무에 따라 산업의 수익률이 달라진다.

04 25년 1회

아래 글상자의 괄호 안에 들어갈 유통경로 경쟁으로 가장 옳은 것은?

- (㉠)은 동일한 경로수준상의 서로 다른 유형을 가지는 기업들 사이의 경쟁이다.
- (㉡)은 하나의 마케팅 경로 안에서 서로 다른 수준의 구성원들 사이의 경쟁을 말한다.

① ㉠ 수직적 경쟁, ㉡ 경로 간 경쟁
② ㉠ 업태 간 경쟁, ㉡ 경로 간 경쟁
③ ㉠ 경로 간 경쟁, ㉡ 수평적 경쟁
④ ㉠ 업태 간 경쟁, ㉡ 수직적 경쟁
⑤ ㉠ 수직적 경쟁, ㉡ 수평적 경쟁

05 20년 3회

유통경영전략을 수립하기 위한 환경분석 중 내부환경요인 분석에서 활용되는 가치사슬모형(value chain model)에 대한 설명으로 옳은 것은?

① 기업활동을 여러 세부활동으로 나누어 활동목표 수준과 실제 성과를 분석하면서 외부 프로세스의 문제점과 개선 방안을 찾아내는 기법이다.
② 기업의 가치는 보조활동과 지원활동의 가치창출 활동에 의해 결정된다.
③ 핵심프로세스에는 물류투입, 운영·생산, 물류산출, 마케팅 및 영업, 인적자원관리 등이 포함된다.
④ 지원프로세스에는 기업인프라, 기술개발, 구매조달, 서비스 등이 포함된다.
⑤ 기업 내부 단위활동과 활동들 간 연결고리 문제점 및 개선방안을 체계적으로 찾는 데 유용한 기법이다.

06 20년 2회

유통환경을 구성하는 요소들에 대한 설명 중 가장 옳지 않은 것은?

① 경제적 환경은 원재료 수급에서부터 제품 판매에 이르기까지 기업의 모든 경제적 활동과 연계되어 있다.
② 기술적 환경은 하루가 다르게 변화추세가 가속화되고 있다.
③ 법률적 환경의 경우 규정의 변화에 따라 적응해가야 한다.
④ 사회적 환경은 가치관과 문화 등으로 구성되어 획일적이기에 순응해야 한다.
⑤ 경제적 환경 중 국가의 경제정책은 기업에게 직접적인 영향을 미치게 된다.

THEME ❷ 유통경영전략 수립

유통경영전략 수립과 관련하여 개념과 역할, 목표, 수립 단계, 수립단계별 요소 등 다양한 방향에서 출제되므로 전략 수립 과정의 전반적인 상황을 이해하도록 한다.

07 23년 3회

유통경영전략의 수립단계를 순서대로 나열한 것으로 가장 옳은 것은?

① 사업포트폴리오 분석 – 기업의 사명 정의 – 기업의 목표설정 – 성장전략의 수립
② 기업의 목표 설정 – 사업포트폴리오 분석 – 성장전략의수립 – 기업의 사명 정의
③ 사업포트폴리오 분석 – 기업의 목표 설정 – 기업의 사명 정의 – 성장전략의 수립
④ 기업의 사명 정의 – 기업의 목표 설정 – 사업포트폴리오 분석 – 성장전략의 수립
⑤ 성장전략의 수립 – 기업의 목표 설정 – 사업포트폴리오 분석 – 기업의 사명 정의

08 23년 2회

조직에서 경영자가 목표를 설정할 때 고려해야 할 요소들에 대한 설명으로 가장 옳지 않은 것은?

① 조직의 미션과 종업원의 핵심 직무를 검토한다.
② 목표를 개별적으로 결정하거나 외부의 투입을 고려해서 정한다.
③ 목표 진척사항을 평가하기 위한 피드백 메커니즘을 구축한다.
④ 목표 달성과 보상은 철저하게 분리하여 독립적으로 실행한다.
⑤ 가용한 자원을 평가한다.

09 21년 2회

유통경영 전략계획 수립에 대한 설명으로 가장 옳지 않은 것은?

① 기업수준의 전략계획수립은 조직의 목표 및 역량과 변화하는 마케팅 기회 간의 전략적 적합성을 개발·유지하는 과정을 말한다.
② 기업수준의 전략계획수립은 기업 내에서 이루어지는 다른 모든 계획수립의 근간이 된다.
③ 기업수준의 전략계획수립과정은 기업전반의 목적과 사명을 정의하는 것으로 시작된다.
④ 기업수준의 전략계획이 실현될 수 있도록 마케팅 및 기타 부서들은 구체적 실행계획을 수립한다.
⑤ 기업수준의 전략계획은 기능별 경영전략과 사업수준별 경영전략을 수립한 후 전략적 일관성에 맞게 수립해야 한다.

10 20년 2회

아래 글상자에서 경영전략 수립을 위한 환경분석 중 전략과제의 도출 순서가 옳게 나열된 것은?

> ⊙ 사업종류, 사업영역, 경쟁상황, 최고경영층의 방향에 관한 자료를 준비한다.
> ⓒ 외부환경에 대하여 경제적, 사회적, 정치적, 인구통계학적, 제품과 기술, 시장과 경쟁의 6가지 요인에 관하여 기회와 위협을 평가하고 정리한다.
> ⓒ 외부환경에 있어서 장래에 대한 평가와 예측을 준비한다.
> ② 내부조직의 강약점을 관리와 조직, 운영, 재무, 마케팅 등의 측면에서 도출한다.
> ⑩ 외부의 기회와 위협, 조직의 강점과 약점을 상호 연계하여 전략대안을 개발한다.
> ⑪ 전략대안 중에서 전략적 선택을 한다.

① ⑩ - ⑪ - ⊙ - ⓒ - ⓒ - ②
② ⑪ - ⊙ - ⓒ - ⓒ - ② - ⑩
③ ⊙ - ⓒ - ⓒ - ② - ⑩ - ⑪
④ ⓒ - ⓒ - ② - ⑩ - ⑪ - ⊙
⑤ ⓒ - ② - ⑩ - ⑪ - ⊙ - ⓒ

11 25년 2회

아래 글상자에서 앤소프(Ansoff, H. I.)의 경영전략에 대한 내용으로 옳은 것을 모두 고르면?

> ⊙ 경영전략은 환경적응의 기능을 가지고 있다.
> ⓒ 경영전략은 경영목적을 달성하기 위한 포괄적인 수단이다.
> ⓒ 경영전략은 기업이 장래 당면할 전략적 문제나 전략적 기회를 발견하는 기능을 가진다.
> ② 경영전략은 경영활동 각 부문을 전체적으로 총합하는 기능을 가지고 있다.
> ⑩ 경영전략은 정보수집을 효율화하기 위한 결정규칙을 가지고 있다.

① ⊙
② ⊙, ⓒ
③ ⊙, ⓒ, ⓒ
④ ⊙, ⓒ, ⓒ, ②
⑤ ⊙, ⓒ, ⓒ, ②, ⑩

THEME ❸ 기업 내·외부환경 결합분석(포트폴리오 분석)

기업 외부·내부환경요소 결합 분석의 방법인 SWOT분석과 BCG 매트릭스, GE/Mckinsey 매트릭스의 특성과 평가요소의 특징과 이에 속하는 변수에 대해 명확하게 이해한다.

12 20년 3회

맥킨지 사업포트폴리오 분석은 산업 매력도와 사업 경쟁력 차원으로 구분할 수 있는데 이 경우 사업 경쟁력 평가요소에 포함되지 않는 것은?

① 시장점유율, 관리능력, 기술수준
② 제품품질, 상표이미지, 생산능력
③ 시장점유율, 상표이미지, 원가구조
④ 산업성장률, 기술적 변화정도, 시장규모
⑤ 유통망, 원자재 공급원의 확보

13 23년 1회

유통경영환경 분석을 위한 SWOT 분석 방법의 활용에 관한 설명으로 옳지 않은 것은?

① 기회를 최대화하고 위협을 최소화한 기업 자원의 효율적 사용이 목표이다.
② SO 상황에서는 강점을 적극적으로 활용한 시장기회 선점 전략을 구사한다.
③ WT 상황에서는 약점을 보완하기 위해 투자를 대폭 강화한 공격적 전략을 구사한다.
④ WO 상황에서는 약점을 보완하여 시장의 기회를 활용할 수 있는 전략적 제휴를 실시한다.
⑤ ST 상황에서는 시장의 위협을 회피하기 위해 제품 확장전략을 사용한다.

14 20년 추가

아래 글상자에서 특정산업의 매력도를 평가하는 요인으로 옳게 고른 것은?

> ㉠ 기존 경쟁기업의 숫자
> ㉡ 고정비용과 관련된 진입장벽 높이 정도
> ㉢ 차별화의 정도
> ㉣ 철수 장벽의 유무
> ㉤ 해당 산업의 성장률

① ㉠
② ㉠, ㉡
③ ㉠, ㉡, ㉢
④ ㉠, ㉡, ㉢, ㉣
⑤ ㉠, ㉡, ㉢, ㉣, ㉤

15 19년 3회

BCG 매트릭스와 관련된 설명으로 옳지 않은 것은?

① 시장 성장률과 상대적 시장 점유율의 높고 낮음을 기준으로 작성한다.
② 개의 영역은 시장은 커지고 있으나 경쟁력이 떨어져 수익을 올리지 못하는 상태다.
③ 현금젖소는 시장이 더 이상 커지지 않으므로 현상유지 전략이 필요하다.
④ 물음표의 영역은 경쟁력이 확보될 수 있는 부분에 집중 투자하는 전략이 필요하다.
⑤ 별의 영역은 많은 투자 자금이 필요하다.

THEME 4 경영전략

기업의 경영전략과 관련하여 사업관리기법, 시장전략, 혁신전략 등 다양한 방면으로 출제되므로, 기업경영 전략에 대한 전반적인 이해와 전략기법의 종류에 대해 숙지하도록 한다.

16 19년 2회

전략 유형을 시장대응전략과 경쟁우위전략으로 구분할 때 시장대응전략만을 묶은 것으로 옳은 것은?

① 제품/시장믹스전략, 포트폴리오전략
② 원가우위전략, 포트폴리오전략
③ 차별화전략, 집중화전략
④ 제품/시장믹스전략, 차별화전략
⑤ 제품수명주기 전략, 집중화전략

17

도매상의 혁신전략과 내용 설명이 옳지 않은 것은?

구분	혁신전략	내용
㉠	도매상의 합병과 매수	기존시장에서의 지위확보, 다각화를 위한 전후방 통합
㉡	자산의 재배치	회사의 핵심사업 강화 목적, 조직의 재설계
㉢	회사의 다각화	유통다각화를 통한 유통라인 개선
㉣	전방과 후방통합	이윤과 시장에서의 지위강화를 위한 통합
㉤	자산가치가 높은 브랜드의 보유	창고 자동화, 향상된 재고관리

① ㉠
② ㉡
③ ㉢
④ ㉣
⑤ ㉤

18

기업의 의사결정기준을 경제적 이익에 근거한 기업가치인 경제적 부가가치를 중심으로 하는 사업관리기법으로 가장 옳은 것은?

① 상생기업경영
② 크레비즈
③ 가치창조경영
④ 펀경영
⑤ 지식경영

19

기업의 경쟁전략 중 조직규모의 유지 및 축소 전략으로 옳지 않은 것은?

① 다운사이징
② 집중화전략
③ 리스트럭처링
④ 영업양도전략
⑤ 현상유지전략

20

경영혁신(management innovation)의 성공요건에 관한 설명으로 옳지 않은 것은?

① 최고경영자의 강력한 의지와 지원이 필요하다.
② 경영혁신의 목표와 방법, 기대효과에 대해 충분히 설명한다.
③ 변화하지 않으면 도태될 수 있다는 긴박감과 위기감은 조성하지 않는다.
④ 변화관리를 위한 전문적인 체계와 기법, 전문가나 전담부서를 활용한다.
⑤ 세밀한 사전 준비와 사후 관리 등을 통해 혁신이 계획대로 추진되고 정착될 수 있도록 노력한다.

21

아웃소싱과 관련된 설명으로 가장 옳지 않은 것은?

① 해외아웃소싱의 경우 국가에 따라 부정적인 원산지 효과를 얻기도 한다.
② 투자비용이 증가하기에 재무적 위험이 늘어나지만 전체 수익관점에서는 이익이 증가한다.
③ 다른 채널 파트너의 규모의 경제로부터 이익을 얻을 수 있다.
④ 분업의 원리에 의해 파트너가 특정기능을 더 효율적으로 실행하면 그만큼의 이익을 얻을 수 있다.
⑤ 핵심기능까지 과감하게 아웃소싱하는 기업들이 등장하고 있는 추세이다.

THEME 5 유통경영전략의 평가·통제·환류

유통경영전략 활동인 유통마케팅 통제에 대해 출제되었고, 유통경로 성과를 평가하는 차원과 유통경로 성과를 평가하기 위한 척도가 자주 출제되므로, 성과의 측정 및 평가 기준에 대해 숙지하도록 한다.

22 21년 3회

아래 글상자에서 공통적으로 설명하고 있는 유통경영전략 활동으로 가장 옳은 것은?

- 유통경영전략 실행과정에서 많은 예상치 않은 일들이 발생하기 때문에 지속적으로 실시되어야 한다.
- 유통경영목표가 성취될 수 있도록 성과를 측정하고 성과와 목표 사이의 차이가 발생한 원인을 분석하고 시정조치를 취한다.
- 성과에 대한 철저한 분석과 시정조치 없이, 다음번에 더 나은 성과를 기대하기 어렵다.

① 유통마케팅 계획수립
② 유통마케팅 실행
③ 유통마케팅 위협·기회 분석
④ 유통마케팅 통제
⑤ 유통마케팅 포트폴리오 개발

23 22년 1회

유통경로 성과를 평가하는 차원을 설명하는 아래 글상자에서 괄호 안에 들어갈 단어를 순서대로 나열한 것으로 가장 옳은 것은?

- (㉠) – 하나의 경로시스템이 표적시장에서 요구하는 서비스 산출을 얼마나 제공하였는가를 측정하는 것에 중점을 두는 목표지향적 성과기준
- (㉡) – 유통시스템에 의해 제공되는 혜택이 여러 세분시장에 어느 정도 골고루 배분되는지를 측정하는 성과기준
- (㉢) – 일정한 비용에 의해 얼마나 많은 산출이 발생하였는가를 측정하는 기준

① ㉠ 형평성, ㉡ 효율성, ㉢ 효과성
② ㉠ 효과성, ㉡ 형평성, ㉢ 효율성
③ ㉠ 형평성, ㉡ 효과성, ㉢ 효율성
④ ㉠ 효과성, ㉡ 효율성, ㉢ 형평성
⑤ ㉠ 효율성, ㉡ 형평성, ㉢ 효과성

24 20년 3회

유통경로 성과를 측정하는 변수 중 정량적 측정변수로 가장 옳지 않은 것은?

① 새로운 세분 시장의 수, 악성부채 비율
② 상품별, 시장별 고객 재구매 비율
③ 브랜드의 경쟁력, 신기술의 독특성
④ 손상된 상품비율, 판매예측의 정확성
⑤ 고객불평건수, 재고부족 방지비용

필수 기출문제 정답과 해설

01 정답 ④

해설 제품과 종업원에 관련된 규제 및 환경규제, 각종 인허가 등과 같은 법과 규범은 정치적·법률적 환경으로 거시환경에 속한다.

02 정답 ⑤

해설 인구통계학적 특성은 일반환경에 속한다.

03 정답 ②

해설 일반적으로 공급자의 교섭능력이 클수록 기업의 원가 부담이 증가하여 이윤은 감소하게 되므로 시장 매력도는 낮아진다.

04 정답 ④

해설
- **수평적 경쟁** : 유통경로의 동일한 단계에 있는 경로구성원 간의 경쟁
- **수직적 경쟁** : 서로 다른 경로수준에 위치한 경로구성원 간의 경쟁
- **업태 내 경쟁** : 유사한 상품을 판매하는 서로 동일한 형태의 소매업체 간 경쟁
- **업태 간 경쟁** : 유사한 상품을 판매하는 서로 상이한 형태의 소매업체 간 경쟁

05 정답 ⑤

해설 ① 기업 내부 프로세스에 초점을 맞춘 기법이다.
② 기업의 가치는 주활동과 보조활동의 가치창출 활동에 의해 결정된다.
③ 인적자원관리는 지원프로세스에 포함되는 요소이다.
④ 서비스 활동은 핵심프로세스에 포함되는 요소이다.

06 정답 ④

해설 사회적 환경은 사람들이 성장하며 살아가는 과정 중에 형성된 생활방식, 규범, 가치관, 태도 등으로 구성되어 다양하기 때문에 이러한 다양성은 기업활동의 기준을 다르게 한다.

07 정답 ④

해설 **유통경영전략의 수립단계**
기업의 사명 정의 → 기업의 목표 설정 → 사업포트폴리오 분석 → 성장전략의 수립

08 정답 ④

해설 조직에서 경영자는 목표 설정 시 공통의 목표를 명확히 설정하고, 설정한 목표 달성에 따라 보상을 실행해야 한다.

09 정답 ⑤

해설 기업수준의 경영전략은 자원, 재무, 기술 등의 효과적인 운영을 지원하며, 이를 통해 경쟁사와의 구별 및 유지를 가능하게 하기 때문에 기업수준의 전략계획을 수립한 후 사업수준별 경영전략과 기능별 경영전략을 일관성에 맞게 수립해야 한다.

10 정답 ③

해설 경영전략 수립을 위한 자료 준비 → 외부환경에 대한 기회와 위협을 평가·정리 → 외부환경의 예측 → 내부조직의 강약점 분석 및 도출 → 외부환경과 내부조직을 상호 연계하여 전략대안 개발 → 가장 전략적인 대안 선택

11 정답 ⑤

해설 **앤소프의 경영전략의 기능**
- 환경에 적응하고 환경을 창조하는 지속적인 과정
- 경영목적 달성을 위한 포괄적인 수단
- 기업이 장차 당면할 전략적 문제나 기회를 발견

- 각 부문의 경영활동을 전체로 통합
- 정보수집을 효율적으로 하기 위한 결정 규칙

12 정답 ④

해설 산업성장률, 기술적 변화정도, 시장규모는 산업매력도 평가변수에 해당한다.

13 정답 ③

해설 투자를 대폭 강화한 공격적 전략을 구사하는 상황은 SO이다. WT 상황에서는 기업 내부의 약점을 보완하여 사업축소 및 철수전략 등의 위험을 회피하는 전략을 구사한다.

14 정답 ⑤

해설 **산업매력도를 평가하는 데 사용되는 변수**
시장규모, 산업성장률, 산업의 평균수익률, 경쟁의 정도, 산업의 집중도, 산업의 전반적 수급상황, 기술의 변화 및 차별화의 정도, 진입장벽의 높이 정도와 철수장벽의 유무

15 정답 ② · ③

해설 ② 개의 영역은 저성장 · 저점유율을 보이는 사업단위이다.
③ 현금젖소는 저성장 · 고점유율을 보이는 성공한 사업으로 규모의 경제와 높은 수익을 가진다.

16 정답 ①

해설 **경영전략 유형**
- **시장대응전략** : 제품수명주기전략, 제품/시장믹스전략, 포트폴리오전략
- **경쟁우위전략** : 원가우위전략, 차별화전략, 집중화전략

17 정답 ⑤

해설 창고 자동화, 향상된 재고관리 내용에 해당하는 혁신전략은 유통의 새로운 기술이다. 자산가치가 높은 브랜드의 보유는 시장에서의 지속적인 경쟁력을 획득하기 위한 전략에 해당한다.

18 정답 ③

해설 가치창조경영은 경제적 부가가치를 중심으로 하는 사업관리 기법으로 기업가치를 강조한다.

19 정답 ②

해설 집중화전략은 특정시장, 즉 특정 소비자 집단, 특정지역 등을 집중 공략하는 것으로 조직규모의 유지 및 축소전략과 거리가 멀다.

20 정답 ③

해설 경영혁신이 성공을 거두려면 조직이 변화하지 않으면 도태될 수 있다는 긴박감과 위기감을 조성해야 한다.

21 정답 ②

해설 아웃소싱의 경우 사업의 일부를 외부에 위탁함으로써 투자비용을 최소화할 수 있으며, 고정비용을 줄여 획기적인 비용절감이 가능하다.

22 정답 ④

해설 유통마케팅 통제는 현재 기업의 마케팅 활동 결과를 평가하고 해석해 시정조치 활동을 하는 것으로 유통경영전략 실행과정에서 지속적으로 실시되어야 한다.

23 정답 ②

해설 효과성은 표적시장이 요구하는 서비스산출을 얼마나 제공했는가를 책정하는 목표지향적인 성과기준, 형평성은 어느 정도 골고루 배분되는지를 측정하는 성과기준, 효율성은 일정한 비용으로 얼마나 많은 산출이 발생했는가를 측정하는 기준을 말한다.

24 정답 ③

해설 브랜드의 경쟁력, 신기술의 독특성은 수치로 정확하게 측정할 수 없는 정성적 측정변수에 해당한다.

CHAPTER 03 유통경영관리

최신빈출 대표유형문제

SECTION 01 조직관리
1. 조직이론
2. 조직구조의 유형 및 설계
3. 조직의 목표관리 : 목표관리이론(MBO ; Management by Objectives)
4. 동기부여이론
5. 조직의 의사소통과 갈등관리
6. 조직문화(Organizational Culture)
7. 조직의 리더십(Leadership)

SECTION 02 인적자원관리
1. 인적자원관리(인사관리) 기초와 개념
2. 직무분석, 직무설계 및 직무평가
3. 인적자원의 확보와 개발
4. 인적자원의 활용과 배치
5. 인적자원의 보상과 유지

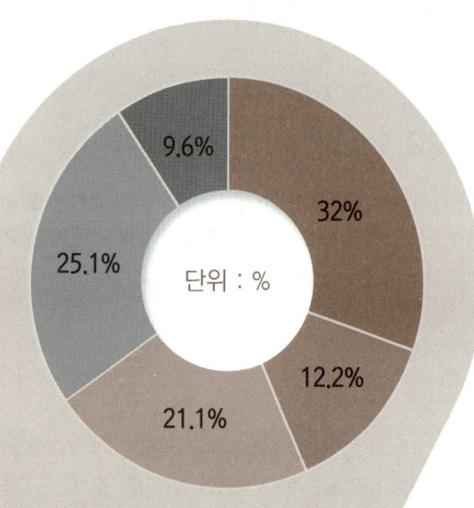

단위 : %

- 유통의 이해
- 유통경영전략
- 유통경영관리
- 물류경영관리
- 유통기업의 윤리와 법규

최근 5년간 챕터별 출제비중 / 회당 평균 5.3문제 출제(5개년 기준 총 15회)

비 중	출제영역		2021	2022	2023	2024	2025	합 계
32%	제1장	유통의 이해	23	19	25	27	26	120
12.2%	제2장	유통경영전략	10	7	8	9	12	46
21.1%	제3장	유통경영관리	15	19	21	14	10	79
25.1%	제4장	물류경영관리	19	21	14	20	20	94
9.6%	제5장	유통기업의 윤리와 법규	8	9	7	5	7	36
	합계(문항 수)		75	75	75	75	75	375

SECTION 03 재무관리(Financing Management)

1. 재무관리와 화폐의 가치
2. 자본예산, 자본구조, 자본조달
3. 재무분석과 재무비율
4. 손익분기점 분석
5. 재무제표

SECTION 04 구매 및 조달관리

1. 구매 및 조달관리의 개념과 방법
2. 공급자 선정과 관리
3. 구매실무
4. 글로벌 구매 및 조달관리
5. 품질관리

출제지문 퀴즈로 핵심체크!

테마로 푸는 필수 기출문제

최대 출제 POINT & 학습목표

❶ 동기부여이론

❷ 조직 내 갈등

❸ 리더십 이론

❹ 조직구조 유형

❺ 조직구성원 성과평가 방법

❻ 임금관리와 보상제도

❼ 기업 재무제표

❽ 품질관리 기법

CHAPTER 03 최신빈출 대표유형문제

01 아래 글상자에서 설명하는 조직구조로 옳은 것은? `20년 추가`

> ㉠ 권한과 책임의 소재와 한계가 분명하며 의사결정에 신속을 기할 수 있음
> ㉡ 관리자는 부하직원에게 강력한 통솔력을 발휘할 수 있음
> ㉢ 업무가 의사결정자의 독단으로 처리될 수 있으며, 조직바깥의 전문적 지식이나 기술이 활용되기 어려움

① 라인 조직
② 라인-스태프 조직
③ 프로젝트 조직
④ 매트릭스 조직
⑤ 네트워크 조직

[관련이론 117p]

해설 ① 라인 조직은 상급자의 의사 및 명령이 하부에 직선적으로 전달되는 형태의 조직이다.

대표유형 더보기
- 에머슨(Emerson, H.)의 직계·참모식 조직(line and staff organization)의 단점에 대한 설명으로 옳지 않은 것은? `23년 2회`
- 테일러의 기능식 조직(functional organization)에 대한 단점으로 옳지 않은 것은? `23년 1회`
- 아래 글상자 ( ) 안에 들어갈 조직의 유형을 순서대로 옳게 나타낸 것은? `18년 2회`

02 동기부여와 관련된 여러 가지 학설에 대한 설명으로 옳지 않은 것은? `23년 1회`

① 매슬로우는 인간의 욕구를 생리적 욕구부터 자아실현의 욕구까지 총 5단계로 구분하여 설명하였다.
② 맥클리란드는 성장, 관계, 생존의 3단계로 구분하여 설명하였다.
③ 알더퍼의 경우 한 차원 이상의 욕구가 동시에 동기부여요인으로 사용될 수 있다고 주장하였다.
④ 허즈버그의 동기요인에는 승진가능성과 성장가능성이 포함된다.
⑤ 허즈버그의 위생요인에는 급여와 작업조건이 포함된다.

[관련이론 122p]

해설 ② 성장, 관계, 생존의 3단계로 구분하여 설명한 학설은 앨더퍼(C. Alderfer)의 ERG이론이다.

대표유형 더보기
- 종업원이 자신과 비슷한 위치에 있는 타인과 비교해 자기가 투입한 노력과 결과물 간의 균형을 유지하려고 하는 이론으로 가장 옳은 것은? `22년 2회`
- 아래 글상자의 동기부여이론을 설명하는 내용으로 가장 옳은 것은? `22년 2회, 21년 1회`
- 아래 글상자 A씨의 인터뷰 사례에 관계된 이론에 대해 기술한 것으로 옳지 않은 것은? `20년 3회`
- 아래의 글상자 내용 중 프레드릭 허즈버그가 제시한 2요인이론이 동기요인으로 파악한 요인들만 옳게 나열한 것은? `20년 2회`

03 아래 글상자의 괄호 안에 들어갈 경로구성원 간 갈등 관련 용어를 순서대로 나열한 것으로 옳은 것은? 23년 2회

- (㉠)은(는) 상대방에 대해 적대감이나 긴장을 감정적으로 느끼는 것이다.
- (㉡)은(는) 상대방의 목표달성을 방해할 정도의 갈등으로, 이 단계에서는 상대를 견제하고 해를 끼치기 위해 법적인 수단을 이용하며 경로를 떠나거나 상대를 쫓아내기 위해 힘을 행사하는 것이다.

① ㉠ 잠재적 갈등, ㉡ 지각된 갈등
② ㉠ 지각된 갈등, ㉡ 갈등의 결과
③ ㉠ 감정적 갈등, ㉡ 표출된 갈등
④ ㉠ 표출된 갈등, ㉡ 감정적 갈등
⑤ ㉠ 갈등의 결과, ㉡ 지각된 갈등

관련이론 127p

해설 ③ 감정적 갈등은 상대방에 대한 적대감 등을 감정적으로 느끼는 상태를 말하며, 표출된 갈등은 갈등이 밖으로 드러난 상태를 의미한다.

대표유형 더보기
- 조직 내 갈등의 생성단계와 설명으로 가장 옳지 않은 것은? **20년 3회**
- 조직 내에서 일반적으로 발생할 수 있는 갈등의 순기능적 역할에 대한 설명으로 가장 옳지 않은 것은? **23년 1회**
- 조직 내 갈등수준과 집단성과수준에 관한 그래프이다. 해석한 것으로 옳은 것은? **20년 3회**
- 아래 글상자에서 의미하는 조직 내 집단갈등 해결을 위한 방법으로 옳은 것은? **19년 3회**

04 아래 글상자에서 설명하는 조직구성원에 대한 성과평가 방법으로 옳은 것은? 22년 1회

- 종업원의 성과를 특정범주로 할당해서 평가하는 방법(예 S등급 10%, A등급 30%, B등급 30%, C등급 30%)
- 구성원의 성과가 다양한 분포를 보일 때 효과적임
- 갈등을 피하려고 모두를 관대하게 평가하고자 하는 유혹을 극복할 수 있음

① 행동관찰척도법(BOS ; Behavioral Observation Scales)
② 단순서열법(simple ranking method)
③ 쌍대비교법(paired-comparison method)
④ 행위기준고과법(BARS ; Behaviorally Anchored Rating Scales)
⑤ 강제배분법(forced distribution method)

관련이론 146p

해설 ⑤ 강제배분법은 미리 정해 놓은 비율에 맞추어 피고과자를 강제로 할당하는 방법이다.

대표유형 더보기
- 인사고과와 관련된 설명으로 가장 옳지 않은 것은? **24년 1회**
- 아래 글상자 ㉠과 ㉡에서 설명하는 직무평가(job evaluation) 방법으로 옳은 것은? **21년 1회**
- 아래 글상자에서 설명하는 조직구성원에 대한 성과평가방법으로 옳은 것은? **20년 추가**
- 사전에 설정된 성과표준이나 절댓값을 기준으로 조직원의 성과를 평가하는 방법으로 옳지 않은 것은? **19년 2회**

01 ① 02 ② 03 ③ 04 ⑤

05 기업의 재무성과 분석을 나타내는 여러 가지 비율에 대한 설명으로 옳지 않은 것은? 24년 1회

① 유동성 비율은 단기채무의 지급 능력을 측정한다.
② 레버리지 비율은 기업의 타인자본 의존도를 나타낸다.
③ 안정성 비율은 자산의 물리적인 이용도를 나타낸다.
④ 기업이 생산활동에 사용하고 있는 각종 자원의 능률 및 업적을 평가하는 것은 생산성 비율이다.
⑤ 시장가치 비율은 증권시장에서 주식 가치를 나타낸다.

관련이론 153p

해설 ③ 안정성 비율은 기업의 장기채무 상환능력을 평가하기 위한 비율로 레버리지 비율이라고도 하며, 자산의 물리적인 이용도를 측정하는 비율은 활동성 비율이다.

대표유형 더보기
- 경영성과 분석을 위해 글상자 안의 활동성 비율들을 계산할 때 공통적으로 사용되는 요소로 가장 옳은 것은? **22년 3회**
- 레버리지 비율에 대한 설명으로 옳은 것을 모두 고르면? **18년 3회**
- 다음 글 상자 안의 경영성과를 분석하는 여러 활동성 비율들을 계산할 때, 공통적으로 반영하는 요소는? **18년 1회**

06 임금을 산정하는 방법에 대한 설명으로 가장 옳은 것은? 22년 2회

① 근로자의 성과와 무관하게 근로시간을 기준으로 보상을 지급하는 형태는 성과급제이다.
② 근로자의 성과에 따라 보상을 지급하는 형태는 시간급제이다.
③ 근로자의 입장에서는 시간당 보상액이 일정하고, 사용자측에서는 임금산정방식이 쉬운 것은 시간급제이다.
④ 작업능률을 자극할 수 있고 근로자에게 소득증대 효과가 있는 것은 시간급제이다.
⑤ 근로자의 노력과 생산량과의 관계가 없을 때 효과적인 것은 성과급제이다.

관련이론 144p

해설 ③ 시간급제는 근로자의 성과와 무관하게 근로시간을 기준으로 보상을 지급하는 형태이다.

대표유형 더보기
- 인적자원관리에 관련된 능력주의와 연공주의를 비교한 설명으로 옳지 않은 것은? **21년 2회**
- 아래 글상자에서 설명하는 종업원 보상제도는? **20년 추가**
- 종업원 인센티브제도에 관한 내용으로 옳지 않은 것은? **18년 1회**

07 기업의 재무제표에 관련된 설명으로 가장 옳지 않은 것은? 19년 2회

① 재무상태표 : 일정시점 현재 기업의 자산, 부채, 주주지분의 금액을 제시
② 손익계산서 : 일정기간 동안 수행된 기업활동의 결과로서 주주지분이 어떻게 증가, 감소하였는지 보여줌
③ 현금흐름표 : 일정기간 동안 수행된 기업의 활동별로 현금유입과 현금유출을 측정하고 그 결과 기말의 현금이 기초에 비해 어떻게 변동되었는지 나타냄
④ 이익잉여금처분계산서 : 주주총회의 승인을 얻어 확정될 이익잉여금 처분예정액을 표시함
⑤ 연결재무제표 : 한 기업의 현금흐름표, 대차대조표, 손익계산서의 내용을 하나의 표로 작성하여 정리한 재무제표

관련이론 157p

해설 ⑤ 연결재무제표는 지배·종속 관계에 있는 2개 이상의 회사를 단일 실체로 보아 각 회사의 재무제표를 종합하여 작성하는 재무보고서이다.

대표유형 더보기
• 기업이 사용하는 재무제표 중 손익계산서의 계정만으로 옳게 나열된 것은? 22년 2회
• 손익계산서에 들어갈 내용으로 옳지 않은 것은? 19년 3회
• 재무제표와 관련된 각종 회계정보에 대한 설명 중 가장 옳지 않은 것은? 18년 3회

08 전통적 품질관리와 대조되는 식스시그마의 특징으로 가장 옳지 않은 것은? 24년 2회

① 고객만족을 목표로 한다.
② 측정지표로 불량률을 사용한다.
③ 전사적 업무프로세스의 전체 최적화를 적용범위로 삼는다.
④ 외부로 표출된 문제뿐만 아니라 잠재적 문제까지 중요시한다.
⑤ DMAIC의 실행절차를 활용한다.

관련이론 164p

해설 ② 과거에는 품질수준을 나타내는 지표로 제조공정의 불량률을 사용하였으나, 식스시그마에서는 결함 없는 작업을 수행할 수 있는 프로세스 능력을 정량화한 값으로 모든 프로세스의 품질수준을 하나로 통일한 '시그마수준'이라는 통합된 지표로 나타낸다.

대표유형 더보기
• 아래 글상자의 내용을 6시그마 도입절차대로 나열한 것으로 가장 옳은 것은? 22년 3회
• 6시그마(6 Sigma)를 추진할 경우 각 단계별 설명으로 가장 옳지 않은 것은? 22년 1회
• 식스시그마의 실행단계를 순서대로 나타낸 것으로 가장 옳은 것은? 20년 2회

CHAPTER 03 유통경영관리

SECTION 01 조직관리

1 조직이론

01 조직과 조직 구조

(1) 조직(Organization)의 개념

① 어떤 기능을 수행하도록 협동해나가는 체계
② 개개의 요소가 일정한 질서를 유지하면서 결합하여 일체적인 것을 이루는 형태

(2) 조직 구조의 3가지 기본변수 24-2, 24-1

공식화	• 기업 내에서 업무가 표준화되어 있는 정도를 나타내는 지표 • 업무수행 절차나 방식 등이 매뉴얼이나 지침서 등으로 얼마나 명료하게 나타나 있는지에 따라 그 정도가 정해짐		
집권화	• 의사결정 권한이 조직의 어느 한 지점에 집중되어 있는 정도 • 조직 내에서의 권력 배분에 관한 것 • 집권화와 분권화 비교		
		집권화	• 의사 결정 권한이 조직 상위 계층에 집중된 정도 • 업무 특성이 정적이고 유동성의 정도가 낮은 경우 집권화가 유리
		분권화	• 의사결정 권한이 여러 계층에 위양되어 있는 정도 • 동적인 조직, 소유·경영이 분리된 기업, 의사 결정 중요성이 낮은 경우, 조직 규모가 클 경우, 일관성 필요가 낮은 경우 분권화가 유리
복잡성	• 조직 내 분화의 정도 • 복잡성의 정도는 수평적 분화, 수직적 분화, 공간적 분화에 의해 나타남		

02 조직의 구성과 관리 요소

(1) 계획(Planning)

① 장기적 비전과 목표 제시, 그것을 어떻게 달성할 것인가를 밝히는 과정
② 목표 설정, 계획 수립 등

(2) 조직화(Organizing)

① 개념 : 특정 목표의 달성을 위해 다양한 개인과 집단을 관리하는 것과 관련된 일련의 과정

② 내용
　　㉠ 절차 구축 : 자원 배분, 업무 할당, 목표 달성을 위한 절차를 구축하는 것
　　㉡ 조직 설계 : 권한과 책임을 표시하는 조직구조를 설정하는 것
　　㉢ 역량 개발 : 선발, 훈련, 직원역량을 개발하는 것
　　㉣ 분권화 : 적재적소에 인재를 배치하는 것
③ 조직화의 기본 요소

공동목표 (goal)	• 조직화에는 반드시 그 조직이 달성해야 할 공동목표가 필요함 • 공동목표는 계획수립 과정에서 명확한 규정 필요 • 조직에서는 항상 집단 활동이 이루어지며, 이 활동은 공동목표에 기초함
분업 (division of labour)	• 조직의 목표 달성을 위해 개인의 능력으로는 한계가 있음 • 업무 분할, 즉 직무 특성에 따라 적절한 양으로 분업 필요
권한 (authority)	조직에서의 권한 : 조직 목표 달성을 위해 개인이나 부문이 역할을 수행하는 데 필요한 의사결정과정에서 재량권을 행사할 수 있는 영향력

(3) 지휘(Leading)
① 경영자가 계획한 조직 목표 달성을 위해 조직 구성원들이 맡은 임무를 효과적으로 수행하여 조직 목표에 기여하도록 그들에게 동기를 부여하고 지도, 감독하는 관리자의 능력
② 동기 부여, 리더십 발휘 등

(4) 통제(Controlling)
① 조직 목표 달성을 위한 모든 계획이 순조롭게 진행되어 가는지 평가하고, 필요한 경우 수정하는 과정
② 성과 통제, 환류(Feedback) 등

03 유통경영조직의 원칙 23-1, 22-1

(1) 기능화의 원칙(principle of functionalization)
　① 조직은 사람이 아닌 직무를 중심으로 구성되어야 한다는 원칙
　② 조직 구축 시 사람 중심이 아닌 일 중심으로 접근하고자 하는 것
　③ 먼저 각 직무의 존재 이유와 기능의 내용을 명확히 한 후 적합한 인력을 배치해야 함

(2) 권한 위양의 원칙(principle of delegation)
　권한을 보유하고 행사해야 할 조직 계층의 상위자가 하위자에게 직무를 위임할 경우 그 직무수행에 있어 요구되는 일정한 권한도 이양하는 것

(3) 명령통일의 원칙(principle of unity of command)
　하위자는 한 사람의 상위자로부터 업무 지시와 명령을 받아야 하며, 한 상관에게만 보고해야 한다는 원칙

(4) 관리한계의 원칙(principle of span of control)
　① 한 사람의 관리자가 통솔할 수 있는 부하직원의 수가 한정되어 있다는 원칙
　② 한 사람의 상급자가 가장 효과적으로 직접 관리할 수 있는 하급자의 수를 의미
　③ 대규모 조직은 관리범위에 한계가 있어 인적구성에서 부득이 계층 형태를 취하게 됨

(5) 조정의 원칙(principle of cordination)

조직 공통의 목적 달성을 위해 각 부문 혹은 각 구성원 간 충돌을 해소하고 조직 제 활동의 내적 균형을 꾀하며, 조직의 느슨(slack)함을 조절하려는 원칙

04 파욜(Fayol)의 조직의 관리원칙

(1) 개 요

① 조직의 관리기능에 초점을 두고 관리자층이 행해야 할 조직관리 원칙을 체계화함
② 경영자의 입장에서 조직 전체를 효율적으로 운영하는 원칙
③ 관리5요소론 : 파욜은 관리란 '계획(Planning)'하고, '조직화(Organizing)'하고, '지휘(Commanding)'하고, '조정(Coordinating)'하고, '통제(Controlling)'하는 과정이라고 주장

(2) 조직의 14가지 관리원칙 22-3

① 분업의 원칙 : 마케팅, 재무, 생산 등 전문적인 분야의 기능들은 분업화되어야 함
② 권한과 책임의 원칙 : 효과적인 직무 수행을 위해 책임과 권한이 서로 상응해야 함
③ 규율의 원칙 : 규칙을 준수하고 규칙에 따라 일을 처리하고 노력해야 함
④ 명령일원화의 원칙 : 각각의 종업원은 오직 한 명의 관리자에게 보고해야 함
⑤ 지휘일원화의 원칙 : 동일한 목표로 활동하는 각 집단은 한 명의 상사와 한 개의 원칙만 가져야 함
⑥ 개인의 이익이 전체 이익에 종속되어야 한다는 원칙 : 조직의 목표는 개인 각각의 목표보다 우선시됨
⑦ 종업원 보상의 원칙 : 보수의 금액 및 지불방법은 공정해야 하며, 종업원과 고용주 모두에게 최대 만족을 주어야 함
⑧ 집권화의 원칙 : 최고관리자에게 부여된 의사결정력의 크기는 상황에 따라 변화하며, 권한위임은 상황에 따라 적정 수준으로 유지해야 함
⑨ 계층적 연쇄의 원칙 : 최상위부터 최하위까지 조직의 모든 계층이 명확하고 단절 없이 연결되어야 하며 조직 지시 · 의사소통 · 정보전달 등은 계층별 연결망을 통해 이루어져야 함
⑩ 질서의 원칙 : 조직 내의 물적 · 인적 자원은 적재적소에 있어야 함
⑪ 공정성의 원칙 : 상사는 부하를 공정하게 다루어 부하의 충성심과 헌신을 이끌어내어야 함
⑫ 고용안정의 원칙 : 안정된 노동환경에서 능률 증진이 가능하며, 불필요한 이직은 나쁜 관리의 원인 및 결과임
⑬ 자율성 원칙 : 구성원에게 자율 및 결정권을 부여하여 만족감과 창의력 개발 유도
⑭ 단결의 원칙 : '단결은 곧 힘이다'라는 의미로, 팀워크 및 이를 조성하기 위한 의사소통의 중요성 강조

05 공식적(Formal) 조직과 비공식적(Informal) 조직 21-1

(1) 개 념

① 공식적(Formal) 조직 : 법률이나 규칙, 직제에 의해 명문화된 조직
② 비공식적(Informal) 조직 : 조직구성원의 비공식적 상호접촉이나 친근감 같은 인간관계를 토대로 자연발생적으로 형성된 관계

(2) 특성 비교

공식적(Formal) 조직	비공식적(Informal) 조직
의식적 · 이성적 · 합리적 · 논리적으로 편성	자연발생적 · 무의식적 · 비논리적으로 편성
공통목적을 가진 명확한 구조	공통목적이 없는 무형 구조
외형적 · 제도적 조직	내면적 · 현실적 조직
성문적 · 타의적 조직	불문적 · 자생적 조직
위로부터의 조직	밑으로부터의 조직

06 조직몰입(Organizational commitment) 25-2

(1) 개 념

① 조직의 구성원이 조직이나 조직의 목표에 대해 동일시하고 조직의 일원으로서 남아 있고자 하는 심리적인 상태
② 조직몰입의 증대는 구성원의 태도 및 행동에 큰 영향을 끼침
③ 조직몰입이 하락하면 이직, 스트레스 등 부정적 결과 발생

(2) 조직몰입의 세 가지 차원

정서적 몰입	구성원 스스로가 조직과 동일시하고 진심으로 애착이나 충성심을 느끼는 정도를 나타내는 것으로, 감정적 · 가치적 측면과 깊은 관련
지속적 몰입	조직에 남아 있는 것에 대한 경제적 가치 인식으로, 스스로 조직에 투자한 비용을 기반으로 다른 조직으로의 이동이 유발하는 상대적 비용을 고려하여 이동보다 현 조직에 남아 있는 것이 낫거나 대안이 없어 남아 있으려는 태도
규범적 몰입	도덕적 혹은 윤리적인 의무감을 기반으로 조직에 헌신하고자 하는 심리상태로, 조직 일원으로 남아 있는 것이 도덕적으로 올바르다는 지각에 근거함

2 조직구조의 유형 및 설계

01 전통적인 조직구조

(1) 라인(Line)조직 20-추가, 18-2

① 상급자의 의사 및 명령이 하부에 직선적으로 전달되는 형태의 조직
② 군대식 조직과 같이 지휘명령권이 명확, 계층원리 또는 명령일원화의 원리
③ 장단점

장 점	• 모든 조직의 기본형태 • 하급자의 훈련 용이 • 신속한 의사결정, 하급자에 강력한 통솔력 발휘 가능 • 권한과 책임의 소재와 한계가 분명
단 점	• 의사결정권자에 대한 과다한 업무 집중 • 업무가 의사결정자 단독으로 처리될 우려 • 조직 바깥의 전문적 지식 · 기술 등이 활용되기 어려움

(2) 라인-스태프 조직(직계·참모식 조직, Line & Staff Organization) 23-2, 18-2

① 라인(Line)과 스태프(Staff) 부문의 기능을 분화하여 전문성을 강화한 조직유형
② 라인(Line)부문이 명령권을 지니며, 스태프(Staff)부문은 권고·조언·자문의 기능
③ 장단점

장점	• 명령 전달 및 통제 기능은 라인조직의 이점을 활용하여 지휘 명령권 명확 • 관리자 결점 보완에는 스태프 조직 활용 • 라인과 스태프를 분리함으로써 책임과 권한을 명확화
단점	• 권한이 한 사람의 상사에 집중되어 의사결정에 오랜 시간 소요 • 명령계통과 지도, 조언 및 권고적 참여가 혼동되기 쉬움 • 집행부문이 스태프(staff) 부문에 자료를 신속·충분하게 제공하지 못할 경우 참모 부문 기능이 제대로 발휘되지 못함 • 라인부문과 스태프부문 간 갈등 발생 가능성 • 스태프부문의 힘이 커지면 라인부문 무력화 • 라인부문의 창의성 결여 가능성 높음

(3) 직능식(기능적) 조직(Functional Organization) 23-1, 22-2

① 조직 전체업무를 공동기능별로 부서화한 조직 → 동일집단 구성원은 동일한 기술 소유
② 수평적 조정의 필요성이 낮을 때 효과적
③ 장단점

장점	• 특정기능 관련한 구성원들의 지식·기술이 통합적으로 활용되어 전문성 제고 및 규모의 경제 구현 • 같은 기능을 묶어 시설·자원을 공유하고 기능 중복을 막아 효율성 제고 가능 • 비슷한 기술·경력의 구성원들의 응집력이 강해 부서 내 의사소통·조정 유리 • 업무량에 따른 차별적 성과급제로 일의 성과에 따른 보수 산정이 용이
단점	• 이질적 기능 간 조정 곤란 • 명령이 통일되지 않으면 전체적 질서 관리의 문란함 발생 • 각 관리자가 담당하는 전문적 기능에 대한 합리적 업무분장이 실제로 쉽지 않음 • 급변하는 환경에 대한 적응력이 매우 낮음(환경이 비교적 안정적일 때 조직관리의 효율성을 높일 수 있음) • 상위권자들의 마찰 가능성 농후 • 각 직원의 직능이 지나치게 전문화되어 수가 늘어나면 간접적 관리자 증가(고정적 관리비 증가) • 책임 소재 불분명, 조직의 모순으로 사기 저하 가능성

02 현대적인 조직구조

(1) 사업부형 조직(Operating Division) 20-2

① 제품, 고객, 지역, 프로젝트 등을 기준으로 구성원들의 직무를 집단화하여 조직을 몇 개의 개별부서로 구분하고 독립된 경영을 하도록 하는 조직단위
② 산출물에 기반을 둔 조직구조 → 각 사업부서들이 산출물별로 자율적 운영
③ 각 기능의 조정이 부서 내에서 이루어지므로 기능적 조직구조보다 더 분권화된 구조 → 많은 종류의 제품을 생산하는 대규모 조직에 효율적
④ 라인과 스태프 부문이 동시에 존재하는 자기완결적(self-contained unit) 기능단위로, 그 안에서 기능 간 조정 용이

⑤ 장단점

장점	• 불확실한 환경, 비정형적 기술, 부서 간 상호의존성, 외부지향적인 조직목표를 가진 경우 유리 • 성과에 대한 책임소재가 분명해져 성과관리체제에 유리 • 부서목표가 분명해지고 조직 구성원의 동기부여와 만족감 증진 • 간부 및 종업원의 자주성과 창의성을 발휘시켜 사기진작 및 생산 합리화에 도움 • 사업부의 객관적인 이익이 사업부의 모든 의사결정의 기준이 되게끔 하기 위해 의사결정의 합리성을 높임 • 각 사업부는 자기완결성과 독립성을 가져 시장·기술 등 환경변화에 기민한 적응력 발휘 • 사내대체가격 및 기피선언권 원칙에 의해 시장가격경제 구조의 기업내부 도입이 가능하여 경쟁 시점 가격에 의해 자동적으로 사업부의 능률 체크
단점	• 비용 중복에 따른 규모의 불경제와 비효율성으로 인한 손실 가능성 • 사업부별 독자적인 경영활동 수행으로 인한 부분별 이기주의 경향 가능성 • 사업 부문 상호 간 조정, 기업 전체의 통일적 활동이 어려울 수 있음

(2) 프로젝트 조직(Project Organization) **24-3, 22-3**

① 특정한 사업 목표를 달성하기 위해 해산을 전제로 임시적으로 조직 내의 인적·물적 자원을 결합하는 조직 형태
② 프로젝트 자체가 시간적 유한성을 지니므로 프로젝트 조직도 임시적·잠정적
③ 전문가로 구성된 일시적인 조직이므로 조직 관리자의 지휘능력 중요
④ 작은 단위나 하나의 회사처럼 프로젝트에 필요한 모든 인력이 모여 새로운 가치를 창출하는 조직구조이므로, 사업부만의 목적 달성보다 기업 전체의 목적 달성에 더 관심을 기울임
⑤ 장단점

장점	• 과제 진행에 따라 인력을 탄력적으로 구성할 수 있음 • 목적 달성을 지향하는 조직이므로 구성원들의 과제 해결을 위한 사기 고양 가능
단점	해당 조직에 파견된 조직원이 선택된 사람이라는 우월감을 가지고 조직 단결 저해 가능성

(3) 매트릭스 조직(Matrix Organization) **18-2**

① 전통적인 직능식(기능적) 조직과 프로젝트 조직을 결합한 형태
② 구성원이 종적으로는 기능조직에 속해 있으면서, 횡적으로는 프로젝트 조직에도 소속 → 이중 명령체계(Two Boss System)
③ 특정 기능부서나 사업부에 전속되지 않고 모든 분야에 대한 업무를 수행함으로써 개인의 업무범위가 확대되어 규모의 경제 이익 추구 가능
④ 대규모 사업, 고도로 복잡한 임무를 수행하는 사업에 적합(예 우주산업, 건설회사, 기술개발사업 등)
⑤ 장단점

장점	• 전문적인 지식이나 인적·물적 자원의 효율적 활용 • 의사전달의 활성화와 조직의 유연화 • 조직 내 협력과 팀 활동 촉진 • 각 구성원의 능력발전, 동기유발, 책임이행촉진에 유리 • 관료제 병리현상 감소 등 • 동시에 여러 개의 프로젝트 진행 가능

단 점	• 조직의 이중적 구조로 인한 역할갈등 및 조정 곤란 • 비용이 많이 들고 복잡 • 직무에 대한 책임 모호 • 기능관리자와 프로젝트 관리자 간의 권력투쟁 및 갈등 가능성 • 구조적 특성에 따른 불안정성으로 인한 심리적 부담과 스트레스 유발 등

(4) 네트워크 조직(Network Organization)

① 연계된 조직 간에는 수직적 계층구조가 존재하지 않으며 자율적으로 운영

② 조직은 핵심적으로 경쟁력 있는 부문만 관리하고 나머지는 외부기관에 아웃소싱(외주)

③ 전략 · 계획 · 통제의 기능만 수행하고 대부분 생산기능은 다른 조직에 위임

④ 공동(空洞)조직, "느슨하게 연결된 결합된 조직"

⑤ 급변하는 조직환경에 효율적으로 대응하기 위해 수직적 통합과 수평적 · 공간적 통합 메커니즘을 갖춤

⑥ IT 기술 확산으로 가능하게 된 조직

(5) 교차기능 자율경영팀 **18-2**

① 특정 제품이나 서비스의 창출과 관련된 업무 프로세스를 책임지고 자율적으로 움직이는 작업집단

② 권한이양의 원리 아래 일선 실무자들의 자율성과 창의성을 중시하는 현장 중심형 조직

03 정태적 조직과 동태적 조직

(1) 정태적 조직

① 전통적인 피라미드형 구조

② 상사의 지휘 · 명령에 따라 하급자가 기능을 수행

③ 의사결정 권한이 주로 조직의 상층에서 표준화된 공식적 조직구조

④ 복잡한 계층적 구조와 권한의 집중

⑤ 라인조직, 라인-스태프 조직, 직능조직(기능조직)

(2) 동태적 조직

① 환경변화에 대한 대응성 · 신축성 · 기동성을 갖는 동적인 조직

② 구조가 복잡하지 않고 형식이나 공식에 얽매이지 않음

③ 의사결정에 대한 권한이 분권화됨

④ 과업중심인 프로젝트 팀(project team), 태스크 포스(task force), 매트릭스 조직 등

3 조직의 목표관리 : 목표관리이론(MBO ; Management by Objectives) 21-2, 18-3

01 목표관리이론(MBO) 개념과 특징

(1) 개 념
① 드러커와 맥그리거(Drucker & McGregor)가 제안한, 조직운영과 관리목적을 충족시키기 위한 목표관리기법
② 구성원을 목표 설정에 참여시키고, 목표달성을 통한 실적평가를 바탕으로 보상하는 관리제도
③ 구체적인 목표가 동기를 자극하여 성과를 증진시킴
④ 관리자는 명령하지 않으며, 종업원이 자율적 결정에 필요한 정보를 제공하고, 종업원 상호 간의 조정만을 관리

(2) 특 징
① 조직의 거대화에 따른 종업원의 무기력화를 방지하고 근로의욕을 향상
② 목표관리는 결과에 의하여 평가되고, 목표에 의하여 동기 부여
③ 목표 설정 및 수행을 위한 장기계획 수립이 가능한 안정적인 기업에 더 적합한 이론

02 목표관리(MBO)의 구성요소 및 실행절차

(1) 목표관리(MBO)의 구성요소

목표설정	측정 가능하며 비교적 단기적인 목표 설정
구성원의 참여	하급자(피평가자)를 목표 설정에 참여시킴 → 상·하 조직구성원이 참여하여 공통목표 및 책임 분야 명확히 설정 → 설정에 따라 생산활동 수행
피드백	상급자(평가자)와 하급자(피평가자) 사이 주기적인 상호작용(피드백) 필요

(2) 실행절차

직무기술서 검토 → 성과표준 개발 → 목표의 합의 → 목표 달성 중간 점검

① **직무기술서 검토** : 하급자의 직무기술서를 상·하급자가 함께 검토하여 직무 범위 및 핵심활동 파악
② **성과표준 개발** : 상·하급자가 성과표준 공동 개발
③ **목표의 합의** : 평가자(상급자)와 피평가자(하급자) 간 협의를 거쳐 목표 합의
④ **목표달성 중간점검** : 상·하급자 간 커뮤니케이션을 통해 업무진행 중 정기적으로 중간목표 달성 및 근무여건 변화 피드백
⑤ **목표달성** : 목표가 완성되었을 경우 상급자와 함께 평가하여 다음 번 목표 설정에 활용

(3) MBO 목표 수립 시 주의점
① 능력범위 이내라면 목표의 난이도는 약간 어려운 것이 좋음
② 피드백은 목표달성을 수행하는 전 과정을 거쳐 이루어지는 것이 효과적임
③ 목표설정 과정에서 당사자가 함께 참여할수록 좋음
④ 목표는 기간, 범위 등이 구체적으로 정해져야 효과적임
⑤ 일방적으로 지시한 것보다 업무담당자가 동의한 목표가 좋음

4 동기부여이론

01 의의 및 분류체계

(1) 개 념

① **동기부여** : 조직의 구성원으로 하여금 개인의 욕구 충족과 더불어 적극적·자발적으로 과업을 수행하려는 행동을 이끌어내는 것

② **동기부여이론** : 무엇이 이런 동기를 유발시키고, 어떻게 동기가 유발되는지에 대한 연구

(2) 동기부여이론 분류체제

구 분	연구 초점	내 용
내용이론	• 욕구충족 • 욕구의 내용	• 무엇이 동기를 유발시키는가 • 동기는 선험적이고 객관적인 기준에 의해 나타난다고 주장 **해당 이론** • 매슬로우(A. Maslow)의 욕구단계이론 • 맥그리거(D. McGregor)의 XY이론 • 허즈버그(F. Herzberg)의 2요인이론 • 앨더퍼(C. Alderfer)의 ERG이론 • 해크만과 올드햄(Hechman & Oldham)의 직무특성이론
과정이론	동기의 유발과정	• 동기는 어떻게 유발되는가 • 동기는 주관적이고 어떤 보상이나 기대에 의해 나타남 • 인간의 기대요인이나 동기부여의 과정 또는 수단을 더 중시 **해당 이론** • 브룸(Victor H. Vroom)의 기대이론 • 애덤스(Adams)의 형평(공정)성 이론

02 동기부여의 내용이론(욕구이론)

(1) 매슬로우(A. Maslow)의 욕구단계이론 23-1, 19-1, 18-1

① 인간의 욕구는 계층적 단계로 구성되어 있으며, 하위욕구에서 상위욕구로 순차적으로 발현됨

② 발현 순서

제1단계 (생리적 욕구)	의식주, 종족보존, 경제적 보상, 근무환경 등 최하위 단계의 욕구
제2단계 (안전에 대한 욕구)	복지후생, 연금, 직업의 안정성 등 안전에 대한 욕구
제3단계 (애정과 소속에 대한 욕구)	가정을 이루거나 친구를 사귀는 등 어떤 단체에 소속되어 애정을 주고받는 욕구
제4단계 (자기존중의 욕구)	소속단체의 구성원으로 명예나 권력을 누리려는 욕구
제5단계 (자아실현의 욕구)	자신의 재능과 잠재력을 충분히 발휘해서 자기가 이룰 수 있는 모든 것을 성취하려는 최고수준의 욕구

(2) 맥그리거(D. McGregor)의 XY이론 **22-2**

① 개념 : 기본적으로 인간의 본성에 대한 부정적인 관점인 X이론과 긍정적인 관점인 Y이론을 제시

② 단점 : 인간의 행동을 지나치게 단순화, 일반화하고 있다는 문제가 있음

③ X이론과 Y이론

X이론	• 종업원은 안전을 원하고 변화에 저항적 • 종업원은 조직에 의해 조종되고 동기부여되며 통제되는 수동적인 존재임 • 관리적 관점에서 종업원 직무를 엄격히 통제하고, 금전적 보상체계를 강화해야 함
Y이론	• 종업원들은 일하는 것을 놀이나 휴식과 동일한 것으로 볼 수 있음 • 종업원들은 조직의 목표에 관여하는 경우 자기지향과 자기통제를 행함

(3) 허즈버그(F. Herzberg)의 2요인이론 **23-1, 22-2, 21-3, 20-2, 19-1**

① 인간에게는 상호독립적인 두 종류의 욕구 범주가 존재

② 인간의 행동에 영향을 끼치는 두 요인 : 직무환경과 관련된 위생요인, 직무 자체와 관련된 동기요인

③ 위생요인과 동기요인

위생요인 (Hygiene factor, 직무불만족 요인)	• 인간의 저차원적인 욕구를 충족시켜 주는 요인 • 빨리 충족되고, 효과가 단기적이므로 동기부여법으로는 비효율적 • 위생요인이 증가해도 개인의 만족은 증대되지 않음 데 회사정책 및 지침, 관리·감독·통제, 상사와의 관계, 직무환경, 근무조건, 급여, 동료와의 관계, 개인 인생, 부하직원과의 관계, 신분의 안정, 작업장 안전
동기요인 (Motivation factor, 직무만족 요인)	• 인간의 고차원적인 욕구를 충족시켜 주는 요인 • 지속적 동기부여 효과를 갖고 있으므로 직무만족도 향상에 효과적 • 직원들의 만족감 증대뿐 아니라 우수한 실적의 지속적인 유지에 큰 영향 데 성취감, 우수한 업적에 대한 인정, 문제해결 지원, 일이나 직무 그 자체, 책임감, 승진, 개인의 발전

(4) 앨더퍼(C. Alderfer)의 ERG이론 **23-1, 21-3, 19-1**

① 앨더퍼는 매슬로우(A. Maslow)의 욕구계층이론에는 동의하였으나, 인간의 욕구를 존재욕구(E), 관계욕구(R), 성장욕구(G)의 세 단계로 축소 분류

② 저차원 욕구가 충족되면 다음 단계 욕구로 이행하는 만족-진행 과정을 주장한 매슬로우와 달리 욕구가 좌절되면 퇴행할 수도 있다는 좌절-퇴행 과정 강조

③ 한 차원 이상의 욕구가 동시에 동기부여요인으로 사용될 수 있다고 주장(반드시 하위 욕구가 충족되어야 상위욕구를 추구하는 것은 아님)

④ ERG이론

존재욕구 (Existence)	• 배고픔, 갈증, 임금, 작업조건 등과 같은 기본적·물리적 욕구 • 매슬로우의 생리적욕구와 안전욕구에 해당
관계욕구 (Relatedness)	• 직장에서 타인과의 대인관계, 가족, 친구 등과의 관계와 관련되는 모든 욕구 • 매슬로우의 안전욕구와 사회적 욕구, 그리고 자기존중욕구 일부 포함
성장욕구 (Growth)	• 개인의 창조적 성장, 잠재력의 극대화 등과 관련된 모든 욕구 • 매슬로우(A. Maslow)의 자아실현 욕구와 자기존중 욕구에 해당

(5) 맥클리란드의 성취·동기이론 23-1, 19-1

① 인간의 욕구를 성취욕구, 권력욕구, 친교욕구로 구분
② 인간의 욕구는 학습된 것이므로 욕구의 서열은 개개인이 다름
③ 맥클리란드의 세 가지 욕구

성취욕구	성취욕구가 높으면 성공에 대한 강한 희망을 가지고, 도전을 추구
권력욕구	권력욕구가 높으면 영향력과 통제 행사에 큰 관심
친화욕구	친화욕구가 높으면 타인과 친근한 관계를 추구하며 집단으로부터 소외되는 아픔을 피하려 함

(6) 해크만과 올드햄(Hechman & Oldham)의 직무특성이론 23-1, 19-1

① 직무성과나 직무만족 같은 요인들이 어떻게 직무의 특성에 영향받는지 설명해주는 이론
② 핵심적인 다섯 가지 직무 특성이 개인의 심리 상태에 영향을 미쳐 직무 성과를 결정짓는 요인으로 작용
③ 개인의 성장욕구가 중요변수로 작용 → 직무 특성이 직무수행자의 성장욕구 수준과 부합할 때 동기유발 측면에서 긍정적인 성과를 가져옴
④ 다섯 가지 직무 특성 요소

기술 다양성 (Skill Variety)	조직 구성원이 직무를 수행함에 있어 다양한 기능과 능력을 발휘할 수 있는 정도
과업 정체성 (Task Identity)	• 직무가 요구하는 전체로서의 완결 정도 • 직무의 전체 작업 중에서 차지하고 있는 범위의 정도
과업 중요도 (Task Significance)	직무 자체가 관련 조직이나 일반사회의 다른 사람들의 삶에 영향을 미치는 정도
자율성(Autonomy)	작업자들이 작업 일정과 방법을 채택하는 데 부여된 자유, 독립성, 재량권 등
피드백(Feedback)	작업자가 행한 일이 얼마나 유효하게 수행되었는가(작업자의 실적)에 대해 정확하고 직접적으로 정보를 습득하는 정도

03 동기부여의 과정이론(기대이론)

(1) 브룸(Victor H. Vroom)의 기대이론 22-2, 18-3

① 개인은 자신의 노력의 정도에 따른 결과를 기대하게 되며, 그 기대를 실현하기 위하여 어떤 행동을 결정함
② 동기부여의 정도는 유인가(행위로 인한 보상 정도), 수단성(성과와 보상 간의 관계에 대한 믿음), 기대감(행위를 하여 성과를 얻을 수 있는 가능성)으로 결정됨
③ 기대이론의 모형

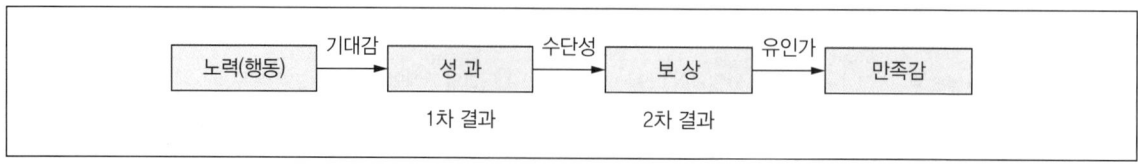

④ 기대이론의 세 가지 요인

기대감 (Expectancy)	• 어떤 행동이나 노력의 결과에 따라 나타나는 성과에 관한 신념 • 자기 자신에게 가져올 결과에 대한 기대감 • 과업 수행을 위한 노력은 실제 성과가 나타날 것이라는 기대에 의해 좌우
수단성 (Instrumentality)	• 일정 수준의 성과가 원하는 보상을 가져올 것이라는 개인의 믿음 정도 • 성과 또는 과업의 수행은 보상을 획득하기 위한 수단의 역할을 한다는 것
유인가(Valence)	조직의 보상이 개인목표나 욕구를 충족시키는 정도와 잠재적인 매력의 정도

(2) 애덤스(Adams)의 형평성(공정성) 이론 25-1, 20-2, 18-3

① 처우의 형평성에 대한 사람들의 지각과 신념이 직무행동에 영향을 미친다고 보는 동기부여이론
② 사람들은 자신이 받는 보상과 직무에 대한 자신의 기여도 간 비율을 다른 사람들과 비교하는 경향이 있음 → 자신과 비슷한 위치의 타인과 비교하여 보상과 자기가 투입한 노력의 결과물 간 균형을 유지하려 함
③ 타인과 비교하여 처우가 공평하지 못하다고 믿는 경우 : 불공평 상태를 시정하려는(비교대상 변경, 지각 왜곡 등) 동기 유발
④ 타인과 비교해서 정당한 보상이 주어진다고 믿는 경우 : 적극적 태도로 직무수행 향상을 가져옴

(3) 강화이론 22-2, 18-3

① 긍정적 또는 부정적 강화요인들이 사람들을 특정 방식으로 행동하게 한다는 학습원리에 관한 이론
② 정적 보상과 부적 보상

구 분	행동 경향	강화 요인
과거에 긍정적 보상(positive rewards)이나 쾌감을 받았던 행동	반복·강화되는 경향	긍정적 강화요인 : 인정, 임금인상
과거에 부정적 보상(negative rewards)이나 불쾌감을 받았던 행동	억제·약화되는 경향	부정적 강화요인 : 질책, 해고

(4) 라이언과 데시(Ryan & Deci)의 자기결정성 이론 20-3

① *자기귀인(Self-attribution)에 근거한 인지평가이론

*자기귀인 : 인간의 행동원인을 규명하려는 심리적 속성

② 내재적 동기와 외재적 동기

구 분	동기화 양식	행동을 유발하는 동기
내재적 동기	• 자기결정적 • 내적으로 동기화됨	재미, 즐거움, 성취감 등
외재적 동기	• 타율적인 행동, 외적인 이유 • 외적 보상에 의한 동기 유발	보상 획득, 처벌, 회피 등

③ 내재적·외재적 동기의 유발 양식

㉠ 인간에겐 자율적이고자 하는 욕구가 있음
㉡ 스스로 선택하고 결정하는 것은 내재적 동기를 증가시킴
㉢ 내재적으로 동기화된 행동에 외재적 보상을 주면 내재적 동기가 감소
㉣ 외재적 동기화(외적 보상에 의해 동기 유발)가 된 경우 과제수행을 보상의 획득이나 처벌 회피와 같은 일정한 목적달성을 위한 수단으로 여김

5 조직의 의사소통과 갈등관리

01 조직 내 의사소통

(1) 의사소통의 개념

① 언어, 기호, 동작 등을 통해서 개인 간 또는 집단 간에 의견이나 정보를 교환하는 것
② 쌍방적 과정, 목적지향적 행위

(2) 조직 내 의사소통 유형 21-2

공식적 의사소통	• 조직적 공식적 구조 · 채널을 이용한 의사전달 • 계획에 의한 것 • 유 형		
		상향적 의사소통	• 각각의 정보들이 하급자나 하위계층에서 상급자나 상위계층으로 전해지는 것 예 개선보고서
		하향적 의사소통	• 각각의 정보들이 상급자의 상위계층에서 하급자나 하위계층으로 전해지는 것 • 전통적 방식의 의사소통
		수평적 의사소통	• 조직 내에서 동일한 수준의 지위나 위계에 있는 구성원 또는 집단 간의 의사소통 예 태스크포스(task force), 프로젝트 팀 등
비공식적 의사소통	• 조직 구성원 간 자연발생적으로 형성된 대인관계를 통한 의사전달 수단 • 친분, 상호신뢰를 바탕으로 함 • 무계획적 예 *그레이프바인(grapevine), 소문, 잡담, 풍문 *그레이프바인 : 소문이 '포도넝쿨'처럼 뻗어나가는 모습과 비슷하다 하여 비공식적 의사소통체계, 경로를 일컫는 의미로 사용됨		

(3) 조직 내 의사소통을 개선하기 위한 방안 25-1

① 원활한 의사소통을 위해 상대방의 인격 존중 필요
② 정보가 왜곡 · 누락되는 의사소통시스템의 개선 필요
③ 정보왜곡 극복을 위해 정보 내용을 상대방 입장에서 분석 · 이해
④ 정보과부하 방지를 위해 정보의 수집 · 분석 · 활용 관련 관리 체계 개선
⑤ 이메일, 메신저 등 디지털 커뮤니케이션 도구를 공식적 의사소통 수단으로 활용하여 '실시간 소통'과 '기록 유지'를 통해 업무 효율을 증대시킴

02 조직 내 갈등관리

(1) 갈등관리 개념

① **조직갈등** : 개인, 집단, 조직 등 둘 이상의 행동주체 간 대립적인 상호작용
② **갈등관리** : 조직구성원들을 인간관계기법을 통해 갈등상황하에 적응시키거나, 조직 변동 등을 통해 갈등상황을 제거 또는 순기능적인 갈등을 유발하는 등의 활동
③ 전통적으로 갈등은 부정적인 측면으로 인식되었으나, 최근에는 상호작용 측면에서 갈등을 신중하게 진단 · 검토하여 역기능뿐 아니라 순기능 측면에서도 접근함

(2) 조직 내 갈등의 생성단계 23-2, 20-3

잠재적 갈등 → 지각된 갈등 → 감정적 갈등 → 표출된 갈등 → 갈등의 결과

잠재적 갈등	내재적으로 갈등이 존재하고 있어 언젠가 표면화되어 심각한 갈등형태로 발전할 가능성이 있는 것
지각된 갈등	상대방에 대해 적대감이나 긴장감을 지각하는 것
감정적 갈등	상대방에 대해 적대감이나 긴장을 감정적으로 느끼는 상태
표출된 갈등	• 갈등이 밖으로 드러난 상태 • 상대방의 목표달성을 방해할 정도의 갈등 • 상대를 견제하기 위해 법적인 수단을 이용하여 경로를 떠나거나 상대를 쫓아내기 위해 힘을 행사
갈등의 결과	갈등이 해소되었거나 잠정적으로 억제되고 있는 상태

(3) 갈등 해소방안

① 집단갈등의 해소방안 19-3

권력을 이용한 갈등해결	• 상급자의 권한을 이용하여 해결 • 가장 오래되고 흔히 쓰이는 방법 • 갈등해소 목적으로 상급자의 힘에 복종 → 갈등 원인보다 결과에 초점을 맞추어 재발 가능성 높음
직접대면	• 갈등 당사자들을 서로 대면시켜 입장을 밝히고 갈등 원인을 찾음 • 오해 해소, 이해 증진
공동목표설정 (초월적 목표)	• 갈등을 겪고 있는 집단들에 공동목표 설정 • 협조에 의해서만 달성 가능한 목표
공동관심사의 강조	갈등 당사자 간 차이점보다 공동목표, 공동관심사 강조
외부압력에 대한 연합방어	• 공동의 적을 설정하여 갈등 와해 • 외부의 위협이 집단 내부의 응집성 강화
자원의 확충	• 조직이 자원 자체의 공급규모를 확충하여 갈등해결 • 갈등 당사자 모두에게 만족을 가져다주는 가장 쉬운 방법 • 자원이 유한하므로 현실적 어려움 존재
행동변화 유도	집단 구성원들의 행동이나 태도를 변화시켜 갈등을 줄임
조직구조의 변화	• 조직의 공식적 구조 변경이나 직무설계 및 분화 • 인사이동, 조직개편 등
갈등의 회피	• 자신의 목표와 상대방의 목표 모두에 낮은 관심을 보이는 것 • 수동적·단기적 갈등 해소 전략
협상	쌍방의 힘이 비슷한 경우 유용함

② 토마스(K. Thomas)의 갈등관리 유형 18-3

경쟁	• 매우 독단적이고 비협조적인 유형 • 상대방 입장에 대한 고려 없이 나의 입장을 밀어붙이는 행동
회피	• 가장 수동적 성격의 유형 • 갈등상황에서 아무런 행동을 취하지 않거나 거리를 유지하고 싶을 때 취하는 행동 • 갈등상태에 있는 자신의 목표달성을 추구하지 않음
수용(양보)	• 내 입장보다 상대방 입장을 수용하는 협조적인 대처방식 • 자신의 이해관계보다 상대방의 요구에 맞추는 방법
협력(협동)	• 행동을 함께하기 위해 서로 붙들어 도와주는 것 • 양쪽 당사자들이 서로 최선의 해결점 모색을 위해 취하는 갈등 대처 방식
타협	• 양쪽 입장의 중도를 취하는 대처방식 • 자신의 실익 및 상대와의 관계를 적절히 조화시키려 함

(4) 조직 내에서 발생할 수 있는 갈등의 순기능 23-1

① 경로구성원 간 의사소통 기회를 늘려 활발한 정보교환 가능
② 향후 발생 가능한 갈등 해결을 위한 표준화된 방법 개발 가능
③ 고충 처리, 갈등 해결의 공식창구 및 표준절차 마련에 도움
④ 갈등해결 과정에서 동맹체 결성 시, 경로구성원 간 힘의 균형 가능

(5) 조직 내 갈등 수준과 집단성과 수준 20-3

① 갈등은 조직구성원이나 부서 간 경쟁을 통한 동기부여에 기여
② 경영자는 적당한 갈등수준을 유지하며 갈등의 순기능 최대화를 위해 노력해야 함
③ 갈등수준과 집단성과수준에 관한 그래프

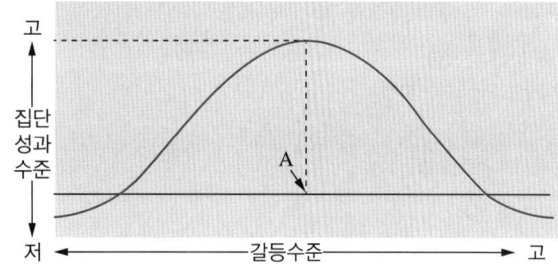

㉠ 일정한 갈등수준까지는 성과가 증가하다가 일정 갈등수준을 넘어서면 성과 감소
㉡ A에서 갈등은 순기능을 나타냄
㉢ A에서 조직의 내부수준은 혁신적·생동적인 상태

6 조직문화(Organizational Culture)

01 조직문화의 의의와 기능

(1) 조직문화의 의의 23-2, 21-3

① 조직구성원들에게 학습되고 공유되는 가치, 아이디어, 태도와 행동규칙
② 한 조직의 구성원들이 공유하는 가치관, 신념, 관습, 규범, 지식 등을 통합한 종합적 개념
③ 조직구성원들이 공통적으로 생각하는 방법, 공통적으로 느끼는 방향, 공통의 행동 패턴 체계

④ 조직구성원들의 사고판단 및 행동의 기본전제로 작용하는 비가시적인 지식적·정서적·가치적 요소
⑤ 조직 외부자극에 대한 조직 전체 반응, 임직원의 가치의식·행동 결정 요인 포함
⑥ 조직문화적 가치는 다른 기업 제도나 시스템을 벤치마킹한다고 해서 쉽게 이전되지 않음

(2) 조직문화의 순기능과 역기능

조직문화의 순기능	조직문화의 역기능
• 조직의 응집력과 일체감 고취 • 일탈행위에 대한 통제 기능 • 조직의 정체성·안정성·계속성 제공 • 조직몰입도 증진으로 생산성 증대 • 구성원 간 모방, 학습을 통한 사회화 유도	• 장기적으로 경직성 유발 → 변화·혁신의 장애요소로 작용 • 집단사고의 폐단으로 조직의 유연성·창의성 저해

02 조직문화 유형 이론

(1) 딜(T. E. Deal)과 케네디(A. Kennedy)의 조직문화 유형 19-3

① 조직문화 유형 : 위험요소와 성과산출(피드백) 속도를 변수로 조직문화 유형 구분

구 분		성과산출(피드백) 속도	
		빠 름	느 림
위험요소	많음	거친 남성문화 (the tough guy, macho culture)	사운을 거는 문화 (bet your company culture)
	적음	열심히 일하고 노는 문화 (work hard–play hard culture)	과정 문화 (the process culture)

② 내 용

거친 남성문화	• 지속적으로 위험이 내포된 판단·결정을 신속히 내리고, 결과가 빨리 판명되는 문화(경찰조직, 외과병원, 영화·스포츠 조직 등) • 강력한 내부경쟁, 스타가 되는 것을 추구 • 단기적·개인적·경쟁적 관점 • 높은 위험, 빠른 피드백
사운을 거는 문화	• 큰 자본이 투입되는 결정을 하고 성공여부 판단에 상당시간이 요구되는 업종의 조직문화(자본재 산업, 국방 관련 조직 등) • 분석·계획·준비 • 높은 위험, 느린 피드백
열심히 일하고 노는 문화	• 성실·지속적인 노력 요구, 조직 안정성·지속성 추구(대기업 문화) • 팀워크·단결력 중요 • 낮은 위험, 빠른 피드백
과정 문화	• 일의 결과보다 현재의 과정·절차에 집중(정부, 금융기관 등 관료제) • '무엇을 하는가'보다 '어떻게 하는가' 추구(시간엄수, 규정준수) • 낮은 위험, 느린 피드백

(2) 해리슨(R. Harrison)의 조직문화 유형 19-3

① **조직문화 유형** : 조직구조의 핵심변수인 공식화와 집권화 두 가지 차원을 통해 구분

구 분		집권화	
		높음	낮음
공식화	높음	관료조직 문화 (Bureaucratic Culture)	행렬조직 문화 (Matrix Culture)
	낮음	권력조직 문화 (Power Culture)	핵조직 문화 (Atomized Culture)

② **내 용**

관료조직 문화	• 질서와 규칙 : 구성원 역할 분명, 업무절차의 과학적 설정 • 높은 공식화, 높은 집권화
권력조직 문화	• 통제 : 강력한 실권자와 소수 핵심인물이 권한 행사 • 비구체화 : 구성원 역할 및 업무수행절차가 구체화되지 않음 • 낮은 공식화, 높은 집권화
행렬조직 문화	• 과업 중심 : 구성원 역할 · 업무 수행이 조직 과업 중심으로 구성 • 전문기능 인력 팀, 창조성 · 다양성 • 높은 공식화, 낮은 집권화
핵조직 문화	• 자발적 관심 · 협조 : 구성원들이 조직 공동목표를 중심으로 자발적 관심과 협조에 기반을 둔 역할을 함 • 낮은 공식화, 낮은 집권화

(3) 로버트 퀸(Robert Quinn)의 경쟁가치모형 24-1

① **개념** : 내부지향(조직 내부)과 외부지향(조직 외부환경)을 가로축, 통제와 유연성을 세로축으로 조직문화 유형을 4가지로 분류

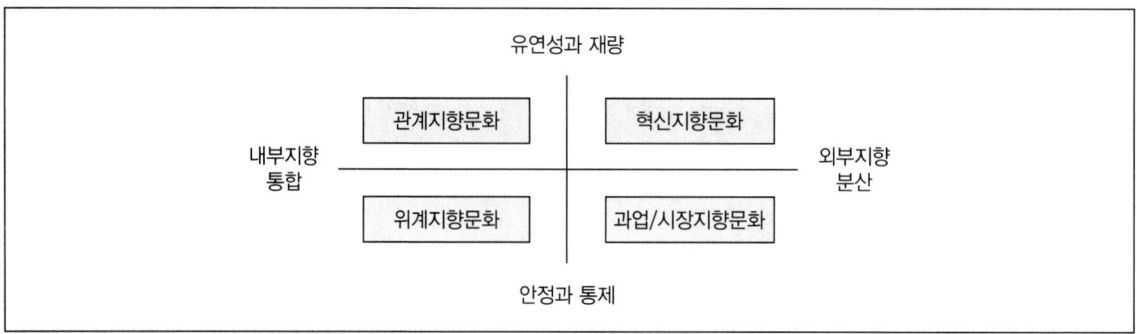

② **내 용**

관계지향 문화	• 구성원들의 신뢰, 팀워크를 통한 참여, 충성, 사기 등의 가치를 중시하는 조직문화 • 내부 지향적이며 비공식적인 유연한 문화
위계지향 문화	• 위계 문화, 혹은 내부과정모형 • 전통적인 관료제적 조직문화
혁신지향 문화	• 발전 문화, 혹은 개방체계모형 • 조직 변화와 유연성을 강조하고 조직이 당면하고 있는 외부환경에의 적응능력에 중점

과업/시장지향 문화	• 합리 문화, 혹은 합리적 목적모형 • 경쟁 지향적인 생산 중심의 문화로, 외부 지향적 • 공급자나 고객, 규제자 등 외부 관계자와의 거래 강조

(4) 샤인(Schein)의 조직문화모형 23-3

① 조직 문화의 계층을 인식 가능성에 따라 세 가지 수준으로 구분
② 조직문화의 세 가지 수준

내재적 수준	• 무형의 잠재의식 속에서 당연하게 받아들이는, 의식 이전의 상태 • 무의식적 기본전제 : 환경과의 관계, 현실 및 시간과 공간적 본질, 인간성, 인간관계, 인간활동
인식적(인지적) 수준	• 어느 정도 잘 알아차릴 수 있는 상태, 높은 수준의 인식 • 조직의 행동·인공물에 직접적인 영향을 주는 기본신념 및 태도 • 공유적 가치관 : 물질적 환경, 사회적 합의, 인지가치와 행위가치로 구분할 수 있는 가치관
가시적 수준	• 가시적인 수준의 인공물로, 가시화되어 있지만 설명이 어려운 경우도 있음 • 가공 및 창조된 작품 : 기술, 예술, 창작물, 개개인의 행동(방식), 관습

7 조직의 리더십(Leadership)

01 리더십과 권력

(1) 리더십 개요

① 의미 : 조직목표의 달성을 위해 구성원이 자발적으로 행동하도록 동기를 부여하고 영향력을 미치는 관리자의 쇄신적 능력
② 조직 내 리더십의 기능
㉠ 목표 및 역할 명확화
㉡ 자원 동원과 동기유발
㉢ 조직 일체감 및 적응성 확보
㉣ 조직의 통합·조정·통제

(2) 프렌치와 레이븐의 권력의 원천(Power Source) 20-2, 19-3

① 권위와 권력
㉠ 권위 : 개인이나 집단이 타인에게 인정을 받고 영향력을 끼칠 수 있는 정당한 힘
㉡ 권력 : 권위가 주어진 자가 힘을 발휘하는 것
② 권위의 종류

공식적 권위	법적, 제도적 기반을 통해 형성된 권위
비공식적 권위	개인의 성격·도덕성·경험·지식 등에 기반하여 형성된 영향력

③ 권력의 원천

권력의 파생	권력의 원천	내 용
공식적 권위	합법적(정통적) 권력 (Legitimate Power)	권력행사자의 공식적 지위에서 나오는 영향력 행사권을 추종해야 할 의무가 있다는 사고를 바탕으로 하는 권력
	보상적 권력(Reward Power)	상대방이 가치 있다고 생각하는 보상(급여인상, 승진 등)을 줄 수 있는 능력에 근거한 권력
	강압적(강요적) 권력 (Coercive Power)	• 공포에 기반을 둔 권력 • 권력행사자가 상대방을 처벌할 수 있을 때 생기는 권력
비공식적·개인적 권위	준거적 권력(Referent Power)	• 리더의 개인적인 성격특성에 기반을 둔 권력 • 부하가 자기 행동의 모형을 권력행사자로부터 찾으려고 할 때 성립(일체감 추구)
	전문적(전문가적) 권력 (Expert Power)	• 리더가 가진 전문적인 기술 및 지식에 기반을 둔 권력 • 부하가 리더의 전문성·능력을 인정할 때 수용되는 권력

02 리더십의 기본이론

(1) 리더십 상황이론 : 피들러(F. E. Fiedler)의 상황적합성 이론 24-1

① 리더가 처해 있는 상황을 고려한 리더십 이론(어떤 특정한 상황·경우에 어떤 유형의 리더십이 가장 적절한가)
② 리더의 유형 결정을 위해 가장 싫어하는(최소선호) 동료작업자(Least Preferred Co-worker)에 대한 평가를 측정하는 LPC 척도 개발
③ LPC(Least Preferred Co-worker) 척도를 통한 리더의 유형

높은 LPC 점수	• 관계지향(Relationship-motivated) 리더십 • 대인관계를 통한 만족감 추구
낮은 LPC 점수	• 과업지향(Task-motivated) 리더십 • 과업(업무)의 성과를 통한 만족감 추구

④ 리더의 행동과 상황의 관계(상황변수)

리더와 구성원과의 관계	• 구성원들이 리더를 신뢰하며 따르는 정도 • 얼마나 협력적 또는 지원적인지 정도로 측정
과업의 구조화 여부	• 조직원들이 자신이 맡은 임무(과업)를 명확히 알고 있는 정도 • 규정이나 표준화가 어느 정도 되어 있는지 정도 • 높고 낮은 정도로 측정
지도자의 파워	• 리더가 조직원들에게 발휘할 수 있는 권한 • 직위가 갖는 권한의 크기로 측정

⑤ 상황변수 세 요소의 강도가 높을수록 지도자에게 유리한 상황, 낮을수록 불리한 상황

(2) 리더십 행위이론 : 블레이크와 무톤(R. R. Blake & J. Mouton)의 관리격자 모형　23-2

① 리더가 지향할 수 있는 행위를 '생산에 대한 관심'과 '인간에 대한 관심' 두 차원으로 구분
② 두 차원의 강도에 따라 총 81가지 리더 유형 산출 가능
③ 이 중 가장 기본적인 5가지 형태로 (1·1)형(무관심형), (9·1)형(과업형), (1·9)형(친목형, 인간중심형), (5·5)형(타협형), (9·9)형(단합형, 팀형)이 있음

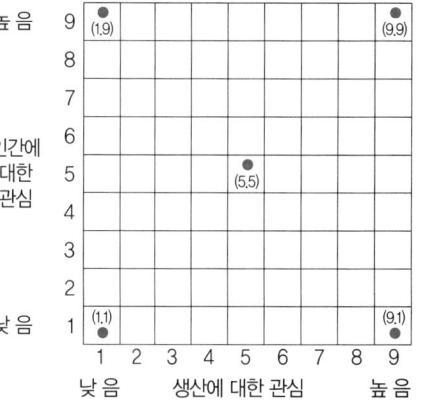

④ 기본적인 5가지 리더십 유형

무관심형(1·1)	• 조직원들에 대한 관심, 생산·성과 등에 대한 관심 모두 낮음 • 리더는 업무 지시만 하고 어려운 문제 발생 시 회피 • 자신의 자리 보존에 필요한 최소한의 노력만 기울이는 무사안일형 리더
과업형(9·1)	• 생산·업무성과에 대한 관심은 높고 인간에 대한 배려는 거의 없음 • 리더 혼자서 의사결정, 관리 방향도 생산성 제고에 초점
친목(컨츄리클럽)형(1·9)	• 조직 목표, 성과에 대한 관심은 낮고 사람에 대한 관심은 매우 높음 • 조직을 우호적인 분위기로 유지하기 위해 모든 노력을 기울임 • 좋은 분위기가 반드시 높은 업무성과로 연결되지는 않으므로 조직목표 달성에는 효과적이지 못할 수도 있음
타협(중도)형(5·5)	업무성과와 인간 두 요소에 적당한 관심을 갖고 균형을 이루려고 노력
팀(단합)형(9·9)	• 과업·목표에 대한 관심뿐 아니라 인간에 대한 관심도 높음 • 조직원들의 사기와 성장을 중요시하며, 팀 제도하에서 가장 바람직한 유형

(3) 하우스와 에반스(House & Evans)의 경로(진로)-목표모형　23-3, 19-3

① 목표에 이르는 다양한 진로(수단)의 상대적 유용성에 따라 효율성이 달라진다는 이론
② 리더의 특성보다 상황과 행동에 초점을 맞춤
③ 상황적 특성에 적합한 행동 유형 선택을 통해 부하에게 동기를 부여하여 리더십의 효율성을 향상시킬 수 있다고 봄
④ 리더십의 유형

지시적 리더십 (directive leadership)	• 조직구성원에게 해야 할 일과 따라야 할 일을 지시하는 리더십 유형 • 부하가 소극적이거나 안전을 바라는 성격일 경우 적합
지원적 리더십 (supportive leadership)	• 조직구성원의 복지나 개인적 욕구에 역점을 두는 리더십 유형 • 업무 수행능력이 높고, 지도자로부터 일일이 지시받는 것을 싫어하며, 명예에 대한 욕구가 강한 사람에게 적합
참여적 리더십 (participative leadership)	• 조직구성원과 상의하고 의사결정에 조직구성원을 참여시키려는 유형 • 적극적 성격의 사람에게 적합
성취지향적 리더십 (achievement oriented leadership)	• 도전적인 작업 목표 설정과 성과를 강조하며, 조직구성원들이 목표를 달성할 수 있으리라 믿는 유형 • 업무수행능력이 높고, 적극적인 성격과 명예에 대한 욕구가 강한 조직구성원에게 효과적

(4) 권위적(독재적)·민주적·자유방임적 리더십 21-3, 18-2

권위적(독재적) 리더십	• 지시를 따르게 하기 위해 경제적 보상책을 사용하기도 함 • 긴박한 상황에서 절대적인 복종이 필요한 경우 효과적 • 숙련되지 않거나 동기부여가 안 된 구성원에게 효과적
민주적 리더십	• 리더가 조직 구성원들의 참여·합의에 따라 의사결정 및 지도 • 구성원에게 팀의 모든 의사 결정권을 주고 동의를 구해야 하므로 많은 시간 소요 • 유연성·책임감을 빠르게 형성
자유방임적 리더십	• 구성원에게 신뢰와 확신을 보여 동기요인 제공 • 구성원이 더 많은 것을 알고 있는 전문직인 경우 효과적

03 리더십의 현대적 이론

(1) 변혁적 리더십(transformational leadership) 24-2, 22-1, 19-3, 18-2

　① 구성원들의 기본적 가치·믿음·태도 등을 변화시켜 조직의 기대보다 더 높은 성과를 스스로 추구하게 만드는 리더십

　② 변화에 능동적으로 적응하는 리더십

　③ 리더와 구성원은 공동의 목표를 추구함

　④ 리더는 구성원과 원활한 상호작용을 통해 구성원을 긍정적으로 변화시키고 성과를 도출함

　⑤ 리더는 구성원에게 자신의 관심사를 조직발전 속에서 찾도록 영감을 불러일으키고 비전을 제시함

　⑥ 리더는 개인에 대한 관심과 조언을 제공하고 부하들로부터 존경 및 신뢰를 받음

　⑦ **특징** : 카리스마, 이상적 영향, 영감적 동기부여, 개개인에 대한 고려, 조직에서의 생존·적응, 지적 자극, 개별적 배려 등

(2) 카리스마적(위광적) 리더십 19-3

　① 리더의 특출한 능력 및 성격으로 추종자들의 강한 헌신, 리더와의 일체화를 이끌어내는 리더십

　② 리더에 대한 추종자들의 개인적 일체화와 헌신 강조

　③ **변혁적 리더십과의 차이**

　　㉠ 변혁적 리더십 : 사람들의 인식을 변화시키는 데 중점을 둠

　　㉡ 카리스마적 리더십 : 리더에 대한 추종자들의 개인적 일체화를 더 강조

(3) 서번트 리더십(발전적 리더십) 19-3

　① '다른 사람의 요구에 귀를 기울이는 하인이 결국은 모두를 이끄는 리더가 된다.'

　② 조직에서 가장 가치 있는 자원은 사람 → 인간존중 바탕

　③ 먼저 경청하며 설득·대화로 구성원들이 잠재력을 발휘할 수 있게 앞에서 끌어주는 리더십

(4) 문화적 리더십

　① 리더의 역할과 가치관에 따라 조직문화가 영향을 받는다고 봄

　② 리더의 신념과 상징에 의한 주체적 역할과 가치관 중시

　③ 리더십의 본질을 리더와 추종자 간 관계가 아닌, 지도성과 추종성 관계에 내포된 사회문화적 맥락에 둠

(5) 영감적 리더십

① 리더가 향상적 목표를 설정하고, 추종자들이 그 목표달성 능력이 있다는 자신감을 갖도록 만드는 리더십
② 바람직한 '미래상'을 창출하는 것 → 조직 행동을 인도하는 기준
③ 리더 특성보다 리더가 설정한 '목표'가 더 중요한 영향을 끼침 → 카리스마적 리더십과 구별

(6) 윤리적 리더십(ethical leadership) 23-3

① 부하들로 하여금 규범에 적합한 행동을 지속하도록 촉진하는 것
② 상호 간 명확한 도덕적 기준과 의사소통, 공정한 평가 적용
③ 대인관계와 활동을 통하여 규범적으로 적합한 리더의 행동이 구성원들에게 모범으로 작용

(7) 기타 리더십 : 상호거래적, 코칭, 위임형, 상황적 리더십 22-1, 18-2

상호거래적 리더십 24-2	• 리더와 구성원 간의 교환거래관계(타산적 이해관계)에 기반한 리더십 • 업무 역할에 대한 요구사항을 명확히 전달 • 할당된 업무의 효과적 수행을 위해 부하들의 욕구를 파악하여 부하들이 적절한 수준의 노력·성과를 보이면 보상하는 것 • 안정지향적, 규정·법규·일탈행위 감시
코칭 리더십	• 코치가 피코치인의 파트너가 되어 상호지속적인 협력관계를 이룸 • 피코치인이 스스로 목표설정, 문제해결, 발전할 수 있게 돕는 모든 활동 내지 기법
위임형 리더십	• 부하직원에게 권한위임 • 의사결정이나 문제 해결에 리더 개인의 통찰력보다 팀의 통찰력을 존중
상황적 리더십	리더십의 효과적 발휘를 위해 부하직원의 성숙 정도에 따라 리더의 행동유형이 달라져야 한다는 이론

SECTION 02 인적자원관리

1 인적자원관리(인사관리) 기초와 개념

01 인사관리 의의와 목표

(1) 인사관리의 의의

① 조직에서 일하는 사람을 다루는 제도적 체계, 사람이 사람을 다루는 제도
② 관리의 대상과 주체 모두가 인간
③ 조직체가 보유한 인적자원을 효과적으로 관리·활용하기 위한 기능
④ 조직 내 인적자원의 확보, 개발, 활용, 보상 유지 등의 관리활동

(2) 인사관리 목표

조직 생산성 향상	조직 구성원들의 만족 같은 인간적인 면보다 주어진 과업 그 자체를 이루기 위한 조직의 목표
근로생활의 질(QWL ; Quality of Working Life)	• 조직 구성원들의 전문화 및 단순화에서 나타나는 단조로움, 소외감, 인간성 상실 등에 대한 반응 • 빠르게 변화하는 경영환경하에서의 새로운 기술의 발달로 인한 업무환경 불건전성 등의 문제에 대한 반응

(3) 인사관리 패러다임의 변화 추세 24-3

① 표준형 인재관에서 이질적 인재관으로 변화하고 있음
② 반응적 인사에서 대응적 인사로 변화하고 있음
③ 연공 중심에서 능력 중심으로 변화하고 있음
④ 내부 노동시장에서 외부 노동시장으로 변화하고 있음
⑤ 인건비에 대해 비용 관점에서 투자 개념의 수익관점으로 변화하고 있음

> **더 알아보기** 행동과학적 인적자원관리 25-2
>
> • 근로자를 자율적, 자아실현적인 존재로 보고 근로자의 개인 욕구와 조직의 욕구를 동시에 충족시켜 자아실현을 가하는 것에 초점을 맞추는 인사관리 이론 → 과업중시와 인간존중을 동시에 추구함
> • 이를 위해 근로자의 행동을 과학적으로 이해하고, 근로자에게 자발적인 노력을 유도하기 위한 동기부여 기법을 연구
> • 대표적 행동과학적 조직관리 이론 : 맥그리거의 XY이론

02 인적자원관리 개념모형

(1) 개념

① 조직 목표달성을 위해 인적자원에 대한 '확보관리 → 개발관리 → 활용관리 → 보상관리 → 유지관리' 활동 등을 계획·조직·통제하는 관리체계
② 인적자원관리 개념모형

> 인적자원관리 활동 → 개인과 직무의 조화 → 인적자원관리 결과지표 도출

(2) 세부 내역

① 인적자원관리 활동

지원적 활동	개인·직무분석, 결과평가, 인적자원계획
기능적 활동	인적자원의 확보, 개발, 활용, 보상, 유지

② 개인과 직무의 조화
  ㉠ 직무수행을 위해 필요한 개인의 능력·욕구 분석 후 이에 대한 적절한 요건·보상 수준 분석
  ㉡ 목표 : 조직과 구성원 모두 만족하는 합의점 도달
③ 인적자원관리 결과지표 도출
  ㉠ 종업원의 유효성 기준이나 지표를 대표함
  ㉡ 직무성과, 직무만족, 근속기간, 출근율 등

2 직무분석, 직무설계 및 직무평가

01 직무분석(Job Analysis)

(1) 개 요 **21-3**

① 조직이 요구하는 직무 내용 및 직무를 수행할 사람들이 갖추어야 할 요건을 체계적으로 수집·정리·분석하는 과정
② 과업과 직무를 수행하는 데 요구되는 인적자질에 의해 직무의 내용을 정의하는 공식적 절차
③ 효과적인 인적자원관리를 위해 선행되어야 할 기초작업
④ 목적 : 합리적 채용기준 마련 및 직무평가를 위한 자료를 얻기 위해 실시

(2) 직무분석을 위한 자료수집 방법

질문표 방식	직무의 모든 국면과 수행과정에 대한 표준화된 질문표 활용
면접 방식	• 개개 종업원 및 감독자와 직접접촉·관찰을 통해 자료 취득 • 가장 널리 보급된 방식
관찰 방식	질문표 및 면접방식의 보조적 방법
종합적 방식	질문표 방식·면접 방식·관찰 방식의 장점을 살린 방식
워크샘플링법(Work Sampling Method)	종업원의 전체 작업과정 진행 동안 무작위로 많은 관찰을 하여 직무행동에 대한 정보를 취득하는 직무분석 방법
중요사건기록법	직무수행 과정 중 직무수행자가 보였던 중요하거나 가치 있는 행동을 기록한 후 취합하여 분석

(3) 직무기술서와 직무명세서 **23-3, 21-3**

직무기술서 (Job Description)	• 직무분석의 결과를 토대로 특정 직무의 성격·내용·이행방법 등과 해당 직무의 능률적인 수행을 위하여 직무에서 기대되는 결과 등을 일정한 양식에 따라 간략하게 정리해 놓은 문서 • 속직적 기준으로 직무 내용을 요약하고 수행에 필요한 정보 포함 • 직무요건 중 과업 요건에 초점
직무명세서 (Job Specification)	• 직무를 만족스럽게 수행하는 데 필요한 종업원의 행동·기능·능력·지식·자격증 등을 일정한 형식에 맞게 기술한 문서 • 작업자의 특성을 평가하여 조직 전략을 효율적으로 달성하기 위한 것 • 인사관리의 기준으로 사용 • 직무요건 중 인적 요건에 초점

02 직무설계(Job Design)

(1) 개 념

① 조직의 목표를 달성하고 직무를 맡고 있는 개인의 욕구를 만족시키기 위한 직무의 내용·기능·관계를 결정하는 것
② 직무설계의 핵심적인 요인 : 대인관계, 성과 등

(2) 리차드 해크맨(J.R. Hackman)과 그레그 올드햄(G.R. Oldham)의 핵심직무특성 5가지

① 기술의 다양성(skill variety)
② 자율성(autonomy)

③ 과업 정체성(task identity)
④ 피드백(feedback)
⑤ 과업 중요성(task significance)

(3) 직무 설계 방안

직무확충(Job enrichment) 19-3	• 동일한 직무에 더하여 각기 다른 직무들을 병행하는 것 • 직무내용을 고도화해 직무의 질을 높임 • 근로자에게 과업수행상의 유연성을 허용하여 과업 수행 시 필요한 권한 위임 • 근로자가 자신의 성과를 스스로 추적·측정하도록 함
직무순환 (Job rotation)	• 직무 내용은 그대로 두되, 작업자들이 여러 직무를 돌아가면서 번갈아 수행하게 하는 것 • 담당 직무를 바꾸어 다른 직무를 담당함으로써 다양한 경험 부여
직무충실화 21-2	• 직무 성과는 경제적 보상보다 개인의 심리적 만족에 달려 있다는 전제 아래 직무수행 내용 및 환경 재설계 • 직무의 수직적 확대 방법 • 단순히 직무의 구조적 확대가 아닌, 직무 내용을 풍부하게 만들어 작업상 책임 확대 및 능력 발휘 가능한 여지를 만들고, 도전적이고 보람 있는 일이 되도록 직무를 구성하는 것

(4) 직무설계 예시 : 소매상의 직무설계과정 19-1

① 효율적인 직무수행 및 직무수행자의 만족도 향상을 위해 직무의 내용과 수행방법, 직무 간 관계 등을 설정하는 과정
② 직무설계과정 구성 단계

> 과업규명 → 과업도식화 → 직무기술과 직무명세의 개발 → 직무분석 및 장·단기평가

03 직무평가(Job Evaluation) 21-3

(1) 개념
① 직무분석을 기초로 조직 내 각 직무가 차지하는 상대적 가치를 결정하는 체계적인 활동
② 조직에서 일정한 기준(각 직무의 중요성·곤란도·위험도 등)에 의거하여 다른 직무와 비교하여 상대적 가치 결정

(2) 목적, 평가요인
① 직무평가의 목적
  ㉠ 직무의 가치에 따른 공정한 임금구조 유지
  ㉡ 합리적인 인력 선택·배치·훈련 등에도 이용
  ㉢ '동일노동 동일임금'을 기본원리로 하는 직무급 제도의 기초 제공
② 직무평가 요인 : 직무의 복잡도, 난이도, 책임 등

(3) 직무평가 방법
① **질적평가** : 직무수행의 난이도 등을 기준으로 포괄적으로 판단하여 직무 가치를 상대적으로 평가
② **양적평가** : 직무를 기초적 요소나 조건으로 분석한 후 이를 양적으로 계측하여 평가

③ 평가방법 21-1

구 분		평가방법	내 용
종합적 비계량적 (질적평가)	상대평가	서열법 (Ranking Method)	각 직무의 난이도 · 책임성 등을 평가해 서열을 매기는 방법
	절대평가	분류법 (Grading Method)	• 직무 가치나 난이도에 따라 사전에 단계적으로 구분하는 등급표를 만들고 그에 맞는 등급으로 평가하는 방법 • 직무등급법이라고도 함
분석적 계량적 (양적평가)	상대평가	요소비교법(Factor-comparison Method)	객관적으로 가장 타당하다고 인정되는 기준직무를 설정하고, 이를 기준으로 평가직무를 기준직무와 비교하여 평가하는 방법
	절대평가	점수법 (Point Method)	직무를 각 구성요소로 분해한 뒤 평가한 점수의 합계로써 직무의 가치를 평가하는 방법

3 인적자원의 확보와 개발

01 인적자원의 확보관리

(1) 인력계획

① 기업 조직 내에서 해고, 퇴직, 승진, 이동 등에 따른 현재 및 미래 직무공백을 분석함

② 기업 조직 확장 또는 변경 등에 대비해서 조직의 인력흐름 조절

(2) 확보관리(채용관리) 20-3

① 확보과정 : 계획 → 모집 → 선발 → 배치

② 세부내용

모 집	외부노동시장으로부터 기업의 공석인 직무에 관심이 있고, 자격(능력)이 있는 사람들을 구별하고 유인하는 일련의 과정
선 발	모집활동을 통해 획득한 지원자들을 대상으로 미래에 수행할 직무에 대해 가장 적합한 지원자를 선별하는 과정
배 치	여러 직무와 여러 개인들의 관계를 잘 연결시켜, 이를 기업 조직의 성과 내지 각 개인만족도를 높이도록 해당 직무에 근로자들을 배속시키는 것

(3) 인력선발의 타당성과 신뢰성

① 타당성과 신뢰성의 필요성 : 인력선발 시 선발도구(시험, 면접 등)의 오류로 인해 인력을 잘못 선발하는 상황을 방지하기 위해 선발도구의 타당성과 신뢰성이 필요함

② 타당성과 신뢰성 개념

타당성	피평가자에 대한 측정결과의 정확성을 의미함
신뢰성	같은 지원자에 대해 다른 평가방법을 사용해도 동일한 결과가 나오는 정도를 의미함

(4) 작업량 접근방식(workload approach) `22-3`

① 개념 : 영업조직에서 확보해야 할 영업사원의 규모를 정하기 위해 사용하는 방법

② 방 법
- ㉠ 거래처 유지에 필요한 업무량 관련 요인(거래처 규모, 거래처 명성 등)을 기준으로 거래처를 몇 개의 집단으로 구분
- ㉡ 각 거래처 집단별로 바람직한 방문 횟수를 결정하고 이에 필요한 영업사원 수 결정

③ 계산방법

$$\text{영업사원수} = \frac{\text{거래처 수} \times \text{거래처별 방문횟수}}{\text{영업사원의 평균 방문가능 횟수}}$$

02 인적자원 개발관리

(1) 개념과 필요성 `20-3`

① 개념 : 조직 구성원에 대한 이동·승진관리와 직무순환 및 교육훈련 관리를 나타내는 인사 관리의 주요활동

② 필요성 : 교육훈련 실시를 통해 변화에 적응 가능

③ 고려할 사항 : 현재 업무에 초점을 둔 개인개발, 향후 수행될 업무와 관련된 경력개발, 조직 역량과 효과성을 강화하기 위한 체제 및 조직개발 등

④ 인적자원 개발관리의 구성 내용 : 경력관리, 승진관리(이동관리), 교육훈련관리

(2) 경력관리(Career Management)

① 개념 : 조직구성원들의 경력·능력 등 정보를 토대로 개인별 관리를 수행하여 조직구성원 개개인의 목표와 조직 목표가 조화되도록 만드는 것

② 경력관리의 효과
- ㉠ 조직과 구성원 직무역량 향상
- ㉡ 구성원의 조직몰입도·직무만족도 제고
- ㉢ 체계적인 조직구성원 역량개발 시스템 구축

(3) 승진관리(Promotion Management)

① 승진관리(이동관리) 개념
- ㉠ 승진 : 종업원에게 동기를 부여하여 근로의욕을 증진시키고, 종업원의 잠재능력을 발휘하는 기회를 제공하는 중요한 수단
- ㉡ 종업원 입장에서의 승진제도 : 자기발전 욕구 충족 및 희망의 계기를 통해 동기유발 촉진
- ㉢ 경영자 입장에서의 승진제도
  - 담당 직무에 대한 타성으로 인한 문제의식 결여와 부당·부정한 직무처리 등 문제점 방지
  - 인재의 효율적 배분으로 조직의 효율성 제고

② 승진제도 분류 **21-2**
  ㉠ '직무 중심의 능력주의', '사람 중심의 연공주의' 양자를 절충시킨 자격주의 관리제도로 구분
  ㉡ 능력주의와 연공주의 비교

구 분	능력주의	연공주의
승진기준	직무중심(직무능력기준)	사람중심(신분중심)
승진요소	성과, 업적, 직무수행능력 등	연력, 경력, 근속년수, 학력 등
승진제도	직계승진제도	연공승진제도
경영 내적요인	일반적으로 전문직종에 보편화(절대적은 아님)	일반적으로 일반직종에 보편화(절대적은 아님)
특 성	• 불안정 • 능력평가의 객관성 확보 힘듦	• 안정성 • 능력평가의 객관적 기준 확보 가능

(4) 교육훈련관리
  ① 교육훈련 개념
    ㉠ 기능, 지식의 습득을 통한 종업원의 전문적 능력 향상
    ㉡ 태도의 변화를 통해 종업원의 성취동기를 형성시켜 근로의욕을 증진함
    ㉢ 조직활성화 촉구 요소
  ② 교육훈련 목적
    ㉠ 인재육성을 통한 기술축적
    ㉡ 커뮤니케이션 원활화를 통한 조직협력
    ㉢ 자기발전 욕구충족을 통한 동기유발
  ③ 교육훈련의 분류 **18-3**
    ㉠ 장소에 따른 구분

직장외훈련 (Off the Job Training ; Off-JT)	• 전문강사의 지도로 이루어지는 직장 외 또는 직무 외의 훈련 • 연수원이나 특정 교육시설, 외부강사 등을 통한 훈련 • 강의 사례연구, 시청각교육 등
직장내훈련 (On the Job Training ; OJT)	감독자(선임자)가 직장 내에서 직접 일하는 과정에서 부하 종업원을 개별적으로 실무나 기능에 관해 훈련시키는 것

    ㉡ 방법에 따른 구분

체험식 훈련	도제훈련	• 작업장에서 감독자의 지도를 받거나, 숙련공이나 선임공의 작업을 직접 보조하면서 필요한 기능 및 지식 습득 • 특히 숙련공을 필요로 하는 금속, 인쇄, 건축 같은 업종에서 하는 훈련방식 • 고도의 기술수준이 필요한 경우 적합
	인턴제도	• 주로 졸업을 앞둔 대학생 등이 직무에 배치되어 배우면서 일하는 프로그램 • 업무를 통해 얻은 경험, 학교에서 배운 이론, 경영현실을 통합할 수 있는 기회 부여
	실습장훈련	회사에서 설치한 실습장에서 실습용 설비 등을 이용하여 작업방법을 습득하고 기능훈련하는 것
	감수성훈련 (실험실훈련)	피훈련자를 외부 환경과 차단시킨 상황에서 자신의 경험을 교환·비판하게 하여 대인관계에 대한 이해와 감수성을 높이려는 현대적 훈련방법

토의식 훈련	가상훈련장방식, 모의훈련 (simulation)	피훈련자가 직무수행 시 직면할 가상적 상황을 설계하고 대처하게 하는 방법
	토론·회의	• 참가자 전원이 의견을 내어 그 문제를 해결하는 방식 • 피훈련자 간 활발한 아이디어와 정보교환 가능
	브레인스토밍	10명 내외의 소집단을 구성해 과제를 제공하고 자유로운 분위기에서 아이디어를 제안하게 하는 방법
	사례연구 (case study)	일정한 사례를 공동 연구하여 문제점 도출 및 대안을 모색하는 방법
	역할연기 (role playing)	피훈련자가 어떤 사례를 여러 사람 앞에서 실제 행동으로 연기하고, 사회자가 청중들에게 그 연기내용을 비평·토론하도록 한 후 결론적인 설명을 하는 것
강의와 세미나		• 가장 일반적·보편적 방법 • 피훈련자를 일정한 장소에 모아 놓고 강사가 강의 진행 • 종업원에게 필요한 지식 습득 및 개념적·분석적 능력 개발 기회 제공

(5) 인적자원관리(HRM ; Human Resource Management)의 글로벌화

① 기업의 해외진출 가속화에 따라 국내뿐 아니라 모국과 진출국 쌍방을 고려하여 인적자원관리 수준을 전 세계로 확대하여 적용해야 함

② 인적자원관리(HRM)의 글로벌화 5단계 과업과 수행방안 **20-추가**

HRM의 과업	글로벌(Global) 단계에서의 수행방안
해외자회사의 인재	자회사 인재의 다국적화
본사의 인재	본사 인재의 다국적화 및 글로벌 로테이션
처 우	글로벌 처우기준의 확립
능력개발	글로벌 연구 프로그램의 실시
본사–자회사 관계	통합과 조정 메커니즘을 통한 관계 정립

4 인적자원의 활용과 배치

01 인적자원의 활용관리

① 개발된 인적자원의 효율적 활용을 위해 조직특성·직무특성 재설계, 건전한 조직풍토·기업문화 정립 필요
② MBO, 소집단 활동, 프로젝트 팀 등의 활성화 필요

02 인적자원의 배치·이동관리

(1) 개 념

① 배치 : 각 직무에 종업원을 배치시키는 것
② 이동 : 배치된 종업원을 필요에 따라 현재 직무에서 다른 직무로 바꾸어 재배치하는 것

(2) 배치·이동관리 원칙

적재적소주의	자신이 소유한 능력·성격 등에서 최적의 직위에 배치되어 최고도의 능력을 발휘하는 것
실력주의	실력, 즉 능력을 발휘할 수 있는 영역을 제공하며 그 일에 대해서 올바르게 평가하고, 평가된 실력과 업적에 대해서 만족할 수 있는 대우를 하는 것
인재육성주의	• 사람을 사용하는 방법 : '사람을 소모시키면서 사용하는 방법'과 '사람을 성장시키면서 사용하는 방법'으로 구분 • 장기적으로 보면 '사람을 성장시키며 사용하는 방법'이 더 뛰어남
균형주의	배치 및 이동에서 본인만의 적재적소 고려가 아니라 상하좌우 모든 사람, 직장 전체에 대해 평등한 적재적소 고려 필요

5 인적자원의 보상과 유지

01 인적자원의 보상과 관리 20-3

(1) 개 념

인적자원을 효율적으로 활용한 대가로 기업이 개인에게 제공하는 것

(2) 핵심적인 구성요소

① 금전적 보상 : 임금, 복리후생

② 비금전적 보상 : 승진

02 임금관리(Wage Management)

(1) 의 의

① 임금의 개념

㉠ 사용자의 입장 : 노동자가 기업에 제공한 노동에 대해 지불하는 대가

㉡ 근로자의 입장 : 생활의 원천이 되는 소득

② 임금관리의 목적

㉠ 사용자와 노동자의 상반되는 이해관계 조정으로 상호이익 방향으로 임금제도 형성

㉡ 임금관리를 통해 노사관계 안정 도모, 노사협력으로 기업 생산성 증진, 근로자 생활 향상

(2) 임금수준의 결정요인

① 임금의 수준 : 근로자에게 제공되는 임금의 크기

② 임금수준 결정요인

내재적 요인	기업의 규모, 경영전략, 노동조합 조직여부, 기업의 지불능력 등
외재적 요인	생계비, 사회의 일반적 임금수준 등

(3) 임금체계

① 임금체계의 의미 : 임금의 구성 내용

② 임금체계 유형

연공급	• 근속·학력·연령 등 인적요소에 따라 변화 • 생활급적 사고원리에 따른 임금체계
직능급	직무수행능력에 따라 임금의 사내격차를 만드는 능력급체계
직무급	• 직무의 중요성과 곤란도 등에 따라 각 직무의 상대적 가치 평가 • 가치평가 결과에 의거하여 임금액을 결정하는 체계 • 동일직무 동일임금 지급의 원칙

(4) 임금형태

① 임금형태의 의미 : 임금 계산이나 그 지불방법에 대한 것

② 임금형태 유형 **22-2**

시간급제	• 단순히 근로시간을 기준으로 임금 산정(예 일급, 주급, 월급, 연봉) • 수행한 작업의 양과 질(성과)은 고려하지 않음 → 근로자 노력과 생산량과의 관계가 없을 때 효과적 • 근로자의 입장에서는 시간당 보상액이 일정하고, 사용자측에서는 임금산정방식이 쉬움
성과급제	• 노동성과 측정 후 측정 내용을 기준으로 임금 산정 • 임금은 성과와 비례 → 근로자의 소득증대 효과 • 작업능률 자극 가능
특수 임금제	집단자극임금제, 성과분배제, 이윤분배제, 순응임금제 등

③ 기타 임금형태 유형 **20-추가**

고과급(merit pay)	성과평가를 바탕으로 개인별로 임금을 조정하는 것
표준시간급 (standard hour plan)	생산량을 표준시간으로 환산한 값에 개개인의 임금률을 곱하여 계산한 급여

(5) 종업원 인센티브(성과급) 제도 **20-추가, 18-1**

① 개념

ⓐ 경영성과로 인한 이윤을 직원들에게 배분하는 것

ⓑ 경영실적이나 성과에 따라 변동

ⓒ 더욱 열심히 일하고자 하는 동기 부여

② 개인 인센티브(성과급) 제도와 집단 인센티브(성과급) 제도

개인 인센티브 제도	• 개인별로 성과급 적용 • 팀 구성원 존재보다 개인별로 업무할 때 더욱 강력하고 지속적인 행동 유발
집단 인센티브 제도	• 일정한 조직단위를 기준으로 성과를 측정하여 적용 • 개인 업적 평가가 힘들거나 구성원들의 협조, 공동 노력이 중요할 때 적용

③ 인센티브의 여러 종류

변동급여제	• 일한 만큼의 성과에 대해 수당을 지급받는 것 • 불규칙적, 가변적 예 수수료를 통한 급여는 실적위주보상을 통해 영업활동을 관리하는 유용한 수단이 됨
포 상	• (주로 경쟁적 상황에서) 큰 목표의 달성에 대한 대가로 주어지는 보상 • 금전적 보상을 수반하지는 않음 예 기업에서 신제품 출시 시 업적 치하를 위해 감사패 · 상품권 · 선물 등 지급(인정포상의 한 형태)
이익(성과)배분제 (profit sharing)	• 종업원에게 정기적인 임금에 덧붙여 일정기간 동안 발생한 기업의 이익을 정해진 분배공식에 따라 배분하는 제도 • 물자, 노동 낭비 근절 및 더 나은 제품 · 서비스 개발로 원가절감이 가능하다는 가정에 근거
종업원지주제 (employee stock ownership plan)	• 특별한 조건으로 종업원들에게 자사 주식 일부분을 분배하는 집단성과급 유형 • 종업원들을 회사의 주주로 만들어 종업원의 이익과 주주의 이익 일치 • 종업원들이 조직 의사결정에 어느 정도 참여 가능 • 종업원들의 애사심과 조직에 대한 자부심 상승

03 복지후생관리

(1) 개 념

① 복지후생 : 기업이 종업원 생활수준 향상을 위해 마련한 임금 이외의 간접적인 모든 급부

② 보상은 개별적 능력에 따라 차이가 있으나 복지후생은 종업원 모두에게 공통 적용

(2) 형식, 설계

① 복지후생의 설계 : 종업원의 욕구 충족, 기업의 지불능력평가 등 고려

② 카페테리아식 형태 : 종업원이 복지후생을 자신의 필요대로 설계할 수 있게 하는 제도

04 보상을 위한 성과평가와 인사고과

(1) 성과평가(performance evaluation) 24-2

① 조직 내 개인성과에 대한 타당성을 평가할 수 있는 일정한 양식의 관리시스템

② 승진, 추가훈련, 해고 등 다양한 인사 결정 기준

③ 고용 결정에 대한 정당성과 인사 결정에 대한 법률적 당위성 제공

④ 성과의 측정 및 평가는 공정하고 객관적으로 이루어져야 하므로 체계적인 성과평가시스템 구축 필요

(2) 인사고과 24-1

① 개 념

㉠ 종업원의 업무수행상 업적 평가 : 업무수행 능력, 근무 성적, 자격, 태도 등 포함

㉡ 종업원의 현재 및 잠재적 유용성을 조직적으로 평가하는 방법

㉢ 직무평가는 직무에 대한 평가이며, 인사고과는 종업원에 대한 평가

㉣ 주관적인 판단이나 혈연, 지연, 학연과 같은 요소를 배제해야 함

② 목 적 : 임금 관리, 인사이동 기초자료, 종업원 근무상황 파악, 종업원 간 능력비교 · 재능 발견, 연구용 등

③ 평정 기법에 따른 인사고과
  ㉠ 여러 가지 성과평가 방법 `22-1, 20-추가, 19-2`

강제배분법(forced distribution method)	• 미리 정해 놓은 비율에 맞추어 피고과자를 강제로 할당하는 방법 • 종업원의 성과를 전체 범주 중 특정범주로 할당하여 평가 • S등급 10%, A등급 30%, B등급 30%, C등급 30% 등으로 평가 • 구성원의 성과가 다양한 분포를 보일 때 효과적 • 갈등을 피하기 위해 모두를 관대하게 평가하려는 유혹 극복 가능
행위기준고과법(BARS ; Behaviorally Anchored Rating Scales)	• 경영성과가 어떻게 달성되었는지, 어떤 직무수행이 더 나은 경영성과를 초래하는지 동기유발의 행동과학적 입장에서 평가 • 직무와 관련된 피평가자의 구체적인 행동이 평가 기준 • 수집사례들을 범주화하여 평가척도 생성
행동관찰척도법(BOS ; Behavioral Observation Scales)	• 기존의 행위기준고과법이 변형된 형태 • 평가항목에 대한 구체적인 행위들을 제시하고 피평가자가 그것을 수행한 빈도를 평가하는 방식 • 성과수준(떼 친절성, 변화저항 등)을 정의하기 위해 여러 행위를 제시 후 각 행위별로 척도 제시
단순서열법(simple ranking method)	• 종업원의 능력과 업적에 대하여 순위를 매기는 방법 • 평가직무의 기술서를 미리 분류 담당자에게 배부해 그 내용을 숙지시킨 뒤, 직무의 곤란성·책임성 및 복잡성과 자격요건 등을 기준으로 하여 각 직위의 서열을 매김
쌍대비교법(paired-comparison method)	• 일일이 임의로 두 사람씩 짝을 지은 다음 서로 비교하는 것을 되풀이하는 방법 • 전체의 비교결과를 통해 직무의 가치를 평가
중요사실서술법	• 특정한 주제나 내용 관련 주요사건을 수집·기록하는 조사법 • 기업의 목표달성에 영향을 끼치는 중요사건을 중심으로 고과 대상자 평가 • 개인경험 중 의미 있다고 생각되는 특정 주제 관련 사건을 상세하게 스토리 형식으로 기술
대인비교법	• 근무성적평정에서 평정요소와 각 요소별 평정등급을 정하고, 각 평정등급별 표준인물을 선택한 뒤, 그를 기준으로 나머지 피평정자를 비교·평가하는 방법 • 평정기준으로 구체적인 인물을 활용한다는 점에서 평정의 추상성을 극복할 수 있고 평정의 조정이 용이하지만, 객관적인 표준인물의 선정이 어려움
360도 피드백	• 한 개인의 역량이나 성과에 관한 평가나 조언을 관계되는 모든 사람들로부터 받는 것 • 조직구성원 평가 시 직속상사 한 사람의 평가가 아닌, 상사·부하·동료·본인·고객 등 다양한 평가자에 의해 다양한 수준·측면에서 이루어지는 평가

  ㉡ 전통적 고과 방법과 근대적 고과 방법

전통적 고과 방법	기록법, 서열법, 평정척도법, 대조법, 강제할당(배분)법, 업무보고법 등
근대적 고과 방법	중요사실서술법, 자기신고법, 면접법, 목표관리법, 평가센터법, 인적자원회계, 행동기준고과(평가)법 등

  ㉢ 사전에 설정된 성과표준이나 절댓값 기준으로 조직원 성과를 평가하는 방법 `19-2` : 행동기준평가법, 중요사건 기술법, 서면보고서, 360도 피드백

④ 인사고과의 오류 `20-2`

후광효과	어떤 사람이 가지고 있는 두드러진 특성이 그 사람의 다른 특성을 평가하는 데 전반적인 영향을 미치는 효과
관대화 경향	피고과자의 실제능력이나 실적보다 더 높게 평가하는 경향
가혹화 경향	고과자가 피고과자의 능력 및 성과를 실제보다 의도적으로 낮게 평가하는 경향
중심화 경향	평가자가 평가대상에 대한 긍정 혹은 부정의 판단을 기피하고 중간정도의 점수를 주는 현상 떼 마음 약한 김과장은 팀원들의 인사고과를 전부 보통으로 평가
귀인상의 오류	관찰자가 다른 이들의 행동을 설명할 때 상황 요인들의 영향을 과소평가하고 행위자의 내적, 기질적인 요인들의 영향을 과대평가하는 경향

SECTION 03 재무관리(Financing Management)

1 재무관리와 화폐의 가치

01 재무관리 개요

(1) 재무관리 개념

　기업목표를 달성하기 위해 자금조달 및 운영에 관한 활동을 계획 및 조정·통제하는 관리활동

(2) 재무관리의 기능

　① 자본조달결정기능
　② 투자결정기능
　③ 배당결정기능
　④ 유동성관리기능
　⑤ 재무분석 및 계획기능

(3) 재무관리의 목표

　① 기업목표달성에 의한 기업가치의 극대화
　② 단순 회계적 이익이 아닌 경제적 이익 추구

02 화폐의 시간적 가치와 균형가격

(1) 화폐의 시간적 가치

　① 화폐의 시간적 가치 : 일정한 금액이 시간(시점)에 따라 다른 가치로 평가되는 것
　② 화폐가치환산 : 이자율(r ; Interest rate)을 이용하여 계산
　③ 미래가치, 현재가치 계산방법 22-1

미래가치계산	미래가치(FV) = 현재가치(PV) × (1 + 이자율)^n, n은 기간
현재가치계산	현재가치(PV) = $\dfrac{\text{미래가치}(FV)}{(1 + \text{이자율})^n}$

(2) 균형가격

　① 균형가격 : 수요와 공급이 일치하는 점에서 결정되는 가격
　② 수요와 공급 차이로 발생하는 불균형은 가격조절을 통해 균형가격에 도달 가능
　③ 공급량이 증가하면 가격이 낮아지고, 공급량이 감소하면 가격이 높아짐

2 자본예산, 자본구조, 자본조달

01 자본예산(Capital Budget)

(1) 개 념

① 기업 투자의사결정 분류
   ㉠ 경상적 지출 : 반복적·일상적 지출
   ㉡ 자본적 지출 : 장기적 효과를 기대한 대단위 일회성 지출
② 자본예산 : 1년 이상 장기적인 효과가 지속되는 자본적 지출에 대한 계획을 수립하는 활동

(2) 자본예산의 흐름

> 투자목적 설정 → 투자대안 분석(독립적·상호배타적·보완적·종속적 투자안으로 분류) → 현금흐름 추정 → 투자안의 경제성 평가 → 최적투자안 결정 및 수행 → 투자 후 재평가·통제

(3) 투자안 평가 방법

할인방식	• 현금흐름 할인법(DCF Method) • 화폐의 시간적 가치를 고려한 방식 • 순현재가치법(NPV), 내부수익률법(IRR), 수익성지수법(PI) 등
비할인방식	• 화폐의 시간적 가치를 고려하지 않는 방식 • 회수기간법(PP), 회계적이익률법 등

① 순현재가치법(순현가법, NPV ; Net Present Value)

순현재가치(NPV)	투자로 발생할 미래의 모든 현금 유입의 현재가치에서 현금 유출의 현재가치를 뺀 값
특 징	• 화폐의 시간가치 고려 • 현금흐름 기준 • 가치의 합계원칙 적용 • 투자규모 반영
투자 의사결정	• NPV = 0이거나 0보다 크면 투자가치가 있는 것으로 보아 투자안 채택 • NPV가 0보다 작으면 투자안 기각

② 내부수익률법(IRR ; Internal Rate of Return)

내부수익률(IRR)	• 순현재가치(NPV)를 0이 되게 하는 할인율 • 예상된 현금수입과 지출의 합계가 같게 만드는 할인율
투자 의사결정	• IRR이 *요구수익률보다 높으면 투자안 채택 • IRR이 요구수익률보다 낮으면 투자안 기각 *요구수익률 : 투자자가 자금의 투자·공여 등에 대해 요구하는 최소한의 수익률

③ 수익성지수법(PI ; Profit Index)

개념	• 미래의 현금흐름을 투자액으로 나눈 것 → 화폐의 시간가치 고려 • NPV가 같은 둘 이상의 사업 비교 시 유효한 지표
투자 의사결정	• PI가 1보다 크면, 즉 미래 현금흐름의 현재가치 합이 투자액보다 크면 투자안 채택 • PI가 1보다 작으면 투자안 기각

④ 회수기간법(PP ; Payback Period)
  ㉠ 투자에 소요된 투자액을 회수하는 데 걸리는 기간을 구하여 투자의사결정을 하는 기법
  ㉡ 계산이 간단하고 이해하기 쉬움
  ㉢ 위험지표로서의 정보를 제공, 즉 회수기간이 짧을수록 안전한 투자안
  ㉣ 화폐의 시간적인 가치를 무시
  ㉤ 회수기간 이후의 현금흐름 무시
  ㉥ 회수기간만을 고려하기 때문에 투자안의 수익성 자체는 무시

(4) 사업 포트폴리오 투자이론 21-2

① 포트폴리오 투자이론의 의미
  투자자가 주어진 위험하에서 수익은 극대화하면서 위험은 최소화하는 최적의 자산 결합 조합(포트폴리오)을 선택하도록 설계된 투자 이론

② 핵심 개념
  ㉠ 포트폴리오 : 투자자들이 보유하는 주식, 채권 등과 같은 자산들의 그룹
  ㉡ 포트폴리오 수익률 : 개별자산의 수익률에 투자비율을 곱하여 모두 합한 값
  ㉢ 포트폴리오 가중치 : 포트폴리오 총가치 중 특정자산에 투자된 비율

③ 투자위험의 종류

체계적 위험	• 분산투자를 통해 제거할 수 없는 위험 • 전체 시장 관점에서의 위험(시장위험) • 인플레이션, 조세제도변동, 국제유가 등 경제의 전반적 상황
비체계적 위험	• 분산투자를 통해 어느 정도 제거할 수 있는 위험 • 개별기업 관점에서의 위험 • 주식을 발행한 각 기업의 경영능력, 발전가능성, 수익성 등의 변동 가능성

02 자본구조(capital structure) 21-1, 20-2

(1) 자본구조 개념
  ① 기업의 총자본 중 자기자본과 타인자본의 구성 비율
  ② 부채비중을 나타내는 측정치

(2) 자기자본
  ① 소유자 자신의 자본(상환할 필요 없음)
  ② 순자산이라고도 함
  ③ 자본금, 법정준비금(자본준비금, 이익준비금), 자본잉여금으로 구성

④ 자본잉여금 23-3, 21-1
  ㉠ 개념 : 회사의 영업이익 이외의 원천에서 발생하는 잉여금
  ㉡ 종류 : *재평가적립금, 국고보조금, 공사부담금, 보험차익, 자기주식처분이익 등
  *재평가적립금 : 자산재평가법에 의해 고정자산에 대한 재평가를 실시하고, 고정자산의 장부가액보다 증액평가된 차액을 계상한 것

(3) 타인자본
  ① 외부로부터 조달한 자본
  ② 부채금융에 의하여 조달된 자금(상환해야 하는 비용)
  ③ **종류** : 직접금융에 의한 사채 발행, 간접금융에 의한 대출(차입금), 외상매입금, 보증·지급기한 유예와 같은 신용공여 등
  ④ 단기부채와 장기부채

단기부채	• 1년 이내 상환해야 하는 부채 • 주로 운영자금 충당에 사용 • 지급어음, 외상매입금, 단기차입금, 미지급금, 예수금 등
장기부채(고정부채)	• 1년 이상의 상환 기간을 가진 부채 • 주로 대규모 투자 혹은 자산 구매에 사용 • 사채, 외국차관, 장기차입금, 장기성지급어음, 장기부채성충당금 등

+ 더 알아보기 예수금 23-3

- 거래와 관련하여 임시로 보관하는 자금
- 회사가 거래처 또는 임직원으로부터 임시로 수령한 자금, 고객이 거래이행 보증을 위해 금융기관에 거래대금 일부를 예치하는 자금 등
- 부채에 해당함

03 기업의 자본비용과 자본조달

(1) 자본비용(Cost of capital) 20-3
  ① 개 념
    ㉠ 기업 가치를 하락시키지 않도록 새로운 투자로부터 벌어들여야 하는 최소한의 수익률
    ㉡ 기업이 자본을 조달하여 사용하는 것과 관련해 부담해야 하는 비용
  ② 투자자 입장에서 본 자본비용
    ㉠ 투자한 자본에 대하여 최소한으로 기대하는 요구수익률
    ㉡ 경우에 따라 기회비용 개념으로서 기업이 선택하지 않은 대체 투자안으로부터 얻을 수 있는 가장 높은 수익률

(2) 자본조달(Capital Budget)
  ① 개 념
    ㉠ 기업은 주식 및 채권발행으로 자본조달 가능
    ㉡ 주식은 배당 지급, 채권은 이자 지급 → 주식은 자기자본, 채권은 타인자본에 포함

② 직접금융 조달과 간접금융 조달
  ㉠ 직접금융 조달 : 주식, 채권발행 등을 통해 투자자에게 직접 자본을 조달하는 방법
  ㉡ 간접금융 조달 : 투자자를 통한 직접 조달이 아닌, 금융기관을 통한 간접 자금조달 방법

구 분	직접금융 조달	간접금융 조달
단기 조달	기업어음(CP)	단기대출, 어음할인, 기업 간 신용, 약속어음, 외상매출채권담보대출(팩토링)
장기 조달	채권발행, 주식발행	간접금융 시설자금대출/리스, 신디케이트론, 프로젝트 파이낸스

③ 자본조달 방식의 종류 25-1, 23-2

채권 발행 21-3	• 장점 : 기업 경영진의 지배력이 유지될 수 있음 • 단점 : 부채 증가로 기업에 대한 인식에 악영향을 끼칠 수 있음 • 채권의 종류	
	정크본드	• 신용등급이 낮은 기업이 자본을 조달하기 위해 발행 • 높은 이자율을 지급하나 상대적으로 높은 위험 동반
	변동금리채 25-1	• 변동금리부 채권(FRN ; Floating Rate Note)이라고도 함 • LIBOR, CD금리, Prime Rate 등 지표금리에 가산금리를 더해 이자를 지급 • 일반적인 고정금리채와 달리 계약기간 동안 연동된 지표금리에 따라 이자율이 주기적으로 변동되는 대표적인 지표금리 연동 채권
	연속상환채권	만기에 한꺼번에 상환하면 부담이 되므로 1회 발행 채권을 만기가 다르게 수개 조로 나누어 발행하는 채권
	보증채	• 원리금 상환을 발행회사 이외의 제3자가 보증하는 채권 • 정부보증채, 일반보증채(시중은행, 보증보험, 신용보증기금 등) 등
	무보증채	제3자의 지급보증 없이 발행자의 신용도에 의해 발행되어 유통되는 채권
금융기관 차입	• 신용대출 • 은행에서의 장기차입은 대체로 시설투자를 목적으로 하며, 단기차입은 운영자금용으로 차입 • 단기자금조달을 위해 활용하기도 함	
유상증자	• 기업이 주식을 추가로 발급하고, 발행된 주식을 투자자들에게 돈을 받고 지급하는 것 • 부채 증가없는 자금조달에 가장 효율적인 방식	
주식 매각	주주들에게 주식배당을 할 법적 의무가 없어진다는 것이 장점	
팩토링(Factoring)	기업과 기업 사이에서 발생된 매출채권(외상매출채권)의 매입 업무	
전환사채	주식으로 전환할 수 있는 권리, 즉 주식으로의 전환권이 인정되는 사채	
신주발행	• 주주들이 실제로 자금을 납입하는 유상증자, 자금을 납입하지 않는 무상증자로 구분 • 장기적 자금조달 방법	
할부금융	내구재를 할부 구매한 소비자들에 대한 채권을 매입하는 것	

> **+ 더 알아보기** 옵션 23-1
> - 증권·상품 등 기업의 자산을 미리 정해놓은 기간에 정해놓은 가격으로 사거나 파는 권리
> - 행사가격 : 미래에 옵션 행사 시 주식 구입대가로 지불하는 금액
> - 매도자는 콜옵션 혹은 풋옵션 행사 권리를 가지고, 매도자는 매입자가 권리 행사시에만 그 계약 이행의무를 가지는 비대칭적 권리 관계
> - 배당금이 클수록 콜옵션 가격이 낮아짐

3 재무분석과 재무비율

01 개념

(1) 재무분석(Financial Analysis)

자본조달과 운영이 효과적으로 이행되고 있는지 기업의 상태를 평가하고 문제점을 분석하는 것

(2) 재무비율(Financial Ratio)

① **재무비율** : 기업의 재무상태 분석 시 사용하는 비율
② **표준비율**(Standard Ratio)
   ㉠ 분석대상 기업이 속한 업종, 기업의 규모 등과 무관하게 기업의 특정 속성이 양호하다고 주관적으로 인식되는 절대적인 기준
   ㉡ 동일산업군에 속한 기업들의 평균비율 이용
③ **재무비율 분석** : 재무제표 항목들 사이의 연관비율을 계산하여 이를 표준비율과 비교해 기업의 경영성과와 재무상태를 알아보는 방법

02 재무비율(Financial Ratio) 지표의 종류 24-1

(1) 수익성 비율

① 기업의 전체적인 능률과 수익성을 판단하는 비율
② 자본제공자로부터 조달한 자본을 영업, 투자, 재무활동에 투자하여 얼마나 효율적으로 이용하였는지 평가하는 데 이용
③ 경영합리화를 위한 문제점 발견에 좋은 지표

(2) 레버리지 비율(Leverage Ratios) 18-3

① 기업이 타인자본에 의존하고 있는 정도(기업의 타인자본 의존도)를 나타내는 비율
② 레버리지 비율이 높을수록 타인자본의 지원을 더 많이 받았다는 것을 의미
③ '안정성 비율', '부채성 비율'이라고도 함
④ 총자산/순자본으로 계산됨
⑤ 레버리지 기회 : 낮은 이자율로 자본을 차입하여 더 높은 수익이 가능한 곳에 투자하는 경우 발생

⑥ 레버리지 비율이 높다는 것은 타인자본 의존도가 높다는 것이므로 투자위험이 증대(기업도산 원인)되나, 자본을 수익률이 높은 다른 용도로 활용할 기회가 많아지고 있다는 것도 의미함

(3) 유동성 비율

① 기업의 단기채무를 상환할 수 있는 능력을 측정하는 재무비율
② 유동성(Liquidity) : 자산을 1년 이내 현금화할 수 있는 능력, 부채를 1년 이내 상환할 수 있는 능력

(4) 활동성 비율 22-3, 18-1

① 기업이 경영활동을 위하여 자산을 얼마나 효율적으로 활용하였는지를 나타내주는 비율
② 자산의 물리적인 이용도를 나타냄
③ 효율성 비율(efficiency ratios)이라고도 함
④ 특 성
  ㉠ 기업의 매출액을 평가하고자 하는 특정 자산으로 나누어 회전율로 표현
  ㉡ 회전율(turnover ratio) : 회전기간 동안 매출액을 창출하기 위해 그 자산이 몇 번 사용되었는가
  ㉢ 활동성 비율 계산 시 공통적으로 사용되는 요소 : 매출액

(5) 성장성 비율

① 한 해 동안의 기업 경영 규모 및 기업활동의 성과가 전년도에 비하여 얼마만큼 증가하였는가를 보여 주는 지표
② 대표적인 측정 지표 : 매출액증가율(기업의 외형신장세를 판단하는 대표적 지표), 총자산증가율(기업에 투하 운용된 총 자산의 당해연도 증가비율) 등

(6) 시장가치 비율

기업의 경영 활동으로 얻은 성과를 기초로 시장에서 평가된 주식의 가치를 나타내는 지표

03 주요 재무비율 지표 24-3, 22-3

수익성 비율	• 매출액순이익률(%) = 순이익/매출액 × 100 • 총자산영업이익률(%) = 영업이익/총자산 × 100 • 총자산순이익률(ROA) = 순이익/총자산 × 100 • 자기자본순이익률(ROE) = 순이익/자기자본 × 100 • 투자수익률(ROI) = 순이익/투자자본 × 100
안정성 비율 (레버리지 비율)	• 총자산부채비율(%) = 총부채/총자산 × 100 • 자기자본부채비율(%) = 총부채/자기자본 × 100 • 이자보상비율(%) = 영업이익/이자 × 100
유동성 비율	• 유동비율(%) = 유동자산/유동부채 × 100 • 당좌비율(%) = 당좌자산/유동부채 × 100
활동성 비율	• 재고자산회전율 = 매출액/재고자산(평균재고) × 100 • 매출채권회전율 = 매출액/매출채권(평균채권) × 100 • 총자산회전율 = 매출액/총자산 × 100 • 고정자산회전율 = 매출액/고정자산 × 100

성장성 비율	• 매출액증가율 = {(당기매출액 − 전기매출액)/전기매출액} × 100 • 총자산증가율 = {(당기말 총자산 − 전기말 총자산)/전기말 총자산} × 100 • 순이익증가율 = {(당기순이익 − 전기순이익)/전기순이익} × 100 • 주당이익증가율 = (당기주당이익 − 전기주당이익)/전기주당이익
시장가치 비율	• 주가수익비율(PER) = 주식가격/주당순이익 • 주가순자산비율(PBR) = 주식가격/주당순자산

+ 더 알아보기 재고투자총수익률(GMROI ; Gross Margin Return on Investment) `19-1`

- 총마진수익률이라고 하며, 매출 총수익(총이익)을 평균재고로 나눈 값을 말함

$$\text{GMROI} = \text{총수익률} \times \text{재고회전율} = \text{매출총이익}/\text{평균재고액(원가)}$$

- 제품재고에 대한 투자가 총수익을 얼마나 잘 달성했는지 평가하는 지표
- 이익관리와 재고관리를 결합한 성과측정치
- 협소한 유통매장 진열대에서 추가 또는 제거해야 할 제품에 대한 의사결정 기준, 척도 제공
- 상이한 품목, 상품계열, 부문(department)들의 성과를 비교하는 데 사용 가능
- 소매업체의 수익성 지표로 사용
- GMROI를 높이려면 재고회전율, 총수익률을 증가시키거나 평균재고액을 낮추어야 함

4 손익분기점 분석

01 손익분기점(BEP ; Break Even Point) 개념 `20-2`

① 이익도 없고 손실도 없게 되는 매출 수준(총수익=총비용)
② 손익분기점 이상 판매하면 영업이익 발생, 반대의 경우 영업손실 발생
③ 손익분기점은 '매출액' 또는 '생산량(매출수량)'으로 표현 가능
④ 비용을 고정비와 변동비로 구분하여 매출액과의 관계 분석

02 손익분기점 분석 방법 `25-2, 25-1, 18-3`

(1) 총비용(총원가) : 고정비와 변동비로 구분

고정비	조업 수준과 관계없이 고정적·일정하게 발생하는 비용(예 감가상각비, 보험료, 제세공과금, 관리 인건비, 임차료, 지급이자 등)
변동비	조업 수준에 비례하여 증감하는 원가(예 직접노무비, 직접재료비, 소모품비, 판매수수료 등)
총원가	총원가 = 제품 생산 수량 × 단위당 변동비 + 총고정비

(2) 손익분기점 판매량과 매출액 계산

① 손익분기점 판매량 = $\dfrac{\text{총고정비}}{\text{판매단가} - \text{단위당 변동비}} = \dfrac{\text{총고정비}}{\text{단위당 공헌이익}}$

② 단위당 공헌이익 = 판매단가(단위당 판매가격) − 단위당 변동비
③ 손익분기점 매출액 = 손익분기점 판매량 × 판매단가
④ 손익분기점 매출액 = $\dfrac{고정비}{1 - \dfrac{변동비}{매출액}}$

(3) 공헌이익

① 판매단가에서 단위당 변동비를 차감한 것
② 제품 생산을 위해 발생한 고정비를 보상하는 데 공헌한 이익

예시문제 1

은영기업이 판매하고 있는 제품의 판매단가는 9만원이다. 이 제품의 단위당 변동비는 5만원이고, 고정비가 3,500만원이라고 할 때, 손익분기점 판매량 및 매출액은 얼마인가?

① 875개, 7,875만원   ② 874개, 7,860만원   ③ 873개, 7,870만원
④ 872개, 7,855만원   ⑤ 871개, 7,865만원

해설 위에서 공헌이익은 9만원 − 5만원 = 4만원이다. 따라서 손익분기점은 다음과 같다.

손익분기점 판매량 = $\dfrac{3,500만원}{4만원}$ = 875개, 매출액 = 875개 × 9만원 = 7,875만원

정답 ①

---

(4) 손익분기점 목표판매량 계산

특정 수준의 이익을 달성하기 위한 매출액 내지 판매량 파악 방법

① 손익분기점 목표판매량 = $\dfrac{고정비 + 목표이익}{판매단가 - 단위당 변동비}$

② 손익분기점 목표매출액 = 손익분기점 목표판매량 × 판매단가

예시문제 2

은영기업이 판매하고 있는 제품의 판매단가는 9만원이다. 이 제품의 단위당 변동비는 5만원이고, 고정비가 3,500만원이라고 할 때, 총 1,000만원의 이익을 달성하기 위한 판매량은 얼마인가?

① 1,115개   ② 1,125개   ③ 1,315개   ④ 1,415개   ⑤ 1,515개

해설 목표이익 달성을 위한 판매량 = $\dfrac{3,500만원 + 1,000만원}{4만원}$ = 1,125(개)

정답 ②

5 재무제표

01 재무제표 개요 18-3

(1) 개 념

일정기간 동안 기업의 경영 성적 및 재정상태 등을 이해관계자에게 보고하기 위해 정기적으로 작성하는 회계보고서

(2) 기장 방식

① 발생주의에 근거하여 작성
② 복식부기 형태

02 재무제표의 기본요소

(1) 자 산

① 기업조직이 소유하고 있는 건물, 토지, 채권, 기계 등의 경제적 자원
② 유동자산과 비유동자산으로 구분

유동자산 (Current Assets)	재무상태표로부터 1년 내 현금화되는 자산	
	당좌자산	단기금융상품, 현금 및 현금성 자산, 매출채권, 유가증권 등
	재고자산	기업이 소유한 상품, 반제품, 원재료, 재공품, 저장품 등
	기 타	선급비용, 선급금 등
비유동자산 (Non-Current Assets)	• 현금화되는 기간이 1년 이상인 것 • 경제활동에 있어 활용할 목적으로 오랜 기간 동안 보유하는 자산	
	투자자산	투자유가증권, 장기금융상품, 장기대여금, 투자부동산 등
	유형자산	건물, 토지, 차량운반구, 기계장치 등
	무형자산	저작권, 개발비, 산업재산권, 라이선스 및 프랜차이즈 등
	기 타	장기미수금, 장기매출채권, 임차보증금 등

(2) 자 본

자산의 총액에서 부채를 차감한 순자산액

(3) 부 채

① 자본구조상의 타인자본
② 기업이 미래 어떤 시점에서 현금 또는 기타의 재화를 지급해야 할 의무

③ 유동부채와 비유동부채로 구분

유동부채 (단기부채)	• 유동자산처럼 1년 내에 지불되어야 할 채무 • 외상매입금, 지급어음 및 증식부채(아직 지불하지 않은 세금·급여·임대료 등) 등이 대표적 예 매입채무, 단기금융부채, 단기차입금, 미지급금, 예수금 등
비유동부채 (장기부채)	• 1년 후에 갚아야 할 채무 • 재무상태표(대차대조표)의 비유동부채 항목에 기장하는 지급어음은 1년 후에 갚아야 할 채무이며, 채권과 부동산의 저당권도 여기에 포함 예 장기성 매입채무, 장기금융부채, 사채, 외국차관, 장기차입금, 장기성지급어음 등

03 재무제표에 해당하는 주요 보고서 종류   19-2, 18-3

(1) 재무상태표(구 대차대조표)

　① 일정시점 현재 기업의 자산, 부채, 주주지분의 금액을 제시한 정태 보고서

　② 이를 통해 자산 중 자기자본이 얼마인지 확인 가능

(2) (포괄)손익계산서   22-2, 19-3

　① 일정기간 동안 수행된 기업활동 결과로서 주주지분이 어떻게 증가, 감소하였는지 보여주는 동태 보고서

　② (포괄)손익계산서를 통해 세금을 낸 이후의 순이익도 확인 가능

　③ 손익계산서의 계정과목

　　　1. 매출액 2. 매출원가 3. 매출총이익 4. 판매비와 관리비 5. 영업이익 6. 영업외수익
　　　7. 영업외비용 8. 법인세비용차감 전 순이익 9. 법인세비용 10. 당기순이익

(3) 이익잉여금 처분계산서

　주주총회 승인을 얻어 확정될 이익잉여금 처분예정액을 명확히 표시한 재무보고서

(4) 현금흐름표

　① 일정기간 동안 수행된 기업의 활동별로 현금유입과 현금유출을 측정하고, 그 결과 기말의 현금이 기초에 비해 어떻게 변동되었는지 나타내는 보고서

　② 예외적으로 현금주의에 입각하여 작성

(5) 자본변동표

　일정 시점에서 기업의 자본 크기와 일정기간 동안 자본변동에 관한 정보를 나타내는 보고서

(6) 연결재무제표

　지배·종속 관계에 있는 2개 이상의 회사를 단일 실체로 보고, 각 회사의 재무제표를 종합하여 작성하는 재무보고서

> **더 알아보기** 매장의 유통비용 및 이윤을 파악하는 방안 25-1
>
> - **손익분기점** : 영업활동의 이익을 파악하기 위해 (고정비) ÷ {1−(변동비 ÷ 매출액)}으로 구함
> - **매출액** : 영업활동에서 발생한 총매출액에서 매출에누리와 환입 및 매출할인을 차감하여 구함
> - **매출원가** : 정상적인 영업활동과정에서 발생한 매출액에 직접 대응되는 비용
> - **판매관리비** : 전반적인 관리에 소요되는 인건비 및 광고판촉비 포함
> - **영업외비용** : 지급이자처럼 일상적인 영업활동 이외에 발생하는 비용

04 재무통제(Financial Control)

(1) 재무통제 개요

① 자본의 조달이나 운용에 초점을 맞춘 통제활동 → 자본이 효과적으로 운영되고 있는가
② 기업에서 가장 중요하게 여기는 통제활동
③ **재무통제 진단 기법** : 재무제표, 비율 분석(유동성, 수익성, 레버리지, 활동성 비율), 손익분기점 분석 등

(2) 재무통제를 유효하게 행하기 위한 필요조건 24-2, 20-3

① 경영성과와 업무를 측정하는 적절한 회계조직을 구성할 것
② 책임의 소재가 명확할 것
③ 업적 측정이 정확하게 행해질 것
④ 문제점 도출 시 시정조치를 신속하고 유효하게 행할 것
⑤ 업적평가에는 적절한 기준을 선택할 것
⑥ 계획목표의 분권화를 통해 복수의 관리자에게 권한을 이양할 것
⑦ 조직구성원 전체의 재무통제 목표 및 내용에 대한 명확한 파악 및 적극적인 협력

SECTION 04 구매 및 조달관리

1 구매 및 조달관리의 개념과 방법

01 구매 및 조달관리 개요

(1) 개념
① 구매 : 재화를 취득하기 위해 규격 결정, 공급원 선정, 거래교섭을 하여 계약체결 및 납입을 확보하는 기능
② 조달 : 공급자가 제품을 고객에게 보내는 과정(재고통제, 구매·인수, 창고관리 기능 포함)
③ 구매 및 조달관리 : 고객의 구매요구 및 계약부터 대금 지불에 이르기까지의 과정에서 종합적인 계획·실행·통제를 전제로 구매 및 조달을 관리하는 것

(2) 특성
① 공급자와의 관계, 가격, 서비스 등과 연관
② 장기계약을 통한 구매, 일괄구매, 시장구매, 투기구매 등 방법으로 구성
③ 수많은 종류의 품목을 취급하며 대규모 자금이 소요되므로 효율적 관리 필요
④ 조달과정이 짧은 리드타임을 가질 경우 재고수준이 낮아짐

02 구매 및 조달의 방법 : 집중구매와 분산구매 22-2

(1) 개념

집중구매	• 본사에서 자재를 집중적으로 구매하는 것 • 고가품목(조직 내에서 공통적으로 사용되는 자재 등)
분산구매	• 본사 외의 여러 군데의 사업소에서 개별 구매하는 것 • 비교적 소액품목(어디서나 구매할 수 있는 시장성 품목, 긴급을 요하는 자재, 설비 등을 보수·유지하기 위해서 필요한 수리부속품 등)

(2) 집중구매·분산구매 장단점 비교

구 분	집중구매	분산구매
장 점	• 대량구매로 주문비용절감 가능 • 공동자재의 표준화·단순화 가능 • 자재수입 등 구매절차 복잡 시 유리 • 자금 흐름 통제 용이 • 구매의 전문화 용이	• 자주적 구매 가능 • 사업장 특수요구의 적용 가능 • 신속한 구매수속 처리 가능 • 긴급수요 발생 시 유리 • 납품업자와 가까운 거리일 때 유리
단 점	• 사무처리에 많은 시간 소요 • 각 사업장별 구매 자주성이 없으며 수속도 복잡 • 자재의 긴급조달이 힘듦 • 각 사업장별 재고파악이 힘듦	• 본사방침과 다른 자재를 구입하는 경우가 발생할 수 있음 • 구입단가가 비싸고 높은 구입경비 소요 • 구입처와 멀리 떨어진 공장은 적절한 자재구입이 어려움

03 구매전략 : 크랄직 매트릭스(Kraljic Matrix) 24-3

(1) 개 념

① 구매의 전략적 중요성과 시장의 복잡성을 기준으로 공급업체를 세분화하는 기법
② 자재/서비스의 가치 및 희소성에 따라 공급자를 분석하여 기업의 구매전략을 수립하는 툴

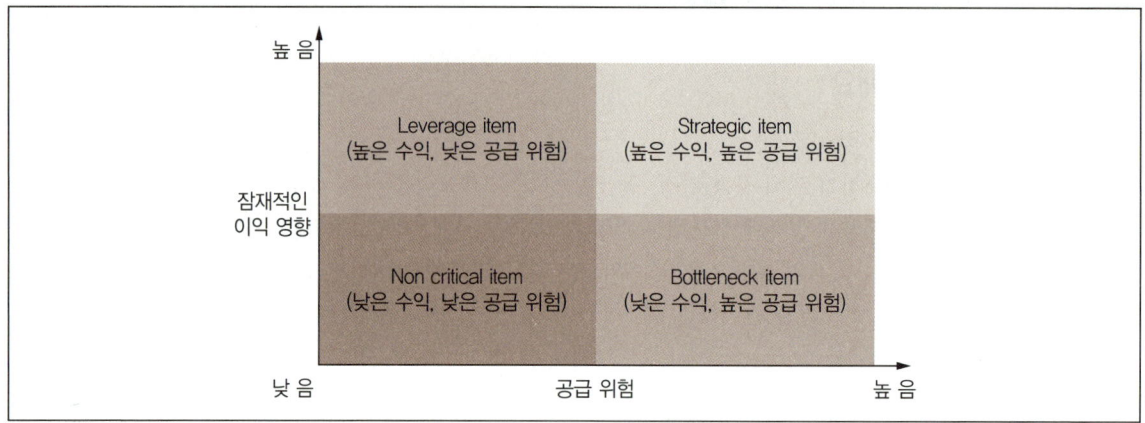

(2) 구매 분류

① 구입할 모든 상품, 부품, 서비스 등을 각 상품의 공급 위험과 잠재적인 이익 영향에 따라 분류
② Strategic item(높은 수익, 높은 공급 위험), Bottleneck item(낮은 수익, 높은 공급 위험), Leverage item(높은 수익, 낮은 공급 위험), Non critical item(낮은 수익, 낮은 공급 위험)의 4가지 단계로 구분하여 구매 진행

04 기업소모성자재(MRO ; Maintenance, Repair & Operation) 22-1

(1) 개 념

① 생산시설의 유지(Maintenance)·보수(Repair)·운영(Operation)을 위해 투입되는 모든 소모성 자재, 간접재화, 서비스 등
② 제품생산에 직접 소요되는 원자재를 제외한 비전략적 간섭 자재(예 복사용지와 문구류 등의 사무용품, 사무집기, 기업 내 설비 정비에 필요한 공구와 기계부품, 청소용품 등 수많은 종류의 제품)
③ 대형장비·기계 등 기업 제품의 직접적인 생산활동 시 필요한 핵심설비는 포함하지 않음

(2) 구매특성

① 인력 및 비용의 효율성을 위해 구매대행업체를 이용하기도 함
② 작업 현장에서의 임의적인 구매가 많아 이에 대한 원활한 통제가 힘듦
③ 부정기적인 구매로 수요예측에 따른 전략적 구매수립이 힘듦
④ 높은 재고유지비용 발생
⑤ 적게는 수천, 많게는 수만 가지의 품목을 대상으로 하므로 높은 관리비용 발생

2 공급자 선정과 관리

01 공급자 선정

(1) 구매관리 시 적정한 공급처를 확보하기 위한 평가 기준 **18-3**

① 소매상의 목표 달성에 부합되는 적정 품질
② 적정한 수량(재고관리 최소화)
③ 최적의 구매 비용
④ 납기의 신뢰성
⑤ 적절한 운송수단
⑥ 적정 서비스 수준
⑦ 사용 후 남은 자재의 유효적절한 활용

(2) 공급자 선택방법

입찰(일반 경쟁방식)	일정한 자격의 불특정 다수 입찰희망자를 경쟁에 참가토록 함
지명경쟁에 의한 방식	기술력, 신용 등이 적당하다고 인정하는 특정 다수의 경쟁참가자를 지명하여 입찰하게 함
제한경쟁에 의한 방법	계약의 목적, 성질 등에 비추어 필요한 경우 입찰참가자의 자격을 일정 기준에 의하여 제한
협의에 의한 방법	계약의 특수성, 긴급성, 기타 국가안보목적 등의 이유로 필요하다고 인정되는 경우 사용
수의계약에 의한 방법	구매담당자가 특정한 업자와의 계약이 유리하다고 판단할 경우 경쟁 없이 계약 내용 이행 자격이 있는 특정인과 계약 체결

(3) 공급자 평가방법 **23-3**

① 가중치 평가방법 : 평가기준 선정 후 그 중요성을 판단하여 중요도에 따라 가중치를 두고 평가하는 방법
② 단일기준 평가방법 : 기업에 가장 중요한 기준을 판단하여 그 단일기준으로 평가하는 방법
③ 최소기준 평가방법 : 평가기준의 중요성을 정확히 판단할 수 없는 경우, 오류를 최소화하기 위해 가중치를 사용하지 않고 각 평가기준별 최소한의 요구사항을 설정하여 평가하는 방법

(4) 구매 관련 공급자 개발을 위한 7단계 접근법 **20-추가**

주요 제품과 서비스 파악 → 주요 공급원 파악 → 기능 간 팀 구성 → 공급자 CEO와의 대면 → 공급자와 주요 과제 합의 → 세부적인 합의 → 진행상황 점검 및 전략 수정

02 공급자 관리

(1) 개 념

① 공급자와의 관계 개선과 공급망 확장·통합을 통해 효율을 높이는 활동
② 전략적 차원에서 이루어짐
③ 이를 통해 최적화된 구매의사결정 및 신속한 협업이 가능해져 구매최적화 달성

(2) 공급자와 소매상 간 교섭내용

① **기본교섭** : 공급 브랜드, 거래물량, 인도가격, 대금지불방식, 배송방식, 반품조건 등
② **주변교섭** : 매장 내 진열, 판촉지원, 인력파견 등

03 공급자와의 거래에서 발생하는 비윤리적 문제

(1) 비윤리적 문제의 종류

역매입	• 개념 : 점포 입점을 위해 공급업체와 소매 유통기업의 암묵적 합의하에 사용하는 전략 • 역매입 종류	
	경쟁자 상품 역매입	소매업체가 공급업체에게 경쟁자의 상품을 역매입하게 하여 소매업체 선반으로부터 제거하고 그 공간에 진열하게 하는 경우
	느리게 판매되는 상품 역매입	느리게 판매되는 상품에 대해 소매업체가 공급업체에게 역매입을 요구하는 경우
역청구 18-3	• 공급업체와 소매업체의 거래에서 발생되는 비윤리적 문제 • 소매업체가 공급업체로부터 야기된 상품 수량의 차이에 대해 대금을 공제하는 것	
구속적 계약 (Tying Contract)	사고 싶은 상품을 구입하기 위해서 사고 싶지 않은 상품까지 소매업체가 구입하도록 하는 공급업체와 소매업체 간의 협정	
독점거래협정	공급업체나 도매업체가 소매업체로 하여금 자신 이외의 다른 업체의 상품을 취급하지 못하도록 제한하는 것	
회색시장	• 유통업자가 제조업체나 공식 수입업체의 동의 없이 정식제품을 직접 구매하여 국내에 저가로 유통하는 시장 • 합법적 시장과 암시장의 중간 형태	

(2) 소매점에서 발생할 수 있는 각종 비윤리적 행동에 대한 대처방안 23-1

① 소매점의 경우 공적비용과 사적비용의 구분이 모호할 수 있으므로 공급의 사적이용 방지를 위해 엄격한 규정 필요
② 협력업체와의 관계에서 우월적인 지위남용을 하지 않도록 주의함
③ 과다재고, 재고로스 발생의 허위보고를 하지 않도록 철저히 확인
④ 근무시간은 업무에 피해가 없도록 관리자와 사전에 상의하여 조율
⑤ 회사 명의 카드를 개인적으로 사용하지 않도록 함

3 구매실무

01 구매가격

(1) 구매가격 결정 방식

비용중심적 결정	제품생산 및 판매에 소요된 총비용에 목표이익을 고려한 수준에서 가격 결정
소비자중심적 결정	소비자가 지각하고 있는 제품가치에 입각해 가격 결정
경쟁자중심적 결정	경쟁사들의 가격을 고려하여 가격 결정

(2) 구매가격 유형

시중가격	시장의 수요와 공급균형에 따라 가격 결정
정가가격	판매자가 자신의 판단에 따라 가격 결정
협정가격	판매자 간의 협의를 통해 가격 결정(공공요금의 성격을 갖는 가격)
교섭가격	거래당사자 간 교섭을 통해 가격 결정

02 구매계약과 구매협상

(1) 구매계약

① 매매당사자 간 매매 의사를 합의함으로써 성립되는 법률적 행위
② 계약의 근거 확인 및 분쟁의 발생 방지 등을 목적으로 작성
③ 때에 따라서 구두로 행해지거나 문장으로 행해져도 성립

(2) 구매협상

① 주요 개념 : 목표 및 목표를 달성하기 위한 협상의제, 요구내용인 협상 입장
② 협상 : 당사자 간 상호의존성에 의해 발생
③ 협상에 따른 합의가 불가능할 경우 : 협상 중단 혹은 다른 상대방으로의 전환 가능
④ 유통에 있어서 협상 : 유통경로의 힘에 의해 영향 받음

4 글로벌 구매 및 조달관리

01 글로벌 구매와 조달관리의 개요

(1) 개념

글로벌 기업화에 따라 기업 간 경쟁이 세계무대로 확장됨으로써 발생되는 구매 및 조달을 관리하는 것

(2) 역할

① 외부조달의 증가는 최적의 공급자를 선정하기 위해서 해외조달이라는 글로벌소싱을 가져옴
② 글로벌 구매 및 조달에서 정보통신기술 활용은 체계적인 관리를 가능하게 함

02 글로벌 소싱(Global Sourcing)

(1) 개념

① 제조업체들이 해외 진출 시 저렴한 현지 부품 사용으로 생산단가를 낮추려는 행위
② 부품을 세계 각처에서 저렴·신속하게 조달함으로써 경쟁력을 높이기 위한 부품조달의 현지화·국제화

(2) 글로벌 소싱 발전단계 `19-2`

> 국내구매 → 일시적인 국제구매 → 부분적·한정적 국제구매 → 사업단위 글로벌 소싱 → 글로벌 네트워크를 형성한 전략적 글로벌 소싱

5 품질관리

01 품질관리 개념과 품질관리 비용

(1) 품질관리 개념

불량품 발견 시 불량원인을 파악하거나, 원인을 조기에 발견하는 관리체제를 구축하여 지속적인 품질유지를 하는 것

(2) 품질관리 비용 `23-1, 21-1`

① 제품을 잘 만들지 않음으로써 발생하는 비용
② 통제비용(예방비용, 평가비용으로 구성)과 실패비용(내부실패비용, 외부실패비용으로 구성)으로 구분

통제비용	예방비용 (prevention costs)	제품이 생산되기 이전에 불량한 품질의 발생을 예방하기 위하여 발생하는 비용
	평가비용 (appraisal costs)	제품, 공정 또는 서비스의 품질이 품질표준 및 요구 성능과 일치하도록 하기 위한 측정, 평가 또는 감사 활동과 관련하여 발생하는 비용
실패비용	내부실패비용(internal failure costs)	• 제품의 선적, 출하 전에 발견된 불량품과 관련된 비용 • 제품이 고객에게 인도되기 전 품질요건이 충족되지 못해 발생 • 재작업비용, 재검사비용, 불량부품으로 발생한 생산중단 비용
	외부실패비용(external failure costs)	제품을 고객에게 발송한 후 불량품의 발견으로 발생하는 제반 비용

02 품질관리 기법

(1) 6-시그마(6-Sigma)

① 개념

㉠ 생산하는 모든 제품이나 서비스뿐 아니라 거래, 공정과정 등 회사 내 전 분야에서 품질을 측정 및 분석하고 향상시키도록 통제함으로써 궁극적으로 모든 불량을 제거하는 품질향상 운동
㉡ 통계적 기법을 이용한 품질개선 운동으로, 품질편차를 최소화하여 규격상한과 하한이 목표 품질 중심으로부터 6-시그마 이내에 있도록 하는 것

ⓒ 제품 100만개당(ppm) 허용되는 불량 또는 오류 수가 3.4개(3.4PPM=3.4DPMO) 수준
ⓔ 외부로 표출된 문제뿐 아니라 잠재적 문제까지 중요시
ⓜ 거의 무결점 수준(제로 수준)의 품질을 추구

② 특 징 **24-2**
ⓐ 목표 : 고객만족
ⓑ 적용범위 : 전사적 업무 프로세스의 전체 최적화
ⓒ 측정지표 : 모든 프로세스의 품질수준을 하나로 통일한 '시그마수준'이라는 통합된 지표
ⓔ 핵심품질특성(CTQ ; Critical To Quality) : 제품 품질에 가장 큰 영향을 미치는 핵심공정

③ 6-시그마 도입절차 **22-3**

필요성(needs)의 구체화 → 비전의 명확화 → 계획수립 → 계획실행 → 이익평가 → 이익유지

④ 6-시그마의 실행단계(DMAIC) **23-1, 22-1, 20-2**

정의(Define)	• 결함 발생요인을 정의하여 문제를 명확히 하고, 몇 개월 내에 측정 가능한 목표가 달성될 수 있도록 문제 범위를 좁히는 단계 • 고객의 요구사항과 핵심품질특성(CTQ) 파악 및 개선 프로젝트 선정
측정(Measure)	• 현재 불량수준을 측정하여 수치화하는 단계 • 프로세스 측정 방법 결정 • 현재 CTQ 충족 정도 측정
분석(Analyze)	• 불량(결함) 발생원인을 파악하고 개선대상을 선정하는 단계 • CTQ와 그에 영향을 주는 요인의 인과관계 파악
개선(Improve)	• 개선과제 선정 및 실제 개선작업 수행 단계 • CTQ의 충족 정도를 높이기 위한 방법과 조건을 찾음
관리(Control)	• 개선결과 유지 및 새로운 목표 설정 단계 • 개선된 상태가 유지될 수 있도록 지속적 관리

⑤ 6-시그마 벨트 제도 **23-2**
ⓐ 6-시그마 혁신활동을 추진하는 기업 내부에서 인정하는 국제공인 자격제도
ⓑ 문제해결을 추진하는 조직계층으로 벨트(Belt) 제도 운영
ⓒ 품질관련부서 직원을 중심으로 챔피언, 마스터 블랙벨트, 블랙벨트, 그린벨트, 옐로우벨트의 자격 부여

(2) 전사적 품질관리(TQC ; Total Quality Control)
① 고객이 최대 만족하는 품질의 제품을 경제적·합리적으로 생산할 수 있는 체계를 갖추기 위해 전사적으로 통합·조정하는 시스템
② 품질제일주의, 고객중심의 품질 관리

(3) 종합적 품질경영(TQM ; Total Quality Management)
① 경영자가 세운 품질방침에 종업원들이 전사적으로 참여하여 품질향상을 추구하는 활동
② TQC에서의 제품·서비스의 품질뿐 아니라 경영, 업무, 직장환경, 조직구성원 자질 등 노동의 질적인 측면까지 포함
③ 생산부문, 기술부문, 관리부문, 검사부문 등 조직체 전체가 참여

(4) 통계적 품질관리(SQC ; Statistic Quality Control)
① 통계학과 모든 통계적 수단을 사용하여 품질의 특성 값을 관리하는 것
② 모든 공정을 통계적 관리상태하에 유지

03 ISO 9000 시리즈(품질경영규격) 23-2

(1) 개 념
① 공급자에 대한 품질경영 및 품질보증에 대한 국제 규격
② 제품 자체에 대한 품질 보증이 아닌, 제품생산과정의 품질시스템에 대한 신뢰성 여부 판단 기준
③ 의사결정은 자료 및 정보 분석에 근거
④ 고객만족을 위한 품질경영시스템 구축 가능
⑤ 품질경영시스템의 국제화 추세에 능동적 대처 가능

(2) ISO 9000 시리즈 규격 : 9000과 9001~9004의 5가지 규격으로 구성

ISO 9000	품질경영시스템의 기본 지침, 즉 9001~9004의 선택과 적용 방법에 대한 설명 및 기술
ISO 9001	설계, 개발, 제품 설치, 애프터서비스
ISO 9002	제조, 설계
ISO 9003	제품의 최종 검사 및 시험
ISO 9004	공급자가 내부 품질관리를 실시하는 데 기본적인 요소들을 정리한 것

+ 더 알아보기 국제표준화기구(ISO)

재화 및 서비스 관련 모든 활동을 표준화하여 국제교역을 촉진하는 국제기구

출제지문 퀴즈로 핵심체크!

SECTION 01 조직관리

01 23-2, 20-추가, 18-2
O X 라인스태프 조직의 경우 명령체계와 조언, 권고적 참여가 혼동되기 쉽다.

02 24-3, 22-3
O X 프로젝트 조직의 경우, 사업부 목적보다 기업 전체 목적 달성에 더 관심을 기울인다.

03 22-2
맥그리거가 제시한 (   )은 종업원을 조직에 의해 조종되고 동기부여되며 통제받는 수동적인 존재로 본다.

04 20-2, 19-3
리더가 보유하는 권력 중 리더가 전문적이고 깊이 있는 지식과 재능을 가질 때 부하가 그런 전문성과 능력을 인정하며 수용되는 권력은 (   ) 권력이다.

SECTION 02 인적자원관리

01 23-3
O X 직무명세서는 직무내용보다는 인적요건을 중심으로 정리한다.

02 24-1, 22-1, 21-1, 20-추가, 19-2
O X 인사고과 평정기법 중 서열법은 종업원의 능력과 업적에 대한 순위를 매기는 것이다.

03 18-3, 18-1
(   ) 제도는 경영성과로 인한 이윤을 직원들에게 직접 배분하여 더 열심히 일하고자 하는 동기를 부여한다.

04 22-2, 20년-추가, 18-2
(   )는 근로자의 성과에 따라 보상을 지급하는 형태이다.

SECTION 03 재무관리

01 `23-3`
[O][X] 국고보조금, 공사부담금, 보험차익은 자본잉여금에 속한다.

02 `24-1, 18-3`
[O][X] 레버리지 비율이 높다는 것은 경영이 보수적이고 위험회피적이라는 것을 반영한다.

03 `21-2`
(　　　　)은/는 순자본에 대한 순이익의 비율이다.

SECTION 04 구매 및 조달관리

01 `18-3`
[O][X] 역매입은 소매업체가 공급업체로부터 야기된 상품 수량 차이에 대해 대금을 공제하는 것이다.

02 `22-1`
[O][X] MRO(Maintenance, Repair, Operation)의 경우 작업현장에서의 임의적인 구매가 많아 이에 대한 통제가 원활하게 이루어지지 않는다.

03 `23-1, 21-1`
품질관리비용 중 (　　　　)은 제품이 고객에게 인도되기 전 품질요건에 충족하지 못하여 발생한 비용이다.

정답 및 해설

SECTION 01
01 ○
02 ○
03 X이론
04 전문적

SECTION 02
01 ○
02 ○
03 인센티브
04 성과급제

SECTION 03
01 ○
02 × ▶ 레버리지 비율이 높다는 것은 타인자본 의존도가 높다는 것으로 이 경우 투자위험이 증대된다.
03 ROI(투자수익률)

SECTION 04
01 × ▶ 역청구에 대한 설명이다.
02 ○
03 내부실패비용

테마로 푸는 필수 기출문제

THEME ❶ 조직원리

기본적인 조직원리와 관련하여 조직의 일반원칙, 조직화의 특성, 파욜의 조직원리 등 다양한 이론들이 출제되므로 각 이론의 개념과 특성을 숙지하도록 한다.

01 24년 2회

조직의 집권화와 분권화를 결정하는 요소 중 분권화가 유리하게 되기 위한 조건으로 옳지 않은 것은?

① 의사결정의 중요성이 낮은 경우 분권화가 유리하다.
② 업무의 특성이 정적이고, 유동성의 정도가 낮은 경우 분권화가 유리하다.
③ 조직의 규모가 클 경우 분권화가 유리하다.
④ 소유와 경영이 분리된 기업일 경우 분권화가 유리하다.
⑤ 일관성의 필요가 낮은 경우 분권화가 유리하다.

02 23년 1회

아래 글상자에서 설명하는 유통경영조직의 원칙으로 옳은 것은?

> 조직의 공통목적을 달성하기 위하여 각 부문이나 각 구성원의 충돌을 해소하고 조직 제 활동의 내적 균형을 꾀하고, 조직의 느슨한 부분을 조절하려는 원칙

① 기능화의 원칙   ② 권한위양의 원칙
③ 명령통일의 원칙   ④ 관리한계의 원칙
⑤ 조정의 원칙

03 22년 3회

파욜(Fayol)의 조직원리에 대한 설명으로 가장 옳지 않은 것은?

① 각각의 종업원들은 오직 한 명의 관리자에게 보고한다.
② 최고관리자에게 부여된 의사결정력의 크기는 상황에 따라 변화한다.
③ 마케팅, 재무, 생산 등의 전문적인 분야의 기능들은 통합된다.
④ 조직의 목표는 개인 각각의 목표보다 우선시 된다.
⑤ 종업원들은 누구에게 보고해야 하는지 알아야 한다.

04 25년 2회

조직몰입(organizational commitment)에 대한 설명으로 가장 옳지 않은 것은?

① 정서적 몰입은 구성원이 조직에 대하여 동일시하며 애착을 느끼는 심리상태를 의미한다.
② 규범적 몰입은 도덕적 혹은 윤리적인 의무감을 기반으로 헌신하고자 하는 심리상태를 의미한다.
③ 소속된 조직과 결별하는 데 발생하는 비용으로 인해 구성원으로서의 자격을 유지하려는 상태를 정서적 몰입이라고 한다.
④ 몰입의 대상이 꼭 하나일 필요는 없고, 기업에 몰입하면서 노조에도 몰입하는 이중몰입이 가능하다.
⑤ 자기 회사에 대해 자부심을 갖는 것도 정서적 몰입에 해당한다.

05 24년 1회

아래 글상자의 괄호 안에 알맞은 용어로 가장 옳은 것은?

> 기업 내에서 업무가 표준화되어 있는 정도를 나타내는 지표로 업무수행 절차나 방식 등이 매뉴얼이나 지침서 등으로 얼마나 명료하게 나타나 있는지에 따라 (   )의 정도가 정해진다.

① 중앙집권화
② 부문화
③ 지휘계통
④ 공식화
⑤ 업무특화

THEME ❷ 조직구조의 유형

조직구조 유형은 전통적인 조직구조와 현대적인 조직구조로 구분되며, 이는 또 다양한 기능별 조직으로 분화된다. 조직구조 유형은 자주 출제되므로 각 유형별 특징 및 장단점에 대해 익혀두면 쉽게 풀 수 있다.

06 20년 2회

아래 글상자에서 경영조직 관련 사업부제(operating division)의 장점으로 옳지 않은 것은?

> ㉠ 사업부의 객관적인 이익이 사업부의 모든 의사결정의 기준이 되게끔 하기 위해 의사결정의 합리성을 높인다.
> ㉡ 각 사업부는 자기완결성과 독립성을 가지므로 시장이나 기술 등의 환경변화에 대해 기민한 적응력을 가진다.
> ㉢ 사업부제는 목표가 뚜렷하고 자기완결성을 가지며 사업부장에 결정권한이 위양되어 신제품 등의 혁신율을 높일 수 있다.
> ㉣ 각 사업부의 자주성이 너무 지나치면 사업주 상호 간의 조정이나 전사적·통일적 활동이 장려되는 장점도 있다.
> ㉤ 사업부제는 사내대체가격과 기피선언권의 원칙에 의해 시장가격경제의 구조를 기업내부에 도입할 수 있어 경쟁시점의 가격에 의해 자동적으로 사업부의 능률이 체크된다.

① ㉠
② ㉡
③ ㉢
④ ㉣
⑤ ㉤

07 23년 2회

에머슨(Emerson, H.)의 직계·참모식 조직(line and staff organization)의 단점에 대한 설명으로 옳지 않은 것은?

① 명령체계와 조언, 권고적 참여가 혼동되기 쉽다.
② 집행부문이 스태프(staff) 부문에 자료를 신속·충분하게 제공하지 않으면 참모 부문의 기능은 잘 발휘되지 못한다.
③ 집행부문의 종업원과 스태프(staff) 부문의 직원 간에 불화를 가져올 우려가 있다.
④ 라인(line)의 창의성을 결여하기 쉽다.
⑤ 명령이 통일되지 않아 전체의 질서적 관리가 혼란스러워지는 경우가 발생할 수 있다.

08 23년 1회

테일러의 기능식 조직(functional organization)에 대한 단점으로 옳지 않은 것은?

① 명령이 통일되지 않아 전체의 질서적 관리가 문란해지는 경우가 있다.
② 각 관리자가 담당하는 전문적 기능에 대한 합리적 분할이 실제상 용이하지 않다.
③ 일의 성과에 따른 보수를 산정하기 어렵다.
④ 상위자들의 마찰이 일어나기 쉽다.
⑤ 각 직원이 차지하는 직능이 지나치게 전문화되어 그 수가 많아지면 간접적 관리자가 증가된다.

09 24년 3회

프로젝트 조직에 대한 내용으로 가장 옳지 않은 것은?

① 과제 진행에 따라 인력 구성의 탄력성이 존재한다.
② 목적달성을 지향하는 조직이므로 구성원들의 과제해결을 위한 사기를 높일 수 있다.
③ 기업 전체의 목적보다는 사업부만의 목적달성에 더 관심을 기울이게 된다.
④ 해당 조직에 파견된 사람은 선택된 사람이라는 우월감이 조직 단결을 저해하기도 한다.
⑤ 전문가로 구성된 일시적인 조직이므로 그 조직 관리자의 지휘능력이 중요하다.

10 22년 2회

기능식 조직(functional organization)의 단점에 대한 설명으로 가장 옳지 않은 것은?

① 명령이 통일되지 않아 전체적으로 관리가 어려워지는 경우가 있다.
② 각 관리자가 담당하는 전문적 기능에 대한 합리적인 업무분장이 실제로는 쉽지 않다.
③ 책임의 소재가 불명확하고 조직의 모순은 사기를 떨어뜨린다.
④ 일의 성과에 따른 정확한 보수를 가감할 수 없다.
⑤ 각 직원이 차지하는 직능이 지나치게 전문화되어 그 수가 많아지면 간접적 관리자가 증가되어 고정적 관리비가 증가한다.

THEME ❸ 조직문화의 개념과 유형

조직과 구성원에 중요한 영향을 미치는 조직문화의 개념을 묻는 문제뿐 아니라, 여러 학자들이 정의한 조직문화의 유형에 대한 문제들이 종종 출제되므로 조직문화 유형에 대한 학자별 이론에 대해 숙지하여야 한다.

11 24년 1회

조직문화에 대한 다양한 분류체계 중 로버트 퀸(Robert Quinn)의 경쟁가치모형에 포함되지 않는 것은?

① 관계지향문화
② 개인지향문화
③ 위계지향문화
④ 혁신지향문화
⑤ 과업/시장지향문화

12 23년 3회

샤인(Schein)이 제시한 조직 문화의 세 가지 수준에서 인식적 수준에 해당되는 것으로 가장 옳은 것은?

① 인지가치와 행위가치로 구분할 수 있는 가치관
② 개개인의 행동이나 관습
③ 인간성
④ 인간관계
⑤ 창작물

13 23년 2회

조직의 구성원들에게 학습되고 공유되는 가치, 아이디어, 태도 및 행동규칙을 의미하는 용어로 옳은 것은?

① 조직문화(organizational culture)
② 핵심가치(core value)
③ 사명(mission)
④ 비전(vision)
⑤ 조직목표(organizational goals)

14 21년 3회

조직문화에 대한 설명으로 옳지 않은 것은?

① 한 조직의 구성원들이 공유하는 가치관, 신념, 이념, 지식 등을 포함하는 종합적인 개념이다.
② 특정 조직 구성원들의 사고판단과 행동의 기본 전제로 작용하는 비가시적인 지식적, 정서적, 가치적 요소이다.
③ 조직구성원들이 공통적으로 생각하는 방법, 느끼는 방향, 공통의 행동 패턴의 체계이다.
④ 조직 외부 자극에 대한 조직 전체의 반응과 임직원의 가치의식 및 행동을 결정하는 요인을 포함한다.
⑤ 다른 기업의 제도나 시스템을 벤치마킹하는 경우 그 조직문화적 가치도 쉽게 이전된다.

15 19년 3회

딜(T. E. Deal)과 케네디(A. Kennedy)의 조직문화 유형으로 옳지 않은 것은?

① 거친 남성문화(the tough guy, macho culture)
② 열심히 일하고 노는 문화(work hard-play hard culture)
③ 사운을 거는 문화(bet your company culture)
④ 과정 문화(the process culture)
⑤ 핵조직 문화(atomized culture)

THEME ❹ 리더십의 기본이론

리더십에 대한 이론은 출제 빈도가 점점 높아지고 있으므로 상황 이론, 행위 이론, 현대적 리더십 유형에 이르기까지 다양한 리더십 유형 각각에 대한 개념을 이해하고 있어야 한다.

16 24년 1회

리더십 상황 이론에 대한 설명으로 옳지 않은 것은?

① 대표적인 연구자는 피들러(Fiedler)이다.
② 리더와 구성원 간의 관계가 협력적 또는 지원적인지의 정도로 측정한다.
③ 과업의 구조화 정도가 높고 낮은 정도로 측정한다.
④ 생산에 관한 관심의 높고 낮은 정도로 측정한다.
⑤ 직위가 갖는 권한의 크기로 측정한다.

17 23년 3회

아래 글상자가 설명하는 리더십의 유형으로 가장 옳은 것은?

> 대인관계와 활동을 통하여 규범적으로 적합한 리더의 행동이 구성원들에게 모범으로 작용하며, 상호 간 명확한 도덕적 기준과 의사소통, 공정한 평가 등을 통해 부하들로 하여금 규범에 적합한 행동을 지속하도록 촉진하는 것이다.

① 변혁적 리더십(transformational leadership)
② 참여적 리더십(participative leadership)
③ 지원적 리더십(supportive leadership)
④ 지시적 리더십(directive leadership)
⑤ 윤리적 리더십(ethical leadership)

18　23년 2회

리더의 행동을 생산에 대한 관심과 사람에 대한 관심을 기준으로 구분하여 연구한 블레이크(Blake)와 무톤(Mouton)의 관리격자연구에 따른 리더십 유형에 대한 설명으로 가장 옳지 않은 것은?

① 중도형(5-5) – 절충에 신경을 쓰기 때문에 때로는 우유부단하게 비칠 수 있다.
② 팀형(9-9) – 팀의 업적에만 관심을 갖는 리더로 부하를 하나의 수단으로 취급할 수 있다.
③ 컨츄리클럽형(1-9) – 부하의 욕구나 동기를 충족시키면 그들이 알아서 수행할 것이라는 전제하에 나타나는 리더십이다.
④ 무관심형(1-1) – 리더는 업무에 대한 지시만 하고 어려운 문제가 생기면 회피한다.
⑤ 과업형(9-1) – 리더 혼자서 의사결정을 하고 관리의 초점도 생산성 제고에 맞춰진다.

19　21년 3회

리더십에 대한 설명으로 가장 옳지 않은 것은?

① 민주적 리더십은 종업원이 더 많은 것을 알고 있는 전문직인 경우에 효과적이다.
② 독재적 리더십은 긴박한 상황에서 절대적인 복종이 필요한 경우에 효과적이다.
③ 독재적 리더십은 숙련되지 않거나 동기부여가 안 된 종업원에게 효과적이다.
④ 독재적 리더십은 자신의 지시를 따르게 하기 위해 경제적 보상책을 사용하기도 한다.
⑤ 자유방임적 리더십은 종업원에게 신뢰와 확신을 보여 동기요인을 제공한다.

20　19년 3회

먼저 경청하며 설득과 대화로 업무를 추진하고, 조직에서 가장 가치 있는 자원은 사람이라고 생각하는 특성을 가진 리더십의 유형으로 옳은 것은?

① 카리스마적 리더십
② 서번트 리더십
③ 변혁적 리더십
④ 참여적 리더십
⑤ 성취지향적 리더십

THEME 5　기업의 인적관리

인적관리 관련 문제는 빈출되는 부분은 아니지만 인적관리의 전체 과정뿐 아니라 직무평가, 성과평가, 인사고과 등 세부 내용에 대한 개념을 묻는 문제들도 출제되므로 전반적인 내용을 이해할 수 있어야 한다.

21　24년 2회

아래 글상자에서 공통적으로 설명하는 용어로 가장 옳은 것은?

- 조직 내 개인성과의 타당성을 평가할 수 있는 일정한 양식의 관리시스템이다.
- 승진, 추가훈련, 해고 등의 다양한 인사 결정의 기준이 된다.
- 고용 결정의 정당성 및 인사 결정의 법률적 당위성을 제공한다.

① 성과평가
② 직원보상
③ 교육훈련
④ 고용테스트
⑤ 연공서열

22 24년 1회

인사고과와 관련된 설명으로 가장 옳지 않은 것은?

① 인사고과에는 업무수행 능력, 근무 성적, 자격, 태도 등이 포함된다.
② 근대적 고과 방법으로는 평가법, 기록법, 서열법 등이 있다.
③ 서열법은 종업원의 능력과 업적에 대해 순위를 매기는 것이다.
④ 중요사건서술법은 기업의 목표 달성에 영향을 주는 중요 사건을 중심으로 고과 대상자를 평가하는 것이다.
⑤ 인사고과는 주관적인 판단이나 혈연, 지연, 학연과 같은 요소를 배제해야 한다.

23 23년 3회

직무기술서와 직무명세서를 비교할 때 직무기술서에 해당되는 내용으로 가장 옳은 것은?

① 작업자의 특성을 평가하여 조직 전략을 효율적으로 달성하기 위한 것이다.
② 속직적 기준으로 직무의 내용을 요약하고 수행에 필요한 정보를 포함한다.
③ 직무명칭, 직무개요, 직무내용 등의 인적 요건을 포함한다.
④ 직무내용보다는 인적요건을 중심으로 정리한다.
⑤ 작업자의 지식, 기능, 능력 등의 요소를 포함한다.

24 21년 1회

아래 글상자 ㉠과 ㉡에서 설명하는 직무평가(job evaluation) 방법으로 옳은 것은?

> ㉠ 직무가치나 난이도에 따라 사전에 여러 등급을 정하여 놓고 그에 맞는 등급으로 평가
> ㉡ 직무등급법이라고도 함

① 서열법(ranking method)
② 분류법(classification method)
③ 점수법(point method)
④ 요소비교법(factor comparison method)
⑤ 직무순환법(job rotation method)

25 25년 2회

아래 글상자의 괄호 안에 들어갈 단어로 가장 옳은 것은?

> (   ) 인사관리는 인간행동의 과학적 이해와 근로자의 동기부여적 자주관리에 초점을 맞춘 이론이다. 즉 근로자의 행동을 과학적으로 설명하여 근로자가 어떻게 동기부여 되는지 밝힌다.

① 전략적
② 시스템적
③ 행동과학적
④ 인간관계적
⑤ 과학적

THEME ❻ 기업의 자본비용과 자본구조

기업의 자본구조가 어떻게 구성되어 있으며 종류가 무엇인지 묻는 문제들이 종종 출제되므로 자기자본과 타인자본의 구분 및 종류에 대해 반드시 숙지하도록 한다.

26 23년 3회

자본잉여금의 종류로 옳지 않은 것은?

① 국고보조금
② 공사부담금
③ 보험차익
④ 예수금
⑤ 자기주식처분이익

27 21년 1회

자본구조에 관련해 타인자본 중 단기부채로 옳지 않은 것은?

① 지급어음
② 외상매입금
③ 미지급금
④ 예수금
⑤ 재평가적립금

28 20년 3회

기업의 가치를 하락시키지 않도록 하기 위해 새로운 투자로부터 벌어들여야 하는 최소한의 수익률을 의미하는 용어로 가장 옳은 것은?

① 투자수익률
② 재무비율
③ 자본비용
④ 증권수익률
⑤ 포트폴리오

29 20년 2회

자본구조(capital structure)에서 타인자본(부채)의 하나인 장기부채(고정부채)의 종류로 옳지 않은 것은?

① 사 채
② 예수금
③ 외국차관
④ 장기차입금
⑤ 장기성지급어음

THEME ❼ 자본조달과 재무분석

기업이 자본조달을 하는 다양한 방법과, 재무분석에 이용되는 여러 지표와 요소들에 대해 묻는 문제들이 출제되므로 재무 관련 기본 사항을 숙지하도록 한다.

30 24년 1회

기업의 재무성과 분석을 나타내는 여러 가지 비율에 대한 설명으로 옳지 않은 것은?

① 유동성 비율은 단기채무의 지급 능력을 측정한다.
② 레버리지 비율은 기업의 타인자본 의존도를 나타낸다.
③ 안정성 비율은 자산의 물리적인 이용도를 나타낸다.
④ 기업이 생산활동에 사용하고 있는 각종 자원의 능률 및 업적을 평가하는 것은 생산성 비율이다.
⑤ 시장가치 비율은 증권시장에서 주식 가치를 나타낸다.

31 23년 2회

기업이 자금을 조달하는 각종 원천에 대한 설명으로 옳지 않은 것은?

① 단기자금조달을 위해 신용대출을 활용하기도 한다.
② 채권발행의 경우 기업 경영진의 지배력은 유지되는 장점이 있다.
③ 주식 매각의 장점은 주주들에게 주식배당을 할 법적 의무가 없어진다는 것이다.
④ 팩토링은 대표적인 담보대출의 한 형태이다.
⑤ 채권발행은 부채의 증가로 인해 기업에 대한 인식에 악영향을 끼칠 수 있다.

32 22년 1회

대한이는 작은 가게를 인수할 것을 고려중이다. 아래 글상자의 내용을 이용해서 3년치 현금유입에 대한 현재가치를 계산한 것으로 옳은 것은?

- 시장조사 결과 1년 후에 3,000,000원, 2년 후에 4,000,000원, 3년 후에 5,000,000원의 현금유입이 발생할 것으로 나타났다.
- 시장이자율은 연간 10%로 가정한다.
- 최종답은 10,000원의 자리에서 버림하여 구한다.

① 약 9,700,000원
② 약 10,600,000원
③ 약 12,000,000원
④ 약 13,200,000원
⑤ 약 15,000,000원

33 25년 1회

LIBOR나 Prime Rate 또는 CD 금리와 같이 금융시장에서 대표적인 지표금리와 연동하여 이자를 계산하는 채권으로 옳은 것은?

① 순수할인채권
② 이표채권
③ 콘솔(Consol)
④ 변동금리부 채권
⑤ 포트폴리오(Portfolio)

34 21년 2회

ROI에 대한 내용으로 옳지 않은 것은?

① 투자에 대한 이익률이다.
② 순자본(소유주의 자본, 주주의 자본 혹은 수권자본)에 대한 순이익의 비율이다.
③ ROI가 높으면 제품재고에 대한 투자가 총이익을 잘 달성했다는 의미이다.
④ ROI가 낮으면 자산의 과잉투자 등으로 인해 사업이 성공적이지 못하다는 의미이다.
⑤ ROI가 높으면 효과적인 레버리지 기회를 활용했다는 의미로도 해석된다.

35 24년 3회

아래 글상자의 주요 재무지표들 중 기업의 수익성을 측정할 수 있는 비율들만으로 나열된 것은?

㉠ 순이익증가율	㉡ 주가수익비율
㉢ 매출액순이익률	㉣ 총자산순이익률
㉤ 총자산영업이익률	㉥ 유동비율

① ㉡, ㉢
② ㉠, ㉤, ㉥
③ ㉢, ㉣, ㉤
④ ㉣, ㉤, ㉥
⑤ ㉠, ㉡, ㉢, ㉣, ㉤

필수 기출문제 정답과 해설

01 정답 ②

해설 환경변화에 대한 반응성·유연성·기동성을 갖는 동적인 조직은 구조가 복잡하지 않고 형식이나 공식에 얽매이지 않아 분권화가 유리하다.

02 정답 ⑤

해설 ① **기능화의 원칙** : 조직은 사람이 아닌 직무를 중심으로 구성되어야 한다는 원칙으로, 조직에 인적자원을 배치할 때는 그 기능에 맞는 사람을 배치해야 한다는 것을 의미한다.
② **권한위양의 원칙** : 권한을 보유하고 행사해야 할 조직 계층의 상위자가 하위자에게 직무를 위임할 경우 그 직무수행에 있어 요구되는 일정한 권한도 이양하는 것을 말한다.
③ **명령통일의 원칙** : 조직구성원은 한 상관으로부터 명령을 받고 또한 한 사람의 상관에게만 보고한다는 원칙을 말한다.
④ **관리한계의 원칙** : 한 사람의 상급자가 가장 효과적으로 직접 관리할 수 있는 하급자의 수를 의미하는 것으로, 대규모 조직은 그 관리범위에 한계가 있기 때문에 인적 구성에 있어서 부득이 계층 형태를 취하게 된다.

03 정답 ③

해설 파욜(Fayol)은 분업의 원칙을 제시하여 마케팅, 재무, 생산 등의 전문적인 분야의 기능들은 분업화되어야 한다고 주장하였다.

04 정답 ③

해설 지속적 몰입에 대한 설명이다. 정서적 몰입은 구성원이 스스로 조직과 동일시하고 진심으로 애착을 느끼는 심리상태로, 감정적 측면과 관련 있다.

05 정답 ④

해설 공식화는 조직 내 직무에 대한 규칙 설정의 표준화 정도와 이에 대한 문서화를 의미한다.

06 정답 ④

해설 사업부제는 기업의 내부를 몇 개의 단위로 나누어 그 단위에 자재의 구입에서부터 생산·판매에 이르기까지 일관된 사업수행을 맡겨 독립회사처럼 운영시키는 분권적 관리조직의 하나로, 간부 및 종업원의 자주성과 창의성을 발휘시켜 사기진작 및 생산의 합리화에 도움이 된다. 단, 각 사업부별 자주성이 너무 지나치면 부문별 이기주의 경향 가능성이 있으며, 기업 전체의 통일적 활동이 어려울 수 있다.

07 정답 ⑤

해설 직계·참모식 조직은 명령 전달과 통제 기능에서 라인조직의 이점을 활용하기 때문에 지휘 명령권이 명확하다.

08 정답 ③

해설 테일러의 기능식 조직은 표준작업량을 정해두고 표준작업량을 초과 달성한 노동자에게는 고임금을, 표준작업량을 미달한 노동자에게는 저임금을 주는 차별적 성과급제를 시행하므로 일의 성과에 따른 보수를 산정하기 용이한 조직이다.

09 정답 ③

해설 프로젝트 조직은 작은 단위이지만 마치 하나의 회사처럼 프로젝트에 필요한 모든 인력이 리더를 중심으로 모여서 기존에 없던 새로운 가치를 창출하는 조직구조이므로 사업부만의 목적달성보다는 기업 전체의 목적 달성에 더 관심을 기울이게 된다.

10 정답 ④

해설 기능식 조직은 각 종업원에게 정확한 과업을 부여할 수 있어 일의 성과에 따른 정확한 보수를 가감할 수 있다.

11 정답 ②

해설 로버트 퀸의 경쟁가치모형 요소는 관계지향문화, 위계지향문화, 혁신지향문화, 과업(시장)지향문화의 4가지로 구분된다.

12 정답 ①

해설 ②·⑤ 가시적 수준에 해당된다.
③·④ 내재적 수준에 해당된다.

13 정답 ①

해설 조직문화는 조직구성원의 공유된 가치 및 신념체계로 활동지침이 된다. 즉, 특정 조직 구성원들이 공유하는 가치, 신념, 관습, 규범, 전통 등을 통합한 개념이라 볼 수 있으며, 기업 조직과 구성원 개개인의 행동에 영향을 미치게 된다.

14 정답 ⑤

해설 조직문화적 가치는 조직구성원의 공유된 가치 및 신념체계이기 때문에 다른 기업의 제도나 시스템을 벤치마킹한다고 해서 조직문화적가치도 쉽게 이전되는 것은 아니다.

15 정답 ⑤

해설 Deal & Kennedy의 조직문화 유형은 거친 남성문화, 사운을 거는 문화, 열심히 일하고 노는 문화, 과정 문화 네 가지 유형으로 구분된다.

16 정답 ④

해설 블레이크와 무톤(R. R. Blake & J. Mouton)은 관리격자 모형에서 리더가 지향할 수 있는 방향을 일(생산)에 관한 관심과 인간에 관한 관심으로 구분하였다.

17 정답 ⑤

해설 윤리적 리더십에 대한 설명이다.

18 정답 ②

해설 팀형(9-9)은 팀 제도하에서 가장 바람직한 유형으로 과업이나 목표에 대한 관심뿐 아니라 인간에 대한 관심도 높아서 조직원들의 사기와 성장을 중요하게 여긴다.

19 정답 ①

해설 자유방임적 리더십은 종업원이 더 많은 것을 알고 있는 전문직인 경우에 효과적이다. 민주적 리더십은 유연함과 책임을 빠르게 형성할 수 있으며 새로운 것들을 정하는 데 도움이 된다.

20 정답 ②

해설 서번트 리더십에 대한 설명이다.

21 정답 ①

해설 성과평가는 개인이 달성한 성과를 전체 조직에 부여된 목표와 비교하여 효과성, 능률성 등을 총체적으로 평가하는 과정이다.

22 정답 ②

해설 기록법, 서열법은 전통적 고과 방법이다.

23 정답 ②

해설 ①·③·④·⑤ 직무명세서에 해당된다. 직무기술서는 직무분석의 결과를 토대로 특정 직무의 성격·내용·이행방법 등과 해당 직무의 능률적인 수행을 위하여 직무에서 기대되는 결과 등을 일정한 양식에 따라 간략하게 정리해 놓은 문서이다(과업요건에 초점).

24 정답 ②

해설 ① **서열법(ranking method)** : 각 직무의 난이도 및 책임성 등을 평가하여 서열을 매기는 방법
③ **점수법(point method)** : 직무를 각 구성요소로 분해한 뒤 평가한 점수의 합계로써 직무의 가치를 평가하는 방법

④ **요소비교법**(factor comparison method) : 객관적으로 가장 타당하다고 인정되는 기준직무를 설정하고, 이를 기준으로 평가직무를 기준직무와 비교함으로써 평가하는 방법
⑤ **직무순환법**(job rotation method) : 다른 직무를 담당하도록 담당 직무를 바꾸어 다양한 경험을 부여하는 방법

25 정답 ③

해설 행동과학적 인적자원관리는 근로자의 개인 욕구와 조직의 욕구를 동시에 충족시켜 과업중시와 인간존중을 동시에 추구하는 인사관리 이론이다. 이를 위해 근로자의 행동을 과학적으로 이해하고, 근로자에게 자발적인 노력을 유도하기 위한 동기부여 기법을 연구한다.

26 정답 ④

해설 예수금은 거래와 관련하여 임시로 보관하는 자금으로, 회사가 거래처나 임직원으로부터 임시로 수령한 자금, 고객이 거래의 이행을 보증하기 위해 금융기관에 거래대금의 일부를 예치하는 자금, 종업원이 부담할 소득세 · 4대보험료를 원천징수한 금액 등이 있으며 부채에 해당한다. 자본잉여금은 회사 영업이익 이외의 잉여금이다.

27 정답 ⑤

해설 타인자본은 차입금이나 사채와 같이 외부로부터 조달한 자본을 말하며, 재평가적립금은 자본잉여금에 속한다.

28 정답 ③

해설 자본비용은 기업이 자본을 조달하여 사용하는 것과 관련해 부담해야 하는 비용이다. 투자자 입장에서는 투자한 자본에 대하여 최소한으로 기대하는 요구수익률이며, 경우에 따라서는 기회비용 개념으로서 기업이 선택하지 않은 대체 투자안으로부터 얻을 수 있는 가장 높은 수익률을 의미하기도 한다.

29 정답 ②

해설 예수금은 유동부채에 해당한다.

30 정답 ③

해설 안정성 비율은 기업의 장기채무 상환능력을 평가하기 위한 비율로 레버리지 비율이라고도 하며, 자산의 물리적인 이용도를 측정하는 비율은 활동성 비율이다.

31 정답 ④

해설 팩토링은 외상매출채권의 매입업무이다. 즉, 금융기관들이 기업으로부터 상업어음 · 외상매출증서 등 매출채권을 매입하여 이를 바탕으로 자금을 빌려주는 제도를 말한다.

32 정답 ①

해설 **3년치 현금유입에 대한 현재가치 계산**

$$\frac{3,000,000}{(1+0.1)^1} + \frac{4,000,000}{(1+0.1)^2} + \frac{5,000,000}{(1+0.1)^3}$$

$$= \frac{3,000,000}{1.1} + \frac{4,000,000}{1.21} + \frac{5,000,000}{1.331}$$

$= 2,727,272 + 3,305,785 + 3,756,574 = 9,789,631$

최종 답은 10,000원의 자리에서 버림하여 구한다고 제시되어 있으므로 약 9,700,000원이 된다.

33 정답 ④

해설 변동금리부 채권(FRN ; Floating Rate Note)은 계약기간 동안 연동된 지표금리에 따라 이자율이 주기적으로 변동되는 대표적인 지표금리 연동 채권이다.

34 정답 ③

해설 제품재고에 대한 투자가 총이익을 얼마나 잘 달성했는가를 평가하는 지표는 GMROI이다.

35 정답 ③

해설 ㉠ **순이익증가율** : 성장성을 측정할 수 있는 비율이다.
㉡ **주가수익비율** : 시장가치를 측정할 수 있는 비율이다.
㉂ **유동비율** : 유동성을 측정할 수 있는 비율이다.

CHAPTER 04 물류경영관리

최신빈출 대표유형문제

SECTION 01 도소매물류의 이해
1. 도소매물류의 기초
2. 물류합리화
3. 물류표준화와 물류공동화
4. 물류의 고객서비스

SECTION 02 도소매물류관리
1. 수요예측
2. 재고관리
3. 운송활동
4. 보관활동 및 창고관리
5. 포장과 하역
6. 물류정보와 물류정보시스템
7. 물류비
8. 물류아웃소싱과 제3자물류, 제4자물류
9. 국제물류와 국제물류관리

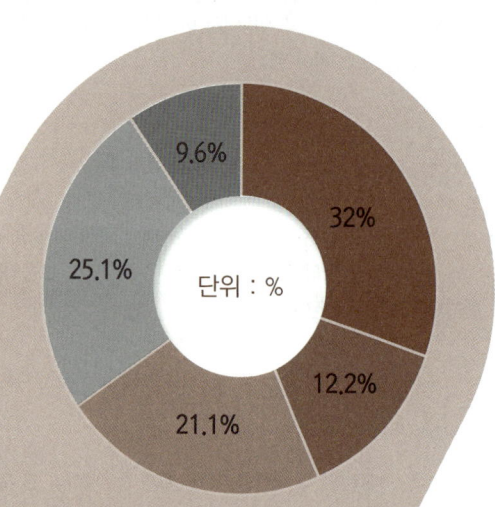

- 유통의 이해
- 유통경영전략
- 유통경영관리
- 물류경영관리
- 유통기업의 윤리와 법규

최근 5년간 챕터별 출제비중 / 회당 평균 6.5문제 출제(5개년 기준 총 15회)

비중	출제영역		2021	2022	2023	2024	2025	합계
32%	제1장	유통의 이해	23	19	25	27	26	120
12.2%	제2장	유통경영전략	10	7	8	9	12	46
21.1%	제3장	유통경영관리	15	19	21	14	10	79
25.1%	제4장	물류경영관리	19	21	14	20	20	94
9.6%	제5장	유통기업의 윤리와 법규	8	9	7	5	7	36
	합계(문항 수)		75	75	75	75	75	375

출제지문 퀴즈로 핵심체크!
테마로 푸는 필수 기출문제

최대 출제 POINT & 학습목표

❶ 채찍효과

❷ 공급사슬관리

❸ 경제적 주문량

❹ 주요 운송수단의 상대적 특징

❺ 물류활동의 기능

❻ 수·배송합리화

❼ 보관창고

❽ 물류아웃소싱

CHAPTER 04 최신빈출 대표유형문제

01 아래 글상자의 사례에 해당되는 물류활동으로 가장 옳은 것은? 24년 2회

> A사는 배송 시 사용했던 포장재나 포장용기를 재활용하기 위해서 수거한다. 즉, 과거에는 배송 후 공차(空車)로 복귀했다면 지금은 포장재, 포장용기를 채워서 복귀한다.

① 폐기물류
② 회수물류
③ 사내물류
④ 판매물류
⑤ 반품물류

관련이론 188p

해설 ② 회수물류는 빈 용기, 빈 병, 포장재 등을 재사용하기 위해 고객으로부터 회수되어 오는 물류를 의미한다.

대표유형 더보기
- 다양한 물류 활동을 기능에 의해 분류할 경우 기본 활동에 포함되는 것들만 바르게 나열한 것은? 24년 3회
- 물류의 기본적 기능과 관련한 활동에 대한 설명으로 가장 옳지 않은 것은? 23년 2회
- 물류영역과 관련해 고려할 사항으로 가장 옳지 않은 것은? 22년 2회
- 물류활동에 관련된 내용으로 옳지 않은 것은? 21년 1회

02 공급사슬관리(SCM)의 실행과 관련한 설명으로 가장 옳지 않은 것은? 21년 3회

① 공급업체와 효과적인 커뮤니케이션이 적시에 이루어져야 한다.
② 장기적으로 강력한 파트너십을 구축한다.
③ 각종 정보기술의 효과적인 활용보다 인적 네트워크의 활용을 우선시한다.
④ 경로 전체를 통합하는 정보시스템의 구축이 중요하다.
⑤ 고객의 가치와 니즈를 이해하고 만족시킨다.

관련이론 190p

해설 ③ 공급사슬관리(SCM)의 효과를 제대로 발휘하고 충족시키기 위해서는 전사적자원관리(ERP), 고객관계관리(CRM) 등의 통합정보시스템 지원은 필수적이기 때문에 인적 네트워크의 활용보다 각종 정보기술의 효과적인 활용이 필요하다.

대표유형 더보기
- 공급사슬관리(SCM)의 효과를 제대로 발휘하고 충족시키기 위한 기본요건으로 옳지 않은 것은? 19년 1회
- 공급체인관리를 도입할 필요성이 증가하게 된 배경으로 옳은 것은? 19년 2회
- 공급체인관리의 주요 원칙에 관한 설명으로 옳지 않은 것은? 19년 2회
- 공급사슬관리(SCM)가 전통적인 자재관리나 생산관리와 다른 이유로 옳지 않은 것은? 18년 2회

03 아래 글상자에서 설명하는 개념으로 옳은 것은? 23년 3회

> 제품에 대한 최종소비자의 수요 변동 폭은 크지 않지만, 소매상, 도매상, 제조업자, 원재료 공급업자 등 공급사슬을 거슬러 올라갈수록 변동 폭이 크게 확대되어 수요예측치와 실제 판매량 사이의 차이가 커지게 된다.

① 블랙 스완 효과(black swan effect)
② 밴드 왜건 효과(band wagon effect)
③ 채찍 효과(bullwhip effect)
④ 베블렌 효과(Veblen effect)
⑤ 디드로 효과(Diderot effect)

관련이론 191p

해설 ③ 채찍 효과란 공급자, 생산자, 도매상, 소매상, 고객으로 구성된 공급사슬망에 있어서 소비자 수요의 작은 변동이 제조업체에 전달되는 과정에서 지연·왜곡 및 확대되는 현상이다.

대표유형 더보기
- 채찍효과(bullwhip effect)를 줄일 수 있는 대안으로 가장 옳지 않은 것은? 22년 2회
- 실제 소비자 주문의 변화 정도는 적은데 소매상과 도매상을 거쳐 상위단계인 제조업체에 전달되는 변화의 정도는 크게 증폭되는 효과를 설명하는 용어로 가장 옳은 것은? 20년 2회
- SCM상에서 채찍효과(bullwhip effect)를 방지하기 위한 방법으로 옳지 않은 것은? 20년 추가, 19년 1회
- 공급사슬관리상의 채찍효과가 일어나는 원인으로 가장 옳지 않은 것은? 18년 2회

04 수배송물류의 기능으로 옳지 않은 것은? 20년 3회

① 분업화를 촉진시킨다.
② 재화와 용역의 교환기능을 촉진시킨다.
③ 대량생산과 대량소비를 가능하게 하여 규모의 경제를 실현시킨다.
④ 문명발달의 전제조건이 되기는 하나 지역간·국가간 유대를 강화시키지는 못한다.
⑤ 재화의 생산, 분배 및 소비를 원활하게 하여 재화와 용역의 가격을 안정시켜 주는 기능을 한다.

관련이론 197p

해설 ④ 수배송물류는 공간적 격리를 극복시키는 장소적 이동을 통해 지역간·국가간 유대를 강화시킨다.

대표유형 더보기
- 아래 글상자에서 설명하는 수배송 공급모형으로 옳은 것은? 19년 1회
- 물류관리에서 배송합리화의 방안으로 공동배송을 실시하려고 할 때 유의해야 할 사항과 가장 거리가 먼 것은? 18년 3회
- 수송과 배송의 효율적 관리에 대한 설명으로 가장 옳지 않은 것은? 18년 1회

01 ② 02 ③ 03 ③ 04 ④

05 아래 글상자의 자료를 이용해서 A사의 경제적 주문량을 옳게 계산한 것은? 25년 2회

- 연간수요량 : 30,000개
- 1회 주문비용 : 50,000원
- 재고유지비율 : 30%
- 제품평균단가 : 10,000원

① 100개
② 1,000개
③ 5,000개
④ 10,000개
⑤ 20,000개

해설

- 경제적 주문량(EOQ) = $\sqrt{\dfrac{2 \times 1회당\ 주문비용 \times 연간수요량}{연간\ 단위당\ 재고유지비용}}$
- 연간 단위당 재고유지비용 = 제품구매단가(단위당 가격) × 재고유지비율

A사의 경제적 주문량 = $\sqrt{\dfrac{2 \times 50,000 \times 30,000}{10,000 \times 30\%}} = \sqrt{\dfrac{3,000,000,000}{3,000}} = \sqrt{1,000,000} = 1,000$개

관련이론 207p

대표유형 더보기

- 아래 글상자의 자료를 토대로 계산한 경제적 주문량(EOQ)이 200이라면 연간 단위당 재고유지 비용으로 옳은 것은? 23년 3회
- A사의 제품은 연간 19,200개 정도가 판매될 것으로 예상되고 있다. 제품의 1회 주문비용은 150원, 제품당 연간 재고유지비가 9원이라고 할 때 경제적 주문량(EOQ)으로 가장 옳은 것은? 22년 3회
- 연간 재고유지비용과 주문비용의 합을 최소화하는 로트 크기인 경제적 주문량을 계산하는 과정에서 사용하는 가정으로 가장 옳지 않은 것은? 22년 2회
- 아래 글상자에 제시된 내용을 활용하여 경제적 주문량을 고려한 연간 총재고비용을 구하라(기준 : 총재고비용 = 주문비 + 재고유지비). 21년 1회

06 복합운송인의 기능에 대한 설명으로 가장 옳지 않은 것은? 25년 1회

① 화주와 운송계약을 체결하고 사전에 선복을 예약하여 화주의 운송을 책임질 수 있는 운송역량을 확보한다.
② FCL의 집화, 분류 및 혼재를 통해 LCL로 만들어 화물운송의 효율성을 높인다.
③ 선복예약서, 선적허가서 등 운송 관련 서류를 화주 대신 작성한다.
④ 복합화물운송을 위한 포장, 통관, 보관부보 등 운송과 관련된 부대서비스를 제공한다.
⑤ 국가별, 화물별 등 화물운송에 대한 전문적인 지식과 노하우로 송화주 및 수화주의 업무를 컨설팅한다.

관련이론 213p

해설 ② 복합운송인은 2개 이상의 운송수단을 결합하여 송하인을 상대로 복합운송계약을 체결하고 2국 이상을 운송하는 운송인으로, LCL(소량화물)을 모아서 FCL(만재화물)로 만들어 효율성을 높이는 것이 일반적이다.

대표유형 더보기

- 운송에 관련된 내용으로 옳지 않은 것은? 23년 3회, 21년 2회
- 주요 운송수단의 상대적 특성에 대한 설명으로 가장 옳지 않은 것은? 20년 추가
- 기업이 선택할 수 있는 주요 수송 수단인 철도, 육로(트럭), 해상운송, 항공, 파이프라인을 상대적으로 비교했을 때 가장 옳지 않은 것은? 18년 1회

07 자가창고와 영업창고의 상대적 비교 설명으로 가장 옳은 것은? 24년 2회

구 분		자가창고	영업창고
㉠	세금혜택	특정지역 세금 혜택	감가상각 허용
㉡	위 험	기술적 진부화에 따른 위험 낮음	기술적 진부화에 따른 위험 높음
㉢	통 제	종업원 및 절차에 대한 직접 책임 통제가 유리	종업원 및 절차에 대해 직접 책임
㉣	초기투자	설비, 창업, 장비, 교육에 대한 투자 없음	설비, 창업, 장비, 교육에 투자
㉤	영업비용	충분한 물량이면 저렴	고비용

① ㉠
② ㉡
③ ㉢
④ ㉣
⑤ ㉤

관련이론 216p

해설 ⑤ 자가창고의 경우 물량이 충분하면 영업비용이 오히려 더 저렴해지고, 영업창고의 경우 물량이 많을수록 영업비용도 늘어난다.

대표유형 더보기
- 아래 글상자 내용은 공공창고 3가지 유형에 대한 설명이다. 옳은 것을 모두 고르면? 24년 1회
- 보관을 위한 각종 창고의 유형에 대한 설명으로 가장 옳지 않은 것은? 23년 3회
- 자사가 소유한 자가창고와 도·소매상이나 제조업자가 임대한 영업창고를 비교한 설명으로 가장 옳지 않은 것은? 21년 1회
- 창고관리의 기능 중 이동(movement)의 하부활동에 속하지 않는 것은? 18년 1회

08 기능별 물류비에 대한 설명으로 가장 옳지 않은 것은? 24년 1회

① 운송비는 필요에 따라서 수송비와 배송비로 분류된다.
② 영업소나 지점에서 일어나는 부품의 조립과 관련된 비용은 유통가공비다.
③ 주문 처리비 중 수주에 있어서 영업이나 판매상의 계약 과정에서 발생하는 비용은 제외한다.
④ 포장비의 경우 물류 포장 활동에 사용된 비용으로 일반적으로 생산과정에서 발생한 제품의 포장비를 포함한다.
⑤ 하역비를 별도로 구분하지 않을 경우, 물류센터에 부설된 하역설비를 이용한 상하차비는 보관 및 재고관리비에 포함한다.

관련이론 223p

해설 ④ 포장비는 물자 이동과 보관을 용이하게 하기 위해 상자, 골판지, 파렛트 등의 물류 포장 활동에서 소비되는 비용을 말하며, 생산과정에서 소비된 제품의 포장비는 제외한다.

대표유형 더보기
- 물류비를 분류하는 다양한 기준 중에서 지급형태별 물류비로만 옳게 나열된 것은? 23년 1회
- 물류비를 산정하는 목적에 대한 설명으로 가장 옳지 않은 것은? 19년 3회
- 물적 흐름과정에 따라 분류한 영역별 물류비에 해당하지 않는 것은? 18년 3회

CHAPTER 04 물류경영관리

SECTION 01 도소매물류의 이해

1 도소매물류의 기초

01 물류의 개념과 중요성

(1) 물류의 개념
 ① 생산단계에서부터 소비 또는 그 이용에 이르기까지 상품의 이동 및 취급을 관리하는 것
 ② 재화가 공급자로부터 조달·생산되어 수요자에게 전달되거나 소비자로부터 회수되어 폐기될 때까지 이루어지는 운송, 보관, 하역 등과 이에 부가되어 가치를 창출하는 가공, 조립, 분류, 수리, 포장, 상표부착, 판매, 정보통신 등 모든 활동

(2) 스튜어트(W. M. Stewart)의 물류의 중요성이 강조되는 이유 `24-3`
 ① 물류의 가격 결정에 신축성을 부여하기 위하여 전국적인 평균비용에 의존하기보다는 개별시장으로의 운송에 소요되는 실제 분배비용의 산출이 필요해지게 됨
 ② 물류서비스 개선 및 물류비 절감을 통하여 기업의 고객에 대한 서비스 수준 제고 및 이를 통한 높은 수요 창출 가능
 ③ 소비자의 제품에 대한 다양한 요구는 재고 저장단위 수의 증대를 필요로 하여 재고불균형 등의 문제를 발생시킴
 ④ 소비자의 상품에 대한 저가 압력으로 능률적·간접적인 분배경로의 등장이 강요됨
 ⑤ 재고비용 절감을 위한 주문 횟수 증가 시, 이를 처리할 새로운 시스템의 도입 필요

(3) 도소매업체의 물류관리를 위해 필요한 의사결정 내용 `24-3`
 ① 상품을 어디에 보관해야 하는가?
 ② 상품을 어떻게 보관해야 하는가?
 ③ 상품은 어느 정도의 물량을 보관해야 하는가?
 ④ 주문은 어떻게 처리해야 하는가?

02 물류활동에 의한 기능의 분류 24-3, 23-2

물류의 기본활동	운송(수송)활동	• 운송수단(트럭, 화차, 선박, 항공기 등)을 이용하여 물품을 출발지에서 도착지까지 안전하게 이동시키는 행위 → 서로 다른 두 지점 간의 물자를 이동시키는 활동 • 전체 물류비 중 가장 큰 부분을 차지하는 요소
	보관활동	• 물품 저장기능 → 시간적 수급조절기능, 가격조정기능 수행 • 재고와 창고비를 줄이려고 하면 운송비가 증가하게 되는 상충관계(Trade off) 발생
	하역활동	• 운송(수송)과 보관 사이에서 발생하는 보조적 활동 • 운반, 적재, 피킹, 분배, 분류, 상하차 행위 등 제품을 취급하는 모든 활동 총칭 • 물류 각 접점에서의 연결고리 역할을 하나 자체적인 효용창출기능은 없음
	포장활동	• 상품의 가치 및 상태를 보호하기 위해 적절한 재료와 용기를 사용하는 것 • 생산의 종착점으로 표준화 · 모듈화 대상
	유통가공활동	• 고객 요구에 맞게 물류센터에서 상품 외형 또는 거래단위를 변경시키는 활동 • 단순 가공, 재포장, 라벨부착, 조립 등 제품이나 상품 부가가치를 높이기 위한 행위 포함
지원 활동	정보활동	• 유통 촉진을 위한 무형의 물자인 정보를 유통시키는 활동 • 운송, 보관, 포장, 하역 등의 기능을 서로 연계시켜 물류 전반을 효율적으로 수행
	물류관리활동	물류활동에 대한 전반적 계획 및 물류활동의 조절 · 통제

03 물류의 영역

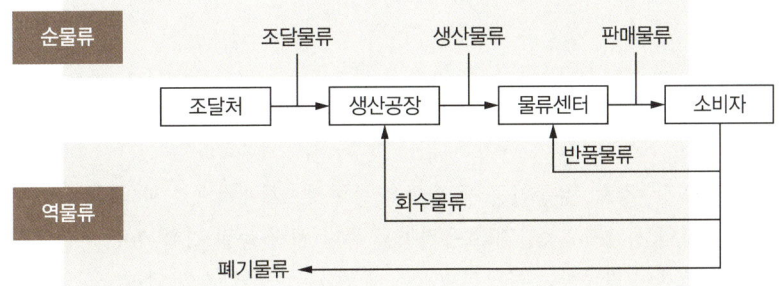

(1) 물류의 영역 : 순물류와 역물류

순물류	• 고객요구 충족을 위해 원산지부터 소비지까지 원자재, 재공품, 완성품 및 관련 정보 흐름을 가장 합리적인 비용으로 계획 · 실행 · 관리하는 프로세스 • 조달물류, 생산물류, 판매물류
역물류	• 물류활동을 통해 소비자에게 전달된 제품이 고객에게 더 이상 필요로 하지 않는 상황이 발생하면 제품을 회수하여 상태에 따라 최적으로 처리하는 프로세스 • 반품물류, 회수물류, 폐기물류

(2) 영역에 의한 기능의 분류 24-2, 24-1, 22-2, 21-1, 20-추가

순물류	조달물류	• 물자가 조달처에서 운송되어 매입자의 물자보관창고에 입고, 관리된 후 생산공정(또는 공장)에 투입되기 직전까지의 물류활동 • 물류의 시발점 • 고려 사항 : 포장의 표준화, 수송루트 최적화 도출, 협력업체와 공동화 추진, 파렛트 및 용기 등 규격화, *공차율 최소화, *JIT 납품 *공차율 : 전체 운행하는 화물 차량 중 빈차의 비율 *JIT(Just-In-Time) 납품 : 주문이 정시납품 달성에 딱 알맞도록 생산되게 하는 것
	생산물류	• 자재창고에서의 출고작업부터 생산공정으로의 운반하역, 창고 입고 작업까지의 물류 활동 • 고려 사항 : 공정재고 최소화(작업교체나 생산사이클 단축, 생산평준화 등)
	판매물류	• 물류의 최종단계로 제품을 소비자에게 전달하는 일체의 수·배송활동 • 고려 사항 : 수·배송센터 설치(수·배송시스템화), 수·배송효율화, 신선식품 콜드체인화, 공동물류센터 구축 등
역물류	반품물류	• 소비자에게 판매된 제품 혹은 제품 자체의 문제점(파손, 이상 등) 발생으로 인한 상품 교환·반품을 위한 물류활동 • 물품반환, 반품 소지 제거를 위해 전사적 차원의 고객 요구 파악 필요 • 고려 사항 : 주문예측 정밀도 향상으로 반품 감소 노력
	회수물류	• 제품·상품의 판매물류에 부수적으로 발생하는 빈 물류 용기(파렛트, 컨테이너 등)를 회수하는 물류활동 例 배송 시 사용했던 포장재나 포장용기를 재활용하기 위해서 수거 → 과거에는 배송 후 공차(空車)로 복귀했다면 지금은 포장재, 포장용기를 채워서 복귀
	폐기물류	파손, 진부화 등으로 제품·용기 등이 기능을 수행할 수 없거나 기능 수행 후 소멸되어야 할 상황일 때 이를 폐기하는 물류활동

04 물류관리

(1) 의 의

① 개 념

㉠ 운송, 보관, 하역, 포장, 정보, 유통가공 등 활동을 종합적·체계적으로 관리하는 것

㉡ 제품 비용절감, 재화의 시간적·공간적 효용가치를 통한 시장 능력 강화 추구

② 목표 : 최소비용으로 고객이 만족하는 물류서비스를 제공하는 물류합리화 달성

(2) 필요성

비용절감	• 물류비 분야에서의 영업비용절감 도모 • 재고보유와 수송비용 관련 조절
판매촉진 실현	• 과거 물류활동은 마케팅 보조 활동으로 인식되어 왔으나 최근 원가 대비 물류비 증가 및 소비자 주문의 신속한 처리를 통한 물류활동의 중요성 인식 • 물류활동의 효율적 관리 필요성

2 물류합리화

01 물류합리화 개념과 원인

(1) 개 념

① 운송, 보관, 하역, 포장 등 물류 하부기능을 통합하여 전체흐름을 합리화하는 것
② 물류합리화는 운송, 보관, 포장, 하역뿐만 아니라 물류조직도 대상
③ 비용과 서비스 사이의 상충관계 고려 → 비용절감과 적정 고객서비스 수준 유지의 적정한 조정
④ 문제점 극복을 위해 전체적인 물류 네트워크를 고려한 최적화 달성

(2) 기업들이 물류합리화를 적극 추구하는 원인 **23-2, 20-3**

비용절감	• 물류비 증가 경향 • 생산 부분 합리화, 즉 생산비 절감에는 한계가 있음
경쟁우위 확보	• 기업 간 경쟁 승리를 위해 물류면에서의 우위 확보 필요 • 물류차별화를 통해 경쟁우위 확보 가능
고객 니즈 만족	• 고객의 요구가 다양화, 전문화, 고도화되어 고객에게 동일한 서비스 제공이 힘듦 • 고객서비스 향상이 특히 중요시
기술 혁신	• 각종 기술혁신 기법과 IT에 의해 운송, 보관, 하역 포장기술 발전 • 정보면의 발전 속도도 현저하게 높아짐

02 물류의 상충(trade off) 관계

(1) 개 요 **21-3**

① 상충관계 개념
   ㉠ 한쪽의 목적을 보다 많이 달성하려고 하면 다른 쪽의 목적 달성이 일부 희생하게 되도록 하는 목적 간의 관계
   ㉡ 어느 한 분야의 비용감소는 반드시 다른 분야의 비용증대를 초래한다는 개념
② 기업의 물류비용절감과 고객서비스 수준은 동시에 최대화할 수 없으므로 기업의 물류합리화는 상충관계의 분석이 기본
③ 상충관계가 있는 상황에서는 구체적인 대안의 장단점을 모두 고려하여 그 수준을 적정하게 조정하여야 함

(2) 효율적 물류관리를 위해 고려해야 할 상충관계

① 기업의 물류비용과 고객서비스 간 상충관계
② 기업 내 물류기능과 타 기능 간의 상충관계
③ 제조업자와 운송업자 및 창고업자 등 기업조직과 기업 외 조직 간의 상충관계

(3) 재고, 운송, 고객서비스 등의 상충관계(trade-off) **22-1**

재고 관련	• 재고량(재고수준)이 감소되면 보관비용 감소, 서비스 수준도 일반적으로 저하 • 재고량이 감소되면 주문에 적시 대응하는 조직 능력도 저하
고객서비스와 비용	• 신속한 운송(운송 리드타임 단축)으로 인한 고객서비스 수준 증가는 수송비용 증가 초래 • 높은 고객서비스 수준을 지향하면 재고비용과 재고운반비 증가 • 낮은 배송비용을 지향하면 고객서비스 수준의 감소를 가져옴

창고 수	• 창고 수가 증가할수록 고객서비스 증가 • 창고 수가 증가할수록 재고비와 재고유지비용 증가 • 창고 수가 증가할수록 시설투자비와 안전재고의 합 증가 • 창고 수가 증가할수록 운송비는 감소

(4) 유통산업이 합리화되는 경우 나타나는 현상 23-3

① 업무 효율화를 통해 유통업체 규모 축소
② 유통경로상 제조업체의 협상력 축소
③ 법률이나 정부 규제 완화
④ 생산지 가격과 소비자 구매가격 격차가 줄어듦
⑤ 유통경로 단축으로 유통비용절감

03 공급사슬관리(SCM ; Supply Chain Management)

(1) 개 념

① **공급사슬** : 제품이 원재료 공급자로부터 공장과 창고를 거쳐 소비자에게 전달되는 전 과정에서의 물자 · 정보 · 지불 · 서비스 등의 흐름

② **공급사슬관리(SCM)**
  ㉠ 원재료 구매부터 최종고객까지의 전체 물류흐름을 계획하고 통제하는 통합적인 관리 방법
  ㉡ 원료 공급자로부터 최종소비자까지 이르는 전체 과정에 걸친 기업들의 공동 전략

③ 공급사슬관리(SCM)가 전통적 자재관리 · 생산관리와 다른 이유 18-2
  ㉠ SCM은 전략적 의사결정을 요구함
  ㉡ SCM는 정보시스템에 대한 새로운 접근방법을 요구함 → 전 프로세스의 흐름을 통합 · 연계하여 전체적인 시스템으로 이해하고 분석하려는 경영 패러다임
  ㉢ 균형을 위한 메커니즘의 마지막 보루로 이용되는 재고에 대한 새로운 접근 방법 요구
  ㉣ SCM을 하나의 실체로 간주하여 공급사슬상 여러 세그먼트에 대한 단편적 책임을 기능부분(구매, 생산, 판매, 배송 등)에 귀속시키지 않음
  ㉤ SCM에서의 '공급'은 실질적으로 공급사슬상 모든 기능의 공유된 목표 → 전체 원가 및 시장점유율에 미치는 영향 때문에 전략적 중요성을 가짐

(2) SCM 도입 증가 배경 19-2

① SCM 시스템의 복잡 · 비효율적 업무 프로세스를 개선하기 위한 BPR(Business Process Reengineering)의 노력 증가
② 기업 핵심역량 집중화와 주변사업의 외부조달 활성화
③ 부가가치 원천이 기업 내부에서 외부로 이동
④ 기업경쟁력 제고를 위해 기업내부 최적화보다 공급망 전체의 최적화 필요
⑤ *대량고객화(매스 커스터마이제이션 ; mass customization)의 강화
  *대량고객화 : 종래의 표준화된 제품을 대량생산해서 판매하던 방식에서 대부분의 고객들이 공통적으로 요구하는 특징을 정확히 파악하고 범주화시켜서 개별 고객의 요구에 맞춰 제조 납품하는 방식
⑥ 수요정보의 왜곡현상을 줄이고 그에 따른 안전재고 증가 예방

(3) 채찍효과 23-3, 22-3, 22-2, 20-추가, 20-2, 19-1, 18-2, 18-1

① 개념

㉠ 제품에 대한 최종소비자의 수요 변동 폭은 크지 않지만, 소매상, 도매상, 제조업자, 원재료 공급업자 등 공급사슬을 거슬러 올라갈수록 변동 폭이 크게 확대되어 수요예측치와 실제판매량 사이의 차이가 커지는 현상

㉡ 최종 고객으로부터 공급망의 상류로 갈수록 판매예측정보가 왜곡되는 현상

② 발생원인

부정확한 수요예측	• 공급체인의 각 단계에서 독립적인 수요예측 • 수요예측이 소비자의 실제 수요에 기반하지 않고 거래선의 주문량에 근거하여 이루어짐 • 가격할인을 통한 일시적인 수요량 증가를 인지하지 못하고 주문 • 인기 높은 제품 판매를 위해 소매상이 실제 수요보다 과대 주문 • 주문 시 긴 리드타임의 안전재고까지 포함하여 주문
공급사슬 단계 증가	공급사슬의 구성원이 증가하여 단계가 늘어나기 때문
정보의 불일치	제조업자, 유통업자, 고객 사이에서 제품 거래와 관련된 정보의 불일치에 기인
가격변동의 심화	각종 프로모션, 대규모 할인정책 실시 등 가격정책의 영향으로 제품가격 변동이 심화되기 때문
리드타임의 증가	과도한 통제에 따른 리드타임이 증가하기 때문
일괄주문처리 (Order Batching)	각각의 단계에서 주문이 일괄처리되기 때문

③ 해결방안

전략적 파트너십	• 공급사슬 내 정보 공유를 위해 많은 전략적 파트너십에 참여하여 공급망 관점의 재고관리 강화 • 공급자재고관리(VMI ; Vendor Managed Inventory) 등 공급체인 구성원 간에 전략적 관계 강화
불확실성 최소화	• 공급망 전반에 걸쳐 수요정보를 중앙집중화하고 상호 공유하여 불확실성 최소화(예 벤더와 소매업체 간 정보교환) • *S&OP(Sales and Operations Planning) 활용 *S&OP(Sales and Operations Planning) : 기업의 상품 및 서비스 판매 · 운영방안에 대한 유관부서들 간 합의된 판매운영계획으로, 기업이 수요와 공급 균형을 달성할 수 있도록 지원하는 의사결정 프로세스
수요 변동 최소화	• 항시저가전략(EDLP ; Everyday Low Price) 등 가격안정화 정책 도입으로 가격 변동 폭을 줄임으로써 수요 변동 감소 • 일괄주문처리 방식을 소량 다빈도 주문방식으로 전환 • 과거 판매실적을 활용한 배분 실시 • 공급사슬 전반의 중복 수요예측을 피하고 일괄수요예측 실시 • 지나치게 잦은 할인행사 지양
리드타임 단축	EDI(Electronic Data Interchange) 활용, 제품 공급 리드타임 단축

+ 더 알아보기 각종 경제현상 관련용어 23-3, 20-2

- 블랙 스완 효과 : 극단적으로 예외적이어서 발생가능성이 없어 보이지만 일단 발생하면 엄청난 충격과 파급효과를 가져오는 사건을 가리키는 용어
- 밴드 왜건 효과 : 대중적으로 유행하는 정보를 따라 상품을 구매하는 현상
- 베블렌 효과 : 가격이 오르는데도 일부 계층의 과시욕이나 허영심 등으로 인해 수요가 줄어들지 않는 현상
- 디드로 효과 : 하나의 물건을 구입한 후 그 물건과 어울리는 다른 제품들을 계속 구매하는 현상
- 바넘효과 : 보편적으로 적용되는 성격 특성을 자신의 성격과 일치한다고 믿으려는 현상

(4) 공급망의 원활한 운영을 방해하는 위험 **25-2**

① 공급 관련 영역에서의 위험 : 공급의 불안정성, 공급자 생산능력 제약, 리드타임의 불확실성, 글로벌 소싱, 단독 공급자에 대한 높은 의존도 등
② 수요 관련 영역에서의 위험 : 채찍효과로 인한 재고 불균형, 불확실한 수요, 시장에서의 가격하락, 수요의 다양성·수요변동 등
③ 프로세스 관련 영역에서의 위험 : 프로세스의 복잡성, 프로세스의 병목 현상, 부적절한 내부적 프로세스 등
④ 네트워크 관련 영역에서의 위험 : 파트너 간 신뢰의 부족, 투명성 및 가시성 부족, 네트워크의 복잡성 등
⑤ 환경 관련 영역에서의 위험 : 지정학적 격변, 정부 간섭, 날씨 등 자연재해, 인적 재해, 정치적 불안정 등

(5) 공급사슬관리(SCM)의 효과적 실행을 위한 기본요건 **21-3, 19-2, 19-1**

공급체인 구성원 간 관계	• 경쟁 관계에서 동반관계로 전환 필요 • 장기적으로 강력한 파트너십 구축 • 파트너 간 커뮤니케이션이 효과적이어야 하며 적시에 이루어져야 함 • 물류활동 통합을 위해 체인 내 파트너들의 수요·판매·재고·수송 등 자료 공유 필요
수요기업과 공급기업 관계	• 진실한 협력(true-collaborative) 체제 구축 필요 • 소매업체와 제조업체 간 원활한 커뮤니케이션 필요
정보기술 관련	• 경로 전체를 통합하는 통합정보시스템 구축 필수(전사적자원관리(ERP), *고객관계관리(CRM) 등) *고객관계관리(CRM) : 고객의 데이터베이스 정보를 기업의 마케팅에 활용하는 기법 • 인적 네트워크보다 각종 정보기술을 효과적으로 활용해야 함
고객 관련	고객 가치와 고객의 니즈를 이해하고 이를 만족시키는 것이 중요

(6) 효율적 공급사슬(Efficient Supply Chain)과 반응적 공급사슬(Responsive Supply Chain) **22-3**

구 분	효율적 공급사슬	반응적 공급사슬
목 표	최저가격으로 예측 가능한 수요에 효율적으로 공급	예측 불가능한 시장 수요에 신속하게 대응
수 요	안정적·예측가능한 경우	불확실한 수요
제품 전략	기능적 제품, 비용 최소화	혁신적 제품, 모듈러 디자인
가격 전략	가격이 주요 경쟁 무기, 저마진	가격이 주요 경쟁 무기 아님, 고마진
생산 전략	재고생산, 대량생산, 표준화	• 주문조립, 주문생산, 고객화 • 제품 혹은 서비스의 다양성 강조 • 여유 생산능력 높음
납품업체 선정기준	저가격, 일관된 품질, 적기공급	속도, 유연성, 고품질, 신뢰성
재고 전략	높은 재고회전율, 재고 최소화	• 부품 및 완제품 안전재고 유지 • 신속한 납기가 가능할 정도의 재고 투자
리드타임 전략	비용증가가 없는 경우 리드타임 단축 노력	적극적인 리드타임 단축(비용 증가 시에도 노력)
운송 전략	저비용 수단	신축성, 대응성이 높은 수단
여유생산능력	낮음, 높은 설비이용률	높음, 유연성

(7) e-공급망 관리(e-SCM)
  ① 개념 : e-Business의 범위에서 원자재 조달, 생산, 수·배송, 판매 및 고객관리 프로세스의 물류흐름과 관련활동의 통합적인 관리기법을 인터넷에 기반하여 실시간으로 신속하고 효율적으로 처리하는 것
  ② 기업이 e-공급망 관리(e-SCM)를 통해 얻을 수 있는 효과 **23-3**
    ㉠ 고객욕구의 변화에 더욱 신속한 대응이 가능하여 고객만족도 증가
    ㉡ 공급자와 구매자 간 정보공유로 필요한 물량 자동보충 가능, 재고감축 가능
    ㉢ 거래 및 투자비용절감
    ㉣ 공급망 자동화로 전체 주문 이행 사이클 타임 단축
    ㉤ 구매자 데이터를 분석하여 구매자별 개별 니즈를 충족하는 차별화된 서비스 제공

(8) 공급사슬관리(SCM) 관련 응용기법
  ① 칸반(Kanban) 시스템 **20-3**
    ㉠ 낭비 제거와 효율성 극대화를 위해 적기·적시 방식으로 필요한 것을 필요한 때 필요한 만큼 생산 → 적시생산시스템, 재고조달방식
    ㉡ 제품이나 서비스 공정 과정의 최적화를 위해 시각적으로 표시하여 관리
    ㉢ 재고보충 리드타임이 짧아 지속적 보충을 하는 경우 적용 용이
  ② 린 생산방식과 애자일 생산방식 **20-3**

린(Lean) 생산방식	• 과잉생산, 과잉재고, 보관기간, 운송시간 등 낭비적 요소를 제거해 공급망의 속도와 흐름을 높이려는 전략 • 많은 생산량, 낮은 변동, 예측가능한 생산환경에서 적용 가능
애자일(Agile) 생산방식	• 기업을 실행 중심의 민첩한 조직으로 만들어 시장과 수요에 신속하게 대응하는 전략 • 소규모 인원이 신속하게 제품을 개발하고 지속적으로 이를 업데이트하는 방식 • 수요 다양성이 높고 예측이 어려운 생산환경에서 적용 가능
린/애자일 혼합전략	낭비를 없애고 효율을 추구하는 린 방식과 다양하고 예측이 어려운 수요에 신속하게 대응하는 애자일 방식의 혼합 전략 예 적은 수의 페인트 기본색상 재고만 보유하고, 소비자들에게 색깔관점에서 커스터마이즈된 솔루션 제공

  ③ QR(신속반응 시스템 ; Quick Response) **20-3, 20-추가**

개 념	• 고객이 원하는 시간·장소에 필요한 제품을 공급하기 위한 물류정보시스템 • 수입의류 시장잠식에 대응하기 위해 미국 패션의류업계가 섬유업계, 직물업계, 의류제조업계, 의류소매업계 간 제휴를 바탕으로 개발·도입한 시스템
특 징	• EDI, 바코드, POS 등 정보기술 이용 • 수요예측이 힘들고 리드타임이 짧은 경우 적용 용이
목 표	리드타임 단축, 재고감축
신속반응 시스템의 효과 **18-2**	• 소매업자 측면 : 수익증대 및 고객서비스 개선효과 • 제조업자 측면 : 생산 및 수요예측 용이, 상품 품절 방지 • 원자재로부터 최종 제품에 이르는 리드타임 단축 및 재고 감소 • 적정 수요량 예측으로 안전재고 감소 및 재고회전율 향상 • 신속·정확한 소비자 수요동향 분석이 가능하여 시장변화에 효과적 대응

④ 공급자주도형재고관리(VMI ; Vendor Managed Inventory) 22-1, 21-3, 18-2

개 념	• 공급자가 고객사를 위해 제공하는 가치향상서비스 활동 • 생산자(공급자, 제조업체)가 소매업자와 상호협의하여 소매업자 재고관리 • 제조업체가 상품보충시스템 관리 : 상품보충시스템 실행 때마다 판매·재고정보가 유통업체에서 제조업체로 전송됨
특 징	• 공급자 측은 소매업체의 실시간 판매정보를 기반으로 정확한 판매예측, 재고조절, 상품기획 가능 • 유통업체는 VMI 활용을 통해 재고관리 소요 인력·시간에 대한 비용, 발주처리비용 등 각종 비용절감 효과 획득 • VMI 구축 후에도 판매정보에 대한 적절한 분석이 이루어지지 않으면 이상적인 재고량 유지가 힘듦
효 과	상품리드타임 단축, 재고감소, 품절 감소 등
시행 방법	• 유통업체가 제조업체에 판매, 재고 정보를 전자문서교환(EDI)으로 제공하면 제조업체는 이를 토대로 과거 데이터 분석 및 수요 예측 진행, 상품의 적정 납품량 결정 • 데이터 분석결과를 토대로 제조업체가 유통업체의 물류센터로 제품 배송
CMI(공동재고관리, Co-Managed Inventory)	• VMI에서 한 단계 더 보완된 것 • 유통업체와 공급업체 간 협업을 통해 공동으로 재고를 관리하는 것 • VMI와 CMI의 차이 | VMI	제조업체(공급자)가 발주 확정 후 바로 유통업체로 상품배송 | |---|---|
CMI	제조업체가 발주 확정 전 발주권고를 유통업체에게 보내 상호합의 후 발주 확정	

⑤ 지속적 상품보충(continuous replenishment) 18-3
  ㉠ 소비자수요를 기초로 하여 소매점에 상품을 공급하는 방식
  ㉡ Pull 방식 사용 : 실제 판매된 데이터와 예측된 수요를 근거로 상품을 보충시키는 방식
  ㉢ 포스 데이터(*POS data) 사용 시 지속적 상품보충 프로세스를 더 개선할 수 있음
  *POS시스템 : 판매장의 판매시점에서 발생하는 판매정보를 바코드와 스캐너를 이용하여 컴퓨터로 자동 처리하는 시스템
  ㉣ 전자자료교환(EDI)을 통한 정보교환 가능

⑥ 지연전략(postponement strategy) 24-3, 22-3, 19-1
  ㉠ 제품 생산공정을 전공정과 후공정으로 나누고, 마지막까지 최대한 전 공정을 지연시키는 전략
  ㉡ 최종 제품 조립 시점을 최대한 고객 가까이 가져가 주문에 맞는 제품을 만드는 생산 리드타임을 단축하여, 시장 변화에 반응하는 능력을 키움
  ㉢ 지연전략의 구분

지리적 지연전략	• 가장 중요한 창고에 재고를 유지하며, 지역 유통업자들에게 고객 주문을 넘겨주거나 고객에게 직접 배송 • 전자기기 모듈을 공장에서 생산한 후 선박으로 미국이나 유럽에 보낸 후 현지에서 각국의 니즈에 맞게 조립 • 기본적인 형태의 프린터 생산 후 해외주문이 오면 해당 나라 언어가 기재된 외관을 조립하여 완성
제조(생산) 지연전략	• 제품을 완성하지 않고 범용 상태로 유지하다 주문접수 후 최종 완성 • 주문 이전에는 모든 스웨터를 하얀색으로 생산하고 주문 접수 후 수요에 맞는 염색을 하여 공급 • 고객들이 청바지 매장에 신체치수를 알려주면 일반형태의 청바지를 고객치수에 맞춰 바느질만 완성하여 제품 완성 • 페인트 공장에서 페인트를 제작하지 않고 페인트 가게에서 고객 요청에 맞게 페인트와 안료 비율을 결정하여 최종 페인트 완성
결합 지연전략	• 공통된 부품을 먼저 생산한 후 고객의 요청에 따라 결합하여 최종적으로 완성 • 컴퓨터를 유통센터에서 프린터, 웹캠 등 장치를 조립하거나 포장하는 것 • 자동차 판매 시 사운드시스템, 선루프 등을 설치옵션으로 두는 것

(9) 공급사슬관리(SCM)의 성과측정 방법 **18-1**

① 성과측정은 전체 기업의 성과에 초점을 맞춰야 함
② SCM 수행에 대한 실질적인 성과를 보여주어야 함
③ SCM 수행과 관련된 상세한 데이터를 보여줄 수 있는 매트릭스 필요
④ 측정 대상

프로세스 측정	주문주기 감소, 비용절감, 학습효과 향상 등
결과 측정	판매 및 수익 증가, 고객만족 증가

3 물류표준화와 물류공동화

01 물류표준화

(1) 물류표준화 개념

① 물류 각 단계에서 사용되는 화물유통 장비와 포장의 단순화·규격화·전문화로 물류활동에 공통의 기준을 부여하는 것
② 포장, 무게, 규격, 하역, 수송, 보관 등의 표준화로 물류비 절감 및 물류의 효율성 제고
③ 물류표준화는 포장 모듈화로 대표됨

(2) 물류표준화의 대상 **24-2**

포장표준화	수송포장의 포장치수
운송표준화	운송단위(트럭, 화차, 컨테이너, 파렛트 등), 기반시설(도로, 철도, 터미널 등)
보관표준화	보관단위(창고, 물류센터, 랙, 파렛트)
하역표준화	하역설비(파렛트, 컨테이너, 지게차, 컨베이어, 크레인, 파렛타이저 등)
정보표준화	정보시스템(EDI, POS)
관리표준화	물류용어, 물동량거래단위

(3) 물류모듈(Module)화

① **물류모듈** : 물류시스템의 각종 요소의 규격, 치수에 관한 기준척도와 대칭계열을 의미
② **물류모듈화** : 물류설비의 규격이나 치수가 일정한 배수나 분할관계로 조합되어 있는 집합체 → 물류표준화를 위한 기준치수

(4) 일관파렛트화 **25-1**

① 개념 : 발송지로부터 최종 도착지까지 파렛트에 적재된 화물을 환적하지 않고, 지게차 등을 사용하여 운송·보관·하역하는 전 운송활동 과정을 일관하여 파렛트로 이동시키는 것

② 경제적 효과
- ㉠ 하역의 기계화로 공간 활용 및 보관 효율 향상
- ㉡ 표준 파렛트 사용으로 수송의 편의성 증가
- ㉢ 표준화·기계화를 통해 하역시간 단축 및 작업 인원 감소
- ㉣ 하역 시간 단축으로 트럭 회전율 향상
- ㉤ 파렛트를 이용한 안정적 적재로 제품파손 감소 및 포장비 절감

(5) 포장표준화와 포장모듈화

① 포장표준화
- ㉠ 개념 : 물류합리화 방안 중 하나로, 사용되는 용기·기기 등의 치수, 강도, 재료, 기법의 4요소를 통일시키는 것
- ㉡ 관리표준화를 포함하여 5요소로 부르기도 함
- ㉢ 필요성 : 포장이 표준화되어야 기계화, 자동화, 파렛트화, 컨테이너화 등이 용이
- ㉣ 포장표준화 요소와 적용 예시 23-1

요소	방안 예시
강도표준화	품목별 적정 강도의 설정
치수표준화	표준 파렛트(Pallet) 선정
기법표준화	포장기법 적용 규격화·매뉴얼화
재료표준화	환경대응형 포장재료 개발
관리표준화	포장재 구매 기준 및 사후 관리기준 제정

② 포장모듈화
- ㉠ 개념 : 하역·보관·수배송 등의 합리화를 위해 포장 사이즈를 물류시스템 전체로 계열화하는 것
- ㉡ 포장모듈화 저해요인 18-1
  - 상품형태가 모듈화에 부적합
  - 경영자들의 포장모듈화 필요성에 대한 인식 부족
  - 포장모듈화를 위한 기존 생산설비 및 물류시설의 변경 문제
  - 소규모의 거래단위(물품 거래단위가 한 포장단위가 안 되는 소화물인 경우가 많음)
  - 다품종 소량생산 및 경쟁 격화로 상업포장 중심의 판매지향형 제품 포장화 경향
  - 일관 파렛트화의 부진

02 물류공동화

(1) 물류공동화 개념

2개 이상의 기업이 수·배송의 효율을 높이고 비용이나 인력 등을 절감하기 위해 공동으로 물류 활동을 수행하는 것

(2) 물류공동화 효과 20-3
- ① 수송물의 대량화
- ② 정보의 네트워크화
- ③ 차량의 유동성 향상

④ 유사 부품의 공동 관리
⑤ 화물적재율, 물류작업의 생산성, 수·배송 효율 향상
⑥ 안정적인 물류서비스 제공
⑦ 다빈도 소량배송으로 고객서비스 향상

(3) 물류공동화 추진의 저해 요인　24-1
① 매출, 고객명단 등 기업의 영업비밀 누출에 대한 우려
② 표준서비스 제공으로 인한 자사 고객에 대한 물류서비스 차별화의 한계
③ 상품 특성에 따른 특수 서비스 제공 필요성 문제
④ 요금 덤핑에 대처 곤란
⑤ 공동배송 시행 주체자의 관리 운영의 어려움
⑥ 비용 및 이윤 배분에 대한 분쟁 발생 소지
⑦ 배송 순서 조절이나 물량 파악 및 상품관리의 어려움 발생
⑧ 긴급한 상황에서의 대처 능력 문제

(4) 수·배송 공동화
① 개념
  ㉠ 자사 및 타사의 원자재나 완제품을 공동으로 수·배송하는 것
  ㉡ 기업들의 물류비 절감을 위한 물류합리화 방안
  ㉢ 소량·다빈도 배송의 증가로 수·배송 공동화 필요성 증대
② 수·배송 공동화의 기능　20-3
  ㉠ 분업화 촉진
  ㉡ 재화와 용역의 교환 기능 촉진
  ㉢ 대량생산과 대량소비를 가능하게 하여 규모의 경제 실현
  ㉣ 공간적 격리를 극복하는 장소적 이동을 통해 지역·국가간 유대 강화(문명발달의 전제조건)
  ㉤ 재화의 생산, 분배 및 소비를 원활하게 하여 재화·용역 가격 안정
  ㉥ 배송차량 공동 이용으로 계절변동, 월별변동, 오전·오후시간 기복 등 보완 → 가동률 향상으로 물류비 절감
③ 공동 수·배송 시 유의점　18-3
  ㉠ 대상화물이 공동화에 적합한 특성을 가지고 있어야 함
  ㉡ 제품이나 보관 특성상 유사성이 있을 때 효과적
  ㉢ 거리가 인접하여 화물 수집이 용이해야 함
  ㉣ 일정 지역 내 배송하는 다수의 화주가 존재해야 함(기업의 협업으로 가능)
  ㉤ 참여기업의 배송조건이 유사해야 함
  ㉥ 물류에 대한 기존 통제권을 제3자에게 넘겨줄 수 있다는 제조업체의 인식 필요

4 물류의 고객서비스

01 고객서비스 개념
① 고객 주문의 접수, 처리, 배송, 대금 청구, 후처리 업무에 필요한 모든 활동
② 고객의 요구를 만족시키는 활동
③ 고객 주문 편의성 제고를 위해 주문처리시스템, 고객정보시스템 구축 필요

02 고객서비스 원칙

(1) 3S 1L원칙 23-2
① 물품을 신속하게(Speedy), 안전하게(Safely), 정확하게(Surely), 저렴하게(Low) 고객에게 공급한다는 원칙
② 신속성, 정확성, 안정성, 경제성이 모두 고려된 원칙

(2) 7R 원칙 21-2, 19-1
① 스마이키(Smykey) 교수가 제창한 원칙
② 적절한 상품(Right Commodity), 적절한 품질(Right Quality), 적절한 수량(Right Quantity), 적절한 시기(Right Time), 적절한 장소(Right Place), 좋은 인상(Right Impression), 적정한 가격(Right Price)에 공급한다는 것을 의미

03 고객서비스 요소 25-1, 20-3, 18-3

분류	거래 전(시행 전) 요소	거래 중(시행 중) 요소	거래 후(시행 후) 요소
내용	• 고객서비스에 관한 기업의 정책과 연관 • 기업에 대한 고객인식과 고객의 총체적인 만족에 상당한 영향을 미칠 수 있음	• 고객에게 제품을 인도하는 데 직접 관련된 서비스 요소 • 제품 및 배달의 신뢰도 등	• 제품보증, 수리 서비스, 고객 불만에 대한 처리절차, 제품 교환 등 • 판매 이후의 신속하고 효과적인 고객 응대는 사후서비스 수준과 관련
요소	1. 명시된 회사 정책 2. 고객의 평가 3. 회사조직 4. 시스템의 유연성 5. 기술적인 서비스 6. 목표배송일 7. 재고가용성 8. 문의에 대한 반응시간	1. 주문충족률(재고수준) 2. 백오더(미납주문) 이용가능성 3. 주문정보 4. 주문주기의 일관성 5. 주문의 편리성 6. 배달의 신뢰성 7. 정보시스템의 정확성 8. 배송지연(선적지연) 9. 재주문시 대응력 10. 제품의 대체성	1. 설치, 품질보증, 변경 2. 제품수리 3. 제품포장 4. 제품추적 5. 서비스부품 가용률 6. 최초 방문 수리율 7. 고객 클레임, 불만처리 8. 수리 중 일시적 제품 대체 9. 청구서(전표)의 에러

04 고객물류서비스 특성에 따른 서비스 품질모형(SERVQUAL) 22-1, 18-2

(1) 물류서비스 품질

① 물류서비스 품질은 고객과 서비스 제공자 간의 상호작용에 의해서 결정됨

② 고객 만족도는 고객의 기대(Expectation) 수준과 성과(Performance) 수준의 차이로 정의됨

(2) 서비스 품질모형(SERVQUAL)의 5가지 차원(RATER)

신뢰성 (Reliability)	약속된 서비스를 정확하고 일관성 있게 수행하는 능력 예 신속 · 정확한 수주정보 처리, 조달 리드타임 단축, 제품 가용성(Availability) 정보 제공, 재고관리 정확도 향상 등
확신성 (Assurance)	• 전반적인 업무수행에 대한 확신을 주는 능력 • 직원의 능력에 따라 가늠되는 특성 예 서비스직원의 지식 · 예절 · 신뢰성 · 자신감을 전달하는 능력 등
유형성 (Tangibles)	• 외관으로 확인 가능한 물리적인 구성(물적 구성의 외형) • 물리적 서비스 대상을 원활히 제공해 줄 수 있는 능력 예 서비스 시설 · 장비, 도구 등
커뮤니케이션, 공감성 (Empathy)	접근이 용이하고, 의사소통이 잘 되면서 소비자를 잘 이해하는 것 예 고객에 대한 배려 · 관심, 이해, 원활한 의사소통 등
신속성, 응답성 (Responsiveness)	• 고객의 요구에 신속하게 서비스를 제공하려는 의지 • 즉각적이면서 도움이 되는 것 예 고객의 문의에 대한 신속한 응답 등

05 고객서비스 주문주기시간(Order Cycle Time)

(1) 개념

① 주문 발생 시점에서 고객이 물건을 받을 때까지 걸리는 총 시간

② 고객의 주문이 완성되는 시간

(2) 주문주기시간 구성요소 20-3

주문전달시간(order transmittal time)	주문을 주고받는 판매 사원, 우편, 전화, 전자송달(컴퓨터 등)에 사용되는 시간
주문처리시간 (order processing time)	적재서류의 준비, 재고기록의 갱신, 신용장의 처리작업, 주문확인, 주문정보를 생산 · 판매 · 회계부서 등에 전달하는 활동에 소요되는 시간
오더 어셈블리(주문조립) 시간 (order assembly time)	주문을 받아서 발송부서나 창고에 전달 후 발송 받은 제품을 준비하는 데 걸리는 시간
재고가용성(stock availability)	창고에 보유하고 있는 재고가 없을 때 생산지의 재고로부터 보충하는 데 소요되는 시간
주문인도(order delivery)	• 고객이 주문한 시점부터 상품이 고객에게 인도되는 시점까지의 시간(배송되는 데 걸리는 시간) • 주문품을 재고지점에서 고객에게 전달하는 활동

06 물류와 고객서비스의 관계 20-3, 18-3

(1) 물류서비스 선택 시 고려사항

① 효율적 물류관리를 위해 비용과 서비스의 상충(trade-off) 관계를 분석하여 최상의 물류서비스 결정

② 동등 수준의 서비스 제공이 가능한 대안이 여러 가지 있을 때 그중 최저비용의 대안을 선택하는 것이 물류관리 과제 중 하나임

(2) 물류와 고객서비스의 상충관계

정시주문충족률	정시주문충족률을 높이면 재고 상품의 신속한 출하로 재고유지비는 감소하나 빈번한 배송으로 배송비 증가
최소주문량	최소주문량을 낮추면 고객만족도는 높아지나 다빈도 운송으로 운송비용 증가
재고수준	• 재고수준이 낮아지면 서비스율이 낮아지고 재고수준이 높아지면 서비스율이 높아짐 • 서비스수준 향상과 추가재고 보유비용의 관계가 적절한지 고려해야 함
리드타임	• 리드타임 : 주문을 받아 물품을 인도할 때까지의 시간으로 수주, 주문처리, 물품준비, 발송, 인도시간으로 구성 • 리드타임이 길면 구매자가 수요 대비를 위해 보유재고를 늘리므로 구매자 재고비용 증가

(3) 도소매 물류서비스에서 고객서비스에 영향을 주는 요인 23-1
① 품목의 가용성은 발주량, 생산량, 재고비용 측정을 통해 파악 가능
② 예상치 못한 특별주문에 대한 대처 능력은 비상조치능력으로 파악 가능
③ 재고 보유가 사전주문 수량과 일치하면 긴급상황에 대한 대비가 힘드므로, 안전재고 보유를 통해 결품 방지 및 서비스 수준 제고 가능
④ 신뢰성은 리드타임과 안전한 인도, 정확한 주문 이행 등으로 결정
⑤ 고객과의 커뮤니케이션을 통해 고객서비스 수준 파악 가능

SECTION 02 도소매물류관리

1 수요예측

01 수요예측 개요

(1) 개념
① 수요분석을 기초로 장래 수요를 예측하는 것
② 기업활동에 관한 여러 가지 장·단기 계획을 수립하는 데 필요한 기초자료 제공
③ 물류시설계획, 생산계획, 재고관리 등 물류운용계획 관련 의사결정 대부분은 미래수요예측이 필수적으로 선행되어야 함

(2) 종류
① 정성적 수요예측기법 : 주관적인 의견·판단을 중시하므로 주로 중·장기적인 예측에 활용
② 정량적 수요예측기법 : 객관적인 데이터를 중시하므로 주로 단기적인 예측에 활용

02 정성적(Qualitative) 수요예측기법 22-1, 19-1

델파이법	• 전문가그룹 선정 후 반복적인 설문조사를 통해 수요 예측치 추정 • 전문가 의견통합법에 해당 • 설비계획, 신제품개발, 시장전략 등을 위한 장기예측이나 기술예측에 적합 • 예측에 불확실성이 크거나 과거의 자료가 없는 경우에 유용한 기법이지만, 시간과 비용이 많이 드는 단점이 있음
시장조사법	• 시장의 상황에 대한 자료를 수집하고 이를 이용하여 예측하는 방법 • 인터뷰, 설문지, 면접법 등으로 수집한 시장 자료를 이용하여 예측 • 소비자에게 직접 의견을 확인하여 보다 정확하고 다양한 정보수집 가능
판매원추정법	• 자사에 소속된 판매원들로 하여금 각 담당지역의 판매예측을 산출하게 한 다음 이를 모두 합산하여 회사 전체의 판매 예측액을 산출하는 방법 • 다품종 소량생산 제품보다 소수의 대규모 구매자 대상 제품에 적합
패널동의법	• 경영자, 판매원, 소비자 등으로 패널을 구성하여 자유롭게 의견을 제시하게 하고 이를 모아 예측치를 구하는 방법 • 전문가 의견통합법에 해당
유추법	• 역사적 유추법 : 신제품처럼 과거자료가 없는 경우 보완제품이나 대체제품, 경쟁제품 등의 과거판매실태를 비교하여 대상 제품의 판매 · 도입 · 성장 패턴 등 예측 • 라이프사이클 유추법 : 제품의 라이프사이클 단계나 기간을 토대로 예측
경영자판단법	경영자 집단의 의견, 경험을 요약하여 예측하는 기법
시나리오기법	• 미래에 나타날 가능성이 있는 여러 가지 시나리오를 구상해 각각의 전개과정을 추정하는 기법 • 미래의 가상적 상황에 대한 판단적 예측이 아니라, 복수의 미래를 예측하고 각각의 시나리오에서 나타날 문제점 등을 예상

03 정량적 수요예측기법 23-2, 22-1, 19-1

시계열(Time series) 분석	• 시계열 : 일정한 시간간격으로 본 일련의 과거자료를 의미 • 시계열분석 : 시계열을 따라 제시된 과거자료로부터 그 추세나 경향을 파악하여 장래 수요를 예측하는 방법 • 과거 일정한 기간, 간격 동안 나타난 수요의 형태나 패턴이 미래에도 비슷하게 이루어질 것이라는 가정을 토대로 함 • 종속변수의 과거 패턴(과거에 관측된 패턴)을 기준으로 미래 수요 예측 • 시계열 분석의 종류		
	이동평균법	단순이동평균법	최근 몇 기간 동안의 시계열 관측치 평균을 내고, 이 평균치를 다음 기간 예측치로 사용하는 방법
		가중이동평균법	최근의 값에 가중치를 좀 더 주고, 그 값을 예측치로 사용하는 방법
	지수평활법		• 과거 수요에 입각해 미래 수요를 예측하는 방법 • 지수적으로 감소하는 가중치를 이용하여 최근자료일수록 더 큰 비중, 오래된 자료일수록 더 작은 비중을 두어 미래수요 예측
인과형 분석	• 수요를 종속변수(결과변수)로, 수요에 영향을 미치는 요인들을 독립변수(원인변수)로 하여 양자의 관계를 파악하는 수요예측기법 • 인과형 분석의 종류		
	회귀분석모형		한 변수 혹은 여러 변수가 다른 변수에 미치는 영향력의 크기를 회귀방정식이라고 불리는 수학적 관계식으로 추정하고 분석하는 통계적 분석방법
	계량경제모형		각 경제변수에 수치를 주어 정량화하고 변수 간의 관계를 설정한 후 경기예측모형을 만들어 경기를 예측하는 방법
	투입/산출모형		산업부문 간의 상호의존관계를 파악하여 투입변수와 산출변수 간의 관계를 분석하는 방법

2 재고관리

01 재고

(1) 재고의 개념

　① 제품·반제품·재료 등의 형태로 보관하거나 수송하는 중의 자산
　② 유휴상태의 자원이나 미래에 사용하기 위해 기업이 준비하여 보관 중인 유휴의 재화, 원자재 또는 자산
　③ 미래 판매에 대한 불확실성을 해소하기 위해 필요하므로 초과수요와 판매지연 등에 초점

(2) 재고 보유의 목적 `19-3`

　① 재고의 적정화에 의한 규모의 경제 추구
　② 재고비의 감소와 과다재고 방지에 의한 운송비 절감
　③ 안전재고(safety stocks) 유지
　④ 계절적 수요 대응

> **＋ 더 알아보기** 　헷징(hedging) `19-3`
>
> - 현물가격 변동에 따라 발생할 수 있는 손해를 최대한 줄이기 위해, 선물시장에서 현물과 반대되는 선물포지션을 설정하는 것
> - 가격변동에 대한 위험을 최소화하기 위한 것

(3) 재고의 역할

　① 생산량과 수요 사이의 완충 역할　　　② 구매와 수송활동의 경쟁력 확보
　③ 가격상승에 따른 투자효과 기대　　　④ 원활한 생산공정의 지원
　⑤ 긴급상황의 대비

(4) 재고의 종류 `22-1, 18-3`

수송재고 (파이프라인 재고)	• 자재흐름체계 내의 한 지점에서 다른 지점으로 이동 중인 재고 • 원부자재 공급자에서부터 생산자의 자재창고까지 이동 중인 재고, 생산자의 공장창고에서 물류거점까지 이동 중인 재고 등 • 운반 중인 제품이나 공장에서 가공하기 위해 이동 중인 재공품 성격의 재고
투기성 재고	• 비용절감 또는 투기를 목적으로 가격이 낮을 때 매입하는 재고 • 전체 재고에서 차지하는 비중은 일부분에 불과 • 이러한 재고관리는 물류관리보다 재무관리에 더 집중됨
순환재고 (주기재고)	• 정해진 주기(일주일, 한 달 등)에 따라 창고에 보관해두는 재고 • 연속적인 재고보충 시점 간의 기간 동안 평균수요 충족에 필요한 재고 • 총재고 중 *로트(lot)의 크기에 따라 직접적으로 변하는 부분 *로트 : 한 번에 주문하는 수량(제조업의 경우 한 번에 생산하는 수량을 뜻함) • 비용절감을 위해 경제적 주문량이나 로트 크기로 구매하여 당장 필요한 수량을 초과하는 잔량에 따라 발생 • 주문 사이의 시간이 길수록 재고량 증가 • 제품 로트 크기, 경제적 선적량, 저장공간의 한도, 조달기간, 할인조건, 재고유지비용에 조정됨

예상재고 (예비재고, 비축재고)	• 수요와 공급의 불규칙성에 대응하기 위한 재고 • 향후 발생할 수요를 대비해 미리 생산하여 보관 예 계절적인 수요 급등(성수기와 비수기의 수요공급 차이), 가격 급등, 파업으로 인한 생산중단 등
안전재고 (완충재고)	• 보유해야 할 최소수량의 재고 • 작업 독립성 유지를 위해 보유 • 각종 불확실성에 대처하기 위해 보유하는 여분의 재고 • 수요 및 조달기간 대응을 위한 재고 → 평균수요와 평균조달기간을 충족시키기 위해 정기적으로 재고물량 보충
불용재고	• 재고기간 동안 손상, 분실, 사용 및 판매 중지된 재고 • 고가 제품, 냉동·냉장제품, 파손되기 쉬운 제품, 생산중단제품과 관련된 원부자재 등
체화재고 (stockpile) 19-2	• 제품이나 상품이 시장에서 처리되지 못하고 생산자나 상인의 손에 정체되는 일 또는 정체되어 있는 재고 • 생산계획에서의 예상이 빗나가 과잉 생산되어 제품이 시장에 너무 많이 나돌거나, 일반경제계 불황으로 상품수요의 갑작스런 축소 등의 이유로 발생 • 경기순환의 하강국면에서 자주 발생 • 경제학상 의도하지 않은 재고투자라고 함 **체화재고 측면의 관리 대상** • 매출 수량 대비 과다한 재고 • 매출이 발생되지 않는 상품 • 소매점의 취급 종료 상품 • 행사 종료로 인한 잔량 재고

02 재고관리

(1) 개념

① 생산을 용이하게 하거나 또는 고객으로부터의 수요를 만족시키기 위하여 유지하는 원자재, 재공품, 완제품, 부품 등 재고를 최적상태로 관리하는 절차

② **목표** : 고객의 서비스수준을 만족시키면서 품절로 인한 손실과 재고유지비용 및 발주비용을 최적화하여 총재고관리비용을 최소로 하는 것

(2) 재고량과 재고관리 22-3

① 재고량에 따른 손실

재고가 지나치게 많은 경우	적절한 시기에 처분하기 위해 상품가격을 인하시켜 판매하므로 투매 손실 발생 가능성
재고가 너무 적은 경우	소비자 수요에 대응할 수 없는 기회손실 발생 가능성

② 표준재고 : 투매 손실이나 기회손실이 발생하지 않도록 유지해야 하는 적정재고량

③ 소매점은 소비자가 원하는 상품의 적시 제공을 위해 항상 적절한 양의 재고를 보유해야 함

03 재고비용

(1) 개념

① 재고정책 결정에 중요한 세 가지 비용 분류 : 주문(발주)비용, 재고유지비용, 재고부족비용

② 주문량을 결정할 때 이들 관련 비용은 트레이드-오프(Trade-off) 관계를 가짐

(2) 주요 재고비용 항목 24-1, 18-3

주문(발주)비용	• 구매나 생산주문 시 직접 소요되는 비용(생산준비비용) • 필요한 자재나 부품을 외부에서 구입할 때 구매 및 조달에 수반되어 발생되는 비용 • 종류 : 주문발송비, 통신료, 물품수송비, 통관료, 하역비, 검사비, 입고비, 재고감손비용, 관계자의 임금 등		
재고유지비용	• 재고를 유지하는 데 따르는 모든 비용 • 재고유지비용은 재고량에 비례 • 재고유지비용의 유형		
	보관비용	창고사용료, 창고유지·관리 경비, 보험료, 세금	
	자본비용	이자비용	
	재고감손비용	도난, 파손, 변질, 진부화 등의 손실	
재고부족비용	• 재고품절로 인해 발생하는 손실을 비용화한 것(일종의 기회비용) • 판매기회의 손실도 크지만 고객에 대한 신용의 저하가 가장 큰 손실 • 고객서비스에 해당되므로 고객 수요를 잘 파악해 대처하여야 함 • 종류 : 품절비용, 미납품재고비용 등		

(3) 총재고비용

① 총재고비용 = 주문비용(준비비용) + 재고유지비용 + 재고부족비용
② 총재고비용이 최소가 되는 수준에서 재고정책을 결정해야 함

04 적정재고 수준 유지 전략 : 재고관리시스템

(1) 재고관리시스템 기본 모형 25-2, 22-3, 21-1, 20-2

① 주문방식

정량주문(발주)방식
(Fixed Order Quantity System)
	• 재고량이 특정 수준(발주점)에 이르렀을 때 미리 결정해둔 일정 주문량을 발주하는 방법
	• 발주 시기는 일정하지 않지만 발주량은 정해져 있음
	• 주로 경제적 주문량(EOQ) 분석을 통해 주문량 결정
	• 주문량(Quantity)이 중심이 되므로 Q시스템이라 부름
	• 계속적인 실사를 통하여 재고수준을 체크하므로 연속실사방식이라고도 함
	• 사용이 합당한 경우
	  - 용도 공통성이 높고, 사용빈도가 많으며, 매일 일정한 비율로 소비되는 물품
	  - 경제적 재주문점 계산이 용이하고 이의 활용이 재고관리에 더욱 유리할 때

정기주문(발주)방식
(Fixed Order Period System)
	• 미리 정해진 주기마다 재고 수준을 점검하고 필요한 경우 발주하는 방법
	• 발주 시기는 일정하여 정기적이지만 발주량은 일정하지 않음
	• 다음 주문주기 동안의 재고부족 방지를 위해 정량주문방식보다 더욱 많은 안전재고를 유지해야 함
	• 주문기간(Period)이 중심이 되므로 P시스템이라 부름
	• 사용이 합당한 경우
	  - 수량할인을 기대하기 힘들 때
	  - 계절에 따라 수요의 변동 폭이 클 때
	  - 재고수준을 자동적으로 유지하지 못할 때

상황 발주방식	소비자가 상품을 주문한 후에 발주하는 방법

② 정량주문방식과 정기주문방식의 비교

항 목	정량주문방식	정기주문방식
리드타임	짧은 편이 나음	긴 편이 나음
표준화	표준부품이 좋음	전용부품이 좋음
품목 수	많아도 됨	적을수록 좋음
주문량	고정되어 있음	변경 가능함
주문시기	일정하지 않음	일정함
구매금액	상대적으로 저가 품목에 유리	상대적으로 고가 품목에 유리

(2) 재고관리시스템의 주요 지표

서비스율	• 고객 서비스에 대한 수요를 얼마나 충족시켰는지 나타내는 것 • 기업 측면에서 고객에게 제공하여야 할 적정 서비스율 서비스율 = 출하량(액)/수주량(액) × 100 = 납기내 납품량(액)/수주량(액) × 100 ※ 납품량 = 주문량 − 결품(缺品), 불량수량 • 백오더율(Back Order) : (1−서비스율)로서 납기 내에 납품되지 못한 주문에 대한 결품 비율
재고회전율 18-3	• 목적 : 재고자산에 투자한 자금을 신속하게 회수하여 재투자하였는지 측정하며, 보다 적은 자본으로 이익의 증대를 도모하고자 함 • 회전율 관련 개념 | 재고량과 회전율 | • 재고량과 회전율은 서로 반비례 관계 성립 • 회전율이 높으면 품절현상 초래 위험 • 회전율이 낮으면 불필요한 과다 재고량 보유로 보관비용 증대 초래 | | 수요량과 회전율 | • 수요량과 회전율은 서로 정비례 관계 성립 • 적정재고 회전율에 도달하는 방법 − 수요량이 적을 때에는 재고보충을 중단 − 수요량이 급격하게 증가할 때에는 재고보충 증가 | | 재고회전율 산정방법 | 재고회전율(R) = 총매출액(S)/평균재고액(I) or 출고량/평균재고량 | | 재고회전기간 산정방법 | • 재고회전기간 = 수요대상기간/재고회전율 • 수요검토기간 : 일반적으로 1년 기준, 일수로 환산 시 360일 기준 | | 적정재고 수준 | • 수요를 가장 경제적으로 충족시킬 수 있는 재고량 • 계속적인 공급과 경제적인 확보라는 이질적 성격의 자재관리의 궁극적 목표를 균형 있게 유지시키기 위한 재고수준 • 적정재고 = 운영재고 + 안전재고 | • 회전율 위주의 상품 구성 시 재고회전율의 특징 25-1 − 회전율 위주의 상품구색 : 잘 팔리는 소수 품목 중심의 운영방식 − 높은 재고회전율은 매출량 증대를 가져옴(신선한 상품은 낡은 상품에 비해 잘 팔림) − 재고회전율이 높으면 진부화의 위험에서 벗어날 수 있음(상품이 진부화되기 전에 판매됨) − 높은 재고회전율은 판매원의 사기 앙양에 기여 − 높은 회전율은 투입된 자금을 잘 활용하고 있다는 의미 − 단, 회전율 위주 운영은 재고를 최소화하므로 예상치 못한 수요증가 시 위험

안전재고량 19-3	• 안전재고량 개념
	  - 품절발생확률과 반대의 개념
	  - 조달기간 중에 발생하는 수요를 모두 만족시킬 수 있는 확률
	  - 고객서비스 수준으로서 이 값을 어느 정도로 할 것인가에 따라 결정
	• 수요와 조달기간, 안전재고량 관계
	  - 수요는 확정적으로 발생하고 부품공급업자의 부품 납품 시 소요기간(조달기간)은 확률적으로 변할 때 : 조달기간 평균이 늘어나도 조달기간에 대한 편차가 같다면 부품공급업자와 생산공장 사이의 안전재고량은 변동 없음
	  - 고객 수요가 확률적으로 변동 시 수요변동 분산이 작아질 때 : 완제품에 대한 안전재고량 감소
	  - 생산자의 생산수량 변동폭 하락 시 : 부품공급업자와 생산공장 사이의 안전재고량 감소
	  - 부품공급업자의 부품 납품 시 소요기간의 분산이 작아질 때 : 부품공급업자와 생산공장 사이의 안전재고량 감소
	  - 부품공급업자의 부품 납품 시 소요기간 분산이 커질 때 : 안전재고량 증가
	• 안전재고량 계산
	  - 안전재고량은 안전계수와 수요의 표준편차에 비례
	  - 따라서 안전재고량 = 안전계수(k) × 수요의 표준편차(S) × $\sqrt{\text{조달기간(리드타임)}}$

05 재고관리 모형

(1) 경제적 주문량(EOQ ; Economic Order Quantity) 24-3

① 개 념

  ㉠ 주문비용과 재고유지비가 최소가 되게 하는 1회 주문량 → 재고 보유비용과 주문비용을 최소화하는 주문량

  ㉡ 주문비용, 재고유지비용 간의 관계를 이용하여 가장 합리적인 주문량을 결정하는 방법

  ㉢ 주문비용은 주문을 처리하는 비용으로, 주문량에 반비례하고 주문횟수에는 비례함

② EOQ의 기본가정 22-2, 18-2

  ㉠ 계획기간 중 해당 품목의 단위 시간당 수요율은 항상 일정하며(수요 변동 없음), 연간 수요가 확정적으로 알려져 있음(수요는 예측 가능)

  ㉡ 단위구입 비용(1회 주문비용)이 주문 수량에 관계없이 일정 → 수량할인 없음

  ㉢ 연간 단위당 재고유지비가 주문 수량 및 시간의 변화에 관계없이 일정

  ㉣ 조달기간(리드타임)이 없거나 일정 → 리드타임과 공급에 불확실성이 없음

  ㉤ 주문량(입고량)이 일시에 입고됨

  ㉥ 재고부족이 허용되지 않음(품절이 발생하지 않는 것으로 가정)

  ㉦ 발주 상품의 주문은 다른 상품과 관계없음

  ㉧ 각 로트의 크기에 제약조건 없음

③ EOQ의 계산방법 25-2, 23-3, 22-3, 21-3, 21-1, 19-1, 18-1

$$EOQ = \sqrt{\frac{2C_0 D}{C_h}}$$

- C_h : 연간 단위 재고비용
- C_0 : 주문당 소요비용(1회당 주문비용)
- D : 연간 수요량
- Q : 1회 주문량
- 연간 단위당 재고유지비용 = 단위당 가치(가격) × 재고유지비율

계산 예제

A사의 제품은 연간 19,200개 정도가 판매될 것으로 예상되고 있다. 제품의 1회 주문비용은 150원, 제품당 연간 재고유지비가 9원이라고 할 때 경제적 주문량(EOQ)으로 가장 옳은 것은? 22-3

① 600개   ② 650개   ③ 700개   ④ 750개   ⑤ 800개

해설

$$= \sqrt{\frac{2 \times \text{연간부품 수요량} \times 1회 주문비}{\text{제품단위당 연간 재고 유지비}}}$$

$$= \sqrt{\frac{2 \times 19{,}200 \times 150}{9}} = \sqrt{\frac{5{,}760{,}000}{9}}$$

$$= \sqrt{640{,}000} = 800$$

정답 ⑤

(2) ROP(재발주점, 재주문점) 모형 24-2, 20-3, 19-3

① 주문기간은 일정하게 하고 주문량을 변동시키는 모형

② 재주문점(발주점)
   ㉠ 주문해야 할 시점의 재고보유량
   ㉡ 다음 주문수량 도달 전 재고량이 가용수준을 유지하지 못하면 품절이 발생하는 시점

③ 계산 방법

수요가 확실할 때	• 안전재고 불필요 • ROP = 조달기간(리드타임) × 1일 수요량

수요가 불확실할 때	• 품절 가능성이 있으므로, 안전재고를 보유하여야 함
	• ROP = 조달기간(리드타임) 동안의 평균수요량 + 안전재고
	  – 조달기간 : 도달기간 + 재고점검주기
	  – 조달기간 동안의 평균수요량 : 평균수요/일 × 조달기간

(3) 적시생산시스템(JIT ; Just In Time) 21-2

① JIT 개념
   ㉠ 단위 시간당 필요한 자재를 소요량만큼만 조달하여 재고 최소화, 다양한 재고감소 활동을 전개하고 이를 통한 비용절감, 품질개선, 작업능률 향상으로 생산성을 높이는 생산시스템
   ㉡ 필요한 부품을 필요한 때, 필요한 곳에, 필요한 양만큼 생산·구매하여 낭비적 요소를 근본적으로 제거
   ㉢ 생산활동에서 발생하는 재공품의 재고를 아주 낮게 유지하여 재고유지비용 최소화
   ㉣ 물건의 판매량에 따라 생산라인 가동 → 재고 최소화는 가능하나 생산체계가 한 치의 착오 없이 작동할 때만 가능

② JIT 시스템 특성
  ㉠ 재고유지비용 최소화를 위해 안전재고 수준을 최소화함
  ㉡ 부품과 원자재의 원활한 공급을 위해 완성품뿐 아니라 부품과 재료도 생산과정(Work In Process)에 포함
  ㉢ 공급자 수를 최소화하여 견고한 파트너십 관계 구축
  ㉣ 수송단위 소형화, 수송빈도 증가 추세이므로 수송과정의 효과적 점검 · 통제 능력 중요
  ㉤ 재고 최소화를 지향하므로 창고 설계 시 최대재고 저장보다 물동량의 흐름 개선에 초점

③ JIT-Ⅱ 시스템
  ㉠ 공급회사의 영업과 발주회사의 구매를 묶어 하나의 가상기업으로 간주하여 효율을 꾀하는 경영기법
  ㉡ 공급회사의 전문요원이 공급회사와 발주회사 간 구매 · 납품 대행
  ㉢ 장기적인 계약관계가 아닌 상호 파트너십 관계라는 것에서 JIT와 차이

④ JIT와 JIT-Ⅱ 시스템의 차이점 22-3, 22-2, 20-추가, 19-3

구 분	JIT 시스템	JIT-Ⅱ 시스템
공급 대상	부품과 원자재의 원활한 공급에 초점	부품, 원부자재, 설비공구, 일반자재 등 모든 분야 대상
시스템	개별적인 생산현장(plant floor)을 연결한 것	공급체인(supply chain)상 파트너의 연결과 그 프로세스를 변화시키는 시스템
주력 업무	자사 공장 내의 가치 없는 활동을 감소 · 제거하는 데 주력	기업 간 중복업무와 가치 없는 활동을 감소 · 제거하는 데 주력
생산방식	푸시(push)형인 MRP와 대비되는 풀(pull)형의 생산방식	JIT와 MRP를 동시에 수용할 수 있는 기업 간의 운영체제
물동량의 흐름	물동량의 흐름을 주된 개선대상으로 삼음	기술, 영업, 개발을 동시화(synchronization)하여 물동량의 흐름 강력히 통제

(4) ABC 재고관리시스템(ABC 분석) 20-추가, 18-3
① 개 념
  ㉠ 재고 관리대상 수가 과다하여 아이템의 동일한 관리가 곤란할 때 중요한 소수 재고품목과 덜 중요한 다수 재고품목을 구분하여 차별적으로 관리
  ㉡ ABC 분석에서는 상품가치가 동일하지 않음
  ㉢ 통계적 방법으로 관리대상을 A, B, C 그룹으로 구분 → A 그룹을 최중점 관리대상으로 선정하여 관리효과를 높임

② 활용 법칙
  ㉠ 정량발주시스템과 정기발주시스템을 활용한 재고관리방법
  ㉡ 80 : 20의 파레토 법칙을 사용하는 재고관리방법

③ 재고품목 분류방법
  ㉠ 연간수량가치를 계산하여 높은 순서대로 배열
  ㉡ 연간수량가치의 70~80%를 차지하는 품목(높은 수익성)을 A로 분류
  ㉢ A품목의 경우 긴밀한 관리가 필요하고 제품가용성이 중요
  ㉣ C품목의 경우 주문주기가 긴 편

④ 적용 방법

그룹	매 출	관리 정도	가치 비율
A 그룹	가장 높은 매출	가장 높은 가치, 중점 관리	품목비율 20%, 금액비율 80%
B 그룹	중간 가격	중간 수준의 관리와 통제	품목비율 30%, 금액비율 15%
C 그룹	낮은 가격	관리와 통제 가치 최소	품목비율 50%, 금액비율 5%

(5) 자재소요계획(MRP ; Material Requirement Planning) 시스템 25-1, 19-3

① 개념 : 최종품목의 구성품목들이 언제, 얼마나 필요하며, 언제 주문해야 하는지 결정하는 기법
② 시스템의 목적
　㉠ 적량의 품목을 적시에 주문하여 재고수준을 낮게 유지하는 것
　㉡ 우선순위계획과 생산능력계획을 수립하는 데 필요한 정보제공
③ 특 성
　㉠ 중간재 및 조립품 생산공정에 적합
　㉡ 생산프로세스에서 발생하는 문제점 파악에 도움 제공
　㉢ 생산관리에서 원자재 주문 프로세스 효율화 가능
④ 장 점 25-1
　㉠ 공급체계 전반의 왜곡 및 문제점을 사전에 감지하고 예방할 수 있음
　㉡ 시스템 전체 원자재 주문 및 수납의 조화 촉진
　㉢ 최종 완제품의 예상수요 및 실수요에 기초한 생산일정 수립 가능
　㉣ 재고를 자산으로 간주하여 기계고장, 납기지연 등에 대한 완충 역할을 함
⑤ MRP 입력정보 : 주일정계획, 자재명세파일, 재고기록파일 등

3 운송활동

01 운송의 개념

(1) 개 념
① 운송수단을 이용해 재화와 용역을 이동하는 '공간적·물리적' 행위
② 재화의 장소적 효용 창출
③ 운송기능 수행 기관 : 철도, 자동차, 항공기, 해운 등

(2) 운송수단 선택 조건 21-2
① 운송수단 선택 시 고려 요인 : 화물의 종류(일반화물, 냉동화물 등), 화물의 중량과 용적, 화물의 출발지·도착지와 운송거리, 화물 가격 등
② 일반적인 선택조건 : 경제성, 신속성, 정확성, 안전성, 편리성 등

③ 운송수단 선택 시 고려해야 할 요인 중 직접적·간접적 특징 **24-2**

직접적인 특징	간접적인 특징
• 제품의 수명 • 제품의 경제적 진부화 • 제품의 부패 속도 • 제품의 가격 • 제품의 중량, 용적비	• 1일 제품의 판매량 • 매상고 • 계절성 제품 • 고객 규모와 위치 • 시장점유율 및 경합

02 운송체계의 3대 구성요소

(1) 운송방식(Mode)

　① 운송을 직접적으로 담당하는 수단
　② 화물자동차(Truck), 선박(Ship), 항공기(Airplane), 철도차량(Railroad cars), 케이블카(Cable car, 삭도차), 파이프라인(Pipeline) 등

(2) 운송경로(Link)

　① 운송수단의 운행에 이용되는 운송경로(통로)
　② 공로(지방도로, 국도, 고속도로 등), 철도(Railroad), 파이프라인, 케이블, 해상 항로, 내수면로, 항공로 등

(3) 운송연결점(Node)

　① 운송 대상인 화물을 효율적으로 처리하기 위한 장소나 시설
　② 출발지에서 목적지까지 전 구간의 화물운송수단들 간 중계 및 운송화물 환적작업 등의 처리 장소
　③ 물류단지, 물류센터(거점), 유통센터, 제조공장, 화물터미널, 역, 항만, 공항 등

03 운송수단 종류 **23-3, 20-추가**

(1) 해상운송

　① 개념
　　㉠ 해상에서 선박을 이용하여 사람 또는 화물을 운송하고 그 대가로 운임을 받는 것
　　㉡ 최종목적지까지의 운송에는 한계가 있어 피시백(fishy back) 복합운송서비스를 제공
　　㉢ 대량운송, 원거리 운송, 원유·광물처럼 부패성 없는 제품 운송에 유리

　② 유형 **24-1**

정기선(Liner) 운송	• 화물의 다소와 관계없이 고정된 항로로 규칙적으로 운항 • 운송운항일정 및 운임요율표 공시 • 운송 대상 : 주로 일반화물, 즉 다수 화주의 소량화물 및 컨테이너화물, 여객, 우편물 등 • 많은 선박 및 대규모 경영조직 필요, 막대한 자본을 요하는 위험도 높은 사업 • 부정기선에 비해 선박이 고가이고 화물도 완제품이나 반제품인 2차 상품이 주종 → 이에 따라 높은 운임, 해운동맹 결성

부정기선(Tramper) 운송	• 운송수요가 급증하는 화물과 운임 부담력이 약한 철광석, 곡물, 원당, 원면, 원목, 비료 등 대량의 살화물(Bulk Cargo)을 주로 운송 • 여객을 취급하지 않음 • 운임은 그 당시의 수요와 공급에 따라 결정 • 선복의 공급이 물동량 변화에 탄력적 • 일반적으로 용선계약서를 사용하여 운송계약 체결 • 고정된 기항항구가 없으며 항로 선택 용이 • 운임도 낮은 요율을 적용하며 운임 변동 폭이 큼

(2) 육상운송 : 공로운송과 철도운송

① 전체 국내운송에서 차지하는 비율이 높음

② 육상운송의 자체적 운송뿐만 아니라 선박이나 항공과 결합해서 널리 활용

③ 육상운송의 종류

공로(도로)운송	• 트럭에 의한 운송 • 단거리 운송에 경제적 • *혼적화물운송(LTL) 상태 화물도 긴급수송 가능 *혼적화물운송(LTL ; Less than TruckLoad) : 트럭 적재량 미만, 여러 발송자의 소량 화물을 하나의 트럭에 혼적하여 운송하는 것		
철도운송	• 철도에 의한 운송 • 다른 수송형태에 비해 상대적으로 도착시간 보증 가능 • 부피가 크거나 많은 양의 화물 운송에 경제적 • 전체 수송에서 차지하는 비중이 감소하는 추세이나 육로 정체현상으로 재활성화 가능성 있음 • 철도운송 형태		
	COFC (Container On Flat Car)	철도의 화차대(Flat Car)에 컨테이너만 적재하여 수송하는 형태	
	TOFC (Trailer On Flat Car)	철도 화차대 위에 고속도로용 트레일러(컨테이너를 적재한 트레일러)를 직접 적재하여 수송하는 형태	
	※ 더블 스택 트레인(double stack train) : 컨테이너를 2단으로 적재할 수 있는 화차		

(3) 항공운송

① 항공기를 이용하여 화물을 운송하고 대가를 받음

② 신속하나 단위거리당 비용이 가장 높음

③ 고객이 원하는 지점까지의 운송을 위해 버디백(birdy back) 복합운송 서비스 활용 가능

(4) 특수운송수단 : 파이프라인운송 20-추가, 19-3, 18-1

① 주로 가스나 액체로 된 화물을 생산지에서 시장까지 수송하는 방식

② 수송과정의 제품 파손과 분실 가능성이 가장 적은 수송형태

③ 이용제품이 한정적이고 운송경로에 대해 제약이 높아 **다른 운송수단과 연계 · 활용에 한계**

④ 초기 시설비용이 높아 고정비 지출규모가 큼

04 운송수단 간 기능의 적합성 비교 18-1

구 분	공로운송	철도운송	항공운송	해상운송
운송시간	긺	긺	매우 짧음	매우 긺
운송거리	중·단거리	원거리	원거리	원거리
운송비용	단거리 유리	중거리 유리	가장 높음	원거리 유리
화물중량	소·중량화물	대량화물	소·중량화물	대·중량화물
중량제한	있음	없음	있음	없음
기후영향	조금 받음	거의 받지 않음	매우 많이 받음	많이 받음
전천후 운송	×	○	×	×
안정성	조금 낮음	높음	비교적 높음	낮음
화물수취	편리함	불편함	불편함	불편함

05 복합운송(multimodal transportation)

(1) 개 념

① 육상·해상·내륙수로·항공·철도·도로운송 중 적어도 두 가지 이상의 상이한 운송형태를 복합적으로 이용하여 화물을 목적지까지 운반하는 운송형태
② 일정 지점에서부터 인도예정지점까지 단일계약에 의해 일관운송하는 체계

(2) 복합운송방식 유형(종류) 21-1, 19-3, 18-1

피기백 방식(Piggy-Back System)	• 화물자동차(Truck)와 철도(Train)를 연계 • 컨테이너 화물을 실은 화물자동차를 그대로 철도에 적재하여 일관운송하는 것
피시백 방식(Fishy-Back System)	• 화물자동차와 수상운송수단(선박)을 연계 • 컨테이너 화물을 실은 화물자동차를 그대로 선박에 태워 운송하는 것
버디백 방식(Birdy-Back System)	• 화물자동차와 항공기를 연계 • 화물을 실은 트럭을 그대로 항공기에 적재하는 운송방식 • 장점 : 피시백 방식의 이점을 보다 효율적으로 활용 가능 • 단점 : 운송비용이 비쌈
씨 앤 에어 방식(Sea-and-Air System)	• 해상운송의 저렴성과 항공운송의 신속성을 이용하는 해공 복합운송 방식 • 장점 : 운송비 절감, 운송시간(Lead-Time) 단축, 운송 능률 증대 등
트레인쉽 방식(Train-Ship System)	철도운송과 해상운송을 결합한 운송방식

06 국제물류주선업 22-3

(1) 개 념
① **국제물류주선업** : 타인의 수요에 따라 자기의 명의와 계산으로 타인의 물류시설 및 장비 등을 이용하여 수출입화물의 물류를 주선하는 사업(물류정책기본법 제2조 제11호)
② **국제물류주선인** : 화물의 복잡한 수출입 절차에 필요한 모든 사항을 전반적으로 처리하여 화주의 요청대로 화물을 목적지까지 안전하게 운송하는 역할 수행

(2) 장 점
① 화주에게 운송관련 최적의 정보를 제공하여 물류비 · 인력 등을 절감하는 데 도움
② 일반적으로 선사는 소량화물을 직접 취급하지 않으므로 소량화물 화주들에게 무역화물운송업무 간소화와 운송비용절감 혜택 제공 가능
③ 안정적 물량 확보를 위해 선사는 일반화주와의 직접 계약보다 국제물류주선인과 계약하는 것이 유리
④ 다수의 화주로부터 위탁받은 화물로 선사에 보다 효과적인 교섭권을 행사하여 유리한 운임률을 유도할 수 있어 규모의 경제 효과 창출 가능

(3) 복합운송인 25-1
① **개념** : 2개 이상의 운송수단을 결합하여 송하인을 상대로 복합운송계약을 체결하고 2국 이상을 운송하는 운송인
② **복합운송인의 기능**
  ㉠ 화주와 운송계약을 체결하고 사전에 선복을 예약하여 화주의 운송을 책임질 수 있는 운송역량 확보
  ㉡ 화주 대신 선복예약서, 선적허가서 등 운송 관련 서류 작성
  ㉢ 운송과 관련된 부대서비스 제공(복합화물운송을 위한 포장, 통관, 보관부보 등)
  ㉣ 국가별 · 화물별 등 화물운송 관련 전문지식과 노하우로 송화주와 수화주의 업무를 컨설팅
③ **복합운송인의 유형**

실제 운송인형 (Actual Carrier)		· 직접 선박, 트럭, 항공기 등 운송수단을 하나 이상 보유 · 대표적으로 선박회사가 있음
계약 운송인형 (Contractual Carrier)		· 운송수단 보유 없이 운송 주체자로 화물의 인수에서 인도까지 각 운송단계 조율 · 종 류
	운송주선인 (Forwarder)	운송수단의 직접 보유 없이 실제 운송인처럼 운송주체자로서 역할을 다하는 운송인
	무선박운송인 (NVOCC ; Non Vessel Operation Common Carrier)	· 해상서비스에서 선박을 직접 운영하지 않는 화물 운송업체 · 화물의 소유권 없이 고객화물을 수송하기 위한 계약체결 및 운송서류 발행

07 택배운송 19-1

(1) 개요
  ① 운송물을 고객의 주택, 사무실 또는 기타의 장소에서 수탁하여 수하인의 주택, 사무실 또는 기타의 장소까지 운송하여 인도하는 것
  ② 택배운송업 집배송차량이 도시 내 화물을 집화·배송하기 위해서는 도심 내 권역별 화물터미널 확보를 통한 서비스 네트워크 구축 필요

(2) 특징
  ① 소형, 소량화물 배송에 적합
  ② 일관책임 운송제도
  ③ 도시 간 간선운송과 도시 내 집배송, 지선운송을 연계시키는 운송
  ④ 복잡한 도시 내 집배송 운송에 적합
  ⑤ 단일요금체계를 확립하여 경제성 있는 운송서비스 제공

08 수·배송 공급모형과 수·배송 관리

(1) 수·배송 공급모형 19-1

시뮬레이션(simulation) 모형	수리적인 방법의 적용이 곤란하거나 불가능할 때, 최후의 수단으로 이용되는 기법
세이빙(saving)법 모형	주행거리를 단축하여 배송하는 기법
수배송선형계획법 모형	수·배송 시 다수의 출발지에서 다수의 도착지까지 최소비용과 최대이익을 실현하면서 효율적으로 수행하고자 하는 문제를 선형계획모형을 도입하여 해결하는 기법
최적화(optimization) 모형	최적 경로의 해를 찾는 기법
휴리스틱(heuristic) 모형	• 탐색적 모형 • 한정된 시간 내에 수행하기 위해 최적의 해 대신 현실적으로 만족할 만한 수준의 해를 구하는 기법

(2) 수송과 배송의 효율적 관리 18-1
  ① 대형화물로 만들어 수송하면 소화물 수송보다 단위당 고정비 절감으로 수송비 절감 가능
  ② 효율적인 수배송을 위해 *복화율을 최대화해야 운송비 절감 극대화
  *복화율 : 화물수송 후 돌아올 때 싣고 오는 정도
  ③ 배송계획 개선으로 배송시간·주행거리를 최소한으로 통제하고, 화물량의 평준화를 가능하게 해야 함

4 보관활동 및 창고관리

01 개요

(1) 보관의 개념 25-2
  ① 보관 : 창고를 제공하는 활동과 창고시설을 사용해서 보관하는 활동

② 보관활동 : 운송 다음으로 물류의 중요한 역할 담당, 물품의 단순 저장·관리 행위뿐 아니라 물품 가치를 유지시켜 유통의 최전선인 고객에게 서비스하는 기능까지 포함

(2) 보관의 원칙　24-3, 23-1, 21-3, 18-2

통로대면보관의 원칙	물품의 효율적인 운반 및 보관을 위해 되도록 통로면에 보관해야 한다는 원칙
높이 쌓기의 원칙	컨테이너나 파렛트 등을 이용하여 높이 쌓으면 창고의 용적효율 향상 가능
선입선출의 원칙	• FIFO(First In First Out), 먼저 입고된 물품을 먼저 출고 • 식품처럼 제품의 부패·노후화 등을 회피하기 위해 적용
회전대응보관의 원칙	• 보관할 물품의 회전 정도에 따라 보관장소 결정 • 출입구가 동일한 경우, 입출하 빈도가 높은 상품을 출입구 근처에 보관
동일성·유사성의 원칙	동일품종은 동일장소에 보관, 유사품은 가까운 장소에 보관
중량특성의 원칙	물품 중량에 따라 보관장소나 높낮이 결정
형상특성의 원칙	• 형상에 따라 보관방법 결정 • 표준품은 랙에 보관하고 비표준품은 특수한 보관기기나 설비를 사용하여 보관
위치표시의 원칙	보관품의 장소와 선반번호 등의 위치 표시
명료성의 원칙	시각적으로 보관품을 용이하게 식별할 수 있도록 보관
네트워크 보관의 원칙	관련 품목을 한 장소에 모아서 보관

(3) 보관창고의 기능

이 동　18-1	• 창고에서 이동되는 물적 이동(movement) • 이동과 관련된 하부활동 : 주문 및 선적기록에 대한 상거래 확인, 상품보관을 위해 창고로 이송, 고객요구에 맞게 포장 후 출고 준비, 상품 선적
보 관	임시저장과 장기저장으로 대별
정보전달	재고수준, 처리수준, 제품보관위치, 유출입, 고객정보, 창고공간의 활용, 인적자원에 대한 정보 등

02 창고의 기능과 종류　23-3

(1) 창고의 기능　25-1

보관·저장기능	물품의 저장·관리
집화기능	각 주문처로부터 제품을 수령하여 이를 묶어 한 번에 배송
소분기능	제조사로부터 전달받은 대량의 화물을 나누어 고객에게 배송
연결기능	운송, 하역 등 물류활동을 연결
가격조정기능	계절적 수요편차가 큰 제품(예 농산물)은 재고를 비축하여 수급 차이에 대응하는 등 가격 조정
기 타	매매기능, 유통가공기능 등

(2) 창고의 유형

자가창고	직접 창고를 소유하고 자기의 물품을 보관하는 창고
영업창고	• 다른 사람이 기탁한 물품을 보관하고, 그 대가로 보관료를 받는 창고 • 창고료 : 보관료와 하역료로 구성
임대창고	영업창고업자가 아닌 개인이나 법인 등이 소유 창고를 임대료를 받고 제공하는 것
공공창고	관공서 또는 공익기업체가 공익을 목적으로 건설한 창고

(3) 자가창고와 영업창고

① 자가창고와 영업창고의 특성 비교 24-2

구 분	자가창고	영업창고
세금혜택	감가상각 허용	특정지역의 세금 혜택
위 험	기술적 진부화에 따른 위험 높음	기술적 진부화에 따른 위험 낮음
통 제	종업원 및 절차에 대해 직접 책임	종업원 및 절차에 대한 직접 책임 통제가 유리
초기투자	설비, 창업, 장비, 교육에 투자	설비, 창업, 장비, 교육에 대한 투자 없음
영업비용	충분한 물량이면 저렴	고비용

② 자가창고와 영업창고의 장단점 21-1

구 분	자가창고	영업창고
장 점	• 기계에 의한 합리화 및 생산화 가능 • 기업에서 취급하는 상품에 알맞은 최적의 보관 • 목적에 맞는 맞춤형 창고설계 가능 • 하역설비의 설계 가능 • 노하우 축적 가능 • 수주 및 출하의 일관화	• 필요로 하는 공간을 언제, 어디서든지 이용 가능 • 전문업자로서의 전문적 관리 운용 • 설비투자 불필요 • 보상제도의 확립(파손 시) • 비용, 지출의 명확화 • 여러 고객을 상대로 규모의 경제 가능
단 점	• 토지구입 및 설비투자 등 초기투자비용 높음 • 충분한 물량이 아닐 시 창고규모 고정적 배치에 의한 인건비, 관리비 부담 상승 • 기술적 진부화에 따른 위험 발생 • 계절변동에 비탄력적 • 재고품 관리가 소홀해짐	• 시설변경의 탄력성이 적음 • 토탈시스템과의 연결이 약함 • 치밀한 고객서비스가 어려움 • 자가 목적에 맞는 창고설계가 어려움

(4) 공공창고의 종류 24-1

공립창고	창고부족문제 해결을 위해 정부나 지방자치단체가 항만지역 등에 설립하고 민간에 운영을 위탁한 창고
관설상옥(官設上屋)	정부나 지방자치단체가 부두 등에 설치하여 민간업자나 일반에 제공하는 창고
관설보세창고	관세법에 따라 세관장의 허락을 받고 세관 감독하에 수출입세를 미납한 화물을 보관하는 창고

5 포장과 하역

01 포장과 화인

(1) 포장 개요

① 상품의 운송, 보관, 거래, 사용 등에서 적절한 재료와 용기 등을 이용하여 그 가치 및 상태를 유지하기 위한 기술 및 보호상태

② 생산의 종점인 동시에 물류의 시발점

③ 포장의 유형 **25-2**

포장의 기능에 따른 분류	물품보호 기능을 제1의 목적으로 하는 공업포장과 판매촉진기능을 제1의 목적으로 하는 상업포장으로 구분
포장 기법에 따른 분류	방수포장, 방습포장, 방청(녹방지)포장, 완충포장, 진공포장, 압축포장 등

(2) 포장물류의 사회성에 따른 문제점 및 고려사항 **18-3**

① 과대포장이 되지 않도록 포장의 적정화 필요

② 포장재료 · 용기의 유해성, 위생성을 일차적으로 고려

③ 포장재 특성, 사용상 주의점, 포장해체 절차 등을 명확히 표기

④ 포장재 선택 시 적절한 회수와 폐기 시의 환경문제 고려

⑤ 포장재 사용 시 자원절약 및 효율적 활용 차원에서의 재활용 고려 필요

(3) 포장기법

① 포장설계의 기법

집합포장기법	물류의 하역, 수송, 보관 등 각 단계에서 취급하는 집합체(복수의 물품 또는 수송 포장을 한 데 모은 것)가 충분히 보호될 수 있도록 하는 것
녹방지포장기법	물류과정에서의 금속제품 산화를 방지할 목적으로 녹의 생성을 조장하는 산소, 습기 등이 금속과 접촉하지 못하도록 하는 것
완충포장기법	물품이 물류 과정에서 파손되는 주원인인 운송 중 진동이나 하역 충격 등으로 인한 큰 외력(外力)이 가해지지 않도록 완충 처리하여 물품의 파손 발생을 막는 방법
방습포장기법	물류과정에서 습기가 상품에 스며들지 않도록 방지하는 포장기법
가스치환포장	밀봉포장 용기에서 공기를 흡인하여 탈기하고, 대신 질소 · 이산화탄소 같은 불활성 가스로 치환하여 물품 변질 등을 방지하려는 포장방법

② 집합포장기법의 방법 **21-2**

쉬링크(Shrink) 포장	• 수축 필름의 열수축력을 이용하여 파렛트와 그 위에 적재된 포장화물을 집합포장하는 방법 • 열수축성 플라스틱 필름을 파렛트 화물에 씌우고 쉬링크 터널을 통과시킬 때 가열하여 필름을 수축시켜 파렛트와 밀착시키는 방법
스트레치 포장	• 스트레치 포장기를 사용하여 플라스틱 필름을 화물에 감아서 움직이지 않게 하는 방법 • 주로 생선, 식품, 청과물 등을 1개 혹은 복수로 트레이에 올리고 그 주위를 끌어당기면서 엷은 필름으로 덮어 포장 • 쉬링크 방식과 달리 열처리를 행하지 않으며, 통기성 없음
밴드결속방법	종이, 플라스틱, 나일론, 금속밴드 등을 사용
테이핑(Taping)	용기의 견고성을 유지하기 위해서 접착테이프 사용

슬리브(Sleeve)		종이나 필름천을 이용하여 수직으로 네 표면에 감거나 싸는 방법
꺽쇠 · 물림쇠		주로 칸막이 상자 등에 채용하는 방법
틀 고정		주로 수평이동을 위 · 아래의 틀로 고정하는 방법
대형 골판지 상자		작은 부품 등을 꾸러미로 묶지 않고 담을 때 사용
접 착		접착제로서는 풀(도포와 점적방법)이나 접착테이프를 이용

(4) 화인(화물취급표시, 貨印)

① 개념 : 포장화물의 표면에 기입하는 특정한 기호, 번호, 목적지, 취급상의 문구 등을 총칭

② 화인 표시의 종류 **23-1**

구분	설명
품질 표시 (quality mark)	• 내용품의 품질이나 등급 등을 표시하여 송하인과 수하인 당사자만이 알 수 있도록 하기 위해 사용하는 마크 • 주마크의 위쪽이나 밑에 기재
주의 표시(care mark)	• 내용품의 성격, 품질, 형상 등에 따라 취급상 주의 표시 • 문자나 그림으로 붉은색을 사용하여 표시
수량 표시(case mark)	두 개 이상의 많은 수량인 경우 한 개씩 순서에 따라 포장에 번호를 붙여야 함
목적지 표시 (destination mark)	• 내용품이 최종 도착하게 되는 목적지 표시 • 선박운송이 되는 경우 항구명 기재
원산지 표시 (origin mark)	• 정상적인 절차에 의해 선적되는 모든 수출품은 관세법규의 규정에 따라 원산지명을 표시해야 함 • 대미 수출품의 경우 미국 관세법규에 따라 원산국(Country of Origin)을 식별하기 쉬운 장소에 영어로 표시함을 의무화
주표시(main mark)	• 화인 중 가장 중요한 표시로 타 상품과 식별을 용이하게 하는 기호 • 송하인이나 수하인을 표시하는 특정한 기호(회사의 상호 등)에 대표문자를 넣어 만드는 것이 통례
부표시(counter mark)	• 내용물품의 직접 생산자나 혹은 수출대행사 등이 붙이는 기호 • 주마크의 위쪽이나 밑쪽에 기재하나, 기재되지 않는 경우도 있음

02 하역

(1) 개념

① 보관과 운송의 양단에 있는 물품을 취급하는 활동

② 화물수송 과정에서 짐을 싣고 내리는 일체의 현장처리작업

　예 항만하역(항만 안에서 화물을 싣고 내리는 일과 이에 따르는 일체의 작업)도 하역에 포함

(2) 특 성 **19-2**

① 제조공정 및 검사공정은 비포함

② 물류과정에서 하역이 자체적으로 창출하는 효용은 없음

③ 기계화, 자동화가 진행되면서 *성력화(elimination of labor)가 급속히 진행되고 있음

*성력화 : 생산성 향상을 위해 생산공정에서 가공 능률화나 공정 간 공작물 운반 능률화를 도모하여 작업을 최대한 기계화하고, 사람의 손을 필요로 하는 작업을 생략하는 것

> **+ 더 알아보기** 하역 용어
>
> - 배닝(vanning) : 컨테이너에 물품을 넣는 것
> - 디배닝(devanning) : 컨테이너에서 물품을 빼는 것

(3) 단위적재 시스템

① 유닛로드시스템(ULS ; Unit Load System)
  ㉠ 개념 : 화물을 일정한 표준의 중량 또는 체적으로 단위화시켜 기계를 이용하여 하역·수송·보관 등을 하는 시스템
  ㉡ 목적 : 화물취급 단위 단순화·표준화로 기계하역 용이, 하역능력 향상 및 비용절감, 수송·보관업무 효율화
  ㉢ 유닛로드시스템 구축을 위한 기본 요건 : 단위규모의 적정화, 단위화 작업의 원활화, 협동운송체제의 확립

② 파렛트 풀 시스템(PPS ; Pallet Pool System)
  ㉠ 개념 : 파렛트 규격을 표준화하여 상호교환성 확보 후 이를 풀(Pool)로 연결하여 공동화함으로써 기업의 물류 합리화를 도모하는 시스템
  ㉡ 목적 : 규격화·표준화된 파렛트 사용으로 파렛트 회수 용이, 지역 간·계절별 체계 개선으로 변동적 수요에 탄력적 대응

(4) 복합물류단지 **24-3**

① 개념
  ㉠ 화물의 집화, 하역 및 이와 관련된 분류, 포장, 보관 등에 필요한 기능을 갖춘 시설물
  ㉡ 순수한 물류시설로, 화물과 운송수단이 효율적으로 연계되도록 지원하는 물류인프라 역할 수행

② 복합물류단지의 물류기능

물류 환적 기능	지역 간 화물의 수송 및 하역 거점 기능
분류·보관 기능	원재료나 제품의 분류와 보관
조립·가공 기능	일괄생산한 반제품을 수요자 요구에 따라 조립 혹은 가공
포장 기능	상품의 손상 방지, 수송 효율성 제고, 상품가치의 보존을 위한 기능
컨테이너 처리 기능	불특정 화주의 화물을 컨테이너에 혼재하거나 컨테이너에서 분류하는 기능
통관 기능	수출입화물의 통관업무 수행

6 물류정보와 물류정보시스템

01 물류정보와 물류정보시스템의 개념 25-2

(1) 물류정보

① 개념
- ㉠ 수송, 운반, 포장, 하역, 보관, 유통가공 등 물류활동과 관련한 모든 정보
- ㉡ 종합적인 물류활동을 원활히 진행하기 위해 필수불가결한 요소
- ㉢ 물류활동의 역할에 따라 수주, 재고, 생산지시, 물류관리정보 등으로 분류됨

② 중요성
- ㉠ 물류정보는 물류활동의 현재 상황인식 및 판단, 미래의 방향 설계에 도움
- ㉡ 관련 조직 · 부서 · 기업들 간 협력을 이끌어내어 기업 경영목표 달성에 기여
- ㉢ 물류비 절감이 중요해지면서 물류정보의 중요성도 점점 높아지고 있음

(2) 물류정보시스템

① 개념
- ㉠ 운송, 보관, 하역, 포장 등 전체 물류기능을 효율적으로 관리할 수 있게 해주는 정보시스템
- ㉡ 물류정보의 수집 · 저장 · 가공 · 유통을 처리하는 컴퓨터 하드웨어 및 소프트웨어, 업무 프로세스, 사용자 등의 집합체
- ㉢ 판매관리를 위한 주문관리, 창고관리, 운송관리, 재고관리 등을 통합
- ㉣ 기업의 물류정보시스템은 초기에는 판매관리와 생산관리를 위한 정보시스템이 주로 행해짐

② 목적
- ㉠ 물류서비스 향상 및 물류비 절감
- ㉡ 적정 고객서비스를 최소비용으로 달성할 수 있도록 지원

02 물류정보시스템의 종류

(1) 자재소요계획 시스템(MRP ; Material Requirement Planning)
① 전산화 프로그램으로 재고관리와 생산일정을 계획 · 통제하고, 적량의 품목을 적시에 주문하여 적정 재고수준을 통제하는 시스템 → Push 시스템
② 구성요소 : 주생산일정계획(MPS), 자재명세서(BOM), 재고기록철(IRF)
③ 자재소요계획에서 출발하여 회사의 모든 자원을 계획 · 관리하는 전사적 자원관리로 발전

(2) 생산자원계획 시스템(MRP-II ; Manufacturing Resources Planning)
① 자재뿐만 아니라 생산에 필요한 모든 자원을 효율적으로 관리하기 위한 것으로 MRP가 확대된 개념
② 소품종 대량생산에서 다품종 소량생산으로의 환경변화에 따른 고객지향업무의 부각에 따라 탄생
③ 기존 MRP에 자동화된 공정데이터의 수집, 수주관리, 재무관리, 판매관리의 기능을 추가하여 구체적으로 실현가능한 생산계획을 제시하는 제조활동 시스템

(3) 전사적자원관리(ERP ; Enterprise Resource Planning) 24-2, 22-1, 21-1, 20-2

① 정보기술을 활용하는 경영전략의 하나
② 기업이 통합된 데이터를 기반으로 재무, 생산소요계획, 인적자원, 주문충족 등 기업의 전반적인 업무 프로세스를 시스템으로 구축하여 관리하는 것
③ 기업 활동에 필요한 모든 자원을 통합·관리하고 정보를 공유함으로서 효율적인 업무처리 가능
④ 기업 업무처리방식을 선진화시켜 한정된 기업 자원을 효율적으로 관리하여 생산성을 극대화하려는 기업 리엔지니어링 기법
⑤ 기업 내 부서 간 정보전달을 통한 전사적정보관리를 위해 ERP기술이 보편적으로 사용됨

03 물류관리를 위한 정보기술

(1) 전자문서교환(EDI ; Electronic Data Interchange) 24-2, 20-2, 18-3

① 기업 간 합의된 전자문서표준을 이용해 컴퓨터로 서로 간 처리할 데이터나 문서를 교환하는 시스템
② 기업 간 주문, 대금청구 또는 결재 등 다양한 업무 처리 시 컴퓨터로 처리할 수 있도록 구조화되어 있음
③ 국내기업 간 거래는 물론 국제무역에서 각종 서류작성 및 발송, 서류정리 절차 등 번거로운 사무처리가 사라져 처리시간 단축 및 비용절감
④ 제품의 주문·생산·납품·유통 전단계에서 생산성을 획기적으로 향상

(2) 판매시점정보(POS ; Point Of Sales) 관리 시스템 25-2, 24-2, 20-2, 18-3

① 판매장의 판매시점에서 발생하는 판매정보를 컴퓨터로 자동 처리하는 시스템

광의의 POS 시스템	판매정보뿐만 아니라 발주, 재고, 배송, 매입 등 소매점포 안에서 발생하는 모든 정보를 관리하는 시스템
협의의 POS 시스템	판매시점에서 어떤 상품이 얼마나 판매되었는지 판매정보를 파악 및 관리하는 시스템

② 상품별 판매정보가 컴퓨터에 보관되어 발주·매입·재고 등 정보와 결합하여 활용됨
③ 사전에 가격 표찰에 상품 종류, 가격 등을 기호로 표시해두고, 리더 등으로 읽어 판매정보 집계
④ POS시스템의 업무처리절차 : 상품 정산 시 상품에 인쇄된 바코드를 스캐너가 판독 → 판매정보가 스토어 컨트롤러에 송신됨 → 스토어 컨트롤러에 수집된 판매자료(단품별 정보, 고객정보, 가격정보, 매출정보 등)를 POS 단말기로 발신 → POS 단말기에서 영수증 발행 및 인쇄 → 영업 종료 후 스토어 컨트롤러가 당일의 상품 판매 관련 각종 보고서 작성

(3) 자동발주시스템(EOS ; Electronic Ordering System)

① 발주 단말기를 이용하여 발주데이터를 수주처의 컴퓨터에 전화회선을 통해 직접 전송하면 수주처에서 납품, 매입전표를 발행하여 납품하는 발주방식
② 단품관리시스템
③ 소비자 기호와 요구의 다양화·개성화, 제품 수명주기 단축, 소매업의 양적 팽창으로 업종 내 경쟁심화 등에 의한 기업환경의 변화와 수주업무개선의 필요성 등에 의해 등장

(4) DPS(Digital Picking System) 20-2
   ① 표시장치와 응답을 일체화시킨 시스템
   ② 물류센터의 랙(Rack)이나 보관 장소에 점등장치를 설치하여 출고할 물품의 보관구역과 출고 수량을 알려주고, 출고가 완료되면 신호가 꺼져 작업이 완료되었음을 자동으로 알려주는 시스템
   ③ 창고, 배송센터, 공장 등의 현장에서 작업지원시스템으로 활용

(5) 무선주파수식별법(RFID ; Radio Frequency Identification) 20-2
   ① 자동인식기술의 하나로, 데이터 입력장치로 개발된 무선(RF ; Radio Frequency)으로 데이터 인식
   ② 태그(Tag) 안에 물체의 ID를 담아 놓고, 리더(Reader)와 안테나(Antenna)를 이용해 태그(Tag)를 부착한 동물, 사물, 사람 등을 판독, 관리, 추적
   ③ 바코드기술의 상품에 대한 표현능력의 한계, 일괄인식의 어려움, 물류량 급증 시 대처능력의 저하 등의 문제점 해결

(6) 광학문자인식(OCR ; Optical Character Recognition) 20-2
   ① 영상에 포함된 문자를 빛을 이용하여 판독한 후 변환하는 장치
   ② 사람이 쓰거나 기계로 인쇄한 문자 이미지를 스캐너로 판독하고 기계가 읽을 수 있는 문자로 변환
   ③ 팩스를 통해 정보를 보낸 경우 컴퓨터의 스캐닝이 그 문자를 인식하여 컴퓨터에 입력하는 기술로 활용 가능

(7) 데이터마이닝 24-2
   데이터베이스나 데이터웨어하우스로부터 고객의 연관성, 구매패턴, 성향 등 유용한 정보들을 추출하는 도구

7 물류비

01 물류비 개요

(1) 개 념
   ① 물류활동을 수행하는 데 소모되는 경제가치
   ② 원재료 조달부터 완제품 생산, 거래처 납품 또는 반품 · 회수 · 폐기되기까지 제반 물류활동에 소요되는 모든 경비

(2) 물류비 산정 목적 19-3
   ① 정확한 물류활동 규모를 파악하고 물류비 크기를 표시하여 사내에 물류의 중요성을 인식시키기 위함
   ② 물류활동의 문제점 파악
   ③ 물류활동의 계획, 관리, 실적의 통제 및 평가를 위한 정보 제공
   ④ 생산과 판매부문의 불합리한 물류활동 발견
   ⑤ 원가관리를 위한 자료 제공

02 물류비 분류 체계

(1) 전체 분류체계

과목		영역별	기능별	지급형태별	세목별	관리항목별	조업도별
계정	비목	• 조달물류비 • 생산물류비 • 사내물류비 • 판매물류비 • 리버스물류비(역물류비 : 반품, 회수, 폐기)	• 운송비 • 보관비 • 포장비 • 하역비(유통가공비 포함) • 물류정보 · 관리비	• 자가물류비 • 위탁물류비 (2PL, 3PL)	• 재료비 • 노무비 • 경 비 • 이 자	• 제품별 • 지역별 • 고객별 • 조직별 • 운송수단별	• 고정물류비 • 변동물류비

(2) 세부 분류체계

① 영역별 분류 20-3, 18-3

순물류비	조달물류비	원재료(공용기, 포장재료 포함)의 조달에서 구매자에게 납입할 때까지의 물류에 소요된 비용
	생산물류비	원재료 입하 후 생산공정에서 가공을 실시하여 제품으로 완성될 때까지의 물류에 소요된 비용
	사내물류비	매입물자의 보관창고에서 완제품 등의 판매를 위한 장소까지의 물류활동에 따른 비용
	판매물류비	생산된 완제품 또는 매입상품을 판매창고에 보관하는 활동부터 고객에게 인도할 때까지의 비용
역물류비	반품물류비	고객에게 판매된 제품의 반품 과정에서 물류에 소요된 비용
	회수물류비	제품이나 상품의 판매물류에 부수적으로 발생하는 빈 물류용기, 빈 판매용기의 회수 및 재사용비용
	폐기물류비	제품 및 포장비 또는 운송용 용기, 자재 등을 폐기하기 위해서 물류에 소요된 비용

② 기능별 분류 24-1

운송비	• 물자를 물류거점 간 또는 소비자까지 이동시키는 활동에서 소비된 비용 • 운송비 종류 <table><tr><td>수송비</td><td>기업의 필요에 따라 물자를 물류거점까지 이동시키는 물류비</td></tr><tr><td>배송비</td><td>물자를 고객에게 배달시키는 물류비</td></tr></table>
보관비	• 물자를 창고 등 물류시설에 보관하는 활동에 따른 물류비 • 단순 물자 보관뿐 아니라 재고유지비, 재고관리비, 재고물품에 대해 발생하는 이자 포함
포장비	• 물자 이동과 보관을 용이하게 하기 위한 상자, 골판지, 파렛트 등의 물류포장 활동에 따른 물류비 • 생산과정에서 발생한 제품 포장비는 제외(생산원가, 제조원가에 귀속)
하역비	• 물자 운송 및 보관활동에 수반되어 동일시설 내에서 물자를 상하좌우로 이동시키는 활동에 소비된 비용 • 주로 운송이나 보관기능 수행 시 비용이 동시에 발생 • 하역비의 별도 구분이 없는 경우 물류센터에 부설된 하역설비를 이용한 상하차비는 보관 및 재고관리비에 포함
유통가공비	• 물자 유통과정에서 물류효율 향상을 위해 이를 가공하는 데 소비된 비용 • 스티커 부착, 제품 품질검사 및 분류, 기획포장이나 묶음포장 등 예 식품 보관기간 장기화를 위한 냉동, 가구류 제품의 보관 · 하역 · 운송 기능의 효율화를 위한 영업소나 지점에서의 부품 조립 비용

물류정보·관리비	물류정보비		• 물류 프로세스를 전략적으로 관리하고 효율화하기 위해 컴퓨터 등 전자적 수단을 사용하여 지원하는 활동에 따른 물류비 • 물류정보비 종류
		주문처리비	• 원재료를 포함한 제품·상품 등의 발주, 수주, 출하지시 및 이에 관한 사무처리와 통계, 분석 등 업무처리에 소요되는 비용 • 수주에 있어 영업이나 판매상 계약과정이나 절차 등에 관해 발생하는 비용 제외(상류비에 해당)
		고객서비스	출하문의에 대한 회신, 출하촉진 등 업무에 소요되는 비용과 조달·보관·운송 등 업무처리 관련 정보교환 및 처리에 소비되는 비용
	물류관리비		• 물류정보비를 별도로 구분하지 않는 기업에서는 물류관리비에 포함 물류활동 및 물류기능의 합리화·공동화를 위해 계획·조정·통제하는 등 물류관리 활동에 따른 물류비

③ 지급형태별 분류 `23-1`

자가물류비	• 자사 설비나 인력을 사용하여 물류활동을 수행함으로써 소비되는 비용 • 재료비, 노무비, 경비, 이자 등으로 구분
위탁물류비	• 물류활동의 일부 또는 전부를 타사에 위탁하여 수행함으로써 소비된 비용 • 물류자회사 지급분과 물류전문업체 지급분으로 구분

④ 세목별 분류

재료비	물류와 관련된 재료의 소비에서 발생(예 포장이나 운송기능)
노무비	물류활동 수행을 위한 노동력 비용(예 운송, 보관, 포장, 하역 관리 등의 전반적인 기능과 조달, 사내, 판매 등의 전 영역)
경 비	재료비, 노무비 이외에 물류활동과 관련된 제비용(예 물류관리, 회계 및 관리 등의 계정과목 전부)
이 자	물류시설이나 재고자산에 대한 이자발생분(예 금리 또는 투자보수비)

⑤ 관리항목별 분류

㉠ 물류비를 보다 세분하여 파악하기 위한 목적으로 분류하는 항목
㉡ 제품별, 지역별, 고객별, 조직별, 운송수단별 등으로 분류

⑥ 조업도별 분류 `20-3`

고정물류비(물류고정비)	물류조업도의 증감과 관계없이 발생하거나 소비되는 비용이 일정한 물류비
변동물류비(물류변동비)	물류조업도의 증감에 따라 발생 및 소비 비용이 변화되는 물류비

03 물류예산안 편성과정과 물류원가·물류채산성

(1) 물류예산안 편성과정 `19-2`

> 물류관리 목표 설정 및 확인 → 물류환경조건 현황 파악 및 분석 → 물동량 파악 → 개별물류계획 설정 및 검토 → 물류예산편성 방침 작성 및 제출 → 물류비 예산안 작성 및 제출 → 물류비 예산안의 심의·조정 → 물류비 예산의 확정 및 편성

(2) 물류원가계산

① 개념 : 물류활동을 수행하는 데 필요한 비용을 체계적으로 계산하는 일련의 과정

② **물류의 원가 배분 기준** `20-3`
  ㉠ 수익률이 높은 부문에 더 많은 원가 배분
  ㉡ 자원 사용 원인 변수를 찾아 인과관계를 기준으로 배분
  ㉢ 공정성 · 공평성을 기준으로 배분
  ㉣ 원가대상 산출물의 수혜 기준으로 배분

(3) 물류채산성 분석 `24-2`

① 개념 : 물류업무 타당성 분석이나 신 물류시설에 대한 경제성 분석 등 의사결정 기법

② 분석 목적
  ㉠ 현재 실시하고 있는 물류관리시스템의 구조적 문제나 업무집행상 문제에 대해 제기된 개선안 등의 채산성을 파악하기 위하여 실시
  ㉡ 물류비 계산을 통한 물류비 지출 실태 파악 후 실제 물류비절감을 위한 개선대책 마련을 위해 실시

③ **분석방식** `24-2`
  ㉠ 일률적인 계산방식보다 상황에 맞는 계산방식 활용
  ㉡ 물류의 원가로는 미래원가, 실제원가 사용
  ㉢ 개선이나 투자가 필요한 부분을 대상으로 실시
  ㉣ 분석방식 종류

비용상충분석법	물류업무에서 상충관계(trade-off)에 있는 양쪽의 원가를 정확하게 분석 · 비교하여 최적안을 선택하는 방법
총비용접근분석법	각 비용의 부분적인 절감이 아닌 총액의 관점에서 비용절감에 대해 분석하는 방법

(4) 물류 채산분석과 물류원가계산 비교 `24-1, 22-3, 22-1`

구 분	물류채산분석	물류원가계산
계산목적	물류 활동에 대한 의사결정	물류 활동의 업적 평가
계산대상	특정의 개선안, 투자안	물류 업무의 전반
계산방식	상황에 따라 상이	항상 일정
계산시기	개선안의 전체나 특정 기간(의사결정 시 실시)	각 예산 시기별로 실시(월별, 분기별)
계산의 계속성	임시적으로 계산	반복적으로 계산
할인계산의 유무	할인 계산함	할인 계산 안 함

8 물류아웃소싱과 제3자물류, 제4자물류

01 물류 아웃소싱

(1) 개념
기업이 고객서비스의 향상, 물류비 절감 등 물류활동을 효율화할 수 있도록 물류활동의 일부 또는 전부를 외부물류 전문업자에 위탁하여 수행하도록 하는 물류전략

(2) 물류아웃소싱의 장단점 `23-3, 22-2, 21-3, 21-2`

장점	단점
• 전문물류업체 활용으로 물류정보시스템 개발 소요 인력 · 비용절감 • 분업의 원리를 통한 이익 발생 • 고정비용 감소로 획기적 비용절감효과 • 물류 전문 인력 활용 가능 • 물류서비스 수준 향상 • 핵심부분에 대한 집중력 강화	• 기업 기밀, 운영관련 노하우(Know-how) 유출 위험 • 외부 물류기능(리드타임, 수송, 창고비 등)에 대한 프로세스 통제권 약화 및 교섭력 약화 • 아웃소싱에 따른 부서 간 업무 이해상충 발생 • 자사물류에 비해 컴플레인 대처 미흡

(3) 팬먼(Penman)과 와이즈(Weisz)의 물류아웃소싱 성공전략 5가지 `21-1, 20-2, 19-1`
① 지출되는 물류비용을 정확히 파악하여 아웃소싱 시 비용절감효과를 측정해야 함
② 아웃소싱의 목적이 기업 전체의 전략과 일치해야 함(고객서비스와 비용절감을 목적으로 함)
③ 적절한 인력관리로 사기저하를 방지해야 함(아웃소싱의 가장 큰 장애는 인원감축 등에 대한 저항)
④ 아웃소싱이 성공하려면 반드시 최고경영자(CEO)의 관심과 지원 필요
⑤ 아웃소싱의 궁극적인 목표는 현재와 미래의 고객만족에 있음을 잊지 말아야 함

02 제3자물류

(1) 개념 `18-1`
① 기업이 고객서비스 향상, 물류관련 비용절감, 물류활동 운영효율 향상 등을 위해 공급사슬 전체 또는 일부를 물류전문업체에 위탁(Outsourcing)하는 것
② 전문업체는 화주기업과 1년 이상 장기 계약으로 제휴관계를 맺고 복수 물류기능을 하나로 묶어 통합 물류서비스 제공 → 계약물류

(2) 제3자물류 기대효과 `21-1`
① 여러 기업들의 독자적 물류업무 수행으로 인한 중복투자 등 사회적 낭비 방지
② 수탁업체 간 경쟁을 통한 물류효율 향상
③ 유통 등 물류 아웃소싱으로 리드타임 감소 및 비용절감을 통해 고객만족 제고, 기업가치 향상
④ 기업이 핵심부분에 집중하고 물류부분은 전문업체 아웃소싱으로 전문화 · 분업화 효과 극대화
⑤ 제조 · 유통업체는 자본비용 · 인건비 절감, 물류업체는 규모의 경제를 통해 화주기업의 비용절감
⑥ IT · 수송 등 전문업체 네트워크 활용으로 비용절감 및 고객서비스 향상, 기업경쟁력 강화

(3) 화주기업과 3자물류업체와의 관계 20-3, 19-1

① 물류업무에 관한 협력(collaboration) 및 의식개혁 공유
② 전략적 제휴를 통한 물류업무 파트너십 구축
③ 정보공개를 통한 효율적인 물류업무개선 노력
④ 주력부분에 특화한 물류차별화를 통한 경쟁우위 확보의지 공유
⑤ 물류아웃소싱을 탄력적으로 선별할 수 있는 화주기업의 능력 배양
⑥ 화주기업의 물류 니즈에 기반한 물류업체의 서비스 범위 협의

(4) 3자물류와 물류아웃소싱 비교 21-3

구 분	제3자물류	물류아웃소싱
화주와의 관계	전략적 제휴, 계약 기반	거래기반의 수발주관계
관계 내용	1년 이상 장기, 협력적 거래 관계	일회성 혹은 수시 거래 관계
서비스 범위	종합적인 물류서비스 지향	운송·보관 등 물류기능별 서비스 지향
정보공유	필수적	불필요
도입결정권한	최고경영층	중간관리자
도입방법	경쟁계약	수의계약

03 제4자물류

(1) 개 념

① 제3자물류에 솔루션 제공 능력(고객관리기능, 물류기획기능, 컨설팅기능 등)을 더한 것
② 물류아웃소싱이 활성화되면서 제3자물류가 더욱 발전된 개념
③ 서비스제공자는 공급사슬 전체를 관리하고 운영하며, 다양한 기업을 파트너로 참여시킴
④ 상호 보완관계에 있는 IT업체, 운송업체 등 타 물류업체와 연합하여 서비스 제공(혼합조직 형태)

(2) 제1~4자물류의 구분

제1자물류	사내에 물류 조직을 구축해서 운영하는 형태
제2자물류	자회사를 통해서 물류서비스를 제공하는 형태
제3자물류	외부 물류전문업체에 물류서비스를 아웃소싱한 형태
제4자물류	• 전략적 제휴업체와의 협업을 통해 물류서비스를 제공하는 형태 • 제3자물류 + 컨설팅기능 + IT기술

9 국제물류와 국제물류관리

01 국제물류 25-1

(1) 개 념

① 2개국 이상에서 생산과 소비의 시·공간적 차이를 극복하기 위한 유·무형 재화에 대한 물리적인 국제 경제활동
② 재화를 공급자에서 외국의 소비자에게 가장 효율적으로 전달하는 관련 활동
③ 운송, 보관, 하역, 포장, 유통가공 등의 활동과 관련되는 정보활동을 포함 → 운송·보관·하역·정보 등 모든 기능이 유기적으로 연결
④ 운송방법의 다양화로 인하여 복잡하며, 운송영역이 넓고 대량이므로 환경적 영향을 많이 받음
⑤ 원료조달, 생산가공 등의 활동에 있어 생산지와 소비지가 동일국이 아닌 국경을 초월하여 이루어짐
⑥ 복합화물터미널에서 하역이나 보관에 대한 시간단축 및 비용절감이 중요
⑦ **국제물류에서 중개인의 역할** : 물품서류 취급, 운송업자 선정 등 관련 업무를 빠르고 간편하게 처리

(2) 국제물류와 국내물류

구 분	국제물류	국내물류
운송방법	주로 복합운송 이용	주로 공로운송 이용
재고수준	주문시간이 길고, 운송 등의 불확실성으로 재고수준이 높음	짧은 리드타임으로 재고수준이 상대적으로 낮음
화물위험	장기운송·환적 등으로 높은 위험	단기운송으로 낮은 위험
서류작업	각종 무역운송서류가 필요하여 서류작업 복잡	구매주문서와 송장 정도로 서류작업 간단
재무적 위험	환리스크로 재무적 위험 높음	환리스크가 없어 재무적 위험 낮음

02 국제물류관리

(1) 목 표

① 고객서비스의 증대
② 물류비용의 절감

(2) 국제물류관리의 필요성

① 국내제품의 수출경쟁력 증가에 기여
② 물류정보시스템의 발전으로 물류관리를 신속·정확하게 처리하고, 비능률적인 요소를 제거하여 효율성 더욱 증대
③ 해외고객의 다양한 요구에 신속하고 정확하게 반응
④ 제품의 수명주기가 짧아짐에 따라 국제물류의 신속성 요구
⑤ 해외거점 확대, 해외조달, 아웃소싱 증가로 공급망이 국내에서 해외로 확장

(3) 국제물류관리 발전단계

단 계	물류체계	물류거점	특 징
1단계	수출입중심	자 국	국내생산, 해외수출중심의 물류활동(1970년대)
2단계	현지국	현 지	국가별 현지자회사 중심의 생산·물류활동(1980년대)
3단계	거점중심	지역 거점	Hub&Spoke 기반의 지역물류, 생산거점을 중심으로 지역권역 전체를 담당하는 물류체계 (1990년대)
4단계	글로벌 네트워크체계	글로벌 네트워크	SCM 기반 글로벌 네트워크 구축, 전문화된 물류관리체계 수요증대(3자 물류&4자 물류) (1990년대 후반)

SECTION 01　도소매물류의 이해

01　24-1, 22-2, 21-1

O X　조달물류를 효율적으로 달성하기 위해 공차율의 증대를 추진해야 한다.

02　23-3, 21-3

O X　SCM의 효과적 발휘를 위해 체인 내 파트너들이 수요, 판매, 재고, 수송 등 자료를 공유해야 한다.

03　20-추가, 19-3

O X　JIT가 개별적 생산현장(plant floor)을 연결한 것이라면, JITⅡ는 공급체인(supply chain)상 파트너 연결 및 그 프로세스를 변화시키는 시스템이다.

04　21-3, 18-2

(　　　　　)는 소매업의 재고관리를 공급자인 제조업자가 하는 것을 말한다.

05　21-2, 19-1

(　　　　　)은 적절한 상품을 적절한 품질로, 적절한 수량으로, 적시에, 적절한 장소에, 좋은 인상과 좋은 가격으로 전달하는 것을 말한다.

SECTION 02　도소매물류관리

01 24-2, 24-1, 22-3

O X 물류채산분석은 물류활동의 업적 평가를 위해 실시한다.

02 23-1, 20-3, 18-3

O X 자가 물류비, 위탁 물류비는 지급형태별 물류비에 속한다.

03 23-3, 21-2

O X COFC는 철도의 유개화차(Box Car) 위에 컨테이너를 싣고 수송하는 방식이다.

04 22-3, 21-1, 20-2

재고관리를 위한 주문법 중 (　　　)주문법은 품목수가 많고, 주문량이 고정되어 있으며, 주문 시기가 일정하지 않은 경우 더 유리하다.

05 21-3, 21-1, 18-1

(　　　)는 전문 물류업체와의 장기계약을 통해 종합물류서비스를 지향하는 물류아웃소싱 방식이다.

정답 및 해설

SECTION 01

01 ×　▶ 공차율을 최소화해야 조달물류를 효율적으로 달성할 수 있다.
02 ○
03 ○
04 공급자주도형재고관리(VMI)
05 7R

SECTION 02

01 ×　▶ 물류활동의 의사결정을 위해 실시한다.
02 ○
03 ×　▶ 철도의 컨테이너전용 화차(무개화차)에 적재하여 수송하는 방식이다.
04 정량
05 제3자물류

테마로 푸는 필수 기출문제

THEME ❶ 물류합리화와 물류관리의 상충 관계

물류합리화 및 물류합리화를 이루기 위해 반드시 이해해야 하는 물류관리의 상충 관계에 관한 문제가 자주 출제된다. 물류합리화의 추구 이유와 물류관리 내에서의 다양한 상충 관계를 이해할 수 있어야 한다.

01 23년 2회

유통기업들이 물류에 대한 높은 관심을 가지고 이에 대한 합리화를 적극적으로 검토·실행하고 있는 원인으로 옳지 않은 것은?

① 물류비가 증가하는 경향이 있기 때문이다.
② 생산 부문의 합리화 즉 생산비의 절감에는 한계가 있기 때문이다.
③ 기업 간 경쟁에서 승리하기 위해 물류면에서 우위를 확보하여야 하기 때문이다.
④ 고객의 요구는 다양화, 전문화, 고도화되어 고객서비스 향상이 특히 중요시되기 때문이다.
⑤ 기술혁신에 의하여 운송, 보관, 하역, 포장기술이 발전되었고 정보면에서는 그 발전 속도가 현저하게 낮아졌기 때문이다.

02 23년 3회

유통산업이 합리화되는 경우에 나타나는 현상으로 가장 옳지 않은 것은?

① 업무 효율화를 통해 유통업체의 규모가 작아진다.
② 유통 경로상 제조업의 협상력이 축소된다.
③ 법률이나 정부의 규제가 늘어난다.
④ 생산지의 가격과 소비자의 구매가격의 차이가 줄어든다.
⑤ 유통경로가 단축되어 유통비용이 절감된다.

03 22년 1회

재고, 운송, 고객서비스 등의 상충관계(trade-off)에 대한 설명으로 옳지 않은 것은?

① 재고수준을 낮추게 되면 보관비용이 감소되고 고객서비스 수준도 낮아진다.
② 재고 감소는 주문에 적시 대응하는 조직의 능력을 저하시킨다.
③ 배달을 신속하게 해서 고객서비스 수준을 증가시키는 것은 수송비용 증가를 초래한다.
④ 높은 고객서비스 수준을 지향하는 경우 재고비용과 재고운반비가 증가한다.
⑤ 낮은 배송비용을 지향하는 것은 시간측면에서 고객서비스 수준의 증가를 가져온다.

04 21년 3회

물류의 상충(trade off) 관계에 대한 설명으로 가장 옳지 않은 것은?

① 기업의 물류합리화는 상충관계의 분석이 기본이 된다.
② 기업 내 물류기능과 타 기능 간의 상충관계 역시 효율적 물류관리를 위해 고려해야 한다.
③ 제조업자와 운송업자 및 창고업자 등 기업조직과 기업 외 조직 간의 상충관계 또한 고려해야 한다.
④ 상충관계에서 발생하는 문제점을 극복하기 위해서는 물류 흐름을 세분화하여 부분 최적화를 달성해야 한다.
⑤ 배송센터에서 수배송 차량의 수를 늘릴 경우 고객에게 도착하는 배송시간은 짧아지지만 물류비용은 증가하는 경우는 상충관계의 사례에 해당한다.

05 20년 3회

기업이 물류합리화를 추구하는 이유로 가장 옳지 않은 것은?

① 생산비 절감에는 한계가 있기 때문이다.
② 물류비는 물가상승에 따라 매년 증가하는 경향이 있기 때문이다.
③ 물류차별화를 통해 기업이 경쟁우위를 확보할 수 있기 때문이다.
④ 물류에 대한 고객의 요구들은 동일, 단순하여 고객에게 동일한 서비스를 제공할 수 있기 때문이다.
⑤ 각종 기법과 IT에 의해 운송, 보관, 하역, 포장기술이 발전할 수 있기 때문이다.

THEME ❷ 공급사슬관리(SCM)와 채찍효과

공급사슬관리(SCM)와 SCM상에서 발생하는 채찍효과에 대한 문제는 상당히 빈출되므로 두 이론에 대한 개념과 SCM의 충족 요건, 채찍효과의 방지 방법 등에 대해 숙지하도록 한다.

06 22년 2회

채찍 효과(bullwhip effect)를 줄일 수 있는 대안으로 가장 옳지 않은 것은?

① 지나치게 잦은 할인행사를 지양한다.
② S&OP(Sales and Operations Planning)를 활용한다.
③ 공급체인에 소속된 각 주체들이 수요 정보를 공유한다.
④ 항시저가정책을 활용해서 수요변동의 폭을 줄인다.
⑤ 공급체인의 각 단계에서 독립적인 수요예측을 통해 정확성과 효율성을 높인다.

07 22년 3회

공급사슬을 효율적 공급사슬과 반응적 공급사슬로 구분하여 설계할 때 반응적 공급사슬에 대한 특징으로 가장 옳지 않은 것은?

① 리드타임을 적극적으로 단축하려 노력한다.
② 여유생산능력이 높다.
③ 저가격, 일관된 품질이 납품업체 선정기준이다.
④ 제품 혹은 서비스의 다양성을 강조하는 생산전략이다.
⑤ 신속한 납기가 가능할 정도의 재고 투자를 한다.

08 22년 3회

아래 글상자에서 설명하는 개념으로 옳은 것은?

> 제품에 대한 최종소비자의 수요 변동 폭은 크지 않지만, 소매상, 도매상, 제조업자, 원재료 공급업자 등 공급사슬을 거슬러 올라갈수록 변동 폭이 크게 확대되어 수요예측치와 실제 판매량 사이의 차이가 커지게 된다.

① 블랙 스완 효과(black swan effect)
② 밴드 왜건 효과(band wagon effect)
③ 채찍 효과(bullwhip effect)
④ 베블렌 효과(Veblen effect)
⑤ 디드로 효과(Diderot effect)

09 19년 1회

공급사슬관리(SCM)의 효과를 제대로 발휘하고 충족시키기 위한 기본요건으로 옳지 않은 것은?

① 공급체인 구성원은 경쟁관계에서 동반관계로 전환해야 한다.
② 수요기업과 공급기업 간의 진실한 협력(true-collaborative)체제가 이루어져야 한다.
③ 소매업체와 제조업체 간 협력과 원활한 커뮤니케이션이 이루어져야 한다.
④ 물류활동의 통합을 위해, 체인 내의 파트너들이 수요, 판매, 재고, 수송 등의 자료를 공유해야 한다.
⑤ 전사적자원관리(ERP), 고객관계관리(CRM) 등의 통합 정보시스템 지원은 필수적인 것은 아니다.

10 19년 2회

공급체인관리의 주요 원칙에 관한 설명으로 옳지 않은 것은?

① 고객의 가치와 니즈를 이해하고 만족시킨다.
② 장기적으로 강력한 파트너십을 구축한다.
③ 각종 정보기술을 효과적으로 활용한다.
④ 경로 전체를 통합하는 정보시스템보다는 각각의 독립성을 우선시한다.
⑤ 공급체인 파트너 간의 커뮤니케이션이 효과적이어야 하고 적시에 이루어져야 한다.

12 22년 3회

공급사슬관리를 위해 활용할 수 있는 지연전략(postponement strategy)에 대한 설명으로 가장 옳은 것은?

① 지연전략은 고객의 수요를 제품설계에 반영하기 위해 완제품의 재고보유 시간을 최대한 연장시키는 전략이다.
② 주문 이전에는 모든 스웨터를 하얀색으로 생산한 후 주문이 들어오면 염색을 통해 수요에 맞춰 공급하는 것은 지리적 지연전략이다.
③ 가장 중요한 창고에 재고를 유지하며, 지역 유통업자들에게 고객의 주문을 넘겨주거나 고객에게 직접 배송하는 것은 제조 지연전략이다.
④ 컴퓨터의 경우, 유통센터에서 프린터, 웹캠 등의 장치를 조립하거나 포장하는 것은 지리적 지연전략이다.
⑤ 자동차를 판매할 때 사운드 시스템, 선루프 등을 설치 옵션으로 두는 것은 결합 지연전략이다.

THEME ❸ 공급사슬관리(SCM) 관련 응용기법

물류합리화를 위한 SCM 관련 시스템과 응용기법이 다양하게 출제되므로 관련 물류 기법에 대해 최대한 숙지하도록 한다.

11 20년 추가

아래 글상자는 소매점의 경쟁력 강화를 위한 한 유통물류기법에 대해 설명하고 있다. 해당 유통물류기법으로 가장 옳은 것은?

> 고객이 원하는 시간과 장소에 필요한 제품을 공급하기 위한 물류정보시스템이다. 수입의류의 시장잠식에 대응하기 위해, 미국의 패션의류업계가 섬유업계, 직물업계, 의류제조업계, 의류소매업계 간의 제휴를 바탕으로 리드타임의 단축과 재고 감축을 목표로 개발·도입한 시스템이다.

① QR(Quick Response)
② SCM(Supply Chain Management)
③ JIT(Just-In-Time)
④ CRM(Customer Relationship Management)
⑤ ECR(Efficient Consumer Response)

13 21년 3회

공급자주도형재고관리(VMI ; Vendor Managed Inventory)에 대한 내용으로 옳은 것은?

① VMI는 공급자가 고객사를 위해 제공하는 가치향상서비스 활동이다.
② VMI는 생산공정의 효율적 관리를 위해 우선순위계획, 능력계획, 우선순위통제관리, 능력통제관리 등을 수행하는 생산관리시스템이다.
③ VMI에서는 고객사가 재고를 추적하고, 납품일정과 주문량을 결정한다.
④ VMI를 활용하면 공급자는 재고관리에 소요되는 인력이나 시간 등 비용절감 효과를 얻을 수 있다.
⑤ CMI(Co-Managed Inventory)보다 공급자와 고객사가 더 협력적인 형태로 발전한 것이 VMI이다.

14 20년 3회

공급사슬관리에 관련된 내용으로 옳지 않은 것은?

① Lean은 많은 생산량, 낮은 변동, 예측가능한 생산환경에서 잘 적용될 수 있다.
② Agility는 수요의 다양성이 높고 예측이 어려운 생산환경에서 잘 적용될 수 있다.
③ 재고보충 리드타임이 짧아 지속적 보충을 하는 경우는 Kanban을 적용하기 힘들다.
④ 수요예측이 힘들고 리드타임이 짧은 경우는 QR이 잘 적용될 수 있다.
⑤ 적은 수의 페인트 기본색상 재고만을 보유하고 소비자들에게 색깔관점에서 커스터마이즈된 솔루션을 제공하는 것은 Lean/Agile 혼합전략의 예가 된다.

15 18년 3회

지속적 상품보충(continuous replenishment)에 대한 내용 설명으로 옳지 않은 것은?

① 지속적 상품보충이란 소비자수요에 기초하여 소매점에 상품을 공급하는 방식이다.
② 지속적 상품보충은 기존에 소매점에 재고가 있음에도 불구하고 상품을 공급하는 방식인 풀(pull) 방식과는 차이가 있다.
③ 포스 데이터(POS data)를 사용하면 지속적 상품보충 프로세스를 더 개선할 수 있다.
④ 지속적 상품보충이 구현되면 배송이 신속하게 되어 소매업체의 재고수준을 낮출 수 있다.
⑤ 전자자료교환(EDI)을 통해 정보를 교환할 수 있다.

THEME 4 물류표준화와 물류공동화

물류표준화를 위한 포장표준화와 물류공동화는 빈출되는 유형은 아니나 두 유형 모두 최근 출제되었으므로 표준화의 4가지 종류와 그 대상, 물류공동화의 효과와 추진에 대한 어려움 정도는 알아두는 것이 좋다.

16 24년 2회

물류합리화를 위한 표준화의 대상에 대한 설명으로 옳지 않은 것은?

① 트럭이나 컨테이너, 철도 같은 운송표준화
② 창고나 랙, 팔레트 같은 보관표준화
③ 하역설비인 컨베이어, 지게차 같은 관리표준화
④ 포장 치수와 같은 포장표준화
⑤ EDI, POS와 같은 정보표준화

17 24년 1회

물류공동화 추진을 어렵게 하는 요인으로 가장 옳지 않은 것은?

① 기업의 영업기밀 유지 문제
② 표준적인 서비스 제공으로 인한 자사 고객 서비스 우선의 어려움
③ 상품 특성에 따른 특수 서비스 제공 필요성 문제
④ 긴급한 상황에서의 대처 능력 문제
⑤ 물류업체 측면에서 본 차량과 기사의 비효율 문제

18 23년 1회

물류합리화 방안의 하나인 포장 표준화에 관한 내용으로 옳지 않은 것은?

① 재료표준화 – 환경대응형 포장 재료의 개발
② 강도표준화 – 품목별 적정 강도 설정
③ 치수표준화 – 표준 팰릿(pallet)의 선정
④ 관리표준화 – 포장재 구매 기준 및 사후 관리 기준 제정
⑤ 가격표준화 – 물류여건에 대응하는 원가 절감형 포장법 개발

19 20년 3회

물류공동화의 효과로 가장 옳지 않은 것은?

① 수송물의 소량화
② 정보의 네트워크화
③ 차량 유동성 향상
④ 수 · 배송 효율 향상
⑤ 다빈도 소량배송에 의한 고객서비스 확대

20 25년 1회

일관파렛트화의 경제적 효과에 관한 설명으로 옳지 않은 것은?

① 수송의 편의성 증가
② 트럭 회전율의 향상
③ 제품파손의 감소와 포장비의 절감
④ 하역시간 단축에 따른 작업 인원의 감소
⑤ 하역의 기계화를 통한 보관 효율의 저하

THEME 5 고객서비스

고객서비스 관련 내용으로는 주로 3S 1L원칙, 7R, 서비스품질평가요소 위주로 출제되며 간혹 물류서비스와 고객서비스의 관계에 대해 출제되므로 각각의 개념에 대해 잘 이해하도록 한다.

21 23년 2회

물류관리의 3S 1L원칙에 해당되는 용어로 옳지 않은 것은?

① Speedy
② Surely
③ Low
④ Safely
⑤ Smart

22 23년 1회

도소매 물류서비스에서 고객서비스에 영향을 주는 요인에 대한 설명으로 옳지 않은 것은?

① 일반적으로 품목의 가용성은 발주량, 생산량, 재고비용 등을 측정하여 파악할 수 있다.
② 예상치 못한 특별주문에 대한 대처 능력은 비상조치능력으로 파악할 수 있다.
③ 사전 주문 수량과 일치하는 재고 보유를 통해 결품을 방지하고 서비스 수준을 높일 수 있다.
④ 신뢰성은 리드타임과 안전한 인도, 정확한 주문이행 등에 의해 결정된다.
⑤ 고객과의 커뮤니케이션을 통해 고객 서비스 수준을 파악할 수 있다.

23 22년 1회

고객 서비스 특성에 따른 품질평가요소에 대한 설명으로 옳은 것은?

① 유형성(tangibles) - 서비스 장비 및 도구, 시설 등 물리적인 구성
② 신뢰성(reliability) - 고객의 요구에 신속하게 서비스를 제공하려는 의지
③ 반응성(responsiveness) - 지식과 예절 및 신의 등 직원의 능력에 따라 가늠되는 특성
④ 확신성(assurance) - 고객에 대한 서비스 제공자의 배려와 관심의 정도
⑤ 공감성(empathy) - 계산의 정확성, 약속의 이행 등과 같이 정확하고 일관성 있는 서비스 제공

24 21년 2회

도 · 소매 물류를 7R을 활용하여 효과적으로 관리하는 방법에 대한 설명으로 가장 옳지 않은 것은?

① 적절한 품질의 제품을 적시에 제공해야 한다.
② 최고의 제품을 저렴한 가격으로 제공해야 한다.
③ 좋은 인상으로 원하는 장소에 제공해야 한다.
④ 적정한 제품을 적절한 양으로 제공해야 한다.
⑤ 적시에 원하는 장소에 제공해야 한다.

THEME 6 재고관리

재고관리와 관련하여 재고의 종류와 재고유지비용의 종류, 재고관리시스템, 재고관리 모형 등이 출제된다. 재고관리시스템의 경우 정량주문방식과 정기주문방식의 차이점에 대해 구분하여 정리하여야 한다.

25 25년 1회

상품의 구색을 회전율 위주로 구성하였을 때, 높은 재고회전율의 장점으로 옳지 않은 것은?

① 신선한 상품은 오래되고 낡은 상품에 비해 잘 팔리기 때문에 높은 재고회전율은 매출량을 증대시킨다.
② 재고회전율이 높으면 진부화되기 전에 판매되므로 진부화의 위험에서 벗어날 수 있다.
③ 높은 재고회전율은 다양한 고객의 취향을 충족시키며, 예상치 못한 수요증가에 대비할 수 있다.
④ 상품의 회전율이 높다는 것은 투입된 자금을 잘 활용하고 있다는 뜻이다.
⑤ 높은 재고회전율은 판매원의 사기 앙양에도 도움이 된다.

26 24년 1회

아래 글상자의 재고관리비용 중 재고유지비용에 해당하는 것만을 나열한 것으로 옳은 것은?

㉠ 기회비용	㉡ 서류작성비
㉢ 통관비	㉣ 창고사용료
㉤ 이자비용	㉥ 재고감손비용

① ㉠, ㉡
② ㉠, ㉢, ㉤
③ ㉡, ㉢, ㉥
④ ㉢, ㉣, ㉤
⑤ ㉣, ㉤, ㉥

27 22년 1회

다양한 재고와 관련된 설명으로 가장 옳지 않은 것은?

① 성수기와 비수기의 수요공급차이에 대응하기 위한 재고는 예상재고이다.
② 총재고 중에서 로트의 크기에 따라 직접적으로 변하는 부분은 리드타임재고이다.
③ 안전재고는 각종 불확실성에 대처하기 위해 보유하는 여분의 재고이다.
④ 주기재고의 경우 주문 사이의 시간이 길수록 재고량이 증가한다.
⑤ 수송재고는 자재흐름체계 내의 한 지점에서 다른 지점으로 이동 중인 재고를 말한다.

28 21년 1회

재고관리관련 정량주문법과 정기주문법의 비교 설명으로 옳지 않은 것은?

구 분	정량주문법	정기주문법
㉠ 표준화	표준부품을 주문할 경우	전용부품을 주문할 경우
㉡ 품목수	많아도 된다	적을수록 좋다
㉢ 주문량	고정되어야 좋다	변경가능하다
㉣ 주문시기	일정하지 않다	일정하다
㉤ 구매금액	상대적으로 고가물품에 사용	상대적으로 값싼 물품에 사용

① ㉠
② ㉡
③ ㉢
④ ㉣
⑤ ㉤

29 19년 2회

체화재고(stockpile) 측면의 관리 대상으로 옳지 않은 것은?

① 매출 수량 대비 과다한 재고
② 매출이 발생되지 않는 상품
③ 행사 종료로 인한 잔량 재고
④ 소매점의 취급종료 상품
⑤ 수요의 불확실성에 대비한 재고

THEME 7 JIT 시스템

JIT 시스템은 SCM관리기법이자 재고관리 모형으로 종종 출제된다. 특히 JIT와 JITⅡ 시스템의 특징과, 두 시스템의 차이점에 대해 확실히 이해해야 한다.

30 22년 3회

JIT(Just-in-time)와 JIT(Just-in-time) Ⅱ와의 차이점에 대한 설명으로 가장 옳지 않은 것은?

① JIT는 부품과 원자재를 원활히 공급받는 데 초점을 두고, JITⅡ는 부품, 원부자재, 설비공구, 일반자재 등 모든 분야를 공급받는 데 초점을 둔다.
② JIT가 개별적인 생산현장(plant floor)을 연결한 것이라면, JITⅡ는 공급체인상의 파트너의 연결과 그 프로세스를 변화시키는 시스템이다.
③ JIT는 자사 공장 내의 무가치한 활동을 감소·제거하는 데 주력하고, JITⅡ는 기업 간의 중복업무와 무가치한 활동을 감소·제거하는 데 주력한다.
④ JIT가 풀(pull)형인 MRP와 대비되는 푸시(push)형의 생산방식인데 비해, JITⅡ는 JIT와 MRP를 동시에 수용할 수 있는 기업 간의 운영체제를 의미한다.
⑤ JIT가 물동량의 흐름을 주된 개선대상으로 삼는 데 비해, JITⅡ는 기술, 영업, 개발을 동시화(synchronization)하여 물동량의 흐름을 강력히 통제한다.

31 22년 2회

아래 글상자에서 JIT와 JITⅡ의 차이점에 대한 설명으로 옳지 않은 것을 모두 고르면?

> ㉠ JIT는 부품과 원자재를 원활히 공급하는 데 초점을 두고, JITⅡ는 부품, 원부자재, 설비공구, 일반자재 등 모든 분야를 대상으로 한다.
> ㉡ JIT가 공급체인상의 파트너의 연결과 그 프로세스를 변화시키는 시스템이라면, JITⅡ는 개별적인 생산현장을 연결한 것이다.
> ㉢ JIT는 자사 공장 내의 무가치한 활동을 감소·제거하는 데 주력하고, JITⅡ는 기업 간의 중복업무와 무가치한 활동을 감소·제거하는 것이다.
> ㉣ JIT가 JIT와 MRP를 동시에 수용할 수 있는 기업 간의 운영체제를 의미한다면, JITⅡ는 푸시(push)형식인 MRP와 대비되는 풀(pull)형식의 생산방식을 말한다.

① ㉠, ㉡
② ㉠, ㉢
③ ㉡, ㉣
④ ㉡, ㉢
⑤ ㉠, ㉣

32 21년 2회

SCM 관리기법 중 JIT(Just In Time)에 대한 내용으로 옳은 것은?

① JIT는 생산, 운송시스템의 전반에서 재고부족으로 인한 위험 요소를 제거하기 위해 안전재고 수준을 최대화한다.
② JIT에서 완성품은 생산과정품(Work In Process)에 포함시키지만 부품과 재료는 포함시키지 않는다.
③ 구매측면에서는 공급자의 수를 최대로 선정하여 호혜적인 작업관계를 구축한다.
④ 수송단위가 소형화되고 수송빈도가 증가하므로 수송과정을 효과적으로 점검, 통제하는 능력이 중요하다.
⑤ 창고설계시 최대재고의 저장에 초점을 맞추는 것이지 재고이동에 초점을 맞추는 것은 아니다.

33 20년 추가

JIT와 JITⅡ의 차이점에 대한 설명으로 옳지 않은 것은?

① JIT는 부품과 원자재를 원활히 공급받는 데 초점을 두고, JITⅡ는 부품, 원부자재, 설비공구, 일반자재 등 모든 분야를 대상으로 한다.
② JIT는 개별적인 생산현장(plant floor)을 연결한 것이라면, JITⅡ는 공급체인(supply chain)상의 파트너의 연결과 그 프로세스를 변화시키는 시스템이다.
③ JIT는 기업 간의 중복업무와 가치 없는 활동을 감소·제거하는 데 주력하는 반면, JITⅡ는 자사 공장 내의 가치 없는 활동을 감소·제거하는 데 주력한다.
④ JIT는 푸시(push)형인 MRP와 대비되는 풀(pull)형의 생산방식인데 비해, JITⅡ는 JIT와 MRP를 동시에 수용할 수 있는 기업 간의 운영체제를 의미한다.
⑤ JIT가 물동량의 흐름을 주된 개선대상으로 삼는데 비해, JITⅡ는 기술, 영업, 개발을 동시화(synchronization)하여 물동량의 흐름을 강력히 통제한다.

THEME 8 재고관리시스템 : 경제적 주문량, ABC재고관리방법, ROP 재발주점 모형

재고관리시스템은 경제적 주문량, ABC재고관리방법, ROP 재발주점 모형 등 그 관리방법이 모두 빈출되며 경제적 주문량은 특히 자주 출제되므로 개념을 확실히 이해해야 한다. 또한 ROP 재발주점 모형과 경제적 주문량의 경우 계산 문제가 종종 출제되므로 계산식을 숙지하도록 한다.

34 24년 2회

적정한 수준의 재고관리를 위해 아래 글상자의 자료를 토대로 발주시점 수량을 계산한 것으로 옳은 것은?

- 과거 1개월(30일 기준)의 판매량 : 600개
- 리드타임 : 1주
- 발주주기 : 7일
- 안전재고 : 10개

① 100　② 190　③ 200　④ 290　⑤ 300

35 24년 3회

경제적 주문량과 관련한 설명으로 가장 옳지 않은 것은?

① 재고의 보유비용과 주문비용을 최소화하는 주문량이다.
② 주문비용은 주문을 처리하는 비용으로 주문량에 비례한다.
③ 품절이 발생하지 않는 것으로 가정한다.
④ 수요는 변동이 없고 예측가능하다고 가정한다.
⑤ 수량할인은 없는 것으로 가정한다.

36 21년 1회

아래 글상자에 제시된 내용을 활용하여 경제적 주문량을 고려한 연간 총재고비용을 구하라(기준 : 총재고비용 = 주문비 + 재고유지비).

- 연간 부품 수요량 : 1,000개
- 1회 주문비 : 200원
- 단위당 재고 유지비 : 40원

① 500원　② 1,000원
③ 2,000원　④ 3,000원
⑤ 4,000원

37 20년 3회

한 품목의 연간수요가 12,480개이고, 주문비용이 5천원, 제품가격이 1,500원, 연간보유비용이 제품 단가의 20%이다. 주문한 시점으로부터 주문이 도착하는 데에는 2주가 소요된다. 이때 ROP(재주문점)는? (1년을 52주, 1주 기준으로 재주문하는 것으로 가정)

① 240개　② 480개
③ 456개　④ 644개
⑤ 748개

38 20년 추가
다음 표를 토대로 한 보기 내용 중 옳지 않은 것은?

재고품목	연간수량가치 비율	누적비율	분류
a	52.62	52.62	A
b	26.86	79.48	A
c	8.22	87.71	B
d	5.48	93.19	B
e	2.47	95.65	B
f	2.03	97.68	C
g	1.05	98.73	C
h	0.92	99.65	C
i	0.28	99.93	C
j	0.07	100.00	C

① 롱테일 법칙을 재고관리에 활용한 것이다.
② 재고를 중요한 소수의 재고품목과 덜 중요한 다수의 재고품목을 구분하여 차별적으로 관리하는 기법이다.
③ 연간수량가치를 구하여 연간수량가치가 높은 순서대로 배열, 연간수량가치의 70~80%를 차지하는 품목을 A로 분류하였다.
④ A품목의 경우 긴밀한 관리가 필요하고 제품가용성이 중요하다.
⑤ C품목의 경우 주문주기가 긴 편이다.

THEME 9 운송활동

운송방식 선택 시 고려해야 할 사항부터 운송방법에 대한 개념 이해, 상황별 적절한 운송방식 선별까지 다양한 스타일의 문제가 출제되므로 각 운송수단별 개념과 특징을 확실히 이해하여야 한다.

39 24년 2회
제품에 적합한 운송방식을 선택할 때 고려해야 할 요인들 중 직접적인 특징에 해당되는 것이 아닌 것은?

① 제품의 경제적 진부화
② 제품의 가격
③ 중량, 용적비
④ 고객의 규모
⑤ 제품의 수명

40 24년 1회
해상운송 방식 중 부정기선 운송의 특징과 관련된 설명으로 옳지 않은 것은?

① 수요와 공급에 따라 운임이 결정된다.
② 항로 선택이 용이하다.
③ 컨테이너선을 이용하며 제한적으로 여객도 운송한다.
④ 선복의 공급이 물동량 변화에 탄력적이다.
⑤ 용선계약서를 사용한다.

41 21년 2회
운송수단을 결정하기 전에 검토해야 할 사항에 대한 설명으로 가장 거리가 먼 것은?

① 운송할 화물이 일반화물인지 냉동화물인지 등의 화물의 종류
② 운송할 화물의 중량과 용적
③ 화물의 출발지, 도착지와 운송거리
④ 운송할 화물의 가격
⑤ 운송할 화물이 보관된 물류센터의 면적

42 22년 3회
국제물류주선업에 관련된 설명으로 가장 옳지 않은 것은?

① 화주에게 운송에 관련된 최적의 정보를 제공하고 물류비, 인력 등을 절감하는 데 도움을 줄 수 있다.
② 일반적으로 선사는 소량화물을 직접 취급하지 않기 때문에 소량화물의 화주들에게는 무역화물운송업무의 간소화와 운송비용절감의 혜택을 제공할 수 있다.
③ 국제물류주선인은 다수의 화주로부터 위탁받은 화물로 선사에 보다 효과적인 교섭권을 행사하여 유리한 운임률 유도를 통해 규모의 경제 효과를 창출할 수 있다.
④ 안정적 물량 확보를 위해 선사는 국제물류주선인과 계약하는 것보다 일반 화주와 직접 계약하는 것이 유리하다.
⑤ NVOCC(Non-Vessel Operating Common Carrier)는 실제운송인형 복합운송인에 속하지 않는다.

43 25년 1회
국제물류의 개념 및 특성에 관한 설명으로 가장 옳지 않은 것은?

① 국제물류는 복합화물터미널에서 하역이나 보관에 대한 시간단축과 비용절감이 중요한 역할을 한다.
② 국제물류에서 중개인은 물품서류 취급, 운송업자 선정에서 빠르고 간편하게 업무를 처리한다.
③ 국제물류는 운송방법의 다양화로 인하여 복잡하며, 운송영역이 넓고 대량이기 때문에 많은 환경적 영향을 받는다.
④ 국제물류에서는 원료조달, 생산가공 등의 활동이 생산지와 소비지가 동일국이 아닌 국경을 초월하여 이루어진다.
⑤ 국제물류에서는 운송, 포장, 하역, 정보 등의 기능이 서로 뚜렷이 구별되어 독립적으로 제 역할을 수행할 때 물류의 원활한 흐름이 가능하게 된다.

THEME ⑩ 보관과 보관창고

보관 효율화를 위한 기본원칙 10가지 및 해당 내용의 개념을 연관지어 묻는 문제들과 보관창고의 종류를 묻는 문제가 주로 출제되므로 두 가지 내용에 대해 숙지하도록 한다.

44 23년 1회
아래 글상자 괄호 안에 들어갈 보관 원칙 정의가 순서대로 바르게 나열된 것은?

- 출입구가 동일한 경우 입출하 빈도가 높은 상품을 출입구에서 가까운 장소에 보관하는 것은 (㉠)의 원칙이다.
- 표준품은 랙에 보관하고 비표준품은 특수한 보관기기 및 설비를 사용하여 보관하는 것은 (㉡)의 원칙이다.

① ㉠ 유사성, ㉡ 명료성
② ㉠ 위치표시, ㉡ 네트워크 보관
③ ㉠ 회전대응 보관, ㉡ 형상 특성
④ ㉠ 명료성, ㉡ 중량 특성
⑤ ㉠ 동일성, ㉡ 유사성

45 24년 1회
아래 글상자 내용은 공공창고 3가지 유형에 대한 설명이다. 옳은 것을 모두 고르면?

㉠ **공립창고** : 창고 부족 문제를 해결하기 위해 정부와 지방 자치단체가 항만 지역 등에 설립하여 민간에게 그 운영을 위탁한 창고이다.
㉡ **관설상옥(官設上屋)** : 정부나 지방 자치단체가 부두 등에 설치하고 민간업자나 일반에 제공하는 창고이다.
㉢ **관설보세창고** : 관세법에 따라서 세관장의 허가를 받아 세관의 감독하에 수출입세를 미납한 상태의 화물을 보관하는 창고이다.

① ㉠
② ㉠, ㉡
③ ㉠, ㉡, ㉢
④ ㉠, ㉢
⑤ ㉡, ㉢

46 25년 1회

창고의 다양한 기능에 대한 설명 중 가장 옳지 않은 것은?

① 각 주문처로부터 제품을 수령하여 이들을 묶어서 한 번에 배송할 수 있게 하는 집화기능을 한다.
② 와인이나 치즈처럼 일정한 숙성 기간이 필요한 경우 단순 보관이 아닌 지연(postponement) 기능을 한다.
③ 제조사로부터 전달받은 대량의 화물을 나누어서 고객에게 배송할 수 있게 소분기능을 한다.
④ 계절적 수요편차가 큰 농산물의 경우 재고를 비축함으로써 수급차이에 대응하는 가격 조정기능을 한다.
⑤ 운송, 하역 등 물류활동을 연결하는 연결기능을 한다.

47 21년 1회

자사가 소유한 자가창고와 도·소매상이나 제조업자가 임대한 영업창고를 비교한 설명으로 가장 옳지 않은 것은?

① 충분한 물량이 아니라면 자가창고 이용 비용이 저렴하지 않은 경우도 있다.
② 자가창고의 경우 기술적 진부화에 따른 위험이 있다.
③ 영업창고를 이용하면 특정지역의 경우 세금혜택을 받는 경우도 있다.
④ 영업창고를 이용하는 경우 초기투자비용이 높은 것이 단점이다.
⑤ 영업창고의 경우 여러 고객을 상대로 하므로 규모의 경제가 가능하다.

THEME ⑪ 유통정보시스템

대표적인 정보시스템인 ERP, POS 시스템 관련 문제가 자주 출제되며, 그 외에도 유통산업에서 사용되는 각종 정보기술들이 종종 선다의 예시로 등장하므로 다양한 정보기술 종류와 개념을 공부한다.

48 24년 2회

유통산업 구조변화 요인 중 하나인 유통정보시스템 설명으로 옳지 않은 것은?

① 협의의 POS 시스템은 판매시점에서 어떤 상품이 얼마나 판매되었는지 판매정보를 파악 및 관리하는 시스템을 말한다.
② 광의의 POS 시스템은 판매정보뿐만 아니라 발주, 재고, 배송, 매입 등 소매점포 안에서 발생하는 모든 정보를 관리하는 시스템을 말한다.
③ 전자데이터교환은 기업 간에 주문을 하거나 대금청구 또는 결제 등의 다양한 업무를 처리할 때 컴퓨터로 처리할 수 있도록 구조화되어 있다.
④ 데이터마이닝은 데이터베이스나 데이터웨어하우스로부터 고객의 연관성, 구매패턴, 성향 등 유용한 정보들을 추출하는 역할을 한다.
⑤ ERP는 표준화된 양식으로 전자문서교환을 통해 서로 간 처리할 데이터를 교환하는 시스템을 말한다.

49 22년 1회

재무, 생산소요계획, 인적자원, 주문충족 등 기업의 전반적인 업무 프로세스를 통합·관리하여 정보를 공유함으로써 효율적인 업무처리가 가능하게 하는 경영기법으로 가장 옳은 것은?

① 리엔지니어링
② 식스시그마
③ 아웃소싱
④ 벤치마킹
⑤ 전사적자원관리

50

POS(point of sales)시스템의 업무처리절차가 옳게 나열된 것은?

① 상품에 인쇄된 바코드를 스캐너가 판독 – 스토어 컨트롤러에서 POS 시스템으로 발신 – 정보가 스토어 컨트롤러로 송신 – 스토어 컨트롤러가 당일의 상품 판매 관련 각종 보고서 작성 – 영수증 발행 및 인쇄
② 상품에 인쇄된 바코드를 스캐너가 판독 – 정보가 스토어 컨트롤러에 송신 – 스토어 컨트롤러에서 POS 단말기로 발신 – 영수증 발행 및 인쇄 – 스토어 컨트롤러가 당일의 상품 판매 관련 각종 보고서 작성
③ 상품에 인쇄된 바코드를 스캐너가 판독 – 정보가 POS 단말기에 송신 – 영수증 발행 및 인쇄 – POS 단말기에서 스토어 컨트롤러로 발신 – POS 단말기가 당일의 상품 판매 관련 각종 보고서 작성
④ 상품에 인쇄된 바코드를 스캐너가 판독 – 정보가 스토어 컨트롤러에 송신 – 스토어 컨트롤러에서 POS 단말기로 발신 – 스토어 컨트롤러가 당일의 상품 판매 관련 각종 보고서 작성 – 영수증 발행 및 인쇄
⑤ 상품에 인쇄된 바코드를 스캐너가 판독 – 정보가 POS 단말기에 송신 – POS 단말기에서 스토어 컨트롤러로 발신 – 스토어 컨트롤러가 당일의 상품 판매 관련 각종 보고서 작성 – 영수증 발행 및 인쇄

51

물류관리를 위한 정보기술에 대한 내용으로 옳지 않은 것은?

① 기업 내 부서 간 정보전달을 통한 전사적정보관리를 위해 EDI기술이 보편적으로 사용된다.
② 바코드기술의 상품에 대한 표현능력의 한계, 일괄인식의 어려움, 물류량 급증 시 대처능력의 저하 등 문제점을 해결할 수 있는 기술이 RFID이다.
③ DPS는 표시장치와 응답을 일체화시킨 시스템으로, 창고, 배송센터, 공장 등의 현장에서 작업지원시스템으로 활용되고 있다.
④ OCR은 광학문자인식으로 팩스를 통해 정보를 보낸 경우 이를 컴퓨터의 스캐닝이 문자를 인식하여 이것을 컴퓨터에 입력하는 기술로 활용될 수 있다.
⑤ 사전에 가격표찰에 상품의 종류, 가격 등을 기호로 표시해두고, 리더 등으로 그것을 읽어 판매정보를 집계하는 데 사용되는 기술은 POS이다.

THEME 12 물류채산성 분석과 물류원가분석

물류채산분석과 물류원가분석 각각에 대한 개념뿐만 아니라 차이점을 비교한 문제도 종종 출제되므로 두 방법의 개념과 차이점을 비교하여 확실히 숙지해야 한다.

52

물류채산분석에 대한 설명으로 가장 옳지 않은 것은?

① 비용상충분석은 이율배반적인 관계가 발생하는 경우 수익을 중심으로 비교하여 선택하는 방법이다.
② 일률적인 계산방식보다 상황에 맞는 계산방식을 활용한다.
③ 물류의 원가로는 미래원가, 실제원가를 사용한다.
④ 총비용접근분석법은 각 비용의 부분적인 절감이 아닌 총액의 관점에서 비용절감에 대해 분석하는 방법이다.
⑤ 개선이나 투자가 필요한 부분을 대상으로 실시한다.

53

아래 글상자의 물류채산분석 회계 내용에 대한 설명으로 가장 옳지 않은 것은?

구 분	회계 내용	물류채산분석
㉠	계산목적	물류에 관한 의사결정
㉡	계산대상	특정의 개선안, 대체안
㉢	계산기간	개선안의 전체나 특정 기간
㉣	계산방식	상황에 따라 상이
㉤	계산의 계속성	반복적으로 계산

① ㉠ ② ㉡
③ ㉢ ④ ㉣
⑤ ㉤

54 22년 1회

아래 글상자에서 회계 내용과 물류원가분석의 특징으로 가장 옳지 않은 것은?

구 분	회계 내용	물류원가분석
㉠	계산목적	물류업적의 평가
㉡	계산대상	물류업무의 전반
㉢	계산기간	예산기간(월별, 분기별 등)
㉣	계산방식	항상 일정
㉤	할인의 여부	할인계산 함

① ㉠
② ㉡
③ ㉢
④ ㉣
⑤ ㉤

55 20년 3회

물류의 원가를 배분하는 기준에 대한 설명으로 옳지 않은 것은?

① 많은 수익을 올리는 부문에 더 많은 원가를 배분한다.
② 공평성을 기준으로 배분한다.
③ 원가대상 산출물의 수혜 기준으로 배분한다.
④ 자원 사용의 원인이 되는 변수를 찾아 인과관계를 기준으로 배분한다.
⑤ 대상의 효율성을 기준으로 배분한다.

56 19년 2회

아래 글상자에서 물류예산안 편성과정의 단계들이 옳게 나열된 것은?

> ㉠ 물류관리 목표의 확인 ㉡ 현황 파악 및 분석
> ㉢ 물동량 파악   ㉣ 개별물류계획의 검토
> ㉤ 물류예산의 편성

① ㉠ - ㉡ - ㉢ - ㉣ - ㉤
② ㉡ - ㉢ - ㉣ - ㉤ - ㉠
③ ㉢ - ㉣ - ㉤ - ㉠ - ㉡
④ ㉣ - ㉤ - ㉠ - ㉡ - ㉢
⑤ ㉤ - ㉠ - ㉡ - ㉢ - ㉣

THEME ⑬ 물류아웃소싱과 제3자물류

물류아웃소싱은 출제 빈도가 매우 높은 유형이며, 제3자물류도 비교적 빈출된다. 물류아웃소싱의 경우 성공전략에 대해 자주 출제되며, 제3자물류는 그 장점을 화주기업과 물류업체의 관점으로 나누어 정리하는 것이 필요하다.

57 21년 3회

제3자물류에 대한 설명으로 가장 옳은 것은?

① 거래기반의 수발주관계
② 운송, 보관 등 물류기능별 서비스 지향
③ 일회성 거래관계
④ 종합물류서비스 지향
⑤ 정보공유 불필요

58 22년 2회

기업이 물류부문의 아웃소싱을 통해 얻을 수 있는 편익에 대한 설명으로 가장 옳지 않은 것은?

① 비용절감
② 물류서비스 수준 향상
③ 외주 물류기능에 대한 통제력 강화
④ 핵심부분에 대한 집중력 강화
⑤ 물류 전문 인력 활용

59 19년 1회

화주기업과 제3자물류업체 사이의 관계 개선의 방안으로 옳지 않은 것은?

① 물류업무에 관한 협력(collaboration)
② 전략적 제휴에 의한 파트너십 구축
③ 정보의 비공개에 의한 효율적인 업무개선
④ 주력부문에 특화된 차별화를 통한 경쟁우위 확보
⑤ 물류아웃소싱을 탄력적으로 선별할 수 있는 화주기업의 능력배양

60

팬먼(Penman)과 와이즈(Weisz)의 물류아웃소싱 성공전략에 관한 설명으로 옳지 않은 것은?

① 아웃소싱이 성공하려면 반드시 최고경영자의 관심과 지원이 필요하다.
② 아웃소싱의 궁극적인 목표는 현재와 미래의 고객만족에 있음을 잊지 말아야 한다.
③ 지출되는 물류비용을 정확히 파악하여 아웃소싱 시 비용절감효과를 측정해야 한다.
④ 아웃소싱의 가장 큰 장애는 인원감축 등에 대한 저항이므로 적절한 인력관리로 사기저하를 방지해야 한다.
⑤ 아웃소싱의 목적이 기업 전체의 전략과 일치할 필요는 없으므로 기업의 전사적 목적이 차별화에 있다면 아웃소싱의 목적은 비용절감에 두는 효율적 전략을 추진해야 한다.

61

물류아웃소싱 성공전략에 대한 설명으로 옳지 않은 것은?

① 물류아웃소싱이 성공하려면 반드시 최고경영자의 관심과 지원이 필요하다.
② 지출되는 물류비용을 정확히 파악하여 아웃소싱 시 비용절감효과를 측정해야 한다.
③ 물류아웃소싱의 궁극적인 목표는 현재와 미래의 고객만족에 있음을 잊지 말아야 한다.
④ 물류아웃소싱의 기본 목표는 물류비용절감을 통한 효율성의 향상에만 있으므로 전체 물류시스템을 효율성 위주로 개편할 필요가 있다.
⑤ 물류아웃소싱의 목적은 기업 전체의 전략과 조화로워야 한다.

62

'계약물류'라고도 불리며, 물류 효율화를 위해 기업이 물류전문업체에게 짧게는 1년에서 길게는 5년 이상의 장기계약을 통해 물류기능을 아웃소싱하는 것은?

① 제1자물류
② 제2자물류
③ 제3자물류
④ 제4자물류
⑤ 자회사물류

필수 기출문제 정답과 해설

01 정답 ⑤

해설 기술혁신에 의하여 운송, 보관, 하역, 포장기술이 발전되었고 정보면에서도 그 발전 속도가 현저하게 높아졌기 때문이다.

02 정답 ③

해설 법률이나 정부의 규제가 완화된다.

03 정답 ⑤

해설 기업의 물류비용절감과 고객서비스 수준은 동시에 최대화할 수 없으므로 낮은 배송비용을 지향하는 것은 시간측면에서 고객서비스 수준의 감소를 가져온다.

04 정답 ④

해설 상충관계에서 발생하는 문제점을 극복하기 위해서는 전체적인 물류 네트워크를 고려한 최적화를 달성해야 한다.

05 정답 ④

해설 물류에 대한 고객의 요구들이 다양화·전문화·고도화되고 있어 고객에게 동일한 서비스를 제공할 수 없기 때문이다.

06 정답 ⑤

해설 공급체인의 각 단계에서 독립적인 수요예측을 행하는 것은 채찍효과가 발생하는 주요 원인에 해당한다.

07 정답 ③

해설 ③은 효율적 공급사슬에 대한 특징이다.

08 정답 ③

해설 채찍 효과(bullwhip effect)는 공급자, 생산자, 도매상, 소매상, 고객으로 구성된 공급사슬망에 있어서 소비자 수요의 작은 변동이 제조업체에 전달되는 과정에서 지연·왜곡 및 확대되는 현상이다.

09 정답 ⑤

해설 공급사슬관리(SCM)의 효과를 제대로 발휘하고 충족시키기 위해서는 전사적자원관리(ERP), 고객관계관리(CRM) 등의 통합정보시스템 지원은 필수적이다.

10 정답 ④

해설 각각의 독립성보다는 경로 전체를 통합하는 정보시스템을 우선시한다.

11 정답 ①

해설 ② SCM은 기업 내부 자원뿐만 아니라 자사와 연결되어 있는 공급업체, 제조업체, 유통업체, 창고업체 등을 하나의 연결된 체인으로 간주하여 이들 간의 협력과 정보교환에 기초한 확장·통합 물류와 최적 의사결정을 통한 비용절감 및 효율성 증대로 상호이익을 추구하는 관리체계를 의미한다.
③ JIT시스템의 근본적인 목적은 필요한 부품을 필요한 때, 필요한 곳에, 필요한 양만큼 생산 또는 구매하여 공급함으로써 생산활동에서 있을 수 있는 재공품의 재고를 아주 낮게 유지하여 재고유지비용을 최소화시키는 것이다.
④ CRM은 고객상담 애플리케이션, 고객 데이터베이스 등의 고객지원시스템을 기반으로 신규고객을 획득하고, 고객의 욕구 및 행동을 분석해서 개별 고객들의 특성에 맞춘 마케팅을 기획 및 실행함으로써 기존 고객도 유지하는 경영관리기법이다.
⑤ ECR은 공급체인의 네트워크 전체를 포괄하는 관리기법으로, 최종 소비자에게 유통되는 상품을 그 원천에서부터 관리함으로써 공급체인의 구성원 모두가 협력하여 소비자의 욕구를 더 만족스럽게, 더 빠르게, 더 저렴하게 채워주고자 하는 전략의 일종이다.

12 정답 ⑤

해설 ① 지연전략은 제품의 생산 마지막 단계에서 완성을 미루었다가 고객의 요구를 확인한 후 반영하여 최종 생산하는 전략이다.
② 제조 지연전략에 대한 예시이다.
③ 지리적 지연전략에 대한 예시이다.
④ 결합 지연전략에 대한 예시이다.

13 정답 ①

해설 ② VMI는 제조업체가 상품보충시스템을 관리하는 경우로서 상품보충시스템이 실행될 때마다 판매와 재고정보가 유통업체에서 제조업체로 전송된다.
③ VMI에서는 생산자가 소매업자와 상호 협의하여 소매업자의 재고를 관리한다.
④ VMI를 활용하면 유통업체는 재고관리에 소요되는 인력이나 시간 등 비용절감 효과를 얻을 수 있다.
⑤ CMI는 VMI에서 한 단계 더 보완된 것으로 유통업체와 공급업체 간 협업을 통해 공동으로 재고를 관리하는 것을 의미한다.

14 정답 ③

해설 Kanban은 적기·적시 방식으로 필요한 것을 필요한 때 필요한 만큼 생산한다는 재고조달방식이므로 재고보충 리드타임이 짧아 지속적 보충을 하는 경우는 Kanban을 적용하기 용이하다.

15 정답 ②

해설 지속적 상품보충은 기존의 전통적 관행인 경제적인 주문량에 근거하여 유통업체에서 공급업체로 주문하던 방식(Push 방식)과 달리 실제 판매된 판매데이터와 예측된 수요를 근거로 하여 상품을 보충시키는 방식(Pull 방식)이다.

16 정답 ③

해설 하역설비인 컨베이어, 지게차 등은 하역표준화에 속한다. 관리표준화는 물류용어, 물동량거래단위 등을 말한다.

17 정답 ⑤

해설 2개 이상 기업의 공동 운영으로 차량과 기사를 보다 효과적으로 운용할 수 있어 비용과 인력을 절감하고 화물 적재율과 수·배송 효율이 향상된다.

18 정답 ⑤

해설 포장 표준화의 4대 요소에는 치수의 표준화, 강도의 표준화, 기법의 표준화, 재료의 표준화가 있는데 포장관리의 표준화를 포함하여 5대 요소라고도 한다.

19 정답 ①

해설 수송물의 소량화(×) → 수송물의 대량화(○)

20 정답 ⑤

해설 하역의 기계화로 공간 활용이 좋아지고, 적재·정리가 체계화되어 보관 효율이 향상된다.

21 정답 ⑤

해설 3S 1L원칙은 물품을 신속하게(Speedy), 안전하게(Safely), 정확하게(Surely), 저렴하게(Low) 고객에게 공급한다는 원칙이다.

22 정답 ③

해설 사전 주문 수량과 일치하도록 재고를 보유하게 되면 예상치 못한 긴급상황에 대비할 수 없으므로 안전재고를 보유하여 결품을 미연에 방지해야 서비스 수준을 높일 수 있다.

23 정답 ①

해설 ② 반응성(responsiveness)에 대한 설명이다.
③ 확신성(assurance)에 대한 설명이다.
④ 공감성(empathy)에 대한 설명이다.
⑤ 신뢰성(reliability)에 대한 설명이다.

24 정답 ②

해설 적절한 제품을 적절한 가격으로 제공해야 한다.

25 정답 ③

해설 회전율 위주 운영은 잘 팔리는 소수 품목 중심의 운영 방식으로 상품의 다양성을 줄여 다양한 고객 취향 충족이 어려우며, 재고를 최소화하기 때문에 급격한 수요증가 시 재고 부족 위험이 커질 수 있다.

26 정답 ⑤

해설 재고유지비용의 유형

보관비용	창고사용료, 유지 경비, 보험료, 세금
자본비용	이자비용
재고감손비용	도난, 파손, 변질, 진부화 등의 손실

27 정답 ②

해설 총재고 중 로트의 크기에 따라 직접적으로 변하는 부분은 순환재고이다.

28 정답 ⑤

해설 정량주문법은 상대적으로 저가물품에 사용하고 정기주문법은 상대적으로 고가물품에 사용한다.

29 정답 ⑤

해설 체화재고(stockpile)는 제품이나 상품이 시장에서 처리되지 못하고 생산자나 상인의 손에 정체되는 일 또는 정체되어 있는 재고로, 생산계획에 대한 예상이 빗나가 생산과잉되거나 상품수요 축소 등의 이유로 발생한다.

30 정답 ④

해설 JIT는 푸시(push)형인 MRP와 대비되는 풀(pull)형의 생산방식이다.

31 정답 ③

해설 ⓒ JIT가 개별적인 생산현장을 연결한 것이라면, JIT II는 공급체인상의 파트너의 연결과 그 프로세스를 변화시키는 시스템이다.
ⓔ JIT가 푸시(push)형식인 MRP와 대비되는 풀(pull) 형식의 생산방식을 의미한다면, JIT II는 MRP를 동시에 수용할 수 있는 기업 간의 운영체제를 말한다.

32 정답 ④

해설 ① JIT시스템의 근본적인 목적은 재고를 아주 낮게 유지하여 재고유지비용을 최소화시키는 것이다.
② JIT에서는 부품과 원자재를 원활히 공급받는 데 초점을 둔다.
③ 필요한 부품을 필요한 때, 필요한 곳에, 필요한 양만큼 생산 또는 구매하여 공급한다.
⑤ 물동량의 흐름이 주된 개선사항이며, 재고를 최소한으로 줄인다.

33 정답 ③

해설 ③ JIT는 자사 공장 내의 가치 없는 활동을 감소·제거하는 데 주력하는 반면, JIT II는 기업 간의 중복업무와 가치 없는 활동을 감소·제거하는 데 주력한다.

34 정답 ④

해설 ROP(재주문점) 산출 방법
• 수요가 불확실한 경우(안전재고 보유)의 재주문점 = 조달기간 × 일일수요량 + 안전재고
– 조달기간 = 리드타임 7일 + 발주주기 7일 = 14일
– 일일수요량 = 1개월 판매량 600개/30일 = 20개
• 재주문점 계산 = 14일 × 20개 + 안전재고 10개 = 290개

35 정답 ②

해설 주문비용은 주문을 처리하는 비용으로, 경제적 주문량에서 주문비용은 주문량에 반비례하고 주문횟수에 비례한다.

36 정답 ⑤

해설 경제적 주문량(EOQ)을 고려한 총재고비용 계산방법

• 경제적 주문량

$$= \sqrt{\frac{2 \times \text{연간부품 수요량} \times 1\text{회 주문비}}{\text{단위당 재고 유지비}}}$$

$$= \sqrt{\frac{2 \times 1,000 \times 200}{40}}$$

$$= 100$$

• 총재고비용

= 주문비 + 재고유지비

$$= 1\text{회주문비} \times \frac{\text{연간부품 수요량}}{\text{경제적 주문량}} + \text{단위당 재고 유지비} \times \frac{\text{경제적 주문량}}{2}$$

$$= 200 \times \frac{1,000}{100} + 40 \times \frac{100}{2}$$

= 4,000원

37 정답 ②

해설
- 수요가 확실한 경우 안전재고가 불필요하므로 조달기간(리드타임)에 수요량을 곱하여 구할 수 있다.
- 문제에서는 1주 기준으로 재주문하는 것으로 가정하였으므로 주 단위의 리드타임과 1주 평균판매량으로 계산한다.
- 1주 평균판매량 = 연간수요 12,480개 ÷ 52주 = 240개
- 리드타임(주) × 1주 평균판매량 = 2 × 240 = 480개

38 정답 ①

해설 ① 보기는 ABC분석기법을 재고관리에 활용한 것이다. 롱테일 법칙은 주목받지 못하는 다수가 핵심적인 소수보다 더 큰 가치를 창출하는 현상으로, IT와 통신의 발달로 인해 시장의 중심이 소수(20%)에서 다수(80%)로 옮겨가고 있는 것을 말한다.

39 정답 ④

해설 고객의 규모는 간접적인 운송방식의 특징이다.

40 정답 ③

해설 정기선 운송은 여객을 취급하지만 부정기선 운송은 여객을 취급하지 않는다.

41 정답 ⑤

해설 물류센터의 면적은 물류센터의 입지를 결정하기 전에 검토해야 할 사항에 해당된다.

42 정답 ④

해설 국제물류주선인은 다수의 화주로부터 화물을 위탁받아 운송하므로 안정적 물량 확보를 위해 선사는 일반 화주와 직접 계약하는 것보다 국제물류주선인과 계약하는 것이 더 유리하다.

43 정답 ⑤

해설 국제물류는 운송, 포장, 하역, 정보 등의 기능이 서로 유기적으로 연결되어야 효율적인 물류가 가능하다. 기능이 서로 독립되어 있으면 정보 단절, 시간 지연, 비용 증가 등 문제가 발생할 수 있다.

44 정답 ③

해설 ㉠ **회전대응 보관의 원칙** : 보관 물품의 회전 정도에 따라 보관장소를 결정한다는 것이다.
㉡ **형상 특성의 원칙** : 형상에 따라 보관방법을 결정한다는 것이다.

45 정답 ③

해설 공공창고는 관공서 또는 공익기업체가 공익을 목적으로 건설한 창고로서 공립창고, 관설상옥, 관설보세창고로 구분된다.

46 정답 ②

해설 창고의 기능에는 보관·저장기능, 집화기능, 소분기능, 수급조정기능, 가격조정기능, 연결기능, 운송비 절감 기능, 매매기능, 유통가공기능 등이 있다.

47 정답 ④

해설 자가창고의 경우 토지구입 및 설비투자비용 등과 창고 규모의 고정적 배치에 의한 인건비, 관리비를 부담하기 때문에 초기투자비용이 높다.

48 정답 ⑤

해설 ⑤는 EDI(Electronic Data Interchange)에 대한 설명이다.

49 정답 ⑤

해설 전사적 자원관리(ERP) 시스템은 생산, 판매, 구매, 인사, 재무, 회계, 물류, 영업 등 기업 내의 모든 경영부문이 균형을 이루면서 제 기능을 발휘할 수 있도록 지원하고 기업업무 전반을 통합 관리하는 경영정보시스템이다.

50 정답 ②

해설 POS(point of sales) 시스템의 업무 절차
- 1단계 : 상품 정산 시 계산대에 있는 직원이 스캐너를 이용하여 상품에 인쇄된 바코드를 판독
- 2단계 : 판매 관련 정보가 스캐너에서 스토어 컨트롤러로 전송됨
- 3단계 : 스토어 컨트롤러에 상품명, 가격, 재고 등의 각종 파일이 있어서 송신된 자료를 처리 · 가공
- 4단계 : 스토어 컨트롤러에 수집된 판매정보(단품별 정보, 고객정보, 가격정보, 매출정보 등)를 POS 단말기로 전송
- 5단계 : POS 단말기에서 고객에게 영수증을 발행 · 인쇄, 판매상황을 감사테이프에 기록, 고객용 표시장치에는 상품의 구입가격이 표시됨
- 6단계 : 영업 종료 후 스토어 컨트롤러는 영업 당일의 상품별 목록, 발주상품별 목록 등의 각종 표 작성(영업 중에도 판매상황 및 각종 판매정보 확인 가능)

51 정답 ①

해설 기업 내 부서 간 정보전달을 위한 전사적정보관리를 위해 ERP기술이 보편적으로 사용된다.

52 정답 ①

해설 비용상충분석은 물류업무에서 상충관계(trade-off)에 있는 양쪽의 원가를 정확하게 분석 · 비교하여 최적안을 선택하는 방법이다.

53 정답 ⑤

해설 물류채산분석은 임시적으로 계산한다. 반복적으로 계산하는 것은 물류원가계산의 특징에 해당한다.

54 정답 ⑤

해설 물류원가분석은 할인계산을 하지 않는다.

55 정답 ⑤

해설 대상의 공정성과 공평성을 기준으로 배분한다.

56 정답 ①

해설 **물류예산안 편성과정**
물류관리 목표 설정 및 확인 → 물류환경조건의 파악 및 분석 → 물동량 파악 → 개별물류계획의 설정 및 검토 → 물류예산편성 방침의 작성과 제출 → 물류비 예산안의 작성과 제출 → 물류비 예산안의 심의 · 조정 → 물류비 예산의 확정

57 정답 ④

해설 ① · ② · ③ · ⑤는 물류아웃소싱에 대한 설명이다. 제3자물류는 화주업체와 1년 이상 장기간의 계약에 의해 제휴관계를 맺고 복수의 물류기능을 하나로 묶어 통합물류서비스를 제공한다.

58 정답 ③

해설 프로세스 통제권을 잃을 수도 있다는 단점이 있다.

59 정답 ③

해설 화주기업과 제3자물류업체는 물류비 절감과 물류서비스 향상을 공동의 목표로 설정하고, 이를 달성하기 위해 양자가 계약을 맺어 정보를 공유하면서 전략적 제휴를 맺는 관계이다.

60 정답 ⑤

해설 아웃소싱의 목적은 기업 전체의 전략과 일치해야 한다.

61 정답 ④

해설 물류아웃소싱의 기본 목표는 물류비용절감뿐만 아니라 고객서비스를 통한 고객만족에 있으므로 전체 물류시스템을 비용절감과 고객서비스 향상의 절충안을 고려하여 개편해야 한다.

62 정답 ③

해설 제3자물류는 계약에 기반을 두기 때문에 계약물류라고도 하며, 일반 물류업과 다른 점은 물류전문업체와 1년 이상 장기간의 계약에 의해 제휴관계를 맺고 복수의 물류기능을 하나로 묶어 통합 물류서비스를 제공한다는 데 있다.

CHAPTER 05 유통기업의 윤리와 법규

최신빈출 대표유형문제

SECTION 01 기업윤리의 기본개념
1. 기업윤리의 기본개념
2. 기업윤리의 기본원칙
3. 유통기업의 사회적 책임
4. 유통기업윤리 프로그램의 도입과 관리
5. 기업환경의 변화와 기업윤리
6. 시장구조와 윤리
7. 양성평등과 성희롱

SECTION 02 유통관련 법규
1. 유통산업발전법과 전통시장 및 상점가 육성을 위한 특별법
2. 전자상거래법 및 전자문서법
3. 소비자기본법
4. 식품위생법과 청소년보호법
5. 근로기준법 중 근로조건의 명시(법 제17조 제1항)

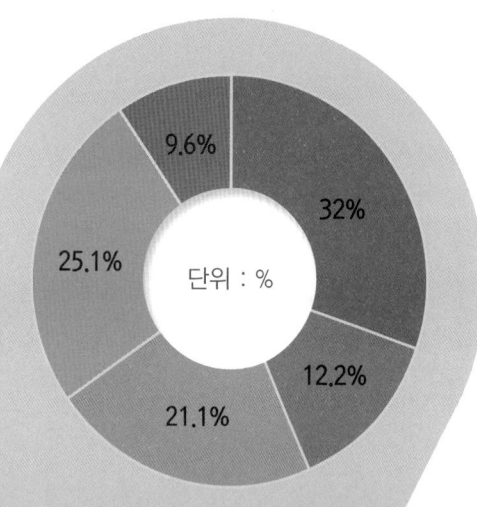

- 유통의 이해
- 유통경영전략
- 유통경영관리
- 물류경영관리
- 유통기업의 윤리와 법규

최근 5년간 챕터별 출제비중 / 회당 평균 2.4문제 출제(5개년 기준 총 15회)

비중		출제영역	2021	2022	2023	2024	2025	합계
32%	제1장	유통의 이해	23	19	25	27	26	120
12.2%	제2장	유통경영전략	10	7	8	9	12	46
21.1%	제3장	유통경영관리	15	19	21	14	10	79
25.1%	제4장	물류경영관리	19	21	14	20	20	94
9.6%	제5장	유통기업의 윤리와 법규	8	9	7	5	7	36
		합계(문항 수)	75	75	75	75	75	375

출제지문 퀴즈로 핵심체크!
테마로 푸는 필수 기출문제

최대 출제 POINT & 학습목표

❶ 유통산업발전법의 용어 정의

❷ 소비자기본법

❸ 기업의 사회적 책임

❹ 이해관계자에 대한 기업윤리

❺ 전자상거래법 및 전자문서법

❻ 대규모점포등의 개설등록 및 변경등록

❼ 아담스의 정의의 유형 및 측정변수

CHAPTER 05 최신빈출 대표유형문제

01 기업의 사회적 책임이 요구되는 이유로 가장 옳지 않은 것은? `24년 1회`
① 시장실패를 가져오는 원인 중 하나인 시장의 완전경쟁성
② 기업의 경제활동으로 인해 발생하는 외부불경제효과
③ 정보통신기술과 산업고도화 등과 같은 환경요인 간의 상호작용
④ 규모의 경제를 추구하려 대형화되는 과정에서 발생하는 기업의 영향력 증대
⑤ 기업의 종업원부터 넓게는 지역사회나 정부에까지 미치는 영향력에 상응한 책임

> **관련이론 259p**
>
> **해설** ① 완전경쟁시장이어야 자원의 최적 배분이 일어나게 되는데, 시장의 불완전성으로 자원의 최적 배분이 저해되어 기업의 사회적 책임이 요구되게 된다.

대표유형 더보기
- 기업의 사회적 책임의 중요성에 대한 내용으로 가장 옳지 않은 것은? `22년 2회`
- UNGC(UN Global Compact)는 기업의 사회적 책임에 대한 지지와 이행을 촉구하기 위해 만든 자발적 국제협약으로 4개 분야의 10대 원칙을 핵심으로 하고 있다. 4개 분야에 포함되지 않는 것은? `21년 1회`
- 아래 글상자 내용은 기업의 사회적 책임이 요구되는 이유를 설명한 것이다. ( )에 들어갈 용어로 가장 옳은 것은? `20년 2회`

02 유통산업발전법(시행 2023.6.28., 법률 제19117호, 2022. 12.27., 타법개정)상 상점가진흥조합에 대한 지원 내용으로 옳지 않은 것은? `24년 2회`
① 점포시설의 표준화 및 현대화
② 상품의 매매·보관·수송·검사 등을 위한 공동시설의 설치
③ 주차장·휴게소 등 공공시설의 설치
④ 판매원의 판매촉진을 위한 공동사업
⑤ 가격표시 등 상거래질서의 확립

> **관련이론 265p**
>
> **해설** 상점가진흥조합에 대한 지원(유통산업발전법 제19조)
> 1. 점포시설의 표준화 및 현대화
> 2. 상품의 매매·보관·수송·검사 등을 위한 공동시설의 설치
> 3. 주차장·휴게소 등 공공시설의 설치
> 4. 조합원의 판매촉진을 위한 공동사업
> 5. 가격표시 등 상거래질서의 확립
> 6. 조합원과 그 종사자의 자질향상을 위한 연수사업 및 정보제공
> 7. 그 밖에 지방자치단체의 장이 상점가 진흥을 위하여 필요하다고 인정하는 사업

대표유형 더보기
- 유통산업발전법(법률 제19117호, 2022.12.27., 타법개정)의 제2조 정의에서 기술하는 용어 설명이 옳지 않은 것은? `23년 2회`
- 유통산업발전법(시행 2021.1.1., 법률 제17761호, 2020.12.29., 타법개정)에서 규정하고 있는 체인사업 중 아래 글상자에서 설명하고 있는 형태로 가장 옳은 것은? `22년 2회`

03 아래 글상자의 기업 윤리와 관련된 내용 중에서 CEO가 사원에 대해 주의해야 하는 것만을 바르게 나열한 것은? 24년 2회

㉠ 사원 차별대우	㉡ 위험한 노동의 강요
㉢ 부당한 인재 스카우트	㉣ 기술 노하우 절도
㉤ 자금 횡령	㉥ 부당한 배당

① ㉠, ㉡
② ㉢, ㉣
③ ㉤, ㉥
④ ㉠, ㉡, ㉢
⑤ ㉠, ㉡, ㉢, ㉤, ㉥

해설 ㉢·㉣ 타사(경쟁자)에 대해 주의해야 하는 기업윤리
㉤·㉥ 자사(주주)에 대해 주의해야 하는 기업윤리

대표유형 더보기
- 기업 경영진이 각 이해관계자들에게 지켜야 할 윤리에 대한 설명으로 가장 옳지 않은 것은? 19년 3회
- 최고 경영자가 사원에 대해 지켜야 하는 기업윤리에 해당하는 것을 모두 고르면? 18년 3회

04 소비자기본법(법률 제19511호, 2023.6.20., 일부개정)에서 제시하고 있는 국가 및 지방 자치단체가 소비자 능력향상을 위해 실행하는 내용으로 옳지 않은 것은? 24년 1회

① 소비자의 능력을 향상하기 위해 방송법에 따른 방송 사업을 한다.
② 경제 및 사회의 발전에 따라 소비자의 능력향상을 위한 프로그램을 개발한다.
③ 소비자교육과 학교교육·평생교육을 연계하여 교육적 효과를 높이기 위한 시책을 수립·시행한다.
④ 소비자가 자신의 선택에 책임을 지는 소비생활을 할 수 있도록 교육한다.
⑤ 소비자교육의 방법 등에 관하여 필요한 사항을 산업통상부령으로 정한다.

해설 ⑤ 「소비자기본법」 제14조(소비자의 능력향상) 제5항
소비자교육의 방법 등에 관하여 필요한 사항은 대통령령으로 정한다.
① 「소비자기본법」 제14조(소비자의 능력향상) 제4항
② 「소비자기본법」 제14조(소비자의 능력향상) 제2항
③ 「소비자기본법」 제14조(소비자의 능력향상) 제3항
④ 「소비자기본법」 제14조(소비자의 능력향상) 제1항

대표유형 더보기
- 소비자기본법(법률 제17799호, 2020.12.29., 타법개정)에 따라 국가가 광고의 내용이나 방법에 대한 기준을 제한할 수 있는 항목으로 옳지 않은 것은? 23년 3회
- 소비자기본법(법률 제17799호, 2020.12.29., 타법개정)에 의한 소비자의 기본적 권리로만 바르게 짝지어진 것은? 22년 3회
- 소비자기본법(시행 2021.12.30., 법률 제17799호, 2020. 12. 29., 타법개정)상 제8조에서 사업자가 소비자에게 제공하는 물품등으로 인한 소비자의 생명·신체 또는 재산에 대한 위해를 방지하기 위해 지켜야 할 기준을 정해야 할 주체로 옳은 것은? 22년 2회
- 소비자기본법(법률 제17290호, 2020.5.19., 타법개정)상, 소비자중심경영의 인증 내용으로 옳지 않은 것은? 21년 2회

01 ① 02 ④ 03 ① 04 ⑤

CHAPTER 05 유통기업의 윤리와 법규

SECTION 01 기업윤리의 기본개념

1 기업윤리의 기본개념

01 기업윤리

(1) 기업윤리의 특징 `21-1`

① 기업윤리에 대한 것은 나라나 산업마다 다를 수 있음
② 윤리는 개인과 회사의 행동을 지배하는 원칙이라 할 수 있음
③ 회사의 윤리 강령이라도 옳고 그름을 살펴서 판단해야 함
④ 최근 해외부패방지법 등 기업윤리 관련 법규의 제정이 확대되므로 윤리적인 부분을 간과해서는 안 됨
⑤ 윤리적인 원칙은 시간의 흐름에 따라 변할 수도 있음

(2) 기업윤리경영의 발전 5단계 `25-1`

1단계	부도덕단계(amoral stage)	• 윤리를 경영과 무관한 것으로 인식 • 윤리적 책임 고려 거의 없음
2단계	준법단계(legalistic stage)	• 최소한의 법률만 준수 • 윤리는 법의 테두리 내에서만 고려
3단계	대응단계 (responsive stage)	• 사회적 비판이나 외부 압력에 따라 윤리경영에 반응하지만, 일시적·수동적 대응에 그침 • 지역사회 봉사, 대외적 이미지 고려
4단계	윤리관 태동단계 (emerging ethical stage)	• 기업 내 윤리적 가치관과 문화를 내부적으로 형성 • 자발적 윤리경영 시도 시작
5단계	윤리선진단계 (developed ethical stage)	• 윤리경영이 기업 핵심가치로 내재화 • 전략적 차원에서 윤리를 경영에 통합

(3) 기업윤리의 중요성 `23-2, 22-3`

① 기업윤리와 관련된 헌장이나 강령을 만들어 발표
② 윤리기준을 적용한 감사 결과를 조직원과 공유
③ 조직 내의 문제점을 제기할 수 있는 제도 활성화
④ 기업윤리가 기업의 모든 의사결정 프로세스에 반영될 수 있게 모니터링
⑤ 윤리경영의 지표는 기업의 평판, 공헌도, 종업원의 만족도 등 정성적인 지표를 통해 평가

(4) 기업이 윤리경영을 실천해야 하는 이유 25-2

① 기업이 윤리성을 바탕으로 활동하면 기업 이미지가 상승하며, 이를 통해 장기적으로 기업 성장과 발전에 도움을 줄 수 있음
② 기업의 비윤리적 행위에 대해 사회가 지불해야 하는 사회적 비용의 규모가 점점 커지고 있음
③ 기업의 사회적 책임 중 하나인 기업윤리에 대한 사회적 기대 및 요구가 점점 커지고 있음
④ 기업윤리를 소홀히 다루는 기업은 궁극적으로 기업경영을 비효율적으로 만들게 됨

02 기업의 비윤리적 행위

(1) 기업윤리의 발생비용과 도덕적 해이 22-1

① **거래비용** : 교환당사자 간에 신뢰가 부족할 때 거래비용이 증가하며, 그 원인은 기회주의, 제한된 합리성, 불확실성 등
② **대리인비용** : 주인이 대리인에게 자신을 대신하도록 할 때 발생하는 비용으로, 주인과 대리인의 이해 불일치와 정보 비대칭상황 등의 요인 때문에 발생
③ **도덕적 해이** : 도덕적 긴장감이 흐려져서 다른 사람의 이익을 희생한 대가로 자신의 이익을 추구하는 행위

(2) 불공정 거래행위

① **개념** : 사업자가 직접 또는 계열회사나 다른 사업자로 하여금 공정한 거래를 저해할 우려가 있는 행위를 하거나 하도록 하는 것
② 독과점적 지위나 거래상 우월적인 지위를 이용하여 거래과정에서 거래상대방에게 불이익을 주는 행위
③ 불공정거래행위 예시 23-3

- 기존 재고상품을 타 상품으로 교환 시 기존 재고상품을 특정매입상품으로 취급하여 반품
- 직매입을 특정매입계약으로 전환 시 기존 재고상품을 특정매입상품으로 취급하여 반품
- 정상가격으로 매입한 주문제조상품은 할인행사를 이유로 서류상 매입가를 낮추어 재매입하고, 낮춘 매입원가로 납품대금 지급
- 대규모 유통업자가 납품업자 등에게 부당하게 배타적 거래를 강요하는 경우

(3) 정보비대칭 상황에서의 비윤리적 행위 20-추가

① **정보비대칭** : 수요자와 공급자 양쪽의 정보가 같지 않은 경우
② 정보비대칭이 있는 상황에서 한 경제주체가 다른 경제주체에 대한 이익을 가로채거나 비용을 전가시키는 행위
③ 정보비대칭 상황에서의 비윤리적 행위 예시

- 대리인인 경영자가 주주의 이익보다 자신의 이익을 도모하는 방향으로 의사결정을 함
- 채권자에게 기업 재정상태나 경영실적을 실제보다 더 좋게 보이게 할 목적으로 기업이 분식회계를 진행함
- 재무회계팀 팀장이 기업 결산보고서 확인 후 공식발표 전 자사 주식을 대량 매수함
- 보험가입자가 보험가입 후 고의 혹은 부주의로 사고 가능성을 높여 보험금을 많이 받아내어 보험회사에 피해를 끼침

(4) 우월적 지위의 남용 `19-2`

① 개 념
- ㉠ 거래상 지위가 상대방보다 우월한 사업자가 그 지위를 이용, 거래상대방에게 부당한 불이익을 강요하는 행위
- ㉡ 행위자가 상대방에게 우월한 지위의 남용을 했다고 인정되는 사례
  - 행위자가 속한 업체가 과점적이고 상대방이 해당업체의 거래관행 등을 무시할 수 없는 경우
  - 행위자와 상대방의 거래에서 상대방이 행위자에게 특화된 생산체제를 갖추고 있는 경우
  - 계열화가 진행되어 있는 경우

② 우월적 지위의 남용에 대한 사례

- 백화점이 경품행사 진행 시 경품비용을 납품업체의 상품대금에서 공제하는 사례
- 대금지불 조건 및 시기를 자신에게 일방적으로 유리하게 정하는 사례
- 백화점이 납품업체에 판매사원 파견을 요구한 후 이들을 포장·물품하역 등 백화점 고유업무에 투입시키는 사례

2 기업윤리의 기본원칙

01 아담스의 정의의 유형 및 측정변수 `22-1, 19-2, 19-3`

분배적 정의	• 분쟁을 해결하거나 자원을 할당하는 과정에서 다른 경로구성원들과 비교했을 때 동등하고 공평한 대우를 받는 것 • 고객이 제공받은 서비스 편익이 지불한 비용을 초과하는지 또는 서비스 양의 측면에서 제대로 약속한 서비스를 제공하는지에 대한 고객의 지각 • 보상에 대한 만족, 경제적 보상, 보상의 적절함, 처리결과의 공정함
절차적 정의	• 서비스 결과를 제공함에 있어서 서비스 조직이 사용하는 절차, 방침, 기준 등의 완만한 운영에 대한 고객의 지각을 의미 • 불편 및 불만의 전달 용이성, 직원의 신속한 파악 및 처리, 적절한 절차와 고객지향적 처리, 직원의 충분한 처리권한과 능력
상호작용적 정의	• 의사결정과정에서 의사결정자가 보여주는 태도, 언행, 업무추진과정 등에서 종업원이 지각하는 것을 의미 • 설명, 정중한 태도, 진정한 노력, 관심, 정직, 커뮤니케이션

02 윤리경영

(1) 원칙주의

권리우선주의	인간으로서 존엄성이 우선되어야 한다는 견해로 개인의 생명과 안전, 사생활, 양심과 표현의 자유와 같은 기본권은 반드시 보호되어야 한다고 주장
사회계약주의	윤리는 조직이 속한 사회에서 적용되고 있는 기준들을 종합적으로 고려해 결정된다는 견해
공리주의	가치 판단의 기준을 효용과 행복의 증진에 두어 '최대 다수의 최대 행복' 실현을 윤리적 행위의 목적으로 보는 것으로, 즉 어떤 결정을 통해 얻게 되는 성과가 비용보다 크면 옳은 결정이라고 함
공정성주의	의사결정을 내리는 과정에서 규칙을 누구에게나 공정하게 적용하고 결정을 따르는 이익 혹은 불이익이 공평하게 나누어질 때 윤리적이라고 주장

(2) 윤리경영을 위한 실천 22-2

① 고객의 만족을 위해 노력
② 협력사와 합리적인 상호발전 추구
③ 건전하고 투명한 경영을 위해 노력
④ 사회적 책임 완수를 위해 노력
⑤ 유연하고 수평적인 조직 구성원 우선의 기업문화 조성

3 유통기업의 사회적 책임

01 사회적 책임

(1) 사회적 책임이 요구되는 이유 24-1, 20-2

① **시장실패** : 시장에 맡겨 둘 경우 효율적 자원배분이 불가 또는 곤란한 상태를 의미하는 것으로, 시장의 '보이지 않는 손(invisible hand)'이 제대로 작동하지 못하는 경우
② **외부불경제효과(외부효과)** : 기업의 경제활동이 아무런 대가 없이 제3자에게 이익을 주거나 손해를 끼치는 경우
③ **감시비용** : 대리인의 행위가 주체의 이익에서 이탈하는 것을 제한하기 위해서 주체가 대리인을 감시하기 위해 부담하는 비용
④ **잔여손실** : 대리인의 의사결정과 주주나 채권자 등의 주체가 보는 최적의 의사결정 간의 차이로 인하여 발생하는 실제적인 재산의 감소
⑤ **대리인문제** : 대리인 관계에 있어서 정보의 비대칭성으로 인하여 양질의 대리인이 시장에서 축출되는 역선택과 대리인의 태만으로 인한 도덕적 위해(moral hazard)로 경제적 피해를 입을 수 있는 상황
⑥ **환경과의 갈등** : 정보통신기술·산업고도화 등과 환경요인과의 불합치 상황
⑦ **기업의 영향력 증대** : 규모의 경제를 추구하기 위해 대형화되는 과정에서 기업의 종업원부터 넓게는 지역사회나 정부에까지 미치는 영향력에 상응한 책임

(2) 기업의 사회적 책임의 중요성 22-2

① 기업의 사회적 책임의 중요성은 자주성의 요구에 있음
② 기업의 사회적 책임의 중요성은 기업 자체의 노력에 있음
③ 기업의 사회적 책임의 중요성은 자유주의 발전에 근거를 두고 있음
④ 사회적 책임의 중요성 내지 필요성은 권력-책임-균형의 법칙에 있음
⑤ 기업의 사회적 책임은 기업이 당연히 지켜야 할 의무와 이익을 사회에 공유, 환원하는 것도 포함함

02 사회적 책임 대상 및 단계

(1) 대상별 책임　18-2

① 기업발전의 책임 : 경영 목적인 수익추구에 있음
② 공생적 관계를 유지하는 이해관계자에 대한 책임　24-2, 23-3, 22-1, 19-3, 18-2

이해관계자	기업윤리
사 원	• 기업은 사원들이 떳떳한 기업의 구성원으로서 헌신과 열정을 이끌어 낼 있도록 인간의 존엄을 바탕으로 한 자긍심과 비전을 심어주어야 함 • 책임 사항 : 사원 차별대우(부당한 고용차별, 성차별), 위험한 노동의 강요, 비윤리적 업무 지시, 사생활침해 금지, 작업장의 안정성 유지 필요
협력사	• 물품거래의 대상 이상의 의미를 지니는 장기적으로 협조해야 할 상생의 관계 • 책임 사항 : 부당한 반품, 리베이트 요구 금지
고 객	• 신의와 성실을 바탕으로 해야 함 • 책임 사항 : 부당한 가격 책정, 허위·과대광고, 정보은폐, 유해·가짜·불량 상품 판매 금지
주주(투자자)	• 기업은 주주에게 투명한 경영을 보여줘야 하며, 운영 시 공평성과 형평성을 추구해야 함 • 책임 사항 : 부당한 배당, 자금 횡령, 지나친 스톡옵션, 내부자 거래, 인위적 시장 및 시세 조작, 분식결산 등 금지
경쟁자	• 공정한 경쟁을 기업가치로 삼아야 함 • 책임 사항 : 카르텔, 뇌물, 불공정한 경쟁행위, 산업폐기물 수출입, 지구환경관련 규정 위반, 부당한 인재 스카우트, 기술 노하우 절도 금지
지역사회	• 기업시민으로서의 가치이념 정립 • 산업재해, 산업공해나 폐기물·오염물질의 불법투기, 분식회계 금지

(2) 사회적 책임의 4단계　19-1

경제적 책임(본질적 책임)	이윤극대화, 고용창출, 사회구성원에 필요한 재화와 서비스의 공급
법률적 책임	도덕적 가치의 수호, 회계의 투명성, 세금납부의 성실 이행, 소비자의 권익보호
윤리적 책임	기업윤리 준수, 환경·윤리경영, 제품안전, 여성·현지인·소수인종에 대한 차별 금지
재량적 책임(자선적인 책임)	기부활동과 같은 기업의 자발적인 윤리적 행위로서 사회적 공헌활동, 자선·교육·문화·체육활동 등에 대한 기업의 지원

(3) 국제협약의 사회적 책임　21-1

① UNGC(UN Global Compact)는 유엔 산하기구로서 기업의 사회적 책임에 대한 지지와 이행을 촉구하기 위해 만든 자발적 국제협약으로 4개 분야의 10대 원칙을 제시하고 있음
② 4대 분야 10원칙

원 칙	분 야
1. 국제적 인권보호를 지지하고 존중한다.	인 권
2. 인권침해되지 않게 적극 노력한다.	
3. 노동자의 결사의 자유와 단체교섭권을 실질적 안정을 지지한다.	노동규칙
4. 모든 형태의 강제노동을 배제한다.	
5. 아동노동을 효율적으로 철폐한다.	
6. 고용과 업무에서 차별을 금지한다.	

7. 환경문제에 대한 예방적인 접근을 지지한다.		환 경
8. 환경적 책임을 증진하는 조치를 수행한다.		
9. 환경친화적 기술의 개발과 혁신을 촉진한다.		
10. 부당이득과 뇌물을 포함하는 모든 부패에 반대한다.		반부패

03 기업 내 윤리적 문제

(1) 기업 내 비윤리적 행태 **21-3**

① 다른 이해당사자들을 희생하여 회사의 이익을 도모하는 행위는 지양해야 함
② 업무시간에 SNS 등의 개인활동은 업무시간 남용에 해당되므로 지양해야 함
③ 고객을 위한 무료 음료나 기념품을 개인적으로 사용하는 것은 지양해야 함
④ 회사에 손해를 미쳐도 윤리적으로 중대한 문제라면 공익제보를 해야 함
⑤ 다른 구성원들에게 위협적인 행위나 무례한 행동을 하는 것은 지양해야 함

(2) 기업 내 종업원의 권리 **23-1**

① 일할 권리
② 근무시간 중에도 사생활을 보호받을 권리
③ 안전한 작업장에서 근무할 수 있도록 요구할 권리
④ 노동조합을 결성하고 파업과 같은 단체행동을 할 수 있는 권리
⑤ 근무시간 이외에는 자유의사에 따라 외부활동(정치활동 포함)을 자유롭게 할 수 있는 권리

4 유통기업윤리 프로그램의 도입과 관리

프로그램 도입	실천 윤리규범	기업은 윤리경영 실천을 위한 실질적인 윤리규범을 운영해야 하며, 상황변화에 따라 수정 및 보완하는 것이 필요
	윤리준수교육	기업 내 구성원들의 윤리행위 규정을 위해 윤리강령과 윤리준수교육을 통하여 윤리행위에 대한 공감대를 형성하는 것이 필요
	윤리프로그램 구축	유통기업이 협력기업과 상생하기 위해서는 공정한 거래를 할 수 있는 프로그램을 구축하는 것이 필요
프로그램 관리	공정거래 프로그램 관리	공정거래 프로그램 관리를 통해 공정하고 투명한 거래가 이루어질 수 있으며, 윤리 및 법적 준수 가능
	정기적 평가	지속기업을 지향하는 유통기업은 정기적·지속적으로 기업윤리 수준을 평가하고 문제점이 있을 시 개선 및 보완해야 함

5 기업환경의 변화와 기업윤리

01 기업환경의 변화

소비자 영향력 증대	• 소비자들이 인터넷 커뮤니티 등 다양한 경로를 통해 정보를 수집·공유함으로써 기업의 비윤리적 행위에 대해 체계적인 대응이 가능 • 평균 학력의 상승에 따른 지식수준의 상승이 기업의 비윤리적 행위에 대한 효율적 대처 수행
비윤리적 기업 제재	비윤리적 기업에 대한 다양한 관련법이 제정되어, 어길 때엔 처벌을 강화
종업원 인식 변화	현대사회에서의 종업원은 인간존엄성에 바탕을 둔 동반자로서 인식
시민단체 영향력 발휘	• 소비자들은 자신들의 권익단체를 자유롭게 만들 수 있으므로 다양한 분야에서의 시민단체가 소비자들을 대변하여 그 영향력을 발휘함 • 공정성 있는 여론은 사회 전반에 소비자들을 위한 역할을 대변

02 비윤리적 조건의 국제거래 제한 23-2

우루과이라운드	관세 및 무역에 관한 일반 협정(GATT)의 제8차 다자간 무역협상
부패라운드	국제무역에서 부패 관행을 퇴치할 국제적 규칙의 마련을 위한 다자간 협상
블루라운드	세계 각국의 근로조건을 국제적으로 표준화할 목적으로 추진되는 다자간 무역협상
그린라운드	지구 환경문제를 국제무역거래와 연계할 경우 관세 및 무역에 관한 일반협정을 중심으로 맺어지는 협상
윤리라운드	윤리적 행위를 기업 경영활동에 적용하려는 국제적 시도로서, 경제활동의 윤리적 환경과 조건을 세계 각국 공통으로 표준화하려는 움직임

6 시장구조와 윤리

완전경쟁시장	• 판매자와 구매자의 영향력은 유사하며, 소유권 이전 및 교환 허용, 사유재산 인정 • 공급과 수요의 균형점에서 도덕적 원칙인 정의, 효용, 권리가 만족됨 • 정의는 교환이 공평하고 정의로운 방법하에서 발생하며, 효용은 효율적으로 자원을 할당하고 사용할 때, 권리는 자유의지를 바탕으로 한 거래에서 발생

독점시장	• 판매자는 생산량을 조정하여 과도한 이윤을 추구할 수 있고, 최고 이윤수준에서 생산량과 가격이 고정
	• 정의·효용·권리의 결여
	  – 정의의 결여 : 독점판매자가 자신의 극대화된 이익을 추구하여 거래함
	  – 효용의 결여 : 효율적인 생산방법을 모색하지 않음
	  – 권리의 결여 : 구매자의 자유의지를 바탕으로 한 거래가 이루어지지 않음

과점시장	• 소수의 판매자는 시장지배력을 통해 가격을 조정하고, 다른 판매자의 시장진입을 제약 • 판매자는 물량조정을 통한 과도한 가격으로 이윤을 획득하여 구매자의 자유의지를 제한 • 시장지배력을 유지하기 위하여 뇌물행위, 가격 및 공급조작, 일정가격유지 등의 과점행위를 할 수 있음 • 구매자 보호를 위한 관련 법률 규제가 제정되어야 함

7 양성평등과 성희롱

양성평등	성별에 따른 차별, 편견, 비하 및 폭력 없이 인권을 동등하게 보장받고 모든 영역에 동등하게 참여하며 대우받는 것
성희롱	• 업무, 고용, 그 밖의 관계에서 국가기관·지방자치단체, 공공단체의 종사자, 기업의 경영진, 근로자가 성적 차별 등의 행위를 하는 경우 • 지위를 이용하거나 업무 등과 관련하여 성적 언동 또는 성적 요구 등으로 상대방에게 성적 굴욕감이나 혐오감을 느끼게 하는 행위 • 상대방이 성적 언동 또는 요구에 대한 불응을 이유로 불이익을 주거나 그에 따르는 것을 조건으로 이익 공여의 의사표시를 하는 행위

SECTION 02 유통관련 법규

1 유통산업발전법과 전통시장 및 상점가 육성을 위한 특별법

01 유통산업발전법

(1) 용어의 정의(법 제2조) 23-2, 23-1, 22-2, 20-2, 19-1, 18-2, 18-1

① 유통산업 : 농산물·임산물·축산물·수산물(가공물 및 조리물을 포함) 및 공산품의 도매·소매 및 이를 경영하기 위한 보관·배송·포장과 이와 관련된 정보·용역의 제공 등을 목적으로 하는 산업
② 매장 : 상품의 판매와 이를 지원하는 용역의 제공에 직접 사용되는 장소
③ 대규모점포 : 다음 요건을 모두 갖춘 매장을 보유한 점포의 집단으로서 별표에 규정된 것
  ㉠ 하나 또는 대통령령으로 정하는 둘 이상의 연접되어 있는 건물 안에 하나 또는 여러 개로 나누어 설치되는 매장일 것
  ㉡ 상시 운영되는 매장일 것
  ㉢ 매장면적의 합계가 3,000m² 이상일 것
④ 준대규모점포 : 다음의 어느 하나에 해당하는 점포로서 대통령령으로 정하는 것
  ㉠ 대규모점포를 경영하는 회사 또는 그 계열회사(「독점규제 및 공정거래에 관한 법률」에 따른 계열회사)가 직영하는 점포
  ㉡ 「독점규제 및 공정거래에 관한 법률」에 따른 상호출자제한기업집단의 계열회사가 직영하는 점포
  ㉢ 상기 회사 또는 계열회사가 직영점형 체인사업 및 프랜차이즈형 체인사업의 형태로 운영하는 점포
⑤ 임시시장 : 다수(多數)의 수요자와 공급자가 일정한 기간 동안 상품을 매매하거나 용역을 제공하는 일정한 장소

⑥ 체인사업 : 같은 업종의 여러 소매점포를 직영(자기가 소유하거나 임차한 매장에서 자기의 책임과 계산하에 직접 매장을 운영하는 것)하거나 같은 업종의 여러 소매점포에 대하여 계속적으로 경영을 지도하고 상품·원재료 또는 용역을 공급하는 다음에 해당하는 사업

직영점형 체인사업	체인본부가 주로 소매점포를 직영하되, 가맹계약을 체결한 일부 소매점포(이하 가맹점)에 대하여 상품의 공급 및 경영지도를 계속하는 형태의 체인사업
프랜차이즈형 체인사업	독자적인 상품 또는 판매·경영 기법을 개발한 체인본부가 상호·판매방법·매장운영 및 광고방법 등을 결정하고, 가맹점으로 하여금 그 결정과 지도에 따라 운영하도록 하는 형태의 체인사업
임의가맹점형 체인사업	체인본부의 계속적인 경영지도 및 체인본부와 가맹점 간의 협업에 의하여 가맹점의 취급품목·영업방식 등의 표준화사업과 공동구매·공동판매·공동시설활용 등 공동사업을 수행하는 형태의 체인사업
조합형 체인사업	같은 업종의 소매점들이 중소기업협동조합, 협동조합, 협동조합연합회, 사회적협동조합 또는 사회적협동조합연합회를 설립하여 공동구매·공동판매·공동시설활용 등 사업을 수행하는 형태의 체인사업

⑦ 상점가 : 일정 범위의 가로(街路) 또는 지하도에 대통령령으로 정하는 수 이상의 도매점포·소매점포 또는 용역점포가 밀집하여 있는 지구

⑧ 전문상가단지 : 같은 업종을 경영하는 여러 도매업자 또는 소매업자가 일정 지역에 점포 및 부대시설 등을 집단으로 설치하여 만든 상가단지

⑨ 무점포판매 : 상시 운영되는 매장을 가진 점포를 두지 아니하고 상품을 판매하는 것으로서 산업통상부령으로 정하는 것

⑩ 유통표준코드 : 상품·상품포장·포장용기 또는 운반용기의 표면에 표준화된 체계에 따라 표기된 숫자와 바코드 등으로서 산업통상부령으로 정하는 것

⑪ 유통표준전자문서 : 전자문서 중 유통부문에 관하여 표준화되어 있는 것으로서 산업통상부령으로 정하는 것

⑫ 판매시점 정보관리시스템 : 상품을 판매할 때 활용하는 시스템으로서 광학적 자동판독방식에 따라 상품의 판매·매입 또는 배송 등에 관한 정보가 수록된 것

⑬ 물류설비 : 화물의 수송·포장·하역·운반과 이를 관리하는 물류정보처리활동에 사용되는 물품·기계·장치 등의 설비

⑭ 도매배송서비스 : 집배송시설을 이용하여 자기의 계산으로 매입한 상품을 도매하거나 위탁받은 상품을 「화물자동차 운수사업법」 제3조 및 제29조에 따른 허가를 받은 자가 수수료를 받고 도매점포 또는 소매점포에 공급하는 것

⑮ 집배송시설 : 상품의 주문처리·재고관리·수송·보관·하역·포장·가공 등 집하(集荷) 및 배송에 관한 활동과 이를 유기적으로 조정하거나 지원하는 정보처리활동에 사용되는 기계·장치 등의 일련의 시설

⑯ 공동집배송센터 : 여러 유통사업자 또는 제조업자가 공동으로 사용할 수 있도록 집배송시설 및 부대업무시설이 설치되어 있는 지역 및 시설물

(2) 시장·사업장·매장의 적용배제(법 제4조) 19-2

① 농수산물도매시장·농수산물공판장·민영농수산물도매시장·농수산물종합유통센터
② 가축시장

(3) 대규모점포등의 개설등록 및 변경등록(법 제8조) 23-1, 19-3

① 대규모점포를 개설하거나 제13조의3에 따른 전통상업보존구역에 준대규모점포를 개설하려는 자는 영업을 시작하기 전에 산업통상부령으로 정하는 바에 따라 상권영향평가서 및 지역협력계획서를 첨부하여 특별자치시장·시장·군수·구청장에게 등록하여야 한다. 등록한 내용을 변경하려는 경우에도 또한 같다.

② 특별자치시장·시장·군수·구청장은 제출받은 상권영향평가서 및 지역협력계획서가 미진하다고 판단하는 경우에는 제출받은 날부터 대통령령으로 정하는 기간 내에 그 사유를 명시하여 보완을 요청할 수 있다.

③ 특별자치시장·시장·군수·구청장은 개설등록 또는 변경등록[점포의 소재지를 변경하거나 매장면적이 개설등록(매장면적을 변경등록한 경우에는 변경등록) 당시의 매장면적보다 10분의 1 이상 증가하는 경우로 한정]을 하려는 대규모점포등의 위치가 전통상업보존구역에 있을 때에는 등록을 제한하거나 조건을 붙일 수 있다.

④ ③에 따른 등록 제한 및 조건에 관한 세부 사항은 해당 지방자치단체의 조례로 정한다.

⑤ 특별자치시장·시장·군수·구청장은 개설등록 또는 변경등록하려는 점포의 소재지로부터 산업통상부령으로 정하는 거리 이내의 범위 일부가 인접 특별자치시·시·군·구(자치구)에 속하여 있는 경우 인접지역의 특별자치시장·시장·군수·구청장에게 개설등록 또는 변경등록을 신청받은 사실을 통보하여야 한다.

⑥ 제5항에 따라 신청 사실을 통보받은 인접지역의 특별자치시장·시장·군수·구청장은 신청 사실을 통보받은 날로부터 20일 이내에 개설등록 또는 변경등록에 대한 의견을 제시할 수 있다.

⑦ 특별자치시장·시장·군수·구청장은 제1항에 따라 제출받은 상권영향평가서 및 지역협력계획서를 검토하는 경우 협의회의 의견을 청취하여야 하며, 필요한 때에는 대통령령으로 정하는 전문기관에 이에 대한 조사를 하게 할 수 있다.

[법률 제13510호(2015. 11. 20.) 제8조 제1항(①), 제8조 제2항(②) 중 준대규모점포와 관련된 부분, 제8조 제3항(③), 제8조 제4항(④)의 개정규정은 같은 법 제48조의2의 규정에 의하여 2029년 11월 23일까지 유효함]

(4) 대규모점포등에 대한 영업시간의 제한 등(법 제12조의2) 23-3, 20-추가, 18-2, 17-2

① 특별자치시장·시장·군수·구청장은 건전한 유통질서 확립, 근로자의 건강권 및 대규모점포등과 중소유통업의 상생발전을 위하여 필요하다고 인정하는 경우 대형마트(대규모점포에 개설된 점포로서 대형마트의 요건을 갖춘 점포를 포함)와 준대규모점포에 대하여 영업시간 제한을 명하거나 의무휴업일을 지정하여 의무휴업을 명할 수 있다. 다만, 연간 총매출액 중 농수산물의 매출액 비중이 55퍼센트 이상인 대규모점포등으로서 해당 지방자치단체의 조례로 정하는 대규모점포등에 대하여는 그러하지 아니하다.

② 특별자치시장·시장·군수·구청장은 오전 0시부터 오전 10시까지의 범위에서 영업시간을 제한할 수 있다.

③ 특별자치시장·시장·군수·구청장은 매월 이틀을 의무휴업일로 지정하여야 한다. 이 경우 의무휴업일은 공휴일 중에서 지정하되, 이해당사자와 합의를 거쳐 공휴일이 아닌 날을 의무휴업일로 지정할 수 있다.

④ 상기의 규정에 따른 영업시간 제한 및 의무휴업일 지정에 필요한 사항은 해당 지방자치단체의 조례로 정한다.

(5) 상점가진흥조합에 대한 지원(법 제19조) 24-2

① 점포시설의 표준화 및 현대화
② 상품의 매매·보관·수송·검사 등을 위한 공동시설의 설치
③ 주차장·휴게소 등 공공시설의 설치
④ 조합원의 판매촉진을 위한 공동사업
⑤ 가격표시 등 상거래질서의 확립
⑥ 조합원과 그 종사자의 자질향상을 위한 연수사업 및 정보제공
⑦ 그 밖에 지방자치단체의 장이 상점가 진흥을 위하여 필요하다고 인정하는 사업

(6) 유통정보화시책(법 제21조) 22-1

① 유통표준코드의 보급
② 유통표준전자문서의 보급
③ 판매시점 정보관리시스템의 보급
④ 점포관리의 효율화를 위한 재고관리시스템·매장관리시스템 등의 보급
⑤ 상품의 전자적 거래를 위한 전자장터 등의 시스템의 구축 및 보급
⑥ 다수의 유통·물류기업 간 기업정보시스템의 연동을 위한 시스템의 구축 및 보급
⑦ 유통·물류의 효율적 관리를 위한 무선주파수 인식시스템의 적용 및 실용화 촉진
⑧ 유통정보 또는 유통정보시스템의 표준화 촉진
⑨ 그 밖에 유통정보화를 촉진하기 위하여 필요하다고 인정되는 사항

(7) 유통관리사(법 제24조) 25-2, 19-1, 18-1, 17-3

① 유통관리사는 다음 각 호의 직무를 수행한다.
  ㉠ 유통경영·관리 기법의 향상
  ㉡ 유통경영·관리와 관련한 계획·조사·연구
  ㉢ 유통경영·관리와 관련한 진단·평가
  ㉣ 유통경영·관리와 관련한 상담·자문
  ㉤ 그 밖에 유통경영·관리에 필요한 사항
② 유통관리사가 되려는 사람은 산업통상부장관이 실시하는 유통관리사 자격시험에 합격하여야 한다.
③ 유통관리사의 등급, 유통관리사 자격시험의 실시방법·응시자격·시험과목 및 시험과목의 면제나 시험점수의 가산, 자격증의 발급 등에 필요한 사항은 대통령령으로 정한다.
④ 산업통상부장관 또는 지방자치단체의 장은 유통관리사를 고용한 유통사업자 및 유통사업자단체에 대하여 다른 유통사업자 및 사업자단체에 우선하여 자금 등을 지원할 수 있다.
⑤ 산업통상부장관은 거짓이나 그 밖의 부정한 방법으로 유통관리사의 자격을 취득한 사람에 대하여 그 자격을 취소하여야 한다.
⑥ 산업통상부장관은 다른 사람에게 유통관리사의 명의를 사용하게 하거나 자격증을 빌려준 사람에 대하여 대통령령으로 정하는 바에 따라 6개월 이내의 기간을 정하여 자격을 정지할 수 있다.
⑦ ⑤에 따라 유통관리사의 자격이 취소된 사람은 취소일부터 3년간 유통관리사 자격시험에 응시할 수 없다.

02 전통시장 및 상점가 육성을 위한 특별법

(1) 정의(법 제2조) 19-1

① **전통시장** : 자연발생적으로 또는 사회적·경제적 필요에 의하여 조성되고, 상품이나 용역의 거래가 상호신뢰에 기초하여 주로 전통적 방식으로 이루어지는 장소로서 다음의 요건을 모두 충족한다고 특별자치시장·특별자치도지사·시장·군수·구청장(자치구의 구청장)이 인정하는 곳
  ㉠ 해당 구역 및 건물에 대통령령으로 정하는 수 이상의 점포가 밀집한 곳일 것
  ㉡ 용역제공장소(제1종 근린생활시설, 제2종 근린생활시설, 문화 및 집회시설, 운동시설, 오피스텔을 제외한 일반업무시설)의 범위에 해당하는 점포수가 전체 점포수의 2분의 1 미만일 것
  ㉢ 그 밖에 대통령령으로 정하는 기준에 맞을 것

② **상점가** : 일정 범위의 가로(街路) 또는 지하도에 대통령령으로 정하는 수 이상의 도매점포·소매점포 또는 용역점포가 밀집하여 있는 지구
③ **골목형상점가** : 소상공인이 운영하는 점포가 대통령령으로 정하는 수준으로 밀집하여 있는 구역 중 특별자치도·특별자치시·시·군·구(자치구)의 조례로 정하는 곳
④ **상인조직** : 전통시장·상점가 또는 골목형상점가의 점포에서 상시적으로 직접 사업을 하는 상인들로 구성된 법인·단체 등으로서 대통령령으로 정하는 것
⑤ **문화관광형시장** : 지역의 역사·문화·관광자원 등을 연계하여 상품·용역의 거래뿐만 아니라 그 고유의 특성을 즐기고 관광할 수 있는 곳으로 육성하기 위하여 시장·군수·구청장이 지정한 시장·상점가 또는 골목형상점가
⑥ **상권활성화구역** : 다음의 요건에 해당되는 곳으로서 시장·군수·구청장이 지정한 구역
  ㉠ 시장·상점가 또는 골목형상점가가 하나 이상 포함된 곳
  ㉡ 「국토의 계획 및 이용에 관한 법률」에 따른 상업지역이 100분의 50 이상 포함된 곳
  ㉢ 해당 구역 안에 대통령령으로 정하는 수 이상의 도매점포·소매점포 또는 용역점포가 밀집하여 하나의 상권을 형성하고 있는 곳
  ㉣ 시장 및 상점가 실태조사를 실시한 결과 매출액 감소 등 대통령령으로 정하는 기준에 따라 해당 구역의 주요 상업활동이 위축되었거나 위축될 우려가 있다고 판단되는 곳
⑦ **상업기반시설** : 시장·상점가·골목형상점가 또는 상권활성화구역의 상인이 직접 사용하거나 고객이 이용하는 상업시설, 공동이용시설 및 편의시설 등
⑧ **시장정비사업** : 시장정비사업시행자가 시장의 현대화를 촉진하기 위하여 상업기반시설 및 정비기반시설을 정비하고, 대규모점포가 포함된 건축물을 건설하기 위하여 시장을 정비하는 모든 행위
⑨ **시장정비사업추진계획** : 토지등 소유자, 추진위원회, 시장정비사업법인, 시장·군수·구청장, 한국토지주택공사, 지방공사가 시장정비사업을 추진하기 위하여 수립한 계획
⑩ **시장정비구역** : 시장정비사업을 추진하기 위하여 특별시장·광역시장·도지사 또는 특별자치도지사가 승인·고시한 구역
⑪ **시장정비사업조합** : 토지등 소유자가 시장정비사업을 추진하기 위하여 「도시 및 주거환경정비법」에 따라 설립한 조합
⑫ **상가건물** : 같은 건축물 안에 판매 및 영업시설을 갖추고 그 밖에 근린생활시설을 갖춘 건축물
⑬ **복합형 상가건물** : 같은 건축물 안에 판매 및 영업시설 외에 공동주택이나 업무시설을 갖추고 그 밖에 근린생활시설 등을 갖춘 건축물
⑭ **온누리상품권** : 그 소지자가 개별가맹점에게 이를 제시 또는 교부하거나 그 밖의 방법으로 사용함으로써 그 권면금액에 상당하는 물품 또는 용역을 해당 개별가맹점으로부터 제공받을 수 있는 유가증권으로서 중소벤처기업부장관이 발행한 것
⑮ **가맹점** : 가맹점을 등록한 자로서 다음의 자
  ㉠ 온누리상품권을 사용한 거래에 의하여 물품의 판매 또는 용역의 제공을 하는 시장등의 상인
  ㉡ 온누리상품권을 수취한 개별가맹점을 위하여 온누리상품권의 환전을 대행하는 상인조직

(2) 온누리상품권 `20-추가`

① 온누리상품권 발행(법 제26조의2)
   ㉠ 중소벤처기업부장관은 시장등의 판매 촉진을 위하여 온누리상품권(모바일 온누리상품권을 포함)을 발행할 수 있다.
   ㉡ 온누리상품권의 유효기간은 발행일부터 5년으로 한다.
   ㉢ 그 밖에 온누리상품권의 종류, 권면금액, 기재사항 등 온누리상품권 발행에 관하여 필요한 사항은 대통령령으로 정한다.

② 온누리상품권 환전(법 제26조의3)
   ㉠ 중소벤처기업부장관은 가맹점의 요청에 따라 온누리상품권을 현금으로 환전하여 주는 금융기관을 지정하여야 한다.
   ㉡ 개별가맹점이 아니면 온누리상품권을 중소벤처기업부장관이 지정한 금융기관에서 환전할 수 없다.

③ 개별가맹점의 행위 금지 준수사항(법 제26조의5)
   ㉠ 온누리상품권 결제를 거절하거나 온누리상품권 소지자를 불리하게 대우하는 행위
   ㉡ 다음의 온누리상품권을 환전하거나 환전대행가맹점에 환전을 요청하는 행위
      • 물품의 판매 또는 용역의 제공 없이 수취한 온누리상품권
      • 실제 매출금액 이상의 거래를 통하여 수취한 온누리상품권

2 전자상거래법 및 전자문서법

01 전자상거래 등에서의 소비자보호에 관한 법률

(1) 목적(법 제1조) `17-2`

이 법은 전자상거래 및 통신판매 등에 의한 재화 또는 용역의 공정한 거래에 관한 사항을 규정함으로써 소비자의 권익을 보호하고 시장의 신뢰도를 높여 국민경제의 건전한 발전에 이바지함을 목적으로 한다.

(2) 정의(법 제2조) `18-3`

① **전자상거래** : 전자거래의 방법으로 상행위(商行爲)를 하는 것
② **통신판매** : 우편·전기통신, 그 밖에 총리령으로 정하는 방법으로 재화 또는 용역(일정한 시설을 이용하거나 용역을 제공받을 수 있는 권리를 포함)의 판매에 관한 정보를 제공하고 소비자의 청약을 받아 재화 또는 용역을 판매하는 것(전화권유판매는 제외)
③ **통신판매업자** : 통신판매를 업(業)으로 하는 자 또는 그와의 약정에 따라 통신판매업무를 수행하는 자
④ **통신판매중개** : 사이버몰(컴퓨터 등과 정보통신설비를 이용하여 재화등을 거래할 수 있도록 설정된 가상의 영업장)의 이용을 허락하거나 그 밖에 총리령으로 정하는 방법으로 거래 당사자 간의 통신판매를 알선하는 행위
⑤ **소비자**
   ㉠ 사업자가 제공하는 재화등을 소비생활을 위하여 사용(이용을 포함)하는 자
   ㉡ 상기 외의 자로서 사실상 ㉠과 같은 지위 및 거래조건으로 거래하는 자 등 대통령령으로 정하는 자
⑥ **사업자** : 물품을 제조(가공 또는 포장을 포함)·수입·판매하거나 용역을 제공하는 자

(3) 청약철회등(법 제17조) **17-1**

① 계약내용에 관한 서면을 받은 날부터 7일. 다만, 그 서면을 받은 때보다 재화등의 공급이 늦게 이루어진 경우에는 재화등을 공급받거나 재화등의 공급이 시작된 날부터 7일
② 계약내용에 관한 서면을 받지 아니한 경우, 통신판매업자의 주소 등이 적혀 있지 아니한 서면을 받은 경우 또는 통신판매업자의 주소 변경 등의 사유로 ①의 기간에 청약철회등을 할 수 없는 경우에는 통신판매업자의 주소를 안 날 또는 알 수 있었던 날부터 7일
③ 청약철회등에 대한 방해 행위가 있는 경우에는 그 방해 행위가 종료한 날부터 7일

02 전자문서 및 전자거래기본법

(1) 목적(법 제1조) **17-2**

이 법은 전자문서 및 전자거래의 법률관계를 명확히 하고 전자문서 및 전자거래의 안전성과 신뢰성을 확보하며 그 이용을 촉진할 수 있는 기반을 조성함으로써 국민경제의 발전에 이바지함을 목적으로 한다.

(2) 정의(법 제2조) **25-1**

① 전자문서 : 정보처리시스템에 의하여 전자적 형태로 작성·변환되거나 송신·수신 또는 저장된 정보
② 정보처리시스템 : 전자문서의 작성·변환, 송신·수신 또는 저장을 위하여 이용되는 정보처리능력을 가진 전자적 장치 또는 체계
③ 전자거래 : 재화나 용역을 거래할 때 그 전부 또는 일부가 전자문서 등 전자적 방식으로 처리되는 거래
④ 전자거래사업자 : 전자거래를 업(業)으로 하는 자
⑤ 전자거래이용자 : 전자거래를 이용하는 자로서 전자거래사업자 외의 자

(3) 전자거래사업자의 일반적 준수사항(법 제17조) **24-3, 19-3**

① 상호(법인인 경우에는 대표자의 성명을 포함)와 그 밖에 자신에 관한 정보와 재화, 용역, 계약 조건 등에 관한 정확한 정보의 제공
② 소비자가 쉽게 접근·인지할 수 있도록 약관의 제공 및 보존
③ 소비자가 자신의 주문을 취소 또는 변경할 수 있는 절차의 마련
④ 청약의 철회, 계약의 해제 또는 해지, 교환, 반품 및 대금환급 등을 쉽게 할 수 있는 절차의 마련
⑤ 소비자의 불만과 요구사항을 신속하고 공정하게 처리하기 위한 절차의 마련
⑥ 거래의 증명 등에 필요한 거래기록의 일정기간 보존

3 소비자기본법

01 소비자의 권리와 책무

(1) 소비자의 기본적 권리(법 제4조) 22-3

① 물품 또는 용역(이하 "물품등")으로 인한 생명·신체 또는 재산에 대한 위해로부터 보호받을 권리
② 물품등을 선택함에 있어서 필요한 지식 및 정보를 제공받을 권리
③ 물품등을 사용함에 있어서 거래상대방·구입장소·가격 및 거래조건 등을 자유로이 선택할 권리
④ 소비생활에 영향을 주는 국가 및 지방자치단체의 정책과 사업자의 사업활동 등에 대하여 의견을 반영시킬 권리
⑤ 물품등의 사용으로 인하여 입은 피해에 대하여 신속·공정한 절차에 따라 적절한 보상을 받을 권리
⑥ 합리적인 소비생활을 위하여 필요한 교육을 받을 권리
⑦ 소비자 스스로의 권익을 증진하기 위하여 단체를 조직하고 이를 통하여 활동할 수 있는 권리
⑧ 안전하고 쾌적한 소비생활 환경에서 소비할 권리

(2) 소비자의 책무(법 제5조) 17-2, 16-2

① 소비자는 사업자 등과 더불어 자유시장경제를 구성하는 주체임을 인식하여 물품등을 올바르게 선택하고, 소비자의 기본적 권리를 정당하게 행사하여야 한다.
② 소비자는 스스로의 권익을 증진하기 위하여 필요한 지식과 정보를 습득하도록 노력하여야 한다.
③ 소비자는 자주적이고 합리적인 행동과 자원절약적이고 환경친화적인 소비생활을 함으로써 소비생활의 향상과 국민경제의 발전에 적극적인 역할을 다하여야 한다.

02 국가·지방자치단체·사업자의 책무

(1) 위해의 방지(법 제8조) 22-2

① 국가는 사업자가 소비자에게 제공하는 물품등으로 인한 소비자의 생명·신체 또는 재산에 대한 위해를 방지하기 위하여 다음의 사항에 관하여 사업자가 지켜야 할 기준을 정하여야 한다.
  ㉠ 물품등의 성분·함량·구조 등 안전에 관한 중요한 사항
  ㉡ 물품등을 사용할 때의 지시사항이나 경고 등 표시할 내용과 방법
  ㉢ 그 밖에 위해방지를 위하여 필요하다고 인정되는 사항
② 중앙행정기관의 장은 ①에 따라 국가가 정한 기준을 사업자가 준수하는지 여부를 정기적으로 시험·검사 또는 조사하여야 한다.

(2) 국가가 광고의 기준을 제한할 수 있는 항목(법 제11조) 23-3

① 용도·성분·성능·규격 또는 원산지 등을 광고하는 때에 허가 또는 공인된 내용만으로 광고를 제한할 필요가 있거나 특정내용을 소비자에게 반드시 알릴 필요가 있는 경우
② 소비자가 오해할 우려가 있는 특정용어 또는 특정표현의 사용을 제한할 필요가 있는 경우
③ 광고의 매체 또는 시간대에 대하여 제한이 필요한 경우

(3) 소비자의 능력 향상(법 제14조) 24-1

① 국가 및 지방자치단체는 소비자의 올바른 권리행사를 이끌고, 물품등과 관련된 판단능력을 높이며, 소비자가 자신의 선택에 책임을 지는 소비생활을 할 수 있도록 필요한 교육을 하여야 한다.
② 국가 및 지방자치단체는 경제 및 사회의 발전에 따라 소비자의 능력 향상을 위한 프로그램을 개발하여야 한다.
③ 국가 및 지방자치단체는 소비자교육과 학교교육·평생교육을 연계하여 교육적 효과를 높이기 위한 시책을 수립·시행하여야 한다.
④ 국가 및 지방자치단체는 소비자의 능력을 효과적으로 향상시키기 위한 방법으로 방송사업을 할 수 있다.
⑤ 소비자교육의 방법 등에 관하여 필요한 사항은 대통령령으로 정한다.

(4) 사업자의 책무(법 제19조) 17-2, 16-2, 16-1

① 사업자는 물품등으로 인하여 소비자에게 생명·신체 또는 재산에 대한 위해가 발생하지 아니하도록 필요한 조치를 강구하여야 한다.
② 사업자는 물품등을 공급함에 있어서 소비자의 합리적인 선택이나 이익을 침해할 우려가 있는 거래조건이나 거래방법을 사용하여서는 아니 된다.
③ 사업자는 소비자에게 물품등에 대한 정보를 성실하고 정확하게 제공하여야 한다.
④ 사업자는 소비자의 개인정보가 분실·도난·누출·변조 또는 훼손되지 아니하도록 그 개인정보를 성실하게 취급하여야 한다.
⑤ 사업자는 물품등의 하자로 인한 소비자의 불만이나 피해를 해결하거나 보상하여야 하며, 채무불이행 등으로 인한 소비자의 손해를 배상하여야 한다.

(5) 소비자중심경영의 인증(법 제20조의2) 21-2

① 공정거래위원회는 물품의 제조·수입·판매 또는 용역의 제공의 모든 과정이 소비자 중심으로 이루어지는 경영(이하 "소비자중심경영")을 하는 사업자에 대하여 소비자중심경영에 대한 인증(이하 "소비자중심경영인증")을 할 수 있다.
② 소비자중심경영인증을 받으려는 사업자는 대통령령으로 정하는 바에 따라 공정거래위원회에 신청하여야 한다.
③ 소비자중심경영인증을 받은 사업자는 대통령령으로 정하는 바에 따라 그 인증의 표시를 할 수 있다.
④ 소비자중심경영인증의 유효기간은 그 인증을 받은 날부터 2년으로 한다.
⑤ 공정거래위원회는 소비자중심경영을 활성화하기 위하여 대통령령으로 정하는 바에 따라 소비자중심경영인증을 받은 기업에 대하여 포상 또는 지원 등을 할 수 있다.
⑥ 공정거래위원회는 소비자중심경영인증을 신청하는 사업자에 대하여 대통령령으로 정하는 바에 따라 그 인증의 심사에 소요되는 비용을 부담하게 할 수 있다.
⑦ 상기의 규정 외에 소비자중심경영인증의 기준 및 절차 등에 필요한 사항은 대통령령으로 정한다.

03 소비자분쟁의 조정

(1) 분쟁조정회의 심의·의결사항(법 제63조의2)

① 소비자분쟁 중 200만원 이상의 소비자분쟁에 대한 조정
② 조정위원회의 의사에 관한 규칙의 제정 및 개정·폐지
③ 조정위원회에 의뢰 또는 신청된 분쟁조정
④ 조정부가 분쟁조정회의에서 처리하도록 결정한 사항

(2) 분쟁조정의 기간(법 제66조) 18-2

① 조정위원회는 분쟁조정을 신청받은 때에는 그 신청을 받은 날부터 30일 이내에 그 분쟁조정을 마쳐야 한다.
② 조정위원회는 상기의 규정에 불구하고 정당한 사유가 있는 경우로서 30일 이내에 그 분쟁조정을 마칠 수 없는 때에는 그 기간을 연장할 수 있다.

4 식품위생법과 청소년보호법

01 식품위생법

(1) 목적(법 제1조)

이 법은 식품으로 인하여 생기는 위생상의 위해(危害)를 방지하고 식품영양의 질적 향상을 도모하며 식품에 관한 올바른 정보를 제공함으로써 국민 건강의 보호·증진에 이바지함을 목적으로 한다.

(2) 용어의 정의(법 제2조) 21-3, 21-1

① **식품** : 모든 음식물(의약으로 섭취하는 것은 제외)
② **식품첨가물** : 식품을 제조·가공·조리 또는 보존하는 과정에서 감미, 착색, 표백 또는 산화방지 등을 목적으로 식품에 사용되는 물질(기구·용기·포장을 살균·소독하는 데에 사용되어 간접적으로 식품으로 옮아갈 수 있는 물질 포함)
③ **화학적 합성품** : 화학적 수단으로 원소 또는 화합물에 분해 반응 외의 화학 반응을 일으켜서 얻은 물질
④ **기구** : 다음의 어느 하나에 해당하는 것으로서 식품 또는 식품첨가물에 직접 닿는 기계·기구나 그 밖의 물건(농업과 수산업에서 식품을 채취하는 데에 쓰는 기계·기구나 그 밖의 물건 및 위생용품은 제외)
  ㉠ 음식을 먹을 때 사용하거나 담는 것
  ㉡ 식품 또는 식품첨가물을 채취·제조·가공·조리·저장·소분·운반·진열할 때 사용하는 것
⑤ **용기·포장** : 식품 또는 식품첨가물을 넣거나 싸는 것으로서 식품 또는 식품첨가물을 주고받을 때 함께 건네는 물품
⑥ **공유주방** : 식품의 제조·가공·조리·저장·소분·운반에 필요한 시설 또는 기계·기구 등을 여러 영업자가 함께 사용하거나, 동일한 영업자가 여러 종류의 영업에 사용할 수 있는 시설 또는 기계·기구 등이 갖춰진 장소
⑦ **위해** : 식품, 식품첨가물, 기구 또는 용기·포장에 존재하는 위험요소로서 인체의 건강을 해치거나 해칠 우려가 있는 것

⑧ 영업 : 식품 또는 식품첨가물을 채취·제조·가공·조리·저장·소분·운반 또는 판매하거나 기구 또는 용기·포장을 제조·운반·판매하는 업(농업과 수산업에 속하는 식품 채취업은 제외)으로, 이 경우 공유주방을 운영하는 업과 공유주방에서 식품제조업등을 영위하는 업을 포함
⑨ 영업자 : 이 법에 따라 영업허가를 받은 자나 영업신고를 한 자 또는 영업등록을 한 자
⑩ 식품위생 : 식품, 식품첨가물, 기구 또는 용기·포장을 대상으로 하는 음식에 관한 위생
⑪ 집단급식소 : 영리를 목적으로 하지 아니하면서 특정 다수인에게 계속하여 음식물을 공급하는 기숙사, 학교, 유치원, 어린이집, 병원, 사회복지시설, 산업체, 국가·지방자치단체 및 공공기관, 그 밖에 후생기관 등의 하나에 해당하는 급식시설로서 대통령령으로 정하는 시설
⑫ 식품이력추적관리 : 식품을 제조·가공단계부터 판매단계까지 각 단계별로 정보를 기록·관리하여 그 식품의 안전성 등에 문제가 발생할 경우 그 식품을 추적하여 원인을 규명하고 필요한 조치를 할 수 있도록 관리하는 것
⑬ 식중독 : 식품 섭취로 인하여 인체에 유해한 미생물 또는 유독물질에 의하여 발생하였거나 발생한 것으로 판단되는 감염성 질환 또는 독소형 질환
⑭ 집단급식소에서의 식단 : 급식대상 집단의 영양섭취기준에 따라 음식명, 식재료, 영양성분, 조리방법, 조리인력 등을 고려하여 작성한 급식계획서

02 청소년보호법

(1) 목적(법 제1조)

이 법은 청소년에게 유해한 매체물과 약물 등이 청소년에게 유통되는 것과 청소년이 유해한 업소에 출입하는 것 등을 규제하고 청소년을 유해한 환경으로부터 보호·구제함으로써 청소년이 건전한 인격체로 성장할 수 있도록 함을 목적으로 한다.

(2) 용어의 정의(법 제2조)
① 청소년유해약물등 21-2

청소년유해약물	• 주류, 담배, 마약류, 환각물질 • 그 밖에 중추신경에 작용하여 습관성, 중독성, 내성 등을 유발하여 인체에 유해하게 작용할 수 있는 약물 등 청소년의 사용을 제한하지 아니하면 청소년의 심신을 심각하게 손상시킬 우려가 있는 약물로서 대통령령으로 정하는 기준에 따라 관계 기관의 의견을 들어 청소년보호위원회가 결정하고 성평등가족부장관이 고시한 것
청소년유해물건	• 청소년에게 음란한 행위를 조장하는 성기구 등 청소년의 사용을 제한하지 아니하면 청소년의 심신을 심각하게 손상시킬 우려가 있는 성 관련 물건으로서 대통령령으로 정하는 기준에 따라 청소년보호위원회가 결정하고 성평등가족부장관이 고시한 것 • 청소년에게 음란성·포악성·잔인성·사행성 등을 조장하는 완구류 등 청소년의 사용을 제한하지 아니하면 청소년의 심신을 심각하게 손상시킬 우려가 있는 물건으로서 대통령령으로 정하는 기준에 따라 청소년보호위원회가 결정하고 성평등가족부장관이 고시한 것 • 청소년유해약물과 유사한 형태의 제품으로 청소년의 사용을 제한하지 아니하면 청소년의 청소년유해약물 이용습관을 심각하게 조장할 우려가 있는 물건으로서 대통령령으로 정하는 기준에 따라 청소년보호위원회가 결정하고 성평등가족부장관이 고시한 것

② 유통 : 매체물 또는 약물 등을 판매·대여·배포·방송·공연·상영·전시·진열·광고하거나 시청 또는 이용하도록 제공하는 행위와 이러한 목적으로 매체물 또는 약물 등을 인쇄·복제 또는 수입하는 행위

5 근로기준법 중 근로조건의 명시(법 제17조 제1항) 19-2

사용자는 근로계약을 체결할 때에 근로자에게 다음의 사항을 명시하여야 한다. 근로계약 체결 후 다음의 사항을 변경하는 경우에도 또한 같다.
① 임 금
② 소정근로시간
③ 휴 일
④ 연차 유급휴가
⑤ 그 밖에 대통령령으로 정하는 근로조건
　㉠ 취업의 장소와 종사하여야 할 업무에 관한 사항
　㉡ 법 제93조 제1호부터 제12호까지의 규정에서 정한 사항(취업규칙의 작성·신고)
　㉢ 사업장의 부속 기숙사에 근로자를 기숙하게 하는 경우에는 기숙사 규칙에서 정한 사항

출제지문 퀴즈로 핵심체크!

SECTION 01 기업윤리의 기본개념

01 23-2, 22-3

O X 기업윤리의 중요성을 강조하기 위해 기업윤리가 기업의 모든 의사결정 프로세스에 반영될 수 있게 모니터링한다.

02 22-2

기업의 사회적 책임의 중요성 내지 필요성은 (　　　　)의 법칙에 있다.

03 23-2

(　　　　)는 윤리적 행위를 기업 경영활동에 적용하려는 국제적 시도로서 경제활동의 윤리적 환경과 조건을 세계 각국 공통으로 표준화하려는 움직임을 말한다.

SECTION 02 유통관련 법규

01 23-2

O X 유통산업발전법에서 공동집배송센터란 여러 유통사업자 또는 물류업자가 공동으로 사용할 수 있도록 집배송시설 및 부대 업무시설이 설치되어 있는 지역 및 시설물을 말한다.

02 24-1

O X 소비자기본법에서는 국가 및 지방자치단체가 소비자 능력향상을 위해 소비자가 자신의 선택에 책임을 지는 소비생활을 할 수 있도록 교육한다.

03 22-2, 20-2, 18-2, 18-1

유통산업발전법에서 (　　　　)은 독자적인 상품 또는 판매·경영 기법을 개발한 체인본부가 상호·판매방법·매장운영 및 광고방법 등을 결정하고, 가맹점으로 하여금 그 결정과 지도에 따라 운영하도록 하는 형태의 체인사업이다.

정답 및 해설

SECTION 01
01 ○
02 권력-책임-균형
03 윤리라운드

SECTION 02
01 × ▶ 공동집배송센터란 여러 유통사업자 또는 제조업자가 공동으로 사용할 수 있도록 집배송시설 및 부대업무시설이 설치되어 있는 지역 및 시설물을 말한다.
02 ○
03 프랜차이즈형 체인사업

테마로 푸는 필수 기출문제

THEME ❶ 기업윤리의 기본개념

시험에서 매년 1문제 정도는 출제되는 테마이다. 주로 기업의 경영윤리, 이해관계자와의 가치이념, 기업의 사회적책임과 종업원의 권리 등이 주로 출제되었으나, 최근에는 기업의 윤리적 경영에 대한 국제적 제한이나 문제점 제기 등도 출제된다.

01 23년 3회

윤리경영에서 이해관계자가 추구하는 가치이념과 취급해야 할 문제들이 옳게 나열되지 않은 것은?

구 분	이해관계자	추구하는 가치이념	윤리경영에서 취급해야 할 문제들
㉠	지역사회	기업시민	산업재해, 산업공해, 산업폐기물 불법처리 등
㉡	종업원	인간의 존엄성	고용차별, 성차별, 프라이버시 침해, 작업장의 안전성 등
㉢	투자자	공평, 형평	내부자 거래, 인위적 시장조작, 시세조작, 분식결산 등
㉣	고 객	성실, 신의	유해상품, 결함상품, 허위 과대광고, 정보은폐, 가짜 상표 등
㉤	경쟁자	기업가치	환경오염, 자연파괴, 산업폐기물수출입, 지구환경관련 규정 위반 등

① ㉠ ② ㉡
③ ㉢ ④ ㉣
⑤ ㉤

02 25년 2회

기업이 윤리경영을 실천해야 하는 이유로 가장 옳지 않은 것은?

① 기업의 활동이 윤리성을 바탕으로 이루어지면 기업 이미지가 좋아지고 장기적으로 성장과 발전에 도움을 준다.
② 기업의 비윤리적 행동에 대해 사회가 지불해야 하는 사회적 비용의 규모가 커지고 있기 때문이다.
③ 기업윤리는 객관적인 윤리기준으로 업종에 상관없이 기업이 지켜야 할 구체적이고 통일된 기준이기 때문이다.
④ 기업윤리를 소홀하게 다루는 기업은 궁극적으로 기업경영을 비효율적으로 만들기 때문이다.
⑤ 기업의 사회적 책임 중 하나인 기업윤리에 대한 사회의 기대와 요구가 점점 커지고 있기 때문이다.

03 23년 2회

경제활동의 윤리적 환경과 조건을 세계 각국 공통으로 표준화하려는 것으로 비윤리적인 기업의 제품이나 서비스를 국제거래에서 제한하는 움직임을 뜻하는 것은?

① 우루과이라운드 ② 부패라운드
③ 블루라운드 ④ 그린라운드
⑤ 윤리라운드

04 22년 2회

유통기업의 윤리경영에 대한 설명으로 가장 옳지 않은 것은?

① 건전하고 투명한 경영을 위해 노력한다.
② 협력사와 합리적인 상호발전을 추구한다.
③ 유연하고 수직적인 임원우선의 기업문화를 조성한다.
④ 고객의 만족을 위해 노력한다.
⑤ 사회적 책임을 완수하기 위해 노력한다.

05 23년 1회

유통기업에 종사하는 종업원의 권리로 옳지 않은 것은?

① 일할 권리
② 근무 시간 중에도 사생활을 보호받을 권리
③ 근무시간 이외의 시간은 자유의사에 따라 정치활동을 제외한 외부활동을 자유롭게 할 수 있는 권리
④ 안전한 작업장에서 근무할 수 있도록 요구할 권리
⑤ 노동조합을 결성하고 파업과 같은 단체 행동을 할 수 있는 권리

06 22년 1회

기업 윤리와 관련된 설명으로 옳지 않은 것은?

① 기업은 종업원에게 단순히 돈의 대가로 노동력을 요구하는 것이 아니라, 떳떳한 구성원으로서 헌신과 열정을 이끌어 낼 수 있도록 그들에게 자긍심과 비전을 심어주어야 한다.
② 협력사는 물품을 사오는 대상 이상의 의미를 지니는 장기적으로 협조해야 할 상생의 대상이다.
③ 거래비용의 발생 원인은 기회주의, 제한된 합리성, 불확실성 등이며 교환당사자 간에 신뢰가 부족할 때 거래비용은 작아진다.
④ 도덕적 해이는 도덕적 긴장감이 흐려져서 다른 사람의 이익을 희생한 대가로 자신의 이익을 추구하는 행위이다.
⑤ 대리인비용은 주인이 대리인에게 자신을 대신하도록 할 때 발생하는 비용으로, 주인과 대리인의 이해 불일치와 정보 비대칭상황 등의 요인 때문에 발생한다.

THEME ❷ 유통산업발전법과 소비자기본법

유통산업발전법은 거의 매 시험에서 출제되고 있으나, 용어의 정의 등 매년 기본적인 내용이 반복해서 출제되는 경향이 있으므로 확실한 개념정리가 필요하다. 소비자기본법은 사업자의 책무, 소비자의 기본적 권리 등 개인이나 기업의 의무 형태에서 국가의 소비향상이나 광고제한 등으로 출제유형이 변경되는 흐름을 가지고 있다.

07 23년 2회

유통산업발전법(법률 제19117호, 2022.12.27., 타법개정)의 제2조 정의에서 기술하는 용어 설명이 옳지 않은 것은?

① 매장이란 상품의 판매와 이를 지원하는 용역의 제공에 직접 사용되는 장소를 말한다. 이 경우 매장에 포함되는 용역의 제공 장소의 범위는 대통령령으로 정한다.
② 임시시장이란 다수(多數)의 수요자와 공급자가 일정한 기간 동안 상품을 매매하거나 용역을 제공하는 일정한 장소를 말한다.
③ 상점가란 일정 범위의 가로(街路) 또는 지하도에 대통령령으로 정하는 수 이상의 도매점포·소매점포 또는 용역점포가 밀집하여 있는 지구를 말한다.
④ 전문상가단지란 같은 업종을 경영하는 여러 도매업자 또는 소매업자가 일정 지역에 점포 및 부대시설 등을 집단으로 설치하여 만든 상가단지를 말한다.
⑤ 공동집배송센터란 여러 유통사업자 또는 물류업자가 공동으로 사용할 수 있도록 집배송시설 및 부대 업무시설이 설치되어 있는 지역 및 시설물을 말한다.

08 23년 3회

소비자기본법(법률 제17799호, 2020.12.29., 타법개정)에 따라 국가가 광고의 내용이나 방법에 대한 기준을 제한할 수 있는 항목으로 옳지 않은 것은?

① 용도, 성분, 성능
② 소비자가 오해할 우려가 있는 특정용어나 특정표현
③ 광고의 매체
④ 광고 시간대
⑤ 광고 비용

09 22년 3회

소비자기본법(법률 제17799호, 2020.12.29., 타법개정)에 의한 소비자의 기본적 권리로만 바르게 짝지어진 것은?

> ㉠ 물품 또는 용역을 선택함에 있어서 필요한 지식 및 정보를 제공받을 권리
> ㉡ 합리적인 소비생활을 위하여 필요한 교육을 받을 권리
> ㉢ 사업자 등과 더불어 자유시장경제를 구성하는 주체일 권리
> ㉣ 안전하고 쾌적한 소비생활 환경에서 소비할 권리
> ㉤ 환경친화적인 자원재활용에 대해 지원받을 권리

① ㉠, ㉡, ㉢, ㉣, ㉤
② ㉠, ㉡, ㉢
③ ㉠, ㉡, ㉣
④ ㉡, ㉢, ㉤
⑤ ㉡, ㉣, ㉤

10 22년 2회

유통산업발전법(시행 2021.1.1., 법률 제17761호, 2020.12.29., 타법개정)에서 규정하고 있는 체인사업 중 아래 글상자에서 설명하고 있는 형태로 가장 옳은 것은?

> 체인본부가 주로 소매점포를 직영하되, 가맹계약을 체결한 일부 소매점포에 대하여 상품의 공급 및 경영지도를 계속하는 형태의 체인사업

① 프랜차이즈형 체인사업
② 중소기업형 체인사업
③ 임의가맹점형 체인사업
④ 직영점형 체인사업
⑤ 조합형 체인사업

11 18년 2회

소비자기본법[시행 2017.10.31] [법률 제15015호, 2017.10.31.,일부개정]에서는 조정위원회가 분쟁조정을 신청받은 때에는 신청을 받은 날부터 며칠 이내에 분쟁조정을 마치도록 정하고 있는가?

① 10일
② 14일
③ 15일
④ 21일
⑤ 30일

THEME ❸ 기타 유통 관련 법률

유통산업발전법 외에 식품위생법, 청소년기본법, 전자상거래법, 전통시장법 등에서도 유통과 관련된 문제들이 간혹 출제되기도 하므로 관련 내용 특히 용어의 정의 등은 정리해 두는 것이 좋다.

12 21년 1회

식품위생법(시행 2021.1.1.)(법률 제17809호, 2020.12.29., 일부개정) 상에서 사용되는 각종 용어에 대한 설명으로 옳은 것은?

① "식품"이란 의약을 포함하여 인간이 섭취할 수 있는 가능성이 있는 제품을 말한다.
② "식품첨가물"에는 용기를 살균하는 데 사용되는 물질도 포함된다.
③ "집단급식소"란 영리를 목적으로 다수의 대중이 음식을 섭취하는 장소를 말한다.
④ "식품이력추적관리"란 식품이 만들어진 후 소비자에게 전달되기까지의 과정을 말한다.
⑤ "기구"란 음식을 담거나 포장하는 용기를 말하며 식품을 생산하는 기계는 포함되지 않는다.

13 21년 2회

청소년보호법(법률 제17761호, 2020.12.29., 타법개정)상, 청소년유해약물에 포함되지 않는 것은?

① 주 류
② 담 배
③ 마약류
④ 고카페인 탄산음료
⑤ 환각물질

14 20년 추가

"전통시장 및 상점가 육성을 위한 특별법"(법률 제16217호, 2019.1.8. 일부개정)에 의해 시행되고 있는 '온누리상품권'에 대한 설명으로 옳지 않은 것은?

① 온누리상품권은 중소벤처기업부 장관이 발행한다.
② 온누리상품권의 종류, 권면금액, 기재사항 등 발행에 필요한 사항은 대통령령으로 정한다.
③ 온누리상품권의 유효기간은 발행일로부터 3년이다.
④ 개별가맹점(또는 환전대행가맹점)이 아니면 온누리상품권을 금융기관에서 환전할 수 없다.
⑤ 개별가맹점은 온누리상품권 결제를 거절하거나 온누리상품권 소지자를 불리하게 대우하면 안 된다.

15 25년 1회

전자문서 및 전자거래 기본법[법률 제18478호, 2021. 10. 19., 일부개정]에서 사용하는 용어의 뜻으로 옳지 않은 것은?

① 전자거래란 재화나 용역을 거래할 때 그 전부 또는 일부가 전자문서 등 전자적 방식으로 처리되는 거래를 말한다.
② 정보처리시스템이란 전자문서의 작성·변환, 송신·수신 또는 저장을 위하여 이용되는 정보처리능력을 가진 전자적 장치 또는 체계를 말한다.
③ 전자정보란 정보처리시스템에 의하여 전자적 형태로 작성·변환되거나 송신·수신 또는 저장된 정보를 말한다.
④ 전자거래사업자란 전자거래를 업(業)으로 하는 자를 말한다.
⑤ 전자거래이용자란 전자거래를 이용하는 자로서 전자거래사업자 외의 자를 말한다.

필수 기출문제 정답과 해설

01 정답 ⑤

해설 기업은 경쟁자와 공정한 경쟁을 바탕으로 기업 활동을 하여야 하며, 카르텔이나 뇌물 등 불공정한 경쟁행위를 하여서는 안 된다. 환경오염, 자연파괴, 산업폐기물수출입, 지구환경관련 규정 위반 등은 지구환경 보호와 관련된 문제들에 해당한다.

02 정답 ③

해설 나라마다 역사, 문화, 사회적 가치 등이 다르므로 중요하게 생각하는 윤리적 기준도 나라마다 차이가 있다. 따라서 기업윤리에 대한 기준도 나라나 산업마다 다를 수 있다.

03 정답 ⑤

해설 윤리라운드는 윤리적 행위를 기업 경영활동에 적용하려는 국제적 시도로서 경제활동의 윤리적 환경과 조건을 세계 각국 공통으로 표준화하려는 움직임을 말한다.
① **우루과이라운드** : 관세 및 무역에 관한 일반 협정(GATT)의 제8차 다자간 무역협상을 말한다.
② **부패라운드** : 국제무역에서 부패 관행을 퇴치할 국제적 규칙의 마련을 위한 다자간 협상을 말한다.
③ **블루라운드** : 세계 각국의 근로조건을 국제적으로 표준화할 목적으로 추진되는 다자간 무역협상이다.
④ **그린라운드** : 지구 환경문제를 국제무역거래와 연계할 경우 관세 및 무역에 관한 일반협정을 중심으로 맺어지는 협상이다.

04 정답 ③

해설 조직의 목표를 달성하기 위해 조직구성원들의 능력을 최대한으로 발휘하도록 만들고 인적자원인 구성원 개개인들이 만족을 얻을 수 있도록 해야 하므로 유연하고 수평적인 조직 구성원 우선의 기업문화를 조성한다.

05 정답 ③

해설 **기업 내 종업원의 권리**
- 일할 권리
- 근무시간 중에도 사생활을 보호받을 권리
- 안전한 작업장에서 근무할 수 있도록 요구할 권리
- 노동조합을 결성하고 파업과 같은 단체행동을 할 수 있는 권리
- 근무시간 이외에는 자유의사에 따라 외부활동(정치활동 포함)을 자유롭게 할 수 있는 권리

06 정답 ③

해설 교환당사자 간에 신뢰가 부족할 때 거래비용은 증가한다.

07 정답 ⑤

해설 공동집배송센터란 여러 유통사업자 또는 제조업자가 공동으로 사용할 수 있도록 집배송시설 및 부대업무시설이 설치되어 있는 지역 및 시설물을 말한다(유통산업발전법 제2조 제16호).

08 정답 ⑤

해설 **광고의 기준(소비자기본법 제11조)**
국가는 물품등의 잘못된 소비 또는 과다한 소비로 인하여 발생할 수 있는 소비자의 생명·신체 또는 재산에 대한 위해를 방지하기 위하여 다음의 어느 하나에 해당하는 경우에는 광고의 내용 및 방법에 관한 기준을 정하여야 한다.
- 용도·성분·성능·규격 또는 원산지 등을 광고하는 때에 허가 또는 공인된 내용만으로 광고를 제한할 필요가 있거나 특정내용을 소비자에게 반드시 알릴 필요가 있는 경우
- 소비자가 오해할 우려가 있는 특정용어 또는 특정표현의 사용을 제한할 필요가 있는 경우
- 광고의 매체 또는 시간대에 대하여 제한이 필요한 경우

09 정답 ③

해설 소비자의 기본적 권리(법 제4조)
- 물품 또는 용역(이하 "물품등")으로 인한 생명·신체 또는 재산에 대한 위해로부터 보호받을 권리
- 물품등을 선택함에 있어서 필요한 지식 및 정보를 제공받을 권리
- 물품등을 사용함에 있어서 거래상대방·구입장소·가격 및 거래조건 등을 자유로이 선택할 권리
- 소비생활에 영향을 주는 국가 및 지방자치단체의 정책과 사업자의 사업활동 등에 대하여 의견을 반영시킬 권리
- 물품등의 사용으로 인하여 입은 피해에 대하여 신속·공정한 절차에 따라 적절한 보상을 받을 권리
- 합리적인 소비생활을 위하여 필요한 교육을 받을 권리
- 소비자 스스로의 권익을 증진하기 위하여 단체를 조직하고 이를 통하여 활동할 수 있는 권리
- 안전하고 쾌적한 소비생활 환경에서 소비할 권리

10 정답 ④

해설 직영점형 체인사업에 대한 설명이다.
① 프랜차이즈형 체인사업 : 독자적인 상품 또는 판매·경영 기법을 개발한 체인본부가 상호·판매방법·매장운영 및 광고방법 등을 결정하고, 가맹점으로 하여금 그 결정과 지도에 따라 운영하도록 하는 형태의 체인사업
③ 임의가맹점형 체인사업 : 체인본부의 계속적인 경영지도 및 체인본부와 가맹점 간의 협업에 의하여 가맹점의 취급품목·영업방식 등의 표준화사업과 공동구매·공동판매·공동시설활용 등 공동사업을 수행하는 형태의 체인사업
⑤ 조합형 체인사업 : 같은 업종의 소매점들이 「중소기업협동조합법」에 따른 중소기업협동조합(협동조합, 사업협동조합, 협동조합연합회, 중소기업중앙회), 「협동조합 기본법」에 따른 협동조합, 협동조합연합회, 사회적협동조합 또는 사회적협동조합연합회를 설립하여 공동구매·공동판매·공동시설활용 등 사업을 수행하는 형태의 체인사업

11 정답 ⑤

해설 분쟁조정의 기간(소비자기본법 제66조 제1항)
조정위원회는 분쟁조정을 신청 받은 때에는 그 신청을 받은 날부터 30일 이내에 그 분쟁조정을 마쳐야 한다.

12 정답 ②

해설 ① 식품 : 모든 음식물(의약으로 섭취하는 것은 제외)을 말한다.
③ 집단급식소 : 영리를 목적으로 하지 아니하면서 특정 다수인에게 계속하여 음식물을 공급하는 기숙사, 학교·유치원·어린이집, 병원, 사회복지시설, 산업체, 국가, 지방자치단체 및 공공기관, 그 밖의 후생기관 등의 급식시설로서 대통령령으로 정하는 시설을 말한다.
④ 식품이력추적관리 : 식품을 제조·가공단계부터 판매단계까지 각 단계별로 정보를 기록·관리하여 그 식품의 안전성 등에 문제가 발생할 경우 그 식품을 추적하여 원인을 규명하고 필요한 조치를 할 수 있도록 관리하는 것을 말한다.
⑤ 기구 : 식품 또는 식품첨가물에 직접 닿는 기계·기구나 그 밖의 물건(농업과 수산업에서 식품을 채취하는 데에 쓰는 기계·기구나 그 밖의 물건 및 「위생용품관리법」 제2조 제1호에 따른 위생용품은 제외)을 말한다.

13 정답 ④

해설 청소년유해약물(청소년보호법 제2조 제4호 가목)
1) 「주세법」에 따른 주류
2) 「담배사업법」에 따른 담배
3) 「마약류 관리에 관한 법률」에 따른 마약류
4) 「화학물질관리법」에 따른 환각물질
5) 그 밖에 중추신경에 작용하여 습관성, 중독성, 내성 등을 유발하여 인체에 유해하게 작용할 수 있는 약물 등 청소년의 사용을 제한하지 아니하면 청소년의 심신을 심각하게 손상시킬 우려가 있는 약물로서 대통령령으로 정하는 기준에 따라 관계 기관의 의견을 들어 청소년보호위원회가 결정하고 성평등가족부장관이 고시한 것

14 정답 ③

해설 온누리상품권의 유효기간은 발행일부터 5년으로 한다(전통시장 및 상점가 육성을 위한 특별법 제26조의2 제2항).

15 정답 ③

해설 전자문서란 정보처리시스템에 의하여 전자적 형태로 작성·변환되거나 송신·수신 또는 저장된 정보를 말한다(법 제2조 제1호).
① 법 제2조 제5호, ② 법 제2조 제2호, ④ 법 제2조 제6호, ⑤ 법 제2조 제7호

훌륭한 가정만한 학교가 없고,
덕이 있는 부모만한 스승은 없다.

– 마하트마 간디 –

PART 2

상권분석

CHAPTER 01 유통상권조사
CHAPTER 02 입지분석
CHAPTER 03 개점전략

CHAPTER 01 유통상권조사

최신빈출 대표유형문제

SECTION 01 상권의 개요
1. 상권의 정의와 유형
2. 상권의 계층성과 규정 요인

SECTION 02 상권분석에서의 정보기술 활용
1. 상권분석과 상권정보
2. 상권정보시스템, 지리정보 활용

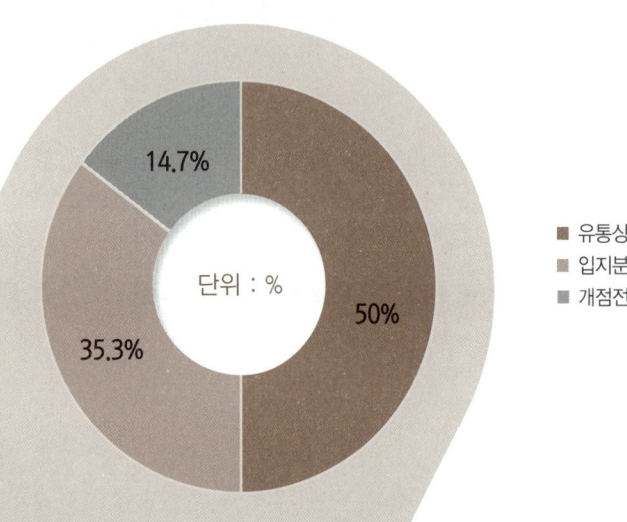

최근 5년간 챕터별 출제비중 / 회당 평균 10문제 출제(5개년 기준 총 15회)

비 중		출제영역	2021	2022	2023	2024	2025	합 계
50%	제1장	유통상권조사	36	27	28	31	28	150
35.3%	제2장	입지분석	19	26	22	17	22	106
14.7%	제3장	개점전략	5	7	10	12	10	44
	합계(문항 수)		60	60	60	60	60	300

SECTION 03 상권설정 및 분석

1. 상권설정
2. 업태 및 업종별 상권의 분석과 설정
3. 상권·입지분석의 제이론
4. 상권조사의 방법과 분석

출제지문 퀴즈로 핵심체크!

테마로 푸는 필수 기출문제

최대 출제 POINT & 학습목표

❶ 상권의 정의와 유형

❷ 상권의 계층성(지역 상권, 지구 상권, 개별점포 상권)

❸ 상권분석(체크리스트법, 유추법, CST기법, 소매인력법칙, 컨버스법칙, 크리스탈러의 중심지이론, 허프모형 등)의 주요 목적과 점두조사법

❹ 상권정보시스템과 지리정보시스템

❺ 소매포화지수(IRS)와 시장성장잠재력(MEP), 구매력지수(BPI)

❻ 상권 단절 요인

CHAPTER 01 최신빈출 대표유형문제

01 상권의 계층적 구조 형성에 대한 설명으로 가장 옳지 않은 것은? `24년 1회`
① 지역 상권 내의 동일 업종 간에는 고객 흡인을 위해 서로 경쟁하게 된다.
② 신규점포 입지 후보지를 선정하려면 우선 지역 상권의 특성을 파악해야 한다.
③ 한 점포의 상권은 지역 상권, 지구 상권, 개별 점포 상권을 포함하는데, 각 상권은 해당 점포로부터의 거리상 범위에 따라 명확하게 구분된다.
④ 점포 상권은 1차 상권, 2차 상권, 3차 상권으로 구분하는 것이 일반적이다.
⑤ 하나의 지역 상권 내에는 여러 지구 상권들이 포함된다.

`관련이론 292p`

해설 ③ 보통 한 점포의 상권은 지역 상권, 지구 상권, 개별점포 상권을 모두 포함하는 것이지만, 엄격하게 구분하지는 않는다.

대표유형 더보기
- 소매점의 입지 선정을 위한 공간분석의 논리적 순서로서 가장 옳은 것은? `22년 1회`
- 한 도시 내 상권들의 계층성에 대한 설명으로 가장 옳지 않은 것은? `21년 2회`
- 어떤 한 도시에서 상권의 계층별 구조를 분석할 때 그 공간적 범위가 가장 넓은 것은? `16년 2회`

02 중심지체계나 주변환경 등에 의해 분류할 수 있는 상권의 유형에 대한 설명으로 가장 옳지 않은 것은? `23년 3회`
① 도심상권은 중심업무지구(CBD)를 포함하며 상권의 범위가 넓고 소비자들의 평균 체류시간이 길다.
② 근린상권은 점포인근 거주자들이 주요 소비자로 생활밀착형 업종의 점포들이 입지하는 경향이 있다.
③ 부도심상권은 간선도로의 결절점이나 역세권을 중심으로 형성되는 경우가 많으며 도시 전체의 소비자를 유인한다.
④ 역세권상권은 지하철이나 철도역을 중심으로 형성되며 지상과 지하의 입체적 상권으로 고밀도 개발이 이루어지는 경우가 많다.
⑤ 아파트상권은 고정고객의 비중이 높아 안정적인 수요 확보가 가능하지만 외부와 단절되는 경우가 많아 외부 고객을 유치하는 상권확대 가능성이 낮은 편이다.

`관련이론 291p`

해설 ③ 부도심상권은 도심 집중화의 감소를 위해 개발된 곳으로 보통 간선도로의 결절점이나 지하철, 철도 등 역세권을 중심으로 형성된다. 주로 공공시설, 상업시설, 업무시설 등이 입지하게 되며, 도심과 달리 도시의 일부 지역만을 상권 대상으로 하므로 도시 전체의 소비자를 유인하지는 못한다.

대표유형 더보기
- 상권의 유형에 대한 설명으로 가장 옳지 않은 것은? `22년 3회`
- 상권 유형별 개념과 일반적 특징을 설명한 내용으로서 가장 옳은 것은? `22년 1회`
- 상권 유형별로 개념과 일반적 특징을 설명한 내용으로서 가장 옳은 것은? `21년 1회`

03 점포를 중심으로 거리가 멀어질수록 소비자의 구매 행동에 차이가 있다는 인식을 근거로 소매점포의 상권을 전략적 차원에서 구분한다. 이와 관련한 설명이 타당하지 않은 것은? 25년 2회

① 1차상권은 점포에서 가장 가까운 지역이며 소비자의 충성도가 높으며 상대적으로 1인당 판매액이 커서 소매점 경영의 핵심적 공간이다.
② 1차상권은 매출액이나 소비자의 수를 기준으로 비중이 가장 크지만 그 비율에 대한 절대적기준은 없다. 경쟁점과의 상권중복 가능성이 상대적으로 높다.
③ 2차상권은 1차상권을 둘러싸는 형태로 매출이나 소비자의 일정 비율을 추가로 흡인하는 지역이다. 대체로 1차 상권에 비해 소비자 내점 빈도와 1인당 판매액이 낮은 편이다.
④ 3차상권은 상권 내 소비자의 내점 빈도가 상대적으로 낮으며 경쟁점포들과 상권잠식의 가능성이 높은 지역이다.
⑤ 한계상권이라고도 하는 3차상권은 상권으로 인정하는 한계(fringe)까지의 공간범위이다.

관련이론 291p

해설 1차 상권
- 전체상권 중에서 점포에 가장 가까운 지역을 의미한다. 매출액이나 소비자의 수를 기준으로 일반적으로 약 70% 정도까지를 차지하지만, 그 비율은 절대적이지 않다.
- 경쟁점포들과의 상권 중복도가 낮다.

대표유형 더 보기
- 점포를 중심으로 거리에 따라 상권을 구분하면 일반적으로 점포와의 거리가 증가할수록 점포의 영향력이 약화한다. 다음 중 소비자 흡인율이 가장 낮은 지역인 한계상권(fringe trading area)으로 가장 옳은 것은? 24년 1회
- 분석대상이 되는 점포와의 거리를 기준으로 상권유형을 구분할 때 상대적으로 소비수요 흡인비율이 가장 낮은 지역을 한계상권(fringe trading area)이라고 한다. 일반적으로 한계상권은 다음 중 어느 것에 해당하는가? 22년 2회
- 상권을 구분하거나 상권별 대응전략을 수립할 때 필수적으로 이해하고 있어야 할 상권의 개념과 일반적 특성을 설명한 내용 중에서 가장 옳지 않은 것은? 21년 3회

04 소매점의 상품구색과 상권 및 입지 특성에 대한 설명 중에서 가장 옳지 않은 것은? 22년 3회

① 편의품 소매점의 상권은 도보로 이동이 가능한 범위 이내로 제한되는 경우가 많다.
② 편의품은 일반적으로 소비자가 점포선택에 구매노력을 상대적으로 덜 기울이기 때문에 주택이나 사무실 등에 가까운 입지가 유리하다.
③ 선매품 소매점은 편의품보다 상권의 위계에서 높은 단계의 소매 중심지나 상점가에 입지하여 넓은 범위의 상권을 가져야 한다.
④ 전문품 소매점의 경우 고객이 지역적으로 밀집되어 있어서 상권의 밀도는 높고 범위는 좁은 것이 특징이다.
⑤ 동일 업종이라 하더라도 점포의 규모나 품목구성에 따라 상권의 범위가 달라진다.

관련이론 293p

해설 ④ 전문품 소매점의 경우 고객이 지역적으로 분산되어 있어서 상권의 밀도는 낮고 범위는 넓은 것이 특징이다.

대표유형 더 보기
- 업종형태와 상권과의 관계에 대한 아래의 내용 중에서 옳지 않은 것은? 21년 2회
- 선매품의 경우 점포의 상권 크기에 영향을 미치는 요인에 대한 설명으로 가장 옳지 않은 것은? 17년 2회

05 중심지 상권의 계층성을 설명하는 중심지이론의 고차원 중심지와 저차원 중심지의 비교설명으로 가장 옳지 않은 것은? 25년 2회

① 고차원 중심지일수록 고급상품을 취급한다.
② 교통이 발달할수록 저차원 중심지는 쇠락한다.
③ 인구가 증가할수록 중심지 간 거리는 멀어진다.
④ 고차원 중심지일수록 소비자 도달거리가 커진다.
⑤ 고차원 중심지일수록 소비자 이용 빈도가 낮아진다.

관련이론 308p

해설 ③ 인구 밀도가 증가하고 경제 활동이 활발해지면 수요가 증대되어 새로운 중심지가 형성되므로 중심지 간격은 좁아진다.

대표유형 더보기
- 신규점포에 대한 상권분석에서 전통적인 규범적 모형인 중심지 이론과 관련된 내용으로 가장 옳지 않은 것은? 24년 2회
- 신규점포에 대한 상권분석 기법이나 이론들은 기술적, 확률적, 규범적 분석방법으로 구분하기도 한다. 다음 중 규범적 분석에 해당되는 것만을 나열한 것은? 23년 2회
- 소매상권을 분석하는 기법을 규범적 분석과 기술적 분석으로 구분할 때, 나머지 4가지와 성격이 다른 하나는? 20년 추가
- 상권분석방법은 규범적 모형(normative methods)과 기술적 방법(descriptive methods)으로 구분될 수 있다. 이 중 기술적 방법에 포함될 수 있는 하나는? 19년 2회

06 지리정보시스템(GIS)을 이용한 상권분석과 관련한 내용으로 옳지 않은 것은? 23년 3회

① 각 동(洞)별 인구, 토지 용도, 평균지가 등을 겹쳐서 상권의 중첩을 표현할 수 있다.
② 직매입을 특정매입계약으로 전환하면서 기존 재고 조회 후 속성정보를 요약해 표현한 지도이다.
③ 버퍼는 점이나 선 또는 면으로부터 특정 거리 이내에 포함되는 영역을 의미한다.
④ 교차는 동일한 경계선을 가진 두 지도레이어를 겹쳐서 형상과 속성을 비교하는 기능이다.
⑤ 위상이란 지리적인 형상을 표현한 지도상의 상대적 위치를 알 수 있는 기능을 부여하는 역할을 한다.

관련이론 299p

해설 ④ 동일한 경계선을 가진 두 지도레이어를 겹쳐서 형상과 속성을 비교하는 기능은 중첩이다.

대표유형 더보기
- 지리정보시스템(GIS)과 관련한 내용으로 가장 옳지 않은 것은? 22년 2회
- 지도작성체계와 데이터베이스관리체계의 결합으로 상권분석의 유용한 도구가 되고 있는 지리정보시스템(GIS)의 기능에 대한 설명으로 옳은 것은? 21년 2회
- 정보기술의 발달과 각종 데이터의 이용가능성이 확대되면서 지도작성체계와 데이터베이스관리체계의 결합체인 지리정보시스템(GIS)을 상권분석에 적극 활용할 수 있는 환경이 조성되고 있다. 아래 글상자의 괄호 안에 적합한 GIS 관련용어로 가장 옳은 것은? 20년 3회
- 상권분석 및 입지분석 과정에 점차로 이용가능성이 확대되고 있는 지리정보시스템(GIS)에 관한 설명으로 옳지 않은 것은? 19년 1회

07 소매포화지수(IRS)는 지역시장의 공급대비 수요수준을 총체적으로 측정하기 위해 많이 사용되는 지표의 하나이다. 소매포화지수를 구하는 공식의 분모(分母)에 포함되는 요소로 가장 적합한 것은? **23년 2회**

① 관련 점포의 총매출액
② 관련 점포의 총매장면적
③ 관련 점포의 고객수
④ 관련 점포의 총영업이익
⑤ 관련 점포의 종업원수

관련이론 295p

해설 ② 소매포화지수(IRS)는 한 시장 지역 내에서의 수요(지역시장 총가구 수 × 가구당 특정 업태에 대한 지출비)를 특정 업태의 총매장면적으로 나눈 값으로 나타내고, 이 값이 '1'에 근접할수록 좋다.

대표유형 더보기
- 지역시장의 소매포화지수(Index of Retail Saturation)에 대한 설명으로 가장 옳은 것은? **20년 추가**
- 시장의 매력도를 분석할 때 활용하는 개념들과 관련된 설명으로 옳지 않은 것은? **16년 3회**

08 확률적으로 매출액이나 상권의 범위를 예측하는 상권분석 기법들에서 이론적 근거로 이용하고 있는 Luce의 선택공리와 관련이 없는 것은? **23년 1회**

① 공간상호작용모델(SIM)은 소매점의 상권분석과 입지의사결정에 이용하는 근거가 된다.
② 특정 선택대안의 효용이 다른 대안보다 높을수록 선택될 확률이 높다고 가정한다.
③ 어떤 대안이 선택될 확률은 그 대안이 갖는 효용을 전체 선택대안들이 가지는 효용의 총합으로 나눈 값과 같다고 본다.
④ 소비자가 어느 점포에 대해 느끼는 효용이 가장 크더라도 항상 그 점포를 선택하지 않을 수 있다고 인식한다.
⑤ Reilly의 소매중력모형, Huff모형, MNL모형은 Luce의 선택공리를 근거로 하는 대표적 상권분석 기법들이다.

관련이론 309p

해설 ⑤ Reilly의 소매중력모형은 규범적 방법에 따른 신규점포 상권·입지분석 기법과 관련이 있다.

대표유형 더보기
- 다수의 점포를 운영하는 체인점 등에서 비교적 활용도가 높은 회귀분석(regression analysis)의 기본적 특성이나 적용과정에 대한 설명으로 내용이 옳지 않은 것은? **19년 2회**
- 확률적 상권분석 기법들이 이론적 근거로 활용하고 있는 Luce의 선택공리와 관련이 없는 것은? **17년 1회**
- 어떤 소비자가 A, B, C 세 개의 점포를 고려하고 있고, 그 소비자가 가지는 점포 A, B, C의 효용이 각각 8, 6, 5라고 가정하자. Luce의 선택공리를 적용할 때, 이 소비자가 점포 A를 선택할 확률은 얼마인가? **16년 1회**

CHAPTER 01 유통상권조사

SECTION 01 상권의 개요

1 상권(Trade Area)의 정의와 유형

01 정의

(1) 일반적 개념 22-1, 21-3, 21-1, 20-3, 19-3, 17-3, 17-2

① 한 점포 또는 점포 집단(집적의 상업시설)이 흡인(유인)할 수 있는 고객이 존재하는 권역으로 일정한 지역에서 재화와 용역의 유통이 이뤄지는 공간적 범위
② 상업활동을 가능하게 하는 지역 조건이 갖춰진 공간적 넓이로 행정구역과 일치하지 않는 경우가 많음
③ 실질 구매력을 갖춘 유효수요가 분포되어 있는 경제적 공간으로 그 형태는 정적이지 않고 가변적
④ 소비자의 경우는 생활권이라고 하며, 일반적으로는 소매상권을 의미
⑤ 도매 상권은 넓은 범위를 가지며, 경제권이라고 부르는 경우가 많음
⑥ 상권은 마케팅 전략이나 가격, 점포 규모, 위치, 경쟁 등에 영향을 받으므로 다양한 관점에서 여러 유사 개념으로 얼마든지 확장 가능

(2) 유사 개념

① 상세권 17-3, 17-2, 16-2

  ㉠ 개 념
  - 어느 특정 상업 집단(시장 혹은 상점가)의 상업 세력이 미치는 범위
  - 상권은 한 상점이 고객을 끌어들일 수 있는 지역의 범위를 말하며, 상세권은 복수상점 또는 상업 집단이 고객을 끌어들일 수 있는 가능지역의 범위를 말함

  ㉡ 분 류

점포별 상세권	개개의 점포가 갖는 상권
지역별 상세권	상점가 및 집단 점포를 대상으로 하는 상권
총체적 상세권	여러 개의 상점가와 집단 점포군이 입지해 있는 지역 전체를 대상으로 하는 상권

② 판매권 : 판매 행위가 이루어지는 지역
③ 시장권 : 제품과 서비스의 구매자를 포함하는 지역
④ 거래권 : 거래 상대방이 소재하는 지역

02 유형

(1) 고객 흡인율 혹은 판매자 측면에서 구분한 상권의 유형 25-2, 24-1, 22-2, 22-1, 21-3, 18-3, 16-1

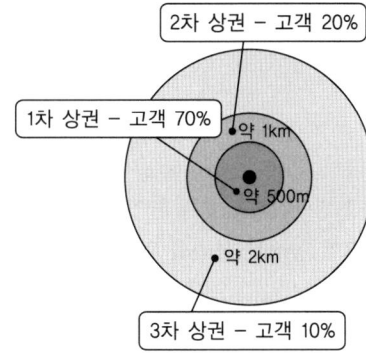

① 1차 상권
  ㉠ 점포를 기준으로 500m 이내 지점, 즉 직경 1km 이내 지점을 말하며 상권 내 사업장 이용 고객은 60~70% 정도 범위이나 절대적 비율은 아님
  ㉡ 주로 생필품을 중심으로 한 식품류, 편의품류로 구성하는 것이 좋음
  ㉢ 경쟁점포들과의 상권 중복도가 낮음

② 2차 상권
  ㉠ 직경 2km 이내의 지점으로 사업장 이용 고객의 20~30%를 포함하는 범위
  ㉡ 1차 상권 외곽에 위치하며, 전체 점포 이용 고객의 10% 내외를 흡인

③ 3차 상권(한계상권)
  ㉠ 지름 2km 이외의 지구를 말하며, 사업장 이용 고객은 5~10% 정도 범위
  ㉡ 상권 외곽을 둘러싼 지역 범위를 말하며, 1차 상권과 2차 상권에 포함되지 않는 나머지 고객들이 거주하는 지역

(2) 상권의 범위에 따른 분류 24-3, 24-2, 23-3, 22-3, 22-2, 22-1, 21-1, 20-3, 20-2, 19-3, 19-2, 18-1, 16-1

① 도심 상권
  ㉠ 중심업무지구(CBD)를 포함하며 상권의 범위가 넓고 소비자들의 평균 체류 시간이 김
  ㉡ 교통의 결절점으로 대중교통이 편리하나 전통적 도시의 경우에는 주차 문제가 심각
  ㉢ 상대적으로 거주인구는 적고 유동인구는 많음

② 부도심 상권
  ㉠ 도심 집중화의 감소를 위해 개발된 곳으로 보통 간선도로의 결절점이나 지하철, 철도 등 역세권을 중심으로 형성
  ㉡ 주로 공공시설, 상업시설, 업무시설 등이 입지하게 되며, 도심과 달리 도시의 일부 지역만을 상권 대상으로 하므로 도시 전체의 소비자를 유인하지는 못함
  ㉢ 업종친화력이 낮음

③ **역세권 상권** : 지하철이나 철도역을 중심으로 형성되며 지상과 지하의 입체적 상권으로 고밀도 개발이 이루어지는 경우가 많음

④ **근린 상권** : 점포 인근 거주자들이 주요 소비자로 생활 밀착형 업종의 점포들이 입지하는 경향이 있음

⑤ **주택가 상권** : 주거 기능을 위주로 이를 지원하는 일부 상업 기능 및 업무기능을 보완하는 데 필요한 지역인 준주거지역

⑥ **아파트 상권**
  ㉠ 고정고객의 비중이 높아 안정적인 수요 확보가 가능하지만, 외부와 단절되는 경우가 많아 외부 고객을 유치하는 상권 확대 가능성이 낮은 편
  ㉡ 대형 평형 단지의 경우 아파트단지 상권의 외부에서 구매하는 소비성향이 더 높아서 단지가 소형 평형이고, 거주세대수가 1,500세대 이내이어야 상권 활성화 가능성이 높음
  ㉢ 관련 법규에서는 단지 내 상가를 근린생활시설로 분류하여 관련 내용을 규정

⑦ **사무실(오피스) 상권** : 사무실 밀집 지역에 형성된 상권을 의미하며 지역 내 거주인구가 적고 주로 직장인을 상대하므로 구매패턴이 일정하고 매출이 점심시간이나 퇴근 시간의 짧은 시간에 집중되는데 주말이나 공휴일에 매출이 급감하기도 함

⑧ **대학가 상권**
  ㉠ 대학교를 중심으로 형성되는 상권으로 대학생을 비롯한 청소년층이 주요 소비자가 되기도 함
  ㉡ 대학의 학생 수나 기숙사의 유무, 교통 연계성 등에 따라 상권의 매력도가 달라지며 주중과 주말의 매출차가 클 때도 있음

⑨ **포켓 상권** `23-3, 16-2` : 1차 상권을 기준으로 외부의 영향을 덜 받으면서 상권 내에서 자체적으로 소비 활동이 왕성하게 일어나, 자체 상권으로서의 독립 성향이 매우 강한 특성을 발휘하는 도로나 산, 강 등에 둘러싸인 상권

> **+ 더 알아보기   결절점** `21-2`
>
> 다양한 기능이 집중되는 접촉 지점으로, 쇼핑센터의 공간구성 요소 중에서 교차하는 통로를 연결하며 원형의 광장, 전이 공간, 이벤트 장소가 되는 것

2 상권의 계층성과 규정 요인

01 계층성 `24-1, 23-2, 22-1, 21-2, 16-3, 16-2`

(1) 지역 상권(GTA ; General Trading Area)
  ① 가장 포괄적인 상권 범위로서 '시' 또는 '군'을 포함하는 넓은 지역 범위이며, 도시 간의 흡인 범위가 성립하는 범위
  ② 한 도시 내에 형성된 모든 유통기관의 총체적 경쟁구조로 형성
  ③ 대체로 도시의 행정구역과 일치하기도 하며 큰 행정구역은 복수의 지역 상권을 포함할 수 있음
  ④ 한 지역 상권에는 다수의 지구 상권이 포함될 수 있음
  ⑤ 상품의 생산지가 집중될수록 산지도매상과 지역도매상 또는 지방도매상 사이의 직거래 비중이 높아짐

(2) 지구 상권(DTA ; District Trading Area)
    ① 지역 상권 내에서 집적된 상업시설이 갖는 상권의 범위로 '구'를 포함
    ② 그 지역 상권 내에 있는 대형 백화점이나 유명 전문점의 존재 여부, 관련 점포 간의 집적 정도에 따라 상권의 크기가 달라짐

(3) 개별점포 상권(ITA ; Individual Trading Area, 지점상권)
    ① 한 지구 내에서 핵이 될 수 있는 하나의 점포가 직접적으로 형성하는 개별상권을 말하며, 한 점포가 형성하는 개별상권은 그 점포의 크기나 특성에 따라 상권의 크기가 얼마든지 변화할 수 있음
    ② 운송비, 판매비 등의 제반 비용이 적을수록 상권의 범위가 보다 넓어짐
    ③ 보통 한 점포의 상권은 지역 상권, 지구 상권, 개별점포 상권을 모두 포함하는 것으로 엄격하게 구분하지는 않음

02 상권의 규정과 범위에 영향을 미치는 요인

(1) 규정 요인 23-2, 23-1, 22-3, 21-1
    ① 시간 요인 : 상품 가치를 좌우하는 보존성이 강한 재화일수록 오랜 운송에 견딜 수 있으므로 상권 확대
    ② 비용 요인
        ㉠ 생산비, 운송비, 판매비용 등이 포함되며 비용이 상대적으로 저렴할수록 상권 확대
        ㉡ 수요 측면에서 고가품, 고급품일수록 상권 범위 확대
        ㉢ 공급 측면에서 교통비가 저렴할수록 상권 확대

(2) 범위에 영향을 미치는 요인 23-2, 23-1, 22-3, 21-2, 20-2, 19-1, 17-2, 16-3, 16-2, 16-1
    ① 동일한 업종으로 형성된 상권이나 구매빈도가 낮은 업종일수록 넓은 상권을 갖는 것이 유리
    ② 주차의 용이성, 교통편의(신호등의 위치, 좌회전로의 존재, 접근로의 경사도 등) 등 교통이 좋은 곳이나, 교통비가 저렴할수록 상권이 큼
    ③ 대형점일수록 상권이 큼
    ④ 지형 지세가 낮거나 편평한 곳, 배후지가 깊은 곳, 세대수가 많은 곳일수록 상권력이 강함
    ⑤ 상품의 성격이나 종류가 같은 점포들에서는 차별화 전략을 추구하는 점포가 표준화 전략을 구하는 점포보다 상권의 범위가 넓음
    ⑥ '편의품(대형마트) → 선매품(백화점) → 전문품(명품전문점)' 순으로 상권이 넓어짐
    ⑦ 상품구색이 유사할 때도 판촉 활동이나 광고 활동에 따라 점포 간의 상권 범위가 달라짐
    ⑧ 공급 측면에서 비용 요인이 상대적으로 저렴할수록 상권은 확대

> **+ 더 알아보기** 배후지(Hinterland)
>
> • 상권을 이용하는 소비자가 거주하는 시간적 · 공간적 범위
> • 상권과 유사한 개념의 용어로서 그 범위는 사회적 · 행정적 · 경제적 여건까지 영향을 받는 가변적이고 신축적인 개념이므로, 현재뿐만 아니라 장래 후보지도 고려해야 함

SECTION 02 상권분석에서의 정보기술 활용

1 상권분석과 상권정보

01 상권분석의 의의 및 평가 방법

(1) 상권분석의 개념
① 신규점포 개설 시나 기존 점포 활성화 전략을 수립하기 위해 점포의 상권을 대상으로 시장잠재력, 고객 특성, 경쟁상황 및 발전 가능성 등에 대해 분석하는 것
② 자점의 수요예측 마케팅 전략을 수립함에 있어 필요한 단계이며, 상권분석으로 인해 기업은 자사 점포의 예상 매출액의 추정이 가능하고, 해당 상권 내 소비자들의 사회경제적·인구통계적인 특성을 파악하여 그에 맞는 촉진전략을 수립할 수 있음
③ 상권분석 시에는 특히 고객들의 활동, 관심사, 의견 등을 통해 표출되는 라이프스타일을 중점적으로 검토하여야 함
④ 상권분석은 상업시설의 개발에 의한 상업적 시설의 분석 방법으로서, 도시의 흡인력 및 그 주변과의 관계, 소매·서비스업 등의 각종 활동의 위치, 밀집, 성격, 규모 등의 특성을 지표상에 나타내는 것

(2) 상권분석의 구분 **21-2**
① **지역 분석**
  ㉠ 개념 : 대형 소매점포의 시장잠재력을 조사하기 위한 분석
  ㉡ 분석 항목 : 인구변화 추세, 기후·지형·경관, 도로망·철도망, 금융 및 조세 여건
② **부지분석** : 구입가능한 부지 중에서 최적의 부지를 점포입지로 선정하기 위한 분석

(3) 상권분석의 범위
① **공간적 범위**
  ㉠ 분석대상이 되는 상권의 바운더리
  ㉡ 대상 점포가 있는 경우에는 최소 2차 상권까지의 범위를, 점포가 없는 경우에는 중심점에 해당하는 건물 혹은 점포를 중심으로 범위를 설정하는 것이 바람직
② **내용적 범위**
  ㉠ 상권분석에 포함되어야 할 내용으로 업종 및 업태에 대한 분석, 시장성분석, 매출액 추정, 수익성 분석, 고객의 라이프스타일 분석(AIO분석) 등이 대표적
  ㉡ 상권분석의 목적에 따라 달라질 수 있음

> **+ 더 알아보기** AIO 분석 **24-3**
>
> 나이나 성별, 소득, 직업 등 동일한 인구 통계적 집단 내 속한 사람들도 서로 상이한 정신 심리적 특성이 있을 수 있다는 사실을 기초로 시장을 나누는 것으로, 시장을 소비자 라이프스타일에 따라 활동, 관심사, 의견, 심리 도식적 특성 등으로 세분화하는 분석 방법

(4) 상권분석의 평가 방법

① 소매포화지수(IRS ; Index of Retail Saturation)

㉠ 개 념 **25-2, 24-3, 23-2, 22-3, 21-1, 20-추가, 16-3**

- 지역시장의 매력도(수요잠재력)를 측정하는 것으로, 한 지역시장에서 수요 및 공급의 현 수준을 반영하는 척도임과 동시에 특정 소매업태 또는 집적소매시설의 단위면적당 잠재수요(또는 잠재 매출액)를 의미
- 한 시장 지역 내에서의 수요(지역시장 총가구 수×가구당 특정 업태에 대한 지출비)를 특정 업태의 총매장 면적으로 나눈 값으로 나타나고, 이 값이 '1'에 근접할수록 좋음

$$\text{소매포화지수(IRS)} = \frac{\text{지역시장의 총가구 수} \times \text{가구당 특정 업태에 대한 지출액}}{\text{특정 업태에 대한 총매장 면적}}$$

- 값이 클수록 공급보다 수요가 많은, 즉 시장의 포화 정도가 낮고 거주자의 (지)역외구매(Outshopping) 정도가 높다는 것을 의미하므로 신규점포를 개설할 시장기회가 커짐
- 반대로 값이 낮아질수록 공급보다 수요가 적은, 즉 매장면적이 상대적으로 더 크다는 것으로 과잉 점포 상태를 의미
- 한 지역시장에서 기존의 점포만으로 고객 욕구를 충족시킬 수 있는 상태

㉡ 특 징

- 현재 시점의 상권 내 경쟁 강도 측정
- 점포당 면적, 종업원당 면적, 점포의 성장 등의 요소는 시장의 공급 요인을 평가할 때 사용할 수 있는 지표이며, 매출과 연계하면 상권의 포화 정도를 설명할 수 있음
- 특정 업태의 예상 수요액, 특정 제품(서비스)의 예상 매출·판매 수량, 신규 고객의 잠재수요와는 큰 연관성을 갖지 못하며 경쟁의 양적인 부분만을 고려하고, 질적인 부분에 대해서는 고려하지 않음
- 신규점포에 대한 시장잠재력을 측정하는 데에는 유용하게 사용될 수 있지만, 미래의 신규 수요를 반영하지 못함(단, 시장잠재력을 측정하는 데 유용하게 사용될 수 있다는 의미이지 시장잠재력이 반영되어 있다는 의미는 아님)
- 마케팅 능력의 부족 때문에 거주자들의 지역시장 밖에서의 쇼핑 정도 및 수요를 측정·파악하기 어려움
- 특정 지역시장의 시장 성장잠재력을 반영하지 못하며 신규점포가 입지할 지역시장의 매력도 평가 시, 기존 점포들에 대한 시장 포화(IRS)뿐만 아니라 미래를 위한 시장 성장잠재력(MEP)을 함께 고려해야 함
- 점포가 비슷한 전통적인 슈퍼마켓 등은 적용이 용이하나, 스포츠용품·가구점 등 전문화된 점포에는 적용이 어려움

㉢ 예상 매출액 추정 **25-2**

$$\text{IRS}\left(\frac{\text{상권 내 잠재수요}}{\text{특정 업태의 총매장 면적}}\right) \times \text{자사 점포면적}$$

② 시장 성장잠재력(MEP ; Market Expansion Potential)

㉠ 개 념 **24-2, 24-1, 22-3, 21-3, 21-2, 20-3, 19-1, 18-3, 18-2, 17-2, 16-3, 16-2, 16-1**

- 지역시장이 미래에 신규 수요를 창출할 수 있는 잠재력을 반영하는 지표로, 해당 상품(서비스)에 대한 예상 수요액을 총매장 면적으로 나눈 값

- 통상적으로 지역시장의 매력도는 기존 수요·공급뿐만 아니라 미래의 시장 성장잠재력에 의해서도 좌우됨
- MEP값은 타 지역에서의 쇼핑지출액을 근거로 계산되며, 타 지역의 쇼핑 정도가 높을수록, 즉 MEP값이 클수록 시장 성장잠재력이 향상되게 됨
- 마케터는 신규점포가 입지할 지역시장의 매력도 평가 시에, 기존 점포들에 대한 시장 포화 뿐만 아니라 미래를 위한 시장 성장잠재력을 함께 고려해야 함

ⓒ 특 징
- MEP는 IRS의 단점을 보완해 주는 지표로 사용
- IRS와 시장 MEP 값이 모두 낮은 지역은 시장 후보지로 적절치 않음

ⓒ 거주자들의 해당 지역시장 외에 다른 시장에서의 쇼핑지출액까지 계산할 수 있음
② IRS와 MEP를 모두 고려할 때는 두 지수 값이 가장 큰 지역이 매력성이 가장 높은 지역
⑩ IRS와 MEP 매트릭스 24-3, 24-2, 24-1, 21-3, 21-2, 20-3, 19-1, 18-3, 18-1, 16-2, 16-1

구 분		MEP	
		낮음	높음
IRS	낮음	시장 후보지로 가장 적절치 않으며, 검토 대상이 되지 않음	현재 치열한 경쟁시장이나 향후 잠재력이 큰 유망한 시장이므로, 매출 쟁탈을 위한 적극적인 판매 노력이 요구되는 상황으로 시간을 두고 적절한 시기에 개발
	높음	시장의 포화 정도가 낮아 기존 점포 간의 경쟁이 치열하지 않은 경우, 신규점포 개설의 기회는 커 점포개설은 적합하지만 향후 잠재력은 작은 시장	기존 점포 간의 경쟁이 치열하지 않지만, 기존 거주자들의 타 지역에서의 쇼핑 정도가 높아 시장확장 잠재력이 향상되는 상황으로 부지 가격만 적정하다면 시장 후보지로 아주 좋은 지역

ⓑ 상권의 질 23-3
- 소매포화지수와 시장확장잠재력이 모두 높은 상권이 매력성이 큰 상권
- 상권의 질을 평가하는 요소

정량적 요소	통행량, 야간 인구, 연령별 인구, 남녀 비율 등
정성적 요소	통행객의 복장, 소지 물건, 보행 속도, 거리 분위기 등

- 오피스형 상권은 목적성이 너무 강하므로 통행량이 많더라도 상권의 매력도가 높지 않을 수 있음

③ 구매력지수(BPI ; Buying Power Index) 25-1, 23-2, 22-3, 22-1, 20-추가, 18-2, 17-3, 16-3

㉠ 개 념
- 소매점포의 입지분석 시 해당 지역시장의 구매력을 측정하는 기준으로 사용되며, 이는 해당 시장에서 구매할 수 있는 능력을 나타냄
- 인구 및 소매 매출, 유효소득에 대해 전체 규모 및 특정 지역에서의 규모를 활용해서 계산하는 방식으로, 구매력지수가 높을수록 해당 시장의 구매력이 크다는 것을 의미

ⓒ 공 식

$$BPI = (인구비 \times 0.2) + (소매 매출액비 \times 0.3) + (유효구매 소득비 \times 0.5)$$

ⓒ 특 징
- 일반적인 가격으로 판매되는 제품의 구매력을 측정할 경우에는 BPI의 유용성이 높아짐
- 제품의 성격이 소비자 시장에서 멀어질수록 보다 많은 차별적 요소(계층, 연령, 성별, 소득)를 가지고 BPI를 수정해야 할 필요성도 높아짐
- 주로 통계자료의 수집 단위가 되는 행정구역별로 계산할 수 있음

④ 중심성 지수(CI ; Centralization Index) 23-2, 20-2, 18-1
ⓐ 개 념
- 소매업의 공간적 분포를 설명하는 지수로, 중심이 되는 지역을 파악하기 위해 지수를 개발하여 각 지역에 부여한 것
- 어떤 지역의 소매판매액을 그 도시를 포함한 광역지역의 1인당 소매판매액으로 나눈 값을 상업인구라 하고, 상업인구를 그 지역의 거주인구로 나눈 값을 중심성 지수라고 함
- 중심성 지수가 클수록 전체 상권 내 해당 지역의 중심성이 강하다고 해석

ⓑ 지수의 변화에 따른 의미

중심성 지수가 1인 경우	• 상업인구 = 거주인구 동일 • 소매판매액 = 그 지역 내 거주자의 소매구매액 • 해당 지역의 구매력 유출 = 유입
중심성 지수가 상승하는 경우	• 지역의 소매판매액 상승 시 • 소매판매액의 변화가 없어도 해당 지역의 인구 감소 시

⑤ 판매활동지수(SAI ; Sales Activity Index) 22-3
ⓐ 개념 : 다른 지역과 비교한 특정 지역의 1인당 소매매출액을 측정하는 방법
ⓑ 공 식

$$SAI = \frac{\text{총소매 매출액에서 차지하는 그 지역의 비율}}{\text{총인구에서 차지하는 그 지역 인구의 비율}}$$

02 상권정보 기술 24-3

(1) 빅데이터(Big Data)

① 의 의 23-3
ⓐ 디지털 환경에서 생성되는 데이터로 그 규모가 방대하며 생성 주기도 짧고, 형태도 수치 데이터뿐 아니라 문자와 영상 데이터를 포함하는 대규모 데이터
ⓑ 빅데이터 축적은 상권분석을 위해 선행되어야 하는 작업

② 소매 경영과 소매 상권분석에 미치는 영향 22-2
ⓐ 개별적으로 상권분석 능력이 부족한 소규모 소매점포, 창업자들에게 정부 또는 각종 단체에서 빅데이터 기술에 기반한 상권분석 및 입지분석 정보를 제공함으로써 소매 경영개선을 도움
ⓑ 신상품 개발이나 고객만족도 향상을 위한 소매 믹스 개선에 기여할 수 있음
ⓒ 소매상권 내에서 표적시장을 구체적으로 파악하는 데 도움을 줄 수 있음
ⓓ 히트상품 및 데드셀러 분석을 통해 재고관리의 효율성을 높일 수 있음

③ 상권분석 시 활용도 21-2, 16-2
  ㉠ 고객 맞춤형 전략 수립
  ㉡ 지역 소매점들에 대한 입소문 관련 정보
  ㉢ 지역 소비자들의 상품구매 패턴에 관한 정보
  ㉣ 지역주민의 대중교통수단별 이용 행태에 관한 정보
  ㉤ 지역주민의 라이프스타일 관련 정보

(2) 딥러닝(Deep Learning)
  ① 다층구조 형태의 신경망을 기반으로 하는 머신러닝의 한 분야로, 다량의 데이터로부터 높은 수준의 추상화 모델을 구축하고자 하는 기법
  ② 딥러닝 기술을 활용하면 알고리즘이 스스로 각 변수의 관계와 영향도를 데이터에서 스스로 학습할 수 있게 되어 복합적인 상권분석 구조를 설계할 수 있음

(3) 인공지능(AI)
  ① 인간의 학습 능력과 추론 능력, 지각 능력, 자연언어의 이해 능력 등을 컴퓨터 프로그램으로 실현한 기술
  ② 인공지능과 빅데이터를 결합한 상권분석을 통해 보다 정교한 전략과 다양한 사업 환경에 맞춘 맞춤형 전략 수립을 세울 수 있음

2 상권정보시스템, 지리정보 활용

01 상권정보시스템(https://bigdata.sbiz.or.kr)

(1) 상권정보시스템의 의의 24-1
  ① 예비 창업자와 안정적인 매출 유지를 희망하는 소상공인의 경쟁력 강화를 위해 소상공인시장진흥공단에서 무료로 운영하는 온라인 서비스
  ② 점포, 시설, 인구 등 상권분석에 있어 필요한 정보가 데이터베이스화되어 있으며, 특화된 상권정보 제공을 위해 전국의 상권을 대상으로 해서 지역 내 소득 및 소비 분석, 유동인구 및 경쟁상황, 지역 내 부동산 정보, 매출 분석 등을 쉽게 인지할 수 있도록 구축한 시스템
  ③ 지역 내 소득 및 소비 분석, 경쟁업소 현황 및 유동인구, 지역 내 임대 현황 등 부동산 정보, 카드사 가맹점 매출 현황 등을 기반으로 추정된 매출지수 등을 제공

(2) 상권정보시스템의 주요 기능
  ① 지역별·업종별 상권분석 정보 제공
  ② 시군구 상권정보 제공
  ③ 유동인구 지도
  ④ 업종 밀집 정보 제공
  ⑤ 상권 로드뷰
  ⑥ 업종 밀집 정보 시각화 제공

02 지리정보 시스템(GIS ; Geographic Information System) 활용

(1) GIS의 개념 16-1

① 인간의 의사결정능력 지원에 필요한 지리정보의 관측과 수집에서부터 보존과 분석, 출력에 이르기까지의 일련의 조작을 위한 정보시스템
② 지리적 위치를 가진 대상에 대한 위치자료와 속성자료를 통합 · 관리하여 지도, 도표 및 그림들과 같은 여러 형태의 정보를 제공

(2) GIS의 주요 기능 17-2, 17-1

① 모든 지리정보가 수치 데이터의 형태로 저장되기 때문에 사용자가 원하는 정보를 선택하여 필요한 형식에 맞추어 출력할 수 있으며, 기존 종이지도의 한계를 넘어 이차원 개념의 정적인 상태를 삼차원 이상의 동적인 지리정보로 제공 가능
② 데이터 파일에서 필요한 도형이나 속성정보를 추출하고 결합하여 종합적인 정보를 분석, 처리할 수 있는 환경 제공
③ 다량의 자료를 컴퓨터 기반으로 구축하여 정보를 빠르게 검색할 수 있으며 도형자료와 속성자료를 쉽게 결합하고 통합분석 환경을 제공
④ 점포의 고객을 대상으로 gCRM(지리정보시스템 기술을 활용한 고객관계관리 시스템)을 실현하기 위한 기본적 틀 제공
⑤ GIS에서 제공하는 공간분석의 수행 과정을 통하여 다양한 계획이나 정책 수립을 위한 시나리오의 분석, 의사결정 모형의 운영, 변화의 탐지 및 분석 기능에 활용
⑥ 지도상에서 데이터를 표현하고 특정 공간 기준을 만족시키는 지도를 얻는 데이터 및 공간조회 기능
⑦ 특정 점포를 이용하는 고객들의 거주지를 지도상에 표시하는 CST(Customer Spotting Technique) 기법을 통해 1차 · 2차 · 3차 상권의 설정, 상권의 규모 및 경쟁 정도 추정, 상권 내 소비자들의 사회경제적 특성 파악

(3) GIS의 특징 25-2, 25-1, 23-2, 21-1, 20-2, 19-2, 18-3

① 주제도 작성, 공간 조회, 버퍼링을 통해 효과적인 상권분석 가능
② 여러 겹의 지도레이어를 활용하여 상권의 중첩(동일한 경계선을 가진 두 지도레이어를 겹쳐서 형상과 속성을 비교하는 기능) 표현
③ 데이터 구조
  ㉠ 벡터(Vector) : 점, 선, 면으로 표현

점	개별 상점이나 상점가의 위치정보
선	지하철 노선이나 도로 등
면	행정구역, 토지이용 등을 포함하는 개별 지도 형상으로 구성

  • 장 점
    - 현상적 자료구조의 표현 용이
    - 자료구조의 효율적 축약
    - 위상관계구축 용이
    - 정확한 그래픽의 표현
    - 위치와 속성의 일반화가 가능

- 단 점
  - 자료구조의 복잡성
  - 지도중첩 곤란
  - 단위별로 위상형태가 다름
  - 고가의 장비 필요
  - 공간연산이 복잡
ⓒ 래스터(Raster) : 위성 지도, 항공사진 등 사진처럼 픽셀로 표현
- 장 점
  - 공간분석 용이
  - 자료구조가 단순명료
  - 단위별로 위상형태 동일
  - 지도중첩 용이
  - 저가의 기술과 빠른 발달속도
  - 원격탐사자료와 연결 용이
- 단 점
  - 네트워크 연계 구현의 어려움
  - 투영반환에 많은 시간 소모
  - 그래픽자료의 양이 방대
  - 자료축약 시 정보의 손실 큼
  - 출력의 질이 떨어짐
④ 매출 추정 과정을 시스템화하고, 이를 통해 매출액을 추정하는 상권측정 방법도 점차 확대
⑤ 대규모 데이터베이스 기술로서의 DBMS 기술 발전, 인터넷 등을 중심으로 한 네트워크 기술 발전, 컴포넌트 형태의 기술 발전, 클라이언트/서버 등으로 인한 다중 사용자환경 등의 주요한 기술과 방법이 GIS 분야에 적용·통합
⑥ 대규모점포의 입지 선정뿐만 아니라 소규모 점포의 입지 선정에도 활용 가능성이 높음
⑦ 상점 또는 상점가를 방문한 고객을 대상으로 인터뷰 조사를 하거나 설문조사를 하여 지도데이터베이스 구축에 활용

(4) GIS의 주요 용어 25-2, 24-3, 23-3, 23-1, 22-2, 21-3, 21-2, 20-3, 19-1
① **위상** : 개별 지도 형상에 대해 경도와 위도 좌표체계를 기반으로 다른 지도 형상과 비교하여 상대적인 위치를 알 수 있는 기능
② **프레젠테이션 지도 작업** : 지도상에 지리적인 형상을 표현하고 데이터의 값과 범위를 지리적인 형상에 할당하고 지도를 확대·축소하는 기능
③ **주제도 작성** : 속성정보를 요약하여 표현한 지도를 작성하는 것이며, 면, 선, 점의 형상으로 구성
④ **데이터 및 공간 조회** : 지도상에서 데이터를 조회하여 표현하고, 특정 공간 기준을 만족시키는 지도를 얻기 위해 조회 도구로써 지도를 사용하는 것
⑤ **버퍼** : 점이나 선 또는 면으로부터 특정 거리 이내에 포함되는 영역을 의미하며, 면의 형태로 나타나 상권 혹은 영향권을 표현하는 데 사용될 수 있음

⑥ **중첩** : 공간적으로 동일한 경계선을 가진 두 지도 레이어들에 대해 하나의 레이어에 다른 레이어를 겹쳐 놓고 지도 형상과 속성들을 비교하는 기능
  ㉠ 결합(Union) : 두 레이어의 공간을 모두 포함하는 새로운 영역 생성
  ㉡ 교차(Intersection) : 두 레이어를 중첩한 후 두 입력 레이어가 교차하는 형태와 속성만을 보존
  ㉢ 동일성(Identity) : 소스 데이터 세트와 오버레이 데이터 세트에 대해 교차 연산을 수행하는 프로세스
  ㉣ 절단(Clip) : 오버레이 데이터 세트를 사용하여 소스 데이터 세트에서 특징 부분(점, 선 또는 영역)을 추출하는 프로세스
  ㉤ 삭제(Erase) : 선택된 객체를 삭제하는 기능

(5) 정보기술의 발전이 유통 및 상권에 미친 영향 `21-1`
  ① 메이커에서 소매업으로의 파워시프트 현상 강화
  ② 메이커의 영업거점인 지점, 영업소 기능의 축소
  ③ 편의품 소비재 메이커의 상권 광역화
  ④ 수직적 협업체제 강화 및 아웃소싱의 진전

SECTION 03 상권설정 및 분석

1 상권설정

01 상권설정의 개요

(1) 상권설정의 의의 `21-2`
  ① **개념** : 특정 점포가 고객을 흡인하는 지리적 범위가 어느 정도인지를 파악하는 것
  ② **목적(필요성)**
    ㉠ 구체적 입지 계획을 수립하기 위하여 필요
    ㉡ 잠재적인 수요를 파악하기 위하여 필요
    ㉢ 소비자들의 특성을 파악하여 판촉 방향 및 제품 구색 갖춤을 파악하기 위하여 필요
    ㉣ 새로운 상업시설 출점을 위해 소비자를 흡인할 수 있는 상권 범위를 설정하기 위하여 필요
    ㉤ 상권의 규모에 적합한 투자 및 시설 규모를 결정하기 위하여 필요
    ㉥ 업종 선택 및 업태 개발의 기본 방향을 확인하기 위하여 필요

(2) 상권설정 단계에서의 지역 특성 및 입지조건 `23-2`
  ① 유사점포의 경쟁상황
  ② 지역의 경제 상황
  ③ 자연적 장애물
  ④ 점포의 접근성

02 상권설정의 방법

(1) 단순 원형상권 설정법

① **기본적인 흐름** : 기본 상권 범위를 정해 상권 내의 상권인구를 산출 → 상권인구를 기초로 한 매출 예측치를 산출 → 더 필요하다면 설정한 상권에서 경합 영향도 계산

② **고객분포 조사에 따른 기본 상권 범위**
　㉠ 교외형 점포의 기본 상권 : 2~3km
　㉡ 도시형 점포의 기본 상권 : 500m~1km

(2) 실사 상권설정법

① 도보에 의한 상권설정법
② 버스 승차 조사에 의한 상권설정법
③ 실주행 조사에 의한 상권설정법
④ **상권 실사의 5원칙** 21-1
　㉠ 예측 습관의 원칙 : 상권과 건물 주변을 그냥 막연하게 보아서는 아무런 의미가 없으므로 항상 머릿속에 각 점포의 매출액을 그림으로 그려가며 실사해 보아야 함
　㉡ 현장 우선의 원칙 : 통계자료와 데이터를 그대로 받아들여서는 안 되며, 직접 현장에서 본 것, 들은 것, 피부로 느낀 것이 최고의 데이터임
　㉢ 수치화의 원칙 : 직접 관찰한 것을 수치화함으로써 타인과 공유하기 위한 토대를 마련
　㉣ 비교검토의 원칙 : 가설은 다른 것과 비교가 이루어짐으로써 객관성을 인정받는 것
　㉤ 가설검증의 원칙 : 실사를 거듭함으로써 가설들을 검증해 나가야 함

(3) 앙케트를 이용한 상권설정법

① 점포에 찾아온 고객에 대해 직접 물어보고 조사한 뒤 그 결과를 집계 분석하여 상권설정에 활용하는 방법
② **판매지역조사법(SAS ; Sales Area Survey)**
　㉠ 과정 : 1단계(회답표 작성) → 2단계(조사 준비) → 3단계(조사 실시) → 4단계(실제 고객 지수의 산출) → 5단계(상권의 확정)
　㉡ 점포마다 점장이 중심이 되어서 매년 정기적으로 시행하는 것이 바람직

(4) 고객 리스트를 통한 상권설정법

① **개념** : 상권설정을 위한 샘플 수집에 특정 점포의 고객정보를 활용하는 방법
② **장점** : 앙케트 실시에 따르는 시간과 비용 절감
③ **단점** : 샘플의 신선도가 낮고, 점포의 고객 전체를 나타내는 샘플이 되기 어려움

2 업태 및 업종별 상권의 분석과 설정

01 업태와 업종

(1) 업태(Type of Management)
  ① 영업 또는 기업의 소매업 형태로서 가격대의 차이로 분류한 것
  ② 상품계열, 취급상품의 가격대, 판매 방법, 시스템 통제 방법 등에 따른 다양한 형태(예 백화점, 편의점, 할인점, 카테고리 킬러 등)
  ③ 최근 유통업계에서는 소비자의 편익 · 가치를 중시하는 경영방식이 기업의 성과에 큰 영향을 미친다는 인식이 확대됨에 따라서 업종의 개념보다 업태의 개념에 입각한 분류가 중시되고 있음

(2) 업종(Kind of Business)
  ① 업태 중에서 세분된 사업의 분류를 뜻하는 것으로 영업 또는 사업의 소매업 형태
  ② 구체적으로 소매기업이 취급하는 주력상품의 총칭(예 의류점, 정육점, 가구점, 가전 판매점 등)

02 업태 및 업종별 상권의 분석과 설정

(1) 상권분석의 주요 목적 25-2, 24-1, 23-3, 23-1, 19-2, 18-1, 17-3, 17-2, 17-1, 16-3
  ① 업종 선택 및 상권 범위 설정을 위함
  ② 경쟁점포 파악을 위함
  ③ 소매점의 매출 변화 및 적정 임차료 추정을 위함
  ④ 소매점을 둘러싸고 있는 상권내외부의 소비자를 상대로 하는 촉진 활동의 초점 명확화를 위함
  ⑤ 소매점을 이용하는 소비자들의 인구 통계적 특성들을 파악하여 보다 성공적인 소매 전략을 수립하는 데 도움을 주기 위함
  ⑥ 다점포를 운영하는 체인업체가 특정 상권 내에서 운영할 수 있는 적정 점포 수를 파악하기 위해서 입지할당모델로 활용
  ⑦ 입지선정을 위한 기초자료로 활용하고 표적화된 구색 설정 및 판매촉진 전략 수립의 기초자료 제공
  ⑧ 자사 점포의 시장점유율 추정
  ⑨ 기존점포들과의 차별화 포인트 발견
  ⑩ 잠재수요의 파악

(2) 상권설정의 요소
  ① 업종 · 업태
  ② 사업장의 규모
    ㉠ 대체로 사업장 규모가 클수록 또 시설이 고급일수록 상권은 넓어짐
    ㉡ 시설이 작을수록 또 저급일수록 상권 범위는 좁아짐
  ③ 경영전략
    ㉠ 적극적 경영전략 사용 : 상권 확대
    ㉡ 소극적 경영전략 사용 : 상권 축소

④ 물리·환경적 요소
  ㉠ 자연 지형물 : 산, 하천, 철도, 도로 등은 상권을 분할 및 단절하는 대표적 요소

> **+ 더 알아보기** 상권 단절 요인 24-2, 22-2, 21-3, 19-1
>
> - 자연 지형물 : 하천, 공원 등
> - 인공 지형물 : 도로(6차선 이상), 철도
> - 장애물 시설 : 쓰레기처리장, 학교, 병원
> - C급지 분포 업종 : 카센터, 공작기계, 우유 대리점, 가구점, 표구점, 기타 기술 위주 업종
> - 기타 : 주유소, 공용주차장, 은행 등

  ㉡ 대형 시설물 : 학교, 관공서, 운동장 등 대형 시설물은 상권을 분할시키는 요소
  ㉢ 도로 상태 : 도로망의 연계 상태, 노폭, 중앙분리대, 신호등, 건널목 유무, 접도 조건 등의 요인에 따라 상권이 상이
  ㉣ 중심 방향
    • 중심 방향 쪽 : 상권이 좁음
    • 중심의 반대 방향 쪽 : 상권이 넓음

3 상권·입지분석의 제(諸)이론

01 서술적(기술적) 방법에 따른 신규점포 상권·입지분석

(1) 체크리스트법 24-3, 24-2, 24-1, 23-2, 20-추가, 19-1, 17-3, 17-1, 16-2

① 개념 및 특징
  ㉠ 경험적 데이터인 상권의 규모에 영향을 미치는 요인들을 수집하여 이들에 대한 평가를 통하여 시장잠재력을 측정하는 것
  ㉡ 특정 상권의 제반 특성을 체계화된 항목으로 조사한 후 신규점 개설 여부를 평가하는 방법으로, 상권분석의 결과를 신규점의 영업과 마케팅 전략에 반영
  ㉢ 부지와 주변 상황에 관하여 사전에 결정된 변수 리스트에 따라 대상 점포를 평가
  ㉣ 부지 특성, 주변 상황, 상권의 특성 등에 관한 변수가 포함되며, 개별변수에 대해서는 가중치가 부과되기도 함

② 장단점

장 점	단 점
• 이해하기 쉽고 사용하기 쉬움 • 유연성이 있음 • 상대적으로 적은 비용과 시간 • 매력도 파악 가능	• 주관적인 분석이 될 수 있음 • 변수 선정에 따라 다양한 해석 도출 • 매출액이나 상권의 공간적 경계(범위)를 추정하는 데는 도움을 주지 못함 • 서로 다른 영향 요소 간의 상호작용 효과를 파악할 수 없음

(2) 유추법(유사점포법, 고객점표법) 25-1, 24-2, 22-3, 22-2, 22-1, 21-3, 21-2, 20-3, 20-추가, 19-3, 19-2, 19-1, 18-2, 17-3, 16-1

① **개념 및 특징**

㉠ 애플바움(W. Applebaum) 교수에 의해 발전한 방법으로, 신규점포와 특성이 비슷한 기존의 유사점포를 선정하여 분석 담당자의 객관적 판단을 토대로 그 점포의 상권 범위를 추정한 결과를 자사 점포의 신규 입지에서의 매출액을 측정하는 데 이용

㉡ 상권 규모는 자사 점포를 이용하는 고객들의 거주지를 지도상에 표시한 후 자사 점포를 중심으로 서로 다른 거리의 동심원을 그려 파악하는 CST(Customer Spotting Technique) Map 기법을 이용하여 상권의 규모를 측정

> **CST Map 기법** 24-1, 22-2, 21-2, 19-2, 18-3, 18-2, 17-2, 16-2
> - 윌리엄 애플바움(William Applebaum)에 의해 고안된 기술
> - 설문이나 CRM을 통해 실제 점포 이용 고객의 주소지를 파악한 후 직접 도면에 표시하여 Quadrat Analysis를 실시한 후 대상지 인근의 토지이용현황, 지형, 지세 등을 고려하여 상권을 파악하는 기법
> - 특정 매장에 상품 구입을 위하여 내방한 고객을 무작위로 선택하여 각각의 거주지 위치와 구매 행태 등의 정보 획득
> - 점포에 출입하는 고객들을 무작위로 선별 인터뷰하여 고객들의 거주지나 출발지 확인 → 격자 도면상에 표시하여 고객점표도 작성 → 격자별 인구를 계산한 후 격자별 매상고를 추계 → 몇 개의 격자를 그룹화하여 상권 확정
> - 2차 자료보다 1차 자료를 이용하는 경우에 정확도가 더 높음
> - 상권의 규모(범위)나 잠식 여부 파악 가능
> - 고객의 특성 조사 가능
> - 광고 및 판촉전략 수립에 이용 가능
> - 경쟁의 정도 측정 가능
> - 점포의 확장 계획에 활용 가능

㉢ 유사점포를 이용하는 소비자와의 인터뷰나 실사를 통하여 수집된 자료를 토대로 추정하는 '질적(정성적) 예측 방법'으로 기술(서술)적 방법(Descriptive Method)에 속하며, 유사점포는 점포 특성, 고객 특성, 경쟁 특성 등을 고려하여 선정

㉣ 신규점포를 비롯해 기존 점포의 상권분석에도 적용이 가능한 방법이며, 주로 대형점에서 많이 이용하나 어떠한 점포를 유추 점포로 결정하는지에 따라 상권추정 및 입지가 달라지는 한계가 있음

② **유추법의 활용**

㉠ 상권의 규모 파악 : 상권에 포함된 소비자들의 거주 지역 및 그 수를 파악하는 데 사용이 가능하고 1, 2, 3차 상권의 경계 설정이 가능

㉡ 경쟁 정도의 측정 및 파악 : 유사·동종업종 간의 경쟁 관계의 경쟁 정도를 측정하므로 이를 통해 차별화 및 우위 전략을 도모할 수 있음

㉢ 점포의 확장 계획에 활용 : CST map 기법을 통해 설정된 상권 경계를 향후 잠재적인 점포의 확장 계획에 활용 가능

ⓔ **고객의 특성 파악** : 상권 규모가 추정되면 상권 내에 거주하는 고객집단의 라이프사이클 및 이를 통한 AIO분석이 가능해짐

　　ⓜ **광고 및 촉진 전략에의 활용** : 고객의 특성 파악 및 상권 경계의 설정과 목표 고객들의 성향 분석을 통해 맞춤형 촉진 전략을 수립하는 데 활용 가능

③ **진행 과정** : 자사(신규) 점포의 입지조건 파악 → 기존 유사점포의 선정 → 출점 예상 상권을 소규모지역(Zone)으로 구분 → 각 지역(Zone)에서의 유사점포의 매출액을 인구수로 나누어 1인당 매출액 추정 → 자기가 입지하려는 지역의 인구수에다 앞에서 구한 1인당 매출을 곱하여 신규점포의 예상 총매출액 추정

(3) (점포공간매출액, 매장면적) 비율법 `21-3, 19-2, 18-2`

① 비율을 사용하여 적정 부지를 선정하거나 주어진 부지를 평가하는 방법
② 지역 비율은 입지 가능성이 큰 지역이나 도시를 선정하는 데 사용
③ 상권 비율은 주어진 점포에 대한 가능 매상고를 산정하는 데 주로 사용
④ 취급하는 상품에 대한 상권의 총 시장 규모를 파악하고, 경쟁점포들과의 상대적 경쟁력을 고려하여 자사 매출을 추정
⑤ 어떤 지역에 입지한 한 소매점의 매출액 점유율은 그 지역의 전체 소매매장 면적에 대한 해당 점포의 매장면적의 비율에 비례할 것이라는 가정하에서 예측
⑥ 유동인구의 효과를 가중하여 매장면적 비율에 따른 추정매출액을 조정할 수 있음
⑦ **상권의 총 잠재수요**

> 해당 업종에 대한 1인당 총지출액 × 상권인구

⑧ **해당 점포의 매출**

> 상권의 총 예상 매출액 × 매장면적 비율

(4) 현지 조사법

① 대상 부지를 더욱 정확하게 평가하기 위해서 주로 사용하며, 중소형 점포에서 많이 이용
② 방문조사법, 가두면접법, 우송법, 추적조사법, 고객카드 분석법 등의 방법이 있음
③ 현지 조사의 내용은 대상 점포나 판매 제품, 조사 성격에 따라 달라질 수 있음
④ 조사자에 따라 주관적으로 조사될 가능성이 큼

02 규범적 방법에 따른 신규점포 상권·입지분석

규범적인 방법은 전문가의 판단이나 경험을 바탕으로 하는 분석 방법으로 지역시장 내에 가장 많은 고객을 끌어들일 수 있는 이상적인 점포 입지를 설명하는 방법임. 초기 상권분석 모형의 주류를 이루었으며 최초로 중력모형을 활용한 레일리의 소매인력법칙과 크리스탈러의 중심지 이론이 대표적

(1) 레일리(W. J. Reilly)의 소매인력(중력) 법칙   24-1, 23-2, 20-추가, 20-2, 18-1, 17-3, 17-2

   ① 뉴턴(Newton)의 중력 법칙을 상권분석에 활용한 것으로, 점포들의 밀집도가 점포의 매력도를 증가시키는 경향이 있음을 나타내는 법칙

   ② 개별점포의 상권 파악보다는 이웃 도시 간의 상권 경계를 결정하는 데 주로 이용

   ③ 두 경쟁 도시가 그 중간에 있는 소도시의 거주자들을 끌어들일 수 있는 상권의 규모(상권의 흡인력)는 두 도시의 크기(인구수)에 비례하고, 각 도시와 중간 도시 간 거리의 제곱에 반비례

$$\frac{B_a}{B_b} = \left(\frac{P_a}{P_b}\right)\left(\frac{D_b}{D_a}\right)^2$$

B_a : A시의 상권영역(중간 도시로부터 도시 A가 흡인하는 소매 흡인량)
B_b : B시의 상권영역(중간 도시로부터 도시 B가 흡인하는 소매 흡인량)
P_a : A시의 인구(거주)
P_b : B시의 인구(거주)
D_a : A시로부터 분기점까지의 거리
D_b : B시로부터 분기점까지의 거리

   ④ 많은 인구를 가진 도시가 더 많은 쇼핑 기회를 제공할 가능성이 크므로 먼 거리에 있는 고객도 흡인할 수 있음

(2) 컨버스(Converse)의 수정 소매인력이론(분기점 모형)   24-1, 23-3, 21-1, 20-3, 20-추가, 18-3, 18-1, 17-2, 17-1, 16-2

   ① 컨버스는 흡인되는 구매력 정도가 동일하여 두 도시 사이의 거래가 분기되는 중간 지점의 정확한 위치를 결정하기 위해 레일리의 소매인력 법칙을 수정하여 거리-감소함수를 도출함

   ② 상권의 공간적 경계 파악

   ③ 컨버스의 제1법칙 : 경쟁 도시인 A와 B에 대해서 어느 도시로 소비자가 상품을 구매하러 갈 것인가에 대한 상권 분기점을 찾아내는 것으로, 주로 선매품과 전문품에 적용

$$D_a = \frac{D_{ab}}{1+\sqrt{\frac{P_b}{P_a}}} \text{ 또는 } D_b = \frac{D_{ab}}{1+\sqrt{\frac{P_a}{P_b}}}$$

D_a : A시로부터 분기점까지의 거리
D_b : B시로부터 분기점까지의 거리
D_{ab} : $A \cdot B$ 두 도시(지역) 간의 거리
P_a : A시의 인구(거주)
P_b : B시의 인구(거주)

   ※ 단, $\frac{B_a}{B_b} = 1$일 경우 적용 가능(즉, $A \cdot B$시의 규모나 상업시설이 비슷한 경우)

④ 컨버스의 제2법칙 : 소비자가 소매점포에서 지출하는 금액이 거주 도시와 경쟁 도시 중 어느 지역으로 흡수되는 가에 대한 것으로 중소도시의 소비자가 선매품을 구매하는 데 있어 인근 대도시로 얼마나 유출되는지를 설명해 주는 이론

(3) 크리스탈러(Christaller, W.)의 중심지 이론

25-2, 24-3, 24-2, 23-3, 23-1, 21-2, 21-1, 20-추가, 19-2, 19-1, 18-2, 18-1, 17-3, 16-3, 16-1

① 개념 및 특징
  ㉠ 인간의 각종 활동공간이 어떤 핵을 중심으로 배열되어 있다는 인식에서 비롯한 이론으로, 일정한 지리적 공간 안에서 경쟁점포들이 분산해서 입지하는 이유와 지역 내의 생활 거주지(취락)의 입지 및 수적 분포, 취락 간의 거리 관계와 같은 공간 구조를 중심지 개념에 따라 설명
  ㉡ 중심지 간에 상권의 규모를 확대하기 위한 경쟁이 발생하여 배후지가 부분적으로 중첩되는 불안정한 구조가 형성될 수 있음

② 기본 가정 : 미시경제학상에서는 완전 경쟁 조건에 대응하는 이상적인 환경
  ㉠ 지표 공간은 끝이 없는 등방성의 평지로 되어 있고, 한 지역 내의 교통수단은 오직 하나이며, 운송비는 거리에 비례함
  ㉡ 인구는 공간상에 균일하게 분포되어 있고, 주민의 구매력과 소비 행태는 동일함
  ㉢ 인간은 합리적인 사고에 따라 의사결정을 하며, 최소의 비용과 최대의 이익을 추구하는 합리적 경제인(Economic Man)임
  ㉣ 소비자들의 구매 형태는 획일적이며 유사점포 중 가장 가까운 곳을 선택함

③ 핵심
  ㉠ 한 도시(지역)의 중심지 기능의 수행 정도 및 상권의 규모는 인구 규모에 비례하여 커지고, 중심도시(지역)를 둘러싼 배후상권의 규모는 도시(지역)의 규모에 비례하여 커짐
  ㉡ 동일계층의 중심지가 여러 개 분포할 경우, 중심지 상호 간의 경쟁을 최소화하기 위해 가장 이상적인 배후상권의 모양인 정육각형의 배후지가 형성되며, 정육각형의 형상을 가진 배후상권은 최대 도달거리와 최소수요 충족 거리가 일치함

④ 중심지(Central Place)
  ㉠ 배후지역에 대해 다양한 상품과 서비스를 제공하고 교환의 편의를 도모해 주는 장소를 말하며, 일반적으로 모든 도시는 중심지 기능(중도소매업, 교통, 행정, 기타 서비스업 등의 3차산업의 기능)을 수행
  ㉡ 인구 밀도가 증가하고 경제 활동이 활발해지면 수요가 증대되어 새로운 중심지가 형성되고 중심지 간격은 좁아짐
  ㉢ 그 기능이 넓은 지역에 미치는 고차원 중심지로부터 그보다 작은 기능만 갖는 저차원 중심지까지 여러 가지의 계층으로 나뉘는데, 크리스탈러는 이러한 크고 작은 여러 형태의 중심지가 공간적으로 어떻게 입지해야 하는가를 고찰하고 연역적 모델을 만듦
    • 고차원 중심지일수록 고급상품을 취급하며 소비자 도달거리는 커지고 소비자 이용빈도가 낮아짐
    • 교통이 발달할수록 저차원 중심지는 쇠락

⑤ 최대 도달거리
　㉠ 중심지가 수행하는 상업적 기능이 배후지에 제공될 수 있는 최대 (한계)거리로, 배후지에 거주하는 소비자가 상품을 구매하기 위해 중심지까지 움직이는 최대거리 또는 소비자가 물리적으로 이동할 수 있는 최대거리의 범위가 최대 상권의 범위임을 의미
　㉡ 소비자가 그것을 구입하는 데 드는 교통비에 의해 결정
⑥ 최대 도달거리가 최소수요 충족 거리(Threshold)보다 커야 상업시설이 입지할 수 있음
　㉠ 최소수요 충족 거리 : 생산자가 정상이윤을 얻을 만큼 충분한 소비자들을 포함하는 경계까지의 거리
　㉡ 도달 범위 : 중심지 활동이 제공되는 공간적 한계를 말하는데, 중심지로부터 어느 재화에 대한 수요가 0이 되는 곳까지의 거리를 의미

(4) 티센다각형(Thiessen Ploygons) 모형　24-2, 22-2, 21-2, 21-1, 20-추가, 19-2, 18-1
① 소비자들이 가장 가까운 소매시설을 이용한다고 가정하며, 공간독점 접근법에 기반을 둔 상권 구획모형으로 하나의 상권을 하나의 매장에만 독점적으로 할당하는 방법
② 근접구역이란 어느 점포가 다른 경쟁점포보다 공간적인 이점을 가진 구역을 의미하며 일반적으로 티센다각형의 크기는 경쟁 수준과 역의 관계를 맺음
③ 소매점포들이 규모나 매력도에 있어서 유사하다고 가정하며 각각의 티센다각형에 의해 둘러싸인 면적은 다각형 내에 둘러싸인 점포의 상권을 의미
④ 두 다각형의 공유 경계선상에 있는 부지를 신규점포 부지로 선택하면 이곳은 다른 두 곳의 기존 점포들로부터 최대의 거리를 둔 입지가 됨
⑤ 입지 후보지에 대한 예상 매출금액을 계량적으로 추정하기 어려움

03 확률적(계량적) 방법에 따른 신규점포 상권·입지분석

(1) 루스(R. D. Luce)의 선택적 공리이론　24-2, 24-1, 23-1, 19-2, 17-1, 16-1
① 신규점포의 매출액 및 상권 범위를 예측하고, 점포 성과(매출액)와 소매 환경변수 간의 관계를 확률적인 관계로 가정하여 분석하는 확률적 모형으로, 특정 점포의 효용이나 매력도가 높을수록 그 점포가 선택될 확률이 높아진다고 가정
② 소비자가 특정 점포를 선택할 가능성은 소비자가 해당 점포에 대해 인지하는 접근 가능성, 매력 등 소비자 행동적 요소로 형성된 상대적 효용에 따라 결정된다고 봄
③ 어떤 대안이 선택될 확률은 그 대안이 갖는 효용을 전체 선택 대안들이 가지는 효용의 총합으로 나눈 값과 같다고 봄
④ 소비자가 어느 점포에 대해 느끼는 효용이 가장 크더라도 항상 그 점포를 선택하지 않을 수 있다고 인식
⑤ 해당 상권 내의 점포들에 대한 소비자의 지출 패턴이나 소비자의 쇼핑·여행 패턴을 반영함으로써 특정 점포의 매출액과 상권의 규모를 보다 더 정확하게 예측할 수 있음
⑥ Huff 모형, 수정 Huff 모형, MCI 모형, MNL 모형 등은 확률적 상권분석 기법들에서 이론적 근거로 활용하고 있는 루스(Luce)의 선택공리와 관련이 있음

⑦ 공식

$$P_{ij} = \frac{U_{ij}}{\sum_{j=1}^{n} U_{ij}}$$

P_{ij}: 거주지구 i에 있는 소비자가 점포 j에 구매하러 가는 확률
U_{ij}: 점포 j가 i지구에 있는 소비자에 대해 갖는 흡인력

(2) 공간상호작용 모형(SIM ; Spatial Interaction Model) 23-1, 20-2
① 한 점포의 상권 범위는 거리에 반비례하고 점포의 유인력에 비례한다는 원리를 토대로 소비자의 실제 선택자료를 활용하여 점포 매력도와 통행 거리와 관련한 모수(민감도) 값을 추정
② 접근성과 매력도를 교환하는 방식으로 대안 점포들을 비교하고 선택한다고 봄
③ 소매점의 상권분석과 입지 의사결정에 이용하는 근거가 됨
④ 허프 모델과 MNL 모델이 대표적

(3) 허프(Huff)의 확률모델 25-2, 24-3, 24-2, 22-2, 21-1, 20-3, 20-2, 19-3, 19-1, 18-3, 18-1, 17-1
① 허프는 개별소매 상권의 크기를 측정하기 위해 거리변수 대신에 거주지에서 점포까지의 교통 시간 거리를 이용하여 모델을 전개하여 거리가 가깝고 매장면적이 큰 점포가 큰 효용을 준다고 주장
② 소매상권이 연속적이고 중복적인 공간이라는 관점에서 분석
③ 공식

$$P_{ij} = \frac{U_{ij}}{\sum_{j=1}^{n} U_{ij}} = \frac{\frac{S_j^{\alpha}}{T_{ij}^{\beta}}}{\sum_{j=1}^{n} \frac{S_j^{\alpha}}{T_{ij}^{\beta}}}$$

P_{ij}: 거주지구 i에 있는 소비자가 점포 j에 구매하러 가는 확률
U_{ij}: 점포 j가 i지구에 있는 소비자에 대해 갖는 흡인력
S_j: 점포 j의 규모(또는 특정의 상품계열에 충당되는 매장면적)
T_{ij}: 소비자의 거주지구 i로부터 점포 j까지의 시간 거리
n: 점포의 수
α: 매력도(점포 크기) 매개변수
β: 이동 시간의 효과를 반영하는 경험적 확정 거리 감소 매개변수(Parameter)로 점포의 규모나 고객의 구매 형태에 따라 다양하게 적용
※ 매개변수 β는 실제 표본에서 조사하여 그 실태 결과에 따라 경험적으로 적합한 것을 정하나 계산이 복잡하여 컴퓨터를 사용하여야 함

④ 예상 매출액 추정 절차
  ㉠ 조사할 잠재 상권의 범위 결정
  ㉡ 소규모 고객집단 지역으로 나눔
  ㉢ 각 지역에서 점포까지의 거리를 측정
  ㉣ 점포 크기 및 거리에 대한 민감도 계수를 상권마다 소비자의 실제 구매행동 자료를 통해 추정
  ㉤ 신규점포의 지역별 예상 매출액 추정

⑤ 예상 매출액 추정 공식

각 지역거주자의 신규점포에 대한 쇼핑확률 × 각 지역의 인구수 × 일인당 신규점포에 대한 지출비(특정 기간)

(4) 수정 허프 모델 24-2, 23-2, 23-1, 21-3, 21-1, 20-3, 20-추가, 19-3, 16-3, 16-1

① 허프 모델이 매우 어려워서 그대로 이용하기 힘들어 고안된 수정 허프 모델은 기존 허프 모델보다 정확도는 낮을 수 있지만, 일반화하여 쉽게 적용하고 대략적 추정을 가능하게 한 것
② 상업시설 간의 경쟁구조 파악, 최적 상업시설 또는 매장면적 유추, 매출액 추정, 상권 지도 작성, 상업시설 또는 점포를 방문할 수 있는 고객 수 산정 등을 추정
③ 상권분석 상황에서 실무적 편의를 위해 점포면적과 거리에 대한 민감도를 따로 추정하지는 않음
④ 허프 모델처럼 수정 허프 모델도 상권을 세부 지역(Zone)으로 구분하는 절차를 거침
⑤ 허프 모델에서 추정해야 하는 점포면적과 이동 거리변수에 대한 소비자의 민감도 계수를 '1'과 '-2'로 고정하여 인식
⑥ 점포 매력도가 점포 크기 이외에 **취급상품의 가격, 판매원의 서비스, 소비자의 행동** 등 다른 요인들로부터 영향을 받을 수 있다는 점을 고려하지 않으므로 실제 소비자의 선택과 차이가 있을 수 있음
⑦ 소비자가 어느 상업지에서 구매하는 확률은 '그 상업 집적의 매장면적에 비례하고 그곳에 도달하는 거리의 제곱에 반비례한다'는 개념

$$P_{ij} = \frac{\dfrac{S_j}{D_{ij}^2}}{\sum_{j=1}^{n} \dfrac{S_j}{D_{ij}^2}}$$

P_{ij}: i지점의 소비자가 j상업 집적에 가는 확률
S_j: j상업 집적의 매장면적
D_{ij}: i지점에서 j까지의 거리
n: 점포의 수

(5) MCI(Multiplicative Competitive Interaction) 모형 17-1

① 허프의 확률모형을 확장하여 점포의 다양한 매력을 고려한 모형
② 한 점포의 효용도(매력도)를 측정함에 있어서 매개변수로서 점포의 크기, 점포까지의 거리뿐만 아니라 상품구색, 판매원 서비스 등 선택에 영향을 미치는 여러 점포 특성 등을 포함하여 측정

(6) MNL(Multinomial Logit, 다항로짓) 모형 25-1, 24-1, 22-3, 21-1
  ① 상권 내 소비자들의 각 점포에서 개별적인 쇼핑에 대한 관측 자료를 이용하여 각 점포에 대한 선택확률은 물론, 각 점포의 시장점유율 및 상권의 크기 추정
  ② 분석과정에서 집단별 구매행동 데이터 대신 각 소비자의 개인별 데이터를 수집하여 활용
  ③ 상권분석을 할 때마다 변수의 민감도 계수를 추정하는 절차를 거치게 됨
  ④ 일반적으로 상권을 소규모의 세부 지역(Zone)으로 나누는 절차를 거침
  ⑤ 점포와의 거리 및 점포의 면적 이외에도 다양한 변수(점포 이미지, 입지특성 등)를 반영할 수 있어서 점포의 효용(매력도) 측정 과정에서 Huff 모형보다 MNL 모형을 이용할 때 더 유리

4 상권조사의 방법과 분석

01 상권조사의 방법

(1) 전수조사와 표본조사
  ① 전수조사
    ㉠ 전체 조사대상을 조사하는 방법으로 큰 비용 및 시간 소요
    ㉡ 조사 과정 중에 발생하게 되는 문제들로 인해 정확도가 떨어지며, 모집단의 수가 너무 많거나 모집단의 정확한 파악이 어려운 경우 전수조사를 사용하기가 어려움
  ② 표본조사
    ㉠ 조사의 대상자 중에서 일부만을 대상으로 하여 조사하는 방법
    ㉡ 조사의 효율성, 편의성, 높은 신뢰성, 정확성 등에 이점이 있어 전수조사보다 많이 활용

(2) 횡단조사와 종단조사
  ① 횡단조사 18-1
    ㉠ 일정 시점을 기준으로 모든 관련 변수에 대한 자료를 수집하는 연구를 하는 것
    ㉡ 세대의 수, 세대별 구성원 수, 연령별 인구구성, 가구별 소득 분포 등을 파악
  ② 종단조사
    ㉠ 시간의 흐름에 따라 조사대상이나 상황의 변화를 측정하는 것으로서 일정한 시간 간격을 두고 동일한 내용을 반복적으로 측정하여 자료를 수집하거나 조사
    ㉡ 상권의 쇠퇴 또는 팽창 등을 파악

(3) 1차 자료와 2차 자료 조사 18-3, 16-2
  ① 1차 자료(Primary data)
    ㉠ 개 념
      • 당해 사업목적을 위하여 조사자에 의해 직접 수집하여 생성한 자료
      • 대표적인 수집 방법으로는 조사 설계 방법이나 측정, 설문지 등(예 지점별 고객만족도, 점포 이용자에 대한 설문 조사자료 등)

ⓛ 종 류
- 면접법

방문면접법	• 조사원이 조사 대상자를 실제 방문하여 인터뷰 형식으로 질문하고 대답을 받는 방법 • 질문의 의미를 그 자리에서 회답자에게 설명할 수 있으므로 질문의 의미를 오해하고 회답해 버리는 오류를 막을 수 있음
집단면접법	• 대상자를 어떤 장소에 모이게 하여 그 장소에서 질의응답해서 조사하는 방법 • 기업이 개발한 새로운 제품의 감상 등을 묻는 경우에 효과적으로 쓰이는 방법으로, 집합한 장소에서 한 번에 다수의 조사표를 회수할 수 있음 • 집합 장소의 확보 및 집합 시간과 장소의 사전 연락 등의 준비 작업에 있어 일손이 필요함

- 조사법

지역표본추출조사 24-1	지역 내의 특성을 조사할 때 지리적 구분이 특성에 영향을 주지 않는 경우에 이용하며 소지역에서 무작위적으로 고객을 선정하여 조사
내점객조사 18-3, 16-3	• 점포의 방문자에 대하여 조사원이 질문지를 기초로 방문 빈도, 방문 사유, 교통수단, 소요시간, 만족도, 만족과 불만의 이유, 경쟁점포 및 이용 상황, 의견 및 희망 사항, 조사 대상자의 특성 등을 조사 • 조사의 목적은 발전적인 점포 운영 전략을 계획하기 위한 것 • 방문자의 대략적인 주소를 알 수 있으므로, 이를 기초로 상권의 범위와 경쟁하는 점포 및 그 이용 상황을 함께 파악
점두조사법 22-3, 21-3, 21-1	• 점포에서 조사원이 대기하다가 구매 결정을 한 소비자에게 질문하는 방식 • 매장을 방문하는 소비자의 주소를 파악하여 자기 점포의 상권을 조사하는 방법 • 상권분석에서 활용하는 소비자 대상 조사기법 중 조사대상의 선정이 내점객조사법과 가장 유사
전화조사법	• 조사원이 대상자에게 전화로 질문을 해서 대답을 받는 조사방법 • 질문의 수를 적게 해서 상대방으로부터 시간을 빼앗지 않도록 해야 함 • 회답해 줄 사람과 만나는 것이 어려울 때 이용
우편조사법	• 조사표를 대상자들에게 우편으로 송부하여 대상자들에게 기입 후 반송해서 받는 조사방법 • 조사표를 일일이 회수할 일손이 필요하지 않다는 이점이 있지만 가장 큰 단점은 회수율이 낮다는 것으로 이를 해결하기 위한 다양한 방안을 강구해야만 기대하는 조사의 목적을 달성할 수 있음
가두조사법	• 교통요지에서 무작위로 대상을 선별하여 상가의 유입·유출 및 빈도, 쇼핑목적, 이용 상점의 선택 이유 등을 조사하는 방법 • 인터뷰에 응해줄 사람과 만나는 것이 쉽지 않고, 평일에 실시할 것인가 휴일에 실시할 것인가, 오전인가 오후인가 등 요일과 시간대의 선정에 있어서 주의할 필요가 있음
유치조사법	• 조사원이 대상자들에게 조사표를 배포하고 수일 후에 조사원이 돌아다니며 회수하는 방법 • 회답하는 데 시간을 필요로 하는 조사일 때에 효과적인 방법
gCRM분석 24-1	GIS와 CRM의 결합으로, 지리정보시스템(GIS) 기술을 활용해 고객의 지리적 특성 자료에 따라 고객과 상권을 분석하는 기법

- 실험법 : 과학적 방법의 요체인 통제된 연구의 정신에 가장 충실히 하고자 하는 연구방법으로서, 엄격히 통제된 상황에서 두 변수 사이의 인과관계를 검증하는 방법(예 고객을 여러 집단으로 나누고 집단별로 판촉 수단을 달리하여 제공한 후 반응의 차이를 확인)

② 2차 자료(Secondary data)
 ㉠ 상권조사를 위하여 가장 먼저 수행하는 조사로서, 사업의 예비 타당성을 검토하기 위해 기존에 수집된 자료를 검색하는 것
 ㉡ 정부에서 발표하는 통계자료, 이미 발표된 논문, 신문 기사, 각종 기관이나 조사회사에서 발표되는 결과 등
 ㉢ 다른 목적에 의해 수집되어 발표된 자료이기 때문에 목적에 맞게 수정·보완하여 사용해야 함

(4) 표본추출방법

① 확률 표본추출법

㉠ 단순임의추출법(단순무작위추출법) : 모집단의 구성원들이 각 표본으로서 선정될 확률이 미리 알려져 있고 동일하며, '0'이 아니도록 표본을 추출하는 방법

㉡ 층화임의추출법(계층별 무작위추출법) : 모집단을 구성하고 있는 집단에서 집단의 구성요소의 수에 비례해서 표본의 수를 할당하여 각 집단에서 할당된 수의 표본을 단순무작위추출 방법으로 추출하는 방법

㉢ 집락표본추출법(군집표본추출법) : 모집단이 여러 개의 동질적인 소규모 집단(군집)으로 구성되어 있으며, 각 군집은 모집단을 대표할 수 있을 만큼 다양한 특성을 지닌 요소들로 구성되어 있을 시에 군집을 무작위로 몇 개 추출해서 선택된 군집 내에서 무작위로 표본을 추출하는 방법

㉣ 계통추출법(등간격추출법) : 모집단 구성원에게 어떠한 순서가 있는 경우에 일정한 간격을 두면서 표본을 추출하는 방법

② 비확률 표본추출법 **23-3**

㉠ 편의표본추출법(Convenience Sampling) : 연구 조사자가 비교적 편리한 시간 및 장소에 접촉하기 쉬운 대상을 표본으로 선정하는 것

㉡ 판단표본추출법(Judgment Sampling) : 연구 조사자가 조사의 목적에 적합하다고 판단되는 구성원들을 표본으로 추출하는 것

㉢ 할당표본추출법(Quota Sampling) : 모집단을 어떠한 특성에 따라 세분 집단으로 나누고, 나누어진 세분 집단의 크기 등에 비례해서 추출한 표본의 수를 결정하여 각 집단의 표본을 판단 또는 편의에 따라 추출하는 방법

㉣ 눈덩이표본추출법(Snowball Sampling) : 연구 조사자가 적절하다고 판단되는 조사 대상자들을 우선 선정한 후에 그들로 하여금 또 다른 조사 대상자들을 추천하게 하여 조사하는 방식

02 상권조사 분석

(1) (단순)회귀분석 **25-1, 24-1, 23-3, 20-3, 20-추가, 19-2, 18-1, 17-2, 16-2, 16-1**

① 회귀분석은 2개 이상의 정량적 변수 간의 관계를 이용하여 나머지 다른 변수들로부터 하나의 변수를 예측하는 통계적 기법으로, 단순회귀분석은 독립변수가 오직 하나만 존재하는 경우의 모형

② 독립변수와 종속변수와의 선형결합 관계를 유도하여 소매점포의 성과에 영향을 미치는 다양한 요소들의 상대적 중요도를 계량적으로 파악할 수 있는 모형으로 표본의 수가 충분하게 확보되어야 하지만, 분석대상과 유사한 상권 특성을 가진 점포들의 표본을 충분히 확보하기 어려움

③ 독립변수들은 서로 독립적이고 상관관계가 없음을 전제로 하지만, 현실성이 없는 경우가 많음

④ 과거의 연구결과나 분석가의 판단 등을 토대로 소수의 변수를 선택해 회귀모형을 도출할 수 있음

⑤ 제3의 변수나 Trend(장기적으로 지속하는 변화 및 방향성) 등을 통제함으로써 시간의 흐름에 따른 회귀모델을 개선해 나갈 수 있음

⑥ 점포 특성, 상권 내 경쟁 수준, 상권 내 소비자들의 특성 등 다양한 변수들이 점포성과에 미치는 상대적 영향을 측정할 수 있음

⑦ 매상고에 영향을 주는 여러 가지 변수들을 설정하고, 이 변수들로 대상 점포의 가능 매상고를 산출할 수 있음

⑧ 단계적 회귀분석 기능을 사용하면 다중공선성의 문제를 해결하는 데 도움이 될 수 있음

+ 더 알아보기	다중공선성과 단계적 회귀분석 19-2
다중공선성	회귀분석에서 사용된 모형의 일부 예측변수가 다른 예측변수와 상관 정도가 높아, 데이터 분석 시 부정적인 영향을 미치는 현상으로 다중공선성 문제를 해결하기 위해서는 문제를 일으키는 독립변수를 제거해야 함
단계적 회귀분석	다중회귀분석에 사용할 변수를 선택하는 방법으로 통계적으로 중요한 항을 첨가해 가면서 분석을 수행하거나 통계적으로 의미 없는 항을 제거하며 분석을 수행하기 때문에 다중공선성 문제를 해결하는 데 도움이 될 수 있음

(2) 다중회귀분석 24-1, 22-1

① 독립변수의 수가 여러 개인 회귀방정식
② 변수들의 측정 단위가 서로 다른 경우에는 측정 단위에 의존하지 않도록 모든 변수를 표준화하여 구한 표준화 회귀계수를 가지고 종속변수에 관한 독립변수의 상대적 중요도를 결정

(3) 거리감소효과 23-1, 18-2

① 상권분석 과정에서 점포의 위치와 해당 점포를 이용하는 소비자의 분포를 공간적으로 표현할 때 보편적으로 관찰
② 점포로부터 멀어질수록 고객의 밀도가 낮아지는 경향
③ 거리 마찰에 따른 비용과 시간의 증가 때문에 나타남
④ 유사점포법, 회귀분석법을 이용하여 확인할 수 있음
⑤ 고객점표(CST) 지도를 이용하면 쉽게 관찰할 수 있음

출제지문 퀴즈로 핵심체크!

SECTION 01 상권의 개요

01 21-1

[O X] 상권은 정적이지 않고 마케팅 전략, 가격, 점포 규모, 경쟁 등에 따라 수시로 변한다. 보통 생산비, 운송비, 판매가격 등이 낮을수록 상권은 확장된다.

02 22-3, 20-추가

[O X] 전문품을 취급하는 점포의 경우 잠재고객이 지역적으로 밀집되어 있으므로 상권의 밀도는 높으나, 범위는 좁은 특성을 갖고 있다.

03 21-1

[O X] 같은 지구 안의 점포들은 특성이 달라도 상권은 거의 일치한다.

04 19-2

소매단지의 (   )은 입점한 소매점들의 업종 연관성을 의미한다.

SECTION 02 상권분석에서의 정보기술 활용

01 21-3

[O X] 소매포화지수란 지역시장의 수요잠재력을 총체적으로 측정할 수 있는 자료로, 한 지역시장 내에서 특정 소매업태 또는 집적소매시설의 단위 매장 면적당 잠재수요를 의미하며, 새로운 점포에 대한 시장잠재력을 측정할 때 유용하게 사용된다.

02 25-2

[O X] GIS(지리정보시스템)에서는 개별 상점이나 상점가의 위치정보, 행정구역, 토지이용 정보는 좌표를 갖는 점(點)데이터로 지도에 수록한다.

03 22-3

상권분석에서 활용하는 소비자 대상 조사기법 중 조사대상의 선정이 내점객조사법과 가장 유사한 것은 (   ) 법이다.

SECTION 03 상권설정 및 분석

01 21-2

[O X] 크리스탈러의 중심지이론에서 중심지란 배후지의 거주자들에게 재화와 서비스를 제공하는 상업 기능이 밀집된 장소를 말한다.

02 25-2

[O X] Huff 모델은 상권조사 대상 지역 개별소비자의 점포 이용자료보다는 평균적이고 객관적인 통계자료를 이용한다.

03 20-추가

[O X] 대도시 A, B 사이의 분기점은 대도시 A, B 사이에 위치하는 중소도시 C가 있을 때 A, B가 C로부터 끌어들일 수 있는 상권 규모를 분석하기 위해 레일리(W. Reilly)의 소매인력법칙을 활용할 때 중소도시 C에서 대도시 A까지의 거리, 중소도시 C에서 대도시 B까지의 거리, 중소도시 C의 인구, 대도시 A의 인구와 더불어 꼭 필요한 정보에 해당한다.

정답 및 해설

SECTION 01

01 ○
02 × ▶ 전문품을 취급하는 점포의 경우 고객이 지역적으로 분산되어 있어서 상권의 밀도는 낮고 범위는 넓은 것이 특징이다.
03 × ▶ 점포의 특성에 따라 상권의 범위는 달라질 수 있다.
04 업종친화력

SECTION 02

01 ○
02 × ▶ 개별 상점이나 상점가의 위치정보는 점(點)데이터로, 행정구역, 토지이용 등의 정보는 면(面)데이터로 지도에 수록한다.
03 점두조사

SECTION 03

01 ○
02 × ▶ Huff 모델은 개별소비자의 점포선택 행동을 확률적 방법으로 분석하는 것으로, 평균적이고 객관적인 통계자료보다는 개별소비자의 점포 이용자료를 이용한다.
03 × ▶ 분기점은 컨버스의 수정 소매 인력이론에서 필요한 정보이다.

테마로 푸는 필수 기출문제

THEME ❶ 상권의 개념

상권의 개념을 상권의 범위와 연관 지어 정리하는 것이 좋다.

01 24년 2회

상권분석 과정에서 발견할 수 있는 소매점의 상권범위나 상권형태 등과 같은 일반적 상권 특성에 대한 설명으로 가장 옳지 않은 것은?

① 점포 주변의 도로, 경쟁점포, 하천, 지하철역 등의 영향으로 상권의 범위는 확대, 축소, 단절되기도 한다.
② 점포의 규모가 비슷하더라도 업종이나 업태에 따라 점포들의 상권범위는 차이를 보인다.
③ 특정 지역 경쟁점포들 간의 입지조건에 변화가 없어도 상권의 범위는 다양한 영향요인에 의해 유동적으로 변화하기 마련이다.
④ 기존 점포들의 상품구색이 유사해도 판촉활동이나 광고활동의 차이에 따라 점포들 간의 상권범위가 일시적으로 변화한다.
⑤ 점포를 둘러싼 상권의 형태는 대부분 점포를 중심으로 일정거리 이내를 포함하는 동심원의 형태로 나타난다.

02 24년 1회

상권의 개념이나 일반적 특성에 대한 설명으로서 가장 옳지 않은 것은?

① 현재 기존 점포를 이용하는 소비자들이 거주하는 지역인 현재 상권과 신규점포를 개설할 경우 그 점포를 이용할 가능성이 있는 소비자들의 분포 지역인 잠재 상권으로 구분할 수 있다.
② 점포의 소비자들이 거주하는 지역인 거주상권과 점포를 이용하는 점포 주변 직장인과 학생 등 비거주 소비자의 생활공간 분포 범위인 생활상권으로 구분할 수 있다.
③ 상권의 공간적 범위는 일정하지 않고, 요일이나 계절과 같은 시간의 흐름, 교통상황, 경제상황 등 다양한 변수의 영향을 받아 유동적으로 변화한다.
④ 소비자가 점포를 선택할 때 행정구역은 중요한 고려 요소가 아니기 때문에 점포의 상권 범위와 행정구역이 일치하지 않는 경우가 많다.
⑤ 현실에서 특정 점포의 상권은 그 점포를 중심으로 일정한 거리를 한계로 하는 동심원의 형태로 형성되는 것이 일반적이다.

03 23년 2회

상권범위의 결정 요인에 대한 설명으로 가장 옳지 않은 것은?

① 상권을 결정하는 요인에는 시간요인과 비용요인이 포함된다.
② 공급측면에서 비용요인 중 교통비가 저렴할수록 상권은 축소된다.
③ 수요측면에서 고가품, 고급품일수록 상권범위가 확대된다.
④ 재화의 이동에서 사람을 매개로 하는 소매상권은 재화의 종류에 따라 비용 지출이나 시간 사용이 달라지므로 상권의 크기도 달라진다.
⑤ 시간요인은 상품가치를 좌우하는 보존성이 강한 재화일수록 상권범위가 확대된다.

04 23년 1회

상권을 규정하는 요인에 대한 설명으로 옳지 않은 것은?

① 상권이란 시장지역이라고도 할 수 있으며, 상권을 규정하는 요인에는 시간요인과 비용요인이 있다.
② 시간요인 측면에서 봤을 때, 상품가치를 좌우하는 보존성이 강한 재화일수록 오랜 운송에 견딜 수 있으므로 상권이 확대된다.
③ 재화의 이동에서 사람을 매개로 하는 소매상권은 재화의 종류에 따라 비용이나 시간사용이 달라지므로 상권의 크기가 달라진다.
④ 비용요인에는 생산비, 운송비, 판매비용 등이 포함되며 비용이 상대적으로 저렴할수록 상권은 축소된다.
⑤ 고가의 제품일수록 소비자는 많은 시간과 비용을 투입하므로 상권의 범위가 넓어진다.

05 23년 1회

상권에 대한 일반적인 설명으로 가장 옳지 않은 것은?

① 업종이나 취급하는 상품의 종류는 상권의 범위에 영향을 준다.
② 사회적, 행정적 요인 등의 기준에 의한 확정적 개념이기에 초기 설정이 중요하다.
③ 가격이 비교적 낮고 구매 빈도가 높은 편의품의 경우 상권이 좁은 편이다.
④ 가격이 비교적 높고 수요 빈도가 낮은 전문품의 경우 상권이 넓은 편이다.
⑤ 소자본 상권의 경우 유동인구가 많고 접근성이 높은 곳이 유리하다.

THEME ❷ 상권의 유형

상권별 특징을 잘 숙지해야 한다.

06 24년 1회

점포를 중심으로 거리에 따라 상권을 구분하면 일반적으로 점포와의 거리가 증가할수록 점포의 영향력이 약화한다. 다음 중 소비자 흡인율이 가장 낮은 지역인 한계상권(fringe trading area)으로 가장 옳은 것은?

① 1차 상권
② 2차 상권
③ 3차 상권
④ 최소수요충족거리
⑤ 상권 분기점

07 23년 3회

중심지체계나 주변환경 등에 의해 분류할 수 있는 상권의 유형에 대한 설명으로 가장 옳지 않은 것은?

① 도심상권은 중심업무지구(CBD)를 포함하며 상권의 범위가 넓고 소비자들의 평균 체류시간이 길다.
② 근린상권은 점포인근 거주자들이 주요 소비자로 생활밀착형 업종의 점포들이 입지하는 경향이 있다.
③ 부도심상권은 간선도로의 결절점이나 역세권을 중심으로 형성되는 경우가 많으며 도시 전체의 소비자를 유인한다.
④ 역세권상권은 지하철이나 철도역을 중심으로 형성되며 지상과 지하의 입체적 상권으로 고밀도 개발이 이루어지는 경우가 많다.
⑤ 아파트상권은 고정고객의 비중이 높아 안정적인 수요 확보가 가능하지만 외부와 단절되는 경우가 많아 외부고객을 유치하는 상권확대 가능성이 낮은 편이다.

08 21년 3회

상권을 구분하거나 상권별 대응전략을 수립할 때 필수적으로 이해하고 있어야 할 상권의 개념과 일반적 특성을 설명한 내용 중에서 가장 옳지 않은 것은?

① 1차상권이 전략적으로 중요한 이유는 소비자의 밀도가 가장 높고 상대적으로 소비자의 충성도가 높으며 1인당 판매액이 가장 큰 핵심적인 지역이기 때문이다.
② 1차상권은 전체상권 중에서 점포에 가장 가까운 지역을 의미하는데 매출액이나 소비자의 수를 기준으로 일반적으로 약 60% 정도까지를 차지하지만 그 비율은 절대적이지 않다.
③ 2차상권은 1차상권을 둘러싸는 형태로 주변에 위치하여 매출이나 소비자의 일정비율을 추가로 흡인하는 지역이다.
④ 3차상권은 상권으로 인정하는 한계(fringe)가 되는 지역범위로, 많은 경우 지역적으로 넓게 분산되어 위치하여 소비자의 밀도가 가장 낮다.
⑤ 3차상권은 상권 내 소비자의 내점빈도가 1차상권에 비해 높으며 경쟁점포들과 상권중복 또는 상권잠식의 가능성이 높은 지역이다.

THEME ❸ 상권의 계층성

1차 · 2차 · 3차 상권의 특징과 계층적 구조의 하위항목에 대해 구분하여 암기해야 한다.

09 24년 1회

상권의 계층적 구조 형성에 대한 설명으로 가장 옳지 않은 것은?

① 지역 상권 내의 동일 업종 간에는 고객 흡인을 위해 서로 경쟁하게 된다.
② 신규점포 입지 후보지를 선정하려면 우선 지역 상권의 특성을 파악해야 한다.
③ 한 점포의 상권은 지역 상권, 지구 상권, 개별 점포 상권을 포함하는데, 각 상권은 해당 점포로부터의 거리상 범위에 따라 명확하게 구분된다.
④ 점포 상권은 1차 상권, 2차 상권, 3차 상권으로 구분하는 것이 일반적이다.
⑤ 하나의 지역 상권 내에는 여러 지구 상권들이 포함된다.

10 22년 1회

소매점의 입지 선정을 위한 공간분석의 논리적 순서로서 가장 옳은 것은?

① 개별점포(site)분석 - 지구상권(district area)분석 - 광역지역(general area)분석
② 광역지역(general area)분석 - 개별점포(site)분석 - 지구상권(district area)분석
③ 지구상권(district area)분석 - 광역지역(general area)분석 - 개별점포(site)분석
④ 광역지역(general area)분석 - 지구상권(district area)분석 - 개별점포(site)분석
⑤ 개별점포(site)분석 - 광역지역(general area)분석 - 지구상권(district area)분석

11 21년 2회

한 도시 내 상권들의 계층성에 대한 설명으로 가장 옳지 않은 것은?

① 지역상권은 보통 복수의 지구상권을 포함한다.
② 지역상권은 대체로 도시의 행정구역과 일치하기도 한다.
③ 일반적으로 점포상권은 점포가 입지한 지구의 상권보다 크지 않다.
④ 같은 지구 안의 점포들은 특성이 달라도 상권은 거의 일치한다.
⑤ 지방 중소도시의 지역상권은 도시 중심부의 지구상권과 거의 일치한다.

12 16년 3회

상권의 계층적 구조에 따라 국내시장에서 영업하는 도매상을 전국도매상, 지역도매상, 지방도매상, 산지도매상으로 구분할 수 있다. 이 구조 사이의 관계에 대한 내용으로 옳지 않은 것은?

① 도매상 사이의 거래 고리는 산지도매상 · 전국도매상 · 지역도매상 또는 지방도매상의 형태를 가진다.
② 대부분의 전국도매상은 원도매상 또는 중계도매상이다.
③ 대부분의 지역도매상은 분산도매상이다.
④ 대부분의 지방도매상은 분산도매상이다.
⑤ 상품의 생산지가 집중될수록 산지도매상과 전국도매상 사이의 직거래 비중이 높아진다.

13 16년 2회

어떤 한 도시에서 상권의 계층별 구조를 분석할 때 그 공간적 범위가 가장 넓은 것은?

① 지구상권
② 지역상권
③ 특정 지하철역의 역세권
④ 특정 입지의 상권
⑤ 특정 오프라인 소매점포의 상권

THEME ④ 시장성장잠재력(MEP)

IRS와 MEP 매트릭스는 출제 빈도가 높으므로 각 지수가 상반된 크기인 경우 위주로 확실히 숙지하도록 한다.

14 24년 2회

기존 점포 간의 경쟁이 치열하지 않지만 기존 거주자들의 타 지역에서의 쇼핑정도가 높아 시장확장 잠재력이 커지는 상황에 대해 가장 옳게 설명하고 있는 것은?

① 소매포화지수(IRS)와 시장성장잠재력지수(MEP)가 모두 높은 경우
② 소매포화지수(IRS)와 시장성장잠재력지수(MEP)가 모두 낮은 경우
③ 소매포화지수(IRS)는 높지만 시장성장잠재력지수(MEP)가 낮은 경우
④ 소매포화지수(IRS)는 낮지만 시장성장잠재력지수(MEP)가 높은 경우
⑤ 소매포화지수(IRS)와 시장성장잠재력지수(MEP)는 신규점포 진출의 시장후보를 결정하는데 중요한 지표가 아님

15 24년 1회

지역시장의 매력도를 평가하기 위해 활용하는 소매포화지수(RSI ; retail saturation index)와 시장성장잠재력지수(MEP ; market expansion potential)에 대한 설명으로 옳은 것은?

① 시장성장잠재력지수에는 소매포화지수의 내용이 어느 정도 내포되어 있다.
② 소매포화지수에 시장성장잠재력이 어느 정도는 반영되어 있다고 볼 수 있다.
③ 소매포화지수와 시장성장잠재력지수가 모두 높은 경우에는 좋은 신규출점후보지로 볼 수 없다.
④ 시장성장잠재력지수는 특정 지역시장 거주자들이 지역시장 이외의 타 지역에서 구매하는 지출액을 추정하여 계산한다.
⑤ 소매포화지수는 낮은데 시장성장잠재력지수가 높은 경우가 가장 이상적인 소매입지이다.

16

지역시장의 수요잠재력을 총체적으로 측정할 수 있는 지표로 많이 이용되는 소매포화지수(IRS)와 시장성장잠재력지수(MEP)에 대한 설명으로 옳지 않은 것은?

① IRS는 한 지역시장 내에서 특정 소매업태의 단위 매장 면적당 잠재수요를 나타낸다.
② IRS가 낮으면 점포가 초과 공급되어 해당 시장에서의 점포 간 경쟁이 치열함을 의미한다.
③ IRS의 값이 클수록 공급보다 수요가 상대적으로 많으며 시장의 포화정도가 낮은 것이다.
④ 거주자의 지역외구매(outshopping) 정도가 낮으면 MEP가 크게 나타나고 지역시장의 미래 성장 가능성은 높은 것이다.
⑤ MEP와 IRS가 모두 높은 지역시장이 가장 매력적인 시장이다.

17

지역시장의 매력도를 분석할 때 소매포화지수(IRS)와 시장성장잠재력지수(MEP)를 활용할 수 있다. 입지후보가 되는 지역시장의 성장가능성은 낮지만, 시장의 포화정도가 낮아 기존 점포 간의 경쟁이 치열하지 않은 경우로서 가장 옳은 것은?

① 소매포화지수(IRS)와 시장성장잠재력지수(MEP)가 모두 높은 경우
② 소매포화지수(IRS)는 높지만 시장성장잠재력지수(MEP)가 낮은 경우
③ 소매포화지수(IRS)는 낮지만 시장성장잠재력지수(MEP)가 높은 경우
④ 소매포화지수(IRS)와 시장성장잠재력지수(MEP)가 모두 낮은 경우
⑤ 소매포화지수(IRS)와 시장성장잠재력지수(MEP)만으로는 판단할 수 없다.

18

소매입지를 선택할 때는 상권의 소매포화지수(IRS)와 시장확장잠재력(MEP)을 함께 고려하기도 한다. 다음 중 가장 매력적이지 않은 소매상권의 특성으로 옳은 것은?

① 높은 소매포화지수(RSI)와 높은 시장확장잠재력(MEP)
② 낮은 소매포화지수(RSI)와 낮은 시장확장잠재력(MEP)
③ 높은 소매포화지수(RSI)와 낮은 시장확장잠재력(MEP)
④ 낮은 소매포화지수(RSI)와 높은 시장확장잠재력(MEP)
⑤ 중간 소매포화지수(RSI)와 중간 시장확장잠재력(MEP)

19

지역시장의 성장가능성이 높지만 기존 점포 간의 경쟁이 치열하여 매출 쟁탈을 위한 적극적인 판매노력이 요구되는 상황은?

① 소매포화지수(IRS)와 시장성장잠재력지수(MEP)가 모두 높은 경우
② 소매포화지수(IRS)는 높지만 시장성장잠재력지수(MEP)가 낮은 경우
③ 소매포화지수(IRS)는 낮지만 시장성장잠재력지수(MEP)가 높은 경우
④ 소매포화지수(IRS)와 시장성장잠재력지수(MEP)가 모두 낮은 경우
⑤ 소매포화지수(IRS)와 시장성장잠재력지수(MEP) 만으로는 알 수 없음

THEME ❺ 구매력지수(BPI)

구매력지수는 공식 중 가장 큰 가중치가 주어지는 (가처분)소득에 대한 출제 빈도가 높으므로 공식을 확실히 숙지하도록 한다.

20 25년 1회

상권분석의 초기단계에서 어느 지역의 개략적 수요를 비교적 간단하게 추정하는 분석수단인 구매력지수(BPI)를 계산하는 과정에서 필요한 지역시장과 전체시장의 자료가 아닌 것은?

① 해당 지역시장의 인구수(population)
② 해당 지역시장의 소매매출액(retail sales)
③ 전체 지역의 인구수(population)
④ 해당 지역시장의 소매점면적(sales space)
⑤ 해당 지역시장의 가처분소득(effective buying income)

21 23년 2회

상대적으로 광역상권인 시, 구, 동 등 특정 지역의 총량적 수요를 추정할 때 사용되는 구매력지수(BPI ; Buying Power Index)를 계산하는 수식에서 가장 가중치가 큰 변수로서 옳은 것은?

① 전체 지역 대비 특정 지역의 인구비율
② 전체 지역 대비 특정 지역의 가처분소득 비율
③ 전체 지역 대비 특정 지역의 소매업 종사자 비율
④ 전체 지역 대비 특정 지역의 소매매출액 비율
⑤ 전체 지역 대비 특정 지역의 소매점면적 비율

22 22년 1회

비교적 넓은 공간인 도시, 구, 동 등의 상권분석 상황에서 특정지역의 개략적인 수요를 측정하기 위해 사용되고 있는 구매력지수(BPI ; Buying Power Index)를 계산하는 과정에서 필요한 자료로 가장 옳지 않은 것은?

① 부분 지역들의 인구수(population)
② 전체 지역의 인구수(population)
③ 부분 지역들의 소매점면적(sales space)
④ 부분 지역들의 소매매출액(retail sales)
⑤ 부분 지역들의 가처분소득(effective buying income)

23 20년 추가

소매점포의 입지선정과정에서 광역 또는 지역시장의 매력도를 비교분석할 때 특정지역의 개략적인 수요를 측정하기 위해 구매력지수(BPI ; Buying Power Index)를 이용하기도 한다. 구매력지수를 산출할 때 가장 높은 가중치를 부여하는 변수로 옳은 것은?

① 인구수
② 소매점면적
③ 지역면적(상권면적)
④ 소매매출액
⑤ 소득(가처분소득)

THEME 6 체크리스트법

체크리스트법의 기본개념과 특징, 장점 및 단점에 대해 정리하여 학습한다면 어렵지 않게 해결할 수 있는 유형이다. 실제 기출 문제에서는 상권분석 담당자의 주관적 판단이 개입될 가능성이 가장 큰 상권분석 방법으로 예상 매출액과 상권 범위를 추정하기가 어렵다는 단점에 관한 문제가 많이 출제되었다.

24 [24년 2회]

신규점포에 대한 입지후보지 상권을 분석하고자 할 때, 그 상권에 대한 상권범위를 추정하는 데 사용할 수 있는 기법이 아닌 것은?

① 회귀분석(regression analysis)
② 체크리스트법(check-list method)
③ 유사점포법(analog method)
④ 허프(Huff)모델
⑤ 고객분포기법(CST ; customer spotting technique)

25 [24년 1회]

현재 시점까지 영업을 지속하는 기존 점포의 상권 범위를 파악하기 위해 고객이나 거주자들로부터 자료를 수집하여 분석하는 조사기법으로 가장 옳지 않은 것은?

① 점두조사
② gCRM분석
③ 내점객조사
④ 체크리스트법
⑤ 지역표본추출조사

26 [23년 2회]

아래 글상자에서 설명하고 있는 상권분석 기법으로서 가장 옳은 것은?

> 분석과정이 비교적 쉽고 비용이나 시간을 아낄 수 있다. 특정 점포의 상대적 매력도는 파악할 수 있지만, 상권의 공간적 경계를 추정하는 데는 도움을 주지 못한다.

① CST map
② 컨버스(P.D.Converse)의 분기점 분석
③ 티센다각형(thiessen polygon)
④ 체크리스트법
⑤ 허프(Huff)모델

27 [20년 추가]

상권내에서 분석대상이 되는 점포의 상대적 매력도를 파악할 수는 있으나 예상매출액을 추정할 수는 없는 방법으로 가장 옳은 것은?

① 유사점포법
② MNL모델
③ 허프모델
④ 회귀분석법
⑤ 체크리스트법

28 [17년 3회]

아래 특징을 가지는 상권분석 기법은?

> • 대안이 되는 여러 점포들의 매력도를 상대적으로 비교할 수 있음
> • 서로 다른 영향요소 간의 상호작용효과를 파악할 수 없음
> • 매출액을 수치화해서 추정하기 어려움

① 체크리스트법
② MNL모델
③ 회귀모델
④ Huff모델
⑤ 유사점포법

THEME 7 유추법(유사점포법)

서술적 방법 중 출제 빈도가 가장 높은 유형이다. 기본적인 개념과 절차에 대해 정리한다면 어렵지 않게 해결할 수 있는 유형이다.

29 25년 1회

아래 글상자에서 유사한 입지특성을 갖는 점포의 매출액을 주요 자료로 신규점포의 매출액을 추정하는 방법만을 나열한 것으로 가장 옳은 것은?

> ㉠ 유추법
> ㉡ 체크리스트법
> ㉢ Huff모델
> ㉣ 구매력지수활용법

① ㉠
② ㉡
③ ㉢
④ ㉣
⑤ ㉡, ㉣

30 22년 3회

유추법(analog method)을 통해 신규점포에 대한 수요를 추정하는 과정에 대한 설명으로 가장 옳지 않은 것은?

① 비교점포는 통계분석 대신 주관적 판단을 주로 사용해서 선정한다.
② 신규점포의 수요는 비교점포의 상권정보를 활용해서 산정한다.
③ 비교점포의 상권을 단위거리에 따라 구역(zone)으로 나눈다.
④ 비교점포의 구역별 고객 1인당 매출액을 추정한다.
⑤ 수요예측을 위해 반드시 2개 이상의 비교점포를 선정해야 한다.

31 22년 2회

신규점포의 예상매출액을 추정할 때 활용하는 애플바움(W. Applebaum)의 유추법(analog method)에 대한 설명으로 옳지 않은 것은?

① 일관성 있는 예측이 중요하므로 소비자 특성의 지역별 차이를 고려하기보다는 동일한 방법을 적용해야 한다.
② 현재 운영 중인 상업시설 중에서 유사점포(analog store)를 선택한다.
③ 과거의 경험을 계량화한 자료를 이용해 미래를 예측하지만 시장요인과 점포특성들이 끊임없이 변화하기 때문에 주관적 판단이 요구된다.
④ 비교대상 점포들의 특성이 정확히 일치하는 경우를 찾기 어려울 뿐만 아니라 특정 환경변수의 영향이 동일하게 작용하지도 않기 때문에 주관적 판단이 요구된다.
⑤ 점포의 물리적 특성, 소비자의 쇼핑패턴, 소비자의 인구 통계적 특성, 경쟁상황이 분석대상과 비슷한 점포를 유사점포(analog store)로 선택하는 것이 바람직하다.

32 21년 3회

상권분석 방법 중 애플바움(W. Applebaum)이 제안한 유추법에 대한 설명으로 가장 옳지 않은 것은?

① 유사한 점포의 상권정보를 활용하여 신규점포의 상권 규모를 분석한다.
② 유사점포는 점포 특성, 고객 특성, 경쟁 특성 등을 고려하여 선정한다.
③ 고객스포팅기법(CST)을 활용하여 유사점포의 상권을 파악한다.
④ 유사점포의 상권을 구역화하고, 회귀분석을 통해 구역별 매출액을 추정한다.
⑤ 유사점포의 상권 구역별 매출액을 적용하여 신규점포의 매출액을 추정한다.

33 19년 3회

다음 중 상권분석의 한 방법인 유추법(analog method)과 별 관련이 없는 것은?

① CST(Customer Spotting Technique)
② 애플바움(Applebaum)
③ 정성적 상권분석
④ 확률모형
⑤ 유사한 기존 점포

THEME 8 소매인력(중력)법칙

규범적 모형 중 출제되지 않은 연도가 없을 정도로 비중이 매우 높은 유형이다. 기본적인 개념과 가정, 한계점을 비롯하여 계산 문제도 종종 출제되므로 공식을 암기한 후 문제에 적용해 보는 연습을 반드시 해야 한다.

35 24년 1회

상권분석에 관한 주요 이론들에 대한 설명으로 가장 옳지 않은 것은?

① 라일리(Reilly)의 소매인력이론은 두 대도시 사이에 위치한 한 도시의 수요가 두 도시 각각에 유출되는 정도는 두 대도시의 상대적 규모에 비례하고 두 대도시까지의 상대적 거리의 제곱에 반비례한다고 설명한다.
② 컨버스(Converse)는 라일리(Reilly)의 소매인력이론을 수정하여 두 도시 간의 상권분기점을 설명한다.
③ 허프(Huff)의 소매인력이론은 도시 간의 상권 경계를 확률적으로 분석한다.
④ 루스(Luce)의 확률적 점포선택모델은 특정 점포에 대한 소비자의 접근가능성과 매력성 평가라는 소비자행동 요소를 포함하여 점포선택 행동을 설명한다.
⑤ 크리스탈러(Christaller)의 중심지이론은 소비자들이 유사점포들 가운데 가장 가까운 점포를 선택한다고 가정한다.

34 19년 1회

상권분석기법 중 유추법(analog method)과 관련된 내용으로 가장 옳지 않은 것은?

① CST map
② 유사점포
③ 상권범위 추정
④ 규범적 모형
⑤ 상권내 소규모지역(zone)

36 23년 2회

신규점포에 대한 상권분석 기법이나 이론들은 기술적, 확률적, 규범적 분석방법으로 구분하기도 한다. 다음 중 규범적 분석에 해당되는 것만을 나열한 것은?

① 체크리스트법, 유추법
② 중심지 이론, 소매인력법칙
③ 허프(Huff)모델, MNL모형
④ 유추법, 중심지 이론
⑤ 소매인력법칙, 허프(Huff)모델

37 20년 추가

대도시 A, B 사이에 위치하는 중소도시 C가 있을 때 A, B가 C로부터 끌어들일 수 있는 상권규모를 분석하기 위해 레일리(W. Reilly)의 소매인력법칙을 활용할 수 있다. 이 때 꼭 필요한 정보로 옳지 않은 것은?

① 중소도시 C에서 대도시 A까지의 거리
② 중소도시 C에서 대도시 B까지의 거리
③ 중소도시 C의 인구
④ 대도시 A의 인구
⑤ 대도시 A, B 사이의 분기점

38 18년 1회

레일리(Reilly) 법칙을 이용하여, C지점의 구매력이 A도시와 B도시에 흡인되는 비율을 구하면?

- A도시의 인구 : 25만명
- B도시의 인구 : 100만명
- A도시와 B도시 사이에 C지점이 위치해 있음
- C지점부터 A도시까지의 거리 : 4km
- C지점부터 B도시까지의 거리 : 16km

① 4:1 ② 1:4
③ 16:1 ④ 1:16
⑤ 1:1

39 17년 3회

라일리(Reilly)의 소매인력법칙과 관련한 설명으로 옳지 않은 것은?

① 뉴턴(Newton)의 중력법칙을 상권분석에 활용한 것이다.
② 도시규모가 클수록 주변의 소비자를 흡인하는 매력도가 커진다고 가정한다.
③ 쇼핑시 주변도시의 매력도는 이동거리의 제곱에 반비례한다고 가정한다.
④ 광역상권의 경쟁상황에서 쇼핑센터의 매출액 추정에도 활용할 수 있다.
⑤ 거리, 인구뿐만 아니라 매장면적, 가격 등 최소한의 변수를 활용할 수 있다.

40 17년 2회

'뉴턴의 만유인력'을 원용한 '소매인력법칙'을 제안한 사람으로 '두 도시의 중간에 위치하는 지역에 대하여 두 도시의 상권이 미치는 영향력의 범위는 두 도시의 크기에 비례하고 두 도시까지의 거리의 제곱에 반비례 한다'라고 주장한 사람은?

① 크리스탈러(W. Christaller)
② 컨버스(P. Converse)
③ 애플바움(W. Applebaum)
④ 허프(D. Huff)
⑤ 레일리(W. J. Reilly)

THEME 9 컨버스의 수정소매인력법칙

레일리의 소매인력법칙과 마찬가지로 출제 빈도가 매우 높은 유형이다. 특히 컨버스의 제1법칙 공식을 활용한 계산 문제가 많이 출제되므로 공식을 암기하고 문제에 적용하여 풀어보는 연습을 반드시 해야 한다.

41 [23년 3회]

인구 9만명인 도시 A와 인구 1만명인 도시 B 사이의 거리는 20km이다. 컨버스의 공식을 적용할 때 도시 B로부터 두 도시(A, B) 간 상권분기점까지의 거리로 옳은 것은?

① 5km
② 10km
③ 15km
④ 20km
⑤ 25km

42 [20년 추가]

A시의 인구는 20만명이고 B시의 인구는 5만명이다. 두 도시가 서로 15km의 거리에 떨어져 있는 경우, 두 도시간의 상권경계는 A시로부터 얼마나 떨어진 곳에 형성되겠는가? (Converse의 상권분기점 분석법을 이용해 계산하라.)

① 3km
② 5km
③ 9km
④ 10km
⑤ 12km

43 [20년 3회]

서로 떨어져 있는 두 도시 A, B의 거리는 30km이다. 이 때 A시의 인구는 8만명이고 B시의 인구는 A시 인구의 4배라고 하면 도시간의 상권경계는 B시로부터 얼마나 떨어진 곳에 형성되겠는가? (Converse의 상권분기점 분석법을 이용해 계산하라.)

① 6km
② 10km
③ 12km
④ 20km
⑤ 24km

44 [18년 3회]

21km의 거리를 두고 떨어져 있는 두 도시 A, B가 있는데 A시의 인구는 3만명이고 B시의 인구는 A시의 4배라고 하면 도시간의 상권경계는 A시로부터 얼마나 떨어진 곳에 형성되겠는가? (Converse의 상권분기점 분석법을 이용해 계산하라.)

① 5.25km
② 6km
③ 7km
④ 13km
⑤ 14km

45 [17년 2회]

A시의 인구는 12만명이고, B시의 인구는 3만명이다. 두 도시가 서로 30km의 거리에 떨어져 있는 경우, 두 도시간의 상권경계는 A시로부터 얼마나 떨어진 곳에 형성되는가? (Converse의 상권분기점 분석법을 이용해 계산하라.)

① 6km
② 7.5km
③ 10km
④ 20km
⑤ 22.5km

46 [17년 1회]

서로 경합하는 초광역 쇼핑센터들의 상권을 설정할 때, 수집해야 하는 자료의 양과 투입비용의 측면에서 가장 합리적으로 활용할 수 있는 모델(이론)은?

① 허프(Huff)의 확률모델
② 허프(Huff)의 수정모델
③ 컨버스(Converse)의 제1법칙
④ 넬슨(Nelson)의 입지이론
⑤ 호텔링(Hotelling)의 최소분화원리

THEME ⑩ 크리스탈러의 중심지 이론

규범적 모형 중 출제 빈도가 가장 높은 유형이다. 계산 공식은 없지만, 최대 도달거리와 최소수요 충족 거리(최소 요구 범위)에 관한 내용이 지문에 많이 제시되었으므로 개념 정립을 확실하게 하고 넘어가야 한다.

47 25년 2회

중심지이론을 적용해 봤을 때 동일계층의 중심지가 여러 개 존재하는 지역에서 중심지 간 경쟁과 소외지역을 최소화하는 중심지 상권의 모양으로 가장 옳은 것은?

① 원 형
② 다각형
③ 타원형
④ 정육각형
⑤ 동심원형

48 25년 2회

중심지 상권의 계층성을 설명하는 중심지이론의 고차원 중심지와 저차원 중심지의 비교설명으로 가장 옳지 않은 것은?

① 고차원 중심지일수록 고급상품을 취급한다.
② 교통이 발달할수록 저차원 중심지는 쇠락한다.
③ 인구가 증가할수록 중심지 간 거리는 멀어진다.
④ 고차원 중심지일수록 소비자 도달거리가 커진다.
⑤ 고차원 중심지일수록 소비자 이용 빈도가 낮아진다.

49 23년 3회

크리스탈러(Christaller, W.)의 중심지이론에서 말하는 중심지 기능의 최대 도달거리(the range of goods and services)가 의미하는 것으로 가장 옳은 것은?

① 중심지의 유통서비스 기능이 지역거주자에게 제공될 수 있는 한계거리
② 소비자가 도보로 접근할 수 있는 중심지까지의 최대 도달거리
③ 전문품 상권과 편의품 상권의 지리적 최대 차이
④ 상위 중심지와 하위 중심지 사이의 거리
⑤ 상업중심지의 정상이윤 확보에 필요한 수요를 충족시키는 상권범위

50 23년 1회

지리학자인 크리스탈러(W. Christaller)의 중심지이론의 기본적 가정과 개념에 대한 설명으로 옳지 않은 것은?

① 중심지 활동이란 중심지에서 재화와 서비스가 제공되는 활동을 의미한다.
② 중심지에서 먼 곳은 재화와 서비스를 제공받지 못하게 된다고 가정한다.
③ 조사대상 지역은 구매력이 균등하게 분포하고 끝이 없는 등방성의 평지라고 가정한다.
④ 최소요구범위는 생산자가 정상이윤을 얻을 만큼 충분한 소비자들을 포함하는 경계까지의 거리이다.
⑤ 중심지이론은 인간의 각종 활동공간이 어떤 핵을 중심으로 배열되어 있다는 인식에서 비롯되었다.

51

크리스탈러(Christaller)의 중심지이론과 관련된 설명으로 가장 옳지 않은 것은?

① 중심지란 배후지의 거주자들에게 재화와 서비스를 제공하는 상업기능이 밀집된 장소를 말한다.
② 배후지란 중심지에 의해 서비스를 제공받는 주변지역으로서 구매력이 균등하게 분포하고 끝이 없이 동질적인 평지라고 가정한다.
③ 중심지기능의 최대도달거리(도달범위)는 중심지에서 제공되는 상품의 가격과 소비자가 그것을 구입하는 데드는 교통비에 의해 결정된다.
④ 도달범위란 중심지 활동이 제공되는 공간적 한계를 말하는데 중심지로부터 어느 재화에 대한 수요가 0이 되는 곳까지의 거리를 의미한다.
⑤ 상업중심지의 정상이윤 확보에 필요한 최소한의 수요를 발생시키는 상권범위를 최대수요 충족거리라고 한다.

52

크리스탈러(W. Christaller)의 중심지이론은 판매자와 소비자를 "경제인"으로 가정한다. 그 의미로서 가장 옳은 것은?

① 판매자와 소비자 모두 비용대비 이익의 최대화를 추구한다.
② 소비자는 거리와 상관없이 원하는 제품을 구매하러 이동한다.
③ 판매자는 경쟁을 회피하려고 최선을 다한다.
④ 소비자는 구매여행의 즐거움을 추구한다.
⑤ 소비자는 가능한 한 상위계층 중심지에서 상품을 구매한다.

THEME 11 티센다각형 모형

공간독점접근법에 기반한 상권 구획모형의 일종인 티센다각형의 크기는 경쟁수준과 반비례한다는 점을 숙지하여야 한다.

53

상권설정에 비교적 간편하게 응용할 수 있는 상권구획모형인 티센다각형(Thiessen Polygon)에 대한 설명 중 옳지 않은 것은?

① 티센다각형의 크기는 경쟁수준과 비례한다.
② 시설간 경쟁정도를 쉽게 파악할 수 있다.
③ 각 매장이 차별성이 없는 상품을 판매하는 것을 가정한다.
④ 최근접상가 선택가설에 근거하여 상권을 설정한다.
⑤ 하나의 상권을 하나의 매장에만 독점적으로 할당하는 방법이다.

54

소비자들이 점포를 선택할 때 가장 가까운 점포를 선택한다는 가정을 하며, 상권경계를 결정할 때 티센다각형(thiessen polygon)을 활용하는 방법으로 가장 옳은 것은?

① 입지할당모델법
② Huff모델법
③ 근접구역법
④ 유사점포법
⑤ 점포공간매출액비율법

55 21년 2회

입지후보지에 대한 예상 매출금액을 계량적으로 추정하기 위한 상권분석기법이 아닌 것으로만 짝지어진 것은?

① 유사점포법(Analog method), 허프모델(Huff model)
② 허프모델(Huff model), 체크리스트법(Checklist method)
③ 티센다각형(Thiessen polygon)모형, 체크리스트법(Checklist method)
④ 회귀분석(Regression analysis)모형, 허프모델(Huff model)
⑤ 다항로짓모델(Multinomial logit model), 유사점포법(Analog method)

56 20년 추가

소비자들이 유사한 인접점포들 중에서 선택하는 상황을 전제로 상권의 경계를 파악할 때 간단하게 활용하는 티센다각형(Thiessen polygon) 모형에 대한 설명으로 옳지 않은 것은?

① 근접구역이란 어느 점포가 다른 경쟁점포보다 공간적인 이점을 가진 구역을 의미하며 일반적으로 티센다각형의 크기는 경쟁수준과 역의 관계를 가진다.
② 두 다각형의 공유 경계선 상에 위치한 부지를 신규 점포부지로 선택할 경우 이곳은 두 곳의 기존 점포들로부터 최대의 거리를 둔 입지가 된다.
③ 소비자들이 가장 가까운 소매시설을 이용한다고 가정하며, 공간독점 접근법에 기반한 상권 구획 모형의 일종이다.
④ 소매 점포들이 규모나 매력도에 있어서 유사하다고 가정하며 각각의 티센다각형에 의해 둘러싸인 면적은 다각형 내에 둘러싸인 점포의 상권을 의미한다.
⑤ 다각형의 꼭짓점에 있는 부지는 기존 점포들로부터 근접한 위치로 신규 점포 부지로 선택 시 피하는 것이 유리하다.

57 19년 2회

상권의 경계를 파악하기 위해 간단하게 활용할 수 있는 티센다각형(Thiessen polygon) 모형에 대한 설명으로 옳지 않은 것은?

① 공간독점접근법에 기반한 상권 구획모형의 일종이다.
② 소비자들이 가장 가까운 소매시설을 이용한다고 가정한다.
③ 소매 점포들이 규모나 매력도에 있어서 유사하다고 가정한다.
④ 일반적으로 티센다각형의 크기는 경쟁수준과 정의 관계를 가진다.
⑤ 신규점포의 입지가능성을 판단하기 위한 상권범위 예측에 사용될 수 있다.

58 18년 1회

소비자들이 유사한 점포들 중에서 점포를 선택할 때는 가장 가까운 점포를 선택한다는 가정을 토대로 하며, 상권경계를 결정할 때 티센다각형(thiessen polygon)을 활용하는 방법은?

① Huff모델
② 입지할당모델
③ 유사점포법
④ 근접구역법
⑤ 점포공간매출액비율법

THEME ⑫ 허프의 확률모델

점포 간의 거리변수 대신에, 거주지에서 점포까지의 이동 거리를 소요시간으로 대체하여 계산할 수 있다는 점과 특정 점포의 선택확률을 계산하는 문제가 출제되므로 공식을 암기하여 문제를 풀도록 한다.

59 25년 2회

S지역에 거주하는 소비자들이 이용할 수 있는 점포가 3개만 존재한다. 다음 자료와 Huff모델을 사용하여 소비자들의 이용 확률이 가장 높은 점포와 그 확률을 구한 것으로 옳은 것은? (단, 소비자들의 점포면적에 대한 민감도는 +2, 거리에 대한 민감도는 −2이다.)

	A 점포	B 점포	C 점포
점포면적	4	9	10
S지역과의 거리	2	3	5

① A 점포 : 약 35%
② A 점포 : 약 43%
③ B 점포 : 약 45%
④ B 점포 : 약 53%
⑤ C 점포 : 약 42%

60 24년 2회

예상매출액을 추정하거나 소매상권의 범위를 파악하기 위해 활용할 수 있는 허프(D. L. Huff) 모형의 개념과 특징에 대한 설명으로 가장 옳지 않은 것은?

① 소비자가 느끼는 특정 점포의 효용은 점포크기와 점포까지의 거리 두 가지 변수만으로 결정된다고 가정한다.
② 점포면적에 대한 민감도와 점포까지의 거리에 대한 민감도는 상권에 따라 달라질 수 있다.
③ 개별 점포의 효용을 추정할 때 소비자와 점포의 물리적 거리를 시간 거리로 대체하여 계산할 수 없다.
④ 특정 점포의 효용이 경쟁점포보다 클수록 그 점포가 선택될 가능성이 높아진다고 가정한다.
⑤ 루스(Luce)의 선택공리를 바탕으로 하며 많은 상권분석 기법들 중에서 대표적인 확률적 모형이다.

61 24년 1회

Huff모델을 통해 소비자의 점포선택확률을 계산하고자 할 때 소비자가 선택을 고려하는 점포에 대한 정보들을 활용한다. 다음 중 그 내용에 해당하지 않는 것은?

① 점포의 크기
② 점포의 크기에 대한 민감도 계수
③ 점포까지의 이동 거리 또는 시간
④ 점포 간의 이동 거리 또는 시간
⑤ 점포까지의 이동 거리에 대한 민감도 계수

62 20년 추가

이새봄씨가 사는 동네에는 아래 표와 같이 이용 가능한 슈퍼마켓이 3개가 있다. Huff모델을 이용해 이새봄씨의 슈퍼마켓 이용확률이 가장 큰 점포와 그 이용확률을 구하라. (단, 거리와 점포 크기에 대한 민감도는 −3과 2로 가정하자. 거리와 매장 면적의 단위는 생략)

구 분	A 슈퍼	B 슈퍼	C 슈퍼
거 리	2	4	2
점포면적	6	8	4

① A 슈퍼 60%
② B 슈퍼 31%
③ A 슈퍼 57%
④ B 슈퍼 13%
⑤ C 슈퍼 27%

63 18년 1회

"도시내의 상업직접시설을 단위로 하여, 상업시설의 규모와 상업시설까지 걸리는 시간거리를 중심으로 각 상업시설을 방문할 확률을 계산하고, 이를 모두 합하여 해당 상업시설의 흡인력을 계산"한 것과 가장 관련이 깊은 사람은?

① 레일리(Reilly, W. J)
② 컨버스(Converse, P. D.)
③ 허프(Huff, D. L.)
④ 애플바움(Applebaum, W.)
⑤ 크리스탈러(Christaller, W.)

THEME 13 허프의 수정확률모델

소비자가 어느 상업지에서 구매하는 확률은 그곳에 도달하는 거리의 제곱에 반비례한다는 내용을 묻는 계산 문제가 자주 출제된다. 계산 문제 풀이 시 공통된 부분은 계산하지 말고 다른 부분만 비교해서 문제를 요령 있게 풀도록 한다.

64 24년 2회

아래 글상자에서 제시하고 있는 최근 이사한 소비자 C의 사례에 허프(D. L. Huff)의 수정모형을 적용하였을 때, 이사 전에서 후의 소비자 C의 소매지출에 대한 소매단지 A의 점유율 변화로 가장 옳은 것은?

- A와 B 오직 2개인 동일한 규모의 소매단지만을 이용하며, 1회 소매지출은 일정하다.
- 이사 전에는 C의 거주지와 B 사이 거리가 C의 거주지와 A 사이 거리의 2배였다.
- 이사 후에는 C의 거주지와 A 사이 거리가 C의 거주지와 B 사이 거리의 2배가 되었다.

① 5분의 1로 감소한다.
② 4분의 1로 감소한다.
③ 4배 증가한다.
④ 5배 증가한다.
⑤ 변화 없다.

65 23년 2회

소비자 C가 이사를 하였다. 글상자의 조건을 수정허프(Huff)모델에 적용하였을 때, 이사 이전과 이후의 소비자 C의 소매지출에 대한 소매단지 A의 점유율 변화로 가장 옳은 것은?

- ㉠ 소비자 C는 오직 2개의 소매단지(A와 B)만을 이용하며, 1회 소매지출은 일정하다.
- ㉡ A와 B의 규모는 동일하다.
- ㉢ 이사 이전에는 C의 거주지와 B 사이 거리가 C의 거주지와 A 사이 거리의 2배였다.
- ㉣ 이사 이후에는 C의 거주지와 A 사이 거리가 C의 거주지와 B 사이 거리의 2배가 되었다.

① 4배로 증가
② 5배로 증가
③ 4분의 1로 감소
④ 5분의 1로 감소
⑤ 변화 없음

66 23년 2회

허프(Huff)모델보다 분석과정이 단순해서 상권분석에서 실무적으로 많이 활용되는 수정허프(Huff)모델의 특성에 관한 설명으로 가장 옳지 않은 것은?

① 분석을 위해 상권 내에 거주하는 소비자의 개인별 구매행동 데이터를 수집할 필요가 없다.
② 허프(Huff)모델과 같이 점포면적과 점포까지의 거리를 통해 소비자의 점포 선택확률을 계산할 수 있다.
③ 상권분석 상황에서 실무적 편의를 위해 점포면적과 거리에 대한 민감도를 따로 추정하지 않는다.
④ 허프(Huff)모델과 달리 수정허프(Huff)모델은 상권을 세부지역(zone)으로 구분하는 절차를 거치지 않는다.
⑤ 허프(Huff)모델에서 추정해야 하는 점포면적과 이동거리 변수에 대한 소비자의 민감도계수를 '1'과 '-2'로 고정하여 인식한다.

67 23년 1회

소비자가 상권 내의 세 점포 중에서 하나를 골라 어떤 상품을 구매하려고 한다. 세 점포의 크기와 점포까지의 거리는 아래의 표와 같다. Huff모형을 이용할 때, 세 점포에 대해 이 소비자가 느끼는 매력도의 크기가 큰 것부터 제대로 나열된 것은? (단, 소비자의 점포크기에 대한 민감도 = 1, 거리에 대한 민감도 모수 = 2로 계산)

점 포	거리(Km)	점포크기(제곱미터)
A	4	50,000
B	6	70,000
C	3	40,000

① A > C > B
② B > A > C
③ B > C > A
④ C > A > B
⑤ C > B > A

68 21년 3회

수정Huff모델의 특성과 관련한 설명 중 가장 옳지 않은 것은?

① 수정Huff모델은 실무적 편의를 위해 점포면적과 거리에 대한 민감도를 따로 추정하지 않는다.
② 점포면적과 이동거리에 대한 소비자의 민감도는 '1'과 '-2'로 고정하여 인식한다.
③ Huff모델과 같이 점포면적과 점포까지의 거리 두 변수만으로 소비자들의 점포 선택확률을 추정할 수 있다.
④ 분석과정에서 상권 내에 거주하는 소비자의 개인별 구매행동 데이터를 활용하여 예측의 정확도를 높인다.
⑤ Huff모델보다 정확도는 낮을 수 있지만, 일반화하여 쉽게 적용하고 대략적 추정을 가능하게 한것이다.

69 21년 1회

허프(Huff)의 수정모델을 적용해서 추정할 때, 아래 글상자 속의 소비자 K가 A지역에 쇼핑을 하러 갈 확률로서 가장 옳은 것은?

A지역의 매장면적은 100평, 소비자 K로부터 A지역까지의 거리는 10분 거리, B지역의 매장면적은 400평, 소비자 K로부터의 거리는 20분 거리

① 0.30
② 0.40
③ 0.50
④ 0.60
⑤ 0.70

THEME 14 회귀분석

독립변수 간의 독립성과 시간의 흐름에 따라 회귀모델을 개선해 나갈 수 있는 점에 대해 숙지하고 있어야 한다.

70 25년 1회

점포의 입지결정이나 상권분석에 회귀분석모델을 활용할 때의 장단점에 대한 설명으로 옳지 않은 것은?

① 단독 점포 또는 극소수 점포를 가진 경우에도 활용 가능하다.
② 독립변수 간의 상호관련성이 작아야 한다는 회귀분석모델의 가정은 비현실적인 경우가 있다.
③ 점포성과에 미치는 상권변수들의 상대적인 영향력을 확인할 수 있는 다중회귀분석이 가능하다.
④ 시간의 흐름에 따라 회귀분석모델을 개선해 나갈 수 있어서 활용의 확장성과 융통성이 있다.
⑤ 분석대상과 유사한 입지조건이나 상권특성을 가진 점포표본들을 충분히 확보하기 어렵다.

71

신규점포의 입지를 결정하는 과정에서 후보입지의 매력도 평가에 활용할 수 있는 회귀분석모형에 관한 설명으로 가장 옳지 않은 것은?

① 종속변수는 독립변수의 영향을 받는 관계이므로 종속변수와 상관관계가 있는 독립변수를 포함시켜야 한다.
② 회귀분석모형에 포함되는 독립변수들은 서로 상관관계가 높지 않고 독립적이어야 한다.
③ 성과에 영향을 미치는 독립변수로는 점포 자체의 입지적 특성과 상권 내 경쟁수준 등을 포함시킬 수 있다.
④ 인구수, 소득수준, 성별, 연령 등 상권 내 소비자들의 특성을 독립변수로 포함시킬 수 있다.
⑤ 2~3개의 표본점포를 사용하면 실무적으로 설명력 있는 회귀모형을 도출하는 데 충분하다.

72

입지분석에 사용되는 각종 이론들에 대한 설명 중 가장 옳지 않은 것은?

① 공간상호작용모델은 소비자 구매행동의 결정요인에 대한 이해를 통해 입지를 결정한다.
② 다중회귀분석은 점포성과에 영향을 주는 요소의 절대적 중요성을 회귀계수로 나타낸다.
③ 유추법은 유사점포에 대한 분석을 통해 입지후보지의 예상매출을 추정한다.
④ 체크리스트법은 특정입지의 매출규모와 입지비용에 영향을 줄 요인들을 파악하고 유효성을 평가한다.
⑤ 입지분석이론들은 소매점에 대한 소비자 점포선택행동과 소매상권의 크기를 설명한다.

73

점포입지나 상권에 관한 회귀분석에 관한 설명으로 가장 옳지 않은 것은?

① 점포의 성과에 대한 여러 변수들의 상대적인 영향력 분석이 가능하다.
② 상권분석에 점포의 성과와 관련된 많은 변수들을 고려할 수 있다.
③ 독립변수들이 상호관련성이 없다는 가정은 현실성이 없는 경우가 많다.
④ 분석대상과 유사한 상권특성을 가진 점포들의 표본을 충분히 확보하기 어렵다.
⑤ 시간의 흐름에 따라 회귀모델을 개선해 나갈 수 없어 확장성과 융통성이 부족하다.

필수 기출문제 정답과 해설

01 정답 ⑤
해설 점포를 둘러싼 상권의 형태는 자연조건(하천, 산), 교통체계(도로, 교통수단), 점포 규모와 유통업의 형태 등의 영향으로 어떤 특정한 형태가 아닌 아메바형이나 부정형 형태로 나타난다.

02 정답 ⑤
해설 점포를 둘러싼 상권의 형태는 자연조건, 교통체계, 점포 규모와 유통업의 형태 등의 영향으로 어떤 특정한 형태를 갖는다고 할 수 없다.

03 정답 ②
해설 공급 측면에서 비용 요인 중 교통비가 저렴할수록 상권은 확대된다.

04 정답 ④
해설 비용 요인에는 생산비, 운송비, 판매비용 등이 포함되며 비용이 상대적으로 저렴할수록 상권은 확대된다.

05 정답 ②
해설 상권은 실질 구매력을 갖춘 유효수요가 분포된 경제적 공간으로, 그 형태는 확정적이지 않고 가변적이다. 따라서 상권은 다양한 관점에서 여러 유사 개념으로 얼마든지 확장될 수 있다.

06 정답 ③
해설 고객 흡인율에 따른 유형

1차 상권	점포를 기준으로 500m 이내 지점, 즉 지름 1km 이내 지점을 말하며 상권 내 사업장 이용 고객은 60~70% 정도 범위이다.
2차 상권	점포를 기준으로 1km, 즉 지름 2km 이내의 지점으로 사업장 이용 고객의 20~30%를 포함하는 범위를 말한다.
3차 상권 (한계상권)	1차 상권, 2차 상권 이외의 지역으로 점포를 기준으로 직경 2km 이외의 지구를 말한다. 사업장 이용 고객은 5~10% 정도 범위이다.

07 정답 ③
해설 부도심 상권은 도심 집중화의 감소를 위해 개발된 곳으로 보통 간선도로의 결절점이나 지하철, 철도 등 역세권을 중심으로 형성된다. 주로 공공시설, 상업시설, 업무시설 등이 입지하게 되며, 도심과 달리 도시의 일부 지역만을 상권 대상으로 하므로 도시 전체의 소비자를 유인하지는 못한다.

08 정답 ⑤
해설 3차 상권 내에 위치한 고객들은 1차 상권 및 2차 상권과 비교할 때 고객의 수와 이들의 구매빈도가 적기 때문에 점포 매출액에서 차지하는 비중이 작다.

09 정답 ③
해설 보통 한 점포의 상권은 지역 상권, 지구 상권, 개별 점포상권을 모두 포함하는 것이지만, 엄격하게 구분하지는 않는다.

10 정답 ④

해설 상권을 크기별로 구분하면 지역(광역) 상권＞지구 상권＞개별점포(지점) 상권의 순서로 진행된다.

11 정답 ④

해설 점포의 특성에 따라 상권의 범위는 달라질 수 있다.

12 정답 ⑤

해설 상품의 생산지가 집중될수록 산지도매상과 지역도매상 또는 지방도매상 사이의 직거래 비중이 높아진다.

13 정답 ②

해설 지역 상권은 총 상권 지역으로 가장 포괄적인 상권 범위로서 '시' 또는 '군'을 포함하는 넓은 지역 범위이며, 도시 간의 흡인 범위가 성립하는 범위이다.

14 정답 ①

해설 소매 포화지수(IRS)는 지역시장의 매력도(수요잠재력)를 측정하는 것으로, 그 값의 크기가 클수록 공급보다 수요가 많음(시장 포화도가 낮음)을 의미한다. 또한, 시장 성장잠재력 지수(MEP)는 지역시장이 미래에 신규 수요를 창출할 수 있는 잠재력을 반영하는 지표로서, MEP 값이 클수록 시장 성장잠재력이 향상되게 된다. 즉, 기존 점포 간의 경쟁은 치열하지 않고 시장잠재력이 향상되는 상황은 소매 포화지수(IRS)와 시장 성장잠재력 지수(MEP)가 모두 높은 상황에 해당한다.

15 정답 ④

해설 MEP 값은 타 지역에서의 쇼핑지출액을 근거로 계산되며, 타 지역의 쇼핑 정도가 높을수록, 즉 MEP값이 클수록 시장 성장잠재력이 향상되게 된다.

16 정답 ④

해설 MEP 값은 타 지역에서의 쇼핑지출액을 근거로 계산되며, 타 지역의 쇼핑 정도가 높으면 MEP가 크게 나타나고 시장 성장잠재력이 높아지게 된다.

17 정답 ②

해설 IRS가 높을수록 시장의 포화정도가 낮다는 것을 의미하고, MEP가 높을수록 시장 성장잠재력이 향상되게 된다. 따라서 지역시장의 성장 가능성은 낮지만, 시장의 포화정도가 낮아 기존 점포 간의 경쟁이 치열하지 않은 경우는 IRS는 높지만, MEP가 낮은 경우이다.

18 정답 ②

해설 가장 매력적이지 않은 소매상권은 소매 포화지수와 시장확장잠재력이 모두 낮은 상권이며, 가장 매력적인 소매상권은 소매 포화지수와 시장확장잠재력이 모두 높은 상권이다.

19 정답 ③

해설 IRS가 높을수록 시장의 포화 정도가 낮아 신규점포를 개설할 시장기회가 커진다는 의미이고, MEP가 높을수록 시장 성장잠재력이 향상되게 된다. 따라서 지역시장의 성장 가능성은 크지만, 기존 점포 간의 경쟁이 치열한 상태는 IRS는 낮고 시장 MEP가 높은 경우이다.

20 정답 ④

해설 BPI = (전체 지역의 인구수에 대한 해당 지역시장의 인구수 × 0.2) + (전체의 소매매출액에서 차지하는 해당 지역시장의 소매매출액 × 0.3) + (전체의 가처분소득 중에서 차지하는 해당 지역시장의 가처분소득 × 0.5)

21 정답 ②

해설 구매력지수를 구하기 위한 3가지 요소 중에 가처분소득은 가장 큰 절반의 가중치가 주어지는 변수이다.

22 정답 ③

해설 부분 지역들의 소매점 면적은 구매력지수를 계산하는 과정에서 필요한 자료가 아니다.
BPI = (인구비 × 0.2) + (소매 매출액비 × 0.3) + (가처분소득 × 0.5)

23 정답 ⑤

해설 구매력지수를 구하기 위한 3가지 요소 중에 (가처분)소득은 가장 큰 절반의 가중치인 0.5가 주어지는 변수이다.

24 정답 ②

해설 체크리스트법은 상권의 규모에 영향을 미치는 요인들을, 분석 담당자의 개인적 판단에 의해 수집하여 이들에 대한 평가를 통해 시장잠재력을 측정하므로 주관적 판단이 개입될 가능성이 가장 큰 분석 방법이기 때문에 매출액이나 상권의 공간적 경계인 상권의 범위를 구체적으로 추정하기는 어렵다.

25 정답 ④

해설 체크리스트법은 예상 매출액이나 상권의 공간적 경계(범위)를 파악하는 데는 도움을 주지 못한다.

26 정답 ④

해설 체크리스트법의 장단점에 대한 설명이다.

27 정답 ⑤

해설 체크리스트법의 장단점

장 점	단 점
• 이해하기 쉽고 사용하기 쉬움 • 유연성이 있음 • 상대적으로 적은 비용과 시간이 듦 • 매력도 파악 가능	• 주관적인 분석이 될 수 있음 • 변수 선정에 따라 다양한 해석 도출 • 매출액이나 상권의 공간적 경계를 구체적으로 추정하기 어려움 • 서로 다른 영향 요소 간의 상호 작용 효과를 파악할 수 없음

28 정답 ①

해설 **체크리스트법**
• 서술적 방법에 의한 신규점포 상권분석 기법으로 상권의 규모에 영향을 미치는 요인들을 수집하여 이들에 대한 평가를 통해 시장잠재력을 측정하는 것이다.
• 복수의 입지 후보지를 대상으로 조사할 때, 상권 규모에 영향을 미치는 변수들을 통해 상대적인 매력도를 비교할 수 있다.
• 일반적으로 체크리스트에는 부지 특성, 주변 상황, 상권의 특성 등에 관한 변수가 포함되며 개별변수에 대해서는 가중치가 부과되기도 하지만 서로 다른 영향 요소 간의 상호작용 효과는 파악할 수 없다.
• 변수 선정에 따라 다양한 해석이 도출되며, 주관적인 분석이 될 수 있기 때문에 매출액을 수치화해서 추정하기는 어렵다.

29 정답 ①

해설 ⓒ **체크리스트법** : 부지와 주변 상황에 관하여 사전에 결정된 변수 리스트에 따라 대상 점포를 평가하는 방법
ⓒ **Huff 모델** : 소비자의 구매 행태를 거리와 매장 면적이라는 두 가지 변수로 설명한 모형
ⓔ **구매력지수활용법** : 소매점포의 입지 분석 시 해당 지역시장의 구매력 측정 기준으로 사용되는 구매력지수(BPI ; Buying Power Index)를 활용하여 상권분석을 평가하는 방법

30 정답 ⑤

해설 유추법은 자사의 신규점포와 유사한 특성을 가진 비교 점포를 선정하여 그 점포의 상권 범위를 추정한 결과를 신규점포에 적용한 후 신규 입지에서의 매출액을 측정하는 데 이용하는 방법으로, 반드시 2개 이상의 비교 점포를 선정해야 하는 것은 아니다.

31 정답 ①

해설 소비자 특성의 지역별 차이를 고려하지 않고 동일한 방법을 적용하면, 지역별 특성에 따른 매출액의 차이를 제대로 반영하지 못할 수 있다.

32 정답 ④

해설 전체상권을 단위 거리에 따라 소규모 구역으로 나누고, 각 구역 내에서 유사점포가 벌어들이는 매출액을 그 구역 내의 인구로 나누어 각 구역 내에서의 1인당 매출액을 구한다.

33 정답 ④

해설 유추법은 서술적 방법에 의한 상권분석으로 확률 모형과 관련이 없다. 확률적 모형에 의한 상권분석에는 허프 모형, MNL 모형, MCI 모형 등이 있다.

34 정답 ④

해설 유추법은 서술적 방법에 의한 상권분석 모형이다.

35 정답 ③

해설 규범적 방법에 따른 신규점포 상권·입지분석인 소매인력 법칙(이론)은 윌리엄 레일리(W. J. Reilly)가 주장하였다.

36 정답 ②

해설 **신규점포에 대한 상권분석의 구분**
- 서술적 방법에 의한 상권분석 : 체크리스트법, 유추법, 현지조사법, 비율법 등
- 규범적 모형에 의한 상권분석 : 중심지 이론, 소매중력(인력) 법칙, 컨버스 법칙
- 확률적 모형에 의한 상권분석 : 허프 모형, MNL 모형, MCI 모형 등

37 정답 ⑤

해설 레일리의 소매인력 법칙에 의하면 두 경쟁 도시가 그 중간에 위치한 소도시의 거주자들을 끌어들일 수 있는 상권의 규모는 인구에 비례하고, 각 도시와 중간 도시 간 거리의 제곱에 반비례한다. 분기점은 컨버스의 수정 소매 인력이론에서 필요한 정보이다.

38 정답 ①

해설 레일리(Reilly) 이론의 공식

$$\frac{B_a}{B_b} = \left(\frac{P_a}{P_b}\right)\left(\frac{D_b}{D_a}\right)^2$$

B_a : A시의 상권영역(중간 도시로부터 도시 A가 흡인하는 소매 흡인량)
B_b : B시의 상권영역(중간 도시로부터 도시 B가 흡인하는 소매 흡인량)
P_a : A시의 인구(거주)
P_b : B시의 인구(거주)
D_a : A시로부터 분기점까지의 거리
D_b : B시로부터 분기점까지의 거리

$$\frac{B_a}{B_b} = \left(\frac{P_a}{P_b}\right)\left(\frac{D_b}{D_a}\right)^2 = \left(\frac{25만명}{100만명}\right)\left(\frac{16}{4}\right)^2 = 4$$

$4B_b = B_a$이므로 C지점의 구매력이 A도시와 B도시에 흡인되는 비율은 4:1이 된다.

39 정답 ⑤

해설 소매인력 법칙은 두 지역 간의 상권 한계를 수량적으로 측정하는 방법으로 인구와 거리에 의해 규정되는 2개 지역의 흡인력에 의해서 상권분기점을 도출할 수 있다.

40 정답 ⑤

해설 **레일리의 소매인력 법칙**
- 점포들의 밀집도가 점포의 매력도를 증가시키는 경향이 있음을 나타내는 법칙으로 개별점포의 상권 파악보다는 이웃 도시 간의 상권 경계를 결정하는 데 주로 이용한다.
- 두 경쟁 도시가 그 중간에 있는 소도시의 거주자들을 끌어들일 수 있는 상권의 규모는 두 도시의 크기(인구)에 비례하고, 각 도시와 중간 도시 간 거리의 제곱에 반비례한다.
- 많은 인구를 가진 도시가 더 많은 쇼핑 기회를 제공할 가능성이 크므로 먼 거리에 있는 고객도 흡인할 수 있다.

41 정답 ①

해설 도시 B로부터 두 도시 간 상권분기점까지의 거리

컨버스 제1법칙의 공식

$$D_b = \frac{D_{ab}}{1+\sqrt{\frac{P_a}{P_b}}} = \frac{20km}{1+\sqrt{\frac{9만명}{1만명}}} = 5km$$

42 정답 ④

해설

$$D_a = \frac{D_{ab}}{1+\sqrt{\frac{P_b}{P_a}}} = \frac{15km}{1+\sqrt{\frac{5만명}{20만명}}} = \frac{15km}{1+\frac{1}{2}} = 10km$$

43 정답 ④

해설

$$D_b = \frac{D_{ab}}{1+\sqrt{\frac{P_a}{P_b}}} = \frac{30km}{1+\sqrt{\frac{8만명}{32만명}}} = \frac{30km}{1+\frac{1}{2}} = 20km$$

44 정답 ③

해설

$$D_a = \frac{D_{ab}}{1+\sqrt{\frac{P_b}{P_a}}} = \frac{21km}{1+\sqrt{\frac{12만명}{3만명}}} = \frac{21km}{3} = 7km$$

45 정답 ④

해설

$$D_a = \frac{D_{ab}}{1+\sqrt{\frac{P_b}{P_a}}} = \frac{30km}{1+\sqrt{\frac{3만명}{12만명}}} = \frac{30km}{1+\frac{1}{2}} = 20km$$

46 정답 ③

해설 ③ 컨버스(Converse)의 제1법칙은 서로 경쟁하는 도시 A와 도시 B에 대해서 어느 도시로 소비자가 상품을 구매하러 갈 것인가에 대한 상권분기점을 찾아내는 것으로, 주로 선매품과 전문품에 적용된다.
① · ② 허프(Huff)의 모델은 개별소매 상권의 크기를 측정하기 위해 상업 집적의 매장면적과 거주지에서 점포까지의 교통 시간(거리)을 이용하였다.
④ 넬슨(Nelson)은 점포의 입지선정에 필요한 8가지 평가 원칙(상권의 잠재력, 접근 가능성, 성장 가능성, 중간 저지성, 누적적 흡인력, 양립성, 경쟁 회피성, 입지의 경제성)을 제시하였다.
⑤ 호텔링(Hotelling)의 입지 모형은 유사한 제품을 생산하고 비가격경쟁을 하는 기업들의 경우, 시장확보를 위해 서로 가까이에 입지하게 된다는 원리이다. 결국, 소매점이 한곳에 모이는 현상은 개별 소매점들이 자신만의 독립적이고 배타적인 상권영역을 위해 최대한 노력하는 과정에서 나타나는 현상이다.

47 정답 ④

해설 크리스탈러(W. Christaller)의 중심지 이론은 주변 지역에 재화와 용역을 공급하는 중심지의 분포와 계층 구조에 관한 공간적 규칙성을 규명한 이론으로, 이 이론을 적용해 봤을 때 동일계층의 중심지가 여러 개 분포할 경우, 중심지 상호 간의 경쟁을 최소화하기 위해 가장 이상적인 배후상권의 모양인 정육각형의 배후지가 형성되며, 정육각형의 형상을 가진 배후상권은 최대 도달거리와 최소수요 충족 거리가 일치한다.

48 정답 ③

해설 인구 밀도가 증가하고 경제 활동이 활발해지면 수요가 증대되어 새로운 중심지가 형성되므로 중심지 간격은 좁아진다.

49 정답 ①

해설 최대 도달거리란 중심지가 수행하는 상업적 기능이 배후지역에 제공될 수 있는 최대 (한계) 거리, 즉 배후지에 거주하는 소비자가 상품을 구매하기 위해 중심지까지 움직이는 최대 거리 또는 소비자가 물리적으로 이동할 수 있는 최대 거리의 범위가 최대 상권의 범위임을 의미한다.

50 정답 ②

해설 크리스탈러의 중심지 이론은 중심지와 배후지와의 관계를 설명하는 이론으로, 중심지에서 먼 곳이 재화와 서비스를 제공받지 못하게 된다고 가정하지 않는다.

중심지 이론의 기본 가정
- 인간은 합리적인 사고에 따라 의사결정을 하며, 최소의 비용과 최대의 이익을 추구하는 경제인(Economic Man)이다.
- 지표 공간은 균질적 표면(Isotropic Surface)으로 되어 있고, 한 지역 내의 교통수단은 오직 하나이며, 운송비는 거리에 비례한다.
- 인구는 공간상에 균일하게 분포되어 있고, 주민의 구매력과 소비 행태는 동일하다.
- 소비자들의 구매 형태는 획일적이며 유사점포 중 가장 가까운 곳을 선택한다고 가정한다.

51 정답 ⑤

해설 상업중심지의 정상이윤 확보에 필요한 최소한의 수요를 발생시키는 상권 범위를 최소수요 충족거리라고 한다.

52 정답 ①

해설 **중심지 이론의 기본 가정**
- 인간은 합리적인 사고에 따라 의사결정을 하며, 최소의 비용과 최대의 이익을 추구하는 경제인(Economic Man)이다.
- 지표 공간은 균질적 표면(Isotropic Surface)으로 되어 있고, 한 지역 내의 교통수단은 오직 하나이며, 운송비는 거리에 비례한다.
- 인구는 공간상에 균일하게 분포되어 있고, 주민의 구매력과 소비 행태는 동일하다.
- 소비자들의 구매 형태는 획일적이며 유사점포 중 가장 가까운 곳을 선택한다고 가정한다.

53 정답 ①

해설 티센다각형의 크기는 경쟁 수준과 반비례한다.

54 정답 ③

해설 티센다각형은 소비자들이 가장 가까운 소매시설을 이용한다고 가정하여 공간독점 접근법에 기반한 상권 구획모형의 일종으로, 근접 구역이란 어느 점포가 다른 경쟁점포보다 공간적인 이점을 가진 구역을 의미하며 일반적으로 티센다각형의 크기는 경쟁 수준과 역의 관계를 가진다.

55 정답 ③

해설 티센다각형은 최근접 상가 선택가설에 근거하여 상권을 설정하는 방법으로 상권에 대한 기술적이고 예측적인 도구로 사용될 수 있으며, 체크리스트법은 상권의 규모에 영향을 미치는 요인들을 수집하여 이들에 대한 평가를 통해 시장잠재력을 측정하는 것으로 매출액을 추정하기는 어렵다.

56 정답 ⑤

해설 꼭짓점에 있는 부지는 두 경쟁점포에서 모두 멀리 떨어져 있다.

57 정답 ④

해설 티센다각형의 크기는 경쟁 수준이 높아질수록 작아지므로 반비례, 즉 부의 관계가 있다.

58 정답 ④

해설 티센다각형 방법은 소비자들이 거주지로부터 가장 근접한 쇼핑센터를 이용할 것이라 가정하는 최근접 상가 선택가설에 근거하여 상권을 설정하는 방법이다.

59 정답 ④

해설 허프(Huff)의 확률모델

$$P_{ij} = \frac{U_{ij}}{\sum_{j=1}^{n} U_{ij}} = \frac{\frac{S_j^\alpha}{T_{ij}^\beta}}{\sum_{j=1}^{n} \frac{S_j^\alpha}{T_{ij}^\beta}}$$

P_{ij}: 거주지구 i에 있는 소비자가 점포 j에 구매하러 가는 확률
U_{ij}: 점포 j가 i지구에 있는 소비자에 대해 갖는 흡인력
S_j: 점포 j의 규모(또는 특정의 상품계열에 충당되는 점포면적)
T_{ij}: 소비자의 거주지구 i로부터 점포 j까지의 시간 거리
n: 점포의 수
α: 면적 민감도 매개변수
β: 거리 감소(−) 매개변수

A 점포에 구매하러 가는 확률

$$\frac{\frac{4^2}{2^2}}{\frac{4^2}{2^2} + \frac{9^2}{3^2} + \frac{10^2}{5^2}} \times 100(\%) = \frac{4}{17} \times 100(\%) = 약 24\%$$

B 점포에 구매하러 가는 확률

$$\frac{\frac{9^2}{3^2}}{\frac{4^2}{2^2} + \frac{9^2}{3^2} + \frac{10^2}{5^2}} \times 100(\%) = \frac{9}{17} \times 100(\%) = 약 53\%$$

C 점포에 구매하러 가는 확률

$$\frac{\frac{10^2}{5^2}}{\frac{4^2}{2^2} + \frac{9^2}{3^2} + \frac{10^2}{5^2}} \times 100(\%) = \frac{4}{17} \times 100(\%) = 약 24\%$$

따라서 구매하러 가는 확률이 약 53%인 B점포가 소비자들의 이용 확률이 가장 높은 점포이다.

60 정답 ③

해설 Huff 모형에서는 소비자로부터 점포까지의 이동 거리를 소요 시간으로 대체하여 계산하기도 한다.

61 정답 ④

해설 허프는 점포 간의 거리변수 대신에, 거주지에서 점포까지의 (교통) 시간을 이용하여 모델을 전개하였다.

62 정답 ①

해설 거리가 가깝고 점포면적이 큰 점포가 큰 효용을 주므로 A 슈퍼를 이용할 확률이 높다.

A 슈퍼의 이용 확률

$$\frac{\frac{S_j^\alpha}{T_{ij}^\beta}}{\sum_{j=1}^{n} \frac{S_j^\alpha}{T_{ij}^\beta}} \times 100(\%) = \frac{\frac{6^2}{2^3}}{\frac{6^2}{2^3} + \frac{8^2}{4^3} + \frac{4^2}{2^3}} \times 100(\%)$$

$$= \frac{4.5}{7.5} \times 100(\%) = 0.6 \times 100(\%) = 60\%$$

63 정답 ③

해설 허프(Huff, D. L.)의 확률모델

- 허프는 개별소매 상권의 크기를 측정하기 위해 거리변수 대신에 거주지에서 점포까지의 교통 시간을 이용하여 모델을 전개하였다.
- 소비자는 구매 장소를 지역 내의 후보인 여러 상업 집적이 자신에게 제공하는 효용이 상대적으로 큰 것을 비교하는 것에 대한 확률적 선별에 대해 '효용의 상대적 크기를 상업 집적의 면적 규모와 소비자의 거주지로부터의 거리에 따라 결정되는 것'으로 전제하여 모델을 작성하였다. 다시 말하면 거리가 가깝고 매장 면적이 큰 점포가 큰 효용을 준다는 것이다.

64 정답 ②

해설 허프의 수정모델에서 점유율은 그곳에 도달하는 거리의 제곱에 반비례하므로 이사 이후 C의 거주지와 A 사이 거리가 C의 거주지와 B 사이 거리의 2배가 되어 소비자 C의 소매지출에 대한 소매단지 A의 점유율은 $\frac{1}{2^2} = \frac{1}{4}$로 감소한다.

65 정답 ③

해설 수정허프 모델은 소비자가 어느 상업지에서 구매하는 확률은 '그 상업 집적의 매장면적에 비례하고 그곳에 도달하는 거리의 제곱에 반비례한다'는 것을 내용으로 한다. 따라서 A와 B의 규모는 동일하고 이사 이후에는 C의 거주지와 A 사이 거리가 C의 거주지와 B 사이 거리의 2배가 되었다고 제시되어 있으므로 소비자 C의 소매지출에 대한 소매단지 A의 점유율은 $\frac{1}{2^2} = \frac{1}{4}$로 감소한다.

66 정답 ④

해설   수정허프 모델도 허프모델과 같이 상권지도를 작성하므로 상권을 세부지역으로 구분하는 절차를 거친다.

67 정답 ④

해설

$$P_A = \cfrac{\cfrac{50,000}{4^2}}{\cfrac{50,000}{4^2}+\cfrac{70,000}{6^2}+\cfrac{40,000}{3^2}} = \cfrac{3,125}{\cfrac{50,000}{4^2}+\cfrac{70,000}{6^2}+\cfrac{40,000}{3^2}}$$

$$P_B = \cfrac{\cfrac{70,000}{6^2}}{\cfrac{50,000}{4^2}+\cfrac{70,000}{6^2}+\cfrac{40,000}{3^2}} \div \cfrac{1,944.4}{\cfrac{50,000}{4^2}+\cfrac{70,000}{6^2}+\cfrac{40,000}{3^2}}$$

$$P_C = \cfrac{\cfrac{40,000}{3^2}}{\cfrac{50,000}{4^2}+\cfrac{70,000}{6^2}+\cfrac{40,000}{3^2}} \div \cfrac{4,444.4}{\cfrac{50,000}{4^2}+\cfrac{70,000}{6^2}+\cfrac{40,000}{3^2}}$$

분모의 값은 모두 같으므로 분자의 값을 비교하면, C>A>B 순으로 소비자가 느끼는 매력도의 크기가 크다.

68 정답 ④

해설   점포 매력도가 점포 크기 이외에 취급 상품의 가격, 판매원의 서비스, 소비자의 행동 등 다른 요인들로부터 영향을 받을 수 있다는 점을 고려하지 않는다는 한계가 있다.

69 정답 ③

해설   허프(Huff)의 수정모델

$$P_{KA} = \cfrac{\cfrac{S_A}{D_{KA}^2}}{\sum_{A=1}^{2}\cfrac{S_A}{D_{KA}^2}}$$

$$= \cfrac{\cfrac{100평}{10^2분}}{\cfrac{100평}{10^2분}+\cfrac{400평}{20^2분}} = \cfrac{1}{2} = 0.5$$

70 정답 ①

해설   표본이 되는 점포의 수가 충분하지 않으면 회귀분석 결과의 신뢰성이 낮아질 수 있다.

71 정답 ⑤

해설   회귀분석에서는 표본의 수가 충분하게 확보되어야 한다.

72 정답 ②

해설   다중회귀분석에서 변수들의 측정 단위가 서로 다른 경우에는 측정 단위에 의존하지 않도록 모든 변수들을 표준화하여 구한 표준화 회귀계수를 가지고 종속변수에 대한 독립변수의 상대적 중요도를 결정한다.

73 정답 ⑤

해설   회귀분석은 예측변수가 변화함에 따라 결과변수가 얼마나 변화하는지를 예측할 수 있고, 제3의 변수를 통제함으로써 시간의 흐름에 따라 회귀모델을 개선해 나갈 수 있어 확장성과 융통성을 가지고 있다.

CHAPTER 02 입지분석

최신빈출 대표유형문제

SECTION 01 입지의 개요
1. 도매 입지와 소매 입지의 개요
2. 업태 및 업종과 입지
3. 물류와 입지

SECTION 02 입지별 유형
1. 지역 공간 구조
2. 도심 입지와 노면독립입지
3. 쇼핑센터 및 복합용도개발 지역 입지
4. 기타 입지

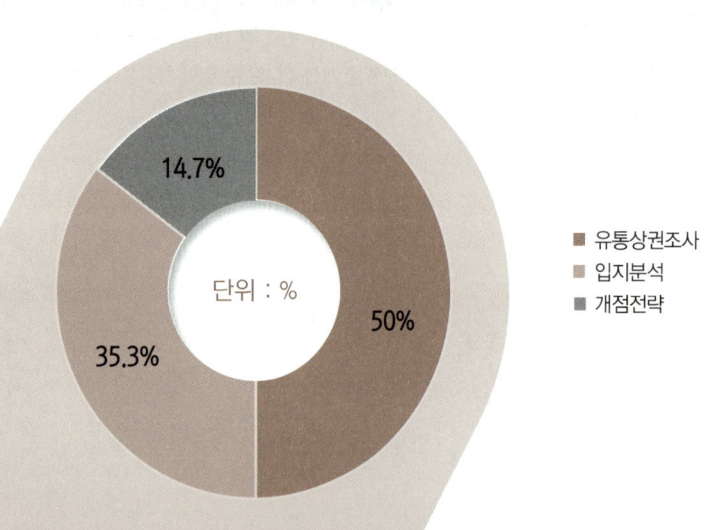

■ 유통상권조사
■ 입지분석
■ 개점전략

최근 5년간 챕터별 출제비중 / 회당 평균 7.1문제 출제(5개년 기준 총 15회)

비 중	출제영역		2021	2022	2023	2024	2025	합 계
50%	제1장	유통상권조사	36	27	28	31	28	150
35.3%	제2장	입지분석	19	26	22	17	22	106
14.7%	제3장	개점전략	5	7	10	12	10	44
	합계(문항 수)		60	60	60	60	60	300

SECTION 03 입지선정 및 분석

1. 입지선정의 의의
2. 입지영향인자
3. 경쟁점(채널) 분석
4. 입지분석

출제지문 퀴즈로 핵심체크!

테마로 푸는 필수 기출문제

최대 출제 POINT & 학습목표

❶ 상권과 입지, 도매 입지와 소매 입지

❷ 페터(R. M. Petter)의 공간균배원리와 점포 유형

❸ 베버(A. Weber)의 최소 비용이론

❹ 백화점과 기생 점포

❺ 도심 입지와 노면독립입지

❻ 넬슨(R. L. Nelson)의 소매 입지이론

❼ 쇼핑센터의 유형 및 대형 상업 시설의 테넌트 관리

❽ 점포의 입지 조건평가와 입지 영향 인자(라이프스타일, 접근성 등)

❾ 동선과 심리 법칙

❿ 경쟁구조분석에 포함될 내용

CHAPTER 02 최신빈출 대표유형문제

01 공간균배의 원리에서 제안하는 집심성 점포의 입지로서 가장 옳은 것은? `24년 2회`
① 노면독립입지
② 도시 중심 상업지역
③ 지구 중심 상업지역
④ 근린 중심 상업지역
⑤ 역세권 중심 상업지역

> **해설** ② 집심성 점포는 도시 전체를 배후지로 하여 배후지의 중심부에 입지하여야 유리한 상업지역이다.
> `관련이론 351p`
>
> **대표유형 더보기**
> - 아래 글상자의 업종들에 적합한 점포의 입지조건을 공간균배의 원리에 의해 구분할 때 일반적으로 가장 적합한 것은? `22년 1회`
> - 페터(R. M. Petter)의 공간균배의 원리에 대한 내용으로 가장 옳지 않은 것은? `21년 2회`
> - 입지유형별 점포와 관련한 설명으로 가장 옳은 것은? `20년 추가`
> - 좋은 입지의 선정은 소매점 성공의 핵심요인의 하나이다. 공간균배의 원리는 경쟁관계에 있는 점포들이 서로 공간을 나누어 사용하는 방식에 따라 입지와 점포의 적합성이 달라진다고 주장한다. 다음 중 점포유형별로 적합한 입지에 대한 공간균배원리의 설명에 부합하는 것은? `18년 3회`
> - 공간균배의 원리에 의한 상점의 분류에 대한 내용으로 가장 옳지 않은 것은? `17년 2회`

02 중심상업지역(CBD ; Central Business District)의 입지 특성에 대한 설명 중 가장 옳지 않은 것은? `23년 2회`
① 상업활동으로도 많은 사람을 유인하지만 출퇴근을 위해서도 이곳을 통과하는 사람이 많다.
② 백화점, 전문점, 은행 등이 밀집되어 있다.
③ 주차문제, 교통혼잡 등이 교외 쇼핑객들의 진입을 방해하기도 한다.
④ 소도시나 대도시의 전통적인 도심지역을 말한다.
⑤ 대중교통의 중심이며, 도보통행량이 매우 적다.

> **해설** ⑤ 대중교통의 중심이며, 접근성이 좋아 많은 사람이 유입되기 때문에 도보통행량이 매우 많다.
> `관련이론 358p`
>
> **대표유형 더보기**
> - 중심지체계에 의한 상권유형 구분에서 전통적인 도심(CBD) 상권의 일반적 특징으로 가장 옳지 않은 것은? `22년 2회`
> - 중심상업지역(CBD ; Central Business District)의 일반적 입지특성에 대한 설명으로 가장 옳지 않은 것은? `21년 3회`
> - 아래의 내용 중에서 중심업무지역(CBD ; Central Business District)의 입지특성에 대한 설명으로 옳지 않은 것은? `20년 2회`
> - 입지유형에 따른 일반적 상권특성에 대한 설명으로 옳지 않은 것은? `19년 3회`

03 다수의 임대점포로 구성되는 대형상가인 쇼핑센터는 임차인 믹스(tenant mix)가 중요하다. 일반적으로 쇼핑센터의 성격을 결정짓고 다수의 고객을 끌어들이는 중심적 역할을 하고, 보통 쇼핑센터에서 매장면적을 크게 점유하여 일반에게 지명도가 높은 상징적 점포를 의미하는 것은? 25년 2회

① 테넌트(tenant)
② 일반테넌트(general tenant)
③ 트래픽 풀러(traffic puller)
④ 앵커스토어(anchor store)
⑤ 서브키테넌트(sub-key tenant)

관련이론 361p

해설 ① 테넌트 : 상업 시설의 일정한 공간을 임대하는 계약을 체결하고, 해당 상업 시설에 입점하여 영업하는 임차인이나 임차점포이다.
② 일반 테넌트 : 트래픽 풀러가 흡인시킨 고객을 수용하기 때문에 트래픽 유지로 불리기도 한다.
③ 트래픽 풀러 : 원래는 백화점을 일컫는 말이었지만 최근에는 소극장, 극장, 음식점 등과 같이 흡인력이 크고 시설의 이미지 형성에 도움을 주는 점포까지 확대되었다.
⑤ 서브키 테넌트 : 키(앵커) 테넌트의 보조가 되는 점포를 의미한다.

대표유형 더보기
• 아래 글상자의 ㉠, ㉡, ㉢에 들어갈 용어를 그 순서대로 올바르게 나열한 것은? 19년 3회
• 쇼핑센터 등 복합상업시설에서는 테넌트믹스(tenant mix) 전략이 중요하다고 하는데 여기서 말하는 테넌트는 무엇인가? 18년 1회
• 쇼핑센터 등 복합상업시설에서 사용하는 테넌트라는 용어와 같은 의미를 가지는 것은? 17년 2회

04 넬슨의 입지선정 8원칙에 해당하지 않는 것은? 24년 2회

① 상권의 잠재력
② 입지의 성장가능성
③ 누진적 흡인력
④ 점포업종 간의 배타성
⑤ 부지의 경제성

관련이론 366p

해설 ④ 점포 업종 간의 경쟁 회피성이지 배타성이 아니다.

대표유형 더보기
• 넬슨(R.L. Nelson)의 소매입지 선정원리 중에서 아래 글상자의 괄호 안에 들어갈 내용을 순서대로 나열한 것으로 가장 옳은 것은? 22년 3회
• 아래 글상자의 현상과 이들을 설명하는 넬슨(R. N. Nelson)의 입지원칙의 연결로서 옳은 것은? 22년 2회
• 넬슨(Nelson)은 소매점포가 최대 이익을 확보할 수 있는 입지의 선정과 관련하여 8가지 소매입지 선정원칙을 제시했다. 다음 중 그 연결이 옳지 않은 것은? 20년 3회
• 넬슨(R. L. Nelson)은 소매점이 입지를 선정할 때 지켜야 할 여덟 가지 원칙 중에서 향후 생길 수 있는 경쟁점포의 입지, 규모, 형태 등을 고려하여 자신의 사업장이 경쟁력을 유지할 수 있을지를 확인해야 한다는 원칙은 무엇인가? 19년 2회
• 점포의 입지유형을 집심성(集心性), 집재성(集在性), 산재성(散在性)으로 구분할 때 넬슨의 소매 입지 선정원리 중에서 집재성 점포의 기본속성과 연관성이 가장 큰 것은? 18년 3회
• 넬슨(R.L.Nelson)의 입지선정 원칙과 그에 관한 설명으로 옳지 않은 것은? 18년 1회

CHAPTER 02 입지분석

SECTION 01 입지의 개요

1 도매 입지와 소매 입지의 개요

01 상권과 입지

(1) 상권과 입지 비교 24-1, 23-1, 22-1, 21-2, 19-3, 19-2, 18-3, 17-1

구 분	상 권	입 지
개 념	• 다수 점포의 집단이 존재하는 지역 • 점포를 경영하기 위해 선택한 장소 또는 그 장소를 결정하는 행위 • 상가 전체의 소비자들이 있는 시간적·공간적 범위 • 지점(점포)의 영향권(거래권)	지점(점포)이 소재하고 있는 위치적 조건
물리적 특성	역세권, 대학가, 아파트단지, 시내 중심가, 먹자골목 등의 비물리적인 상거래 활동공간	교통편의, 도로변, 평지, 상업시설, 주차시설 등 물리적 시설
등 급	1차 상권, 2차 상권, 3차 상권(한계상권)	1급지(상급지), 2급지(중급지), 3급지(하급지)
분석 방법	업종 경쟁력 분석, 구매력 분석	점포 분석, 통행량 분석
평가 기준 및 항목	• 반경 거리(250m, 500m, 1km) • 경쟁점포의 수, 소비자의 분포범위, 점포 유효수요의 분포 공간 등	• 권리금, 임차료 • 점포의 면적, 형태, 층수, 층고, 주차장, 도로와 교통망, 임대 조건, 가시성 등 • 주요 키워드 : 지점, 부지

(2) 상권 요인과 입지 요인 21-3, 19-3

상권 요인	• 상권(시장) 규모, 상권의 질, 교통량, 통행량, 영업력 등 • 상권 요인 중시 업종 : 택배업
입지 요인	• 주지성, 시계성, 고객유도시설, 동선, 교통(교통수단, 교통비용, 신호등, 도로 등) 등 • 입지 요인 중시 업종 : 의류업, 식료품업, 음식업, 수선·보수전문점

02 도매 입지와 소매 입지

(1) 도매상의 입지 전략   19-1, 18-2, 16-1

① 도매상은 최종 소비자를 대상으로 하는 영업이 아니기 때문에 입지·상권전략은 중심상가 지역이 아니어도 영업에 지장이 없음

② 도매상은 대체로 임대료가 싸거나 도매단지가 조성된 교외 지역 및 도시 변두리 지역에 입지를 선정하는 전략을 사용

③ 도매상의 유형

　㉠ 상인 도매상(Merchant Wholesaler) : 판매 시까지 취급하는 상품에 대하여 소유권 소유
　　• 완전 기능도매상 : 고객들을 위하여 수행하는 서비스 중에서 필요한 광범위한 서비스를 제공하는 상인 도매상
　　• 한정 기능도매상 : 도매상의 기능 중에서 일부만을 한정해 수행하는 상인 도매상   22-1

현금거래도매상 (Cash and Carry Wholesaler)	주로 중소소매상을 상대로 상품을 공급하며, 배송은 구매자 책임하에 현금 거래조건으로 판매하는 도매상
트럭도매상(Truck Wholesaler)	일반적으로 고정적인 판매 루트(특정 지역)를 가지고 있으며, 트럭이나 기타 수송 수단으로 판매와 동시에 상품을 배달
직송도매상(Drop Shipper)	• 이동이나 보관이 어려운 목재나 석탄 등과 같은 원자재에 해당하는 제품들은 도매상이 제품을 직접 구매한다고 하더라도 직접 보유하기가 곤란하기 때문에 생산자와 대량구매계약을 하고 상품은 생산자의 창고나 보관 장소에 그대로 두고서 소매상 혹은 산업소비자로부터 주문이 올 때마다 주문받은 수량을 생산자에게 연락하여 직접 구매자 앞으로 직송하게 하고 대금만 회수하는 도매상 • 취급 상품의 물류비용을 고려할 필요성이 낮음
선반(진열)도매상(Rack Jobber)	소매점의 진열 선반 위에 상품을 공급하는 도매상
우편주문도매상 (Mail-order Wholesaler)	비교적 소규모의 소매상이나 산업구매자에게 보석이나 스포츠용품 등을 제품 목록을 통해 판매

　㉡ 대리도매상(Agent) : 제품에 대한 소유권 없이 단지 제조업자나 공급업자를 대신하여 제품을 판매하는 도매상   17-3, 17-1

제조업자 대리인 (Manufacturer's Agent)	여러 제조업자의 위탁으로 제품을 대신 판매하는 도매상
판매대리인 (Selling Agents, 위탁판매인)	계약상 모든 마케팅 활동의 결과에 대한 책임을 지며, 판매 조건에 관한 결정 권한은 가지고 있지만 제품에 대한 소유권을 제외한 모든 도매기능을 수행
수수료상인 (Commission Merchants)	공급자가 제시한 가격의 범위 내에서 구매자와 가격에 대한 협상을 진행하며 판매 후에는 판매가에서 수수료 및 기타 경비를 제외
브로커(Broker, 중개인, 중개상)	• 기본 임무로서 구매자와 판매자를 만나게 해주고 단지 상품 판매에 대한 협상을 도와주는 역할을 수행 • 점포입지를 선정할 때 상품물류비용을 고려할 필요성이 가장 낮은 도·소매상

(2) 소매점의 입지 24-3, 22-3, 22-1, 21-3, 21-2, 20-3, 20-2, 19-3, 19-2, 18-1

① 소매점은 '입지 산업'이라고 할 만큼 입지 조건이 중요한 전략적 결정요인이며, 위치에 따라 매출과 이익이 좌우되기 때문에 점포의 위치는 사업의 성공 여부에 중요한 역할을 함
② 선정되는 입지는 최대한의 투자수익률과 이익을 보장해 줄 수 있어야 함
③ 입지 선정의 평가 작업에 있어서 접근성, 현재 및 미래의 수익성에 대한 평가 작업 이외에도 시장 규모의 확장 가능성, 스스로가 속한 유통 단지의 매출액 성장 가능성 및 자사 매장의 매출액이 성장할 가능성에 대한 예상이 중요
④ 성격별 입지 조건
  ㉠ 물리적 조건 : 노면, 지반, 건물의 외형 등
  ㉡ 지리적 조건 : 도로 조건, 교통 상태, 인구 밀도, 산과 하천, 지대 등
    • 이용 측면에서는 사각형의 토지가 좋음
    • 삼각형 토지의 좁은 면은 가시성과 접근성이 떨어지기 때문에, 좋은 입지라고 할 수 없음
    • 일정 규모 이상의 면적이라면 자동차 출입이 편리한 각지가 좋음

획 지	• 건축용으로 구획정리를 할 때 한 단위가 되는 땅 • 인위적·자연적·행정적 조건에 따라 다른 토지와 구별되는 일단의 토지
각 지	• 획지 중에서도 2개 이상의 가로각(街路角)에 해당하는 부분에 접하는 토지 • 2면 각지, 3면 각지(획지의 삼면에 계통이 다른 가로에 접하여 있는 토지), 4면 각지 등이 있으며 일조와 통풍이 양호

    • 인지성이 좋은 지역이 좋은 입지
    • 직선 도로의 경우 시계성(점포를 자연적으로 인지할 수 있는 상태)이 좋고 좌·우회전이 용이한 도로변이 좋음
    • 곡선형 도로의 안쪽 입지는 바깥쪽 입지보다 시계성(가시성) 확보 측면에서 불리
  ㉢ 사회문화적 조건 : 번영 정도, 접근성, 교통수단, 배후지의 질, 고객의 양과 질 등
⑤ 시계성(視界性) 평가 4요소

기 점	보도나 간선도로 또는 고객유도시설 등에 해당하는 것으로 어디에서 보이는가?
대 상	점포가 무슨 점포인가를 한눈에 알 수 있도록 하는 것으로서, 무엇이 보이는가?
거 리	어느 정도의 간격에서 보이는가?
주 체	어떠한 상태로 보이는가?

⑥ 고객유도시설 25-1, 22-2, 18-3, 16-3
  ㉠ 개념 : 고객의 접근성을 높여 매출 증대에 기여하는 시설
  ㉡ 점포의 유형에 따른 고객유도시설

도시형	지하철역, 철도역, 버스정류장, 버스터미널 등
교외형	인터체인지, 대형 레저시설, 간선도로 등
인스토어형	주차장 출입구, 푸드코트, 주 출입구, 에스컬레이터, 엘리베이터 등

2 업태 및 업종과 입지

01 페터(R. M. Petter)의 공간균배원리 24-2, 24-1, 23-3, 23-2, 22-1, 21-2, 20-추가, 18-3, 18-1, 17-2

(1) 개요

① 유사한 상품을 취급하는 점포들이 서로 도심에 인접해 있어 점포 간에 경쟁이 일어날 경우, 시장의 크기와 수요의 교통비 탄력성에 따라 자신에게 유리한 형태로 점포 사이의 공간을 균등하게 나누게 된다는 이론
② 상권 내 소비자의 동질성과 균질 분포를 가정하여 경쟁점포들 사이의 상권분배 결과를 설명
③ 수요의 교통비 탄력성이 '0(영)'이면 호텔링 모형의 예측 결과가 나타남
④ 시장이 좁고 수요의 교통비 탄력성이 적으면 집심 입지 현상이 나타나고, 시장이 넓고 수요의 교통비 탄력성이 크면 분산 입지 현상이 나타남

> **+ 더 알아보기 호텔링(H. Hotelling)모형**
> - 미국 경제학자 해럴드 호텔링(Harold Hotelling)은 매출 확대를 위한 최적입지는 소비자 다수를 포함할 수 있는 중간 지점이라고 강조
> - 사회 전반적인 효율은 감소하지만, 생산자들이 시장점유율이나 고객을 더 확보하기 위해 전략적인 선택을 하다 보면 결과적으로 비슷한 위치에서 공존할 수밖에 없는 상황을 설명
> - 경쟁 가게 바로 옆에 자리를 잡아야 상대가 이득을 덜 보게 되고, 그것을 노리다 보니 바로 옆에 동일한 업종의 가게들이 줄지어 들어서게 되는 것

(2) 점포 유형 25-1, 24-2, 24-1, 23-3, 23-2, 22-2, 22-1, 20-3, 20-추가, 19-3, 18-3, 18-1, 17-2, 17-1

① **집심성 점포** : 도시 전체를 배후지로 하여 배후지의 중심부에 입지하여야 유리한 점포로 도시 중심 상업지역이 가장 좋은 입지(예 도매상, 대형 백화점, 고급 고가품점, 고급 음식점, 대형서점, 귀금속점, 대형 영화관, 의류 패션전문점)
② **집재성 점포** : 동일한 업종의 점포가 한곳에 모여 입지해야 하는 점포(예 선매품점, 가구점, 먹자골목, 약재시장, 은행, 보험회사, 관공서, 사무실)
③ **산재성 점포** : 한곳에 집재하면 서로 불리하기 때문에 분산 입지해야 하는 점포(예 편의품점, 소매점포, 잡화점, 주방용품점, 이발소, 목욕탕, 세탁소)
④ **국부적 집중성 점포**
  ㉠ 동업종의 점포끼리 특정 지역의 국부적 중심지에 집중적으로 입지하여야 유리한 점포(예 부피가 큰 선매품의 소매점, 컴퓨터 부품점, 기계 공구점, 철공소, 농기구점, 비료상, 종묘 판매상, 화훼도매상)
  ㉡ 매장 면적당 지대가 싸고, 최고가 지대에서 가장 멀리 떨어져 입지하는 업종
⑤ **목적형 점포** : 수요가 입지의 영향을 크게 받지 않아 입지선정이 비교적 자유로움

02 백화점(대형점) 24-2, 23-1, 21-2, 21-1, 20-추가, 16-3

(1) 개 요

① 전통적인 중심상업지역에서 독자적으로 유동인구를 창출함으로써 고객 흡인력을 가진 중요한 핵심 선도 업태의 역할을 하고 있으며, 나아가 전통적인 도심지 중심상업지역뿐만 아니라 신생 부도심지 중심상업지역에서도 목적 점포의 역할을 하는 핵심 업태

② 상품구색을 종합화하여 원스톱 쇼핑의 공간을 제공하고, 선매품을 중심으로 생활필수품, 전문품에 이르기까지 다양한 상품계열을 취급하며 조직화한 대규모 소매상

③ 입지를 선정할 때는 유동인구와 거주인구 요인이 가장 중요한 요인이며 상권 내 소비자의 경제력 및 소비 형태의 예측을 기반으로 주요 산업 및 대중교통과의 연계성 등 장기적인 발전을 고려하며 승용차의 접근성, 주차시설, 문화행사시설, 상담실, 휴게실 등 소비자 보호시설과 같은 서비스시설이 갖춰져야 함

+ 더 알아보기 목적 점포와 기생 점포 25-1, 21-1, 20-추가, 18-1

목적 점포	• 매장 자체가 목적지가 되는 점포로 해당 점포가 일반적인 상업중심지 외곽에 있더라도 소비자가 그 점포만을 방문하기 위해 이동할 용의가 있는, 즉 고객 이동 및 고객 유인을 핵심적으로 끌어내는 점포 • 상권 내 목적 점포는 상품, 상품의 종류, 전시, 가격 혹은 다른 독특한 특징이 고객 유인 역할을 함
기생 점포	• 점포 자체가 소비자를 유도하지 못하여, 개별점포로는 상권을 형성할 수 없는 점포로 쇼핑센터나 지역 상권에 기생하는 점포 • 상권 내 기생 점포만으로는 고객 이동을 발생시키지 못하며, 이곳의 상권은 해당 지역의 쇼핑센터나 소매 지역에서 주도적으로 성장하는 소매업체에 의해 결정

(2) 백화점의 운영 및 입지선정 전략

① 쇼핑센터는 다양하고 많은 고객(층)을 유인하기 위해 목적 점포의 형태로 백화점 입점을 중요시

② 최근의 경제 불황으로 백화점의 매출액이 큰 폭으로 감소하고 있고 소비의식의 변화나 대형 아웃렛의 등장 등으로 인해 둔화 현상을 보이는 백화점도 나타나고 있으며 유통시장 개방과 맞물려 외국의 대형 유통업체가 몰려옴에 따라 기존의 판매 방식에 변화를 주거나 새로운 판매 전략을 수립해야 할 상황

③ 서비스의 다양화, 부문별 조직화를 활성화함으로써 소비자가 필요한 정보를 얻고 여가를 활용할 수 있도록 하는 문화생활의 장소로서 그 기능이 다양화되어야 함

④ 각 백화점은 입지의 지리적·환경적 요인을 분석하여 소비자의 흡인율을 높일 뿐만 아니라 집객력이 높은 층을 고려한 MD개편, 문화·레저 산업과의 연계 등 차별화된 마케팅 전략이 요구됨

⑤ 국내 백화점의 경우, 도시 외곽의 부도심지로 입지를 이동하거나 지방에 지점을 여러 개 두는 등의 다점포 영업 시도

⑥ 공간계획 측면에서 출입구, 중심 통로, 에스컬레이터, 엘리베이터 등에서 가까운 매장이 유리

03 의류 패션전문점

(1) 개 요

① 의류 패션전문점의 강력한 경쟁 업태의 하나로 백화점이 있으며, 백화점의 인근 지역 혹은 백화점 내부에 입점하여 상호 시너지효과를 획득하고자 하는 경향이 있음

② 모든 유통과정을 소화하는 체제의 매장부터 도소매를 동시에 하는 매장 혹은 인터넷 쇼핑몰에 납품하는 업체 등 유통 구조가 다양

③ 비교구매가 가능하도록 경쟁점포들이 많이 모여 있는 군집 입지 지역이 최적이며, 고객에게 오락과 즐거움의 기회를 제공하여 많은 사람을 유인하고, 소비자들이 여러 점포를 다니면서 비교구매를 할 수 있도록 배려해야 함

④ 인터넷 시장의 성장과 택배 시스템의 발전을 배경으로 소매에도 패션 쇼핑몰, 로드숍, 인터넷 쇼핑몰, 인터넷 제휴 등의 형태 또는 두 가지의 형태를 병합한 사업 형태가 많음(온라인 매장과 오프라인 매장을 동시에 갖는 형태)

(2) 운영 전략

① VMD(Visual Merchandising) 전략 : VMD는 매장에 진열된 상품을 효과적으로 보여주어 고객들에게 강한 구매 욕구를 불러일으키고, 상품을 기억하고 구매 충동을 자극하여 상품을 구입하게 만드는 역할을 하는 데 초점이 있음

② SPA(Specialty retailer of Private label Apparel) 전략
  ㉠ 의류업체 등이 프랜차이즈 형태에서 제조업 직영점 체제로 변화를 시도하고 있음
  ㉡ 패션전문점 확산과 합리적 가격의 중요성이 대두되면서 직영 또는 반직영 체제의 유통망인 SPA 형태의 점포가 확산하고 있음(예 GAP, ZARA, 유니클로 등).

(3) 입지선정 전략 19-3, 18-1

① 많은 사람을 유인하고 여러 점포에서 비교·구매할 수 있어야 하므로, 다양한 점포들이 군집하여 다양한 상품을 판매하고 젊은 세대들이 자주 찾는 중심상업지역(CBD)이나 중심상업지역 인근 쇼핑센터가 노면독립입지보다 유리

② 입지선정 시 상권 내 현재 인구수와 증감 여부, 상권 내 가구의 수, 가구의 평균 구성원 수, 평균소득 등을 고려하여야 함

③ 여러 개의 층으로 짜인 매장에서 소비자들의 주된 출입구가 있는 층이 유리

④ 상호보완적인 제품을 판매하는 각양각색의 점포들이 모여 있는 입지가 적절

⑤ 쇼핑몰 내에서는 핵점포(Anchor Store)의 통로 및 출입구 근처가 좋음

04 카테고리 킬러

(1) 개 요

① 백화점 또는 슈퍼마켓과 달리 상품 분야별로 전문매장을 특화하여 상품을 판매하는 소매점으로 전문할인점의 한 분야

② 어느 한 가지의 제품군을 깊게 취급하여 제품에 대한 가격을 낮춘 소매업태로, 전문점과 대중양판점의 특징을 합한 형태인 전문양판점이라고도 함

(2) 운영 및 입지선정 전략

① 취급상품의 범위보다는 상품 선택에서의 깊이를 중시
② 교외 대형 쇼핑센터 내에 위치시킨 대형 점포를 운영
③ 고(高) 브랜드이미지를 갖춘 상품 취급
④ 대규모 소매업자, 전문 상가, 식료품 상가들이 같이 조성
⑤ 경제 위축기에 저가 정책으로 업태의 경쟁력 강화

3 물류와 입지

01 물류센터의 건립 단계

(1) 물류거점 분석

① **입지분석** : 토지 구입 가격, 해당 지역의 세금 정책 및 유틸리티(전기, 상하수도, 가스 등) 비용, 해당 지역의 가용노동 인구 및 평균 임금수준 등 지역 분석, 시장분석, 각종 법적 규제 사항이나 정책 및 거시환경 분석, SWOT 분석 수행

② **물류거점 기능분석** : 취급 물품의 특성을 감안하여 물류센터 기능 분석

③ **투자효과 분석** : 시설 규모 및 운영방식, 경제적 측면의 투자 타당성이나 수익성 등을 분석

(2) 물류센터 설계

① **기본 설계** : 물동량계획 · 동선계획 · 운영계획과 배치도 설계 등을 수행
② **상세 설계** : 구체적인 레이아웃과 작업방식, 물류비용 정산 방법 등을 설계

(3) 시공 및 운영

① 자금조달
② 민간투자 방식 결정
③ **시공** : 하역장비 설치 등 토목과 건축이 이루어지고 WMS(Warehouse Management System) 구축 시공
④ **완공 후 운영관리** : 완공 · 준공 테스트 보완 후 작업 배치, 교육 · 훈련, 사후 관리

02 물류센터 입지선정

(1) 고려 사항

① 교통의 편리성, 경쟁사 물류거점의 위치, 관계 법규, 투자 및 운영비용 등의 요소를 종합적으로 고려
② 각 운송수단에 대한 운송비 고려
③ 고객의 지역적 분포, 시장의 크기 등을 고려
④ 물자의 흐름을 중심으로 공장 전체의 합리적 레이아웃을 기준으로 결정

(2) 결정 방법

① **총비용 비교법** : 대안별로 관리 비용을 산출하고, 총비용이 최소가 되는 대안을 선택하여 입지를 결정하는 방법
② **손익분기 도표법** : 일정한 물동량, 즉 입고량 또는 출고량을 전제로 하여 고정비와 변동비의 합을 비교하여 물동량에 따른 총비용이 최소가 되는 대안을 선택하는 방법
③ **무게 중심법**
  ㉠ 공급지 및 수요지의 위치가 고정되어 있고 각 공급지로부터 단일의 물류센터로 반입되는 물량과 그 물류센터로부터 각 수요지로 반출되는 물량이 정해져 있을 때, 물류센터로 반입 및 반출되는 각 지점과 물류센터와의 거리에 거리당 운임과 물동량을 곱하여, 각 지점과 물류센터 간의 수송비를 산출하여 모든 지점에 대해서 적용하여 합산하면 총수송비가 결정되고 그 합이 최소가 되는 지점을 구하는 것
  ㉡ 두 지점 간의 물자 이동이 직선거리를 따라 이루어진다면, 단일 물류센터의 최적 입지는 입지를 나타내는 좌표에 대한 두 개의 방정식을 통해서 구할 수 있는데, 이것을 최적 무게 중심법이라고 함
④ **양&질적 요인 분석법(Brown-Gibson Model)**
  ㉠ 입지 결정에 있어서 양적 요인과 질적 요인을 함께 고려할 수 있는 복수공장의 입지분석모형이 1972년 브라운과 깁슨에 의해 제시
  ㉡ 요인 평가기준

필수적 기준 (Critical Criteria)	특정 시스템의 장소적 적합성 판정 시의 필수적 기준 예 맥주 공장 – 수질, 수량 / 연탄공장 – 석탄
객관적 기준 (Objective Criteria)	화폐가치로 평가될 수 있는 경제적 기준 예 인건비, 원재료비, 용수비, 세금 등
주관적 기준 (Subjective Criteria)	평가자의 주관에 의해 가늠되는 기준 예 근로자의 성실성, 지역주민의 민심 등

⑤ **톤·킬로(부하 거리)법** : 각 수요처에서 배송센터까지의 거리와 수요처까지의 운송량에 대하여 운송 수량(톤)×거리(km)에 의해 평가, 그 총계가 가장 적은 곳에 배송센터를 설치하는 방법
⑥ **요인 평정법** : 입지에 관련된 요인(접근성, 지역 환경, 노동력 등)에 주관적으로 가중치를 설정하여 각 요인의 평가점수를 합산하는 방법

SECTION 02 입지별 유형

1 지역 공간 구조

01 버제스(Burgess)의 동심원이론

(1) 개념
  ① 대도시의 성장은 도시의 외면적 확대를 기반으로 하며, 그 확대 과정을 중심업무지구, 점이지대, 노동자 주택지대, 중·고급 주택지대, 통근자 지대로 형성된 동심원상의 형태로 설명하는 이론
  ② 주거나 업무 등 토지이용의 패턴 분석

(2) 내용
  ① 동심원은 제각기 바깥의 지대를 잠식해 가며 팽창하는 특성도 갖고 있다고 주장
  ② 저소득층은 편리한 출퇴근을 위해 도심 가까이에 살려고 하며, 고소득층은 되도록 외곽의 여유로운 구역에 살려고 하기에 이러한 도시의 진화 및 변화가 나타난다고 주장

02 H. 호이트(H. Hyot)의 선형이론 23-3

(1) 개념
  ① 도심으로부터 새로운 교통로가 발달하면 교통로를 축으로 도매, 경공업지구가 부채꼴 모양으로 확대된다는 공간구조이론
  ② 도시지역에서 면적이 가장 넓은 주거지역을 이용하여 지대를 고지대, 중지대, 저지대 지역으로 구분해 도시발전을 분석한 이론

(2) 내용
  ① 버제스의 동심원이론을 수정·보완하여 제시한 이론으로, 도시 내부구조가 도심으로부터 방사상으로 전개되는 교통로에 의해 결정된다고 주장
  ② 입지 과정에서 문화적인 요소를 무시했다는 비판이 있음

03 베버(A. Weber)의 최소 비용이론 20-2, 19-2, 19-1

(1) 개념
  ① 수송비, 노동비, 집적이익을 고려해 최소 생산비 지점을 찾아 공장의 최적 입지를 결정하는 이론
  ② 공업입지에 관한 이론을 처음으로 체계화

(2) 내 용

① 다른 생산조건이 동일하다면, 수송비는 원료와 제품의 무게와 수송되는 거리에 의해 결정
② 공장부지의 입지 요인

시장지향형	• 중간재나 완제품을 생산하는 공장, 중량증가산업, 완제품의 부패성이 심한 산업 • 산출 제품의 중량이나 부피가 투입 원료의 중량이나 부피보다 큰 경우 • 보편원료를 많이 투입하는 공장
원료지향형	• 중량감소산업, 부패하기 쉬운 원료, 물품을 생산하는 공장 • 산출 제품의 중량이나 부피가 투입 원료의 중량이나 부피보다 작은 경우 • 편재원료(국지 원료)를 많이 투입하는 공장
중간지향형	• 제품이나 원료의 수송수단이 바뀌는 이적 지점 또는 적환 지점이 있는 경우 • 원료의 해외 의존도가 높은 공업
자유입지형	• 수송비나 노동비에 비해 부가가치가 큰 공업 • 고도의 대규모 기술집약적 산업
집적지향형	• 수송비의 비중이 작고, 기술 연관성이 높은 산업 • 기술, 정보, 시설, 원료 등을 공동 이용함으로써 비용을 절감하는 경우
노동지향형	• 의류나 신발같이 노동집약적으로 미숙련공을 많이 사용하는 산업 • 저임금 지역에 공장이 입지하는 경우

04 해리스(Harris)와 울만(Ulman)의 다핵심이론

(1) 개 념

① 도시의 지역을 중심업무지구, 도매업무지구, 경공업지구, 중공업지구 등으로 나누고, 주택지역은 교외 지역에 입지하는 것으로 설명하는 이론
② 대도시의 특징이나 구조를 설명하는 데 적합한 이론

(2) 내 용

① **중심업무지구** : 도시 내부의 교통기관이 모이는 지점에 입지
② **도매업무지구와 경공업지구** : 도시 내부 가운데 시외교통의 초점이 되는 철도역 주변 등에 입지하며, 중심업무지구에 인접
③ **중공업지구** : 도시 주변부 근처에 입지하고, 도심 근처보다는 교통서비스가 입지에 큰 영향을 미침

2 도심 입지와 노면독립입지

01 도심 입지의 의의 23-2, 22-2, 21-3, 20-2, 19-3, 19-2, 17-3, 16-1

(1) 도심 입지(CBD ; Central Business District)의 개념
① 도심 입지는 전통적인 도심 상업지역으로, 계획적으로 조성되는 신도시와 달리 복잡하게 조성되어 있으며, 어느 곳에서든지 사람들이 유입되는 접근성이 좋은 지역
② 고급 백화점, 고급 전문점, 은행 등이 입지하고 있는 전통적인 상업 집적지로, 다양한 분야에 걸쳐 고객흡인력을 지님

(2) 도심 입지의 특징
① 대중교통의 중심지로 접근성이 좋아 많은 사람이 유입되어 지가가 가장 높은 지역
② 상업활동을 통해 많은 사람을 유인
③ 건물의 고층화 및 과밀화로 인한 주거 기능의 약화가 지속
④ 도시 외곽 주거지(Frame) 및 도심 입지(Core) 간 심각한 교통문제 발생
⑤ 행정관서, 백화점, 기업체 및 고급 전문 상점들이 집중적으로 위치
⑥ 전통적으로 이어져 오는 상업지역이기 때문에 신도시와 같이 계획성 있는 입지의 조성은 어려움

> **+ 더 알아보기** 부도심 소매 중심지(SBD ; Secondary Business District) **20-추가**
> - 도시 규모의 확장에 따라 여러 지역으로 인구가 분산, 산재하여 생긴 지역
> - 주거지역 도로변이나 아파트단지 상점가 등의 근린형 소매 중심지
> - 주된 소매업태 : 슈퍼마켓, 일용 잡화점, 소규모 소매점 등

(3) 도심 재생 과정 23-2, 20-2, 16-3
① 도시가 성장하며 인구가 유입되어 도심에 중심상업지구 또는 상점가가 발전
② 도심 혼잡으로 인해 도심 인구가 교외로 이주하고 교외 지역에 쇼핑센터들이 활성화
③ **도심 활성화를 위한 도심 재생(둥지 내몰림 또는 젠트리피케이션) 활동이 시작**
  ㉠ 낙후된 도심지역의 재건축 · 재개발 · 도시재생 등 대규모 도시개발에 부수되는 현상
  ㉡ 도시개발로 인해 지역의 부동산 가격이 급격하게 상승할 때 주로 발생하는 현상
  ㉢ 도시개발 후 지역사회 원주민들의 재정착 비율이 매우 낮은 현상을 포함
  ㉣ 상업지역의 활성화나 관광 명소화로 인한 기존 유통업체의 폐점 증가 현상을 포함
④ 전국적으로 영업하는 체인점들이 도심에 입점

02 노면독립입지(Freestanding Sites, 고립/독립 입지)

(1) 노면독립입지의 개념

① 여러 업종의 점포들이 한 곳에 모여 있는 군집 입지와 다르게 전혀 점포가 없는 곳에 독립적으로 입지해서 점포를 운영하는 형태
② 독립지역에 입지한 소매점은 다른 소매업체들과 고객을 공유하지 않음
③ 타 업체보다 비교우위에 있는 확실한 기술력을 보유한 전문성 있는 업종이나 다른 업체와 비교하여 뛰어난 마케팅 능력을 보유하고 있는 업종이 적합
④ 중·소형 소매업체보다 오히려 창고형 대규모 소매점, 하이퍼마켓, 카테고리 전문점 등 주로 대형 소매업체들에 알맞음
⑤ 다른 점포와의 시너지 효과가 없으므로, 고객을 유인하기 위해 상품·가격·판촉·서비스를 특별하게 제공해야 함

(2) 노면독립입지의 장단점 25-2, 24-2, 23-2, 22-3

장점	• 중심 시가지보다 저렴한 토지 및 건물의 가격 또는 임대료로 상품가격의 할인에 융통성이 있음 • 넓은 주차공간이나 편의 공간 제공 등으로 고객들에게 높은 편의성 제공 • 새로운 확장에 용이 • 높은 가시성 • 제품, 영업시간·광고 간판 등에 대한 비교적 느슨한 규제(점포 운영의 자율성) • 직접적으로 당면하는 경쟁업체가 없는 편 • 대형 점포를 개설할 경우 소비자의 일괄 구매(원스톱 쇼핑) 가능
단점	• 개점 초기에 소비자를 점포 내로 유인하기가 어려움 • 직접적인 경쟁업체가 없으므로 경쟁을 통한 시너지 효과가 없음 • 고객들의 특성상 오직 해당 점포만을 생각하고 방문 • 고객들을 지속적으로 유인하기 위해 홍보, 가격, 상품, 서비스 등을 차별화해야 하므로 비용이 증가 • 접근성이 낮아 고객에게 노출이 잘 되지 않음 • 비교구매를 원하는 소비자에게는 매력적이지 않음 • 쇼핑몰이나 쇼핑센터에 입점해 있는 점포들에 비해 고객유인효과가 상대적으로 저조

3 쇼핑센터 및 복합용도개발(MXD ; Mixed-use Development)지역 입지

01 쇼핑센터 입지

(1) 쇼핑센터 입지의 개념

① 도시 주민의 교외로의 이동이라는 스프롤(Sprawl) 현상과 더불어 자가용의 보급에 따라 제2차 세계대전 뒤 미국에서 발전한 집합형 소매상점가로, 도심 밖 외곽지대에 커뮤니티 시설로 계획되는 것이 일반적

② 일반적으로 대도시의 외곽지대를 중심으로 형성되며, 백화점·슈퍼마켓 등 대규모 소매점을 중심으로 하여 여기에 연쇄점, 전문점, 소매점 등을 모아 원스톱 쇼핑이 가능하도록 계획적으로 만들어진 대규모 상점가

> **+ 더 알아보기** 스프롤(Sprawl) 현상
>
> 도시의 급격한 팽창에 따라 대도시의 교외가 무질서·무계획적으로 발전하는 현상

(2) 쇼핑센터의 형태

① 규모별 `16-1`

근린형	도보권을 중심으로 한 상권의 슈퍼마켓, 드럭스토어를 중심으로 한 일용품 위주의 소규모 쇼핑센터
지역형	슈퍼마켓, 버라이어티 스토어, 소형 백화점, 약국, 사무용품점, 스포츠용품점 등을 중심으로 한 실용품 위주의 중규모 쇼핑센터
커뮤니티형	백화점, 종합슈퍼, 대형 버라이어티 스토어 등의 대형 상점을 중심으로 하고 있으며, 여러 가지 서비스 기능이나 레저·스포츠 시설 등을 갖춘 대규모 쇼핑센터

② 입지별

교외형	특정 상권의 사람들을 구매층으로 하며 비교적 저층이고, 대규모 주차장을 갖고 있으며 백화점, 대형 슈퍼마켓 등을 중심으로 하는 경우가 많음
도심형	불특정 다수의 사람을 구매층으로 하며, 지가가 높은 지역에 입지하기 때문에 면적 효율상 고층이 되는 경우가 많고 주차공간도 집약적

(3) 쇼핑센터의 유형 `22-1, 19-1, 18-2, 16-2`

종류		특징
	지역 센터	가장 다양한 업태의 소매점포를 입주시키는 유형
	패션/전문품 센터	선별된 패션이나 품질이 우수하고 값이 비싼 독특한 제품을 판매하는 고급 의류점, 부티크(소규모 개성 의류전문점), 선물점 등
쇼핑몰	아웃렛 센터/몰	• 스스로 고객을 흡인할 수 있는 규모와 점포 구성을 가짐 • 유통업자 상표제품 및 이월상품 할인 판매
	테마 센터	• 특정 주제를 바탕으로 그 주제와 연속성을 가지는 환경, 놀이시설, 쇼핑 시설 등으로 구성 • 다양한 형태의 점포와 다양한 구색의 상품을 제공하며, 쇼핑과 오락을 결합할 수도 있음 • 초기 점포 형태 계획 시 입점 업체에 대한 믹스를 계획하여 균형 잡힌 상품구색을 제시할 수 있음
	페스티벌 센터	세계 유명브랜드 체인점은 물론 의류점, 기념품, 미용실, 오락실 등 모든 시설이 갖추어진 종합쇼핑센터

스트립 쇼핑센터	네이버후드 센터	• 소비자들의 일상적인 욕구 만족을 위한 편리한 쇼핑 장소 제공 • 슈퍼마켓이 가장 강력한 핵점포(Anchor Store)의 역할 수행
	커뮤니티 센터	다양한 범위의 의류와 일반상품을 제공
	파워 센터	• 종래의 백화점이나 양판점과는 달리 할인점이나 카테고리 킬러 등 저가를 무기로 하여 강한 집객력을 가진 염가점을 한 곳에 종합해 놓은 초대형 소매센터를 의미함 • 여러 종류의 전문할인점들이 임대 형식으로 들어오게 되는 구조 • 회원제도매클럽의 입지로 가장 적합

(4) 쇼핑센터의 공간구성 요소 24-3, 23-1, 21-2, 20-2

① 결절점(Node) : 교차하는 통로의 접합점으로 원형의 광장, 전이 공간, 이벤트 장소가 되는 곳
② 보이드(Void) : 홀이나 계단 등 주변에 동선이 집중하는 공간에 설치하는 오픈 스페이스
③ 데크(Deck)
  ㉠ 하나의 열린 공간으로 상업시설에 도입시킬 수 있으며, 여유 및 휴식공간의 창출로 상가의 가치를 높여줄 수 있음
  ㉡ 구조에 따라 이벤트 장소로 사용할 수 있어 문화적, 오락적 이벤트를 개최할 수 있음
  ㉢ 보통 동선으로 동시에 사용하기도 하며 보이드와 적절하게 조화될 경우 훨씬 경쟁력을 갖춘 상가가 될 수 있음
④ 에지(Edge) : 파사드, 난간, 벽면, 담장 등의 경계선이며 건물에서 꺾이는 부분에 해당
⑤ 지표(Landmark) : 방향을 제시하여 소비자들이 길찾기에 참고하는 물리적 대상
⑥ 선큰(Sunken) : '가라앉다'라는 SINK에서 나온 말로, 지하 진입부가 외부와 연결되어 지하 공간의 쾌적성과 접근성을 높임

(5) 쇼핑몰의 소매입지로서의 상대적 장점 25-2, 24-2

① 계획에 의한 입점 점포 구성의 강력한 통제
② 입점 점포 간 영업시간 등 영업방침의 동질성
③ 점포 외부환경 관리 부담의 완화
④ 강력한 핵점포의 입점이 유발하는 높은 고객 흡인력
⑤ 구색과 기능의 다양성이 창출하는 높은 고객 흡인력

(6) 대형 상업 시설의 테넌트 관리 25-2, 24-3, 22-3, 19-3, 18-1, 17-2, 16-3

① 개 념
  ㉠ 테넌트(Tenant) : 상업시설의 일정한 공간을 임대하는 계약을 체결하고, 해당 상업시설에 입점하여 영업하는 임차인이나 임차 점포
  ㉡ 테넌트 믹스(Tenant Mix) : 머천다이징 정책을 실현하기 위한 최적의 조합을 꾸미는 과정으로, 쇼핑센터의 테넌트 믹스는 일반적으로 업태 믹스 → 업종 믹스 → 테넌트 믹스 → 아이템 믹스의 프로세스로 일어나며 시설 내 테넌트 간에 끊임없이 경쟁을 유발하기보다는 경합 대상 쇼핑센터와의 경쟁력 강화에 초점을 맞추어야 함
② 테넌트의 유형
  ㉠ 트래픽 풀러(Traffic Puller) : 원래는 백화점을 일컫는 말이었지만 최근에는 소극장, 극장, 음식점 등과 같이 흡인력이 크고 시설의 이미지 형성에 도움을 주는 점포까지 확대
  ㉡ 일반 테넌트(General Tenant) : 트래픽 풀러가 흡인시킨 고객을 수용하기 때문에 트래픽 유저로 불리기도 함

- ⓒ 앵커/키 테넌트(Anchor/key Tenant)
  - 선박을 고정하는 중심 역할을 하는 닻을 의미하는 앵커처럼 어떤 상권을 대표하는 상징적인 점포나 대형상가의 중심이 되는 핵심 점포로 유통센터나 대형 점포, 브랜드 인지도가 높은 점포, 그 지역의 상권 내 가장 번화한 점포인 핵점포가 대표적인 앵커 점포에 해당
  - 상업시설의 주요 임차인으로서 백화점이나 슈퍼마켓 같은 큰 규모의 임차인으로 상업시설 전체의 성격을 결정짓는 요소로 작용하며, 해당 상업시설로 많은 유동인구를 발생시킬 수 있음
  - 이러한 앵커 테넌트들은 건물주로부터 다른 테넌트에 비해서 유리한 리스계약을 받을 수 있고, 해당 상업시설의 가치를 높여주는 역할을 함
  - 앵커 테넌트의 부재는 해당 상업시설의 매력도를 떨어지게 하여 기존에 있던 일반 테넌트의 영업에도 많은 영향을 미침
- ⓔ 마그넷 스토어(Magnet Store) : 자석처럼 고객을 끌어들이는 기능이 있으며, 일반적으로 백화점이나 종합 슈퍼마켓이 이에 해당
- ⓜ 서브키 테넌트(Sub-key Tenant)
  - 매장 자체의 지명도보다는 업태가 가진 특성 자체가 소비자들의 수요를 꾸준히 창출해내는 테넌트
  - 앵커/키 테넌트의 보조가 되는 점포

(7) 상품 키오스크 23-3
① 쇼핑몰의 공용구역에 설치되는 간이 독립 판매공간
② 신제품 런칭 시나 정규 점포를 개장하기 전 시험적인 판매 정보를 얻기 위한 공간
③ 쇼핑몰 내 일반점포보다 단위면적당 임대료가 낮고 임대차계약기간이 짧음
④ 디스플레이 공간이 넓어 점포면적에 비해 충분히 창의성을 발휘할 수 있음
⑤ 쇼핑몰 내 다른 키오스크들과 경쟁이 심화할 가능성이 큼

02 복합용도개발(MXD ; Mixed-use Development)지역 입지

(1) 복합용도개발의 개념
① 거니 브릭큰펠드(Gurney Breckenfeld, 1972)가 처음으로 사용한 용어
② 혼합적 토지이용의 개념에 근거하여 주거와 업무, 상업, 문화 등 상호보완이 가능한 용도를 서로 밀접한 관계를 맺을 수 있도록 연계·개발하는 것
③ 복합용도 건축물을 특징짓는 기본요건
   - ⓐ 세 가지 이상의 주요 소득 용도 수용 : 독립적인 수익성을 지니는 3가지 이상의 용도를 수용할 것
   - ⓑ 물리적·기능적 규합 : 혼란스럽지 않은 보행 동선 체계로 모든 기능을 서로 연결하여 물리적·기능적으로 통합을 이룰 것
   - ⓒ 통일성 있는 계획에 의한 개발의 성공 : 하나의 마스터플랜에 의하여 일관성 있는 계획하에 건설 및 임대가 진행되어 단일 건축물과 유사한 모습을 나타낼 것

(2) 복합용도개발의 필요성 19-3
① 복합 기능의 수용에 따라 도시 내 상업 기능만 급격히 증가하는 현상을 억제함으로써 도시의 균형 잡힌 발전을 도모할 수 있음

② 도시 내에서 살고자 하는 사람이나 살 필요가 있는 사람들에게 양질의 주택을 공급할 수 있으며 이에 따라 도심 공동화 현상을 방지할 수 있음
③ 도심지 주변에 주상복합건물을 건설할 경우 이 지역이 도·소매업, 광고업, 인쇄업 등 서비스 기능 위주의 전이지역으로 변화하는 것을 방지할 수 있음
④ 도심지 내 주생활에 필요한 근린생활시설 및 각종 생활 편익 시설의 설치가 가능하게 되어 도심지가 생동감이 넘치고 다양한 삶의 장소로 바뀔 수 있음
⑤ 주상복합 건물을 건설할 경우 기존 시가지 내의 공공시설을 활용함으로써 신시가지 또는 신도시의 도시기반시설과 공공서비스시설 등에 소요되는 공공재정이나 민간자본을 절감할 수 있음
⑥ 직장과 주거지와의 거리가 단축됨으로써 출·퇴근 시 교통비용 및 시간의 절약이라는 이점이 있고 교통 혼잡도를 완화할 수 있음
⑦ 차량 통행량 증가가 완화됨에 따라 대기오염 요인 감소와 에너지 절감의 효과를 얻을 수 있음
⑧ 주차장 이용에 있어서 주거, 상업, 업무 등 기능별로 주차장의 집중 이용 시간대가 분산되므로 한정된 주차공간을 효율적으로 이용할 수 있음
⑨ 기능면에서 보행자 동선과 차도를 분리해 수송 문제를 입체적으로 해결할 수 있음
⑩ 경제적인 측면에서 도심지 내 토지의 고층화·고밀화를 통하여 해결할 수 있고 아울러 쾌적한 녹지공간의 확보와 기존의 도시 시설을 편리하게 이용할 수 있음
⑪ 공간을 생산적으로 사용할 수 있어 개발업체들이 선호함

4 기타 입지

01 산업별 입지 유형

(1) 대규모 서비스업종 입지 **23-1**

① 대규모 서비스업은 나홀로 독자적인 입지 선택이 가능
② 상권 및 입지적 특성을 반영한 매력도와 함께 서비스나 마케팅력이 매우 중요
③ 주로 차량을 이용하는 고객이 많고, 상권 범위는 반경 2~3km 이상
④ 목적형 입지 유형에 해당

(2) 상업입지

① 상업활동이 이루어지는 장소 또는 그 범위를 말하는 것으로, 상업입지의 대상은 도매업에서 소매업까지, 백화점·대형 슈퍼마켓에서 구멍가게까지 다양
② 상품현물을 취급하지 않는 보험업, 증권업, 광고업, 공적 성격의 거래소, 각종 대리점의 입지도 포함
③ 사회적·경제적 성격, 상업 집적(集積) 상태, 배후지의 인구와 경제력, 소비자의 생활상태, 교통편의, 자연적·기후적 조건, 장래의 개발 계획 등을 입지조건으로 고려해야 함

(3) 산업입지

① 광의로는 '경영 입지'와 같은 뜻으로 농업을 비롯하여 상업, 교통업 등을 포함하나, 보통 협의로 해석하여 '공업입지'와 같은 뜻의 용어로 다루는 경우가 많음
② 국가의 산업 정책과 지역개발 정책 동향, 나아가서 국제 정세의 변동 등도 입지에 커다란 영향을 미침

(4) 공장입지
① 개별 공장에서의 입지조건은 제조 품목에 따라 다를 뿐만 아니라 같은 업종이라도 제조 방법의 차이나 사업 주체인 기업 측의 사정으로 선정 기준이 달라짐
② 일반적으로 공장은 상품생산에 필요한 여러 요소의 입수가 용이하고 저렴해야 하며, 소비지는 제품 출하 시 수송과 판매의 편리성이 요구됨

(5) 농업입지
① 기상·토양·지형·해발고도 등의 자연적 조건에 큰 제약을 받아 신선도가 큰 비중을 차지하는 품목을 비롯해 수송성이나 저장성이 부족한 품목이 많음
② 출하·유통상 기술적 제약과 함께 생산물의 비교 가격(단위 용량당 가격)이 일반 공업제품에 비해 낮아 운임 부담의 관계 때문에 원거리 시장으로의 출하에 곤란이 생기는데, 이에 따라 소비지와 생산지와의 위치 관계에 일정한 제약을 만들고 있음

02 생산구조와 소비구조의 특징에 따른 입지 유형   21-1, 19-1

구분		생산	
		소량	대량
소비	소량	수집, 중계, 분산 기능이 모두 필요 예 농수산물의 유통	중계, 분산 기능 필요 예 생필품이나 공산품의 유통
	대량	수집, 중계 기능 필요 예 농산물이나 임산물의 가공	중계 기능만 필요 예 공업용 원료나 광산물의 유통

SECTION 03 입지선정 및 분석

1 입지선정의 의의

01 입지선정의 개념 및 FLOW

(1) 입지선정의 개념

① 입지 주체가 추구하는 입지조건을 갖춘 토지를 발견하는 것으로 동적·공간적 개념
② 주어진 부동산에 관한 적정한 용도를 결정하는 것도 포함
③ 입지선정 시에는 업종과의 부합성 검토를 해야 하며 통상적으로 좋은 입지라고 보는 곳도 실질적으로 업종과 부합되지 않으면 나쁜 입지가 됨
④ 입지선정의 과정에서는 더 유리한 이용을 하려는 입지 경쟁이 전개되고, 그 결과 토지이용이 집약화(集約化)되며 토지의 단위면적당 노동과 자본의 투자 비율이 높아짐

(2) 입지선정의 FLOW

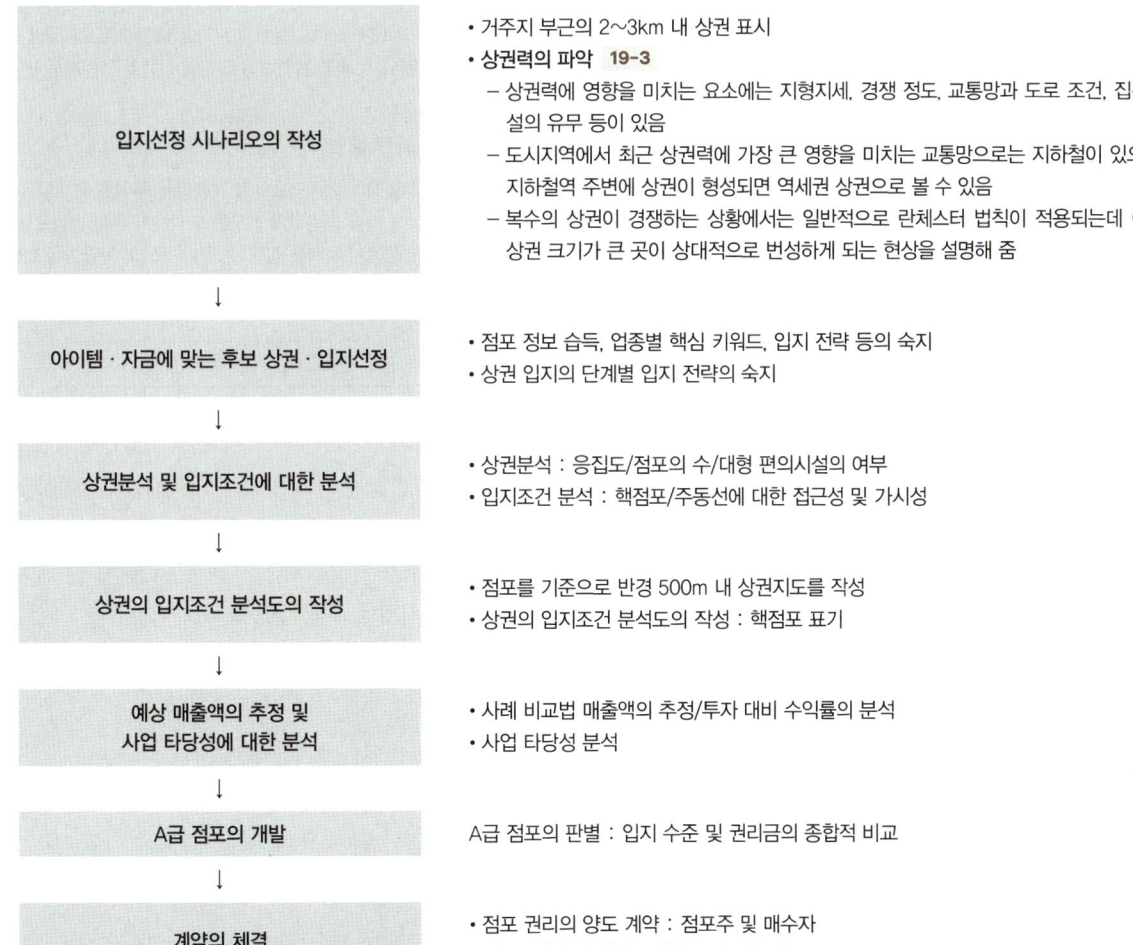

02 넬슨의 소매 입지이론 및 입지 조건평가

(1) 넬슨(R. L. Nelson)의 소매 입지이론

① 입지 매력도 평가원칙 25-1, 24-1, 20-3, 20-추가, 20-2, 19-3, 18-1, 16-3

고객차단 원칙	사무실 밀집 지역, 쇼핑지역 등은 고객이 특정 지역에서 타 지역으로 이동 시 점포를 방문하게 함
동반유인 원칙	유사 또는 보충적인 소매업이 흩어진 것보다 군집해서 더 큰 유인잠재력을 갖게 함
보충가능성 원칙	두 개의 사업이 고객을 서로 교환할 수 있을 정도로 인접한 지역에 위치하면 매출액이 높아짐
점포밀집 원칙	지나치게 유사한 점포나 보충 가능한 점포는 밀집하면 매출액 감소
접근가능성 원칙	지리적으로 인접하거나 교통이 편리하면 매출 증대

② 8가지 입지 평가방법 25-2, 24-3, 24-2, 23-2, 22-3, 22-2, 21-2, 20-3, 19-2, 18-3, 18-2, 18-1, 17-3, 17-2, 17-1, 16-3, 16-2

상권의 잠재력	현재 관할 상권 내에서 취급하려는 상품에 대한 수익성 확보 가능성에 대한 검토
접근 가능성	관할 상권 내에 있는 고객을 자기 점포에 어느 정도 흡인할 수 있는가에 대한 가능성을 검토
입지의 성장 가능성	인구증가와 소득수준의 향상으로 시장 규모나 선택한 사업장, 유통 상권의 매출액이 성장할 가능성에 대한 검토
중간 저지성	기존점포나 상권 지역이 고객과의 중간에 위치함으로써 경쟁점포나 기존의 상권 지역으로 접근하는 고객을 중간에서 차단할 수 있는 가능성을 검토
누적적 흡인력 (집적 유인력)	영업의 형태가 비슷하거나 동일한 점포가 집중적으로 몰려 있어 고객의 흡인력을 극대화할 수 있는 가능성 및 사무실, 학교, 문화시설 등에 인접함으로써 고객을 흡인하기에 유리한 조건에 속해 있는가에 대한 검토로, 예비 창업자는 창업 아이템에 따라서 중간 저지성의 입지를 선택할 것인지, 누적적 흡인력의 입지를 선택할 것인지를 판단해서 결정함
양립성	상호보완 관계에 있는 점포가 서로 인접해 있어서 고객의 흡인력을 높일 수 있는 가능성에 대한 검토
점포 업종 간의 경쟁 회피성	경쟁점의 입지, 규모, 형태 등을 감안하여 예비 창업자의 사업장이 기존점포와의 경쟁에서 우위를 확보할 수 있는 가능성 및 향후 신규 경쟁점이 입점함으로써 창업할 사업장에 미칠 영향력의 정도를 파악하기 위한 방법으로, 경쟁을 회피하기 위하여 가능한 한 예비 창업자는 경쟁점과의 경쟁에서 우위를 점할 수 있는 규모의 사업장을 선택해야 하며, 경쟁점이 입지를 이용하는 것을 사전에 막을 수 있도록 해야 하고, 경쟁 입지가 중간 저지적인 입지가 되지 않도록 입지를 선택해야 함
입지의 경제성	입지의 가격 및 비용 등으로 인한 수익성과 생산성의 정도에 관한 검토

(2) 점포의 입지조건 평가 25-1, 24-3, 24-2, 24-1, 23-2, 23-1, 22-3, 21-1, 20-3, 18-3

① 점포면적이 매출에 영향을 미치기는 하지만 일정 크기를 넘으면 점포의 면적이 증가해도 매출은 더 이상 효율적으로 증가하지 않음
② 건축선 후퇴(도로 확장이나 주변 환경 조성을 위해 건물의 정면을 일정 거리 후퇴시키는 것)로 인해 앞 건물에 가려져 보이지 않는 경우도 발생하므로 건축선 후퇴는 직접적으로 가시성에 부정적인 영향을 미침
③ 점포 출입구 부근에 단차가 없으면 사람과 물품의 출입이 용이하여 좋음
④ 점포의 구조적 형태가 직사각형이면 공간을 효율적으로 활용 못 하는 데드 스페이스의 발생 가능성이 작아 집기나 진열 선반 등을 효율적으로 배치하기 쉬움
⑤ 주변을 지나는 유동인구의 수보다는 인구특성과 이동 방향 및 목적 등이 더 중요

⑥ 입지 유형

유리한 입지	• 평면도로 볼 때 점포의 깊이에 비해 정면 너비가 더 큰 장방형 형태 • 높은 층고 • 보조 동선보다는 주동선상에 위치하거나 가까운 점포 • 대형평형보다는 중소형 평형 아파트단지 상가 • 출근길보다는 퇴근길 방향에 있는 곳 • 대형사무실보다는 5층 이하 사무실이 많은 곳 • 주변에 노점상이 많은 입지 • 버스정류장이나 지하철역을 끼고 있는 입지 • 보조도로보다는 주도로에 접한 내부 획지 • 방사형 도로의 경우 교차점에 가까운 입지 • 곡선형 커브가 있는 도로에서는 안쪽보다 바깥쪽 입지
불리한 입지	• 주변 가게가 기술 위주 서비스업종이나 저가 상품 위주인 곳 • 일방(편도)통행 도로변이나 맞은편에 점포가 없는 곳 • 점포와 접한 도로에 중앙분리대가 있는 경우 • T형 교차로의 막다른 길에 있는 입지

2 입지영향인자

01 입지영향인자의 의의

(1) 의미와 구분

① **의미** : 입지에 영향을 미치는 요인으로 지역이나 상권이 수요에 영향을 미치는 요소
② **구분** : 인구통계 및 인구의 라이프스타일, 접근성, 경쟁상황, 시너지 효과, 소비자의 상권 이용 형태 등

(2) 유 형

① 인구통계 및 라이프스타일
  ㉠ 시·구 통계연보를 시청이나 구청 주민센터에서 구해 연령별·남녀별·지역별·가구별 인구 등을 파악
  ㉡ 도·소매업 조사 보고서, 서비스업 조사 보고서 등에서는 지역주민들의 생활상을 파악할 수 있음
  ㉢ 주거형태의 구조는 같은 소득일지라도 아파트 지역은 주택지역보다 집적도와 소비성향이 높으며, 보다 편리성을 추구
② **접근성** 24-3, 24-1, 23-3, 23-2, 23-1, 20-3, 19-3, 19-2, 18-1, 17-3 : 계단이 있거나 장애물이 있는 건물은 목적성이 높고 경쟁점이 적은 업종에 상대적으로 유리

적응형 입지	• 거리에서 통행하는 유동인구에 의해 영업이 좌우됨 • 출입구, 시설물, 계단, 가시성 등 도보자의 접근성을 우선 고려하여야 함 • 버스, 택시, 지하철 등 대중교통시설과 근접하면 좋음 • 최적 입지는 차 없는 거리이며, 주차장은 없어도 무방하며 굳이 투자 효율성이 떨어지는 주차장을 둔다면 건물 뒤편에 위치하는 것이 좋은데, 우선 도보객이 접근하기 쉬워야 하기 때문 • 자동문이나 회전문은 출입구로서 좋지 않음

목적형 입지	• 단순히 유동인구에 의존하기보다는 상권 자체의 고객 창출 능력에 의해 고객이 유입되는 입지 유형 • 특정 테마에 따라 고객이 유입되므로 차량이 접근하기 쉬워야 함 • 주도로에서 접근이 쉽고, 주차장이 크고 편리성이 있어야 하며 주차관리원도 두어야 함 • 적응형 입지와 달리 주차장의 위치는 건물 앞쪽에 있어야 이용자의 편리성이 높음 예 대규모 서비스업
생활형 입지	• 지역주민들이 주로 이용하는 입지 유형 • 도보나 차량을 모두 흡수할 수 있어야 함 • 주차시설도 갖추고 도보객의 접근도 유리한 지역에 출점해야 함
산재성 입지	동일 업종끼리 모여 있으면 불리한 입지 유형(예 편의품점)
집재성 입지	점포들이 모여 집적 효과를 거둠

③ 경쟁상황
  ㉠ 상권 내의 업종별 점포 수, 업종비율, 업종별·층별 분포 파악
    • 업종별 분류 : 판매업종과 서비스업종으로 구분
    • 판매업종 : 식품류, 신변잡화류, 의류, 가정용품류, 문화용품류, 레포츠용품류, 가전·가구류로 구분
    • 서비스업종 : 외식서비스, 유흥서비스, 레저·오락서비스, 문화서비스, 교육서비스, 의료서비스, 근린서비스로 구분
  ㉡ 판매업종과 서비스업종의 구조 파악
    • 판매업종이 많을수록 유동성이 높으며, 패스트푸드 점포가 유망
    • 판매업종이 다수이면 판매업종을 출점하는 것이 유리하며 서비스업종이 많으면 서비스업을 택하는 것도 좋음
  ㉢ 건물의 층별 점포 구성 분석 : 건물의 1층 구성비가 높으면 상권이 나쁘고, 건물 전체적으로 구성비가 고르면 상권이 좋음
  ㉣ 입점하고 있는 브랜드 분석 : 우리나라 소비자는 브랜드 선호도가 높으므로 유명브랜드가 많이 입점해 있으면 좋은 입지라 볼 수 있음

④ 시너지 효과 **24-3**
  ㉠ 동종업종이 집적되어 있으면 초기 투자비가 많이 드나 경쟁점포가 출점하더라도 매출이 민감하게 변하지 않으며, 소비자는 바가지를 쓸 염려를 하지 않아도 되고 구색이 다양해서 선택의 폭이 넓어지는 장점이 있음
  ㉡ 판매업종이 집중된 명동이나 백화점, 할인점에 외식업을 출점하면 시너지 효과를 최대한 확보할 수 있음
    예 논현동 가구거리
  ㉢ 서비스업종이 집중된 음식점이나, 유흥 위락단지, 숙박업, 학원, 극장 등 같은 업종끼리 집중되면 시너지 효과가 극대화되지만, 일반적으로 상품의 성격이나 종류가 서로 다른 경우에 더욱 큰 판매촉진 효과를 볼 수 있음
  ㉣ 호텔, 백화점, 시장, 대형 오피스, 대형상가, 대형 복합빌딩 등 바로 옆이 좋은 입지가 될 수 있음
  ㉤ 다른 점포 내에 입점하는 점포 내 점포 전략의 경우 목표 고객이 겹치는 경우 구매 고객이 분산될 수 있지만 전체적인 측면에서의 매출액은 상승하게 됨

⑤ 소비자의 상권 이용 형태
  ㉠ 고객은 대형 지향성을 갖고 있어 동일 업종인 점포가 나란히 여러 개 밀집되어 있으면 대형 점포를 선택하게 됨
  ㉡ 고객은 평탄하거나 아래쪽을 선호 **25-1**
  ㉢ 고객은 심리에 민감하며, 자동문이나 회전문, 점포를 가리는 나무는 좋아하지 않음
  ㉣ 전면 길이가 긴 점포를 선호하고 안쪽으로 길쭉한 점포는 상대적으로 선호도가 낮으며, 도로변에 면한 길이와 점포 안쪽의 길이는 3 : 2 정도의 비율이 좋음
  ㉤ 고객은 비역류성으로, 비(非)번화 지역에서 번화 지역으로 이동

⑥ 법적 조건(용도지역)
  ㉠ 개념 : 건축이 가능한 지역이 있고, 전혀 불가능한 지역이 있으며, 지방자치단체의 조례에 따라 가부가 결정되는 곳도 있음
  ㉡ 분류
    - 절대 정화 구역 : 학교 시설 지구(고등학교 이하)에서는 50m까지
    - 상대 정화 구역 : 200m까지
⑦ 성장성
  ㉠ 단기변화는 1년 내 시행되는 것, 중기변화는 3년 내, 장기변화는 3년 이상으로 분류할 수 있으며 적어도 음식점을 창업하기 위해서는 1년 이내에 변화가 있어야 함
  ㉡ 아파트단지는 입주 개시 후 적어도 3년, 길게는 10년이 되어야 안정될 수 있음
    - 단지별 연계성이 떨어지기 때문에 단지 내 인구가 유효인구가 되며, 더 이상의 수요 창출을 기대하기 어려움
    - 가능하면 이질적인 업종들이 결합하여 서로 경쟁을 피하도록 하여야 함
    - 대형 평형 아파트단지 상가보다는 중소 평형 아파트단지의 배후 인구수가 많기 때문에, 중소 평형 아파트단지 상가의 매력도가 상대적으로 높음

02 동선과 심리 법칙

(1) 동 선
  ① 개 념
    ㉠ 고객들의 이동 궤적으로, 사람들이 집중하는 자석과 자석을 연결하는 흐름
    ㉡ 대규모 소매점 : 고객이 층별로 돌아보기 때문에 각 층이 자석이 되고 이를 연결하는 에스컬레이터가 동선이 됨
    ㉢ 승용차로 내점하는 점포 : 주 주차장에서 주 출입구까지가 동선
  ② 최적의 입지 19-2
    ㉠ 올라가는 에스컬레이터의 경우에는 다 올라간 지점
    ㉡ 내려가는 에스컬레이터의 경우에는 다 내려간 지점
  ③ 유 형 22-1, 21-3, 19-3, 19-2, 16-1

주동선	• 자석과 자석을 잇는 가장 기본이 되는 선 • 인스토어형과 고객의 내점 수단이 도보인 경우 : 주 출입구에서 에스컬레이터까지 • 교외형 점포의 경우 : 주 주차장에서 주 출입구까지
부동선	• 주동선 이외에 사람들이 통행하는 뒷골목 같은 동선 • 경제적 사정으로 많은 자금이 필요한 주동선에 입지하기 어려운 점포는 부동선(副動線)을 중시
접근동선	동선으로 접근할 수 있는 동선
복수동선	복수의 자석이 있는 경우의 동선

(2) 심리 법칙 25-2, 24-3, 22-2, 22-1, 21-3, 20-추가, 19-1, 18-2, 17-1

최단거리실현의 법칙	인간은 최단거리로 목적지에 가려는 심리가 있기 때문에 안쪽 동선이라고 하는 뒷길 발생
보증실현의 법칙	길을 건널 때에도 최초로 만나는 횡단보도를 이용하려는 등 먼저 득을 얻는 쪽을 택함
안전중시의 법칙	인간은 본능적으로 위험하거나 모르는 길 또는 다른 사람이 잘 가지 않는 장소에는 가려고 하지 않는 심리가 있음
집합의 법칙	사람 대부분은 군중 심리에 의해 사람이 모여 있는 곳에 모임

3 경쟁점(채널) 분석

01 경쟁점 분석의 특징 및 조사 항목

(1) 경쟁점 분석의 특징 23-3, 22-1, 20-추가, 18-1
① 분석의 궁극적 목적은 효과적인 경쟁전략 수립
② 초점이 되는 조사 문제를 중심으로 실시
③ 조사 목적에 맞는 세부 조사항목을 구체적으로 정해서 실시
④ 1차 상권 및 2차 상권 내의 주요 경쟁업체를 분석하고 필요할 경우 3차 상권의 경쟁업체도 분석
⑤ 상권의 계층구조를 고려하여 분석
⑥ 상품구색, 가격, 품질이 유사한 경쟁점포의 상품구색 및 배치에 대해서도 분석
⑦ 점포개설을 준비하고 있는 잠재적인 경쟁업체가 있다면 조사에 포함
⑧ 상품구성분석은 상품 구성 기본정책, 상품계열구성, 품목 구성 포함
⑨ 자사 점포의 현황과 비교하여 조사결과 분석

(2) 상권 내 경쟁구조분석에 포함될 내용 20-3, 20-추가, 19-3, 19-1, 18-3, 18-2, 16-3
① **업태 내 경쟁구조** : 신규 출점 예정 사업체의 분석
② **업태 간 경쟁구조** : 재래시장 · 슈퍼마켓 · 대형 전문점 등의 분석
③ **위계별 경쟁구조** : 도시의 도심, 부도심, 지역 중심, 지구 중심 등으로 분류하고 수준별 및 수준 간 경쟁 관계의 영향을 함께 고려(예 해당 지역의 지역형 백화점뿐만 아니라 부도심 및 도심백화점까지 포함하여 특정 지역에 위치한 백화점의 상권경쟁구조를 분석)
④ **잠재적 경쟁구조** : 신규 소매업 진출 예정 사업체 및 업종의 파악 · 분석
⑤ **경쟁 · 보완관계** : 단골고객의 선호도 조사, 고객의 특성 및 쇼핑 경향 분석, 연령, 소득, 직업 등 인구통계학적 특성, 문화 · 사회적 특성의 파악 · 분석

(3) 조사 목적에 따른 조사 항목 20-추가
① **시장지위** : 경쟁점포의 시장점유율, 매출액 등
② **경영능력** : 대표의 참여도, 종업원 관리 등
③ **운영현황** : 영업시간, 휴일, 종업원 수 등
④ **시설현황** : 점포면적, 인테리어 등
⑤ **상품력** : 맛, 품질, 가격경쟁력 등

02 양립(兩立)

(1) 양립의 원인 23-1, 17-1, 16-2
① **집적 효과** : 소매점이 집적하게 되면 대부분 업종은 다른 점포와 경쟁하는 동시에 양립
② **상승 및 보충 효과** : 상권 내에 유사 업종이 함께 모여 있음으로써 상호 간의 매출 상승 및 상권을 확장할 수 있음
③ **차별화 효과** : 경쟁과 양립관계를 명확히 파악한 후, 비교우위를 점할 수 있는 차별화 정책을 모색해야 함

(2) 양립성을 높이기 위한 상품 세분화의 단계
　① **취급품목** : 단지 업종이 같다는 이유만으로 경쟁의식을 갖는 경우가 많으나, 상품 세분화 분석 결과 취급품목이 다르다면 경쟁점 관계라기보다 양립점의 관계라고 할 수 있음
　② **가격범위**
　　㉠ 주력 품종이 같고 차별화도 쉽지 않을 경우에는 가격대를 비교해 볼 수 있음
　　㉡ 주력 품종이 같다고 해도 서로 가격대가 다르다면 양립점이라고 볼 수 있음
　③ **적정가격**
　　㉠ 가격대도 같다면 동일 품종의 적정가격 비교
　　㉡ 적정가격이 다르면 자기 점포의 적정가격이 과연 채산성이 있는지 없는지를 다시 한 번 살피는 것이 필요
　　㉢ 품질경쟁 : 마지막으로 적정가격이 같은 경우, 경쟁점보다 품질을 높이는 경쟁 극복 대책을 세우도록 함

4 입지분석

(1) 입지분석에 사용되는 각종 기준　22-2, 20-3, 18-3

접근성	얼마나 그 점포를 쉽게 찾아올 수 있는가 또는 점포 진입이 수월한가를 의미
인지성	점포를 찾아오는 고객에게 점포의 위치를 쉽게 설명할 수 있는 설명의 용이함의 정도
가시성	점포 전면을 보고 고객들이 그 점포를 쉽게 발견할 수 있는지의 척도
홍보성	사업 시작 후 고객에게 어떻게 유효하게 점포를 알릴 수 있는가를 의미
호환성	점포에 입점 가능한 업종의 다양성 정도, 즉 다양한 업종의 성공 가능성을 의미

(2) 입지분석 과정　21-2, 16-1
　① **지역분석**
　　㉠ 대형 소매점포의 시장잠재력을 조사하기 위한 지역분석
　　㉡ 분석 항목 : 인구변화 추세, 기후·지형·경관, 도로망·철도망, 금융 및 조세 여건
　② **지구분석** : 특정 지역이 선정되면 그 후보지 내에서 최적 지구 선정을 위한 분석 시행
　③ **부지분석** : 구입가능한 부지 중에서 최적의 부지를 점포 입지로 선정하기 위한 분석

(3) 상권분석 및 입지분석의 절차　20-3

　　상권 후보지의 선정 → 상권분석 및 상권의 선정 → 입지 후보지의 선정 → 입지분석 및 입지의 선정 → 점포 활성화를 위한 전략 수립

출제지문 퀴즈로 핵심체크!

SECTION 01 입지의 개요

01 20-2
[O X] 동일한 상업지구에 입지하더라도 규모 및 취급상품의 구색에 따라 개별점포의 상권의 범위는 달라질 수 있다.

02 21-2
[O X] 백화점은 입지조건에 따라 도심백화점, 터미널백화점, 쇼핑센터 등으로 구분할 수 있다. 특히 쇼핑센터에는 다양하고 많은 고객(층)을 유인하기 위해 목적 점포의 형태로 백화점 입점을 중요시한다.

03 19-3
[O X] 소매점의 매출을 결정하는 요인은, 크게 입지 요인과 상권 요인으로 구분할 수 있는데 시장의 규모는 입지 요인에 속한다.

04 25-1
[O X] 입지 유형에 따라 소매점포를 도시형 점포, 교외형 점포로 구분할 때 인터체인지는 도시형 점포의 고객유도시설이다.

SECTION 02 입지별 유형

01 23-3
도심으로부터 새로운 교통로가 발달하면 교통로를 축으로 도매, 경공업지구가 부채꼴 모양으로 확대된다는 공간구조이론은 (　　　　)이다.

02 23-2
도시개발 후 지역사회 원주민들의 재정착 비율이 매우 낮은 현상을 포함하며, 낙후된 도심지역의 재건축·재개발·도시재생 등 대규모 도시개발에 부수되는 현상을 (　　　　)이라고 한다.

03 19-1
[O X] 총물류비만을 고려하여 베버(A. Weber)의 최소 비용이론을 적용할 때, 원료지향형이나 노동지향형 대신 시장지향형 입지를 택하는 것이 유리한 조건은 부패하기 쉬운 완제품을 가공·생산하는 경우이다.

04 18-2

회원제도매클럽은 대규모 매장에서 낮은 마진으로 상품을 판매한다. 회원제도매클럽의 입지로 가장 적합한 곳은 (　　　　)이다.

SECTION 03　입지선정 및 분석

01 20-2

O X 입지의 매력도 평가 원칙 중 동반 유인의 법칙은 유사하거나 보완적인 소매업체들이 분산되어 있거나 독립되어 있는 경우보다 군집하여 있는 경우가 더 큰 유인잠재력을 가질 수 있다는 원칙이다.

02 20-3

O X 넬슨이 제시한 소매 입지선정 원칙 중 집적 흡인력은 집재성 점포의 경우 유사한 업종이 서로 한 곳에 입지하여 고객흡인력을 공유하는 것이 유리한가에 대한 검토를 의미한다.

03 21-3

O X 왕복 2차선 도로는 소규모 소매점포의 일반적인 상권 단절 요인에 해당한다.

04 25-2

넬슨(R.L. Nelson)의 입지원칙 중에서 상호 보완관계에 있는 점포가 서로 인접하여 있는 경우에 고객흡인력을 높일 수 있다는 특성은 (　　　　)이다.

정답 및 해설

SECTION 01
01 ○
02 ○
03 × ▶ 시장의 규모는 상권 요인에 속한다.
04 × ▶ 인터체인지는 교외형 점포의 고객유도시설이다.

SECTION 02
01 호이트(H. Hoyt)의 선형이론
02 둥지내몰림 또는 젠트리피케이션
03 ○
04 파워 센터

SECTION 03
01 ○
02 ○
03 × ▶ 6차선 이상 도로가 소규모 소매점포의 일반적인 상권 단절 요인에 해당한다.
04 양립성

테마로 푸는 필수 기출문제

THEME ❶ 입지와 상권

최근 기출문제를 분석해 보면 상권과 입지의 차이점에 관해 묻는 문제가 자주 출제된 사례가 있기 때문에 상권과 입지의 개념 및 차이점을 명확히 구분하여 이해하고 넘어가야 한다.

01 25년 1회

우리나라의 소매입지 및 상권과 관련된 최근의 환경적 특징에 관한 설명으로 가장 옳지 않은 것은?

① 핵심상권의 시장점유율 확보가 매우 중요해졌다.
② 업체 간 경쟁 격화로 출점비용이 증가하고 있다.
③ 입지가 고갈되어 대규모 나대지의 확보가 갈수록 쉽지 않다.
④ 온라인 거래 증가로 소매점포 수가 감소하고 있다.
⑤ 온라인 거래 증가로 물류시설에 대한 투자 비중이 점차 축소되고 있다.

02 24년 1회

입지와 상권의 개념을 구분하여 인식할 때 아래 글상자 내용 중 입지의 개념과 평가에 해당하는 것은?

> ㉠ 일정한 위치를 나타내는 주소나 좌표를 가지는 점(point)으로 표시
> ㉡ 점포를 경영하기 위해 선택한 장소 또는 그 장소의 부지나 점포 주변의 위치적 조건
> ㉢ 일정한 공간적 범위(boundary)로 표현
> ㉣ 평가 항목 – 점포의 면적, 형태, 층수, 층고, 주차장, 도로와 교통망, 임대 조건 등
> ㉤ 평가 항목 – 주변 거주인구, 유동인구의 양과 질, 경쟁 점포의 수, 소비자의 분포 범위 등

① ㉠, ㉡, ㉣
② ㉠, ㉡, ㉤
③ ㉠, ㉢, ㉤
④ ㉡, ㉢, ㉣
⑤ ㉡, ㉢, ㉤

03 22년 1회

소매점의 입지와 상권에 대한 설명으로 가장 옳은 것은?

① 입지 평가에는 점포의 층수, 주차장, 교통망, 주변 거주인구 등을 이용하고, 상권 평가에는 점포의 면적, 주변 유동인구, 경쟁점포의 수 등의 항목을 활용한다.
② 상권을 강화한다는 것은 점포가 더 유리한 조건을 갖출 수 있도록 점포의 속성들을 개선하는 것을 의미한다.
③ 상권은 점포를 경영하기 위해 선택한 장소 또는 그 장소의 부지와 점포 주변의 위치적 조건을 의미한다.
④ 입지는 점포를 이용하는 소비자들이 분포하는 공간적 범위 또는 점포의 매출이 발생하는 지역 범위를 의미한다.
⑤ 상권은 일정한 공간적 범위(boundary)로 표현되고 입지는 일정한 위치를 나타내는 주소나 좌표를 가지는 점(point)으로 표시된다.

04 19년 3회

점포의 상권과 입지를 구분하여 설명할 때 다음 중 연결이 바르지 않은 것은?

① 상권은 점포의 매출이 발생하는 지역범위로 볼 수 있다.
② 상권의 크기는 입지의 매력도에 따라 커지므로 서로 비례관계가 성립한다.
③ 상권의 평가항목에는 소비자의 분포범위, 유효수요의 크기 등이 있다.
④ 입지조건의 평가항목에는 주차장, 지형, 층수, 편의시설, 층고, 임대료 등이 있다.
⑤ 입지는 범위(boundary), 상권은 지점(point)으로 비유하여 표현하기도 한다.

THEME ❷ 점포의 입지유형별 분류

공간 균배의 원리에 의한 입지의 분류에 관한 내용을 잘 숙지하도록 한다.

05 24년 1회

공간균배에 의해 입지유형을 분류할 때 은행이나 가구점처럼 동일업종의 점포들이 모여 있으면 집적효과 또는 시너지효과를 거두는 입지유형으로서 가장 옳은 것은?

① 목적성 입지
② 국지적집중성 입지
③ 집심성 입지
④ 집재성 입지
⑤ 산재성 입지

06 23년 3회

업태에 따른 소매점포의 적절한 입지유형을 설명한 페터(R. M. Fetter)의 공간균배원리를 적용한 것으로 가장 옳지 않은 것은?

① 편의품점 – 산재성 입지
② 선매품점 – 집재성 입지
③ 부피가 큰 선매품의 소매점 – 국부적집중성 입지
④ 전문품점 – 집재성 입지
⑤ 고급고가품점 – 집심성 입지

07 23년 2회

공간균배의 원리나 소비자의 이용목적에 따라 소매점의 입지유형을 분류하기도 한다. 이들 입지유형과 특성의 연결로서 가장 옳은 것은?

① 적응형입지 – 지역 주민들이 주로 이용함
② 산재성입지 – 거리에서 통행하는 유동인구에 의해 영업이 좌우됨
③ 집재성입지 – 동일 업종끼리 모여 있으면 불리함
④ 생활형입지 – 동일 업종끼리 한곳에 집단적으로 입지하는 것이 유리함
⑤ 집심성입지 – 배후지나 도시의 중심지에 모여 입지하는 것이 유리함

08 20년 3회

아래 글상자는 입지의 유형을 점포를 이용하는 소비자의 이용목적에 따라 구분하거나 공간균배에 의해 구분할 때의 입지특성들이다. 아래 글상자의 ㉠, ㉡, ㉢에 들어갈 용어를 순서대로 나열한 것으로 옳은 것은?

- (㉠) : 고객이 구체적 구매의도와 계획을 가지고 방문하므로 단순히 유동인구에 의존하기보다는 상권 자체의 고객 창출능력에 의해 고객이 유입되는 입지유형
- (㉡) : 유사업종 또는 동일업종의 점포들이 한곳에 집단적으로 모여 집적효과 또는 시너지효과를 거두는 입지유형
- (㉢) : 도시의 중심이나 배후지의 중심지 역할을 하는 곳에 점포가 위치하는 것이 유리한 입지유형

① ㉠ 생활형입지, ㉡ 집심성입지, ㉢ 집재성입지
② ㉠ 적응형입지, ㉡ 산재성입지, ㉢ 집재성입지
③ ㉠ 집심성입지, ㉡ 생활형입지, ㉢ 목적형입지
④ ㉠ 목적형입지, ㉡ 집재성입지, ㉢ 집심성입지
⑤ ㉠ 목적형입지, ㉡ 집재성입지, ㉢ 국지적집중성입지

09 18년 1회

입지의 유형을 공간균배의 원리나 이용목적에 의해 구분할 때 (ㄱ) 적응형 입지와 (ㄴ) 집재성 입지의 대표적인 특징을 순서대로 올바르게 나열한 것은?

> 가. 지역주민들이 주로 이용함
> 나. 동일 업종끼리 모여 있으면 불리함
> 다. 배후지의 중심지에 위치하는 것이 유리함
> 라. 고객이 특정한 목적을 갖고 방문함
> 마. 점포들이 모여 집적효과를 거둠
> 바. 거리에서 통행하는 유동인구에 의해 영업이 좌우됨

① (ㄱ) 가, (ㄴ) 다
② (ㄱ) 바, (ㄴ) 마
③ (ㄱ) 가, (ㄴ) 마
④ (ㄱ) 라, (ㄴ) 나
⑤ (ㄱ) 바, (ㄴ) 다

10 17년 3회

입지는 주요 대상고객의 유형에 따라 유동인구 중심의 '적응형', 목적구매고객 중심의 '목적형', 주민 중심의 '생활형' 등으로 분류할 수 있다. 다음 중 소매점 유형과 적합한 입지 유형을 연결한 것으로 가장 옳지 않은 것은?

① 도심의 편의점 - 적응형
② 도시 외곽의 오디오전문점 - 목적형
③ 도심의 고급귀금속점 - 적응형
④ 근린형 쇼핑센터의 수퍼마켓 - 생활형
⑤ 도심의 패스트푸드점 - 적응형

THEME ❸ 쇼핑센터 입지

최근에는 테넌트 관리에 대해 자주 출제된 편으로 특히 핵점포에 관해 숙지하도록 한다. 또한 쇼핑센터의 유형과 공간구성 요소에 관해서도 알고 있어야 한다.

11 24년 3회

대표적 복합상업시설인 쇼핑센터에서는 다양한 업종과 서비스를 조합하는 테넌트 믹스(tenant mix)전략이 중요하다. 여기서 말하는 '테넌트(tenant)'의 의미로서 가장 옳은 것은?

① 앵커스토어
② 임차점포
③ 자석점포
④ 부동산 개발업자
⑤ 상품 공급업자

12 23년 1회

대형 쇼핑센터의 주요 공간구성요소에 대한 설명으로서 가장 옳은 것은?

① 지표(landmark) - 경계선이며 건물에서 꺾이는 부분에 해당
② 선큰(sunken) - 길찾기를 위한 방향성 제공
③ 결절점(node) - 교차하는 통로의 접합점
④ 구역(district) - 지하공간의 쾌적성과 접근성을 높임
⑤ 에지(edge) - 공간과 공간을 분리하여 영역성을 부여

13 22년 3회

다양한 소매점포 유형들 중에서 광범위한 상권범위를 갖는 대형상업시설인 쇼핑센터의 전략적 특성은 테넌트믹스(tenant mix)를 통해 결정된다고 한다. 상업시설의 주요 임차인으로서 시설 전체의 성격을 결정하는 앵커점포(anchor store)에 해당하는 것으로 가장 옳은 것은?

① 마그넷 스토어
② 특수테넌트
③ 핵점포
④ 일반테넌트
⑤ 보조핵점포

14 22년 1회

가장 다양한 업태의 소매점포를 입주시키는 쇼핑센터 유형으로 옳은 것은?

① 파워 쇼핑센터
② 아웃렛 쇼핑센터
③ 쇼핑몰 지역센터
④ 네이버후드 쇼핑센터
⑤ 패션/전문품 쇼핑센터

15 21년 2회

쇼핑센터의 공간구성요소들 중에서 교차하는 통로를 연결하며 원형의 광장, 전이공간, 이벤트 장소가 되는 것은?

① 통로(path)
② 결절점(node)
③ 지표(landmark)
④ 구역(district)
⑤ 에지(edge)

THEME 4 점포의 입지 조건 평가

유리한 입지와 불리한 입지를 구분할 줄 알아야 한다.

16 24년 2회

구체적인 입지조건을 평가하는 과정을 통해 점포의 입지결정이 이루어진다. 점포의 입지조건에 대한 일반적 평가로 그 내용이 가장 옳은 것은?

① 점포 출입구 부근에 단차가 없으면 사람과 물품의 출입이 불편해진다.
② 건축선 후퇴(setback)는 직접적으로 가시성에 부정적인 영향을 미친다.
③ 점포의 형태는 점포의 정면너비에 비해 깊이가 더 크면 바람직하다.
④ 점포면적이 커지면 매출도 증가하는 경향이 있어 규모가 클수록 좋다.
⑤ 점포의 형태는 데드 스페이스(dead space) 발생 가능성이 큰 직사각형이 좋다.

17 24년 1회

신규점포를 개설할 때 시행하는 점포의 입지 조건 평가와 관련한 내용들로 가장 옳지 않은 것은?

① 중앙분리대가 있는 경우 건너편 소비자의 접근성이 떨어지므로 불리하다.
② 점포의 면적이 같다면 일반적으로 정사각형의 점포 보다 도로의 접면의 길이가 깊이보다 긴 장방형 형태의 점포가 유리하다.
③ 차량이 운행하는 도로가 직선이 아니고 굽은 곡선형 도로에서는 커브 안쪽보다는 커브 바깥쪽 입지가 불리하다.
④ 간선도로와 주거지를 연결하는 도로에서 출퇴근 동선이 다른 경우 퇴근 방향의 동선에 인접하는 입지가 유리하다.
⑤ 부지가 접하는 도로의 폭, 보도와 차도의 구별, 일방통행 여부 등 도로의 특성과 구조를 검토해야 한다.

18 23년 2회

복수의 입지후보지가 있을 때는 상세하고 정밀하게 입지조건을 평가하는 과정을 거치게 된다. 가장 유리한 점포 입지를 선택하기 위해 참고할 만한 일반적 기준으로 가장 옳은 것은?

① 건축선 후퇴(setback)는 상가건물의 가시성을 높이는 긍정적인 효과를 가진다.
② 점포 출입구 부근에 단차가 있으면 사람과 물품의 출입이 용이하여 좋다.
③ 점포 부지와 점포의 형태는 정사각형에 가까울수록 소비자 흡인에 좋다.
④ 점포규모가 커지면 매출도 증가하는 경향이 있으므로 점포면적이 클수록 좋다.
⑤ 평면도로 볼 때 점포가 도로에 접한 정면너비가 깊이보다 큰 장방형 형태가 유리하다.

19 23년 1회

소매점포의 입지는 도로조건 즉, 해당 부지가 접하는 도로의 성격과 구조에 따라 영향을 받는다. 도로조건에 대한 일반적 평가로서 가장 옳지 않은 것은?

① 도로와의 접면 – 가로의 접면이 넓을수록 유리함
② 곡선형 도로 – 곡선형 도로의 커브 안쪽보다는 바깥쪽이 유리함
③ 도로의 경사 – 경사진 도로에서는 상부보다 하부가 유리함
④ 일방통행 도로 – 가시성과 접근성 면에서 유리함
⑤ 중앙분리대 – 중앙분리대가 있는 도로는 건너편 고객의 접근성이 떨어지기 때문에 불리함

20 22년 3회

입지의사결정 과정에서 점포의 매력도에 영향을 미치는 입지조건 평가에 대한 설명으로 가장 옳지 않은 것은?

① 상권단절요인에는 하천, 학교, 종합병원, 공원, 주차장, 주유소 등이 있다.
② 주변을 지나는 유동인구의 수보다는 인구특성과 이동방향 및 목적 등이 더 중요하다.
③ 점포가 보조동선보다는 주동선상에 위치하거나 가까울수록 소비자 유입에 유리하다.
④ 점포나 부지형태는 정방형이 장방형보다 가시성이나 접근성 측면에서 유리하다.
⑤ 층고가 높으면 외부가시성이 좋고 내부에 쾌적한 환경을 조성하기 유리하다.

THEME 5 동선의 심리 법칙

동선의 심리 법칙 4가지의 내용에 대해 잘 숙지해야 한다.

21 25년 2회

소비자의 동선을 파악하기 위해서는 개별 통행자의 심리상태에 대한 원리를 이해하는 것이 중요하다. 목적지를 향한 인간의 심리상태를 나타내는 원리에 대한 설명으로 옳지 않은 것은?

① 집합의 법칙 : 사람들은 여러 사람들이 모이는 곳으로 가려한다.
② 최단거리 실현의 법칙 : 사람들은 목적지에 최단거리로 가려고 한다.
③ 안전중시의 법칙 : 사람들은 자신의 안전을 위해 위험하다고 생각되거나 다른 사람들이 가지 않는 곳으로 통행하지 않는다.
④ 보증실현의 법칙 : 사람들은 득실을 미리 예상하고 득이 되는 쪽을 선택한다.
⑤ 부동선 선호 법칙 : 사람들은 부동선을 주동선보다 선호한다.

22 22년 2회

동선과 관련한 소비자의 심리를 나타내는 대표적 원리로 가장 옳지 않은 것은?

① 최단거리실현의 법칙 : 최단거리로 목적지에 가려는 심리
② 보증실현의 법칙 : 먼저 득을 얻는 쪽을 선택하려는 심리
③ 고차선호의 법칙 : 넓고 깨끗한 곳으로 가려는 심리
④ 집합의 법칙 : 군중심리에 의해 사람이 모여 있는 곳에 가려는 심리
⑤ 안전중시의 법칙 : 위험하거나 모르는 길은 가려고 하지 않는 심리

23 22년 1회

사람들은 점포가 눈앞에 보여도 간선도로를 횡단해야 하는 경우 그 점포에 접근하지 않으려는 경향을 보인다. 이런 현상에 대한 설명으로 가장 옳은 것은?

① 최단거리로 목적지까지 가고자 하는 최단거리 추구의 원칙
② 득실을 따져 득이 되는 쪽을 선택하려는 보증실현의 원칙
③ 위험하거나 잘 모르는 길을 지나지 않으려는 안전추구의 원칙
④ 사람이 운집한 곳을 선호하는 인간집합의 원칙
⑤ 동선을 미리 예상하고 진행하지만 상황에 맞추어 적응하는 목적추구의 원칙

24 21년 3회

일반적으로 인간은 이익을 얻는 쪽을 먼저 선택하고자 하는 심리가 있어서 길을 건널 때 처음 만나는 횡단보도를 이용하려고 한다는 법칙으로 가장 옳은 것은?

① 안전우선의 법칙
② 집합의 법칙
③ 보증실현의 법칙
④ 최단거리 실현의 법칙
⑤ 주동선 우선의 법칙

THEME ❻ 경쟁점(포) 분석

최근 기출문제에는 양립의 개념과 상권 경쟁 분석에 관한 내용이 주로 출제되었다. 경쟁점 조사와 분석의 주요 내용에 관한 문제는 이해하면서 풀면 어렵지 않게 접근할 수 있다.

25 23년 3회

상권 내의 경쟁점포 분석에 대한 설명으로 가장 옳지 않은 것은?

① 초점이 되는 조사문제를 중심으로 실시한다.
② 조사목적에 맞는 세부조사항목을 구체적으로 정해서 실시한다.
③ 상품구성분석은 상품구성기본정책, 상품계열구성, 품목 구성을 포함한다.
④ 가격은 조사당시 주력상품 특매상황이라도 실제 판매가격을 분석한다.
⑤ 자사점포의 현황과 비교하여 조사결과를 분석한다.

26 23년 1회

경쟁점포가 상권에 미치는 일반적 영향에 관한 설명으로 가장 옳은 것은?

① 인접한 경쟁점포는 편의품점의 상권을 확장시킨다.
② 인접한 경쟁점포는 편의품점의 매출을 증가시킨다.
③ 인접한 경쟁점포는 선매품점의 상권을 확장시킨다.
④ 산재성입지에 적합한 업종일 때 인접한 경쟁점포는 매출증가에 유리하다.
⑤ 집재성입지에 적합한 업종은 인접한 동일업종 점포가 없어야 유리하다.

27 22년 1회

점포 개점을 위한 경쟁점포의 분석에 관한 설명으로 가장 옳지 않은 것은?

① 1차 상권 및 2차 상권 내의 주요 경쟁업체를 분석하고 필요할 경우 3차 상권의 경쟁업체도 분석한다.
② 점포 개설을 준비하고 있는 잠재적인 경쟁업체가 있다면 조사에 포함시킨다.
③ 목적에 맞는 효과적인 분석을 위해 동일 업태의 점포에 한정해서 분석한다.
④ 경쟁점포의 상품구색 및 배치에 대해서도 분석한다.
⑤ 상권의 계층 구조를 고려하여 분석한다.

28 20년 추가

경쟁점포에 대한 조사 목적에 따른 조사 항목으로 가장 옳지 않은 것은?

① 시장지위 - 경쟁점포의 시장점유율, 매출액
② 운영현황 - 종업원 접객능력, 친절도
③ 상품력 - 맛, 품질, 가격경쟁력
④ 경영능력 - 대표의 참여도, 종업원관리
⑤ 시설현황 - 점포면적, 인테리어

29 18년 1회

경쟁분석은 입지선정과정을 위한 필수적 활동이다. 경쟁점포에 대한 조사, 분석과 관련된 설명으로 가장 옳지 않은 것은?

① 경쟁점포에 대한 방문조사가 경쟁분석의 유일한 방법으로 활용된다.
② 상품구색, 가격, 품질이 유사할수록 경쟁강도가 높은 경쟁점포이다.
③ 경쟁점포 및 경쟁구조를 분석할 때는 상권의 계층적 구조를 고려해야 한다.
④ 직접적인 경쟁점포뿐만 아니라 잠재적인 경쟁점포를 포함하여 조사·분석해야 한다.
⑤ 경쟁분석의 궁극적 목적은 효과적인 경쟁전략의 수립이다.

THEME ❼ 상권경쟁구조 분석

주로 위계별 경쟁구조 분석에 대해 출제되므로 위계별 경쟁구조 분석의 내용을 중심으로 상권 경쟁 분석의 요소에 대해 숙지하도록 한다.

30 20년 추가

아래 글상자는 체크리스트(Checklist)법을 활용하여 특정 입지에 입점할 점포의 상권경쟁구조의 분석 내용을 제시하고 있다. 분석 내용과 사례의 연결이 옳은 것은?

> ㉠ 업태 간 경쟁구조 분석
> ㉡ 보완 및 경쟁관계 분석
> ㉢ 위계별 경쟁구조 분석
> ㉣ 잠재적 경쟁구조 분석
> ㉤ 업태 내 경쟁구조 분석

① ㉠ - 동일 상권 내 편의점들간의 경쟁관계
② ㉡ - 상권 내 진입 가능한 잠재경쟁자와의 경쟁관계
③ ㉢ - 도시의 도심, 부도심, 지역중심, 지구중심간의 경쟁관계
④ ㉣ - 근접한 동종점포 간 보완 및 경쟁관계
⑤ ㉤ - 백화점, 할인점, SSM, 재래시장 상호 간의 경쟁관계

31 20년 3회

아래 글상자의 내용 가운데 상권 내 경쟁관계를 분석할 때 포함해야 할 내용만을 모두 고른 것으로 옳은 것은?

> ㉠ 주변 동종점포와의 경쟁관계 분석
> ㉡ 주변 이종점포와의 경쟁구조 분석
> ㉢ 잠재적 경쟁구조의 분석
> ㉣ 상권 위계별 경쟁구조 분석
> ㉤ 주변 동종점포와의 보완관계 분석

① ㉠
② ㉠, ㉡
③ ㉠, ㉡, ㉢
④ ㉠, ㉡, ㉢, ㉣
⑤ ㉠, ㉡, ㉢, ㉣, ㉤

32 19년 3회

해당 지역의 지역형 백화점뿐만 아니라 부도심 및 도심 백화점까지 포함하여 특정지역에 위치한 백화점의 상권경쟁구조를 분석하는 방법으로 옳은 것은?

① 업태별 경쟁구조 분석
② 업종 내 경쟁구조 분석
③ 잠재경쟁구조 분석
④ 경쟁 보완관계 분석
⑤ 위계별 경쟁구조 분석

33 18년 2회

점포의 경쟁상황을 분석할 때는 경쟁의 다양한 측면을 다루어야 한다. 대도시의 상권을 도심, 부도심, 지역중심, 지구중심 등으로 분류하고 각 수준별 및 수준 간 경쟁관계의 영향을 함께 고려하는 것은?

① 업태 간·업태 내 경쟁구조 분석
② 위계별 경쟁구조 분석
③ 절대위치별 경쟁구조 분석
④ 잠재 경쟁구조 분석
⑤ 경쟁·보완관계 분석

필수 기출문제 정답과 해설

01 정답 ⑤
해설 온라인 거래 증가로 인해 배송 효율성 확보를 위한 대규모 물류센터 및 자동화 설비 구축 등 물류시설에 대한 투자가 지속적으로 증가하고 있다.

02 정답 ①
해설 ⓒ과 ⓑ은 상권에 대한 설명이다.

03 정답 ⑤
해설 ① 상권 평가항목에는 경쟁점포의 수 등이 있고 입지 평가 항목에는 점포의 면적, 층수, 교통망 등이 있다.
② 입지를 강화한다는 것은 점포가 더 유리한 조건을 갖출 수 있도록 점포의 속성들을 개선하는 것을 의미한다.
③ 입지는 점포를 경영하기 위해 선택한 장소 또는 그 장소의 부지와 점포 주변의 위치적 조건을 의미한다.
④ 상권은 점포를 이용하는 소비자들이 분포하는 공간적 범위 또는 점포의 매출이 발생하는 지역 범위를 의미한다.

04 정답 ⑤
해설 입지는 지점, 상권은 범위로 비유하여 표현하기도 한다.

05 정답 ④
해설 동일업종의 점포들이 모여 있으면 집적효과 또는 시너지효과를 거두는 입지 유형은 집재성 입지이다.

06 정답 ④
해설 전문품점은 집심성 입지 유형이 적절하다.

07 정답 ⑤
해설 ① 적응형 입지 – 거리에서 통행하는 유동인구에 의해 영업이 좌우됨
② 산재성 입지 – 동일 업종끼리 모여 있으면 불리함
③ 집재성 입지 – 동일 업종끼리 한곳에 집단적으로 입지하는 것이 유리함
④ 생활형 입지 – 지역주민들이 주로 이용함

08 정답 ④
해설 **점포의 입지유형별 분류**
- **목적형 입지** : 고객이 구체적 구매 의도와 계획을 세우고 방문하므로 단순히 유동인구에 의존하기보다는 상권 자체의 고객 창출 능력에 의해 고객이 유입되는 입지 유형
- **집재성 입지** : 동종업종이 한 곳에 밀집하는 것이 유리한 유형
- **집심성 입지** : 배후지 중심부에 입지하는 것으로 중심상가에 입지하는 것이 유리한 유형
- **생활형 입지** : 지역주민들이 주로 이용하는 유형
- **산재성 입지** : 동일 점포가 모여 있지 않고 산재하는 것이 유리한 유형
- **국지적 집중성 입지** : 동일 업종의 점포가 국부적 중심지에 입지하는 것이 유리한 유형

09 정답 ②
해설 (ㄱ) 바. 적응형 입지 : 거리에서 통행하는 유동인구에 의해 영업이 좌우되는 입지로, 대부분 패스트푸드·판매형 아이템 사업 등이 해당한다.
(ㄴ) 마. 집재성 입지 : 동일한 업종의 점포가 한곳에 모여 입지하는 것으로 보험회사, 관공서, 사무실, 가구점 등이 해당한다.

10 정답 ③

해설 입지의 접근성에 따른 구분

적응형 입지	거리에서 통행하는 유동인구에 의해 영업이 좌우되는 입지로 대부분 패스트푸드, 편의점 등이 해당한다.
목적형 입지	고객이 특정한 목적을 가지고 이용하는 입지로 특정 테마에 따라 고객이 유입되며 오디오 전문점, 고급귀금속점 등이 해당한다.
생활형 입지	아파트, 주택 등 주민들이 이용하는 입지로 지역의 주민들이 이용하는 생활형(쇼핑센터의 슈퍼마켓)이 많다.

11 정답 ②

해설 테넌트는 상업 시설의 일정한 공간을 임대하는 계약을 체결하고 해당 상업 시설에 입점하여 영업하는 임차인이나 임차점포를 뜻한다.

12 정답 ③

해설 ① 지표(landmark) – 길찾기를 위한 방향성 제공
② 선큰(sunken) – 지하 공간의 쾌적성과 접근성을 높임
④ 구역(district) – 공간과 공간을 분리하여 영역성을 부여
⑤ 에지(edge) – 경계선이며 건물에서 꺾이는 부분에 해당

13 정답 ③

해설 선박을 고정하는 중심 역할을 하는 닻을 의미하는 '앵커(anchor)'처럼 어떤 상권을 대표하는 상징적인 점포나 대형 상가의 중심이 되는 핵심 점포를 앵커 점포(anchor store)라고 한다. 따라서 유통센터나 대형 점포, 브랜드 인지도가 높은 점포, 그 지역의 상권 내 가장 번화한 점포인 핵점포가 대표적인 앵커 점포에 해당한다.

14 정답 ③

해설 ③ 쇼핑몰 지역센터는 일반상품과 서비스를 매우 깊고 다양하게 제공하므로 가장 다양한 업태의 소매점포를 입주시키는 쇼핑센터 유형에 해당한다.
① 종래의 백화점이나 양판점과는 달리 할인점이나 카테고리 킬러 등 저가를 무기로 하여 강한 집객력을 가진 염가점들을 한 곳에 종합해 놓은 초대형 소매센터를 의미한다.
② 유통업자 상표제품 및 이월상품을 할인 판매하는 쇼핑센터이다.
④ 소비자들의 일상적인 욕구 만족을 위한 편리한 쇼핑 장소를 제공하는 곳으로, 슈퍼마켓이 가장 강력한 핵점포의 역할을 한다.
⑤ 선별된 패션이나 품질이 우수하고 값이 비싼 독특한 제품을 판매하는 고급 의류점, 부티크, 선물점 등이 있는 쇼핑센터를 말한다.

15 정답 ②

해설 ① 복도나 수직 동선
③ 분수 등 길 찾기를 위한 방향성 제공
④ 상점, 레스토랑, 영화관, 공연장 등 쇼핑센터 내 매장으로 영역성 부여
⑤ 통로 난간이나 벽면 등 경계선

16 정답 ②

해설 건축선 후퇴로 인해 앞 건물에 가려져 보이지 않는 경우도 발생하므로, 건축선 후퇴는 직접적으로 가시성에 부정적인 영향을 미친다.

17 정답 ③

해설 차량이 운행하는 도로가 직선이 아니고 굽은 곡선형 도로에서는 커브 안쪽보다는 커브 바깥쪽 입지가 입지 조건평가에서 유리하다.

18 정답 ⑤

해설 ① 건축선 후퇴로 인해 앞 건물에 가려져 보이지 않는 경우도 발생하므로 건축선 후퇴는 직접적으로 가시성에 부정적인 영향을 미친다.
② 점포 출입구 부근에 단차가 없을 때 사람과 물품의 출입이 용이하여 좋다.
③ 점포 부지와 점포의 형태는 직사각형에 가까울수록 소비자 흡인에 좋다.
④ 점포면적이 매출에 영향을 미치기는 하지만 일정 크기를 넘으면 점포의 면적이 증가해도 매출은 더 이상 효율적으로 증가하지 않는다.

19 정답 ④

해설 일방통행 도로는 가시성과 접근성 면에서 불리하다.

20 정답 ④

해설 점포나 부지 형태는 장방형이 정방형보다 가시성이나 접근성 측면에서 유리하다.

21 정답 ⑤

해설 목적지를 향한 인간의 심리상태를 나타내는 원리에 부동산 선호 법칙은 해당하지 않는다.

22 정답 ③

해설 **동선의 심리 법칙**
- **최단거리실현의 법칙** : 인간은 최단거리로 목적지에 가려는 심리가 있기 때문에 안쪽 동선이라고 하는 뒷길이 발생한다.
- **보증실현의 법칙** : 인간은 먼저 득을 얻는 쪽을 택한다. 즉 길을 건널 때에도 최초로 만나는 횡단보도를 이용하려는 경향이 있다.
- **집합의 법칙** : 대부분 사람은 군중 심리에 의해 사람이 모여 있는 곳에 모인다.
- **안전중시의 법칙** : 인간은 본능적으로 위험하거나 모르는 길 또는 다른 사람이 잘 가지 않는 장소에는 가려고 하지 않는 심리가 있다.

23 정답 ③

해설 인간은 본능적으로 위험하거나 모르는 길 또는 다른 사람이 잘 가지 않는 장소에는 가려고 하지 않는 안전추구의 심리가 있어서 간선도로를 횡단해야 하는 점포는 잘 가지 않으려는 경향을 보인다.

24 정답 ③

해설 인간은 먼저 득을 얻는 쪽을 택하는 보증실현의 법칙을 따르는 경향이 있어서 길을 건널 때도 최초로 만나는 횡단보도를 이용하려고 한다.

25 정답 ④

해설 주력 품종이 같고 차별화도 쉽지 않을 경우에는 가격대를 비교해 볼 수 있는데, 만일 주력 품종이 같다고 해도 특매상황 등으로 인해 서로 가격대가 다르다면 경쟁점이라 볼 수 없다.

26 정답 ③

해설 ① 인접한 경쟁점포는 편의품점의 상권을 축소시킨다.
② 인접한 경쟁점포는 편의품점의 매출을 감소시킨다.
④ 산재성점포는 한곳에 집재하면 서로 불리하기 때문에 분산 입지해야 하는 점포이다.
⑤ 집재성점포는 동일한 업종의 점포가 한곳에 모여 입지하여야 유리한 점포이다.

27 정답 ③

해설 경쟁점포 분석 시 차별화를 추구하기 위해서는 상품을 더욱 세분화할 필요가 있으므로 동일 업태의 점포에 한정해서 분석하기보다는 다양한 업태에서의 상품 구성 접근을 통한 분석이 필요하다.

28 정답 ②

해설 운영 현황에 따른 조사 항목으로는 영업시간과 휴일, 종업원 수 등이 있다.

29 정답 ①

해설 경쟁점포에 대한 조사 방법에는 방문조사뿐만 아니라 점두조사법에 기초한 고객면접조사, 상품정책조사, 경합점의 고객을 대상으로 하여 조사하는 좌담회 등 여러 가지 방법이 활용된다.

30 정답 ③

해설 위계별 경쟁구조 분석은 대도시의 상권을 도심, 부도심, 지역 중심, 지구 중심 등으로 분류하여 경쟁 관계를 분석하는 것이다.

31 정답 ⑤

해설 상권 경쟁 분석
- **위계별 경쟁구조 분석** : 도심, 부도심, 지역 중심, 지구 중심의 업종을 파악·분석
- **업태별·업태 내 경쟁구조 분석**
  - 업태별 경쟁구조 분석 : 재래시장·슈퍼마켓·대형 전문점 등의 분석
  - 업태 내 경쟁구조 분석 : 신규 출점 예정 사업체의 분석
- **잠재 경쟁구조 분석** : 신규 소매업 진출 예정 사업체 및 업종의 파악·분석
- **경쟁·보완적 관계 분석** : 단골고객의 선호도 조사, 고객의 특성 및 쇼핑 경향 분석, 연령, 소득, 직업 등 인구통계학적 특성, 문화·사회적 특성의 파악·분석

32 정답 ⑤

해설 위계별 경쟁구조 분석
상권 경쟁 분석 방법 중 도심, 부도심, 지역 중심, 지구 중심의 업종을 파악·분석하는 방법은 위계별 경쟁구조 분석이다.

33 정답 ②

해설 위계별 경쟁구조 분석은 대도시의 상권을 도심, 부도심, 지역 중심, 지구 중심 등으로 분류하여 업종을 파악·분석하는 것이다.

CHAPTER 03 개점전략

최신빈출 대표유형문제

SECTION 01 개점계획
1. 점포 개점 절차 및 전략
2. 투자의 기본계획
3. 개점 입지에 대한 법률규제 검토

SECTION 02 개점과 폐점
1. 출점 및 개점
2. 점포 개점을 위한 준비 및 업종전환과 폐점

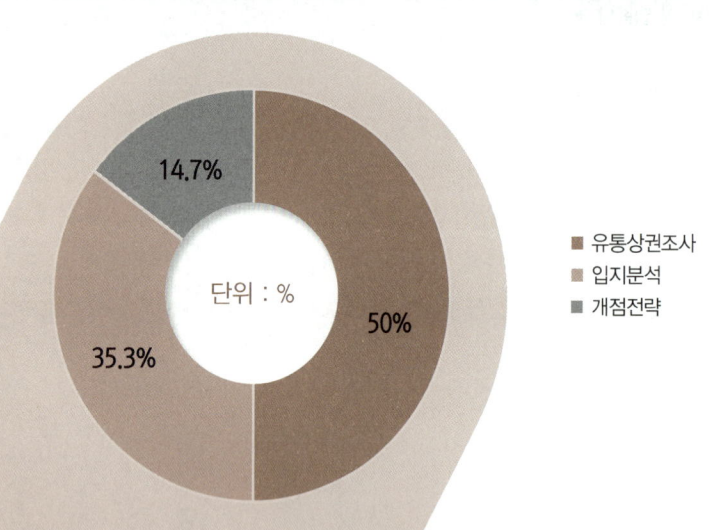

최근 5년간 챕터별 출제비중 / 회당 평균 2.9문제 출제(5개년 기준 총 15회)

비 중	출제영역		2021	2022	2023	2024	2025	합 계
50%	제1장	유통상권조사	36	27	28	31	28	150
35.3%	제2장	입지분석	19	26	22	17	22	106
14.7%	제3장	개점전략	5	7	10	12	10	44
합계(문항 수)			60	60	60	60	60	300

출제지문 퀴즈로 핵심체크!
테마로 푸는 필수 기출문제

최대 출제 POINT & 학습목표

❶ 점포 개점을 위한 투자계획

❷ 상가건물 임대차보호법(계약갱신 요구, 권리금, 환산보증금)

❸ 국토의 계획 및 이용에 관한 법률(용도지역, 건폐율과 용적률, 부동산 공부서류 등)

❹ 유통산업발전법

❺ 출점 시 고려 사항

❻ 소매점포 개점을 위한 준비 과정

CHAPTER 03 최신빈출 대표유형문제

01 점포개점을 위한 투자계획의 내용으로서 가장 옳지 않은 것은? `23년 3회`

① 자금조달계획
② 자금운용계획
③ 수익계획
④ 비용계획
⑤ 상품계획

> **해설** 소매점 개점을 위한 투자계획
> • 자금계획 : 자금조달계획, 자금운용계획
> • 손익계획 : 수익계획, 비용계획

대표유형 더보기
• 소매점 개점을 위한 투자계획에 관한 설명으로 가장 옳지 않은 것은? `21년 2회`
• 소매점포를 개점하기 전에 실시하는 투자분석에 대한 설명으로 가장 옳지 않은 것은? `19년 2회`

관련이론 393p

02 상가건물 임대차보호법(법률 제18675호, 2022.1.4., 일부개정)과 동법 시행령에서는 법의 보호를 받을 수 있는 보증금액의 수준을 규정하고 있다. 이러한 환산보증금을 구하는 계산식으로 옳은 것은? `24년 1회`

① 보증금 + (월임차료 × 10)
② 보증금 + (월임차료 × 24)
③ 보증금 + (월임차료 × 60)
④ 보증금 + (월임차료 × 100)
⑤ 보증금 + (월임차료 × 120)

> **해설** 환산보증금 = 상가 임대보증금 + (월임차료 × 100)

대표유형 더보기
• 상가건물 임대차보호법(법률 제18675호, 2022.1.4., 일부개정)에서 규정하는 환산보증금의 계산식으로 가장 옳은 것은? `22년 3회`
• 점포임차 시 임대차계약을 체결하는 과정에서 확인해야 할 환산보증금에 대한 설명으로 옳지 않은 것은? `18년 3회`

관련이론 397p

03 점포개점 시 검토해야 할 점포규모와 관련된 내용으로 옳지 않은 것은? **24년 1회**

① 상가주택의 점포는 등기부상에 전용면적만 기록된다.
② 아파트나 점포는 등기부상에 전용면적만 기록된다.
③ 업종과 업태를 결정한 다음에 점포규모를 검토한다.
④ 건축물관리대장에는 전용면적만 기록된다.
⑤ 생활정보지 등에 소개되는 점포면적은 대개 공용면적을 포함한 것이다.

관련이론 407p

해설 ④ 건축물대장 중 집합건축물대장은 표제부와 전유부(專有部)로 나뉘어 작성되며 전유부에 전용면적과 공용면적이 기재되어 있다.

대표유형 더보기
- 점포를 개점할 경우 전략적으로 고려해야 할 사항들에 대한 설명으로 가장 옳지 않은 것은? **22년 2회**
- 점포를 개점할 때 고려해야 할 전략적 사항에 대한 설명으로 옳지 않은 것은? **21년 2회**

04 유통산업발전법(법률 제19117호, 2022.12.27., 타법개정)에서는 필요하다고 인정하는 경우 대형마트에 대한 영업시간 제한이나 의무휴업일 지정을 규정하고 있다. 그 내용으로 가장 옳은 것은? **23년 3회**

① 의무휴업일은 공휴일이 아닌 날 중에서 지정하되, 이해당사자와 합의를 거쳐 공휴일을 의무휴업일로 지정할 수 있다.
② 특별자치시장·시장·군수·구청장 등은 매월 하루 이상을 의무휴업일로 지정하여야 한다.
③ 영업시간 제한 및 의무휴업일 지정에 필요한 사항은 해당 지방자치단체장의 명령으로 정한다.
④ 특별자치시장·시장·군수·구청장 등은 오후 11시부터 오전 10시까지의 범위에서 영업시간을 제한할 수 있다.
⑤ 영업시간 제한이나 의무휴업일 지정은 건전한 유통질서 확립, 근로자의 건강권 및 대형점포 등과 중소유통업의 상생발전을 위한 것이다.

관련이론 401p

해설 ①·② 특별자치시장·시장·군수·구청장은 의무휴업일 지정에 따라 매월 이틀을 의무휴업일로 지정하여야 한다. 이 경우 의무휴업일은 공휴일 중에서 지정하되, 이해당사자와 합의를 거쳐 공휴일이 아닌 날을 의무휴업일로 지정할 수 있다.
③ 영업시간 제한 및 의무휴업일 지정에 필요한 사항은 해당 지방자치단체의 조례로 정한다.
④ 특별자치시장·시장·군수·구청장 등은 오전 0시부터 오전 10시까지의 범위에서 영업시간을 제한할 수 있다.

대표유형 더보기
- 「유통산업발전법」에서는 대규모점포 등과 중소유통업의 상생발전을 위하여 필요하다고 인정하는 경우 대형마트 등에 대한 영업시간 제한이나 의무휴업일 지정을 규정하고 있다. 이에 대한 내용으로 옳지 않은 것은? **18년 1회**
- 대규모점포와 중소유통업의 상생발전을 목적으로 대형마트 등에 대한 영업시간 제한과 의무휴업일 지정에 관한 내용을 규정하고 있는 법률은? **17년 2회**
- 「유통산업발전법」에서는 대형점포 등과 중소유통업의 상생발전을 위하여 필요하다고 인정하는 경우 대형마트 등에 대한 영업시간 제한이나 의무휴업일 지정을 규정하고 있다. 이에 대한 내용으로 옳지 않은 것은? **16년 1회**

01 ⑤ 02 ④ 03 ④ 04 ⑤

CHAPTER 03 개점전략

SECTION 01 개점계획

1 점포 개점 절차 및 전략

01 점포 개점 절차 25-2, 25-1, 24-2, 23-2

(1) 점포 개점 1단계
- ① 창업자 환경 분석 : 적성 등 자기 분석을 철저히 하고 동원 가능한 창업자금을 고려하여 시기 결정
- ② 아이템 선정 : 적성에 맞거나 하고 싶은 일을 선택
- ③ 사업계획서 작성 : 실질적인 내용으로 직접 작성
- ④ 창업 방법 결정 : 노하우 또는 기술을 보유하고 있거나 유경험자인 경우 전문가의 도움을 받아 독립적인 창업이 가능하지만, 초보자인 경우 프랜차이즈 창업이 유리

(2) 점포 개점 2단계
- ① 상권분석 : 업종에 따라 적합한 상권과 입지는 다르며, 자신의 능력에 맞는 상권과 입지, 점포 크기 결정
- ② 입지 선정 : 입지는 상권에서 가장 좋은 곳이어야 함
- ③ 사업 타당성 분석 : 목표 매출이 가능한지 분석 후 결정

(3) 점포 개점 3단계
- ① 실내인테리어 및 점포 꾸미기
  - ㉠ 프랜차이즈인 경우에는 이미 정해진 인테리어 콘셉트가 있기 때문에 문제가 없지만, 독립 창업인 경우 전문가에게 도움을 받는 것이 추가 비용을 줄이는 방법임
  - ㉡ 기존의 동일 업종으로 영업하고 있는 기존 점포의 인테리어를 벤치마킹
- ② 기자재 선택 : 업종에 따라 필요 기자재는 차이가 있으므로, 자신이 선택한 업종에서 필수적으로 필요한 기자재는 사전에 충분한 시장조사를 한 후에 결정
- ③ 초도 물품 준비
  - ㉠ 판매업종 : 도매상을 통해 매입 계획을 세워야 함
  - ㉡ 외식업종 : 수많은 종류의 식자재를 구입 혹은 구입처를 사전에 확보해 두어야 함

(4) 점포 개점 4단계
- ① 가격책정
  - ㉠ 기본적으로 각 메뉴나 상품별 원가 또는 매입가를 기준으로 책정

ⓒ 원가에 임차료, 인건비, 기타 지출 비용, 감가상각 등에 순이익률을 포함해 정하는 것이 기본이며, 업종에 따라 차이가 있으므로 동일 상권 경쟁점포의 가격 파악 후 가격을 정하는 것이 좋음
② **인력계획** : 필요 인력은 업종 및 점포 크기, 영업시간에 따라 각각 다름
③ **서비스전략** : 기본에 충실한 것이 가장 훌륭한 서비스임을 명심하고, 사업자 본인이 가장 자신 있게 할 수 있는 부분을 집중·발전시키는 것도 도움이 됨
④ **홍보계획** : 소점포 사업자의 홍보는 작지만 길게, 꾸준히 지속해야 함

(5) 점포 개점 5단계

① **교육 및 인허가**
　㉠ 매장 운영에 필요한 교육을 사전에 충분히 받아야 함
　㉡ 사업자등록 신청(부가가치세법 제8조 제1항) : 사업자는 사업장마다 사업 개시일부터 20일 이내에 사업장 관할 세무서장에게 사업자등록을 신청하여야 하며, 신규로 사업을 시작하려는 자는 사업 개시일 이전이라도 사업자등록을 신청할 수 있음
　　• 비자유업종 : 개별법에서 정한 일정한 요건을 충족하고 관할관청에서 영업신고증, 영업등록증, 영업허가증을 발급받은 후에 첨부서류로 세무서에 제출되어야만 사업자등록증을 발급해주는 업종

신고 업종	일반음식점, 휴게음식점, 교습소, 미용실, 제과점, 당구장, 세탁업, 헬스클럽, 동물병원 등
등록 업종	공인 중개사 사무소, 독서실, 노래방, PC방, DVD방, 청소년 오락실, 약국, 의원, 학원, 안경점 등
허가 업종	단란주점, 유흥주점, 성인오락실, 신용정보업, 유료 직업소개소 등

　　• 자유업종 : 업종에 관한 개별법이 없어서 특별히 관할관청에서 영업에 관한 영업신고증, 영업등록증, 영업허가증을 발급받을 필요가 없고 세무서에서 사업자등록신청 시에도 상가임대차계약서만 제출하면 사업자등록증을 발급해주는 업종으로서 사업자등록증만 있으면 영업을 할 수 있는 업종(예 주로 완제품을 판매하는 편의점, 문방구, 잡화점 등 소매점 대부분의 업종)

② **오픈 준비 및 오픈** : 가오픈을 통해 충분한 현장실습을 한 후, 본오픈하는 방법이 효과적

> **+ 더 알아보기**　대형소매점에서 개점계획 시 매출 극대화를 위한 효과　**25-2**
>
> • **분수효과(Fountain effect)** : 분수의 물이 아래에서 위로 물이 뿜어져 나오는 것처럼 대형소매점 하층부의 이벤트가 상층부로 고객을 유도하여 매장 전체의 매출을 증가시키는 효과(예 백화점 등에서 지하매장에 식료품코너를 배치하여 고객 집객 효과가 위층까지 영향을 미치게 하는 것)
> • **샤워효과(Shower effect)** : 대형소매점의 상층부에 고객을 유인하는 상품매장이나 시설 등을 배치하여 그곳을 방문한 고객이 하층부로 내려오면서 고객 집객 효과가 하층부로 연계되는 효과(예 백화점이 심혈을 기울여 유치한 맛집이나 영화관, 사은품 증정소, 문화센터를 꼭대기 층에 배치하는 것)
> • **나비효과(Butterfly effect)** : 브랜드 인지도와 집객력이 큰 앵커매장을 엘리베이터나 에스컬레이터에서 멀리 떨어져 있는 매장 안쪽에 배치하여 주변 매장의 상품도 구매하는 연계 매출 증대를 꾀하는 것

02 개점/출점 전략

(1) 도미넌트(Dominant) 출점 전략/지역 집중 전략 24-3, 20-3, 16-2
　① 의 의
　　㉠ 개 념
　　　• 출점 입지를 특정 지역에 한정하여 그곳에 다수의 점포를 동시에 출점시킴으로써 매장관리 등의 효율을 높이고 시장 점유율을 확대하는 전략
　　　• 물류비 절감 및 매장구성 표준화를 통해 경쟁력을 유지하는 전략
　　㉡ 도미넌트 전략을 활용하기 위해서는 충분한 시장 수요가 있는지 확인하고, 각각의 점포가 상호 시너지 효과를 낼 수 있는 보완재 성격을 갖는 것이 좋음
　　㉢ 도미넌트 전략의 효과를 높이기 위해서는 점포 규모, 상품구색과 매장구성의 표준화 필요
　　㉣ 프랜차이즈의 경우에는 점포 간의 상권을 보호해 주어야 하는 법적 규제가 있어 활용이 불가능
　② 장 점
　　㉠ 물류 및 점포 관리의 효율성이 증대
　　㉡ 특정 상권 내에서 시장 점유율 확대 가능
　　㉢ 브랜딩 인지도 및 마케팅 효과 개선 가능
　　㉣ 경쟁사 진입 차단
　③ 구 분
　　㉠ 다각화 전략 : 기존의 사업과는 다른 새로운 사업 영역에 진출하여 성장을 꾀하는 전략
　　㉡ 인지도 우선 전략 : 일정 넓이의 지역 또는 도시 전체를 대상으로 높은 상권 범위에 복수의 동일 간판을 단 점포를 최적 배치하여 그 지역 내에서의 인지도를 우선적으로 확대해 가는 전략
　　㉢ 브랜드(위성출점, 끼어들기) 전략 : 집중 출점에 의해 최적으로 배치한 후 점포와 점포 사이의 상권을 메워 매출을 늘리고자 하는 중복출점 전략
　④ 전개 유형
　　㉠ 선적 전개 : 주요 간선도로를 따라 출점
　　㉡ 면적 전개 : 주택지역 등을 중심으로 전개

(2) 시장력 우선 출점 전략
　① 무풍지대 출점 전략
　　㉠ 경쟁점포의 수가 적고, 시장력이 비교적 약한 상태에서 해당 상권을 독점하려는 전략
　　㉡ 상권의 범위가 넓고 충분한 매출을 얻을 수 있지만 최적의 입지가 아니라면 경쟁점이 출점할 수 있음
　② **시장력 선택 출점 전략** : 상권의 집적도가 높아 좁은 상권에서도 시장력의 집중에 의하여 충분한 매출을 올릴 수 있는 전략

(3) 시장력 흡수 전략
　① 시장의 규모에 맞는 출점을 통해 그 시장이 갖는 잠재력을 충분히 흡수하기 위한 것
　② 시장의 규모가 큼에도 불구하고 점포가 작다면 시장의 잠재수요를 효율적으로 흡수할 수 없고 성공할 기회를 상실하게 되므로 시장력에 맞는 규모와 형태로 출점하려는 전략

(4) 인지도 확대 전략
　① 상품이나 체인을 인지시키는 광고뿐만 아니라, 점포 그 자체를 인지시킬 수 있도록 고객과 접촉 횟수를 늘려 지역에서 인지도를 확대하고 신규고객을 유치하려는 전략
　② 가장 관건이 되는 것이 자사 경합으로, 타사 경합에 비해 영향도가 매우 크기 때문에 출점 시 가장 유의해야 함

2 투자의 기본계획

01 투자 기본계획의 개요

(1) 개념
　① 투자계획 : 개점계획을 자금계획과 손익계획으로 계수화한 것
　② 투자의 기본계획 : 신규설비 및 시설 등의 투자에 관한 점포의 예산
　③ 기업 단위 단계의 경우에는 계획된 투자 및 실현된 투자와의 차이는 상당히 차이가 크지만, 각 데이터는 집계되어 생산 전체의 것이 되고 더 나아가 경제 전체를 집계한 것으로 되기 때문에 그러한 차이는 상호 상쇄되어 계획된 투자 총액은 실현된 투자 총액에 상당히 근사함
　④ 점포의 계획은 예상되는 입지에서 점포의 장소 및 관련된 여러 시설과 인원에 대한 계획 등을 설계해서 점포 창업 시에 점포에 투자되는 비용 등을 산출하는 과정임

(2) 점포 개점(소매점)을 위한 투자분석과 계획　23-3, 21-2, 19-2
　① 소매점포를 개점하기 전에 실시하는 투자분석
　　㉠ 예상 매출액을 기준으로 손익 분석 시행
　　㉡ 매출이익, 영업이익, 경상이익, 순이익 등 다양한 이익 추정
　　㉢ 투자수익률을 12로 나누어 월 단위의 투자액회수 기간 추정
　　㉣ 투자회수기간은 짧을수록 바람직
　② 소매점 개점을 위한 투자계획
　　㉠ 자금계획 : 재무 활동 현금흐름표로 요약할 수 있음
　　　• 자금조달계획
　　　• 자금운용계획
　　㉡ 손익계획 : 연도별 손익계산서로 요약할 수 있음
　　　• 수익계획
　　　• 비용계획
　　㉢ 물가변동이 심하면 경상가격 대신 불변가격을 적용하여 화폐가치 변동 반영

02 점포 관련 투자 형태

(1) 부지매입 건물신축 `23-1`

① 직접 소유로 인한 장기간 영업
② 영업상의 신축성 확보
③ 새로운 시설 확보
④ 구조 및 설계 유연성
⑤ 건설 및 인허가 기간 소요
⑥ 적당한 부지확보 어려움
⑦ 초기 고정 투자 부담이 큼
⑧ 점포 이동 등 입지 변경이 어려움

(2) 건물매입 `17-1`

① 안정적 영업의 지속 가능성이 큼
② 영업 활성화를 통한 자산 가치의 증식을 기대할 수 있음
③ 초기 투자금액이 많이 소요
④ 상권 환경변화에 대응이 어려움
⑤ 부동산 가치 하락의 리스크 존재
⑥ 영업이 부진하거나 상권 이동 시 신속한 대응이 어려움

(3) 기존 점포 매입

① 정상적인 창업 준비 작업이 어려울 때나 사정상 불가피하여 빨리 창업하고자 할 때, 창업 초기 안정적인 소득을 원할 때 창업하는 방법
② 점포확보를 위한 비용은 상대적으로 낮은 편
③ 지속적 영업이 가능하지만 입지 여건이나 하드웨어 조건이 열악할 가능성이 큼

(4) 건물임대

① 다른 투자 형태보다 초기 투자비용이 가장 적게 소요
② 주변 지역 상권의 환경변화에 빠르게 대응할 수 있음
③ 사업을 신속하게 추진할 수 있고, 업종의 선택이 비교적 자유로움
④ 유리한 입지를 선택할 수 있음

(5) 부지 임대

① 부지매입에 비해 초기 투자비용이 적게 소요되나, 자산가치의 상승도 적음
② 점포 형태, 진입로, 주차장, 구조 등 하드웨어에 대한 계획을 새롭게 세울 수 있음
③ 계약기간의 만료 시에는 더 이상 지상권을 주장할 수 없음

3 개점 입지에 대한 법률규제 검토

01 상가건물 임대차보호법(약칭 : 상가임대차법)[법률 제18675호, 2022.1.4., 일부개정]

(1) 목적과 대항력
   ① 제1조(목적) : 상가건물 임대차에 관하여 「민법」에 대한 특례를 규정하여 국민 경제생활의 안정을 보장함
   ② 제3조(대항력 등) 제1항 : 임대차는 그 등기가 없는 경우에도 임차인이 건물의 인도와 「부가가치세법」 제8조, 「소득세법」 제168조 또는 「법인세법」 제111조에 따른 사업자등록을 신청하면 그 다음 날부터 제3자에 대하여 효력 발생

(2) 임대차 기간 및 계약갱신 요구
   ① 제9조(임대차 기간 등)
      ㉠ 기간을 정하지 아니하거나 기간을 1년 미만으로 정한 임대차는 그 기간을 1년으로 보며 임차인은 1년 미만으로 정한 기간이 유효함을 주장할 수 있음
      ㉡ 임대차가 종료한 경우에도 임차인이 보증금을 돌려받을 때까지는 임대차 관계는 존속하는 것으로 봄
   ② 제10조(계약갱신요구 등) 제1항, 제2항 **23-2, 21-3, 20-추가**
      ㉠ 임대인은 임차인이 임대차 기간이 만료되기 6개월 전부터 1개월 전까지 사이에 계약갱신을 요구할 경우 정당한 사유 없이 거절하지 못하나, 다음의 어느 하나의 경우에는 그러하지 아니함
         • 임차인이 3기 차임액에 해당하는 금액에 이르도록 차임을 연체한 사실이 있는 경우
         • 임차인이 거짓이나 그 밖의 부정한 방법으로 임차한 경우
         • 서로 합의하여 임대인이 임차인에게 상당한 보상을 제공한 경우
         • 임차인이 임대인의 동의 없이 목적 건물의 전부 또는 일부를 전대(轉貸)한 경우
         • 임차인이 임차한 건물의 전부 또는 일부를 고의나 중대한 과실로 파손한 경우
         • 임차한 건물의 전부 또는 일부가 멸실되어 임대차의 목적을 달성하지 못할 경우
         • 임대인이 다음의 어느 하나에 해당하는 사유로 목적 건물의 전부 또는 대부분을 철거하거나 재건축하기 위하여 목적 건물의 점유를 회복할 필요가 있는 경우
            − 임대차계약 체결 당시 공사 시기 및 소요 기간 등을 포함한 철거 또는 재건축 계획을 임차인에게 구체적으로 고지하고 그 계획에 따르는 경우
            − 건물이 노후·훼손 또는 일부 멸실되는 등 안전사고의 우려가 있는 경우
            − 다른 법령에 따라 철거 또는 재건축이 이루어지는 경우
         • 그 밖에 임차인이 임차인으로서의 의무를 현저히 위반하거나 임대차를 계속하기 어려운 중대한 사유가 있는 경우
      ㉡ 임차인의 계약갱신요구권은 최초의 임대차 기간을 포함한 전체 임대차 기간이 10년을 초과하지 아니하는 범위에서만 행사할 수 있음

(3) 권리금 및 차임 등 증액 청구의 기준 25-2, 23-3, 23-2, 22-2, 22-1, 21-2, 21-1, 20-3, 19-1, 18-2, 16-3

① 제10조의3(권리금의 정의 등)
  ㉠ 임대차 목적물인 상가건물에서 영업하는 자 또는 영업하려는 자가 영업시설·비품, 거래처, 신용, 영업상의 노하우, 상가건물의 위치에 따른 영업상의 이점 등 유형·무형의 재산적 가치의 양도 또는 이용 대가로서 임대인, 임차인에게 보증금과 차임 이외에 지급하는 금전 등의 대가
  ㉡ 권리금 계약이란 신규임차인이 되려는 자가 임차인에게 권리금을 지급하기로 하는 계약

② 제10조의4(권리금 회수기회 보호 등)
  ㉠ 임대인은 임대차 기간이 끝나기 6개월 전부터 임대차종료 시까지 다음의 어느 하나에 해당하는 행위를 함으로써 권리금 계약에 따라 임차인이 주선한 신규임차인이 되려는 자로부터 권리금을 지급받는 것을 방해하여서는 안 됨
    • 임차인이 주선한 신규임차인이 되려는 자에게 권리금을 요구하거나 임차인이 주선한 신규임차인이 되려는 자로부터 권리금을 수수하는 행위
    • 임차인이 주선한 신규임차인이 되려는 자로 하여금 임차인에게 권리금을 지급하지 못하게 하는 행위
    • 임차인이 주선한 신규임차인이 되려는 자에게 상가건물에 관한 조세, 공과금, 주변 상가건물의 차임 및 보증금, 그 밖의 부담에 따른 금액에 비추어 현저히 고액의 차임과 보증금을 요구하는 행위
    • 그 밖에 정당한 사유 없이 임대인이 임차인이 주선한 신규임차인이 되려는 자와 임대차계약의 체결을 거절하는 행위
  ㉡ 다음의 어느 하나에 해당하는 경우에는 정당한 사유 없이 임대인이 임차인이 주선한 신규임차인이 되려는 자와 임대차계약의 체결을 거절하는 행위의 정당한 사유가 있는 것으로 봄
    • 임차인이 주선한 신규임차인이 되려는 자가 보증금 또는 차임을 지급할 자력이 없는 경우
    • 임차인이 주선한 신규임차인이 되려는 자가 임차인으로서의 의무를 위반할 우려가 있거나 그 밖에 임대차를 유지하기 어려운 상당한 사유가 있는 경우
    • 임대차 목적물인 상가건물을 1년 6개월 이상 영리 목적으로 사용하지 아니한 경우
    • 임대인이 선택한 신규임차인이 임차인과 권리금 계약을 체결하고 그 권리금을 지급한 경우
  ㉢ 임대인이 ㉠을 위반하여 임차인에게 손해를 발생하게 한 때에는 그 손해를 배상할 책임이 있고 그 손해배상액은 신규임차인이 임차인에게 지급하기로 한 권리금과 임대차종료 당시의 권리금 중 낮은 금액을 넘지 못함
  ㉣ ㉢에 따라 임대인에게 손해배상을 청구할 권리는 임대차가 종료한 날부터 3년 이내에 행사하지 아니하면 시효의 완성으로 소멸함
  ㉤ 임차인은 임대인에게 임차인이 주선한 신규임차인이 되려는 자의 보증금 및 차임을 지급할 자력 또는 그 밖에 임차인으로서의 의무를 이행할 의사 및 능력에 관하여 자신이 알고 있는 정보를 제공하여야 함

③ 제10조의5(권리금 적용 제외) : 제10조의4는 다음의 어느 하나에 해당하는 상가건물임대차의 경우에는 적용하지 아니함
  ㉠ 임대차 목적물인 상가건물이 「유통산업발전법」 제2조에 따른 대규모 점포 또는 준대규모점포의 일부인 경우 (다만, 「전통시장 및 상점가 육성을 위한 특별법」 제2조 제1호에 따른 전통시장은 제외)
  ㉡ 임대차 목적물인 상가건물이 「국유재산법」에 따른 국유재산 또는 「공유재산 및 물품관리법」에 따른 공유재산인 경우

④ 권리금의 종류
  ㉠ 시설권리금
    • 실내 인테리어나 장비 및 기물에 대한 권리 금액으로 감가상각 후 남은 시설의 가치
    • 시설에 대한 감가상각은 통상적으로 3년 기준
  ㉡ 영업권리금
    • 단골손님을 확보하여 상권의 형성 과정에 지대한 공헌을 한 대가에 해당
    • 영업권리금의 경우 평균적인 순수익을 고려하여 계산하기도 함
  ㉢ 바닥권리금/자리권리금
    • 상권과 입지를 말하며 신축건물에도 있는데, 이는 주변 상권의 강점을 반영하는 것이라고 볼 수 있음
    • 점포나 회사가 입지한 장소, 유동인구가 많은 역세권이면 바닥권리금이 많음
⑤ 동법 시행령 제4조(차임 등 증액청구의 기준) : 차임 또는 보증금의 증액청구는 청구 당시의 차임 또는 보증금의 100분의 5의 금액(5%)을 초과하지 못함

(4) 환산보증금 24-1, 22-3, 18-3

① 「상가건물 임대차보호법」상의 보증금과 월세 환산액을 합한 금액으로, 임차인이 임대인에게 지급한 보증금과 매달 지급하는 월세 이외에 실제로 얼마나 자금 부담 능력이 있는지를 추정하는 것
② 동법 시행령 제2조(적용 범위)
  ㉠ 대통령령으로 정하는 우선변제를 받을 환산보증금의 기준은 전국적으로 표준화된 동일 기준에서 현재는 지역별 차등 적용으로 변경
    • 서울특별시 : 9억원
    • 「수도권정비계획법」에 따른 과밀억제권역(서울특별시 제외) 및 부산광역시 : 6억 9천만원
    • 광역시(「수도권정비계획법」에 따른 과밀억제권역에 포함된 지역과 군지역, 부산광역시 제외), 세종특별자치시, 파주시, 화성시, 안산시, 용인시, 김포시 및 광주시 : 5억 4천만원
    • 그 밖의 지역 : 3억 7천만원
  ㉡ 보증금 외에 차임이 있는 경우의 차임액은 월 단위의 차임액으로 함
  ㉢ 보증금 + (월임차료 × 100) : 대통령령으로 정하는 비율이란 1분의 100을 말함

02 국토의 계획 및 이용에 관한 법률(약칭 : 국토계획법)

(1) 용도지역 22-2, 19-3, 19-1

① 제2조(정의) 제15호 : 토지의 이용 및 건축물의 용도, 건폐율, 용적률, 높이 등을 제한함으로써 토지를 경제적·효율적으로 이용하고 공공복리의 증진을 도모하기 위해 서로 중복되지 않게 도시·군 관리계획으로 결정하는 지역
② 동법 시행령 제30조(용도지역의 세분)
  ㉠ 주거지역
    • 전용주거지역 : 양호한 주거환경을 보호하는 데 필요한 지역

제1종전용주거지역	단독주택 중심의 양호한 주거환경을 보호하는 데 필요한 지역
제2종전용주거지역	공동주택 중심의 양호한 주거환경을 보호하는 데 필요한 지역

- 일반주거지역 : 편리한 주거환경을 조성하는 데 필요한 지역

제1종일반주거지역	저층주택을 중심으로 편리한 주거환경을 조성하는 데 필요한 지역
제2종일반주거지역	중층주택을 중심으로 편리한 주거환경을 조성하는 데 필요한 지역
제3종일반주거지역	중고층 주택을 중심으로 편리한 주거환경을 조성하는 데 필요한 지역

- 준주거지역 : 주거 기능을 위주로 이를 지원하는 일부 상업기능 및 업무기능을 보완하는 데 필요한 지역

ⓒ 상업지역
- 중심상업지역 : 도심·부도심의 상업기능 및 업무기능의 확충을 위하여 필요한 지역
- 일반상업지역 : 일반적인 상업기능 및 업무기능을 담당하게 하기 위한 지역
- 근린상업지역 : 근린 지역에서의 일용품 및 서비스의 공급을 위하여 필요한 지역
- 유통상업지역 : 도시 내 및 지역 간 유통기능의 증진을 위하여 필요한 지역

ⓒ 공업지역
- 전용공업지역 : 주로 중화학공업, 공해성 공업 등을 수용하기 위한 지역
- 일반공업지역 : 환경을 저해하지 아니하는 공업의 배치를 위하여 필요한 지역
- 준공업지역 : 경공업 그 밖의 공업을 수용하되, 주거 기능·상업 기능 및 업무기능의 보완이 필요한 지역

ⓔ 녹지지역
- 보전녹지지역 : 도시의 자연환경·경관·산림 및 녹지 공간을 보전할 필요가 있는 지역
- 생산녹지지역 : 주로 농업적 생산을 위하여 개발을 유보할 필요가 있는 지역
- 자연녹지지역 : 도시의 녹지 공간의 확보, 도시확산의 방지, 장래 도시 용지의 공급 등을 위하여 보전할 필요가 있는 지역으로서 불가피한 경우에 한하여 제한적인 개발이 허용되는 지역

(2) 용도지구 22-3

① 제2조(정의) 제16호 : 토지의 이용 및 건축물의 용도·건폐율·용적률·높이 등에 대한 용도지역의 제한을 강화하거나 완화하여 적용함으로써 용도지역의 기능을 증진하고 경관·안전 등을 도모하기 위하여 도시·군 관리계획으로 결정하는 지역

② 제37조(용도지구의 지정) 제1항
ⓐ 경관지구 : 경관의 보전·관리 및 형성을 위하여 필요한 지구
ⓑ 고도지구 : 쾌적한 환경 조성 및 토지의 효율적 이용을 위하여 건축물 높이의 최고한도를 규제할 필요가 있는 지구
ⓒ 방화지구 : 화재의 위험을 예방하기 위한 지구
ⓓ 방재지구 : 풍수해, 산사태, 지반의 붕괴, 그 밖의 재해를 예방하기 위한 지구
ⓔ 보호지구 : 「국가유산기본법」 제3조에 따른 국가유산, 중요 시설물(항만, 공항 등 대통령령으로 정하는 시설물) 및 문화적·생태적으로 보존 가치가 큰 지역의 보호와 보존을 위하여 필요한 지구
ⓕ 취락지구 : 녹지지역·관리지역·농림지역·자연환경보전지역·개발제한구역 또는 도시자연공원구역의 취락을 정비하기 위한 지구
ⓖ 개발진흥지구 : 주거 기능·상업 기능·공업기능·유통물류 기능·관광 기능·휴양 기능 등을 집중적으로 개발·정비할 필요가 있는 지구
ⓗ 특정용도제한지구 : 주거 및 교육환경 보호나 청소년 보호 등의 목적으로 오염물질 배출시설, 청소년 유해시설 등 특정 시설의 입지를 제한할 필요가 있는 지구

- ㉣ 복합용도지구 : 지역의 토지이용 상황, 개발 수요 및 주변 여건 등을 고려하여 효율적이고 복합적인 토지이용을 도모하기 위하여 특정 시설의 입지를 완화할 필요가 있는 지구
- ㉤ 그 밖에 대통령령으로 정하는 지구

(3) 부동산 공부서류 23-1, 21-3, 19-3, 18-3

① 개념 : 점포의 매매와 임대차 시에 반드시 확인해야 하는 공적 서류
② 유형
- ㉠ 건축물관리대장
  - 건축물 현황을 파악하고자 상세히 기록한 문서로 등기부에 등록된 소재지, 지번, 종류, 구조, 면적, 소유자 등의 정보를 확인하는 기초자료
  - 건물 구조와 면적, 용도와 층수, 불법건축물인지의 여부 등을 확인할 수 있음
- ㉡ 등기사항전부증명서
  - 기재 내용 : 현 소유주의 취득일과 매매과정, 압류, 저당권 등의 설정, 해당 건물의 특징 등이 기재
  - 구 성

표제부	부동산의 지번과 면적, 소재지, 용도, 구조 등이 기재
갑 구	소유권에 관한 사항으로 접수된 날짜순으로 소유권, 가등기, 가처분, 가압류, 압류, 경매신청 등이 기재
을 구	소유권 이외의 권리에 관한 사항으로 접수된 날짜순으로 저당권, 지상권, 지역권, 전세권 등이 기재

- ㉢ 토지이용계획확인원
  - 토지이용규제 기본법에 근거한 토지의 이용 용도(용도지역 · 용도지구 · 용도구역, 토지거래 규제 여부, 도로개설 여부 등)를 확인하는 문서
  - 부동산개발 시 토지에 대한 각종 규제와 허가 가능한 용도를 확인하는 가장 기본적인 서류(확인도면 등)
- ㉣ 토지대장 : 토지의 소재 · 지번 · 지목(사용 용도) · 면적 · 토지 등급, 소유자의 주소 · 주민등록번호 · 성명 또는 명칭 등을 등록하여 토지의 상황을 명확히 하는 장부
- ㉤ 지적도 : 토지의 소재, 지번, 옆 토지와의 경계, 토지의 모양, 도로 등을 확인할 수 있음

03 가맹사업거래의 공정화에 관한 법률(약칭 : 가맹사업법)

(1) 정의 및 과징금 22-3

① 제2조(정의)
- ㉠ 가맹사업 : 가맹본부가 가맹점사업자로 하여금 자기의 상표 · 서비스표 · 상호 · 간판 그 밖의 영업 표지를 사용하여 일정한 품질기준이나 영업방식에 따라 상품(원재료 및 부재료 포함) 또는 용역을 판매하도록 함과 아울러 이에 따른 경영 및 영업 활동 등에 대한 지원 · 교육과 통제를 하며, 가맹점사업자는 영업 표지의 사용과 경영 및 영업 활동 등에 대한 지원 · 교육의 대가로 가맹본부에 가맹금을 지급하는 계속적인 거래 관계를 말함
- ㉡ 가맹본부 : 가맹사업과 관련하여 가맹점사업자에게 가맹점운영권을 부여하는 사업자
- ㉢ 가맹점사업자 : 가맹사업과 관련하여 가맹본부로부터 가맹점운영권을 부여받은 사업자
- ㉣ 가맹희망자 : 가맹계약을 체결하기 위하여 가맹본부나 가맹지역본부와 상담하거나 협의하는 자
- ㉤ 가맹점운영권 : 가맹점사업자가 가맹본부의 가맹사업과 관련하여 가맹점을 운영할 수 있는 계약상의 권리

ⓑ 가맹금
- 가입비·입회비·가맹비·교육비 또는 계약금 등 가맹점사업자가 영업 표지의 사용 허락 등 가맹점운영권이나 영업 활동에 대한 지원·교육 등을 받기 위하여 가맹본부에 지급하는 대가
- 가맹점사업자가 가맹본부로부터 공급받는 상품의 대금 등에 관한 채무액이나 손해배상액의 지급을 담보하기 위하여 가맹본부에 지급하는 대가
- 가맹점사업자가 가맹점운영권을 부여받을 당시에 가맹사업을 착수하기 위하여 가맹본부로부터 공급받는 정착물·설비·상품의 가격 또는 부동산의 임차료 명목으로 가맹본부에 지급하는 대가
- 가맹점사업자가 가맹본부와의 계약에 의하여 허락받은 영업 표지의 사용과 영업 활동 등에 관한 지원·교육, 그 밖의 사항에 대하여 가맹본부에 정기적으로 또는 비정기적으로 지급하는 대가로서 대통령으로 정하는 것
- 그 밖에 가맹희망자나 가맹점사업자가 가맹점운영권을 취득하거나 유지하기 위하여 가맹본부에 지급하는 모든 대가

ⓢ 가맹계약서 : 가맹사업의 구체적 내용과 조건 등에 있어 가맹본부 또는 가맹점사업자(이하 가맹사업 당사자)의 권리와 의무에 관한 사항(특수한 거래조건이나 유의 사항이 있는 경우에는 이를 포함)을 기재한 문서

ⓞ 정보공개서 : 다음 각 사항에 관하여 대통령으로 정하는 사항을 수록한 문서
- 가맹본부의 일반 현황
- 가맹본부의 가맹사업 현황(가맹점사업자의 매출에 관한 사항 포함)
- 가맹본부와 그 임원이 다음의 어느 하나에 해당하는 경우에는 해당 사실
  - 이 법, 「독점규제 및 공정거래에 관한 법률」 또는 「약관의 규제에 관한 법률」을 위반한 경우
  - 사기·횡령·배임 등 타인의 재산을 영득하거나 편취하는 죄에 관련된 민사소송에서 패소의 확정판결을 받았거나 민사상 화해를 한 경우
  - 사기·횡령·배임 등 타인의 재산을 영득하거나 편취하는 죄를 범하여 형을 선고받은 경우
- 가맹점사업자의 부담
- 영업 활동에 관한 조건과 제한
- 가맹사업의 영업 개시에 관한 상세한 절차와 소요 기간
- 가맹본부의 경영 및 영업 활동 등에 대한 지원과 교육·훈련에 대한 설명
- 가맹본부의 직영점(가맹본부의 책임과 계산하에 직접 운영하는 점포) 현황(직영점의 운영 기간 및 매출에 관한 사항 포함)

② 제12조의4(부당한 영업지역 침해금지)
㉠ 가맹본부는 가맹계약 체결 시 가맹점 사업자의 영업지역을 설정하여 가맹계약서에 이를 기재하여야 함
㉡ 가맹본부가 가맹계약 갱신 과정에서 상권의 급격한 변화 등 대통령으로 정하는 사유가 발생하여 기존 영업지역을 변경하기 위해서는 가맹점 사업자와 합의하여야 함
㉢ 가맹본부는 정당한 사유 없이 가맹계약 기간에 가맹점 사업자의 영업지역 안에서 가맹점 사업자와 동일한 업종(수요층의 지역적·인적 범위, 취급 품목, 영업 형태 및 방식 등에 비추어 동일하다고 인식될 수 있을 정도의 업종을 말함)의 자기 또는 계열회사(「독점규제 및 공정거래에 관한 법률」 제2조 제12호에 따른 계열회사를 말함)의 직영점이나 가맹점을 설치하는 행위를 하여서는 아니 됨

(2) 영업지역 변경 사유(동법 시행령 제13조의4) 24-2, 22-3

① 재건축, 재개발 또는 신도시 건설 등으로 인하여 상권의 급격한 변화가 발생하는 경우
② 해당 상권의 거주인구 또는 유동인구가 현저히 변동되는 경우
③ 소비자의 기호 변화 등으로 인하여 해당 상품·용역에 대한 수요가 현저히 변동되는 경우
④ 위 규정에 준하는 경우로서 기존 영업지역을 그대로 유지하는 것이 현저히 불합리하다고 인정되는 경우

04 유통산업발전법 및 도시교통정비 촉진법

(1) 유통산업발전법

① 제2조 제3호 관련 [별표](대규모 점포의 종류) 24-3
  ㉠ 대형마트
  ㉡ 전문점
  ㉢ 백화점
  ㉣ 쇼핑센터
  ㉤ 복합쇼핑몰
  ㉥ 그 밖의 대규모 점포

② 자연녹지지역의 대형할인점 등 설치·운영에 관한 고시 제2조 제1호(정의) : "대형할인점"이라 함은 「상법」상 회사가 개설한 판매시설로 「유통산업발전법」 제2조 및 동법 시행령 제3조의 규정에 의한 대규모 점포 중 대형마트와 전문점으로서 자연녹지지역 안의 판매시설을 말한다.

③ 제8조(대규모 점포 등의 개설등록 및 변경 등록) 23-1, 19-3, 19-2, 16-3
  ㉠ 대규모 점포를 개설하거나 전통 상업 보존 구역에 준대규모점포를 개설하려는 자는 영업을 시작하기 전에 산업통상부령으로 정하는 바에 따라 상권 영향평가서 및 지역 협력계획서를 첨부하여 특별자치 시장·시장·군수·구청장에게 등록하여야 하며 등록한 내용을 변경하려는 경우에도 또한 같음
  ㉡ 특별자치 시장·시장·군수·구청장은 개설등록 또는 변경 등록[점포의 소재지를 변경하거나 매장 면적이 개설등록(매장 면적을 변경 등록한 경우에는 변경 등록) 당시의 매장 면적보다 10분의 1이상 증가하는 경우로 한정]을 하려는 대규모 점포 등의 위치가 전통 상업 보존 구역에 있을 때는 등록을 제한하거나 조건을 붙일 수 있음
  ㉢ 신청 사실을 통보받은 인접 지역의 특별자치 시장·시장·군수·구청장은 신청 사실을 통보받은 날로부터 20일 이내에 개설등록 또는 변경 등록에 대한 의견을 제시할 수 있음

④ 제12조의2(대규모 점포 등에 대한 영업시간의 제한 등) 23-3, 18-1, 17-2, 16-1
  ㉠ 특별자치시장·시장·군수·구청장은 건전한 유통질서 확립, 근로자의 건강권 및 대규모 점포 등과 중소유통업의 상생발전(相生發展)을 위하여 필요하다고 인정하는 경우 대형마트(대규모 점포에 개설된 점포로서 대형마트의 요건을 갖춘 점포 포함)와 준대규모점포에 대하여 영업시간 제한을 명하거나 의무 휴업일을 지정하여 의무휴업을 명할 수 있으나, 연간 총매출액 중 「농수산물 유통 및 가격안정에 관한 법률」에 따른 농수산물의 매출액 비중이 55퍼센트 이상인 대규모 점포 등으로서 해당 지방자치단체의 조례로 정하는 대규모 점포 등에 대하여는 그러하지 아니함
  ㉡ 특별자치 시장·시장·군수·구청장은 오전 0시부터 오전 10시까지의 범위에서 영업시간을 제한할 수 있음

ⓒ 특별자치 시장·시장·군수·구청장은 매월 이틀을 공휴일 중에서 의무 휴업일로 지정하여야 하며 이해당사자와 합의를 거쳐 공휴일이 아닌 날을 의무 휴업일로 지정할 수 있음
ⓓ 영업시간 제한 및 의무 휴업일 지정에 필요한 사항은 해당 지방자치단체의 조례로 정함

(2) 도시교통정비 촉진법 22-1

① 제2조(정의)
  ㉠ 교통수단 : 사람이나 물건을 한 지점에서 다른 지점으로 이동하는 데에 이용되는 버스·열차(도시철도의 열차 포함), 자전거, 그 밖에 대통령령으로 정하는 운반수단
  ㉡ 개인형 교통수단 : 전기를 동력으로 하는 1인용 이동 보조기구
  ㉢ 교통시설 : 교통수단의 운행에 필요한 도로·주차장·여객자동차터미널·화물터미널·철도·도시철도·공항·항만 및 환승시설 등
  ㉣ 환승시설 : 교통수단의 이용자가 다른 교통수단을 편리하게 이용할 수 있게 하기 위하여 철도역·도시철도역·정류소·여객자동차터미널 및 화물터미널 등의 기능을 복합적으로 제공하는 시설
  ㉤ 교통체계관리 : 교통시설의 효율을 극대화하기 위하여 행하는 모든 행위
  ㉥ 교통영향평가 : 해당 사업의 시행에 따라 발생하는 교통량·교통흐름의 변화 및 교통안전에 미치는 영향(이하 교통영향이라 함)을 조사·예측·평가하고 그와 관련된 각종 문제점을 최소화할 수 있는 방안을 마련하는 행위
  ㉦ 교통영향평가기술자 : 교통영향평가에 관한 업무를 수행하는 사람으로서 국토교통부장관으로부터 인정을 받은 사람
  ㉧ 시설물 : 「건축법」에 따른 건축물과 골프연습장·옥외관람시설 등 대통령령으로 정하는 구축물(構築物)
  ㉨ 교통수요관리 : 교통혼잡을 완화(緩和)하기 위하여 교통혼잡 발생의 주요 원인이 되는 자동차의 통행을 줄이거나 통행 유형을 시간적·공간적으로 분산하거나 교통수단 이용자에게 다른 교통수단으로 전환하도록 유도하여 통행량을 분산시키거나 감소시키는 것
  ㉩ 혼잡통행료 : 교통혼잡을 완화하기 위하여 교통혼잡이 심한 도로나 지역을 통행하는 차량이용자에게 통행수단 및 통행 경로·시간 등의 변경을 유도하기 위하여 부과하는 경제적 부담
  ㉪ 교통유발부담금(交通誘發負擔金) : 교통혼잡을 완화하기 위하여 원인자 부담의 원칙에 따라 혼잡을 유발하는 시설물에 부과하는 경제적 부담
  ㉫ 보행·자전거·대중교통 통합교통체계 : 대중교통의 접근성 보완을 위하여 보행·자전거·버스·열차(도시철도의 열차 포함)와 토지이용 등이 통합적으로 운영·관리되어 대중교통의 접근성과 편의성이 강화되는 교통체계

② 제15조 제1항(교통영향평가의 실시 대상 지역 및 사업) : 도시교통정비지역 또는 도시교통정비지역의 교통권역에서 사업(이하 "대상 사업"이라 함)을 하려는 자(국가와 지방자치단체를 포함하며, 이하 "사업자"라 함)는 교통영향평가를 실시하여야 함

05 교육환경 보호에 관한 법률(약칭 : 교육 환경법)

(1) 제2조(정의)
　① 교육환경 : 학생의 보건·위생, 안전, 학습 등에 지장이 없도록 하기 위한 학교 및 학교 주변의 모든 요소
　② 학교 : 유치원, 학교, 그 밖에 다른 법률에 따라 설치된 각급 학교(국방·치안 등의 사유로 정보공시가 어렵다고 대통령령으로 정하는 학교는 제외)
　③ 학교설립 예정지 : 다음 어느 하나에 해당하는 용지
　　㉠ 도시·군 관리계획으로 결정되어 고시된 학교 용지
　　㉡ 유치원을 설립하려는 자가 확보한 유치원 용지[사립유치원을 설립하는 경우에는 특별시·광역시·특별자치시·도 또는 특별자치도 교육감(이하 "교육감"이라 함)의 설립 인가를 받은 용지]
　　㉢ 특수학교를 설립하려는 자가 확보한 특수학교 용지(사립특수학교를 설립하는 경우에는 교육감의 설립 인가를 받은 용지)
　　㉣ 대안학교를 설립하려는 자가 확보한 대안학교 용지(사립대안학교를 설립하는 경우에는 교육감의 설립 인가를 받은 용지)
　④ 학교 경계 : 지적공부(地籍公簿)에 등록된 학교 용지 경계
　⑤ 학교설립 예정지 경계 : 고시 또는 확보된 학교 용지의 경계

(2) 제9조(교육환경보호구역에서의 금지 행위 등) **21-1**
　① 배출허용기준을 초과하여 대기오염물질을 배출하는 시설
　② 배출허용기준을 초과하여 수질오염물질을 배출하는 시설과 폐수종말처리시설
　③ 배출시설, 처리시설 및 공공 처리시설
　④ 분뇨처리시설
　⑤ 배출허용기준을 초과하여 악취를 배출하는 시설
　⑥ 배출허용기준을 초과하여 소음·진동을 배출하는 시설
　⑦ 폐기물처리시설(규모, 용도, 기간 및 학습과 학교보건 위생에 대한 영향 등을 고려하여 대통령령으로 정하는 시설은 제외)
　⑧ 가축 사체, 오염물건 및 수입 금지 물건의 소각·매몰지
　⑨ 화장시설·봉안시설 및 자연장지(개인·가족 자연장지와 종중·문중 자연장지는 제외)
　⑩ 도축업 시설
　⑪ 가축시장
　⑫ 제한상영관
　⑬ 성평등가족부 장관이 고시한 영업에 해당하는 업소
　⑭ 고압가스, 도시가스 또는 액화석유가스의 제조, 충전 및 저장하는 시설(관계 법령에서 정한 허가 또는 신고 이하의 시설이라 하더라도 동일 건축물 내에 설치되는 각각의 시설용량의 총량이 허가 또는 신고 규모 이상이 되는 시설은 포함하되, 규모, 용도 및 학습과 학교보건 위생에 대한 영향 등을 고려하여 대통령령으로 정하는 시설의 전부 또는 일부는 제외)
　⑮ 폐기물을 수집·보관·처분하는 장소(규모, 용도, 기간 및 학습과 학교보건 위생에 대한 영향 등을 고려하여 대통령령으로 정하는 장소는 제외)
　⑯ 총포 또는 화약류의 제조소 및 저장소

⑰ 격리소·요양소 또는 진료소
⑱ 지정소매인, 그 밖에 담배를 판매하는 자가 설치하는 담배 자동판매기(「고등교육법」 제2조 각호에 따른 학교의 교육환경 보호구역은 제외)
⑲ 게임제공업, 인터넷컴퓨터게임시설제공업 및 복합유통게임제공업(유치원 및 학교의 교육환경 보호구역은 제외)
⑳ 게임물 시설(학교의 교육환경 보호구역은 제외)
㉑ 체육시설 중 무도학원 및 무도장(유치원, 초등학교, 초등학교 과정만을 운영하는 대안학교 및 학교의 교육환경 보호구역은 제외)
㉒ 경마장 및 장외발매소, 경주장 및 장외매장
㉓ 사행행위영업
㉔ 노래연습장업(유치원 및 학교의 교육환경 보호구역은 제외)
㉕ 비디오물감상실업 및 복합영상물제공업의 시설(유치원 및 학교의 교육환경 보호구역은 제외)
㉖ 식품접객업 중 단란주점영업 및 유흥주점영업
㉗ 숙박업 및 관광숙박업(국제회의시설에 부속된 숙박 시설과 규모, 용도, 기간 및 학습과 학교보건 위생에 대한 영향 등을 고려하여 대통령령으로 정하는 숙박업 또는 관광숙박업은 제외)
㉘ 회비 등을 받거나 유료로 만화를 빌려주는 만화대여업 → 삭제 〈2021. 9. 24.〉

06 건축법 24-2, 23-2, 22-2, 21-3, 21-1, 20-3, 20-2, 19-3, 19-1, 17-2, 16-2

(1) 제55조(건축물의 건폐율) 참조
① 대지면적에 대한 건축면적(대지에 건축물이 둘 이상 있는 경우에는 이들 건축면적의 합계로 함)의 비율
② 각 건축물의 대지에 여유 공지를 확보하여 도시의 평면적인 과밀화를 억제하려는 것

(2) 제56조(건축물의 용적률)
① 대지면적에 대한 연면적(대지에 건축물이 둘 이상 있는 경우에는 이들 연면적의 합계로 함)의 비율
② 지하층의 면적, 해당 건축물의 부속용도인 지상층 주차 면적, 경사 지붕 아래에 설치하는 대피공간 면적, 초고층 및 준초고층 건축물의 피난 안전 구역 면적은 제외(건축법 시행령 제119조 제1항 제4호 참조)

(3) 건축법 시행령[별표 1] 용도별 건축물의 종류(제3조의5 관련) 17-3
① 제1종 근린생활시설
㉠ 식품·잡화·의류·완구·서적·건축자재·의약품·의료기기 등 일용품을 판매하는 소매점으로서 같은 건축물(하나의 대지에 두 동 이상의 건축물이 있는 경우에는 이를 같은 건축물로 봄)에 해당 용도로 쓰는 바닥면적의 합계가 1천 제곱미터 미만인 것
㉡ 휴게음식점, 제과점 등 음료·차(茶)·음식·빵·떡·과자 등을 조리하거나 제조하여 판매하는 시설로서 같은 건축물에 해당 용도로 쓰는 바닥면적의 합계가 300제곱미터 미만인 것
㉢ 이용원, 미용원, 목욕장, 세탁소 등 사람의 위생관리나 의류 등을 세탁·수선하는 시설(세탁소의 경우 공장에 부설되는 것과 「대기환경보전법」, 「물환경보전법」 또는 「소음·진동관리법」에 따른 배출시설의 설치 허가 또는 신고의 대상인 것은 제외)
㉣ 의원, 치과의원, 한의원, 침술원, 접골원(接骨院), 조산원, 안마원, 산후조리원 등 주민의 진료·치료 등을 위한 시설
㉤ 탁구장, 체육도장으로서 같은 건축물에 해당 용도로 쓰는 바닥면적의 합계가 500제곱미터 미만인 것

ⓑ 지역자치센터, 파출소, 지구대, 소방서, 우체국, 방송국, 보건소, 공공도서관, 건강보험공단 사무소 등 주민의 편의를 위하여 공공업무를 수행하는 시설로서 같은 건축물에 해당 용도로 쓰는 바닥면적의 합계가 1천제곱미터 미만인 것
　　ⓢ 마을회관, 마을공동작업소, 마을공동구판장, 공중화장실, 대피소, 지역아동센터(단독주택과 공동주택에 해당하는 것은 제외) 등 주민이 공동으로 이용하는 시설
　　ⓞ 변전소, 도시가스배관시설, 통신용 시설(해당 용도로 쓰는 바닥면적의 합계가 1천제곱미터 미만인 것에 한정), 정수장, 양수장 등 주민의 생활에 필요한 에너지공급·통신서비스제공이나 급수·배수와 관련된 시설
　　ⓩ 금융업소, 사무소, 부동산중개사무소, 결혼상담소 등 소개업소, 출판사 등 일반업무시설로서 같은 건축물에 해당 용도로 쓰는 바닥면적의 합계가 30제곱미터 미만인 것
　　ⓒ 전기자동차 충전소(해당 용도로 쓰는 바닥면적의 합계가 1천제곱미터 미만인 것으로 한정)
　　ⓚ 동물병원, 동물미용실 및 「동물보호법」 제73조 제1항 제2호에 따른 동물위탁관리업을 위한 시설로서 같은 건축물에 해당 용도로 쓰는 바닥면적의 합계가 300제곱미터 미만인 것

② 제2종 근린생활시설
　　㉠ 공연장(극장, 영화관, 연예장, 음악당, 서커스장, 비디오물감상실, 비디오물소극장, 그 밖에 이와 비슷한 것)으로서 같은 건축물에 해당 용도로 쓰는 바닥면적의 합계가 500제곱미터 미만인 것
　　㉡ 종교집회장(교회, 성당, 사찰, 기도원, 수도원, 수녀원, 제실(祭室), 사당, 그 밖에 이와 비슷한 것)으로서 같은 건축물에 해당 용도로 쓰는 바닥면적의 합계가 500제곱미터 미만인 것
　　㉢ 자동차영업소로서 같은 건축물에 해당 용도로 쓰는 바닥면적의 합계가 1천제곱미터 미만인 것
　　㉣ 서점(제1종 근린생활시설에 해당하지 않는 것)
　　㉤ 총포판매소
　　㉥ 사진관, 표구점
　　㉦ 청소년게임제공업소, 복합유통게임제공업소, 인터넷컴퓨터게임시설제공업소, 가상현실체험 제공업소, 그 밖에 이와 비슷한 게임 및 체험 관련 시설로서 같은 건축물에 해당 용도로 쓰는 바닥면적의 합계가 500제곱미터 미만인 것
　　㉧ 휴게음식점, 제과점 등 음료·차(茶)·음식·빵·떡·과자 등을 조리하거나 제조하여 판매하는 시설로서 같은 건축물에 해당 용도로 쓰는 바닥면적의 합계가 300제곱미터 이상인 것
　　㉨ 일반음식점
　　㉩ 장의사, 동물병원, 동물미용실, 「동물보호법」에 따른 동물위탁관리업을 위한 시설, 그 밖에 이와 유사한 것(제1종 근린생활시설에 해당하는 것은 제외)
　　㉪ 학원(자동차학원·무도학원 및 정보통신기술을 활용하여 원격으로 교습하는 것은 제외), 교습소(자동차교습·무도교습 및 정보통신기술을 활용하여 원격으로 교습하는 것은 제외), 직업훈련소(운전·정비 관련 직업훈련소는 제외)로서 같은 건축물에 해당 용도로 쓰는 바닥면적의 합계가 500제곱미터 미만인 것
　　㉫ 독서실, 기원
　　㉬ 테니스장, 체력단련장, 에어로빅장, 볼링장, 당구장, 실내낚시터, 골프연습장, 놀이형시설(「관광진흥법」에 따른 기타유원시설업의 시설) 등 주민의 체육 활동을 위한 시설로서 같은 건축물에 해당 용도로 쓰는 바닥면적의 합계가 500제곱미터 미만인 것
　　㉭ 금융업소, 사무소, 부동산중개사무소, 결혼상담소 등 소개업소, 출판사 등 일반업무시설로서 같은 건축물에 해당 용도로 쓰는 바닥면적의 합계가 500제곱미터 미만인 것(제1종 근린생활시설에 해당하는 것은 제외)

SECTION 02 개점과 폐점

1 출점 및 개점

01 방식 및 고려 사항

(1) 방 식

① 자사 소유 물건

② 임 차

③ 리스백(Lease-back)

④ 합 작

⑤ **프랜차이즈** : 경쟁자분석을 용이하게 시행 가능 18-2

㉠ 프랜차이저(본사)의 장단점

장 점	• 사업 확장을 위한 자본조달 용이 • 규모의 경제 실현 가능 • 높은 광고효과 및 사업 안정성 • 단기간에 광범위한 판매망 확보 가능 • 상품개발에 전념 가능 • 직접적인 노사갈등 감소
단 점	• 과도한 비용과 노력 • 통제의 어려움 • 우월적이고 지배적인 사고방식에 따른 시스템 전체의 활력 감소 우려 • 투자수익률에 비해 전체 이익 증가 곤란

㉡ 프랜차이지(가맹점)의 장단점 25-1, 24-2

장 점	• 실패의 위험성이 적음 • 경험이 없어도 쉽게 출점 및 개점 · 운영 가능 • 소비자의 신뢰 획득 용이 • 효과적인 판매촉진 활동 가능 • 표준화된 제품과 서비스 제공 가능
단 점	• 부정적 파급효과의 영향성 : 실패의 영향이 시스템 전체와 타 점포에도 영향을 미침 • 유연한 대처 미흡 : 개별점포마다의 상황에 유연하게 대처하기 어려움 • 점포별 경영개선 노력 저하 우려

(2) 출점 시 고려 사항   24-3, 24-1, 22-2, 21-2, 19-3

- ① 업종과 업태를 결정한 다음 점포 규모 검토(점포의 전용면적과 형태)
    - ㉠ 생활정보지 등에 소개되는 점포면적은 대개 공용면적을 포함한 것
    - ㉡ 아파트나 상가주택의 점포는 등기부상에 전용면적만 기록
- ② 경쟁 관계에 있는 다른 점포의 규모나 위치도 충분히 검토
- ③ 임차 계약 기간 및 비용
- ④ 점포의 인계 사유
- ⑤ 취급하는 상품의 종류에 따라 소비자의 이동 거리에 대한 저항감이 다르기 때문에 상권의 범위가 달라질 수 있음을 고려
- ⑥ 점포는 단순히 하나의 물리적 시설이 아니고 소비자들의 생활과 직결되며, 라이프스타일에도 영향을 미침을 고려
- ⑦ 개점으로 인해 인접 주민의 민원 제기나 저항이 일어날 부분이 있는지 검토
- ⑧ 해외에 소매점 개설 시 입지분석단위
    - ㉠ 지역 : 국가 전체, 국가의 한 부분, 특정 도시, 또는 광역도시권
    - ㉡ 상권 : 점포의 매출 및 고객의 대부분을 포함하는 연속적인 공간
    - ㉢ 특정 입지 : 점포가 입점할 특정부지

02 출점 의사결정

(1) 전략 과정   18-3, 17-1

- ① 입지 전략
- ② 점포 건축 전략
    - ㉠ 출점할 점포 결정 및 확보 : 점포의 포지셔닝 주제(아이덴티티)의 설정
    - ㉡ 법적 행정 처리
- ③ 점포의 층별 배치 전략
- ④ 머천다이징 전략

(2) 점포출점에 대한 원칙   18-3

- ① 무조건 큰 규모로 개점하여 경쟁력을 강화하기보다 적정규모로 출점
- ② 경우에 따라 자사 경쟁력보다 시장 매력성을 우선적으로 고려할 수도 있음
- ③ 경쟁 강도가 낮아도 자사 예상 매출액 또한 낮으면 출점하지 않는 것이 바람직함
- ④ 시장 매력성은 큰 데 예상 매출액이 작으면 경쟁력을 개선할 수 있을 때만 출점하는 것이 바람직함

2 점포 개점을 위한 준비 및 업종전환과 폐점

01 점포 개점을 위한 준비 및 업종전환

(1) 소매점포 개점을 위한 준비 과정 23-1, 22-1, 18-2, 17-3, 16-3
① 상권분석
② 입지선정
③ 점포계획
㉠ 점포의 적정규모(면적) 산정
- 구매력에 의한 방법
- 유사 지역과의 비교에 의한 방법
- 매장 면적 대비 인구비에 의한 방법

㉡ 획득 가능 매출의 추정
- 예상 고객수 및 객(客)단가 적용

> 월매출액 = 1일 평균 내점객수(예상 고객수) × 객단가 × 월간 영업일수

- 회전율 적용(서비스업종)

> 매출액 = 좌석수 × 좌석점유율 × 회전율 × 객단가 × 영업일수

④ 소매믹스설계

(2) 업종전환 24-3, 22-1
① 개 념
㉠ 제조업, 도소매업, 서비스업의 업태를 바꾸거나 업종을 변경하는 경우
㉡ 동종업종에서 동종업종으로 바꾸는 경우 또는 동종업종에서 타 업종으로 바꾸는 경우
② 업종전환의 근본적 이유
㉠ 영업 부진 점포에 대한 새로운 사업 기회 제공
㉡ 기존 시설을 가급적 활용하고 재투자비용을 최소화하여 새로운 사업 기회 모색
㉢ 폐업으로 인한 손실 최소화
㉣ 업종이 상권에 적합하지 않게 된 경우
③ **업종전환의 절차** : 전화상담 및 컨설팅 결정 → 점포 현장 방문 → 점주 및 직원 인터뷰 → 상품경쟁력 파악 → 내부 경쟁력 분석 → 외부 경쟁력 분석 → 소비자 만족도 조사 → 실패 원인 분석 → 보고서작성 및 브리핑 → 업종전환 실행 및 사후 관리
④ **업종전환 시 행정 처리 절차** : 용도 변경 신청 → 신고필증 교부 → 공사 착수 → 사용승인 → 건축물대장 변경

02 폐점 및 폐업

(1) 폐점 시 검토 사항

① 시장 규모와 매출 규모의 평가

시장 규모	도시형	점포를 중심으로 반경 500m 이내의 소매판매액
	교외형	점포의 주간 인구와 야간 인구, 그리고 반경 3km 전후의 소매판매액
매출 규모		점포마다의 매출 평균

② 시장 성장성과 손익분기점의 평가

시장 성장성	도시형	점포를 중심으로 반경 500m~1km 범위의 소매판매액 성장률
	교외형	점포를 중심으로 반경 3km 전후 범위의 주간 인구, 야간 인구성장률, 세대수의 성장률
손익 현황		각 점포의 손익 현황

③ 입지배정모형, 입지할당모델(Location-allocation Model) **24-2, 21-3, 17-3**
  ㉠ 기존 점포의 재입지 또는 폐점 의사결정 등의 상황에서 유용하게 활용될 수 있는 분석방법
  ㉡ 두 개 이상의 점포를 운영하는 경우 소매점포 네트워크의 설계
  ㉢ 신규점포 개설 시 기존 네트워크에 대한 영향 분석을 통해 개설 점포의 수 등을 결정
  ㉣ 소비자의 구매 행동패턴을 토대로 소비자들을 개별 점포에 배정
  ㉤ 구성요소 : 잠재적 네트워크 지점, 수요지점, 교통망, 목적함수, 제약 조건 등

(2) 폐점 및 폐업 절차 **24-1**

① 직원 4대 보험 상실 신고
② 폐업 후 부가가치세 신고
③ 지급명세서 제출
④ 폐업 후 소득세 신고

출제지문 퀴즈로 핵심체크!

SECTION 01 개점계획

01 20-3
[O X] 상가건물 임대차보호법은 상법의 특별법이다.

02 20-3
[O X] 상가건물 임대차보호법 규정을 위반한 약정으로 임차인에게 불리한 것은 그 효력이 없는 강행규정이다.

03 25-2
[O X] 현재 상가건물 임대차보호법 등 관련 법규에서 규정하고 있는 상가 임대료의 인상률 상한(청구 당시의 차임 또는 보증금 기준)은 3%이다.

SECTION 02 개점과 폐점

01 18-3
[O X] 무조건 큰 규모로 개점하여 경쟁력을 강화하기보다 적정규모로 출점한다.

02 18-3
출점 의사결정 전략 과정은 입지 전략 → 점포 건축 전략 → 점포의 층별 배치 전략 → (　　　)이다.

03 18-2
서비스업종의 매출액 추정 공식 = 좌석수 × 좌석점유율 × (　　　) × 객단가 × 영업 일수

정답 및 해설

SECTION 01
01 × ▶ 상가건물 임대차보호법은 「민법」의 특별법이다.
02 ○
03 × ▶ 법규에서 규정하고 있는 상가 임대료의 인상률 상한(청구 당시의 차임 또는 보증금 기준)은 5%이다.

SECTION 02
01 ○
02 머천다이징 전략
03 회전율

테마로 푸는 필수 기출문제

THEME ❶ 계약갱신 요구

상가건물 임대차보호법에서 규정하는 임차인의 계약갱신 요구에 대한 정당한 거절 사유를 암기하여야 한다.

01 23년 2회

상가건물 임대차보호법(법률 제18675호, 2022.1.4., 일부개정)은 임대인은 임차인이 임대차기간이 만료되기 6개월 전부터 1개월 전까지 사이에 계약갱신을 요구할 경우 정당한 사유 없이 거절하지 못한다고 규정하면서, 예외적으로 그러하지 아니한 경우를 명시하고 있다. 이 예외적으로 그러하지 아니한 경우로서 가장 옳지 않은 것은?

① 임차인이 2기의 차임액에 해당하는 금액에 이르도록 차임을 연체한 사실이 있는 경우
② 서로 합의하여 임대인이 임차인에게 상당한 보상을 제공한 경우
③ 임차인이 임대인의 동의 없이 목적 건물의 전부 또는 일부를 전대(轉貸)한 경우
④ 임차인이 임차한 건물의 전부 또는 일부를 고의나 중대한 과실로 파손한 경우
⑤ 임차인이 거짓이나 그 밖의 부정한 방법으로 임차한 경우

02 21년 3회

상가건물 임대차보호법(약칭 : 상가임대차법)(법률 제17471호, 2020.7.31., 일부개정)에서 규정하는 임차인의 계약갱신 요구에 대한 정당한 거절사유에 해당하지 않는 것은?

① 임차인이 3기의 차임액에 해당하는 금액에 이르도록 차임을 연체한 사실이 있는 경우
② 임차인이 임대인의 동의 없이 목적 건물의 전부 또는 일부를 전대(轉貸)한 경우
③ 임차인이 임차한 건물의 전부 또는 일부를 고의나 중대한 과실로 파손한 경우
④ 서로 합의하여 임대인이 임차인에게 상당한 보상을 제공한 경우
⑤ 최초의 임대차기간을 포함한 전체 임대차기간이 5년을 초과한 경우

03 20년 추가

"상가건물 임대차보호법"(법률 제15791호, 2018. 10. 16., 일부개정) 제10조 1항은 '임대인은 임차인이 임대차기간이 만료되기 6개월 전부터 1개월 전까지 사이에 계약갱신을 요구할 경우 정당한 사유 없이 거절하지 못한다'라고 규정하고 있다. 이 규정 적용의 예외로서 옳지 않은 것은?

① 임차인이 3기의 차임액에 해당하는 금액에 이르도록 차임을 연체한 사실이 있는 경우
② 임차인이 거짓이나 그 밖의 부정한 방법으로 임차한 경우
③ 서로 합의하여 임대인이 임차인에게 상당한 보상을 제공한 경우
④ 임차인이 임대인의 동의하에 목적 건물의 전부 또는 일부를 전대(轉貸)한 경우
⑤ 임차인이 임차한 건물의 전부 또는 일부를 고의나 중대한 과실로 파손한 경우

THEME ❷ 권리금

상가건물 임대차보호법에서 규정한 권리금의 정의에 대한 문제가 자주 출제되므로 유무형의 재산적 가치가 무엇인지 암기해야 한다.

04 25년 2회

권리금에 대한 설명 중 옳은 것은?

① 권리금은 법률적으로 반환을 보장받을 수 있다.
② 임대차 계약기간동안의 사업수익으로 충분히 충당될 수 있는 정도여야 적당하다고 볼 수 있다.
③ 신축건물에도 바닥권리금이라는 것이 있는데, 이는 주변 상권의 강점을 반영하는 것이므로 높아도 무방하다.
④ 일종의 영업권이며 계약 종료 시 원칙적으로 전액 반환받을 수 있다.
⑤ 해당 상권의 강점 등이 반영된 영업권의 일종으로, 점포의 소유자에게 임차인이 제공하는 추가적인 비용이다.

05 22년 2회

상가임대차 관계에서 권리금을 산정할 때 근거가 되는 유무형의 재산적 가치로 가장 옳지 않은 것은?

① 거래처
② 상가건물의 위치
③ 영업상의 노하우
④ 영업시설·비품
⑤ 임대료 지불수단

06 22년 1회

권리금에 대한 설명으로 가장 옳지 않은 것은?

① 때로는 권리금이 보증금보다 많은 경우도 있다.
② 시설 및 상가의 위치, 영업상의 노하우 등과 같은 다양한 유무형의 재산적 가치에 대한 양도 또는 사용료로 지급하는 것이다.
③ 권리금을 일정 기간 안에 회복할 수 있는 수익성이 확보될 수 있는지를 검토해야 한다.
④ 신축건물인 경우 주변 상권의 강점을 반영하는 바닥권리금의 형태로 나타나기도 한다.
⑤ 임차인이 점포의 소유주에게 제공하는 추가적인 비용으로 보증금의 일부이다.

07 20년 3회

일반적인 권리금에 대한 설명으로 가장 옳지 않은 것은?

① 시설권리금은 실내 인테리어 및 장비 및 기물에 대한 권리금액을 말한다.
② 단골고객을 확보하여 상권의 형성 과정에 지대한 공헌을 한 대가는 영업권리금에 해당된다.
③ 시설권리금의 경우 시설에 대한 감가상각은 통상적으로 3년을 기준으로 한다.
④ 영업권리금의 경우 평균적인 순수익을 고려하여 계산하기도 한다.
⑤ 영업권리금의 경우 지역 또는 자리권리금이라고도 한다.

08 19년 1회

"상가건물임대차보호법"(법률 제14242호, 2016. 5. 29., 타법개정)에서는 권리금을 아래의 글 상자와 같이 정의하고 있다. (   ) 안에 들어갈 내용으로 옳지 않은 것은?

> 권리금이란 임대차 목적물인 상가건물에서 영업을 하는 자 또는 영업을 하려는 자가 (   ), 상가건물의 위치에 따른 영업상의 이점 등 유형·무형의 재산적 가치의 양도 또는 이용대가로서 임대인, 임차인에게 보증금과 차임 이외에 지급하는 금전 등의 대가를 말한다.

① 영업시설·비품
② 경쟁상황
③ 거래처
④ 신 용
⑤ 영업상의 노하우

THEME ❸ 용적률과 건폐율

용적률과 건폐율의 개념 차이를 묻는 문제와 용적률의 개념에 기반에 둔 계산문제가 자주 출제된다. 용적률 산정에서 제외되는 부분을 암기하여 계산문제에 대비하도록 해야 한다.

09 24년 2회

상점을 신축할 때는 용적률(容積率, Floor Area Ratio) 기준을 고려해야 한다. 용적률 산정에서 제외되는 면적이 아닌 것은?

① 지하층 면적
② 그 건물의 부속용도인 지상층 주차 면적
③ 경사지붕 아래에 설치하는 대피공간 면적
④ 초고층 및 준초고층 건축물의 피난안전구역 면적
⑤ 하나의 대지에 건축물이 둘 이상 있는 경우 별도 건물의 면적

10 22년 2회

면적 300㎡인 대지에 지하 2층 지상 5층으로 소매점포 건물을 신축하려 한다. 층별 바닥면적은 각각 250㎡로 동일하며 주차장은 지하 1, 2층에 각각 200㎡와 지상 1층 부속용도에 한하는 주차장 면적 50㎡로 구성되어 있다. 이 건물의 용적률을 계산하면 얼마인가?

① 300%
② 333%
③ 400%
④ 416%
⑤ 533%

11 21년 3회

상가건물이 지하 1층, 지상 5층으로 대지면적은 300㎡이다. 층별 바닥면적은 각각 200㎡로 동일하며 주차장은 지하 1층에 200㎡와 지상1층 내부에 100㎡로 구성되어 있다. 이 건물의 용적률은?

① 67%
② 233%
③ 300%
④ 330%
⑤ 466%

12 16년 2회

매입하려는 상가건물이 지하 1층 지상 4층으로 대지면적은 250㎡이다. 층별 바닥면적은 각각 200㎡로 동일하며 주차장은 지하 1층에 150㎡와 지상 1층 내부에 100㎡로 구성되어 있다. 이 건물의 용적률은?

① 260%
② 280%
③ 300%
④ 320%
⑤ 340%

13 20년 3회

점포 신축을 위한 부지매입 또는 점포 확장을 위한 증축 등의 상황에서 반영해야 할 공간적 규제와 관련된 내용들 중 틀린 것은?

① 건폐율은 대지면적에 대한 건축연면적의 비율을 말한다.
② 대지에 건축물이 둘 이상 있는 경우에는 이들 건축면적의 합계로 건폐율을 계산한다.
③ 대지내 건축물의 바닥면적을 모두 합친 면적을 건축연면적이라 한다.
④ 용적률 산정에서 지하층·부속용도에 한하는 지상 주차용면적은 제외된다.
⑤ 건폐율은 각 건축물의 대지에 여유 공지를 확보하여 도시의 평면적인 과밀화를 억제하려는 것이다.

14 20년 2회

점포 개점에 있어 고려해야 할 법적 요소와 관련된 설명 중 가장 옳지 않은 것은?

① 용도지역이 건축 가능한 지역인지 여부를 관련 기관을 통해 확인한다.
② 학교시설보호지구 여부와 거리를 확인한다.
③ 건폐율이란 부지 대비 건물 전체의 층별 면적합의 비율을 말한다.
④ 용적률이란 부지면적에 대한 건축물의 연면적의 비율로 부지 대비 총건축 가능평수를 말한다.
⑤ 용도지역에 따라 건폐율과 용적률은 차이가 발생하기도 한다.

THEME 4 공부서류

각 공부서류와 그 해당 특징을 잘 숙지해야 한다.

15 23년 1회

점포의 매매나 임대차 시 필요한 점포 권리분석을 위해서 공부서류를 이용할 수 있다. 이들 공부서류와 확인 가능한 내용의 연결이 옳지 않은 것은?

① 지적도 – 토지의 모양과 경계, 도로 등을 확인할 수 있음
② 등기사항전부증명서 – 소유권 및 권리관계 등을 알 수 있음
③ 건축물대장 – 건물의 면적, 층수, 용도, 구조 등을 확인할 수 있음
④ 토지초본 – 토지의 소재, 지번, 지목, 면적 등을 확인할 수 있음
⑤ 토지이용계획확인서 – 토지를 규제하는 도시계획 상황을 확인할 수 있음

16 21년 3회

현 소유주의 취득일과 매매과정, 압류, 저당권 등의 설정, 해당 건물의 기본내역 등이 기록되어 있는 공부서류로 가장 옳은 것은?

① 등기사항전부증명서
② 건축물대장
③ 토지대장
④ 토지이용계획확인서
⑤ 지적도

필수 기출문제 정답과 해설

01 정답 ①

해설 상가건물 임대차보호법 제10조(계약갱신요구 등) 제1항 제1호
임차인이 3기의 차임액에 해당하는 금액에 이르도록 차임을 연체한 사실이 있는 경우

02 정답 ⑤

해설 상가건물 임대차보호법 제10조(계약갱신 요구 등)
- 임대인은 임차인이 임대차 기간이 만료되기 6개월 전부터 1개월 전까지 사이에 계약갱신을 요구할 경우 정당한 사유 없이 거절하지 못한다. 다만, 다음 각호의 어느 하나의 경우에는 그러하지 아니하다.
1. 임차인이 3기의 차임액에 해당하는 금액에 이르도록 차임을 연체한 사실이 있는 경우
2. 임차인이 거짓이나 그 밖의 부정한 방법으로 임차한 경우
3. 서로 합의하여 임대인이 임차인에게 상당한 보상을 제공한 경우
4. 임차인이 임대인의 동의 없이 목적 건물의 전부 또는 일부를 전대(轉貸)한 경우
5. 임차인이 임차한 건물의 전부 또는 일부를 고의나 중대한 과실로 파손한 경우
6. 임차한 건물의 전부 또는 일부가 멸실되어 임대차의 목적을 달성하지 못할 경우
7. 임대인이 다음 각 목의 어느 하나에 해당하는 사유로 목적 건물의 전부 또는 대부분을 철거하거나 재건축하기 위하여 목적 건물의 점유를 회복할 필요가 있는 경우
   가. 임대차계약 체결 당시 공사 시기 및 소요 기간 등을 포함한 철거 또는 재건축 계획을 임차인에게 구체적으로 고지하고 그 계획에 따르는 경우
   나. 건물이 노후·훼손 또는 일부 멸실되는 등 안전사고의 우려가 있는 경우
   다. 다른 법령에 따라 철거 또는 재건축이 이루어지는 경우
8. 그 밖에 임차인이 임차인으로서의 의무를 현저히 위반하거나 임대차를 계속하기 어려운 중대한 사유가 있는 경우
- 임차인의 계약갱신요구권은 최초의 임대차기간을 포함한 전체 임대차기간이 10년을 초과하지 아니하는 범위에서만 행사할 수 있다.

03 정답 ④

해설 상가건물 임대차보호법 제10조(계약갱신 요구 등) 제1항 제4호
임차인이 임대인의 동의 없이 목적 건물의 전부 또는 일부를 전대(轉貸)한 경우

04 정답 ②

해설 ②, ③ 권리금을 일정 기간 안에 회복할 수 있는 수익성이 확보될 수 있는지를 검토해야 한다.
①, ④ 임대차 목적물인 상가건물이 「유통산업발전법」 제2조에 따른 대규모 점포 또는 준대규모점포의 일부인 경우(다만, 「전통시장 및 상점가 육성을 위한 특별법」 제2조 제1호에 따른 전통시장은 제외), 임대차 목적물인 상가건물이 「국유재산법」에 따른 국유재산 또는 「공유재산 및 물품관리법」에 따른 공유재산인 경우 상가임대차법 제10조의 4(권리금 회수기회 보호 등)를 적용하지 아니한다(상가임대차법 제10조의5).
⑤ 권리금 계약이란 신규임차인이 되려는 자가 임차인에게 권리금을 지급하기로 하는 계약이다(상가임대차법 제10조의3 제2항).

05 정답 ⑤

해설 상가건물 임대차보호법 제10조의3(권리금의 정의 등) 제1항 참조
임대차 목적물인 상가건물에서 영업하는 자 또는 영업하려는 자가 영업 시설·비품, 거래처, 신용, 영업상의 노하우, 상가건물의 위치에 따른 영업상의 이점 등 유형·무형의 재산적 가치의 양도 또는 이용 대가로서 임대인, 임차인에게 보증금과 차임 이외에 지급하는 금전 등의 대가를 말한다.

06 정답 ⑤

해설 권리금은 점포임대차와 관련해 임차인이 누리게 될 장소 또는 영업상의 이익에 대한 대가로 임차보증금과는 별도로 지급되는 금전적 대가를 말한다.

07 정답 ⑤

해설 바닥권리금의 경우를 지역 또는 자리권리금이라고도 한다. 점포나 회사가 입지한 장소, 유동인구가 많은 역세권이면 바닥권리금이 많다.

08 정답 ②

해설 **상가건물 임대차보호법 제10조의3(권리금의 정의 등) 제1항**
임대차 목적물인 상가건물에서 영업하는 자 또는 영업하려는 자가 영업 시설·비품, 거래처, 신용, 영업상의 노하우, 상가건물의 위치에 따른 영업상의 이점 등 유형·무형의 재산적 가치의 양도 또는 이용 대가로서 임대인, 임차인에게 보증금과 차임 이외에 지급하는 금전 등의 대가를 말한다.

09 정답 ⑤

해설 대지에 건축물이 둘 이상 있는 경우에는 이들 연면적의 합계로 용적률을 계산한다.

10 정답 ③

해설 용적률은 대지면적에 대한 건축물의 연면적 비율로 부지 대비 총건축 가능 평수를 말한다. 건축물의 연면적이란 건축물 각 층의 바닥면적 합계를 말하며, 용적률을 산정할 때는 지하층의 면적, 그 건물의 부속용도인 지상층의 주차장으로 쓰는 면적, 초고층 건축물의 피난 안전구역의 면적은 제외하므로 건물의 용적률을 계산하면 다음과 같다.
- 건축물의 연면적 = 지상 1층($250m^2$ − $50m^2$) + 지상 2층($250m^2$) + 지상 3층($250m^2$) + 지상 4층($250m^2$) + 지상 5층($250m^2$) = $1,200m^2$
- 용적률 = $\frac{1,200m^2}{300m^2} \times 100\% = 400\%$

11 정답 ③

해설 용적률 = $\frac{100m^2 + 200m^2 \times 4}{300m^2} \times 100\% = 300\%$

12 정답 ②

해설 용적률 = $\frac{100m^2 + 200m^2 \times 3}{250m^2} \times 100\% = 280\%$

13 정답 ①

해설 건폐율은 대지면적에 대한 건축면적의 비율이며, 용적률이 대지면적에 대한 건축물의 연면적 비율이다.

14 정답 ③

해설 건폐율이란 대지면적에 대한 건축면적(대지에 건축물이 둘 이상 있는 경우에는 이들 건축면적의 합계로 한다)의 비율로 대지면적에 대한 건축물의 연면적(건축물 각 층의 바닥면적 합계) 비율은 용적률이다.

15 정답 ④

해설 토지의 소재, 지번, 지목, 면적 등을 확인할 수 있는 것은 토지대장이다.

16 정답 ①

해설 ② 건축물대장은 건축물의 위치, 면적, 용도 등의 건축물 표시에 관한 사항과 건축물의 소유자 현황에 관한 사항을 등록하여 관리하는 공적 장부이다.
③ 토지대장은 토지의 사실상의 상황을 보여주기 위한 공적 장부로, 고유번호와 토지 소재, 축척, 지목, 면적, 사유, 변동 일자, 토지 등급, 개별공시지가 등이 기록되어 있다.
④ 토지이용계획을 확인하고 그 내용을 작성하는 서식으로, 토지이용계획확인서 작성 시에는 해당하는 내용과 회사 또는 단체의 명칭 그리고 확인하는 사람의 성명과 함께 인감을 찍어 확인하는 절차를 실시하는 것이 바람직하다.
⑤ 지적도는 땅의 형상 등을 보기 쉽게 만든 지도 형식의 문서로 토지의 소재(所在), 지번(地番), 지목(地目), 경계(境界) 등을 나타낸다.

유통관리사 2급
합격을 꿈꾸는 수험생에게

정성을 다해 만든 유통관리사 2급 도서들을
꿈을 향해 도전하는 수험생 여러분들께 드립니다.

P.S. 단계별 교재를 선택하기 위한 팁!

한권으로 끝내기
시험의 중요개념과 핵심 이론을 파악하고 기초를 잡고 싶은 수험생

시험에 출제되는 핵심이론부터 필수기출문제, 시험장에서 보는 최빈출 필기노트까지 한권에 담았습니다.

동영상 강의 교재

▶

단기완성
시험에 자주 출제된 필수 이론 위주로 학습하고 싶은 수험생!

실제 기출문제 출제경향을 완벽 분석하여 엄선한 핵심 유형이론과 유형별 기출문제를 담았습니다.

▶

기출문제해설
최근 기출문제와 상세한 해설을 통해 학습내용을 확인하고 실전감각을 키우고 싶은 수험생!

시험 준비 마무리 단계에서 알찬 해설을 통해 중요개념 정리부터 공부 방향까지 한 번에 잡을 수 있습니다.

유통관리사 합격!
시대에듀와 함께라면 문제없습니다.

물류관리사
합격을 꿈꾸는 수험생에게

물류관리사 자격시험의 합격을 위해 정성을 다해 만든 물류관리사 도서들을
꿈을 향해 도전하는 수험생 여러분들께 드립니다.

P.S. 단계별 교재를 선택하기 위한 팁!

한권으로 끝내기

이론 파악으로
기본다지기

핵심이론부터 실전문제까지
차근차근 학습하며
기초를 잡고 싶은 수험생

시험에 출제되는 핵심이론부터
키워드별 기출유형문제와 최근에
시행된 기출문제까지 한권에 담았
습니다.

동영상 강의 교재

▶

단기완성 핵심요약집

초단기
합격 PROJECT

시험에 출제된 필수 핵심이론을
테마별로 체계적으로 정리하여
단기간에 합격하고 싶은 수험생

실제 시험에 출제된 중요이론을
압축하여 테마별로 수록하였습니다.

▶

5개년 첨삭식 기출문제해설

기출문제 정복으로
실력다지기

최신 기출문제와 상세한 첨삭식
해설을 통해 학습내용을 확인하고
실전감각을 키우고 싶은 수험생

최근 5개년 기출문제를 상세한
첨삭식 해설과 함께 한권에 담았
습니다.

물류관리사 합격!
시대에듀와 함께라면 문제없습니다.

시대에듀 회원만을 위한 특별한 혜택

회원 가입만 해도 누릴 수 있는 다양한 프리미엄 혜택!

01 무료 회원 혜택
- 전문가와 1:1 무료 상담 서비스 제공
- 자격증/공무원/취업 관련 무료 특강 제공
- 월별 이슈 & 상식 특강 제공
- 인적성 검사 및 면접 특강 지원

02 유료 회원 혜택
- 750명 교수진의 고품질 명품 강의 제공
- 무제한 반복 수강 가능
- 모바일 강의 다운로드 및 스트리밍
- Full HD 고화질 강의 시청

03 추가 제공 서비스
- 교재 및 동영상 구매 시 적립금 3,000원 제공
- 강의 수강료 5% 할인 쿠폰 제공
- 원격지원 서비스를 통한 빠른 문제 해결

※ 모의고사 및 무료특강은 일부 상품에 한해 제공되며, 상품에 따라 제공 여부가 달라질 수 있습니다. 또한, 상품 정책에 따라 서비스 내용은 사전 예고 없이 변경될 수 있습니다.

합격을 위한 최고의 선택! 시대에듀 회원 혜택!
합격을 위한 첫 걸음, 지금 바로 QR코드로 확인하세요!

유통관리사

2급 | 한권으로 끝내기

2권 | 유통마케팅 + 유통정보

시대에듀

유통관리사 2급 한권으로 끝내기

머리말 PREFACE

유통관리사 시험은 매년 출제수준이 높아지고 있습니다. 그러다보니 학습해야 할 이론도 점차 방대해져 수험생들의 부담이 커지고 있습니다. 하지만 출제수준에 상관없이 전 과목 평균 60점 이상이면 자격증을 취득할 수 있기 때문에 보다 체계적이고 효율적인 학습이 필요합니다. 이에 2026 개정판에서는 최소한의 시간투자로 수험생들의 학습효율을 높이기 위하여 많은 부분에 신경을 썼습니다.

01 최다 출제 POINT와 학습목표 제시
시험을 앞두고 어떻게 마무리해야 할지 난감한 수험생들, 처음 시험을 준비하여 어떻게 공부해야 할지 모르는 수험생들을 위해 과목별 출제경향 분석을 통한 최다 출제 POINT와 구체적인 학습목표를 제시하였습니다.

02 챕터별 대표유형문제 수록
본격적으로 학습하기 전에 각 챕터별로 자주 출제되는 대표유형문제를 먼저 짚고 넘어가도록 구성하였습니다. 챕터마다 대표적으로 등장하는 키워드에는 무엇이 있고, 출제경향은 어떻게 되는지 살펴보도록 하였습니다.

03 핵심이론과 출제지문 퀴즈, 필수 기출문제 수록
수험생이 꼭 학습해야 할 핵심이론을 간결·명료하게 수록하였고, 챕터를 마칠 때마다 시험에 출제된 지문을 바탕으로 구성된 퀴즈를 통해 학습한 이론내용을 확인할 수 있도록 하였습니다. 아울러 핵심이론과 최근 출제경향을 바탕으로 테마별로 구성한 필수 기출문제를 풀어보며, 효과적인 학습이 가능하도록 하였습니다.

04 과년도 기출표시
문제풀이에 있어서 기출문제는 매우 중요하기 때문에 출제된 기출문제를 전면 분석하여 각 이론 내용에 기출된 연도와 회차를 표시하였습니다. 이론 내용을 전체적으로 습득하기 부족한 수험생들이 기출표시된 내용만이라도 정리해둔다면 최종 정리에 많은 도움을 받을 수 있을 것입니다.

05 필수암기 필기노트와 최빈출 200제 제공
시험 전 반드시 암기해야 하는 내용만 주제별로 요약한 필수암기 필기노트와 시험에 자주 출제된 유형의 200문제를 엄선한 최빈출 200제를 수록하여 수험생들이 시험 직전 최종 마무리 학습을 효율적으로 할 수 있도록 구성하였습니다.

본서는 자격증을 준비하는 수험생 여러분께 한 권의 책 이상의 도움을 드리고자 기획되었습니다. 아무쪼록 본서가 자격증 취득에 길라잡이가 되길 바라며, 수험생 모두의 합격을 진심으로 기원합니다.

집필진 · 편집진 일동

PART 03_유통마케팅

CHAPTER 01 유통마케팅 전략기획
- 최신빈출 대표유형문제 · · · · · · · · · 004
- SECTION 01 유통마케팅 전략기획 · · · · · 008
- SECTION 02 유통경쟁전략 · · · · · · · · 011
- SECTION 03 상품관리 및 머천다이징 전략 · 019
- SECTION 04 가격관리전략 · · · · · · · · 031
- SECTION 05 촉진관리전략 · · · · · · · · 036
- 출제지문 퀴즈로 핵심체크! · · · · · · · 045
- 테마로 푸는 필수 기출문제 · · · · · · · 048

CHAPTER 02 디지털 마케팅 전략
- 최신빈출 대표유형문제 · · · · · · · · · 060
- SECTION 01 소매점의 디지털 마케팅 전략 · 064
- SECTION 02 웹사이트 및 온라인 쇼핑몰 구축 · 069
- SECTION 03 소셜미디어 마케팅 · · · · · · 073
- SECTION 04 데이터분석과 성과측정 · · · · 077
- 출제지문 퀴즈로 핵심체크! · · · · · · · 080
- 테마로 푸는 필수 기출문제 · · · · · · · 083

CHAPTER 03 점포관리
- 최신빈출 대표유형문제 · · · · · · · · · 090
- SECTION 01 점포구성 · · · · · · · · · · 094
- SECTION 02 매장 레이아웃 및 디스플레이 · 098
- SECTION 03 매장환경관리 · · · · · · · · 108
- 출제지문 퀴즈로 핵심체크! · · · · · · · 110
- 테마로 푸는 필수 기출문제 · · · · · · · 112

CHAPTER 04 상품판매와 고객관리
- 최신빈출 대표유형문제 · · · · · · · · · 122
- SECTION 01 상품판매 · · · · · · · · · · 126
- SECTION 02 고객관리 · · · · · · · · · · 129
- SECTION 03 CRM전략 및 구현방안 · · · · 136
- 출제지문 퀴즈로 핵심체크! · · · · · · · 144
- 테마로 푸는 필수 기출문제 · · · · · · · 146

CHAPTER 05 유통마케팅 조사와 평가
- 최신빈출 대표유형문제 · · · · · · · · · 154
- SECTION 01 유통마케팅 조사 · · · · · · · 158
- SECTION 02 유통마케팅 성과 평가 · · · · 163
- 출제지문 퀴즈로 핵심체크! · · · · · · · 169
- 테마로 푸는 필수 기출문제 · · · · · · · 171

PART 04_유통정보

CHAPTER 01 유통정보의 이해
- 최신빈출 대표유형문제 · · · · · · · · 182
- SECTION 01 정보, 정보화 사회와 유통혁명 · · 186
- SECTION 02 정보와 의사결정 · · · · · · · 191
- SECTION 03 유통정보시스템 · · · · · · · 199
- 출제지문 퀴즈로 핵심체크! · · · · · · · · 203
- 테마로 푸는 필수 기출문제 · · · · · · · · 205

CHAPTER 02 주요 유통정보화 기술 및 시스템
- 최신빈출 대표유형문제 · · · · · · · · 216
- SECTION 01 바코드 · · · · · · · · · · · 220
- SECTION 02 POS 시스템 · · · · · · · · · 227
- SECTION 03 EDI · · · · · · · · · · · · 230
- SECTION 04 QR시스템 · · · · · · · · · · 234
- 출제지문 퀴즈로 핵심체크! · · · · · · · · 236
- 테마로 푸는 필수 기출문제 · · · · · · · · 238

CHAPTER 03 유통정보의 관리와 활용
- 최신빈출 대표유형문제 · · · · · · · · 248
- SECTION 01 데이터 관리 · · · · · · · · · 252
- SECTION 02 개인정보보호와 프라이버시 · · 257
- SECTION 03 고객충성도 프로그램 · · · · · 261
- 출제지문 퀴즈로 핵심체크! · · · · · · · · 263
- 테마로 푸는 필수 기출문제 · · · · · · · · 265

CHAPTER 04 전자상거래
- 최신빈출 대표유형문제 · · · · · · · · 272
- SECTION 01 전자상거래 운영 · · · · · · · 274
- SECTION 02 전자결제시스템 · · · · · · · 279
- 출제지문 퀴즈로 핵심체크! · · · · · · · · 286
- 테마로 푸는 필수 기출문제 · · · · · · · · 287

CHAPTER 05 유통혁신을 위한 정보자원관리
- 최신빈출 대표유형문제 · · · · · · · · 296
- SECTION 01 ERP 시스템 · · · · · · · · · 300
- SECTION 02 CRM 시스템 · · · · · · · · · 303
- SECTION 03 SCM 시스템 · · · · · · · · · 307
- 출제지문 퀴즈로 핵심체크! · · · · · · · · 311
- 테마로 푸는 필수 기출문제 · · · · · · · · 313

CHAPTER 06 신융합기술의 유통분야에서의 응용
- 최신빈출 대표유형문제 · · · · · · · · 320
- SECTION 01 신융합기술 · · · · · · · · · 324
- SECTION 02 신융합기술의 개념 및 활용 · · · 327
- 출제지문 퀴즈로 핵심체크! · · · · · · · · 341
- 테마로 푸는 필수 기출문제 · · · · · · · · 343

PART 3

유통마케팅

CHAPTER 01 유통마케팅 전략기획
CHAPTER 02 디지털 마케팅 전략
CHAPTER 03 점포관리
CHAPTER 04 상품판매와 고객관리
CHAPTER 05 유통마케팅 조사와 평가

CHAPTER 01 유통마케팅 전략기획

최신빈출 대표유형문제

SECTION 01 유통마케팅 전략기획
1. 시장세분화
2. 목표시장 선정
3. 포지셔닝 전략

SECTION 02 유통경쟁전략
1. 유통경쟁의 개요
2. 유통경쟁의 유형
3. 소매업태의 성장과 경쟁
4. 글로벌 경쟁전략
5. 서비스 마케팅

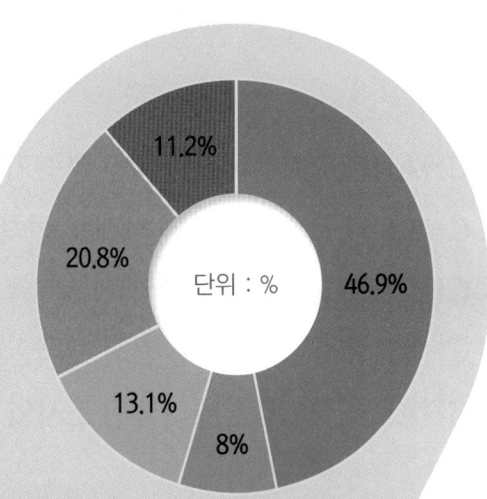

- 유통마케팅 전략기획
- 디지털 마케팅 전략
- 점포관리
- 상품판매와 고객관리
- 유통마케팅 조사와 평가

최근 5년간 챕터별 출제비중 / 회당 평균 11.7문제 출제(5개년 기준 총 15회)

비중		출제영역	2021	2022	2023	2024	2025	합계
46.9%	제1장	유통마케팅 전략기획	38	35	39	34	30	176
8%	제2장	디지털 마케팅 전략	-	-	-	14	16	30
13.1%	제3장	점포관리	13	10	10	9	7	49
20.8%	제4장	상품판매와 고객관리	17	21	15	10	15	78
11.2%	제5장	유통마케팅 조사와 평가	7	9	11	8	7	42
		합계(문항 수)	75	75	75	75	75	375

SECTION 03 상품관리 및 머천다이징 전략
1. 상품관리 및 머천다이징의 개요
2. 머천다이징과 브랜드
3. 상품기획 및 업태별 머천다이징
4. 상품 카테고리 관리
5. 상품매입과 구매계획
6. 상품수명주기별 상품관리전략
7. 단품관리전략

SECTION 04 가격관리전략
1. 가격의 개요와 가격결정
2. 가격설정 정책

SECTION 05 촉진관리전략
1. 촉진관리전략의 개요
2. 촉진믹스
3. 업태별 촉진전략(옴니채널, O2O, O4O 등)
4. e-Retailing 촉진

출제지문 퀴즈로 핵심체크!

테마로 푸는 필수 기출문제

최대 출제 POINT & 학습목표

1. 시장세분화·표적화·포지셔닝(STP)
2. 제품시장 확장그리드를 이용한 성장전략
3. 서비스의 성격(무형성, 비분리성, 이질성, 소멸성)
4. 서비스품질 모형(SERVQUAL과 격차모형)
5. 상품구성(구색)의 폭·깊이·길이
6. 상품수명주기별 상품관리전략
7. 가격관리와 가격결정 및 가격정책전략
8. 촉진관리전략(인적판매, 광고, 홍보 등)
9. 유통경쟁의 유형(수평적 경쟁, 수직적 경쟁, 업태 경쟁 등)
10. 소매업태의 성장과 발전이론

CHAPTER 01 최신빈출 대표유형문제

01 효과적인 시장세분화의 요건으로서 아래 글상자의 괄호 안에 들어갈 내용으로 가장 옳은 것은? **25년 2회**

- (㉠)은 기업이 유통경로나 매체 등을 통해 타겟 고객에게 실제로 접촉할 수 있어야 함을 의미한다.
- (㉡)은(는) 기업이 설정한 세분시장을 공략하기 위해서 효과적인 마케팅 프로그램을 개발할 수 있어야 함을 의미한다.

① ㉠ 측정 가능성, ㉡ 충분한 규모의 시장크기
② ㉠ 접근 가능성, ㉡ 실행 가능성
③ ㉠ 차별화 가능성, ㉡ 측정 가능성
④ ㉠ 접근 가능성, ㉡ 차별화 가능성
⑤ ㉠ 측정 가능성, ㉡ 차별화 가능성

관련이론 008p

해설
㉠ 접근 가능성 : 상품, 서비스에 대한 기업의 메시지가 세분시장에 효과적으로 도달할 수 있어야 한다.
㉡ 실행 가능성 : 각 세분시장에서 고객들에게 매력 있고, 고객의 욕구에 충분히 부응할 수 있는 효과적인 마케팅 프로그램을 계획하고 실행할 수 있어야 한다.

대표유형 더보기
- 아래 글상자에서 효과적인 시장세분화 조건으로 옳은 것만을 모두 나열한 것은? **24년 3회**
- 효과적인 시장세분화에 대한 설명으로 옳지 않은 것은? **24년 1회**
- 아래 글상자의 기업(V사)이 자사의 여러 브랜드에서 공통적으로 사용한 시장세분화 방법으로 가장 적합한 것은? **19년 3회**

02 시장세분화를 위한 주요 세분화 변수 중 심리묘사적 변수로 가장 옳은 것은? **24년 2회**

① 생활양식
② 사용상황
③ 사용률
④ 충성도 수준
⑤ 추구혜택

관련이론 009p

해설 시장세분화의 심리묘사적 변수
소비자의 심리적 행태 또는 생활양식상의 특성에 따라 시장을 분류하는 것이다(예 생활양식, 개성, 가치 등).
②·③·④·⑤는 시장세분화 변수 중 행동분석적 변수에 해당한다.

대표유형 더보기
- 구매자들을 라이프스타일 또는 개성과 관련된 특징들을 근거로 서로 다른 시장으로 세분화하는 것을 지칭하는 개념으로 옳은 것은? **23년 1회**
- 시장세분화 유형과 사용하는 변수들의 연결로서 가장 옳지 않은 것은? **22년 2회**

03 아래 글상자에서 설명하는 시장표적화 전략으로 가장 옳은 것은? **24년 2회**

> 이 전략을 사용하는 기업은 여러 세분시장을 표적시장으로 공략하기를 결정하고, 각 세그먼트별로 서로 다른 제품들을 설계한다. 실제로 P사는 6개의 다른 세탁세제 브랜드를 판매하여 슈퍼마켓 매대에서 서로 경쟁하고 있다

① 대량마케팅(mass-marketing)
② 차별적 마케팅(differentiated marketing)
③ 집중적 마케팅(concentrated marketing)
④ 미시마케팅(micro marketing)
⑤ 지역마케팅(local marketing)

관련이론 009p

해설 ② 차별적 마케팅 전략에 따르면, 소매점은 여러 목표시장을 표적으로 하고 각각에 대해 다른 제품과 서비스를 설계한다. 이는 제품과 마케팅을 다양화함으로써 매출액을 늘리고 각 세분시장에서의 지위를 강화하려는 것이다.

대표유형 더보기
- 세분화된 시장들 중에서 매력적인 표적시장을 선정하기 위한 고려사항으로 가장 옳지 않은 것은? **22년 2회**
- 아래 글상자는 표적시장 범위에 따른 표적시장 선정 전략에 대한 내용이다. 설명이 옳은 것만을 모두 나열한 것은? **22년 1회**
- 표적시장 선정에 대한 설명으로 가장 옳지 않은 것은? **19년 3회**

04 서비스의 소멸성(perishability)을 극복하기 위한 서비스마케팅으로 가장 옳지 않은 것은? **24년 1회**

① 예약 시스템을 활용한 예약제도
② 비수기 할인 등 시즌별 가격 차등화
③ 조조할인 등 시간대별 가격 차등화
④ 고객 후기 및 추천을 활용한 서비스 표준화
⑤ 피크 타임동안 가용능력의 효율성 극대화

관련이론 017p

해설 서비스의 소멸성이란 서비스는 재고와 저장이 불가능하다는 것으로, 수요와 공급 간의 조화를 이루기 위한 대응 전략이 필요하다. 한편, 고객 후기 및 추천을 활용한 서비스 표준화 작업은 각 고객에 대한 서비스가 동질하기 어려운, 서비스의 이질성을 극복하기 위한 대응 전략이다.

대표유형 더보기
- 아래 글상자가 설명하는 서비스품질을 평가하는 요소로 가장 옳은 것은? **23년 2회**
- 아래 글상자의 서비스 마케팅 사례의 원인이 되는 서비스 특징으로 가장 옳은 것은? **20년 3회**
- 패러슈라만(Parasuraman) 등이 제시한 서비스 품질(SERVQUAL)의 5가지 차원에 해당하지 않는 것은? **19년 3회**

01 ② 02 ① 03 ② 04 ④

05 아래 글상자에서 설명하는 소매업태의 변천 과정 이론으로 가장 옳은 것은? 24년 1회

> 제품 구색의 변화에 초점을 맞춘 소매 이론으로 소매상은 제품 구색이 넓은 소매업태에서 전문화된 좁은 소매업태로 변화되었다가 다시 넓은 제품 구색의 소매업태로 변화되어 간다.

① 소매업의 수레바퀴가설
② 소매수명주기이론
③ 소매아코디언이론
④ 중심지이론
⑤ 소매중력법칙

관련이론 013p

해설
① 소매업의 수레바퀴가설 : 환경변화에 따라 일정한 주기를 두고 순환적으로 변화한다는 가설
② 소매수명주기이론 : 새로운 소매 형태가 시장에 도입된 이후 제품수명주기와 같은 도입기 → 성장기 → 성숙기 → 쇠퇴기를 거치는 현상을 설명하는 이론
④ 중심지이론 : 한 도시의 중심지 기능의 수행 정도 및 상권의 규모는 인구 규모에 비례하여 커지고, 중심도시를 둘러싼 배후상권의 규모는 도시 규모에 비례하여 커진다는 이론
⑤ 소매중력법칙 : 두 도시 사이의 지역에 대하여 두 도시의 상권이 미치는 범위는 두 도시의 인구에 비례하고, 두 도시의 분기점으로부터 거리의 제곱에 반비례한다는 법칙

대표유형 더보기
- 아래 글상자는 소매업의 주요 경쟁 요인을 나열하고 있다. 다음 중 시간의 흐름에 따른 소매업체 간 경쟁 요인의 진화 과정에 대한 기술로서 가장 옳은 것은? 25년 2회
- 아래 글상자가 공통적으로 설명하는 소매상의 변천과정가설 및 이론으로 가장 옳은 것은? 23년 2회
- 제품구색의 변화에 초점을 맞춘 소매업태이론으로서, 소매상은 제품구색이 넓은 소매업태에서 전문화된 좁은 구색의 소매업태로 변화되었다가 다시 넓은 구색의 소매업태로 변화되어 간다고 설명하는 이론으로 가장 옳은 것은? 21년 2회

06 경쟁 점포와는 차별적으로 자사 점포가 대상으로 하는 고객이 가장 원하는 품종에 중점을 두거나, 가격에 대응하는 상품이나 품질을 차별화하는 방향으로 전개하는 머천다이징으로 옳은 것은? 24년 1회

① 혼합식 머천다이징(scrambled merchandising)
② 세그먼트 머천다이징(segment merchandising)
③ 선별적 머천다이징(selective merchandising)
④ 계획적 머천다이징(programmed merchandising)
⑤ 상징적 머천다이징(symbolic merchandising)

관련이론 020p

해설
② 세그먼트 머천다이징 : 세분시장 대응 머천다이징으로, 동일한 고객층을 대상으로 하되 경쟁점포와는 달리 그들 고객이 가장 원하는 품종에 중점을 두거나, 가격대에 대응하는 상품이나 품질을 차별화하는 방향으로 전개하는 머천다이징

대표유형 더보기
- 아래 글상자에서 설명하는 머천다이징 전략으로 옳은 것은? 21년 3회
- 다양화되고 개성화된 소비자들의 기본욕구에 대처하기 위해 도입된 것으로서, 제조업체의 입장 대신 소비자의 입장에서 상품을 다시 분류하는 머천다이징으로 가장 옳은 것은? 22년 1회
- 크로스 머천다이징(Cross Merchandising)에 대한 설명으로 옳지 않은 것은? 19년 3회

07 촉진관리를 위한 마케팅 커뮤니케이션 수단들에 대한 아래의 설명 중에서 옳지 않은 것은? `25년 1회`

① 판촉은 시험적 구매를 유발하는 데 효과적인 도구이다.
② 대면접촉을 활용하는 인적판매는 고객의 구매를 유도하기에 적절한 도구이다.
③ 광고, 홍보, 판촉, 인적판매가 가장 기본적인 마케팅 커뮤니케이션 수단이라고 할 수 있다.
④ 광고는 시간과 공간을 초월할 수 있으나 다른 수단에 비해 노출당 비용이 가장 많이 소요된다.
⑤ 홍보는 대중매체에 대한 높은 신뢰성을 활용하여 우호적 태도를 형성하는 수단이다.

관련이론 036p

해설 ④ 광고는 시간적으로나 공간적으로나 제약이 있고, 다른 매체에 비해 고객 1인당 비용이 높지 않다. 즉, 판매 촉진이나 인적 판매보다 비용이 낮다.

대표유형 더보기
- 아래 글상자의 괄호 안에 들어갈 판매촉진 관련 용어를 바르게 나열한 것은? `25년 2회`
- 촉진 믹스 전략에 대한 내용으로 가장 옳지 않은 것은? `24년 3회`
- 소비자 판매 촉진(consumer sales promotion)에 대한 설명으로 옳지 않은 것은? `22년 1회`

08 다음 중 고객 심리와 행동에 의해 형성된 가격과 관련된 용어의 설명으로 가장 옳지 않은 것은? `25년 1회`

① 준거가격 – 구매자가 가격이 비싼지 싼지를 판단하는 데 기준으로 삼는 가격
② 유보가격 – 구매자가 어떤 상품에 대하여 지불할 용의가 있는 최고가격
③ 최저수용가격 – 구매자들이 품질을 의심하지 않고 구매할 수 있는 가장 낮은 가격
④ 명성가격 – 제품에 고급 이미지를 부여하는 구매자들이 지불할 수 있는 가장 높은 가격
⑤ 단수가격 – 가격변화를 느끼게 만드는 최소의 가격

관련이론 034p

해설
- 단수가격 : 제품 가격을 100원, 1,000원 등으로 책정하지 않고 95원, 990원 등과 같이 단수로 책정하여 소비자들에게 심리적으로 싸다는 느낌을 주어 판매량을 늘리려는 가격 결정방법
- JND(Just Noticeable Difference) : 가격변화를 느끼게 만드는 최소의 가격변화폭을 의미. 예를 들어 1,000원짜리 상품에서 10원 미만의 가격인상은 알아차리지 못하나 10원 이상의 가격인상은 알아차린다면, 10원이 JND에 해당

대표유형 더보기
- 다음 중 가격에 대한 설명으로 가장 옳은 것은? `25년 2회`
- 가격설정 정책 중 관습가격(customary price)정책에 대한 설명으로 옳은 것은? `24년 1회`
- '주스 한 잔에 00원' 등과 같이 오랫동안 소비자에게 정착되어 있는 가격을 지칭하는 용어로 가장 옳은 것은? `23년 3회`

05 ③ 06 ② 07 ④ 08 ⑤

CHAPTER 01 유통마케팅 전략기획

SECTION 01 유통마케팅 전략

1 시장세분화(Market Segmentation)

01 시장세분화의 개념 19-1
상황에 맞는 차별적인 마케팅전략을 구사하기 위해서 소비자들을 일정한 기준에 따라 분류하는 과정

(1) 시장세분화의 특징

고객정보와 구매자료를 결합하여 어떤 고객이 어떤 제품을 언제, 어느 정도의 양을, 얼마에 구매하였는가를 파악할 수 있으며, 이를 시장세분화에 이용할 수 있음

(2) 시장세분화의 이점
① 새로운 마케팅 기회의 포착
② 마케팅 믹스의 조정
③ 각 세분시장의 반응특성에 따른 자원배분

02 시장세분화의 요건과 기준
(1) 효과적인 시장세분화의 요건 25-2, 24-3, 24-1, 23-2, 21-2, 19-3

구분	내용
측정가능성 (Measurability)	세분화 된 시장의 크기나 규모, 구매력의 정도가 측정 가능해야 함
접근가능성 (Accessibility)	상품, 서비스에 대한 기업의 메시지가 세분시장에 효과적으로 도달할 수 있어야 함
유지가능성 (Sustainability)	세분화 된 시장의 규모가 적정하여 수익이 발생할 만큼 충분한 규모를 가져야 함
실행가능성 (Actionability)	세분화 된 시장의 고객들에게 매력적이고 고객 욕구에 부응할 수 있는 효과적인 마케팅 프로그램의 계획·실행이 가능해야 함
경쟁성 (Competitiveness)	경쟁사 대비 확실한 경쟁우위 필요
이질성 (Differentiability)	세분시장 내의 구성원은 동질성을 보여야 하고, 다른 세분시장 구성원과는 이질성을 보여야 함

(2) 시장세분화의 기준 24-2, 23-1, 22-2, 19-3

세분화 유형	변 수	특 징
인구통계적 세분화	성별, 연령, 직업, 소득수준, 가족규모 등	측정이 용이하므로 보편적으로 사용
지리적 세분화	국가, 지역, 군, 도시, 인구밀도, 기후 등	타 기준보다 시장 구분이 편리하며 지역 특성에 따른 현지화 전략이 필요할 때 사용하면 효과적임
심리묘사적 세분화	라이프스타일, 개성, 성격, 가치 등	인구통계상으로는 동일한 집단에 속해 있더라도 상이할 수 있음
행동분석적 세분화	제품·서비스 추구 편익, 상표충성도, 사용상황, 사용률, 구매 성향 등	제품이나 제품 속성에 대한 소비자의 태도나 반응에 따라 시장을 구분

2 목표시장 선정(Market Targeting)

01 시장표적화 개념 및 고려사항

(1) 표적시장 선정의 개념 19-3

① 세분시장들에 대한 평가가 수행된 뒤, 기업은 어떤 시장을 공략할지, 몇 개의 세분시장을 공략할 것인지의 문제를 해결하는데, 이를 표적시장 선정이라고 함
② 잠재적으로 각 소비자를 서로 다른 표적시장으로 보고 세분화를 하되 기업 특성을 고려하여 적절한 수준의 세분시장을 선정

(2) 표적시장 선정을 위한 고려사항 22-2

① 경쟁의 측면에서 개별 세분시장 내의 경쟁강도를 살펴보아야 함
② 해당 세분시장이 자사의 역량과 자원에 적합한지를 살펴보아야 함
③ 자사가 기존에 가지고 있는 마케팅 믹스체계와 일치하는지를 살펴보아야 함
④ 선택할 시장이 자사가 가지고 있는 목표 및 이미지와 일치하는지 살펴보아야 함

02 시장표적화 전략 24-2, 22-3, 22-1, 19-3, 19-2

(1) 비차별적 마케팅

① 세분시장 간의 차이를 무시하고 단일제품이나 서비스로 전체 시장을 공략하는 전략
② 제품계열이 축소되어 생산·재고·수송비용 절감, 마케팅 조사·광고비·제품관리비용 절감
③ 모든 계층의 소비자를 만족시킬 수 없으므로 경쟁사의 진입이 용이

(2) 차별적 마케팅(Differentiated Marketing)

① 여러 개의 표적시장을 선정하고 각각의 표적시장에 적합한 마케팅전략을 개발하여 적용(예 P사는 6개의 다른 세탁세제 브랜드를 판매하여 슈퍼마켓 매대에서 서로 경쟁함)
② 사업운영비용이 상대적으로 높고, 각 세분시장의 요구조건에 맞추어 제품을 수정하려면 추가적인 연구개발비, 마케팅 비용 등이 소요되므로 주로 대기업에서 많이 사용

(3) 집중적 마케팅(Concentrated Marketing)
   ① 대규모 시장에서 낮은 점유율을 추구하는 대신, 매우 매력적인 하나 혹은 적은 수의 세분시장에서 높은 점유율을 추구하는 전략
   ② 하나의 세분시장만으로도 기업의 이익목표를 충족시키기에 충분한 경우에 적용
   ③ 기업의 자원이 한정되어 있는 경우에 주로 사용

(4) 미시마케팅(Micro Marketing)
   기업이 고객과의 상호작용을 통해 개인화·맞춤화하여 제품을 판매하는 마케팅

(5) 지역마케팅(Local Marketing)
   소매상이나 지역 내 고객을 대상으로 하는 마케팅

3 포지셔닝(Positioning) 전략

01 포지셔닝의 이해

(1) 포지셔닝의 개념 25-1, 19-1
   ① 표적시장 고객들의 인식 속에서 차별적인 위치를 차지하기 위해 자사제품이나 기업의 이미지를 설계하는 행위
   ② 소매점의 업태 선정에 해당하는 마케팅전략

(2) 재포지셔닝(Repositioning)의 개념 24-1
   경쟁 제품과 비교하여 소비자들의 마음속에서 차지하고 있는 자사 제품의 기존 위치를 변화시키는 것

02 포지셔닝의 전략유형 22-2, 21-1, 19-3

유형	특징
제품속성에 의한 포지셔닝	자사제품의 속성이 경쟁제품에 비해 차별적 속성이 있다는 것을 인식시키는 전략으로 가장 널리 사용(예 W사는 최상의 품질, 최소로 가공된, 풍미가 가득한, 천연 그대로 보존된 음식을 제공한다는 철학으로 자사를 포지셔닝)
이미지 포지셔닝	고급성이나 독특성처럼 제품이나 기업이 지니는 추상적인 편익을 강조(예 맥심 커피의 '가슴이 따뜻한 사람과 만나고 싶다'라는 광고 문구를 통한 정서적·사색적 이미지 형성)
경쟁자 포지셔닝	경쟁자와 비교해 자사의 품질 및 서비스가 더 나은 점이나 특이한 점을 부각시키는 것(예 SKY의 'It's different' 광고 문안을 통해 타사와는 다르다는 것을 강조)
사용상황에 의한 포지셔닝	자사 제품의 적절한 사용상황을 설정하여 포지셔닝(예 게토레이의 일반음료와는 달리 '운동 후 마시는 음료'라는 상황 강조)
소비자 편익에 의한 포지셔닝	타깃 고객 스스로 자신의 사용용도에 맞출 수 있도록 서비스를 표준화·시스템화한 것
More for More 전략	• 더 높은 비용에 더 많은 가치를 제공하는 전략으로 시장 크기는 작으나 수익률은 매우 높음 • 미국의 Nieman Marcus, Sax Fifth Avenue, 영국의 Harrods 백화점 등의 포지셔닝전략

SECTION 02 유통경쟁전략

1 유통경쟁의 개요

01 유통경쟁의 개념
유통경쟁은 유통경로구성원 간의 경쟁을 의미하며, 과거에는 수평적 관계 속에서 일어났으나 최근에는 수직적 관계로도 확장하는 추세임

02 경쟁우위의 이해 24-2

(1) 경쟁우위의 개념

경쟁업체보다 더 높은 품질의 상품을 거래하거나 더 낮은 비용으로 제품을 제공하는 것

(2) 소매업체의 경쟁우위 창출 요소
① 소매업체의 규모로 인한 비용우위
② 소매업체의 높은 브랜드 인지도에 기반을 둔 공급업체와의 교섭력
③ 독특한 점포 콘셉트에 기반을 둔 높은 고객충성도
④ 상권 내에서의 좋은 입지의 선점

2 유통경쟁의 유형 21-2, 19-2, 19-1, 18-3, 18-1

01 수평적 경쟁과 수직적 경쟁

(1) 수평적 경쟁

유통경로의 동일한 단계에 있는 경로구성원들 간의 경쟁을 의미하며, 주로 도·소매상들보다는 생산자나 제조업자들과 관련됨(예 자동차 제조사 간, 배관공급업자 간, 슈퍼마켓 간의 경쟁)

(2) 수직적 경쟁 21-2

① 유통경로상의 서로 다른 경로 수준에 위치한 경로구성원 간의 경쟁(예 제조업자와 소매상 간, 도매상과 소매상 간, 도매상과 제조업자 간의 경쟁)
② 최근 유통업체의 자체상표(PB) 확산으로 제조업체가 경쟁의식을 느끼는 현상도 수직적 경쟁의 사례임
③ 수직적 경쟁이 치열해질수록 횡적·수평적 관계로 경쟁을 완화하려는 욕구가 커짐

02 업태 경쟁

(1) 업태 내 경쟁
- ① 유사한 상품을 판매하는 서로 동일한 형태의 소매업체 간 경쟁(예 편의점과 또 다른 편의점 간의 경쟁, 백화점과 또 다른 백화점 간의 경쟁)
- ② 유발 요인 : 품목별 전문 유통기업의 등장

(2) 업태 간 경쟁(Intertype Competition) 21-1
- ① 유사한 상품을 판매하는 서로 상이한 형태의 소매업체 간의 경쟁(예 슈퍼마켓과 편의점 간의 경쟁, 가전전문점과 할인점 가전코너와의 경쟁)
- ② 유발 요인
  - ㉠ 소비자 수요의 질적 다양화
  - ㉡ 생활필수품의 범위 확대
  - ㉢ 정보기술의 발달
  - ㉣ 혼합상품화(Scrambled Merchandising) 현상의 증가
- ③ 업태 간 경쟁이 치열해지면서 새로운 세분시장에 진입 시 기업 내부의 업태 간 자기잠식에 주의해야 함

+ 더 알아보기 자기잠식 24-3

자사의 신제품이나 새로운 유통점이 기존에 그 기업에서 판매하고 있던 다른 제품이나 기존 유통점들로부터 매출과 고객을 빼앗아 불필요한 경쟁을 유발하는 현상

03 경로시스템 간 경쟁

(1) 수평적 마케팅 시스템(HMS ; Horizontal Marketing System) 24-1
- ① 동일한 경로 단계에 있는 둘 이상의 개별 기업들이 함께 협력하는 것(예 글로벌 시장에 캔커피와 캔홍차음료의 판매를 위해 코카콜라와 네슬레가 제휴한 경우)
- ② 효과적인 마케팅 활동을 수행하는 데 필요한 자본, 노하우, 마케팅자원 등을 결합
- ③ 통합을 통해 각 기업은 시너지효과를 얻으려 하기 때문에 공생적 마케팅(Symbiotic Marketing)이라고도 함
- ④ 경쟁자이든 비경쟁자이든 상관없이 서로의 목표를 위해 힘을 결속할 수 있음

(2) 수직적 마케팅 시스템(VMS ; Vertical Marketing System)

상이한 단계에서 활동하는 경로구성원들을 중앙(본부)에서 전문적으로 관리·통제하는 것(예 프랜차이즈 시스템)

04 시장구조에 따른 경쟁상태 18-1

완전경쟁시장	• 다수의 구매자와 판매자로 구성된 시장 • 어떤 구매자나 판매자도 시장가격결정에 큰 영향을 미치지 못함
독점적 경쟁시장	• 다수의 판매자가 각각 조금씩 다른 상품을 공급하는 시장 • 판매자가 생산물의 격차를 통해 시장에서 독점적인 입장을 강화하면서 해당 생산물의 격차에 의해 경쟁이 벌어지는 상태
독점시장	• 한 기업이 한 상품을 공급하는 시장 • 높은 가격과 동일한 상품에 대한 가격차별을 결정할 수 있음
과점시장	소수의 판매자가 참여하고 있는 시장

3 소매업태의 성장과 경쟁

01 소매업태의 성장과 발전이론 23-2, 23-1, 21-3, 20-3, 20-2, 19-2

(1) 소매업 수레바퀴가설(Wheel of Retailing) 23-2, 19-2

① 소매업태가 환경변화에 따라 일정한 주기를 두고 순환적으로 변화한다는 가설
② 새로운 형태의 소매상은 저가격, 저비용, 저서비스의 점포 운영방식으로 시장에 진입한 후, 동일 유형의 소매점 간의 경쟁이 격화됨에 따라 경쟁우위를 확보하기 위해 점점 고비용, 고가격, 고서비스의 소매점으로 전환됨
③ 모든 유형의 소매업태 등장과 발전과정을 설명할 수 없다는 한계를 지님

(2) 진공지대 이론(Vacuum Zone Theory)

기존 소매업태가 다른 유형의 소매로 변화할 때 그 빈자리, 즉 진공지대를 새로운 형태의 소매업태가 메운다는 이론

(3) 변증법적 과정(Dialectic Process) 이론 20-3, 18-2

두 개의 서로 다른 경쟁적인 소매업태가 하나의 새로운 소매업태로 합쳐지는 소매업태 혁신의 합성이론을 의미

(4) 소매수명주기이론(Retail Life Cycle Theory) 21-1, 20-추가, 19-2

① 한 소매기관이 출현하여 초기 성장단계, 발전단계, 성숙단계, 쇠퇴단계의 4단계 과정을 거쳐 사라지는 소매수명주기를 따라 변화한다는 이론
② 단계별 소매상의 전략

도입기	이익수준이 낮아 위험부담이 높기 때문에 투자를 최소화
성장기	시장을 확장하고 수익을 확보하기 위한 공격적인 침투전략을 수행
성숙기	소매개념을 수정하여 성숙기를 지속시키기 위한 전략을 수행
쇠퇴기	자본의 지출을 최소화하며 시장에서의 탈출을 모색

(5) 소매아코디언 이론(Retail Accordion Theory) 24-1, 23-1, 21-2, 21-1

제품 구색의 변화에 초점을 맞춘 소매 이론으로, 소매상은 제품 구색이 넓은 소매업태에서 전문화된 좁은 구색의 소매업태로 변화되었다가 다시 넓은 구색의 소매업태로 변화되어 간다고 설명하는 이론

(6) 위기모델 이론(Risk Model Theory)

위기상황이 발생하면 이에 적합한 새로운 소매업태가 등장하여 이를 극복해 가면서 소매상이 발전해 간다는 이론

(7) 소매상의 적응행동 이론(Adaptive Theory)

소매변천의 원인을 환경적 변수에서 찾고 있으며, 이때 자연도태설에 근거하여 환경에 적응하는 소매상만이 생존·발전하게 된다는 이론

02 우리나라 소매업태의 변화

(1) 소매경영환경의 변화 21-2

① 파워 리테일러(Power Retailer)의 영향력 증대
② 온라인 채널의 비약적 성장 및 모바일 쇼핑의 급격한 성장
③ 소비자의 편의성 추구 증대 및 중간상 상표(PB)의 매출 증대
④ *하이테크형 저가 소매업에서 나아가 인간의 감성과 기술이 조화를 이루어 부가가치를 창출하는 *하이터치형 개념이 도입되어 소매점의 양극화현상 발생

  *하이테크형 : 진열·보관 노하우를 바탕으로 한 저마진·대량구매 위주의 셀프서비스 방식
  *하이터치형 : 제한된 제품라인과 특정제품에 초점을 맞춰 제품구색

(2) 소비자 구매패턴의 변화 20-3

1~2인 가구의 증가로 인한 근거리·소량 구매의 확산, 쇼핑의 레저화·개성화 등

(3) 소매업체 간 주요 경쟁 요인의 진화 과정 25-2

업태 경쟁 → 품질 차별화 → 접점 차별화

① **업태 경쟁** : 초기 유통시장에서 나타나는 업태 개념을 중심으로 한 경쟁 형태로, 주로 업태 자체를 차별화하여 경쟁함
② **품질 차별화** : 판매상품 품질과 가격 중심의 경쟁을 말하며, 업태가 보편화되면서 기업들이 상품 자체의 품질, 기능, 디자인, 가격 등을 차별화하여 경쟁함
③ **접점 차별화** : 맞춤화와 판매서비스 중심의 경쟁을 말하며, 상품 자체의 차별화가 한계에 부딪히면서 고객 경험과 서비스·맞춤화 등 고객 접점 중심으로 경쟁함

4 글로벌 경쟁전략

01 성장전략

(1) 집중적 성장전략 25-2

① **개념** : 성장 기회를 확보하려는 기업이 기존사업을 개선하여 성장을 추구하는 전략으로, 주로 앤소프(Ansoff, H. I.)의 제품시장확장 그리드를 이용함

② 앤소프의 제품시장확장 그리드를 이용한 성장전략 25-1, 24-1, 23-1, 22-2, 21-2

시장 \ 제품	기존 제품	신제품
기존시장	시장침투전략	제품개발전략
신시장	시장개척전략	다각화전략

㉠ **시장침투전략** : 자사 점포에서 쇼핑하지 않는 고객을 유인하거나 기존고객들이 더 많은 상품을 구매하도록 유도하는 전략
  - 표적시장에 더 많은 점포를 개설하거나 기존 점포의 영업시간을 늘려서 신규고객을 유인
  - 충동구매를 유도하는 상품을 진열하여 다른 상품을 끼워 팔거나 상품 간 교차판매가 이루어지게 함
  - 혁신성, 위험성이 가장 낮고, 가장 단기적인 성격을 가짐

㉡ **시장개척전략** : 회사의 기존 제품을 가지고 판매 지역 및 고객층 확대 등을 통해 새로운 시장을 개척하여 판매하는 전략

㉢ **제품개발전략** : 회사의 기존 고객들에게 품목 다양화, 기존 제품 업그레이드 등의 신제품 출시를 통해 시장점유율을 높이는 전략

㉣ **다각화 전략** : 완전히 새로운 제품을 새로운 시장에 판매하는 전략
  - 두 개 이상의 소매업체 간의 자원을 공동으로 이용하여 소유권, 통제권, 이익이 공유되는 새로운 회사를 설립할 때 활용
  - 소매업체가 해외시장에 진출할 때 활용하는 진입전략 중의 하나

(2) 수직적 통합 23-1

① **전방통합** : 제조회사가 도·소매업체를 소유하거나, 도매상이 소매업체를 소유하는 것과 같이 공급망의 상류 기업이 하류의 기능을 통합하는 것

② **후방통합** : 도·소매업체가 제조기능을 수행하거나 소매업체가 도매기능을 수행하는 것과 같이 공급망의 하류에 위치한 기업이 상류의 기능까지 통합하는 것

(3) 마이클 포터의 산업구조분석모형(5 Forces Model) 25-1, 24-3, 23-2, 22-3

① 포터는 산업의 경쟁구조에서 기업의 전략적 위치와 기업 전략은 산업 환경에 있는 다섯 가지 세력에 의해 결정되며, 각 요인의 힘이 강할수록 그 기업에 위협이 되고, 약할수록 기회가 된다고 보았음

② **다섯 가지 세력** : 산업 내 경쟁자 간의 경쟁, 신규 진입자의 위협, 대체재의 위협, 공급자의 교섭력, 구매자의 교섭력

③ 기존 기업 간의 경쟁이 심할수록, 신규 진입자가 많을수록, 대체제가 많을수록, 공급자의 교섭력이 높을수록, 구매자의 교섭력이 높을수록 시장의 매력도는 낮아짐
④ 5 Forces Model은 경쟁자, 공급자, 구매자가 분명하게 구분되는 것을 가정함
⑤ 시장 매력도는 산업 전체의 평균 수익성을 의미함
⑥ 기업들은 새로운 경쟁자들이 시장에 쉽게 진입하지 못하도록 높은 진입장벽을 구축하기 위해 노력함

02 기업의 해외시장 진입 방식

(1) 진입유형 18-2
① **수출** : 가장 기본적인 진출방식으로 단기적인 일회성 거래의 형태이며 리스크가 적음
② **직접투자** : 많은 자금과 인력이 투입되고, 투자를 통한 사업 성공의 리스크가 높음
③ **합작투자** : 2개 이상의 기업이 공동으로 소유 회사를 설립하는 것을 말하며, 파트너가 보유하고 있는 경쟁환경, 문화, 언어, 비즈니스 환경에 대한 지식 획득, 위험 분산 효과가 있음
④ **프랜차이즈** 22-3, 18-3
  ㉠ 가맹점(Franchisee)은 본부(Franchisor)가 개발한 상품, 경영방식으로 사업 시작이 용이
  ㉡ 지명도 높은 상표명을 사용하므로 초기에 소비자의 신뢰 확보 가능
  ㉢ 본부가 지속적으로 기존제품을 개선하고 신제품을 개발해주므로 시장 여건 변화에 적절한 대응 가능
  ㉣ 본부가 점포개설, 브랜드 인지도 제고, 지원시스템 구축 등에 많은 투자를 하므로 가맹점은 판매활동에만 전념할 수 있음
  ㉤ 프랜차이즈 본부가 직영점을 설치하는 이유
    • 직영점들은 프랜차이즈 시스템 내의 다른 점포들에 대한 모델점포로서의 기능을 할 수 있음
    • 직영점들은 프랜차이즈 시스템의 초기에 프랜차이즈 유통망의 성장을 촉진할 수 있음
    • 직영점을 통해 점포 운영상의 문제점들을 직접 피부로 파악할 수 있음
    • 본부가 전체 프랜차이즈 시스템의 운영에 대해 강력한 통제를 유지하기가 용이함
    • 본부는 직영점을 통해 가입비, 교육비 등의 수입을 보다 적극적으로 확보할 수 있음
⑤ **전략적 제휴** : 경쟁 또는 협력관계 기업 사이에 일시적으로 협력관계를 구축하는 것

> **+ 더 알아보기** 아웃소싱
> 자사의 핵심역량에 집중하면서 비핵심부문을 분사 또는 외주 등의 방법을 통해 기업가치를 제고하는 전략으로, 해외시장 진입 방식에 해당하지는 않음

(2) 지역경제 통합유형 24-2

자유무역지역	해당 지역 내에 있는 모든 국가 간에 각종 무역장벽을 없애는 반면, 비회원국에 대해서는 각 국가마다 독자적인 무역규제를 함
관세동맹	회원국 간에 무역장벽을 없애는 동시에 비회원국에 대해서도 동일한 관세정책을 취함
공동시장	회원국 간에 재화뿐만 아니라 생산요소의 자유로운 이동 가능
경제동맹	회원국 간 금융, 재정정책, 사회복지 등 모든 경제정책을 상호 조정하여 공동의 정책 수행
완전경제통합	회원국들이 독립된 경제정책을 철회하고, 단일경제체제하에서 모든 경제정책을 통합/운영, 회원국 간에 단일 의회 설치와 같은 초국가적 기구 설치

5 서비스 마케팅(Service Marketing)

01 서비스의 개념과 특징

(1) 서비스의 경영학적 정의

판매를 목적으로 제공되거나 상품판매와 연계해서 제공되는 모든 활동, 편익, 만족(미국 마케팅학회(AMA))

(2) 서비스의 특징 24-1, 20-3

성격	특징
서비스 무형성(Intangibility)	형태가 없으므로 객관적 형태로 제시할 수 없고 물체처럼 만지거나 볼 수 없어 가치를 파악하거나 평가하는 것이 힘듦(예 법률·의료서비스 등)
서비스 비분리성(Inseparability)	서비스 제공과 동시에 고객이 소비하므로 소비자가 서비스 공급에 참여해야 하는 경우가 많고 소비자는 구입 전에 시험해볼 수 없음
서비스 이질성(Heterogeneity)	각 고객에 대한 서비스가 동질하기 어렵기 때문에 서비스 제공 시 표준절차, 방법 수립 및 개별화 전략 필요
서비스 소멸성 (Perishability) 24-1, 20-3	• 서비스는 소멸되므로 재고와 재고조절, 저장이 불가능 • 소멸성을 극복하기 위한 서비스마케팅 사례 　- 예약 시스템을 활용한 예약제도 　- 호텔, 리조트의 비수기 할인 등 가격 차등화, 저가격 상품과 다양한 부가서비스 제공 　- 조조할인 등 시간대별 가격 차등화 　- 피크 타임동안 가용능력의 효율성 극대화

(3) 서비스 마케팅 관리를 위한 서비스마케팅믹스(7P) 23-1

제품(Product), 가격(Price), 장소(Place), 촉진(Promotion)의 마케팅믹스의 4P + 사람(People), 과정(Process), 물리적 환경(Physical Evidence)의 추가 3P

(4) 서비스 포지셔닝 전략 20-2, 18-3

구분	내용
서비스 속성	경쟁자와 차별화된 서비스 속성으로 포지셔닝하는 방법(예 신속하게 고객을 도울 준비가 되어있다고 포지셔닝)
서비스 용도	서비스의 궁극적인 용도가 무엇인지를 강조하여 포지셔닝하는 방법(예 다이어트 전문 헬스클럽)
가격 대 품질	최고의 품질 또는 가장 저렴한 가격으로 서비스를 포지셔닝하는 방법
서비스 등급	서비스 등급이 높기 때문에 높은 가격을 매길 수 있다는 측면을 강조하는 포지셔닝 방법
서비스 이용자	서비스를 이용하는 고객을 기준으로 포지셔닝 하는 방법(예 여성 전용 사우나, 비즈니스 여행자를 위한 호텔)
경쟁자	경쟁자에 비해 자사 서비스가 더 낫고 특별한 점을 부각시켜 포지셔닝 하는 방법(예 우리는 2위 편의점입니다. 1위가 되기 위해 최선을 다합니다)

02 고객서비스

(1) 고객서비스의 개념 21-2

고객에게 만족스러운 쇼핑 경험을 제공하기 위해 소매업체가 수행하는 일련의 활동과 프로그램

(2) 고객서비스의 특징

① 고객서비스는 소비자들이 구매한 상품에서 느낄 수 있는 가치를 증진시킴
② 소매업체는 보다 많은 장기적 이익을 추구하려는 전략적 관점에서 고객서비스를 제공
③ 좋은 고객서비스는 경쟁사가 모방하기 어렵고, 고객들이 점포를 다시 찾게 만드는 전략적 이점을 제공
④ 훌륭한 고객서비스를 제공해 점포들은 상품을 차별화하고 고객충성도를 구축하며 지속 가능한 경쟁우위를 확보하려고 함

(3) 고객서비스의 구성요소 22-2

사전적 고객서비스	• 자사의 경영철학에 따른 서비스 표준 제정 • 조직을 편성하여 교육 및 훈련 수행
현장에서의 고객서비스	• 품절 방지를 위한 적정 재고수준의 유지 • 효율적인 정보시스템의 관리·운영 • 적절한 물류서비스의 공급 • 폭넓은 소비자 선택을 보장하기 위한 다양한 상품의 진열·판매 → 소매점에서 제공하는 상품관련 핵심서비스임
사후적 고객서비스	• A/S 설치·보증·수리·변경 • 물품 추적 관리 • 클레임·반품 처리 • 물품의 일시 대체

03 서비스 품질 측정도구

(1) SERVQUAL 모형의 개념

서비스 품질 측정도구로서 서비스 기업이 고객의 기대와 평가를 이해하는 데 사용할 수 있는 다문항 척도(Multiple-item Scale)

(2) SERVQUAL 모형의 5가지 서비스 품질 평가 요소 23-2, 19-3

신뢰성(Reliability)	정확하고 믿을 수 있도록 서비스를 수행해 내는 능력
확신성(Assurance)	서비스 제공자의 예의 바름, 지식, 고객에 대한 믿음과 안정성을 줄 수 있는 능력
유형성(Tangibility)	물리적인 시설, 도구, 종업원 등의 서비스 유형화
공감성(Empathy)	고객의 개별적 욕구를 충족시키고자 고객의 개별 선호에 맞춘 고객 응대를 실천 예 양쪽 발 사이즈가 다른 고객에게 사이즈가 각각 다른 두 켤레를 나누어 팔아서 나머지 짝이 맞지 않은 두 신발을 팔 수 없더라도 고객에게 잊지 못할 감동을 줌
반응성(Responsiveness)	고객의 요구에 맞춰 신속하게 응답하는 대응능력

(3) 서비스 품질 접근법 24-3

선험적 접근	사람들은 제품이나 서비스에 대한 반복된 노출을 통해 품질을 인식하며, 품질은 경험을 통해서만 알 수 있어 분석이 불가능하다는 개념
상품 중심적 접근	품질을 측정 가능한 변수로 보고 상품의 여러 속성을 통해 품질을 측정하나, 개인적 취향·욕구 등 주관적 내용을 포함하기 어려움

제조 중심적 접근	좋은 품질을 가진 상품은 공급자의 요구에 합치되는 상품을 의미하므로 상품 설계와 규격이 결정된 후에는 이 기준에서 벗어나면 품질의 저하를 의미한다는 공급자 지향적인 접근으로, 소비자보다는 공급자 내부에 초점이 맞추어져 있어 소비자 관점에서 제시되는 다양한 품질의 특성을 만족시키기에는 어려움
가치 중심적 접근	가치와 가격으로 품질을 정의하는 접근으로, 이에 의하면 양질의 상품이란 만족스러운 가격에서 적합성을 제공하는 상품을 의미
사용자 중심적 접근	사람에 따라 각기 다르게 품질을 인식한다고 가정하고, 최대한 많은 사용자의 만족을 얻기 위한 주관적이고 수용자 지향적인 관점을 내포하는 접근으로, 품질이란 제품이나 서비스가 여러 욕구를 가진 고객을 만족시키는 데에 필요한 특성이나 특징이라고 정의함

SECTION 03 상품관리 및 머천다이징 전략

1 상품관리 및 머천다이징의 개요

01 상품의 분류

(1) 사용목적에 따른 상품분류

소비재(소비용품)	산업재(산업용품)
• 가정 내 소비 혹은 선물 등의 목적을 위해 소비·사용하는 것 • 소비자의 구매노력에 따라 편의품, 선매품, 전문품으로 구분	• 다른 상품의 생산 혹은 기업활동을 위해 소비·사용하는 것 • 적은 구입횟수·구매자 수, 대량 구입·소비 • 구매자의 상품지식이 높고 전문적 구매를 하는 경향이 있음

(2) 구매관습에 따른 소비재의 분류 25-1, 23-1, 21-1, 20-3, 19-3, 19-2

구 분	편의품 (Convenience Goods)	선매품 (Shopping Goods)	전문품 (Specialty Goods)
특 징	• 시간·노력을 기울이지 않고도 구매할 수 있는 일상용품 • 높은 구매빈도, 낮은 단가 • 대량생산 가능 • 상표에 대한 낮은 관심 • 주거지 근처에서 습관적으로 구매 • 대체품으로 대체 가능 • 식품, 일용품 등 • 집약적(개방적) 유통방식	• 구매 시 다수의 점포를 비교하고 시간·노력을 아끼지 않음 • 낮은 구매빈도, 높은 단가 • 대량생산에 부적합 • 스타일, 디자인 등 정보가치 중요 • 가구, 냉장고 등 • 선택적 유통방식	• 예산계획 수립, 정보수집 후 구매 • 전문판매원의 지도가 큰 역할을 함 • 매우 낮은 구매빈도, 매우 높은 단가 • 상표에 대한 매우 높은 관심 • 브랜드 충성도가 매우 높음 • 프리미엄 가격을 기꺼이 지불함 • 명품가방, 고급향수, 스포츠카, 디자이너 의류 등 • 전속적 유통방식
판매기법	입지 조건에 따라 판매가 크게 좌우되므로 접근이 더 용이하도록 배달서비스 등 제공	• 고객 질문에 충분히 답할 수 있도록 판매원 교육·훈련 • 패션성이 강하므로 재고가 누적되지 않도록 광고 등 시의적절한 판촉의 수행	전문적이고 충분한 설명을 통해 소비자의 구매의욕을 자극

(3) 품목구성 시 가격설정 `21-1`

프라이스 존 (Price Zone)	취급 가격의 범위, 즉 최저가격부터 최고가격까지의 폭
프라이스 라인 (Price Line)	중점을 두는 가격의 봉우리, 즉 고급품의 가격대, 중급품의 가격대 등 프라이스 존 가운데 몇 가지를 설정하는 것
가격점 (Price Point)	적정가격선 중 대상 고객의 과반수가 구매하고자 하는 가격
가격범위 (Price Range)	가격점을 중심으로 판매수가 특별히 많은 가격대

(4) 소비자 구매행동의 유형 `24-1, 19-2`

복잡한 구매행동	구매하는 제품에 대하여 고관여 상태이며, 새로운 제품을 구매하는 소비자의 구매행동으로 포괄적 문제해결을 의미
인지부조화 감소 구매행동	상품구매와 관련하여 고관여 상황에서 제품들 사이에 차이가 거의 없다고 판단할 경우 주로 나타나는 소비자 구매행동
습관적 구매행동	소비자가 비교적 낮은 관여도를 보이며, 특정 상품에 대한 구매 경험은 많으나 브랜드 간의 차이를 인식하지 못하는 경우에 자주 일어나는 소비자 구매행동
다양성 추구 구매행동	• 구매하는 제품에 대하여 비교적 저관여 상태이며, 제품의 각 상표 간 차이가 뚜렷한 경우에 보이는 소비자 구매행동 • 소비자들은 자주 상표를 전환하는 경향이 있음

02 머천다이징의 개요

(1) 머천다이징의 개념 `25-2, 23-1, 21-3, 21-2, 20-추가`

① 소매점포가 소비자들의 특성에 적합한 제품들을 잘 선정해서 좋은 조건에 매입하고 진열하는 것과 관련된 모든 활동
② 고객의 니즈를 만족시킬 뿐만 아니라 수요를 적극적으로 창출하기 위한 상품화계획의 수립
③ 상품의 시장성을 향상시킬 수 있는 계획활동

(2) 머천다이징 전략 `24-1, 23-3, 23-2, 21-3, 20-3, 20-2, 19-3, 19-2`

① 크로스 머천다이징(Cross Merchandising) `19-2`
  ㉠ 상품 분류에 상관없이 관련성이 있는 상품들을 모아 진열함으로써 판매액을 향상시키는 것(예 백화점 신사복 코너에서 넥타이와 와이셔츠를 함께 구성하여 진열)
  ㉡ 소비자가 함께 구매할 것으로 예상되는 상품들을 가까이 진열하는 것으로, 의류업계의 코디네이트 진열과 동일한 개념
  ㉢ 동시구매를 노리는 방법으로 객단가를 높일 수 있으며 라이프스타일 제안이 가능

② **인스토어 머천다이징(Instore Merchandising)** 18-1
  ㉠ 소매점포가 자신의 독자적인 콘셉트를 토대로 상품구색과 판매를 하는 것
  ㉡ 매장의 개별 상품 및 상품구성을 가장 효과적이고 효율적인 방법으로 소비자에게 제시함으로써, 자본과 노동의 생산성을 최대화하려는 활동
  ㉢ 적절한 상품준비와 연출을 통해 소비자의 상기구매, 연관구매, 충동구매를 유도하기 위한 활동
  ㉣ 소비자의 구매의욕을 불러일으키기 위한 활동
③ **스크램블드 머천다이징(Scrambled Merchandising)**
  ㉠ 다양화되고 개성화된 소비자들의 기본욕구에 대처하기 위하여 도입되었으며, 제조업체의 입장 대신 소비자의 입장에서 상품을 다시 분류하는 것
  ㉡ 전략사례 21-3
    • 식료품 종류만 취급하던 슈퍼마켓에서 가정용품을 함께 취급
    • 약국에서 의약품과 함께 아기 기저귀 등의 위생용품과 기능성 화장품을 동시에 판매함
    • 책을 판매하는 서점에서 오디오, 가습기 등의 가전제품을 함께 판매함
④ **리스크 머천다이징(Risk Merchandising)** : 소매상 자신의 책임하에 상품을 매입하고 이에 대한 판매까지 완결 짓는 정책을 의미하며, 판매 후 남은 상품을 제조업체에 반품하지 않는다는 전제로 상품 전체를 사들여 제조업체로부터 가격적인 프리미엄(가격할인)도 제공받을 수 있음
⑤ **세그먼트 머천다이징(Segment Merchandising)** : 동일한 고객층을 대상으로 하되 경쟁업체와는 다르게 그들 고객이 가장 원하는 제품과 서비스에 중점을 두거나 고객에게 제시되는 가격대에 대응하는 상품이나 품질을 차별화하는 방향으로 전개하는 것
⑥ **선별적 머천다이징** : 소매업, 2차 상품 제조업자, 가공업자 및 소재 메이커가 수직적으로 연합하여 상품계획을 수립하는 방식으로, 시장세분화를 통해 파악한 한정된 세분시장을 타깃고객으로 하여 이들에 알맞은 상품화 전략을 전개하는 것
⑦ **혼합식 머천다이징** : 소매점이 상품구색을 확대해 가는 유형의 상품화 방식으로, 이에 따라 업태 간 경쟁이 더욱 격화되고 있음
⑧ **계획적 머천다이징** : 대규모 소매업과 선정된 주요 상품 납품회사 사이에 계획을 조정·통합화시켜 머천다이징을 수행하는 것
⑨ **상징적 머천다이징** : 대형 슈퍼마켓이나 지방의 백화점이 전문점 또는 대형 도시 백화점과 차별화하기 위해 양판 품목군 중심의 종합적인 구색을 갖추되, 그중 일부를 자기 점포의 상징적 구색으로 정하여 중점을 두어 갖춤으로써 점포의 특색을 명확히 하고 매력을 증대시키는 방식

(3) **소매믹스(Retailing Mix)** 22-1
  ① 소매믹스는 고객의 니즈를 만족시키고 구매의사 결정에 영향을 주기 위해 소매상이 활용하는 요소들의 조합을 의미
  ② 입지 선정, 소매가격, 점포디자인, 소매 커뮤니케이션, 취급상품 결정 등

2 머천다이징과 브랜드

01 브랜드(Brand)의 개념과 중요성

(1) 브랜드의 개념
    ① 어떤 제품의 독특한 명칭, 기호, 디자인 또는 이들의 결합
    ② 소비자들은 브랜드에 의해 어떤 상품을 다른 경쟁상품과 구별하는 것이 가능
    ③ 생산자들은 브랜드에 의해 유사해 보이는 경쟁제품들로부터 자사 상품의 보호 가능
    ④ 기업은 자신들의 브랜드에 대한 배타적 사용권을 확보하고, 법률적인 보호를 받기 위해 브랜드를 특허청에 등록할 수 있으며, 이를 등록상표라고 함

(2) 제조업체 브랜드(NB ; National Brand)
    ① **개념** : 대규모 제조업자가 자사 제품에 대해 브랜드를 결정하는 것
    ② 전국의 소비자를 대상으로 개발한 브랜드로, 많은 소비자에게 판매하는 것을 목표로 하기 때문에 대규모 생산과 대중매체를 통한 광범위한 광고 진행이 일반적임

(3) 유통업체 브랜드(PB ; Private Brand) `21-2, 20-2, 19-3, 19-2`
    ① 개 념
        ㉠ 유통업체에 의해 개발이 이루어지고, 유통업체로부터 위탁을 받은 제조업체에 의해 생산된 후, 유통업체의 이름이나 유통업체가 개발한 브랜드명으로 해당 유통업체의 매장에서 판매되는 상품
        ㉡ 대형마트, 편의점, 온라인 소매상 등에서 PB의 비중을 증가시키는 추세
    ② PB상품의 장점
        ㉠ 다른 곳에서는 구매할 수 없기 때문에 상품의 차별화 가능
        ㉡ 유통기업의 마진폭을 상대적으로 높게 책정하는 게 가능
        ㉢ 유통단계의 축소로 비교적 저렴한 가격으로 판매 가능
        ㉣ 유사한 전국상표 상품 옆에 저렴한 자체상표 상품을 나란히 진열함으로써 판매촉진효과 획득 가능
        ㉤ 해당 유통업체에 대한 고객충성도의 증가 가능
    ③ 편의점이 PB상품을 기획하는 이유 `21-3`
        ㉠ 편의점은 대형마트나 슈퍼마켓보다 비싸다는 점포이미지의 개선 가능
        ㉡ PB상품이 NB상품에 비해 점포차별화에 유리
        ㉢ 소량구매 생필품을 중심으로 PB상품을 개발하여 매출 증대 가능
        ㉣ PB상품이 중소 제조업체를 통해 납품될 경우, NB상품을 공급하는 대형 제조업체에 비해 계약조건이 상대적으로 유리할 수도 있음

(4) 브랜드 관리 25-1, 23-3, 22-3, 22-1, 21-3, 18-1

① 관련 개념의 이해

브랜드 자산(Brand Equity)	• 해당 브랜드를 가졌기 때문에 발생하는 차별적 브랜드 가치 • 브랜드 인지도 · 브랜드 로열티가 높을수록 브랜드 자산이 증가
브랜드 재인(Brand Recognition)	단서를 보고 브랜드가 과거에 본인에게 노출된 적이 있음을 알아차리는 것(= 보조 인지도)
브랜드 회상(Brand Recall)	브랜드 정보를 기억으로부터 인출하는 것(= 미보조 인지도)
브랜드 인지도 (Brand Awareness)	소비자가 특정 제품 · 서비스의 이름을 얼마나 알고 있는지를 의미하며, 브랜드 재인과 브랜드 회상으로 구성
최초 상기도(Top of Mind)	응답자가 여러 가지 경쟁 브랜드 중 가장 먼저 떠올린 브랜드로, 시장점유율을 추정할 수 있는 브랜드 지표가 됨
브랜드 정체성(Brand Identity)	브랜드의 비전, 가치, 목표, 차별화는 특징들을 종합적으로 나타내는 고유한 의미와 연상의 집합
브랜드 커뮤니티(Brand Community)	특정 상품에 대한 관심과 사용에 기반해 사회적 관계를 맺고 있는 소비자집단
기업 브랜드(Corporate Brand)	기업명이 브랜드 역할을 하는 것
패밀리 브랜드(Family Brand)	여러 가지 종류의 상품에 부착되는 브랜드
개별 브랜드(Individual Brand)	한 가지 종류의 상품에만 부착되는 브랜드
브랜드 수식어(Brand Modifier)	브랜드 뒤에 붙는 수식어
병행수입상품	제조업자나 독점수입업자의 동의 없이 수입되었으나 외국에서 적법하게 생산된 상품으로, 미국에서는 회색시장(Gray Market) 상품이라고도 하며 위조상품이 아니므로 상표 등 지적재산권의 보호를 받음

② 전략적 측면에서의 브랜드 자산 : 특정 브랜드를 소유함으로써 얻게 되는 바람직한 마케팅 효과, 즉 시장점유율, 고객충성도, 재구입율 등

③ 측정을 위한 브랜드 자산 : 브랜드 평가회사가 발표하는 자산 가치, 즉 상대적으로 브랜드의 가치를 돈으로 환산하면 얼마가 된다는 식의 측정

④ 선점우위효과(First Mover Advantage)
  ㉠ 시장에 처음 진입한 기업이 경쟁자보다 먼저 고객을 확보하고, 브랜드 인지도를 쌓아가는 것을 말하며, 선발 주자의 이점이라고도 함
  ㉡ 경험곡선효과, 규모의 경제효과, 시장선점에 따른 진입장벽 구축효과, 전환비용에 의한 진입장벽 구축효과 등이 해당

02 브랜드 개발 전략 18-3

(1) 브랜드 개발의 4가지 전략

기업은 브랜드 개발과 관련하여 4가지 전략을 고려할 수 있음

구 분	제품범주	
	기존제품	신규제품
기존 브랜드	라인확장	브랜드확장
신규 브랜드	복수브랜딩	신규브랜드

(2) 브랜드 개발 전략의 특징
  ① 라인확장(Line Extention)
    ㉠ 제품범주 내에서 형태, 색상, 사이즈 등을 변형한 신제품에 대해 기존 브랜드명을 함께 사용하는 것
    ㉡ 고객의 다양한 욕구에 부응하고 초과 생산시설을 이용할 수 있으나, 자기잠식 가능성이 발생
  ② 복수브랜딩(Multi-Branding) : 다양한 소유 욕구를 가진 소비자들을 위해 동일 제품범주 내에 여러 개의 브랜드제품을 도입하는 것
  ③ 브랜드확장(Brand Extention)
    ㉠ 성공적인 기존의 브랜드명을 새로운 제품범주의 신제품으로 확장하는 것
    ㉡ 두 제품범주 간에 유사성이 낮은 경우에는 전략이 실패할 가능성이 높음
  ④ 신규브랜드(New Brand) : 전적으로 새로운 브랜드명을 도입하는 것으로 신제품에 사용될 적절한 기존 브랜드명이 없을 때 주로 사용

3 상품기획 및 업태별 머천다이징

01 상품믹스(Product Mix)

(1) 상품믹스의 개념 24-3
  ① **상품믹스** : 기업이 판매하는 모든 상품·서비스의 구성
  ② **상품믹스의 결정** : 상품의 다양성(Variety), 상품의 구색(Assortment), 상품의 지원(Support) 등 구성요인을 결정하는 것
  ③ **상품계열(Product Line)** : 유사한 성능, 용도, 고객층, 가격범위 등을 가진 상품군
  ④ **상품지원(Support)** : 특정 상품 품목의 매출을 위해 소매점이 보유해야 하는 상품재고단위의 수
  ⑤ 상품계열이 추가되면 상품다양화 또는 경영다각화가 이루어짐
  ⑥ 상품품목이 증가하면 상품차별화의 정도가 강해지게 됨

(2) 상품믹스의 차원 24-3, 23-1, 22-2, 21-1, 20-2, 18-1
  ① **상품믹스의 폭(Width)** : 기업이 보유한 상품계열(Product Line)의 수 → 상품다양성
  ② **상품믹스의 길이(Length)** : 상품믹스 내 모든 상품 품목의 총수
  ③ **상품믹스의 깊이(Depth)** : 상품라인 내 상품품목(Product Item)의 수 → 상품차별성

(3) 다양한 상품라인 구성 전략의 타당성 24-2
  ① 고객들의 욕구 이질성
  ② 고객들의 가격 민감도 차이
  ③ 경쟁자의 시장진입 저지
  ④ 고객들의 다양성 추구 성향

(4) 상품라인 확장에 따른 문제점

① 라인별 생산량이 낮아져서 비용이 높아질 수 있음
② 소매점의 진열면적 확보가 어려워질 수 있음
③ 고객들은 선택 폭이 넓어져 구매를 연기하거나 포기할 확률이 높아짐
④ 품절 가능성이 높아져서 재고관리가 어려워질 수 있음
⑤ 자기잠식의 문제가 발생할 수 있음

(5) 상품믹스 결정 시 고려사항   22-3, 21-3, 20-3, 18-3

다양성	한 점포 내 또는 부분 내에서 취급하는 상품계열의 수로 동일 성능·용도, 동일한 고객층·가격대 등을 한 상품군으로 취급하기도 함
가용성	가용성을 높이려면 특정 단품에 대해 품절이 발생하지 않도록 재고 보유에 신경 써야 함
전문성	특정 카테고리 내에서의 단품의 수로 제품믹스를 전문성 위주로 할지, 다양성 위주로 할지에 따라 소매업태가 달라짐

02 업태별 머천다이징

(1) 상품기획의 기준

① 소매상이 소비자들에게 제공하는 상품믹스는 개별 유통업태 및 유통상의 마케팅전략에 따라 상이
② 소비자가 부담 없이 집 근처 가까운 곳을 찾거나 탐색하는 시간이 짧은 구매행동을 보이는 기본 생필품은 미리 계획하여 구매하지 않고 필요할 때마다 구입하게 되므로, 상품구색을 가장 완벽하게 갖추어야 함

(2) 업태별 머천다이징의 특징   22-3

백화점	패션, 잡화, 가구, 가전제품, 스포츠용품, 식품 등 다양한 상품을 취급하므로 상품구색의 폭이 넓음
전문점	• 상품구색의 폭은 좁지만 상품구색의 깊이가 깊음 • 전문성의 표현과 개성 전개, 표적의 명확화를 바탕으로 구성
대형마트 (할인점)	• 백화점과 상품의 넓이 측면에서 비교 시 음식료품에 있어서 더욱 넓은 상품정책 추구 • 저비용, 저마진, 대량판매의 효율성을 바탕으로 구성
일반잡화점	상품의 깊이보다 폭에 더욱 중점을 두고 상품구성정책을 실행
선매품점	계절욕구, 패션지향에 대한 특성과 개성이 잘 표현되도록 구성
슈퍼마켓	합리적 상품회전율과 상품 품목별 효율을 중심으로 구성

+ 더 알아보기   백화점 운영방식 유형(거래조건, 재고부담, 소유권 등을 기준으로 구분)   18-3

• 직매입 매장 : 백화점이 제조업체, 벤더 등 납품업체로부터 상품을 매입하여 운영하는 매장
• 임대갑매장 : 전형적인 임대차거래에 의한 매장으로 백화점 입점 시 적정액의 임대보증금을 지급하고 임대료로 월정액의 임대료를 지급하는 매장
• 직매입과 특정매입매장은 직영매장에 해당하고, 임대갑매장과 임대을매장은 임대매장으로 구분
• 특정매입매장을 운영하는 납품업체는 판매가 이루어지지 않은 상품을 모두 재고로 부담하며, 상품판매는 백화점의 명의로 이루어짐

4 상품 카테고리 관리

01 상품관리(Merchandise Management) 20-3, 19-1

(1) 상품관리의 개념 19-1

유통업체가 고객에게 적정 수량의 적정 상품구색을 적시에 제공하는 동시에 자사의 재무적 목표를 달성하려고 노력하는 과정

(2) 상품관리의 의의 20-3

① 상품라인 내 어떤 상품을, 언제, 어떤 상황에서 개발할 것인지 계획, 실행, 통제하는 것이 상품관리의 핵심
② 모든 상품은 유형적 요소, 무형적 요소가 있으며, 유형적인 상품을 제품, 무형적인 상품을 서비스라고 함
③ 대부분의 상품들은 하나 이상의 여러 편익을 동시에 제공하므로 상품은 편익의 묶음으로 볼 수 있으며, 기업은 단 하나의 상품보다는 여러 유형의 상품들로 상품라인을 구성하는 것이 고객 확보에 유리
④ 매입담당자는 공급업체와 함께 상품선정, 가격 협상, 촉진관리방법 개발을 수행
⑤ 유통업체의 상품관리 의사결정은 단품 관리수준, 상품카테고리 관리수준의 의사결정으로 분류할 수 있으며, 상품카테고리 관리는 전체 상품군에 대한 이익과 판매를 강조하는 것으로 상품구색, 상품진열공간 할당, 판촉 등이 해당

02 카테고리 관리(CM ; Category Management) 23-3

(1) 카테고리 관리의 개념

① 카테고리 관리란 매장에서 상품을 단품이 아닌 카테고리 단위로 관리하는 기법을 말함
② 카테고리 관리는 제조업체가 설정한 분류기준이 아니라 소매업자가 소비자 구매행동에 기초하여 카테고리를 설정하고 분류함. 즉, 소비자에게 구매의 편리성을 제공하기 위해 상품 영역별로 매장을 관리
③ 카테고리 관리는 매입에서 판매까지의 기능을 상품별로 수직 통합하는 것을 의미

(2) 카테고리 관리의 특징

① 제조업체와의 협력을 통해 특정 제품 카테고리를 공동 경영하는 과정
② 제품 카테고리의 효율 극대화를 위한 전반적인 머천다이징 전략과 계획을 의미
③ 소매업체와 벤더, 제조업체를 포함하는 유통경로구성원들 간에 제품 카테고리에 대한 사전 합의가 필요함
④ 고객니즈 변화에 대한 신속한 대응뿐만 아니라 재고와 점포운영비용의 절감 효과 가능

(3) 카테고리 캡틴(Category Captain) 22-1

① 카테고리 캡틴은 소매업자들이 특정 카테고리 내에서 특별히 선호하는 벤더 또는 소매업체와 일종의 파트너 관계를 확보하고 유지하는 브랜드 또는 벤더를 말함
② 카테고리 내의 다른 브랜드나 벤더를 대신하여 소매업체를 위한 카테고리 전문가의 역할 담당
③ 가격설정, 촉진 활동 등을 위임함으로써 해당 카테고리 관리의 부담 감소

(4) 상품 카테고리별 수명주기 `25-2`
   ① 일시성 상품(fad merchandise) : 카테고리의 수명주기가 한 시즌에 그치는 일회성 상품으로 재수요가 거의 없어 구매계획 수립이 어려우며, 한 시즌 이내에 판매할 수 있도록 관리
   ② 유행성 상품(fashion merchandise) : 단기간 급격히 수요가 증가했다 빠르게 감소하는 유형으로 수요 예측이 어렵고, 과거 판매자료 중 활용 가능한 자료가 제한적임
   ③ 지속성 상품(staple merchandise) : 여러 해에 걸쳐 꾸준히 판매되어 표준화, 규격화된 상품으로 수요 패턴이 비교적 안정적이고 예측 가능하여 구매계획 수립의 용이성이 가장 높음
   ④ 계절성 상품(seasonal merchandise) : 특정 계절에 수요가 집중되는 상품으로 수요 예측이 지속성 상품보다 어렵고, 정기적인 재고 조절이 중요함

5 상품매입과 구매계획

01 상품매입 과정 `24-1, 21-2, 19-3`

(1) 상품 마케팅 조사 `21-1, 19-3`
   ① 매입 대상 상품의 공급 상황과 수요예측을 정확하게 파악하기 위하여 실시하는 시장조사를 말함
   ② 주요 수요예측 조사기법

델파이기법	미래 수요를 예측하는 질적 예측방법의 하나로, 불확실한 특정 문제(특정 기술의 개발가능성, 새로운 소비패턴의 출현 가능성 등)에 대해 여러 전문가의 의견을 되풀이해 수집, 교환, 발전시켜 수요를 예측하는 방법
시계열분석법	시간의 경과에 따라 일정한 간격을 두고 동일한 현상을 반복적으로 측정하여 각 기간에 일어난 변화에 대한 추세를 예측하는 방법
박스젠킨스 방법	자기회귀이동평균모형의 하나로, 지난 과거 시계열 데이터를 가장 잘 접합시켜 수요를 예측하는 방법
확산모형 방법	신제품 출시에 따른 수요예측과 관련이 깊은 것으로, 얼마나 되는 소비자가 언제 신제품을 받아들일 것인지 예측해 보는 방법

   ③ 상품구색 계획 시 고려요인 `24-2`
      ㉠ GMROI에 대한 상품구색의 영향
      ㉡ 카테고리 간의 상호보완성
      ㉢ 고객의 구매행동에 대한 상품구색의 영향
      ㉣ 점포의 물리적 특징

(2) 매입계획의 수립 `24-1`
   ① 매입자금의 확보
   ② 공급업체의 선정
   ③ 매입조건의 검토
   ④ 영업 수행방식의 준비

(3) 매입상품의 선정

품질이 좋고 가격이 싸며 선호하는 상품을 골라 매입하고, 매입상품의 단가, 부패 가능성, 취급방법, 기술적 복잡성, 표준화 정도 등을 고려하여 선정

(4) 매입처 선정

신용이 있고, 상품 인도가 확실하며, 가격조건이 알맞고, 매입경비가 적은 곳을 선정

(5) 매입방법의 선택 21-2, 19-3

① 매입방법의 종류

대량매입	현금할인, 수량할인 등의 이점이 있으나 재고품 보관비용이 많이 들고, 재고기간이 길어지면 자금이 묶일 수 있음
당용매입	필요한 양만큼 그때그때 상품을 구매하는 방법으로 할인 혜택은 적으나 상품의 회전이 빠르고 재고로 인한 손실 등을 피할 수 있음
직매입	납품업자로부터 직접 상품을 매입해 판매하는 근원적 거래형태로 소매점에서는 어느 정도 판매할 것인가의 예측이 어렵기 때문에 직매입이 어려움
위탁매입	소매업자가 일정 기간 동안 소비자에게 제품을 판매한 후 사전에 결정된 일정비율의 수수료만 받고 남은 제품을 공급업자에게 반품하는 방법으로, 상품의 소유권은 공급업자에게 있음
특약매입	• 백화점 등 대규모 유통업자가 일정 기간 동안 입점(납품)업자의 제품을 진열하여 판매한 후, 판매된 상품에 대해 사전에 결정된 비율의 수수료를 가져가는 방식으로, 신제품 또는 고가 제품의 경우 주로 이용하는 방식 • 일반적으로 대규모 유통업자는 판매되지 않은 상품의 반품 조건을 둠

② 머천다이저(MD)가 상품을 싸게 구매할 수 있는 상황

  ㉠ 주문을 많이 하는 경우
  ㉡ 반품 없이 모두 직매입하는 경우
  ㉢ 현찰로 물품대금을 지불하는 경우

(6) 매입수량 및 시기결정

싸게 살 수 있는 시기를 택하여 적절한 수량을 매입하고, 과거 판매실적, 유행 등을 살펴 일정기간의 상품별 판매를 예측한 후 매입수량을 결정

(7) 매매계약의 체결 및 이행

① 체결은 매수인이나 매도인의 어느 한쪽이 매입이나 판매를 신청하고 상대방이 그 신청을 승낙하면 성립
② 이행은 매매계약의 내용대로 상품을 인도, 수취하고, 대금을 결제

02 구매관리

(1) 구매의 개념

① 재화 취득을 위한 규격의 결정, 공급원의 선정, 거래의 교섭·체결, 납입의 확보 기능

② 구매의 5원칙

적정한 거래처 (Right Place)	4대 기준(품질, 가격, 납기, 서비스)으로 평가하며, 경제적 요인이 중시되었으나 점차 품질에 대한 신뢰성, 서비스, 성의, 책임감 등 비경제적 요인에 비중을 두는 추세
적정한 품질 (Right Quality)	구매자의 목표 달성에 부합되고, 품질의 편차가 관리 한계 내에 있는 것
적정한 수량 (Right Quantity)	경제적 주문량은 재고유지비용, 수송비, 주문처리비용, 창고관리비용 등을 고려하여 결정
적정한 납기 (Right Time)	납기 지연은 대기 유발, 관리 비용 증대, 불량의 원인이 되어 작업자의 의욕을 저하시키므로 수주자와 발주자의 의사소통, 주문량 표준화, 조달기준 일정의 확립, 납기 의식 고취 등을 통해 개선책 마련 필요
최적의 비용 (Right Price)	가격은 기업이윤과 직접적 관련성을 가지고 있고, 시장조건의 변화에 따라 가장 신속하게 조정될 수 있음

(2) 구매관리의 중요성

① 구매를 잘해야 이윤을 높이고 이익을 창출할 수 있음

② 구매관리는 비용절감의 역할보다 조직 목표의 달성을 위한 전략적 관점에서의 인식 필요

③ 무재고 원칙, 자재소요계획 등 자재구매의 신기법의 개발 및 활용이 필요함

6 상품수명주기별 상품관리전략

01 상품수명주기의 개념

하나의 상품이 시장에 나온 뒤 성장, 성숙, 쇠퇴 과정을 거쳐 시장에서 사라지는 과정

02 상품수명주기별 특징 및 상품관리전략 25-1, 23-3, 23-2, 21-3, 21-2, 21-1, 20-추가, 20-2, 19-2, 18-2, 18-1

(1) 도입기(Introduction stage)

① 기본형태의 상품을 출시하는 단계로, 이익 수준이 낮아 위험부담이 높으므로 투자를 최소화

② 소수의 중간상들에게만 제품을 공급하는 선택적 유통경로가 바람직함

③ 제품 성능·이점에 대한 인지도를 높이는 정보제공형 광고, 우선적으로 자사 브랜드를 시장에 알리기 위한 인지도 형성 광고가 목표임

(2) 성장기(Growth stage) 20-추가

① 성장유지를 위해 투자수준을 높이고, 시장위치를 선점하는 전략을 수행

② 경쟁이 심해짐에 따라 상품을 확대하고 서비스를 향상함

③ 시장점유율 확대를 위해 시장침투가격 전략을 활용하고, 집중적 유통경로를 이용

④ 성장기의 목적은 시장에서 소비자들에게 자사의 상품 인지도를 높이는 데 있음

⑤ 시장수요가 증가함에 따라 시장 커버리지를 확대하고, 이용가능성을 높이기 위해 개방 경로 정책을 수립해야 함
⑥ 충분한 제품공급을 위해 시장범위 역량을 지닌 경로구성원을 확보
⑦ 통제가 성장을 방해하는 것이 아니라는 점을 경로구성원에게 확신시킴
⑧ 경쟁제품들의 경로구성원 지원 현황 조사 및 감시

(3) 성숙기(Maturity stage) `23-3, 20-추가`
① 상품구색의 깊이를 확장하는 전략의 적용 단계
② 소매개념을 수정하여 성숙기를 지속시키기 위한 전략을 수행
③ 상표 전환을 유도하기 위한 판촉을 증대하고 품질보증을 도입
④ 소매점의 상품 카테고리에 포함되는 품목의 다양성이 가장 높은 단계
⑤ 제조업자는 유통을 통제하고 규모의 경제를 실현하기 위해 수직적 통합을 활용함

(4) 쇠퇴기(Decline stage) `24-3`
① 매출·이익이 감소하므로 비용을 줄이고 매출을 유지해 수익을 극대화하여야 함
② 경쟁제품들이 시장에서 철수하게 되어 경쟁사의 수는 감소
③ 취약한 중간상을 제거하고 우량 중간상만 유지하며, 최소한의 이익을 유지하는 저가격 정책 사용
④ 매출액이 적은 품목은 제거하고 기여도가 높은 품목만 남기며, 과잉설비를 제거하고 하청을 늘리게 됨

7 단품관리전략

01 단품 및 단품관리의 개념

(1) 단품(Stock Keeping Unit)의 개념 `18-3`
① 가장 말단의 상품분류단위로 상품에 대한 추적, 관리가 쉽도록 사용하는 식별관리코드
② SKU는 문자와 숫자 등의 기호로 표기되며, 구매자나 판매자는 이 코드를 이용하여 특정한 상품을 지정할 수 있음

(2) 단품관리의 개념과 특징 `21-1, 19-1`
① 단품관리는 상품을 더 이상 분류할 수 없는 최소단위로 분류해서 관리하는 방식을 말함
② 단품별 판매 수량의 파악이 가능하기 때문에 이를 판매에 활용할 수 있음
③ 실적 향상 및 생산성 증가를 위해 상품 판매에 따라 매대 할당이 이루어짐
④ 단품별 매출액 기여도 등의 책임소재가 명확해짐

02 단품관리의 기대효과 및 이론

(1) 단품관리의 기대효과 `25-1, 21-3, 19-1`
① **매장 효율 향상** : 잘 팔리고 안 팔리는 상품을 알 수 있어 불필요한 재고와 안 팔리는 상품을 제거함으로써 상품의 움직임이 활발해져 매장 효율이 향상
② **과다 입고 감소** : 판매 추세에 따라 발주가 이루어지므로 불요불급한 상품 입고 감소
③ **품절 방지** : 판매 추세에 따라 발주가 진행되고 진열면적이 조정되므로 품절 방지

④ **매장의 적정규모 파악 가능** : 품목별 진열량을 기준으로 진열면적을 산출할 수 있으므로 매장 면적을 효율적으로 이용 가능
⑤ **부문별 진열면적 조정 가능** : 부문별로 진열면적의 할당 가능
⑥ **중점 상품의 관리용이** : 고매익 상품, 고매출 상품을 알 수 있어 관리가 용이
⑦ **책임소재 명확** : 품절, 과다재고 등에 대한 발생원인을 추적 가능
⑧ **노동생산성 향상** : 안 팔리는 상품이 줄어들게 되어 불필요한 작업이 줄어듦
⑨ **경상이익 증가** : 불필요한 재고비용, 노동력의 효과적인 사용으로 인해 비용절감
⑩ **영업력 증가** : 상품을 자신 있게 판매 가능

(2) 단품관리이론

① 품목별 진열량을 판매량에 비례하게 하면 상품의 회전율이 일정화되어 품목별 재고의 수평적인 감소가 같아진다는 이론
② 욕조마개(Bathtub) 이론이라고도 함

SECTION 04 가격관리전략

1 가격의 개요와 가격결정

01 가격 20-3

(1) 가격의 개념

① 가격은 재화의 가치를 화폐단위로 표시한 것으로, 교환을 떠나서는 존재할 수 없는 개념임
② 마케팅 관점에서 가격은 특정제품이나 서비스의 소유 또는 사용을 위한 대가로 교환되는 돈이나 기타 보상을 의미
③ **절대가격** : 화폐단위로 표시되는 일반적인 의미의 가격
④ **상대가격** : 상품 간의 교환비율을 나타내는 넓은 의미의 가격

(2) 가격의 중요성

① 기업관점에서 가격은 총수익을 변화시키므로 가격결정은 경영자가 직면한 중요하고 어려운 결정 중의 하나임
② 소비자관점에서 가격은 품질, 내구성 등의 지각된 혜택과 비교되어 순가치를 평가하는 기준으로 사용됨

02 가격결정의 중요성 19-3

① 가격결정을 위해서는 마케팅 수익목표, 원가, 경영전략과 같은 내부요인을 고려해야 함
② 가격결정을 위해서는 시장의 수요 및 경쟁과 같은 외부요인을 고려해야 함

03 가격결정 방법 22-3, 20-3, 20-2, 19-3

(1) 원가기준 가격결정법(Cost-oriented Pricing) 23-1, 22-2

  ① 원가가산 가격결정법(Cost Plus Pricing or Markup Pricing) 20-추가
    ㉠ 제품의 단위원가에 표준이익을 가산하여 가격을 결정하는 방법
    ㉡ 제품의 원가에 일정률의 판매수익률(또는 마진)을 가산하여 판매가격을 결정하는 방법

$$적정가격 = 제품단위원가 + 표준이익 = \frac{단위당\ 원가}{1-희망이익률}$$

$$※\ 희망이익률 = (순매출액-매출원가) \div 순매출액$$

  ② 목표이익 가격결정법(Target-Profit Pricing) : 초기 투자자본에 목표수익을 더하여 가격을 결정하는 방법

$$적정가격 = \frac{투자액 \times 목표수익률}{예상판매량} + 제품단위원가$$

  ③ 손익분기점 가격결정법(Breakeven Pricing) : 손익분기점을 계산하여 이를 넘어서는 수준으로 가격을 결정하는 방법

$$• 손익분기점\ 판매량 = \frac{고정비}{판매단가 - 단위당\ 변동비} = \frac{고정비}{단위당\ 공헌이익}$$

$$• 손익분기점\ 매출액 = 손익분기점\ 판매량 \times 판매단가$$

(2) 가치기반 가격결정법(Value-based Pricing) 24-3, 19-2

  ① 수요중심 가격결정법 : 소비자가 제품에 대해 지각하는 가치 수준에 따라 가격을 결정하는 방법
  ② 경쟁중심 가격결정법 : 경쟁사 가격과 비슷하거나 차이를 갖도록 결정하는 방법으로 가격경쟁을 최소화할 수 있음
  ③ 우수가치상응 가격결정법(Good-value Pricing) : 좋은 품질과 서비스를 잘 결합하여 적정가격에 제공하는 방법

2 가격설정 정책

01 가격정책전략

(1) 가격정책의 유형 24-2, 23-1, 21-3, 21-1, 20-3, 19-3, 19-1

  ① 단일가격정책과 탄력가격정책
    ㉠ 단일가격정책 : 동일량의 제품을 동일한 조건으로 구매하는 모든 고객에게 동일한 가격으로 판매하는 가격정책
    ㉡ 탄력가격정책 : 고객에 따라 동종·동량의 제품을 상이한 가격으로 판매하는 가격정책
  ② 단일제품가격정책과 계열가격정책
    ㉠ 단일제품가격정책 : 품목별로 따로따로 검토하여 가격을 결정하는 정책
    ㉡ 계열가격정책 : 한 기업의 제품이 단일품목이 아니고 많은 제품계열을 포함하는 경우 규격·품질·기능·스타일 등이 다른 각 제품계열마다 가격을 결정하는 정책

③ 상층흡수가격정책과 시장침투가격정책
  ㉠ 상층흡수가격정책 : 신제품을 시장에 도입하는 초기에 고가격을 설정함으로써 가격에 대하여 민감한 반응을 보이지 않는 고소득자층을 흡수한 후 연속적으로 가격을 인하시켜 저소득계층에게도 침투하려는 가격정책
  ㉡ 시장침투가격정책
    • 개념 : 시장에 도입되는 초기에 제품가격을 낮게 설정하고 점진적으로 가격을 인상하여 장기적인 이익을 올리려는 가격정책(예 2002년 IKEA의 중국시장 진출 시 중국 내 점포 상품의 중국산 제품 비중을 높임으로써 세계최저가격 책정)
    • 침투가격 전략이 적용되는 경우 **25-2**
      - 시장에 경험 효과가 존재하는 경우
      - 시장에 규모의 경제가 존재하는 경우
      - 수요의 가격탄력성이 큰 경우
      - 단기간에 매출액과 시장점유율을 확보하고자 하는 경우
      - 대량판매를 통하여 높은 이익을 올릴 수 있다고 판단되는 경우

④ 생산지점가격정책과 인도지점가격정책
  ㉠ 생산지점가격정책 : 판매자가 모든 구매자에 대하여 균일한 공장도가격을 적용하는 정책
  ㉡ 인도지점가격정책 : 공장도가격에 계산상의 운임을 가산한 금액을 판매가격으로 하는 정책

⑤ **재판매가격유지정책** : 상품의 제조업자가 도매상 및 소매상과의 계약 시 제조업자가 설정한 가격으로 자사제품을 재판매하게 하는 정책을 말하며, 할인경쟁과 같은 가격경쟁 및 부정거래를 방지하기 위하여 실시

⑥ **단위가격표시제도(Unit Price System)** : 상품의 가격을 일정단위로 환산한 가격으로 통일하여 표시하는 제도

⑦ **오픈프라이스정책(Open Price)** **21-1**
  ㉠ 제조업체가 가격을 표시하지 않고 최종 판매자인 유통업체가 가격을 책정하게 하여 유통업체 간 경쟁을 통해 상품가격을 전반적으로 낮추기 위한 가격정책
  ㉡ 실제 판매가보다 부풀려서 가격을 표시한 뒤 할인해주는 기존의 할인판매 폐단을 근절하기 위한 가격정책

(2) 제품믹스 가격결정전략 **25-2, 23-2, 21-1, 20-2, 19-3**
  ① 가격계열화전략(Price Lining) **22-3**
    ㉠ 동일 상품군에 속하는 상품들에 다양한 가격대를 설정하는 가격전략
    ㉡ 몇 개의 구체적인 가격만이 제시되므로 복잡한 가격비교를 하지 않아도 되어 소비자의 상품선택과정이 단순화된다는 장점을 가짐
  ② 종속제품 가격결정법(Captive Product Pricing) **22-1** : 주요 제품과 함께 사용해야 하는 종속제품에 대한 가격을 결정하는 방법(예 면도기 가격은 낮게 책정하고, 면도날 가격은 비싸게 책정하여 면도날 판매에서 큰 이익을 봄)
  ③ **이중부분 가격결정법** : 이중요율 가격결정법이라고도 하며, 서비스 가격을 기본요금과 추가사용료로 분리하여 가격을 결정하는 방법(예 놀이공원(입장료 + 시설이용료), 전화(기본요금 + 사용요금))
  ④ 묶음제품 가격결정(Product-bundle Pricing) **21-2** : 몇 개의 제품을 묶어서 인하된 가격으로 결합된 제품을 제공하는 방법(예 대형마트의 비누 + 샴푸 결합판매, 통신사의 초고속인터넷 + IPTV 결합가입 시 할인가격 제공)
  ⑤ 유인가격결정(Loss-leader Pricing) **20-추가** : 어떤 표준적 상품을 비교적 염가로 판매하여 고객들을 매장 안으로 유도하고, 그 고객들에게 다른 상품을 판매함으로서 이익을 얻으려는 가격정책

⑥ 스키밍가격결정법(Skimming Pricing) : 고가전략으로 초기 투자비용을 회수한 뒤 경쟁기업이 진입했을 때 가격할인 경쟁으로 시장점유율을 유지하는 방법
⑦ 선도가격결정(Leader Pricing) : 상품흐름이나 판매를 증진시키기 위해 정상가보다 낮은 가격으로 결정하는 것

02 심리적 요인 기반 가격정책 25-2, 25-1, 24-2, 24-1, 23-3, 22-2, 21-2, 20-추가, 18-3

(1) 심리적 가격결정정책 21-2

단수가격(Odd Pricing)정책	소비자들에게 심리적으로 싸다는 인상을 주어 판매량을 증가시키기 위해 가격을 990원, 1,990원처럼 설정하는 가격정책 예 '100만원대'라고 광고한 컴퓨터를 199만원에 판매
관습가격(Customary Price)정책	특정 제품군에 대해 오랫동안 같은 가격을 지속적으로 유지함으로써 소비자가 그 가격을 당연한 것으로 받아들이는 것 예 주스 한 잔에 ○○원
명성가격(Prestige Pricing)정책	소비자가 제품가격을 품질이나 지위의 상징으로 여기는 경우에 소비자가 지불가능한 가장 높은 가격을 유지하는 전략 예 디자이너 명품 의류나 주류, 시계

(2) 소비자의 심리와 관련한 가격 개념 24-2, 21-2

① 종 류

준거가격(Reference Price)	소비자가 어떤 상품을 살 때, 과거 경험이나 기억, 외부에서 들어온 정보 등에 의해 떠올리는 적정하다고 판단하는 데 기준으로 삼는 가격
유보가격(Reservation Price)	구매자가 특정상품에 관하여 지불할 용의가 있는 최고가격
최저수용가격 (Lowest Acceptable Price)	구매자들이 품질을 의심하지 않고 구매할 수 있는 가장 낮은 가격
수요점화가격수준	소비자마다 최하 얼마 이상 최고 얼마 미만의 가격이라면 사겠다고 생각하는 가격 범위
JND (Just Noticeable Difference)	가격변화를 느끼게 만드는 최소의 가격변화폭 예 1,000원짜리 상품에서 10원 미만의 가격인상은 알아차리지 못하나 10원 이상의 가격인상은 알아차린다면, 10원이 JND에 해당

② 준거가격, 유보가격, 최저수용가격의 이해

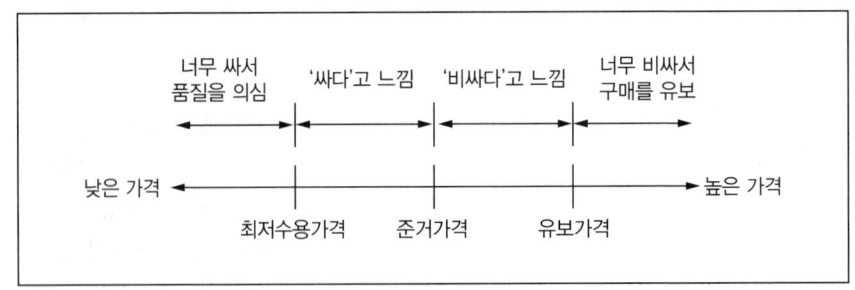

03 소매가격전략 25-2, 23-2, 21-3, 20-3, 20-2, 19-2, 19-1, 18-2

상시저가전략(EDLP ; Every-Day Low Pricing)	• 경쟁소매업체와 같거나 낮은 가격을 설정 • 규모의 경제, 효율적 물류시스템, 경영 개선 등을 통한 저비용화가 이루어져야 실행 가능 • 경쟁사보다 저렴하지 않을 시 차액을 환불해 주기도 함 • 언제나 저가격으로 소비자가 구입시점을 지연시키지 않기 때문에 판매 예측이 가능 • HLP전략에 비해 광고비를 줄일 수 있으며, 높은 상품(재고)회전율을 통해 상품 단위당 저마진을 극복할 수 있음 • HLP전략에 비해 개별상품에 대한 가격경쟁의 압박을 감소시킬 수 있고, 품절 감소 및 재고관리 개선 등의 효과를 가짐
고저가격전략(HLP ; High-Low Pricing)	• 제품수명주기의 변화에 따른 가격설정이 용이 • 촉진용 상품을 대량 구매하고 일부는 세일용으로 판매하여 저가격 이미지를 구축하고, 일부는 정상가격으로 판매해 높은 이윤을 달성하려는 전략 • 품질과 서비스는 가격에 상관없이 일정 • 가격세일행사에 대한 고객의 기대를 높이는 효과가 있음 • EDLP전략에 비해 고객의 가격민감도 차이를 이용하여 차별가격을 통한 수익증대를 추구할 수 있고, 다양한 고객층에게 판매할 수 있음 • EDLP전략보다 고객의 지각가치를 높이는 효과가 있고, 일부 품목을 저가 미끼 상품으로 활용할 수 있어 고객을 매장으로 유인할 수 있음
COP전략 (Consumer-Oriented Pricing)	동일제품을 단골에게는 저가에 판매하고, 일반고객에게는 고가에 판매하는 방식 예 동일상품을 단골고객카드 소지고객에게 저가로 제공

04 가격변경전략 25-2, 21-3, 19-1, 18-2

고가격(High-Cost) 전략	• 비용 인플레이션으로 원가가 인상되거나 초과수요가 있는 경우 • 경쟁우위를 확보하고 있거나 이익증대가 목표인 경우 • 가격-품질 연상효과를 극대화하기 위한 경우
저가격(Low-Cost) 전략	• 과잉시설이 있거나 불황인 경우 • 진입장벽이 낮은 경우 • 시장수요의 가격탄력성이 높을 경우 • 원가 우위를 통한 생존전략을 목표로 하는 경우 • 심한 가격경쟁으로 시장점유율이 저하되거나, 저원가의 실현으로 시장을 지배하려는 경우 • 소비자의 수요를 자극하고자 할 경우
동태적 가격전략	모든 구매자들에게 단일의 가격을 책정하는 것이 아니라 개별고객의 특징과 욕구 및 상황에 맞추어 계속 가격을 조정하는 가격전략

05 가격조정전략 23-3, 22-3, 22-1, 19-2, 18-2

(1) 할인(Discount)

현금할인	대금결제를 현금으로 할 경우 일정액을 차감해주는 것
수량할인 (Quantity Discount)	제품을 대량으로 구입할 경우 제품가격을 낮추어주는 것
계절할인 (Seasonal Discount)	제품판매에 계절성이 있는 경우 비수기에 제품을 구매하는 중간상에게 제공되는 할인
거래할인 (Trade Discount)	보통 제조업자가 해야 할 일의 일부를 중간상이 대신 하는 경우, 발생한 경비의 일부를 제조업자가 부담하는 것
기능할인 (Functional Discount)	생산자가 수행하여야 하는 마케팅 기능의 일부를 중간상이 대신 수행하는 경우 제공되는 가격 할인

(2) 공제(Allowance)

① 개념 : 기존 제품을 신제품으로 교환할 때 기존 제품가격을 정산하여 신제품 가격에서 공제·보상해 주는 것
② 중간상 공제의 종류 25-2

입점 공제	소매업자가 신상품을 취급해 주는 대가로 입점 시 제조업자가 상품대금의 일부를 공제해 주는 것
구매 공제	소매업자가 특정 제조업체의 상품을 대량으로 판매한 성과에 대해 제조업자가 일정금액을 사후에 소매상에게 지불해 주는 것
광고 공제	소매업자가 자신의 광고물에 제조업자의 상품을 광고해 주는 대가로 제조업자가 상품대금 일부를 공제해주는 것
진열 공제	소매업자가 점포 내 눈에 잘 띄는 특정 공간에 일정 기간 상품을 진열해 주는 대가로 제조업자가 상품대금의 일부를 공제해 주는 것
중간상 공제	유통업자가 제조업자를 위해 어떤 일을 해준 대가로 제조업자가 상품대금 일부를 공제해 주는 것

SECTION 05 촉진관리전략

1 촉진관리전략의 개요

01 촉진의 개념

고객에게 자사 상품을 알려서 구매의욕이 생기도록 만들어 판매로 연결되게 하는 활동을 말하며, 광의로 상품, 가격, 유통전략을 세우는 것을 포함

02 촉진 수단

광고, 홍보(PR), 판매촉진, 인적판매 등의 촉진 방법이 있음

2 촉진믹스(Promotion Mix)

01 촉진믹스의 개념과 구성요소

(1) 촉진믹스의 개념

촉진믹스는 효율적인 촉진관리전략의 실행을 위한 도구를 말함

(2) 촉진믹스의 구성요소별 비교 25-1, 21-2, 19-1

구 분	비용	장 점	단 점
광 고	보 통	자극적 표현 전달 가능, 장·단기적 효과, 신속한 메시지 전달	정보전달의 양이 제한적, 고객별 전달정보의 차별화 곤란, 광고효과의 측정 곤란
홍 보	무 료	신뢰도 높음, 촉진효과 높음	통제 곤란, 효과가 간접적
판매촉진	고 가	단기적으로 직접적인 효과, 충동구매·시험적 구매 유발	장기간의 효과 미흡, 경쟁사의 모방이 용이함
인적판매	고 가	고객별 정보전달의 정확성, 즉각적인 피드백, 탄력적인 대응이 가능, 대면접촉을 활용하여 구매 유도에 적절	대중상표에 부적절, 촉진 속도가 느림, 비용 과다 소요

(3) 촉진믹스의 결정요인 24-3, 23-3, 23-2, 22-2, 21-2, 20-2, 19-3, 19-2, 18-2

① **제품·시장의 유형** : 소비재인 경우에는 광고 판촉활동이 인적판매 및 홍보(PR)보다 중요하고, 산업재인 경우에는 인적 판매가 중요함

② **촉진믹스 전략의 방향** : 푸시 전략(Push Strategy)과 풀 전략(Pull Strategy)으로 구분하며, 많은 제조업체들은 두 전략을 병행하여 사용

구 분	푸시 전략	풀 전략
내 용	• 제조업체가 중간상(유통업자)들을 대상으로 직접 판매촉진 활동을 하고, 중간상이 최종소비자에게 적극적인 판매를 하도록 유도하는 전략 • 판매원은 도매상이 제품을 주문하도록 요청하고 판매지원책을 제공 • 소비자의 브랜드 애호도가 낮고, 브랜드 선택이 점포 안에서 이루어지며, 충동구매가 잦은 제품의 경우에 적합	• 제조업체가 최종소비자들을 상대로 촉진활동을 하여 소비자들로 하여금 중간상에게 자사제품을 요구하도록 하는 전략 • 소비자의 충성도, 상표인지도를 높이기 위한 방법 • 점포 방문 전 브랜드 선택에 대한 관여도가 높은 상품에 적합
전략대상	중간상(도·소매상)	최종소비자
진행방향	생산자 → 중간상 → 소비자	소비자 → 중간상 → 생산자
촉진방법	가격할인, 수량할인, 인적판매, 판매촉진, 협동광고	홍보, 광고, 이벤트, 행사
충성도	낮 음	높 음
적용시장	산업재	소비재

③ **관여도** : 주어진 상황에서 특정 대상에 대한 개인의 중요성 및 관련성 지각정도를 의미하는 것으로, 고객이 제품 구매 결정에 투입하는 시간 및 정보수집 노력과 관련이 높음

④ **제품수명주기** : 도입기에는 제품 인지도를 높이기 위한 광고와 PR이 중요하고, 성장기에는 경쟁자가 있는 경우에 경품, 쿠폰 제공 등이 중요해짐

⑤ **구매 의사결정 단계** : 초기에는 광고와 PR이 중요하고, 후반부로 갈수록 구매를 유도하는 판촉과 인적판매가 주를 이룸

(4) 촉진예산 결정 방법 24-1, 23-2, 22-2

상향식 접근방법 (Bottom Up)	광고 부서에서 광고 예산을 수립해 예산편성부서에 보고	
	목표 과업법(Objective and Task)	촉진목표를 설정하고 이를 달성하기 위한 과업을 분석하여 예산을 결정하는 방법
	현금 흐름 계획법	광고비의 투자가치를 고려하여 예산의 규모를 설정하는 방법
하향식 접근방법 (Top Down)	예산편성부서에서 광고 예산을 확정해 통보	
	가용 예산법(Affordable Budgeting)	기업의 여유 자금에 따라 예산을 책정하는 방법
	매출액 비율법(Percentage of Sales)	과거의 매출액이나 예상 매출액을 근거로 예산을 책정하는 방법
	경쟁 대항법	자사의 촉진 예산을 경쟁사의 촉진 예산 규모를 기반으로 결정하는 방법
	임의 할당법	오로지 경영자의 느낌으로 광고 예산이 설정되는 방법

(5) 통합적 마케팅커뮤니케이션(IMC ; Integrated Marketing Communication) 23-3

① 광고, 판매촉진, PR, 인적판매, 다이렉트 마케팅 등 다양한 촉진믹스들의 활용을 의미함
② 명확하고 설득력 있는 메시지를 일관되게 전달하는 것이 목적
③ 동일한 표적고객에 대한 커뮤니케이션은 서로 동일한 메시지를 전달해야 함
④ 서로 다른 촉진믹스들이 수행하는 차별적 커뮤니케이션 역할들을 신중하게 조정하여 달성

02 광고(Advertising)

(1) 광고의 개념 24-1, 21-3, 21-2, 19-1

① 광고주가 아이디어, 상품, 서비스를 촉진하기 위해 신문, TV, 잡지, 라디오, 옥외, 교통수단, 인터넷 등 비인적 매체를 통한 판매제시
② 커뮤니케이션을 위한 직접적인 비용을 지불하는 형태로 홍보(Publicity)와 구분됨
③ 광고는 제품 또는 서비스 정보의 비대면적 전달방식임

(2) 광고의 장단점 19-1

장 점	단 점
• 짧은 시간 내에 불특정 다수의 고객에게 접근 가능 • 고객 1인당 비용이 비교적 저렴 • 접촉 범위가 넓고 효과의 지속성이 높음	• 효과의 측정이 어려움 • 제공하는 정보의 양이 제한적 • 고객별 전달정보의 차별화가 어려움 • 광고의 신뢰성이 낮음

(3) 광고매체의 선정 24-2, 23-1, 18-2

① 광고매체 선정 시 고려요인

도달범위(Reach)	특정 기간에 적어도 한 번 이상 노출된 사람들의 비율
도달빈도(Frequency)	일정기간 동안 특정광고가 한 사람에게 노출된 평균 횟수
광고스케줄링	일정기간 동안 광고예산을 어떻게 배분하고 집행할 것인가에 대한 결정
CPRP(Cost per rating points)	매체비용을 시청률로 나눈 비용
GRP(Gross rating points)	총시청률을 말하며, 도달범위와 도달빈도를 곱해서 측정

㉠ 도달빈도보다 도달범위를 높이는 경우 : 표적 청중을 명확히 정의하기 어려운 경우
㉡ 도달범위보다 도달빈도를 높이는 경우
- 강력한 경쟁자가 있는 경우
- 메시지가 복잡한 경우
- 표적 청중들이 우리 상품에 대해 부정적인 태도를 갖는 경우
- 구매주기가 짧은 상품의 경우

② 주 매체유형의 선택 : 표적소비자의 매체습관, 메시지의 형태, 제품 특성, 비용 등을 고려(예 인쇄매체, 시각적 매체)
③ 특정 매체수단 선택 : 여러 매체수단 중 가장 적합한 매체수단 선택
④ 매체시간 선택 : 연간광고 집행에 대한 스케줄 작성
⑤ 광고비용의 결정 : 1천명에게 광고를 전달하는 데에 드는 비용(CPM)을 기준으로 매체비용을 도달범위로 나누어 계산 → 광고비용 = 매체비용 ÷ 도달범위

(4) 광고의 종류 24-1, 23-3, 21-3, 20-추가, 20-2, 19-2, 18-3

리치미디어광고	그래픽이나 플래시 기술 등을 적용하여 만든 멀티미디어 형태의 광고
협동광고	• 제조업체와 유통업체가 공동으로 광고하는 것 • 주로 구매빈도가 높지 않은 상품, 상대적으로 고가의 상품, 인적서비스가 중요한 상품의 광고에서 하며, 효과가 큼
비교광고	• 기존제품에 비해 두드러진 장점을 갖고 있지만 아직 충분히 알려지지 않은 브랜드에서 더욱 효과적 • 경쟁브랜드에 대해 높은 선호도를 가진 소비자에게는 효과가 적음
구매시점(POP) 광고	• 소비자의 충동구매욕구를 자극하는 시각적 광고매체로, 특히 손으로 급히 쓴 글씨는 홍보와 이벤트 안내에 적합함 • 판매원을 대신해 셀프판매, 매장·제품을 안내하여, 편리하고 빠른 쇼핑을 도움 • 광고 안내판 형식으로 실제 제품을 전시하기도 함 • 계산대 근처, 통로 끝 등 통행량이 많은 장소에 위치 • 소비자의 주목을 끌고, 충동구매를 유발하며, 계절적 특성을 살린 분위기 연출에 효과적

03 홍보(PR ; Public Relations, 공중관계) 24-2, 24-1, 21-3, 20-3, 19-2

(1) 홍보의 개념
① 기업, 단체, 관공서 등이 커뮤니케이션 활동을 통하여 스스로의 생각이나 계획, 활동, 업적 등을 널리 알리는 활동을 말함
② 기업활동에 영향을 미치는 주요 공중과의 관계구축을 통해 호의를 얻고자 함

(2) 홍보의 특징 20-3, 19-2
① 비용이 저렴하고, 다른 촉진수단보다 현실감이 있으며, 믿을 수 있음
② 홍보는 판매지향적인 커뮤니케이션이 아니기 때문에 판매원을 기피하는 가망고객에게도 메시지 전달이 용이
③ 고객과의 관계에서 소매업체의 이미지를 높이는 등 장기적인 효과를 발생시킴
④ 소비자뿐만 아니라 기업과 관련된 이해관계자들을 대상으로 함
⑤ 제품 및 서비스에 대한 호의적 태도와 기업에 대한 신뢰도 구축을 병행
⑥ 기업을 알리는 보도 또는 캠페인을 통해 전반적인 여론의 지지를 얻고자 함

(3) 광고와 홍보의 차이점

광고(AD)	홍보(PR)
• 매체에 대한 비용을 지불	• 매체에 대한 비용을 지불하지 않음
• 상대적으로 신뢰도가 낮음	• 상대적으로 신뢰도가 높음
• 광고 내용, 위치, 일정 등의 통제 가능	• 메세지에 대한 통제력이 거의 없음
• 신문 · 라디오 광고, TV, 온라인광고 등	• 뉴스기사, 이벤트, 연설, 스폰서십 등

04 인적판매(Personal Selling) 24-2, 23-2, 22-3, 21-2, 20-추가, 18-2

(1) 인적판매의 개념
① 고객과 직접적인 커뮤니케이션을 통해 상품을 판매하고 고객과의 관계를 구축하는 일련의 활동을 말함
② 산업재, 내구성 소비재의 경우 제품 자체가 복잡하여 구매자가 충분한 제품정보를 원하기 때문에 인적판매에 대한 의존도가 높음
③ 소비자 유형별로 개별화된 정보를 전달할 수 있음
④ 일반적으로 타 촉진믹스에 비해 고비용이 발생
⑤ 다단계 판매의 특징 24-3, 23-1
  ㉠ 고객과 대면접촉을 통해 상품을 판매하는 인적판매의 일종
  ㉡ 유통마진을 절감시킬 수 있고, 고정 인건비가 발생하지 않음
  ㉢ 점포 판매에 비해 훨씬 더 적극적으로 시장을 개척해 나갈 수 있음
  ㉣ 상품구색은 다양하나 대부분 품질이 양호한 중저가 소비재를 중심으로 구성
  ㉤ 판매원 수입은 자신 및 하위 판매원의 판매액을 기초로 책정됨
  ㉥ 다단계판매원은 다단계판매업자에게 등록비·자격 유지비 등을 요구받을 수 없으며, 실비 수준의 비용(등록실비, 자료비 등)은 연간 5만원을 초과할 수 없음(「방문판매 등에 관한 법률」에 의거)
  ㉦ 공제조합에 소비자피해보상보험을 의무적으로 가입하며, 강제적인 재고 부담은 없음

(2) 인적판매의 특징

① 인적판매의 장단점 23-3, 21-1, 20-추가

장 점	단 점
• 개별적이고 심도 있는 쌍방향 커뮤니케이션 가능 • 고객과 직접적인 접점을 형성하여 정보를 수집·전달하므로, 전문품, 산업재, 내구성 소비재의 판매에 유리 • 고객의 판단과 선택을 실시간으로 유도할 수 있고, 고객 요구에 즉각적 대응이 가능 • 고객이 될 만한 사람에게만 초점을 맞추어 접근할 수 있음	• 인건비로 인해 메시지 노출 횟수당 커뮤니케이션 비용이 TV 광고보다 높음 • 인적판매원 각자가 다른 메시지를 전달할 수 있으므로 통제력, 일관성이 낮음 • 개별 접촉이 필요하므로 촉진 속도가 느리고, 비용이 많이 소요되며, 신뢰성이 낮음

② 제품별 영업조직(Product sales force structure)의 장점 23-2
  ㉠ 제품에 대한 지식과 전문성 강화
  ㉡ 제품계열이 다양한 경우에 특히 적합함
  ㉢ 제품별 직접판매 이익공헌을 평가하기에 용이
  ㉣ 소비재 기업보다 산업재 취급 기업일수록 제품별 영업조직 형태의 조직이 유리

③ 영업사원의 역할 및 관리 21-1
  ㉠ 영업사원은 제품·서비스 판매를 위해 구매가능성이 높은 고객을 개발, 확보, 접촉하는 역할을 함
  ㉡ 영업사원에 대한 보상체계는 일반적으로 성과에 따른 커미션을 중심으로 구성
  ㉢ 타 직종의 업무에 비해 독립적으로 업무를 수행
  ㉣ 영업 분야 전문인의 역할과 조직구성원의 역할 사이에 갈등이 발생할 수 있음

05 판매촉진(SP ; Sales Promotion)

(1) 판매촉진의 개념
  ① 판매촉진은 제품이나 서비스의 판매를 촉진하기 위한 단기적 활동을 의미
  ② 판매촉진은 기업이 설정하는 목표에 따라 소비자, 중간상, 판매원 등을 대상으로 실시

(2) 판매촉진의 장단점

장 점	단 점
• 구매시점을 앞당기고 구매량을 증대 • 고객충성도 제고(상품구매자에게만 혜택) • 단기적 재무성과의 향상 • 상표 전환 유도(관성구매자, 의사충성자) • 고객정보 확보(백화점, 할인점에서 주로 응용) • 성과분석의 용이(광고, 홍보는 성과분석이 어려움)	• 치열한 판촉 전쟁이 원인이 되어 가격하락으로 인지될 경우 브랜드 가치가 하락 • 브랜드 가치 기반이 아닌 가격 및 물량공세이므로 유통지배력의 약화 가능 • 세일 때까지 구매를 보류하는 부정적인 소비자 학습 가능 • 경쟁사 보복으로 인한 직접적인 판촉 경쟁의 원인이 될 수 있음

(3) 판매촉진의 목표 설정(판매촉진 대상에 따른 분류) 19-3

중간상 촉진	신규 품목의 판매, 재고량의 유지, 넓은 진열공간 → 푸시전략, 고비용
판매원 촉진	신규품목 판매 확대, 신규 거래 대립점을 찾아 판매 확대 → 푸시전략
소비자 촉진	단기판매 증대, 장기 시장 점유율 증대 → 풀 전략

(4) 판매촉진 방법의 결정 24-3, 24-1, 23-2, 22-3, 22-2, 22-1, 21-2, 21-1, 20-추가, 19-3, 19-1, 18-2

① 소비자를 대상으로 한 판매촉진(Consumer Sales Promotion) 23-2, 22-1, 20-추가

가격형	쿠폰	• 가격할인을 보장하는 증서에 표시된 가격만큼 할인해 주는 방법 • 신제품 사용과 반복구매를 촉진시키고, 타사 고객을 자사로 유인하는 데 효과적 • 목적에 맞는 표적시장만을 선별하여 배포 가능 • 쿠폰 추적이 어렵고 소비자의 쿠폰 사용 여부 · 사용기간 예측이 어려움
	리베이트	소비자가 구매영수증 등을 제조업체에 제출하면 할인율만큼 소비자에게 보상해주는 것으로, 소매업체에게 처리비용을 지불할 필요가 없음
	리펀드	소비자가 구매하는 시점에서 즉시 현금으로 되돌려 주는 것
	가격할인	일정 기간 동안 제품가격을 일정비율로 할인하여 판매하는 것
비가격형	프리미엄	• 제품구매를 유도하기 위해 무료 또는 낮은 비용으로 제공되는 상품(예맥도널드(McDonald)는 해피밀 구매자에게 영화 〈아바타〉, 〈쿵푸 팬더〉 등에 등장하는 캐릭터 장난감 같은 상품 제공) • 지속적으로 사용해도 제품 자체 이미지에 손상을 가져오지 않음 • 제품에 별도의 매력을 부가함으로써 부족할 수 있는 상품력을 보완 • 제품수준이 평준화되어 차별화가 어려운 상황에서 특히 효과적 • 치열한 경쟁상황에서 제품에 대한 주목률을 높여주고 특히 구매시점에 경쟁제품보다 돋보이게 함
	추첨	운이나 추가 노력으로 현금, 여행, 제품 등을 받을 수 있는 기회를 제공
	무료샘플	주로 신제품의 경우 구매자들이 시험 삼아 사용할 수 있을 만큼 포장해 무료로 제공하는 것(예화장품, 샴푸)
	콘테스트	제품을 구매하지 않아도 참여 가능한 방법
	(인터넷을 활용한) 정보제공형 이벤트	• 설문, 아이디어 공모전, 정보사냥 등 의견참여 기회를 제공하는 인터넷 이벤트 프로모션 • 표적시장을 명확히 정하는 것이 중요 • 적극적인 고객참여를 유도할 수 있어서 메시지 전달력이 높음 • 이벤트 프로모션을 통해 주최자는 원하는 정보를 더욱 정확하게 얻을 수 있음

② 소매업체를 대상으로 한 판매촉진 22-3

콘테스트 & 할인판매	일정 기간의 구매량에 대해 가격을 할인해 주는 등의 방법으로 도매상의 관리자와 소매상의 판매원이 자사 제품 판매에 노력을 더 기울이라는 의미로 시행
가격할인	• 일정 기간의 구매량에 대해 유통업체에게 제품가격을 할인해 주는 것 • 유통업체로 하여금 할인의 일부 또는 전부를 소비자가격에 반영하도록 유도 • 수요예측력이 있고 재고 처리능력을 보유한 유통업체에게 유리
진열장비 지원	육가공 · 냉장음료 등의 보관에 필요한 진열장비 지원
할증판촉	일정량 구매 시 동일제품을 무료로 더 제공하는 것
트레이드 쇼	업종별 전시회를 말하는 것으로 부스(Booth)참여가 이에 해당
판매촉진지원금	• 제조업자가 중간상들과의 거래에서 사용하는 가격할인 유형 • 중간상이 지역광고를 하거나 판촉을 실시하는 경우, 지원하기 위해 지급하는 보조금
리베이트	진열위치, 판촉행사, 매출실적 등 소매상의 협력 정도에 따라 판매금액의 일정률에 해당하는 금액을 반환해 주는 것
인적지원	월 매출이 일정수준 이상인 점포에는 판촉사원을 고정적으로 배치하고 그 외 관리대상이 될 만한 점포에는 판촉사원을 순회시키는 등의 방법으로 지원해 주는 것
소매점 경영지도	소매상에게 매장연출 방법, 상권분석 등의 경영지도를 통해 매출증대를 돕는 것
기타	협력광고 공제, 광고판촉물, 판매원 교육등

3 업태별 촉진전략(옴니채널, O2O, O4O 등)

01 옴니채널(Omni-Channel)

(1) 옴니채널의 개념 `21-3`

옴니채널은 '모든 것, 모든 방식'을 의미하는 접두사 옴니(Omni)와 유통경로를 의미하는 채널(Channel)의 합성어로, 온·오프라인 매장을 결합하여 소비자가 언제 어디서든 구매할 수 있도록 한 쇼핑체계를 말함

(2) 옴니채널의 특징 `23-1, 22-1, 18-3`

① 정보기술을 활용하여 고객들이 이용 가능한 온-오프라인의 모든 쇼핑채널들을 유기적으로 통합·연계시켜 고객들에게 쇼핑에 불편함이 없도록 지원
② 독립운영채널들이 유기적으로 통합되어 서로의 부족한 부분을 메워주는 보완적 관계를 가짐
③ 채널 간의 불필요한 경쟁은 온·오프라인의 판매실적을 통합함으로써 해결
④ 동일한 제품을 온·오프라인에 상관없이 동일한 가격과 프로모션으로 구매할 수 있음
⑤ 온·오프라인의 재고관리 시스템의 일원화 가능
⑥ 온·오프라인의 경계가 무너지면서 새로운 형태의 소비패턴 등장 `25-1`
   ㉠ 쇼루밍(Showrooming) : 오프라인 매장에서 제품을 살펴본 후 온라인에서 더 저렴한 가격으로 구매
   ㉡ 역쇼루밍(Reverse Showrooming) : 웹루밍(Webrooming)이라고도 하며, 온라인 쇼핑몰에서 제품 정보를 확인한 후 오프라인 매장에서 구입
   ㉢ 모루밍(Morooming) : 오프라인 매장에서 제품을 살펴본 후 모바일로 구입

02 O2O(Online to Offline)

(1) O2O의 개념

온라인이 오프라인으로 옮겨온다는 뜻으로, 정보 유통 비용이 저렴한 온라인과 실제 소비가 일어나는 오프라인의 장점을 접목해 새로운 시장을 만들어보자는 취지에서 생김

(2) 전략사례 `21-2`

① 온라인몰을 통해 구매한 식품을 근처 오프라인 매장에서 원하는 시간에 집으로 배송 받음
② PC나 모바일 앱으로 상품을 주문한 후 원하는 날짜 및 시간에 점포에 방문하여 픽업함
③ 온라인을 통해 구매한 제품에 대해 환불을 신청한 후 편의점을 통해 제품을 반품함
④ 모바일 지갑 서비스를 통해 쿠폰을 다운받아 매장에서 결제할 때 사용함

03 O4O(Online for Offline)

(1) O4O의 개념

기업이 온라인을 통해 축적한 기술, 데이터, 서비스를 상품 조달, 큐레이션 등에 적용해 오프라인으로 사업을 확대하는 차세대 비즈니스 모델을 말함

(2) 전략사례

온라인 패션 쇼핑몰이나 온라인 서점이 온라인에서의 성공을 기반으로 오프라인 매장에 진출

04 D2C(Direct to Consumer) 25-2

(1) D2C의 개념

기업이 소비자와 직거래하는 비즈니스 모델로, 기업이 중간 유통 단계를 생략하고 소비자와 직접 소통하며 직접적인 관계를 맺고 제품을 판매하는 방식

(2) 전략사례

기업이 온라인 자사 인터넷 쇼핑몰을 개설하여 소비자에게 직접 판매

4 e-Retailing 촉진

01 e-Retailing의 개념

인터넷을 통해 이루어지는 제품 및 서비스의 구매, 주문, 광고 등 모든 온라인상의 거래

02 인터넷 마케팅 시장의 유형

B2B(Business to Business)	온라인상에서 기업 간의 거래가 이루어지는 경우
B2C(Business to Customer)	온라인상에서 기업과 소비자 간의 거래가 이루어지는 경우
B2E(Business to Employee)	온라인상에서 기업과 직원 간의 거래(예 온라인 직원 교육)
B2G(Business to Government)	기업이 정부기관에 물품 납품계약을 하는 경우
C2B(Customer to Business)	소비자가 수요를 창출하여 조건에 맞는 기업을 찾아 요구조건을 제시하고 거래하는 경우
C2C(Customer to Customer)	개인 참여자 중 한 사람이 구매자 역할을 하고 다른 사람이 판매자 역할을 하는 경우
P2P(Peer to Peer)	온라인상에서 개인 간 직접 연결되는 인터넷 직거래

출제지문 퀴즈로 핵심체크!

SECTION 01　유통마케팅 전략기획

01 `25-1`
O X 구매자들이 조직화되어있고 강한 교섭력을 가지고 있는 경우 세분시장의 매력성이 낮다.

02 `24-1`
O X 경쟁제품과 비교하여 소비자들의 마음속에서 차지하고 있는 자사 제품의 기존 위치를 변화시키는 것을 포지셔닝이라 한다.

03 `23-1`
구매자들을 라이프 스타일 또는 개성과 관련된 특징들을 근거로 세분화하는 것을 (　　　　　) 세분화라고 지칭한다.

04 `22-1`
(　　　　　) 마케팅 전략은 세분시장 간 차이를 무시하고 전체 시장 혹은 가장 규모가 큰 대중시장을 표적으로 하나의 제공물을 제공하는 것이다.

SECTION 02　유통경쟁전략

01 `21-2`
O X 수직적 경쟁은 유통경로상의 서로 다른 경로 수준에 위치한 경로구성원 간의 경쟁을 의미한다.

02 `24-1`
O X 수평적 마케팅 시스템은 경쟁 관계에 있는 기업들로 인해 발생하는 경로 갈등의 문제점을 비경쟁 관계에 있는 기업들과의 협력을 통해 해결하기 위한 것이다.

03 `23-1`
(　　　　　)은 제품구색이 넓은 소매업태에서 전문화된 좁은 제품구색의 소매업태로 변화되었다가 다시 넓은 제품구색의 소매업태로 변화되는 과정을 설명하는 소매업 발전이론이다.

04 `24-3`
새로운 세분시장에 진입할 때 주의해야 할 점으로, 자사의 신제품이나 새로운 유통점이 기존에 그 기업에서 판매하고 있던 다른 제품이나 기존 유통점들로부터 매출과 고객을 빼앗아 불필요한 경쟁을 유발하는 현상을 (　　　　　)이라고 한다.

SECTION 03 　 상품관리 및 머천다이징 전략

01 23-1
O X 편의품은 보다 풍요로운 생활과 즐거움을 제공하는 제품으로 스타일과 디자인을 강조하여 판매한다.

02 25-1
O X 단품관리를 통해 재고비용이 발생하는 비인기 상품들을 자연스럽게 구분하여 제거해 나갈 수 있다.

03 23-2
동일한 고객층을 대상으로 하되 경쟁업체와 다르게 그들 고객이 가장 원하는 제품과 서비스에 중점을 두거나 고객에게 제시되는 가격대에 대응하는 상품이나 품질을 차별화하는 방향을 전개하는 것은 (　　　　) 머천다이징이다.

04 23-3
(　　　　)은 브랜드가 과거에 본인에게 노출된 적이 있음을 알아차리는 것이다.

SECTION 04 　 가격관리전략

01 25-2
O X 권장소비자가격은 제조원가를 기반으로, 오픈가격은 수요와 공급에 의해 가격이 결정된다.

02 23-2
O X 고저가격전략은 상시저가전략과 비교했을 때 광고 및 운영비를 절감하는 효과가 있다.

03 24-1
특정 제품군에 대해 오랫동안 같은 가격을 지속적으로 유지함으로써 소비자가 그 가격을 당연한 것으로 받아들이는 것은 (　　　　)가격정책에 대한 설명이다.

04 24-2
구매자가 특정상품에 관하여 지불할 용의가 있는 최고 가격은 (　　　　)가격이다.

SECTION 05 촉진관리전략

01 22-3
[O|X] 인적판매는 산업재에 적합한 촉진수단이다.

02 24-1
[O|X] 촉진 예산 결정 방법 중 가용예산법은 상향식 접근방법이다.

03 23-2
제조업체가 최종소비자들을 상대로 촉진활동을 하여 이 소비자들로 하여금 중간상(특히 소매상)에게 자사제품을 요구하도록 하는 전략을 (　　　　)이라고 한다.

04 23-1
광고 매체를 선정할 때 고려해야 할 요인 중에서 (　　　　)란 일정기간 동안 특정 광고에 적어도 한 번 이상 노출된 청중의 수 또는 비율을 말한다.

정답 및 해설

SECTION 01
01 ○
02 × ▶재포지셔닝(Repositioning)의 개념에 대한 설명이다.
03 심리묘사적
04 비차별적

SECTION 02
01 ○
02 × ▶수평적 마케팅 시스템은 경쟁 관계에 있는 기업이든 비경쟁 관계에 있는 기업이든 상관없이 서로의 목표를 위해 힘을 결합할 수 있다는 장점이 있다.
03 소매아코디언이론
04 자기잠식

SECTION 03
01 × ▶선매품의 판매기법에 대한 설명이다.
02 ○
03 세그먼트
04 브랜드 재인

SECTION 04
01 ○
02 × ▶광고 및 운영비를 절감하는 효과는 고저가격전략(high-low pricing)과 비교한 상시저가전략(EDLP)의 장점이다.
03 관습
04 유보

SECTION 05
01 ○
02 × ▶가용예산법은 기업의 여유 자금에 따라 예산을 책정하는 방법으로 예산편성부서에서 광고 예산을 확정해 통보하는 하향식 접근방법이다.
03 풀 전략
04 도달범위

테마로 푸는 필수 기출문제

THEME ❶ 유통경쟁전략

수직적 경쟁과 수평적 경쟁, 업태내 경쟁과 업태간 경쟁의 차이점과 시장구조별 경쟁상태에 대한 특징을 정리해야 한다. 특히 수직적·수평적 경쟁과 업태내·업태간 경쟁은 기본적인 의미를 물어보는 문제보다는 경로구성원의 예를 제시하여 해결하는 문제가 많이 출제되므로 각 경쟁별 예시를 꼭 구분하여 알아두는 것이 좋다.

01 25년 1회

아래 글상자의 괄호 안에 들어갈 용어로 가장 옳은 것은?

(㉠) – 기존상품을 구입하는 고객들로 하여금 새로운 상품을 구입하게 함으로써 성장을 달성하는 전략
(㉡) – 기존상품을 구입하지 않는 사람들을 설득하여 구입하게 만드는 전략

① ㉠ 신상품개발전략 ㉡ 시장개발전략
② ㉠ 시장침투전략   ㉡ 신상품개발전략
③ ㉠ 시장침투전략   ㉡ 시장개발전략
④ ㉠ 시장개발전략   ㉡ 시장침투전략
⑤ ㉠ 신상품개발전략 ㉡ 시장침투전략

02 23년 1회

아래 글상자의 괄호 안에 들어갈 소매업 발전이론으로 옳은 것은?

( )은 소매시스템에서 우세한 소매업태가 취급하는 상품계열수의 측면에서 현대 상업시스템의 진화를 설명하는 이론으로 소매상은 제품구색이 넓은 소매업태에서 전문화된 좁은 제품구색의 소매업태로 변화되었다가 다시 넓은 제품구색의 소매업태로 변화되는 과정을 설명하고 있다.

① 소매아코디언이론(retail accordion theory)
② 소매수명주기이론(retail life cycle theory)
③ 소매차륜이론(the wheel of retailing theory)
④ 변증법적이론(dialectic theory)
⑤ 진공지대이론(vacuum zone theory)

03 23년 2회

아래 글상자가 설명하는 서비스품질을 평가하는 요소로 가장 옳은 것은?

N사는 고객의 개별적 욕구를 충족시키고자 노력하는 기업으로 포지셔닝하며 고객의 개별 선호에 맞춘 고객 응대를 실천하고 있다. 예를 들어, 양쪽 발 사이즈가 다른 고객에게 사이즈가 각각 다른 두 켤레를 나누어 팔았다. 비록 나머지 짝이 맞지 않은 두 신발을 팔 수 없더라도 고객에게 잊지 못할 감동을 주고 있다.

① 신뢰성(reliability)
② 확신성(assurance)
③ 유형성(tangibility)
④ 공감성(empathy)
⑤ 응답성(responsiveness)

04 22년 2회

소매점에서 제공하는 상품 관련 핵심서비스의 내용으로서 가장 옳은 것은?

① 정확한 대금 청구
② 편리한 환불 방식
③ 친절한 고객 응대
④ 다양한 상품 구색
⑤ 신속한 상품 배달

05 25년 1회

세분시장의 매력성이 낮은 경우로 옳지 않은 것은?

① 세분시장 내에 다수의 강력하고 공격적인 경쟁자들이 존재하고 있는 경우
② 새로운 경쟁자들이 쉽게 시장에 들어올 수 있는 상황인 경우
③ 기업에 제품을 공급하는 공급업자의 수가 많은 경우
④ 구매자들이 조직화되어있고 강한 교섭력을 가지고 있는 경우
⑤ 기업의 제품을 실질적 혹은 잠재적으로 대체할 수 있는 다른 상품이 시장에 많은 경우

THEME ❷ 머천다이징

출제 빈도가 높은 유형이므로 머천다이징의 기본적인 정의에서부터 다양한 머천다이징 전략, 인스토어 머천다이징 등 세부적인 내용에 대해서도 비교하여 숙지해야 한다.

06 23년 2회

아래 글상자의 설명으로 가장 옳은 것은?

> 동일한 고객층을 대상으로 하되 경쟁업체와 다르게 그들 고객이 가장 원하는 제품과 서비스에 중점을 두거나 고객에게 제시되는 가격대에 대응하는 상품이나 품질을 차별화하는 방향을 전개하는 머천다이징 유형의 하나이다.

① 혼합식 머천다이징(scrambled merchandising)
② 선별적 머천다이징(selective merchandising)
③ 세그먼트 머천다이징(segment merchandising)
④ 계획적 머천다이징(programed merchandising)
⑤ 상징적 머천다이징(symbol merchandising)

07 24년 2회

단 하나의 제품만을 출시하기보다는 여러 개의 제품들로 상품 라인을 구성하는 전략의 타당성으로서 가장 옳지 않은 것은?

① 고객들의 욕구 이질성
② 고객들의 가격민감도 차이
③ 경쟁자의 시장진입 저지
④ 자기잠식 관리
⑤ 고객들의 다양성 추구 성향

08 23년 1회

머천다이징의 개념에 관한 설명 중 가장 옳지 않은 것은?

① 소매점포가 소비자들의 특성에 적합한 제품들을 잘 선정해서 매입하고 진열하는 것이다.
② 소매업체가 좋은 제품을 찾아서 좋은 조건에 매입해서 진열하는 것과 관련된 모든 것을 말한다.
③ 고객의 니즈를 만족시킬 뿐만 아니라 수요를 적극적으로 창출하기 위한 상품화계획을 의미한다.
④ 제품계획 혹은 상품화활동은 상품의 시장성을 향상시킬 수 있는 계획활동이다.
⑤ 제품 및 제품성과에 대한 소비자들의 지각과 느낌을 상징한다.

09 25년 1회

브랜드 인지와 관련하여 자사제품의 브랜드를 가장 먼저 떠올린 응답자가 전체 중 어느 정도인지 의미하는 용어로 가장 옳은 것은?

① 보조 인지도
② 브랜드 연상
③ 미보조 인지도
④ 브랜드 정체성
⑤ 최초 상기도

10 22년 1회

아래 글상자에서 설명하는 벤더를 일컫는 말로 가장 옳은 것은?

> 소매업자들이 특정 카테고리 내에서 특별히 선호하는 벤더를 일컫는다. 카테고리 내의 다른 브랜드나 벤더를 대신하여 소매업체를 위한 카테고리 전문가의 역할을 하며 소매업체와 일종의 파트너 관계를 확보, 유지하는 브랜드 또는 벤더이다.

① 1차 벤더(primary vendor)
② 리딩 벤더(leading vendor)
③ 스마트 벤더(smart vendor)
④ 카테고리 캡틴(category captain)
⑤ 카테고리 플래너(category planner)

THEME ❸ 상품수명주기별 상품관리전략

출제 빈도가 높은 유형이기 때문에 상품수명주기의 단계별 주요 특징과 구체적인 마케팅믹스 전략에 대해 꼼꼼하게 정리해야 한다.

11 24년 3회

제품수명주기(PLC) 단계 중 쇠퇴기의 특징 또는 상품 관리 전략으로 옳지 않은 것은?

① 소비자가 제품정보를 가지고 있지 않기 때문에 상품을 널리 인지시켜 판매를 늘리는 것이 목표가 된다.
② 매출이 감소하고 이익이 매우 적어지게 되므로 가능한 한 비용을 줄이고 매출을 유지하여 수익을 극대화하여야 한다.
③ 경쟁제품들이 시장에서 철수하게 되어 경쟁사의 수는 감소한다.
④ 취약한 중간상을 제거하고 우량 중간상만 유지하며, 최소한의 이익을 유지하는 저가격 정책을 사용하게 된다.
⑤ 매출액이 적은 품목은 제거하고 기여도가 높은 품목만 남기며, 과잉설비를 제거하고 하청을 늘리게 된다.

12 23년 3회

표적시장을 수정하거나 제품을 수정하거나 마케팅믹스를 수정하는 마케팅전략을 수행해야 하는 제품수명주기상의 단계로서 가장 옳은 것은?

① 신제품 출시 이전(以前)
② 도입기
③ 성장기
④ 성숙기
⑤ 쇠퇴기

13 23년 3회

아래 글상자에서 제품수명주기에 따른 광고 목표 중 도입기의 광고 목표와 관련된 광고만을 나열한 것으로 가장 옳은 것은?

> ㉠ 제품 성능 및 이점에 대한 인지도를 높이는 정보 제공형 광고
> ㉡ 우선적으로 자사 브랜드를 시장에 알리기 위한 인지도 형성 광고
> ㉢ 제품 선호도를 증가시키고 선택적 수요를 증가시키는 설득형 광고
> ㉣ 여러 제품 또는 브랜드 중 자사 제품을 선택해야 하는 이유를 제공하는 비교 광고
> ㉤ 브랜드를 차별화하고 충성도를 높이는 강화 광고
> ㉥ 자사의 브랜드와 특정 모델, 또는 특정 색이나 사물들과의 독특한 연상을 만드는 이미지 광고
> ㉦ 소비자의 기억 속에 제품에 대한 기억이 남아있을 수 있도록 하는 회상 광고

① ㉠, ㉡
② ㉠, ㉡, ㉤
③ ㉡, ㉢
④ ㉡, ㉢, ㉣
⑤ ㉤, ㉥, ㉦

14 25년 1회

다음 중 제품수명주기에 따른 유통전략으로 가장 옳지 않은 것은?

① 도입기에는 소수의 중간상들에게만 제품을 공급하는 선택적 유통경로가 바람직하다.
② 성장단계에는 제품을 널리 보급하기 위한 집중적 유통경로를 이용한다.
③ 성숙단계에서의 기본적인 유통목표는 경로집중도를 계속 강화 및 유지하는 것이다.
④ 성숙기에 제조업자는 유통을 통제하고 규모의 경제를 실현하기 위해 수직적 통합을 활용한다.
⑤ 쇠퇴기가 되면 자사제품을 취급하는 중간상의 수는 줄이고 중간상 지원프로그램은 강화한다.

15 21년 3회

아래 글상자의 내용은 상품수명주기에 따른 경로관리방법을 기술한 것이다. 세부적으로 어떤 수명주기 단계에 대한 설명인가?

> ㉠ 충분한 제품공급을 위해 시장범위 역량을 지닌 경로구성원을 확보
> ㉡ 통제가 성장을 방해하는 것이 아니라는 점을 경로구성원에게 확신시킴
> ㉢ 경쟁 제품들의 경로구성원 지원 현황 조사 및 감시

① 도입기
② 성장기
③ 성숙기
④ 쇠퇴기
⑤ 재도약기

THEME 4 가격설정 정책

출제 빈도가 매우 높은 유형이다. 가격전략의 범위도 넓기 때문에 시험에 출제된 주요 가격전략뿐만 아니라 아래 제시된 내용들까지 광범위하게 학습할 필요가 있다.

16 24년 2회

아래 글상자의 괄호 안에 들어갈 용어로 가장 옳은 것은?

> (㉠) - 구매자가 특정상품에 관하여 지불할 용의가 있는 최고 가격
> (㉡) - 구매자들이 품질을 의심하지 않고 구매할 수 있는 가장 낮은 가격

① ㉠ 준거가격 ㉡ 유보가격
② ㉠ 유보가격 ㉡ 최저수용가격
③ ㉠ 최저수용가격 ㉡ 유보가격
④ ㉠ 준거가격 ㉡ 최저수용가격
⑤ ㉠ 유보가격 ㉡ 준거가격

17 24년 2회

시장에 도입되는 초기에 제품가격을 낮게 설정하고 점진적으로 가격을 인상하는 방식의 가격설정 전략으로 옳은 것은?

① 종속가격 전략(captive pricing strategy)
② 스키밍 전략(skimming pricing strategy)
③ 침투가격 전략(penetration pricing strategy)
④ 고저가격 전략(high-low pricing strategy)
⑤ 상시저가 전략(every day low price strategy)

18 23년 2회

상시저가전략(EDLP ; Everyday Low Price)과 비교한 고 저가격전략(high-low pricing)의 장점으로 가장 옳지 않은 것은?

① 고객의 가격민감도 차이에 기반한 가격차별화를 통해 수익증대가 가능하다.
② 할인행사에 대한 고객 기대를 높이는 효과가 있다.
③ 광고 및 운영비를 절감하는 효과가 있다.
④ 동일 상품을 다양한 고객층에게 판매할 수 있다.
⑤ 제품수명주기의 변화에 따른 가격설정이 용이하다.

19 22년 1회

면도기의 가격은 낮게 책정하고 면도날의 가격은 비싸게 책정한다든지, 프린터의 가격은 낮은 마진을 적용하고 프린터 카트리지나 다른 소모품의 가격은 매우 높은 마진을 적용하는 등의 가격결정 방식으로 가장 옳은 것은?

① 사양제품 가격책정(optional product pricing)
② 제품라인 가격책정(product line pricing)
③ 종속제품 가격책정(captive product pricing)
④ 부산물 가격책정(by-product pricing)
⑤ 이중부분 가격결정(two-part pricing)

20 25년 2회

다음 중 가격에 대한 설명으로 가장 옳은 것은?

① 수요탄력성이 낮은 경우는 저가전략을, 가격-품질 연상 효과를 위해서는 고가전략을 활용한다.
② 상시저가 정책은 경쟁기준 가격결정, 고/저 가격 정책은 고객기반 가격결정 방식이다.
③ 권장소비자가격은 제조원가를 기반으로, 오픈가격은 수요와 공급에 의해 가격이 결정된다.
④ 단수가격 결정 및 단위가격 표시는 경쟁점과의 과도한 경쟁을 감소시킨다.
⑤ 슈퍼마켓에서는 저가전략을, 백화점에서는 고가전략을 활용하는 정책을 이중요율 가격이라 한다.

THEME ⑤ 촉진관리수단

출제 빈도가 매우 높은 유형으로 촉진관리수단의 종류에 대해 묻는 문제가 자주 출제된다. 촉진관리수단별 특징을 숙지하면서 가격형인지 비가격형인지를 구분하여 학습하는 것이 효율적이다.

21 24년 2회

아래 글상자에서 공통적으로 설명하는 촉진수단으로 가장 옳은 것은?

- 촉진의 총비용이 상대적으로 저렴한 촉진수단에 속한다.
- 다른 촉진 믹스들보다 상대적으로 신뢰성이 높다.
- 메시지에 대한 통제력이 거의 없다.

① 광 고
② 인적판매
③ 판매촉진
④ 홍 보
⑤ 직접마케팅

22 24년 2회

인적판매에 대한 설명으로 가장 옳지 않은 것은?

① 인적판매는 고객과 직접적인 커뮤니케이션을 통해 상품을 판매하고 고객과의 관계를 구축하는 일련의 활동이다.
② 인적판매는 광고, 홍보, 판매촉진에 비해 개별적이고 심도 있는 쌍방향 커뮤니케이션이 가능하다.
③ 인적판매는 회사의 궁극적인 목적인 수익창출을 실제로 구현하는 역할을 수행한다.
④ 인적판매는 고객과 직접적인 접점을 형성한다.
⑤ 제조업자가 풀(Pull) 정책을 쓸 경우 가장 적극적으로 활용하는 촉진 수단이다.

23 23년 2회

아래 글상자의 괄호 안에 들어갈 용어로 가장 옳은 것은?

> 제조업체가 최종소비자들을 상대로 촉진활동을 하여 이 소비자들로 하여금 중간상(특히 소매상)에게 자사제품을 요구하도록 하는 전략을 (㉠)이라고 한다. 반면에 어떤 제조업체들은 중간상들을 대상으로 판매촉진활동을 하고 그들이 최종소비자에게 적극적인 판매를 하도록 유도하는 유통전략을 사용하는데, 이를 (㉡) 전략이라고 한다.

① ㉠ 풀전략 ㉡ 푸시전략
② ㉠ 푸시전략 ㉡ 풀전략
③ ㉠ 집중적 마케팅전략 ㉡ 차별적 마케팅전략
④ ㉠ 풀전략 ㉡ 차별적 마케팅전략
⑤ ㉠ 푸시전략 ㉡ 집중적 마케팅전략

24 23년 2회

아래 글상자에서 말하는 여러 효과를 모두 보유하고 있는 마케팅 활동은?

> ㉠ 가격인하 효과
> ㉡ 구매유발 효과
> ㉢ 미래수요 조기화 효과
> ㉣ 판매촉진 효과

① 쿠폰
② 프리미엄
③ 컨테스트
④ 인적 판매
⑤ 리베이트

25 23년 2회

다음 중 판매촉진에 대한 설명으로 가장 옳지 않은 것은?

① 판매촉진은 고객들로 하여금 즉각적인 반응을 일으킬 수 있고 반응을 쉽게 알아낼 수 있다.
② 판매촉진은 단기적으로 고객에게 대량 또는 즉시 구매를 유도하기 때문에 다른 촉진활동보다 매출증대를 기대할 수 있다.
③ 판매촉진 예산을 결정할 때 활용하는 가용예산법(affordable method)은 과거의 매출액이나 예측된 미래의 매출액을 근거로 예산을 결정하는 방법을 말한다.
④ 소비자를 대상으로 하는 판매촉진의 유형 중 쿠폰(coupon)은 가격할인을 보장하는 일종의 증서로 지면에 표시된 가격만큼 제품가격에서 할인해 주는 방법이다.
⑤ 중간상의 판매촉진의 유형으로 협동광고는 제조업자가 협동하여 지역의 소매상들이 공동으로 시행하는 광고를 말한다.

필수 기출문제 정답과 해설

01 정답 ①

해설 ㉠ 신상품개발전략은 회사의 기존 고객들에게 품목 다양화, 기존 제품 업그레이드 등의 신제품 출시를 통해 시장점유율을 높이는 전략이다.
㉡ 시장개발전략은 회사의 기존 제품을 가지고 판매 지역 및 고객층 확대 등을 통해 새로운 시장을 개척하여 판매하는 전략이다.

02 정답 ①

해설 소매아코디언이론은 제품구색의 변화에 초점을 맞춘 소매업태이론이다.

03 정답 ④

해설 공감성은 소비자 개개인에 대한 관심, 소비자들의 욕구에 대한 종업원들의 이해 등 접근이 용이하고, 의사소통이 잘 되면서 소비자를 잘 이해하는 것을 말한다.

04 정답 ④

해설 소매점은 여러 공급업자들로부터 제품과 서비스를 제공받아 다양한 상품 구색을 갖춤으로써 소비자들에게 제품선택에 소요되는 비용과 시간을 절감할 수 있게 하고 선택의 폭을 넓혀주기도 한다.

05 정답 ③

해설 공급자의 수가 많을수록 공급자의 교섭력이 낮아지므로 기업 입장에서는 유리한 환경이 조성되어 세분시장의 매력성은 높아진다. 반면, 기존 기업 간의 경쟁이 심할수록, 잠재적 진입자가 많을수록, 공급자의 교섭력이 높을수록, 구매자의 교섭력이 높을수록, 대체제품이 많을수록 세분시장의 시장 매력성은 낮다.

06 정답 ③

해설 세그먼트 머천다이징은 세분시장 대응 머천다이징으로, 경합점 상호 간에 양립성을 생기게 하여 직접적인 경쟁을 회피할 수 있게 해준다.

07 정답 ④

해설 자기잠식 관리는 신상품이 자사의 다른 제품의 판매를 잠식하여 매출을 감소시키는 현상이 발생하지 않게 관리하는 것을 말한다. 그러므로 여러 개의 제품들로 상품라인을 구성하는 전략의 전개 시 자기잠식 관리가 필요하며, 브랜드 개발 전략의 타당성으로는 옳지 않다.

08 정답 ⑤

해설 브랜드 인지도에 대한 설명이다.

09 정답 ⑤

해설 최초 상기도(Top of Mind)
응답자가 여러 가지 경쟁 브랜드 중 가장 먼저 떠올린 브랜드를 말한다. 브랜드가 속한 카테고리에서 시장점유율이 가장 높은 브랜드일 가능성이 크기 때문에 시장점유율을 추정할 수 있는 브랜드 지표가 된다.

10 정답 ④

해설 카테고리 캡틴(category captain)
- 소매업체가 특정 카테고리에서 선호하는 한 공급업체를 지원하는 경우
- 가격설정, 촉진활동 등의 위임을 통한 해당 카테고리 관리의 부담 감소
- 고객에 대한 이해 증진에 협력함으로써 해당 카테고리 전반의 수익 증진
- 재고품절의 방지를 통한 관련된 손해의 회피 및 서비스 수준의 향상
- 해당 카테고리 품목의 여타 납품업체들과의 구매협상 노력을 생략하여 비용 절감

11 정답 ①

해설 ①은 도입기의 상품 관리 전략에 대한 설명이다. 쇠퇴기에는 자본의 지출을 최소화하며 시장에서의 탈출을 모색한다.

12 정답 ④

해설 성숙기에는 심한 경쟁에 대응하기 위해 기존 제품의 품질·특성을 수정하여 새로운 소비자를 찾거나 기존 소비자를 위한 제품의 새로운 용도를 개발하는 단계이다.

13 정답 ①

해설 ⓒ·ⓔ 성장기의 광고 목표, ⓜ·ⓗ 성숙기의 광고 목표, ⓐ 쇠퇴기의 광고 목표

14 정답 ⑤

해설 중간상 지원프로그램을 강화하는 전략은 성숙기에 해당한다. 성숙기에는 소매개념을 수정하여 성숙기를 지속시키기 위한 전략을 수행한다. 반면, 쇠퇴기에는 중간상 수를 감소시키고 지원을 축소한다.

15 정답 ②

해설 성장기에는 수요량이 증가하여 가격탄력성도 커지며, 초기설비는 완전히 가동되고 증설이 필요해지기도 한다. 또한 조업도의 상승으로 수익성도 호전된다.

16 정답 ②

해설 준거가격은 구매자가 가격이 저가인지 고가인지를 판단하는 데 기준으로 삼는 가격이다.

17 정답 ③

해설 침투가격 전략은 수요가 가격에 대하여 민감한 가격탄력성이 높은 신제품을 도입하는 초기에 저가격을 설정하여 신속하게 시장에 침투하고 시장을 확보하려는 가격정책으로, 장기적인 이익을 올리는 것을 목표로 한다.

18 정답 ③

해설 광고 및 운영비를 절감하는 효과는 고저가격전략(high-low pricing)과 비교한 상시저가전략(EDLP)의 장점이다.

19 정답 ③

해설 ③은 주요한 제품과 함께 사용해야 하는 종속제품에 대한 가격을 결정하는 방법이다.

20 정답 ③

해설 ① 시장수요의 가격탄력성이 높으면 저가전략을, 가격-품질 연상 효과를 위해서는 고가전략을 활용한다.
② 상시저가 정책은 경쟁업체와 같거나 낮은 가격을 설정하는 고객기반 가격결정 방식이고, 고/저 가격 정책은 일부는 저가 이미지를 구축하고, 다른 일부는 정상가로 판매해 높은 이윤을 달성하려는 경쟁기준 가격결정 방식이다.
④ 단수가격 결정과 단위가격표시는 소비자 선택을 촉진하고, 경쟁을 강화하는 역할을 한다.
⑤ 이중요율 가격은 서비스 가격을 기본요금과 추가사용료로 분리하여 결정하는 방법이다.

21 정답 ④

해설 촉진수단 중 홍보에 대한 설명이다.

22 정답 ⑤

해설 제조업자가 유통업자들을 대상으로 촉진예산을 인적 판매와 거래점 촉진에 집중 투입하여 유통경로상 다음 단계의 구성원들에게 영향을 주고자 할 때에는 푸시정책을 주로 쓴다.

23 정답 ①

해설 풀전략은 최종소비자를 상대로 적극적인 프로모션 활동을 하여 소비자들이 스스로 제품을 찾게 만들고 중간상들은 소비자가 원하기 때문에 제품을 취급할 수밖에 없게 만드는 전략을 말한다. 푸시전략은 제조업자는 도매상에게, 도매상은 소매상에게, 소매상은 소비자에게 제품을 판매하게 만드는 전략을 말한다.

24 정답 ①

해설 쿠폰은 소비자 판매촉진 수단으로, 가격할인의 기회를 제공하여 해당 제품의 구매를 유도하고, 소비자들의 구매 행동을 정당화할 수 있는 동기를 부여한다.

25 정답 ③

해설 가용예산법은 기업의 재정이 허락하는 범위 내에서 최대한의 액수를 촉진예산으로 책정하는 방법이다.

당신이 저지를 수 있는 가장 큰 실수는,
실수를 할까 두려워하는 것이다.

– 앨버트 하버드 –

CHAPTER 02 디지털 마케팅 전략

최신빈출 대표유형문제

SECTION 01 소매점의 디지털 마케팅 전략
1. 디지털 마케팅에 대한 이해
2. 온라인 구매결정과정에 대한 이해
3. 소매점의 디지털 마케팅을 위한 목표결정
4. 타깃 고객층 파악
5. 경쟁분석과 마케팅 포지셔닝

SECTION 02 웹사이트 및 온라인 쇼핑몰 구축
1. 사용자 경험(UX)에 대한 이해
2. 온라인 쇼핑몰의 중요성과 이점
3. 온라인 쇼핑몰 기능과 결제 시스템
4. 검색엔진 마케팅과 검색엔진 최적화(SEO)
5. 보안과 개인정보 보호

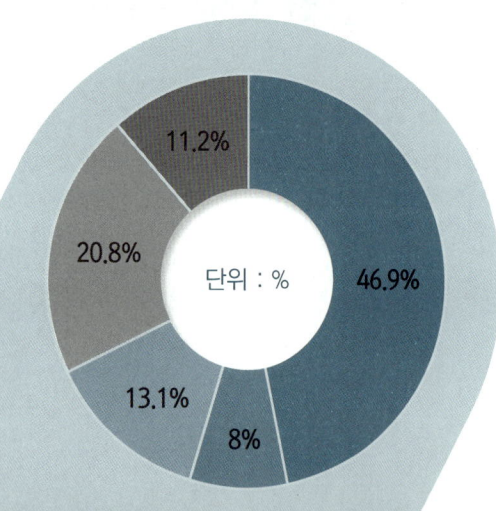

단위 : %
- 유통마케팅 전략기획 46.9%
- 디지털 마케팅 전략 8%
- 점포관리 13.1%
- 상품판매와 고객관리 20.8%
- 유통마케팅 조사와 평가 11.2%

최근 5년간 챕터별 출제비중 / 회당 평균 2문제 출제(5개년 기준 총 15회)

비중		출제영역	2021	2022	2023	2024	2025	합계
46.9%	제1장	유통마케팅 전략기획	38	35	39	34	30	176
8%	제2장	디지털 마케팅 전략	-	-	-	14	16	30
13.1%	제3장	점포관리	13	10	10	9	7	49
20.8%	제4장	상품판매와 고객관리	17	21	15	10	15	78
11.2%	제5장	유통마케팅 조사와 평가	7	9	11	8	7	42
		합계(문항 수)	75	75	75	75	75	375

SECTION 03 소셜미디어 마케팅

1. 소셜미디어 플랫폼에 대한 이해
2. 소셜미디어 마케팅 전략과 콘텐츠 제작
3. 소셜미디어 광고

SECTION 04 데이터 분석과 성과측정

1. 디지털 마케팅 데이터 분석의 개요
2. 효과적인 분석도구와 측정지표

출제지문 퀴즈로 핵심체크!

테마로 푸는 필수 기출문제

최대 출제 POINT & 학습목표

❶ 디지털 마케팅의 개념과 특징

❷ 온라인 구매결정과정

❸ 디지털 마케팅의 목표 결정

❹ 타깃 고객의 파악(페르소나 기법과 고객여정 분석 등)

❺ 경쟁분석의 개념과 중요성

❻ 사용자 경험(UX)의 개념과 특성

❼ 디지털 마케팅 성과측정에 활용되는 주요 지표

❽ 검색엔진 마케팅과 검색엔진 최적화에 대한 이해

❾ 데이터보안과 개인정보 보호 기술

❿ 소셜미디어 마케팅과 소셜미디어 광고

CHAPTER 02 최신빈출 대표유형문제

01 고객이 온라인 서비스에 접속한 후 상품을 구매하기까지의 과정을 단계별로 나누어 깔때기 모양으로 시각화한 고객구매여정모델로서 옳은 것은? 25년 1회

① 웹로그 분석
② 타겟팅 고도화
③ 마케팅 퍼널
④ 고객 프로파일링
⑤ 프로그래매틱 바잉

관련이론 068p

해설 ③ 온라인 마케팅 퍼널 모델은 고객이 온라인 서비스에 접속한 후 상품을 구매하기까지의 일련의 경로를 단계별로 나누어 시각화한 모델을 말하는 것으로, 상품의 인지에서 구매까지의 과정에서 단계별로 좁아지는 깔때기(퍼널, Funnel) 같은 모양에서 비롯되었다.

대표유형 더보기
- 아래 글상자에서 설명하는 기법으로 옳은 것은? 24년 2회
- 온라인상의 마케팅 퍼널 모델(funnel model)에 대한 설명으로 옳지 않은 것은? 24년 1회

02 온라인광고의 유형에 대한 설명으로 가장 옳지 않은 것은? 23년 3회

① 배너광고(banner advertising)는 웹페이지의 상하좌우 또는 중간에서도 볼 수 있다.
② 삽입광고(insertional advertising)는 웹사이트 화면이 바뀌고 있는 동안에 출현하는 온라인 전시광고이다.
③ 검색관련광고(search-based advertising)는 포털사이트에 검색엔진 결과와 함께 나타나는 링크와 텍스트를 기반으로 하는 광고이다.
④ 리치미디어광고(rich media advertising)는 현재 보고 있는 창 앞에 나타나는 새로운 창에 구현되는 온라인 대금 청구 광고이다.
⑤ 바이럴광고(viral advertising)는 인터넷상에서 소비자가 직접 입소문을 퍼트리도록 유도하는 광고이다.

관련이론 064p

해설 ④ 리치미디어광고는 기존 단순한 형태의 배너광고보다 그래픽이나 플래시 기술 등을 적용하여 만든 멀티미디어 형태의 광고로, 멀티미디어 효과의 강화를 통해 기존 광고와 차별화를 이룬다.

대표유형 더보기
- 아래 글상자의 온라인 배너광고에 대한 설명 중 옳지 않은 것만을 나열한 것은? 25년 1회
- 미디어 믹스에 대해 설명한 아래 글상자의 ㉠과 ㉡에 해당하는 용어의 짝으로서 옳은 것은? 25년 1회
- 인터넷을 활용한 소매점 이벤트 프로모션의 유형 중 정보제공형 이벤트 프로모션에 대한 설명으로 옳지 않은 것은? 24년 3회

03 다음 중 마케팅을 위한 소셜미디어의 장점에 대한 설명으로 가장 옳지 않은 것은? `24년 3회`

① 소셜미디어는 표적화되고 개별화되어 있다는 장점이 있다.
② 소셜미디어는 상호작용적이어서 소비자의 의견 및 피드백을 얻는 데 이상적인 도구이다.
③ 소셜미디어는 브랜드의 근황 및 활동에 관한 마케팅 콘텐츠를 시의적절하게 제공할 수 있다.
④ 소셜미디어를 활용한 마케팅은 비용이 무료라는 장점이 있다.
⑤ 소셜미디어는 고객의 경험을 형성하고 공유하는 데 적합하다.

`관련이론 074p`

해설 소셜미디어 마케팅의 장점
- 표적화되어 있고 인적인 속성이 강함
- 상호소통이 가능해 일방적 메시지 전달을 위한 미디어 비용을 줄일 수 있음
- 마케팅 경험과 콘텐츠를 유통함으로써 바이럴 효과를 극대화
- 실시간성을 가짐으로써 시기적절한 능동적인 마케팅이 가능
- 관계지향적 마케팅을 통해 브랜드에 대한 고객들의 긍정적 반응과 충성도를 높일 수 있음

대표유형 더보기
- 소셜미디어에 대한 설명 중 가장 옳지 않은 것은? `25년 2회`

04 소셜미디어에서 광고가 1,000회 노출되는 데 소요되는 광고비용을 지칭하는 용어로 가장 옳은 것은? `24년 2회`

① CTR(click-through rate)
② CVR(conversion rate)
③ CPC(cost per click)
④ CPM(cost per mille)
⑤ CPA(cost per action)

`관련이론 078p`

해설 CPM(cost per millennium ; 천명 노출당 과금) : 클릭과 관계없이 노출량에 따라 과금하는 방식
① CTR(click-through rate) : 콘텐츠의 노출 대비 클릭한 사람의 비율
② CVR(conversion rate) : 얼마나 많은 사람들이 콘텐츠를 보고 행동을 '전환'했는지를 측정하는 지표
③ CPC(cost per click ; 클릭당 과금) : 링크를 클릭했을 때 과금하는 방식
⑤ CPA(cost per action ; 행동당 과금) : 특정 행동에 대해 과금하는 방식

대표유형 더보기
- 디지털 마케팅의 측정지표에 관한 설명으로 가장 옳지 않은 것은? `25년 2회`
- 아래 글상자의 괄호에 공통적으로 들어갈 디지털 마케팅에서의 성과지표로 가장 옳은 것은? `25년 1회`
- 아래 글상자에서 설명하는 용어로 옳은 것은? `25년 1회`

01 ③　02 ④　03 ④　04 ④

05 플랫폼 비즈니스전략을 수립할 때 고려해야 할 사항으로 가장 옳지 않은 것은? 24년 1회

① 새로운 비즈니스 모델 및 양질의 콘텐츠가 성공의 핵심 요인이다.
② 규모의 경제로 인해 선두주자는 반드시 성공한다.
③ 초기에 충분한 사용자를 확보하기 위해 빠른 시간 내에 네트워크 효과가 나타나게 해야 한다.
④ 제공 서비스 및 콘텐츠의 품질은 지속적으로 유지되어야 한다.
⑤ 독점적 지위를 이용하여 사용자에게 과다한 부담을 강요하는 것은 장기적으로 해가 될 수 있다.

관련이론 075p

해설 ② 플랫폼 비즈니스에서는 선두주자가 성공하는 것이 아니라 사용자를 임계점(Critical mass)까지 확보하고 플랫폼 간 경쟁에서 적자를 버틸 여력이 있는 소수의 플랫폼만이 유료화, 수익화에 나서게 되고, 이들이 수익모델 구축에 성공할 경우 비로소 승자독식의 수익 구조가 형성된다.

대표유형 더보기
• 다음 중 온라인 판매 채널을 추가함으로써 얻을 수 있는 혜택으로 가장 옳지 않은 것은? 24년 3회

06 소셜커머스의 한 유형으로서 관심 지역의 서비스 혹은 온라인상의 상품 및 서비스를 일정인원 이상이 구입하면 상품가격 할인폭이 높아지는 형태의 비즈니스 모델로 옳은 것은? 24년 2회

① 플래시 세일(flash sale)
② 위치기반 소셜 앱(LBS social apps)
③ 공동구매(group buy)
④ 구매 공유(purchase sharing)
⑤ 소셜 큐레이션(social curation)

관련이론 074p

해설 ③ 소셜커머스상의 공동구매는 특정 제품을 제한된 시간 동안 목표 구매자가 모이면 할인된 가격으로 제품을 판매하는 방식이다.

대표유형 더보기
• 소셜커머스(social commerce)에 대한 설명으로 옳지 않은 것은? 19년 2회

07 검색엔진 최적화를 위한 키워드 조사에 대한 설명으로 가장 옳지 않은 것은? **24년 2회**

① 검색엔진 최적화는 소비자가 어떤 키워드로 검색하는지를 알아내는 것이 중요하다.
② 판매하려는 제품이나 서비스와 관련하여 검색하는 유관 키워드 또한 파악해야 한다.
③ 검색한 소비자가 궁극적으로 얻고자 하는 게 무엇인지 고민해야 한다.
④ 키워드는 온라인마케팅 전반에 활용되므로 불특정 다수를 중심으로 조사해야 한다.
⑤ 경쟁기업이 어떤 메시지와 키워드를 사용하는지 경쟁사 키워드 조사도 필요하다.

관련이론 071p

해설 ④ 키워드는 제공된 콘텐츠를 이용하는 특정인을 중심으로 조사해야 한다.

대표유형 더보기
- 다음 중 자사 웹사이트에 대한 검색엔진 최적화(SEO)의 목적으로 가장 옳은 것은? **25년 2회**
- 검색엔진 최적화(SEO ; Search Engine Optimization)의 성과지표 중 하나로, 검색엔진을 통해 웹사이트에 유입된 방문자 수치를 의미하는 것으로 옳은 것은? **24년 3회**

08 고객의 개인정보보호에 관한 내용으로 가장 옳지 않은 것은? **23년 1회**

① 고객정보를 제3자에게 제공하거나 제공받은 목적 외의 용도로 이용해서는 안 된다.
② 고객은 개인정보수집, 이용, 제공 등에 대해 동의 철회 및 정정을 요구할 수 있다.
③ SMS 광고 전송 시 전송자의 명칭을 표시하고, 수신거부 의사를 표현할 수 있게 해야 한다.
④ 경품응모권을 통해 수집한 개인정보는 보유 및 이용기간의 제한이 없기 때문에 영구적인 이용이 가능하다.
⑤ 오후 9시부터 아침 8시까지는 별도의 동의 없이 광고를 전송해서는 안 된다.

관련이론 072p

해설 ④ 개인정보는 보유 및 이용기간이 끝나면 지체 없이 파기해야 한다.

대표유형 더보기
※ 2024년 새로 추가된 유형임

05 ② 06 ③ 07 ④ 08 ④

CHAPTER 02 디지털 마케팅 전략

SECTION 01 소매점의 디지털 마케팅 전략

1 디지털 마케팅에 대한 이해

01 디지털 마케팅의 개념　18-2
① 온라인상에서 디지털 기술을 활용하여 수익을 얻고자 수행하는 전략적 마케팅 활동
② 인터넷 마케팅, 블로그 마케팅, 소셜미디어 마케팅, 모바일 마케팅, 콘텐츠 마케팅 등이 있음
③ 기술진보로 인해 마케터가 제공하는 정보에 대한 소비자의 의존도는 과거에 비해 감소

02 디지털 마케팅의 특징
① 디지털 시대의 소비자는 참여적·능동적이므로 디지털 마케팅의 핵심은 소비자 욕구와 양방향 커뮤니케이션임
② TV, 라디오, 신문 등 전통적인 매체 광고보다는 비교적 적은 예산으로도 다양한 광고를 집행 가능
③ 노출 수, 클릭 수, 클릭률, 전환 비용 등의 데이터를 통해 성과분석이 용이

03 온라인광고의 유형　25-1, 24-1, 23-3

디스플레이 광고 (Display Advertising)	이미지, 문자, 비디오, 애니메이션 등으로 표현되는 온라인 광고
콘텐츠 스폰서십 (Content Sponsorship)	스폰서들이 광고 대행주들에게 이익을 제공해 주면서 콘텐츠에 스폰서 로고를 표시하거나 광고 콘텐츠를 제공하는 온라인 광고
직접 반응 광고 (Direct-response Advertising)	기업이나 브랜드의 이미지보다는 제품의 특성이나 혜택 등을 알림으로써 직접적인 판매의 증진을 목적으로 하는 온라인 광고
배너광고 (Banner Advertising)	• 인기 있는 홈페이지 한쪽에 특정 웹사이트 이름이나 내용을 띠 형태로 부착하는 것으로, 웹페이지의 상하좌우 또는 중간에서도 볼 수 있음 • 왕래가 잦은 장소에 배치해 관심있는 사람들의 클릭을 유도 • 클릭하면 홈페이지·광고 페이지에 접속하거나 큰 화면의 광고가 동영상으로 제공되는 방식
리치미디어광고 (Rich Media Advertising)	기존 단순한 형태의 배너광고보다 그래픽이나 플래시 기술 등을 적용하여 만든 멀티미디어 형태의 광고로, 멀티미디어 효과의 강화를 통해 기존 광고와의 차별화를 이룸
인터액티브 배너광고	배너광고를 클릭하여 이동할 필요 없이 배너광고 안에서 필요한 상품정보의 검색, 획득, 구매가 이루어지도록 하는 형태
팝업광고	인터넷 홈페이지 첫 화면의 로딩과 동시에 별도의 창으로 내비게이션 되는 광고창을 말하며, 이벤트, 속보, 세미나 등 주요 공지사항에 이용

삽입광고 (Insertional Advertising)	웹사이트 화면이 바뀌고 있는 동안에 출현하는 온라인 전시광고
검색관련광고 (Search-based Advertising)	포털사이트에 검색엔진 결과와 함께 나타나는 링크와 텍스트를 기반으로 하는 광고
바이럴광고 (Viral Advertising)	인터넷상에서 소비자가 직접 입소문을 퍼트리도록 유도하는 광고

2 온라인 구매결정과정에 대한 이해

01 온라인 구매결정과정의 특징
인터넷 매체의 새로운 방식을 통한 상거래라는 온라인 구매결정과정의 특성상 전통적 구매결정과정보다 신속한 의사결정을 함

02 온라인 구매결정과정 단계

> 문제 인식 → 정보탐색 → 대안평가 → 구매의도 → 구매 후 평가

① **문제 인식** : 문제를 강하게 인식하여 구매동기가 형성됨
② **정보탐색** 22-1
  ㉠ 내적 탐색 : 자신의 욕구를 충족해 줄 수 있는 대상과 관련된 정보가 기억 속에 이미 저장되어 있는 경우에 이를 기억 속에서 떠올리는 일
  ㉡ 외적 탐색 : 내적 탐색으로 충분하지 않아 외부에서 정보를 찾는 일
③ **대안평가** : 구체화 된 대안이 어떻게 구매로 이어지는지 평가되는 과정
④ **구매의도** : 온라인에서 제공하는 이미지, 제품 상세설명을 보고 구매결정을 해야 하므로 충분한 제품정보와 편리하고 시각적인 탐색시스템의 제공 필요
⑤ **구매 후 평가** : 기대의 충족·초과 시 만족, 기대 미충족 시 불만족이 발생하며, 고객의 욕구와 기대에 부응하면 고객만족을 달성

03 구매 의사 결정모형 25-2, 24-3

상품구매 시 고객은 자신이 고려하는 모든 속성들이 정해 놓은 최소한의 기준치를 충족시키는지 평가하여 대안을 선택

비보상적 (비보완적)	사전찾기식 모형 (Lexicographic Model)	소비자가 제일 중요하게 원하는 속성에서 최고 수준의 대안 선택
	순차적 제거식 모형 (Sequential Model)	중요한 평가 기준의 순서로 최소치를 넘지 못하는 대안을 제거하여 마지막까지 남은 대안 선택
	결합식 모형 (Conjunctive Model)	모든 속성에 최소치를 두고 탈락 여부 결정, 속성 중 하나라도 미달하면 탈락
	분리식 모형 (Disjunctive Model)	모든 속성에 커트라인을 두고 채택, 속성 중 하나라도 통과하면 선택
보상적 (보완적)	피시바인의 다속성 모형	각 상표에 대해 여러 개의 속성에 대해 평가하고 속성별 중요도를 가중하여 합산

3 소매점의 디지털 마케팅을 위한 목표결정

01 의의

① 마케팅 활동을 통해 성취하고자 하는 목표를 계량화하여 설정
② 마케팅 목표는 기업의 비전과 일치하여야 하고 현실적으로 달성 가능해야 함

02 디지털 마케팅의 목표

(1) 잠재고객 발굴 및 마케팅 타깃 확대

고객의 나이, 성별, 구매성향, 관심항목, 기업 콘텐츠에 대한 반응도 등 고객정보의 빅데이터화를 통해 기업의 정밀한 타깃 설정이 가능

(2) 경제성

소셜미디어, 이메일 등 무료로 사용할 수 있는 매체를 쉽게 찾을 수 있으므로 마케팅 자본이 적거나 시작 단계의 브랜드는 적은 비용으로 원하는 타깃 고객에 쉽게 도달이 가능

(3) 고객과의 실시간 상호작용 24-1

① 기업은 고객 반응을 패턴화하여 새로운 수요 창출에 디지털 기술을 활용하는 추세임
② 제1차 데이터(First Party Data) : 디지털 마케팅에서 기업 웹사이트나 모바일 앱 등 다양한 고객과의 접점에서 직접적 상호작용을 통해 기업이 자체적으로 수집한 자사 데이터

(4) 콘텐츠의 다양화 및 개인화

콘텐츠 형식이 동영상, 사진, 카드뉴스, 가상현실, 증강현실 등으로 증가하였고, 고객 성향을 빅데이터화 할 수 있게 되면서 개인화된 마케팅 및 서비스의 제공 가능

(5) 정량적인 효과 측정

기업은 정량화된 마케팅 성과분석을 통해 주어진 예산에서 가장 효율적이고 성과를 극대화할 수 있는 방식에 집중한 마케팅전략 구축이 가능함

4 타깃 고객층 파악

01 구매자 페르소나(Persona) 기법

(1) 구매자 페르소나 기법의 의의 24-2
  ① '가면', '인격'을 뜻하는 그리스어에서 유래됐으며, 마케팅에서는 특정 제품이나 서비스, 웹페이지를 사용하는 다양한 사용자들의 특징을 대표하는 가상의 모델을 의미
  ② 마케터는 특정 소비자 세분시장에 초점을 맞춰 해당 고객들을 잘 이해할 수 있는 강력한 도구가 필요하며, 이를 위해 제품 디자인과 커뮤니케이션 의사결정에 영감을 주는 핵심 고객의 가상 프로필을 만드는 것이 효과적

(2) 구매자 페르소나 기법의 장점
  ① 고객에 대한 명확한 파악 및 사용자 맞춤 디자인 구축 가능
  ② 정보에 입각한 의사결정 및 커뮤니케이션 개선 가능
  ③ 인간적인 감성 추가, 제품의 정확성 개선 및 연속성 보장

02 고객여정(Customer Journey) 분석

(1) 고객여정 분석의 개념
  ① 고객이 기업의 제품 혹은 콘텐츠를 처음 접하고 구매에 이르는 일련의 과정
  ② 인지 → 비교/탐색 → 경험 → 구매 → 공유 → 사후관리의 단계

단계	단계별 행동요인
인지	제품에 처음 관심을 갖고 인지하여 상품정보나 호기심을 자극하는 요소에 반응
비교/탐색	인지한 제품에 대한 추가정보를 탐색·비교 분석하고 후기 등을 보며 꼼꼼히 살핌
경험	동영상이나 고객 후기를 통해 고객이 제품 성능이나 차별점을 직·간접적으로 경험
구매	경험을 통해 확신을 갖고 구매로 전환하며, 다양한 혜택을 알려주면 구매전환에 도움이 됨
공유	구매 후 경험을 공유하되 고객 공유 활성화를 위해 공유가 쉬운 채널이나 방법을 알려주어야 함
사후관리	주로 기업이 보유한 고객 접점 채널에서 이루어지며, 구매 후 고객들의 추가 필요 사항을 지원·대응

(2) 고객여정 분석의 목적
  ① 각 단계에서의 선택 요인을 분석함으로써 고객 행동을 이해
  ② 고객여정 과정을 분석하여 각 고객 행동의 단계별 디지털 채널과 접점(Touch Point, 터치포인트)을 파악하고 이를 디지털 마케팅 전략 설계에 활용

03 온라인 마케팅 퍼널 모델(Funnel Model) 25-1, 24-1

(1) 온라인 마케팅 퍼널 모델의 개념

① 고객이 온라인 서비스에 접속한 후 상품을 구매하기까지의 일련의 경로를 단계별로 나누어 시각화한 모델을 말함
② 상품의 인지에서 구매까지의 과정에서 단계별로 좁아지는 깔때기 같은 모양에서 비롯

(2) 온라인 마케팅 퍼널 모델의 의의

① 온라인상의 마케팅 퍼널 모델은 소비자 정보처리 이론을 바탕으로 형성
② 온라인상의 마케팅 퍼널은 잠재고객을 기업의 충성고객으로 전환하는 과정을 설계하고 최적화하는 프로세스
③ 온라인상에서 설계된 퍼널을 통해 기업은 각 단계마다 고객의 전환 및 이탈을 확인할 수 있기 때문에 해당 단계에 적합한 전략들을 수립하는 것이 가능

5 경쟁분석과 마케팅 포지셔닝

01 경쟁분석의 의의

기업은 시장 내에서 경쟁업체들의 활동을 평가·비교하여 경쟁환경을 파악하고, 경쟁 우위를 유지하기 위한 전략 개발이 가능하며, 특히 디지털 플랫폼과 소셜미디어 마케팅에서 중요성이 두드러지는 추세

02 마케팅 포지셔닝

(1) 3C의 개념 : Customer(고객), Competition(경쟁), Company(기업)

Customer(고객)	Competition(경쟁)	Company(기업)
• 시장규모와 성장성 • 고객이 최대로 지불하려는 가격	• 경쟁적 우위요소 • 경쟁의 강도	• 가용가능한 자원 • 운영중인 사업과의 시너지 • 전략적 적합도

(2) 소비자 구매행동 분석 : FCB 그리드 모델

FCB 그리드 모델은 고관여-저관여, 사고-감성이라는 두 차원을 이용하여 네 가지 유형의 소비자 반응 모형을 제시하고, 각 유형에 적합한 광고 전략을 제시

구 분	사 고	감 성
고관여	정보적(Informative) • 소비자 반응 모형 : 인지-느낌-행동 • 광고 측정 : 회상 • 매체 : 긴 카피, 사고를 유발하는 매체 • 크리에이티브 : 구체적 정보, 증명	감성적(Affective) • 소비자 반응 모형 : 느낌-인지-행동 • 광고 측정 : 태도 변화, 정서적 환기 • 매체 : 큰 지면, 이미지 창출형 매체 • 크리에이티브 : 광고 접촉시 강한 임팩트 발생을 유도하는 감성적 광고
저관여	습관성(Habit formation) • 소비자 반응 모형 : 행동-인지-느낌 • 광고 측정 : 판매, 매출액 추이는 곧 광고 효과를 나타냄 • 매체 : 작은 광고 지면, 노출 빈도 증대 • 크리에이티브 : 브랜드 상기, 습관 형성적 광고	자아만족(Self-satisfaction) • 소비자 반응 모형 : 행동-느낌-인지 • 광고측정 : 매출, 판매 조사 • 매체 : 입간판, 신문, POS • 크리에이티브 : 주의 환기, 자아만족적 광고

SECTION 02 　웹사이트 및 온라인 쇼핑몰 구축

1 사용자 경험(UX)에 대한 이해

01 사용자 경험(UX ; User Experience)

(1) 사용자 경험(UX)의 개념
  ① 사용자가 시스템, 제품, 서비스를 직 · 간접적으로 이용하면서 체험하고 느끼는 총체적 경험
  ② 단순한 기능이나 절차상의 만족뿐 아니라 전반적으로 지각 가능한 모든 면에서 사용자가 참여 · 사용 · 관찰하고 상호 교감을 통해서 알 수 있는 가치 있는 경험

(2) 사용자 경험(UX)의 특성

주관성	각 개인의 특성에 따라 다르므로 주관적임
맥락성	어떤 것을 경험하게 될 때 외부적 환경에도 영향을 받기 때문에 맥락성이 존재
총체성	사용자 경험은 그것을 경험할 때 느껴지는 모든 감정들이 합쳐진 결론이기 때문에 총체적이라고 표현

(3) 사용자 경험(UX)의 중요성

사용자 경험은 주관적이므로 수치로 환산하기 어려우나 사용자 경험들이 모여 브랜드 가치를 형성하므로 기업 입장에서 중요함

2 온라인 쇼핑몰의 중요성과 이점

01 온라인 쇼핑몰의 중요성

(1) 제품 노출과 인지도 향상

인터넷 사용자들은 검색엔진을 통해 원하는 제품을 찾기 때문에 광고를 통해 제품을 노출시키고, 쇼핑몰의 인지도를 높이는 것이 매우 중요

(2) 타깃마케팅

사용자들의 검색 기록, 관심사, 구매패턴 등을 분석하여 광고를 노출시킬 수 있으므로 자사 제품을 관심 고객에게 집중적으로 홍보할 수 있음

(3) 고객유치 및 유지

온라인 쇼핑몰을 통해 새 상품, 할인, 이벤트 등을 소개하여 새 고객을 유치하고 기존 고객에게는 더 많은 구매를 유도할 수 있음

02 온라인 쇼핑몰의 장단점 24-3

장점	편의성	매장에 방문할 필요 없이 스마트폰으로 어디서나 편하게 쇼핑할 수 있으므로 고객의 확장, 신속·정확한 판매가 가능
	다양한 제품	물리적 공간에 제한을 받지 않기 때문에 광범위한 제품의 제공이 가능
	가격경쟁력	오프라인 매장에 비해 마진이 적어 저렴한 가격으로 상품구입 가능
	개인화	고객 유입 통계 데이터와 알고리즘의 분석·적용을 통해 고객들의 검색 키워드, 검색경로를 확인하여 개인화가 가능
	판매처 확장	온라인 판매 채널을 추가함으로써 지역 상권에 제한되지 않고 시장을 확장할 수 있으며, 해외 진출도 가능함
	정보제공	소비자의 구매 결정에 도움이 되는 더 많은 양의 정보를 제공
단점		• 교환, 반품에 시간·비용 소요 • 비싼 카드 수수료, 배송 시 택배비 발생 • 초기 시스템 구축비용 소요

3 온라인 쇼핑몰 기능과 결제 시스템

01 온라인 쇼핑몰의 기능

거래 중개자	온라인 쇼핑몰은 구매자와 판매자를 연결하는 중개자 역할
정보제공	상품의 가격 외에도 기능, 품질 등 제품에 대한 정보제공·게시 가능
제품 나열	판매자는 쇼핑몰 통합업체 또는 채널 통합 소프트웨어를 활용하여 여러 온라인 쇼핑몰에서 제품을 나열·판매
검색 판매	잠재고객은 상품을 검색하여 가격, 품질을 비교한 후 상품구매 가능
저렴한 설치비	소매점을 운영할 필요가 없으므로 판매자의 설치비용이 낮음
리뷰 검색	소비자는 판매자에 대한 여러 리뷰를 검색한 후 판매자를 선택 가능
최저가격 검색	편의성, 판매자 평점, 배송 옵션 등 많은 요인에도 불구하고 고객은 주로 최저가격으로 선택하는 경향이 있음

02 온라인 쇼핑몰의 결제시스템

PG(Payment Gateway)사	• 온라인 쇼핑몰 구매고객들의 신용카드 및 기타 결제 수단을 중계하는 일반적인 전자결제 서비스를 의미 • 장점 : 보안성이 높고, 플랫폼과 통합이 쉬우며, 시공간 제약이 없음 • 단점 : 수수료 외 비용 발생, 높은 진입장벽, 특정 카드사와의 제휴가 어려움 • 이니시스, KCP, KSPAY, 올더게이트, 올앳비즈, 데이콤 빌게이트 등
에스크로(Escrow)	• 구매자, 판매자 간 신용관계가 불확실할 때 중개하는 매매 보호 서비스 • 사기가 많이 발생하는 중고거래 플랫폼에서 주로 사용 • 구매자가 지불한 돈은 구매자의 구매 확정 전까지 에스크로에 보관되고, 이후 구매자가 최종적으로 구매확정하면 저장되어 있던 돈은 판매자에게 전달됨
간편결제	• 신용카드나 계좌 정보를 스마트폰 앱 등에 미리 등록해 지문인식이나 비밀번호 입력만으로 결제하는 서비스 • 온라인 시장의 급성장에 따라 간편결제 시스템 구축 확산 • 네이버페이, 토스페이, 카카오페이, 삼성페이 등

4 검색엔진 마케팅과 검색엔진 최적화(SEO)

01 검색엔진 마케팅(SEM ; Search Engine Marketing)

(1) 검색엔진 마케팅의 개념

검색도구를 단순한 검색에 그치는 것이 아니라 적극적으로 특정 웹사이트로의 방문을 유도하여 상품을 구입하게 하는 인터넷 마케팅 전략

(2) 검색엔진 마케팅의 특징

사용자의 특정 키워드 검색 시 광고가 노출되므로 고객에게 메시지를 직접적으로 전달할 수 있고, 기업 광고 게재 시 검색페이지 상단에 노출되므로 즉각적인 가시성 제공

02 검색엔진 최적화(SEO ; Search Engine Optimization)

(1) 검색엔진 최적화의 개념 25-2

검색엔진 결과 페이지에서 자신의 웹사이트 혹은 웹페이지의 순위와 노출도를 높여 트래픽의 양과 질을 높이는 최적화 작업

(2) 검색엔진 최적화의 특징

① 다양한 검색엔진에서 검색 후 양질의 콘텐츠를 유저에게 신속하게 보여주는 것을 의미
② 직접 트래픽이나 돈을 지불하는 키워드 광고 결과가 아닌 자연검색어(Organic Search) 결과의 개선이 목적

(3) 검색엔진 최적화를 위한 키워드 조사 24-2

① 검색엔진 최적화는 소비자가 어떤 키워드로 검색하는지를 알아내는 것이 중요
② 판매하려는 제품·서비스와 관련하여 검색하는 유관 키워드의 파악 필요
③ 기업 입장에서는 검색한 소비자가 궁극적으로 얻고자 하는 게 무엇인지에 대한 고민 필요
④ 제공된 콘텐츠를 이용하는 특정인을 중심으로 키워드 조사
⑤ 경쟁기업이 어떤 메시지와 키워드를 사용하는지 경쟁사 키워드 조사 필요

(4) 검색엔진 마케팅(SEM)과 검색엔진 최적화(SEO)의 차이점

① SEM은 비용을 지불하면 구매 키워드를 검색한 사람에게 노출시키는 데 비해, SEO는 트래픽이 보장되지 않음
② SEO는 SEM에 비해 클릭율이 높고, 트래픽 효과가 오래감
③ SEM은 효과가 즉각적인 반면, SEO는 트래픽 효과가 즉각적이지 않음

5 보안과 개인정보 보호

01 데이터 보안 기술

종류	내용
암호화 기술	데이터의 암호화(예 대칭 및 비대칭키 암호화 기술)
접근 제어 및 인증	데이터에 접근하는 사용자의 식별 및 인증(예 다중요소 인증)
보안 정보 및 이벤트 관리(SIEM)	시스템에서 발생하는 보안 이벤트의 모니터링 및 관리
위협 인텔리전스	최신 위협에 대한 정보 수집·분석, 조기 경고, 대응 조치 지원
안전한 개발 및 취약점 관리	소프트웨어 개발 과정에서의 보안을 고려하고 취약점을 식별하여 수정하는 기술
클라우드 보안	클라우드 서비스 공급업체의 물리적·논리적 데이터 보안 제공 기술

02 개인정보 보호

(1) 개인정보 보호법상 개인정보 보호원칙(제3조) 23-1

① 처리 목적의 명확화 및 목적에 필요한 최소한의 개인정보 수집
② 처리 목적에 적합한 개인정보 처리 및 목적 외 용도 활용 금지 → 고객정보를 제3자에게 제공하거나 제공받은 목적 외의 용도로 이용해서는 안 됨
③ 개인정보의 정확성, 완전성, 최신성 보장
④ 개인정보의 처리 방법 및 종류에 따른 개인정보의 안전한 관리 → SMS 광고 전송 시 전송자 명칭을 표시하고, 수신거부 의사를 표현할 수 있게 함
⑤ 개인정보 처리방침 등 개인정보 처리에 관한 사항의 공개 → 고객은 개인정보수집, 이용, 제공 등에 대해 동의 철회·정정을 요구할 수 있음
⑥ 정보주체의 권리 보장 → 보유·이용기간이 끝난 개인정보는 지체 없이 파기
⑦ 정보주체의 사생활 침해의 최소화 → 오후 9시부터 아침 8시까지는 별도의 동의 없는 광고 전송 금지
⑧ 개인정보의 익명 또는 가명 처리
⑨ 정보주체의 신뢰 확보를 위한 노력

(2) 개인정보 보호 기술

종류	내용
익명화 및 데이터 마스킹	민감한 개인정보를 보호하기 위해 개인식별정보를 숨기고 데이터를 무력화함
개인정보 규제 준수	유럽의 GDPR, 미국 캘리포니아의 CCPA 등의 개인정보 규정 준수
블록체인 기술	데이터 변경 불가, 개인정보의 안전 저장에 사용되는 분산원장기술
프라이버시 보호도구	VPN(가상사설망), 브라우저 확장 프로그램 및 암호화 메시징 앱 등
데이터 권한 및 소유권 관리	사용자에게 데이터에 대한 권한 부여, 데이터 소유권 관리

SECTION 03 　 소셜미디어 마케팅

1 　 소셜미디어 플랫폼에 대한 이해

01 소셜미디어 플랫폼(Social Media Flatform)

(1) 소셜미디어 플랫폼의 개념과 특징　25-2
　① 사용자가 인터넷을 통해 정보를 공유하고 소통하는 데 사용되는 온라인 서비스 또는 웹사이트를 말함
　② 사용자가 텍스트, 사진, 동영상, 링크 등 다양한 콘텐츠를 게시하고 다른 사용자와 상호 작용할 수 있는 환경 제공
　③ 사용자는 소셜미디어 플랫폼에서 다른 사용자와 연결하고 소통하며, 다양한 주제에 관한 정보나 업데이트의 공유 가능
　④ 소셜미디어의 생산 주체는 주로 미디어 제작자나 광고주가 아닌 개인이며, 콘텐츠 소유 주체는 보통 자본가가 아닌 개인임
　⑤ 소셜미디어의 콘텐츠 내용은 일반적으로 객관적·계획적이지 않고 주관적·개인적임

(2) 소셜미디어 플랫폼의 종류　25-2
　페이스북, 인스타그램, 유튜브, X(구 트위터), 틱톡, 링크드인, 카카오톡, 블로그 등

02 소셜미디어 플랫폼의 유형

소셜 네트워킹	• '네트워킹(소통과 관계 맺기)' 기능을 하며 정보 획득의 창구기능 • 마케팅에서는 콘텐츠 전달 채널 또는 고객과의 소통 접점으로 활용
마이크로블로깅	• PC나 모바일을 이용해 짧은 글귀, 사진, 동영상을 블로그에 올려 실시간 공유 가능 • 마케팅에서는 고객과의 소통 채널로 주로 활용
이미지 공유	사진이나 이미지를 게시·공유하며 글귀보다 시각적인 효과가 높아 제품 광고에 효과적
동영상 공유	인터넷 트래픽의 80%를 차지하는 중요한 콘텐츠로, 최근에는 짧은 영상을 공유하는 형태가 유행
전문 네트워크	비즈니스·직장 관련정보의 공유, 네트워킹에 주로 활용

03 소셜커머스(Social Commerce)

(1) 소셜커머스의 개념
　소비자가 인스타그램, 유튜브, 틱톡 등의 소셜미디어 플랫폼에서 제품을 검색하고 쇼핑할 수 있는 기능

(2) 소셜커머스의 특징　19-2
　① 소셜미디어와 온라인 미디어를 활용한 전자상거래의 일종으로, 스마트폰을 이용한 모바일 소셜커머스 판매량이 점점 높아지는 추세
　② 초기에는 음식점, 커피숍, 공연 등 지역 기반 서비스상품에 대한 공동구매로 시작
　③ 일정 수의 소비자들이 모여서 공동구매를 통해 가격하락을 유도

④ 카테고리별로 좋은 상품을 공급할 수 있는 판매자를 발굴하고, 이들과 가격조건 등에 대해 협상하는 상품기획자의 역할이 중요

(3) 소셜커머스의 유형 24-2

플래시 세일(Flash Sale)	제한된 시간에 한정된 수량의 물품을 선착순으로 할인판매하고, 품절 시 자동 종료되는 판매 형태
위치기반 소셜 앱(LBS Social Apps)	사용자가 실시간으로 원하는 장소·시간에 특정 서비스를 제공받을 수 있는 앱
공동구매(Group Buy)	관심 지역의 서비스, 온라인상의 상품·서비스를 일정 인원 이상이 구입하면 가격 할인폭이 커지는 형태의 비즈니스 모델
구매 공유(Purchase Sharing)	가족 대표자가 비용을 결제하고 구입 상품을 설정하여 공유하면, 모든 가족이 구입 상품을 함께 이용할 수 있는 형태
소셜 큐레이션(Social Curation)	소셜네트워크서비스상의 등록된 정보 중 사용자가 선택한 것을 수집하여 선별·구분하는 것

2 소셜미디어 마케팅 전략과 콘텐츠 제작

01 소셜미디어 마케팅

(1) 소셜미디어 마케팅의 개념
① 소셜미디어 플랫폼과 웹사이트를 사용하여 제품이나 서비스를 제고하는 것
② 인스타그램, 유튜브, 페이스북, 틱톡 등 다른 사람들과 교류할 수 있는 앱 서비스인 소셜 미디어를 활용하는 마케팅 기법
③ 크게 SMM(Social Media Management) 마케팅과 광고 마케팅(paid ads)으로 구분
  ㉠ SMM 마케팅의 경우 콘텐츠 등을 업로드하여 자연스럽게 잠재 고객에게 노출시킴
  ㉡ 광고 마케팅의 경우 플랫폼에 비용을 지불하고 원하는 타깃층에게 인위적으로 노출시킴

(2) 소셜미디어 마케팅의 특징
① 사용자가 많고, 사용자의 정보가 모두 빅데이터화 됨
② SNS 가입 시 입력한 이용자 성별, 거주 지역, 관심 주제 등의 기본 정보 및 위치태그 기능, 콘텐츠 사용 기록이 데이터로 남기 때문에 정교한 잠재고객 타깃팅이 가능
③ 기업은 자체적인 계정을 운영하면서 댓글 기능과 메신저를 통해 문의사항, 문제점에 대한 빠른 대처와 활발한 소통 가능
④ 전통적인 미디어에 비해 저렴하며, 다양한 콘텐츠의 활용이 가능

(3) 소셜미디어 마케팅의 장점 24-3, 18-2
① 표적화되어 있고 인적(Personal)인 속성이 강함
② 상호소통이 가능해 일방적 메시지 전달을 위한 미디어 비용을 줄이고, 고객 참여, 공유, 대화 가능
③ 마케팅 경험과 콘텐츠를 유통함으로써 바이럴 효과를 극대화함
④ 빠르게 적용될 수 있는 실시간성을 가짐으로써 시기적절한 능동적인 마케팅이 가능
⑤ 관계 지향적 마케팅을 통해 브랜드에 대한 고객들의 긍정적 반응과 브랜드 충성도를 높일 수 있음

02 소셜미디어 콘텐츠 제작 24-1

(1) 소셜미디어 콘텐츠 제작의 의의

플랫폼 비즈니스전략을 수립할 때 새로운 비즈니스 모델 및 양질의 콘텐츠가 성공의 핵심 요인이 됨

(2) 플랫폼 비즈니스전략 수립 시 고려사항

① 플랫폼 사용자를 임계점(Critical Mass)까지 확보하고 경쟁에서 적자를 버틸 여력이 있는 소수의 플랫폼만이 유료화, 수익화에 나서게 되고, 이들이 수익모델 구축에 성공할 경우에 승자독식의 수익 구조 형성
② 초기 사용자 확보를 위해 단시간 내에 네트워크 효과를 나타내야 함
③ 제공 서비스 및 콘텐츠 품질의 지속적인 유지 필요
④ 독점적 지위를 이용하여 사용자에게 과다한 부담을 강요하면 장기적으로 방해가 됨

03 소셜미디어 마케팅에 활용되는 미디어 믹스(트리플 미디어 ; Triple Media) 25-1

(1) 페이드 미디어(Paid Media)

① 비용을 지불하고 구매하여 광고를 집행하는 디지털상에서의 미디어로 배너광고, 검색광고 등이 있음
② 상대적으로 고비용이지만 신규고객 유입, 브랜드 인지도 구축·유지를 위해 필수적이며, 매체·시간상의 제약으로 인해 타깃 고객의 특성에 따른 매체 종류의 선정이 필요함

(2) 언드 미디어(Earned Media)

① 기업이 직접 소유하거나 유료로 얻은 것이 아닌 대중이 자발적으로 공유하고 확산하는 미디어로, 개인 블로그, SNS, 커뮤니티, 인플루언서, 소셜미디어 등이 있음
② 온라인상에서 빠르게 확산되므로 비용이 들지 않고 자연스러운 광고효과를 얻을 수 있으나 기업이 직접 컨트롤하기 어려움

(3) 온드 미디어(Owned Media)

① 기업에서 자체적으로 소유하고 있는 미디어로, 자사 웹사이트, 모바일 앱, 기업 계정의 SNS 채널, 이메일, 커뮤니티, 자사몰 등이 있음
② 기업 정보를 외부 미디어로 확산하고, 고객과 지속적인 관계를 구축하는 역할을 함

3 소셜미디어 광고

01 소셜미디어 광고

(1) 소셜미디어 광고의 개념

① 소셜미디어 플랫폼에서 사용자들에게 제공되는 광고형식으로, 소셜미디어를 통해 제품, 서비스 또는 브랜드를 홍보하고 마케팅 하는 것을 말함
② 이미지, 동영상, 텍스트 등 다양한 형식으로 제공되는 광고
③ 전통적인 광고보다 비용이 저렴하고, 타깃팅과 플랫폼 기능을 활용하여 더욱 효과적임

(2) 소셜미디어 광고의 중요성

① 전 세계적으로 수억 명의 사용자가 있기 때문에 광고주들에게 광범위한 대상층을 제공하고, 브랜드 인지도 및 판매증진에 큰 역할을 함
② 광고주가 원하는 특정 지역, 연령, 관심사 등에 맞춰 광고할 수 있기 때문에 광고주들은 훨씬 더 높은 광고효과를 얻을 수 있음

(3) 소셜미디어 광고의 전략

① **목표설정** : 광고주는 광고를 통해 얻고자 하는 결과를 정확히 파악하고, 이를 바탕으로 광고를 제작 · 게재
② **타깃팅** : 사용자들에게 개인 맞춤형 광고를 제공할 수 있는 타깃팅의 기능을 수행하므로 광고주는 광고 대상을 자세하게 정의하고, 이를 바탕으로 타깃팅 광고를 제작할 수 있음
③ **적절한 광고 형식 선택** : 소셜미디어는 다양한 형식의 광고를 제공하므로 광고주는 제품, 서비스, 브랜드에 맞는 적절한 광고 형식을 선택할 수 있음
④ **창의적인 콘텐츠 제작** : 소셜미디어 광고는 매우 치열한 경쟁 상황에서 노출되는 것이 일반적이기 때문에 광고주는 창의적인 콘텐츠를 제작하여 사용자들의 관심을 끌어야 함
⑤ **광고예산 및 비용의 효율성** : 광고예산을 계획할 때는 광고 대상 · 형식 · 게재기간 등을 고려하여 적정한 예산을 계획

02 소셜미디어 광고의 성과분석

(1) 성과분석의 도구

소셜미디어 광고의 성과를 파악하기 위해서는 Facebook Ads Manager, Google Analytics, Sqrout Social 등의 다양한 성과분석 도구를 이용해야 함

(2) 성과분석의 필요성

광고 성과분석을 통해 광고의 클릭률, 전환율, 비용 대비 수익률 등을 파악할 수 있음

SECTION 04 데이터 분석과 성과측정

1 디지털 마케팅 데이터 분석의 개요

01 데이터 분석의 중요성
① 디지털 마케팅에서 성공적인 전략을 수립하는 데 핵심적인 역할을 수행
② 데이터 분석을 통해 마케팅 캠페인의 성과 추적 및 고객행동의 이해
③ 기업은 보다 정확한 마케팅 의사결정을 내리고 예측 가능한 결과를 얻을 수 있음

02 데이터 분석의 절차

마케팅 데이터 수집	웹사이트 트래픽, 소셜미디어 플랫폼, 이메일 마케팅 등 다양한 출처로부터 데이터를 수집하고, Google Analytics 등을 활용하여 방문자 수, 페이지 조회 수, 전환율 등의 지표를 추적하는 단계
데이터 전처리	수집한 데이터는 분석에 적합한 형태로 가공하여, 누락치 또는 이상치를 처리하고 데이터를 정제하는 단계
데이터 시각화	분석 결과를 직관적으로 이해할 수 있는 형태로 변화시키는 과정으로, 그래프·차트·대시보드 등으로 시각화하여 마케팅 전략에 대한 인사이트를 발견하고 의사결정에 활용하는 단계

2 효과적인 분석도구와 측정지표

01 효과적인 데이터 분석도구

(1) Google Analytics

가장 인기 있는 웹 분석 도구 중 하나로, 웹사이트의 트래픽과 사용자 행동에 대한 데이터를 제공하고, 방문자 추적, 전환율 측정, 키워드 분석 등 다양한 기능을 제공하여 마케팅 전략 수립에 도움을 줌

(2) 키워드 분석 도구

검색 엔진에서의 노출 빈도와 경쟁력 높은 키워드를 식별하는 도구로, 검색엔진 최적화(SEO)를 위한 키워드 전략을 수립하고 노출률을 향상시킬 수 있음

(3) A/B 테스트

두 가지 이상의 변형을 만들어 효과를 비교하는 실험적인 접근 방법

(4) 데이터 분석 결과의 활용
① **마케팅 전략 개선** : 데이터를 분석하여 소비자 행동을 파악하고 타깃 그룹의 요구에 맞는 개인화된 마케팅 전략 수립 가능
② **고객행동 분석** : 고객의 구매 패턴, 관심사, 선호도 등을 분석하여 개인별로 맞춤형 마케팅 전략 구축 가능

③ 마케팅 ROI(Return of Investment) 측정 : 투자한 마케팅 예산 대비 얼마나 많은 수익을 창출했는지를 분석하여 측정 가능

(5) 데이터 분석의 중요성
① 데이터 분석은 디지털 마케팅에서 성공적인 전략을 수립하는 데 핵심적인 역할을 수행
② 데이터 분석을 통해 마케팅 캠페인의 성과를 추적하고 고객행동을 이해할 수 있음
③ 기업은 보다 정확한 마케팅 의사결정을 내리고 예측 가능한 결과를 얻을 수 있음

02 디지털 마케팅 성과 측정지표 25-2

(1) 광고비용 대비 매출률(ROAS ; Return of Ad Spending)
투입된 광고비에 비해 얼마만큼의 매출이 창출되었는지 계산하는 지표로, 특정 광고의 효율성을 측정하고 평가하는 데 활용

(2) 도달(Reach) 25-1, 20-3
① 광고 및 콘텐츠가 고객들에게 노출된 정도를 말하며, 광고효과를 측정하는 중요한 기준이 됨
② 인터넷 광고의 도달을 측정하는 기준 : 해당 웹사이트에 접속한 서로 다른 사람들의 숫자

(3) CPM(Cost Per Millennium)
소셜미디어에서 광고가 1,000회 노출되는 데 소요되는 광고비용

(4) 노출당 비용(eCPM ; effective Cost Per Mile)
1,000회의 유효 광고 노출당 발생하는 비용

(5) 클릭율(CTR ; Click Through Rate)
광고 콘텐츠 또는 링크가 노출된 횟수 대비 클릭된 비율

(6) 전환율(CVR ; Conversion Rate) 25-1
① 광고를 클릭하여 사이트로 유입된 방문자들이 특정 행위를 하는 비율
② 회원가입, 다운로드, 링크 클릭, 제품 구매, 결제하기 등 마케터가 유인하는 행동으로 이어진 정도를 측정

(7) 투자수익률(ROI ; Return On Investment)
① 마케팅에 투자한 비용 대비 순이익의 비율로, 마케팅에서 가장 널리 활용하는 성과측정 기준 중의 하나
② ROI가 높은 것은 마케팅(또는 광고)의 효과가 높은 것을 의미함

(8) 순방문자, 페이지뷰, 방문자
① 순방문자(Unique Visitor) : 지정된 시간 내에 한 번 이상 웹사이트를 방문한 사람 수
② 페이지뷰(Page View) : 웹사이트의 페이지를 조회한 횟수
③ 방문자(Visitor) : 웹사이트를 방문한 사람

(9) 반송률, 잔존률
① 반송률(Bounce Rate) : 방문수 대비 반송수(사용자가 광고주의 웹사이트에서 한 페이지만 보고 나가는 것)의 비율
② 잔존율(Retention Rate) : 일정 기간 동안 서비스·제품을 계속 사용하는 고객의 비율

(10) 히트, 체류시간, 임프레션, 페이지 로드 시간

    ① 히트(Hit) : 웹서버로부터 어느 한 파일이 요청된 상태 또는 요청된 파일

    ② 체류시간(Duration Time) : 웹사이트에 접속한 사용자가 머무르는 시간으로, 고객 충성도 평가 지표로 활용

    ③ 임프레션(Impression) : 게시된 온라인 광고가 사용자에게 보여진 횟수

    ④ 페이지 로드 시간(Page Load Time) : 웹 페이지가 사용자 웹 브라우저 내의 모든 시각적 구성 요소와 요소를 완전히 로드하고 렌더링하는 데 걸리는 시간

(11) 세션(Session) **25-1, 24-2**

    ① 사이트 내에서 일정 시간 동안 사용자 브라우저로부터 들어오는 일련의 요구를 하나의 상태로 보고, 그 상태를 유지하는 기술

    ② 사람들이 해당 사이트에 얼마나 자주, 얼마나 오래 머물렀는지를 나타내는 지표가 됨

(12) 오가닉 트래픽(Organic Traffic) **24-3**

    ① 검색엔진을 통해 곧바로 웹사이트에 유입된 방문자 수

    ② 검색엔진 최적화(SEO)의 성과지표 중 하나

(13) 추천지수(NPS)

    바이럴 가능성 및 반복 이용 가능성을 측정

(14) CPC, CPA

    ① CPC(Cost Per Click ; 클릭당 과금) : 링크를 클릭했을 때 광고비용을 과하는 방식

    ② CPA(Cost Per Action ; 행동당 과금) : 특정 행동에 대해 광고비용을 과하는 방식

출제지문 퀴즈로 핵심체크!

SECTION 01 소매점의 디지털 마케팅 전략

01 25-1
O X 온라인 배너광고는 브랜드 이미지를 확립하는 데 TV 및 인쇄 매체를 활용한 광고만큼 효과적이다.

02 23-3
O X 리치미디어광고(rich media advertising)는 멀티미디어 효과를 강화한 멀티미디어 형태의 광고이다.

03 22-1
구매동기가 형성된 소비자는 문제를 해결해 줄 수 있는 대안들에 대한 정보를 찾게 된다. 필요한 정보가 소비자의 기억 속에 이미 저장되어 있는 경우에는 (   )만으로 충분하지만, 그렇지 않은 경우에는 (   )을 하게 된다.

04 24-2
특정 소비자 세분시장에 초점을 맞춰 해당 고객들을 잘 이해할 수 있는 강력한 도구를 마련하기 위해 제품 디자인과 커뮤니케이션 의사결정에 영감을 주는 핵심 고객의 가상 프로필을 만드는 것을 (   ) 기법이라고 한다.

SECTION 02 웹사이트 및 온라인 쇼핑몰 구축

01 24-2
O X 검색엔진 최적화는 소비자가 어떤 키워드로 검색하는지를 알아내는 것이 중요하다.

02 23-1
O X 고객 개인정보보호와 관련하여 오후 9시부터 아침 8시까지는 별도의 동의 없이 광고를 전송해서는 안 된다.

03 24-2
(   )를 위한 키워드 조사 시에는 경쟁기업이 어떤 메시지와 키워드를 사용하는지 경쟁사 키워드 조사도 필요하다.

SECTION 03 소셜미디어 마케팅

01 25-2

O X 소셜미디어의 콘텐츠 내용은 일반적으로 객관적·계획적이지 않고 주관적·개인적이다.

02 24-2

O X 소셜커머스의 유형 중 구매 공유는 제한된 시간에 한정된 수량의 물품을 선착순으로 할인판매하고, 품절 시 자동 종료되는 판매 형태이다.

03 25-1

(　　　　　)는 고객이 자발적으로 공유·확산하는 미디어채널과 연계되는 미디어 믹스로, 소셜미디어, 커뮤니티, 인플루언서 등이 있다.

04 24-2

소셜커머스의 한 유형으로서 관심 지역의 서비스 혹은 온라인상의 상품 및 서비스를 일정인원 이상이 구입하면 상품가격 할인폭이 높아지는 형태의 비즈니스 모델은 (　　　　　)이다.

SECTION 04　데이터분석과 성과측정

01 23-2
O X 마케팅투자수익률(MROI)은 얼마나 많은 사람들이 콘텐츠를 보고 행동을 전환하였는지를 측정한다.

02 24-3
O X 검색엔진 최적화(SEO ; Search Engine Optimization)의 성과지표 중 하나로, 검색엔진을 통해 곧바로 웹사이트에 유입된 방문자 수치를 페이드 트래픽(paid traffic)이라고 한다.

03 25-1, 24-2
사이트 내에서 일정 시간동안 있었던 지속적인 움직임을 하나의 단위로 정해 그 수를 측정한 것으로, 사람들이 해당 사이트에 얼마나 자주, 그리고 얼마나 오래 머물렀는지를 나타내는 지표가 되는 것은 (　　　　)이다.

04 24-2
소셜미디어에서 광고가 1,000회 노출되는 데 소요되는 광고비용을 (　　　　)이라고 한다.

정답 및 해설

SECTION 01
01 × ▶ 배너광고는 브랜드 이미지를 구축하는 데 있어 TV나 인쇄 매체 광고에 비해 효과가 상대적으로 떨어진다.
02 ○
03 내적 탐색, 외적 탐색
04 구매자 페르소나

SECTION 02
01 ○
02 ○
03 검색엔진 최적화

SECTION 03
01 ○
02 × ▶ 소셜커머스의 유형 중 플래시 세일에 관한 설명이다.
03 언드미디어(earned media)
04 공동구매

SECTION 04
01 × ▶ 전환율에 대한 설명이다. 마케팅투자수익률(MROI)은 마케팅투자수익을 마케팅투자비용으로 나눈 값이다.
02 × ▶ 오가닉 트래픽(organic traffic)이라고 한다.
03 세션
04 CPM

테마로 푸는 필수 기출문제

THEME ❶ 소매점의 디지털 마케팅 전략

시행처에서 발표한 2024 출제기준 개정안에 포함된 신유형 이론으로, 디지털 마케팅에 대한 전반적인 이해와 온라인 구매결정과정, 타깃 고객층 파악 방법, 마케팅 포지셔닝 등을 학습한다.

01 24년 1회

다음 중 온라인 프로모션의 유형으로 가장 옳지 않은 것은?

① 디스플레이 광고(display advertising)
② 검색관련 광고(search-related advertising)
③ 트레이드인 광고(trade-in advertising)
④ 콘텐츠 스폰서십(content sponsorship)
⑤ 직접 반응 광고(direct-response advertising)

02 24년 1회

온라인상의 마케팅 퍼널 모델(funnel model)에 대한 설명으로 옳지 않은 것은?

① 온라인상의 마케팅 퍼널 모델은 고객이 웹이나 앱 서비스에 접속한 후 상품을 구매하기까지의 일련의 경로를 단계별로 나누어 시각화한 모델이다.
② 온라인상의 마케팅 퍼널이라는 용어는 상품을 인지하고 구매까지 나아가는 과정에서 단계별로 좁아지는 깔때기 같은 모양에서 비롯되었다.
③ 온라인상의 마케팅 퍼널 모델은 소비자 정보처리 이론을 바탕으로 형성되었다.
④ 온라인상의 마케팅 퍼널은 기존 소비자의 구매 여정을 새롭게 설계하여, 이탈고객을 대상으로 기업이 설계한 방향대로 구매 여정을 최적화하는 프로세스이다.
⑤ 온라인상에서 설계된 퍼널을 통해 기업은 각 단계마다 고객의 전환 및 이탈을 확인할 수 있기 때문에 해당 단계에 적합한 전략들을 수립하는 것이 가능하다.

03 21년 2회

최근 우리나라에서 찾아볼 수 있는 소매경영환경의 변화로 가장 옳지 않은 것은?

① 소비자의 편의성(convenience)추구 증대
② 중간상 상표의 매출 증대
③ 온라인채널의 비약적 성장
④ 하이테크(hi-tech)형 저가 소매업으로의 시장통합
⑤ 파워 리테일러(power retailer)의 영향력 증대

04 21년 3회

옴니채널(omni channel) 소매업에 대한 설명으로서 가장 옳은 것은?

① 세분시장별로 서로 다른 경로를 통해 쇼핑할 수 있게 한다.
② 동일한 소비자가 점포, 온라인, 모바일 등 다양한 경로를 통해 쇼핑할 수 있게 한다.
③ 인터넷만을 활용하여 영업한다.
④ 고객에게 미리 배포한 카탈로그를 통해 직접 주문을 받는 소매업이다.
⑤ 인포머셜이나 홈쇼핑채널 등 주로 TV를 활용하여 영업하는 소매업이다.

THEME ❷ 디지털 마케팅 성과 측정

시행처에서 발표한 2024 출제기준 개정안에 포함된 신유형 이론으로, 디지털 마케팅에서 성과 측정 시 사용하는 지표에는 무엇이 있는지 숙지한다.

05 25년 1회

아래 글상자의 괄호에 공통적으로 들어갈 디지털 마케팅에서의 성과지표로 가장 옳은 것은?

> (　　)은 일정 시간 동안 사용자 브라우저로부터 들어오는 일련의 요구를 하나의 상태로 보고, 그 상태를 유지하는 기술이다. 예를 들어, 웹 화면을 로그인이 풀리지 않고 로그아웃될 때까지 이동한다고 하더라도 하나의 (　　)이 된다.

① 체류시간(duration time)
② 세션(session)
③ 도달률(reach)
④ 임프레션(impression)
⑤ 반송률(bounce rate)

06 25년 1회

아래 글상자에서 설명하는 용어로 옳은 것은?

> 광고를 클릭하여 사이트로 유입된 방문자들이 특정 행위를 하는 비율을 의미한다. 특정 행위로는 뉴스레터 가입이나 소프트웨어 다운로드, 회원가입, 장바구니 담기, 제품 구매, 결제하기 등이 있다.

① 핵심성과지표
② 고객생애가치
③ 반송률
④ 잔존율
⑤ 전환율

07 25년 2회

다음 중 자사 웹사이트에 대한 검색엔진 최적화(SEO)의 목적으로 가장 옳은 것은?

① 소비자가 입력하는 검색 키워드에 맞춘 광고의 표시
② 웹사이트가 소비자에게 제공하는 이점의 최적화
③ 웹사이트 구조의 최적화를 통한 사용 편의성 제고
④ 웹사이트에 게시할 상품과 콘텐츠의 매력 최적화
⑤ 웹사이트를 효과적으로 알리는 경로 확보의 최적화

08 25년 2회

디지털 마케팅의 측정지표에 관한 설명으로 가장 옳지 않은 것은?

① 도달(reach) – 광고, 콘텐츠가 고객들에게 노출된 정도
② 클릭률(CTR) – 광고 콘텐츠 또는 링크가 노출된 횟수 대비 클릭된 비율
③ 전환(conversion) – 전체 고객 대비 구매를 수행한 고객의 횟수 및 비율
④ 추천지수(NPS) – 바이럴 가능성 및 반복 이용 가능성 측정
⑤ 고객생애가치(CLV) – 고객이 기업과 관계를 맺는 전체 기간 동안에 기업이 획득하는 수익 가치

필수 기출문제 정답과 해설

01 정답 ③

해설 트레이드인(Trade-In)이란 자사의 헌 제품을 가져오는 고객에게 신제품을 싸게 사도록 해 주는 것을 말한다.
① **디스플레이 광고(배너광고)** : 이미지와 문자, 비디오, 애니메이션 등으로 표현되는 온라인 광고
② **검색관련 광고** : 이용자가 온라인 플랫폼에서 특정한 단어(검색어)를 검색한 경우에 그 검색어와 관련된 광고를 제공하는 유형의 광고
④ **콘텐츠 스폰서십** : 스폰서들이 광고 대행주들에게 이익을 제공해 주면서 콘텐츠에 스폰서 로고를 표시하거나 광고 콘텐츠를 제공하는 온라인 광고
⑤ **직접 반응 광고** : 기업이나 브랜드의 이미지보다는 제품의 특성이나 혜택 등을 알림으로써 직접적인 판매의 증진을 목적으로 하는 온라인 광고

02 정답 ④

해설 마케팅 퍼널은 잠재고객을 기업의 충성고객으로 전환하는 과정을 설계하고 최적화하는 프로세스이다.
온라인 마케팅 퍼널 모델의 단계

인지	온라인으로 노출된 기업의 브랜드를 통해 고객이 기업의 브랜드나 제품을 인식하는 단계
관심	인지 단계를 통해 기업의 브랜드나 제품에 대해 알게 된 고객들이 흥미나 관심을 가지고 브랜드의 홈페이지, 블로그, 유튜브 등을 방문하기도 하는 단계
행동	관심 단계를 통해 기업의 브랜드나 제품에 대해 더욱 자세히 알게 된 고객들이 홈페이지에서 상세 페이지를 확인하거나, 오프라인 매장에서 제품을 테스트해 보는 등의 행동을 하는 단계
구매	행동 단계를 통해 기업의 브랜드나 제품에 대한 신뢰가 생긴 고객들이 온라인 쇼핑몰에서 결제하거나, 오프라인 매장에서 결제하는 등의 구매를 하는 단계
재구매	구매 단계를 통해 기업의 제품이나 서비스를 이용해 만족스러운 제품이나 서비스를 경험해 본 고객들이 재구매를 하는 단계
추천	재구매 단계를 통해 기업의 제품이나 서비스를 만족스럽게 이용한 고객들이 주변 가족, 친구, 동료 등 지인들에게 사용해 본 제품이나 서비스를 소개하거나 추천하는 단계

03 정답 ④

해설 하이테크에서 더 나아가 인간의 감성과 기술의 조화를 이룸으로써 고부가가치를 창출하는 하이터치 개념을 도입하고 있다.

04 정답 ②

해설 ① 옴니채널(omni channel)은 '모든 것, 모든 방식'을 의미하는 접두사 옴니(omni)와 유통경로를 의미하는 채널(channel)의 합성어로, 온·오프라인 매장을 결합하여 소비자가 언제 어디서든 구매할 수 있도록 한 쇼핑체계이다.
③·④·⑤ 옴니채널이란 소비자가 온라인, 오프라인, 모바일 등 다양한 경로를 넘나들며 상품을 검색하고 구매할 수 있도록 한 서비스로, 각 유통채널의 특성을 결합해 어떤 채널에서든 같은 매장을 이용하는 것처럼 느낄 수 있도록 한 쇼핑환경을 말한다.

05 정답 ②

해설 ① **체류시간(duration time)** : 웹사이트에 접속한 사용자가 머무르는 시간
③ **도달률(reach)** : 특정광고 캠페인이 최소 1회 이상 노출된 타깃 고객의 비율
④ **임프레션(impression)** : 게시된 온라인 광고가 사용자에게 보여진 횟수
⑤ **반송률(bounce rate)** : 방문수 대비 반송수(사용자가 광고주의 웹사이트에서 한 페이지만 보고 나가는 것)의 비율

06 정답 ⑤

해설 ① **핵심성과지표** : 기업의 최종 목표를 위하여 미래 성과에 영향을 주는 핵심 지표를 묶은 평가 기준
② **고객생애가치** : 고객이 평생 구매를 통해 기업에 기여하는 수익을 현재가치로 환산한 금액
③ **반송률** : 방문수 대비 반송수(사용자가 광고주의 웹사이트에서 한 페이지만 보고 나가는 것)의 비율
④ **잔존율** : 일정 기간 동안 서비스·제품을 계속 사용하는 고객의 비율

07 정답 ⑤

해설 검색엔진 최적화는 다양한 검색엔진에서 검색 후 양질의 콘텐츠를 유저에게 신속하게 보여주는 것을 의미하며, 직접 트래픽이나 돈을 지불하는 키워드 광고 결과가 아닌 자연검색어(Organic Search) 결과의 개선이 목적이다.

08 정답 ③

해설 전환은 얼마나 많은 사람들이 콘텐츠를 보고 행동을 전환하였는지를 측정하는 지표로, 구매, 회원가입, 다운로드, 링크 클릭 같이 마케터가 유인하는 행동으로 이어진 정도를 측정한다.

목적과 그에 따른 계획이 없으면
목적지 없이 항해하는 배와 같다.

– 피츠휴 닷슨 –

CHAPTER 03 점포관리

최신빈출 대표유형문제

SECTION 01 점포구성
1. 점포의 구성과 설계
2. 점포디자인
3. 온라인 쇼핑몰 구성과 설계
4. 온라인 쇼핑몰 UI, UX 등

SECTION 02 매장 레이아웃 및 디스플레이
1. 매장 레이아웃의 개요
2. 매장의 구성과 분류
3. 매장 상품배치와 통로 설정
4. 상품진열의 조건 및 형식
5. 상품진열 및 배열기법
6. 비주얼 프리젠테이션 개요 및 기술
7. 컬러 머천다이징의 기초지식
8. 디스플레이 웨어와 POP 광고 취급방법

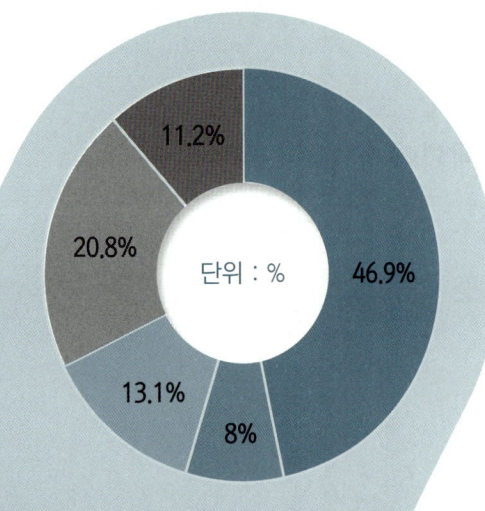

단위 : %
- 유통마케팅 전략기획 46.9%
- 디지털 마케팅 전략 8%
- 점포관리 13.1%
- 상품판매와 고객관리 20.8%
- 유통마케팅 조사와 평가 11.2%

최근 5년간 챕터별 출제비중 / 회당 평균 3.3문제 출제(5개년 기준 총 15회)

비 중		출제영역	2021	2022	2023	2024	2025	합 계
46.9%	제1장	유통마케팅 전략기획	38	35	39	34	30	176
8%	제2장	디지털 마케팅 전략	-	-	-	14	16	30
13.1%	제3장	점포관리	13	10	10	9	7	49
20.8%	제4장	상품판매와 고객관리	17	21	15	10	15	78
11.2%	제5장	유통마케팅 조사와 평가	7	9	11	8	7	42
		합계(문항 수)	75	75	75	75	75	375

SECTION 03 매장환경관리

1. 매장 내부·외부 환경관리
2. 매장 구성요소 및 안전관리

출제지문 퀴즈로 핵심체크!

테마로 푸는 필수 기출문제

최대 출제 POINT & 학습목표

❶ 점포 레이아웃의 유형(격자형과 자유형)

❷ 점포의 공간관리(쇼윈도, 멀티숍, 버블계획과 블록계획 등)

❸ 조닝(Zoning)과 페이싱(Facing)

❹ 상품의 진열원칙과 진열방식

❺ 디스플레이의 원칙과 기법

❻ 비주얼 프리젠테이션과 비주얼 머천다이징 관리

❼ 컬러 머천다이징(Color Merchandising) 관리

❽ POP(Point of Purchase) 광고의 개념 및 역할

CHAPTER 03 최신빈출 대표유형문제

01 매장 레이아웃의 기본원칙으로 가장 옳지 않은 것은? `25년 1회`
① 매장 레이아웃을 위해 점포 콘셉트를 우선적으로 확립해야 한다.
② 점포 콘셉트는 상품분류체계에 기초하여 확립한다.
③ 지역특성과 소비자의 라이프스타일에 대응하는 점포 콘셉트를 결정해야 한다.
④ 주통로와 부통로를 설정한다.
⑤ 소비자의 동선을 설정하고 각 부문별 및 상품군별로 적절한 면적을 배분해야 한다.

관련이론 094p

해설 ② 점포 콘셉트를 확립하기 위해서 점포 방문을 원하는 표적고객, 적절한 장소와 시기에 맞는 상품·서비스, 고객에게 부여할 수 있는 가치관, 구매방법과 가치제공의 방법 등을 고려한다.

대표유형 더보기
- 점포 구성요소에 관한 내용으로 가장 옳지 않은 것은? `24년 2회`
- 점포의 구성요소로 가장 부적합한 것은? `19년 3회`
- 점포구성에 대한 설명으로 가장 옳지 않은 것은? `21년 2회`

02 고객 편리성을 높이기 위한 점포구성 방안으로서 가장 옳지 않은 것은? `23년 3회`
① 고객 이동의 정체와 밀집을 막아 이동을 원활하게 하는 레이아웃 구성
② 자유로운 고객 흐름을 방해하지 않게 양방통행 원칙을 준수하여 통로 설계
③ 원스톱 쇼핑을 위해 다종다양의 상품을 제공하기 위한 스크램블드(scrambled) 머천다이징
④ 상품을 빨리 찾을 수 있게 연관성이 높은 상품군별로 모아 놓는 크로스(cross) 진열
⑤ 면적이 넓은 점포의 경우 휴식을 취할 수 있는 휴식시설 설치

관련이론 094p

해설 ② 고객들이 매장공간을 순조롭게 돌아보도록 주통로 및 부통로를 구분하여 명확히 설계해야 한다.

대표유형 더보기
- 점포공간을 구성할 경우, 점포에서의 역할을 고려한 각각의 공간에 대한 설명으로 가장 옳지 않은 것은? `23년 3회`
- 소매점포의 공간 분류와 그 용도에 대한 연결이 가장 옳지 않은 것은? `22년 2회`
- 셀프서비스 매장의 구성 및 설계에 대한 설명으로 가장 옳지 않은 것은? `18년 3회`

03 다음 중 소매점포 공간계획을 수립할 때 가장 먼저 고려해야 할 요인으로 옳은 것은? 25년 1회

① 고객흡인력
② 상품별 판매생산성
③ 상품별 월별 재고수준
④ 진열비품의 점포 내 위치
⑤ 상품별 고객의 구매목적 특성

관련이론 094p

해설 ② 소매점포의 공간계획을 수립할 때에는 공간면적당 판매생산성 향상을 가장 먼저 고려하여 매장 내의 유휴 공간이 없도록 구성해야 한다.

대표유형 더보기
- 다음 중 소매업체가 점포를 디자인할 때 고려해야 하는 요소로 가장 옳지 않은 것은? **23년 2회**
- 매장 배치에 관한 아래의 내용 중에서 옳게 설명된 것은? **22년 3회**
- 점포 배치 및 디자인과 관련된 설명으로 옳지 않은 것은? **21년 3회**

04 점포의 구성 및 설계에 대한 설명으로 옳지 않은 것은? 22년 2회

① 포스 조닝(POS zoning)은 판매가 이루어지는 마지막 접점이므로 최대한 고객의 체류시간을 늘려야 한다.
② 매장의 주통로는 고객의 편안한 이동을 제공하는 동시에 보조통로들과 잘 연계되게 구성해야 한다.
③ 공간면적당 판매생산성 향상을 고려하여 매장 내의 유휴 공간이 없도록 레이아웃을 구성해야 한다.
④ 동선 폭은 고객의 편의를 고려해 유동성과 체류시간 등의 동선 혼잡도를 예상하여 결정해야 한다.
⑤ 표적고객을 최대한 명확하게 설정하고 상품 관련성을 고려하여 상품을 군집화한다.

관련이론 102p

해설 ① 조닝(Zoning)은 레이아웃이 완성되면 각 코너별 상품구성을 계획하고, 진열면적을 배분하여 레이아웃 도면상에 존(Zone) 구분을 표시하는 것을 말한다.

대표유형 더보기
- 점포의 매장면적에 관한 설명으로 가장 옳지 않은 것은? **22년 3회**
- 점포 설계의 목적과 관련된 설명으로 가장 옳지 않은 것은? **21년 1회**
- 점포를 설계하기 위해서 점검해야 할 사항으로 가장 옳지 않은 것은? **20년 추가**

01 ② 02 ② 03 ② 04 ①

05 격자형(grid) 레이아웃에 대한 설명으로 옳지 않은 것은? 24년 2회

① 고객들의 주 통로와 직각을 이루고 있는 여러 단으로 구성된 선반들이 평행으로 늘어서 있는 형태의 레이아웃을 의미한다.
② 고객들의 주 통로와 여러 점포들의 입구가 연결되어 있는 형태의 레이아웃을 의미한다.
③ 대형마트, 편의점, 전문점 등 다양한 소매 업태에서 주로 활용되고 있다.
④ 상품을 쉽게 찾을 수 있고, 고객들의 질서 있는 이동을 촉진시켜 공간을 효율적으로 사용할 수 있는 장점이 있다.
⑤ 딱딱하고 사무적인 분위기를 연출하는 단점이 있다.

관련이론 098p

해설 ② 경주로형은 주된 통로를 중심으로 여러 매장 입구가 연결되어 있어 고객들이 여러 매장을 손쉽게 둘러볼 수 있으며, 고객들의 충동구매를 유도할 수 있는 레이아웃이다.

대표유형 더보기
- 소매점포의 레이아웃 중 아래 글상자의 괄호 안에 들어갈 용어로 가장 옳은 것은? **24년 1회**
- 매장 레이아웃(layout)에 대한 설명으로 가장 옳지 않은 것은? **23년 1회**
- 아래 글상자의 내용 중 격자형 레이아웃의 장점만을 나열한 것으로 옳은 것은? **23년 2회**
- 레이아웃의 영역에 해당하지 않는 것은? **22년 1회**
- 점포 내 레이아웃관리를 위한 의사결정의 순서로 가장 잘 나열된 것은? **21년 1회**

06 상품진열에 대한 설명으로 가장 옳지 않은 것은? 23년 3회

① 고객의 오감을 즐겁게 하면서도 찾기 쉽고 선택을 용이하게 하는 진열을 한다.
② 매장 입구에는 구매빈도가 높은 상품위주로 진열한다.
③ 오픈진열을 할 경우 경품 및 행사상품, 고회전상품, 저회전상품 순으로 진열한다.
④ 셀프서비스 판매방식 소매점에서는 소비자가 직접 상품을 선택할 수 있도록 곤돌라 또는 쇼케이스를 이용한 진열방식의 활용이 일반적이다.
⑤ 엔드진열은 신상품, 행사상품의 효율적 소구를 위해 매장의 빈 공간에 독립적으로 진열하는 방식이다.

관련이론 104p

해설 ⑤ 엔드진열은 매장의 진열 시에 맨 끝 쪽에 위치하는 매대로, 최하단이 전방으로 돌출되어 있어서 소비자들에게 진열된 상품에 대한 노출도가 가장 크다.

대표유형 더보기
- 아래 글상자에서 설명하는 진열방식으로 옳은 것은? **25년 2회**
- 종적인 공간효율을 개선시키고 진열선반의 높이가 낮을 때는 위에서 아래로 시선을 유도하는 페이싱 방법으로 가장 옳은 것은? **23년 1회**
- 과자나 라면 같은 상품들을 정돈하지 않고 뒤죽박죽으로 진열하여 소비자들에게 저렴한 특가품이라는 인상을 주려는 진열방식의 명칭으로 가장 옳은 것은? **22년 2회**
- 상품연출이라고도 불리는 상품진열이 가지는 고객 서비스 관점의 의미로 가장 옳지 않은 것은? **22년 1회**
- 매장 내 상품진열의 방법을 결정할 때 고려해야 할 요인으로서 가장 옳지 않은 것은? **21년 1회**

07 아래 글상자에서 설명하는 POP(point-of-purchase)진열 방식으로 가장 옳은 것은? **24년 1회**

> 소매업자는 계절이나 특별한 이벤트에 따라서 제품을 다르게 진열한다. 발렌타인데이나 크리스마스 혹은 여름의 바캉스 시즌에 특별한 매장을 진열하는 것이 이에 해당한다.

① 구색 진열(assortment display)
② 테마별 진열(theme-setting display)
③ 패키지 진열(ensemble display)
④ 옷걸이 진열(rack display)
⑤ 케이스 진열(case display)

관련이론 102p

해설 ② 테마별 진열 : 특정 시즌 중 상품을 주제에 맞게 테마별로 한데 묶어 집중적으로 진열하면 상품의 특색이 크게 두드러져 고객의 관심을 끌게 되고, 판매촉진에도 도움이 된다.

대표유형 더보기
- 구매시점광고(POP)에 대한 설명으로 가장 옳지 않은 것은? **21년 3회**
- 효과적인 POP 광고에 대한 설명 중 가장 옳지 않은 것은? **20년 추가**
- POP(Point of Purchase) 및 그 유형별 활용 방안에 대한 설명으로 가장 옳지 않은 것은? **18년 3회**

---

08 비주얼 머천다이징(VMD ; Visual Merchandising)에 대한 설명으로 가장 옳지 않은 것은? **23년 2회**

① 비주얼머천다이징은 상업공간에 적합한 특정의 상품이나 서비스를 조합하고 판매증진을 위한 시각적 연출계획으로 기획하고 상품·선전·판촉 기능을 수행한다.
② 비주얼머천다이징은 기업의 독자성을 표현하고 타 경쟁점과의 차별화를 위해 상품 진열에 관해 시각적 요소를 반영하여 연출하고 관리하는 전략적인 활동이다.
③ 비주얼머천다이징의 구성요소인 PP(point of sale presentation)는 고객의 시선이 머무르는 곳에 볼거리를 제공하여 상품에 관심을 갖도록 유도하기 위해 활용된다.
④ 비주얼머천다이징의 구성요소인 IP(interior presentation)는 실제 판매가 이루어지는 장소에서 상품구역별로 진열대에 진열하는 방식으로 주로 충동구매 상품을 배치하여 매출을 극대화하기 위해 활용된다.
⑤ 비주얼머천다이징의 구성요소인 VP(visual presentation)는 상점의 콘셉트를 부각시키기 위해 쇼윈도 또는 테마 공간 연출을 통해 브랜드 이미지를 표현하기 위해 활용된다.

관련이론 105p

해설 ④ IP는 상품을 분류, 정리하여 보기 쉽게 진열하여 각각의 상품에 대해 고객이 구입의지를 결정하도록 하는 진열방식으로, 상품들을 보고 만지고 고르기 쉽도록 지원한다.

대표유형 더보기
- 점포의 비주얼 머천다이징 요소로서 가장 옳지 않은 것은? **23년 3회**
- 시각적 머천다이징에 대한 아래의 설명 중에서 가장 옳지 않은 것은? **23년 1회**
- 매장에서 비주얼 머천다이징(VMD)을 구성할 때 다양한 방법을 사용할 수 있다. 아래 글상자에서 설명하는 내용의 기법으로 가장 옳은 것은? **22년 2회**
- 효과적인 진열을 위해 활용하는 IP(item presentation), PP(point of presentation), VP(visual presentation)에 대한 설명으로 가장 옳지 않은 것은? **22년 3회**

CHAPTER 03 점포관리

SECTION 01 점포구성

1 점포의 구성과 설계

01 점포구성 25-1, 23-3, 21-2

(1) 점포의 개념

고객들에게 제품과 서비스를 판매·제공하는 공간을 의미하며, 고객에게 구매행동에 대한 올바른 정보를 전달하고 교환가치를 창출할 수 있어야 함

(2) 점포구성의 개념

① 점포는 소비자들의 눈에 잘 띄게 상품정보를 제공하고 표시해야 함
② 효율적인 점포구성·설계를 위해서는 무엇을 판매하고, 누구를 위한 점포인지에 대한 명확한 특징이 있어야 함
③ 소매점포의 공간계획을 수립할 때 상품별 판매생산성을 가장 먼저 고려해야 함

(3) 고객의 편리성을 높이기 위한 점포구성 방안 23-3

① 고객 이동의 정체와 밀집을 막아 이동을 원활하게 하는 레이아웃의 구성
② 자유로운 고객 흐름을 위해 주통로 및 부통로의 명확한 구분과 설계
③ 원스톱 쇼핑을 위해 다종다양의 상품을 제공하기 위한 스크램블드(Scrambled) 머천다이징
④ 상품을 빨리 찾을 수 있게 연관성이 높은 상품군별로 모아 놓는 크로스(Cross) 진열
⑤ 면적이 넓은 점포에는 휴식을 취할 수 있는 휴식시설의 설치

(4) 점포 구성요소 24-2, 19-3, 18-1

- 목표고객에게 소구하는 상품구성
- 적합한 가격대
- 점포의 외관 이미지
- 점포의 기본 설비와 시설
- 종업원들의 분위기
- 점포 입지와 매장 배치의 편리성
- 점포의 내부 인테리어
- 점포의 진열집기 및 디스플레이

02 점포설계

(1) 점포설계의 의의 21-1

① 점포는 유동객의 수, 도로의 위치, 해당 점포 주변 상권에 사는 소비자들의 연령, 성별, 소득에 따라 진열방식, 점두 구성, 진열기구 종류 등을 입지조건에 맞게 설계해야 함
② 점포는 경영의 장소이기 때문에 점포 내에서 발생하는 청소, 진열, 상품 보충, 판매 등의 작업 측면에서의 노동생산성도 고려하여 설계가 이루어져야 하며, 이 경우에도 소비자 중심의 사고방식이 전제되어야 함

(2) 점포설계의 목적 23-2, 21-1

① 점포는 상황에 따라 상품구색 변경을 수용하고, 각 매장에 할당된 공간과 점포 배치의 수정이 용이하도록 설계해야 함
② 설계를 시행하고 외관을 유지하는 데 드는 비용을 적정 수준으로 통제할 수 있어야 함
③ 고객 구매 행동을 자극하는 방식으로 설계해야 함
④ 사전에 정의된 포지셔닝을 달성할 수 있도록 설계해야 함

(3) 점포의 매장면적 22-3

① 점포면적은 매장면적과 비매장면적으로 구분
② 각 상품부문의 면적당 생산성을 고려하여 매장면적을 배분
③ 전체 면적에서 차지하는 매장면적의 비율은 점포의 종류나 특성에 따라 달라짐
④ 매장면적을 배분할 때는 소비자의 편의성에 대한 요구, 효과적인 진열과 배치 등도 고려해야 함
⑤ 전체 면적 중 매장면적의 비율은 고급점포일수록 낮아짐

(4) 점포구성과 설계 시 고려사항 22-2

① 매장의 주통로는 고객의 편안한 이동을 제공하는 동시에 보조통로들과 잘 연계되게 구성
② 공간면적당 판매생산성 향상을 고려하여 매장 내의 유휴 공간이 없도록 레이아웃 구성
③ 동선 폭은 고객의 편의를 고려해 유동성과 체류시간 등의 동선 혼잡도를 예상하여 결정
④ 표적고객을 최대한 명확하게 설정하고 상품 관련성을 고려하여 상품을 군집화

2 점포디자인

01 점포디자인 시 고려사항 23-2
① 표적시장의 니즈를 만족시키기 위한 소매업체의 전략 실행
② 잠재고객 방문 및 방문 고객의 구매율 증가 유도
③ 용이한 점포의 관리 및 유지비용을 절감할 수 있도록 설계
④ 점포설계에 있어서 법적·사회적 요건 충족

02 점포디자인의 구성요소와 시설

(1) 점포디자인 4대 구성요소 20-추가, 19-2

외장 디자인	점두(店頭), 출입구, 건물 외벽 등의 점포 외장, 건물의 높이, 고유성 및 시각성, 주변 지역, 교통의 혼잡성
내부 디자인	조명, 온도 및 습도, 색채, 판매원, 탈의장, 냄새 및 소리, 바닥, 통로, 수직 동선, 집기, 비품, 벽면, 셀프서비스
진열 부분	조화, 구색, 카트, POP 광고물, 주제 및 장치, 비주얼 머천다이징(VMD) 진열보조구, 포스터, 게시판, 선반 및 쇼케이스
레이아웃	상품배치, 고객동선, 휴게공간, 작업 동선, 상품 동선, 사무실 및 지원시설

(2) 서비스스케이프(Servicescape) 21-3

① 서비스스케이프의 개념
  ㉠ 기업이 의도적으로 디자인한 물리적 환경을 의미하는 것으로 사회·자연적 환경과 대비됨
  ㉡ 서비스스케이프가 소비자행동에 미치는 영향을 설명하는 포괄적인 모형들은 일반적으로 자극-유기체-반응(stimulus-organism-response)의 프레임워크를 기초로 함

② 서비스스케이프 구성요인
  ㉠ 디자인 요소 : 내부 인테리어, 외부 시설(건물디자인, 주차장 등)
  ㉡ 주변적 요소 : 매장(점포)의 분위기(음악, 조명, 온도, 색상 등)
  ㉢ 사회적 요소 : 종업원들의 이미지, 고객과 종업원 간의 상호교류 등

③ 물리적 환경의 역할 24-3
  ㉠ 패키지 : 제품의 패키지가 소비자의 감각적 반응에 호소하도록 고안된 것처럼, 물리적 환경은 점포의 첫인상을 만들거나 고객의 기대를 설정하는 역할을 담당
  ㉡ 편의 제공 : 환경 내에서 활동하는 사람들의 성과를 돕는 역할을 담당
  ㉢ 사회화 : 잘 갖춰진 물리적 환경은 고객과 직원이 기대된 역할과 행동을 하도록 도움
  ㉣ 차별화 : 기업은 경쟁자와 차별화할 수 있고, 의도된 고객 세분화가 가능함

(3) 점포디자인 시설의 종류

전방시설	고객 유도 및 선전 기능을 담당하는 시설로서 점포 외관, 간판시설, 점두시설, 쇼윈도 등을 포함
중앙시설	점포의 주요 판매시설로서 진열 쇼케이스, 진열대, 진열용구, 선반대, 조명시설 등을 포함
후방시설	점포관리와 운영을 위한 지원시설로서 사무실, 작업장, 창고, 직원휴게실 등을 포함

3 온라인 쇼핑몰 구성과 설계

01 온라인 쇼핑몰의 구성요소

온라인 쇼핑몰은 인터넷을 통해 전문적으로 판매하는 온라인 상점 등을 의미

솔루션	임대형	• 이미 형성되어 있는 뼈대를 사용하는 것 • 비용이 저렴하고 쇼핑몰 기능에 최적화되어 있어 관리자 기능이 강함 • 커스터마이징에는 한계가 있음
	구축형	• 설계부터 시작하여 뼈대를 새로 구축하는 것 • 서버, 호스팅을 직접 구매해야 하므로 비용이 비쌈 • 필요한 기능만 삽입하기 때문에 관리자 기능이 임대형에 비해 약함
로고		쇼핑몰 전체의 색상이나 레이아웃이 결정되는 요인
메인페이지		접속 시 가장 처음 보이는 화면이므로 쇼핑몰의 흥망을 결정하는 중요한 요소
서브페이지		메인페이지에서 콘텐츠를 클릭하면 상세 내용이 포함된 서브페이지로 이동
제품사진		온라인 쇼핑몰에서 판매할 제품의 사진이므로 돋보이게 촬영하여 게시
상세페이지		제품에 대한 보조설명, 특징, 장점 등으로 구성

02 온라인 쇼핑몰 구축 과정

도메인 구매 → 호스팅 또는 쇼핑몰 솔루션 → 기획 → 디자인 → 퍼블리싱 및 개발 → 쇼핑몰 제작 완료

① 브랜드 이름을 고려한 도메인(주소)을 선정하고 구매한 후, 쇼핑몰을 구축할 수 있는 공간인 호스팅이 세팅되면, 기획 단계로 넘어감
② 기획 후 디자인, 퍼블리싱 및 개발 등 3단계를 더 거치면 쇼핑몰 제작이 완료

4 온라인 쇼핑몰 UI, UX 등

UI(User Interface ; 사용자 인터페이스)	UX(User Experience ; 사용자 경험)
• 휴대폰, 컴퓨터, 내비게이션 등 디지털 기기를 작동시키는 명령어나 기법을 포함하는 사용자 환경을 의미 • 이용자가 IT기기를 구동하기 위해서 접촉하는 매개체로 컴퓨터를 조작할 때 나타나는 '아이콘' 또는 텍스트 형태의 구동화면도 포함 • 스마트폰의 경우 주로 앱 아이콘 및 화면 구성을 의미	• 사용자가 어떤 제품이나 서비스를 이용하면서 축적하게 되는 모든 지식, 기억, 행동, 감정의 총체적 경험 • 단순히 기능이나 절차상의 만족뿐 아니라 전반적인 지각 가능한 면에서 사용자가 참여, 사용, 관찰, 상호 교감하며 느끼는 가치 있는 경험 • 긍정적인 사용자 경험의 창출은 사용자 니즈의 만족, 브랜드 충성도 향상, 시장에서의 성공의 요인이 됨

SECTION 02 매장 레이아웃 및 디스플레이

1 매장 레이아웃의 개요

01 매장 레이아웃

(1) 매장 레이아웃의 개념 23-3, 21-2

효율적인 매장구성 방법이나 상품진열, 고객 동선, 작업 동작 등을 위한 일련의 배치 작업

(2) 매장 레이아웃의 영역 22-1

① 상품 및 집기의 배치와 공간의 결정
② 출입구와 연계된 주 통로의 배치와 공간 결정
③ 상품 품목을 구분한 보조 통로의 배치와 공간 결정
④ 상품 계산대의 배치와 공간 결정

(3) 매장 레이아웃 설계 시 유의사항 25-1, 20-3, 20-2

① 구석구석까지 고객의 흐름을 원활하게 유도하도록 설계
② 작업 동선은 최대한 짧게 하여 상품 운반이 용이하도록 함
③ 작업 시 고객의 이동은 방해받지 않도록 통로 구성
④ 구매를 촉진하고 고객의 불필요한 동선을 줄이기 위해 연관성 있는 상품은 한 곳에 결집
⑤ 고객 동선은 최대한 길게 하여 고객이 점포에 머무르는 시간을 길게 함
⑥ 고객 편리성을 높이기 위해 고객 이동의 정체와 밀집을 막아 이동을 원활하게 함

(4) 점포 내 레이아웃 관리를 위한 의사결정 순서 21-1

상품배치 결정 → 고객동선 결정 → 판매방법 결정 → 진열용 기구배치

02 매장 레이아웃의 유형

(1) 격자형(Grid) 레이아웃 24-3, 24-2, 23-2, 23-1, 21-2, 21-1, 20-추가, 19-3, 19-2, 19-1

① 고객들의 주 통로와 직각을 이루고 있는 여러 단으로 구성된 선반들이 평행으로 늘어서 있는 형태의 레이아웃
② 기둥이 많고 기둥간격이 좁은 상황에도 가능하고, 점포설비 비용을 절감할 수 있음
③ 통로 등의 공간이 비교적 동일한 넓이로 설계되어 공간적 효율성을 높일 수 있음
④ 원하는 상품을 쉽게 찾을 수 있고, 고객이 쇼핑에 걸리는 시간을 최소화할 수 있음
⑤ 고객들의 질서 있는 이동을 촉진시켜 공간을 효율적으로 사용할 수 있음
⑥ 주동선, 보조동선, 순환통로, 설비표준화로 비용 절감
⑦ 어느 건물에나 적용할 수 있어서 건물 코스트가 낮아지고, 매장 진열 구조의 파악이 용이
⑧ 통로 낭비가 적어 면적을 유용하게 사용할 수 있고, 많은 상품진열이 가능

⑨ 대형마트, 슈퍼마켓, 편의점, 전문점 등 다양한 소매 업태에서 주로 활용
⑩ 단조로운 구성으로 딱딱하고 사무적인 분위기를 연출

(2) 자유형(Free Flow) 레이아웃   24-1, 23-1, 21-3, 19-3, 19-1

① 비품과 통로를 비대칭으로 배치하는 방법이며, 특정 쇼핑경로를 유도하지는 않음
② 집기, 비품류는 원형, U자형, 아치형, 삼각형 등 불규칙한 형으로 배치
③ 매장 전체 패턴을 바꾸지 않고 집기를 추가하거나 제거하는 방법으로 동선 구성
④ 제품 탐색이 용이하고, 동선을 길게 만들어 쇼핑 시간이 길어짐
⑤ 부티크(Boutique) 배치는 선물점, 백화점 등에서 널리 이용됨
⑥ 규모가 작은 전문매장, 소규모 전문매장이 여러 개 있는 대형점포의 배치 방식

(3) 경주로형(Racetrack, Loop) 레이아웃   24-1, 23-1, 21-3, 19-3

① 주 통로를 중심으로 여러 매장 입구가 연결되어 있어, 고객들이 주 통로를 지나다니면서 여러 매장을 손쉽게 둘러볼 수 있음
② 주요 통로를 통해 동선을 유도하여 진열제품을 최대한 노출시킴
③ 다양한 매장의 상품을 볼 수 있도록 해서 충동구매를 유발함
④ 최대한 많은 상품이 노출될 수 있도록 배치하며, 선물점, 백화점 등에서 이용

03 점포의 공간관리

(1) 쇼윈도   21-3, 19-2, 18-1

① 쇼윈도는 매장 외관을 결정짓는 요소이며 주된 연출공간임
② 지나가는 사람들의 호기심과 시선을 끌어 구매 욕구를 자극
③ 수평라인보다 돌출하거나 들어가는 각진형은 소비자를 입구 쪽으로 유도함
④ 윈도우 설치 형태에 따라 폐쇄형, 반개방형, 개방형, 섀도박스형이 있고, 반개방형은 고급스러운 분위기에 유리
⑤ 제품진열 효과뿐만 아니라 점포이미지도 표현 가능

(2) 버블계획과 블록계획

① **버블계획** : 제품을 진열하는 매장공간, 고객서비스 공간, 창고 등 점포의 주요 기능 공간의 규모와 위치를 간략하게 보여주는 것
② **블록계획** : 버블계획에서 결정된 배치를 기반으로 점포구성의 실제 규모와 형태를 세부적으로 결정하는 것을 말하며, 일반적으로 고객서비스 공간, 창고 공간, 기능적 공간 등은 기능적 필요나 크기에 따라서 배치를 결정함

(3) 플래노그램(Planogram)   25-1, 22-1

고객이 구매를 많이 하도록 특정 상품을 매장 내의 어떤 선반이나 진열대에 어떻게 배치해야 하는지를 보여주는 다이어그램

2 매장의 구성과 분류

01 매장의 구성

① 매장구성의 3요소 : 장소, 상품, 고객서비스
② 매장은 상품 판매 공간이기 때문에 고객의 동선을 고려하여 구성되어야 함

02 매장의 분류

기준	내용
주력상품과 보조상품	매장 입장에서 주력상품인지, 보조상품인지가 기준이 됨 예 숙녀복 전문매장에서 의류는 주력상품, 액세서리는 보조상품
내점빈도	소비자 입장에서 내점빈도(구매빈도)가 높은지, 낮은지가 기준이 됨 예 슈퍼마켓의 경우 일반적으로 채소 구매빈도가 정육보다 큼
구매목적	소비자 입장에서 관련구매 상품인지, 목적구매 상품인지, 충동구매 상품인지가 기준이 됨 예 유아용품, 신사복 등은 목적구매 상품
상품매출	총이익률, 매매수량, 단품금액의 경우 높고 낮음이 기준이 됨

3 매장 상품배치와 통로 설정

01 매장 상품배치

(1) 매장 내 상품배치의 기본 원칙

고객이 상품을 쉽게 인지하고 사도록 만들며, 동선을 최대한 길게 하여 매장에 오래 머무르게 하는 것

(2) 매장 상품배치 전략 23-3, 22-3, 18-2

① 매장 전면부는 통행하는 소비자의 시선을 끌도록 함
② 충동구매 성격이 높은 상품은 고객유인을 위해 매장 입구 쪽에 배치
③ 가격 저항이 낮은 상품은 고객의 출입이 잦은 곳에 배치
④ 고객이 꼭 구매하려고 계획한 상품은 매장 위치와 상관없이 움직이는 경향이 있음
⑤ 일반적으로 선매품의 경우 매장 안쪽에 배치
⑥ 매장 안쪽으로 들어갈수록 가격이 높은 상품을 배치하면 가격저항감을 줄일 수 있음
⑦ 매장 앞에는 입간판을 놓고 지나가는 사람들을 유도
⑧ 점포 내에서 가장 잘 팔리는 물건은 점포의 입구 쪽이나 가장 끝에 진열
⑨ 층수가 높은 점포는 층수가 높을수록 그 공간가치가 낮아짐
⑩ 넓은 바닥 면적이 필요한 상품은 통행량이 적은 곳에 배치
⑪ 제철과일은 매장 입구에 두어 신선한 향기로 고객을 맞이하도록 하고, 즉석 베이커리 코너는 고객을 안쪽까지 유인할 수 있으므로 매장 안쪽에 배치하는 것이 좋음

02 매장의 통로 설정

(1) 통로의 종류

① **주통로** : 점포 입구에서 반대편 대각선 방향 끝까지 점포 안쪽으로 소비자들을 유도하기 위한 통로
② **부통로** : 매장 안 끝 주통로가 끝나는 부분에서부터 계산대까지의 통로 또는 매장 한가운데를 횡으로 가로지르는 중앙통로
③ **순환통로** : 진열대와 진열대 사이의 통로로서 소비자들이 상품을 고르는 통로

(2) 통로 설정 시 주의사항   22-2, 20-3

① 주통로는 고객의 편안한 이동을 제공하는 동시에, 보조통로들과 잘 연계되게 구성
② 매장 전면부의 통로에는 충동성이 있는 제품들을 진열하여 소비자들의 충동구매를 유도
③ 고객 동선과 종업원 동선이 겹치지 않도록 구성
④ 동선은 직선적 동선, 곡선적 동선으로 구분되며, 백화점은 곡선적 동선을 추구하고 대형할인점은 직선적 동선을 추구함
⑤ 동선은 상품탐색에 용이하여야 하고, 각 통로에 단절이 없어야 함

4 상품진열의 조건 및 형식

01 상품진열의 조건

(1) 상품진열의 개념과 의미   22-1

① 상품진열은 상품연출이라고도 하며, 고객들이 상품을 실연해볼 수 있도록 만지기 쉽게 정리·정돈해 놓은 것을 말함
② 진열은 빠른 시간에 상품을 찾을 수 있게 해주는 시간절약서비스
③ 진열은 상품선택 시 다른 상품과의 비교를 쉽게 해주는 비교서비스
④ 진열은 상품종류를 쉽게 식별하게 해주는 식별서비스
⑤ 진열은 무언의 커뮤니케이션으로 상품정보를 제공해주는 정보서비스

(2) 상품진열의 기본원칙   23-3, 19-3

① 고객의 오감을 즐겁게 하고, 찾기 쉬우며, 선택을 쉽게 하는 진열
② 매장 입구에는 구매빈도가 높은 상품위주로 진열
③ 오픈진열 시 경품·행사상품, 고회전상품, 저회전상품 순으로 진열
④ 셀프서비스 매장은 소비자가 직접 상품을 선택할 수 있도록 곤돌라 또는 쇼케이스를 이용하여 진열
⑤ 잘 팔리는 상품(주력상품)은 잘 보이는 곳에 진열하고, 관련 상품은 함께 진열
⑥ 너무 높거나 낮은 곳에 진열하지 않고, 이동공간을 넓혀 상품이 잘 보이도록 진열
⑦ 수량과 색상을 다양하게 하고, 상품 브랜드와 가격이 잘 보이도록 진열
⑧ 회전율이 낮거나 고가품은 최소한의 양만 진열

(3) 상품 유형에 따른 상품진열 방법 `19-3`

① 고객이 많이 찾는 중점판매상품 : 엔드매대에 대량으로 진열
② 고회전 상품 : 페이싱(Facing)을 넓혀 고객의 눈에 잘 띄도록 진열
③ 구색상품 : 다른 상품으로 대체가 불가하나 판매량이 적은 구색상품은 진열량을 제한
④ 고이익 상품 : POP 또는 시식판매 등으로 판매촉진
⑤ 기간별 판매량이 다른 시즌 상품 : 다른 상품들과 분리하여 명확한 테마를 갖추고 진열

(4) 매장 내 상품진열 방법 결정 시 고려요인 `21-1`

① 상품들 간의 조화
② 점포 이미지와의 일관성
③ 개별상품의 물리적 특성
④ 개별상품의 잠재적 이윤

02 상품진열의 형식

(1) 상품진열의 기본요소

진열상품의 품목, 진열량, 진열 위치, 진열 형태, 페이스

(2) 조닝(Zoning)과 페이싱(Facing) `23-1, 21-2, 20-2, 19-3, 18-3`

조닝	점포 레이아웃 안에서 상품을 그룹핑하여 진열 순서를 결정하는 것
페이싱	• 페이스의 수량을 뜻하는 것으로 앞에서 볼 때 하나의 단품을 옆으로 늘어놓은 개수를 말하며, 진열량과는 다른 의미임 • 잘 팔리는 고회전 상품은 페이싱을 넓혀 고객의 눈에 잘 띄게 하면 좋음 • 쉘빙(Shelving) : 종적인 공간효율을 개선시키고, 진열선반의 높이가 낮을 때 위에서 아래로 시선을 유도하는 페이싱 방법
페이스표	• 단품별 진열도면 또는 표준진열도라고 함 • 계절에 따라 상품구성이 달라지므로 일반적으로 계절별, 매장 규모별 표준 페이스표를 만들어 활용

5 상품진열 및 배열기법

01 상품진열

(1) 상품진열의 유형 `24-1, 22-2, 21-3, 20-3, 20-추가, 20-2, 18-3`

쇼케이스 진열	• 상품진열을 목적으로 상점 내에 설치하는 쇼케이스에 판매 상품을 넣어 구매욕구를 유도하는 진열방법 • 윈도우형, 카운터형, 섬형, 스테이지형 등이 있음
테마별 진열	계절이나 특별한 이벤트에 따라서 제품을 다르게 진열하는 방식 📌 발렌타인데이, 크리스마스, 여름 바캉스 시즌에 특별 매장을 진열
전면진열	상품을 효과적으로 진열하고 싶거나 상품을 보관하기 어려운 경우에 상품 전체를 노출시키는 진열방법
수직적 진열	벽과 곤돌라를 이용해 고객의 시선을 효과적으로 사로잡을 수 있는 진열방법
수평적 진열	가로 방향으로 진열하는 방법

분류진열(Classification Display)	주로 슈퍼마켓이나 대형할인점에서 상품계열에 따라 상품을 분류하여 진열하는 방법
라이프스타일별 진열	상품에 대한 고객의 관심과 태도를 반영하여 진열하는 방식으로, 실생활의 한 장면을 연출하는 진열 예 동작을 표현하는 마네킹에 테니스복을 입히고 스포츠카를 배경으로 진열
조정형 진열(Coordinated)	• 각기 다른 아이템의 상품, 색상, 소재, 스타일 등을 특정 의도를 가지고 조화를 이루게 하는 진열방법 • 연관되는 상품을 하나의 세트로 진열
아이디어 지향적 진열	실제 사용 장소에 배치했을 때 어떻게 보일지를 보합되는 품목들과 함께 진열하여 미리 고객들에게 보여주는 진열방법으로 가구진열에 많이 사용됨
점블진열(Jumble)	과자, 라면 등의 상품을 정돈하지 않고 뒤죽박죽으로 진열하여, 저렴한 특가품이라는 인상을 주려는 진열방법
적재진열	다량의 상품을 한꺼번에 쌓아두어 가격이 저렴할 것이라는 기대를 갖게 하는 데 가장 효과적인 진열방법
섬진열(Island)	주통로와 인접한 곳이나 통로 사이에 징검다리처럼 쌓아두는 진열방법으로 주로 정책상품을 판매하기 위해 활용됨
색상별 진열	제품들을 색상별로 구분해 진열 예 여름을 맞아 바다의 파란색, 녹음의 초록색, 열정의 빨간색 등으로 진열
개방형 진열(Open)	고객이 상품을 자유롭게 선택할 수 있도록 진열
주제별형 진열(Theme)	계절별, 행사별, 상품별로 적합한 컨셉을 만들어 부문별로 진열
비주얼진열(Visual)	컬러 코디네이터, POP, 조명효과 등을 활용하여 고급스러움을 연출하는 진열
변화 진열	진열판의 경사를 바꾸거나 단의 높이를 조정하는 등으로 매대의 일부에 변화를 주어 제품에 대한 주목을 높이는 진열방법
돌출 진열	돌출시켜 진열하여 소비자들이 제품에 주목하도록 하는 진열방법
후크 진열	제품포장의 위쪽에 구멍을 뚫고 난 후 걸개에 걸어서 활용하는 방식
벌크(Bulk) 진열	과일, 야채 등을 매대나 바구니 등에 쌓아놓아 저렴하다는 인식을 주고, 충동구매를 유발하며, 저가격·저마진 상품에 어울리는 진열

(2) 선반진열의 유형 25-2, 19-1, 18-3

샌드위치 진열	• 진열대 내에서 잘 팔리는 상품 곁에 이익은 높지만 잘 팔리지 않는 상품을 진열해서 판매를 촉진하는 방식 • 무형의 광고효과가 있기 때문에 진열대 내에서 사각공간을 무력화시키는 방식
라이트 업 진열(Right Up)	• 왼쪽보다 오른쪽에 진열된 상품에 시선이 머물기 쉬우므로 오른쪽에 고가격, 고이익, 대용량 상품을 진열하는 방식 • 고객이 점원의 도움 없이 스스로 물건을 고르는 매장이라면 매대는 입구의 오른쪽에 두는 것이 좋음
전진입체 진열	페이스 부분을 정면으로 향하게 하는 진열 예 제조일자가 빠른 상품, 오래된 상품은 앞으로 내어 진열
브레이크 업 진열(Break Up)	상품에 맞게 선반의 높낮이를 조정해서 소비자들의 주목률을 상승시키는 방식
트레이 팩 진열(Tray Pack)	상품이 든 박스 아래 부분을 트레이 형태로 잘라내고 그대로 진열하는 방식
골든라인 진열	유효한 진열범위 내에서 가장 눈에 띄기 쉽고 손이 닿기 쉬운 높이에 기여도가 높은 상품을 진열

02 엔드 매대 진열(End Cap Display) 20-2, 19-3

(1) 엔드 매대 진열의 개념

고객이 3면에서 상품을 볼 수 있기 때문에 가장 눈에 잘 띄는 진열방식으로 가장 많이 팔리는 상품들을 진열할 때 많이 사용됨

(2) 엔드 매대 진열의 활용 21-2, 20-추가, 18-3

① 엔드 매대는 맨 끝에 위치하고 최하단이 전방으로 돌출되어 진열상품에 대한 노출도가 가장 큼
② 인지도가 높은 상품을 진열하여 고객이 점내를 회유하게 유도
③ 생활제안, 계절행사 등을 통해 매력적인 점포라는 인식을 심어줄 수 있음
④ 고마진 상품을 진열하여 이익·매출 증대
⑤ 비계획적 충동구매 또는 정리구매를 유도
⑥ 신학기, 명절, OO데이, 계절행사, 행사테마를 제안하는 공간으로 활용
⑦ 전단, 광고상품, 행사상품 등을 진열하여 판매촉진 수단으로 활용
⑧ 주력 판매와 대량 판매가 가능한 상품의 진열

(3) 엔드 매대 진열의 종류

단품진열	신상품, 기획 상품 등 특정 브랜드 판매를 극대화할 때 사용
다품진열	메뉴제안, 생활제안, 시즌상품 등 테마가 명확한 상품을 진열할 때 사용
관련진열	상품력이 높은 주력 품목의 진열 페이싱을 확보한 후, 관련한 보조상품을 일정비율로 추가 구성해서 연출

6 비주얼 프리젠테이션 개요 및 기술

01 비주얼 프리젠테이션 개요 22-2, 19-2, 18-1

(1) 비주얼 프리젠테이션(VP ; Visual Presentation)의 개념

① 테마에 따른 시각적 전시공간을 말함
② 쇼윈도나 매장 입구에서 유행상품, 인기상품, 계절상품 등을 제안하여 고객접근을 유도
③ VP를 통해 중점상품·테마에 따른 매장 전체의 이미지를 보여주기 때문에 상품보다는 진열기술이 중요

(2) 비주얼 프리젠테이션의 특징

① 고객에게 상품 특성과 장점에 대한 정보를 제공하고, 인기상품이나 계절상품 등을 제안하는 역할을 함
② 고객의 시선이 닿기 쉬운 곳에 구성하여 무의식적인 구매충동을 자극하도록 구성
③ 고객에게 상품의 콘셉트나 가치를 시각적으로 호소함
④ 주력상품, 연출 중시 상품(히트상품, 계절상품, 밝으면서 화려한 상품, 매체로 인해 유명해지는 상품 등), 엔드 매대 등을 구분하여 소개

⑤ AIDMA법칙의 A(주의)나 I(흥미)를 유도하는 데 효과적임

> **+ 더 알아보기** 광고의 원칙(AIDMA법칙)
>
> 주목(Attention), 흥미유발(Interest), 욕망(Desire), 기억(Memory), 구매행동(Action)

02 비주얼 프리젠테이션 기술

(1) 비주얼 프리젠테이션 기술의 개념
   ① 고객이 점포에 들어왔을 때 흥분하거나 설렘을 맛볼 수 있도록 상품을 배치하는 것을 말함
   ② 점포에서 고객 니즈에 부합하는 상품을 바로 찾을 수 있도록 프레젠테이션이 이루어져야 함

(2) 성공적인 비주얼 프레젠테이션을 위한 5가지 기술
   ① 알기 쉬움의 기술 : 소비자들의 눈에 쉽게 띄어야 함
   ② 표현내용 및 방법의 기술 : 강조하고자 하는 대상을 소비자들이 쉽게 인지할 수 있도록 함
   ③ 볼륨감의 기술 : 박력이 넘쳐 보여야 함
   ④ 배색에 대한 기술 : 즐겁고 아름다우며 편리해야 함
   ⑤ 재고의 기술 : 매장에 상품이 존재하여 선택에 제약이 없어야 함

03 비주얼 머천다이징 (VMD ; Visual Merchandising)

(1) 비주얼 머천다이징의 개념 23-2, 23-1, 19-3
   ① 고객들의 구매욕구를 자극할 수 있도록 시각적인 요소를 연출하고 관리하는 활동
   ② 상품과 판매환경을 시각적으로 연출하고 관리하는 일련의 활동
   ③ 기업의 독자성을 표현하고, 타 경쟁점과의 차별화를 위해 상품진열에 관해 시각적 요소를 반영하여 연출·관리하는 전략적인 활동

(2) 비주얼 머천다이징의 특징
   ① 상품과 점포 이미지가 일관성을 유지할 수 있게 진열하는 것이 중요
   ② 상업공간에 적합한 특정 상품·서비스를 조합하고, 판매증진을 위해 시각적 연출계획으로 기획하며, 상품의 선전·판촉 기능을 수행함
   ③ 점포 내·외부 디자인을 포함하는 개념이지만 핵심은 매장 내 전시(Display)임

(3) 비주얼 머천다이징의 관리 요소 23-3, 23-1
   ① 점두, 출입구, 건물 외벽 등의 점포 외장
   ② 매장 인테리어, 조명, 현수막 등의 점포 내부
   ③ 진열 집기, 트레이, 카운터 등 각종 집기
   ④ 종업원의 복장, 머리카락, 청결 상태 등의 위생
   ⑤ 색채, 재질, 선, 형태, 공간 등과 관련된 요소

(4) 비주얼 머천다이징의 구분 23-2, 22-3, 20-추가

매장에서 고객에게 상품을 효과적으로 진열하는 방식을 IP(Item Presentation), PP(Point of sale Presentation), VP(Visual Presentation)로 구분

VP (Visual Presentation)	• 상점의 콘셉트를 부각시키기 위한 쇼윈도 · 테마공간 연출을 통해 브랜드 이미지를 표현하는 데 활용 • 매장 전체 및 상품의 이미지를 높이는 데 주력 • 점포 · 매장 입구에서 유행, 인기, 계절상품 등을 제안하기 위한 진열
PP (Point of sale Presentation)	• 고객의 시선이 머무르는 곳에 볼거리를 제공하여 상품에 관심을 갖도록 유도하기 위해 활용함 • 벽면, 쇼케이스, 테이블 상단 등에서 진열 • 어떤 상품이 어디에 있는지를 알려주는 진열
IP (Item Presentation)	상품을 분류, 정리하고 보기 쉽게 진열하여 각각의 상품에 대해 고객이 구입의지를 결정하도록 하는 진열방식으로 행거, 선반 등에 진열

7 컬러 머천다이징의 기초지식 19-1

01 색채별 배열기준

① 맑은 색에서 탁한 색, 밝은 색에서 어두운 색, 옅은 색에서 짙은 색 순으로 배열
② 컬러 스트라이프 진열은 상품을 두드러지게 표현하며, 아름다움 · 편리함 · 즐거움 등을 표현하기에 적합
③ 여성 상대 사업은 흰색이나 파스텔 톤을, 어린이 상대 사업(유치원, 장난감 가게 등)은 노랑, 빨강 등의 원색을 사용

02 색채 연출 시 유의사항

① 단색과 유사색 배치의 조화, 점포 분위기에 맞는 개성 있는 컬러 연출이 중요함
② 판매상품과 어울리고, 주변 색상으로 인해 판매상품이 가려지면 안 됨
③ 시선이 집중되도록 보색의 악센트 컬러를 활용하면 좋고, 주조색과 보조색의 비율은 7:3 정도가 적합
④ 소매상에서는 색채 배색과 조절을 통해 고객의 주의를 끌고, 구매 의욕을 환기함

8 디스플레이 웨어와 POP 광고 취급방법

01 소비자 구매심리 단계와 디스플레이 서비스 대응방법

단 계	디스플레이 서비스의 대응방법
주 의	가격표, 색채, 조명, 음향효과
흥 미	판매에 대한 접근, POP 광고, 세일링 포인트의 강조
연 상	사용상의 편리, 희소가치 어필
욕 망	세일링 포인트의 반복, 특매
비 교	분류 디스플레이, 가격 면에서의 설득, 대량 디스플레이
신 뢰	메이커명, 브랜드, 품질의 보증, 서비스
결 정	관련 디스플레이, 추가 판매, 고정객화의 유인

02 POP(Point of Purchase) 광고   21-3, 20-추가, 20-2, 19-2

(1) POP 광고의 개념

① 구매시점 광고(Point of Purchase)를 의미하며, 소비자들이 구매하는 입장에서의 광고로 소비자의 주목을 끌 수 있음

② POP 광고는 소비자들이 상품을 구매할 때 편리함을 도모하는 것이므로 이익액 또는 매출액 등을 좌우하는 힘을 지니고 있음

(2) POP 광고의 역할   21-3, 20-추가, 20-2, 18-3

① 종업원 대신 상품정보를 알려주고 빠른 쇼핑, 셀프판매를 가능하게 함
② 소비자가 부담 없이 상품들을 자유로이 선택할 수 있도록 도와줌
③ 스토어트래픽을 창출하여 소비자의 관심을 끄는 역할을 함
④ 저렴한 편의품을 계산대나 통로 주변에 진열해 놓는 활동을 포함함
⑤ 판매원을 돕고 계절적인 특성 등을 살려 판매점에 장식효과를 가져다주는 역할을 함
⑥ 소비자의 주목을 끌 수 있어 효과적이고, 소비자들에게 충동구매를 이끌어낼 수 있음
⑦ 매장의 행사분위기를 살려 상품판매의 최종단계까지 연결시키는 역할을 수행

(3) POP 광고의 종류   19-1

점포 밖 POP	고객의 시선을 집중시키고 호기심을 유발해 점포의 이미지 향상과 고객을 유도하는 역할 예 윈도우전시, 연출용POP, 행사포스터, 현수막, 간판 등
점포 내 POP	고객에게 매장과 상품코너를 안내하고, 이벤트 분위기를 연출해 충동구매를 자극·유도 예 사인보드, 일러스트 모빌류, 행거 안내 사인 등
진열 POP	가격, 제품비교, 제품정보의 안내, 타 상품과 차별화하는 이익 및 장점을 안내하여 고객의 구매결정을 유도 예 제품안내카드, 가격표 등 ※ 배너 19-1 • 행사분위기와 시즌감의 연출이 목적이며, 위치 설정 후 걸고리를 점검하여 사용 • 주로 주동선에 부착하고, 높이 조절을 통해 고객의 심리적 부담을 덜어줌

SECTION 03 매장환경관리

1 매장 내부·외부 환경관리

01 매장 내부(Interior) 환경관리 23-1, 19-1

(1) 매장 내부 환경관리의 의의

고객의 구매 욕구를 높이기 위해 매장 내 분위기를 즐겁게 하고, 상품을 매력적으로 느끼도록 설계함

(2) 매장 내부 환경관리의 특징 24-3

① 매장의 조명을 이용하여 진열상품을 부각시키는 것은 고객 유인과 판매촉진에 효과적임
② 매장 안의 조명은 고객의 시선을 상품으로 끌게 하여 구매의욕을 일으키도록 설계하는 등 상품을 돋보이게 하는 색채 배합과 상품의 분위기에 맞는 색채를 선정함으로써 고객의 구매심리를 적극적으로 유발시키는 것이 중요
③ 여성 대상의 매장은 흰색, 파스텔톤을 사용하고, 어린이 대상의 유치원, 장난감 가게 등은 노랑, 빨강 등의 원색을 사용하는 것이 좋음
④ 매장의 온도, 향기, 음악은 고객의 기분에 영향을 줌
⑤ 벽면에 거울을 달거나 점포 일부를 계단식으로 높이면 실제보다 넓어 보일 수 있음

(3) 매장 내부 환경요소 23-1

매장의 벽면, 바닥, 통로, 집기, 비품, 색채와 조명, 평면배치, 매장의 상품진열, 매장 배경음악 및 분위기 등

02 매장 외부(Exterior) 환경관리 23-1, 22-1

(1) 매장 외부 환경관리의 의의

① 매장 외관은 기업의 이미지에 매우 중요한 영향을 미치므로 사전에 면밀히 계획되어야 함
② 매장 외관은 매장의 이미지를 상징적으로 표현할 수 있도록 디자인되어야 함
③ 매장 입구는 입구의 수, 형태, 통로를 고려해서 설계해야 함

(2) 매장 외부 환경관리의 목적

① 매장 외관을 꾸며서 고객의 관심을 유발
② 매장 외관 디자인은 고객이 노력하지 않고도 쉽게 발견할 수 있도록 구성

(3) 매장 외부 환경관리의 특징

① 매장 내 농·축산품 작업장 바닥은 내수성 자재를 이용하여 습기가 차지 않고, 배수가 잘 되도록 해야 함
② 화장실은 물을 사용하는 공간으로 확실한 방수공사가 필요하며 주기적으로 관리
③ 주차장은 도보나 자전거로 내점하는 보행자와 가능한 한 겹치지 않도록 동선을 설계
④ 매장 진열 시 효율성 제고를 위해 매장 집기 번호대로 창고보관 상품을 보관
⑤ 간판, 포스터, 게시판, POP 등의 진열이 고객의 동선을 방해하지 않도록 관리

(4) 매장 외부 환경요소

　① 매장의 입·출구

　② 주차시설

2 매장 구성요소 및 안전관리

01 매장 환경 구성 23-3

(1) 매장 환경 구성의 의의 24-2

　① 잠재고객이 무리한 노력을 기울이지 않더라도 상품을 쉽게 찾을 수 있도록 구성

　② 누구를 위한 매장이고 무엇을 판매하고 있는지 명확하게 표현해야 함

　③ 사고에 대한 사전예방 시설을 갖추고 사고 조치와 대책이 포함된 작업환경의 마련

　④ 후방시설의 창고는 판매영역과 구분하여 구역화하고, 상품 정리 시 낱개 상품이 보관되지 않도록 해야 함

　⑤ **고객편의공간의 구성** : 다층점포의 경우, 예전에는 수직 이동시설과 인접한 공간을 고객편의공간으로 구성하였으나, 최근에는 고객들의 다양한 니즈를 수용하는 원스톱 공간으로 저층을 운용하고 있는 추세

(2) 역할에 따른 점포 공간의 구성 23-3, 19-1

판매 공간(카운터)	소비자에게 상품에 대한 정보를 전달하거나 결제를 도와주는 공간
서비스 공간	소비자의 편의와 편익을 위해 설치하는 공간(예 휴게실, 탈의실)
진열 판매 공간	상품을 진열하여 주로 셀프 판매를 유도하는 공간
판매 예비 공간	상품을 준비하는 공간
판촉 공간	판촉상품을 전시하거나 보호하는 공간
인적 판매 공간	판매원이 소비자에게 상품을 보여주고 상담을 하는 공간

02 매장 안전관리

(1) 매장 혼잡성 관리 전략 24-1

구 분	개 념	사용 가능 전략
고객의 인식관리	고객의 인식관리를 통해 고객의 혼잡성에 대한 인식을 변화시키는 것	• 혼잡 상황을 알리는 표지 이용 • 실내 기온 조절 • 휴식 문화공간 등 주변 요소를 이용하여 고객의 관심 전환 　예 ○○백화점 : 에스컬레이터 앞에 패션쇼를 보여주는 비디오를 설치하여 고객의 관심 유도
서비스 생산관리	서비스 시설이나 프로세스를 변화시키는 것	• 시설 재배치, 시설의 최대용량 조절 • 고객 수 통제, 종업원 수 조절

출제지문 퀴즈로 핵심체크!

SECTION 01 점포구성

01 `19-2`

O X 점포 디자인의 요소에는 외장 디자인, 내부 디자인, 진열 부분, 레이아웃 등이 있다.

02 `23-3`

O X 고객편리성을 높이기 위하여 점포는 자유로운 고객 흐름을 방해하지 않게 양방통행 원칙을 준수하여 통로를 설계해야 한다.

03 `21-3`

서비스스케이프를 구성하는 요인 중 (   ) 요소는 종업원들의 이미지, 고객과 종업원 간의 상호교류를 포함한다.

04 `21-2`

점포 레이아웃 안에서 상품을 그룹핑하여 진열 순서를 결정하는 것을 (   )이라 한다.

SECTION 02 매장 레이아웃 및 디스플레이

01 `24-1`

O X 격자형 레이아웃은 고객들의 주 통로와 여러 점포의 입구가 연결되어 있는 형태의 레이아웃이다.

02 `25-2`

O X 브레이크업 진열은 상품정돈을 하지 않으므로 작업시간이 절감되고 저렴한 특가품이라는 인상을 준다.

03 `23-2`

(   ) 레이아웃은 통로 등의 공간이 비교적 동일한 넓이로 설계되어 공간적 효율성을 높일 수 있고, 고객이 쇼핑에 걸리는 시간을 최소화할 수 있다.

04 `25-1`

(   )은 고객이 구매를 많이 하도록 특정 품목을 매장의 어떤 선반이나 진열대에 어떻게 배치해야 하는지를 보여주는 다이어그램을 말한다.

SECTION 03 매장환경관리

01 24-2
O X 후방시설의 창고는 판매영역과 구분하여 구역화하고 상품 정리 시 낱개 상품이 보관되지 않도록 한다.

02 23-1
O X 매장의 입출구와 주차시설은 매장의 내부 환경요소에 해당한다.

03 23-3, 19-1
(　　　　　) 공간은 휴게실, 탈의실과 같이 소비자의 편익을 위하여 설치되는 공간이다.

04 23-1
매장의 색채와 조명, 평면배치, 매장의 상품진열, 매장 배경음악 및 분위기 등은 매장 (　　　　　) 환경요소이다.

정답 및 해설

SECTION 01
01 ○
02 × ▶ 고객들이 매장공간을 순조롭게 돌아보도록 주통로 및 부통로를 구분하여 명확히 설계해야 한다.
03 사회적
04 조닝

SECTION 02
01 × ▶ 경주형 레이아웃에 대한 설명이다.
02 × ▶ 점블진열에 대한 설명이다. 브레이크업 진열은 제품의 진열라인에 변화를 주고 소비자들의 시선을 유도함으로써 제품 및 점포에 대한 소비자의 주목도를 높이려는 진열 기법이다.
03 격자형
04 플래노그램

SECTION 03
01 ○
02 × ▶ 매장의 입·출구와 주차시설은 매장 외부의 환경요소에 해당한다.
03 서비스
04 내부

테마로 푸는 필수 기출문제

THEME ❶ 레이아웃

격자형과 자유형 레이아웃의 특징을 숙지하고, 두 레이아웃의 유형을 비교하여 학습해야 한다. 또한 조닝과 페이싱에 대해 묻는 문제도 자주 출제된 편이므로 각 개념을 암기하는 것이 좋다.

01 24년 1회

소매점포의 레이아웃 중 아래 글상자의 괄호 안에 들어갈 용어로 가장 옳은 것은?

(㉠) – 고객들의 주 통로와 여러 점포의 입구가 연결되어 있는 형태의 레이아웃
(㉡) – 일정한 규칙 없이 상품이나 점포를 배치함으로써 고객들이 자유롭게 쇼핑할 수 있도록 만들어진 레이아웃

① ㉠ 경주형 레이아웃, ㉡ 자유형 레이아웃
② ㉠ 격자형 레이아웃, ㉡ 자유형 레이아웃
③ ㉠ 격자형 레이아웃, ㉡ 경주형 레이아웃
④ ㉠ 자유형 레이아웃, ㉡ 격자형 레이아웃
⑤ ㉠ 경주형 레이아웃, ㉡ 격자형 레이아웃

02 23년 1회

매장 레이아웃에 대한 설명으로 가장 옳지 않은 것은?

① 격자형 배치는 고객이 매장 전체를 둘러보고 자신이 원하는 상품을 쉽게 찾을 수 있게 한다.
② 격자형 배치는 다른 진열방식에 비해 공간효율성이 높고 비용면에서 효과적이다.
③ 경주로형 배치는 고객들이 다양한 매장의 상품을 볼 수 있게 하여 충동구매를 유발할 수 있다.
④ 자유형 배치는 규모가 작은 전문매장이나 여러 개의 소규모 전문매장이 있는 대형점포의 배치 방식이다.
⑤ 자유형 배치는 고객들이 주 통로를 지나다니면서 다양한 각도의 시선으로 상품을 살펴볼 수 있다.

03 23년 2회

아래 글상자의 내용 중 격자형 레이아웃의 장점만을 나열한 것으로 옳은 것은?

㉠ 원하는 상품을 쉽게 찾을 수 있다.
㉡ 느긋하게 자신이 원하는 상품을 둘러보기에 용이하다.
㉢ 충동구매를 촉진시킬 수 있다.
㉣ 고객이 쇼핑에 걸리는 시간을 최소화할 수 있다.
㉤ 쇼핑의 쾌락적 요소를 배가시킬 수 있다.
㉥ 통로 등의 공간이 비교적 동일한 넓이로 설계되어 공간적 효율성을 높일 수 있다.

① ㉠, ㉣, ㉤
② ㉠, ㉣, ㉥
③ ㉡, ㉣, ㉥
④ ㉢, ㉤, ㉥
⑤ ㉣, ㉤, ㉥

04 22년 1회

레이아웃의 영역에 해당하지 않는 것은?

① 상품 및 집기의 배치와 공간의 결정
② 집기 내 상품 배치와 진열 양의 결정
③ 출입구와 연계된 주통로의 배치와 공간 결정
④ 상품품목을 구분한 보조통로의 배치와 공간 결정
⑤ 상품 계산대의 배치와 공간 결정

05 21년 1회

점포 내 레이아웃관리를 위한 의사결정의 순서로 가장 잘 나열된 것은?

① 판매방법 결정 – 상품배치 결정 – 진열용 기구배치 – 고객동선 결정
② 판매방법 결정 – 진열용 기구배치 – 고객동선 결정 – 상품배치 결정
③ 상품배치 결정 – 고객동선 결정 – 진열용 기구배치 – 판매방법 결정
④ 상품배치 결정 – 진열용 기구배치 – 고객동선 결정 – 판매방법 결정
⑤ 상품배치 결정 – 고객동선 결정 – 판매방법 결정 – 진열용 기구배치

THEME ❷ 점포구성

빈도가 높지는 않지만 점포구성 중 점포구성 요소에 대한 문제가 자주 출제된다. 유통점포관리에 디지털 환경 및 온라인 유통에 대한 업계 및 사회 수요를 반영하여 온라인 쇼핑몰 부분이 추가되었다.

06 24년 2회

매장 환경 구성 및 관리에 대한 설명으로 가장 옳지 않은 것은?

① 잠재고객이 무리한 노력을 기울이지 않더라도 상품을 쉽게 찾을 수 있도록 구성해야 한다.
② 누구를 위한 매장이며 무엇을 판매하고 있는지 명확하게 표현하여야 한다.
③ 다층점포의 경우 수직 이동시설과 인접한 공간을 고객편의공간으로 구성하여 고객편의성을 강화해야 한다.
④ 사고에 대한 사전 예방 시설을 갖추고 사고 조치나 대책이 포함된 작업환경을 마련해야 한다.
⑤ 후방시설의 창고는 판매영역과 구분하여 구역화하고 상품 정리 시 낱개 상품이 보관되지 않도록 한다.

07 23년 3회

점포공간을 구성할 경우, 점포에서의 역할을 고려한 각각의 공간에 대한 설명으로 가장 옳지 않은 것은?

① 서비스 공간은 휴게실, 탈의실 등과 같이 소비자의 편의와 편익을 위해 설치하는 곳이다.
② 진열 판매 공간은 상품을 진열하여 주로 셀프 판매를 유도하는 곳이다.
③ 판매 예비 공간은 소비자에게 상품에 대한 정보를 전달하거나 결제를 도와주는 곳이다.
④ 판촉 공간은 판촉상품을 전시하는 곳이다.
⑤ 인적 판매 공간은 판매원이 소비자에게 상품을 보여주고 상담을 하는 곳이다.

08 22년 3회

매장 배치에 관한 아래의 내용 중에서 옳게 설명된 것은?

① 백화점 등 고급점포는 매장의 효율을 높이기 위해 그리드(grid) 방식의 고객동선 설계가 바람직하다.
② 복합점포매장의 경우, 고가의 전문매장, 가구매장 등은 고층이나 층 모서리에 배치하는 것이 바람직하다.
③ 충동구매를 일으키는 상품은 점포 후면에 진열, 배치하는 것이 바람직하다.
④ 층수가 높은 점포는 층수가 높을수록 그 공간가치가 높아진다.
⑤ 넓은 바닥면적이 필요한 상품은 통행량이 많은 곳에 배치하여야 한다.

09 22년 3회

점포의 매장면적에 관한 설명으로 가장 옳지 않은 것은?

① 점포면적은 매장면적과 비매장면적으로 구분한다.
② 각 상품부문의 면적당 생산성을 고려하여 매장면적을 배분한다.
③ 일반적으로 전체 면적에서 차지하는 매장면적의 비율은 점포의 규모가 클수록 높아진다.
④ 매장면적을 배분할 때는 소비자의 편의성에 대한 요구, 효과적인 진열과 배치 등도 고려해야 한다.
⑤ 전체 면적 중 매장면적의 비율은 고급점포일수록 낮아진다.

10 24년 3회

점포를 구성하는 물리적 환경의 역할에 대한 설명으로 옳지 않은 것은?

① 패키지 : 제품의 패키지가 소비자의 감각적 반응에 호소하도록 고안된 것처럼 물리적 환경은 점포의 첫인상을 만들거나 고객의 기대를 설정하는 역할을 한다.
② 편의제공 : 환경 내에서 활동하는 사람들의 성과를 돕는 역할을 한다.
③ 사회화 : 잘 갖춰진 물리적 환경은 고객과 직원으로 하여금 기대된 역할과 행동을 하도록 돕는다.
④ 차별화 : 물리적 환경을 통해서 기업은 경쟁자와 차별화할 수 있고, 이를 통해 의도된 고객 세분화가 가능하다.
⑤ 지표화 : 이용 가능한 공간의 크기, 공간 내 사람의 수 등에 대한 객관적 평가를 제공한다.

THEME ❸ 상품진열 유형

거의 매년 빠지지 않고 출제되는 유형이므로 진열 유형별 특징에 대해 구분하여 숙지해야 한다.

11 22년 2회

과자나 라면 같은 상품들을 정돈하지 않고 뒤죽박죽으로 진열하여 소비자들에게 저렴한 특가품이라는 인상을 주려는 진열방식의 명칭으로 가장 옳은 것은?

① 돌출진열(extended display)
② 섬진열(island display)
③ 점블진열(jumble display)
④ 후크진열(hook display)
⑤ 골든라인진열(golden line display)

12 23년 1회

종적인 공간효율을 개선시키고 진열선반의 높이가 낮을 때는 위에서 아래로 시선을 유도하는 페이싱 방법으로 가장 옳은 것은?

① 페이스 아웃(face out)
② 슬리브 아웃(sleeve out)
③ 쉘빙(shelving)
④ 행깅(hanging)
⑤ 폴디드 아웃(folded out)

13 22년 1회

상품연출이라고도 불리는 상품진열이 가지는 고객 서비스 관점의 의미로 가장 옳지 않은 것은?

① 진열은 빠른 시간에 상품을 찾을 수 있게 해주는 시간절약 서비스이다.
② 진열은 상품선택 시 다른 상품과의 비교를 쉽게 해주는 비교서비스이다.
③ 진열은 상품종류를 쉽게 식별하게 해주는 식별서비스이다.
④ 진열은 상품이 파손 없이 안전하게 보관되도록 하는 보관서비스이다.
⑤ 진열은 무언의 커뮤니케이션으로 상품정보를 제공해주는 정보서비스이다.

14 21년 2회

매장 내 상품진열의 방법을 결정할 때 고려해야 할 요인으로서 가장 옳지 않은 것은?

① 상품들간의 조화
② 점포이미지와의 일관성
③ 개별상품의 물리적 특성
④ 개별상품의 잠재적 이윤
⑤ 보유한 진열비품의 활용가능성

15 21년 2회

엔드진열(end cap display)에 대한 설명으로 가장 옳지 않은 것은?

① 진열된 상품의 소비자들에 대한 노출도가 높다.
② 소비자들을 점내로 회유시키는 동시에 일반 매대로 유인하는 역할을 한다.
③ 생활제안 및 계절행사 등을 통해 매력적인 점포라는 인식을 심어줄 수 있다.
④ 상품정돈을 하지 않으므로 작업시간이 절감되고 저렴한 특가품이라는 인상을 준다.
⑤ 고마진 상품진열대로서 활용하여 이익 및 매출을 높일 수 있다.

16 20년 추가

상품진열방법과 관련된 설명 중 가장 옳지 않은 것은?

① 서점에서 고객의 주의를 끌기 위해 게시판에 책의 표지를 따로 떼어 붙이는 것은 전면진열이다.
② 의류를 사이즈별로 진열하는 것은 아이디어 지향적 진열이다.
③ 벽과 곤돌라를 이용해 고객의 시선을 효과적으로 사로잡을 수 있는 방법은 수직적 진열이다.
④ 많은 양의 상품을 한꺼번에 쌓아 놓는 것은 적재진열이다.
⑤ 여름을 맞아 바다의 파란색, 녹음의 초록색, 열정의 빨간색 등으로 제품들을 구분하여 진열하는 것은 색상별 진열이다.

17 25년 2회

아래 글상자에서 설명하는 진열방식으로 옳은 것은?

- 제품의 진열라인에 변화를 주고 소비자들의 시선을 유도함으로써 제품 및 점포에 대한 주목도를 높이고자 하는 진열방식
- 제품에 알맞게 선반 높낮이를 조정하여 소비자들의 주목도를 높이려는 진열 기법

① 샌드위치 진열방식
② 브레이크업 진열방식
③ 라이트업 진열방식
④ 전진입체 진열방식
⑤ 트레이 팩 진열방식

THEME ④ 비주얼 프리젠테이션

비주얼 프리젠테이션은 빈출 유형은 아니지만 비주얼 프리젠테이션의 구분에 대한 내용이 종종 출제되고 있고, 매장 레이아웃 및 상품진열의 내용과 연계하여 이해하는 것이 좋다.

18 23년 3회

점포의 비주얼 머천다이징 요소로서 가장 옳지 않은 것은?

① 점두, 출입구, 건물 외벽 등의 점포 외장
② 매장 및 후방, 고객 동선, 상품배치 등의 레이아웃
③ 매장 인테리어, 조명, 현수막 등의 점포 내부
④ 진열 집기, 트레이, 카운터 등 각종 집기
⑤ 종업원의 복장, 머리카락, 청결 상태 등의 위생

19 22년 3회

효과적인 진열을 위해 활용하는 IP(item presentation), PP(point of presentation), VP(visual presentation)에 대한 설명으로 가장 옳지 않은 것은?

① IP의 목적은 판매포인트 전달과 판매유도이다.
② IP는 고객이 하나의 상품에 대한 구입의사를 결정할 수 있도록 돕기 위한 진열이다.
③ VP의 목적은 중점상품과 테마에 따른 매장 전체 이미지 표현이다.
④ VP는 점포나 매장 입구에서 유행, 인기, 계절상품 등을 제안하기 위한 진열이다.
⑤ PP는 어디에 어떤 상품이 있는가를 알려주는 진열이다.

20 23년 1회

시각적 머천다이징에 대한 아래의 설명 중에서 가장 옳지 않은 것은?

① 점포 내외부 디자인도 포함하는 개념이지만 핵심개념은 매장 내 전시(display)를 중심으로 한다.
② 상품과 판매환경을 시각적으로 연출하고 관리하는 일련의 활동을 말한다.
③ 상품과 점포 이미지가 일관성을 유지할 수 있게 진열하는 것이 중요하다.
④ 시각적 머천다이징의 요소로는 색채, 재질, 선, 형태, 공간 등을 들 수 있다.
⑤ 상품의 잠재적 이윤보다는 인테리어 콘셉트 및 전체적 조화 등을 고려하여 이루어진다.

21 22년 2회

매장에서 비주얼 머천다이징(VMD)을 구성할 때 다양한 방법을 사용할 수 있다. 아래 글상자에서 설명하는 내용의 기법으로 가장 옳은 것은?

> - 고객에게 상품의 특성과 장점에 대한 정보를 제공하고 인기상품이나 계절상품 등을 제안하는 역할을 한다.
> - 고객의 시선이 닿기 쉬운 곳에 구성하여 고객의 무의식적인 구매충동을 자극하도록 구성한다.
> - 고객에게 상품의 콘셉트나 가치를 시각적으로 호소한다.

① 쇼윈도 프레젠테이션
② 파사드 프레젠테이션
③ 비주얼 프레젠테이션
④ 포인트 프레젠테이션
⑤ 아이템 프레젠테이션

22 21년 3회

구매시점광고(POP)에 대한 설명으로 가장 옳지 않은 것은?

① 구매하는 장소에서 이루어지는 광고로서 판매촉진활동에 대한 효과 측정이 용이하다.
② 스토어트래픽을 창출하여 소비자의 관심을 끄는 역할을 한다.
③ 저렴한 편의품을 계산대 주변에 진열해 놓는 활동을 포함한다.
④ 판매원을 돕고 판매점에 장식효과를 가져다주는 역할을 한다.
⑤ 충동적인 구매가 이루어지는 제품의 경우에는 더욱 강력한 소구 수단이 된다.

필수 기출문제 정답과 해설

01 정답 ①

해설
- **경주형 레이아웃** : 주된 통로를 중심으로 여러 매장 입구가 연결되어 있어 고객들이 여러 매장들을 손쉽게 둘러볼 수 있도록 배치된 형태
- **자유형 레이아웃** : 고객의 자유로운 쇼핑과 충동적인 구매를 기대하는 매장에 적격으로 백화점이나 전문점에서 주로 쓰이는 배치 형태
- **격자형 레이아웃** : 진열 기구가 직각 상태로 되어 판매공간을 효율적으로 사용할 수 있는 형태

02 정답 ⑤

해설 경주로형 배치는 주 통로를 중심으로 여러 매장 입구가 연결되어 있어 고객들이 주 통로를 지나다니면서 다양한 각도의 시선으로 가능한 한 많은 상품을 살펴볼 수 있다.

03 정답 ②

해설 ㉡, ㉢, ㉤은 자유형 레이아웃의 장점에 해당한다.

04 정답 ②

해설 레이아웃은 보다 효율적인 매장구성이나 상품진열, 고객동선, 작업동작 등을 위한 일련의 배치작업을 의미하는 것으로, 세부적인 진열 양을 결정하는 것은 진열의 기본조건 영역에 해당한다.

05 정답 ⑤

해설 점포 내 레이아웃관리를 위한 의사결정 순서는 '상품배치 결정 → 고객동선 결정 → 판매방법 결정 → 진열용 기구배치'를 따른다.

06 정답 ③

해설 예전의 다층점포에서는 수직이동을 위한 인접한 자투리 공간에 고객편의공간을 구성하였으나, 최근에는 고객들의 다양한 니즈를 수용하는 원스톱 공간으로 저층을 운용하고 있는 추세이다.

07 정답 ③

해설 판매 예비 공간은 상품을 준비하는 공간이다. 소비자에게 상품에 대한 정보를 전달하거나 결제를 도와주는 곳은 판매 공간이다.

08 정답 ②

해설
① 고객의 동일 제품에 대한 반복구매 빈도가 높은 소매점은 그리드(grid) 방식의 고객동선 설계가 바람직하다.
③ 충동구매를 일으키는 상품은 점포 전면에 진열, 배치하는 것이 바람직하다.
④ 층수가 높은 점포는 층수가 높을수록 그 공간가치가 낮아진다.
⑤ 넓은 바닥면적이 필요한 상품은 통행량이 적은 곳에 배치해야 한다.

09 정답 ③

해설 전체 면적에서 차지하는 매장면적의 비율은 점포의 종류나 특성에 따라 달라진다.

10 정답 ⑤

해설 **물리적 환경의 역할**
- **패키지** : 서비스를 포장해서 내부의 것을 외부적 이미지로 전달하는 제품의 패키지와 같은 역할을 한다(예 실내장식, 직원 옷차림, 화장실 청소확인, 영수증 디자인).
- **편의제공** : 물리적 환경은 환경 내에서 활동하는 사람의 성과를 돕는 역할을 한다(예 키즈카페).
- **사회화** : 고객과 종업원으로 하여금 기대된 역할, 행동, 관계를 하도록 돕는다.
- **차별화** : 물리적 환경을 통해 경쟁자와 차별화를 할 수 있고 이를 통한 세분화가 가능하다.

11 정답 ③

해설 점블진열은 상품을 일부러 무질서하게 진열하여 흐트러진 느낌을 주어 고객의 눈길을 끄는 방식으로, 상품 정돈을 하지 않으므로 상품 진열에 대한 작업시간이 절감됨과 동시에 소비자들에게 '저렴하다' 또는 '특가품'이라는 인상을 주게 된다.

12 정답 ③

해설 ① **페이스 아웃**(face out) : 디자인을 한눈에 볼 수 있는 진열방법으로, 코디네이트 변화가 용이하고 회전율이 빠르다는 장점이 있다.
② **슬리브 아웃**(sleeve out) : 행거를 이용한 스톡형 진열방법으로, 컬러 패턴 및 사이즈별 배열이 가능하며 꺼내보기 쉽다는 장점이 있다.
⑤ **폴디드 아웃**(folded out) : 선반을 사용한 스톡형 진열방법으로, 슬리브 아웃 방식과 동일하게 컬러 패턴 및 사이즈별 배열이 가능하다. 또한 시선 아래 진열 시 디자인을 잘 볼 수 있다는 장점이 있으나 디자인이 부분적으로만 보이고, 진열상품을 접는 데 시간과 노력이 필요하기 때문에 꺼내보기 부담스럽다는 단점이 있다.

13 정답 ④

해설 상품이 파손 없이 안전하게 보관되도록 하는 것은 포장과 관련된 서비스이다. 진열은 상품을 고객들이 직접 실연해볼 수 있도록 만지기 쉽게 정리ㆍ정돈해 놓은 것을 말한다.

14 정답 ⑤

해설 보유한 진열비품의 활용가능성은 매장 내 상품진열 방법을 결정한 후 상품진열 실행 시 고려해야 할 요인이다.

15 정답 ④

해설 ④는 점블진열(Jumble Display)에 대한 설명이다.

16 정답 ②

해설 의류를 사이즈별로 분류하여 진열하는 것은 정형적 진열이다.

17 정답 ②

해설 ① **샌드위치 진열방식** : 진열대 내에서 잘 팔리는 상품 곁에 이익은 높지만 잘 팔리지 않는 상품을 진열해서 판매를 촉진하는 진열방식이며, 무형의 광고효과가 있기 때문에 진열대 내에서 사각공간을 무력화시키는 방식
③ **라이트업 진열방식** : 사람의 시선은 상품명을 읽기 위해 좌측에서 우측으로 움직이기 때문에 우측에 고가격ㆍ고이익ㆍ대용량 상품을 진열하고, 새로 보충하는 상품은 좌측에 진열하는 방식
④ **전진입체 진열방식** : 페이스 부분을 정면으로 향하게 하고, 제조일자가 빠르거나 오래된 상품은 앞으로 내어 진열하는 방식
⑤ **트레이 팩 진열방식** : 상품이 든 박스 아랫부분을 트레이 형태로 잘라내고 그대로 진열하는 방식

18 정답 ②

매장 및 후방은 점포의 기본적인 공간 구성 요소에 해당한다.

19 정답 ①

해설 PP의 목적은 판매포인트 전달과 판매유도이다.

20 정답 ⑤

해설 시각적 머천다이징(비주얼 머천다이징)은 상품의 기획 의도나 잠재적 이윤뿐만 아니라, 포장의 형태나 인테리어와의 전체적인 조화 등을 중점적으로 고려하여 이루어진다.

21 정답 ③

해설 비주얼 프레젠테이션은 쇼윈도나 쇼케이스 기타 전시에 의해서 취급되는 상품의 콘셉트나 가치를 소비자에게 효과적ㆍ시각적으로 호소해서 제안하는 진열방식이다. 또한 매장의 판매포인트를 연출하기 위해 벽면이나 집기류의 상단 등 고객의 시선이 자연스럽게 닿는 곳에 상품의 포인트를 알기 쉽게 강조하여 보여주는 것을 의미한다.

22 정답 ①

해설 POP는 구매하는 시점에서 이루어지는 광고로, 매장을 방문하며 판매촉진활동 효과 측정이 어려운 편이다.

CHAPTER 04 상품판매와 고객관리

최신빈출 대표유형문제

SECTION 01 상품판매
1. 상품판매의 개요
2. 판매서비스
3. 상품 로스(Loss)관리

SECTION 02 고객관리
1. 고객의 이해
2. 고객관리의 개요
3. 고객정보의 수집과 활용
4. 고객응대기법

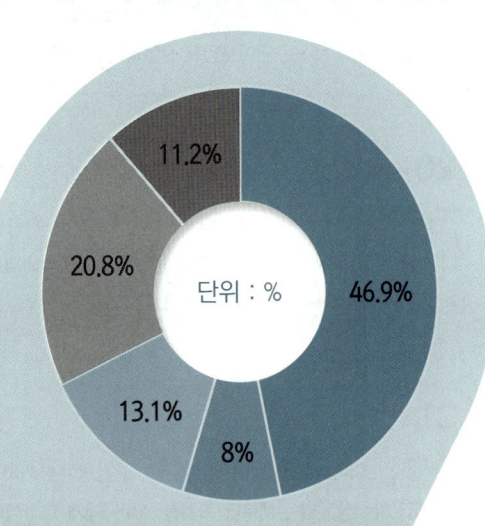

- 유통마케팅 전략기획
- 디지털 마케팅 전략
- 점포관리
- 상품판매와 고객관리
- 유통마케팅 조사와 평가

최근 5년간 챕터별 출제비중 / 회당 평균 5.2문제 출제(5개년 기준 총 15회)

비 중		출제영역	2021	2022	2023	2024	2025	합 계
46.9%	제1장	유통마케팅 전략기획	38	35	39	34	30	176
8%	제2장	디지털 마케팅 전략	-	-	-	14	16	30
13.1%	제3장	점포관리	13	10	10	9	7	49
20.8%	제4장	상품판매와 고객관리	17	21	15	10	15	78
11.2%	제5장	유통마케팅 조사와 평가	7	9	11	8	7	42
		합계(문항 수)	75	75	75	75	75	375

SECTION 03 CRM전략 및 구현방안

1. CRM의 배경 및 장점
2. CRM의 도입방법 및 고려사항
3. CRM의 정의 및 필요성
4. CRM의 유형
5. CRM 구현단계

출제지문 퀴즈로 핵심체크!

테마로 푸는 필수 기출문제

최대 출제 POINT & 학습목표

❶ 판매원의 역할과 자세

❷ 데이터베이스 마케팅과 다이렉트 마케팅

❸ 고객응대기법(MOT기법, 접근기법, 판매기법, 컴플레인 대응기법)

❹ CRM(고객관계관리) 전략

❺ 상품판매의 개념과 셀프서비스 판매의 특징

❻ 고객유형(조기수용자, 이탈고객, 가망고객, 핵심고객 등)

❼ 고객생애가치(CLV) 개념과 CRM

CHAPTER 04 최신빈출 대표유형문제

01 상품판매에 대한 설명으로 옳지 않은 것은? `23년 3회`
① 인적판매는 개별적이고 심도 있는 쌍방향 커뮤니케이션이 가능한 것이 장점이다.
② 판매는 회사의 궁극적 목적인 수익창출을 실제로 구현하는 기능이다.
③ 전략적 관점에서 고객과의 관계를 형성하는 영업을 중시하던 과거 방식에 비해 판매기술이 고도화되는 요즘은 판매를 빠르게 달성하는 전술적, 기술적 관점이 더욱 부각되고 있다.
④ 판매는 고객과의 커뮤니케이션을 통해 상품을 판매하고, 고객과의 관계를 구축하고자 하는 활동이다.
⑤ 판매활동은 크게 신규고객을 확보하기 위한 활동과 기존고객을 관리하는 활동으로 나눌 수 있다.

`관련이론 126p`

해설 ③ 판매를 빠르게 달성하는 전술적, 기술적 관점보다 전략적 관점에서 고객과의 관계를 형성하는 영업이 더욱 부각되고 있다.

대표유형 더보기
- 다단계 판매의 특징으로 옳지 않은 것은? `24년 3회`
- 셀프서비스를 활용한 상품판매의 특징으로 가장 옳지 않은 것은? `22년 2회`

02 다음 중 소매업이 상품 판매를 효과적으로 전개하기 위해 제공하는 물적·기능적 서비스에 해당하지 않는 것은? `23년 2회`
① 포장지, 선물상자의 제공 등과 같은 상품부대물품의 제공 서비스
② 할부판매, 외상 판매 등과 같은 금융적 서비스
③ 전달 카탈로그, 광고 선전 등과 같은 정보 제공 서비스
④ 고객의 선택 편의 및 구매 효율을 높이는 셀프서비스와 같은 시스템적 서비스
⑤ 상품 설명, 쇼핑 상담, 배달 등과 같은 노역 기술 제공 서비스

`관련이론 128p`

해설 ⑤ 상품 설명, 쇼핑 상담, 배달 등과 같은 노역 기술 제공 서비스는 인적 서비스에 해당한다.

대표유형 더보기
- 판매서비스는 거래계약의 체결 또는 완결을 지원하는 거래지원서비스 및 구매 과정에서 고객이 지각하는 가치를 향상시키는 가치증진서비스로 구분할 수 있다. 가치증진서비스에 해당되는 것으로 가장 옳은 것은? `23년 3회`
- 다음 중 판매사원의 상품판매과정의 7단계를 순서대로 나열한 것으로 가장 옳은 것은? `20년 2회`

03 판매원의 판매활동에 대한 설명으로 가장 옳지 않은 것은? 22년 3회

① 상품과 대금의 교환을 실현시키는 활동이다.
② 상품의 효용과 가치에 대한 정보를 제공하는 활동이다.
③ 제한된 공간에서 소매점의 이익을 극대화하기 위한 활동이다.
④ 고객이 상품과 서비스를 구매하도록 설득하는 활동이다.
⑤ 대화를 통해 고객의 욕구를 파악하고 그에 부합되는 제품을 추천하는 활동이다.

관련이론 127p

해설 판매활동의 개념
- 대금과 상품의 교환거래를 실현시키는 활동이다.
- 구매자로 하여금 교환하도록 용단을 내리게 하기 위한 설득활동이다.
- 상품의 효용을 고객에게 알림으로써 고객이 구매활동을 하도록 설득하는 행동이다.

대표유형 더보기
- 판매 결정을 촉구하는 판매원의 행동기법으로 가장 옳지 않은 것은? **22년 3회**
- 판매원의 고객서비스와 판매업무활동에 대한 설명으로 가장 옳지 않은 것은? **21년 2회**
- 고객에 대한 원활한 판매서비스를 위해 판매원이 보유해야 할 필수적 정보들로 옳지 않은 것은? **20년 3회**

04 다음 중 고객생애가치에 대한 설명으로 가장 옳지 않은 것은? 25년 1회

① 특정 고객으로부터 얻게 되는 이익흐름의 미래가치이다.
② 고객생애가치를 증대시키기 위해 애호도 증진 프로그램을 실시할 필요성이 있다.
③ 기업은 고객생애가치 산출을 통해 어떤 고객이 자사에게 이로운 고객인지를 판단할 수 있다.
④ 고객생애가치 산출을 통해 기업은 마케팅의 효율성과 효과성을 증진시킬 수 있다.
⑤ 고객생애가치를 올바르게 산출하기 위해서는 이익뿐만 아니라 비용도 함께 고려해야 한다.

관련이론 139p

해설 ① 고객생애가치는 소비자가 평생에 걸쳐 구매할 것으로 예상되는 이익 흐름에 대한 현재가치를 의미한다.

대표유형 더보기
- 기업에 대해 고객이 창출해주는 모든 미래의 경제적 가치를 현재가치로 할인한 것으로 고객에 대한 장기간의 경제적 가치를 설명하는 개념의 약어로 옳은 것은? **24년 3회**
- 고객생애가치 이론에 관한 설명으로 가장 옳은 것은? **23년 2회**
- 고객생애가치(CLV ; Customer Lifetime Value)에 대한 설명으로 가장 옳지 않은 것은? **22년 2회**

05 사람들은 신제품이나 혁신을 수용하고 구매하는 성향에서 큰 차이를 갖는다. 자신의 커뮤니티에서 여론 주도자이며 신제품이나 혁신을 조기에 수용하지만 매우 신중하게 구매하는 집단으로 가장 옳은 것은? **23년 3회**

① 혁신자(innovator)
② 조기 수용자(early adopter)
③ 조기 다수자(early majority)
④ 후기 다수자(late majority)
⑤ 최후 수용자(laggard)

관련이론 131p

해설 구매 성향에 따른 고객 유형
- 혁신 수용자 : 제품 도입 초기에 가장 먼저 신제품을 수용하는 소비자층으로, 모험적인 성향을 가지고 있으며 신제품 수용에 따르는 위험을 기꺼이 감수한다.
- 조기 수용자 : 혁신 수용자 다음으로 신제품을 수용하는 소비자층으로, 제품 정보나 자신의 의견 등을 타인에게 전파시키는 데 적극적이어서 의견 선도자 역할을 한다.
- 조기 다수자 : 조기 수용자 다음으로 신제품을 수용하는 소비자층으로, 조기 수용자층의 신제품에 대한 반응 및 평가를 참고하여 신중하게 신제품을 수용한다.
- 후기 다수자 : 조기 다수자 다음으로 신제품을 수용하는 소비자층으로, 신제품이 충분히 검증된 다음에야 신제품을 수용하는 다소 의심이 많은 소비자층이다.
- 최후 수용자 : 신제품을 가장 나중에 수용하는 소비자층으로, 변화를 거부하며 전통에 집착하는 성향이 있다.

대표유형 더보기
- 기업과의 관계 진화과정에 따라 분류한 고객의 유형으로 가장 옳지 않은 것은? **23년 3회**
- 핵심고객관리(key account management)의 대상이 되는 핵심고객의 특징에 대한 설명으로 가장 옳지 않은 것은? **22년 3회**

06 고객관리를 위한 고객분석의 내용으로 옳지 않은 것은? **24년 1회**

① 고객세분화 분석을 통한 구매자와 사용자, 잠재고객 파악
② 고객의 구매동기를 분석하여 제품의 특성과 추구목적 이해
③ 고객 구매동기의 변화 가능성과 잠재적 욕구의 파악
④ 미충족된 고객욕구를 파악하여 문제점 및 제품만족도 개선 사항 파악
⑤ 고객서비스 및 접객 방식의 개선 효과 분석을 통해 고객응대에 활용

관련이론 130p

해설 고객관리는 고객에 관한 정보를 수집하여 분류·정리하고, 가공·활용하여 고객 만족도와 충성도를 높이며 수익성과 경쟁력을 높이는 작업이며, 고객분석은 여러 채널에서 고객 데이터를 분석하여 고객 행동을 더 잘 이해하고 잠재고객의 특성과 행동을 명확하게 파악하는 프로세스로 정보에 입각한 비즈니스 의사결정을 내리는 작업이다.

대표유형 더보기
- 다음 중 고객데이터 분석을 통한 소매 의사결정으로 가장 옳지 않은 것은? **25년 2회**
- 고객관계를 강화하기 위한 고객관리전략으로 가장 옳지 않은 것은? **22년 3회**
- 고객관리에 대한 설명으로 옳지 않은 것은? **20년 3회**

07 CRM 도입의 기대효과에 대한 설명으로 가장 옳지 않은 것은? **25년 2회**

① 고객 니즈에 맞는 최적의 채널을 제공하고, 거래비용을 최소화할 수 있는 채널로 고객을 유도하게 한다.
② 고객 행위에 대한 깊은 이해를 기반으로 고객만족을 높임으로써 고객충성도 및 고객유지율을 향상시킬 수 있다.
③ 고객 니즈의 변화를 파악하여 이에 대응하는 상품 개발을 할 수 있다.
④ 고객점유율보다는 시장점유율에 중점을 둔다.
⑤ 신규고객을 유치하고 기존고객을 활성화하여 평생고객화함으로써 고객생애에 걸쳐 높은 수익성을 유지하고 새로운 시장기회를 포착할 수 있다.

관련이론 136p

해설 ④ CRM은 고객 중심 전략이므로, 시장점유율보다는 고객점유율에 중점을 둔다. CRM의 가장 큰 목표는 기존 고객의 이탈을 방지하고 유지함으로써 수익성을 극대화하는 데 있다.

대표유형 더보기
• CRM 채널관리 이슈 및 기대효과에 관한 내용으로 가장 옳지 않은 것은? **24년 1회**
• 고객관계관리(CRM)와 관련한 채널관리 이슈에 대한 설명으로 가장 옳지 않은 것은? **23년 2회**
• 서비스기업의 고객관계관리 과정은 "관계구축 - 관계강화 - 관계활용 - 이탈방지 또는 관계해지"의 단계로 나누어 볼 수 있다. 관계구축 단계의 활동으로서 가장 옳지 않은 것은? **23년 2회**

08 다음 중 고객관계관리(CRM)에 관한 설명으로 가장 옳지 않은 것은? **25년 1회**

① 기업 내 고객정보를 통합적으로 관리한다.
② 정보 원천별로 고객정보를 통합적으로 관리한다.
③ 고객을 획득·유지·육성하는 전반적 과정이다.
④ 고객이 주도하는 고객 관여(또는 참여) 마케팅을 의미한다.
⑤ 탁월한 고객가치 및 고객만족의 제공을 위한 도구로 사용된다.

관련이론 136p

해설 ④ 고객관계관리(CRM)는 기업이 주도하는 고객과의 장기적인 관계구축을 통해 고객가치를 극대화하고 수익성을 높일 수 있는 고객관계 관리 프로세스를 의미한다.

대표유형 더보기
• CRM 실행 프로세스를 순차적으로 나열한 항목으로 가장 옳은 것은? **25년 2회**
• 다음 중 운영CRM전략을 수행하는 고객상호작용센터에 대한 설명으로 가장 옳지 않은 것은? **25년 1회**
• CRM과 eCRM을 비교하여 설명한 내용으로 가장 옳은 것은? **23년 1회**
• 고객관계관리(CRM)에 대한 접근방법으로 가장 옳지 않은 것은? **22년 2회**

CHAPTER 04 상품판매와 고객관리

SECTION 01 상품판매

1 상품판매의 개요

01 상품판매의 개념 23-3, 21-1
① 고객과의 커뮤니케이션을 통해 상품을 판매하고, 고객과의 관계를 구축하고자 하는 활동
② 판매는 회사의 궁극적 목적인 수익창출을 실제로 구현하는 기능

02 상품판매의 의의

(1) 상품판매의 특징 23-3, 21-1
① 판매활동은 신규고객을 확보하기 위한 활동과 기존고객을 관리하는 활동으로 나눌 수 있음
② 과거에는 판매를 빠르게 달성하는 기술적 판매방식이 더욱 부각되었으나, 현재는 전략적 관점에서 고객과 관계를 형성하는 영업을 중요시하는 추세임

(2) 관계지향적 판매방식 24-3
① 판매보다 고객 요구를 이해하고 문제를 해결하는 데 중점
② 상호 신뢰와 신속한 반응을 통해 고객과 장기적인 관계를 형성하고자 하는 것을 의미
③ 단기적인 매출은 낮아질 수 있으나 장기적인 매출은 높아지는 경향을 보임

(3) 셀프서비스 판매의 특징 22-2
① 영업시간의 유연성 증가
② 소매점의 판매비용 절감
③ 구매과정에 대한 고객의 자기통제력 향상
④ 직원의 숙련도와 상관없는 비교적 균일한 서비스 제공
⑤ 상품에 대한 디스플레이(Display)가 중요한 부분을 차지함

2 판매서비스

01 판매서비스의 의미

(1) 판매서비스의 개념

판매 행위가 최종적으로 상품의 판매로 이어지기 위해서 수반되는 판매원의 커뮤니케이션 설득과정

(2) 판매원의 판매활동 22-3, 21-2

① 상품과 대금의 교환을 실현시키는 활동
② 상품의 효용과 가치에 대한 정보를 제공하는 활동
③ 고객이 상품과 서비스를 구매하도록 설득하는 활동
④ 대화를 통해 고객의 욕구를 파악하고 그에 부합되는 제품을 추천하는 활동

(3) 판매서비스의 구분 23-3

구 분	내용 및 사례
거래지원서비스	• 거래계약의 체결 또는 완결을 지원 • 상품의 구매와 사용 방법에 관한 정보제공 • 충분한 재고 보유와 안전한 배달을 보장하는 주문처리 • 명료하고 정확하며 이해하기 쉬운 청구서를 발행하는 대금청구 • 고객이 단순하고 편리한 방식으로 대금을 납부하게 하는 대금지불 등
가치증진서비스	• 구매 과정에서 고객이 지각하는 가치를 향상 • 친절한 접객서비스, 쾌적한 점포 분위기 제공 등

(4) 판매원의 판매업무활동 22-3, 21-2, 20-3, 20-2

정보전달	• 고객에게 제품정보를 제공하고, 제품구매 시 얻게 되는 이점을 설명 • 판매원이 보유해야 할 필수 정보 : 기업 · 제품 · 고객 · 시장 · 판매 기회 • 고객에게 어필할 수 있는 주요이익을 요약 설명
구매결정 설득	고객에게 상품에 대한 효용을 설명함으로써 고객의 구매 결정을 촉구
커뮤니케이션	• 판매원들은 고객 접점에 있고, 기업 이미지를 전달하는 역할 • 두 가지 대안 중 어느 한 쪽을 선택하도록 유도해 결정을 촉구 • 표준화 접근법(standardization) : 전체 고객집단에 대하여 동일한 고객서비스를 제공 • 고객화 접근법(customization) : 개별 소비자의 구매 성향에 맞게 고객의 다양한 니즈를 충족시킬수 있으나 비용 상승 부담이 있음
정보취득	• 고객으로부터 얻은 정보를 기업에 전달하는 역할 • 고객이 어느 정도 사고 싶은 마음이 있는지 파악할 수 있는 질문을 함
고객상담	고객의 라이프스타일을 파악하여 고객생애가치를 향상시키는 역할
판매종결(Closing)	판매업무활동의 마지막 단계로 고객의 니즈에 부합하면서 구매욕구를 충족시키고, 만족스러운 판매를 돕는 역할

(5) 고객지향적 판매행동 22-1

판매사원이 제품을 판매할 때 고객과 장기 지향적인 관계를 유지하기 위해 고객의 필요와 욕구에 초점을 두고 고객이 만족스러운 구매결정을 할 수 있도록 마케팅 콘셉트를 수행하는 판매행동을 의미

02 상품판매과정

(1) 판매원의 상품판매과정의 7단계 20-2

> 가망고객 발견 및 평가 → 사전준비 → 접촉 → 설명과 시연 → 이의처리 → 계약(구매 권유) → 후속조치

(2) 판매원 효율성의 검토를 위한 판매관리자 사용 지표

① 기간별 신규고객 및 상실고객의 수
② 접촉별 평균 판매방문시간
③ 판매원당 일일 평균 판매방문횟수

(3) 효과적인 상품판매를 위해 제공하는 서비스 23-2

물적·기능적 서비스	인적 서비스
• 포장지, 선물상자의 제공 등과 같은 상품부대물품의 제공 서비스 • 할부판매, 외상 판매 등과 같은 금융적 서비스 • 전달 카탈로그, 광고 선전 등과 같은 정보 제공 서비스 • 고객의 선택 편의 및 구매 효율을 높이는 셀프서비스와 같은 시스템적 서비스	상품 설명, 쇼핑 상담, 배달 등과 같은 노역 기술 제공 서비스 등

3 상품 로스(Loss) 관리

01 상품 로스 관리의 의미

(1) 상품 로스의 개념

상품이 매입으로부터 입하, 판매되기까지의 매입, 재고, 판매과정을 통해 발생한 로스(Loss)를 말함

(2) 상품 로스(Loss)의 발생 원인과 특징 24-1

① **상품 운영상의 문제** : 매입 및 반품에 대한 오류
② **로스 관리상의 문제** : 고객과 직원으로부터 발생하는 도난사고를 방지하기 위해 CCTV를 설치하거나 각 상품에 도난방지 태그·라벨 부착 등을 시행, 로스 다빈도 상품에 대한 방지대책 미흡
③ **장비 및 시설 문제**
④ 과일, 채소 등 신선식품의 경우, 품질관리를 위한 유통 과정에서의 폐기로 인해 일반적인 상품보다 로스가 발생할 가능성이 높음

(3) 매장에서 발생하는 손실 유형 19-3

① 식품 등을 폐기할 때 발생하는 폐기손실
② 매장에 상품이 준비되지 않아서 발생하는 판매기회손실
③ 실제 재고조사 후 장부상의 재고액과 실제 재고액의 차이로 인한 재고조사손실
④ 제품의 가격을 인하함으로써 발생하는 가격인하손실

02 상품 로스의 파악

- 상품 로스 = (기초상품 재고액 매가 합계액 + 기중 매입액 매가 환산액) − (기중 매출액 + 에누리 상품액 + 기말 상품 재고액 매가 합계액)
- 로스율(%) = $\dfrac{\text{상품 로스}}{\text{상품매출액}} \times 100$

+ 더 알아보기 재고자산의 손실 유형 25-2

- 감모손실
  - 재고자산의 장부상 수량보다 실제 수량이 더 적은 경우에 발생하는 손실
  - 도난, 분실, 파손, 증발, 부패 등 다양한 원인으로 발생할 수 있음
- 평가손실
  - 재고자산의 장부상 원가가 시가보다 높을 때 발생하는 손실
  - 재고자산이 유행에 뒤처지거나 기술 변화로 인해 가치가 떨어졌을 경우, 시장 가격이 하락했을 경우 등에 주로 발생
- 장부재고 오류
  - 전산 시스템상 기록된 재고 수량과 매장이나 창고에 보관된 실제 재고 수량이 불일치하는 현상
  - 입출고 기록 누락, 도난, 분실, 파손, 계산 착오 등의 원인으로 발생할 수 있음

SECTION 02 고객관리

1 고객의 이해

01 고객 21-3

(1) 고객의 개념

고객은 외부고객, 내부고객의 개념에서 최근에는 *이해관계자(Stakeholder)의 개념으로 확장

*이해관계자 : 기업의 성공과 발전에 이해관계가 걸린 모든 구성원(종업원, 고객, 주주, 협력업체, 지역사회 등)

(2) 판매자 입장에서의 고객

① 고객별로 기업에 기여하는 가치 수준이 다르며, 다른 고객을 추가로 유인해주는 주체이기도 함
② 고객은 제품과 서비스의 개선을 위한 제언을 제공
③ 고객의 범주에는 잠재적으로 고객이 될 가능성이 있는 가망고객들도 포함될 수 있음

02 고객 개념의 변화

① 경쟁이 거의 없었던 시대(수요 > 공급) : "고객은 봉이다"
② 경쟁이 서서히 나타나기 시작하는 시대(수요 = 공급) : "고객은 소비자일 뿐이다"
③ 경쟁이 심화된 시대(수요 < 공급) : "고객은 왕이다, 고객은 가장 중요한 인물이다"

2 고객관리의 개요

01 고객관리의 의의 21-1, 20-3

(1) 고객관리의 개념

고객정보를 수집·분류·정리하고 가공·활용하여, 고객 만족도와 충성도를 높이고 수익성과 경쟁력을 높이는 작업

(2) 고객관리의 중요성

① 일반적으로 기존 고객을 유지하는 데 드는 비용보다 새로운 고객을 획득하는 데 드는 비용이 더 높음
② 고객과 지속적으로 좋은 관계를 유지하는 것이 기업경영의 중요한 성공요소가 됨
③ 경쟁자보다 더 큰 가치를 제공하여야 고객 획득률을 향상시킬 수 있음
④ 효과적인 애호도 증진 프로그램 등을 통해 고객 유지율을 향상시킬 수 있음
⑤ 제품과 서비스에 대한 고객 만족도를 높임으로써 고객유지율을 향상시킬 수 있음

(3) 전략적 고객관리(Strategic Account Management)의 특징 24-3

① 전략적 고객관리는 지속가능한 경쟁우위의 원천
② 전략적 고객관리의 관점에서 종업원의 활동과 팀워크가 정렬되는 경우, 종업원의 만족이 증가하고 기업의 생산성과 수익성이 높아질 수 있음
③ 전략적 고객관리를 통해 일단 성공적으로 정렬된 조직 구성원의 노력은 향후 고객의 욕구가 변화하더라도 적은 비용으로 변화시킬 수 있음
④ 전략적 고객관리를 통해 고객수익성을 높일 수 있음

(4) 전사적 고객경험관리

고객이 제품·서비스를 소비하는 전 과정에서 보고 느끼고 가치를 두고 관계를 형성하는 것을 총체적으로 이해하여 차별화된 가치를 제공하는 고객 중심 경영의 핵심이자 기업내부의 경영혁신을 유도하는 전략 요소

02 고객관리를 위한 고객분석 23-3, 21-1

(1) 고객분석의 개념

여러 채널에서 고객데이터를 분석하여 고객행동을 더 잘 이해하고 잠재고객의 특성과 행동을 명확하게 파악하는 프로세스로, 정보에 입각한 비즈니스 의사결정을 내리는 작업

(2) 고객 유형 **21-1**

① 구매 성향에 따른 고객 유형

혁신자(innovator)	제품 도입 초기에 가장 먼저 신제품을 수용하는 소비자층으로, 모험적인 성향을 가지고 있으며 신제품 수용에 따르는 위험을 기꺼이 감수함
조기 수용자(early adopter)	자신의 커뮤니티에서 여론 주도자이며 신제품이나 혁신을 조기에 수용하지만 매우 신중하게 구매하는 집단
조기 다수자(early majority)	조기 수용자 다음으로 신제품을 수용하는 소비자층으로, 조기 수용자층의 신제품에 대한 반응 및 평가를 참고하여 신중하게 신제품을 수용함
후기 다수자(late majority)	조기 다수자 다음으로 신제품을 수용하는 소비자층으로, 신제품이 충분히 검증된 다음에야 신제품을 수용하는 다소 의심이 많은 소비자층
최후 수용자(laggard)	신제품을 가장 나중에 수용하는 소비자층으로, 변화를 거부하며 전통에 집착하는 성향이 있음

② 기업과의 관계 진화과정에 따른 고객 유형
  ㉠ 기존고객, 신규고객, 잠재고객
  ㉡ 이탈고객 : 기업의 기준에 의해서 더 이상 자사의 제품이나 서비스를 이용하지 않는 것으로 정의된 고객
  ㉢ 내부고객 : 조직 내부의 가치창조에 참여하는 고객, 즉 기업의 직원
  ㉣ 가망고객 : 현재 고객은 아니지만 광고, 홍보를 통해 유입될 가능성이 높은 고객
  ㉤ 비활동고객 : 과거에는 이용하였으나 정기적인 구매를 할 시기가 지났는데도 더 이상 구매를 하지 않는 고객

③ 핵심고객 **22-3**
  ㉠ 핵심고객관리(Key Account Management)의 대상이 됨
  ㉡ 대량구매를 하거나 구매점유율이 높음
  ㉢ 구매과정에서 기능적으로 상이한 여러 분야(생산, 배송, 재고 등)의 사람이 관여
  ㉣ 지리적으로 분산된 조직단위(상점, 지점, 제조공장 등)를 위해 구매
  ㉤ 전문화된 지원과 특화된 서비스(로지스틱스, 재고관리 등)가 필요
  ㉥ 효과적이고 수익성 높은 거래의 수단으로 구매자와 판매자 간의 지속적 협력관계를 요구

(3) 고객분석의 특징 **24-1**

① 고객세분화 분석을 통한 구매자, 사용자, 잠재고객의 파악
② 고객의 구매동기를 분석하여 제품의 특성과 추구목적 이해
③ 고객 구매동기의 변화 가능성과 잠재적 욕구의 파악
④ 미충족된 고객욕구를 파악하여 문제점 및 제품만족도 개선 사항 파악

(4) 소비자 구매동기의 이해

부정적 상태를 제거하려는 동기 (Negative Motives)	• 필요할 때 부족함 없이 사용하기 위해 미리 구매해놓으려는 동기 • 당면한 불편을 해결해 줄 수 있는 제품(브랜드)의 탐색
긍정적 상태를 추구하려는 동기 (Positive Motives)	• 새로운 제품(브랜드)의 사용방법을 습득하고 싶은 동기 • 제품(브랜드) 사용과정에서 즐거움을 느끼고 싶은 동기 • 제품(브랜드)을 구매하고 사용함으로써 자긍심을 느끼고 싶은 동기

(5) 점포에 대한 고객의 기대에 대한 이해
   ① 점포분위기는 상품구색, 조명, 장식, 점포구조, 음악의 종류 등에 영향을 받음
   ② 고객은 상품구매 외에 소매점을 통한 친교, 정보획득의 욕구가 있음
   ③ 신용정책, 배달, 설치, 보증, 수리 등의 서비스도 소비자의 점포선택에 영향을 줌

(6) 고객데이터 분석을 통한 소매 의사결정 `25-2`
   ① 기업 이익에 가장 높게 기여하는 고객을 확인하여 타깃 프로모션을 진행
   ② 고객이 한 번의 쇼핑에서 동시에 구입하는 상품을 분석하여 매장의 배치를 개선
   ③ 고객이 동시에 장바구니에 담는 상품에 근거하여 특별 할인을 제공
   ④ 매출이 낮더라도 고객생애가치가 높은 고객들이 주로 구매하는 상품은 계속 공급
   ⑤ 제품 철수 시에는 다빈도 구매고객이 구매하지 않더라도 총 매출 기여도, 이익률, 재고 회전율, 신규고객 유입 등의 종합 지표를 다방면으로 고려하여 결정해야 함

3 고객정보의 수집과 활용

01 고객정보의 수집 방법 `21-3`

기존정보의 수집	기업내부자료	평소 정비해 둔 내부 자료는 가공방법, 이용방법에 따라 판매정보로 활용
	기업외부자료	정부, 공공기관, 대학, 연구기관, 광고대행사, 금융기관, 민간기업·단체 등이 공표·발간한 자료 등
신규정보의 수집	관찰수집	• 고객의 움직임을 관찰하고 구매관습에 대한 정보를 수집 • 응답자들이 제공하기 꺼리는 민감 정보의 수집에 가장 좋은 조사방법
	직접수집	우편, 전화, 설문지 수집, 개인면접 등에 의한 수집
	점내(店內) 실험수집	상품진열 방법이나 판매 방법을 계획적으로 변화시켜서 결과를 비교·검토하여 판매활동에 도움이 되는 정보를 수집

02 POS(Point of Sales)시스템 `23-2`

(1) POS시스템의 개념
   ① 개별적으로 이루어졌던 정보들을 일괄 전산처리하여 정보를 유용하게 사용할 수 있도록 가공, 전달하는 시스템
   ② POS시스템을 통해 소매점별로 수집된 판매 제품의 품목명, 수량, 가격, 판촉 등에 관한 정보의 수집 가능

(2) POS시스템의 특징
   ① POS시스템을 통해 확보한 정보는 고객관계관리(CRM)를 위한 기반 데이터로 활용
   ② POS시스템을 통해 신제품에 대한 마케팅효과, 판촉효과 등의 분석 가능
   ③ POS 단말기, 바코드 스캐너, 스토어 컨트롤러(Store Controller)로 구성
   ④ 전년도 목표 대비 판매량 분석 또는 전월 대비 매출액 변화분석 등의 시계열 정보를 효율적으로 수집·분석 가능

(3) POS시스템의 도입효과 18-1

① 고객 데이터를 통해 계산원의 부정을 방지
② 상품계획 시 철수 상품과 신규 취급 상품을 결정하는 데 도움을 줌
③ 매장의 판촉 활동을 평가하는 정보를 제공하여 효율적인 판매촉진

03 고객정보의 활용

(1) 데이터베이스 마케팅

① 개념 : 고객의 다양한 정보를 컴퓨터에 축적하여 가공 · 비교 · 분석 등을 통해 마케팅 활동에 사용할 수 있도록 하는 객관적인 경영기법
② 특 징
  ㉠ 고객 속성, 구매 등에 관한 데이터를 컴퓨터 기반의 시스템으로 처리
  ㉡ 고객데이터를 검색 · 분석하며, 새로운 반응 데이터를 데이터베이스로 갱신하여 확장하는 실무적이고 비즈니스적인 성격을 가짐
③ 고객유지를 위한 데이터베이스 마케팅 : (1단계) 기존 데이터베이스 분석을 통한 고객 세분화 → (2단계) 데이터베이스를 활용하여 고객에게 접근 → (3단계) 데이터베이스 마케팅의 효과단계

(2) 다이렉트 마케팅

① 개념 : 전화, 카탈로그, TV, 라디오광고, 인터넷쇼핑몰 등을 통해 소비자와 직접 접촉하며 빠른 시간 내에 고객을 확보하고, 동시에 측정이 가능한 일종의 쌍방향 마케팅
② 특 징
  ㉠ 전개 수단, 고객과의 접점에 따라 DM, 텔레마케팅, 온라인 마케팅 등으로 세분화
  ㉡ 대상 고객의 정확한 설정이 어렵고, 타 판촉수단과 병행하면 위력을 발휘하나 그 자체만으로는 효과를 극대화하기가 어려움
  ㉢ 고객데이터를 근거로 하지 않는다면 지속적인 데이터 축적이 불가능하고, 소요 비용이 큼

(3) 고객정보통합시스템

① 개념 : 경영 · 마케팅 · 시장 환경의 변화에 능동적으로 대응하고, 고객세분화와 밀착관리로 고객충성도를 높이기 위해 분산된 데이터를 통합 · 관리하기 위한 경영기법
② 고객정보통합시스템의 필요성
  ㉠ 소비자의 욕구에 대한 대응
  ㉡ 통합적 커뮤니케이션의 비중 증대에 따른 전사적 · 통합적인 마케팅체제
  ㉢ 데이터베이스의 효율적인 관리를 위한 데이터 웨어하우스(Warehouse) 구축

4 고객응대기법

01 고객응대의 개요 21-2, 19-2, 19-1, 18-3

(1) 고객응대의 개념
① 고객에게 강렬한 점포 이미지를 심어주는 고객서비스를 말함
② 무형의 서비스나 서비스의 본질로, 다른 서비스 유형의 품질 지각에도 중요하게 작용
③ 교육을 통해 고객을 친절하게 대하는 점포문화를 만드는 것이 필요

(2) 고객의 구매심리 단계별 고객응대 19-1
① **주의 단계** : 고객은 미지의 판매원과 상품에 대한 불안을 안고 있으므로 일단 대기
② **흥미 단계** : 판매에 대한 접근, POP 광고, 셀링포인트를 강조하는 대응
③ **연상 및 욕구 단계** : 정확한 셀링포인트를 설명하여 상품가치를 인식시킴
④ **확신 단계** : 판매조건을 제시하며 구매 단계로 유도
⑤ **구매 단계 후** : 사후관리를 통해 만족감을 주고 재판매를 유도

(3) 수익성이 낮은 고객과의 거래 축소를 원하는 도매업체의 고객응대 방식

소량 구매에 대해 주문처리비용을 부과하면, 수익성이 낮은 고객에게는 거래비용 증가가 큰 부담으로 작용하므로 도매업체의 패널티(Panalty) 부과로 거래 축소

(4) 판매 시도를 위한 고객접근 기술
① **상품 접근법** : 판매하려는 상품을 고객에게 제시하며 주의와 관심을 환기
② **환기 접근법** : 고객의 관심과 흥미를 유발시켜 접근
③ **프리미엄 접근법** : 고객에게 가치 있는 것들을 무료로 제공하면서 접근
④ **서비스 접근법** : 예전의 구매상품에 대한 정보제공이나 조언을 해주며 접근

02 진실의 순간(MOT ; Moment Of Truth) 24-2, 19-3

(1) MOT의 개념
① 리차드 노먼(R. Norman)에 의해 주장되었으며, 고객과 기업이 접촉하는 접점에서 짧은 시간만에 서비스에 대한 평가가 이루어지는 순간을 의미하며, '결정적 순간'이라고도 함
② 접점 관리를 통해 고객이 우리 기업을 선택한 것이 최선의 대안임을 증명하는 것이 목표

(2) MOT의 특징
① 고객과의 접점에서 부정적 인상을 주게 되면 전체 서비스에 대한 고객의 평가가 부정적으로 변할 수 있으므로 종업원의 신속하고 적절한 대응이 필요함
② 처음부터 탁월하게 대응하는 것도 중요하지만, 서비스의 불량발생 시 빠른 회복은 역전의 기회를 제공함
③ 고객접점 정보
㉠ 고객관계관리를 위한 이상적인 고객데이터베이스를 구성하기 위해 소매업체와 연결된 모든 상호작용의 기록
㉡ 웹사이트 방문, 매장 내 키오스크를 통한 조사, SNS 페이지에 달린 코멘트, 업체 콜센터와의 통화 등

④ 고객접점마케팅 : 고객이 서비스상품을 구매하는 동안의 모든 고객접점의 순간(MOT)에 모든 역량을 동원하여 고객을 만족시켜 주고자 하는 방법

03 고객 컴플레인 대응

(1) 고객 컴플레인
  ① 고객 컴플레인이란 고객이 상품구매 과정 또는 구매상품에 대해 품질, 서비스, 불량 등의 이유로 불만을 제기하는 것을 말함
  ② 고객 컴플레인을 성의껏 처리해주었을 때, 고객만족이 높아져 계속구매고객이 될 수 있고, 기업(매장) 신뢰도를 높여주며, 고객과의 관계를 효과적으로 유지시켜 줄 수 있음
  ③ 고객 컴플레인은 기업에 큰 손실을 줄 수 있고, 경영자에게도 중요한 영향을 미침

(2) 컴플레인 발생원인
  ① 판매담당자의 고객에 대한 인식부족 및 무성의한 고객 대응
  ② 판매자의 제품지식 결여, 제품관리 소홀 및 무리한 판매 권유
  ③ 판매자가 단기간의 이해에만 집착하여 교환, 환불을 회피하거나 약속을 불이행하는 경우
  ④ 일처리가 미숙하거나 보관물품을 소홀히 관리한 경우
  ⑤ 제품, 상표, 매장, 회사에 대한 잘못된 인식이나 기억 착오 등 고객 잘못에 의한 경우

(3) 컴플레인 3단계 처리방법(MTP법)

  사람(Man), 시간(Time), 장소(Place)를 바꾸어 컴플레인을 처리하는 방법
  ① **사람** : 판매사원 → 판매담당
  ② **장소** : 매장 → 사무실, 소비자상담실
  ③ **시간** : 즉각적인 해결방안의 제시보다는 냉각시간이 필요

(4) 컴플레인 처리단계
  ① **제1단계** : 고객 불만을 듣고 불평 내용과 원인에 대한 정보 수집
  ② **제2단계** : 고객 불만의 원인 분석 및 사실 확인
  ③ **제3단계** : 문제해결을 위한 고객요구사항 파악과 해결방안 모색
  ④ **제4단계** : 만족스런 해결방안의 결정 및 해결책 제안
  ⑤ **제5단계** : 처리결과의 검토

(5) 컴플레인 처리 시 유의사항
  ① 고객의 말에 동조하면서 끝까지 듣고 논쟁이나 변명은 피할 것
  ② 전문용어의 사용은 되도록 자제하고 설명은 사실을 바탕으로 명확히 할 것
  ③ 감정적 표현이나 노출을 피하고 냉정하게 검토할 것
  ④ 불만을 가진 고객에게 신속한 서비스를 위해 이행상 또는 절차상의 공정성을 강조할 것
  ⑤ 고객불만을 각 부서에서 처리하는 것보다 고객서비스 창구를 일원화하여 처리하는 것이 좋음

(6) 공정성 유형 22-1, 19-3, 19-2

① 의의 : 서비스 실패의 회복 과정에서 고객이 지각하는 다양한 유형의 공정성은 고객 만족과 충성도에 매우 큰 영향을 미침

② 공정성의 유형별 측정변수

절차적 공정성	불편·불만의 전달 용이성, 직원의 신속한 파악 및 처리, 적절한 절차와 고객지향적 처리, 직원의 충분한 처리 권한과 능력
분배적 공정성	• 보상에 대한 만족, 경제적 보상, 보상의 적절함, 처리결과의 공정함 • 분쟁을 해결하거나 자원을 할당하는 과정에서 다른 경로구성원들과 비교했을 때 동등하고 공평한 대우를 받는 것과 관련됨
상호작용적 공정성	솔직한 설명, 정중한 태도, 진정한 노력, 관심, 정직, 커뮤니케이션
정보 공정성	정보제공, 의사소통

SECTION 03 CRM전략 및 구현방안

1 CRM의 배경 및 장점

01 CRM의 도입배경과 효과

(1) CRM(Customer Relationship Management)의 도입배경 18-1

① 고객과의 지속적인 관계를 발전시킴으로써 고객생애가치를 극대화
② 고객을 안정적으로 유지하고, 경쟁기업에 대한 기업 경쟁우위를 고수
③ 고객정보를 기반으로 한 전략적 고객세분화를 통해 목표고객을 설정하고, 적절한 마케팅믹스를 개발
④ IT 산업 발달로 데이터를 데이터 웨어하우스에 저장하고 *데이터 마이닝을 활용해 고객을 분석하는 등의 기술적 환경이 형성됨

*데이터 마이닝 : 빅데이터 같은 거대한 자료로부터 특정한 규칙을 발견해 내는 컴퓨터 처리 작업 24-3

⑤ 기업의 패러다임이 매출 중심에서 수익 중심으로 전환되면서 평생 고객 확보를 위한 고객관계 경영방식으로 전환됨
⑥ 마케팅 커뮤니케이션 방식이 목표고객에 맞게 차별화됨

(2) CRM의 도입효과 25-2, 23-2, 22-2, 21-3

① 교차판매(Cross-Selling) 강화 : 고객선호도에 따라 추가제안을 통해 타 제품의 추가 구입을 유도(예 카메라 구입을 검색한 고객에게 관련 렌즈와 필름을 추천하여 구매 유도)
② 상승판매(Up-Selling) 증가 : 동일한 분야로 분류될 수 있는 제품 중 단가가 더 높은 제품의 구입을 유도

③ 고객유지율(Customer Retention) 증가 : CRM의 가장 큰 목표는 기존 고객의 이탈을 방지하고 유지함으로써 수익성을 극대화하는 데 있음
④ 수익성 있는 신규고객의 확보 및 마케팅 비용 절감
⑤ 수행성과의 개선
⑥ 2차구매 유도(inducing repurchase)

02 CRM의 장단점

장 점	단 점
• 고객데이터에 대한 일관성 있는 관리 • 고객데이터 동향의 분석 • 경쟁우위의 확보 • 전자상거래와 웹 기반 CRM의 활성화 • 지식기반의 Self-Service	• 구현의 어려움 • 웹 사용의 문제점 • 자동화의 문제점 • 완벽성의 문제점

2 CRM의 도입방법 및 고려사항

01 CRM의 도입과 실행 23-3, 22-2, 21-1

(1) CRM의 도입을 위한 사전 분석 항목

구 분		분석내용
외부환경분석	고객분석	고객 니즈, 구매결정 요소
	경쟁사분석	경쟁사의 고객관리, 경쟁사 상품구매요인
	거시환경분석	거시 경제, 정책 규제, 기술 발달, 사회문화적 환경
내부환경분석	자사 고객 지향성 분석	기업전략, 정보시스템, 기업문화 등의 고객 지향성을 분석하여 자사의 기존활동의 문제점 도출
	전략적 적합성 분석	기업전략, 사업전략, 마케팅전략, 고객관리활동, 기업문화 등
	외부환경에 대한 적합성 분석	자사 전략 또는 활동이 외부환경의 특성 및 변화 방향에 부합되는지 여부

(2) CRM에 대한 접근방법

① 마케팅부서만이 아니라 전사적 관점에서 고객지향적인 전략적 마케팅활동을 수행함
② 데이터마이닝 기법을 활용해 고객행동에 내재되어 있는 욕구(needs)를 파악
③ 고객과의 관계강화를 지속적으로 모색하는 고객중심 비즈니스 모델 수립
④ 표적고객에 대한 고객관계 강화에 집중하며, 고객점유율 향상에 중점을 둠

(3) CRM의 실행 순서 `23-3`

> 대상고객 선정 → 고객니즈 분석 → 가치 창조 → 가치 제안 → 성과평가

(4) 성공적인 CRM 도입과 실행을 위한 고려사항 `24-3`
  ① 고객을 중심으로 모든 거래 데이터를 통합
  ② 고객의 정의와 고객그룹별 관리방침을 수립
  ③ 고객관계관리는 단순한 정보기술 수준이 아닌 전략적 차원의 수준에서 활용하여야 함
  ④ 고객분석에 필요한 고객의 상세정보 수집
  ⑤ 고객분석 결과를 활용할 수 있도록 제반 업무절차를 정립·시행

02 CRM의 구분

(1) CRM의 역할에 따른 구분 `19-2, 18-2`
  ① **고객 획득의 단계** : 고객에게 기업의 제품을 판매하고 최초로 관계가 형성되는 단계
  ② **고객 강화의 단계** : 고객들이 기업으로부터 정보에 대한 만족을 요청하게 되는 단계
  ③ **고객 유지의 단계** : 기존고객들이 해당 기업과 계속적으로 관계를 유지하게 되는 단계
  ④ **고객 성장의 단계** : 고객에게 현 수준보다 더욱 강화된 관계를 형성시키게 되는 단계

(2) 전략적 CRM의 적용과정 `23-1`
  ① 고객의 정보를 관리하는 과정
  ② CRM 프로세스를 구현하기 위한 전략 개발과정
  ③ 고객 순자산 가치를 창출하는 과정
  ④ 부서 간 통합 관점에서 고객 피드백을 체계적으로 활용할 수 있는 내부적인 다채널 통합과정

(3) CRM에 기반을 둔 마케팅 활동 `21-2`
  ① 비용을 최소화할 수 있는 고객확보 활동
  ② 고객과의 신뢰를 쌓아가는 전략적 마케팅 활동
  ③ 수익성 높은 고객의 분류 및 표적화 마케팅
  ④ 교차판매와 상향판매의 기회 증대 및 활용

3 CRM의 정의 및 필요성

01 CRM의 정의

(1) CRM의 개념 `25-1, 24-2`
  ① 고객들과의 관계를 효율적·효과적으로 관리하고자 하는 행동
  ② 고객상담 애플리케이션, 고객 데이터베이스 등의 고객지원시스템을 기반으로 신규고객을 획득하고, 고객의 욕구

및 행동을 분석하여 개별 고객들의 특성에 맞춘 마케팅을 기획 및 실행함으로써 기존고객도 유지하는 경영관리 기법
③ 고객에 대한 이해를 통해 그들의 니즈에 맞는 가치를 제공함으로써 기업조직의 수익을 창출하는 도구
④ 기업이 보유 중인 고객 데이터를 체계적으로 수집·통합·가공·분석하여, 고객만족도를 높이고, 고객충성도를 증진시키며, 궁극적으로 기업 매출과 수익성 향상을 목적으로 하는 일련의 과정

(2) CRM의 특성 21-1, 18-2
① 고객들과 장기적인 관계 형성 및 유지
② 데이터베이스 마케팅을 적극적으로 활용
③ 고객지향적이고 쌍방향성의 커뮤니케이션
④ 고객생애가치(CLV ; Customer Lifetime Value)를 추구 25-1, 24-3, 23-2, 22-3, 22-2, 22-1, 21-1
  ㉠ CLV는 한 고객이 고객으로 존재하는 전체기간 동안 구매를 통해 기업에게 기여하는 수익을 현재가치로 환산한 금액을 말함
  ㉡ CLV는 기업에 대해 고객이 창출해 주는 모든 미래의 경제적 가치를 현재가치로 할인한 것으로 고객에 대한 장기간의 경제적 가치를 설명하는 개념
  ㉢ CLV 관리는 한 시점에서의 단기적 거래보다는 장기적 거래관계를 통한 이익에 집중
  ㉣ CLV를 산출함으로써 기업은 누가 기업에 이로운 고객인지, 앞으로 어떤 관계를 갖는 것이 합리적인지 판단할 수 있음
  ㉤ 기업은 CLV를 높이기 위하여 경쟁자보다 더 큰 가치를 제공해 주어야 함
  ㉥ CLV 추정에 필요한 정보 : 고객확보(획득)비용, 고객의 이용실적, 고객당 비용, 고객이탈 가능성, 관계 유지 기간 등
  ㉦ CLV를 산출함으로써 기업은 마케팅의 효율성과 효과성을 증진시킬 수 있음

(3) CRM의 고객가치 평가 척도 19-3
지갑점유율, 고객활동척도, RFM분석, 고객생애가치 등 고객 유지에 중점을 두는 것

(4) CRM과 매스마케팅(대중마케팅)의 비교 20-2

구 분	CRM	매스마케팅
주 관심영역	고객과 1:1 관계	집단고객
판매영역	가치 기반	거래 기반
전달경로	통합된 멀티채널	물리적 단일 채널
마케팅 성과지표	고객점유율로 나타남	시장점유율로 나타남
고객관계의 목표	고객과의 관계형성	신규고객 개발
고객 접근방법	고객과의 일대일 관계 중시	불특정 고객을 대상으로 제품 밀어넣기
기 간	장기적 관계중심	단기적 성과중심
수익의 원천	고 객	제 품
판매 기반	가치 기반	거래 기반

(5) CRM과 e-CRM의 비교 `23-1`

e-CRM은 e-비즈니스 환경 속에서 전개되는 CRM으로, 고객정보의 획득과 커뮤니케이션 방법에 있어서 차이가 있기 때문에 대부분의 기업에서는 CRM과 eCRM을 통합하여 전사적으로 활용하는 방법을 추구

02 CRM의 필요성

(1) CRM 구축 목적 및 기대효과 `25-2, 24-1, 21-3`
① 고객점유율 및 소비점유율(Share of Wallet) 제고를 통한 매출 증대
② 신규고객 획득 및 목표 고객선정, 기존고객 유지 및 관계 강화를 통한 경쟁우위 창출
③ 지속적인 관계를 통한 고객관리 및 고객의 생애가치 극대화 → 고객이탈 예방
④ 통합된 멀티채널을 통해 개별적인 고객에 대한 1:1 마케팅 서비스 제공
⑤ 정보기술에 의한 다양한 정보 분석을 통해 고객에 대한 이해도 상승
⑥ 거래비용을 최소화할 수 있는 채널로 고객 유도가 가능
⑦ 채널의 정보교환 기능을 활성화하여 고객의 개별 니즈에 부합하는 가치를 창조해야 함
⑧ 채널을 차별화함으로써 발생할 수 있는 채널 간 갈등을 해소해야 함
⑨ 고객 행위에 대한 깊은 이해를 바탕으로 고객만족 및 고객 애호도를 증대시킬 수 있음

(2) CRM과 채널관리 이슈 `23-2`
① 채널은 고객접점으로서 관리되어야 함
② 채널의 정보교환 기능을 활성화시켜야 함
③ 채널 파트너와의 협업을 관리해야 함
④ 채널을 차별화함으로써 발생할 수 있는 채널 간 갈등을 최소화해야 함

(3) CRM 활용 분야 `22-1, 19-1`
① 판매 분야 : 영업 인력의 영업활동 및 관리의 자동화
② 마케팅 분야
  ㉠ 고객이탈에 대한 조기경보시스템 운영
  ㉡ 다양한 접점의 고객정보의 수집 · 분석
  ㉢ 서비스 차별화를 위한 표적고객의 계층화
  ㉣ 유통채널과의 관계 개선을 위한 정보 획득
  ㉤ 제품 개선 및 기업내부의 조직역량 강화를 위한 정보 획득
③ 고객서비스 분야 : 영업사원, 현장 A/S 직원 등의 고객정보 활용 지원
④ 기타 : CRM 업무 운영을 위한 제반적인 기능 지원

(4) 서비스 마케팅 삼각형(Service Marketing Triangle) 이론 `25-1`
① 개념 : 기업, 종업원, 고객의 3요소로 구성된 삼각관계를 고려한 마케팅 이론
② 의의 : CRM은 서비스 마케팅 삼각형 이론의 상호작용 마케팅을 기반으로 고객과의 지속적 관계를 구축하는 관계지향적 마케팅

③ 서비스 마케팅의 요소
- ㉠ 내부마케팅 : 기업과 종업원 간에 이루어지는 마케팅으로, 외부마케팅보다 먼저 수행되어야 하며, 서비스 품질 관리를 위한 내부 직원 대상 교육·훈련·동기부여 등이 있음
- ㉡ 외부마케팅 : 기업과 고객 간에 이루어지는 마케팅으로, 기업이 고객을 조사하고 고객에게 제공할 서비스를 설계·디자인하여 서비스 품질을 약속하는 행위 등이 있음
- ㉢ 상호작용 마케팅 : 종업원과 고객 간에 이루어지는 마케팅으로, 종업원들이 고객과 직접 접촉하면서 실제 서비스를 제공하는 행위 등이 있음

03 CRM 관련 주요 개념 정리

(1) OLAP(Online Analytical Processing, 온라인분석처리) **23-2**
① 사용자가 고객DB에 담겨 있는 다차원 정보에 직접 접근하여 대화식으로 정보를 분석할 수 있도록 지원하는 분석 도구를 말함
② 분석을 위해 활용되는 정보는 다차원적으로 최종사용자가 기업의 전반적인 상황을 이해할 수 있게 하여 의사결정을 지원
③ 사용자가 자사의 매출액을 지역별·상품별·연도별로 알고 싶을 경우 활용할 수 있는 분석 도구 등을 예로 들 수 있음

(2) 고객점유율(Customer Share)
한 고객이 하나의 제품 카테고리에서 구매하는 총량 중 자사 상품이 차지하는 비율

(3) RFM(Recency, Frequency, Monetary) 분석법 **22-1, 20-추가, 20-2, 19-3**
① 재무적인 가치측정 뿐만 아니라 관계 활동에 대한 질적 측면도 함께 고려한 고객가치 평가 모형
② Recency(최근 구매시점), Frequency(구매빈도), Monetary(구매금액)의 3가지 지표를 바탕으로 계량적으로 측정함
③ R.F.M.의 개별요소에 대한 중요도가 산업에 따라 다를 수 있으므로 중요도에 따라 다른 가중치를 적용하여 측정
④ 고객 세그먼트에 따른 차별적 마케팅 또는 고객평가를 통해 등급을 부여하여 관리 가능
⑤ 사용하기 편리하나 개별고객별 수익기여도를 직접 측정하지 못하는 한계가 있음

(4) 고객충성도(Loyalty, 로열티) **22-3, 21-2**
① 충성도는 상호성과 다중성이라는 두 가지 속성이 있으며, 기업이 고객에게 물질적·정신적 혜택을 제공하고, 고객이 긍정적인 반응을 해야 발생함
② 고객 만족도가 높아지면 재구매 비율이 높아지고, 충성도도 높아짐
③ **타성적 충성도(Inertial Loyalty)** : 특정 상품에 대해 습관적으로 반복하여 나타나는 충성도
④ **잠재적 충성도(Latent Loyalty)** : 반복구매 정도는 낮지만 호감도는 높아 다소의 노력을 기울여서라도 특정 제품이나 브랜드를 구입하는 경우
⑤ **초우량 로열티** : 특정 제품에 대한 애착과 호감의 수준이 높고, 반복구매가 빈번하며 때로 긍정적으로 말로 전하는 경우
⑥ **비로열티(No Loyalty)** : 어떤 차선책을 찾을 수 없어 특정 제품을 반복적으로 선택하는 경우

(5) 고객충성도 프로그램(Loyalty Program) `23-1`
   ① **개념** : 고객의 반복적인 구매활동에 대한 보상으로 인센티브를 제공하기 위한 마케팅 프로그램
   ② **사례** : 구매액에 따라 보너스 점수를 부여하거나 방문 수에 따라 스탬프를 모으게 하는 스탬프 제도, 핵심고객에게 많은 혜택이 부여되는 마케팅 프로그램의 기획·운영 등

(6) 고객지향적 판매행동 `22-1`
   고객과 장기지향적인 관계를 유지하기 위해 고객의 필요와 욕구에 초점을 두고 고객이 만족스러운 구매결정을 할 수 있도록 마케팅 콘셉트를 수행하는 판매행동을 의미

4 CRM의 유형

구분	내용
Analytical(분석적) CRM	• 고객들의 정보 활용을 위해서 고객에 대한 데이터를 추출 및 분석하는 시스템 • 백오피스를 지향하며, 고객의 정보를 분석하고 마케팅 활동을 지원하는 시스템
Operational(운영적) CRM	• 기업조직 및 고객 간의 관계향상, 기업조직의 전방위적인 업무를 지원하는 시스템 • 프론트오피스에 초점을 두고 구체적인 실행을 지원하는 시스템
Collaborative(협업적) CRM	• 고객과 기업 간 상호작용을 촉진하기 위하여 만들어진 고객 접점 도구를 포함하는 서비스 애플리케이션 • 분석 및 운영 시스템의 통합

5 CRM 구현단계

01 서비스기업의 고객관계관리

(1) 고객관계관리 과정

   관계구축 – 관계강화 – 관계활용 – 이탈방지 또는 관계해지

(2) 단계별 특징
   ① 관계구축 단계 `23-2`
      ㉠ 고객의 요구를 파악할 수 있는 시장의 세분화
      ㉡ 시장의 요구 수준을 충족시키는 양질의 서비스 개발
      ㉢ 기업의 핵심가치 제안에 부합하는 표적고객 선정
      ㉣ 고객 니즈를 충족시키는 차별화된 마케팅 전략 수립
   ② 관계강화 단계 : *교차판매, 묶음판매를 통한 관계의 확대 `21-3`

*교차판매 : 이미 판매한 제품·서비스와 관련이 있는 제품·서비스를 추가로 판매하는 방식으로, 고객이 선호할 수 있는 추가제안을 통해 다른 제품의 추가구입 유도가 가능

02 유통기업의 CRM 구축방안

(1) CRM 구축을 위한 전제조건
    ① 시장점유율보다는 고객점유율에 비중 강화
    ② 신규고객 획득보다는 고객평생가치 극대화를 통한 고객유지에 중점을 둠
    ③ 제품판매보다는 고객관계관리에 중점을 두며, 고객관계관리는 단순한 정보기술수준이 아닌 전략적 차원의 수준에서 활용해야 함
    ④ 고객통합 데이터베이스의 구축
    ⑤ 고객 특성 분석을 위한 마이닝 도구의 활용
    ⑥ 마케팅 활동을 대비하기 위한 캠페인 관리용 도구의 이용
    ⑦ 고객분석에 필요한 고객 상세정보의 수집과 결과를 활용할 수 있는 제반 업무절차 정립

(2) CRM 구축과정 및 대표 요소 기술
    ① 데이터 수집 : 기업의 내부자료와 외부자료를 수집
        ㉠ 내부자료 : 거래 개설 시 입수되는 고객속성 관련정보, 거래 관련자료, 회계정보자료, POS 관련자료, 고객 직접반응자료, 고객 불만처리 관련자료 등
        ㉡ 외부자료 : 고객정보, 제공업자로서 입수되는 고객속성자료, 라이프스타일 관련 자료, 신용평가자료, 제휴활용자료 등
    ② 데이터의 정제 : 데이터 이상치, 중복성 제거
    ③ 데이터웨어하우스 구축 `23-3`
        ㉠ 데이터웨어하우스의 개념 : 의사결정에 필요한 데이터를 분석 가능한 형태로 변환하고 가공하여 저장한 요약형 기록 데이터
        ㉡ 지속적인 고객관리를 위해 필요
    ④ 고객 분석/데이터 마이닝 : 고객 선호도를 분석하여 고객행동 예측, 고객별 수익성 측정
    ⑤ 마케팅 채널과의 연계 : 영업 및 고객서비스 부서 등에서 마케팅 활동의 자료로 활용
    ⑥ 피드백 정보 활용 : 마케팅 활동의 결과를 판단하기 위한 근거자료로 활용
    ⑦ 고객상호작용센터 운영 `25-1`
        ㉠ 단순히 고객문의나 불만에 대한 대응을 담당하던 기존의 콜센터 역할에서 벗어나 고객 접점에서 발생할 수 있는 여러 상황을 총괄 지원
        ㉡ 고객 커뮤니케이션 관리를 위해 모든 대면·비대면 고객 접점 채널을 통합
        ㉢ 마케팅, 영업, 고객서비스의 기능을 통합함으로써 통합 마케팅커뮤니케이션(IMC)의 구현 가능
        ㉣ 영업활동, 고객서비스 활동을 통해 수집한 고객정보와 니즈를 고객 단일관점에서 통합
        ㉤ 본사, CRM 전략기획조직, 고객서비스 실행조직 간의 유기적 연계를 도모

(3) CRM 실행 프로세스 `25-2`
    ① 고객 획득 및 유지 단계
    ② 고객 이해 및 차별화 단계
    ③ 제품의 개발 및 고객화 단계
    ④ 상호작용의 전개 및 부가가치의 제공 단계

출제지문 퀴즈로 핵심체크!

SECTION 01　상품판매

01 23-3, 21-1
O X 판매는 고객과의 커뮤니케이션을 통해 상품을 판매하고, 고객과의 관계를 구축하고자 하는 활동이다.

02 23-3, 21-1
O X 전략적 관점에서 고객과의 관계를 형성하는 영업을 중요시하던 과거 방식에 비해 판매기술이 고도화 되는 요즘은 판매를 빠르게 달성하는 전술적, 기술적 관점이 더욱 부각되고 있다.

03 23-3
판매서비스는 거래지원서비스와 가치증진 서비스로 구분할 수 있으며, 친절한 접객서비스와 쾌적한 점포분위기의 제공은 (　　　　)서비스에 해당된다.

04 23-3, 21-1
판매활동은 신규고객을 확보하기 위한 활동과 (　　　　)을 관리하는 활동으로 나눌 수 있다.

SECTION 02　고객관리

01 25-1
O X 고객생애가치는 특정 고객으로부터 얻게 되는 이익 흐름의 미래가치이다.

02 20-3
O X 일반적으로 새로운 고객을 획득하는 것보다 기존 고객을 유지하는 데 드는 비용이 더 높다.

03 19-3
고객과 기업이 접촉하는 접점에서 짧은 시간만에 서비스에 대한 평가가 이루어지는 순간을 (　　　　)이라고 한다.

04 22-1
서비스 실패의 회복 과정에서 고객이 지각하는 다양한 유형의 공정성은 고객 만족에 영향을 미치는데, 종업원 행동의 영향을 받는 공정성 유형은 (　　　　) 공정성이다.

SECTION 03 CRM전략 및 구현방안

01 21-2
[O][X] 성공적인 고객관계관리(CRM)의 도입과 실행을 위해 고객 분석에 필요한 고객의 상세정보를 수집해야 한다.

02 23-3
[O][X] CRM의 실행은 대상고객선정 → 고객니즈분석 → 가치창조 → 가치제안 → 성과평가의 순이다.

03 24-2
기업이 보유하고 있는 고객 데이터를 체계적으로 수집·통합·가공·분석하여, 고객 만족도를 높이고, 고객 충성도를 증진시키며, 궁극적으로는 기업의 매출과 수익성 향상을 목적으로 하는 일련의 과정을 (　　　)이라고 한다.

04 25-1
서비스삼각형(service triangle) 이론에서 종업원이 고객과 직접 접촉을 통해 기업이 고객에게 제공하기로 약속한 제품 및 서비스를 실제로 제공하는 마케팅을 (　　　)이라고 한다.

정답 및 해설

SECTION 01
01 ○
02 × ▶ 판매를 빠르게 달성하는 전술적, 기술적 관점보다 전략적 관점에서 고객과의 관계를 형성하는 영업이 더욱 부각되고 있다.
03 가치증진
04 기존고객

SECTION 02
01 × ▶ 고객생애가치는 소비자가 평생에 걸쳐 구매할 것으로 예상되는 이익 흐름에 대한 현재가치를 의미한다.
02 × ▶ 일반적으로 기존 고객을 유지하는 데 드는 비용보다 새로운 고객을 획득하는 데 드는 비용이 더 높다.
03 진실의 순간
04 상호작용적

SECTION 03
01 ○
02 ○
03 CRM
04 상호작용 마케팅

테마로 푸는 필수 기출문제

THEME ❶ CRM(고객관계관리)

CRM은 출제 빈도가 높은 유형일 뿐만 아니라 4과목에도 연계되어 출제되는 경향을 보이기 때문에 주요 내용에 대해 세부적으로 숙지하고 넘어가야 한다.

01 24년 2회

아래 글상자에서 설명하는 용어로 가장 옳은 것은?

> 기업이 보유하고 있는 고객 데이터를 체계적으로 수집·통합·가공·분석하여, 고객 만족도를 높이고, 고객 충성도를 증진시키며, 궁극적으로는 기업의 매출과 수익성 향상을 목적으로 하는 일련의 과정을 의미한다.

① SCM(Supply Chain Management)
② ERP(Enterprise Resource Planning)
③ KMS(Knowledge Management System)
④ BPM(Business Process Management)
⑤ CRM(Customer Relationship Management)

02 23년 3회

CRM 전략을 위한 데이터웨어하우스에 대한 설명으로 가장 옳은 것은?

① 조직 내의 모든 사람이 다양하게 이용할 수 있도록 데이터들을 통합적으로 보관·저장하는 시스템이다.
② 의사결정에 필요한 정보를 생산할 수 있도록 다양한 소스로부터 모아서 임시로 정리한 데이터이다.
③ 의사결정에 필요한 데이터를 분석 가능한 형태로 변환하고 가공하여 저장한 요약형 기록 데이터이다.
④ 데이터의 신속한 입력, 지속적인 갱신, 추적 데이터의 무결성이 중시되는 실시간 상세 데이터이다.
⑤ 일정한 포맷과 형식이 없어 사용자가 원하는 작업을 수행할 수 있는 데이터들의 집합이다.

03 23년 1회

CRM과 eCRM을 비교해 설명한 내용으로 가장 옳은 것은?

① CRM과 달리 eCRM은 원투원마케팅(one-to-one marketing)과 데이터베이스마케팅 활용을 중시한다.
② CRM과 달리 eCRM은 고객 개개인에 대한 차별적 서비스를 실시간으로 제공한다.
③ eCRM과 달리 CRM은 고객접점과 커뮤니케이션 경로의 활용을 중시한다.
④ eCRM과 달리 CRM은 고객서비스 개선 및 거래활성화를 위한 고정고객 관리에 중점을 둔다.
⑤ CRM과 eCRM 모두 데이터마이닝 등 고객행동분석의 전사적 활용을 추구한다.

04 23년 2회

서비스기업의 고객관계관리 과정은 "관계구축-관계강화-관계활용-이탈방지 또는 관계해지"의 단계로 나누어 볼 수 있다. 관계구축 단계의 활동으로서 가장 옳지 않은 것은?

① 교차판매, 묶음판매를 통한 관계의 확대
② 고객의 요구를 파악할 수 있는 시장의 세분화
③ 시장의 요구 수준을 충족시키는 양질의 서비스 개발
④ 기업의 핵심가치제안에 부합하는 표적고객 선정
⑤ 고객 니즈를 충족시키는 차별화된 마케팅 전략 수립

05 23년 2회

아래 글상자의 내용이 공통적으로 설명하고 있는 CRM 분석도구로 가장 옳은 것은?

> - 사용자가 고객DB에 담겨 있는 다차원 정보에 직접 접근하여 대화식으로 정보를 분석할 수 있도록 지원하는 분석도구
> - 분석을 위해 활용되는 정보는 다차원적으로 최종사용자가 기업의 전반적인 상황을 이해할 수 있게 하여 의사결정을 지원
> - 예를 들어 사용자가 자사의 매출액을 지역별/상품별/연도별로 알고 싶을 경우 활용할 수 있는 분석도구

① 데이터마이닝(data mining)
② 데이터웨어하우징(data warehousing)
③ OLTP(online transaction processing)
④ OLAP(online analytical processing)
⑤ EDI(electronic data interchange)

THEME ② 판매서비스

거래지원서비스와 가치증진서비스를 구분해서 익히고 판매원의 행동기법과 셀프서비스의 특징을 숙지하는 것이 중요하다.

06 23년 3회

판매서비스는 거래계약의 체결 또는 완결을 지원하는 거래지원서비스 및 구매 과정에서 고객이 지각하는 가치를 향상시키는 가치증진서비스로 구분할 수 있다. 가치증진서비스에 해당되는 것으로 가장 옳은 것은?

① 상품의 구매와 사용 방법에 관한 정보제공
② 충분한 재고 보유와 안전한 배달을 보장하는 주문처리
③ 명료하고 정확하며 이해하기 쉬운 청구서를 발행하는 대금청구
④ 친절한 접객서비스와 쾌적한 점포분위기 제공
⑤ 고객이 단순하고 편리한 방식으로 대금을 납부하게 하는 대금지불

07 22년 2회

셀프서비스를 활용한 상품판매의 특징으로 가장 옳지 않은 것은?

① 영업시간의 유연성 증가
② 소매점의 판매비용 절감
③ 고객에게 전달되는 상품정보의 정확성 향상
④ 구매과정에 대한 고객의 자기통제력 향상
⑤ 직원의 숙련도와 상관없는 비교적 균일한 서비스제공

08 22년 3회

판매 결정을 촉구하는 판매원의 행동기법으로 가장 옳지 않은 것은?

① 두 가지 대안 중 어느 한쪽을 선택하도록 유도한다.
② 제품을 구매함으로써 얻게 되는 여러 이점을 설명한다.
③ 고객이 어느 정도 사고 싶은 마음이 있는지 파악할 수 있는 질문을 한다.
④ 고객에게 어필할 수 있는 주요 이익을 요약 설명한다.
⑤ 구매하지 않아도 된다는 태도를 취하여 소비자를 유혹하는 게 아니라는 신뢰감을 갖게 한다.

09 21년 2회

판매원의 고객서비스와 판매업무활동에 대한 설명으로 가장 옳지 않은 것은?

① 판매원의 판매업무활동은 고객에게 상품에 대한 효용을 설명함으로써 구매결정을 내리도록 설득하는 것을 의미한다.
② 개별 소비자의 구매 성향에 맞게 고객서비스를 조정하는 고객화 접근법(customization)은 최소화된 비용으로 고객을 설득시킬 수 있는 직접적 판매활동이다.
③ 전체 고객집단에 대하여 동일한 고객서비스를 제공하는 것을 표준화 접근법(standardization)이라 한다.
④ 판매업무 활동의 마지막 단계는 고객의 니즈에 부합하면서 판매가 만족스럽게 이루어지도록 하는 판매종결(closing)기능이다.
⑤ 고객으로부터 얻은 정보를 기업에게 전달하는 역할도 판매업무활동의 하나이다.

10 20년 3회

고객에 대한 원활한 판매서비스를 위해 판매원이 보유해야 할 필수적 정보들로 옳지 않은 것은?

① 기업에 대한 정보
② 제품에 대한 정보
③ 판매조직 구조에 대한 정보
④ 고객에 대한 정보
⑤ 시장과 판매기회에 대한 정보

12 24년 3회

전략적 고객관리(strategic account management)의 특징으로 옳지 않은 것은?

① 전략적 고객관리는 지속가능한 경쟁우위의 원천이다.
② 전략적 고객관리의 관점에서 모든 종업원의 활동과 팀워크가 정렬되는 경우, 종업원의 만족이 증가하고 기업의 생산성과 수익성이 높아질 수 있다.
③ 전략적 고객관리를 통해 일단 성공적으로 정렬된 조직 구성원의 노력은 향후 고객의 욕구가 변화하더라도 적은 비용으로 변화시킬 수 있다.
④ 전략적 고객관리를 통해 고객충성도를 높이는 것은 매우 어렵다.
⑤ 전략적 고객관리를 통해 고객수익성을 높일 수 있다.

THEME ❸ 고객관리

고객관리의 개념과 고객관리를 위한 고객의 유형 및 각 유형별 특징을 연관지어 숙지한다.

11 22년 3회

핵심고객관리(key account management)의 대상이 되는 핵심고객의 특징에 대한 설명으로 가장 옳지 않은 것은?

① 대량 구매를 하거나 구매점유율이 높다.
② 구매과정에서 기능적으로 상이한 여러 분야(생산, 배송, 재고 등)의 사람이 관여한다.
③ 지리적으로 분산된 조직단위(상점, 지점, 제조공장 등)를 위해 구매한다.
④ 전문화된 지원과 특화된 서비스(로지스틱스, 재고관리 등)가 필요하다.
⑤ 효과적이고 수익성 높은 거래의 수단으로 구매자와 판매자 간의 일회성 협력관계를 요구한다.

13 20년 3회

고객관리에 대한 설명으로 옳지 않은 것은?

① 일반적으로 새로운 고객을 획득하는 것보다 기존고객을 유지하는 데 드는 비용이 더 높다.
② 고객과 지속적으로 좋은 관계를 유지하는 것은 기업경영의 중요 성공요소 중 하나이다.
③ 경쟁자보다 더 큰 가치를 제공하여야 고객 획득률을 향상시킬 수 있다.
④ 효과적인 애호도 증진 프로그램 등을 통해 고객 유지율을 향상시킬 수 있다.
⑤ 제품과 서비스에 대한 고객 만족도를 높임으로써 고객 유지율을 향상시킬 수 있다.

14 20년 2회

아래 글상자는 마케팅과 고객관리를 위해 필요한 고객정보들이다. 다음 중 RFM(Recency, Frequency, Monetary) 분석법을 사용하기 위해 수집해야 할 고객정보로 옳은 것은?

> ㉠ 얼마나 최근에 구매했는가?
> ㉡ 고객과의 지속적인 관계를 유지하는 동안 얻을 수 있는 총 수익은 얼마인가?
> ㉢ 일정 기간 동안 얼마나 자주 자사제품을 구매했는가?
> ㉣ 일정 기간 동안 고객이 자사제품을 얼마나 정확하게 상기하는가?
> ㉤ 일정 기간 동안 얼마나 많은 액수의 자사제품을 구매했는가?

① ㉠, ㉡, ㉢
② ㉡, ㉣, ㉤
③ ㉡, ㉢, ㉤
④ ㉢, ㉣, ㉤
⑤ ㉠, ㉢, ㉤

15 23년 3회

기업과의 관계 진화과정에 따라 분류한 고객의 유형으로 가장 옳지 않은 것은?

① 잠재고객
② 신규고객
③ 기존고객
④ 이탈고객
⑤ 불량고객

필수 기출문제 정답과 해설

01 정답 ⑤

해설 CRM은 기업내부에 축적된 고객정보를 효과적으로 활용하여 고객과의 관계를 유지·확대·개선함으로써, 고객의 만족과 충성도를 제고하고, 기업 및 조직의 지속적인 운영·확장·발전을 추구하는 고객관계 제반 프로세스 및 활동이다.

02 정답 ③

해설 데이터웨어하우스는 사용자의 의사결정에 도움을 주기 위해 다양한 운영시스템에서 추출, 변환, 통합되고 요약된 데이터베이스로, 기업이 경쟁력 향상을 위해 신속하고 정확한 의사결정을 할 수 있도록 지원해주는 시스템이다.

03 정답 ⑤

해설 eCRM은 e-비즈니스 환경에서 전개되는 CRM을 말하는 것으로, 고객에 대한 이해와 접근방식은 동일하나 고객정보의 획득과 커뮤니케이션 방법에 있어서 차이가 있다. 따라서 대부분의 기업에서는 CRM과 eCRM을 통합하여 전사적으로 활용하는 방법을 추구한다.

04 정답 ①

해설 교차판매, 묶음판매를 통한 관계의 확대는 관계강화 단계의 활동에 해당한다.

교차판매
자체 개발한 상품에만 의존하지 않고 관련된 제품까지 판매하는 적극적인 판매방식으로, 고객이 선호할 수 있는 추가제안을 통해 다른 제품을 추가 구입하도록 유도할 수 있다.

05 정답 ④

해설 OLAP(온라인분석처리)는 기업이 고객 데이터 및 판매 데이터를 축적한 데이터베이스를 다차원적으로 분석하고, 시각적으로 표현하기 위한 시스템을 말하며, 고객에 대한 적절한 각종 캠페인을 계획하고 지원하는 역할을 한다.

① **데이터 마이닝** : 거대 규모의 데이터로부터 가치 있는 정보를 찾아내는 탐색 과정 및 방법을 의미하는 것으로 데이터베이스로부터 암시적이며 잠재적인 지식을 추출하는 방법, 즉 단순분석이나 다차원분석으로 쉽게 찾아낼 수 없는 내용을 분석하는 것이다.
② **데이터웨어하우징** : 경영의사결정을 지원하고 경영자정보시스템(EIS)이나 의사결정지원시스템(DDS)의 구축을 위하여 기존의 데이터베이스에서 요약·분석된 정보를 추출하여 데이터베이스, 즉 데이터웨어하우스를 구축하거나 이를 활용하는 절차나 과정을 말한다.
③ **OLTP** : 은행이나 항공사, 슈퍼마켓, 제조업체 등 많은 기업체에서 데이터 입력이나 거래조회 등을 위한 트랜잭션 지향의 업무를 쉽게 관리해주는 프로그램이다.
⑤ **EDI** : 기업 사이에 데이터를 효율적으로 교환하기 위해 컴퓨터를 통해서 표준화된 양식의 전자문서 즉, 전자문서표준을 이용해 데이터를 교환하는 정보전달 시스템이다.

06 정답 ④

해설 ①·②·③·⑤는 거래지원서비스이고, ④는 가치증진서비스에 해당한다.

07 정답 ③

해설 셀프서비스는 고객에게 전달되는 상품정보의 정확성 향상보다는 고객들 자신이 직접적으로 상품을 용이하게 집을 수 있어야 하므로 무엇보다도 상품에 대한 디스플레이(Display)가 중요한 부분을 차지하게 된다.

08 정답 ⑤

해설 구매하지 않아도 된다는 태도를 취하는 것은 옳지 않다. 판매원은 전달자로서 또는 쇼핑상담 시 전문가로서의 역할을 담당하여 상품은 물론 유행정보 및 생활정보를 제공하는 데 기본이 되는 상품지식을 갖춤으로써 고객으로 하여금 신뢰감을 느낄 수 있게 해야 한다.

09 정답 ②

해설 고객의 다양한 니즈를 충족시키려면 '고객화 접근법'을 수행해야하지만, 비용 상승이라는 부담이 생기게 된다.

10 정답 ③

해설 판매조직 구조에 대한 정보는 현장에서 판매서비스를 제공하는 판매원이 보유해야 할 정보가 아닌, 판매원들을 관리하는 관리자가 보유해야 할 정보이다.

11 정답 ⑤

해설 효과적이고 수익성 높은 거래의 수단으로 구매자와 판매자 간의 지속적 협력관계를 요구한다.

12 정답 ④

해설 전략적 고객관리는 우수고객이 지속적으로 우호 고객으로 남도록 만들고, 궁극적으로는 자사의 옹호자 또는 파트너로 만들어가는 과정으로 전략적 고객관리를 통해 고객충성도를 높일 수 있다.

13 정답 ①

해설 일반적으로 기존고객을 유지하는 데 드는 비용보다 새로운 고객을 획득하는 데 드는 비용이 더 높다.

14 정답 ⑤

해설 RFM(Recency, Frequency, Monetary)은 Recency(최근 구매일), Frequency(구매빈도), Monetary(구매금액)의 앞머리 글자를 합친 것이다. 이 3요소는 고객들의 가치를 판단하고, 이들에 대한 마케팅 효율을 높이며, 앞으로 이들로부터 얻을 수 있는 수익을 극대화하도록 해주는 중요한 요소이다.

15 정답 ⑤

해설 불량고객은 고객의 성향 및 태도에 따라 분류한 고객의 유형이다.

CHAPTER 05 유통마케팅 조사와 평가

최신빈출 대표유형문제

SECTION 01 유통마케팅 조사
1. 유통마케팅 조사의 개요
2. 유통마케팅 조사의 방법과 절차
3. 유통마케팅 자료분석기법과 투사기법

SECTION 02 유통마케팅 성과 평가
1. 유통마케팅 성과 평가 및 목표 평가
2. 유통업의 성과 평가
3. 경로구성원의 성과·갈등·영향력 평가

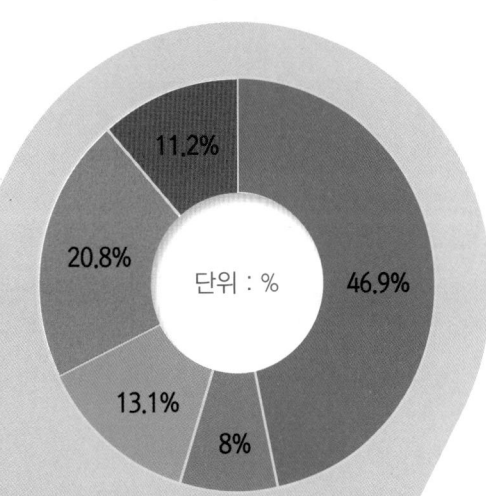

- 유통마케팅 전략기획
- 디지털 마케팅 전략
- 점포관리
- 상품판매와 고객관리
- 유통마케팅 조사와 평가

최근 5년간 챕터별 출제비중 / 회당 평균 2.8문제 출제(5개년 기준 총 15회)

비 중		출제영역	2021	2022	2023	2024	2025	합 계
46.9%	제1장	유통마케팅 전략기획	38	35	39	34	30	176
8%	제2장	디지털 마케팅 전략	-	-	-	14	16	30
13.1%	제3장	점포관리	13	10	10	9	7	49
20.8%	제4장	상품판매와 고객관리	17	21	15	10	15	78
11.2%	제5장	유통마케팅 조사와 평가	7	9	11	8	7	42
		합계(문항 수)	75	75	75	75	75	375

출제지문 퀴즈로 핵심체크!
테마로 푸는 필수 기출문제

최대 출제 POINT & 학습목표

❶ 유통마케팅 자료 수집 유형(1차 자료, 2차 자료)

❷ 유통마케팅 조사기법과 활용척도(명목척도, 서열척도 등)

❸ 유통마케팅 자료분석기법(컨조인트 분석, 군집분석, 다차원척도법, 분산분석 등)

❹ 유통성과에 대한 평가(효율성, 형평성, 효과성), 성과평가척도(정량적, 정성적 척도)

❺ 유통경로의 영향력(보상력, 강압력, 준거력 등) 및 갈등관리

❻ 표본추출방법(확률적 표본추출, 비확률적 표본추출)

❼ 유통경로의 재무성과 평가 자료(ROI, ROA, 재고회전률, 균형점수표)

CHAPTER 05 최신빈출 대표유형문제

01 마케팅 조사에 대한 설명으로 가장 옳지 않은 것은? `24년 3회, 24년 2회`

① 기술 조사(descriptive research)는 표적모집단이나 시장의 특성에 관한 자료를 수집·분석하고 결과를 기술하는 조사이다.
② 2차 자료(secondary data)는 당면한 조사목적이 아닌 다른 목적을 위해 과거에 수집되어 이미 존재하는 자료이다.
③ 1차 자료(primary data)는 당면한 조사목적을 달성하기 위하여 조사자가 직접 수집한 자료이다.
④ 모든 마케팅 조사에는 2차 자료(secondary data)가 필수적으로 제시되어야 한다.
⑤ 탐험 조사(exploratory research)는 조사문제가 불명확할 때 기본적인 통찰과 아이디어를 얻기 위해 실시되는 조사이다.

`관련이론 158p`

해설 ④ 모든 마케팅 조사에 1차 자료와 2차 자료 모두 필수적으로 제시되어야 하는 것은 아니다. 마케팅 조사 시 설정된 문제에 따라 적절한 조사방법을 제시한다.

대표유형 더보기
- 다음 중 매장의 생산성을 증대시키기 위한 유통계량조사의 내용으로 가장 옳지 않은 것은? `23년 2회`
- 마케팅 전략수립을 위한 다양한 조사활동 중 1차 자료를 수집하기 위한 조사방식으로 옳지 않은 것은? `22년 2회`
- 어느 백화점의 경영 현황을 파악하기 위해 2차 자료를 수집하였다. 2차 자료에 해당하지 않는 것은? `18년 2회`

02 유통마케팅 조사방법 중 표적집단면접법(FGI)에 대한 설명으로 가장 옳지 않은 것은? `24년 2회`

① 소수의 응답자를 대상으로 하나의 장소에서 진행한다.
② 특정 기준에 따라 주제에 관심이 있거나 관련 경험이 있는 소수의 참가자를 선정한다.
③ 응답자들끼리 편하게 대화를 진행하게 한다.
④ 대화가 주제를 벗어나는 경우만 사회자가 최소한 개입한다.
⑤ 조사자와 응답자가 자유롭고 심도 있는 질의응답을 진행한다.

`관련이론 158p`

해설 ⑤는 심층면접법에 대한 설명이다.

대표유형 더보기
- 아래 글상자의 설명을 모두 만족하는 유통마케팅조사의 표본추출방법으로 가장 옳은 것은? `22년 3회`
- 유통마케팅 조사방법 중 대규모 집단을 대상으로 체계화된 설문을 통해 자료를 수집하는 대표적인 서베이 기법으로 옳은 것은? `20년 3회`
- 아래 글상자에서 설명하고 있는 유통마케팅조사의 표본추출 유형으로 옳은 것은? `20년 3회`

03 아래 글상자의 괄호 안에 들어갈 용어들의 나열로 옳은 것은? 25년 2회

- (㉠)는 조사문제가 불명확하거나 주어진 문제영역에 대해 잘 모를 때 기본적인 통찰과 아이디어를 얻기 위하여 실시하는 조사이다.
- (㉡)는 수집한 자료를 정리하고 기술하는 조사이다.

① ㉠ 탐색 조사, ㉡ 기술 조사
② ㉠ 기술 조사, ㉡ 탐색 조사
③ ㉠ 인과관계 조사, ㉡ 기술 조사
④ ㉠ 기술 조사, ㉡ 인과관계 조사
⑤ ㉠ 인과관계 조사, ㉡ 탐색 조사

관련이론 158p

해설 ㉠ 탐색 조사 : 조사문제가 불명확할 때 기본적인 통찰과 아이디어를 얻기 위해 실시하는 조사
㉡ 기술 조사 : 표적모집단이나 시장의 특성에 관한 자료를 수집·분석하고 결과를 기술하는 조사

대표유형 더보기
- 유통마케팅 조사의 절차 중 조사설계에 해당하는 활동으로 가장 옳지 않은 것은? 24년 1회
- 유통마케팅 조사 절차의 첫 번째 단계로서 가장 옳은 것은? 22년 3회
- 유통마케팅 조사과정 순서로 가장 옳은 것은? 21년 1회

04 조사에 사용된 여러 가지 변수들을 유사한 변수들끼리 묶어 적은 수의 차원으로 축소시키는 데 사용되는 통계 기법으로 옳은 것은? 25년 1회

① 회귀분석
② 상관관계분석
③ 요인분석
④ 군집분석
⑤ 분산분석

관련이론 161p

해설 ③ 요인분석에 대한 설명이다. 백화점 선택 기준으로 주차공간의 편리함, 제품의 신뢰성, 친절도, 광고, 부대시설 등의 변수 중 관련성이 높은 것끼리 묶어 소수의 요인으로 줄이는 것 등을 예로 들 수 있다.
① 회귀분석 : 2개 이상의 정량적 변수 간의 관계를 이용하여 나머지 다른 변수들로부터 하나의 변수를 예측하는 통계적 기법
② 상관관계분석 : 두 변수 간에 어떤 선형적 관계를 갖고 있는지를 분석하는 방법
④ 군집분석 : 모집단 또는 범주에 대한 사전 정보가 없을 경우 주어진 관측값들 사이의 유사성과 거리를 활용해서 전체를 몇몇의 집단으로 구분하고, 각 집단의 성격을 파악함으로써 데이터 전체 구조에 대한 이해를 돕는 분석 방법
⑤ 분산분석 : 평균값을 기초로 하여 여러 집단을 비교하고, 이들 집단 간에 차이점이 있는지 가설검증을 통해서 상관관계를 파악하는 통계분석 기법

대표유형 더보기
- 아래 글상자의 내용에 해당되는 마케팅조사 기법으로 가장 옳은 것은? 23년 1회
- 아래 글상자에서 설명하는 마케팅조사 기법으로 가장 옳은 것은? 22년 2회
- 아래 글상자에서 설명하는 유통마케팅자료 조사기법으로 옳은 것은? 20년 2회

05 유통경로의 성과평가를 위한 항목 중 유통경로의 효과성에 대한 평가항목으로 가장 옳지 않은 것은? 24년 2회

① 고객의 전반적인 만족도
② 신시장 개척 건수 및 비율
③ 중간상의 거래 전환 건수
④ 단위당 총 물류비용
⑤ 클레임(claim) 건수

해설 ④ 단위당 총 물류비용은 유통경로상의 효율성(efficiency)에 대한 평가항목이다.

대표유형 더보기
• 유통경로 성과와 관련된 각종 지표에 대한 설명으로 가장 옳지 않은 것은? 25년 2회
• 마케팅투자수익률(MROI)에 대한 설명으로서 가장 옳지 않은 것은? 23년 2회
• 유통마케팅 목표달성을 위해 자금을 효율적으로 지출하는지를 확인할 수 있는 유통마케팅 성과평가 분석으로 가장 옳은 것은? 22년 1회
• 유통마케팅투자수익률에 대한 설명으로 가장 옳은 것은? 21년 3회

06 전략과 연계하여 성과를 평가하기 위해 유통기업은 균형점수표(BSC ; Balanced Score Card)를 활용하기도 한다. 균형점수표의 균형(balanced)의 의미에 대한 설명으로서 가장 옳지 않은 것은? 23년 3회

① 단기적 성과지표와 장기적 성과지표의 균형
② 과거 성과지표와 현재 성과지표 사이의 균형
③ 선행 성과지표와 후행 성과지표 사이의 균형
④ 내부적 성과지표와 외부적 성과지표 사이의 균형
⑤ 재무적 성과지표와 비재무적 성과지표 사이의 균형

해설 균형점수표(균형성과표)는 기업의 비전과 전략을 조직 내외부의 핵심성과지표(KPI)로 재구성해 전체 조직이 목표달성을 위한 활동에 집중하도록 하는 전략경영시스템으로, 내부와 외부, 유형과 무형, 단기와 장기, 선행과 후행, 재무·비재무적의 균형 잡힌 관점에서 성과를 측정하고 관리하기 위해 개발되었다.

대표유형 더보기
• 아래 글상자의 성과측정 지표들 중 머천다이징에서 상품관리 성과를 측정하기 위한 지표들만을 나열한 것으로 옳은 것은? 23년 3회
• 마케팅통제(marketing control)에 대한 설명으로 가장 옳지 않은 것은? 22년 1회
• 회계데이터를 기초로 유통마케팅 성과를 측정하는 방법으로 옳은 것은? 21년 1회

07 다음 중 경로구성원 평가 및 관리와 관련하여 옳지 않은 것은? **23년 2회**

① 기업은 좋은 성과를 내고 고객에게 훌륭한 가치를 제공하는 중간상을 파악하여 보상해야 한다.
② 판매 할당액의 달성 정도, 제품 배달시간, 파손품과 손실품 처리 등과 같은 기준에 관해 정기적으로 경로구성원의 성과를 평가해야 한다.
③ 경로구성원과의 장기적인 협력관계를 맺기 위해 성과가 좋지 못한 중간상이라도 바꾸지 말아야 한다.
④ 파트너를 소홀히 다루는 제조업자는 딜러의 지원을 잃을 뿐만 아니라 법적인 문제를 초래할 위험이 있다.
⑤ 기업은 경로구성원이 최선을 다할 수 있도록 지속적으로 관리하고 동기를 부여해야 한다.

관련이론 167p

해설 ③ 장기적 협력관계를 구축할 필요가 있는 경우에는 경제성, 통제성, 적응성 등을 평가하여 성과가 좋지 못한 중간상은 바꿔야 한다.

대표유형 더보기
• 아래 글상자에서 설명하는 경로구성원의 공헌도 평가기법이 평가하는 요소로 가장 옳은 것은? **22년 3회**
• 생산업체가 경로구성원들의 성과를 평가하는 기준으로서 가장 옳지 않은 것은? **22년 2회**
• 서비스 실패의 회복 과정에서 고객이 지각하는 다양한 유형의 공정성은 고객 만족에 영향을 미친다. 종업원 행동의 영향을 받는 공정성 유형으로서 가장 옳은 것은? **22년 1회**

08 유통경로 성과와 관련된 각종 지표에 대한 설명으로 가장 옳지 않은 것은? **25년 2회**

① 순매출 이익률은 당기순이익을 순매출로 나눈 비율로, 제품 혹은 서비스 구매원가, 영업비와 감가상각비, 금융비용 등의 제 비용을 상환할 수 있는 능력을 나타낸다.
② 순가치 대비 순이익비율은 투자에 따른 배당이 얼마나 이루어질 것인가를 판단하는 지표가 된다.
③ 순가치 대비 총자산비율이 낮을수록 차입금보다 자기 자본 의존도가 높아 재무구조가 안정적이라 볼 수 있다.
④ 총자산 이익률은 유통경로의 각 단계별로 발생하는 물류비용을 측정하여 유통 효율성을 나타내는 지표이다.
⑤ 재고자산 총이익률은 매출총이익을 재고자산으로 나눈 값으로, 이는 이익관리와 재고관리를 결합한 성과측정치라 할 수 있다.

관련이론 167p

해설 ④ 총자산 이익률(ROA ; Return of Total Assets)은 순이익을 총자산으로 나눈 값을 말하며, 기업이 자산을 얼마나 효율적으로 운용하여 순이익이 발생했는지를 측정하는 지표이다.

대표유형 더보기
• 유통업 고객관계관리 활동의 성과 평가기준으로서 가장 옳은 것은? **22년 3회**
• 유통마케팅 성과 평가에 대한 설명으로 가장 옳지 않은 것은? **21년 2회**
• 단기적 관점의 거래중심 마케팅보다는 관계중심 마케팅의 성과 평가기준으로 가장 옳지 않은 것은? **20년 추가**

CHAPTER 05 유통마케팅 조사와 평가

SECTION 01 유통마케팅 조사

1 유통마케팅 조사의 개요

01 유통마케팅 조사의 의의
① 유통마케팅 조사는 상품 및 마케팅에 관련되는 문제에 관한 자료를 계통적으로 수집·기록·분석하여 과학적으로 해명하는 일을 말함
② 마케팅 조사는 문제해결을 지향하는 의사결정을 위한 기초조사여야 함

02 유통마케팅 조사의 목적
① 마케팅 전략과 관련된 의사결정 시 유용한 정보의 제공
② 의사결정에 관한 불확실성을 감소시키고 적절한 해결방안을 제시하여 의사결정을 도움

2 유통마케팅 조사의 방법과 절차

01 유통마케팅 조사의 방법 24-3, 24-2, 23-3, 21-3, 20-3, 19-3

(1) 유통마케팅 조사방법

심층면접	조사자와 응답자가 1:1 질의응답을 통해 응답자가 서비스 만족 정도, 개선사항에 대한 의견 등을 진술하게 하는 방법
관찰조사	조사원이 직접 또는 기계장치를 이용해 대상자의 행동이나 현상을 관찰·기록하는 방법으로, 응답자들이 제공하기 꺼리는 민감한 정보를 수집하기에 적합
우편설문조사	설문지를 조사 대상자에게 우송해 이를 작성하게 한 후 다시 반송함
온라인 서베이	종이로 된 설문지나 전화로는 불가능한 기능들을 멀티미디어 수단을 사용해 조사하는 것으로, 비용이 저렴하나 인터넷 사용자로 대상자를 한정하는 것이 단점
표적집단면접법(FGI ; Focus Group Interview)	• 특정 기준에 따라 주제에 관심이 있거나 관련 경험이 있는 소수의 참가자를 선정하여 하나의 장소에서 진행함 • 응답자들끼리 편하게 대화하고 주제가 벗어나는 경우만 사회자가 최소한으로 개입 • 인과관계에 대한 가설을 검증해야 하는 경우에는 부적합함
기술조사	표적모집단이나 시장의 특성에 관한 자료를 수집·분석하고 결과를 기술하는 조사
탐색조사	조사문제가 불명확하거나 사전 정보가 적을 때 기본적인 통찰과 아이디어를 얻기 위해 실시하는 조사

인과관계조사	두 개 이상 변수들 간의 인과관계를 밝혀내기 위하여 시행하는 조사
패널조사	조사대상이 되는 집단을 장기간 동안 반복 추적한 후 사전에 구성하여 이를 대상으로 조사하는 것
관찰조사	대상을 조직적으로 파악하는 방법으로, 자연적 관찰법과 실험적 관찰법으로 구분
실험조사	대상을 몇 개의 집단으로 나눈 후 인과관계의 원인으로 추정되는 변수를 집단별로 달리 조작하여 변수들 간의 인과관계를 규명
민족지학적 연구	고객의 일상 속으로 들어가 가공되지 않은 상태의 삶을 관찰하는 조사기법
서베이조사	목표고객과 경쟁점포를 대표하는 표본을 추출하여 설문이나 인터뷰 등의 방법으로 조사
갱 서베이	일단의 참석자들을 일정 시간에, 일정 장소에 모이게 한 후 한 번에 조사
A&U조사(Attitude and Usage research)	대규모 집단을 대상으로 체계화된 설문을 통해 자료를 수집하는 기법

(2) 유통마케팅 자료의 수집 24-2, 23-3, 22-2, 18-2

1차 자료 (Primary Data)	• 당면한 조사목적을 달성하기 위해 조사자가 직접 수집한 자료 • 관찰조사, 실험조사, 설문조사, 현장조사 등의 조사방법 • 장점 : 자료 수집시점과 사용시점이 근접하므로 적절한 분석결과를 얻을 수 있고, 자료수집 목적에 맞는 자료를 사용할 수 있음 • 단점 : 2차 자료에 비해 자료의 수집에 있어 시간, 비용, 인력이 많이 소요 • 1차 자료 조사방법 예시 : 백화점 고객 표적집단면접, 홈쇼핑 고객 심층면접법, 대형마트 고객만족 전화조사법, 편의점 판촉효과 실험조사법 등
2차 자료 (Secondary Data)	• 당면한 조사목적이 아닌 다른 목적을 위해 과거에 수집되어 이미 존재하는 자료 • 1차 자료에 비해 시간, 비용을 절약할 수 있음 • 2차 자료의 유용성 기준은 데이터의 최신성, 정확성, 객관성, 적합성 등과 분석목적에 부합되는지의 여부이므로 이에 따라 수정·보완 필요 • 정부 통계자료, 발표 논문·기관 발표자료, 신문기사, 기업의 제품계열별 판매액·지점별 주요 제품 재고·고객별 지출액·연간 성장률 등 • 고객의 과거 구매상품, 구매간격 등을 통해 구축한 고객생애가치(CLV) 자료를 포함 • 2차 자료 조사방법 예시 : 유통업체 연감자료 조사법

(3) 마케팅 조사에 활용되는 척도 23-1, 19-3

명목척도	대상을 규명하고 단순히 분류표지로서 숫자들을 의미 예 농촌형과 도시형
서열척도	응답자가 질문의 대답들 간의 상대적 정도를 표시할 수 있게 해주는 척도 예 인근 5개 점포와 비교하여 몇 등인지 파악
등간(간격)척도	대상 간 격차를 비교할 수 있음(0점은 임의로 사용 가능)
비율척도 23-1	• 간격척도에 절대영점(기준점)을 고정시켜 응답자 간의 절대적 격차를 규명·비교 가능 예 100점 만점 중 평균 82점 • 소비자의 구매확률, 충성고객의 구매액, 매장의 시장점유율 등은 비율척도로 측정해야 하는 요소

(4) 점포의 이미지를 측정하기 위한 척도

어의차이(의미차별화) 척도	척도 양끝에 상반된 수식어를 제시하고 응답자의 평가를 측정 예 ○○백화점 매장 이미지는? 〈현대적이다 −2 −1 0 +1 +2 복고풍이다〉
리커트 척도	서술형으로 작성된 질문항목에 대한 동의, 반대의 정도를 표시 예 ○○백화점 매장 이미지는 현대적이다. 〈매우 그렇다 − 그렇다 − 아니다 − 매우 그렇지 않다〉
등급 척도	리커트 척도의 문제를 보완하여 한 가지 방향만을 물어볼 수도 있음 예 ○○백화점의 서비스는? 〈보통이다 − 약간 만족스럽다 − 만족하는 편이다 − 매우 만족한다〉
스타펠(Stapel) 척도	양극단의 상반된 수식어 대신 한쪽 수식어만 제시 예 ○○백화점은? 〈3 2 1 현대적이다 −1 −2 −3〉

02 유통마케팅 조사의 절차

(1) 마케팅 조사의 절차 24-1, 22-3, 21-1

조사문제 정의 → 조사설계 → 자료수집방법 결정 → 표본설계 → 시행과 분석 및 활용

절차	내용
조사문제(목적) 정의	환경변화, 기업 마케팅 조직 · 전략변화로 인하여 마케팅 의사결정의 문제 발생
조사설계	조사 성격의 규정, 데이터 수집방법 결정, 데이터 수집도구 결정, 표본 설정
자료수집 방법결정	설정된 조사목적을 기준으로 조사목적이 더 구체적인 조사과제로 바뀜
표본설계	효과적인 자료 수집을 위해 조사대상을 선정하는 방법을 결정하는 과정
시 행	수집 자료 정리 및 적절한 통계분석 실행
분석 · 활용	정보 사용자에 대한 이해 정도를 고려하여 보고서 작성

(2) 조사설계 시 통제 요인

① 독립변수 : 사건이 되는 원인
② 종속변수 : 독립변수의 사건이 되는 원인으로 인해 발생되는 결과
③ 외생변수 : 독립변수 외에 종속변수에 영향을 미칠 수 있지만 실험자가 직접 통제하거나 조작할 수 없는 변수
  ㉠ 외생변수의 종류 25-1

역사적 오염(우발적 사건)	실험기간 동안 우연한 사건이 발생하여 결과에 영향을 미침
성숙효과	시간 경과에 따라 자연스럽게 실험집단의 속성이 변하여 종속변수에 미치는 영향
주시험효과	반복 측정으로 인한 친숙도를 말하는 것으로 결과를 왜곡하기도 함
통계적 회귀	극단적 상태에서 실험을 할 경우에 시간이 지남에 따라 평균으로 접근하려는 경향
측정 수단의 변화	측정방법이나 측정자가 달라짐으로써 특정 결과에 영향을 미치는 현상
표본의 편중	각 집단의 최초 상태가 상이하여 독립변수에 의한 효과가 왜곡되는 것
실험대상의 소멸	실험대상이 실험기간 중 이탈하게 됨으로써 독립변수의 효과가 왜곡되는 현상

ⓛ 외생변수 통제방법

제거	외생변수가 될 가능성이 있는 변수를 제거
균형화	외생변수의 영향을 동등하게 받을 수 있도록 실험집단과 통제집단을 선정
상쇄	실험집단 외에 통제집단을 설정·비교하여 외생변수의 영향을 통제
무작위화	어떤 외생변수가 작용할지 모르는 경우 실험집단과 통제집단을 무작위 추출

(3) 표본추출방법 25-2, 22-3, 22-1, 20-3, 19-1, 18-3

① 확률적 표본추출 : 조사대상이 표본으로 추출될 확률을 미리 알고 실행하는 방법으로, 추출될 표본의 대표성이 인정되고 분석결과를 일반화할 수 있는 방법

단순무작위 표본추출	각 표본들이 동일하게 선택될 확률을 가지도록 선정된 표본프레임 안에서 각 표본단위들에 일련번호를 부여한 다음, 난수표를 이용해서 선정된 번호에 따라 무작위로 추출하는 방법으로, 모집단의 모든 원소가 알려져 있고 선택될 확률이 같음
층화표본추출	모집단을 적절한 기준 변수에 따라 서로 상이한 소집단으로 나누고, 각 소집단별로 할당된 숫자의 표본을 단순무작위로 추출하는 방법으로, 기준 변수를 잘 선택할 경우 모집단을 대표하는 표본을 얻을 수 있는 것이 장점
군집표본추출	모집단이 상호 배타적인 집단으로 나누어지고, 조사자는 나누어진 배타적인 집단들 중 면접할 몇 개 집단을 표본으로 추출하는 방법

② 비확률적 표본추출 : 조사대상의 표본추출 확률을 모르는 상태에서 실행하는 방법으로, 추출된 표본의 대표성이 약하여 분석결과가 일반화되기 어렵다는 단점이 있음

할당표본추출	모집단을 어떤 특성에 따라 세분집단으로 나누고, 나누어진 세분집단의 크기 등에 비례해서 추출된 표본의 수를 결정하여 각 집단의 표본을 판단 또는 편의에 의해 추출하는 방법
판단표본추출	조사하려는 모집단을 대표한다고 판단되는 사례를 표본으로 선정하는 방법(예 소매점의 신제품 조사를 위해 표적시장을 잘 반영하리라 생각되는 집단을 대상으로 설문조사)
편의표본추출	임의로 응답자 모집 편의를 고려하여 특정한 샘플링 기준을 두지 않고 모집하는 방법
자발적 표본추출	조사의 주제에 대해 강한 흥미를 갖고 스스로 지원한 사람들로 표본을 구성

3 유통마케팅 자료분석기법과 투사기법

01 유통마케팅 자료분석기법의 종류

(1) 다차원척도법(MDS ; Multi-Dimensional Scaling) 19-2

① 개념 : 각 대상 간의 객관적 또는 주관적인 관계에 대한 수치적인 자료들을 처리해서 다차원의 공간상에서 해당 대상들을 위치적으로 표시해주는 일련의 통계기법

② 경쟁상품들의 *포지셔닝맵을 작성하는 데 주로 사용됨

*포지셔닝맵(지각도) : 자사 제품과 경쟁 제품들에 대한 소비자의 생각을 도표상에 표시한 것

③ 유통서비스들에 대한 고객의 인지구조를 지도화하여 핵심개념들의 차원을 규명하는 데 사용

④ 유사성 자료 또는 근접성 자료를 공간적 거리로 시각화

(2) 컨조인트 분석(Conjoint Analysis) 23-1, 20-2, 18-2

① 개 념
- ㉠ 소비자의 욕구를 파악하기 위한 기법의 하나로 개발
- ㉡ 제품, 서비스 등의 대안들에 대한 소비자의 선호순위의 분석을 통해 소비자가 각 속성에 부여하는 상대적 중요도와 속성수준의 효용을 추천하는 분석기법
- ㉢ 선호도 예측, 시장점유율 예측이 가능
- ㉣ 개별 속성의 각 수준에 부여되는 선호도를 부분가치라 하고, 이를 합산함으로써 개별 고객이 여러 개의 대안들 중에서 어느 것을 가장 선호하게 될지를 예측할 수 있음

② 기본 전제사항 : 어떤 소매점포이든 몇 개의 중요한 서비스 기능(속성)을 가지고 있으며, 각 기능(속성)은 다시 몇 개의 수준이나 값들을 가질 수 있음

(3) 군집분석(Cluster Analysis) 22-2

모집단에 대한 사전 정보가 없을 경우, 다수의 대상(소비자, 제품 등)들을 그들이 소유하는 특성을 토대로 유사한 대상들끼리 집단으로 분류하는 통계기법

(4) 분산분석(ANOVA ; ANalysis Of VAriance) 21-2

평균값을 기초로 하여 여러 집단을 비교하고, 이들 집단 간에 차이점이 있는지 가설 검증을 통해서 상관관계를 파악하는 통계분석 기법(예 공기청정기를 판매하는 A사가 다양한 판매촉진을 통해 매출부진에서 벗어나고자 할 때, 가격 인하, 할인쿠폰 행사, 경품행사가 매출향상에 효과적인가를 판단하기 위해 각 판촉방법당 5개 지점의 자료를 표본으로 선정하여 판촉유형이 매출에 미치는 효과 여부에 관한 조사를 실시하기로 했음)

(5) 요인분석(Factor Analysis) 25-1

조사에 사용된 여러 가지 변수들을 유사한 변수들끼리 묶어 적은 수의 차원으로 축소시키는 데 사용되는 통계기법

(6) 회귀분석

두 개 이상의 정량적 변수 간의 관계를 분석하여 나머지 다른 변수들로부터 하나의 변수를 예측하는 통계기법

(7) 상관관계분석

두 변수 간에 어떤 선형적 관계를 갖고 있는지를 분석하는 방법

02 투사기법(Projective Technique)

(1) 투사기법의 개념

투사기법은 응답자 자신의 행동을 직접 설명하게 하기보다는 다른 사람의 행동을 해석하게 하여 응답자의 동기, 신념, 태도 등을 간접적으로 파악하려는 기법

(2) 투사기법의 종류

단어 연상(Word Association), 문장 완성(Sentence Completion), 그림 응답(Picture Response), 역할 연기(Role Playing) 등

SECTION 02 유통마케팅 성과 평가

1 유통마케팅 성과 평가 및 목표 평가

01 유통마케팅 성과 평가의 이해

(1) 유통마케팅 성과 평가의 필요성

유통마케팅 비용이 꾸준히 증가하나 효율적 측면에서 관리가 명확히 이루어지고 있지 않기 때문에 체계적인 평가·관리의 필요성을 느낌

(2) 유통마케팅 성과 측정 방법 **21-2, 21-1**

재무적 방법과 마케팅적 방법을 상호보완적으로 활용하여 측정하면 효과적임

재무적 방법	회계데이터를 기초로 한 성과측정 방법이 주를 이루며, 매출액 분석 등의 방법이 있음
마케팅적 방법	• 고객들로부터 수집된 데이터를 이용해 성과를 측정하며, 고객만족도, 고객획득률, 고객생애가치 등의 측정 방법이 있음 • 과거의 성과를 보여주고, 미래를 예측할 수 있음

(3) 마케팅통제(marketing control) **22-1**

① 개념 : 마케팅전략 및 계획의 실행결과를 평가하고, 마케팅목표가 성취될 수 있도록 시정 조치하는 것을 말함
② 마케팅계획의 실행과정에서 예상치 않은 일들이 발생하기 때문에 지속적인 마케팅통제가 필요
③ 운영통제(operating control) : 연간 마케팅계획에 대비한 실제성과를 지속적으로 확인하고 필요할 때마다 시정 조치하는 것
④ 전략통제(strategic control) : 기업의 기본전략들이 시장기회에 잘 부응하는지를 검토하는 것

02 유통마케팅 목표의 평가

(1) 유통마케팅 목표 평가의 의의

① 마케팅 목표는 기업전체의 목표 및 전략과 깊은 연관관계를 지녀야 함
② 기업조직에 영향을 미칠 수 있는 긴급성과 영향력을 기반으로 우선순위를 정하여 평가함

(2) 세부 목표의 SMART 원칙

① Specific(구체적)
② Measurable(측정가능)
③ Attainable(달성가능)
④ Result Oriented(결과지향)
⑤ Time Bounded(시간제한)

2 유통업의 성과 평가

01 유통업의 성과 평가 기준

(1) 유통성과에 대한 평가

효율성	'무엇을 얼마나 어떤 방법으로 생산할 것인가'의 문제로, 최소의 비용으로 최대의 만족을 구한다는 경제행위의 원칙에 의거해 생산 또는 소비가 최선으로 이루어졌는가를 평가
형평성	'누구에게 분배할 것인가'의 문제인 분배의 평가기준으로 바람직한 분배상태를 말하며, 주관적인 가치판단의 개입과 시대와 사회에 따라 그 의미가 변함(예 사회적으로 공평한 경로정책을 수행하고 있는지 평가)
생산성	산출량(Output)을 투입량(Input)으로 나눈 지표로 투입자원의 단위당 성과를 나타내며, 소매업에서는 판매노동 생산성지표가 주로 이용됨

(2) 유통경로 성과 평가기준 `24-2`

① **시스템의 효과성** : 특정의 유통경로시스템이 유통서비스에 대한 표적고객의 욕구를 충족시키는 정도를 말하며, 고객의 전반적인 만족도, 신시장 개척 건수 및 비율, 중간상의 거래 전환 건수, 클레임(claim) 건수 등이 있음
② **시스템의 생산성** : 경로구성원이 경로산출물을 얻기 위해 자원을 효율적으로 사용한 정도
③ **시스템의 공평성** : 사회적으로 공평한 경로정책을 수행하고 있는지 평가하는 것
④ **시스템의 수익성** : 자기자본이익률, 총자본순이익률, 매출액영업이익률 등으로 평가
⑤ **시스템의 안전성** : 유동비율과 부채비율을 이용하여 평가

02 유통경로 성과의 평가기준 `24-1`

정량적 척도(quantitative measures)	
• 단위당 총유통비 • 단위당 창고비 • 재고부족방지에 수반되는 비용 • 진부화된 재고의 비율 • 상품별 고객서비스 수준 • 주문처리에서의 오류빈도 • 신규시장의 매출액 비율 • 신규 중간상들의 수와 비율 • 주문의 크기 • 에너지 비용	• 단위당 수송비 • 단위당 생산비 • 재고회전율 • 부실채권의 비율 • 신규시장 진입의 수 • 거래중단 중간상의 수와 비율 • 손상된 상품의 비율 • 구매율 객단가 • 고객 불평의 수
정성적 척도(qualitative measures)	
• 경로조정 정도 • 갈등수준, 상표 내 경쟁의 정도 • 최상위 목표에 대한 인식 • 고객 니즈 파악, 노동생산성 • 파워 관계 전개의 정도	• 협동수준 • 역할에 대한 의견 일치의 정도 • 경로리더십의 개발정도 • 경로 몰입의 정도 • 기능 이전의 유연성 정도

03 유통경로의 재무성과 평가자료 25-2, 23-3, 23-2, 22-2, 22-1, 21-3, 20-3, 19-1

(1) ROA(Return of Total Assets)

① 총자산이익률이라고 하며, '순이익 ÷ 총자산'으로 나타냄

② 기업이 얼마나 자산을 효율적으로 운용하여 순이익을 발생했는지 측정

(2) ROI(Return on Investment) 22-1

① 투자자본이익률이라고 하며, '순이익 ÷ 순자본'으로 나타냄

② 유통마케팅 목표달성을 위해 자금을 효율적으로 지출하는지를 확인할 수 있는 유통마케팅 성과평가 분석

(3) 순매출 이익률

당기순이익을 순매출로 나눈 비율로, 제품·서비스 구매원가, 영업비, 감가상각비, 금융비용 등의 제 비용을 상환할 수 있는 능력을 나타냄

(4) 순가치 대비 순이익비율

투자에 따른 배당이 얼마나 이루어질 것인가를 판단하는 지표가 됨

(5) 순가치 대비 총자산비율

순가치 대비 총자산비율이 낮을수록 차입금보다 자기 자본 의존도가 높아 재무구조가 안정적임

(6) GMROI(Gross Margin Return on Investment)

① 총마진수익률이라고 하며 '총마진율 × 재고회전율'로 나타냄

② 일반적으로 재고에 대한 투자가 총이익을 얼마나 잘 달성하는가를 평가할 수 있는 지표로, 소매업체의 수익성 지표로 사용

③ 상이한 품목, 상품계열, 부문(department)들의 성과를 비교하는 데 사용

(7) GMROS(Gross Margin Return Of Square Foot)

① 판매면적당 매출총수익률이라고 하며, 'GMROI × 재고밀도'로 나타냄

② 소매상이 자신의 제품재고투자에 대한 수익성과 재고를 수용하는 소매공간 활용의 밀도를 평가하는 지표로 사용

(8) CMRA(Channel Member Return on Assets)

경로구성원 총자산수익률이라 하며, '총이윤 − (판매촉진·상품개발·창고·운반비용) ÷ 외상매출금 + 재고'로 나타냄

(9) MROI(Marketing Return on Investment)

① 마케팅투자수익률이라고 하며, '마케팅투자수익 ÷ 마케팅투자비용'으로 나타냄

② 마케팅투자비용의 측정보다 마케팅투자수익의 측정이 더 어려우며, 고객생애가치, 고객자산, 브랜드인지도, 매출, 시장점유율 등을 근거로 측정 가능

(10) 재고회전율

① 재고의 평균회전속도로 재고자산에 투자한 자금을 신속하게 회수하여 재투자하였는가를 측정하여 보다 적은 자본으로 이익의 증대를 도모하고자 하는 것이 목적이며, '연간매출액 ÷ 평균 재고자산액'으로 나타냄

② 회전율이 높을수록 재고자산이 매출로 빠르게 이어지고 있음을 의미

(11) 재고자산 총이익률

매출총이익을 재고자산으로 나눈 값으로, 이익관리와 재고관리를 결합한 성과측정치라 할 수 있음

(12) 균형점수표(BSC ; Balanced Score Card)

기업의 비전, 전략과 연계하여 성과를 평가하기 위해 활용하며, 단기와 장기, 선행과 후행, 내부와 외부, 재무와 비재무적 성과지표 사이의 균형 잡힌 관점에서 성과를 측정·관리하기 위해 개발됨

(13) 재주문점(ROP ; Reorder Point)

(예상판매량 × 리드타임) + 예비재고(안전재고가 불필요할 경우 0)로 나타냄

(14) 유통마케팅투자수익률

마케팅활동에 대한 투자에서 발생하는 이익을 측정함

(15) 현금흐름표

일정기간 동안의 현금 유입·유출내용을 표시한 보고서

(16) 손익계산서 **19-1**

일정기간의 모든 수익과 비용을 대비시켜 당해 기간의 순이익을 계산한 보고서

(17) 재무상태표

자금조달과 자금 운용상태, 일정 회계기간의 경제적 상태를 나타냄

04 직접제품이익기법(DPP ; Direct Product Profit)

(1) 직접제품이익의 개념 **24-3, 23-1, 22-3**

① 수익성 분석의 한 기법으로, 각 경로대안의 총마진에서 직접제품비용을 뺀 제품수익성을 평가하여 직접제품이익이 가장 높은 경로 대안을 선택하는 방법
② 소매업체 입장에서 특정 공급자의 개별품목 또는 재고관리단위(SKU ; Stock Keeping Unit)를 평가하는 방법

(2) 직접제품이익기법의 특징

① 제품평가에 있어서 고정비용을 제외하되 제품별 영업활동이나 상품 머천다이징 활동에 의해 발생하는 직접 비용만을 분석대상으로 함
② 전통적인 수익성 특정 방식인 GMROI(재고투자이익률), GMROS(판매 면적당 매출 총수익률)에 비해 정확성이 높음

05 유통계량조사 **23-2**

(1) 유통계량조사의 개념

매장의 생산성을 증대시키기 위한 조사

(2) 유통계량조사의 조사 내용

① 매장 1평당 어느 정도의 매출액이 일어나고 있는가를 파악하기 위한 매장생산성 조사

② 투입된 종업원당 어느 정도의 매출액이 창출되는지를 업계 평균과 상호 비교
③ 현재의 재고가 어느 정도의 상품이익을 실현하는지 알기 위한 교차비율 산출
④ 고객수 및 객단가 산출 및 이전 분기 대비 객단가 증가율 비교

3 경로구성원의 성과·갈등·영향력 평가

01 경로구성원 성과 평가

(1) 경로구성원 성과 평가의 필요성 23-2
① 기업은 성과가 좋고, 고객에게 훌륭한 가치를 제공하는 중간상을 파악하여 보상해야 함
② 판매 할당액의 달성 정도, 제품 배달시간, 파손품·손실품 처리 등의 기준에 관해 경로구성원 성과를 정기적으로 평가해야 함
③ 파트너를 소홀히 하는 제조업자는 딜러의 지원을 잃고 법적문제를 초래할 위험이 있음
④ 기업은 경로구성원이 최선을 다할 수 있도록 지속적으로 관리하고 동기를 부여해야 함

(2) 성과 평가 유형 22-2, 21-3, 19-2
① **유통업체 성과 평가** : 공급업체와 유통업체가 장기적 협력관계를 구축하려고 할 경우, 공급업체가 유통업체를 평가하는 기준

기 준	평가항목
경제성	유통업체의 판매액, 비용, 수익성 등
통제성	공급업체의 상품에 대한 유통업체의 마케팅 전략을 조정할 수 있는 정도
적응성	환경변화에 적응하여 유통업체와의 관계를 유연하게 조정할 수 있는 정도

② **공급업체 성과 평가** : 공급업체에 대한 평가 시 사용
  ㉠ ABC 분석 23-2
   • 개별 단품에 대해 안전재고 수준과 상품가용성 정도를 결정하는 데 사용
   • 소매업체들이 기여도가 높은 상품관리에 집중해야 한다는 관점하에 활용
   • 소매업체 매출의 80%는 대략 상위 20%의 상품에 의해 창출된다고 봄
   • 상품성과의 척도로 공헌이익, GMROI(마진수익률), 판매량 등이 많이 활용됨

③ 경로구성원의 성과 평가기준과 성과척도 18-3

기 준	평가항목
매출성과	총이익, 매출 성장성, 매출액, 판매 할당량, 시장점유율
재고유지	평균재고유지율, 재고회전율, 매출액에서 차지하는 재고비율
판매능력	전체 판매원 수, 제조업자의 상품에 할당된 판매원

④ **유통목표 달성성과의 평가** : 소비자 기대치와의 비교, 업계평균과 비교, 경쟁사와의 비교, 사전 목표와의 비교를 통해 평가함

02 유통경로구성원들 간의 갈등

경로구성원 간의 갈등은 여러 가지 다른 상황과 요인 때문에 발생하며, 넓은 맥락에서 갈등이 항상 나쁜 것만은 아님

(1) 경로 갈등의 원인 23-1, 22-1, 18-1

① **목표불일치로 인한 갈등** : 구성원 사이의 목표가 서로 다르고 이들 목표를 동시에 달성할 수 없기 때문에 스트레스와 긴장이 야기되고, 결국에는 경로갈등이 발생(예 소비자 가격의 책정 시 제조업체는 신속한 시장침투를 위한 저가격을 주장하고, 소매업자들은 수익성 증대를 위한 고가격을 원함)

② **정보불일치로 인한 갈등** : 소비자들의 기억 속에 있는 기존의 정보 또는 스키마와 새롭게 제공되는 정보 간의 일치성 및 관련성의 차이로 인하여 발생

③ **영역불일치로 인한 갈등** : 경로구성원 간 상권의 범위 결정과 그 상권 내에서의 역할에 대한 견해 차이가 발생함으로 인해 생기는 갈등(예 피자 프랜차이즈 본부가 가맹점 계약 시 가맹점 사업자에게 배타적 영업권을 보장한다고 했으나 직영점을 출점하면서 이 지역의 가맹점 사업자들이 본부에 법적인 대응을 하기로 함)

(2) 유통경로상의 수평적 갈등과 수직적 갈등 21-1, 19-2

수평적 갈등	수직적 갈등
유통경로의 동일한 단계에서 구성원들 사이에 발생하는 갈등 예 다른 딜러가 차량가격을 너무 낮게 책정했다는 동일차량회사 딜러의 불평	제조업자와 도매상 같이 서로 다른 경로단계를 차지하는 구성원들 사이에서 발생하는 갈등 예 도매상과 소매상의 갈등, 납품업체와 제조업체의 갈등, 소매상과 택배업체의 갈등, 제조업체와 유통업체의 갈등

03 영향력 평가

(1) 경로파워와 파워원천의 개념

① **경로파워** : 유통경로에 참여하는 한 경로구성원이 다른 경로구성원의 마케팅 의사결정에 영향력을 행사할 수 있는 능력을 말함

② **파워원천** : 다른 경로구성원들의 의존성을 높일 수 있는 가치 있는 자산의 보유 또는 마케팅 기능의 수행능력을 말함

(2) 경로파워의 원천 18-2

① **보상적 파워** : 경로구성원이 다른 구성원에서 보상을 제공할 수 있는 능력(예 판매지원, 시장정보, 특별할인)

② **강압적 파워** : 경로구성원의 영향력 행사에 다른 구성원이 따르지 않을 때 처벌을 가할 수 있는 능력을 말하며, 경로구성원들 간의 갈등이 증가할 수 있음(예 마진폭의 인하, 밀어내기, 끼워 팔기)

③ **합법적 파워** : 경로구성원이 다른 구성원에게 영향력을 행사할 권리를 가지고 있고, 다른 구성원이 그것을 받아들일 의무가 있다고 믿기 때문에 발생되는 영향력(예 계약, 상표등록, 특허권, 프랜차이즈 협약)

④ **준거적 파워** : 경로구성원이 다른 구성원과 일체감을 갖기를 원하기 때문에 갖는 영향력(예 유명상표 취급에 대한 긍지, 상대방의 신뢰)

⑤ **전문적 파워** : 경로구성원이 특별한 지식이나 기술을 보유함으로써 다른 구성원에게 미칠 수 있는 영향력(예 경영관리에 대한 조언, 종업원교육)

⑥ **정보적 파워** : 경로구성원이 다른 구성원이 보유하지 않은 정보를 제공함으로써 갖는 영향력

출제지문 퀴즈로 핵심체크!

SECTION 01 유통마케팅 조사

01 22-1
[O][X] 설문조사를 위한 표본추출 방법 중 판단표본추출은 확률적 표본추출에 해당한다.

02 24-1
[O][X] 2차 자료는 당면한 조사목적이 아닌 다른 목적을 위해 과거에 수집되어 이미 존재하는 자료이다.

03 24-2
특정 기준에 따라 주제에 관심이 있거나 관련 경험이 있는 소수의 참가자를 선정하여 응답자들끼리 편하게 대화를 진행하게 하고 대화가 주제를 벗어나는 경우만 사회자가 최소한 개입하는 유통마케팅 조사방법은 (　　　　)이다.

04 25-2
(　　　　)는 수집한 자료를 정리하고 기술하는 조사이다.

SECTION 02 유통마케팅 성과 평가

01 21-3
[O][X] 유통목표의 달성 성과를 평가하기 위한 방법으로 소비자 기대치와 비교하는 방법이 있다.

02 23-2
[O][X] 마케팅투자수익률(MROI)은 측정과 비교가 용이한 단일 마케팅성과척도를 사용하는 것이 바람직하다.

03 21-2
유통마케팅 성과측정 방법은 크게 재무적 방법과 (　　　　) 방법으로 나눌 수 있다.

04 22-1
순이익을 순자본으로 나눈 값으로 유통마케팅 목표달성을 위해 자금을 효율적으로 지출하는지를 확인할 수 있는 유통마케팅 성과평가 자료는 (　　　　) 이다.

05 24-3, 22-3
경로구성원의 공헌도 평가기법이 평가하는 요소 중, 구매자 입장에서 특정 공급자의 개별품목 혹은 재고관리 단위(SKU) 각각에 대해 평가하는 기법은 (　　　　)이다.

06 22-1
(　　　　)는 마케팅전략 및 계획의 실행결과를 평가하고, 마케팅목표가 성취될 수 있도록 시정조치하는 것이다.

정답 및 해설

SECTION 01

01 × ▶ 판단표본추출은 비확률적 표본추출에 해당한다.
02 ○
03 표적집단면접법
04 기술조사

SECTION 02

01 ○
02 × ▶ 측정과 비교가 용이한 단일 마케팅성과척도를 사용하면 지나치게 단순화된 측정결과가 나올 수 있으므로 정확한 측정을 위해서는 통합된 척도를 사용해야 한다.
03 마케팅적
04 ROI(투자자본이익률)
05 직접제품이익
06 마케팅통제

테마로 푸는 필수 기출문제

THEME ① 유통마케팅 조사방법

출제 빈도가 높은 유형이므로 각 조사방법별 특징에 대해 숙지하고, 표본추출방법을 확률과 비확률로 구분하여 세부 내용을 꼼꼼하게 정리해야 한다.

01 24년 3회

다음은 마케팅 조사와 관련된 내용이다. 가장 옳지 않은 것은?

① 1차자료는 당면한 조사목적을 달성하기 위하여 조사자가 직접 수집한 자료이다.
② 기술조사는 표적모집단이나 시장의 특성에 관한 자료를 수집·분석하고 결과를 기술하는 조사이다.
③ 2차자료는 당면한 조사목적이 아닌 다른 목적을 위해 과거에 수집되어 이미 존재하는 자료이다.
④ 모든 마케팅 조사에는 2차자료가 반드시 필요하다.
⑤ 심층인터뷰는 조사문제가 불명확할 때 기본적인 통찰과 아이디어를 얻기 위해 실시되는 조사이다.

02 23년 2회

다음 중 매장의 생산성을 증대시키기 위한 유통계량조사의 내용으로 가장 옳지 않은 것은?

① 매장 1평당 어느 정도의 매출액이 일어나고 있는가를 파악하기 위한 매장생산성 조사
② 투입된 종업원당 어느 정도의 매출액이 창출되는지를 업계 평균과 상호 비교
③ 현재의 재고가 어느 정도의 상품이익을 실현하는지 알기 위한 교차비율 산출
④ 고객수 및 객단가 산출 및 이전 분기 대비 객단가 증가율 비교
⑤ 채산성을 위한 목표 매출 및 달성 가능성을 분석하기 위한 손익분기 매출액 산출

03 23년 1회

아래 글상자의 조사 내용 중에서 비율척도로 측정해야 하는 요소만을 나열한 것으로 옳은 것은?

> ㉠ 구매자의 성별 및 직업
> ㉡ 상품 인기 순위
> ㉢ 타겟고객의 소득구간
> ㉣ 소비자의 구매확률
> ㉤ 충성고객의 구매액
> ㉥ 매장의 시장점유율

① ㉠, ㉡, ㉢
② ㉢, ㉣, ㉤
③ ㉣, ㉤, ㉥
④ ㉡, ㉣, ㉥
⑤ ㉢, ㉤, ㉥

04 22년 3회

아래 글상자의 설명을 모두 만족하는 유통마케팅조사의 표본추출방법으로 가장 옳은 것은?

> – 모집단을 적절한 기준 변수에 따라 서로 상이한 소집단으로 나누고, 각 소집단별로 할당된 숫자의 표본을 단순무작위로 추출한다.
> – 기준 변수를 잘 선택할 경우 모집단을 대표하는 표본을 얻을 수 있는 장점이 있다.

① 할당표본추출
② 군집표본추출
③ 판단표본추출
④ 층화표본추출
⑤ 편의표본추출

05 22년 3회

유통마케팅 조사 절차의 첫 번째 단계로서 가장 옳은 것은?

① 조사 설계
② 자료 수집
③ 모집단 설정
④ 조사문제 정의
⑤ 조사 타당성 평가

07 20년 2회

아래 글상자에서 설명하는 유통마케팅자료 조사기법으로 옳은 것은?

- 소비자의 욕구를 파악하기 위한 기법의 하나로 개발되었다.
- 기본적인 아이디어는 어떤 소매 점포이든 몇 개의 중요한 서비스 기능(속성)을 가지고 있으며, 각 기능(속성)은 다시 몇 개의 수준이나 값들을 가질 수 있다는 것이다.
- 개별 속성의 각 수준에 부여되는 선호도를 부분가치라 하고, 이 부분가치를 합산함으로써 개별 고객이 여러 개의 대안들 중에서 어느 것을 가장 선호하게 될 지를 예측할 수 있다.

① 컨조인트 분석
② 다차원 척도법
③ 요인분석
④ 군집분석
⑤ 시계열분석

THEME ❷ 유통마케팅 자료분석기법

각 분석기법의 내용에 대해 구분하여 정리한다면 어렵지 않게 해결할 수 있는 유형이다.

06 21년 2회

아래 글상자의 상황에서 A사가 선택할 수 있는 분석방법으로 가장 옳은 것은?

공기청정기를 판매하는 A사는 다양한 판매촉진을 통해 매출 부진에서 벗어나고자 한다. 가격인하와 할인쿠폰행사 그리고 경품행사가 매출향상에 효과적인가를 판단하기 위해 각 판촉방법당 5개 지점의 자료를 표본으로 선정하여 판촉유형이 매출에 미치는 효과여부에 관한 조사를 실시하기로 했다.

① 요인분석(factor analysis)
② 회귀분석(regression analysis)
③ 다차원척도법(MDS ; Multi-Dimensional Scaling)
④ 표적집단면접법(FGI ; Focus Group Interview)
⑤ 분산분석(ANOVA ; analysis of variance)

08 21년 3회

응답자들이 제공하기 꺼리는 민감한 정보를 수집하는 조사방법으로 가장 옳은 것은?

① 관찰조사
② 우편설문조사
③ 온라인 서베이
④ 개인별 면접
⑤ 표적집단 면접

09 `19년 2회`

아래 글 상자에서 설명하는 유통마케팅 자료분석 기법으로 옳은 것은?

> - 경쟁상품들의 포지셔닝맵을 작성하는 데 주로 사용된다.
> - 유통서비스들에 대한 고객의 인지구조를 지도화하여 핵심 개념들의 차원을 규명하는 데 사용된다.
> - 유사성 자료 또는 근접성 자료를 공간적 거리로 시각화한다.

① 시계열분석
② 다차원척도법
③ 컨조인트분석
④ 회귀분석
⑤ 군집분석

10 `18년 2회`

아래 글상자가 설명하고 있는 용어는?

> 각 제품 대안들에 대한 선호순위의 분석을 통해 선호도예측, 시장점유율예측이 가능한 분석기법

① 컨조인트분석
② 다차원적 척도법
③ 군집분석
④ 비율분석
⑤ 회귀분석

THEME ❸ 유통업의 성과평가

재무성과 측정방법과 관련된 문제의 출제 빈도가 높기 때문에 1과목 재무비율 분석과 연계하여 학습하는 것이 효율적이다.

11 `24년 1회`

소매점의 정량적 성과분석을 위한 관리지수로서 옳지 않은 것은?

① 전월, 전년, 또는 전분기 대비 당월, 금년, 현분기의 실적 증감을 관리하는 신장률 관리
② 매장의 단위면적(평)당 매출액 및 수익 등을 관리하는 평효율 관리
③ 상품에 투자된 자금을 신속하게 회수하여 재고 과다로 인한 자금손실을 방지하는 재고회전율 관리
④ 입점 고객에 대한 신속한 니즈 파악 및 빠른 판매 마무리를 관리하는 노동생산성 관리
⑤ 입점 고객 대비 구매 고객 수 및 고객 1인당 평균 매입액을 관리하기 위한 구매율 객단가 관리

12 `23년 3회`

아래 글상자의 성과측정 지표들 중 머천다이징에서 상품관리 성과를 측정하기 위한 지표들만을 나열한 것으로 옳은 것은?

> ㉠ 총자산수익률(return on asset)
> ㉡ 총재고투자마진수익률(gross margin return on investment)
> ㉢ 재고회전율(inventory turnover)
> ㉣ ABC분석(ABC analysis)
> ㉤ 판매추세분석(sell-through analysis)

① ㉠, ㉡
② ㉠, ㉡, ㉢
③ ㉡, ㉢, ㉣
④ ㉢, ㉣, ㉤
⑤ ㉣, ㉤

13 23년 2회

마케팅투자수익률(MROI)에 대한 설명으로서 가장 옳지 않은 것은?

① 마케팅투자수익을 마케팅투자비용으로 나눈 값이다.
② 마케팅투자비용의 측정보다 마케팅투자수익의 측정이 더 어렵다.
③ 측정과 비교가 용이한 단일 마케팅성과척도를 사용하는 것이 바람직하다.
④ 고객생애가치, 고객자산 등의 평가를 통해 마케팅투자수익을 측정할 수 있다.
⑤ 브랜드인지도, 매출, 시장점유율 등을 근거로 마케팅투자수익을 측정할 수 있다.

14 22년 1회

유통마케팅 목표달성을 위해 자금을 효율적으로 지출하는지를 확인할 수 있는 유통마케팅 성과평가 분석으로 가장 옳은 것은?

① 시장점유율 분석
② 자금유지율 분석
③ 고객만족도 분석
④ ROI 분석
⑤ 경로기여도 분석

THEME ④ 유통경로의 갈등관리

1과목 유통경로의 파워와 갈등관리와 연계하여 학습하는 것이 효율적이다.

15 23년 1회

아래 글상자에서 설명하는 경로구성원들 간의 갈등이 발생하는 원인으로 가장 옳은 것은?

> 소비자 가격을 책정할 때 대규모 제조업체는 신속한 시장침투를 위해 저가격을 원하지만, 소규모 소매업자들은 수익성 증대를 위해 고가격을 원함으로써 갈등이 발생할 수 있다.

① 경로구성원의 목표들 간의 양립불가능성
② 마케팅 과업과 과업수행 방법에 대한 경로구성원들 간의 의견 불일치
③ 경로구성원들 간의 현실을 지각하는 차이
④ 경로구성원들 간의 파워 불일치
⑤ 경로구성원들 간의 품질 요구 불일치

16 22년 1회

아래 글상자는 유통경로상 갈등을 초래하는 원인을 설명한 것이다. 이러한 갈등의 원인으로 가장 옳은 것은?

> 프랜차이즈 가맹본부가 가맹점 매출의 일정비율을 로열티로 받고 있는 경우에 가맹본부의 목표는 가맹점 매출의 극대화가 되지만, 가맹점의 목표는 매출이 아닌 수익이기 때문에 갈등이 발생할 가능성이 커진다.

① 추구하는 목표의 불일치
② 역할에 대한 인식 불일치
③ 현실에 대한 인식 불일치
④ 품질요구의 불일치
⑤ 경로파워 불일치

17 21년 1회
유통경로상의 수평적 갈등의 사례로서 가장 옳은 것은?

① 도매상의 불량상품 공급에 대한 소매상의 불평
② 납품업체의 납품기일 위반에 대한 제조업체의 불평
③ 소매상이 무리한 배송을 요구했다는 택배업체의 불평
④ 제조업체가 재고를 제때 보충하지 않았다는 유통업체의 불평
⑤ 다른 딜러가 차량 가격을 너무 낮게 책정했다는 동일차량회사 딜러의 불평

18 19년 2회
경로 갈등에 대한 내용으로 옳지 않은 것은?

① 경로구성원 간의 갈등은 여러 가지 다른 상황과 요인 때문에 발생하며, 넓은 맥락에서 갈등이 항상 나쁜 것은 아니다.
② 수평적 갈등은 동일한 경로단계상의 구성원들 사이에서 발생하는 갈등을 의미한다.
③ 수직적 갈등은 제조업자와 도매상 같이 서로 다른 경로단계를 차지하는 구성원들 사이에서 발생하는 갈등이다.
④ 분배적 공정성은 분쟁을 해결하거나 자원을 할당하는 과정에서 다른 경로구성원들과 비교했을 때 동등하고 공평한 대우를 받는 것과 관련된다.
⑤ 상호작용적 공정성이란 경로구성원에게 실질적인 자원할당이 적정하게 이루어졌는지에 대한 지각을 뜻한다.

19 18년 2회
경로구성원 관계에서 작용하는 경로파워의 원천과 그 예들을 옳게 짝지은 것은?

① 보상적 파워 - 경영관리에 대한 조언, 종업원교육
② 강압적 파워 - 마진폭의 인하, 밀어내기, 끼워팔기
③ 합법적 파워 - 유명상표 취급에 대한 긍지, 상대방의 신뢰
④ 준거적 파워 - 판매지원, 시장정보, 특별할인
⑤ 전문적 파워 - 계약, 상표등록, 특허권, 프랜차이즈 협약

필수 기출문제 정답과 해설

01 정답 ④
해설 2차 자료는 당면한 목적을 위해 수집된 자료가 아니기 때문에 최신성, 정확성, 객관성, 적합성 등과 같은 속성을 갖추었을 때 사용해야 한다.

02 정답 ⑤
해설 손익분기점은 이익도 없고 손실도 없게 되는 매출수준을 의미하는 것이므로 생산성 증대를 위한 유통계량조사의 내용과는 거리가 멀다.

03 정답 ③
해설 비율척도는 간격척도에 절대영점(기준점)을 고정시켜 비율을 알 수 있게 만든 척도로, 법칙을 수식화하고 완전한 수학적 조작을 할 때 주로 사용한다. 따라서 ② 소비자의 구매확률, ⑩ 충성고객의 구매액, ⑭ 매장의 시장점유율을 비율척도로 측정 가능하며, ③ 구매자의 성별 및 직업은 명목척도, ⓒ 상품 인기 순위는 서열척도, ⓒ 타깃고객의 소득구간은 등간(간격)척도로 측정해야 하는 요소에 해당한다.

04 정답 ④
해설 층화표본추출은 모집단을 구성하고 있는 집단에서 집단의 구성요소의 수에 비례해서 표본의 수를 할당하여 각 집단에서 단순무작위 추출방법으로 추출하는 방법이다.

05 정답 ④
해설 **유통마케팅 조사의 절차**
문제정의 → 조사설계 → 자료수집방법 결정 → 표본설계 → 시행 → 분석 및 활용

06 정답 ⑤
해설 분산분석은 3개 이상의 집단들의 평균 차이를 동시에 비교하기 위한 검정방법, 즉 여러 집단의 평균의 동일성에 대한 검정을 하기 위한 기법으로, 변동의 원인이라고 판단되는 인자를 1개만 채택하여, 그 인자의 수준을 몇 단계로 변화시켰을 때 결과가 어떻게 변하는지를 측정한 측정치를 해석한다.

07 정답 ①
해설 컨조인트 분석(Conjoint Analysis)은 각 제품 대안들에 대한 선호순위의 분석을 통해 소비자의 속성평가 유형을 보다 정확히 밝혀내고, 이를 근거로 선호도 예측과 시장점유율 예측까지도 가능케 하는 분석기법으로, 종속변수가 서열척도인 경우에 적합하다.

08 정답 ①
해설 관찰조사는 조사원이 직접 또는 기계장치를 이용해 조사 대상자의 행동이나 현상을 관찰하고 기록하는 조사방법으로, 질문을 통해 알기 어려운 응답자의 민감한 정보 또는 응답자가 기억하기 어렵거나 답변하기 어려운 무의식 행동을 측정할 수 있다.

09 정답 ②
해설 다차원척도법은 각 대상 간의 객관적 또는 주관적인 관계에 대한 수치적인 자료들을 처리해서 다차원의 공간상에서 해당 대상들을 위치적으로 표시해주는 일련의 통계기법이다.

10 정답 ①
해설 컨조인트 분석은 각 제품 대안들에 대한 선호순위의 분석을 통해 소비자의 속성평가 유형을 보다 정확히 밝혀내고, 이를 근거로 선호도예측과 시장점유율 예측까지도 가능케 하는 분석기법이다.

11 정답 ④

해설 입점 고객에 대한 신속한 니즈 파악은 정성적 성과(주관적으로 측정자의 조사·분석 의견, 판단 등 수치화가 곤란한 지표)분석을 위한 관리 지수에 해당한다.

12 정답 ②

해설 ㉠ **총자산수익률** : 기업의 총자산 대비 발생하는 이익을 측정하는 지표이다.
㉡ **총재고투자마진수익률** : 소매업자가 재고로 이익을 낼 수 있는지 여부를 보여주는 지표로, 재고, 판매 및 수익성을 분석하는 데 있어 중요한 도구이다.
㉢ **재고회전율** : 매출액을 재고자산으로 나눈 수치로, 회전율이 높을수록 재고자산이 매출로 빠르게 이어지고 있음을 의미한다.

13 정답 ③

해설 측정과 비교가 용이한 단일 마케팅성과척도를 사용하면 지나치게 단순화된 측정결과가 나올 수 있으므로 정확한 측정을 위해서는 통합된 척도를 사용해야 한다.

14 정답 ④

해설 ROI 분석은 데이터 분석을 통해 높은 투자 대비 수익률을 얻어내는 것이 핵심으로, 마케팅 관점에서 목표 달성을 위해 자금을 효율적으로 지출하는지를 확인할 수 있다.

15 정답 ①

해설 구성원 사이의 목표가 다르고 이들 목표를 동시에 달성할 수 없기 때문에 스트레스와 긴장이 야기되어, 결국엔 경로갈등이 나타나게 되는 경로구성원의 목표들 간의 양립불가능성 내용에 해당한다.

16 정답 ①

해설 **유통경로 갈등 발생의 이유**
- **목표불일치로 인한 갈등** : 구성원 사이의 목표가 서로 다르고 이들 목표를 동시에 달성할 수 없기 때문에 스트레스와 긴장이 야기되고, 결국에는 경로갈등이 나타나게 된다.
- **정보불일치로 인한 갈등** : 소비자들의 기억 속에 있는 기존의 정보 또는 스키마와 새롭게 제공되는 정보 간의 일치성 및 관련성의 차이로 인하여 발생한다.
- **영역불일치로 인한 갈등** : 경로구성원 간 상권의 범위 결정과 그 상권 내에서의 역할에 대한 견해 차이가 발생함으로 인해 생기는 갈등을 말한다.

17 정답 ⑤

해설 수직적 갈등은 유통경로상에서 서로 다른 단계에 있는 구성원 사이에서 발생하는 갈등이고, 수평적 갈등은 유통경로의 동일한 단계에서 발생하는 갈등이다. 따라서 ⑤는 동일차량회사의 딜러 간의 갈등이므로 수평적 갈등에 해당된다.

18 정답 ⑤

해설 상호작용적 공정성이란 의사결정과정에서 의사결정자가 보여주는 태도, 언행, 업무 추진 과정 등에서 종업원이 지각하는 것을 뜻한다.

19 정답 ②

해설 ① 전문적 파워
③ 준거적 파워
④ 보상적 파워
⑤ 합법적 파워

인생은 자전거를 타는 것과 같다.
균형을 잡기 위해서는 계속 움직여야 한다.

– 알버트 아인슈타인 –

PART 4

유통정보

CHAPTER 01 유통정보의 이해
CHAPTER 02 주요 유통정보화 기술 및 시스템
CHAPTER 03 유통정보의 관리와 활용
CHAPTER 04 전자상거래
CHAPTER 05 유통혁신을 위한 정보자원관리
CHAPTER 06 신융합기술의 유통분야에서의 응용

CHAPTER 01 유통정보의 이해

최신빈출 대표유형문제

SECTION 01 정보, 정보화 사회와 유통혁명
1. 정보
2. 정보화 사회
3. 정보와 유통혁명

SECTION 02 정보와 의사결정
1. 의사결정
2. 의사결정지원 정보시스템
3. 지식경영과 지식관리시스템

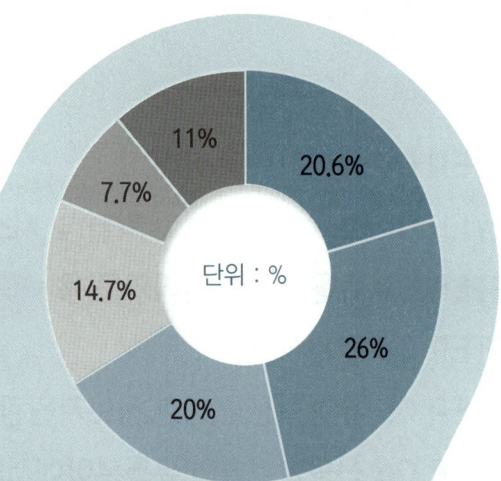

- 유통정보의 이해
- 주요 유통정보화 기술 및 시스템
- 유통정보의 관리와 활용
- 전자상거래
- 유통혁신을 위한 정보자원관리
- 신융합기술의 유통분야에서의 응용

최근 5년간 챕터별 출제비중 / 회당 평균 4.1문제 출제(5개년 기준 총 15회)

비중		출제영역	2021	2022	2023	2024	2025	합계
20.6%	제1장	유통정보의 이해	16	16	14	5	11	62
26%	제2장	주요 유통정보화 기술 및 시스템	17	20	22	11	8	78
20%	제3장	유통정보의 관리와 활용	16	12	15	11	6	60
14.7%	제4장	전자상거래	11	12	9	4	8	44
7.7%	제5장	유통혁신을 위한 정보자원관리	-	-	-	13	10	23
11%	제6장	신융합기술의 유통분야에서의 응용	-	-	-	16	17	33
		합계(문항 수)	60	60	60	60	60	300

SECTION 03 유통정보시스템

1. 유통정보시스템의 이해
2. 유통정보시스템의 분석·설계·구축

출제지문 퀴즈로 핵심체크!

테마로 푸는 필수 기출문제

최대 출제 POINT & 학습목표

❶ 자료, 정보, 지식의 비교

❷ 산업혁명에 따른 비즈니스 환경변화와 소비자

❸ 유통정보혁명 시대의 특징 및 유통업체의 대응 방안

❹ 의사결정지원시스템(DSS)의 개념과 활용

❺ 지식의 구분(암묵지와 형식지)

❻ 노나카(Nonaka)의 SECI 모델

❼ 지식의 포착기법

❽ 지식관리시스템의 개념, 도입 효과, 특징, 6단계 사이클 등

❾ 유통정보시스템의 개념, 구성요소, 도입 효과 등

CHAPTER 01 최신빈출 대표유형문제

01 데이터, 지식, 정보에 대한 설명으로 가장 옳지 않은 것은? 22년 1회
① 일반적으로 데이터에서 정보를 추출하고, 정보에서 지식을 추출한다.
② 1차 데이터는 이미 생성된 데이터를 의미하고, 2차 데이터는 특정한 목적을 달성하기 위해 직접적으로 고객으로부터 수집한 데이터를 의미한다.
③ 일반적으로 정보는 이전에 수집한 데이터를 재가공한 특성을 갖고 있다.
④ 암묵적 지식은 명확하게 체계화하기 어려운 지식을 의미한다.
⑤ 지식창출 프로세스에는 공동화, 표출화, 연결화, 내면화가 포함된다.

관련이론 187p

해설 ② 1차 데이터는 특정한 목적을 달성하기 위해 직접 고객으로부터 수집한 데이터이며, 2차 데이터는 이미 생성된 데이터를 의미한다.

대표유형 더보기
- 다음 보기에 제시된 4가지 개념을 가치가 낮은 개념에서 높은 개념 순서로 바르게 나열한 것으로 옳은 것은? 24년 3회
- 아래 글상자의 괄호 안에 들어갈 내용을 순서대로 나열한 것으로 가장 옳은 것은? 22년 3회
- 아래 글상자의 (　　　) 안에 들어갈 내용을 순서대로 나열한 것으로 가장 옳은 것은? 21년 2회
- 아래 글상자의 괄호 안에 들어갈 용어를 순서대로 짝지은 결과로 옳은 것은? 19년 2회

02 온라인(모바일 포함)·오프라인을 넘나들면서 제품의 정보를 수집하여 최적의 제품을 찾아내는 소비자를 일컫는 용어로 가장 옳은 것은? 20년 2회, 19년 1회
① 멀티쇼퍼(Multi-shopper)
② 믹스쇼퍼(Mix-shopper)
③ 크로스쇼퍼(Cross-shopper)
④ 엑스쇼퍼(X-shopper)
⑤ 프로슈머(Prosumer)

관련이론 188p

해설 ③ 크로스쇼퍼(Cross-shopper)는 온라인과 오프라인을 넘나들면서 쇼핑을 즐기는 온·오프라인의 장단점을 정확히 알고 제품에 따라 어디에서 구매할지 유연한 사고를 지닌 소비자를 말한다.

대표유형 더보기
- 아래 글상자에서 설명하고 있는 용어를 나열한 것으로 가장 옳은 것은? 21년 3회
- 아래 글상자의 (　　　) 안에 공통적으로 들어갈 용어로 가장 옳은 것은? 21년 2회

03 오늘날을 제4차 산업혁명 시기로 구분한다. 제4차 산업혁명에 대한 설명으로 가장 옳지 않은 것은? 23년 2회

① 2016 세계경제포럼에서 4차 산업혁명을 3차 산업혁명을 기반으로 디지털, 바이오와 물리학 사이의 모든 경계를 허무는 융합 기술 혁명으로 정의함
② ICT를 기반으로 하는 사물인터넷 및 만물인터넷의 진화를 통해 인간-인간, 인간-사물, 사물-사물을 대상으로 한 초연결성이 기하급수적으로 확대되는 초연결적 특성이 있음
③ 인공지능과 빅데이터의 결합과 연계를 통해 기술과 산업구조의 초지능화가 강화됨
④ 초연결성, 초지능화에 기반하여 기술간, 산업간, 사물-인간간의 경계가 사라지는 대융합의 시대라고 볼 수 있음
⑤ 4차 산업혁명 시대의 생산요소 토지, 노동, 자본 중 노동의 가치가 토지와 자본에 비해 중요도가 커지는 특징이 있음

관련이론 189p

해설 ⑤ 4차 산업혁명은 정보·통신기술의 융합으로 이루어지는 차세대 산업혁명을 말한다. 4차 산업혁명의 핵심은 노동의 가치보다는 빅데이터 분석, 인공지능, 로봇공학, 사물인터넷, 무인운송수단(무인항공기, 무인자동차), 3D 프린팅, 나노 기술과 같은 기술과 정보 등의 중요성이 커진다는 것이다.

대표유형 더보기
- 산업혁명에 따른 기업의 비즈니스 환경 변화에 대한 설명으로 가장 옳은 것은? 23년 1회
- 4차 산업혁명에 따라 파괴적인 혁신을 이루는 기하급수기술(exponential technology)로 가장 옳지 않은 것은? 22년 3회
- 산업혁명 발전과정을 설명한 것으로 가장 옳은 것은? 22년 1회
- 제4차 산업혁명 시대의 사회 특성에 대한 설명으로 옳지 않은 것은? 19년 1회

04 유통정보혁명 시대에 있어서 유통업체에 요구되는 발전 전략으로 가장 옳지 않은 것은? 24년 1회

① 특화된 고객전략에서 불특정 다수를 위한 고객전략으로의 전환
② 비용중심의 운영전략에서 시간중심의 운영전략으로의 전환
③ 개별 기업중심의 경영체제에서 통합 공급체인 경영체제로의 전환
④ 유통업의 기본개념을 제품유통 위주에서 정보유통 위주의 전략으로의 전환
⑤ 기술우위의 기본개념을 신제품 개발 위주에서 정보시스템 및 네트워크 위주의 전략으로의 전환

관련이론 190p

해설 유통정보혁명 시대에 있어서 유통업계에 요구되는 발전 전략은 유통업의 기본개념이 제품유통 위주에서 정보유통 위주로 변화, 개별 기업중심의 경영체제에서 통합 공급체인 경영체제로 변화, 비용중심의 운영전략에서 시간중심의 운영전략으로 변화, 불특정 다수를 위한 고객전략에서 특화된 고객전략으로의 변화 등이 있다.

대표유형 더보기
- 유통정보혁명의 시대에서 유통업체의 경쟁우위 확보 방안으로 가장 옳지 않은 것은? 23년 3회
- 산업혁명시대에 유통업체의 대응 방안에 대한 설명으로 옳지 않은 것은? 20년 2회

01 ② 02 ③ 03 ⑤ 04 ①

05 의사결정시스템에 대한 설명으로 가장 옳지 않은 것은? 22년 2회, 19년 2회

① 최고경영층은 주로 비구조적 의사결정에 대한 문제에 직면해 있고, 운영층은 주로 구조적 의사결정에 대한 문제에 직면해 있다.
② 의사결정지원시스템을 이용해 의사결정의 품질을 높이기 위해서는 의사결정지원시스템에서 활용하는 데이터의 품질을 개선해야 한다.
③ 의사결정지원시스템은 수요 예측 문제, 민감도 분석 등에 활용된다.
④ 운영층은 주로 의사결정지원시스템을 이용해 마케팅 계획 설계, 예산 수립 계획 등과 같은 업무를 수행한다.
⑤ 의사결정지원시스템의 의사결정 품질 개선을 위해 딥러닝(deep learning)과 같은 고차원적 알고리즘(algorithm)이 활용된다.

관련이론 193p

해설 ④ 운영층에서는 주로 일상적·반복적인 주문 처리나 재고관리 등과 같은 업무를 수행한다.

대표유형 더보기
- 유통업체의 관리문제를 해결하기 위해 활용되는 의사결정지원시스템 모델 중 수학적 모형으로 작성하여 그 해를 구함으로써 최적의 의사결정을 도모하는 수리계획법의 예로 가장 옳지 않은 것은? **21년 3회**

06 아래 글상자에서 암묵지에 해당하는 내용만을 모두 나열한 것으로 가장 옳은 것은? 22년 3회

㉠ 매뉴얼	㉡ 숙련된 기술
㉢ 조직 문화	㉣ 조직의 경험
㉤ 데이터베이스	㉥ 컴퓨터 프로그램

① ㉠, ㉢, ㉣
② ㉠, ㉢, ㉤
③ ㉡, ㉢, ㉣
④ ㉡, ㉢, ㉣, ㉥
⑤ ㉢, ㉣, ㉤, ㉥

관련이론 197p

해설 ㉠ 매뉴얼, ㉤ 데이터베이스, ㉥ 컴퓨터 프로그램은 형식지에 해당한다. 암묵지는 언어나 기호로 표현하기 곤란한 주관적 지식으로, 개인의 경험을 통하여 익힌 지식이며, 개인의 직관, 사고, 숙련, 기술, 경험, 노하우, 관행 등이 이에 해당한다.

대표유형 더보기
- 지식관리에 대한 설명으로 옳지 않은 것은? **21년 1회**
- 아래 글상자의 내용을 근거로 암묵지에 대한 설명만을 모두 고른 것으로 가장 옳은 것은? **20년 3회**
- 암묵지에 관한 설명으로 가장 옳지 않은 것은? **18년 3회**
- 지식을 크게 암묵지와 형식지로 구분할 경우 이에 대한 설명으로 가장 옳지 않은 것은? **18년 2회**

07 노나카 이쿠지로 교수가 제시한 지식변환 프로세스에서 암묵적 형태로 존재하는 지식을 형식화하여 수집 가능한 데이터로 생성시켜 공유가 가능하도록 만드는 과정을 일컫는 용어로 옳은 것은? `22년 2회`

① 공동화(socialization)
② 지식화(intellectualization)
③ 외부화(externalization)
④ 내면화(internalization)
⑤ 연결화(combination)

`관련이론 197p`

해설 ③ 외부화(externalization)는 개인의 암묵지를 언어나 기호의 형태로 전환하여 형식지로 표출하는 과정으로, 제품개발 과정의 콘셉트 창출, 최고경영자 생각의 언어화, 숙련 노하우의 언어화, 고객의 암묵적인 니즈를 표출하고 현재화시키는 일 등이 외부화(표출화)에 해당한다.

대표유형 더보기
- 노나카의 지식변환 4가지 유형과 그 설명이 가장 옳은 것은? `24년 3회`
- 노나카의 SECI모델을 근거로 아래 글상자의 내용 중 외재화(externalization)의 사례를 모두 고른 것으로 가장 옳은 것은? `21년 2회`
- 노나카(Nonaka)의 지식변환 유형에 대한 설명으로 옳지 않은 것은? `20년 3회`
- 기업에서의 지식경영의 중요성을 강조하고, SECI 모델(Socialization, Externalization,Combination, Internalization Model)을 제시한 연구자는? `20년 추가`
- 지식의 창조는 암묵지를 어떻게 활성화, 형식지화 하여 활용할 것인가의 문제라고 볼 수 있다. 암묵지와 형식지를 활용한 지식창조 프로세스를 순서대로 나타낸 것으로 가장 옳은 것은? `20년 2회`

08 A사는 전문업체인 B사를 선정하여 유통정보시스템을 구축하고자 한다. 다음 중 사업 착수 후 분석 단계에서 실행되는 활동으로 가장 옳은 것은? `25년 2회`

① 단위테스트 수행
② 데이터베이스 설계
③ 사용자매뉴얼 작성
④ 인수테스트 수행
⑤ 요구사항 정의

`관련이론 202p`

해설 ⑤ 분석 단계에서 요구사항 정의가 실행된다.

대표유형 더보기
- 유통정보시스템을 구축하려 한다. 구축 단계별 설명으로 가장 옳지 않은 것은? `24년 1회`
- A유통은 입고부터 판매까지 제품의 정보를 관리하고자 정보시스템을 구축하려고 결정하였다. A유통은 전문업체인 B사를 선정하여 사업기간 6개월로 계약을 체결하였다. B사는 A유통의 정보시스템 구축을 위해 일련의 활동계획을 수립하였다. 사업 착수 후 분석단계에 포함되는 활동으로 가장 옳은 것은? `22년 1회`

CHAPTER 01 유통정보의 이해

SECTION 01 정보, 정보화 사회와 유통혁명

1 정보

01 정보의 개념과 특성

(1) 정보의 개념
① 의사결정을 목적으로 수집된 각종 자료를 통해 획득한 지식
② 미래의 불확실성을 감소시키고, 개인이나 조직이 의사결정을 하여 그 방향을 결정하는 데 사용될 수 있는 데이터의 집합

(2) 정보의 주요 특성 19-3
① **정확성** : 실수나 오류가 개입되지 않으며 편견이나 왜곡 없이 전달되어야 함
② **완전성** : 정보가 충분히 내포되어 문제의 해결에 필요한 정보가 완비되어 있어야 함
③ **신뢰성** : 정보는 신뢰할 수 있어야 함
④ **관련성** : 의사결정과 관련성이 있어야 함
⑤ **검증가능성(입증가능성)** : 정보는 입증할 수 있어야 함
⑥ **적시성** : 필요로 하는 시점에 이용자에게 전달되어야 함
⑦ **경제성** : 정보의 비용보다 이를 이용하여 얻는 가치가 더 커야 함
⑧ **통합성** : 개별적인 정보는 다른 정보들과 통합하여 재생산되는 효과가 있음
⑨ **적량성** : 과다한 정보의 양은 정보의 효율적 이용을 저해하기 때문에 적정한 양의 정보가 공급되어야 함
⑩ **누적가치성** : 정보는 생산, 축적될수록 가치가 커짐
⑪ **결과지향성** : 좋지 못한 결과는 정보로서 가치를 인정받지 못함
⑫ **매체의존성** : 정보가 전달되기 위해서는 전달 매체(신문, 방송, 컴퓨터 등)가 필요함

(3) 정보의 단위 21-1
① 정보의 크기나 양을 나타내는 단위
② **정보 단위** : 비트(bit) < 바이트(B) < 킬로바이트(KB) < 메가바이트(MB) < 기가바이트(GB) < 테라바이트(TB) < 페타바이트(PB) 등

02 자료·정보·지식 간의 관계

(1) 자료, 정보, 지식 22-1, 19-2, 18-3

① 일반적으로 자료(데이터)에서 정보를 추출하고, 정보에서 지식을 추출

② 자료, 정보, 지식의 특성

자료
(데이터)
	• 사용자에게 특정한 목적이 부여되지 않은 사실
	• 구체적이고 객관적인 사실 또는 관찰 결과
	  - 1차 자료 : 목적을 달성하기 위해 직접 수집한 자료
	  - 2차 자료 : 목적을 위해 사용될 수 있는 기존에 생성된 모든 자료

정보	• 사용자가 특정한 목적을 달성하기 위해 수집하여 분석한 사실 • 관련성과 목적성이 부여된 사실 • 이전에 수집한 데이터를 재가공
지식	• 상황정보, 경험, 규칙, 가치가 포함되어 체계화된 결과로 인과관계를 형성하여 새로운 가치를 창출해 낸 또 다른 사실 • 주어진 상황에 대한 많은 경험과 깊은 사려에 기반

③ DIKW 피라미드 24-3

㉠ Data(데이터) → Information(정보) → Knowledge(지식) → Wisdom(지혜)의 단계로 이루어진 계층 구조

㉡ 데이터가 정보로 변환되며, 정보가 지식이 되고, 궁극적으로 지혜로 발전하는 과정을 설명

(2) 자료, 정보, 지식의 비교 22-3, 21-2

구 분	자 료	정 보	지 식
구조화	쉬 움	단위 필요	어려움
부가가치	적 음	중 간	많 음
객관성	객관적	가공 필요	주관적
의사결정	관련 없음	객관적 사용	주관적 사용

2 정보화 사회

01 정보화 사회의 개념과 특징

(1) 정보화 사회의 개념

① 정보가 경쟁력의 원천이 되는 사회

② 정보가 정보·통신 기술 등을 통해 창출·활용되고 모든 생활영역에서 핵심이 되는 사회

(2) 정보화 사회의 특징

① 물질이나 에너지보다 지식·정보가 더 큰 가치를 가짐

② 민간 부문의 창의적 활동과 전문성을 중시해 분권화된 조직 및 정부 개입이 축소

③ 지식 집약적이고 다품종 소량생산 체제로 변화

④ 정보가 중요한 재화로 인식되고 혁신을 통해 삶의 질 향상

⑤ 정보매체의 확대와 함께 정보의 이용 가치가 높아지고, 정보의 공개를 통해 국민의 알 권리가 충족됨으로써 시민의 적극적 참여가 이루어짐

(3) 정보화 사회의 역기능 19-3

① **프라이버시 침해** : 사적인 정보가 컴퓨터통신망에 저장되는데, 타인에게 누출되어 악용될 수 있음
② **정보격차** : 정보의 접근과 이용에 개인마다 차이가 나서 정보 불평등 현상이 나타날 수 있음
③ **문화적 종속 현상** : 정보기술이 열악한 국가는 상대적으로 우위에 있는 국가의 문화양식이나 가치관 등이 침투하여 문화적 정체성을 상실할 수 있음
④ **문화지체 현상** : 정보기술의 발전 속도에 비해 인간의 수용 능력이 따라가지 못해 비효율·비능률이 발생할 수 있음
⑤ **정보과잉 현상** : 한꺼번에 많은 정보가 제공되면 정보의 선택에 혼란이 발생할 수 있음

02 정보화 사회에서의 소비자와 기업 환경

(1) 정보화 사회의 소비자 21-3, 21-2, 20-2, 19-1

프로슈머(prosumer)	기업의 생산과정에 직접 참여하는 소비자(생산적인 소비자)
플레이슈머(playsumer)	• 유행에 관심이 많고 소비를 놀이처럼 즐기는 소비자 • 참여와 공유를 통해 개인의 만족과 집단의 가치를 향상시키는 능동적인 소비자
모디슈머(modisumer)	생산자가 의도한 제품 활용 방법을 벗어나 소비자 자신만의 방식으로 제품을 활용하는 소비자
크리슈머(cresumer)	기업의 신상품 개발과 디자인, 판매 등의 활동에 적극적으로 개입하는 창의성을 가지고 있는 소비자
크로스쇼퍼(cross-shopper)	온라인과 오프라인을 넘나들면서 제품의 정보를 수집하여 최적의 제품을 찾는 소비자
에너지 프로슈머(energy prosumer)	• 에너지를 직접 생산하면서 소비하는 주체 • 신재생 에너지를 생산하고 사용한 후 여분을 거래

(2) 정보화 사회의 기업 환경 20-3

① **글로벌 시장체제로의 전환**
② **소비패턴의 다양화·고급화**
③ **제품수명주기의 단축** : 시간경쟁이 가속화
④ **유통채널 간 갈등 심화**

(3) 배송시스템 25-1

① 배송업체의 개별적인 여건과 배송되는 제품 특성에 따라 생산자 집약형 배송시스템과 프랜차이즈 방식의 배송시스템, 그리고 택배 서비스로 구분할 수 있음
② 생산자 집약형 배송시스템의 특징
  ㉠ 배송 물품이 다량이고, 배송 빈도수가 많으며, 또 배송이 정기적으로 이루어지는 경우에 사용
  ㉡ 주로 단일 품목이면서 제품의 부피가 크지 않음

03 4차 산업혁명

(1) 산업혁명의 발전 23-1, 22-1

① 1차 산업혁명 : 증기기관 기반의 기계화 혁명
② 2차 산업혁명 : 전기에너지 기반의 대량생산 혁명
③ 3차 산업혁명 : 컴퓨터와 인터넷 기반의 지식정보 혁명
④ 4차 산업혁명 : 사물인터넷, 로봇공학, 인공지능(AI) 등 정보기술 기반의 초연결 혁명

(2) 4차 산업혁명 의의

① 2016년 세계 경제 포럼(WEF ; World Economic Forum)에서 화두로 등장
② ICT 기술 등에 따른 디지털 혁명에 기반을 두고 물리적 공간, 디지털 공간 및 생물학적 공간의 경계가 희미해지는 기술융합의 시대로 규정
③ 다양한 핵심기술 융합 기반으로 모든 것이 상호연결되고 보다 지능화된 사회로 변화
④ 요인 : 과학기술적 측면의 모바일 인터넷, 클라우드 기술, 빅데이터, 사물인터넷(IoT), 인공지능(AI), 3D 프린팅 등

(3) 4차 산업혁명 시대의 특징 23-2, 22-3, 19-1

① ICT를 기반으로 하는 사물인터넷 및 만물인터넷의 진화를 통해 인간-인간, 인간-사물, 사물-사물을 대상으로 한 초연결성(Hyper-connected)이 기하급수적으로 확대
② 인공지능과 빅데이터의 결합과 연계를 통해 기술과 산업구조의 초지능화(Hyper-intelligent)가 강화
③ 초연결성, 초지능화에 기반하여 기술 간, 산업 간, 사물-인간 간의 경계가 사라지는 대융합의 시대
④ *사이버 물리 시스템(Cyber Physical Systems)의 이용 증가

*사이버 물리 시스템(Cyber Physical Systems) : 이종 시스템들이 상호 연동되는 초연결 및 사물인터넷 실현을 위한 기술로서 센서와 액추에이터를 갖는 물리시스템과 이를 제어하는 컴퓨팅이 강력하게 결합된 네트워크 기반 분산 제어 시스템

(4) 4차 산업혁명 시대에 유통업체의 대응 방안 20-2

① 정보시스템을 도입해 효율적으로 재고관리
② 효율적인 유통 업무처리를 위해 최신 정보기술 활용
③ 온라인과 오프라인을 연계한 융합기술을 이용한 판매전략 활용
④ 고객의 온라인 또는 오프라인 시장에서 구매상품에 대한 대금결제에 있어 핀테크(FinTech)와 같은 첨단 금융기술 도입

3 정보와 유통혁명

01 유통혁명의 시대

(1) 유통혁명의 개념
  ① 상품이 유통되고 거래되는 방식이 이전과는 완전히 새롭게 변화하는 것
  ② 중간 도매상을 거치지 않고 생산자와 소비자를 직접 연결, 화물 수송할 때 컨테이너를 사용, 식품의 신선도를 떨어뜨리지 않고 저온으로 수송하는 방식 등

(2) 유통혁명 시대의 특성

구 분	유통혁명 이전의 시대	유통혁명의 시대
관리 핵심	개별기업 관리	공급체인 관리
경쟁우위 요소	비용, 품질	정보, 시간
기술우위 요소	신제품 개발	정보, 네트워크
고객 · 시장	불특정 다수	특화 고객
조직체계	독립적, 폐쇄적 조직	유연하고 개방적인 팀 조직
이익 원천	수익 제고	가치 창출

02 정보화 진전에 따른 유통업태의 변화

(1) 유통업체의 발전 전략의 변화 24-1
  ① 불특정 다수의 대상으로부터 특화된 고객 대상으로 변화
  ② 비용중심의 운영전략에서 시간중심의 운영전략으로 변화
  ③ 개별기업 중심의 경영체제에서 통합공급체인 경영체제로 변화
  ④ 유통업의 기본개념을 제품의 유통 위주에서 정보의 유통 위주 전략으로 변화
  ⑤ 기술우위의 기본개념을 신제품 개발 위주에서 정보시스템 및 네트워크 위주의 전략으로 변화

(2) 유통업체의 경쟁우위 확보 방안 23-3

마케팅 측면	• 제품 및 판매자 중심에서 고객 중심으로 변화 • 매스(mass) 마케팅에서 일대일 마케팅으로 변화 • 기존의 푸시(push) 마케팅에서 다이렉트(direct) 마케팅으로 변화
비즈니스 환경 측면	• 전략적 제휴와 글로벌화(globalization)를 추진 • 제품 및 공정기술의 보편화로 인해 도래하는 물류 경쟁시대의 급격한 변화에 대비

SECTION 02 정보와 의사결정

1 의사결정

01 의사결정의 이해

(1) 의사결정의 개념
① 목표를 달성하기 위하여 여러 대안을 고려한 후 하나의 행동을 선택하는 활동
② 문제를 인식하고 진단하여 해결에 필요한 대안들을 찾아 평가한 후 최적이라고 판단되는 대안을 선택하는 일련의 과정

(2) 의사결정의 문제
① 구조적 문제 : 일반적으로 운영층이 직면한 문제로, 의사결정에 있어 필요한 일정한 규칙 및 절차가 존재하며, 문제에 대한 해답이 존재
② 반구조적 문제 : 의사결정에 있어 필요한 일정한 규칙 및 절차가 일부 존재
③ 비구조적 문제 : 의사결정에 있어 필요한 일정한 규칙 및 절차가 존재하지 않는 경우

(3) 의사결정과정   22-3, 20-추가
① 사이몬(H. A. Simon)의 의사결정과정
  ㉠ 인지 및 탐색 : 문제의 본질을 인식하고 자료를 수집
  ㉡ 대안설계 : 문제해결을 위해 여러 가지 대안을 계획
  ㉢ 대안선택 : 정보를 활용하여 적절한 대안을 선택
  ㉣ 실행 및 통제 : 선택된 여러 가지 대안 중에서 최적의 대안을 실행하고 의사결정의 성공 여부 추적
② 경영과학 관점의 의사결정과정 : 문제의 인식 → 자료의 수집 → 변수의 통제 가능성 검토 → 모형의 구축 → 모형의 정확도 및 신뢰도 검정 → 실행가능성 여부 평가 → 실행의 순으로 이뤄짐

(4) 의사결정지원 기법   25-1
① AHP(Analytical Hierarchy Process, 계층 분석법) : 의사결정의 목표 또는 평가 기준이 다수이며 복합적인 경우 상호 배반적인 대안들의 체계적인 평가를 지원하는 기법
② PEST 분석 : 외부환경을 정치(Political), 경제(Economic), 사회(Social), 기술(Technological) 4가지 요소로 분석하는 기법
③ SWOT 분석 : 기업이 내부환경 및 외부환경 등을 분석하여 자사의 강점(Strength), 약점(Weakness), 기회(Opportunity), 위협(Threat)과 같은 요인을 규정하고, 이를 기반으로 분석하는 기법
④ 시나리오 분석 : 미래에 나타날 가능성이 있는 여러 가지 시나리오를 구상해 각각의 전개 과정을 추정하는 기법
⑤ 피쉬본 다이어그램(원인-결과 다이어그램) : 생선뼈 모양의 다이어그램으로 머리 부분은 조사하려는 문제를, 몸의 가시 부분에는 원인을 나열하고 범주를 정하는 도구이며, 문제와 원인을 시각화하는 기법

02 의사결정의 유형

(1) 의사결정의 주체에 따른 분류

① 개인의사결정 : 개인의 목적이나 동기를 충족시키기 위한 의사결정
② 조직의사결정 : 조직의 일원으로서 조직의 목적을 위하여 합리적으로 하는 의사결정(예 각종 위원회, 연구팀, 태스크포스(Task Force) 및 심사회 등)

(2) 조직 수준별 의사결정 23-1, 21-2, 18-1

① 전략적 수준
  ㉠ 주로 비구조화된 의사결정이 이루어지며 경영진에 의해 실행
  ㉡ 내부 정보 외에도 외부환경과 관련된 정보 등 외부에서 수집된 정보도 다수 활용
  ㉢ 의사결정 시 미래지향적이며 상대적으로 추상적이고 포괄적인 정보를 주로 활용

② 관리적 수준
  ㉠ 주로 중간관리자에 의해 실행되며, 전략적 수준의 의사결정을 구체화하기 위하여 정보를 활용
  ㉡ 성과가 극대화될 수 있는 방향으로 조직화하는 의사결정
  ㉢ 정형화된 의사결정이 어느 정도 포함되어 있지만 많은 부분은 비정형화된 의사결정의 내용을 가지고 있어 의사결정의 질을 높이기 위해서는 의사결정자의 높은 능력이 요구

③ 운영적 수준
  ㉠ 구조화된 의사결정이 이루어지며, 일일거래 처리와 같이 구체적이고 상세하며 시간에 민감한 정보를 주로 다룸
  ㉡ 주로 일선 감독층이나 실무자에 의해 실행되며, 반복적이고 재발성의 특성이 높은 의사결정들이 이루어지며, 효율성에 초점

(3) 업무형태에 따른 의사결정

① 정형적 의사결정
  ㉠ 일상적이고 반복적으로 일어나며, 의사결정과정이 구조화되어 있거나 프로그램화된 의사결정
  ㉡ 일반적으로 정형적 의사결정의 과정은 관습적으로 처리되거나, 의사결정을 위한 표준절차나 방침이 조직의 내규 또는 규정 등으로 존재

② 비정형적 의사결정
  ㉠ 비반복적(일회적)이며 구조화되지 않은 예외적 의사결정
  ㉡ 문제에 대한 의사결정자의 판단, 평가, 통찰이 필요

③ 정형적 · 비정형적 의사결정의 비교

구 분	정형적 의사결정	비정형적 의사결정
과업 유형	단순, 일상적	복잡, 창조적
조직방침 의존도	과거 결정으로부터 상당한 지침을 얻음	과거 결정으로부터 지침을 얻지 못함
의사결정자	하위층의 종업원	상위층의 경영관리자

03 의사결정의 모형

(1) 규범적 의사결정 21-3

① 기업이 이윤의 극대화를 위하여 가장 유리한 대체안을 어떻게 선택할 것인가라는 규범을 제공
② 최적해를 도출하기 위한 일정한 계산절차를 가지고 있으며, 수학적 수법을 적용
③ **규범적 의사결정모형** : 선형계획모형, 정수계획모형, 목표계획모형, 비선형계획모형 등

(2) 기술적 의사결정

① 기업의 조직 내에서 인간이 의사결정을 어떻게 하는가 하는 사실을 기술하고 분석
② 기업의 의사결정은 조직 내의 사람에 의하여 결정되어지며 인간행동을 연구하는 행동과학을 응용
③ **기술적 의사결정모형** : 시뮬레이션, 대기행렬모형, 사업평가검토기법(PERT), 재고모형 등

2 의사결정지원 정보시스템

01 의사결정지원시스템(DSS ; Decision Support System)

(1) 의사결정지원시스템의 개념

① 경영활동에 있어 최고경영층은 비구조적 의사결정, 운영층은 구조적 의사결정에 대한 문제에 직면하며, 이를 해결하도록 지원하는 시스템
② 의사결정자가 정보시스템의 데이터와 의사결정 모델을 활용할 수 있도록 해주는 대화식 컴퓨터 정보시스템

(2) 의사결정지원시스템의 특징 22-2, 19-2

① 수요 예측 문제, 민감도 분석 등에 활용
② 전 경영층을 지원하며, 운영층에서는 주로 일상적·반복적인 주문처리나 재고관리 등과 같은 업무를 수행
③ 의사결정지원시스템을 이용한 의사결정의 품질을 높이기 위해서는 의사결정지원시스템에서 **활용하는 데이터의 품질 개선이 필요**
④ 의사결정지원시스템의 의사결정 품질 개선을 위해 딥러닝(deep learning)과 같은 고차원적 알고리즘(algorithm)을 활용

(3) 의사결정지원시스템(DSS)의 장단점

장점	• 학습을 촉진함으로써 응용에 대한 신규 수요를 창출하고 정교화를 도출 • 계량적 문제에 적합하며, 여러 대안을 비교적 짧은 시간에 비교 및 분석할 수 있음 • 사회적 요구·규율 등에 영향 받지 않고 데이터 및 모델의 타당성에 대하여 일관성 있는 평가를 할 수 있음
단점	• 비구조적 문제에 대해 언제나 유용한 것은 아님 • 시스템을 맹신할 경우 의사결정의 질이 떨어질 수 있음 • 효율적인 모델 구축을 위해서는 기술 전문인력이 필요 • 모델 설계자가 정해 놓은 사실과 설정된 문제만을 고려하는 경직성 존재

02 집단의사결정시스템(GDSS), 중역정보시스템(EIS)

(1) 집단의사결정시스템(GDSS ; Group Decision Support System)
  ① 컴퓨터의 활용에 기초한 집단적 문제해결방식 시스템
  ② 일반적으로 업무영역이 집단적 의사결정임을 고려한 시스템
  ③ 간편한 사용, 일반적이고 특정적인 문제 지원, 환경(절차, 장치, 접근법 등)의 특수 설계, 긍정적·부정적인 그룹 형태의 지원, 그룹웨어의 활용 등

(2) 중역정보시스템(EIS ; Executive Information System)
  ① EIS의 의미 : 기업조직의 중역 또는 최고경영자들이 조직의 성공적 경영을 위해 필요로 하는 조직 내·외부의 정보를 효율적으로 제공할 수 있는 컴퓨터 기반의 정보시스템
  ② EIS의 특징
    ㉠ 전략적 문제해결에 필요한 정보 제공
    ㉡ 효율적인 운영을 위해 외부의 DB와 연결
    ㉢ 사용자가 사용하기 쉬운 인터페이스가 필요
    ㉣ 많은 양의 자료를 쉽게 이해할 수 있는 요약된 정보로 제공

3 지식경영과 지식관리시스템

01 지식경영

(1) 지식경영의 개념
  ① 조직 내에서 지식을 획득, 창출, 축적, 공유하고, 이를 바탕으로 고객에게 뛰어난 가치를 제공함으로써 조직의 경쟁력을 높이는 경영활동
  ② **지식경영 분석 기술의 발전단계** 19-1 : 리포트(1980년대, 정형화된 데이터) → 스코어카드와 대시보드(2000년대, BI/CRM) → 데이터마이닝(2010년대, 예측/판별 모델) → 빅데이터(현재, 대규모 데이터 처리/인공지능)

(2) 지식경영의 특징
  ① 구성원의 경험, 지식, 전문성을 공식화
  ② 업무방식을 개선하고 능률적 운영을 공유
  ③ 사고의 자유로운 흐름을 촉진함으로써 혁신을 촉진
  ④ 새롭게 창조된 형식적인 지식을 다시 암묵적인 지식으로 순화
  ⑤ 지식관련 경영활동의 효과성 극대화와 지적자산으로부터 최대의 부가가치를 창출

(3) 지식경영의 학자별 정의 23-3
  ① 스베이비(Sveiby) : 조직의 무형자산을 통해 가치를 창출하는 경영활동
  ② 베크만(Bechman) : 조직의 역량, 업무성과 및 고객가치를 제고하는 경영활동
  ③ 칼 위그(Karl Wiig) : 지식경영을 지식 및 지식관련 수익을 극대화시키는 경영활동
  ④ 노나카(Nonaka) : 암묵지와 형식지의 순환과정을 통해 경쟁우위를 획득하는 경영활동

(4) 지식경영의 필요성 `19-2`

① 프로젝트 지식을 재활용할 수 있도록 유지하는 기회를 제공
② 대화와 토론을 장려하여 효과적 협력과 지식공유를 위한 단초를 제공
③ 조직의 효율성과 효과성 향상을 위해 지식을 기반으로 혁신하여 경쟁할 수 있음
④ 복잡하고 중요한 의사결정을 빠르고, 정확하고, 반복적으로 수행할 수 있도록 지원
⑤ 빠르게 변화하는 경쟁환경에 대응하기 위해 개인의 암묵지와 형식지의 선순환 과정을 통해 경쟁우위 획득

02 지식근로자와 지식경영자

(1) 지식근로자

① **지식근로자의 개념** : 정보를 나름대로 해석하고 이를 활용해 자신의 일을 끊임없이 개선·개발·혁신하여 부가가치를 올리는 지식을 소유한 사람
② **지식근로자에게 요구되는 자질** `18-3`
  ㉠ 자신의 지식을 다른 사람과 자유롭게 공유
  ㉡ 자신이 터득한 노하우를 체계적으로 정리하고 기록
  ㉢ 희소가치가 있는 지식이나 노하우는 형식지 형태로 존재
  ㉣ 자신의 일하는 방법을 부단히 개선·개발·혁신
  ㉤ 일하는 방법을 개선·개발·혁신함으로써 얻은 아이디어는 구체적인 상품가치를 창출하는 데 연계

(2) 지식경영자

① **지식경영자의 개념** : 한 기업조직의 지식경영과 지식관리를 책임지는 최고책임자
② **지식경영자의 역할** : 지식경영에 관련된 일들의 전략적 우선순위를 결정, 지식경영의 하부구조를 구축, 지식경영의 프로세스를 관리, 지식경영에 대한 CEO의 지속적인 지원을 확보 등

03 지적자본과 지식기반조직

(1) 지적자본

① 지적자본의 의의
  ㉠ 기업이 보유하고 있는 각종 지식
  ㉡ 특허권, 상표권, 영업권, 기술과 같은 무형자산을 비롯하여, 이를 운영하는 연구개발력, 조직원의 창의력 및 노하우, 경영진의 관리능력, 기업의 이미지 등을 포괄
  ㉢ 기계설비나 공장 등과 같은 유형의 자산과 달리 회계장부에 기재되지 않는 비재무적 자본으로서 시장의 가치와 장부의 가치 간의 차이가 있음
  ㉣ 눈으로 볼 수 있는 것이 아니기 때문에 이를 기업 경영에 반영하기가 어려움
② 스튜어트(Stewart)의 지식 자산 `23-2`

고객 자산	조직과 고객 간의 관계를 의미(예 고객브랜드 가치, 기업이미지 등)
인적 자산	개인이 보유하는 지식이나 능력, 경험(예 구성원의 지식, 경험)
구조적 자산	개인의 지식을 조직의 지식으로 전환시켜 효율적으로 사용할 수 있는 조직역량(예 조직의 경영시스템, 프로세스 등)

(2) 지식기반조직
　① 지식기반조직의 의의
　　㉠ 지식과 정보의 활용을 강조하는 조직(Drucker)
　　㉡ 새로운 지식을 창조하고 이것을 조직 전체로 확산시켜 다시 상품, 서비스, 시스템으로 형상화시키는 조직 (Nonaka & Takeuchi)
　　㉢ 지식의 창출·공유·확산·학습·활용이 활발히 이루어지는 조직
　② 지식기반 조직의 특징
　　㉠ 조직의 가장 중요하고 가치 있는 자산은 지식이라고 인식
　　㉡ 새로운 지식의 창출과 전파가 원활하게 이루어질 수 있도록 하는 개방성과 유연성을 지님
　　㉢ 조직 내 지식의 공유와 활용을 장려·보장하는 다양한 공식적·비공식적 의사소통망을 구비하여, 조직 내 지식과 정보의 창출과 흐름이 원활하게 이루어짐
　　㉣ 모든 조직구성원들이 지식을 창출할 수 있는 자율성과 권한을 보유

04 지식경영과 학습조직

(1) 학습조직의 개념
　① 조직구성원들이 목표를 공유하고 역량을 강화하며, 성과개선을 위한 지식과 경험을 축적하는 조직
　② 최고경영자는 기업의 능력을 확대해 나가기 위해서 조직의 학습을 촉진해야 함

(2) 학습조직의 구비조건 **18-2**
　① 학습결과에 대한 측정이 가능
　② 자신의 업무와 지식관리는 별도로 수행되어야 함
　③ 아이디어 교환을 자극할 수 있도록 조직 내의 장벽을 없애야 함
　④ 학습목표를 명확히 하고 학습포럼 등의 프로그램이 활성화되도록 지원
　⑤ 자율적인 환경을 만들어 창의력을 개발하고 학습에 도움이 되는 환경 조성

(3) 학습조직의 특징 **20-3**
　① 엄격하게 구분된 기능별 부서 간의 경쟁이 아니라, 이들 부서 간의 협력을 유도하는 신축적이고 유기적인 조직
　② 지식의 창출 공유와 활용이 뛰어난 조직으로 문제의 해결능력을 향상시켜 나가는 조직으로 지속적인 학습과 시행착오를 허용하는 조직
　③ 구성원의 권한 강화를 강조하며, 부분보다는 전체로서의 문화가 중시
　④ 창의와 적응을 위한 의도적인 조직으로, 모든 조직구성원의 학습활동 촉진으로써 조직 전체에 대한 근본적인 변화를 지속적으로 촉진
　⑤ **피터 생게(P. Senge)의 학습조직** : 시스템적 사고를 전제로 하여 개인의 지적 숙련, 사고모형, 비전의 공유, 팀학습의 중요성을 주장

05 지식의 유형

(1) 암묵지와 형식지 22-3, 21-1, 20-3, 18-3, 18-2

암묵지	형식지
• 언어나 기호로 표현이 곤란한 주관적 지식 • 인지적, 경험적, 비구조적, 고착성 지식 • 저장, 전파, 모방이 어려움 예 개인의 기술, 경험, 숙련된 기능, 조직문화, 풍토 등	• 언어나 기호로 표현이 가능한 객관적 지식 • 합리적, 구조적, 유출성 지식 • 저장, 전파, 모방이 용이함 예 문서, 데이터베이스, 매뉴얼, 컴퓨터 프로그램, 화학식 등의 공식 등

(2) 사물지, 사실지와 방법지 18-1

① **사물지** : 인간이 인식할 수 있는 사물의 실체를 알고 있다는 것
② **사실지** : 인지적 사실이나 사실적 명제를 안다는 것
③ **방법지** : 인간의 욕구나 문제를 해결하는 지식

(3) 칼 위그(K. Wiig)의 지식의 유형

① **일반지식** : 사회에서 통용이 가능한 명시적인 지식으로 일상에서 공유되는 지식
② **공유되는 전문지식** : 지식근로자들에 의해 독점되며, 그들의 작업을 통해 공유되거나 기술에 내재된 지식
③ **개인지식** : 암묵적 형태로 일상생활 속에서 무의식적으로 사용되는 지식
④ **사실지식** : 데이터 및 인간관계, 측정치, 즉 전형적으로 직접 관찰 가능하고 검증 가능한 지식
⑤ **개념지식** : 체계나 관점 등을 다루는 지식
⑥ **기대지식** : 아는 자의 판단, 가정 등을 의미
⑦ **방법지식** : 추론, 전략, 의사결정 등에 관한 방법을 다루는 지식

(4) 집단지성과 크라우드소싱(crowdsourcing) 18-1

① **집단지성** : 집단 구성원들이 서로 협력하거나 경쟁을 통하여 얻은 지적능력의 결과로 지성 또는 집단적 능력을 뜻함
② **크라우드소싱(crowdsourcing)** : 대중의 참여를 통해 해결책을 얻는 방법

06 지식경영 프로세스

(1) 노나카의 SECI 모델 24-3, 22-2, 21-2, 20-3, 20-추가, 20-2, 19-3, 19-1, 18-3, 18-1

① 암묵지와 형식지가 사회화(공동화) → 표출화(외재화 · 외부화) → 연결화(결합화 · 종합화) → 내면화(내재화)의 과정을 거쳐 지식으로 변환

사회화	개인 암묵지를 공유하여 타인의 암묵지로 전환(예 관찰, 모방, 전수, 지도, 현장훈련(OJT) 등)
표출화	개인 암묵지를 언어나 기호를 통해 형식지로 전환(예 특허신청, 제품 매뉴얼 작성, 제품개발 과정의 콘셉트 창출 등)
연결화	개인과 집단이 형식지를 다른 형식지로 가공 · 조합 · 편집하여 창조(예 요약서 작성, 데이터베이스에서 새로운 정보 창출 등)
내면화	형식지를 개인의 암묵지로 체득(예 매뉴얼 습득, 역할연기(롤 플레이), 시뮬레이션, 노하우 습득 등)

② 지식변환은 지식획득, 공유, 표현, 결합, 전달하는 창조프로세스 매커니즘을 지칭
③ 개인, 집단, 조직의 차원으로 나선형으로 회전하면서 공유되고 발전해 나가는 창조적 프로세스

(2) 지식을 체계화하기 위한 분류 방식 21-3
  ① **인과형 분류** : 원인과 결과 관계로 분류
  ② **도서관형 분류** : 알파벳, 기호로 하는 분류
  ③ **계층형 분류** : 대분류 · 중분류 · 소분류로 분류
  ④ **네트워크형 분류** : 의미 네트워크에 기반하여 공간적으로 의미를 구성
  ⑤ **시계열적 분류** : 시계열적으로 과거, 현재, 미래의 사상, 의의의 변화를 기술

(3) 지식 포착기법 20-2, 19-2
  ① **인터뷰** : 개인의 암묵적 지식을 형식적 지식으로 전환하는 데 사용하는 기법
  ② **현장관찰** : 관찰대상자가 문제해결의 행동을 할 때 관찰, 해석, 기록하는 기법
  ③ **브레인스토밍** : 둘 이상의 구성원이 문제에 대하여 자유롭게 아이디어를 생산하는 비구조적 접근 기법
  ④ **스캠퍼** : 일종의 브레인스토밍 기법으로 대체(Substitute), 결합(Combine), 응용(Adapt), 수정(Modify), 다른 용도로 사용(Put to Other uses), 제거(Eliminate), 역발상(Reverse)과 같은 각기 다른 방식으로 문제를 접근하여 아이디어를 생산하는 기법
  ⑤ **스토리** : 조직학습을 증대시키고, 공통의 가치와 규칙을 커뮤니케이션하고, 암묵적 지식의 포착, 코드화, 전달을 위한 도구
  ⑥ **델파이 방법** : 다수 전문가의 지식포착 도구로 사용되며, 어려운 문제를 해결하는 데에 대한 전문가의 의견을 수렴

07 지식관리시스템(KMS ; Knowledge Management System)

(1) 지식관리시스템의 개념
  ① 조직 내 인적자원이 축적하고 있는 개별적인 지식을 체계화하여 시스템을 통해 관리 · 공유함으로써 기업경쟁력을 향상시키기 위한 기업정보시스템
  ② 기업 내외부적으로 산재해 있는 지식을 가치 있는 지식으로 전환

(2) 지식관리시스템의 특징 23-3, 21-1, 20-추가, 19-1
  ① 경영혁신을 위한 지식을 적절히 포착
  ② 최선의 관행(best practice)을 공유 · 활용
  ③ 고객에게 지속적이고 일관성 있는 정보를 제공
  ④ 노하우 활용을 통해 제품과 서비스의 가치 개선
  ⑤ 기업이 경쟁우위를 창출하기 위한 지식을 용이하게 활용
  ⑥ 조직운영의 효율성과 효과성 측면에서 업무성과를 개선

(3) 지식관리시스템의 구현 22-3, 22-1
  ① **구현 절차** : 목표설정 → 프로세스 구축 → 지식기반 창출 → 업무 프로세스 구축
  ② 초기에는 소규모로 시스템을 도입하고, 성과가 나타나면 전사적으로 지식관리시스템을 확장하는 것이 유용
  ③ 지식관리시스템의 이용성을 높이기 위해서는 동기부여 측면에서 보상시스템을 구축

(4) 지식관리시스템의 6단계 사이클 20-3
  ① **지식 생성** : 사람들이 일하는 방식을 새롭게 바꾸고 노하우를 개발하는 과정에서 지식을 창조

② **포착** : 적합한 콘텐츠를 식별하여 수집
③ **정제** : 수집된 지식은 부가가치가 있는 지식으로 변환
④ **저장** : 유용한 지식은 사람들이 접근할 수 있도록 합리적인 형태로 저장
⑤ **관리** : 잘 보관되어야 하고 적절성과 정확성 입증을 위한 검토가 수행
⑥ **유포** : 지식은 필요로 하는 사람이 언제, 어디에서든지 유용한 형태로 사용할 수 있도록 제공

SECTION 03 유통정보시스템

1 유통정보시스템의 이해

01 정보시스템

(1) 시스템
  ① **시스템의 의미** : 공통의 목표나 기능을 달성하기 위하여 상호작용하는 요소 또는 실체들로 구성된 집합체
  ② **시스템의 특성** `18-2`
    ㉠ 목적을 가지고 있어야 하며, 이를 위해 구성요소 간의 상호작용이 원활해야 함
    ㉡ 시스템의 조건이나 상황의 변화에 대해 적절하게 대응·처리할 수 있도록 설정되어야 함
    ㉢ 정해진 궤도나 규정으로부터 이탈되는 사태를 사전에 감지하여 수정해 나갈 수 있어야 함
    ㉣ 하나 이상의 하위시스템으로 구성되며, 시스템 간의 상호작용을 통해 목적을 달성할 수 있어야 함
    ㉤ 전체로 통합된 개체로서 얻은 결과가 시스템을 구성하는 개별 개체가 얻은 결과의 합을 초과해야 함

(2) 정보시스템의 구성요소(David & Olson) `19-3`
  ① **하드웨어(Hardware)** : 입력, 처리, 출력에 사용되는 물리적인 컴퓨터 장비
  ② **소프트웨어(Software)** : 컴퓨터의 작업을 통제하고, 지시하는 프로그램
  ③ **데이터베이스(Database)** : 조직화된 사실 및 정보들의 집합체
  ④ **통신 및 네트워크(Telecommunication & Network)** : 시스템·고객·기업을 서로 연결시켜 주는 체계
  ⑤ **운영절차(Procedure)** : 정보시스템을 활용하기 위한 전략, 정책, 방법, 규칙 등
  ⑥ **인적자원(People)** : 시스템 분석가, 프로그래머, 컴퓨터 운용요원, 데이터 준비요원, 정보시스템 관리요원, 데이터 관리자 등

(3) 유통업체의 정보시스템 특성 `25-2`
  ① 디지털 신기술 활용에 따른 마케팅 기법의 정교화
  ② 개인정보 보호의 중요성 증가와 보안시스템 구축 관심도 상승
  ③ 유통업체에서의 개인정보 활용이 증가함에 따라 보안시스템 강화의 필요성 증대

02 유통정보시스템(MKIS ; Marketing Information System)

(1) 유통정보시스템의 개념 23-3

① 유통기업의 종합적인 경영활동과 의사소통을 개선시키고, 의사결정에 도움을 주는 정보를 제공하는 통합적인 사용자 기계 시스템
② 기업의 유통활동 수행에 필요한 정보의 흐름을 통합하여 전사적 유통을 가능하게 하고 유통계획, 관리, 거래처리 등에 필요한 데이터 처리
③ 유통관련 의사결정에 필요한 정보를 적시에 제공하기 위한 절차, 설비, 인력 등
④ 경영자가 유통과 관련된 기업의 목표를 달성하기 위한 효율적이고 효과적인 의사결정을 하는 데 필요한 정보제공을 위해 설계
⑤ 유통정보와 프로세스의 흐름을 확보해 시간차로 발생하는 가시성 문제를 최소화하여 시장수요와 공급을 조절해 주고 각 개인이 원하는 제품과 서비스 공급이 원활하도록 지원
⑥ 물류비용과 재고비용을 감축하여 채널단계에 참여하는 모두가 이익을 얻을 수 있는 시스템

(2) 유통정보시스템의 필요성

① **시장의 확대** : 유통시장이 전면 개방됨에 따라 우리나라의 유통산업이 대형화, 다점포화 등의 양적 팽창을 이루면서 확대된 시장을 효율적으로 관리하기 위함
② **수익성의 향상** : 유통정보시스템을 통해 운송수단, 판매장, 물류시설 등의 활용도를 높여 유통비용을 감소시키고, 기업의 수익성을 향상하기 위함
③ **유통환경의 변화에 능동적 적응** : 유통업체는 각종 정보를 신속·정확하게 수집해서 환경변화와 소비성향 변화에 신속히 대응하고 능동적으로 적응하기 위함

(3) 유통정보시스템의 유형

전략정보시스템 18-1	• 기업이 생존을 유지하고 경쟁우위를 확보하기 위한 혁신적인 경영전략을 지원하는 컴퓨터와 통신의 신기술을 활용한 정보시스템 • 신규 업체가 시장에 진입하지 못하도록 진입장벽 구축 • 공급업자와의 관계에서 전략적 우위를 확보 • 구매자에게 차별적인 서비스를 제공하여 의존도를 높임 • 기업과 구매자 사이의 관계에 전환비용이 발생 • 내부시스템을 통해서 업무효율성을 높임
전술적·운영적 계획시스템	유통믹스 등을 통한 유통업체의 기획 및 운영계획 수립
통제·현황 보고시스템	영업결과로 산출되는 각종 정보의 조작·이용 등
거래처리시스템 18-3	• 조직을 운영하면서 발생하는 거래 데이터를 신속, 정확하게 처리하는 시스템 • 다른 정보시스템에서 필요로 하는 원천 데이터를 제공 • 상대적으로 짧은 시간에 많은 양의 데이터를 처리 • 고객과 접점에서 발생하는 데이터를 관리하는 정보시스템
오더피킹시스템 (order picking systems) 19-1	수주받은 물품을 창고에서 출하하는 업무를 지원하는 시스템

(4) 유통정보시스템의 효과 19-3

① 조직 내에서 유용한 정보를 제공함으로써 일상적인 업무, 경영관리·분석, 의사결정 등을 지원
② 유통정보시스템 도입에 의해 경로활동이 통합됨으로써 주문, 선적, 수취의 정확성을 향상시킬수 있음
③ 주문부터 배달까지의 시간을 대폭 축소시킬 수 있게 되어 재고관리 및 고객서비스 수준의 효율을 높일 수 있음
④ 기업 간에 전자연계를 통해 거래함으로써 서류작업을 대폭 축소시킬 수 있고, 서류업무에 따른 관리인력을 축소시켜 인건비를 절감할 수 있음
⑤ 공급자는 유통정보시스템에 의한 수요자 간의 연계를 통해 수요자의 요구사항을 더욱 정확하게 파악할 수 있음

2 유통정보시스템의 분석·설계·구축

01 유통정보시스템의 분석

(1) 내부데이터와 외부데이터 분석

① 내부데이터 : 유통정보를 위한 기업의 내부 데이터베이스는 기업이 주관하는 업무와 관련된 데이터

판매·영업 관련 데이터	판매예측, 판매수당, 외상 매출 기록 등
조달물류 관련 데이터	원·부자재 재고, 입찰기록, 외상 매입 기록 등
상품·생산 관련 데이터	생산계획, 생산비용, 품질관리 기록 등
판매물류 관련 데이터	재고기록, 출하기록, 창고관리 기록 등
고객서비스 관련 데이터	서비스 기록, 고객 불만사례 등

② 외부데이터 : 기업의 목표와 연관될 수 있는 정보를 데이터베이스화한 정보

기술 정보	생산기술, 공정기술, IT기술, 처리기술, 표준기술 등
경제 정보	각종 경제지표, 경기 동향, 환율, 무역수지 등
고객 정보	인구통계 분석, 소비자 심리, 구매패턴, 수요조사 등
경쟁사 정보	신상품 정보, 시장점유율, 마케팅 정보 등
사회문화 정보	세대차이, 종교, 문화 등
정치 정보	법률·기관·표준·규제 정보 등

(2) 고객 데이터베이스 분석

① RFM 기법 : 최근에(Recency), 얼마나 자주(Frequency), 얼마나 많이(Monetary) 구매를 하였는가에 대한 정보들을 기초로 고객의 수익 기여도를 나타내는 기법
② MCIF 기법(고객속성정보파일) : 구매형태와 고객관리에서 발생한 다양한 데이터(구매기간, 구매횟수, 금액, 장소, 품목, 구매방법 등)를 비교·분석하고, 정보를 서로 교차시켜 마케팅활동에 활용하는 고객관리 및 분석기법
③ 고객생애가치 이익평가기법 : 고객이 자사의 제품을 최초로 구매한 시점부터 최종 거래에 이르는 기간 동안에 구입하고 제공받은 서비스의 총이용금액에서 고객획득비용, DM 제작 및 발송비용, 매출액, 상품원가, 텔레마케팅 경비 등을 제한 후 영업수익을 산출하여 나타난 생산성을 기초로 고객 1인당 누적가치를 평가하는 기법

02 유통정보시스템의 설계

(1) 유통정보시스템의 기본요건
① 포괄성 및 응용성을 갖춘 정보시스템
② 정형성과 개방성을 모두 갖춘 정보시스템
③ 적절한 정보의 조직적인 흐름을 통해 유통경영 의사결정의 지원에 적절한 정보시스템
④ 상시적이면서도 급변하는 기업환경에 신속히 대응할 수 있는 정보시스템

(2) 유통정보시스템의 개발절차 20-2
① 주요 의사결정 영역 확인 및 정보활용 목적 검토
② **정보활용 주체결정** : 각각의 의사결정을 수행할 담당자 결정
③ 의사결정에 필요한 정보파악 및 정의
④ **정보제공 주체 및 방법에 대한 결정** : 누가 누구에게 어떤 방식으로 정보를 제공할지 결정

03 유통정보시스템의 구축

(1) 유통정보시스템의 구축 시 고려사항
① 의사결정을 위해 필요로 하는 자에게 유용하고도 시의적절한 산출결과를 제공
② 유통정보시스템은 경영정보시스템(Management Information System)과 마케팅정보시스템(Marketing Information System)이 상호관련성을 갖고 조직
③ 정보에 대한 접근의 용이성과 보안성이 동시에 갖춘 중앙집중식 데이터 관리와 포괄적인 정보보안을 실현
④ 전사적 협력을 기반으로 유통산업의 업무특성을 고려한 개방적시스템의 구축
⑤ 데이터의 중복을 최소화하고 조직의 목적달성, 무결성, 보안성 등을 고려하며 동시에 많은 사용자가 동일 데이터에 접근하더라도 이를 보장할 수 있어야 함

(2) 유통정보시스템의 구축 단계 25-2, 24-1, 22-1
① **분석** : 최종사용자의 비즈니스 요구사항 분석을 수행
② **설계** : 시스템을 지원하기 위해 필요한 기술적 아키텍처와 서비스 모델을 설계
③ **개발** : 기술적 아키텍처, 데이터베이스, 서비스를 구현
④ **테스팅** : 테스트조건을 구성하고 서비스와 시스템에 대한 테스트를 수행
⑤ **구현** : 개발된 모델을 단계적으로 적용

출제지문 퀴즈로 핵심체크!

SECTION 01 정보, 정보화 사회와 유통혁명

01 19-3

O X 정보의 특성 중 적시성은 소비자의 기호나 시장의 변화와 관련해서 의사결정이 필요한 경우, 가장 최근의 정보가 필수적인 것을 말한다.

02 18-3

(   )은/는 사용자에게 특정한 목적이 부여되지 않은 사실이거나, 가공되지 않은 사실에 해당한다.

03 20-2, 19-1

O X 프로슈머(Prosumer)는 온라인과 오프라인을 넘나들면서 제품의 정보를 수집하여 최적의 제품을 찾아내는 소비자를 의미한다.

04 24-1

O X 유통정보혁명 시대에 있어서 유통업체는 특화된 고객전략에서 불특정 다수를 위한 고객전략으로 전환해야 한다.

SECTION 02 정보와 의사결정

01 22-2, 19-2

O X 최고경영층은 주로 비구조적 의사결정에 대한 문제에 직면해 있고, 운영층은 주로 구조적 의사결정에 대한 문제에 직면한다.

02 21-1

O X 암묵적 지식은 쉽게 체계화할 수 있는 특성이 있다.

03 24-3

노나카의 지식변환 4가지 유형 중 종합화(combination)에서는 형식지에서 (   )을/를 얻는다.

04 20-2, 19-2

지식 포착 기법 중 인터뷰는 (   ) 지식을 (   ) 지식으로 전환하는 데 사용하는 기법이다.

SECTION 03　유통정보시스템

01 `19-3`
[O X] 유통업체는 유통정보시스템으로 리드타임(lead time)이 대폭 증가하여 충분한 재고를 확보할 수 있다.

02 `23-3`
[O X] 유통정보시스템은 경영자가 유통과 관련된 기업의 목표를 달성하기 위한 효율적이고 효과적인 의사결정을 하는 데 필요한 정보제공을 위해 설계되어야 한다.

03 `18-3`
(　　　　　)은/는 조직을 운영하면서 발생하는 거래 데이터를 신속, 정확하게 처리하는 시스템이다.

04 `25-2`
유통정보시스템을 구축 시 사업 착수 후 (　　　　) 단계에서는 요구사항 정의를 실행한다.

05 `19-1`
[O X] 오더피킹시스템(order picking systems)은 수주받은 물품을 창고에서 출하하는 업무를 지원하는 시스템을 말한다.

정답 및 해설

SECTION 01
01 ○
02 자료(데이터)
03 × ▶ 크로스쇼퍼(Cross-shopper)에 관한 설명이다. 프로슈머(Prosumer)는 기업의 생산과정에 직접 참여하는 소비자를 일컫는다.
04 × ▶ 유통정보혁명 시대에 유통업체는 불특정 다수를 위한 고객전략에서 특화된 고객전략으로 전환해야 한다.

SECTION 02
01 ○
02 × ▶ 형식적 지식에 관한 설명이다. 암묵적 지식은 언어나 기호로 표현이 곤란한 주관적 지식을 의미한다.
03 형식지
04 암묵적, 형식적

SECTION 03
01 × ▶ 유통정보시스템은 총체적인 리드타임을 감축하며, 재고관리를 좀 더 용이하게 하는 효과가 있다.
02 ○
03 거래처리시스템
04 분석
05 ○

테마로 푸는 필수 기출문제

THEME ❶ 자료, 정보, 지식

자료, 정보와 지식의 각각의 개념을 묻거나 특성을 비교하는 문제가 출제된다. 반복되어 출제되므로 개념과 특징을 숙지한다면 어렵지 않게 해결할 수 있는 유형이다.

01 18년 3회

괄호 안에 들어갈 알맞은 단어를 가장 적절하게 나열한 것은?

- 사용자가 특정한 목적을 달성하기 위해 수집하여 분석한 사실은 (가)라/이라 구분할 수 있다.
- 사용자에게 특정한 목적이 부여되지 않은 사실이거나, 가공되지 않은 사실은 (나)라고/이라 구분할 수 있다.
- (다)은/는 정황적이고 어떤 행위를 가능하게 하는 실천적인 (가)로/으로 주어진 상황에 대한 많은 경험과 깊은 사려에 기반을 두고 있다.

① 가 : 자료, 나 : 정보, 다 : 시스템
② 가 : 자료, 나 : 정보, 다 : 지식
③ 가 : 정보, 나 : 자료, 다 : 지식
④ 가 : 정보, 나 : 지식, 다 : 자료
⑤ 가 : 지식, 나 : 자료, 다 : 정보

02 22년 3회

아래 글상자의 괄호 안에 들어갈 내용을 순서대로 나열한 것으로 가장 옳은 것은?

구 분	자 료	정 보	지 식
구조화	(㉠)	단위필요	(㉡)
부가가치	(㉢)	중 간	(㉣)
객관성	(㉤)	가공필요	(㉥)

	㉠	㉡	㉢	㉣	㉤	㉥
①	어려움	쉬 움	적 음	많 음	객관적	주관적
②	쉬 움	어려움	많 음	적 음	주관적	객관적
③	어려움	쉬 움	많 음	적 음	주관적	객관적
④	쉬 움	어려움	적 음	많 음	객관적	주관적
⑤	어려움	쉬 움	적 음	많 음	주관적	객관적

03 19년 3회

아래 글상자가 뜻하는 정보의 특성으로 가장 옳은 것은?

소비자의 기호나 시장의 변화와 관련해서 의사결정이 필요한 경우, 가장 최근의 정보가 필수적이다.

① 정보의 관련성
② 정보의 신뢰성
③ 정보의 적시성
④ 정보의 정확성
⑤ 정보의 검증가능성

THEME ❷ 유통정보혁명

산업혁명에 따른 환경변화 및 제4차 산업혁명 시대에서의 특징과 유통업체의 대응 방안에 대해 숙지해야 한다.

04 23년 3회

유통정보혁명의 시대에서 유통업체의 경쟁우위 확보 방안으로 가장 옳지 않은 것은?

① 마케팅 개념측면에서 유통업체는 제품 및 판매자 중심에서 고객 중심으로 변화해야 한다.
② 마케팅 개념측면에서 유통업체는 매스(mass) 마케팅에서 일대일 마케팅으로 변화해야 한다.
③ 마케팅 개념측면에서 유통업체는 기존의 다이렉트(direct)마케팅에서 푸시(push) 마케팅으로 변화해야 한다.
④ 비즈니스 환경측면에서 유통업체는 전략적 제휴와 글로벌화(globalization)를 추진해야 한다.
⑤ 비즈니스 환경측면에서 유통업체는 제품 및 공정 기술의 보편화로 인해 도래하는 물류 경쟁 시대의 급격한 변화에 대비해야 한다.

05 23년 1회

산업혁명에 따른 기업의 비즈니스 환경 변화에 대한 설명으로 가장 옳은 것은?

① 1차 산업혁명 시기에는 컴퓨터와 같은 전자기기 활용을 통해 업무 프로세스 개선을 달성하였다.
② 2차 산업혁명 시기에는 업무 프로세스에 대한 부분 자동화가 이루어졌고, 네트워킹 기능이 프로세스 혁신을 위해 활성화되기 시작하였다.
③ 3차 산업혁명 시기에는 노동에서 분업이 이루어지기 시작하였고, 전문성이 강조되기 시작하였다.
④ 4차 산업혁명 시기에는 전화, TV, 인터넷 등과 같은 의사소통 방식이 기업에서 활성화되었다.
⑤ 4차 산업혁명 시기에는 인공지능과 사물인터넷 등 신기술 이용을 통해 비즈니스 프로세스에 혁신이 이루어졌다.

06 20년 2회

4차 산업혁명시대에 유통업체의 대응 방안에 대한 설명으로 옳지 않은 것은?

① 유통업체들은 보다 효율적인 유통업무 처리를 위해 최신 정보기술을 활용하고 있다.
② 유통업체들은 상품에 대한 재고관리에 있어, 정보시스템을 도입해 효율적으로 재고를 관리하고 있다.
③ 유통업체들은 온라인과 오프라인을 연계한 융합기술을 이용한 판매 전략을 활용하고 있다.
④ 유통업체들은 보다 철저한 정보보안을 위해 통신 네트워크로부터 단절된 상태로 정보를 관리한다.
⑤ 유통업체들은 고객의 온라인 또는 오프라인 시장에서 구매 상품에 대한 대금 결제에 있어 핀테크(FinTech)와 같은 첨단 금융기술을 도입하고 있다.

07 20년 3회

정보기술의 발전으로 인한 기업들의 경쟁 원천 환경변화로 가장 옳지 않은 것은?

① 제품수명주기가 단축되고 있다.
② 고객의 요구가 다양해지고 있다.
③ 독특한 질적 차이를 중시하는 추세로 변화하고 있다.
④ 국가 간의 시장 장벽이 높아지고 있으며, 이로 인해 시장확대의 기회가 어려워지고 있다.
⑤ 소비자의 요구에 맞는 제품을 신속하게 생산할 수 있는 시간경쟁이 가속화되고 있다.

THEME ❸ 의사결정

어느 한 부분에서만 집중적으로 출제되기보다는 의사결정의 다양한 관점에서 출제되었기 때문에, 의사결정단계와 과정, 구조화 수준, 의사결정시스템 등 주요 내용에 대해 숙지해야 한다.

08 23년 1회

조직에서 의사결정을 할 때 활용되는 정보와 조직 수준과의 관계에 대한 설명 중 가장 옳지 않은 것은?

① 전략적 수준 – 주로 비구조화된 의사결정이 이루어지며, 내부 정보 외에도 외부 환경과 관련된 정보 등 외부에서 수집된 정보도 다수 활용
② 관리적 수준 – 구조화된 의사결정이 이루어지며, 새로운 공장입지 선정 및 신기술 도입 등과 같은 사항과 관련된 내외부 정보를 주로 다룸
③ 전략적 수준 – 의사결정 시 활용되는 정보의 특성은 미래지향적이며 상대적으로 추상적이고 포괄적인 정보를 주로 다룸
④ 운영적 수준 – 구조화된 의사결정이 이루어지며, 일일 거래 처리와 같이 구체적이고 상세하며 시간에 민감한 정보를 주로 다룸
⑤ 운영적 수준 – 반복적이고 재발성의 특성이 높은 의사결정들이 주로 이루어지며, 효율성에 초점을 두고 활동이 이루어짐

09 20년 추가

아래 글상자의 내용을 근거로 경영과학 관점의 의사결정과정을 순차적으로 나열한 것으로 가장 옳은 것은?

㉠ 실 행	㉡ 문제의 인식
㉢ 모형의 구축	㉣ 자료의 수집
㉤ 실행 가능성 여부 평가	㉥ 변수의 통제 가능성 검토
㉦ 모형의 정확도 및 신뢰도 검정	

① ㉡ – ㉢ – ㉣ – ㉤ – ㉥ – ㉦ – ㉠
② ㉡ – ㉢ – ㉣ – ㉥ – ㉤ – ㉦ – ㉠
③ ㉡ – ㉣ – ㉥ – ㉢ – ㉦ – ㉤ – ㉠
④ ㉡ – ㉣ – ㉥ – ㉦ – ㉢ – ㉤ – ㉠
⑤ ㉡ – ㉣ – ㉦ – ㉤ – ㉢ – ㉥ – ㉠

10 19년 2회

의사결정시스템에 대한 설명으로 옳지 않은 것은?

① 최고경영층은 주로 비구조적 의사결정에 대한 문제에 직면해 있고, 운영층은 주로 구조적 의사결정에 대한 문제에 직면해 있다.
② 운영층은 의사결정지원시스템을 이용해 마케팅 계획 설계, 예산 수립 계획 등과 같은 업무를 한다.
③ 의사결정지원시스템은 수요 예측 문제, 민감도 분석 등에 활용된다.
④ 의사결정지원시스템을 이용해 의사결정의 품질을 높이기 위해서는 의사결정지원시스템에서 활용하는 데이터의 품질을 개선해야 한다.
⑤ 의사결정지원시스템의 의사결정 품질 개선을 위해 딥러닝(deep learning)과 같은 고차원적 알고리즘(algorism)이 활용된다.

THEME ④ 암묵지와 형식지

출제 빈도가 매우 높은 유형이므로 암묵지와 형식지의 개념과 예시, 노나카의 지식전환 프로세스인 'SECI 모델'을 명확히 구분하여 암기해야 한다.

11 20년 3회

아래 글상자의 내용을 근거로 암묵지에 대한 설명만을 모두 고른 것으로 가장 옳은 것은?

> ㉠ 구조적이며 유출성 지식이다.
> ㉡ 비구조적이며 고착성 지식이다.
> ㉢ 보다 이성적이며 기술적인 지식이다.
> ㉣ 매우 개인적이며 형식화가 어렵다.
> ㉤ 주관적, 인지적, 경험적 학습에 관한 영역에 존재한다.

① ㉠, ㉢, ㉣
② ㉠, ㉢, ㉤
③ ㉡, ㉣, ㉤
④ ㉠, ㉢, ㉣, ㉤
⑤ ㉡, ㉢, ㉣, ㉤

12 18년 2회

지식을 크게 암묵지와 형식지로 구분할 경우 이에 대한 설명으로 가장 옳지 않은 것은?

① 철학자 폴라니가 '우리는 우리가 말할 수 있는 것 이상의 것을 알 수 있다'라고 한 말은 암묵지와 더 관련이 깊다.
② 암묵지는 언어나 구조화된 체계를 가지고 존재한다.
③ 제품 사양, 문서, 데이터베이스, 매뉴얼, 화학식 등의 공식, 컴퓨터 프로그램 등의 형태로 표현되는 것은 형식지로 분류된다.
④ 암묵지는 개인, 집단, 조직의 각 차원에서 개인적 경험이나 이미지, 혹은 숙련된 기능, 조직 문화, 풍토 등의 형태로 나타난다.
⑤ 형식지는 서술하기 쉽고 객관적, 논리적인 디지털 지식 등이 포함된다.

13 20년 3회

노나카(Nonaka)의 지식변환 유형에 대한 설명으로 옳지 않은 것은?

① 사회화 - 최초의 유형으로 개인 혹은 집단이 주로 경험을 공유함으로써 지식을 전수하고 창조한다.
② 사회화 - 암묵지에서 암묵지를 얻는 과정이다.
③ 외부화 - 개인이나 집단의 암묵지가 공유되거나 통합되어 그 위에 새로운 형식지가 만들어지는 프로세스이다.
④ 종합화 - 개인이나 집단이 각각의 형식지를 조합시켜 새로운 형식지를 창조하는 프로세스이다.
⑤ 내면화 - 형식지에서 형식지를 얻는 과정이다.

14 20년 2회

지식 포착 기법에 대한 설명으로 가장 옳지 않은 것은?

① 인터뷰 - 개인의 암묵적 지식을 형식적 지식으로 전환하는 데 사용하는 기법이다.
② 현장관찰 - 관찰대상자가 문제를 해결하는 행동을 할 때 관찰, 해석, 기록하는 프로세스이다.
③ 스캠퍼 - 비판을 허용하지 않는다는 가정으로 둘 이상의 구성원들이 자유롭게 아이디어를 생산하는 비구조적 접근방법이다.
④ 스토리 - 조직학습을 증대시키고, 공통의 가치와 규칙을 커뮤니케이션하고, 암묵적 지식의 포착, 코드화, 전달을 위한 뛰어난 도구이다.
⑤ 델파이 방법 - 다수 전문가의 지식포착 도구로 사용되며, 일련의 질문서가 어려운 문제를 해결하는 데 대한 전문가의 의견을 수렴하기 위해 사용된다.

THEME ⑤ 지식경영과 지식관리 시스템

출제 빈도가 낮은 유형이므로 지식경영과 함께 지식관리시스템을 연결하여 가볍게 학습하고 넘어가는 것이 좋다.

15 23년 3회

지식관리시스템에 대한 설명으로 가장 옳지 않은 것은?

① 기업은 고객에게 지속적이고 일관성 있는 정보를 제공하기 위해서 지식관리시스템을 활용한다.
② 기업은 지식네트워킹을 통해서 새로운 제품을 출시할 수 있고 고객에게 양질의 서비스를 제공할 수 있다.
③ 지식을 보유·활용함으로써 제품 및 서비스 가치를 향상시키고 기업의 지속적인 성장에 기여할 수 있다.
④ 기업들은 동종 산업에 있는 조직들의 우수사례(best practice)를 그들 조직에 활용하여 많은 시간을 절약할 수 있다.
⑤ 지식관리시스템은 지식관리 플랫폼으로 고객지원센터 등 기업 내부 지원을 위해 활용되고 있으며, 챗봇, 디지털어시스트 등 고객서비스와는 거리가 멀다.

16 19년 1회

지식경영과 지식관리시스템에 대한 설명으로 옳지 않은 것은?

① 지식관리시스템은 지식의 저장과 검색을 위한 기능을 제공한다.
② 지식관리시스템의 도입은 조직 운영의 효율성과 효과성 측면에서 업무 성과를 개선해 준다.
③ 기업에서는 지식관리 중요성이 대두됨에 따라 최고지식 관리책임자(Chief Knowledge Officer)를 선임하고 있다.
④ 기업에서는 지식경영을 통한 경쟁력 확보를 위해서는 지식보안을 통해 철저하게 지식공유가 이루어지지 않도록 통제해야 한다.
⑤ 기업에서 이용하는 지식관리시스템의 이용성을 높이기 위해서는 동기부여 측면에서 보상시스템을 구축해야 한다.

17 22년 3회

유통업체의 지식관리시스템 구축 및 활용과 관련된 설명으로 가장 옳은 것은?

① 기업은 지식에 대한 유지관리를 위해 불필요한 지식도 철저하게 잘 보존해야 한다.
② 지식관리시스템을 도입하면 조직 내부의 지식관리에 대한 모든 문제를 해결할 수 있다.
③ 지식관리시스템 활용에 있어, 직원이 보유한 업무처리 지식에 대한 공유 방지를 위해 철저하게 통제한다.
④ 지식관리시스템 구축은 단기적 관점에서 경쟁력을 강화하기 위한 프로젝트로 단기 매출 증대에 기여하도록 시스템을 구축해야 한다.
⑤ 성공적인 도입을 위해서 초기에는 소규모로 시스템을 도입하고, 성과가 나타나기 시작하면 전사적으로 지식관리 시스템을 확장하는 것이 유용하다.

18 20년 3회

지식관리시스템은 지식이 시간의 흐름에 따라 역동적으로 개선되기 때문에 6단계의 사이클을 따르는데 이에 맞는 주기 단계가 가장 옳은 것은?

① 지식 생성 – 정제 – 포착 – 관리 – 저장 – 유포
② 지식 생성 – 정제 – 포착 – 저장 – 관리 – 유포
③ 지식 생성 – 정제 – 저장 – 관리 – 포착 – 유포
④ 지식 생성 – 포착 – 정제 – 저장 – 관리 – 유포
⑤ 지식 생성 – 포착 – 정제 – 관리 – 저장 – 유포

THEME ❻ 유통정보시스템

유통정보시스템의 필요성과 이점을 연결하여 학습하고, 유통정보시스템의 구축 과정에 대해 숙지해야 한다.

19 24년 1회

유통정보시스템을 구축하려 한다. 구축 단계별 설명으로 가장 옳지 않은 것은?

① 분석 – 최종사용자의 비즈니스 요구사항 분석을 수행한다.
② 설계 – 시스템을 지원하기 위해 필요한 기술적 아키텍처와 서비스 모델을 설계한다.
③ 개발 – 기술적 아키텍처, 데이터베이스, 서비스를 구현한다.
④ 테스팅 – 테스트조건을 구성하고 서비스와 시스템에 대한 테스트를 수행한다.
⑤ 구현 – 시스템 사용자를 지원하기 위한 상담창구를 개설한다.

20 19년 3회

유통정보시스템의 도입 효과에 대한 설명으로 가장 옳지 않은 것은?

① 주문, 선적, 수취의 정확성을 꾀할 수 있다.
② 리드타임(lead time)이 대폭 증가하여 충분한 재고를 확보할 수 있다.
③ 기업 간에 전자연계를 통해 거래함으로써 서류 작업을 대폭 축소시킬 수 있다.
④ 기업 간에 전자연계를 이용하면 서류업무에 따른 관리 인력을 축소시킬 수 있다.
⑤ 기업 간의 연계는 공급자로 하여금 수요자의 정확한 요구사항을 파악할 수 있게 해준다.

21 23년 3회

유통정보시스템의 개념에 대한 설명으로 가장 옳지 않은 것은?

① 물류비용과 재고비용을 감축하여 채널단계에 참여하는 모두가 이익을 얻을 수 있게 한다.
② 유통정보와 프로세스의 흐름을 확보해 시간차로 발생하는 가시성 문제를 최소화하여 시장수요와 공급을 조절해 주고 각 개인이 원하는 제품과 서비스 공급이 원활하도록 지원한다.
③ 유통정보시스템은 경영자가 유통과 관련된 기업의 목표를 달성하기 위한 효율적이고 효과적인 의사결정을 하는 데 필요한 정보제공을 위해 설계되어야 한다.
④ 유통거래를 지원하는 정보시스템으로 관련된 기존 시스템의 정보를 추출, 변환, 저장하는 과정을 거쳐 업무 담당자 목적에 맞는 정보만을 모아 관리할 수 있도록 지원해 준다.
⑤ 유통정보시스템은 기업의 유통활동 수행에 필요한 정보의 흐름을 통합하여 전사적 유통을 가능하게 하고 유통계획, 관리, 거래처리 등에 필요한 데이터를 처리하여 유통관련 의사결정에 필요한 정보를 적시에 제공하기 위한 절차, 설비, 인력을 뜻한다.

22 19년 1회

유통정보시스템과 관련된 용어에 대한 설명으로 옳은 것은?

① 인바운드 콜(inbound call)은 유통업체에서 전화를 이용해 고객을 대상으로 영업하는 방법이다.
② 크로스 셀링(cross selling)은 고객을 대상으로 한 단계 더 업그레이드된 제품을 상향 판매하는 전략이다.
③ 업 셀링(up selling)은 고객을 대상으로 서로 관련성이 없는 제품을 판매하는 전략이다.
④ 오더피킹시스템(order picking systems)은 수주받은 물품을 창고에서 출하하는 업무를 지원하는 시스템이다.
⑤ 쇼루밍(showrooming)은 온라인 매장에서 제품을 보고, 오프라인 매장에서 제품을 구매하는 소비행태이다.

필수 기출문제 정답과 해설

01 정답 ③

해설 정보, 자료, 지식
- **정보** : 어떤 행동을 취하기 위한 의사결정을 목적으로 하여 수집된 각종 자료를 처리하여 획득한 지식이다.
- **자료** : 어떤 특정한 목적에 대하여 평가되지 않은 상태의 단순한 여러 사실이며, 유용한 형태로 처리되기 전 있는 그대로의 사실이거나 기록이다.
- **지식** : 다양한 종류의 정보가 축적되어 특정 목적에 부합하도록 일반화된 정보로서, 자료가 정보로 전환되는 과정에서 활용된다.

02 정답 ④

해설 자료·정보·지식의 비교

구 분	자 료	정 보	지 식
구조화	쉬 움	단위필요	어려움
부가가치	적 음	중 간	많 음
객관성	객관적	가공필요	주관적

03 정답 ③

해설 정보의 특성 중 적시성은 양질의 정보라도 필요한 시간대에 이용자에게 전달되지 않으면 가치를 상실하므로 필요한 정보가 필요한 시간대에 전달되어야 함을 의미한다.

04 정답 ③

해설 유통정보혁명 시대에 유통업체는 마케팅 측면에서 푸시(push)에서 다이렉트(direct)로 전환해야 한다.

05 정답 ⑤

해설 ① **1차 산업혁명 시기** : 방직기와 증기기관이 발명되어 그 연료인 석탄을 나르기 위한 증기기관차가 개발되고, 단단한 철로와 기계를 만들기 위한 제철기술이 발달하였다.
② **2차 산업혁명 시기** : 석유와 전기 등 보다 발전된 에너지원을 사용하여 철강, 자동차, 전기 등의 기술력으로 기계가 본격적으로 사용되었다.
③ **3차 산업혁명 시기** : 컴퓨터 및 인터넷의 발명으로 정보통신기술이 본격적으로 활성화되었다.
④ **4차 산업혁명 시기** : 정보기술이 기존 산업과 서비스에 융합되거나 3D 프린팅, 로봇공학, 생명공학, 나노기술 등 여러 분야의 신기술과 결합되어 실세계 모든 제품·서비스를 네트워크로 연결하고 사물이 지능화되었다.

06 정답 ④

해설 4차 산업혁명시대는 '초연결성(Hyper-Connected)', '초지능화(Hyper-Intelligent)'의 특성을 기반으로 경계가 희미해지는 기술융합의 시대로 규정한다. 정보보안을 위해 통신 네트워크로부터 단절된 상태로 정보를 관리하는 것은 옳지 않다.

07 정답 ④

해설 정보기술의 발전으로 인해 국가 간의 시장 장벽이 낮아지고 있으며, 이로 인해 시장확대의 기회가 용이해지고 있다.

08 정답 ②

해설 새로운 공장입지 선정 및 신기술 도입 등과 같은 사항은 전략적 수준에서 주로 다루는 정보이다.

09 정답 ③

해설 경영과학 관점의 의사결정과정
문제의 인식 → 자료의 수집 → 변수의 통제 가능성 검토 → 모형의 구축 → 모형의 정확도 및 신뢰도 검정 → 실행 가능성 여부 평가 → 실행

10 정답 ②

해설 마케팅 계획 설계, 예산 수립 계획 등과 같은 업무는 의사결정자의 판단, 평가, 통찰이 필요한 비구조적 의사결정에 해당하는 것으로 최고경영층이 하는 업무이다.

11 정답 ③

해설 암묵지는 언어로 표현하기 곤란한 주관한 지식으로 경험을 통하여 익힌 지식이다. 따라서 ⓒ, ⓔ, ⓜ이 암묵지 특징에 해당한다.

12 정답 ②

해설 암묵지는 언어로 표현하기 곤란한 주관적 지식으로, 경험을 통해 익힌 지식을 말한다.

암묵지와 형식지의 비교

구 분	암묵지	형식지
개념	구체적인 언어나 문서로 표현될 수 없는 지식	구체적인 언어나 문서로 표현이 가능한 지식
특성	• 주관적, 경험적 지식 • 저장, 전파, 모방이 어려움 • 비법이나 노하우	• 객관적, 합리적 지식 • 저장, 전파, 모방이 용이함 • 문서나 매뉴얼의 형태

13 정답 ⑤

해설 내면화(Internalization)는 형식지가 암묵지로 변환하는 과정이다.

노나카(Nonaka)의 SECI 모델
암묵지와 형식지라는 두 종류의 지식이 사회화(Socialization ; 암묵지가 또 다른 암묵지로 변하는 과정), 외부화(Externalization ; 암묵지가 형식지로 변환하는 과정), 종합화(Combination ; 형식지가 또다른 형식지로 변하는 과정), 내면화(Internalization ; 형식지가 암묵지로 변환하는 과정)라는 4가지 변환과정을 거쳐 지식이 창출된다는 이론이다.

14 정답 ③

해설 스캠퍼 기법은 기존의 것에 '대체하기, 조합하기, 적용하기, 수정·확대·축소하기, 다른 용도로 사용하기, 제거하기, 재배치하기'와 같은 질문을 통해 문제에 접근하고 아이디어를 생산하는 기법이다.

15 정답 ⑤

해설 지식관리시스템을 통한 축적된 지식을 바탕으로 고품질 서비스를 제공할 수 있으므로 고객서비스와도 관련이 깊다.

16 정답 ④

해설 지식경영은 조직 내에서 지식을 획득, 창출, 축적, 공유하고, 이를 바탕으로 고객에게 뛰어난 가치를 제공함으로써 조직의 경쟁력을 높이는 경영활동이다.

17 정답 ⑤

해설 ① 유용한 지식에 사람들이 접근할 수 있도록 합리적인 형태로 저장해야 한다.
② 지식관리시스템은 정보기술을 이용하여 개인이나 조직 차원의 지식경영 프로세스를 지원하는 시스템이므로 조직내부의 지식관리에 대한 모든 문제를 해결할 수는 없다.
③ 지식관리시스템은 조직 내의 인적자원들이 축적하고 있는 개별적인 지식을 체계화하여 공유함으로써 기업경쟁력을 향상시키기 위한 기업정보시스템이다.
④ 지식관리시스템의 단기적 관점뿐만 아니라 장기적 관점에서 기업의 경쟁력 강화에 기여하도록 시스템을 구축해야 한다.

18 정답 ④

해설 지식관리시스템은 지식의 창조·저장·공유·활용의 지식프로세스를 지원하고 개선하기 위해 개발된 정보기술시스템으로, '지식생성-포착-정제-저장-관리-유포'의 6단계 사이클을 따른다.

19 정답 ⑤

해설 유통정보시스템의 구축 단계 중 구현단계에서는 개발된 모델을 단계적으로 적용한다.

20 정답 ②

해설 유통정보시스템은 유통 관련 의사결정에 필요한 정보를 적시에 제공하여 리드타임이 줄이는 동시에 효율적으로 재고관리를 할 수 있는 효과가 있다.

21 정답 ④

해설 기존 시스템의 정보를 추출, 변환, 저장하는 과정을 거쳐 업무담당자 목적에 맞는 정보만을 모아 관리할 수 있도록 지원하는 것은 데이터웨어하우스이다.

22 정답 ④

해설 ① 아웃바운드 콜(outbound call)에 대한 설명이다. 인바운드 콜(inbound call)은 유통업체가 고객의 전화를 받아 응대하는 것을 말한다.
② 크로스 셀링(cross selling)은 자체 개발한 상품에만 의존하지 않고 관련된 제품까지 판매하는 적극적인 판매방식으로, 고객이 선호할 수 있는 추가제안을 통해 다른 제품을 추가 구입하도록 유도하는 것을 말한다.
③ 업 셀링(up selling)은 동일한 분야로 분류될 수 있는 제품 중 소비자가 희망하는 제품보다 단가가 높은 제품의 구입을 유도하는 판매방법을 말한다.
⑤ 쇼루밍(showrooming)은 백화점과 같은 오프라인 매장에서 상품을 직접 만져보고 체험한 다음, 정작 구매는 보다 저렴한 온라인으로 하는 소비 패턴을 의미한다. 반면 온라인 매장에서 제품을 보고, 오프라인 매장에서 제품을 구매하는 소비행태는 역쇼루밍(reverse showrooming)이다.

CHAPTER 02 주요 유통정보화 기술 및 시스템

최신빈출 대표유형문제

SECTION 01 바코드
1. 바코드의 이해
2. 바코드와 국제표준
3. 상품식별코드

SECTION 02 POS시스템
1. POS시스템의 이해
2. POS시스템과 연계 가능한 정보기술

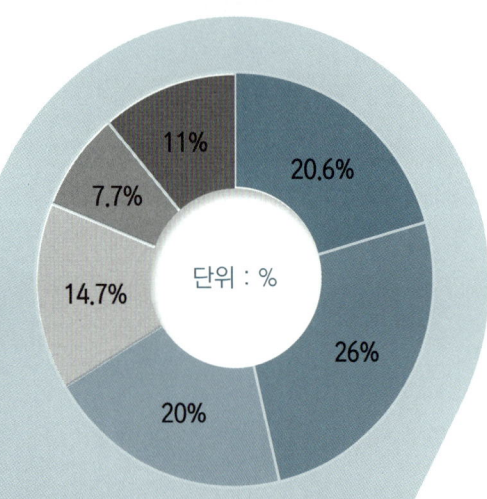

단위 : %

- 유통정보의 이해
- 주요 유통정보화 기술 및 시스템
- 유통정보의 관리와 활용
- 전자상거래
- 유통혁신을 위한 정보자원관리
- 신융합기술의 유통분야에서의 응용

최근 5년간 챕터별 출제비중 / 회당 평균 5.2문제 출제(5개년 기준 총 15회)

비중		출제영역	2021	2022	2023	2024	2025	합계
20.6%	제1장	유통정보의 이해	16	16	14	5	11	62
26%	제2장	주요 유통정보화 기술 및 시스템	17	20	22	11	8	78
20%	제3장	유통정보의 관리와 활용	16	12	15	11	6	60
14.7%	제4장	전자상거래	11	12	9	4	8	44
7.7%	제5장	유통혁신을 위한 정보자원관리	-	-	-	13	10	23
11%	제6장	신융합기술의 유통분야에서의 응용	-	-	-	16	17	33
		합계(문항 수)	60	60	60	60	60	300

SECTION 03 EDI

1. EDI의 이해
2. 웹(Web)

SECTION 04 QR시스템

1. QR(Quick Response)시스템의 개념
2. QR(Quick Response)시스템의 활용

출제지문 퀴즈로 핵심체크!

테마로 푸는 필수 기출문제

최대 출제 POINT & 학습목표

❶ 바코드의 정의 및 구조, 마킹의 유형(소스마킹과 인스토어마킹)

❷ 바코드와 국제표준

❸ 상품코드체계 및 종류

❹ POS시스템의 개념 및 구성기기

❺ POS데이터의 활용

❻ EDI의 개념, 도입 목적, 구성요소

❼ EDI기반기술(VAN, CALS, 인터넷 등)

❽ QR(Quick Response)의 개념 및 도입 효과

CHAPTER 02 최신빈출 대표유형문제

01 바코드에 대한 설명으로 가장 옳지 않은 것은? 22년 2회
① 유통업체의 재고관리와 판매관리에 도움을 제공한다.
② 국가표준기관에 의해 관리되고 있다.
③ 컬러 색상은 인식하지 못하고, 흑백 색상만 인식한다.
④ 스캐너 또는 리더기를 이용하여 상품 관련 정보를 간편하게 읽어들일 수 있다.
⑤ 바코드에는 국가코드, 제조업체코드, 상품품목코드 등에 대한 정보가 저장되어 있다.

관련이론 220p

해설 ③ 바코드는 흑백 컬러 외에 컬러 색상도 인식이 가능하다.

대표유형 더보기
- 바코드(bar code)에 대한 설명으로 옳지 않은 것은? 20년 추가
- 바코드(bar code)에 포함된 정보로 옳지 않은 것은? 20년 추가

02 아래 글상자에서 QR코드에 대한 설명으로 옳지 않은 것만을 나열한 것은? 25년 1회

> ㉠ QR코드는 바코드보다 많은 정보를 담을 수 있는 코드 체계이다.
> ㉡ QR코드는 일본의 덴소웨이브사가 특허권을 확보하고 있기 때문에 활용이 제한되고 있다.
> ㉢ 바코드가 1차원 코드라면, QR코드는 2차원 코드이다.
> ㉣ QR코드는 바코드보다 인식 속도는 떨어지지만, 인식률이 뛰어나다.
> ㉤ QR코드는 마케팅과 홍보 수단으로도 활용되고 있다.

① ㉠, ㉡
② ㉠, ㉢
③ ㉡, ㉢
④ ㉡, ㉣
⑤ ㉡, ㉤

관련이론 222p

해설 ㉡ 일본의 덴소웨이브(DENSO WAVE)가 QR코드에 관한 특허를 다수 보유하고 있지만, 공개 코드로 누구나 자유롭게 사용할 수 있다.
㉣ QR코드는 일반 바코드보다 인식 속도와 인식률, 복원력이 뛰어나다.

대표유형 더보기
- 아래 글상자에서 설명하는 내용으로 가장 옳은 것은? 25년 2회
- QR코드에 대한 설명으로 가장 옳지 않은 것은? 24년 2회
- QR(quick response)코드에 대한 설명으로 옳지 않은 것은? 24년 1회
- QR코드의 장점으로 가장 옳지 않은 것은? 21년 3회

03 판매시점관리시스템에 대한 설명으로 가장 옳지 않은 것은? 24년 2회

① 판매 시점의 정보를 실시간으로 취합해서 관리할 수 있도록 지원하는 시스템이다.
② 유통업체의 경우 인기제품, 비인기 제품의 신속한 파악이 가능하고, 실시간으로 재고 파악이 가능하다.
③ 판매시점에 시스템을 통한 정보 입력으로 처리속도 증진, 오타 및 오류 방지 등의 효과를 얻을 수 있다.
④ 품목별 판매실적, 판매실적 구성비 등 판매시점관리시스템에 누적된 판매정보로 다양한 분석이 가능하다.
⑤ 상품 판매 정보만 관리하기 때문에 고객분석에는 활용되지 않는다.

관련이론 227p

해설 ⑤ 판매 시점 정보로 수집되는 데이터에는 매출 데이터, 점별 판매량, 시간별 데이터, 지불방법, 고객속성 및 분석 등의 기본데이터를 포함한다.

대표유형 더보기
- 유통업체에서 활용하는 판매시점관리 시스템에 대한 설명으로 가장 옳지 않은 것은? 24년 3회
- POS시스템의 특징에 대한 설명으로 가장 옳지 않은 것은? 22년 3회
- POS시스템에 대한 설명으로 가장 옳지 않은 것은? 21년 2회
- 자기의 수요를 예측하여 해당하는 양을 주문하고자 할 때, 수요정보의 처리과정에서 왜곡현상이 나타날 수 있다. 소비자에게 판매될 시점의 데이터를 실시간으로 수집할 수 있도록 기능을 지원하는 정보기술로 가장 옳은 것은? 20년 추가

04 POS(point of sale)시스템 도입에 따른 장점으로 가장 옳지 않은 것은? 23년 3회

① 매상등록시간이 단축되어 고객 대기시간이 줄며 계산대의 수를 줄일 수 있다.
② 단품관리에 의해 잘 팔리는 상품과 잘 팔리지 않는 상품을 즉각 찾아낼 수 있다.
③ 적정 재고수준의 유지, 물류관리의 합리화, 판촉전략의 과학화 등의 효과를 가져올 수 있다.
④ POS 터미널의 도입에 의해 판매원 교육 및 훈련시간이 짧아지고 입력오류를 방지할 수 있다.
⑤ CPFR(collaborative planning, forecasting and replenishment)과 연계하여 신속하고 적절한 구매를 할 수 있다.

관련이론 229p

해설 ⑤ CPFR은 e-SCM 구축을 위한 응용기술로, 제조업체와 유통업체 사이에 판매 및 재고 데이터 공유를 통해 수요예측과 주문관리에 이용하고, 효과적인 상품 출원과 재고관리를 지원하는 공급망관리를 위한 모델이다.

대표유형 더보기
- 유통업체가 POS(point of sales)시스템을 도입하여 얻을 수 있는 효과로 가장 옳지 않은 것은? 21년 3회
- POS(Point of Sale) System 도입에 따른 제조업체의 효과에 대한 설명으로 가장 옳지 않은 것은? 20년 2회
- POS시스템의 도입으로 얻을 수 있는 국민경제 측면과 소비자에 대한 효과로 가장 옳지 않은 것은? 18년 3회
- 소매점 입장에서 POS시스템을 도입함으로써 얻을 수 있는 효과로서 가장 옳지 않은 것은? 18년 2회

01 ③ 02 ④ 03 ⑤ 04 ⑤

05 EDI(electronic data interchange)와 관련된 설명으로 가장 옳지 않은 것은? **24년 1회**

① EDI는 합의된 표준화를 기반으로 통신망을 통해 정보를 교환하는 기술이다.
② EDI는 서류의 내용을 수동으로 옮겨 작성하는 데 있어 발생할 수 있는 오류를 최소화시켜 준다.
③ EDI 구성요소의 하나인 네트워크 소프트웨어는 거래기업 간 상호 데이터의 인식이 가능하도록 변환해 주는 기능을 수행한다.
④ EDI 시스템 구축은 종이 없는 업무환경이 가능하도록 지원해 준다.
⑤ 애플리케이션 소프트웨어는 각각의 컴퓨터 간 데이터의 전송을 가능하게 해 주는 기능을 제공한다.

관련이론 230p

해설 ③ EDI 사용자시스템 중 변환 소프트웨어를 통해 기업 내부 데이터를 EDI 표준형식으로 변환하여 거래기업 간 상호 데이터의 인식이 가능하게 한다.

대표유형 더보기
- 전자서식교환(EDI)은 웹, 클라우드와 결합된 형태로 진화하고 있다. EDI에 관련된 내용으로 가장 옳지 않은 것은? **24년 3회**
- EDI(electronic data interchange)에 대한 설명으로 가장 옳지 않은 것은? **23년 3회**
- B2B의 대표적인 수행수단으로 활용되는 정보기술인 EDI에 대한 설명으로 가장 옳지 않은 것은? **20년 3회**

06 웹 3.0과 관련된 설명으로 가장 옳지 않은 것은? **23년 1회**

① 시맨틱 웹(Semantic Web) - 의미론적인 웹을 뜻하며 기계가 인간들이 사용하는 자연어를 이해하고 상황과 맥락에 맞는 개인 맞춤형 정보를 제공하는 웹
② 온톨로지(Ontology) - 메타데이터들의 집합, 예를 들어 사과를 떠올리면 사과의 색상, 종류 등 관련된 여러 가지 정보를 컴퓨터가 이해하고 처리할 수 있는 정형화된 수단으로 표현한 것
③ 중앙집중화(centralization) - 웹 3.0에서 사용자 간 연결은 플랫폼을 중심으로 연결하여 자유롭게 소통할 수 있도록 지원, 결과적으로 플랫폼이 강력한 권한을 가지게 됨
④ 웹 3.0을 실현하기 위해서는 블록체인, 인공지능, AR · AVR, 분산 스토리지, 네트워크 등의 기반 기술이 필요, 사용성을 높여야 실효성이 있을 것으로 봄
⑤ 온라인 검색과 요청들을 각 사용자들의 선호와 필요에 따라 맞춰 재단하는 것이 웹 3.0의 목표

관련이론 234p

해설 ③ 웹 3.0은 웹 이용자들의 데이터, 개인정보 등이 플랫폼에 종속되는 것이 아니라 개인이 소유하여 데이터에 대한 주권이 사용자에게 주어지는 형태의 웹이다.

대표유형 더보기
- 웹 2.0을 가능하게 하고 지원하는 기술에 대한 설명으로 가장 옳지 않은 것은? **23년 3회**

07 아래 글상자에서 설명하는 용어로 가장 옳은 것은? 23년 3회

> 이 개념은 의류산업에서 도입되기 시작하였으며, 소비자 위주의 시장환경에 재고부담을 줄이고 신제품 개발에 도움을 준다. 이것의 기본 개념은 시간 기반 경쟁의 장점을 성취하기 위해 **빠르게 대응하는** 시스템을 개발하는 것이다. 즉, 이것은 생산에서 유통까지 표준화된 전자거래체제를 구축하고, 기업 간의 정보공유를 통한 신속 정확한 납품, 생산/유통기간의 단축, 재고감축, 반품손실 감소 등을 실현하는 정보시스템이다.

① 풀필먼트(fulfillment)
② 신속대응(quick response)
③ 풀서비스(full service)
④ 푸시서비스(push service)
⑤ 최적화(optimization)

관련이론 234p

해설 신속대응(QR ; quick response)시스템
상품개발의 짧은 사이클화를 이룩, 즉 생산·유통 관계의 거래당사자가 협력하여 소비자의 욕구에 신속대응하고, 원자재 조달과 생산, 배송에서 고객이 원하는 시간과 장소에 필요한 제품을 공급하기 위한 정보시스템이다.

대표유형 더보기
- 공급사슬관리를 위한 QR시스템의 특징에 대한 설명으로 가장 옳지 않은 것은? **24년 3회**
- 아래 글상자에서 설명하는 유통정보시스템으로 가장 옳은 것은? **21년 2회**
- 아래 글상자의 내용에 부합되는 SCM 주요기법의 종류로 가장 옳은 것은? **19년 2회**

08 물류의 효율적 회전을 가능하게 하는 QR 물류시스템의 긍정적 효과로 가장 옳지 않은 것은? 23년 2회

① 신속한 대응
② 리드타임 증가
③ 안전재고 감소
④ 예측오류 감소
⑤ 파이프라인재고 감소

관련이론 235p

해설 ② QR시스템은 리드타임을 감소시키는 긍정적인 효과가 있다.

대표유형 더보기
- QR(Quick Response)의 효과에 대한 설명으로 가장 옳지 않은 것은? **20년 2회**

05 ③ 06 ③ 07 ② 08 ②

CHAPTER 02 주요 유통정보화 기술 및 시스템

SECTION 01 바코드

1 바코드의 이해

01 바코드 개념 및 활용

(1) 바코드(Bar Code)의 개념 `19-3`

① 영문이나 숫자, 특수글자를 기계가 읽을 수 있는 형태로 표현하기 위해 굵기가 다른 수직 막대들의 조합으로 나타내어 광학적으로 판독이 가능하도록 한 코드
② 스캐너 광원에 의해 발사되는 빛의 반사량 측정을 통해 아날로그 데이터를 전송받아 0과 1의 디지털 데이터로 이용
③ 바코드는 식별코드를 기계가 읽을 수 있도록 흑백의 막대 모양으로 표현

(2) 바코드의 구조

① Quiet Zone : 바코드의 좌우여백으로 바코드의 시작 및 끝을 명확하게 구현하기 위한 필수적인 요소
② Start Character(시작 문자), Stop Character(멈춤 문자)

시작 문자	• 심벌의 맨 앞부분에 기록된 문자 • 데이터의 입력 방향과 바코드의 종류를 바코드 스캐너에 알려주는 역할
멈춤 문자	• 바코드의 심벌이 끝을 알려주는 문자 • 양쪽 어느 방향에서든지 데이터를 읽을 수 있게 해줌

③ Check Digit(검사 문자) : 메시지가 정확하게 읽혔는지 검사하는 것으로 바코드 오류와 부정 검출
④ Interpretation Line : 사람의 육안으로 식별 가능한 정보(숫자, 문자, 기호)가 있는 바코드의 윗부분 또는 아랫부분
⑤ Bar/Space : 바코드는 넓은 바, 좁은 바와 스페이스(Space)로 구성
⑥ Inter-character Gaps : 문자 간의 스페이스

(3) 바코드의 특징 `22-2, 20-추가`

① 바코드는 응용범위가 다양하고 도입비용 저렴
② 바코드 높이가 표준 규격보다 축소된 경우에도 인식 가능
③ 기존 상품과 중량 또는 규격이 다른 경우 새로운 상품으로 간주하고 새로운 상품식별코드를 부여
④ 최적의 바코드 색상 조합은 흰색 바탕에 검은색 바이며, 컬러 색상의 조합도 인식이 가능(단, 바코드 스캐너는 적색계통의 색상을 백색으로 감지하여 백색과 적색의 색상조합은 판독 불가능)

(4) 바코드의 장단점 20-2

장 점	• 다양한 응용 범위 • 제작이 용이하고 도입 비용이 저렴 • 오독률이 낮아 높은 신뢰성 확보 • 컨베이어상에서 직접 판독이 가능하여 데이터의 수집이 신속함 • 스캐너 또는 리더기를 이용하여 상품 관련 정보를 간편하게 획득
단 점	• 인쇄된 바코드는 정보의 변경이나 추가는 불가능 • 읽기(판독)는 가능하지만 쓰기는 불가능

(5) 바코드의 활용

① 유통관리 : 거래 시 발생하는 판매·주문·수금 등의 업무를 즉각적으로 컴퓨터에 입력함으로써 모든 판매정보를 한눈에 알 수 있음

② 자재 및 창고관리 : 자재의 수급 계획부터 자재 청구, 입고, 창고 재고 및 재고품 재고 파악, 완제품 입고에 이르기까지 자재에 관련된 정보를 추적·관리

③ 근태관리 : 정확한 출퇴근 시간 및 이를 통한 급여 자료 산출, 출입에 관한 엄격한 통제가 가능

④ 출하 선적관리 : 제품의 출하 및 창고 입출고 시 그 정보를 읽음으로써 제품의 수량 파악, 목적지 식별을 신속하게 관리

⑤ 매장관리 : 판매, 주문, 입고, 재고 현황 등 각 매장의 정보를 신속하게 본사 호스트 컴퓨터로 전송 및 POS 터미널 자체 매장관리

(6) 바코드의 마킹

① 소스마킹(Source Marking) : 상품을 식별하기 위해 상품제조업체(판매원)가 상품의 생산 및 포장 단계에서 바코드를 포장지나 용기에 인쇄하는 것

② 인스토어마킹(In-Store Marking) : 소매업체 내에서 청과·생선·야채·정육 등을 포장하면서 일정한 기준에 의해 라벨을 출력하여 사람이 직접 상품에 붙이는 것

③ 소스마킹·인스토어마킹 비교 22-2, 20-추가, 20-2, 18-2

구 분	소스마킹	인스토어마킹
마킹 시점	생산 및 포장 단계	소분 포장 및 진열 단계
대상 상품	가공식품·잡화 등	주로 정육, 생선, 청과, 농산물 등
마킹 활용	전 세계적으로 사용	해당 업체에서만 사용
마킹 방법	국제적인 규격(동일상품 동일코드)	소매업체가 자유롭게 표시
판독률	판독 오류가 거의 없음	판독 시 오독 오류 있음
비용·시간	비용과 시간이 적게 소요	비용과 시간이 많이 소요

(7) 표준형(EAN-13) 바코드의 인쇄 24-1

① 상품 뒷면 오른쪽 아래 사분면에 일반적으로 바코드 인쇄
② 바코드는 백색(밝은색) 바탕에 흑색(어두운색) 바코드 권장
③ 대형상품은 바코드를 앞면과 뒷면에 각각 인쇄하여 편의성을 제공
④ 묶음 상품은 개별 상품의 바코드가 보이지 않게 하고 별도의 바코드를 부착
⑤ 구석, 접지면, 주름진 곳, 기타 고르지 않는 부위는 피하며 가능한 매끄러운 면에 인쇄
⑥ 형태가 원통형인 경우 제품을 똑바로 세웠을 때 지면과 수직(바코드 막대와 지면과 수평)이 되도록 인쇄

02 QR코드 25-2, 25-1, 24-3, 24-2, 24-1, 23-1, 22-3, 21-3, 18-1

(1) QR코드의 개념

① 1994년 일본의 덴소 웨이브(DENSO WAVE)가 표준화한 기술
② 2차원의 모자이크 무늬 바코드로 문자·숫자·이미지를 포함한 1,000개 이상의 데이터를 처리
③ 흑백 격자무늬 패턴으로 정보를 나타내며, 가로와 세로 방향 모두 정보를 표현
④ 필요한 정보를 '바로 이 자리, 지금 이 순간' 실시간으로 얻고자 하는 소비자 욕구에 즉각적으로 대응

(2) QR코드의 특징

① 작은 공간에도 인쇄 가능
② 360° 어느 방향에서나 판독이 가능
③ 오류복원 기능이 높아 정보 훼손 시 상당부분 복구 가능
④ 여러 QR코드로 나뉘어 저장된 정보를 하나의 데이터로 연결 가능
⑤ 별도의 리더기 없이 휴대폰을 리더기로 사용하여 다양한 분야에서 활용
⑥ 기존의 바코드에 비해 대용량 데이터의 저장이 가능하고, 고밀도 정보표현이 가능
⑦ QR코드를 구성하는 셀(cell)은 정보를 저장하는 공간으로 데이터의 양이 증가할수록 QR코드의 크기는 커짐

(3) QR코드의 종류

QR코드	• 모델 1 : 가장 처음 만들어진 QR코드 • 모델 2 : 모델 1을 개량하여 만들어진 QR코드
Micro QR코드	• 위치 찾기 심벌은 하나 • QR코드보다 더 작은 공간에 인쇄 가능
iQR코드	• 정방형·직사각형, 표리 반전·흑백 반전·도트 패턴으로 생성 가능 • QR코드보다 더 많은 정보량 저장 가능
Frame QR	• 코드 안에 자유롭게 사용할 수 있는 캔버스 영역이 존재 • 캔버스 영역에 문자나 화상을 넣을 수 있음

2 바코드와 국제표준

01 GS1의 이해

(1) GS1(Global Standard No.1) 23-2

① 상품 및 거래처의 식별과 거래정보의 교환을 위한 국제표준 식별코드, 바코드, 전자문서 등의 표준을 개발하고 보급·관리를 전담하고 있는 비영리 민간 국제표준기구
② 각국 GS1 코드관리기관의 회원업체정보 데이터베이스를 인터넷을 통해 연결하여 자국 및 타 회원국의 업체 정보를 실시간으로 검색할 수 있는 글로벌 기업정보 조회서비스(GEPIR)를 제공

(2) GS1 국제표준기구의 3대 사상 : 식별(Identify), 인식(Capture), 공유(Share)

① 식별표준
  ㉠ GTIN(Global Trade Item Number) : 상품 및 서비스(예 과자, 치약, 장난감)
  ㉡ SSCC(Serial Shipping Container Code) : 물류 단위(예 박스, 파렛트)
  ㉢ GLN(Global Location Number) : 회사 및 위치(예 회사, 공장, 물류창고, 매장)
  ㉣ 기타(GDTI, GMN 등)

② 인식표준

1차원 바코드	EAN/UPS(소매 상품용 바코드), ITF-14(골판지 박스용 물류 바코드), GS1-128(상품 추가정보용 바코드), GS1 DataBar(신선식품 소매용 바코드)
2차원 바코드	GS1 DataMatrix(의약품/의료기기 추가정보용 바코드), GS1 QR Code(상품마케팅 추가정보용 바코드)

③ 공유표준
  ㉠ 거래정보 공유

EDI (Electronic Data Interchange)	주문, 발송 및 송장 발행 등의 거래 데이터 전송을 위한 표준형식의 전자 메시지 교환체계
GS1 XML	인터넷에서의 정보교환을 위해 고안된 언어로, EDI 표준메시지 생성을 위해 XML을 사용
EANCOM	전자적으로 전송된 정보를 상품의 물리적 흐름과 통합하는 GS1 EDI 표준의 한 종류

  ㉡ 상품정보 공유 24-2

GDSN (Global Data Synchronization Network)	거래 파트너 간의 표준화된 제품정보 전송 및 정보의 지속적인 동기화를 도와주는 정보망
GPC (Global Product Classification)	속성에 따라 제품을 그룹화할 수 있도록 도와주는 표준화된 분류 체계
GDM(Global Data Model)	전 세계의 제품 데이터 거래를 단순화하고 조화시켜 원활한 제품 구매를 위해 제품 콘텐츠를 활용
GS1 Digital Link	바코드에 입력된 상품식별코드를 숫자들의 배열 형태가 아닌 웹 주소 형식으로 표시
GS1 Web Vocabulary	검색결과가 더 정확하고 상세한 제품정보를 제공함으로써 제품판매를 제고
GS1 Mobile Ready Hero Images	웹사이트, 모바일 기기에 제품 이미지를 배치하는 가이드라인 제공

02 바코드 표준

(1) EAN/UPC 바코드(소매/낱개 단위 상품용) 19-1
   ① 소매상품에 부여된 식별코드를 기계가 읽을 수 있도록 막대 모양으로 표현한 것
   ② 국제표준 바코드로 전 세계 어느 매장의 계산대에서도 읽히는 국제적 통용성을 가짐
   ③ UPC 바코드는 GS1로 통합되기 전 북미지역에서 사용되던 상품식별코드로 오늘날 북미지역 일부 유통업체에서 사용

(2) ITF-14 물류 바코드
   ① 물류 단위에 부여된 식별코드를 기계가 읽을 수 있도록 막대 모양으로 표현
   ② GS1이 개발한 국제표준 물류바코드로, GTIN-14코드체계(물류단위 박스)를 표시하는 데 사용
   ③ 주로 골판지 박스에 사용되며, 생산공장 · 물류센터 · 유통센터 등의 입 · 출하 시점에서 판독되는 표준바코드로 사용

(3) GS1 DataBar(데이터바)
   ① 주로 소매품(신선식품)에 부착하여 POS에서 활용이 가능한 작은 크기의 바코드
   ② 상품식별 기능만 갖는 기존 바코드와 달리 상품식별코드(GTIN) 외 유통기한, 이력코드, 중량 등 다양한 부가정보를 넣을 수 있는 바코드

(4) GS1 DataMatrix
   ① 주로 의료기기 및 의약품에 사용되는 바코드
   ② 2차원 바코드로 스캔을 위해서는 이미지 바코드 스캐너가 필요
   ③ 상품의 이동, 추적, 보관, 생산관리 등에서 요구되는 다양한 속성 정보를 GS1 응용식별자를 활용하여 표현 가능

3 상품식별코드

01 상품식별코드 이해

(1) 상품식별코드 개념 25-2
   ① 상품을 식별하기 위해 사용되는 번호 체계
   ② 표준상품식별코드는 상품을 식별하기 위한 상품 고유의 번호
   ③ 표준상품식별코드가 바코드에 입력되면 GS1표준 바코드가 생성됨
   ④ 표준상품식별코드를 이용하면 판매정보관리 · 입출고 · 재고관리 · 주문 · 판매 분석 등이 보다 효율적으로 가능
   ⑤ GS1 표준상품식별코드는 전 세계적으로 널리 사용되는 '사실상의(de facto)' 국제표준

(2) 표준형 상품식별코드(GTIN-13)의 체계 20-추가, 18-2

① 일반상품

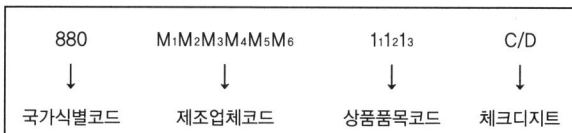

[GTIN-13 '표준형'의 체계]   [바코드의 심벌]

- ㉠ 국가식별코드(3자리) : 첫 3자리 숫자는 국가를 식별하는 코드, 대한민국은 880으로 시작
- ㉡ 제조업체코드(6자리)
  - 제품을 제조하거나 판매하는 업체에 부여하며, 업체별로 고유코드가 부여되기 때문에 같은 코드가 중복되지 않음
  - 일반적으로 6자리 코드가 부여되나 업종에 따라 4자리(예 의약품), 5자리 코드(예 의료기기)가 부여
- ㉢ 상품품목코드(3자리) : 제조업체코드 다음의 3자리는 제조업체코드를 부여받은 업체가 자사에서 취급하는 상품에 임의적으로 부여하는 코드
- ㉣ 체크디지트(1자리) : 스캐너에 의한 판독 오류를 방지하기 위해 만들어진 코드로, 바코드가 정확하게 구성되어 있는가를 보장

② 의약품
- ㉠ 표준형 상품식별코드(GTIN-13) 부착
- ㉡ 일반상품과는 달리 상품코드 영역 일부는 건강보험심사평가원에서 부여
- ㉢ 보건복지부는 의약품 포장 단위마다 고유번호를 부여하는 '의약품 일련번호 제도'를 시행

(3) 상품식별코드의 부여 25-1, 21-2, 19-2

신규상품 출시	• 새로운 기능(예 Wi-Fi, 스트리밍 기능)이 추가된 TV • 기존제품에서 새로운 향이나 맛이 추가된 아이스크림 • 현재 한국어로 된 포장을 영어로 된 포장으로 바꾼 제품 • 생산 연도가 바뀌면 신제품 또는 별개의 제품으로 취급되는 와인 • 사이즈가 여럿인(예 S, M, L) 티셔츠 신제품(스타일, 색, 사이즈가 다르면 서로 다른 제품으로 간주해 다른 상품식별코드를 부여)
기존상품의 변경	• 제품 규격이 20% 이상 변경된 제품 • 제품의 브랜드(상표)명이 변경된 제품 • 제품에 무료 증정용 사은품이 추가된 제품 • 시즌 행사용으로 제품 포장 디자인이 바뀐 제품 • 규격 변경 없이 포장 안에 든 제품 양(내용량)이 변경된 제품

02 식별 표준

(1) GTIN(국제거래단품식별코드) 24-1, 22-3

① 국제적으로 거래되는 단품을 식별하기 위해 GS1이 만든 코드
② 기업에서 자사의 *거래단품을 고유하게 식별하는 데 사용하는 국제표준상품코드
* 거래단품(trade item) : 공급망상에서 가격이 매겨지거나 주문단위가 되는 상품
③ GTIN의 유형

GTIN-8	소형상품에 사용되는 단축형 상품식별코드(8자리)
GTIN-12	북미지역에서 사용되는 상품식별코드(12자리)
GTIN-13	전 세계에서 널리 사용되고 있는 표준형 상품식별코드(13자리)
GTIN-14	주로 포장된 골판지 박스에 사용되는 표준물류 식별코드(14자리)

(2) 응용식별자 22-1

① 바코드에 부가정보 입력 시 부가정보의 종류와 형식을 지정해 주는 일종의 지시자로 부가정보 바로 앞에 표시하는 2~4자리의 숫자
② 배치/로트번호, 생산일자, 유통기한, 일련번호, 규격, 수량 등 여러 가지 상품 부가정보를 GTIN(식별코드)과 함께 바코드로 표시하는 데 사용
③ 국제표준으로 GS1-128, GS1 DataMatrix, GS1 DataBar에서 사용 가능

(3) 기 타 25-1

① 수송용기일련번호(SSCC ; Serial Shipping Container Code) : 박스나 파렛트와 같은 물류 단위를 식별하기 위해 사용하는 국제표준물류코드
② GSIN(Global Shipment Identification Number) : 운송에 대한 식별 코드
③ GINC(Global Identification Number for Consignment) : 해상 컨테이너로 함께 운송되는 물류 단위 즉 컨테이너 적하물에 대한 식별 코드
④ GRAI(Global Returnable Asset Identifier) : 재활용 또는 판매가 가능한 자산에 대한 식별 코드
⑤ GDTI(Global Document Type Identifier) : 문서에 대한 식별 코드
⑥ 내부관리자코드 : GS1 식별코드 중 하나로 특정 목적을 위해 내부(국가, 기업, 산업)용으로 사용되는 코드로 주로 가변규격상품이나 쿠폰의 식별을 위해 사용

03 우리나라의 산업별 표준코드

(1) 의약품 표준코드(KD코드 ; Korea Drug Code) 23-3

① 의약품을 식별하기 위하여 고유하게 설정된 번호
② 국가식별코드, 의약품품목허가를 받거나 품목신고를 한 자 및 의약품수입자의 식별코드, 품목코드 및 검증번호를 포함한 13자리 숫자
③ GTIN-13, GS1-128 등이 사용

(2) UDI(Unique Device Identification) 23-1
① 의료기기를 고유하게 식별할 수 있는 체계
② 우리나라는 2019년 7월부터 적용되어 현재는 모든 등급의 의료기기에 UDI가 적용
③ UDI 코드는 기본 포장(base package)에서부터 상위 포장(higher levels of packages) 모두에 개별로 부여하여 각각의 포장 단위에 새로운 UDI 코드를 생성

SECTION 02 POS시스템

1 POS시스템의 이해

01 POS(Point Of Sales)시스템의 개념 및 특징

(1) POS시스템의 개념 20-추가
① 판매시점정보관리시스템을 말하는 것으로, 판매장의 판매 시점의 정보를 실시간으로 취합해서 관리할 수 있도록 지원하는 시스템
② POS시스템에서는 상품별 판매정보가 컴퓨터에 보관되고, 그 정보는 발주, 매입, 재고 등의 정보와 결합하여 필요한 부문에 활용

(2) POS시스템의 구성기기 19-1

POS단말기	매장에 설치가 되어 있는 POS터미널(terminal)로서 금전등록기의 기능과 통신 기능을 함
바코드 스캐너 (Bar Cord Scanner)	상품에 인쇄된 바코드를 자동으로 판독하는 장치
스토어 컨트롤러 (Store Controller) 21-1	• 메인 서버(main server)로서 매장의 판매정보를 POS터미널로부터 전송받으며, 스토어 컨트롤러는 판매, 재고, 구매파일 등을 갱신하고 기록하는 기능을 담당 • 상품명, 가격, 구입처, 구입가격 등 모든 상품 관련 정보가 데이터베이스화 되어 있는 상품마스터 파일이 저장됨 • 점포가 체인본부나 제조업체와 연결되어 있는 경우 스토어 컨트롤러에 기록된 각종 정보를 본부 주컴퓨터와 송수신

(3) POS시스템의 특징 24-2, 22-3, 21-2, 20-2, 19-2
① 판매정보의 입력을 쉽게 하기 위해 상품포장지에 고유 마크나 바코드를 인쇄 또는 부착시켜 스캐너를 통과할 때 해당 상품의 각종 정보가 자동으로 입력
② 상품별 판매정보가 컴퓨터에 보관된 발주, 매입, 재고 등 정보와 결합, 필요한 부문에 활용
③ 수집된 데이터가 즉시 분석되는 리얼타임방식으로 실시간으로 재고 파악 가능
④ 상품 판매동향 분석을 통해 인기제품, 비인기 제품을 신속하게 파악 가능

02 POS시스템의 활용

(1) POS시스템의 운용 과정

① 상품 정산 시 계산대에 있는 직원이 스캐너를 이용하여 상품바코드를 판독
② 판매관련 정보가 스캐너에서 POS터미널로 전송된 후 다시 스토어 컨트롤러에 전송됨
③ 스토어 컨트롤러에 상품명, 가격, 재고 등의 각종 파일이 있어서 송신된 자료를 처리·가공
④ POS터미널로부터 스토어 컨트롤러에 수집된 판매정보(예 단품별 정보, 고객정보, 가격정보, 매출정보 등)를 다시 POS터미널로 전송
⑤ POS터미널에서는 고객에게 영수증 발급, 판매상황을 감사테이프에 기록, 고객용 표시장치에는 상품의 구입가격이 표시됨
⑥ 영업 종료 후 스토어 컨트롤러는 영업 당일의 상품별 목록, 발주상품별 목록 등의 각종 표 작성(영업 중에도 판매상황 및 각종 판매정보 확인 가능)

(2) POS시스템 수집 데이터 `22-1, 20-추가`

① **기본데이터** : 연, 월, 일, 시간별 데이터, 점별·부문별 데이터, 상품코드별, 판매실적 데이터, 고객별 데이터, 거래와 지불방법 등
② **원인데이터** : 상품·점포·상권 특성, 판촉·매체·매장 연출, 판매대별 데이터, 담당자별 데이터, POS 데이터, POR 데이터, SA 데이터 등

(3) POS시스템 활용 분야 `19-2`

활용 분야	목 적	필요한 분석
상품구성계획	• PB(Private Brand) 상품계획 • 인기 상품, 비인기 상품관리 • 새로운 상품 도입과 평가	• 시간대별 매출을 분석
발주 및 재고관리	• 발주를 권고 • 자동으로 보충 발주 • 판매량을 예측	• 적정 발주량을 산출 • 판매 요인을 분석
진열관리	• 페이싱 계획 • 매장배치 계획	• 장바구니 분석 • 판매대 칼라차트 분석 • 플래노그램 분석
매출관리	• 부문별 매출 • 매출 총수익 관리 • 시간대별 매출을 관리	• 시간대별 매출을 분석
판촉계획	• 적절한 판촉 활동 • 적정한 매매가 결정	• 판촉 효과 분석 • 매매가 탄력성 분석 • 판매단가 및 판매량의 상관관계 분석
고객관리	• 적절한 DM(Direct Message) • 서비스 데스크 • 지역 마케팅	• 구매 빈도를 분석 • 지역별 판매 분석 • 연령별 판매 분석
직원관리	• 계산원 관리 • 자금계획의 자동화	• 계산원별 생산성을 분석

(4) POS시스템의 도입 효과 24-3, 23-3, 21-3, 21-1, 20-2, 18-3, 18-2

① 유형별 POS시스템 도입 효과

계산·판매업무 노동력 절감	데이터 수집능력 향상	점포 운영의 합리화
• 계산시간의 단축 • 피크타임 시 처리시간 단축 • 등록오류 감소 • 판매원 교육시간 단축 • 정산시간의 단축 • 매출전표 삭감 • 현금관리의 합리화	• 정보발생시점에서 자료수집 가능 • 정보의 신뢰성 향상 • 컴퓨터 입력 작업의 노동력 감소 • 데이터 수집의 생력화·신속화	• 판매대관리 생산성 향상 • 가격표 부착 작업 감소, 가격변환 작업의 신속화 • 현금보유고 수시파악 • 검수데이터 입력작업 생력화 • 전표삭감 • 점포 사무작업의 간소화

② 소매업체의 POS시스템 도입 효과

Hard Merit (직접효과)	• 계산대의 작업능률 향상으로 고객대기시간 감소 및 인건비 절감 • 상품명이 명기된 영수증 발행과 가격표 부착작업의 절감 • 입력누락, 반복입력 등과 같은 입력오류 감소 • 판매원 교육 및 훈련시간 단축과 고객 및 계산원의 부정방지 • 전자주문시스템(EOS)과 연계하여 신속한 주문처리 • 점검 및 정산처리, 점포사무작업 간소화로 점포운영의 합리화
Soft Merit (간접효과)	• 재고파악 용이 및 품절 방지와 적정 매가관리 • 단품관리로 고수익상품의 조기 파악 및 잘 팔리지 않는 상품의 신속 제거 • 효율적인 상품구색 및 진열 관리와 점포운영 관련 데이터 획득 • 판촉 및 신상품에 대한 평가와 판매목표 달성률 측정 가능 • 시간대별 판매전략 수립과 기회손실 최소화를 통한 매출의 극대화 • 고객정보 파악에 의한 고객관리와 상품의 매출정보를 쉽게 파악 가능

2 POS시스템과 연계 가능한 정보기술

01 자동발주시스템(CAO ; Computer Assisted Ordering)

(1) CAO의 개념

상품판매대의 재고가 소매점포에서 설정한 기준치 이하로 떨어지면 자동으로 보충주문이 발생하는 시스템

(2) CAO 운영 조건 18-2

① 유통업체와 제조업체가 규격화된 표준문서를 사용해야 함
② 유통업체와 제조업체 간 컴퓨터 소프트웨어나 하드웨어 간 호환성이 결여될 때는 EDI문서를 표준화해야 함
③ 제조업체는 유통업체의 구매관리, 상품정보를 참조하여 상품 보충계획 수립을 파악하고 있어야 함
④ 유통업체는 제품의 생산과 관련된 정보, 물류관리, 판매 및 재고관리 수준을 파악하고 있어야 함

(3) CAO의 특징

① 자동화된 주문관리로 수요관리 효율성 도모
② 컴퓨터를 이용한 통합 분석 후 자동으로 주문서 작성
③ 판매단위를 기본으로 한 수량관리로 단품관리가 쉬워져 판매예측과 판매결과 차이 최소화

02 공급자 주도형 재고관리(VMI ; Vendor Managed Inventory)

(1) VMI 개념 `24-1, 22-2, 19-2`

① 공급업체와 구매업체의 재고관리 영역에서 구매업체가 가진 재고 보충에 대한 책임을 공급업체에게 이전하는 전략
② 구매자가 보유한 재고의 소유권을 제품이 판매되는 시점에 구매자에게 이전하는 전략
③ 제품의 생산 및 재고에 관한 의사결정을 고객이 아니라 공급자가 수행하도록 하는 방식으로 수요 예측의 변동성 감소

(2) VMI의 목적 `22-1`

① 고객서비스 향상
② 재고회전율 향상
③ 재고 정확성의 제고
④ 비즈니스 가치 증가
⑤ 공급자와 구매자의 공급사슬 운영의 원활화

(3) VMI의 운영 조건

① 자재창고의 재고정보가 정확해야 함
② 자재코드의 체계화(표준화)가 되어 있어야 함
③ 생산계획 대(對) 실적의 전산시스템화가 되어야 함
④ 정보인프라 구축을 통한 실판매정보의 공유가 이루어져야 함

SECTION 03   EDI

1 EDI의 이해

01 EDI(Electronic Data Interchange)

(1) EDI의 개념 `22-1`

① **전자문서교환 방식** : 거래업체 간 상호 합의된 전자문서 표준을 이용하여 컴퓨터 간에 구조화된 데이터를 교환하는 기술
② 통신 링크를 통해 한 컴퓨터 애플리케이션에서 다른 컴퓨터 애플리케이션으로 사전 정의된 형식의 전자 데이터를 전송하는 방법
③ 국내기업 간 거래는 물론 국제무역에서 각종 서류의 신속·정확한 전송이 가능하여 시간·비용 절감, 제품 주문·생산·납품·유통 전 단계에서 생산성을 획기적으로 향상시킴

(2) EDI의 구성요소 24-1, 23-3, 21-3

① EDI 표준(Standard)
  ㉠ 사용자 간 교환되는 전자문서의 내용, 구조, 통신방법 등에 관한 양식 및 구문을 정한 규칙
  ㉡ 일반적으로 EDI는 국제연합이 중심이 되어 만든 UN/*EDIFACT의 표준을 따름
  *EDIFACT : 여러 행정, 상업 및 운송을 위한 전자 자료 교환

② EDI 사용자 시스템
  ㉠ 실제 사용자가 전자문서 작성 및 송수신을 쉽게 처리할 수 있도록 도와주는 하드웨어, 소프트웨어 등을 의미
  ㉡ 변환 소프트웨어 : 기업 내부 데이터를 EDI 표준형식으로 변환하여 거래기업 간 상호 데이터의 인식 가능
  ㉢ 통신 소프트웨어 : 정해진 표준에 따라 전자문서를 송수신하는 소프트웨어

③ 통신 네트워크
  ㉠ 전자문서를 주고받기 위한 물리적인 통신망을 의미
  ㉡ 일반적으로 부가가치통신망(VAN) 또는 제3자 통신망인 전용망을 이용

④ EDI 거래약정(I/A) : 서로 다른 업무환경을 가진 거래 상대방과의 자료교환에 있어서 합의내용과 책임관계, 법률적 문제 등을 명확하게 하는 사전 합의 약정

(3) EDI 장단점 22-2, 21-1

장점	• 주문과 데이터 관리의 신속화 • 독립적인 데이터베이스의 구축이 가능 • 거래 상대방과 정보공유로 협력관계를 촉진 • 서류 없는 업무환경으로 오류감소 및 비용절감 • 주문사이클 시간의 감소에 의한 필요 재고를 감소 • 수작업 감소로 인한 오류를 최소화하고 사무인력의 생산성을 증대
단점	• 주문내용 변경에 대한 유연성이 저하 • 거래 당사자끼리만 통신망을 통해 사용이 가능 • 시스템 운영비용과 VAN 회선의 유지비가 증가 • 다른 EDI 프로토콜을 사용하는 기업 간에는 통합적 EDI 실행이 극히 제한

(4) EDI 도입 효과 24-2

① 고객관계의 증진
② 문서거래시간의 단축, 자료의 재입력 방지
③ 주문사이클 시간의 감소에 의한 필요 재고 감소
④ 서류 없는 업무환경으로 오류감소 및 비용절감 효과
⑤ 표준화와 암호화로 조직 내 또는 조직 간 연결성 높임

(5) 웹-EDI 24-3, 20-3

① 전용망인 부가가치 통신망(VAN)을 사용하는 대신 공중망인 인터넷 통신망과 웹 기술을 사용하여 서비스되는 발전된 전자자료교환(EDI) 시스템
② 사용자가 특정문서의 구조를 만들어 사용할 수 있기 때문에 타 업무 프로그램과의 연계가 용이
③ 지역이나 업종, 시스템에 관계없이 사용자들 상호간에 정보 교환이 가능
④ 기존의 부가통신사업자(VAN)를 이용하면 비싼 통신망 이용료를 지불해야하나 웹-EDI는 복잡한 EDI 인프라 구축 없이도 활용 가능

02 EDI 기반 기술

(1) **부가가치 통신망(VAN ; Value Added Network)**

회선을 직접 보유하거나 통신사업자의 회선을 임차 또는 이용하여 단순한 전송기능 이상의 부가가치를 부여한 정보를 제공하는 광범위하고 복합적인 서비스

(2) **CALS(Computer Aided Acquisition Logistics Support)**

① 제품생산에서 폐기까지의 전 과정에서 발생하는 모든 정보를 실시간으로 디지털화하고 데이터를 통합하여 제조업체·협력업체 등 관련 기업들이 단일 통신망으로 공유하는 첨단경영시스템

② 제품의 설계, 제작 과정과 보급, 조달 등 운용과정의 컴퓨터 정보통합 자동화로부터 개념이 확대되어 최근에는 광속교역(Commerce At Light Speed)으로까지 발전되고 있음

③ 미국 국방성은 민간으로부터 필요한 군수 물자를 조달받기(B2G방식) 위해 만든 전자입찰시스템인 CALS를 구축하여 활용

(3) **인터넷** 18-1

① 인터넷의 개념
  ㉠ 단일 컴퓨터상에서 이루어졌던 정보처리 업무의 한계를 극복하기 위해 등장
  ㉡ 여러 통신망들이 합쳐서 만들어진 네트워크의 네트워크
  ㉢ 정보의 바다(sea of information)라고도 하며 전 세계 수많은 컴퓨터들이 TCP/IP라는 통신규약으로 연결되어 있는 거대한 통신망

② 인터넷 서비스 종류 21-2, 19-3
  ㉠ 텔넷(telnet) : 네트워크상의 시스템 사용자가 자기 시스템의 자원에 접속하는 것처럼 원격지에 있는 다른 시스템에 접속할 수 있게 지원하는 서비스
  ㉡ 파일전송프로토콜(FTP ; File Transfer Protocol) : 대량의 파일을 주고받을 때 사용하는 파일 전송 전용 서비스
  ㉢ 고퍼(Gopher) : 정보의 내용을 주제별이나 종류별로 구분하고, 메뉴로 구성하여 사용할 수 있는 방식인 인터넷 정보검색 서비스
  ㉣ 유즈넷(Usenet) : 특정한 주제나 관심사에 대해 의견을 게시하거나 관련 분야에 대한 그림, 동영상, 실행파일, 데이터파일 등의 자료를 등록할 수 있는 전자게시판의 일종
  ㉤ 웹(Web) : 인터넷상에서 쉽게 정보를 찾을 수 있도록 고안된 세계적인 인터넷망으로, *HTTP프로토콜을 사용하기 위한 인터페이스

  *HTTP : 인터넷 프로토콜 웹브라우저가 URL을 이용하여 웹 페이지를 요구하고 보여주기 위한 통신규약

③ 인트라넷(Intranet) 19-3
  ㉠ 어떠한 조직 내에 속해 있는 사설 네트워크
  ㉡ 조직의 정보와 컴퓨팅 자원을 구성원들 간에 서로 공유하도록 지원
  ㉢ 개인별 사용자 ID와 암호를 부여하여 인증되지 않은 사용자로부터의 접근을 방지
  ㉣ 공중 인터넷에 접속할 때는 방화벽 서버를 통과

④ 엑스트라넷(Extranet) 18-3
  ㉠ 기업들 간에 보안문제를 걱정하지 않고 전용망처럼 활용할 수 있는 인터넷
  ㉡ 승인된 제조업체, 공급업체, 협력업체, 고객 또는 다른 비즈니스 업체들과 안전하게 정보를 공유할 수 있도록 지원
  ㉢ 내부 사용자나 외부 사용자에게 사용 환경의 차이만 있을 뿐 데이터를 공유하도록 지원
⑤ 인터넷, 인트라넷, 엑스트라넷의 비교

구 분	인터넷	인트라넷	엑스트라넷
접 속	공개적	비공개적	반공개적
사용자 제한	없 음	특정 기업(집단) 내 소속원	고객, 공급자, 사업 파트너 등
응 용	• 정보 공유 • 정보 검색 • 선전, 광고 • 유즈넷	• 기업 내 정보 및 자원 공유 • 내부 의견교환 • 교육/훈련	• 수주/발주 • 제품 카탈로그 • 비공개 뉴스그룹 • 공동 프로젝트의 공동관리

2 웹(Web)

01 웹(Web)의 진화

(1) 웹 1.0
  ① 온라인 커뮤니티가 단순한 정보를 제공하는 데 머무르며, 사람들은 인터넷에서 생산자의 콘텐츠를 소비
  ② 생산자가 이용자에게 일방적으로 콘텐츠 제공, 이용자는 콘텐츠 소비자

(2) 웹 2.0
  ① 웹 2.0의 의의 : 정보의 개방을 통해 인터넷 사용자 간의 정보공유와 참여를 이끌어내고, 이를 통해 정보의 가치를 지속적으로 증대
  ② 웹 2.0의 기반기술 25-1, 23-3
    ㉠ 폭소노미(Folksonomy) : 자유롭게 선택된 일종의 태그인 키워드를 사용해 구성원들이 함께 정보를 체계화하는 방식
    ㉡ UCC(User Created Contents) : 사용자들이 웹 콘텐츠의 생산자인 동시에 소비자로서의 역할을 가능하게 하여 참여와 공유를 지원
    ㉢ 매시업(Mashup) : 웹상에서 웹서비스 업체들이 제공하는 다양한 정보(콘텐츠)와 서비스를 혼합하여 새로운 서비스를 개발
    ㉣ API(Application Programming Interface) : 응용 프로그램에서 사용할 수 있도록 컴퓨터 운영체제나 프로그래밍 언어가 제공하는 기능을 제어할 수 있도록 만든 인터페이스
    ㉤ RSS(Rich Site Summary, Really Simple Syndication) : '풍부한 사이트 요약' 또는 '간단한 배급'을 의미하는 것으로, 웹 공간에서 콘텐츠 공유를 촉진하며 특정 사이트에서 새로운 정보가 있을 때 자동적으로 받아볼 수 있는 콘텐츠 배급방식

(3) 웹 3.0 `23-1`
  ① 의의 : 지능화된 웹이 이용자에게 맞춤형 콘텐츠 및 서비스를 제공하여 원하는 정보, 직관적인 경험을 제공
  ② 시맨틱 웹(Semantic Web) `23-3, 22-3`
    ㉠ 의미론적인 웹을 뜻하며 기계가 인간들이 사용하는 자연어를 이해하고 상황과 맥락에 맞는 맞춤형 정보를 제공
    ㉡ 사람의 머릿속에 있는 언어에 대한 이해를 컴퓨터 언어로 표현하고 이것을 컴퓨터가 사용할 수 있게 만드는 것
    ㉢ 페이지에 담긴 내용을 이해하고 개인 맞춤형 서비스를 제공받아 지능화된 서비스를 제공하는 웹 3.0의 기반

02 웹언어

(1) XML `20-추가, 19-1`
  ① 다른 목적의 마크업 언어를 만드는 데 사용되는 다목적 마크업 언어
  ② 데이터를 저장하고 전달하는 것이 주요 기능으로 서로 다른 시스템 간 다양한 종류의 데이터를 쉽게 교환 가능
  ③ 표준 SGML과 HTML의 장점을 취한 언어로 HTML과 달리 규정된 태그만 사용하는 것이 아닌 사용자가 원하는 태그를 만들어 응용 프로그램에 적용 가능

(2) 기 타
  ① CGI : 서버와 외부 데이터, 응용 프로그램 간의 인터페이스 정의
  ② 마크업 언어 : 웹 서버에 저장된 문자, 그림, 표, 음성, 동영상 등을 모두 포함한 문서를 클라이언트가 다운로드 받아 웹브라우저에서 표현

SECTION 04 QR시스템

1 QR(Quick Response)시스템의 개념

01 QR시스템의 개념 `24-3, 23-3, 22-2, 21-2, 20-3, 19-2`
  ① 1980년대 중반 미국의 패션 어패럴 산업에서 공급망에서의 상품흐름을 개선하기 위하여 상호협력하면서 시작
  ② 시간기반 경쟁의 장점을 성취하기 위해 빠른 대응 시스템을 개발하는 것
  ③ 소매업자와 제조업자의 정보공유를 통해 효과적으로 원재료를 충원하고, 제품을 제조하고, 유통함으로써 효율적인 생산과 공급체인의 재고량을 최소화시키려는 전략
  ④ 생산에서 유통까지 표준화된 전자거래체제를 구축하고, 기업 간의 정보공유를 통한 신속 정확한 납품, 생산·유통기간의 단축, 재고감축, 반품손실 감소 등을 실현하는 정보시스템

02 QR시스템의 도입효과 23-2, 21-1, 20-추가, 20-2

① **시간과 비용의 절감** : 유통의 흐름을 한번에 파악할 수 있어 불필요한 시간과 비용을 절약
② **제품원가의 절감** : 유통상에서 발생하는 불필요한 요소 제거와 시간단축으로 제품원가 절감 가능
③ **재고부담 감소** : 정확한 생산계획에 의한 생산관리로 낮은 수준의 재고유지 가능
④ **소비자 위주의 제품생산** : 기업 간 정보공유를 바탕으로 소비동향을 분석하고 고객의 요구를 신속히 반영 가능
⑤ **리드타임 단축** : 시스템의 프로세싱 시간이 빨라져 기업의 원자재 조달에서부터 상품이 소매점에 진열되기까지 총 리드타임 단축
⑥ **정보의 공유** : 기업이 필요로 하는 각종 정보를 공유함으로써 안으로는 내수시장의 활성화와 밖으로는 외국기업에 대항할 수 있는 경쟁력 확보
⑦ **효율적 체제 구축** : 거래기업 간의 파트너십을 기반으로 한 공동상품계획, 시장수요 예측정보의 공유, 공동상품 개발, 효율적인 공급망관리(SCM)의 체제를 구축
⑧ **정확성 및 신속성 향상** : 전표 등을 EDI로 처리하여 정확성 및 신속성 향상

2 QR(Quick Response)시스템의 활용

01 QR시스템의 성공요소

① **파트너십의 형성** : 생산-유통 관계의 거래당사자들이 협력
② **고객만족도 향상** : 소비자에 대하여 적절한 상품을 적절한 장소에, 적시에, 정량을, 적정한 가격으로 제공
③ **테크놀로지의 이용** : 공동상품 코드에 의한 소스마킹(Source Marking), 전자문서교환(EDI), 이를 지원하는 바코드, 정보 DB 등의 정보처리기술을 활용
④ **낭비의 제거** : 생산·유통기간의 단축, 재고의 삭감, 투매·반품·손실(Loss)의 감소 등 생산유통의 각 단계에서 합리화를 실현
⑤ **공동이익** : 생산자, 유통관계자, 소비자가 성과를 나눔

02 QR 성공사례(의류브랜드 지오다노)

① **공급체인 낭비요소의 제거** : 고객의 수용정보를 신속하게 입수, 공유하여 공급체인상의 거래 기업들이 즉각적인 수요대응 체계 구축
② **경쟁 산업육성 전략** : 정보를 공유할 수 있는 시스템 구축과 소비자 수요에 즉각 대응할 수 있는 파트너십 구축
③ **상호 협력관계 구축** : 정보교환 기본기술과 상품DB를 공유하는 정보통신시스템 구축
④ **국제표준 사용** : QR을 지원하는 시스템을 활용한 상품 및 제품의 자동보충 체계와 공급체인 각 관계에서 리드타임 단축 등에 관한 방안을 구체적으로 실현

출제지문 퀴즈로 핵심체크!

SECTION 01 바코드

01 22-2, 20-추가
[O X] 바코드에는 국가식별코드, 제조업체코드, 상품품목코드 등에 대한 정보가 저장되어 있다.

02 22-2
[O X] 소스마킹은 과일이나 농산물에 주로 사용된다.

03 25-1
[O X] 바코드가 1차원 코드라면, QR코드는 2차원 코드이다.

SECTION 02 POS시스템

01 20-추가
(　　　　　)시스템은 소비자에게 판매될 시점의 데이터를 실시간으로 수집할 수 있도록 기능을 지원한다.

02 24-2
[O X] POS시스템은 상품 판매정보만 관리하기 때문에 고객분석에는 활용되지 않는다.

03 21-2
[O X] 스캐너(scanner)는 POS시스템에서 바코드의 정보를 인식하는 출력장치이다.

SECTION 03 EDI

01 21-3
[O X] EDI 시스템은 데이터를 효율적으로 교환하기 위해 전자문서표준을 이용해 데이터를 교류하는 시스템이다.

02 25-1
(　　　　　)은/는 여러 행정, 상업 및 운송을 위한 전자 자료 교환이라는 뜻이다.

03 20-3
[O X] EDI 사용은 문서 거래시간의 단축, 자료의 재입력 방지, 업무처리의 오류감소 등의 직접적 효과가 있다.

04 20-3
[O X] 웹 EDI는 복잡한 EDI 인프라 구축 없이도 활용 가능하다.

SECTION 04 QR시스템

01 23-3
(   )시스템은 시간 기반 경쟁의 장점을 성취하기 위해 빠르게 대응하는 시스템을 개발하는 것이다.

02 22-2
[O X] QR시스템은 1980년대 중반 미국의 의류업계와 유통업체가 상호 협력하면서 시작되었다.

03 23-2
[O X] QR 물류시스템으로 인한 리드타임은 증가하는 경향이 있다.

04 20-2
[O X] QR은 제품 재고를 창고에 저장해 미래 수요에 대비하는 데 도움을 제공한다.

정답 및 해설

SECTION 01
01 ○
02 × ▶ 인스토어마킹에 대한 설명이다. 소스마킹은 가공식품·잡화 등에 주로 사용된다.
03 ○

SECTION 02
01 POS
02 × ▶ 판매 시점 정보로 수집되는 데이터에는 매출 데이터, 점별 판매량, 시간별 데이터, 지불방법, 고객속성 및 분석 등의 기본데이터를 포함한다.
03 × ▶ 스캐너(scanner)는 바코드(barcode)나 OCR 태그(광학식 문자해독 장치용 가격표) 등을 읽어서 가격을 자동 계산하는 동시에 상품에 대한 정보를 수집하는 입력장치이다.

SECTION 03
01 ○
02 EDIFACT
03 ○
04 ○

SECTION 04
01 QR
02 ○
03 × ▶ QR 물류시스템은 신속한 대응으로 리드타임을 감소시키는 효과가 있다.
04 × ▶ QR시스템은 적정 수요량 예측으로 재고량이 감소하고 재고를 효율적으로 관리하여 상품의 품절을 방지할 수 있다.

테마로 푸는 필수 기출문제

THEME ❶ 바코드

바코드의 기본적인 구조와 특징에 대해 정리하고 넘어가는 것이 좋다. 최근에는 바코드 중 QR코드에 관한 문제가 빈출되고 있어 QR코드의 특징 및 종류에 관해 정리가 필요하다.

01 24년 2회

QR코드에 대한 설명으로 가장 옳지 않은 것은?

① QR코드는 일본 도요타 자동차의 자회사 덴소 웨이브가 표준화한 기술이다.
② Micro QR코드의 가장 큰 특징은 위치 찾기 심볼이 하나인 것이며, QR코드보다 더 작은 공간에 인쇄할 수 있다.
③ iQR코드는 종래의 QR코드보다 더 많은 정보량을 저장할 수 있다.
④ QR코드는 오류복원 기능을 가지고 있어서 일부 코드가 손상되더라도 데이터를 복원할 수 있다.
⑤ 데이터의 양이 증가해도 QR코드를 구성하는 셀(cell)은 정해져 있기 때문에 QR코드의 크기는 일정하다.

02 20년 2회

바코드(Bar code)에 대한 설명으로 가장 옳지 않은 것은?

① 바코드는 바와 스페이스로 구성된다.
② 바코드는 상하좌우로 4곳에 코너 마크가 표시되어 있다.
③ 바코드는 판독기를 통해 바코드를 읽기 위해서는 바코드의 시작과 종료를 알려주기 위해 일정 공간의 여백을 둔다.
④ 바코드 시스템은 체계적인 재고관리를 지원해준다.
⑤ 바코드 시스템 구축은 RFID 시스템 구축과 비교해, 구축비용이 많이 발생한다.

03 20년 추가

바코드마킹과 관련된 설명 중에서 가장 옳은 것은?

① 제조업체가 생산시점에 바코드를 인쇄하는 것은 인스토어마킹이다.
② 소매상이 자신의 코드를 부여해 부착하는 것은 소스마킹이다.
③ 소스마킹은 생산시점에서 저렴한 비용으로 바코드 부착이 가능하다.
④ 인스토어마킹은 업체간 표준화가 되어 있다.
⑤ 인스토어마킹은 동일상품에 동일코드가 지정될 수 있다.

04 21년 2회

GS1 표준 식별코드에 대한 설명으로 가장 옳지 않은 것은?

① 식별코드는 숫자나 문자(또는 둘의 조합)의 열로, 사람이나 사물을 식별하는 데 활용
② 하나의 상품에 대한 GS1 표준 식별코드는 전 세계적으로 유일
③ A아이스크림(포도맛)에 오렌지맛을 신규상품으로 출시할 경우 고유 식별코드가 부여되어야 함
④ 상품의 체적정보 또는 총중량의 변화가 5% 이하인 경우 고유 식별코드를 부여하지 않음
⑤ 상품 홍보 또는 이벤트를 위해 특정기간을 정하여 판매하는 경우는 고유 식별코드를 부여하지 않음

05

아래 글상자에서 설명하는 내용으로 가장 옳은 것은?

> 모자이크무늬의 바코드를 말하며, 스캔 애플리케이션을 통하여 카메라로 손쉽게 인식이 가능해 고객의 즉각적인 참여를 유도하고 반응을 이끌어낼 수 있다. Nowism으로 표현되는 필요한 정보를 '바로 이 자리 지금 이 순간'에 실시간으로 얻고자 하는 현재 소비자들의 욕구에 즉각적으로 대응할 수 있다.

① QR코드
② ITF-14
③ GTIN-14
④ GS1-128
⑤ GS1 DataBar

06

우리나라의 바코드(EAN-13) 인쇄에 관한 내용으로 가장 옳지 않은 것은?

① 바코드는 백색 바탕에 흑색 바코드를 권장하는 등 주로 밝은색 바탕에 어두운색 바를 사용할 것을 권장한다.
② 일반적인 경우 상품 뒷면 오른쪽 아래 사분면에 인쇄하도록 하며 어떠한 판독 방해물도 없도록 한다.
③ 묶음 상품인 경우 개별 상품의 바코드가 반드시 보이도록 하고, 별도의 바코드를 부착한다.
④ 구석, 접지면, 주름진 곳은 피하고, 가능한 매끄러운 면에 인쇄한다.
⑤ 형태가 원통형인 경우 제품을 똑바로 세웠을 때 측면에 인쇄하되 바코드 막대가 지면과 수평이 되도록 인쇄한다.

THEME ❷ POS시스템

출제 빈도가 매우 높은 유형이므로 운용과정, 도입 및 활용효과, 수집되는 데이터의 종류, 데이터의 활용단계 등에 대해 세부적으로 학습해야 한다.

07

POS시스템에 대한 설명으로 가장 옳지 않은 것은?

① POS시스템은 유통업체에서 소비자의 상품구매 과정에서 활용되는 판매관리 시스템이다.
② POS시스템으로부터 얻은 데이터는 유통업체에서 판매전략 수립에 활용된다.
③ POS시스템에서 바코드의 정보를 인식하는 스캐너(scanner)는 출력장치이다.
④ POS시스템은 시간별, 주기별, 계절별 상품의 판매특성을 파악하는 데 도움을 제공한다.
⑤ 제조업체는 유통업체로부터 협조를 얻어 POS시스템으로부터 얻은 데이터를 공유할 수 있고, 이를 통해 제품 제조전략을 수립하는 데 도움을 제공한다.

08

POS(Point of Sale)시스템의 구성기기 중 상품명, 가격, 구입처, 구입가격 등 상품에 관련된 모든 정보가 데이터베이스화되어 있으며, 자동으로 판매파일, 재고파일, 구매파일 등을 갱신하고 기록하여, 추후 각종 통계자료 작성 시에 사용 가능케 하는 기기로 가장 옳은 것은?

① POS 터미널
② 바코드 리더기
③ 바코드 스캐너
④ 본부 주 컴퓨터
⑤ 스토어 컨트롤러

09 22년 1회

지역별 점포를 운영하고 있는 유통기업이 사용하는 판매시점관리를 지원하는 POS시스템에서 획득한 데이터의 관리 및 활용에 대한 설명으로 가장 옳지 않은 것은?

① 고객이 제품을 구매한 정보를 관리한다.
② 상품 판매동향을 분석하여 인기제품, 비인기제품을 파악할 수 있다.
③ 타 점포와의 상품 판매동향 비교분석에 활용할 수 있다.
④ 개인의 구매실적, 구매성향 등에 관한 정보를 관리한다.
⑤ 기회손실(자점취급, 비취급)에 대한 분석은 어렵다.

10 20년 추가

POS(Point Of Sales) 시스템으로부터 획득한 정보에 대한 설명으로 가장 옳지 않은 것은?

① 상품분류체계의 소분류까지 업태별, 지역별 판매금액 구성비
② 상품분류체계의 소분류를 기준으로 해당 단품의 월별 판매금액
③ 품목의 자재 조달, 제조, 유통채널 이동 이력 관련 정보
④ 품목의 현재 재고정보
⑤ 제조사별 품목별 판매 순위

11 21년 3회

유통업체가 POS(point of sales)시스템을 도입하여 얻을 수 있는 효과로 가장 옳지 않은 것은?

① 상품 계산을 위해 판매원이 상품정보를 등록하는 시간을 단축하여 고객대기시간 단축 가능
② 판매원의 수작업에 의한 입력 누락, 반복 입력 등과 같은 입력 오류 감소
③ 자동발주시스템(EOS ; Electronic Order System)과 연계하여 주문관리, 재고관리, 판매관리의 정보를 통한 경영활동 효율성 확보
④ 신속한 고객 정보의 수집과 관리를 통해 합리적 판촉전략 수립 및 고객 만족도 개선
⑤ 경쟁 유통업체의 제품 구성 및 판매 동향 분석을 통한 경쟁력 제고

12 22년 2회

공급업체와 구매업체의 재고관리 영역에서 구매업체가 가진 재고 보충에 대한 책임을 공급업체에게 이전하는 전략을 일컫는 용어로 가장 옳은 것은?

① CPP(cost per rating point)
② ASP(application service provider)
③ CMI(co-managed inventory)
④ ABC(activity based costing)
⑤ VMI(vender managed inventory)

THEME ❸ EDI

EDI의 개념, 구성요소, 장단점과 EDI의 기반기술에 관한 내용이 출제되고 있다.

13 22년 1회

아래 글상자의 내용이 설명하고 있는 ㉠에 들어갈 용어로 가장 옳은 것은?

- 기업 간의 거래에 관한 데이터(각종 서류양식)를 표준화하여 컴퓨터통신망을 통해 거래 당사자의 컴퓨터 사이에서 직접 전송신호로 주고받도록 지원하는 기술로 최근 클라우드 컴퓨팅 (㉠) 서비스가 등장하였다.
- 클라우드 기반의 (㉠) 서비스 업체인 A사는 코로나19로 인해 온라인 쇼핑몰을 통한 주문량이 폭주하면서 그동안 수작업으로 진행하던 주문 수발주 업무의 실수가 많이 발생하고, 업무 담당자들은 재택근무를 하면서 업무가 지연되거나 공백이 발생하는 경우가 많아 이런 문제를 보완하기 위해서 본사의 서비스 도입 문의가 늘어나고 있다고 밝혔다.

① Beacon   ② XML
③ O2O   ④ EDI
⑤ SaaS

14 22년 2회

EDI 시스템의 사용 이점에 대한 설명으로 가장 옳지 않은 것은?

① 데이터의 입력에 소요되는 시간과 오류를 줄일 수 있다.
② 주문기입 오류로 인해 발생되는 문제점 및 지연을 없앰으로써 데이터 품질을 향상시킨다.
③ 문서 관련 업무를 자동화처리함으로써 직원들은 부가가치업무에 집중할 수 있고 중요한 비즈니스 데이터를 실시간으로 추적할 수 있다.
④ EDI는 세계 도처에 있는 거래 당사자와 연계를 촉진시키는 공통의 비즈니스 언어를 제공하기 때문에 새로운 영역 및 시장에 진입을 원활하게 한다.
⑤ EDI는 전자기반 프로세스를 문서기반 프로세스로 대체함으로써 많은 비용을 절약하고 이산화탄소 배출량을 감소시켜 궁극적으로 기업의 사회적 책임을 이행하게 한다.

15 24년 2회

EDI 도입에 따른 효과에 대한 내용으로 가장 옳지 않은 것은?

① 업무처리 비용 절감
② 표준화와 암호화로 조직 내 또는 조직 간 연결성 낮춤
③ 고객관계의 증진
④ 문서거래시간의 단축
⑤ 업무처리 오류 감소

16 23년 3회

EDI(electronic data interchange)에 대한 설명으로 가장 옳지 않은 것은?

① EDI는 기업 간에 교환되는 거래서식을 컴퓨터로 작성하고 통신망을 이용하여 직접 전송하는 정보교환방식을 의미한다.
② EDI가 이루어지기 위해서는 거래업체들 간에 서로 교환할 데이터의 형태와 그 데이터를 어떻게 표현할 것인가에 대한 상호합의가 필요하다.
③ EDI를 이용하면 지금까지 종이형태의 문서에 기록하고 서명한 다음, 우편을 통해 전달되던 각종 주문서, 송장, 지불명세서 등이 데이터통신망을 통해 전자적으로 전송되고 처리된다.
④ EDI는 교환되는 거래문서에 대해 통용될 수 있는 표준양식이 정해져야 하며, 이를 통해 전달되는 데이터의 형식이 통일된 후, 이러한 데이터가 일정한 통신표준에 입각해서 상호 간에 교환될 수 있어야 한다.
⑤ 전자문서의 사설표준은 특정 산업분야에서 채택되어 사용되는 표준을 말하며, 사설표준의 대표적인 것에는 국제상품 코드관리기관인 EAN(국내의 경우 : KAN)이 개발·보급하고 있는 유통부문의 전자문서 국제표준인 EANCOM이 있다.

THEME 4 인터넷

인터넷의 개념, 인터넷 서비스의 종류, 인트라넷과 엑스트라넷 등 출제 범위가 넓으며, 최근에는 웹(Web)의 진화, 기반기술인 시맨틱 웹 등에 관한 문제가 빈출되었다.

17 18년 1회
인터넷에 대한 설명으로 가장 옳지 않은 것은?

① 인터넷은 '정보의 바다(sea of information)'라고도 불리고 있다.
② 인터넷은 중심이 되는 호스트 컴퓨터를 통해 서비스를 제공하고 있다.
③ 인터넷은 컴퓨터 간의 네트워크 연결로 네트워크 위의 네트워크라고 볼 수 있다.
④ 인터넷은 단일 컴퓨터상에서 이루어졌던 정보처리 업무의 한계를 극복하기 위한 시도에서 출발하였다.
⑤ 인터넷은 전 세계 수많은 컴퓨터들이 TCP/IP(Transmission Control Protocol/Internet Protocol)라는 통신규약으로 연결되어 있는 거대한 컴퓨터 통신망이다.

18 18년 3회
아래 글상자의 괄호 안에 공통적으로 들어갈 알맞은 단어는?

> A몰은 PB제품을 가진 대형 유통업체이다. 발주 및 재고정보를 제조업체들과 공유함으로써 적절한 재고관리를 가능하게 해주는 (   )을 구축하였다. (   )(으)로 구축된 A몰의 시스템은 재고정보 등 일부 비즈니스 정보들을 승인된 제조업체, 공급업체, 협력업체, 고객 또는 다른 비즈니스 업체들과 안전하게 정보를 공유할 수 있도록 지원한다.

① 인트라넷
② 인터넷
③ 통합프로토콜
④ 엑스트라넷
⑤ 이더넷

19 23년 3회
웹 2.0을 가능하게 하고 지원하는 기술에 대한 설명으로 가장 옳지 않은 것은?

① 폭소노미(folksonomy)란 자유롭게 선택된 일종의 태그인 키워드를 사용해 구성원들이 함께 정보를 체계화하는 방식이다.
② UCC(user created contents)는 사용자들이 웹 콘텐츠의 생산자인 동시에 소비자로서의 역할을 가능하게 하여 참여와 공유를 지원한다.
③ 매시업(mashup)은 웹 콘텐츠를 소프트웨어가 자동적으로 이해하고 처리할 수 있도록 지원하여 정보와 지식의 공유 및 협력을 촉진한다.
④ API(application programming interface)는 응용 프로그램에서 사용할 수 있도록 컴퓨터 운영체제나 프로그래밍 언어가 제공하는 기능을 제어할 수 있도록 만든 인터페이스이다.
⑤ RSS(rich site summary)란 웹 공간에서 콘텐츠 공유를 촉진하며, 특정 사이트에서 새로운 정보가 있을 때 자동적으로 받아볼 수 있는 콘텐츠 배급방식이다.

20 22년 3회
아래 글상자에서 설명하는 내용에 부합하는 용어로 가장 옳은 것은?

> 모든 디바이스가 정보의 뜻을 이해하고 논리적인 추론까지 할 수 있는 지능형 기술로 사람의 머릿속에 있는 언어에 대한 이해를 컴퓨터 언어로 표현하고 이것을 컴퓨터가 사용할 수 있게 만드는 것이다.

① 고퍼(gopher)
② 냅스터(napster)
③ 시맨틱웹(semantic-Web)
④ 오페라(opera)
⑤ 웹클리퍼(Web-clipper)

THEME 5 QR시스템

주로 QR시스템의 특징 및 도입효과에 대해 출제되는 편이므로 관련 내용을 숙지해야 한다.

21 21년 2회

아래 글상자에서 설명하는 유통정보시스템으로 가장 옳은 것은?

> 미국의 패션 어패럴 산업에서 공급망에서의 상품 흐름을 개선하기 위하여 판매업체와 제조업체 사이에서 제품에 대한 정보를 공유함으로써, 제조업체는 보다 효과적으로 원재료를 충원하여 제조하고, 유통함으로써 효율적인 생산과 공급체인 재고량을 최소화시키려는 시스템이다.

① QR(Quick Response)
② ECR(Efficient Consumer Response)
③ VMI(Vendor Management Inventory)
④ CPFR(Collaborative Planning, Forecasting and Replenishment)
⑤ e-프로큐어먼트(e-Procurement)

23 21년 1회

QR(Quick Response) 도입으로 얻는 효과로 가장 옳지 않은 것은?

① 기업의 원자재 조달에서부터 상품이 소매점에 진열되기까지 총 리드타임 단축
② 낮은 수준의 재고와 대응시간의 감소가 서로 상충되어 프로세싱 시간 증가
③ 정확한 생산계획에 의한 생산관리로 낮은 수준의 재고 유지 가능
④ 전표 등을 EDI로 처리하여 정확성 및 신속성 향상
⑤ 기업 간 정보공유를 바탕으로 소비동향을 분석, 고객요구를 신속하게 반영하는 것이 가능

22 20년 3회

아래 글상자의 내용에 부합되는 용어로 가장 옳은 것은?

> - 시간기반 경쟁의 장점을 성취하기 위해 빠른 대응 시스템을 개발하는 것이다.
> - 시스템의 프로세싱 시간이 빨라짐으로서 총 리드타임이 줄어든다는 효과를 내게 된다.
> - 베네통의 경우 시장판매정보를 빠르게 피드백하는 유통시스템으로 신속한 대응을 달성하였다.

① RFID   ② ECR
③ VMI   ④ JIT
⑤ QR

필수 기출문제 정답과 해설

01 정답 ⑤

해설 QR코드를 구성하는 셀(cell)은 정보를 저장하는 공간으로 데이터 양이 증가할수록 QR코드를 구성하는 셀이 많이 필요해 QR코드의 크기는 커진다.

02 정답 ⑤

해설 바코드는 응용범위가 다양하고 도입 비용이 저렴하여 RFID 시스템에 비해 구축비용이 적게 발생한다.

03 정답 ③

해설 **소스마킹과 인스토어마킹**
- **소스마킹** : 제조업체가 생산시점에 바코드를 인쇄하며 업체 간 표준화되어 동일상품에 동일코드가 지정될 수 있다.
- **인스토어마킹** : 소매업체 내에서 일정한 기준에 의해 소매상 자신의 코드를 부여해 부착하는 것을 말한다.

04 정답 ⑤

해설 GS1 표준 식별코드는 제품 식별의 수단으로 사용되기 때문에 상품 홍보 또는 이벤트를 위해 특정기간을 정하여 판매하는 경우에도 고유 식별코드를 부여한다.

05 정답 ①

해설 QR코드(Quick Response Code)는 모자이크무늬의 바코드로, 스캔 애플리케이션을 통하여 카메라로 인식이 가능해 필요한 정보를 실시간 얻고자 하는 소비자의 욕구에 즉각 대응할 수 있다. 또한 다양한 방향에서 스캔 인식이 가능하고 일부 훼손되더라도 오류를 정정하여 정상적으로 인식할 수 있는 장점이 있다.

06 정답 ③

해설 묶음 상품은 개별 상품의 바코드가 보이지 않게 하고 별도의 바코드를 부착해야 한다.

07 정답 ③

해설 POS시스템은 상품에 바코드(barcode)나 OCR 태그(광학식 문자해독 장치용 가격표) 등을 붙여놓고 이를 입력장치인 스캐너로 읽어서 가격을 자동 계산하는 동시에 상품에 대한 모든 정보를 수집·입력시키는 방식이다.

08 정답 ⑤

해설 스토어 컨트롤러는 메인 서버로서, 매장의 판매관련 정보를 POS 터미널로부터 전송받으며, 수집된 판매정보(고객정보, 가격정보 등)를 다시 POS 터미널로 보냄과 동시에 본부에 설치된 호스트 컴퓨터로 판매 품목 리스트를 보낸다. 또한, 스토어 컨트롤러에는 상품명, 가격, 구입처, 구입가격, 구입일자 등에 관련된 모든 정보가 데이터베이스화되어 있다.

09 정답 ⑤

해설 POS시스템에서 획득한 데이터를 통해 현재의 상품력은 어떤지, 가격은 적절한지, 상품의 구색은 잘 되어 있는지, 신제품의 투입은 적시에 이루어지고 있는지, 절품은 없었는지, 매장의 준비상태는 어땠는지 등도 분석할 수 있으므로 기회손실(자점취급, 비취급)에 대한 분석이 용이하다.

10 정답 ③

해설 POS시스템을 통해 얻는 정보에는 관심을 가지는 기간 또는 대상에 대해 금액으로 환산하여 얼마를 판매했는가 하는 금액정보와 구체적으로 어떤 상품이 얼마나 팔렸는가를 나타내주는 단품정보 등이 있다.

11 정답 ⑤

해설 POS시스템은 판매장의 판매 시점의 정보만을 수집·분석하므로, POS시스템 도입으로 경쟁 유통업체의 제품 구성 및 판매 동향은 직접적으로 파악할 수 없다.

12 정답 ⑤

해설 **공급자 주도형 재고관리(VMI ; Vendor Managed Inventory)**
점포의 POS시스템 데이터를 거래선과 직접 연결하고, 유통업체가 제조업체에 판매·재고 정보를 전자문서교환으로 제공하면, 거래선이 이를 토대로 직접 각 점포에 맞는 CAO를 이용하여 상품의 적정 납품량을 결정해주는 일종의 자동발주 시스템이다.

13 정답 ④

해설 **EDI(Electronic Data Interchange)**
전자문서교환이라고 하며, 기업 사이에 컴퓨터를 통해서 표준화된 양식의 문서를 전자적으로 교환하는 정보전달방식을 말한다.

14 정답 ⑤

해설 EDI는 문서기반 프로세스를 전자기반 프로세스로 대체함으로써 거래시간의 단축, 업무처리의 오류 감소, 자료의 재입력 등에 소요되는 비용을 절약할 수 있다.

15 정답 ②

해설 표준화와 암호화로 조직 내 또는 조직 간 연결성을 높여준다.

16 정답 ⑤

해설 유통부문의 전자문서 국제표준인 EANCOM은 공통표준에 해당한다.

17 정답 ②

해설 인터넷은 PC통신처럼 모든 서비스를 제공하는 중심이 되는 호스트 컴퓨터(서버컴퓨터)도 없고 이를 관리하는 조직도 없다.

18 정답 ④

해설 **엑스트라넷(Extranet)**
- 엑스트라넷은 관련 기업들 간에 보안문제를 걱정하지 않고 전용망처럼 활용할 수 있는 인터넷을 말한다.
- 엑스트라넷은 인트라넷의 발전된 형태로, 내부 사용자나 외부 사용자에게 사용 환경의 차이만 있을 뿐 데이터의 공유는 같이 할 수 있도록 되어 있다.

19 정답 ③

해설 매시업(mashup)은 웹상에서 웹서비스 업체들이 제공하는 다양한 정보(콘텐츠)와 서비스를 혼합하여 새로운 서비스를 개발하는 것을 의미한다.

20 정답 ③

해설 **시맨틱웹(semantic-Web)**
컴퓨터가 스스로 문장이나 문맥 속의 단어의 미묘한 의미를 구분하여 사용자가 원하는 정보를 제공할 수 있는 웹을 뜻한다.

21 정답 ①

해설 **QR(Quick Response) 시스템**
생산에서 유통까지 표준화된 전자거래체제를 구축하고, 기업 간의 정보공유를 통한 신속 정확한 납품, 생산·유통기간의 단축, 재고감축, 반품손실 감소 등을 실현하는 정보시스템이다.

22 정답 ⑤

해설 **QR(Quick Response) 시스템의 특징**
- 유통의 흐름을 한 번에 파악할 수 있어 불필요한 시간과 비용을 절약
- 시스템의 프로세싱 시간이 빨라져 기업의 원자재 조달에서부터 상품이 소매점에 진열되기까지 총 리드타임 단축

23 정답 ②

해설 재고부담 감소 및 유통과정의 낭비요소 감소를 통해 불필요한 시간과 비용을 절약함으로써 기업의 물류혁신을 추구할 수 있다.

CHAPTER 03 유통정보의 관리와 활용

최신빈출 대표유형문제

SECTION 01 데이터 관리
1. 데이터베이스, 데이터웨어하우징, 데이터마트
2. 데이터 수집·분석·관리 기술 및 관련장비

SECTION 02 개인정보보호와 프라이버시
1. 개인정보보호
2. 프라이버시

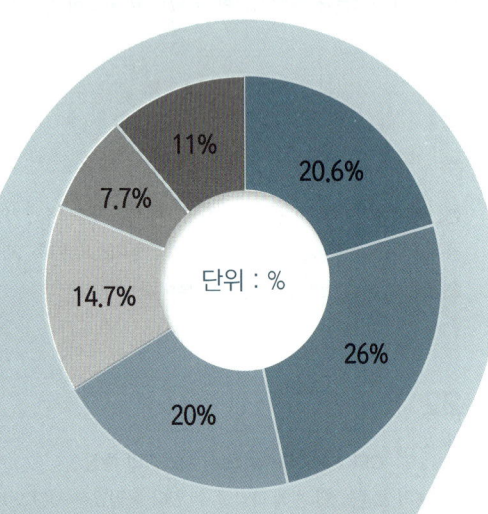

단위 : %

- 유통정보의 이해
- 주요 유통정보화 기술 및 시스템
- 유통정보의 관리와 활용
- 전자상거래
- 유통혁신을 위한 정보자원관리
- 신융합기술의 유통분야에서의 응용

최근 5년간 챕터별 출제비중 / 회당 평균 4문제 출제(5개년 기준 총 15회)

비중		출제영역	2021	2022	2023	2024	2025	합계
20.6%	제1장	유통정보의 이해	16	16	14	5	11	62
26%	제2장	주요 유통정보화 기술 및 시스템	17	20	22	11	8	78
20%	제3장	유통정보의 관리와 활용	16	12	15	11	6	60
14.7%	제4장	전자상거래	11	12	9	4	8	44
7.7%	제5장	유통혁신을 위한 정보자원관리	-	-	-	13	10	23
11%	제6장	신융합기술의 유통분야에서의 응용	-	-	-	16	17	33
		합계(문항 수)	60	60	60	60	60	300

SECTION 03 고객충성도 프로그램

1. 고객충성도
2. 고객충성도 프로그램

출제지문 퀴즈로 핵심체크!

테마로 푸는 필수 기출문제

최대 출제 POINT & 학습목표

❶ 데이터웨어하우스, 데이터웨어하우징, 데이터마트의 개념 및 특징
❷ 데이터 마이닝 개념 및 특징
❸ 데이터 수집 · 분석 · 관리 기술
❹ 개인정보의 위협
❺ 개인정보보호 개념 및 원칙
❻ 프라이버시 행동
❼ 프라이버시 보호 기술
❽ 고객충성도 프로그램의 개념과 필요성

CHAPTER 03 최신빈출 대표유형문제

01 데이터 유형 분류와 그 특성에 대한 설명으로 가장 옳지 않은 것은? **23년 1회**
① 정형 데이터 – 관계형 데이터베이스 관리 시스템(RDBMS)의 고정된 필드에 저장되는 데이터들이 포함됨
② 정형 데이터 – 데이터의 길이와 형식이 정해져 있어 그에 맞추어 데이터를 저장하게 됨
③ 반정형 데이터 – 문서, 웹문서, HTML 등이 대표적이며, 데이터 속성인 메타데이터를 가지고 있음
④ 반정형 데이터 – JSON, 웹로그 등 데이터가 해당되며, XML 형태의 데이터로 값과 형식이 다소 일관성이 없음
⑤ 비정형 데이터 – 형태와 구조가 복잡한 이미지, 동영상 같은 멀티미디어 데이터가 이에 해당됨

관련이론 252p

해설 ③ 대표적인 반정형 데이터 구조에는 하이퍼텍스트 마크업 언어(HTML), 확장성 마크업 언어(XML), 자원 기술 프레임워크(RDF), 제이슨(JSON) 등이 있다.

대표유형 더보기
- 빅데이터는 다양한 유형으로 존재하는 모든 데이터가 대상이 된다. 데이터 유형과 데이터 종류, 그에 따른 수집 기술의 연결이 가장 옳지 않은 것은? **23년 3회**
- 데이터 유형 분류와 그 특성에 대한 설명으로 가장 옳지 않은 것은? **23년 1회**
- 빅데이터는 다양한 유형으로 존재하는 모든 데이터가 대상이 된다. 데이터 유형과 데이터 종류, 그에 따른 수집기술의 연결이 가장 옳지 않은 것은? **22년 2회**
- 빅데이터 솔루션에서 처리하는 다양한 데이터는 정형, 반정형, 비정형 데이터로 구별해볼 수 있다. 이들에 대한 설명으로 가장 옳은 것은? **20년 2회**

02 NoSQL에 관련된 내용으로 가장 옳지 않은 것은? **22년 3회**
① 화면과 개발로직을 고려한 데이터 셋을 구성하여 일반적인 데이터 모델링이라기보다는 파일구조 설계에 가깝다고 볼 수 있다.
② 데이터 항목을 클러스터 환경에 자동적으로 분할하여 적재한다.
③ 스키마 없이 데이터를 상대적으로 자유롭게 저장한다.
④ 대규모의 데이터를 유연하게 처리할 수 있는 전통적인 관계형 데이터베이스 시스템이다.
⑤ 간단한 API Call 또는 HTTP를 통한 단순한 접근 인터페이스를 제공한다.

관련이론 253p

해설 ④ NoSQL은 비관계형 데이터 저장소로 기존의 전통적인 방식의 RDB와는 다르게 설계된 데이터베이스로 테이블 간 조인연산을 지원하지 않는다.

대표유형 더보기
- NoSQL의 특성으로 가장 옳지 않은 것은? **20년 2회**
- 데이터베이스 구축과 관련된 용어에 대한 설명으로 가장 옳지 않은 것은? **18년 1회**

03 데이터 마이닝에서 사용하는 기법과 그에 대한 설명으로 가장 옳지 않은 것은? **21년 3회**

① 추정 – 연속형이나 수치형으로 그 결과를 규정, 알려지지 않은 변수들의 값을 추측하여 결정하는 기법
② 분류 – 범주형 자료이거나 이산형 자료일 때 주로 사용하며, 이미 정의된 집단으로 구분하여 분석하는 기법
③ 군집화 – 기존의 정의된 집단을 기준으로 구분하고 이와 유사한 자료를 모으고, 분석하는 기법
④ 유사통합 – 데이터로부터 규칙을 만들어내는 것으로 어떠한 것들이 함께 발생하는지에 대해 결정하는 기법
⑤ 예측 – 미래의 행동이나 미래 추정치의 예측에 따라 구분되는 것으로 분류나 추정과 유사 기법

관련이론 255p

해설 ③ 군집화는 데이터를 여러 개의 같은 성질을 가진 하위그룹(군집)으로 묶는 기법이다.

대표유형 더보기
- 고객관계관리(CRM)를 통해 수집된 자료를 분석하는 마이닝 기법과 그 설명이 가장 옳지 않은 것은? **24년 1회**
- 빅데이터 분석과 관련된 설명으로 가장 옳지 않은 것은? **22년 3회**
- 웹마이닝 분석기법에 대한 설명으로 옳지 않은 것은? **19년 2회**
- 데이터 마이닝의 분석기법 중 아래의 글상자가 설명하고 있는 기법은? **18년 2회**

04 기업활동과 관련된 내·외부자료를 영역별로 각기 수집·저장관리하는 경우 자료의 활용을 위해, 목적에 맞게 적당한 형태로 변환하거나 통합하는 과정을 거쳐야 한다. 수집된 자료를 표준화시키거나 변환하여 목표 저장소에 저장할 수 있도록 도와주는 기술로 가장 옳은 것은? **23년 2회**

① OLTP(online transaction processing)
② OLAP(online analytical processing)
③ ETL(extract, transform, load)
④ 정규화(normalization)
⑤ 플레이크(flake)

관련이론 257p

해설 ETL(extract, transform, load)
추출(Extract), 변환(Transform), 로드(Load)를 나타내며, 수집된 자료를 표준화시키거나 변환하여 목표 저장소에 저장할 수 있도록 도와주는 기술을 말한다.

대표유형 더보기
- A사는 기업활동에 관련된 내외부자료를 관리 영역별로 각기 수집·저장 관리하고 있다. 관리되고 있는 자료를 한 곳에 모아 활용하기 위해서, 자료를 목적에 맞게 적당한 형태로 변환하거나 통합하는 과정을 거쳐야 한다. 수집된 자료를 표준화시키거나 변환하여 목표 저장소에 저장할 수 있도록 도와주는 기술로 가장 옳은 것은? **21년 2회**
- 다음은 데이터웨어하우스를 구축하고, 사용자에게 필요에 맞는 정보를 제공해 주는 데이터마트를 구축한 개념도이다. 그림의 (가)에 해당하는 기술 용어로 가장 옳은 것은? **20년 3회**

05 유통업체가 수행하는 마케팅 활동 중 소비자가 특정 유형의 개인정보 처리에 대해 구체적이고, 명시적이며, 사전적 동의를 표시하는 별도의 조치를 취한 경우에만 개인정보를 수집해서 활용하는 유형을 의미하는 용어로 가장 옳은 것은? **24년 1회**

① 옵트 아웃(opt out)
② 옵트 인(opt in)
③ 옵트 오버(opt over)
④ 옵트 오프(opt off)
⑤ 옵트 온(opt on)

관련이론 258p

해설 개인정보 처리를 위한 동의 방식
- 옵트 인(Opt-in) : 수신자의 사전동의를 얻어야 메일을 발송할 수 있도록 하는 방식
- 옵트 아웃(Opt-out) : 수신자가 발송자에게 수신거부 의사를 밝혀야만 메일 발송이 안 되는 방식

대표유형 더보기
- 전자상거래를 이용하는 고객들이 기업에서 발송하는 광고성 메일에 대해 수신거부 의사를 전달하면, 고객들은 광고성 메일을 받지 않을 수 있는데 이를 적절하게 설명하는 용어로 옳은 것은? **21년 1회**

06 아래 글상자에서 설명하는 용어로 가장 옳은 것은? **24년 1회**

> 데이터값 삭제, 총계 처리, 데이터 마스킹 등을 통해 개인정보의 일부 또는 전부를 삭제하거나 대체함으로써 다른 정보와 쉽게 결합하여도 특정 개인을 식별할 수 없도록 하는 조치를 일컫는다.

① 데이터 라벨링
② 비식별화
③ 데이터 범주화
④ 실명처리
⑤ 데이터 통합화

관련이론 258p

해설 비식별화
삭제, 가명 처리, 총계 처리, 데이터 삭제, 데이터 범주화, 데이터 마스킹 등을 단독 또는 복합적으로 활용하여 개인을 식별할 수 있는 형태인 개인정보를 식별하기 어렵게 하는 조치이다.

대표유형 더보기
- 데이터 내에 포함된 개인정보를 식별하기 어렵게 하는 조치를 비식별화라 한다. 이에 대한 설명으로 가장 옳지 않은 것은? **22년 1회**

07 고객충성도 프로그램과 관련된 내용으로 가장 옳지 않은 것은? **25년 1회**

① 포인트 기반 프로그램은 고객이 구매할 때마다 포인트를 적립하여 혜택을 제공하는 방식이다.
② 구매 패턴 분석 후 맞춤형 혜택 제공을 통해 고객이 지속적으로 브랜드를 이용하도록 유도하려 한다.
③ 고객과의 장기적인 관계를 구축하고 브랜드 경쟁력을 높이는 중요한 전략이다.
④ 아마존 프라임은 유료 멤버십 구독으로 무료 배송과 독점 콘텐츠를 제공하는 대표적인 구독형 방식이다.
⑤ 기존 고객 유지도 중요하지만 신규 고객 확보를 위한 전략이다.

관련이론 262p

해설 ⑤ 고객충성도 프로그램은 신규 고객의 확보보다는 지속적으로 고객에게 탁월한 가치를 제공하여 기존 고객으로 하여금 해당 기업이나 브랜드에 호감이나 충성심을 갖게 하여 지속적인 구매활동을 유지하게 하는 전략이다.

대표유형 더보기
- 고객충성도 프로그램에 대한 설명으로 가장 옳지 않은 것은? **25년 2회**
- 충성도 프로그램에 대한 설명으로 옳지 않은 것은? **21년 1회**
- 고객충성도 프로그램에 대한 설명으로 가장 옳지 않은 것은? **20년 2회**
- 고객로열티(customer loyalty)가 형성된 소비자들의 행동 패턴으로 가장 옳지 않은 것은? **18년 1회**

08 고객 충성도를 강화하기 위한 우수고객 우대 프로그램에 대한 설명으로 가장 옳지 않은 것은? **24년 1회**

① 유통업체의 우수고객 우대 프로그램은 금전적 혜택과 비금전적 혜택을 제공하는데, 최근에는 금전적 혜택을 강화하는 방향으로 진화하고 있다.
② 유통업체의 우수고객 우대 프로그램은 자사에서 제공하는 혜택이 자사 상품과 직접적인 관련성을 갖도록 함으로써 자사 상품의 가치를 증진시키는 것이 바람직하다.
③ 유통업체의 우수고객 우대 프로그램은 고객의 거래실적이 많을수록 더 많은 혜택을 제공하는 등 고객 등급에 따라 혜택을 차등 제공하는 방식을 채택한다.
④ 유통업체에서 우수고객 우대 프로그램을 도입하는 이유는 우수고객의 수익 창출 기여도가 매우 높기 때문이다.
⑤ 유통업체의 우수고객 우대 프로그램은 우수고객의 유지 및 활성화뿐만 아니라 비우수고객을 우수고객으로 전환시키는 유력한 수단으로 활용된다.

관련이론 262p

해설 ① 유통업체의 우수고객 우대 프로그램은 금전적 혜택보다는 비금전적 혜택을 제공하는 것이 유통업체 측면에서 더 효율적이기에 비금전적 혜택을 강화하는 방향으로 진화하고 있다.

CHAPTER 03 유통정보의 관리와 활용

SECTION 01 데이터 관리

1 데이터베이스, 데이터웨어하우징, 데이터마트

01 데이터

(1) 데이터의 형태 25-2, 24-2, 23-3, 23-1, 22-2, 18-2

정형데이터	• 고정된 필드에 저장되며 형식과 값에서 일관성을 가지는 데이터 • 정형화된 스키마 구조 기반의 형태로 데이터 자체로 분석 가능 • 설계된 구조기반의 목적에 맞는 정보들에 관한 분석에 용이 예 관계형 데이터베이스(RDB), 스프레드시트, 숫자 등
반정형데이터	• 고정된 필드에 저장된 데이터는 아니지만 스키마 구조 형태를 가지고 메타데이터를 포함하고 있어 이를 활용해야 해석이 가능 • 형식과 값에서 일관성을 가지지 않는 데이터 • 데이터로 분석이 가능하지만 해석이 불가능 예 *JSON, XML, 시스템 로그, 센서 데이터, 웹 로그 등 *JSON : 웹과 컴퓨터 프로그램에서 용량이 적은 데이터를 교환하기 위해 데이터 객체를 속성(attribute)과 값(value)의 쌍 형태로 나열해서 표현하는 형식
비정형데이터	• 스키마 구조 형태를 가지지 않고 고정된 필드에 저장되지 않는 데이터 • 데이터 자체로 분석이 불가능하며 특정 처리 프로세스로 변경 후에 분석 가능 예 소셜데이터, 문자 · 이미지 · 오디오 · 영상 데이터 등

(2) 데이터 계층구조 18-3 : 비트(bit)<바이트(byte)<필드(field)<레코드(record)<파일(file)<데이터베이스(database)

(3) 데이터 마이그레이션(data migration) 25-2, 22-1

① 데이터 수집 : 새로운 데이터를 디지털 포맷으로 변환하기 위해 모으는 작업
② 데이터 추출 : 기존의 *레거시 시스템과 데이터베이스에서 데이터를 꺼내는 작업
*레거시 시스템(legacy system) : 낡은 기술이나 방법론, 컴퓨터 시스템, 소프트웨어 등을 의미
③ 데이터 정제 : 데이터를 ERP 시스템에서 사용할 수 있도록 수정하는 작업으로 린 코드번호, 의미 없는 데이터, 데이터 중복 및 데이터 오기(misspellings) 등 부정확한 데이터를 올바르게 고치는 작업
④ 데이터 일치 : 외부로부터 유입된 데이터를 기업 표준으로 변환하는 작업

02 데이터베이스

(1) 데이터베이스 의의

기업의 정리된 데이터들을 조합·가공함으로써 정보(information)를 생산할 수 있도록 조직화된 자료들의 집합

(2) 데이터베이스의 특성 **19-1**

① 데이터의 중복성(Redundancy)을 최소화
② 데이터의 일관성(Consistency)을 유지
③ 데이터의 독립성(Independency)을 유지
④ 데이터의 공유성(Sharing)을 최대화
⑤ 데이터의 보안성(Security)을 보장
⑥ 데이터를 표준화하여 관리

(3) 데이터베이스의 종류 **18-1**

① RDB(Relational Database)
  ㉠ 관계형 데이터를 저장 및 수정하고, 관리할 수 있도록 도와주는 데이터베이스
  ㉡ 테이블 스키마가 고정되어 있어 테이블의 확장·축소가 어려움
  ㉢ 테이블을 기반으로 하는 데이터 모델로, 표현이 비교적 간단하며 구조를 이해하거나 사용하기 쉬움
② NoSQL(Not Only SQL) **22-3, 20-2**
  ㉠ 비관계형 데이터 저장소로 기존의 전통적인 방식의 RDB와는 다르게 설계된 데이터베이스
  ㉡ 테이블간 조인(Join)연산을 지원하지 않음
  ㉢ 테이블-컬럼과 같은 스키마 없이 상대적으로 자유롭게 저장이 가능
  ㉣ 데이터 항목을 클러스터 환경에 자동적으로 분할하여 적재
  ㉤ 간단한 API Call 또는 HTTP를 통한 단순한 접근 인터페이스를 제공
  ㉥ Key-Value, Document Key-Value, Column 기반의 NoSQL이 주로 활용
③ NDB(Network Database) **24-3**
  ㉠ 모자(母子)집합이라는 레코드 간 구조를 가지며, 자(子)레코드가 복수의 모(母)레코드를 갖는 복잡한 표현도 가능한 데이터베이스
  ㉡ 레코드 간의 관계가 그물과 같은 형태로, 표현력은 좋으나 다소 복잡하여 사용이 어려움

(4) 데이터베이스시스템 **21-3**

① 조직 내 데이터의 공유를 통해 정보자원의 효율적 활용 가능
② 표준화된 데이터 질의어(SQL)를 이용하여 필요한 데이터에 쉽게 접근하고 정보 생성이 가능
③ 데이터베이스에 접근하기 위해 인증을 거쳐야 하기에 불법적인 접근을 차단하여 보안·관리 용이
④ 프로그램에 대한 데이터 의존성이 감소하게 됨으로써 데이터의 형식이나 필드의 위치가 변화해도 응용프로그램을 새로 작성할 필요가 없음

03 데이터웨어하우스, 데이터웨어하우징, 데이터마트

(1) 데이터웨어하우스

① 데이터웨어하우스의 개념 20-3
   ㉠ 정보(data)와 창고(warehouse)의 합성어로 사용자의 의사결정에 도움을 주기 위해 다양한 운영시스템에서 추출, 변환, 통합되고 요약된 데이터베이스
   ㉡ 관리자의 의사결정을 지원하기 위해 주제 지향적이고, 비휘발성이며, 통합된, 시간에 따라 달라지는 데이터의 묶음

② 데이터웨어하우스의 특징 20-추가, 18-1
   ㉠ 주제별로 정리된 데이터베이스
   ㉡ 과거부터 현재에 이르기까지 시계열 데이터
   ㉢ 다양한 정보시스템의 데이터 통합관리를 지원
   ㉣ 필요에 따라 특정 시점을 기준으로 처리한 데이터

(2) 데이터웨어하우징

① 물리적으로 여러 곳에 분산되어 있는 데이터베이스 내에 존재하는 데이터들에 대하여 하나의 논리적인 뷰(View)를 창출
② 데이터웨어하우스를 구축·유지·운영하는 일련의 과정과 절차를 의미

(3) 데이터마트 25-2, 23-1, 19-1

① 특별한 사용자가 사용하기 위해 데이터웨어하우스로부터 특정한 분야와 관련된 몇몇 정보를 도출하여 사용할 수 있도록 한 사용자 맞춤데이터 서비스를 지칭
② 필요에 맞게 데이터를 검색, 가공, 분석할 수 있도록 해놓은 작은 규모의 전자저장공간으로 데이터웨어하우스의 부분집합

2 데이터 수집·분석·관리 기술 및 관련장비

01 데이터 수집

(1) 데이터 수집 기술 19-3

① **로그 수집기** : 웹서버의 로그 수집, 웹로그, 트랜잭션 로그, 클릭 로그, 데이터베이스의 로그 등을 수집
② **웹로봇을 이용한 크롤링** : 웹문서를 돌아다니면서 필요한 정보를 수집하고 이를 색인해 정리하는 기능을 수행하며, 주로 검색엔진에서 사용
③ **센싱** : 온도, 습도 등 각종 센서를 통해 데이터를 수집
④ **RSS 리더** : 사이트에서 제공하는 주소를 등록하면, PC나 휴대폰 등을 통하여 자동으로 전송된 콘텐츠를 이용할 수 있도록 지원

(2) 소셜리스닝(Social Listening) 24-2

① 소셜미디어 플랫폼에서 브랜드, 제품, 산업 또는 특정 주제와 관련된 온라인 대화, 토론, 언급 등에 관심 갖고 귀 기울이는 것
② 기업들이 소셜미디어 *플랫폼에서 이루어지는 브랜드, 제품, 산업, 또는 특정 주제와 관련된 온라인 대화, 토론, 언급에 관심을 가지고 데이터 수집·분석을 통해 고객의 니즈를 파악하고 통찰력을 얻는 활동

*플랫폼 23-1 : 온라인에서 생산과 소비, 유통이 한 곳에서 이루어지는 '양면시장(two-sided market)' 개념의 장(場)을 지칭

02 데이터 마이닝

(1) 데이터 마이닝의 개념
① 거대 규모의 데이터로부터 가치 있는 정보를 찾아내는 탐색 과정 및 방법
② 데이터베이스로부터 암시적이며 잠재적인 지식을 추출하는 방법, 즉 단순분석이나 다차원분석으로 쉽게 찾아낼 수 없는 내용을 분석하는 것

(2) 데이터 마이닝의 절차
① **자료의 수집(Data Collection)** : 데이터웨어하우스 또는 최소한의 데이터베이스라도 있다면 생략 가능
② **데이터의 준비(Data Preparation)** : 데이터 변형 및 변환, 결괏값 처리, 데이터의 규모 축소 등이 수행되는 단계로, 모두 다 적용할 수도 있고 선택적으로 적용가능
③ **데이터 마이닝의 수행** : 데이터의 준비가 완료되면 지금 해결하고자 하는 문제에 적합한 데이터 마이닝 엔진을 선택하고 분석과정을 수행
④ **데이터 시각화(Data Visualization)** : 앞 단계에서 수행된 데이터 마이닝의 결과를 이해하거나 이들 결과를 바탕으로 보다 고급의 정보를 추출하는 단계
⑤ **마이닝 결과의 활용** : 이러한 과정을 거쳐서 얻은 결과를 실제 기업의 문제에 적용하여 활용

(3) 데이터 마이닝 기법 21-3, 18-2
① 추정 : 연속형이나 수치형으로 그 결과를 규정, 알려지지 않은 변수들의 값을 추측하여 결정하는 기법
② 분류 : 범주형 자료이거나 이산형 자료일 때 주로 사용하며, 이미 정의된 집단으로 구분하여 분석하는 기법
③ 군집화
  ㉠ 데이터를 여러 개의 같은 성질을 가진 하위그룹(군집)으로 묶는 기법
  ㉡ n개의 개체들을 대상으로 p개의 변수를 측정하였을 때, 관측한 p개의 변수 값을 이용하여 n개 개체들 사이의 유사성 또는 비유사성의 정도를 측정하여 개체들을 유사성의 정도에 따라 그룹화하는 기법
④ 유사통합 : 데이터로부터 규칙을 만들어내는 것으로 어떠한 것들이 함께 발생하는지에 대해 결정하는 기법
⑤ 예측 : 미래의 행동이나 미래 추정치의 예측에 따라 구분되는 것으로 분류나 추정과 유사한 기법

03 텍스트 마이닝(Text Mining)

① 대량의 텍스트 데이터에서 특징을 추출하고 추출된 특징으로부터 유용한 정보를 발견하는 기술
② 텍스트 마이닝의 분석기법 : 주제어 분석, 동시 출현 단어 분석, 토픽 모델링, 감성 분석 등

04 웹 마이닝(Web Mining)

(1) 웹 마이닝의 개념

① 인터넷상에서 수집된 정보를 기존의 데이터 마이닝 방법으로 분석·통합하는 것
② 고객의 취향을 이해하고 특정 웹 사이트의 효능을 평가하여 마케팅의 질적 향상을 도모하기 위해 사용

(2) 웹 마이닝 분석기법 24-1, 19-2

① 웹콘텐츠 마이닝 : 웹사이트를 구성하는 페이지 내용 중 유용한 정보를 추출하기 위한 기법
② 웹구조 마이닝 : 웹상에 존재하는 하이퍼텍스트로 구성된 문서들의 구조에 대하여 마이닝하는 기법
③ 웹사용 마이닝 : 방문자들의 웹페이지 사용패턴을 분석하는 기법

05 데이터 시각화(Data Visualization) 24-1, 18-2

(1) 데이터 시각화의 개념

① 데이터 마이닝의 분석 결과를 직관적으로 이해할 수 있는 형태인 그래프, 차트, 대시보드 등으로 변환하는 과정
② 마케팅 전략에 대한 데이터 이면에 감춰진 의미까지 찾아낼 수 있도록 하여 의사결정에 활용

(2) 데이터 시각화의 특성

① 데이터 이면에 감춰진 의미를 찾아냄
② 많은 데이터를 동시에 차별적으로 보여줌
③ 정보 전달에 있어서 문자보다 이해도가 높음
④ 눈에 보이지 않는 구조나 원리를 시각화함으로써 이해하기 쉬움
⑤ 인간의 정보 처리 능력을 확장시켜 정보를 직관적으로 이해 가능

(3) 데이터 시각화의 유형

정보 시각화 (Information Visualization)	보통 대규모 데이터를 색채, 통계(도표, 그래프 등), 이미지 등을 활용해 요약적으로 표현하는 것을 의미
과학적 시각화 (Scientific Visualization)	실험 결과나 시뮬레이션 데이터 등 복잡한 데이터를 쉽게 탐색할 수 있도록 3차원 그래픽 기술 등을 활용하여 시각화하는 기술
인포그래픽 (Information Graphic)	Information과 Graphic의 합성어로, 복잡한 수치나 글로 표현된 다량의 정보를 차트, 지도, 다이어그램, 로고, 일러스트레이션 등을 활용하여 한눈에 파악할 수 있도록 하는 디자인

06 ETL(Extract, Transform, Load) 23-2, 21-2, 20-3

(1) ETL의 개념
① 추출(Extract), 변환(Transform), 적재(Load)로 구성
② 수집된 자료를 표준화시키거나 변환하여 목표 저장소에 저장할 수 있도록 도와주는 기술

(2) ETL의 특징
① 조직에서 여러 시스템의 데이터를 단일 데이터베이스, 데이터 저장소, 데이터웨어하우스 또는 데이터 레이크에 결합하기 위한 방법
② 기업이 전 세계 모든 곳의 수많은 팀에서 관리하는 구조화된 데이터와 구조화되지 않은 데이터를 비롯한 전체 데이터를 가져와 비즈니스 목적에 실질적으로 유용한 형태로 변환하는 프로세스

SECTION 02 개인정보보호와 프라이버시

1 개인정보보호

01 개인정보보호 관련 원칙

(1) OECD 개인정보보호 8원칙 24-3, 23-2
① **수집 제한의 원칙** : 개인정보의 수집은 합법적이고 공정한 절차에 의하여 가능한 한 정보 주체에게 알리거나 동의를 얻은 후에 수집되어야 함
② **정보 정확성의 원칙** : 개인정보는 그 이용 목적에 부합하는 것이어야 하고, 이용 목적에 필요한 범위 내에서 정확하고 완전하며 최신의 상태로 유지해야 함
③ **목적 명확화 원칙** : 개인정보는 수집 시 목적이 명확해야 하며, 이를 이용할 경우에도 수집 목적의 실현 또는 수집 목적과 양립되어야 하고 목적이 변경될 때마다 명확히 해야 함
④ **이용 제한의 원칙** : 개인정보는 정보주체의 동의가 있는 경우나 법률의 규정에 의한 경우를 제외하고는 명확화된 목적 이외의 용도로 공개되거나 이용되어서는 안 됨
⑤ **안전성 확보의 원칙** : 개인정보의 분실, 불법적인 접근, 훼손, 사용, 변조, 공개 등의 위험에 대비하여 합리적인 안전 보호 장치를 마련해야 함
⑥ **처리 방침 공개의 원칙** : 개인정보의 처리와 정보처리장치의 설치, 활용 및 관련 정책은 일반에게 공개해야 함
⑦ **정보 주체 참여의 원칙** : 정보주체인 개인은 자신과 관련된 정보의 존재 확인, 열람 요구, 이의 제기 및 정정, 삭제, 보완 청구권을 가짐
⑧ **책임의 원칙** : 개인정보 관리자는 위에서 제시한 원칙들이 지켜지도록 필요한 제반조치를 취해야 함

(2) 개인정보보호 관련 인공지능(AI) 윤리원칙(하버드 대학교 버크만 센터) 23-1

① 동의 : 개인정보를 활용할 때, 이 사실을 안내·통지하고 동의를 구한 후 사용해야 함
② 정보사용통제 : 자신의 정보가 어떠한 이유와 방식으로 활용되는지 결정할 수 있어야 함
③ 정보처리 제한능력 : AI와 관련된 개인정보 처리를 제한·통제할 수 있어야 함
④ 정보정정권 : 데이터 컨트롤러(Data Controller)가 보유한 정보가 부정확하거나 불완전한 경우, 사람들이 이를 수정할 권리가 있어야 함
⑤ 정보삭제권 : 자신의 개인정보를 삭제할 수 있는 법적 강제력이 있는 권리가 있어야 함
⑥ 설계에 의한 개인정보보호 : AI 개발자와 운영자가 AI 시스템 구축과정 및 정보 라이프사이클 전체를 고려하여 개인정보를 보호할 의무가 있음
⑦ 개인정보보호법 : AI 기술발전으로 인해 개인정보보호를 위한 새로운 정부규제가 필요
⑧ 개인정보보호(기타/일반) : 인권·권리 관련 논의 중 예시로, 개인정보보호가 논의될 때 사용된 분류를 위해 원칙·인권·권리 문제 외에도 국제적 경쟁력과 기업적 의무 등과 같은 이유로 개인정보보호를 옹호하는 내용 등이 담김

02 개인정보보호 조치

(1) 개인정보 처리를 위한 동의 방식 24-1, 23-1, 21-1

① 옵트 인(opt in) : 정보주체에게 개인정보 수집·이용·제공에 대한 동의를 먼저 받은 후 개인정보를 처리하는 방식(선동의 후사용)
② 옵트 아웃(opt out) : 정보주체의 동의를 받지 않고 개인정보를 수집·이용한 후, 정보 주체가 거부의사를 밝히면 개인정보 활용을 중지하는 방식(선사용 후배제)

(2) 비식별화 24-1, 22-1

① 의미 : 개인정보의 일부 또는 전부를 삭제하거나 대체함으로써 다른 정보와 쉽게 결합하여도 특정 개인을 식별할 수 없도록 하는 조치
② 방 법
  ㉠ 개인정보 삭제 : 부분 삭제, 행 항목 삭제
  ㉡ 개인정보 일부 또는 전부 대체기술 : 마스킹, 총계처리, 범주화 기술, 암호화, 토큰화 등

(3) 마이데이터 23-2, 22-2

① 국민이 자신의 데이터에 대한 통제권을 갖고 원하는 곳으로 데이터를 전송할 수 있는 서비스
② 개인데이터를 생산하는 정보주체인 개인이 본인 데이터에 대한 권리를 가지고, 본인이 원하는 방식으로 관리하고 처리하는 패러다임(예 금융소비자 개인의 금융정보(신용정보)를 통합 및 관리하는 서비스)
③ 개인데이터의 관리 및 활용체계를 기관 중심에서 사람 중심으로 전환한 개념

(4) 개인정보보호 핵심기술

① 개인정보 동의 관리 기술 : 개인정보 수집·이용·제공에 대한 동의 및 동의 철회 등 정보주체의 동의 관리를 지원하는 기술
② 정보주체의 온라인 활동기록 통제 : SNS, 온라인쇼핑 등에서 정보주체의 동의 없는 활동 기록 수집이나 추적을 방지

③ 다크웹 개인정보 거래추적 및 차단기술 : 다크웹에서 개인정보가 불법적으로 유통·거래되지 않도록 모니터링하고 차단
④ 비정형 데이터 개인정보 탐지 : 온라인에서 유통되는 텍스트·영상·음성에서 개인정보를 탐지
⑤ 개인정보 파편화 및 결합 기술 : 개인을 알아볼 수 없도록 개인정보가 포함된 자료를 분해하여 저장하고, 필요한 경우에만 결합해 활용할 수 있도록 지원
⑥ 비정형 데이터에서 선택적 개인정보 파기 : 개인정보 보존기간에 따라 자동 파기하거나, 텍스트·영상·음성에서 원하는 개인정보만 파기
⑦ 차세대 가명·익명처리 및 결합 기술 : 안전한 데이터 분석 및 활용을 위해 가명·익명처리와 결합을 지원
⑧ 가명·익명정보 안전성 평가 : 가명·익명정보의 재식별 가능성을 측정하여 안전성을 평가
⑨ 개인정보 변조 및 재현데이터 생성 : 실제 데이터와 유사한 모의 데이터를 생성하여 인공지능 학습 시 개인정보 노출을 최소화
⑩ 프라이버시 보존형 개인 맞춤 서비스 : 개인정보를 노출하지 않고도 특정 자격을 증명하거나, 다양한 개인화 서비스를 받을 수 있도록 지원
⑪ 마이데이터 처리 및 관리기술 : 마이데이터가 안전하게 전송·관리될 수 있도록 종합적으로 지원

03 데이터 3법 25-2, 24-3

(1) 개인정보 보호법

① 개인정보 정의 **25-2**
  ㉠ 살아있는 개인에 관한 정보
  ㉡ 성명, 주민등록번호 및 영상 등을 통하여 개인을 알아볼 수 있는 정보
  ㉢ 해당 정보만으로는 특정 개인을 알아볼 수 없더라도 다른 정보와 쉽게 결합하여 알아볼 수 있는 정보
  ㉣ 가명처리를 통해 원래의 상태로 복원하기 위한 추가 정보의 사용·결합 없이는 특정 개인을 알아볼 수 없는 정보

② 개인정보 처리 : 개인정보처리자는 개인정보가 분실·도난·유출·위조·변조 또는 훼손되지 아니하도록 안전성 확보에 필요한 기술적·관리적 및 물리적 조치를 하여야 함

③ 정보전송자 기준(개인정보 보호법 시행령 제42조의2) **25-1**

보건의료정보전송자	• 질병관리청 • 국민건강보험법에 따른 국민건강보험공단 및 건강보험심사평가원 • 의료법에 따른 상급종합병원 등
통신정보전송자	전파법에 따라 주파수를 할당받아 이동통신서비스를 제공하는 자로서 정보주체와 이동통신서비스의 이용에 관한 계약을 체결한 자 등
에너지정보전송자	전기사업법에 따른 전기판매사업자 등

(2) 정보통신망 이용촉진 및 정보보호 등에 관한 법률(정보통신망법)
정보통신망의 이용을 촉진하고 정보통신서비스를 이용하는 자를 보호함과 아울러 정보통신망을 건전하고 안전하게 이용할 수 있는 환경을 조성하여 국민생활의 향상과 공공복리의 증진에 이바지함을 목적

(3) 신용정보의 이용 및 보호에 관한 법률(신용정보법)

　　신용정보 관련 산업을 건전하게 육성하고 신용정보의 효율적 이용과 체계적 관리를 도모하며 신용정보의 오용·남용으로부터 사생활의 비밀 등을 적절히 보호함으로써 건전한 신용질서를 확립하고 국민경제의 발전에 이바지함을 목적으로 함

2 프라이버시

01 프라이버시의 이해

(1) 프라이버시의 개념
　① 통제되어야 하는 개인이나 조직의 권리 또는 개인이나 조직이 소유하는 자료
　② 개인이나 조직에 관한 정보는 허가 없이 수집되어 사용되어서는 안 되며, 조직에 속하는 개인신상정보는 인사나 고용, 작업, 서비스 등과 관련이 없는 다른 개인이나 조직 사이에서 부당하게 수집·배포되거나 사용될 수 없음

(2) 프라이버시 보호 행동　24-2
　① 프라이버시에 대한 염려를 회피하기 위한 대표적인 정보제공 활동으로는 개인정보 제공을 거부하는 행동
　② 일반적으로 전자상거래 고객들은 프라이버시에 대한 염려가 발생하면, 프라이버시를 보호하려는 행동을 함
　③ 프라이버시 보호에 대한 반응
　　㉠ 정보제공 활동 : 개인정보 제공을 거부하는 행동
　　㉡ 개인 활동 : 개인정보 제공이 위험하다고 이야기하는 행동
　　㉢ 공개 활동 : 기업에 직접적으로 불평하는 행동

(3) 프라이버시 침해 우려 프레임워크　23-3
　① 유통업체가 지나치게 많은 개인정보를 수집하는 것에 대한 우려가 나타날 수 있음
　② 유통업체의 정보시스템에 저장된 개인정보에 권한이 없는 부적절한 접근에 대한 우려가 나타날 수 있음
　③ 유통업체에서의 인가받지 못한 개인정보에 대한 이차적 이용에 따른 우려가 나타날 수 있음
　④ 유통업체가 보유하고 있는 개인정보의 의도적 또는 사고적인 오류에 대해 적절하게 보호되고 있는지에 대한 우려가 나타날 수 있음

02 프라이버시 보호 기술

(1) 프라이버시 보호모델
　① 가능한 추론형태와 프라이버시 노출에 대한 정량적인 위험성을 규정하는 방법
　② 직관적이고 단순하다는 장점이 있으나, 동질성, 배경지식, 쏠림현상, 유사성 등으로 인해 재식별 가능성이 존재

(2) 연합학습(Federated Learning)
　① 다수의 클라이언트와 하나의 중앙서버가 탈중앙 환경에서 협력해서 데이터 모델을 학습하는 기술
　② 데이터 분석결과만 외부로 전송하기 때문에 데이터의 직접 유출을 방지할 수 있고, 학습결과를 취합해 더 높은 정확도의 모델을 도출할 수 있으나, 모델수립 시 평가과정이 필요

(3) 재현데이터(Synthetic Data)

① 원본데이터와 유사한 통계적·확률적 특징을 가지는 임의데이터를 의미

② 샘플수를 무한대로 증가시킬 수 있으나, 불일치로 인한 예측 정확도가 감소

(4) PPDM(Privacy Preserving Data Mining)

① 개인정보가 포함된 빅데이터에서 개인정보를 보호하면서 데이터를 분석하는 기술

② 통계처리나 기계학습에 사용하는 것으로, 랜덤화 기법을 통해 실용화가 가능하지만 컴퓨팅 환경에 따라 실효성이 모호

(5) 동형암호(Homomorphic Encryption)

① 암호화된 상태에서 데이터 연산이 가능한 암호 기술

② 데이터를 암호화하여 외부로 전송할 수 있지만, 처리속도에 한계가 있음

SECTION 03 고객충성도 프로그램

1 고객충성도

01 고객충성도의 이해

(1) 고객충성도의 유형 **21-1**

행동적 충성도	• 특정 제품이나 서비스에 대하여 지속적이고 반복적인 구매 • 제품 가격에 비 민감적(비탄력성)
태도적 충성도	• 특정한 상품에 대해 애착을 형성하거나 우호적 감정을 갖는 것 • 고객의 선호나 의도

(2) 고객충성도에 따른 고객 유형

① 핵심 고객 : 오직 하나의 상표에만 충성하는 고객

② 이동적 고객 : 하나의 상표를 선호했다가 다른 상표를 선호하는 고객

③ 유연한 고객 : 2개나 3개 상표에 충성하는 고객

④ 전환적 고객 : 어떠한 상표에도 관심을 보이지 않는 고객

02 고객 로열티가 형성된 소비자의 특징 **18-1**

① 해당 기업의 제품이나 서비스에 대한 반복구매의 행동

② 교차구매 또는 상승 구매제안에 대해 긍정적인 반응을 보임

③ 해당 기업과의 관계를 더욱 폭넓게 확대하고자 하는 잠재적인 의지 가짐

④ 칭찬이나 제안과 같은 긍정적인 고객의 소리는 물론이고, 강한 불만의 소리도 제기

2 고객충성도 프로그램

01 고객충성도 프로그램의 개념 25-1
① 고객과 장기적인 관계를 구축하고 궁극적으로 브랜드 경쟁력을 높이는 중요한 전략
② 신규 고객의 확보보다는 기존 고객에게 지속적으로 탁월한 가치를 제공하여 구매활동을 유지하게 하는 전략
③ 구매 패턴 분석 후 맞춤형 혜택 제공을 통해 고객이 지속적으로 브랜드를 이용하도록 유도
④ **포인트 기반 프로그램** : 고객이 구매할 때마다 포인트를 적립하여 혜택을 제공하는 방식
⑤ **유료 멤버십** : 무료 배송과 독점 콘텐츠를 제공하는 구독형 방식(예 아마존 프라임)

02 고객충성도 프로그램의 특징 25-2, 20-2
① 우수고객을 우대하는 것이 바람직(예 마일리지 프로그램, 우수고객 우대 프로그램 등)
② 단기적 측면보다는 장기적 측면에서 운영되어야 유통업체가 고객경쟁력을 확보 가능
③ 유통업체에서 가지고 있는 충성도 강화 프로그램은 사전에 정해진 지침에 의해 운영
④ 고객충성도 프로그램은 금전적 혜택과 비금전적 혜택을 제공하는데, 비금전적 혜택을 제공하는 것이 효율적

03 우수고객 우대 프로그램 24-1
① 우수고객의 수익 창출 기여도가 높아 도입
② 고객의 거래실적이 많을수록 더 많은 혜택을 제공하는 등 고객등급에 따라 혜택을 차등 제공
③ 자사에서 제공하는 혜택이 자사 상품과 직접적인 관련성을 갖도록 함으로써 자사 상품의 가치를 증진
④ 우수고객의 유지 및 활성화뿐만 아니라 비우수고객을 우수고객으로 전환시키는 유력한 수단으로 활용

출제지문 퀴즈로 핵심체크!

SECTION 01 데이터 관리

01 23-1
(   )데이터에 JSON, 웹로그 등이 해당되며, XML 형태의 데이터로 값과 형식이 다소 일관성이 없다.

02 22-1
O X 데이터 추출은 기존의 레거시 시스템과 데이터베이스에서 데이터를 꺼내는 작업이다.

03 20-추가
O X 데이터웨어하우스 내의 데이터는 주제지향적으로 구성되어 있다.

04 25-2
(   )은/는 데이터 속에 숨겨진 패턴, 상관관계, 규칙 등 의미있는 정보를 자동 또는 반자동으로 탐색하고 추출하는 기술이다.

SECTION 02 개인정보보호와 프라이버시

01 23-1
O X 정보삭제권은 데이터 컨트롤러(data controller)가 보유한 정보가 부정확하거나 불완전한 경우, 사람들이 이를 수정할 수 있는 권리이다.

02 23-1, 21-1
O X 옵트 아웃(opt out)은 고객이 기업에서 발송하는 광고성 메일에 대해 수신거부 의사를 전달하여 더 이상 광고성 메일을 받지 않을 수 있는 것을 말한다.

03 24-1
(   )은/는 데이터값 삭제, 총계 처리, 데이터 마스킹 등을 통해 개인정보의 일부 또는 전부를 삭제하거나 대체함으로써 다른 정보와 쉽게 결합하여도 특정 개인을 식별할 수 없도록 하는 조치를 말한다.

04 25-2, 24-3
O X 데이터 3법은 개인정보 보호법, 정보통신망 이용촉진 및 정보보호 등에 관한 법률, 신용정보의 이용 및 보호에 관한 법률이다.

SECTION 03 고객충성도 프로그램

01 21-1
O X 유통업체에서 운영하는 충성도 프로그램은 고객들의 구매 충성도를 높이기 위해 운영되는 단발성 프로그램이다.

02 24-1
O X 유통업체의 우수고객 우대 프로그램은 금전적 혜택과 비금전적 혜택을 제공하는데, 최근에는 금전적 혜택을 강화하는 방향으로 진화하고 있다.

03 20-2
고객충성도의 유형에는 (   )적 충성도와 (   )적 충성도가 있다.

04 18-1
O X 충성스러운 고객들은 해당 기업이나 브랜드에 갖는 가격 민감도가 증가하는 경향을 보인다.

정답 및 해설

SECTION 01
01 반정형
02 ○
03 ○
04 데이터 마이닝

SECTION 02
01 × ▶ 정보정정권에 관한 설명이다. 정보삭제권은 자신의 개인정보를 삭제할 수 있는 법적 강제력이 있는 권리를 말한다.
02 ○
03 비식별화
04 ○

SECTION 03
01 × ▶ 유통업체에서 운영하는 충성도 프로그램은 고객들의 구매 충성도를 높이기 위해 운영되는 장기적인 프로그램이다.
02 × ▶ 고객충성도 프로그램은 금전적 혜택보다는 비금전적 혜택을 제공하는 것이 유통업체 측면에서 보다 효율적이다.
03 행동, 태도
04 × ▶ 충성스러운 고객들은 해당 기업이나 브랜드에 갖는 가격 민감도가 감소하는 경향을 보인다.

테마로 푸는 필수 기출문제

THEME ❶ 데이터 관리

출제빈도가 매우 높은 유형이다. 여러 번 출제되었던 유형이므로 시험에 나왔던 이론을 중심으로 꼼꼼하게 정리하고 넘어가는 것이 좋다.

01 20년 추가

데이터웨어하우스(Data Warehouse)의 특성으로 옳지 않은 것은?

① 데이터웨어하우스 내의 데이터는 주제지향적으로 구성되어 있다.
② 데이터웨어하우스 내의 데이터는 시간의 흐름에 따라 시계열적으로 저장된다.
③ 데이터웨어하우스 내의 데이터는 거래 및 사건의 흐름에 따라 체계적으로 저장된다.
④ 데이터웨어하우스는 다양한 정보시스템의 데이터의 통합관리를 지원해준다.
⑤ 데이터웨어하우스는 데이터마트(Data Mart)의 하위시스템으로 특정 이용자를 위해 디자인된 특화된 데이터베이스이다.

02 22년 2회

빅데이터는 다양한 유형으로 존재하는 모든 데이터가 대상이 된다. 데이터 유형과 데이터 종류, 그에 따른 수집기술의 연결이 가장 옳지 않은 것은?

① 정형데이터 – RDB – ETL
② 정형데이터 – RDB – Open API
③ 반정형데이터 – JSON – Open API
④ 반정형데이터 – 이미지 – Crawling
⑤ 비정형데이터 – 소셜데이터 – Crawling

03 18년 2회

데이터 마이닝의 분석기법 중 아래의 글상자가 설명하고 있는 기법은?

> n개의 개체들을 대상으로 p개의 변수를 측정하였을 때, 관측한 p개의 변수 값을 이용하여 n개 개체들 사이의 유사성 또는 비유사성의 정도를 측정하여 개체들을 유사성의 정도에 따라 그룹화하는 기법

① OEM분석   ② 교차분석
③ RFM 모형 ④ 군집분석
⑤ 연관성분석

04 24년 1회

유통업체에서 업무에 활용하고 있는 데이터 시각화에 대한 설명으로 가장 옳은 것은?

① 정보 시각화는 데이터를 활용하여 객관적인 사실을 통계표, 그래프, 이미지 등을 통해 요약적으로 표현하여 주어 직관적 통찰력을 높여 준다.
② 인포그래픽은 과학적 현상의 시각화로 컴퓨터 과학의 한 부분인 컴퓨터 그래픽의 하위 집합으로 간주한다.
③ 과학적 시각화는 다량의 정보를 차트, 지도 다이어그램, 로고, 일러스트레이션 등을 활용하여 정적으로 만들어 한눈에 파악할 수 있게 해준다.
④ 인포그래픽은 공학, 통계학, 수학 등을 이용해 데이터 분석기능을 제공하는 통계 분석도구이다.
⑤ 도수분포를 그래프로 나타낸 것은 산포도이다.

THEME ❷ 개인정보보호와 프라이버시

2024 출제기준 개정안에 포함된 신유형 이론으로, 개인정보보호의 개념 및 강화기술, 프라이버시의 개념 및 보호기술에 대해 학습한다.

05 24년 2회

전자상거래에서의 프라이버시 보호행동에 대한 설명으로 가장 옳지 않은 것은?

① 일반적으로 전자상거래 고객들은 프라이버시에 대한 염려가 발생하면, 프라이버시를 보호하려는 행동을 한다. 전자상거래 고객들의 프라이버시 보호에 대한 반응은 정보제공 활동, 개인 활동, 공개 활동으로 구분할 수 있다.
② 전자상거래 고객의 프라이버시 보호에 대한 방어적인 태도는 마케팅 담당자가 감수해야 할 비용을 감소시키고, 기업의 고객관계관리 활동을 보다 효과적으로 촉진되도록 도움을 제공한다.
③ 전자상거래 고객들이 프라이버시에 대한 염려를 회피하기 위한 대표적인 정보제공 활동으로는 개인정보 제공을 거부하는 행동이다.
④ 전자상거래 고객들이 프라이버시에 대한 염려를 회피하기 위한 대표적인 개인 활동으로는 개인정보 제공이 위험하다고 이야기하는 행동이다.
⑤ 전자상거래 고객들이 프라이버시에 대한 염려를 회피하기 위한 대표적인 공개 활동으로는 기업에 직접적으로 불평하는 행동이다.

06 21년 1회

전자상거래를 이용하는 고객들이 기업에서 발송하는 광고성 메일에 대해 수신거부 의사를 전달하면, 고객들은 광고성 메일을 받지 않을 수 있는데 이를 적절하게 설명하는 용어로 옳은 것은?

① 옵트아웃(opt out)
② 옵트인(opt in)
③ 옵트오버(opt over)
④ 옵트오프(opt off)
⑤ 옵트온(opt on)

07 25년 2회

아래 글상자에서 데이터 3법에 해당하는 것을 모두 고른 것은?

> ㉠ 전자금융거래법
> ㉡ 개인정보 보호법
> ㉢ 정보통신망 이용촉진 및 정보보호 등에 관한 법률
> ㉣ 클라우드 컴퓨팅 발전 및 이용자 보호에 관한 법률
> ㉤ 신용정보의 이용 및 보호에 관한 법률

① ㉠, ㉡, ㉢
② ㉠, ㉡, ㉣
③ ㉠, ㉢, ㉣
④ ㉡, ㉢, ㉤
⑤ ㉡, ㉣, ㉤

THEME ❸ 고객 충성도

빈출 유형은 아니지만 최근에는 종종 출제되었기 때문에 고객 충성도 프로그램의 개념과 특징에 대해 숙지해야 한다.

08 18년 1회

고객로열티(customer loyalty)가 형성된 소비자들의 행동 패턴으로 가장 옳지 않은 것은?

① 로열티가 있는 고객들은 교차 구매 또는 상승 구매제안에 대해 긍정적인 반응을 보인다.
② 충성스러운 고객들은 해당 기업이나 브랜드에 갖는 가격 민감도가 증가하는 경향을 보인다.
③ 로열티가 있는 고객들은 해당 기업의 제품이나 서비스에 대한 반복 구매의 행동을 보이기 시작한다.
④ 충성스러운 고객들은 해당 기업과의 관계를 더욱 폭넓게 확대하고자 하는 잠재적인 의지를 가지고 있다.
⑤ 로열티가 있는 고객들은 칭찬이나 제안과 같은 긍정적인 고객의 소리는 물론이고, 강한 불만의 소리도 제기한다.

09 20년 2회

고객충성도 프로그램에 대한 설명으로 가장 옳지 않은 것은?

① 충성도 프로그램으로는 마일리지 프로그램과 우수고객 우대 프로그램 등이 있다.
② 충성도에는 행동적 충성도와 태도적 충성도가 있다.
③ 충성도 프로그램은 단기적 측면보다는 장기적 측면에서 운영되어야 유통업체가 고객경쟁력을 확보할 수 있다.
④ 충성도 프로그램을 운영하는 데 있어, 우수고객을 우대하는 것이 바람직하다.
⑤ 충성도 프로그램 운영에 있어 비금전적 혜택보다는 금전적 혜택을 제공하는 것이 유통업체 측면에서 보다 효율적이다.

필수 기출문제 정답과 해설

01 정답 ⑤

해설 | 데이터웨어하우스는 사용자의 의사결정에 도움을 주기 위해 다양한 운영시스템에서 추출, 변환, 통합되고 요약된 데이터베이스로, 데이터마트는 데이터웨어하우스의 구성요소이다.

02 정답 ④

해설 | 이미지는 비정형데이터에 해당한다.

03 정답 ④

해설 | 군집분석(Clustering)
어떤 목적 변수(Target)를 예측하기보다는 고객수입, 고객연령과 같이 속성이 비슷한 고객들을 묶어서 몇 개의 의미 있는 군집으로 나누는 기법으로 전체가 너무 복잡할 때에는 몇 개의 군집을 우선 살펴봄으로써 전체를 개관할 수 있다는 데이터 마이닝 기법이다.

04 정답 ①

해설 | 데이터 시각화(Data Visualization)의 유형

정보 시각화 (Information Visualization)	보통 대규모 데이터를 색채, 통계(도표, 그래프 등), 이미지 등을 활용해 요약적으로 표현하는 것을 의미
과학적 시각화 (Scientific Visualization)	실험 결과나 시뮬레이션 데이터 등 복잡한 데이터를 쉽게 탐색할 수 있도록 3차원 그래픽 기술 등을 활용하여 시각화하는 기술
인포그래픽 (Information Graphic)	Information과 Graphic의 합성어로, 복잡한 수치나 글로 표현된 다량의 정보를 차트, 지도, 다이어그램, 로고, 일러스트레이션 등을 활용하여 한눈에 파악할 수 있도록 하는 디자인

05 정답 ②

해설 | 고객정보 프라이버시 우려가 높을수록 전자상거래 업체는 개인정보보호 정책을 보다 철저히 확인하려는 경향이 높아지므로 기업의 고객관계관리 활동 촉진을 위한 마케팅 담당자의 감수비용은 더욱 증가하는 경향이 있다.

06 정답 ①

해설 | **옵트아웃(opt out)**
정보주체의 동의 없이 개인정보의 수집 및 이용 후, 주체의 거부의사를 확인하면 개인정보 활용을 중지하는 방식이다.

07 정답 ④

해설 | 데이터 3법은 개인정보 보호법, 정보통신망 이용촉진 및 정보보호 등에 관한 법률(정보통신망법), 신용정보의 이용 및 보호에 관한 법률(신용정보법)을 지칭한다.

08 정답 ②

해설 | 충성스러운 고객들은 해당 기업이나 브랜드에 갖는 가격 민감도가 감소하는 경향을 보인다.

09 정답 ⑤

해설 | 고객충성도 프로그램은 고객의 반복적인 구매활동에 대한 보상으로 상품할인, 무료식품, 선물 혹은 여행 같은 인센티브를 제공하기 위해 마련된 마케팅 프로그램이며, 금전적 혜택보다는 비금전적 혜택을 제공하는 것이 유통업체 측면에서 보다 효율적이다.

합격의 공식 시대에듀

성공은 준비하는 시간이 8할입니다.
나머지 2할은 보상을 받는 시간입니다.

– 에이브러햄 링컨 –

CHAPTER 04 전자상거래

최신빈출 대표유형문제

SECTION 01 전자상거래 운영
1. 전자상거래의 개요
2. e-비즈니스

SECTION 02 전자결제시스템
1. 전자결제
2. 전자상거래의 보안대책

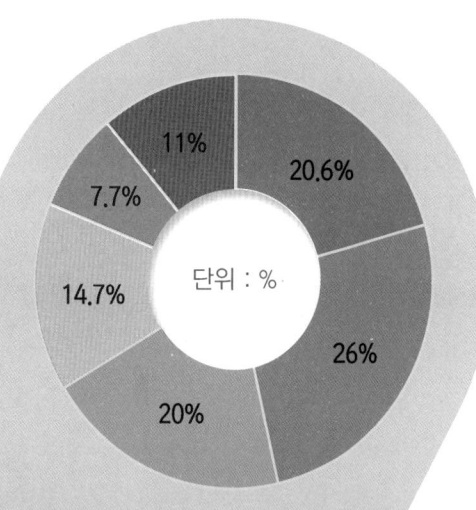

단위 : %

- 유통정보의 이해
- 주요 유통정보화 기술 및 시스템
- 유통정보의 관리와 활용
- 전자상거래
- 유통혁신을 위한 정보자원관리
- 신융합기술의 유통분야에서의 응용

최근 5년간 챕터별 출제비중 / 회당 평균 2.9문제 출제(5개년 기준 총 15회)

비중	출제영역		2021	2022	2023	2024	2025	합계
20.6%	제1장	유통정보의 이해	16	16	14	5	11	62
26%	제2장	주요 유통정보화 기술 및 시스템	17	20	22	11	8	78
20%	제3장	유통정보의 관리와 활용	16	12	15	11	6	60
14.7%	제4장	전자상거래	11	12	9	4	8	44
7.7%	제5장	유통혁신을 위한 정보자원관리	-	-	-	13	10	23
11%	제6장	신융합기술의 유통분야에서의 응용	-	-	-	16	17	33
		합계(문항 수)	60	60	60	60	60	300

출제지문 퀴즈로 핵심체크!
테마로 푸는 필수 기출문제

최대 출제 POINT & 학습목표

❶ 전자상거래 유형과 특성

❷ 전자상거래 모델

❸ 전자상거래 프로세스

❹ 전자결제의 보안요건

❺ 전자상거래를 보안 위협 요소

❻ 전자상거래를 보안 방어 수단

❼ 전자결제시스템

CHAPTER 04 최신빈출 대표유형문제

01 일반 상거래와 비교할 때, 전자상거래의 차별화된 특성을 설명한 것으로 가장 옳지 않은 것은? `22년 2회`
① 고객과 대화형 비즈니스 모델로의 변이가 가능하다.
② 인터넷 비즈니스는 시간적, 공간적 제약 없이 실시간으로 운영 가능하다.
③ 재고부담을 최소화하면서 기술개발과 마케팅에 더 많은 투자를 한다.
④ 변화에 대한 융통성은 프로세스에 의존하기보다는 유형자산에 의존한다.
⑤ 동시다발적 비즈니스 요소가 성립하며 포괄적 비즈니스 모델에 의한 운영이 가능하다.

`관련이론 274p`

해설 ④ 변화에 대한 융통성은 유형자산에 의존하기보다는 프로세스에 의존한다.

대표유형 더보기
- 인터넷 상거래의 비즈니스 모델 유형별로 세부 비즈니스 모델을 짝지어 놓은 것으로 가장 옳지 않은 것은? `22년 3회`
- 전자상거래 용어에 대한 해설로 가장 옳은 것은? `21년 2회`
- 전자상거래 판매시스템에 대한 설명으로 가장 옳은 것은? `20년 2회`

02 스마트폰과 같은 모바일 기기를 이용하는 모바일 쇼핑의 특성으로 가장 옳지 않은 것은? `22년 2회`
① 소비자가 직접 능동적으로 필요한 제품을 검색하여 보다 상세하게 정보를 얻을 수 있다는 장점이 있다.
② 모바일 쇼핑은 소비자가 인지-정보탐색-대안평가-구매 등의 구매의사결정을 하나의 매체에서 통합적으로 수행할 수 있는 쇼핑형태이다.
③ 기업은 구매과정을 단순하고 편리하게 구성함으로써 구매단계에 대한 통합적 관리가 가능해진다.
④ 쿠폰, 티켓, 상품권 등을 중심으로 형성되었던 모바일 쇼핑은 의류, 패션잡화, 가전제품, 화장품, 식품, 가구 등 거의 전 부문으로 확산되고 있다.
⑤ 모바일 쇼핑의 활성화에 따라 백화점, 대형마트, 인터넷쇼핑 등과의 채널별 시장 경계가 명확해지면서 기존에 비해 가격경쟁은 약화되고 있다.

`관련이론 277p`

해설 ⑤ 모바일 쇼핑의 활성화에 따라 백화점, 대형마트, 인터넷쇼핑 등과의 채널별 시장 경계가 모호해지면서 기존에 비해 가격경쟁이 심화되고 있다.

대표유형 더보기
- A사는 전자상거래 서비스를 위해 기존의 시스템을 고도화하였다. 웹서비스뿐만 아니라 모바일 서비스도 구축하였다. 모바일 채널은 웹으로 개발하였다. 모바일 웹에 대한 설명으로 가장 옳지 않은 것은? `22년 1회`
- m-비즈니스의 모바일 환경적 특징(무선인터넷 서비스가 가능한 지역 내)으로 가장 옳지 않은 것은? `19년 1회`
- 친화적인 모바일 웹사이트를 구축하려할 때 고려해야 할 사항으로 가장 옳지 않은 것은? `18년 1회`

03 전자상거래 시스템 내에서 구현해야 할 보안요건들 중 아래 글상자에서 설명하는 것으로 가장 옳은 것은? 25년 2회

> 데이터가 완전하고 정확하며 전송 도중에 위·변조되는 것을 방지하는 것으로 암호화 체크섬(Cryptographic Checksum) 기법으로 메시지를 검증한다.

① 인증
② 기밀성
③ 무결성
④ 복호화
⑤ 부인방지

관련이론 282p

해설 ③ 데이터가 완전하고 정확하며 전송 도중에 위·변조되는 것을 방지하는 것은 무결성에 해당한다.

전자상거래의 보안요건
- 무결성 : 데이터의 정확성과 일관성을 유지하고 전달과정에서 위변조가 없는 것이다.
- 기밀성 : 정당한 사용자에게만 접근을 허용함으로써 정보의 안전을 보장하는 것이다.
- 인증 : 정보 주체가 본인이 맞는지를 인정하기 위해 사용하는 방법이다.
- 부인방지 : 메시지의 송수신이나 교환 후에 그 사실을 증명함으로써 사실 부인을 방지하는 기술이다.

대표유형 더보기
- 유통정보시스템 이용에 있어서 정보보안의 주요 목표에 대한 내용으로 가장 옳은 것은? 23년 3회
- 아래 글상자의 괄호 안에 들어갈 용어를 순서대로 바르게 나열한 것은? 23년 2회
- 보안에 대한 위협요소별 사례를 설명한 것으로 가장 옳지 않은 것은? 20년 2회
- 전자상거래 보안과 관련된 주요관점에 대한 설명이다. 글상자의 (가), (나)에 들어갈 용어로 가장 올바른 것은? 19년 3회

04 유통업체에서 활용하는 간편결제 방식에 대한 설명으로 가장 옳은 것은? 24년 1회

① 온라인과 오프라인 상거래에서 빠르고 간편하게 결제하는 전자결제 서비스이다.
② 스마트워치 기기에 저장된 생체정보, 신용카드 정보 등을 이용하여 결제되는 경우 반드시 2차 인증 수단을 추가로 인증해야 사용할 수 있다.
③ 우리나라는 간편결제 서비스에 활용되는 QR코드 발급 시 개인·신용정보를 포함할 수 있도록 규정하고 위변조 방지 기술을 반드시 적용하도록 하고 있다.
④ 다른 방식의 결제 서비스에 비해 상대적으로 접속 속도가 느리고 복잡하지만 높은 보안성을 확보하고 있다.
⑤ 간편결제 편의성과 안전성을 높이기 위해서 모바일 결제 시 QR코드 방식은 지원하지 않는다.

관련이론 280p

해설 ② 스마트워치 기기에 저장된 생체정보, 신용카드 정보 등을 이용하여 결제되는 경우 저장된 정보를 통해 바로 결제되기 때문에 추가적인 인증 수단이 필요하지 않다.
③ QR코드 발급 시 QR코드에 개인·신용정보를 포함할 수 없다.
④ 간편결제는 지급카드 정보를 모바일 기기, PC 등에 미리 저장해 두므로 접속 속도가 다른 방식보다 빠르고 간편하다.
⑤ 결제 편의성과 안전성을 높이기 위해 모바일 결제를 위한 QR결제 표준을 지원한다.

대표유형 더보기
- 아래 글상자의 구매-지불 프로세스를 바르게 나열한 것은? 23년 2회
- 절차별 모바일 결제 서비스에 대한 내용 중 괄호 안에 들어갈 용어를 순서대로 나열한 것으로 가장 옳은 것은? 22년 3회

01 ④ 02 ⑤ 03 ③ 04 ①

CHAPTER 04 전자상거래

SECTION 01 전자상거래 운영

1 전자상거래의 개요

01 전자상거래(E-Commerce)

(1) 전자상거래의 개념
   ① 재화나 용역을 거래할 때 그 전부 또는 일부가 전자문서 등 전자적 방식으로 처리되는 거래
   ② 인터넷과 같은 통신매체를 통해 상품의 검색, 주문, 대금 결제, 배송 등의 거래과정이 이루어짐

(2) 전자상거래의 특성 22-2, 18-2
   ① 변화에 대한 융통성은 프로세스에 의존
   ② 고객과 대화형 비즈니스 모델로의 변이가 가능
   ③ 인터넷기술의 이용을 통해 *거래비용을 현저하게 감소
   *거래비용 : 거래를 위해 구매자·판매자 탐색, 제품 정보수집, 가격협상, 계약서 작성, 제품 운송 등을 하는 데 소요되는 제반 비용
   ④ 인터넷 비즈니스는 시간적·공간적 제약 없이 실시간으로 운영 가능
   ⑤ 재고부담을 최소화하면서 기술개발과 마케팅에 더 많은 투자가 필요
   ⑥ 동시다발적 비즈니스 요소가 성립하며 포괄적 비즈니스 모델에 의한 운영이 가능

(3) 일반적인 상거래 방식과 전자상거래 방식의 비교

구 분	일반적인 상거래 방식	전자상거래 방식
유통 경로	생산자-도매상-소매상-소비자	생산자-(중간 상인)-소비자
거래 시간	영업장 개방 시간	24시간
대상 지역	한정된 지역	전 세계
소요 자본	매장 구매나 임차 비용 포함	매장 구매나 임차 비용 불포함
판매 거점	판매 점포(off-line)	가상 공간(on-line)
고객 정보	시장조사, 영업 사원을 통해 획득	게시판을 통해 수시로 획득
마케팅 활동	판매자의 일방적 마케팅	판매자와 구매자 간 쌍방향 마케팅
광고 방법	신문, TV 등	온라인 광고

(4) 전자상거래 판매시스템 25-2, 24-1, 22-3, 20-2

① **상향판매(up selling, 업 셀링)** : 고객이 기존에 구매한 상품보다 가치가 높고, 성능이 우수한 상품을 추천하여 매출액을 증대(예 옵션 업그레이드, 구매상품 범주 내에서 최신상품으로 구매 등)

② **교차판매(cross selling)** : 하나의 제품이나 서비스 제공 과정에서 고객이 자사의 다른 제품이나 서비스를 추가로 구매하도록 유도(예 정장 구매 시 와이셔츠 또는 넥타이 추가 구매, 운동복 구매 시 다른 운동화 추가 구매 등)

③ **쇼루밍(showrooming)** 19-2 : 소비자들이 오프라인 매장에서 직접 제품을 살펴본 후 실제로 구매는 온라인 등 다른 유통경로를 이용하여 구매

④ **역쇼루밍(reverse-showrooming)** : 쇼루밍과 반대되는 개념으로 구매하고자 하는 물건의 정보를 온라인에서 찾아본 뒤에 오프라인 매장에 가서 구매

⑤ **옴니채널(omni-channel)** 25-2, 19-1, 20-추가
  ㉠ '모든'이라는 뜻의 단어 '옴니(omni)'와 '경로'를 뜻하는 '채널(channel)'의 합성어
  ㉡ 온라인과 오프라인 유통채널을 통합해 고객에게 개선된 쇼핑환경 제공
  ㉢ 온라인과 오프라인 모든 채널에서 비즈니스를 추구할 수 있음
  ㉣ 독립적으로 운영되던 채널들이 유기적으로 통합되어 서로의 부족한 부분을 메워주는 보완적 관계를 형성

⑥ **크로스 채널(cross channel)** : 하나의 회사가 여러 유통채널을 운영하며, 채널 간 가격이나 프로모션 등을 일정 수준 일치시킴

⑦ **그로스해킹(growth hacking)** 20-추가 : 고객정보, 구매정보 등 폭넓은 데이터를 빅데이터 분석을 활용해 상품과 서비스에 대한 개선사항을 지속적으로 분석하고, 분석 결과를 사업화에 반영하는 지속가능 마케팅 방법

(5) 전자상거래 지능형 에이전트 20-추가

① 주변 환경을 인식하고 데이터를 해석하며 자율적으로 동작하는 장치 또는 프로그램
② 지능형 에이전트가 소프트웨어 프로그램과 차별되는 특성
  ㉠ **자율성(autonomy)** : 사람이나 다른 사물의 직접적인 간섭 없이 스스로 판단하여 동작
  ㉡ **사회성(social ability)** : 에이전트 통신 언어를 사용하여 사람과 다른 에이전트 간 상호 작용
  ㉢ **반응성(reactivity)** : 실세계, GUI를 경유한 사용자, 다른 에이전트들의 집합, 인터넷과 같은 환경을 인지하고, 그 안에서 일어나는 변화에 적절히 반응
  ㉣ **능동성(proactivity)** : 단순히 환경에 반응하여 행동하는 것이 아니라 주도권을 가지고 목표 지향적으로 행동
  ㉤ **시간 연속성(temporal continuity)** : 주어진 입력을 처리하여 결과를 보여주고 종료하는 것이 아니라 전면에서 실행하고 이면에서 잠시 휴식하여 연속적으로 수행
  ㉥ **목표지향성(goal-orientedness)** : 복잡한 고수준 작업처리를 위해 작은 세부 작업으로 분할하고, 처리 순서의 결정 등을 책임

(6) 전자상거래를 위한 웹사이트 구축 21-3

① **시스템 개발 순서** : 시스템 분석 → 시스템 설계 → 시스템 구축 → 테스트 → 실행/서비스 제공
② **쇼핑몰의 시스템 구성** 23-2
  ㉠ **프론트 오피스(front office)** : 서비스의 소비층인 고객이 사용하는 페이지(예 상품검색, 상품리뷰, 상품진열, 회원로그인 등)
  ㉡ **백 오피스(back office)** : 서비스를 제공하기 위한 상품의 등록, 마케팅 설정, 결제 및 매출, 수익 등을 관리하는 요소

02 전자상거래 모델

(1) 거래 주체에 따른 전자상거래 `21-3, 20-3`

① **B2B**(Business to Business) : 판매자와 구매자가 모두 기업으로 설계와 제조, 주문과 판매, 유통과 운송, 결제와 판매 후 서비스에 이르기까지의 모든 과정을 인터넷 통신망을 이용하여 거래

② **G2B**(Government to Business)
  ㉠ 정부와 기업 간 전자시스템을 이용한 전자상거래
  ㉡ 정부 기관에 필요한 물품을 조달청에서 인터넷을 통해 공시하여 조달 물자를 입찰하고 계약(예 공공조달을 하는 전산 입찰 시스템인 '나라장터')

③ **C2B**(Customer to Business)
  ㉠ 소비자와 기업 간 전자시스템을 이용한 전자상거래
  ㉡ 개인 또는 단체를 구성하여 상품의 공급자나 생산자에게 가격이나 수량 또는 서비스 등에 관한 조건을 제시하고 거래하는 형태(역경매의 형태)

④ **C2M**(Consumer to Manufacturer) `25-1`
  ㉠ 유통 플랫폼이 수집한 소비자 데이터를 분석하여 이를 기반으로 제조업체에 생산 주문하는 방식
  ㉡ 공장 직거래를 통해 기본 매입 가격을 낮추고, 많은 사람들이 구매하는 공동 구매로 규모의 경제를 창출

(2) 전자상거래의 비즈니스 모델(홍일유와 이지은) `22-3, 18-3`

소매 모델	• 소비자에게 제품이나 서비스 판매 • 사업 모델 : 직판, 온라인 소매, 온·오프라인 병행소매
중개 모델	• 판매자와 구매자 연결 • 사업 모델 : 검색 에이전트, 이마켓플레이스, 경매중개, 거래중개
콘텐츠서비스 모델	• 이용자에게 콘텐츠 제공 • 사업 모델 : 포털, 온라인 구독
광고 모델	• 인터넷을 매체로 광고 • 사업 모델 : *배너광고, 키워드 검색 광고, 매체 삽입 광고 *배너광고 `20-추가, 18-3` : 네트워크에 의한 수확체증 효과를 얻을 수 있는 가장 빠른 방법으로, 멀티미디어 기술을 이용해 밀접한 관련이 있거나 인지도가 높은 웹사이트에 자사의 광고를 끼워 넣은 형태
커뮤니티 모델	• 공통관심의 이용자들에게 만남의 장 제공 • 사업 모델 : 오픈 소스, 오픈 콘텐츠, 사회적 네트워킹

(3) 전자상거래의 수익모델 `19-3`

① **판매수익모델** : 제품이나 정보 서비스를 고객에게 직접 판매하여 수익을 내는 모델
② **구독수익모델** : 콘텐츠나 서비스를 제공하여 구독료를 거둬들이는 모델
③ **광고수익모델** : 광고를 노출시켜 광고주들로부터 광고료를 거둬들이는 모델
④ **제휴수익모델** : 제휴 웹사이트가 방문자를 다른 웹사이트로 보내주거나, 잠재고객들에게 필요한 웹사이트를 소개하고 받는 소개료 또는 손님이 구입한 금액의 일부를 받는 모델
⑤ **거래수수료 수익모델** : 거래를 가능하게 해주거나, 대행한 대가로 수수료를 받는 모델

03 전자상거래 유형

(1) u커머스(ubiquitous commerce) **24-2**

① 유비쿼터스는 사용자가 컴퓨터나 네트워크 의식 없이 언제 어디서나 자유롭게 네트워크에 접속할 수 있는 환경을 의미

② 인터넷 접속 가능한 모든 기기를 통해 시간과 장소에 구애됨이 없이 이용할 수 있는 보편적인 인터넷 환경이 특징

(2) 라이브 커머스(live commerce) **23-2**

① 라이브 스트리밍(live streaming)과 커머스(commerce)의 합성어

② 최근 급성장을 하며 기존 이커머스(e-commerce)보다 소통과 재미를 더한 진화된 커머스 형태

③ 온라인상에서 실시간으로 쇼호스트가 상품을 설명하고 판매하는 비즈니스 프로세스로 소비자와 쇼호스트는 실시간으로 소통이 가능

(3) 모바일 전자상거래(m-Commerce)

① 개념 : 무선 인터넷과 개인용 이동통신 기기상에서 이루어지는 전자상거래

② 특 징 **22-2**

㉠ 의류, 패션잡화, 가전제품, 화장품, 식품, 가구 등 거의 전 부문으로 확산

㉡ 소비자가 직접 능동적으로 필요한 제품을 검색하여 보다 상세한 정보 획득 가능

㉢ 기업은 구매과정을 단순하고 편리하게 구성함으로써 구매단계에 대한 통합적 관리가 가능

㉣ 모바일 쇼핑의 활성화에 따라 다른 채널과의 시장 경계가 모호해지면서 기존에 비해 가격경쟁이 심화됨

㉤ 소비자가 인지 → 정보탐색 → 대안평가 → 구매 등의 구매의사결정을 하나의 매체에서 통합적으로 수행할 수 있는 쇼핑형태

③ 모바일 애플리케이션의 종류 **22-1**

모바일 앱	• 모바일 디바이스 전용 앱 • 개발자가 등록
모바일 웹	• 기존의 HTML, CSS, Javascript 등을 이용하여 제작한 모바일 디바이스에 최적화된 웹사이트 • 서버에서 바로 업데이트 가능 • 앱 개발자 등록이 불필요(OS별로 수정 불필요) • URL을 통해 모바일 기기에 관계없이 접속 가능 • 데스크톱용 웹 브라우저와 기능적으로 동일한 수준으로 브라우저 실행 가능

④ 모바일 웹 구축 시 고려사항 **18-1**

㉠ 지나친 자바스크립트 사용은 금물

㉡ 지리정보기술을 적절하게 융합하여 활용

㉢ 서비스의 주요 정보를 쉽게 찾을 수 있도록 배치

㉣ 해상도와 비율을 모바일에 최적화된 이미지로 조정

㉤ 텍스트보다는 직관적인 아이콘이나 동영상을 적절하게 사용

(4) 유통채널 `25-1`

① O2O(online to offline)
  ㉠ 온라인과 오프라인의 결합으로 온라인에서 고객을 모아 오프라인 상점의 상품을 보내주는 방식
  ㉡ 소비자가 온라인몰을 통해 구매한 식품을 근처 오프라인 매장에서 원하는 시간에 집으로 배송받는 것

② O4O(online for offline)
  ㉠ '오프라인을 위한 온라인'이라는 의미를 지니며, 온라인에서 확보한 다양한 데이터를 이용하여 오프라인 매장을 이용하는 방식
  ㉡ 상품의 QR코드 정보를 이용해 오프라인 무인 상점을 운영하는 것

2 e-비즈니스

01 e-비즈니스의 이해

(1) e-비즈니스의 개념
  ① 오프라인의 전통적인 거래방식에서 인터넷 혹은 정보통신기술을 비즈니스에 적용한 거래 방식
  ② 전자매체를 통해 재화나 서비스를 사고파는 전자상거래(e-commerce)보다 넓은 개념

(2) e-비즈니스의 특징 `18-3`
  ① 소비자 파워 증대
  ② 인터넷 기반
  ③ 정보공개를 통한 오픈 경영
  ④ 고객 데이터베이스를 기반으로 한 고객 맞춤 서비스
  ⑤ 모든 업무환경이 인터넷을 통해 이루어지므로 업무통합

(3) e-비즈니스 유형과 수익원천 `20-2`
  ① 온라인 판매 : 판매수익
  ② 검색서비스 : 광고료와 스폰서십
  ③ 커뮤니티 운영 : 회원들의 회비와 광고수입원
  ④ 온라인광고서비스 : 광고수입
  ⑤ 전자출판 : 구독료

(4) 구매-지불 프로세스 `23-2`

재화 및 용역에 대한 구매요청서 발송 → 조달 확정 → 구매주문서 발송 → 재화 및 용역 수령증 수취 → 공급업체 송장 확인 → 대금 지불

02 인터넷 쇼핑몰

(1) 취급상품 범위에 따른 분류

 ① **종합몰** : 각종 상품군의 카테고리를 다양하게 구성하여 여러 종류의 상품을 구매할 수 있는 온라인 쇼핑몰

 ② **전문몰** : 하나 혹은 주된 특정 카테고리의 상품군만을 구성하여 운영하는 온라인 쇼핑몰

(2) 운영형태에 따른 전자상거래 **21-2**

 ① **온라인몰** : 쇼핑몰을 운영하는 사업체에서 컴퓨터 및 네트워크 기반을 통해서만 상품 및 서비스를 최종 소비자에게 판매하는 온라인 쇼핑몰

 ② **온·오프라인 병행몰** : 쇼핑몰을 운영하는 사업체에서 온라인을 통한 상거래뿐만 아니라 오프라인 매장이나 온라인 이외의 영업형태를 병행하여 최종소비자에게 판매하는 쇼핑몰

(3) 채널에 따른 전자상거래

 ① **모바일 앱** : 스마트 기기에 설치하여 사용할 수 있는 응용프로그램

 ② **모바일 웹** : 모바일 기기의 인터넷 기능을 통해 접속하는 각종 웹사이트 중 모바일 환경을 고려하여 설계된 모바일 전용 웹사이트

SECTION 02 전자결제시스템

1 전자결제

01 전자결제시스템의 이해

(1) 전자결제시스템의 개념

 컴퓨터, 통신장치와 각종 단말장치를 네트워크로 연결하고 거래 및 결제에 필요한 소프트웨어를 이용하여 고객이 직접 단말을 이용해서 거래 및 결제를 할 수 있는 전자금융 서비스 체계

(2) 전자결제시스템의 종류

 ① 인터넷 신용카드결제시스템

 ② 전자수표시스템

 ③ 전자자금이체 시스템

 ④ **전자화폐** : 네트워크형, IC카드형

02 전자결제 서비스

(1) 간편결제 방식 24-1

① 온라인과 오프라인 상거래에서 빠르고 간편하게 결제하는 전자결제 방식(예 네이버페이, 토스페이, 카카오페이, 삼성페이 등)
② 신용카드나 계좌정보를 스마트폰 앱 등에 미리 등록해 지문인식이나 비밀번호 입력만으로 돈을 지불하는 서비스
③ 유통업계 간 경쟁이 치열해지면서 간편결제 시스템은 새로운 경쟁이 될 수 있는 하나의 전략이며, 자체 결제시스템 구축을 통해 고객확보 및 데이터 축적 등이 가능

(2) 통합 전자결제 서비스(PG ; Payment Gateway) 22-3, 20-3

① 인터넷상에서 금융기관과 하는 거래를 대행해 주는 서비스로 신용카드, 계좌이체, 핸드폰 이용 결제, ARS 결제 등 다양한 소액결제 서비스를 대신 제공해주는 결제대행사
② 대행사를 이용하지 않을 경우 온라인 쇼핑몰은 판매자가 직접 신용카드사와 가맹점 계약을 체결해야 하는 어려움 있음
③ 절차별 모바일 결제 서비스

절차	From	To
구매요청/지불 정보 전송	고객	쇼핑몰
지불 정보 전송	쇼핑몰	모바일PG
고객 확인 요청/거래 암호 생성, 전송	모바일PG	이동통신사
고객 확인 후 거래 암호 전송	이동통신사	고객
거래 암호 전송	고객	쇼핑몰
대금 정보 전송	쇼핑몰	모바일PG
상품 배송	쇼핑몰	고객
대금 정보 전송	모바일PG	이동통신사
대금 청구	이동통신사	고객
대금 수납	고객	이동통신사
수납 정보/수납 금액 인도	이동통신사	모바일PG
상점 정산	모바일PG	쇼핑몰

(3) 에스크로(Escrow) 서비스

① 전자상거래에서 판매자와 구매자가 거래합의 후 상품배송 및 결제과정에서 어느 한쪽의 약속불이행에 대한 거래사고를 예방하기 위하여 거래대금의 입출금을 제3의 회사가 관리하여 판매자와 구매자 모두의 거래안전을 도모하는 서비스
② 에스크로는 구매자에 대한 보호뿐만 아니라 판매자도 후불제를 했을 경우 구매자에게 채권추심을 하는 등의 각종 위험과 비용을 절감해 안심하고 거래 가능

03 QR코드 간편결제 22-1, 21-3

(1) QR코드 간편결제 특징
　① 다양한 방향에서 스캔인식이 가능하고 일부 훼손되더라도 오류를 정정하여 정상적으로 인식이 가능
　② 자체 보안기능을 갖추어야 하며 민감한 개인·신용정보 포함을 금지함

(2) QR코드 간편결제 방식
　① 고정형 QR
　　㉠ 소비자가 모바일 앱으로 가맹점에 부착된 QR코드를 스캔하여 결제하는 방식
　　㉡ 가맹점 탈퇴·폐업 즉시 QR코드를 파기한 후 가맹점 관리자에게 신고해야 함
　　㉢ QR 발급 시 별도의 위·변조 방지 특수필름 부착이나 잠금장치 설치 등이 필요
　② 변동형 QR
　　㉠ 결제 앱을 통해 소비자가 QR코드를 생성하고, 가맹점에서 QR리더기로 읽어서 결제하는 방식
　　㉡ 보안성 기준을 충족한 앱을 통해 발급하며 위변조 방지를 위해 3분 이내만 발급이 유지되도록 규정

04 전자 화폐

(1) 전자 화폐의 의미 및 특징
　① 의미 : 전자매체를 통해 지급결제·가치이전 등 화폐의 기능을 수행하는 전자지급수단
　② 특징 : 유통성, 양도 가능성, 범용성 및 익명성, 원격 송금성 및 수송상의 효율성, 분할 및 통합의 높은 유연성, 가분성(분할가능성), 보안성, 휴대성 및 전자성, 비대칭성, 무한 수명

(2) 전자 화폐 유형
　① IC 카드형
　　㉠ IC칩을 내장한 스마트카드에 화폐가치를 저장(예 몬덱스, 비자캐시카드)
　　㉡ 휴대 간편, 안전성, 다른 카드와의 연계성(다기능성)
　　㉢ IC 카드와 판독기 등의 막대한 투자비용 필요
　② 네트워크형
　　㉠ 통신망을 통해 이전하며 인터넷과 연결된 PC에 화폐가치를 저장(예 e-Cash, Cyber Cash, 넷 빌)
　　㉡ 원거리 이전 간편
　　㉢ 전자화폐용 소프트웨어 이용으로 저렴한 신규투자 비용
　　㉣ 안전성 확보를 위한 암호화의 문제점 있음

(3) 전자 화폐 종류
　① 앤캐시 24-3
　　㉠ 결제방식은 메인서버 구동 전자지갑, 재충전 가능
　　㉡ 다운로드하지 않는 전자지갑으로 각 사이트의 포인트를 적립하여 현금으로 사용
　② 뱅크타운 : 전자지갑에 은행 계좌 정보, 신용카드 정보를 저장하여 인터넷 뱅킹과 연계한 결제방식
　③ 아이캐시 : 신용카드, 계좌이체, 무통장 입금을 통해 재충전이 가능한 다운로드형 전자지갑으로 다양한 상거래를 지원

④ 애니카드 : 온라인 전용으로 화폐가치가 저장된 선불카드를 구매하여 사용하는 방식
⑤ 사이버패스 : 온라인 전용으로 개인 인식 번호를 입력하여 결제하는 방식

05 전자결제의 보안 및 위협

(1) 전자상거래의 보안요건 25-2, 23-2, 22-2, 20-2, 19-3, 18-3

① 무결성 : 데이터의 정확성과 일관성을 유지하고 전달과정에서 위변조가 없는 것
② 기밀성 : 정당한 사용자에게만 접근을 허용함으로써 정보의 안전을 보장하는 것
③ 인증 : 정보 주체가 본인이 맞는지를 인정하기 위해 사용하는 방법
④ 부인방지 : 메시지의 송수신이나 교환 후에 그 사실을 증명함으로써 사실 부인을 방지하는 기술

(2) 정보보안의 위협 25-1, 22-1, 18-2

① 바이러스
　㉠ 자기 자신을 복제하여 다른 파일에 확산시키는 컴퓨터 프로그램
　㉡ 예방 방법 18-2 : 방화벽 사용하기, 윈도우 업데이트 하기, 브라우저에서 팝업 차단하기, 바이러스 백신 소프트웨어 설치하기, 인터넷 캐시 및 검색기록 삭제하기
② 트로이 목마 : 해킹 기능을 가지고 있어 인터넷을 통해 감염된 컴퓨터의 정보를 외부로 유출하는 프로그램
③ 애드웨어 : 마케팅이나 상품광고를 노린 인터넷 광고주들의 웹사이트에서 사용자의 동의 없이 몰래 설치되어 광고창을 띄우거나, 특정 사이트에 연결하는 등의 불법 프로그램
④ 랜섬웨어(Ransomware) : 사용자 컴퓨터의 데이터를 암호화시켜 파일을 사용할 수 없도록 한 후 암호화를 풀어 주는 대가로 금전을 요구하는 악성 프로그램
⑤ 웜 : 자체적으로 실행되면서 다른 컴퓨터에 전파가 가능한 프로그램
⑥ 스파이웨어 : 이용자의 동의 없이 또는 이용자를 속여 설치되어 정보를 빼내거나 시스템 및 정상프로그램의 설정을 변경하고 운영을 방해하는 등의 악성행위를 하는 프로그램
⑦ 스푸핑(spoofing) : 외부의 악의적 네트워크 침입자가 임의로 웹사이트를 구성하여 일반 사용자들의 방문을 유도한 후, 인터넷 프로토콜인 TCP/IP의 구조적 결함을 활용해서 사용자의 시스템 권한을 획득한 뒤에 정보를 빼내가는 해킹수법
⑧ 스니핑(sniffing) : 네트워크에 돌아다니는 정보들을 감시하는 일종의 도청 프로그램
⑨ 피싱(Phishing) : 개인정보(Private data)와 낚시(Fishing)의 합성어로 사칭을 통하여 개인정보를 유출하거나 송금(결제)하도록 유도하는 일종의 사이버 범죄
⑩ 스미싱(Smishing) : 문자메시지(SMS)와 피싱의 합성어로 가짜 메시지를 보내 사용자를 속여 개인정보나 금융 정보를 탈취하거나 악성 앱 설치를 유도하는 수법
⑪ 큐싱(Qshing) : QR코드와 피싱의 합성어로 QR코드를 통해 악성 링크로 접속을 유도하거나 직접 악성코드를 심어 개인정보를 탈취하거나 금원을 취득하는 수법으로 스미싱보다 한 단계 진화된 수법
⑫ 파밍(Pharming) : 피싱보다 고도화된 사기 수법으로 사용자의 PC 자체를 악성코드로 감염시켜, 정상적인 웹사이트 주소를 입력해도 자동으로 가짜 사이트로 연결되어 금융 정보를 탈취하는 수법
⑬ 해킹(Hacking) : 컴퓨터 또는 시스템의 정당한 접근 권한 없이 또는 허용된 접근 권한을 초과하여 정보통신 시스템에 침입하는 행위

2 전자상거래의 보안대책

01 암호화 알고리즘

(1) 대칭키(비밀키) 암호화 방식 `21-3`

① 대칭키 암호 알고리즘을 사용하여 전송하고자 하는 평문을 암호화하고, 이를 복호화하는 데 동일한 키를 사용하는 방식
② 공개키 암호화 방식에 비해 빠른 처리속도를 제공하고, 암호키의 길이가 공개키 암호화 방식보다 상대적으로 짧아서 일반적인 정보의 기밀성을 보장하는 용도로 사용
③ 정보교환 당사자 간에 동일한 키를 공유해야 하므로 여러 사람과의 정보교환 시 많은 키를 유지·관리하기가 어려움
④ DES(Data Encryption Standard)는 동일한 키로 데이터를 암호화하고 복호화하는 대칭키 암호화 알고리즘의 대표적인 예로, 미국 NITS에서 국가표준으로 정한 것

(2) 비대칭키(공개키) 암호화 방식

① 공개키 암호 알고리즘을 사용하여 암호화하며 공개키와 개인키의 키 쌍이 존재하여 평문을 암·복호화하는 데 서로 다른 키를 사용하는 방식
② 데이터 암호화 속도가 대칭키 암호화 방식에 비해 느리기 때문에 일반적으로 대칭키 암호화 방식의 키 분배나 전자서명 또는 카드번호와 같은 작은 크기의 데이터 암호화에 많이 사용
③ 대표적인 예로 RSA(Rivest Shamir Adleman)는 인수분해의 난해함을 활용한 암호화 시스템으로 공개키 방식의 암호화 알고리즘을 사용함
④ 공개키 암호화 방식 과정 `18-2`
  ㉠ 송신자가 디지털 메시지를 생성
  ㉡ 송신자가 공용디렉토리에서 수신자의 공개키를 얻은 후 메시지에 적용
  ㉢ 수신자 키 적용 후 암호화된 암호문이 생성
  ㉣ 암호화된 메시지가 인터넷상으로 전송
  ㉤ 수신자가 개인키를 사용해 메시지를 복호화

(3) SSL과 SET `16-1`

① SSL(Secure Socket Layer) : 정보보안 소켓 계층으로 신용카드의 정보도용을 방지하기 위하여 개인정보인 카드번호 등을 암호화하는 기술
② SET(Secure Electronic Transaction) : 인터넷과 같은 개방 네트워크에서 안전한 카드결제를 지원하기 위하여 개발된 전자결제 프로토콜

③ SSL과 SET의 비교

구분	SSL	SET
비용	저비용	고비용
사용 편리성	간편함	다소 어려움
안정성	다소 낮음	높음
조작 가능성	상점 단독 가능	다자간의 협력 필요
부인방지	불가	제공

02 전자서명

(1) 전자서명의 개념

전자문서를 위조하거나 변조하는 것을 방지하기 위하여 작성자를 확인할 수 없도록 해당 문서에 입력하는 암호화된 정보 형태의 서명

(2) 전자서명의 요건 21-1

① 서명한 문서의 내용을 변경할 수 없어야 함
② 서명자가 자신이 서명한 사실을 부인할 수 없어야 함
③ 서명은 서명자 이외의 다른 사람이 생성할 수 없어야 함
④ 서명은 서명자의 의도에 따라 서명된 것임을 확인할 수 있어야 함
⑤ 하나의 문서의 서명을 다른 문서의 서명으로 사용할 수 없어야 함

03 인증방식 23-1

(1) 디지털 문서

① 전자적 형태의 문서로 어떤 사람을 특정할 수 있는 정보와 공개키(public key), 전자서명으로 구성
② 증명서를 발급받기만 하면 주기적으로 그것을 갱신하는 것 외에는 특별히 조치할 사항이 없으므로 사용하기 편리

(2) 분산ID

① 분산원장을 바탕으로 인증대상이 스스로 신원을 확인하고 본인과 관련된 정보의 제출 범위와 대상 등을 정할 수 있도록 하는 방식
② 인증대상이 자신의 신원정보(credentials)에 대한 권리를 보다 적극적으로 행사할 수 있음

04 보안 위협 방어수단

(1) 방화벽(Fire Wall)

보안에서 가장 기본적인 시스템으로 신뢰하지 않는 외부 네트워크와 신뢰하는 내부 네트워크 사이를 지나는 패킷을 미리 정한 규칙에 따라 차단하거나 보내주는 기능을 수행

(2) 트래픽 패딩(Traffic Padding)

흐름의 해석을 방지하기 위하여 실제의 데이터가 아닌 임의의 데이터를 네트워크에 흘림으로써 트래픽 분석을 통한 정보유출을 방지

(3) 침입 탐지 시스템(IDS ; Intrusion Detection System) 19-3

① 네트워크에서 백신과 유사한 역할을 하는 것으로, 네트워크를 통한 공격(해킹, 악성코드 등)을 탐지하기 위한 장비
② 침입탐지시스템의 주요기능
  ㉠ 데이터의 수집 : 운영체제에 설정된 사용자 계정에 따라 어떤 사용자가 어떤 접근을 시도하고 어떤 작업을 했는지에 대한 기록을 남기고 추적
  ㉡ 데이터의 필터링과 축약 : 데이터를 상호 연관시켜 좀 더 효과적으로 분석함으로써 공격에 빠르게 대응하기 위해 침입 관련 데이터를 한 곳에 모아 관리
  ㉢ 오용탐지 시스템 : 이미 발견되고 정립된 공격 패턴을 미리 입력해두었다가 이에 해당하는 패턴이 탐지되면 알려주는 것
  ㉣ 이상탐지 기법 : 정상적이고 평균적인 상태를 기준으로 하여 이에 상대적으로 급격한 변화를 일으키거나 확률이 낮은 일이 발생하면 침입 탐지를 알리는 방법
  ㉤ 책임 추적성과 대응 : 침입자의 공격을 역추적하고 침입자의 시스템이나 네트워크를 사용하지 못하게 하는 능동적인 기능을 수행

출제지문 퀴즈로 핵심체크!

SECTION 01 전자상거래 운영

01 22-2
O X 전자상거래는 일반 상거래에 비해 고객과 대화형 비즈니스 모델로의 변이가 가능하다.

02 25-2
(　　　　　)은/는 온라인 쇼핑 채널에서 상품을 선택한 후에, 오프라인 쇼핑 매장에서 상품을 구입하는 행동을 의미한다.

03 25-1
O X O2O(online to offline)는 온라인 채널이 가진 역량을 바탕으로 오프라인으로 영역을 확대해 새로운 사업 기회를 창출하는 것을 의미한다.

SECTION 02 전자결제시스템

01 20-3
(　　　　　)은/는 전자상거래에서 지불이 원활하게 이루어지도록 지원하는 대행 서비스이다.

02 18-3
O X 구매-지불 프로세스는 '재화 및 용역에 대한 구매요청서 발송 → 구매주문서 발송 → 조달 확정 → 재화 및 용역 수령증 수취 → 공급업체 송장 확인 → 대금 지불'의 순으로 이루어진다.

03 23-2
전자결제의 보안 요건 중 (　　　　　)은/는 정보를 암호화하여 인가된 사용자만이 접근할 수 있게 하는 것이다.

정답 및 해설

SECTION 01
01 ○
02 역쇼루밍
03 × ▶ O4O(online for offline)에 대한 설명이다. O2O는 온·오프라인의 결합으로 온라인에서 고객을 모아 오프라인 상점의 상품을 보내주는 방식이다.

SECTION 03
01 전자지불게이트웨이
02 × ▶ 구매-지불 프로세스는 '재화 및 용역에 대한 구매요청서 발송 → 조달 확정 → 구매주문서 발송 → 재화 및 용역 수령증 수취 → 공급업체 송장 확인 → 대금 지불'의 순으로 이루어진다.
03 기밀성

테마로 푸는 필수 기출문제

THEME ❶ 전자상거래

최근 정보통신 기술의 변화나 새로운 추세와 관련된 모바일 커머스, 라이브 커머스 등이 출제되고 있다. 기술발전에 따른 전자상거래의 변화를 정리해두는 것이 좋다.

01 24년 1회

아래 글상자의 괄호 안에 들어갈 용어로 가장 옳은 것은?

- 온·오프라인에 관계없이 소비자가 이용가능한 모든 채널을 쇼핑의 창구로 유기적으로 연결하여 쇼핑에 불편이 없도록 채널을 통합하는 것을 (㉠), 상거래 형태를 온-오프 연계형이라고 한다.
- 1인 가구 증가 등 개성 있는 소비자들의 다양한 요구에 맞춤형으로 서비스를 제공하는 (㉡) 서비스 수요가 증가하고 있다.

① ㉠ e-마켓플레이스, ㉡ 옴니채널
② ㉠ 오픈마켓, ㉡ 초연결화
③ ㉠ e-온디맨드, ㉡ 옴니채널
④ ㉠ 옴니채널, ㉡ 온디맨드
⑤ ㉠ 오픈마켓, ㉡ 온디맨드

02 20년 2회

전자상거래 판매시스템에 대한 설명으로 가장 옳은 것은?

① 상향판매(up selling)는 고객들이 구매하고자 하는 제품에 대해, 보다 저렴한 상품을 고객들에게 제시해주는 마케팅 기법이다.
② 역쇼루밍(reverse-showrooming)은 고객들이 특정제품을 구매하고자 할 때, 보다 다양한 마케팅 정보를 제공해주는 마케팅 기법이다.
③ 교차판매(cross selling)는 고객들이 저렴한 제품을 구매하는 데 도움을 제공한다.
④ 옴니채널(omni-channel)은 온라인과 오프라인 채널을 통합함으로써 보다 개선된 쇼핑환경을 고객들에게 제공해준다.
⑤ 프로슈머(prosumer)는 전문적인 쇼핑을 하는 소비자를 의미한다.

03 20년 추가

전자상거래 지능형 에이전트가 일반 소프트웨어 프로그램과는 다른 특징에 대한 설명으로 가장 옳지 않은 것은?

① 추론 능력을 갖추고 있어 스스로 문제를 해결할 수 있다.
② 컴퓨터를 작동시키거나 이용하여 업무를 처리할 수 있다.
③ 사용자가 관여하지 않아도 스스로 어떤 목표를 달성하기 위해 일을 완수할 수 있다.
④ 통신능력을 확장하여 다른 에이전트 프로그램 또는 외부 세계와 협동하여 일을 수행할 수 있다.
⑤ 필요에 따라 어떤 일을 수행하는 중에 다른 에이전트 프로그램 또는 외부 세계와 통신할 수 있다.

04 19년 3회

전자상거래의 다양한 수익모델에 관한 설명 중 가장 올바르지 않은 것은?

① 광고를 노출시켜 광고주들로부터 광고료를 거둬들이는 광고수익모델
② 콘텐츠나 서비스를 제공하여 구독료를 거둬들이는 구독수익모델
③ 거래를 가능하게 해주거나, 대행해주는 대가로 수수료를 받는 거래수수료 수익모델
④ 제품이나 정보 서비스를 고객에게 직접 판매하여 수익을 얻는 판매수익모델
⑤ 비즈니스 소개에 대한 수수료를 기반으로 하는 유통수익모델

05 23년 2회

라이브 커머스(live commerce)에 대한 설명으로 가장 옳지 않은 것은?

① 라이브 스트리밍(live streaming)과 커머스(commerce)의 합성어이다.
② 온라인상에서 실시간으로 쇼호스트가 상품을 설명하고 판매하는 비즈니스 프로세스이다.
③ 온라인상에서 소비자와 쇼호스트는 실시간으로 소통이 가능하지만 소비자 간의 대화는 불가능하다.
④ 기존 이커머스(e-commerce)보다 소통과 재미를 더한 진화된 커머스 형태이다.
⑤ 최근 소비자들에게 인기를 얻으면서 급성장하고 있다.

THEME ❷ 결제서비스

최근 종종 출제되고 있는 유형으로, 간편 전자결제에 대해 간단히 정리하는 것이 좋다.

06 22년 3회

절차별 모바일 결제 서비스에 대한 내용 중 괄호 안에 들어갈 용어를 순서대로 나열한 것으로 가장 옳은 것은?

절차	From	To
구매요청/지불 정보 전송	고객	쇼핑몰
지불 정보 전송	쇼핑몰	(㉠)
고객 확인 요청/거래 암호 생성, 전송	(㉠)	(㉡)
고객 확인 후 거래 암호 전송	(㉡)	고객
거래 암호 전송	고객	쇼핑몰
대금 정보 전송	쇼핑몰	모바일PG
상품 배송	쇼핑몰	고객
대금 정보 전송	모바일PG	이동통신사
대금 청구	이동통신사	고객
대금 수납	고객	(㉢)
수납 정보/수납 금액 인도	(㉢)	(㉣)
상점 정산	(㉣)	쇼핑몰

	㉠	㉡	㉢	㉣
①	이동통신사	모바일PG	이동통신사	모바일PG
②	이동통신사	모바일PG	모바일PG	이동통신사
③	모바일PG	이동통신사	이동통신사	모바일PG
④	모바일PG	이동통신사	모바일PG	이동통신사
⑤	이동통신사	모바일PG	신용카드사	모바일PG

07 22년 1회

QR코드를 활용하는 간편결제 방식에 대한 설명으로 가장 옳지 않은 것은?

① QR코드는 다양한 방향에서 스캔인식이 가능하고 일부 훼손되더라도 오류를 정정하여 정상적으로 인식할 수 있는 장점이 있다.
② 소비자가 모바일 앱으로 가맹점에 부착된 QR코드를 스캔하여 결제처리하는 방식을 고정형이라 한다.
③ 결제 앱을 통해 소비자가 QR코드를 생성하고, 가맹점에서 QR리더기(결제 앱 또는 POS단말기)로 읽어서 결제처리하는 것을 변동형이라 한다.
④ 고정형 QR은 가맹점 탈퇴·폐업 즉시 QR코드를 파기한 후 가맹점 관리자에게 신고해야 한다.
⑤ 변동형 QR은 개인이 별도의 위·변조 방지 특수필름 부착이나 잠금장치 설치 등의 조치를 취해야 한다.

09 24년 1회

아래 글상자의 괄호 안에 들어갈 용어를 순서대로 바르게 나열한 것은?

- (㉠)은(는) 데이터의 정확성과 일관성을 유지하고 전달과정에서 위변조가 없는 것이다.
- (㉡)은 정보를 암호화하여 인가된 사용자만이 접근할 수 있게 하는 것이다.

① ㉠ 부인방지, ㉡ 인증
② ㉠ 무결성, ㉡ 기밀성
③ ㉠ 프라이버시, ㉡ 인증
④ ㉠ 무결성, ㉡ 가용성
⑤ ㉠ 기밀성, ㉡ 무결성

THEME ❸ 정보보안의 주요 목표

전자상거래 관련 보안기능의 특징에 대해 구분하는 문제가 많이 출제되었기 때문에 반드시 암기하고 넘어가야 한다.

---

08 20년 2회

보안에 대한 위협요소별 사례를 설명한 것으로 가장 옳지 않은 것은?

① 기밀성 - 인가되지 않은 사람의 비밀정보 획득, 복사 등
② 무결성 - 정보를 가로채어 변조하여 원래의 목적지로 전송하는 것
③ 무결성 - 정보의 일부 또는 전부를 교체, 삭제 및 데이터 순서의 재구성
④ 기밀성 - 부당한 환경에서 정당한 메시지의 재생, 지불요구서의 이중제출 등
⑤ 부인방지 - 인가되지 않은 자가 인가된 사람처럼 가장하여 비밀번호를 취득하여 사용하는 것

10 22년 2회

유통정보시스템 이용에 있어서 정보보안의 주요 목표에 대한 내용으로 가장 옳은 것은?

① 허락받지 않은 사용자가 정보를 변경해서는 안 되는 것은 기밀성이다.
② 정보의 소유자가 원치 않으면 정보를 공개할 수 없는 것은 무결성이다.
③ 보낸 이메일을 상대가 읽었는지 알 수 있는 수신 확인 기능은 부인방지 원칙을 잘 반영한 것이다.
④ 웹사이트에 접속하려고 할 때 에러 등 서비스 장애가 일어나는 것은 무결성이 떨어진다고 볼 수 있다.
⑤ 인터넷 거래에 필요한 공인인증서에 기록된 내용은 타인이 조작할 수 없도록 만들어 가용성을 유지해야 한다.

THEME 4 보안과 위협

출제비중이 매우 높은 유형이다. 특히 비밀키 암호화 방식과 공개키 암호화 방식을 비교하는 문제가 많이 출제되기 때문에 반드시 구분하여 암기해야 한다.

11 21년 3회
대칭키 암호화 방식에 해당되지 않는 것은?

① IDEA(International Data Encryption Algorithm)
② SEED
③ DES(Data Encryption Standard)
④ RSA(Rivest Shamir Adleman)
⑤ RC4

12 23년 1회
아래 글상자는 인증방식 분류에 대한 설명이다. ㉠, ㉡에 해당하는 용어로 가장 옳은 것은?

> ㉠ 전자적 형태의 문서로 어떤 사람을 특정할 수 있는 정보와 공개키(public key), 전자서명으로 구성된다. 이 인증방식은 일단 증명서를 발급받기만 하면 주기적으로 그것을 갱신하는 것 외에는 특별히 조치할 사항이 없으므로 사용하기 편리하다는 장점이 있다.
> ㉡ 분산원장을 바탕으로 인증대상이 스스로 신원을 확인하고 본인과 관련된 정보의 제출 범위와 대상 등을 정할 수 있도록 하는 인증방식이다. 인증대상이 자신의 신원정보(credentials)에 대한 권리를 보다 적극적으로 행사할 수 있는 것이 특징이다.

① ㉠ 비밀번호, ㉡ 분산ID
② ㉠ 디지털문서, ㉡ 분산ID
③ ㉠ 비밀번호, ㉡ 디지털문서
④ ㉠ 생체정보, ㉡ 디지털문서
⑤ ㉠ 생체정보, ㉡ 분산ID

13 18년 2회
전자상거래상에서 발생할 수 있는 보안 위협과 관련된 설명 중 가장 옳지 않은 것은?

① 자기 자신을 복제하여 다른 파일에 확산시키는 컴퓨터 프로그램을 바이러스라 한다.
② 사용자의 동의 없이 설치되는 프로그램인 애드웨어 자체는 불법이 아니지만 그에 따르는 보안상의 문제가 위험요소가 된다.
③ 스푸핑은 네트워크에 돌아다니는 정보들을 감시하는 일종의 도청 프로그램이다.
④ 파밍은 웹링크가 목적지 주소를 사칭하는 다른 주소의 웹으로 연결해 주는 것이다.
⑤ 핵티비즘은 정치적인 목적을 위한 사이버반달리즘과 정보도용이다.

14 21년 1회
전자서명이 갖추어야 할 특성으로 가장 옳지 않은 것은?

① 서명한 문서의 내용을 변경할 수 없어야 한다.
② 서명자가 자신이 서명한 사실을 부인할 수 없어야 한다.
③ 서명은 서명자 이외의 다른 사람이 생성할 수 없어야 한다.
④ 서명은 서명자의 의도에 따라 서명된 것임을 확인할 수 있어야 한다.
⑤ 하나의 문서의 서명을 다른 문서의 서명으로 사용할 수 있어야 한다.

필수 기출문제 정답과 해설

01 정답 ④

해설 ㉠ **옴니채널(Omni-channel)** : 온라인, 오프라인, 모바일 등 고객을 둘러싸고 있는 모든 쇼핑 채널을 유기적으로 연결해 고객이 어떤 채널에서든 같은 매장을 이용하는 것처럼 느낄 수 있도록 한매장의 쇼핑환경을 말한다.
㉡ **온디맨드(On-demand)** : 수요(demand)에 초점을 맞춘 서비스로, 언제 어디서나 고객의 요구를 즉시 제공하거나 공급하는 맞춤형 방식을 말한다.

02 정답 ④

해설 옴니채널(omni-channel)은 온·오프라인에 관계없이 소비자가 이용가능한 모든 채널을 쇼핑의 창구로 유기적으로 연결하여 쇼핑에 불편이 없도록 채널을 통합하는 것을 말한다.

03 정답 ②

해설 컴퓨터를 작동시키거나 이용하여 업무를 처리하는 것은 일반 소프트웨어 프로그램의 특징이다. 전자상거래 지능형 에이전트는 컴퓨터가 작동하는 환경 내에서 사용자 개입 없이 자율적으로 업무를 처리한다.

04 정답 ⑤

해설 비즈니스 소개에 대한 수수료를 기반으로 하는 것은 제휴형 수익모델이다.
전자상거래의 수익모델
- **판매수익모델** : 제품이나 정보 서비스를 고객에게 직접 판매하여 수익을 내는 모델
- **구독수익모델** : 콘텐츠나 서비스를 제공하여 구독료를 거둬들이는 모델
- **광고수익모델** : 광고를 노출시켜 광고주들로부터 광고료를 거둬들이는 모델
- **제휴수익모델** : 제휴 웹사이트가 방문자를 다른 웹사이트로 보내주거나, 잠재고객들에게 필요한 웹사이트를 소개하고 받는 소개료 또는 손님이 구입한 금액의 일부를 받는 모델
- **거래수수료 수익모델** : 거래를 가능하게 해주거나, 대행한 대가로 수수료를 받는 모델

05 정답 ③

해설 라이브 커머스의 가장 큰 특징은 상호소통으로, 생방송이 진행되는 동안 소비자들은 채팅을 통해 쇼호스트 혹은 다른 소비자와 실시간으로 소통할 수 있다.

06 정답 ③

해설 ㉠·㉡ 쇼핑몰이 지불 정보를 모바일PG에 전송하면, 모바일 PG는 이동통신사에 고객 확인을 요청하고, 고객 확인 후 고객에게 거래 암호를 전송한다.
㉢·㉣ 고객이 대금을 이동통신사에게 수납하면 이동통신사는 수납 정보 및 수납 금액을 모바일 PG에 인도한다. 그 후 모바일PG는 쇼핑몰에 정산한다.

07 정답 ⑤

해설 고정형 QR은 가맹점이 별도의 위·변조 방지 특수필름 부착이나 잠금장치 설치 등의 조치를 취해야 한다.
QR코드 간편결제 방식
- **고정형 QR** : 소비자가 모바일 앱으로 가맹점에 부착된 QR코드를 스캔하여 결제하는 방식
- **변동형 QR** : 결제 앱을 통해 소비자가 QR코드를 생성하고, 가맹점에서 QR리더기로 읽어서 결제하는 방식

08 정답 ⑤

해설 부인방지는 정보교환 및 거래사실의 부인을 방지하는 것으로, 정보제공자가 정보제공사실 및 내용에 대하여 부정할 수 없도록 하는 기능을 말한다.

09 정답 ②

해설 전자상거래 관련 보안기능
- **기밀성(Confidentiality)** : 전달 내용을 제3자가 획득하지 못하도록 하는 것
- **인증(Authentication)** : 정보를 보내오는 사람의 신원을 확인하는 것
- **무결성(Integrity)** : 전달과정에서 정보가 변조되지 않았는지 확인하는 것
- **부인방지(Non-repudiation)** : 정보교환 및 거래사실의 부인을 방지하는 것

10 정답 ③

해설 ① 허락받지 않은 사용자가 정보를 변경해서는 안 되는 것은 무결성이다.
② 정보의 소유자가 원치 않으면 정보를 공개할 수 없는 것은 기밀성이다.
④ 웹사이트에 접속하려고 할 때 에러 등 서비스 장애가 일어나는 것은 가용성이 떨어진다고 볼 수 있다.
⑤ 인터넷 거래에 필요한 공인인증서에 기록된 내용은 타인이 조작할 수 없도록 만들어 무결성을 유지해야 한다.

11 정답 ④

해설 RSA(Rivest Shamir Adleman) 방식은 비대칭키(공개키) 암호화 방식을 이용한다.

대칭키와 비대칭키 암호화 방식
- **대칭키 암호화** : 암호화에 사용되는 암호화키와 복호화에 사용되는 복호화키가 동일하다는 특징이 있으며, 이 키를 송신자와 수신자 이외에는 노출되지 않도록 관리해야 한다.
- **비대칭키 암호화** : 정보를 암호화하기 위하여 사용하는 암호화키와 암호화된 정보를 복원하기 위하여 사용하는 복호화키가 서로 다른 암호화 방식으로, 메시지 암호화를 할 경우에는 송신자가 보내고자 하는 메시지를 수신자의 공개키로 암호화하고, 수신자는 암호화된 메시지를 수신자의 개인키로 복호화하여 메시지를 복원한다.

12 정답 ②

해설 ㉠ **디지털문서** : 정보처리시스템에 의하여 전자적 형태로 작성, 송신, 수신 또는 저장된 문서를 말한다.
㉡ **분산ID** : 분산원장기술 또는 그 밖의 다른 분산 네트워크 기술을 활용하여 분산된 저장소에 등록함으로써 중앙집중화된(centralized) 서버와 같은 등록기관이 필요하지 않은 전역 고유 식별자를 말한다.

13 정답 ③

해설 ③은 스니핑(sniffing)에 대한 설명이다.

14 정답 ⑤

해설 하나의 문서의 서명을 다른 문서의 서명으로 사용할 수 없어야 한다.

합격의 공식
SD EDU
시대에듀

우리 인생의 가장 큰 영광은 결코 넘어지지 않는 데 있는 것이 아니라
넘어질 때마다 일어서는 데 있다

– 넬슨 만델라 –

CHAPTER 05 유통혁신을 위한 정보자원관리

최신빈출 대표유형문제

SECTION 01 ERP 시스템
1. ERP 시스템 개념과 요소기술
2. ERP 시스템의 구축

SECTION 02 CRM 시스템
1. CRM 시스템의 개요
2. e-CRM

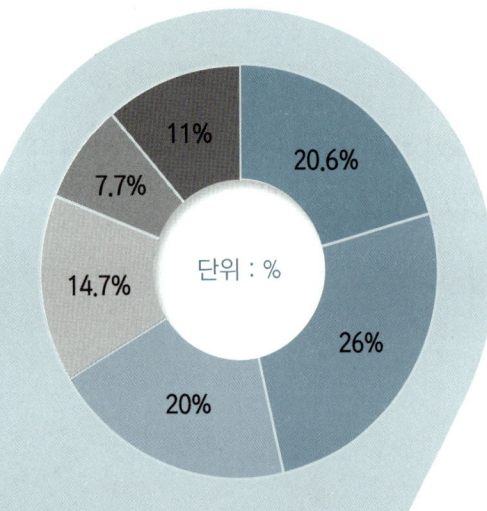

- 유통정보의 이해
- 주요 유통정보화 기술 및 시스템
- 유통정보의 관리와 활용
- 전자상거래
- 유통혁신을 위한 정보자원관리
- 신융합기술의 유통분야에서의 응용

최근 5년간 챕터별 출제비중 / 회당 평균 1.5문제 출제(5개년 기준 총 15회)

비중		출제영역	2021	2022	2023	2024	2025	합계
20.6%	제1장	유통정보의 이해	16	16	14	5	11	62
26%	제2장	주요 유통정보화 기술 및 시스템	17	20	22	11	8	78
20%	제3장	유통정보의 관리와 활용	16	12	15	11	6	60
14.7%	제4장	전자상거래	11	12	9	4	8	44
7.7%	제5장	유통혁신을 위한 정보자원관리	-	-	-	13	10	23
11%	제6장	신융합기술의 유통분야에서의 응용	-	-	-	16	17	33
		합계(문항 수)	60	60	60	60	60	300

SECTION 03 SCM 시스템

1. SCM 시스템 개요
2. e-SCM

출제지문 퀴즈로 핵심체크!

테마로 푸는 필수 기출문제

최대 출제 POINT & 학습목표

❶ ERP 시스템의 개념 및 발전

❷ ERP 구축 전략과 라이프 사이클

❸ CRM 시스템 개념, 특징, 활용, 성과지표 등

❹ CRM의 분석(고객 가치, 웹로그 분석, 분석 전략)

❺ CRM의 요소 기술

❻ SCM(공급사슬관리)의 특징

❼ SCM 성과지표(SCOR, 균형성과표)

❽ e-SCM과 관련 응용기술

CHAPTER 05 최신빈출 대표유형문제

01 ERP 시스템 구현 시 기업 환경에 따라 클라우드(cloud) ERP 시스템과 온프레미스(on-premise) ERP 시스템 방식을 고려할 수 있다. 이 중 클라우드 컴퓨팅 기반의 ERP 시스템을 선호하는 기업의 특징으로 가장 옳지 않은 것은? `25년 1회`

① 구축 시간을 최소화해 상대적으로 빠른 시일 내에 운영을 원할 경우
② 사용량이 분기별로 매우 큰 폭으로 증가하고 있어 확장성 확보가 용이해야 하는 경우
③ 지역적으로 분산된 기업이 원격접속방식으로 네트워크에 연결하는 것을 원하지 않을 경우
④ ERP 시스템 운영에 필요한 기술력을 보유하고 기업이 지속적으로 시스템을 운영할 수 있는 경우
⑤ ERP 시스템을 위한 IT 인프라에 투자와 지원을 지양하고, 비용이 예측가능한 정기사용료 지불방식을 원할 경우

`관련이론 301p`

해설 ④는 온프레미스(on-premise) ERP 시스템을 선호하는 기업의 특징에 해당한다. 클라우드 ERP 시스템은 기업 고객(사용자)이 인터넷을 통해 사업자의 클라우드 컴퓨팅 플랫폼에 접속하여 서비스되는 소프트웨어를 임대하는 방식으로, 사업자가 시스템의 유지보수, 업데이트, 보안 등을 관리한다.

대표유형 더보기
- ERP 시스템 구축 프로젝트 수행 중 여러 가지 문제의 발생으로 ERP 프로젝트 구축 범위가 변경되어 프로젝트가 종료되지 않고 지속되는 현상을 나타내는 용어로 가장 옳은 것은? `25년 2회`
- ERP 시스템 구축을 위한 라이프사이클을 계획 → 패키지 선정 → 구현 → 유지보수로 구분할 경우 패키지 선정단계에서 이루어지는 활동으로 가장 옳지 않은 것은? `24년 2회`
- 유통업체에서 ERP 시스템을 도입할 때, 구축비용에 영향을 미치는 요인으로 옳지 않은 것은? `24년 1회`
- 베스트 오브 브리드(best of breed)전략을 통해 ERP 시스템을 구축할 경우에 대한 설명으로 가장 옳지 않은 것은? `22년 3회`

02 유통업체에서의 CRM 시스템 활용에 대한 설명으로 옳지 않은 것은? `24년 2회`

① 유통업체에서는 CRM 시스템을 활용해서 신규고객 창출, 기존 고객 유지, 충성고객 개발에 활용하고 있다.
② 유통업체에서 CRM 시스템은 장기적인 측면보다는 철저하게 단기적인 측면에서 매출 증대를 위해 활용되고 있다.
③ CRM 시스템은 고객 데이터에 대한 다양한 분석을 통해 고객에 대한 이해도를 높여준다.
④ CRM 시스템은 유통업체의 경쟁우위 창출에 도움을 제공한다.
⑤ CRM 시스템은 유통업체의 판매, 서비스, 영업 업무 수행에 도움을 제공한다.

`관련이론 303p`

해설 ② CRM 시스템은 고객과 장기적이고 지속적인 관계를 유지하면서 '한 번 고객은 평생고객'이 될 수 있는 기회를 만들고, 평생고객화를 통해 고객의 가치를 극대화하기 위한 것이다.

대표유형 더보기
- CRM 시스템에 대한 설명으로 가장 옳지 않은 것은? `24년 3회, 21년 1회`
- CRM 시스템을 구축하는 이유에 대한 설명으로 가장 옳지 않은 것은? `22년 2회`

03 신규고객을 획득하기 위해 CRM 시스템의 고객정보를 활용한 분석을 수행하고자 한다. 고객의 전화나 인터넷 게시판을 통한 문의, 영업소 방문 등의 내용을 바탕으로 하는 분석을 지칭하는 용어로 가장 옳은 것은? **24년 2회**

① 고객 프로필 분석
② 하우스–홀딩 분석
③ 현재 고객 구성원 분석
④ 인바운드 고객 분석
⑤ 외부 데이터 분석

> 관련이론 304p

해설
① 고객프로필 분석 : 연령, 직업, 취미, 학력 등 전체 고객층 분석
② 하우스–홀딩 분석 : 현 고객의 가족 상황, 프로필, 성향 등 분석
③ 현재 고객 구성원 분석 : 고객의 성격, 사용 실태, 충성도 등 분석
⑤ 외부데이터 분석 : 제휴업체의 고객 데이터 분석

대표유형 더보기
• 아래 글상자에서 설명하는 잠재고객 발굴을 위한 기존고객에 대한 CRM 분석 방법으로 가장 옳은 것은? **24년 3회**
• 고객발굴을 위해 CRM 시스템의 고객정보를 활용하여 분석을 수행하고자 한다. 고객으로부터 전화문의, 인터넷 조회, 영업소 방문 등의 내용을 바탕으로 하는 분석을 지칭하는 용어로 가장 옳은 것은? **22년 2회**
• 가망고객발굴을 위해 기존 고객에 대한 CRM 분석 전략에 대한 설명으로 옳지 않은 것은? **19년 2회**

---

04 고객관리를 위해 인터넷 쇼핑몰을 운영하는 A사는 웹로그분석을 실시하고 있다. 아래 글상자의 (   ) 안에 들어갈 용어로 가장 옳은 것은? **21년 3회**

> 방문자가 웹 브라우저를 통해 웹사이트에 방문할 때 브라우저가 웹 서버에 파일을 요청한 기록을 시간과 IP 등의 정보와 함께 남기는데 이것을 (   )라고 한다. 이 로그는 웹사이트의 트래픽에 대한 가장 기초적인 정보를 제공하며 서버로부터 브라우저에 파일이 전송된 기록이므로 Transfer Log라고도 한다.

① 리퍼럴 로그(referrer log)
② 에이전트 로그(agent log)
③ 액세스 로그(access log)
④ 에러 로그(error log)
⑤ 호스트 로그(host log)

> 관련이론 304p

해설 액세스 로그(access log)
• 웹사이트에 접속했던 사람들이 각 파일들을 요청했던 실적을 기록한다.
• 방문 경로, 사용자의 아이디, 웹사이트 방문 시간, 웹사이트에서 수행한 작업내용 등의 정보를 얻을 수 있다.

대표유형 더보기
• 엑세스 로그파일(access log file)을 통해 얻을 수 있는 정보로 가장 옳지 않은 것은? **19년 2회**

05 e-비즈니스 모델별로 중점을 두어야할 e-CRM의 포인트에 관한 설명 중 가장 거리가 먼 것은? `21년 2회`

① 서비스모델의 경우 서비스차별화나 서비스 이용 행태 정보제공을 고려한다.
② 상거래모델의 경우 유사커뮤니티에 대한 정보제공을 고려한다.
③ 정보제공모델의 경우 맞춤정보제공에 힘쓴다.
④ 커뮤니티모델의 경우 회원관리도구 제공에 힘쓴다.
⑤ 복합모델의 경우 구성하는 개별모델에 적합한 요소를 찾아 적용시킨다.

> **관련이론 306p**
>
> **해설** ② 유사커뮤니티에 대한 정보제공을 고려하는 것은 정보제공모델이다.
>
> **대표유형 더보기**
> - e-CRM을 기업에서 성공적으로 도입하기 위해 필요한 발전전략으로 가장 적합하지 않은 것은? `18년 3회`

06 공급사슬의 성과지표들 중 고객서비스의 신뢰성 지표로 가장 옳은 것은? `23년 3회`

① 평균 재고 회전율
② 약속 기일 충족률
③ 신제품 및 신서비스 출시 숫자
④ 특별 및 긴급 주문을 처리하는 데 걸리는 시간
⑤ 납기를 맞추기 위해 요구되는 긴급주문의 횟수

> **관련이론 308p**
>
> **해설** ② 약속 기일 충족률은 고객이 요청한 기일 또는 이전에 충족된 주문의 비율이므로 고객서비스의 신뢰성 지표에 해당한다.
>
> **대표유형 더보기**
> - CRM을 통해 성공적으로 고객을 관리하고 있음을 추적하기 위해 사용할 수 있는 지표로 가장 옳지 않은 것은? `23년 1회`
> - 고객관계관리를 위한 성과지표에 대한 설명으로 가장 옳지 않은 것은? `20년 2회`
> - 기업이 CRM의 성과를 추적하고 관리하기 위해 사용할 수 있는 지표를 크게 판매 지표, 고객서비스 지표, 마케팅 지표로 구분할 때, 고객서비스 지표에 해당하는 것은? `18년 1회`

07 공급사슬관리의 변화 방향에 대한 설명으로 가장 옳지 않은 것은? 22년 1회

① 재고 중시에서 정보 중시 방향으로 변화하고 있다.
② 공급자 중심에서 고객 중심으로 변화하고 있다.
③ 거래 중시에서 관계 중시 방향으로 변화하고 있다.
④ 기능 중시에서 프로세스 중시 방향으로 변화하고 있다.
⑤ 풀(pull) 관행에서 푸시(push) 관행으로 변화하고 있다.

관련이론 308p

해설 ⑤ 푸시(push) 관행에서 풀(pull) 관행으로 변화하고 있다.

대표유형 더보기
- 글로벌기업이 공급사슬관리상에서 복잡한 물류체계를 효율적으로 운영하기 위해 추진하는 글로벌 물류전략 중 하나인 지연전략에 대한 설명으로 가장 옳지 않은 것은? 24년 3회
- 오늘날 공급사슬관리는 IT의 지원 없이 작동할 수 없다. 공급사슬관리에 일어난 주요 변화로 옳지 않은 것은? 21년 3회

08 효과적인 공급사슬관리를 위해 활용할 수 있는 정보기술로 가장 옳지 않은 것은? 22년 1회

① EDI
② POS
③ PBES(Private Branch Exchange Systems)
④ CDS(Cross Docking Systems)
⑤ RFID(Radio-Frequency IDentification)

관련이론 309p

해설 ③ PBES(Private Branch Exchange Systems)는 사내 자동 전화교환시스템으로 통화기능을 제공하는 시스템이다. 따라서 공급사슬관리를 위해 활용하는 정보기술에는 해당하지 않는다.

대표유형 더보기
- 공급사슬관리를 위한 정보기술로 적절성이 가장 낮은 것은? 21년 3회

05 ② 06 ② 07 ⑤ 08 ③

CHAPTER 05 유통혁신을 위한 정보자원관리

SECTION 01 ERP 시스템

1 ERP 시스템 개념과 요소기술

01 ERP(Enterprise Resource Planning, 전사적 자원관리)의 개념

(1) ERP 시스템의 개념

기업활동에 필요한 모든 자원을 하나의 체계로 통합하여 한정된 기업의 자원을 효율적으로 관리하는 통합정보시스템

(2) ERP 시스템의 특징

① 회계, 생산, 공급, 고객주문 등과 관련된 정보를 통합
② 전체 공급사슬의 가시성을 증가시키며 재고를 줄이는 데 기여
③ 기업의 모든 활동에 소요되는 인적, 물적자원을 효율적으로 관리하는 역할
④ 채찍효과(bullwhip effect)를 줄이고 공급사슬 참여자들의 효율적 실행에 기여
⑤ 여러 비즈니스 프로세스를 한데 묶어 각 프로세스 간 데이터의 흐름을 가능하게 함

(3) ERP 시스템의 발전 24-3, 21-1

① ERP 시스템은 MRP → MRP Ⅱ → ERP → Extended ERP 순으로 발전
② MRP(Material Requirement Planning, 자재소요량계획) : 기업의 원활한 자재구매 및 자재소요량을 합리적으로 관리하기 위한 재고관리 영역에 국한된 전산화된 관리시스템
③ MRP Ⅱ(Manufacturing Resources Planning, 생산자원계획) : 자재뿐만 아니라 생산에 필요한 모든 자원을 효율적으로 관리하기 위한 것으로 MRP가 확대된 시스템
④ ERP : 전사적으로 경영자원을 효율적으로 관리하기 위한 시스템
⑤ Extended ERP : 글로벌 경쟁환경에 대응하기 위한 시스템

02 ERP의 요소기술

(1) ERP 시스템의 구성

생산 부문	물류 부문	회계 부문	인사 부문	공동 부문
• 생산관리 • 품질관리	• 영업관리 • 자재관리	• 재무회계 • 관리회계 • 자금관리	인사관리	• 프로젝트관리 • 워크플로우

(2) ERP 시스템의 요소기술

① 기업의 전체적인 비즈니스 모델에 대해서 정보 인프라를 제공하는 시스템인 만큼 규모적인 측면에서 매우 광대하며, 기술적으로는 기존의 정보시스템에 비해 많은 데이터를 효율적으로 처리 가능
② 정보인프라를 최적으로 지원하기 위하여 클라이언트 서버 시스템, 객체지향기술, 4세대 언어 개발 툴, 개방형 시스템, 데이터웨어하우스, 인터넷 기술 등과 같은 최신 정보시스템 기술을 수용
③ 최근 기업 내부를 제어하는 Back Office Application인 ERP와 Business Infrastructure Application인 DBMS 등을 통해 얻어진 데이터를 활용한 확장 애플리케이션으로 전략적인 기업경영을 가능하게 하는 솔루션인 SEM(Strategic Enterprise Management), 소비자 및 공급자와의 관계를 제어하는 CRM(Customer Relationship Management), SCM(Supply Chain Management), 그리고 이들을 이용하여 웹상에서 구매와 판매를 할 수 있도록 하는 전자상거래 솔루션이 급성장함

2 ERP 시스템의 구축

01 ERP 구축 시 고려사항

(1) ERP 구축비용 결정요소 **24-1**

① 도입하려는 ERP 모듈 수
② ERP 시스템 이용자 수와 구축 범위
③ ERP 시스템 구축 프로젝트 추진 기간

(2) ERP 구축 시 해결과제

① 경영전략의 명확화
② 전체 최적화의 추구
③ ERP 패키지에 대한 지식습득
④ 업무를 위한 정보시스템의 전면적인 재구축

(3) 갭 분석(Gap Analysis) **25-2**

① 기업의 정보시스템을 통한 업무처리 요구사항과 도입하고자 하는 ERP 시스템이 제공하는 기능 차이를 파악
② ERP 시스템 도입 준비 단계에서 중요한 업무로 적합한 ERP 솔루션을 선택하고 ERP 시스템을 효과적으로 구현하는 데 도움이 됨

02 ERP 구축 방식 **24-3**

(1) 클라우드(cloud) ERP 시스템

① 클라우드 ERP 시스템의 특징

㉠ 소프트웨어가 클라우드 기반의 서버에서 호스팅되어 있으며, 사용자는 웹을 통해 액세스함
㉡ 사용자는 일반적으로 구독료를 지불하고, 소프트웨어 제공업체가 모든 관리 및 업데이트를 담당하여 업그레이드 및 보안 패치 등의 유지보수가 간편

ⓒ 별도의 인프라나 소프트웨어 라이선스에 대한 초기 투자 없이도 서비스를 이용할 수 있어 빠른 구축과 배포가 가능
ⓓ 온프레미스(on-premise) ERP에 비해 초기 착수 비용이 상대적으로 적게 소요

② 클라우드 ERP 시스템을 선호하는 기업의 특징 **25-1**
ⓐ 구축 시간을 최소화해 상대적으로 빠른 시일 내에 운영을 원할 경우
ⓑ 사용량이 분기별로 매우 큰 폭으로 증가하고 있어 확장성 확보가 용이해야 하는 경우
ⓒ 지역적으로 분산된 기업이 원격접속방식으로 네트워크에 연결하는 것을 원하지 않을 경우
ⓓ ERP 시스템을 위한 IT 인프라에 투자와 지원을 지양하고, 비용이 예측가능한 정기사용료 지불방식을 원할 경우

(2) 온프레미스(on-premise) ERP 시스템
① 조직 또는 사용자의 내부 시설 안에 소프트웨어 및 하드웨어 설치 및 운영
② 사용자는 소프트웨어 라이선스를 구매하고 자체적으로 소프트웨어를 설치하며, 인프라 및 관리 비용 부담
③ 데이터 보안 및 기밀 유출을 방지할 수 있으며, 커스터마이제이션의 유연성이 높음
④ 초기 투자 비용이 많이 들고, 유지보수 및 업그레이드에 대한 책임이 사용자에게 있음

03 ERP 구축 전략과 라이프 사이클

(1) 베스트 오브 브리드(best of breed) 전략 **22-3**
① ERP 구축 시 영역별로 원하는 솔루션을 선택하여 조합하는 전략
② 별도의 미들웨어 개발이 요구됨
③ 고도의 전문성을 지닌 IT자원이 요구됨
④ 소프트웨어 선택, 프로젝트 관리 및 업그레이드에 더 많은 시간과 자원이 소요
⑤ 특정 기능 구현에 있어서 고도의 탁월한 기능성을 발휘함으로써 경쟁우위를 창출
⑥ 구축비용이 비쌈

(2) 네버 엔딩 프로젝트 신드롬(Never-ending Project Syndrome) **25-2**
ERP 시스템 구축 프로젝트 수행 중 여러 가지 문제의 발생으로 ERP 프로젝트 구축 범위가 변경되어 프로젝트가 종료되지 않고 지속되는 현상

(3) ERP 라이프 사이클 **24-2**
① ERP 시스템 구축을 위한 라이프 사이클을 계획 → 패키지 선정 → 구현 → 유지보수로 구분
② **패키지 선정 단계** : 시장조사, 현업 요구사항 분석, 레퍼런스 사이트 방문, 소프트웨어 데모 및 차이 분석 등이 이루어짐
③ **구현 단계** : 사용자가 원하는 작업 방식으로 소프트웨어를 구성하는 컨피규레이션이 결정

SECTION 02 CRM 시스템

1 CRM 시스템의 개요

01 CRM(Customer Relationship Management, 고객관계관리)의 개념

(1) CRM의 개념

고객과의 장기적인 관계구축을 통해 고객가치를 극대화하고 수익성을 높일 수 있는 "고객관계 관리" 프로세스

(2) CRM의 특징 24-3, 24-2, 22-2, 21-1

① 고객과의 장기적인 관계 형성
② 유통업체의 경쟁우위 창출에 도움을 제공
③ 유통업체의 판매, 서비스, 영업 업무수행에 도움
④ 신규고객 창출, 기존 고객 유지, 충성고객 개발에 활용
⑤ 다양한 측면의 정보분석을 통해 고객에 대한 이해도를 높임
⑥ 고객유지율과 경영성과 모두를 향상시키기 위해 정보와 지식을 활용

(3) CRM의 도입 효과

① 이탈 고객의 원인을 파악하여 이탈 고객의 수 감소
② 기존 고객의 정보를 분석하여 잠재고객의 유형 파악
③ 고객의 유형을 세분화하여 목표 고객을 설정하는 데 용이
④ 고객을 응대하는 업무의 효율성을 높이고 운영비용을 절감
⑤ 기존 제품을 개선하거나 신규 제품을 개발하는 데 고객의 요구를 반영
⑥ 객관적이고 정확한 통계 분석을 통해 효율적인 마케팅 전략 수립이 가능
⑦ 신규고객을 확보하는 데 소요되는 비용보다 낮은 비용으로 기존 고객 유지 가능
⑧ 즉각적이고 일원화된 고객응대로 통합된 고객서비스를 제공하고 고객만족도를 높임

(4) CRM의 성과 지표 23-1, 20-2, 18-1

판매 지표	신규 판매자 수
고객서비스 지표	• 일별 평균 서비스 요청건수 • 고객불만 처리 시간 • 평균 해결 시간
마케팅 지표	• 신규고객 유치율 • 신규 캠페인 빈도 • 캠페인으로 창출된 수익 • 마케팅 캠페인 당 구매(반응) 건수 • 제품 당 신규판매 기회 건수

02 CRM의 분석

(1) 고객가치 분석

① 고객가치 `20-3`

㉠ 고객이 느끼는 가치 = $\dfrac{품질 \times 서비스}{비용 \times 시간}$

㉡ 고객가치 증진을 위해 품질과 서비스를 향상하며, 비용과 시간은 줄이는 방안을 제고

㉢ 고객가치의 구성요소

품 질	제안된 기능, 성능, 기술명세 등
서비스	고객에게 제공되는 유용성, 지원, 몰입 등
비 용	가격 및 수명주기비용을 포함한 고객의 거래비용
시 간	고객의 대기시간, 불만 처리시간, 주문 및 배송시간 등

② 고객획득 `24-3, 24-2`

㉠ 잠재고객 확인과 잠재고객 전환을 통한 신규고객을 창출하는 것

㉡ 신규고객 창출 과정 : 잠재고객 → 선별고객 → 가능고객 → 최상가능고객 → 신규고객

㉢ 신규고객 창출 프로세스 : 잠재고객 특성 파악 → 잠재고객 확보 → 잠재고객 선별 → 니즈파악과 가치창조 → 가치제안 → 신규고객의 사후관리

(2) 웹 로그(Web log) 분석 `21-2, 18-1`

① 온라인 웹사이트 방문자의 분석을 통하여 방문자 수와 페이지 뷰 수, *쿠키값 분석 등을 통한 방문자 정보분석 등을 통하여 사이트의 현 상황을 자세히 분석

*쿠키(cookie) : 웹브라우저에서 현재 상태를 보관하기 위해 임시로 사용하는 데이터 파일로 개인 식별정보(예 이름, 주소, 이메일 주소 또는 전화번호 등)를 포함한 다양한 정보를 저장

② 방문객이 웹서버에 방문하게 되면 웹서버에는 Access log, Error log, Refferer log, Agent log 등의 자료가 파일 형태로 기록되는데, 이를 근거로 웹의 운영 및 방문 행태에 대한 정보를 분석하는 것

③ 웹 로그 파일

Access log `21-3, 19-2`	• 웹사이트 방문자가 웹브라우저를 통해 사이트 방문 시 브라우저가 웹서버에 파일을 요청한 기록과 시간, IP에 관련된 정보에 대한 기록 • 방문 경로, 사용자의 아이디, 웹사이트 방문 시간, 웹사이트에서 수행한 작업 내용 등
Refferer log	웹서버를 소개해준 사이트와 소개받은 페이지를 기록함으로써 해당 웹사이트를 보기 위해서 어떤 페이지를 거쳐 왔는지에 대한 기록
Agent log	사이트 방문자의 웹브라우저 버전, 운영체제의 종류, 화면해상도, 프로그램의 종류 등에 관한 정보로 최적화된 웹사이트를 구성할 수 있는 단서를 제공
Error log	웹서버에서 발생하는 모든 에러와 접속실패에 대한 시간과 에러 내용을 기록

(3) CRM 분석 전략 `24-3, 24-2, 22-2, 19-2`

① **고객프로필 분석** : 연령, 직업, 취미, 학력 등 전체 고객층 분석

② **하우스-홀딩 분석** : 현 고객의 가족 상황, 프로필, 성향 등 분석

③ **인바운드 분석** : 전화나 인터넷 게시판을 통한 문의, 영업소 방문 등 분석

④ 현 고객구성원 분석 : 고객의 성격, 사용 실태, 충성도 등 분석
⑤ 외부데이터 분석 : 제휴업체의 고객 데이터 분석

03 CRM의 요소 기술

(1) CRM의 기본요소 20-2

① **시장과 고객에 대한 이해(Know)** : 수익성이 높은 고객과 낮은 고객을 분류하고, 고객 데이터웨어하우스(Data Warehouse) 및 데이터 마이닝(Data Mining)을 통해 고객가치를 관리
② **최적 서비스 개발(Target)** : 어떤 고객에게, 어떤 제품과 서비스를, 어떤 채널을 통해 판매할 것인가를 고민하여 최적 서비스를 개발
③ **고객 유치(Sell)** : 현재의 우량고객과 유사한 대상을 선별하여 적절한 접근 방식 및 유인을 통해 그들과 새로운 거래관계를 형성하여 신규고객을 유치
④ **기존 고객의 유지(Service)** : 기존 고객의 만족은 또 다른 고객 추천의 바탕이 되므로 CRM에서는 기존 고객의 유지활동을 매우 중요하게 생각함. 따라서 고객의 충성도를 창출하고 유지하기 위한 고객서비스를 제공(예 이탈방지 캠페인, 맞춤 서비스의 제공, 해지방어전담팀의 운영, 마일리지 프로그램의 운용 등)

(2) CRM 시스템의 기술요소

① **OLTP(On-Line Transaction Processing)** : 데이터베이스 기반하에 거래처리 관련 개별 데이터를 조회·갱신·삭제하기 위한 처리시스템
② **OLAP(On-Line Analytical Processing)** 25-1, 22-3, 19-1
   ㉠ 데이터베이스 기반하에 다차원적 정보구조 분석을 통해 데이터를 생성·조작·활성화하는 시스템
   ㉡ OLAP의 주요기능

피보팅(pivoting)	데이터를 분석하는 차원(dimension)을 사용자의 니즈에 따라 다양한 기준으로 전환시켜 볼 수 있는 기능
필터링(filtering)	전체 데이터에서 원하는 기준만을 선정하여 그 기준에 해당되는 정보만을 보여주는 기능
리포팅(reporting)	현재 보고서의 정보를 간단한 대화식 조작을 통해 원하는 형태의 보고서로 나타낼 수 있는 기능
분해(slicing & dicing)	다차원 모델에서 한 차원을 잘라 보고 동시에 다른 차원을 자르면서 데이터범위를 좁혀가는 작업 기능
드릴링(drilling)	데이터의 깊이와 분석 차원을 마음대로 바꿔가며 심도 있는 분석을 할 수 있는 기능

③ **데이터 마이닝(Data-Mining)**
   ㉠ 데이터 속에 내재된 데이터들 간의 패턴이나 관련성을 발견하여 미래에 실행 가능한 지식을 추출해 내고 의사결정에 활용하는 과정
   ㉡ 데이터 마이닝의 활용

구 분	활용
군집화 규칙	제품 카테고리
분류 규칙	고객이탈 수준 등급
순차 패턴	로열티 강화 프로그램, 연속 판매 프로그램
연관 규칙	상품 패키지 구성 정보

04 CRM 구축

(1) CRM 구축의 전제

CRM을 구현하기 위해서는 고객 통합 데이터베이스(DB)가 구축돼야 하며, 구축된 DB로 고객 특성(구매패턴·취향 등)을 분석하고 고객 개개인의 행동을 예측해 다양한 마케팅 채널과 연계돼야 함

(2) CRM의 구축 과정

① **데이터의 수집** : 기업의 내부자료와 외부자료를 수집하는 과정
② **데이터의 정제과정** : 데이터에 존재하는 이상치나 중복성을 제거하는 과정으로, 특히 누락데이터(Missing Data)와 블랭크 데이터(Blank Data)의 문제 등이 중요
③ **데이터웨어하우스 구축** : 지속적인 고객관리를 위해서 필요한 과정으로, 자주 분석될 데이터에 대해서는 데이터마트로 관리하며, 데이터웨어하우스에 대한 비용지출이 어려울 때는 데이터마트만 운영할 수 있음
④ **고객 분석/데이터 마이닝** : 고객의 선호도나 요구에 대한 분석을 바탕으로 고객행동을 예측하고 고객별 수익성, 가치성을 측정
⑤ **마케팅 채널과의 연계** : 분석된 결과를 가지고 영업부서나 고객서비스 부서 등에서 마케팅 활동의 자료로 활용 가능
⑥ **Feedback 정보 활용** : 마케팅 활동의 결과를 판단하여 의미 있는 정보를 마케팅 자료로 활용하기 위한 피드백(Feedback)

2 e-CRM

01 e-CRM의 개념 및 특징

(1) e-CRM의 개념

① e-Business의 범위에서 원자재 조달, 생산, 수·배송, 판매 및 고객관리 프로세스의 물류흐름과 관련 활동의 통합적인 관리기법을 인터넷에 기반하여 실시간으로 신속하고 효율적으로 처리하는 것
② 디지털 환경의 공급자, 유통채널, 도소매 관련 물자, 자금, 정보흐름 등을 신속하고 효율적으로 관리하는 활동이 e-Business 환경에서 적용되는 것

(2) e-CRM의 특징 **21-2**

① 서비스모델의 경우 서비스차별화나 서비스 이용 행태 정보제공을 고려
② 정보제공모델의 경우 맞춤정보 제공
③ 커뮤니티모델의 경우 회원관리도구 제공
④ 복합모델의 경우 구성하는 개별모델에 적합한 요소를 찾아 적용

02 e-CRM 도입 효과 및 발전 전략

(1) e-CRM의 도입 효과

① 인터넷을 통해 고객들이 원하는 맞춤서비스 제공 가능
② 공급자와 구매자 간 신속한 의사소통이 가능해짐
③ 중간유통업체 배제로 직거래 활성화, 공급체인 길이가 짧아져 리드타임 단축
④ 실시간 재고관리 가능으로 안전재고의 적정수준 유지 가능
⑤ 원자재 공급업체, 생산업체, 물류업체 간 핵심정보의 피드백이 원활하게 됨

(2) e-CRM의 발전 전략 `18-3`

① 타사와의 차별화
② 소비자의 트렌드 분석
③ 고객 접촉경로의 다양화
④ 콘텐츠의 다양화를 통한 활성화
⑤ 고객의 수요에 맞는 콘텐츠 구성

SECTION 03 SCM 시스템

1 SCM 시스템 개요

01 SCM(Supply Chain Management, 공급사슬관리)의 개념

(1) 공급사슬과 공급사슬 관리

① **공급사슬(SC ; Supply Chain)** : 제품이 원재료 공급자로부터 공장과 창고를 거쳐 소비자에게 전달되는 전 과정에서의 물자 · 정보 · 지불 · 서비스 등의 흐름
② 공급사슬관리(SCM ; Supply Chain Management)
  ㉠ 원재료 구매부터 최종고객까지의 전체 물류흐름을 계획하고 통제하는 통합적인 관리 방법
  ㉡ 공급사슬 통합의 핵심은 상호작용과 협업이므로 공급사슬관리가 효과적으로 운영되기 위해서는 파트너들 간의 상호협력과 신뢰 중요

(2) 공급사슬관리의 특징

① **채찍효과** `23-1`
  ㉠ 잘못된 제품 수요정보가 공급사슬을 통해 한 파트너에서 다른 참여자들에게로 퍼져나가면서 판매예측정보가 왜곡되는 현상
  ㉡ e-SCM을 구축함으로써 공급사슬의 가시성을 확보하여 채찍효과를 감소시키거나 제거가 가능

② 나비효과 `21-2`
  ㉠ 아마존 강 유역 어딘가에서 나비가 날개를 펄럭이면, 수천 마일 떨어진 곳에서 허리케인이 만들어질 수 있다는 것을 의미
  ㉡ 공급사슬 혼동 현상을 설명해주는 용어로, 공급사슬 네트워크의 특정한 부분에서 하나의 이벤트가 발생하면, 공급사슬 네트워크의 다른 부분에서 예측하지 못했던 문제가 발생이 가능함을 의미

(3) 공급사슬관리의 변화 방향 `22-1, 21-3`
  ① 기능에서 프로세스로 변화
  ② 재고에서 정보 중시로 변화
  ③ 거래에서 관계 중시로 변화
  ④ 공급자에서 고객 중심으로 변화
  ⑤ 푸시(push)서 풀(pull) 관행으로 변화
  ⑥ 운송과 창고관리에서 엔드투엔드 파이프라인관리로 변화

(4) 공급사슬관리의 기대효과 `25-1`
  ① 공급업체와 유통파트너의 실시간 정보 공유로 협업이 강화되고 공급망 전반의 가시성이 향상
  ② 기존보다 정확한 수요예측으로 생산 및 유통계획을 최적화하여 납기 준수율이 높아짐
  ③ 고객들의 다양한 니즈와 그 변화에 신속하게 대응할 수가 있으며 이는 고객 만족도를 향상
  ④ 불필요한 재고를 줄이고, 운영비용을 절감하여 기업의 수익성을 향상
  ⑤ 공급망의 자동화, 불필요한 중간 유통망의 제거로 전체 주문 이행의 사이클 타임과 구매 리드타임의 단축 효과

02 SCM(공급사슬관리)의 성과지표

(1) SCOR(Supply Chain Operation Reference) `23-3, 20-3, 18-2`
  ① 현재의 프로세스를 진단하고 개선 목표와의 차이(Gap)를 파악함으로써 개선의 방향을 제시하는 도구
  ② 기본관리 프로세스 : 계획 → 조달(Source) → 제조 → 배송 → 반품
  ③ SCOR Score Card의 평가지표

내부적 관점 (기업측면)	• 비용 : 공급사슬관리 비용, 보상 및 반품처리비용, 상품판매비용 등 • 자산 : 공급재고 일수, 현금순환 사이클 타임, 자산 회전 등
외부적 관점 (고객측면)	• 신뢰성 : 인도 성과, 주문 충족 리드타임, 약속 기일 충족률, 완전 주문 충족 등 • 유연성 · 반응성 : 공급사슬 반응시간, 생산유연성 등

(2) 균형성과표(BSC ; Balanced Score Card) `23-1, 22-3, 18-3`
  ① 조직의 성과목표 달성을 위해 재무, 고객, 내부프로세스, 학습 및 성장 관점에서 균형 잡힌 성과지표를 설정하고 그 성과를 측정하는 성과관리 기법
  ② 기업의 지적재산에 대한 체계적인 관리와 전략적 활용에 중점

③ 균형성과표의 성과지표

재무 관점	기업경영을 통한 기업의 손익개선을 나타내는 재무성과 측정지표
고객 관점	품질, 서비스, 비용, 시간 등 고객의 관심사항을 반영한 측정지표
내부 프로세스 관점	고객의 기대에 부응하기 위한 업무프로세스와 경쟁우위 요소인 자사의 핵심역량을 측정하는 지표
학습과 성장 관점	기업의 비전달성과 연관된 조직의 학습방법과 개선사항을 측정하는 지표

03 SCM의 활용

(1) 판매운영 계획(S&OP ; Sales and Operations Planning) **21-1**

① 조직들이 시장의 실질적인 수요를 예측함과 동시에 비용효과적인 방법으로 대응하는 전략

② 조직들이 최소 재고를 유지하면서 정시배송을 통한 가장 높은 수준의 소비자 만족을 가능하게 하는 것이 목적임

③ 단일 계획에 의한 실행으로 조직의 경영목표를 달성하기 위한 계획을 정립하고 판매, 생산, 구매, 개발 등 조직 내의 모든 실행이 동기화되어야 함

(2) 제약이론(TOC ; Theory of Constraints) **24-1**

① 제약경영을 통해 공급체인 전체의 최적화를 추구하는 전략

② 기업의 여러 가지 활동 중 취약한 활동요인의 효율성을 제고함으로써 기업의 성과를 극대화하는 것이 목적

③ DBR(Drum, Buffer, Rope) **18-1**

  ㉠ 제약조건이론 중 전체 공정의 종속성과 변동성을 관리하는 기법

  ㉡ 전체공정 중 가장 약한 것을 찾아 능력제약자원으로 두고, 이 부분이 최대한 100% 가동할 수 있도록 공정 속도를 조절하여 흐름을 관리

(3) 업무절차혁신(BPR ; Business Process Reengineering) **20-추가**

① 한 기업 내의 경영활동을 혁신하고자 하는 경영혁신기법

② 기업의 활동과 업무상의 여러 단계들을 통합하고 단순화하여 근본적으로 재설계하고 프로세스 중심으로 재편

③ 기업에서는 ERP 시스템을 구축하기 위한 사전 작업으로 추진

④ 현재의 비즈니스 프로세스를 'AS IS PROCESS', 미래의 비즈니스 프로세스를 'TO BE PROCESS'라고 함

⑤ 목표 : 비용, 품질, 시간 등 조직의 성과를 혁신적으로 향상

(4) 공급사슬관리 관련 정보기술 **22-1, 21-3**

① EDI(Electronic Data Interchange) : 조직 간 또는 기업과 공급자 간의 구매주문서, 송장, 견적서 등의 거래자료를 표준양식에 따라 전용망이나 부가가치통신망을 통해 전자적으로 교환하는 시스템

② POS(Point Of Sales) : 판매시점에서 판매와 관련된 정보를 관리하는 시스템

③ CDS(Cross Docking Systems) : 창고나 물류센터로 입고되는 상품을 보관하지 않고 곧바로 소매 점포에 배송하는 물류시스템

④ RFID(Radio-Frequency IDentification) : 자동인식 기술의 하나로서 데이터 입력장치로 개발된 무선(RF ; Radio Frequency)으로 인식하는 기술

⑤ VMI(Vendor Managed Inventory) : 공급업체가 주도적으로 재고를 관리하는 방식

2 e-SCM

01 e-SCM의 개요

(1) e-SCM의 개념
- ① 원자재 조달, 생산, 수배송, 판매 및 고객관리 프로세스에서 일어나는 물류흐름과 이와 관련된 모든 활동을 인터넷에 기반하여 실시간으로 통합적으로 관리하는 기법
- ② e-Business 환경에서 디지털 환경의 공급자, 유통채널, 도소매와 관련된 물자, 자금·정보의 흐름을 신속하고 효율적으로 관리하는 활동

(2) e-SCM에 필요한 정보기술 `21-1`
- ① 데이터 마이닝 : 의사결정을 지원해주기 위한 자료 탐색
- ② 전사적 자원관리(ERP) : 내부 기능부서 간의 업무통합
- ③ 수집된 고객 및 거래데이터를 저장하기 위한 데이터웨어하우스
- ④ 고객, 공급자 등의 거래 상대방과의 거래 처리 및 의사소통을 위한 인터넷 기반의 전자상거래(e-Commerce) 시스템

02 e-SCM의 응용 기술 `19-1`

(1) 자동발주시스템(CAO ; Computer Assisted Ordering)
- ① 상품판매대의 재고가 소매점포에서 설정한 기준치 이하로 떨어지면 자동으로 보충 주문이 발생하는 시스템
- ② 자동화된 주문관리로 수요관리 효율성 도모

(2) 지속적인 상품보충(CRP ; Continuous Replenishment Programs)
- ① 공급업자와 소매업자 간에 POS 정보를 공유하여 별도의 주문 없이 공급업자가 제품을 보충할 수 있는 시스템
- ② 실제 판매된 판매데이터와 예측된 수요를 근거로 하여 상품을 보충시키는 방식(Pull 방식)

(3) CPFR(Collaborative Planning Forecasting and Replenishment) `18-2, 18-1`
- ① 협업 설계 예측 및 보충
- ② 제조업체와 유통업체 사이에 판매 및 재고데이터 공유를 통하여 수요예측과 주문관리에 이용하고 효과적인 상품 출원과 재고관리를 지원하는 공급망관리를 위한 모델

(4) 크로스도킹(CDS ; Cross Docking Systems)
- ① 창고나 물류센터로 입고되는 상품을 보관하지 않고 곧바로 소매점포에 배송하는 물류시스템
- ② 미국의 월마트에서 도입한 공급망 관리 기법

(5) 효율적 고객대응(ECR ; Efficient Consumer Response)
- ① 최종소비자의 만족도를 증대시키기 위해 공급자와 소매업자가 공동으로 협력
- ② 주요 전략 : 효율적인 매장 진열 관리, 효율적인 재고 보충, 효율적인 판매 촉진, 효율적인 신제품 도입 및 소개 등

출제지문 퀴즈로 핵심체크!

SECTION 01   ERP 시스템

01   21-1

ERP 시스템은 MRP → (   ) → ERP → Extended ERP 순으로 발전하였다.

02   22-3

[O][X] 베스트 오브 브리드(best of breed)전략을 통해 ERP 시스템을 구축할 경우 고도의 전문성을 지닌 IT자원이 요구된다.

03   24-1

[O][X] ERP 시스템 구축비용에 영향을 주는 요인에는 ERP 시스템 이용자 수, ERP 시스템 구축 프로젝트 추진 기간, ERP 데모데이 참여기업 수 등이 있다.

04   24-2

[O][X] ERP 시스템 구축을 위한 라이프사이클을 계획 → 패키지 선정 → 구현 → 유지보수로 구분할 경우 패키지 선정단계에서는 시장조사, 현업 요구사항 분석 등이 이루어진다.

SECTION 02   CRM 시스템

01   22-2

[O][X] CRM 시스템은 기존 고객유지보다 신규 고객유치 활성화를 통한 비용절감에 중점을 준다.

02   24-2

[O][X] 유통업체에서 CRM 시스템은 장기적인 측면보다는 단기적인 측면에서 매출 증대를 위해 활용한다.

03   25-1

(   )은/는 '풍부한 사이트 요약' 또는 '간단한 배급'을 의미하는 것으로, 뉴스나 블로그 사이트에서 주로 사용하는 콘텐츠 표현 방식이다.

04   21-3

[O][X] 방문자가 웹사이트에 방문할 때 브라우저가 웹 서버에 파일을 요청한 기록을 시간과 IP 등의 정보와 함께 남기는 것을 액세스 로그(access log)라고 한다.

SECTION 03 SCM 시스템

01 25-1

[O X] SCM 구축을 통해 공급망의 자동화, 중간 유통망의 제거로 전체 주문 이행의 사이클 타임 단축과 구매 리드타임의 증가 효과가 나타난다.

02 20-3

[O X] SCOR 모델은 계획 → 제조 → 조달 → 인도 → 반환의 기본관리 프로세스로 구성된다.

03 21-2

[O X] 나비효과(butterfly effect)는 공급사슬 혼동 현상을 설명해주는 용어로, 아마존 강 유역 어딘가에서 나비가 날개를 펄럭이면, 수천 마일 떨어진 곳에서 허리케인이 만들어질 수 있다는 의미이다.

04 23-1

(   )효과는 종종 잘못된 제품 수요정보가 공급사슬을 통해 한 파트너에서 다른 참여자들에게 퍼져나가면서 왜곡되고 증폭되는 것을 의미한다.

정답 및 해설

SECTION 01

01 MRP II
02 ○
03 × ▶ 각 기업에 커스터마이징 되지 않은 기본 ERP로 시연하는 데 모데이(시연회 날)에 참여하는 기업 수는 구축 비용에 직접적인 영향을 미치지 않는다.
04 ○

SECTION 02

01 × ▶ 신규 고객 획득보다는 고객평생가치 극대화를 통한 고객유지에 중점을 둔다.
02 × ▶ CRM 시스템은 고객과 장기적이고 지속적인 관계를 유지하면서 고객의 가치를 극대화하는 것이다.
03 RSS(Really Simple Syndication)
04 ○

SECTION 03

01 × ▶ SCM 구축을 통해 구매 리드타임을 단축하는 효과가 나타난다.
02 × ▶ 공급사슬관리 성과측정을 위한 SCOR 모델은 계획 → 조달 → 제조 → 인도 → 반환의 기본관리 프로세스로 구성된다.
03 ○
04 채찍

테마로 푸는 필수 기출문제

THEME ❶ ERP 시스템

ERP 시스템은 출제빈도가 높은 유형은 아니지만 타과목과 연계되어 출제되는 경향을 보이기 때문에 주요 내용에 대해 세부적으로 숙지하고 넘어가야 한다.

01 24년 2회

ERP 시스템 구축을 위한 라이프사이클을 계획 → 패키지 선정 → 구현 → 유지보수로 구분할 경우 패키지 선정단계에서 이루어지는 활동으로 가장 옳지 않은 것은?

① 시장조사
② 현업 요구사항 분석
③ 레퍼런스 사이트 방문
④ 소프트웨어 데모 및 차이 분석
⑤ 컨피규레이션(configuration) 결정

02 21년 1회

유통업체들은 정보시스템 운영을 효율화하기 위해 ERP 시스템을 도입하고 있는데 ERP 시스템의 발전순서를 나열한 것으로 옳은 것은?

㉠ ERP	㉡ Extended ERP
㉢ MRP	㉣ MRP II

① ㉢ - ㉣ - ㉠ - ㉡
② ㉢ - ㉠ - ㉣ - ㉡
③ ㉢ - ㉡ - ㉠ - ㉣
④ ㉠ - ㉣ - ㉢ - ㉡
⑤ ㉠ - ㉡ - ㉢ - ㉣

03 22년 3회

베스트 오브 브리드(best of breed)전략을 통해 ERP 시스템을 구축할 경우에 대한 설명으로 가장 옳지 않은 것은?

① 상대적으로 낮은 비용으로 시스템을 구축할 수 있다.
② 특정 기능 구현에 있어서 고도의 탁월한 기능성을 발휘함으로써 보다 많은 경쟁우위를 창출하도록 해준다.
③ 별도의 미들웨어 개발이 요구된다.
④ 소프트웨어 선택, 프로젝트 관리 및 업그레이드에 더 많은 시간과 자원이 소요된다.
⑤ 고도의 전문성을 지닌 IT자원이 요구된다.

THEME ❷ CRM 시스템

CRM은 출제빈도가 높은 유형일 뿐만 아니라 PART3와 연계되어 출제되는 경향을 보이기 때문에 주요 내용에 대해 세부적으로 숙지하고 넘어가야 한다.

04 21년 1회

CRM 시스템에 대한 설명으로 가장 옳지 않은 것은?

① 신규고객 창출, 기존 고객 유지, 기존 고객 강화를 위해 이용된다.
② 기업에서는 장기적인 고객관계 형성보다는 단기적인 고객관계 형성을 위해 도입하고 있다.
③ 다양한 측면의 정보 분석을 통해 고객에 대한 이해도를 높여준다.
④ 유통업체의 경쟁우위 창출에 도움을 제공한다.
⑤ 고객유지율과 경영성과 모두를 향상시키기 위해 정보와 지식을 활용한다.

05

CRM을 통해 성공적으로 고객을 관리하고 있음을 추적하기 위해 사용할 수 있는 지표로 가장 옳지 않은 것은?

① 신규 고객 유치율
② 마케팅 캠페인당 구매 건수
③ 마케팅 캠페인당 반응 건수
④ 제품당 신규 판매 기회 건수
⑤ 시스템 다운타임

06

아래 글상자는 고객가치에 대한 개념과 구성하는 요소들을 보여주는 공식이다. 각 요소들에 대한 설명으로 옳지 않은 것은?

$$\bigcirc\ 고객가치 = \frac{지각된\ 이익}{총소유비용}$$

$$\bigcirc\ 고객가치 = \frac{품질 \times 서비스}{비용 \times 시간}$$

① 고객가치의 총소유비용은 구매의사결정에 중요한 영향을 미친다.
② 고객가치의 구성요소로서 품질은 제안된 기능, 성능, 기술명세 등이다.
③ 고객가치의 구성요소로서 서비스는 고객에게 제공되는 유용성, 지원, 몰입 등이다.
④ 고객가치의 구성요소로서 비용은 가격 및 수명주기비용을 포함한 고객의 거래비용이다.
⑤ 고객가치의 구성요소로서 시간은 고객이 제품을 지각하고 구매를 결정하는 데까지 걸리는 시간이다.

07

CRM활동을 고객관계의 진화과정으로 보면, 신규고객의 창출, 기존 고객의 유지, 기존 고객의 활성화 등으로 구분되는데, 다음 중 기존 고객 유지활동의 내용으로 가장 옳지 않은 것은?

① 직접반응광고
② 이탈방지 캠페인
③ 맞춤 서비스의 제공
④ 해지방어전담팀의 운영
⑤ 마일리지프로그램의 운용

08

엑세스 로그파일(access log file)을 통해 얻을 수 있는 정보로 가장 옳지 않은 것은?

① 방문 경로
② 사용자의 아이디
③ 웹사이트 방문 시간
④ 웹브라우저의 설치 시기
⑤ 웹사이트에서 수행한 작업 내용

09

e-CRM을 기업에서 성공적으로 도입하기 위해 필요한 발전 전략으로 가장 적합하지 않은 것은?

① 다양한 커뮤니케이션 수단을 활용하여 고객 접촉경로의 다양화가 필요하다.
② 소비자의 트렌드를 분석하기보다는 소비자의 유행을 따라가는 서비스를 구사하여야 한다.
③ 고객의 입장에서 꼭 필요한 콘텐츠 구성이 필요하다.
④ 개인의 특성에 맞게 맞춤 서비스로 타사와의 차별화전략이 필요하다.
⑤ 커뮤니티, 오락 등 콘텐츠의 다양화를 통한 활성화전략이 필요하다.

THEME ❸ SCM 시스템

물류활동을 인터넷에 기반하여 실시간으로 통합·관리하는 e-SCM과 관련 응용기술에 대해 숙지해야 한다.

10 21년 1회
e-SCM을 위해 도입해야 할 주요 정보기술로 가장 옳지 않은 것은?

① 의사결정을 지원해주기 위한 자료 탐색(data mining) 기술
② 내부 기능부서 간의 업무통합을 위한 전사적 자원관리(ERP) 시스템
③ 기업 내부의 한정된 일반적인 업무 활동에서 발생하는 거래자료를 처리하기 위한 거래처리시스템
④ 수집된 고객 및 거래데이터를 저장하기 위한 데이터웨어하우스(data warehouse)
⑤ 고객, 공급자 등의 거래 상대방과의 거래 처리 및 의사소통을 위한 인터넷 기반의 전자상거래(e-Commerce) 시스템

11 23년 1회
아래 글상자의 ③과 ⓒ에 해당되는 용어로 가장 옳은 것은?

- (③)은(는) 종종 잘못된 제품 수요정보가 공급사슬을 통해 한 파트너에서 다른 참여자들에게로 퍼져나가면서 왜곡되고 증폭되는 것을 말한다. 예를 들면, 고객과의 최접점에서 어떤 제품의 수요가 약간 증가할 것이라는 정보가 공급사슬의 다음 단계마다 부풀려 전달되어 과도한 잉여재고가 발생하게 되는 현상이다.
- e-SCM을 구축함으로서 공급사슬의 (ⓒ)을 확보하여 이러한 현상을 감소시키거나 제거할 수 있게 된다.

① ③ 풀현상, ⓒ 가시성
② ③ 푸시현상, ⓒ 가시성
③ ③ 채찍효과, ⓒ 완전성
④ ③ 채찍효과, ⓒ 가시성
⑤ ③ 채찍효과, ⓒ 확장성

12 25년 1회
성공적인 SCM 구축을 통해 기업이 얻을 수 있는 기대효과에 대한 설명으로 가장 옳지 않은 것은?

① 공급업체와 유통파트너의 실시간 정보 공유로 협업이 강화되고 공급망 전반의 가시성이 향상된다.
② 기존보다 정확한 수요예측으로 생산 및 유통계획을 최적화하여 납기 준수율이 높아진다.
③ 고객들의 다양한 니즈와 그 변화에 신속하게 대응할 수가 있으며 이는 고객 만족도를 향상시키게 된다.
④ 공급망의 자동화, 중간 유통망의 제거로 전체 주문 이행의 사이클 타임 단축과 구매 리드타임의 증가 효과가 나타난다.
⑤ 불필요한 재고를 줄이고, 운영비용을 절감하여 기업의 수익성을 향상시킨다.

13 24년 1회
아래 글상자의 괄호 안에 들어갈 용어로 가장 옳은 것은?

- (③)은(는) SCM의 생산스케줄링의 핵심엔진 중 하나로 활용된다. 제약경영을 통해 공급체인 전체의 최적화를 추구하는 기법이다. SCM을 통한 기업의 비용절감, 시스템 최적화의 목표를 달성하도록 한다.
- (ⓒ)은(는) 제품의 생산 및 재고에 관한 의사결정을 고객이 아니라 공급자가 수행하도록 하는 방식으로 수요예측의 변동성을 감소시켜 주는 효과가 있다.

① ③ 제약조건이론(TOC)
　ⓒ APS(advanced planning and scheduling)
② ③ 제약조건이론(TOC)
　ⓒ VMI(vendor managed inventory)
③ ③ SCC(supply chain coordinator)
　ⓒ APS(advanced planning and scheduling)
④ ③ SCC(supply chain coordinator)
　ⓒ VMI(vendor managed inventory)
⑤ ③ ECR(efficient consumer response)
　ⓒ VMI(vendor managed inventory)

필수 기출문제 정답과 해설

01 정답 ⑤
해설 컨피규레이션(configuration)은 사용자가 원하는 작업 방식으로 소프트웨어를 구성하는 것으로, 구현 단계에 해당한다.

02 정답 ①
해설 ERP 시스템의 발전순서 : MRP → MRP Ⅱ → ERP → Extended ERP

ERP 시스템
- **MRP(자재소요량계획)** : 기업의 원활한 자재구매 및 자재소요량을 합리적으로 관리하기 위한 재고관리 영역에 국한된 전산화된 관리시스템
- **MRP Ⅱ(생산자원계획)** : 자재뿐만 아니라 생산에 필요한 모든 자원을 효율적으로 관리하기 위한 것으로 MRP가 확대된 시스템
- **ERP** : 전사적으로 경영자원을 효율적으로 관리하기 위한 시스템
- **Extended ERP** : 글로벌 경쟁환경에 대응하기 위한 시스템

03 정답 ①
해설 베스트 오브 브리드(best of breed) 전략은 영역별로 원하는 솔루션을 선택하여 조합하며, 상대적으로 시스템을 구축하는 데 많은 비용이 드는 단점이 있다.

04 정답 ②
해설 기업에서는 단기적인 고객관계 형성보다는 장기적인 고객관계 형성을 위해 CRM 시스템을 도입하고 있다.

CRM의 특징
- 고객들과의 장기적인 관계를 유지
- 데이터베이스 마케팅을 적극적으로 활용
- 고객 지향적이며, 쌍방향 커뮤니케이션
- 고객생애가치(LTV)를 추구

05 정답 ⑤
해설 시스템 다운타임은 시스템을 이용할 수 없는 시간으로, 시스템이 오프라인이거나 사용할 수 없는 상황에 놓이는 상태를 의미하기 때문에 CRM을 통해 성공적으로 고객을 관리하고 있음을 추적하기 위해 사용할 수 있는 지표와는 거리가 멀다.

06 정답 ⑤
해설 고객가치의 구성요소로서 시간은 고객의 대기시간, 불만 처리시간, 주문 및 배송시간 등을 의미한다.

고객가치의 구성요소
- **품질** : 제안된 기능, 성능, 기술명세 등
- **서비스** : 고객에게 제공되는 유용성, 지원, 몰입 등
- **비용** : 가격 및 수명주기비용을 포함한 고객의 거래비용
- **시간** : 고객의 대기시간, 불만 처리시간, 주문 및 배송시간 등

07 정답 ①
해설 직접반응광고는 반응요소들을 통해 광고 노출 즉시 소비자들의 즉각적이고 직접적인 반응을 유도하는 모든 유료광고를 말한다. 직접반응광고의 목적은 이미지 제고나 인지율 향상과 같은 소비자의 긍정적 태도 변화나 인지의 제고보다는 즉각적인 판매의 증진이나 관심 있는 잠재고객의 발견이라고 할 수 있다.

08 정답 ④
해설 엑세스 로그파일(access log file)은 웹 사이트에 접속했던 사람들이 각 파일들을 요청했던 실적을 기록해 놓은 목록으로, 웹브라우저의 설치 시기의 정보는 기록되지 않는다.

09 정답 ②

해설 소비자의 유행을 따라가기보다는 온라인상에서 소비자의 행동과 성향 등 트렌드를 분석하여 고객만족을 극대화해야 한다.

10 정답 ③

해설 e-SCM은 기업 내부뿐만 아니라 고객의 다양한 욕구를 만족시키기 위해서 원자재 조달, 생산, 수배송, 판매 및 고객관리 프로세스에서 일어나는 물류흐름과 이와 관련된 모든 활동을 인터넷에 기반하여 실시간으로 통합·관리하는 기법이므로, 기업 내부에 한정된 거래처리시스템은 e-SCM을 위해 도입해야 할 주요 정보기술로 적절하지 않다.

11 정답 ④

해설 ㉠ 채찍효과는 공급자, 생산자, 도매상, 소매상, 고객으로 구성된 공급사슬망에 있어서 소비자 수요의 작은 변동이 제조업체에 전달되는 과정에서 지연·왜곡 및 확대되는 현상이다.
㉡ e-SCM을 구축하면 공급사슬망 가시성을 확보할 수 있어 채찍효과 현상을 감소시키거나 제거할 수 있다.

12 정답 ④

해설 공급망의 자동화, 불필요한 중간 유통망의 제거로 전체 주문이행의 사이클 타임과 구매 리드타임의 단축 효과가 나타난다.

13 정답 ②

해설 ㉠ **제약조건이론**(TOC ; Theory Of Constraints) : 제약요소는 조직의 전체적인 성과를 지배하므로 더 많은 이익을 얻기 위해서는 제약요소를 중심으로 모든 관리가 집중되어야 한다는 경영과학 이론이다.
㉡ **공급자주도형 재고관리**(VMI ; Vendor Managed Inventory) : 공급업체와 구매업체의 재고관리 영역에서 구매업체가 가진 재고보충에 대한 책임을 공급업체에게 이전하는 전략이다.

CHAPTER 06 신융합기술의 유통분야에서의 응용

최신빈출 대표유형문제

SECTION 01 신융합기술
1. 신융합기술
2. 디지털 기술

SECTION 02 신융합기술의 개념 및 활용
1. 빅데이터와 비즈니스 애널리틱스
2. 인공지능
3. RFID의 사물인터넷
4. 로보틱스와 자동화
5. 블록체인과 핀테크
6. 클라우드 컴퓨팅
7. 가상현실과 메타버스
8. 스마트물류와 자율주행

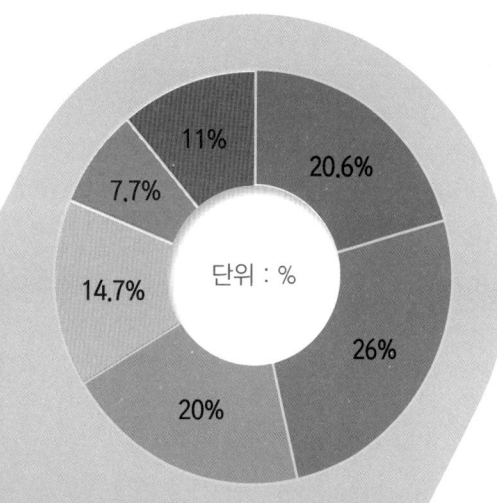

단위 : %

- 유통정보의 이해
- 주요 유통정보화 기술 및 시스템
- 유통정보의 관리와 활용
- 전자상거래
- 유통혁신을 위한 정보자원관리
- 신융합기술의 유통분야에서의 응용

최근 5년간 챕터별 출제비중 / 회당 평균 2.2문제 출제(5개년 기준 총 15회)

비중		출제영역	2021	2022	2023	2024	2025	합계
20.6%	제1장	유통정보의 이해	16	16	14	5	11	62
26%	제2장	주요 유통정보화 기술 및 시스템	17	20	22	11	8	78
20%	제3장	유통정보의 관리와 활용	16	12	15	11	6	60
14.7%	제4장	전자상거래	11	12	9	4	8	44
7.7%	제5장	유통혁신을 위한 정보자원관리	-	-	-	13	10	23
11%	제6장	신융합기술의 유통분야에서의 응용	-	-	-	16	17	33
		합계(문항 수)	60	60	60	60	60	300

출제지문 퀴즈로 핵심체크!
테마로 푸는 필수 기출문제

최대 출제 POINT & 학습목표

❶ 디지털 경제시대의 특성

❷ 빅데이터와 애널리틱스의 개념 및 활용

❸ 인공지능의 개념 및 활용

❹ RFID의 개념과 특성

❺ 블록체인의 개념 및 특징

❻ 클라우드 컴퓨팅의 개념 및 종류

❼ 가상현실과 메타버스의 개념 및 활용

❽ 드론의 개념 및 구성요소

CHAPTER 06 최신빈출 대표유형문제

01 아래 글상자에서 설명하는 용어로 가장 옳은 것은? `24년 1회`

> 디지털 관련 모든 것(all things about digital)으로 인해 발생하는 다양한 변화를 동인으로 기업의 비즈니스모델, 전략, 프로세스, 시스템, 조직, 문화 등을 근본적으로 변화시키는 디지털 기반 경영전략 및 경영활동이다.

① 디지털 전환
② 4차 산업혁명
③ BPI(business process innovation)
④ IoT(internet of things)
⑤ IoE(internet of everything)

`관련이론 325p`

해설 디지털 전환
디지털 기술을 사회 전반에 적용하여 전통적인 사회 구조를 혁신시키는 것으로, 기업에서 사물인터넷(IoT), 클라우드 컴퓨팅, 인공지능(AI), 빅데이터 솔루션 등 정보통신기술(ICT)을 플랫폼으로 구축·활용하여 기존 전통적인 운영 방식과 서비스 등을 혁신하는 것을 의미한다.

대표유형 더보기
- 아래 글상자의 괄호 안에 공통적으로 들어갈 용어로 가장 옳은 것은? `23년 2회`

02 디지털 시대의 경영환경 특징으로 가장 옳지 않은 것은? `21년 3회`

① 무형의 자산보다 유형의 자산이 중시된다.
② 지식상품이 부상하고 개인의 창의력이 중시된다.
③ 정보의 전달 속도가 빨라 제품수명주기가 단축된다.
④ 기술발전 속도가 빠를 뿐만 아니라 사업 범위가 글로벌화 되어 경쟁이 심화된다.
⑤ 기업 간 경쟁이 심화되어 예측이 어려워짐으로써 복잡계시스템으로서의 경영이 요구된다.

`관련이론 326p`

해설 ① 유형의 자산보다 무형의 자산이 중시된다.

대표유형 더보기
- 성공적인 기업 운영을 위해 디지털 경제사회에서 갖추어야 할 비즈니스 사고 방식의 패러다임으로 가장 옳지 않은 것은? `25년 2회`
- 디지털 경제시대에 나타나는 특징으로 가장 옳지 않은 것은? `18년 1회`

03 디지털 경제하에서의 유통업 패러다임 변화로 가장 옳지 않은 것은? 19년 1회

① 생산요소를 투입하다 보면 어느 순간 투입 단위당 산출량이 감소하는 수확체감의 법칙이 적용된다.
② 자산의 의미도 유형자산(Tangible Assets)에 국한되지 않고 무형자산(Intangible Assets)으로까지 확대되고 있다.
③ "네트워크의 가치는 가입자 수에 비례해 증대하고 어떤 시점에서부터 그 가치는 비약적으로 높아진다."는 메트칼프(Metcalf)의 법칙이 적용된다.
④ 인터넷의 쌍방향성이라는 특성으로 인해 구매자는 복수의 판매자를 비교하고 가격협상까지 할 수 있는 구매자 주도 시장으로 변화하고 있다.
⑤ 생산자는 제품당 이윤이 줄어들 가능성이 있지만, 거래비용이 낮아져 소비자 수요가 확대되고, 제품의 판매량이 증가함으로써 오히려 전체적으로는 이윤이 늘어날 수 있다.

관련이론 326p

해설 ① 수확체감의 법칙은 전통적인 산업에 적용되던 법칙이다.

대표유형 더보기
- 아래 글상자의 ㉠, ㉡에 해당되는 각각의 용어로 가장 옳은 것은? 21년 3회
- 디지털 경제하에서의 유통업 패러다임 변화로 가장 옳지 않은 것은? 19년 1회
- 디지털 경제 성장 과정에서 나타나는 주요 변화로 가장 옳지 않은 것은? 18년 2회

04 아래 글상자에서 설명하는 내용을 지칭하는 용어로 가장 옳은 것은? 22년 2회

- 기존 데이터베이스 관리도구의 능력을 넘어서 데이터에서 가치 있는 정보를 추출하는 기술로, 디지털 환경에서 다양한 형식으로 빠르게 발생하는 대량의 데이터를 다루는 기술임
- 유통업체에서 보다 탁월한 의사결정을 위해 활용하는 비즈니스 애널리틱스(BA ; Business Analytics) 중 하나로 고차원적 의사결정을 지원하는 기술임

① 리포팅
② 쿼리
③ 스코어카드
④ 대시보드
⑤ 빅데이터

관련이론 327p

해설 빅데이터
기존 데이터베이스 관리도구로 데이터를 수집, 저장, 관리, 분석할 수 있는 역량을 넘어서는 대량의 정형 또는 비정형 데이터 집합 및 이러한 데이터로부터 가치를 추출하고 결과를 분석하는 기술을 의미한다.

대표유형 더보기
- 아래 글상자에서 빅데이터에 대한 설명으로 옳지 않은 것을 모두 나열한 것은? 25년 2회
- 아래 글상자는 빅데이터의 처리절차를 나타낸 것으로 괄호 안에 들어갈 절차에 대한 내용으로 가장 옳은 것은? 25년 1회
- 빅데이터의 핵심 특성 3가지를 바르게 나열한 것은? 23년 1회
- 가트너(Gartner)에서 제시한 빅데이터의 3대 특성으로 가장 옳은 것은? 20년 3회

05 데이터의 전략적 활용을 위해 사용하는 비즈니스 애널리틱스(business analytics)에 대한 설명으로 가장 옳지 않은 것은? `24년 1회`

① 비즈니스 애널리틱스는 조직에서 기존의 데이터를 기초로 최적 또는 현실적 의사결정을 위한 모델링을 이용하도록 지원해 준다.
② 비즈니스 애널리틱스는 질의 및 보고와 같은 기본적인 분석 기술과 예측 모델링처럼 수학적으로 정교한 수준의 분석을 지원한다.
③ 비즈니스 애널리틱스는 리포트, 쿼리, 알림, 대시 보드, 스코어 카드뿐만 아니라, 데이터 마이닝 등의 예측 모델링과 같은 진보된 형태의 분석 기능도 제공한다.
④ 비즈니스 애널리틱스는 미래 예측을 지원해 주는 데이터패턴 분석과 예측 모델을 위한 데이터 마이닝을 통해 고차원 분석 기능을 포함하고 있다.
⑤ 비즈니스 애널리틱스는 정보자원을 의사결정에 유용한 지식으로 변환하는 것을 뜻하는 바, 이의 핵심은 발생된 사건에 대해 내부 데이터, 구조화된 데이터, 히스토리컬 데이터만을 단순하게 분석하는 것이다.

관련이론 329p

해설 ⑤ 비즈니스 인텔리전스(BI)에 대한 설명이다. 비즈니스 애널리틱스는 비즈니스 인텔리전스(BI)에서 진보된 개념으로 과거뿐만 아니라 현재 실시간으로 발생하는 데이터의 분석을 통해 미래를 예측하고 의사결정을 지원하는 프로세스이다.

대표유형 더보기
• 유통업체에서 활용하는 비즈니스 애널리틱스(analytics)의 유형에 대한 설명으로 가장 옳지 않은 것은? `22년 3회`
• 유통업체에서 비즈니스 애널리틱스(analytics)의 유형에 대한 설명으로 가장 옳지 않은 것은? `21년 2회`

06 아래 글상자의 괄호 안에 공통적으로 들어갈 용어로 가장 옳은 것은? `23년 1회`

• (   )은 중앙 서버없이 노드(node)들이 자율적으로 연결되는 P2P(peer-to-peer)방식을 기반으로 각 노드에 데이터를 분산 저장하는 데이터분산처리기술이다.
• 중앙시스템이 존재하지 않는 완전한 탈중앙 시스템이며, 장부에 해당되는 (   )은 누구에게나 공유·공개되어 투명성을 보장하고, 독특한 구조적 특징에 기인하여 데이터의 무결성을 보장하며, 분산된 장부는 네트워크에 참여한 각 노드들의 검증과 합의 과정을 거쳐 데이터 일치에 도달하게 된다.

① 비트코인
② 비 콘
③ 분산블록
④ 블록체인
⑤ 딥러닝

관련이론 334p

해설 블록체인
블록에 데이터를 담아 P2P(Peer to Peer) 방식의 체인형태로 연결. 수많은 컴퓨터에 동시에 이를 복제해 저장하는 분산형 데이터 저장기술로 공공 거래 장부라고도 부른다.

대표유형 더보기
• 유통업체에서 활용이 증가하고 있는 블록체인에 대한 설명으로 가장 옳지 않은 것은? `25년 2회`
• 오늘날 유통업체에서는 블록체인 기술을 활용해 정보시스템을 구현하고 있다. 블록체인에 대한 설명으로 가장 옳지 않은 것은? `24년 1회`
• 디지털 공급망을 구현하는 데 활용되는 블록체인 스마트계약 기술에 대한 설명으로 가장 옳지 않은 것은? `23년 2회`

07 아래 글상자의 괄호 안에 들어갈 용어로 가장 옳은 것은? 25년 2회

(㉠)은 기존 중앙 데이터 처리방식인 클라우드의 한계를 보완한 시스템으로 데이터를 중앙 서버가 아닌 가까운 곳에서 처리하는 기술을 일컫는다. 기기 자체에서 AI 기능을 실행하는 (㉡)와(과) 함께 실시간 데이터 처리가 필요한 자율주행, 로보틱스 등의 분야에서 중요성이 강조되고 있다. 스마트매장관리 및 고객경험개선이나 실시간 재고관리 및 수요예측 등 유통분야에 기여한 사례들이 있다.

① ㉠ 엣지컴퓨팅, ㉡ 온디바이스 AI
② ㉠ 공간지능, ㉡ 지속가능 AI
③ ㉠ 블록체인, ㉡ 제로트러스트네트워크
④ ㉠ 컨테이너보안, ㉡ 엣지컴퓨팅
⑤ ㉠ 공간지능, ㉡ 블록체인

관련이론 337p

해설 ㉠ 엣지컴퓨팅 : 기지국에 컴퓨팅 시스템을 구축하는 기술로, 데이터가 수집되는 현장에서 곧바로 데이터를 처리하고 연산 결과를 적용하여, 초고속 데이터 서비스를 가능하게 한다.
㉡ 온디바이스 AI : 알고리즘을 클라우드 서버 없이 사용자 기기에서 직접 실행하여 데이터를 로컬에서 처리 · 분석하는 기술이다.

대표유형 더보기
· 아래 글상자의 괄호 안에 들어갈 용어로 가장 옳은 것은? 24년 3회

08 아래 글상자의 괄호 안에 들어갈 가장 적절한 용어는? 18년 3회

위치정보 시스템(GPS)과 (　　　)기술 기반으로 개발된 '포켓몬 고'는 출시와 동시에 선풍적인 인기를 끌었다. (　　　)은(는) 우리 주변에 포켓몬이 진짜로 있는 것 같이 합성하여 보여준다.

① 증강현실　　　　　　　　② 머신러닝
③ 모션임팩트　　　　　　　④ 인공지능
⑤ 딥러닝

관련이론 338p

해설 증강현실
현실의 이미지나 배경에 3차원 가상 이미지를 겹쳐서 하나의 영상으로 보여주는 기술이다.
예 응용분야 – 교육, 방송, 의료, 게임(포켓몬 GO), 내비게이션 등

대표유형 더보기
· 유통업체에서 마케팅을 위해 활용하고 있는 증강현실(augmented reality) 기술에 대한 설명으로 가장 옳지 않은 것은? 24년 1회

05 ⑤　06 ④　07 ①　08 ①

CHAPTER 06 신융합기술의 유통분야에서의 응용

SECTION 01 신융합기술

1 신융합기술

01 신융합기술 개념 및 핵심기술

(1) 신융합기술의 개념
- ① 첨단 정보통신기술의 융합을 통해 새로운 부가가치를 만드는 것
- ② IT 기반 융합기술의 발전단계 **24-3**
  - ㉠ 1단계 : IT 기술·산업간 결합·통합(예 휴대형 PC, IPTV)
  - ㉡ 2단계 : IT와 이종 기술·산업간 융합(예 IT 융합 건설, 지능형 자동차, 수중에너지 탐사로봇 시스템)
  - ㉢ 3단계 : IT 신기술의 화학적 융합(예 미래 TV 기술)

(2) 신융합기술의 핵심기술
- ① 사물인터넷(IoT ; Internet of Things)
  - ㉠ 사물에 센서를 부착하여 네트워크를 통해 실시간으로 데이터를 통신하는 기술
  - ㉡ 활용 현황 : IoT + 인공지능(AI) + 빅데이터 + 로봇 공학 = 스마트 공장
- ② 로봇공학(Robotics)
  - ㉠ 로봇공학에 생물학적 구조를 적용하여 적응성 및 유연성을 향상시키는 기술
  - ㉡ 활용 현황 : 로봇공학 + 생명과학 = 병원 자동화로봇
- ③ 3D 프린팅(Additive manufacturing) **19-3**
  - ㉠ 3차원 도면을 기반으로 입체 실물을 만들어 내는 장치로 다품종 소량생산 및 개인 맞춤형 제작이 용이하도록 지원
  - ㉡ 활용 현황 : 3D 프린팅 + 바이오기술 = 인공장기
- ④ 빅데이터(Big Data)
  - ㉠ 대량의 데이터로부터 가치를 추출하고 결과를 분석하는 기술
  - ㉡ 활용 현황 : 빅데이터 + 인공지능 + 의학정보 = 개인 맞춤 의료
- ⑤ 인공지능(AI)
  - ㉠ 사고·학습 등 인간의 지능활동을 모방한 컴퓨터 기술
  - ㉡ 활용 현황 : 인공지능 + 사물인터넷 + 자동차 = 무인 자율주행 자동차

02 신융합기술에 따른 유통업체 변화

(1) 신융합기술에 따른 주요 변화

① **스트리밍 플랫폼의 지배** : *온디맨드 스트리밍 플랫폼은 계속해서 성장할 것으로 예상되기 때문에 더 많은 사람들이 영화, TV 프로그램, 음악, 팟캐스트 등 다양한 콘텐츠를 원하는 시간에 어디서나 스트리밍할 수 있는 플랫폼 이용 가능

*온디맨드(On-demand) : 수요에 초점을 맞춘 서비스로, 언제 어디서나 고객의 요구를 즉시 제공하거나 공급하는 맞춤형 방식

② **가상현실(VR) 및 증강현실(AR)** : VR 및 AR 기술을 통해 현실세계와 상호작용하며 콘텐츠를 더욱 몰입적으로 경험 가능

③ **개인화된 콘텐츠** : AI 기술의 발전으로 인해 사람들은 자신의 관심사, 취향, 선호도에 맞춰 콘텐츠를 선택하고 개인화된 권장사항 제공 가능

④ **소셜미디어의 진화** : 동영상 콘텐츠의 중요성이 더욱 높아짐에 따라 더 많은 인터랙티브 기능과 실시간 소통도구가 도입

⑤ **인공지능(AI) 기술의 활용** : AI는 효율적인 콘텐츠 생성·분석·배포를 가능하게 하여 미디어 산업에 혁신을 가져옴

⑥ **신뢰와 프라이버시의 중요성** : 가짜뉴스, 딥페이크 등의 문제로 인해 미디어 사용자들은 신뢰할 수 있는 콘텐츠와 개인정보보호 중요성 대두

(2) 유통업체의 신융합기술 활용

① 유통업체들은 AI와 IoT 등 첨단기술이 활용된 차세대 '고객 풀필먼트 센터(CFC)'를 설립하여 디지털 방식으로 고객주문을 받고 다양한 물품을 한 곳에 모아 동시 배송하면서 효율성을 극대화 가능

② 이커머스 운영을 위한 빅데이터와 머신러닝 등 IT 기술 솔루션인 오카도의 로봇기술(OSP)이 접목된 CFC에서는 캐비닛 형태의 물류 로봇들이 간격을 촘촘히 유지한 상태에서 레일 위를 오가며 박스에서 물품을 픽업하고, 제어하는 시스템을 통해 개별로봇들과 실시간 통신하면서 서로 부딪히지 않고 물품을 가져오도록 지시가 가능

③ '아마존 포캐스트' 기술 시스템으로 고객주문 사항과 구비되어야 할 물품 등을 예측이 가능

④ 모니트론(Monitron) 서비스는 머신러닝으로 기계의 비정상적 상태를 사전 예측하고 대책을 제시하여 물류장비 관리운영비 절감 가능

⑤ 온라인 주문 전용 물류센터(MFC)는 소비자들과의 물리적 거리를 최소화해 신속 배송이 가능

2 디지털 기술

01 디지털 시대

(1) 디지털 전환 24-1, 23-1

① 디지털 기술을 사회전반에 적용하여 전통적인 사회구조를 혁신시키는 것

② 디지털 관련 모든 것(all things about digital)으로 인해 발생하는 다양한 변화를 동인으로 기업의 비즈니스모델, 전략, 프로세스, 시스템, 조직, 문화 등을 근본적으로 변화시키는 디지털 기반 경영전략 및 경영활동(CII 기업에서 사물인터넷, 클라우드 컴퓨팅, 인공지능 등 정보통신기술을 플랫폼으로 구축·활용하여 기존의 전통적인 운영방식과 서비스 등을 혁신하는 것)

(2) 디지털 시대의 경영환경 `21-3`

① 유형의 자산보다 무형의 자산이 중시
② 지식상품이 부상하고 개인의 창의력이 중시
③ 정보의 전달속도가 빨라 제품수명주기가 단축
④ 기술발전 속도가 빠를 뿐만 아니라 사업 범위가 글로벌화 되어 경쟁이 심화
⑤ 기업 간 경쟁이 심화되어 예측이 어려워짐으로써 복잡계시스템으로서의 경영이 요구됨

02 디지털 경제

(1) 디지털 재화(상품)

디지털로 생산되고 디지털로 유통되며, 디지털로 소비되고 디지털 상태로 저장될 수 있는 모든 상품

(2) 디지털 경제의 특징 `18-1`

① 협력적 경쟁
② 산업영역 통합
③ 수확체증의 법칙
④ 구매자 우위 시장
⑤ 정보 민주화 실현

(3) 디지털 경제의 성장과정에서 나타나는 현상 `18-2`

① 영업 및 마케팅 비용 감소
② 인터넷을 통한 콘텐츠 전송 증대
③ 고객에 대한 서비스의 효율성 증대
④ 인터넷을 통한 정보전달 속도 증대
⑤ 인터넷을 통한 물리적 제품의 소매 거래 증가

(4) 디지털 경제와 관련된 법칙 `23-2, 19-1`

메트칼프의 법칙 (Metcalfe's Law)	네트워크의 구축비용은 이용자 수에 비례해 증가하지만, 네트워크의 가치는 이용자 수의 제곱에 비례하여 증가한다는 법칙
무어의 법칙 (Moore's Law)	• 마이크로칩 기술의 발전속도에 관한 법칙 • 마이크로칩에 저장할 수 있는 데이터 분량이 18~24개월마다 두 배씩 증가한다는 법칙
가치사슬법칙	조직은 거래비용이 적게 드는 쪽으로 변화한다는 법칙
코즈의 법칙 (Coase's Law)	거래비용 감소에 따라 기업 내의 조직의 복잡성, 기업 수는 감소한다는 법칙
롱테일 법칙 (Long Tail)	파레토의 법칙은 결과물의 80%는 조직의 20%에 의하여 생산되는 것을 말하며, 롱테일의 법칙은 파레토의 법칙에서 상대적으로 발생확률이나 발생량이 적은 부분(하위 80% 부분)에서도 가치를 창출한다는 법칙

03 디지털(digital) 신기술

(1) 디지털 기술의 특성 21-3, 18-3

① 광속성 : 빛과 같은 속도로 이동하면서 정보를 전달
② 재현성 : 무한반복 사용해도 정보가 줄어들거나 질이 떨어지지 않음
③ 용이성 : 정보를 다양한 형태로 가공하고 확대 재생산 가능
④ 쌍방향성 : 송·수신자가 동시에 서로 정보를 주고받을 수 있음
⑤ 수확체증의 법칙성 : 일정 규모를 초과하여 생산하면 생산요소를 투입할수록 산출량이 기하급수적으로 증가(↔ 수확체감의 법칙 : 생산요소를 투입할수록 산출량이 감소)

(2) 디지털 신기술

① 기반 기술 : 인공지능(AI), 빅데이터, 클라우드, 모바일, 사물인터넷(IoT) 등
② 응용 기술 : 증강현실(AR), 가상현실(VR), 메타버스, 3D 프린팅, 드론, 블록체인 등

SECTION 02 신융합기술의 개념 및 활용

1 빅데이터와 비즈니스 애널리틱스

01 빅데이터

(1) 빅데이터의 개념 22-2, 18-3

① 기존 데이터베이스 관리도구의 능력을 넘어서 데이터에서 가치 있는 정보를 추출하는 기술로, 디지털 환경에서 다양한 형식으로 빠르게 발생하는 대량의 데이터를 다루는 기술
② 유통업체에서 보다 탁월한 의사결정을 위해 활용하는 비즈니스 애널리틱스(BA ; Business Analytics) 중 하나로 고차원적 의사결정을 지원하는 기술
③ 정형화된 데이터뿐만 아니라, 비정형적 데이터까지 포함한 방대한 양의 데이터를 수집하여 다양한 관점에서 신속하게 패턴이나 예측 정보를 제공

(2) 빅데이터의 특성 25-2, 23-1, 21-3, 20-3

① 3대 특성 : 데이터 규모(Volume), 데이터 생성속도(Velocity), 데이터 다양성(Variety)
② 최근에는 3대 특성에 가치(Value)나 복잡성(Complexity)을 포함

(3) 빅데이터 처리절차 `25-1`

① **데이터 수집** : 의사결정에 필요한 정보를 추출하기 위하여 다양한 데이터 원천으로부터 데이터를 수집하는 단계
② **저장(공유)** : 저렴한 비용으로 대량의 다양한 유형의 데이터를 쉽고 빠르게 많이 저장하기 위하여 대용량 저장시스템을 이용하는 단계
③ **처리** : 빅데이터를 효과적으로 분석하기 위하여 사전에 빅데이터 분산처리 기술이 필요한 단계
④ **분석** : 머신러닝, 딥러닝, 통계분석기법 등의 기술을 이용하여 처리된 빅데이터에서 가치 있는 정보를 추출하는 단계
⑤ **시각화 및 활용** : 분석 결과를 표 · 그래프 등을 이용해 쉽게 시각적으로 표현하고 해석이나 의사결정에 활용하는 단계

(4) 데이터 댐 `21-3`

① 2020년 정부가 발표한 디지털뉴딜 사업 중 하나
② 데이터 수집 · 가공 · 거래 · 활용기반을 강화하여 데이터 경제를 가속화하고, 5G 전국망을 통한 전 산업 5G와 AI 융합을 확산시키는 것

(5) 빅데이터 분석 기술 `25-2, 23-3, 22-3`

① **텍스트 마이닝(text mining)** : 자연어를 분석하고, 자연어 속에 숨겨진 정보를 파악하는 데이터 분석 기법
② **데이터 마이닝(data mining)** : 대용량 데이터로부터 자동으로 체계적이고 통계적인 규칙이나 형태를 찾아 숨어 있는 데이터 사이의 상호 연관성 및 유용한 정보를 추출하는 기법
③ **프로세스 마이닝(process mining)** : 시스템에 기록된 이벤트 로그(log)를 분석하여 프로세스에 관한 통찰, 병목 구간 발견, 프로세스 낭비 요소 제거, 프로세스 변경의 효과검증, 업무수행 규정 위반 검증, 공정 표준화, 감사 등의 목적으로 활용할 수 있는 기법
④ **오피니언 마이닝(opinion mining)** : 특정한 상품 및 서비스에 대한 시장규모 예측, 고객 구전효과 분석에 활용되는 데이터 분석 기법
⑤ **소셜네트워크분석(social network analysis)** : 그래프 이론을 활용해서 소셜네트워크의 연구구조 및 강도를 분석하는 데이터 분석 기법
⑥ **군집 분석(cluster analysis)** : 비슷한 특성을 가지고 있는 데이터를 통합해서 유사한 특성으로 군집화하는 데이터 분석 기법
⑦ **회귀 분석(regression analysis)** : 한 변수 혹은 여러 변수가 다른 변수에 미치는 영향력의 크기를 회귀방정식으로 추정하고 분석하는 통계적 분석 기법
⑧ **CEP(complex event processing, 복잡 이벤트 처리)** : 시스템에서 발생한 다양한 이벤트 로그를 시나리오 기반으로 실시간 분석하여 이에 대응하는 기능을 수행하는 기법

02 비즈니스 인텔리전스(BI ; Business Intelligence)

(1) 비즈니스 인텔리전스의 개념 25-1

기업이 이미 보유하고 있는 수많은 데이터를 정리하고 분석해 기업의 의사결정에 활용하는 일련의 프로세스

(2) 비즈니스 인텔리전스의 기능 22-2

① 의사결정자에게 적절한 시간 · 장소 · 형식의 실행 가능한 방식으로 정보 제공
② 분석적 도구를 활용해 경영 의사결정에 필요한 경쟁력 있는 정보와 지식 제공
③ 데이터 마이닝이나 OLAP 등의 다양한 분석도구를 사용하여 의사결정에 필요한 정보 제공
④ 발생된 사건의 내부 데이터, 구조화된 데이터, 히스토리컬 데이터(historical data) 등에 대한 분석 기능 제공

03 비즈니스 애널리틱스(BA ; Business Analytics)

(1) 비즈니스 애널리틱스의 개념

비즈니스 인텔리전스(BI)에서 진보된 개념으로 과거뿐만 아니라 현재 실시간으로 발생하는 데이터의 분석을 통해 미래를 예측하고 의사결정을 지원하는 프로세스

(2) 비즈니스 애널리틱스의 기능 24-1

① 조직에서 기존의 데이터를 기초로 최적 또는 현실적 의사결정을 위한 모델링을 이용하도록 지원
② 질의 및 보고와 같은 기본적인 분석 기술과 예측 모델링처럼 수학적으로 정교한 수준의 분석을 지원
③ 미래 예측을 지원해 주는 데이터패턴 분석과 예측 모델을 위한 데이터 마이닝을 통해 고차원 분석 기능을 제공
④ 리포트, 쿼리, 알림, 대시 보드, 스코어카드, 데이터 마이닝 등의 예측 모델링과 같은 진보된 형태의 분석 기능을 제공

(3) 비즈니스 애널리틱스의 유형 22-3, 21-2

① 리포트(reports) : 비즈니스에서 요구하는 정보를 포맷화하고 조직화하기 위해 변환시켜 표현
② 쿼리(queries) : 데이터베이스로부터 정보를 추출하는 주요 매커니즘
③ 알림(alert) : 특정 사건이 발생했을 때 이를 관리자에게 인지시켜주는 자동화된 기능
④ 대시보드(dashboards) : 데이터 분석결과에 대한 이용자 이해도를 높이기 위한 데이터 시각화 기술
⑤ 스코어카드(scorecards) : 핵심성과지표를 시각화하는 기술
⑥ 데이터 마이닝(data mining) : 대규모 데이터를 분석하여 숨겨진 상관관계 및 트렌드를 발견하는 기법

(4) 비즈니스 애널리틱스의 분석 유형 23-2

① 기술분석(descriptive analytics) : 과거에 발생한 일에 대한 소급 분석함
② 진단분석(diagnostic analytics) : 특정한 일이 발생한 이유를 이해하는 데 도움을 제공
③ 예측분석(predictive analytics) : 애널리틱스를 이용해 미래에 발생할 가능성이 있는 일을 예측함
④ 처방분석(prescriptive analytics) : 성능개선 조치에 대한 대응방안을 제시함

2 인공지능

01 인공지능(AI) 24-2

(1) 인공지능의 개념
① 자율성을 가지고 작동할 수 있도록 설계된 시스템으로 적응력을 발휘할 수 있으며, 입력값을 받아 명시적 또는 암묵적 추론을 통해 환경에 영향을 미칠 수 있는 콘텐츠·예측·추천·결정과 같은 산출물을 생산하는 소프트웨어
② 알고리즘과 데이터, 규칙을 입력하고 이에 따라 특정한 문제를 풀거나 해결하는 약한 인공지능(예 구글 딥마인드의 알파고, IBM의 닥터왓슨)과 인간처럼 생각·판단이 가능한 지능을 가진 강한 인공지능이 있음

(2) 인공지능의 필요성 24-2
① 인간 전문가가 가지는 시간적·공간적 한계를 뛰어넘을 수 있도록 전문지식을 저장하여 상황에 적절한 의사결정을 지원
② 생성형 AI를 활용한 프롬프트 형태의 서비스는 문제 해결에 도움이 되는 정보를 짧은 시간에 얻을 수 있어 업무의 효율을 높임
③ 복잡한 상황에서 빠른 판단과 결정에 도움이 되는 결과를 받을 수 있어 의사결정에 활용 가능

(3) 인공지능의 단계 25-2
① 제한적 인공지능(ANI)
  ㉠ 특정한 작업이나 제한된 영역에서 문제를 해결하는 방향으로 특화된 인공지능
  ㉡ 인간과 같은 자의식이나 감정이 없으며, 프로그래밍된 기능만 수행
② 범용 인공지능(AGI)
  ㉠ 인간 수준의 일반 지능을 갖추고 논리력과 창의적 추론 능력을 보유한 인공지능
  ㉡ 사전 학습된 데이터와 알고리즘에 의존하지 않고도 새로운 문제를 분석하고 해결책을 제시
③ 초인공지능(ASI)
  ㉠ 범용 인공지능을 뛰어넘어 인간을 초월하는 지능을 가진 인공지능
  ㉡ 인간을 뛰어넘는 잠재력을 가지고 있어, 혁신적인 해결책을 제시

(4) 인공지능 발전과 신뢰 기반 조성 등에 관한 기본법(인공지능기본법)
① **인공지능기본법의 목적** : 인공지능의 건전한 발전과 신뢰 기반 조성에 필요한 기본적인 사항을 규정함으로써 국민의 권익과 존엄성을 보호하고 국민의 삶의 질 향상과 국가경쟁력을 강화
② **인공지능기본법의 주요 내용** 25-1
  ㉠ 생성형 AI로 합성한 동영상은 생성형 AI의 결과물임을 표시해야 함
  ㉡ 사람의 생명, 안전, 기본권에 중대한 영향을 미치거나 위험을 초래할 우려가 있는 인공지능시스템을 "고영향 인공지능"이라 정의함
  ㉢ 국내 주소 또는 영업소가 없는 인공지능사업자는 국내 대리인을 지정하여 필요한 내용을 갖추어 절차에 따라 신고해야 함
  ㉣ 대통령 소속 국가인공지능위원회를 설치해 주요 정책 사항에 대한 심의 및 의결을 이행함

02 인공지능의 활용

(1) 인공지능 활용 방식

① 클라우드 AI : 클라우드 환경의 대규모 서버에서 제공되는 AI 기능
② 온디바이스 AI 25-2, 24-3 : 클라우드 서버 없이 기기(예 스마트폰, IoT 기기 등) 자체에서 AI 기능을 실행

(2) 유통분야에서 인공지능 기술의 활용 23-1

① 고객의 일상적인 문의사항에 대해 다양한 정보를 다양한 경로로 제공
② 알고리즘을 이용해 학습 수준이 강화되어 이용자의 질의에 대한 응답 수준 질 향상
③ 주문 데이터패턴을 분석해서 정상적이지 않은 거래를 파악하는 등 이상현상 및 이상패턴을 추출하는 데 활용
④ 주문이행 관련 배송경로, 재고파악 등 고객의 주문에 대한 업무와 관련된 최적의 대안을 신속하게 제공
⑤ 생성형 인공지능 기술 활용 증가 25-1
　㉠ 번역, 동영상 생성 등 다양한 분야에서 멀티모달 기술 적용
　㉡ 노코드 기반 인공지능 애플리케이션 개발로 비전문가도 쉽게 인공지능 활용 가능
　㉢ 빅테크 기업은 대형언어모델(LLM) 개발을 통해 생성형 인공지능기술 기반의 다양한 서비스를 출시

(3) 챗봇 서비스 23-3, 19-3

① **챗봇의 정의** : 인공지능 로봇 프로그램을 통한 가상대화시스템으로, 대화형으로 요청을 취합하고 그에 대한 응답을 하는 서비스
② ChatGPT : 대화형 인공지능 챗봇 서비스로, 기존의 단순히 수동적으로 정보를 이해하는 식별 AI에서 콘텐츠들의 패턴을 학습해 추론한 결과로 새로운 콘텐츠를 만들어내는 생성 AI를 활용한 서비스

3 RFID의 사물인터넷

01 RFID(Radio Frequency Identification, 무선주파수식별법)

(1) RFID의 개념 19-2

① 자동인식 기술의 하나로 데이터 입력장치로 개발된 무선 주파수(RF)를 이용하여 대상을 식별할 수 있는 기술
② 태그(Tag) 안에 물체의 ID를 담아 놓고, 리더기(Reader)와 안테나(Antenna)를 이용해 태그를 부착한 동물, 사물, 사람 등을 판독 · 관리 · 추적

(2) RFID의 구성요소

① 태그(Tag) 22-2, 19-1, 18-1
　㉠ 사물에 부착되어 사물을 인식할 수 있도록 필요한 정보를 저장하고 있는 장치
　㉡ 태그는 몇 번이고 데이터의 입력 및 변경이 가능한 Read/Write 태그와 제조 시 입력된 데이터 변경이 불가한 Read Only 태그가 있음

ⓒ 태그의 유형

수동형(Passive) 태그	• 구조가 간단하고, 판독기의 전파신호로부터 전원을 공급받아 반영구적으로 사용 가능 • 짧은 인식 범위
능동형(Active) 태그	• 자체적으로 전지 및 전력공급을 받아 전파 송신 • 3m 이상의 장거리 전송이 가능

② 안테나(Antenna) : 무선주파수를 발사하며 태그로부터 전송된 데이터를 수신하여 리더로 전달
③ 리더(Reader) : 태그의 정보를 활용하기 위해 태그와 송·수신하거나 태그에서 수집된 정보를 전송하는 장치
④ 호스트(Host) : 한 개 또는 다수의 태그로부터 읽어 들인 데이터를 처리하는 장치

(3) RFID의 동작원리 20-2

① IC칩과 안테나로 구성된 태그에 활용 목적에 맞는 정보를 입력하고 대상에 부착
② 리더에서 안테나를 통해 발사된 주파수가 태그에 접촉
③ 태그는 주파수에 반응하여 입력된 정보를 안테나로 전송
④ 태그로부터의 신호를 수신한 안테나는 데이터 신호를 변조하여 리더로 전달
⑤ 리더는 데이터를 해독하여 호스트 컴퓨터로 전달

(4) RFID의 장단점 22-1, 18-3

장 점	• 데이터 신뢰도가 높음 • 여러 개의 정보를 동시에 판독·수정 가능 • 바코드와 달리 태그에 접촉 없이 인식 가능 • 인식 방향에 관계없이 ID 및 정보인식이 가능 • 장거리 정보의 송·수신이 가능하여 원거리 및 고속이동 시에도 인식 가능 • 나무·직물·플라스틱 등의 장애물 투과기능이 있어 교통분야 적용 가능 • 태그에 데이터 반복저장·추가·변경 가능, 일시에 다량의 정보 빠른 판독 • 바코드와 비교할 때, 오염에 대한 내구성이 강함 • 바코드나 스마트카드에 비하여 대용량 정보 저장 가능 • 기존 바코드에 기록할 수 있는 가격, 제조일 등의 정보 외 다양한 정보 인식
단 점	• 비싼 가격(경제적 문제) • 정보 노출 위험성 존재(보안상 문제) • 인식의 한계(기술적 문제) • 전파가 인체에 유해할 가능성(안전성 문제) • 금속, 액체 등의 전파장애 가능성 • RFID 확산의 법적 대응책 필요 • 국가별 주파수 대역 및 국제적 표준화 문제점 존재

(5) RFID의 도입 효과 21-2, 18-2

① 검수 정확도 향상
② 효과적인 재고관리
③ 제조자원 이용률의 향상
④ 입·출고 리드타임이 단축
⑤ 도난 등 상품 손실비용이 절감
⑥ 반품 및 불량품을 추적하고 조회 가능

02 사물인터넷(IoT ; Internet of Things)

(1) 사물인터넷 개념

① 사물에 센서를 부착해 실시간으로 데이터를 인터넷으로 주고받는 기술이나 환경
② 주위의 모든 사물을 유무선 네트워크로 연결하여 사람과 사물, 사물과 사물 간에 정보를 교류하고 상호 소통하는 지능적 환경으로 진화
③ 오늘날 5G 및 기타 유형의 네트워크 플랫폼이 거의 모든 곳에서 빠르고 안정적으로 대량의 데이터 세트를 처리해 주어 IoT 연결성을 높임

(2) 사물인터넷 유형 **21-1**

올인원 사물인터넷	일반적인 사물인터넷으로 완제품의 형태 예 스마트 지갑, 스마트 TV, 스마트 냉장고, 스마트 워치 등
애프터마켓형 사물인터넷	반제품 형태인 매개물로 기존 사물에 탈부착하는 형식 예 크롬 캐스트 등

(3) 사물인터넷(IoT) 시대의 특징 **23-3, 18-3**

① 연결상태는 24시간 always-on 방식
② 정보 제공은 필요한 정보를 정시에 넣어주는 푸시(Push) 방식
③ 사람과 사람, 사람과 사물, 사물과 사물 간으로 연결범위가 확대
④ 원하는 정보를 얻는 데 그치는 것이 아니라, 정보를 조합해 필요한 지혜를 제공
⑤ 정보를 얻는 방식이 내가 원하는 무언가를 내가 찾는 것이 아니라, 내가 원하는 무언가를 주변에 있는 것들이 알아서 찾아주는 방식임
⑥ 보안 및 개인정보보호 위험, 기술 간 상호운영성, 데이터 과부하, 비용 및 복잡성 등의 이슈가 발생 가능

(4) 유통분야에서 사물인터넷(IoT)의 활용 **19-2**

① 아마존(Amazon)은 유통현장에서 사물인터넷 기술을 이용해 무인매장에서 활용할 수 있는 시스템인 아마존고(Amazon Go)를 개발
② 비콘(Beacon) **22-1, 19-2**

개념	• 무선 표식이라고도 함 • 비콘 단말기가 설치된 지점에서 최대 70m 반경 내에 있는 스마트폰 사용자들을 인식하여 특정 앱을 설치한 사용자에게 알림을 보내거나, 무선결제가 가능하도록 하는 기술
활용 분야	• RFID, NFC 방식으로 작동하며 원거리 통신을 지원 • 선박, 기차 등에서 위치를 확인하는 데 신호를 보내는 기술 • 모바일 결제 서비스와 연동하여 간편결제 및 포인트 적립에 활용 • 창고 내 재고 · 물류 관리, 센서를 이용한 온도 관리, 전용 AP를 복수로 설치해 어디에 무엇이 있는지 확인하는 등에 활용

4 로보틱스와 자동화

01 RPA(Robotic Process Automation)의 개념 및 특징 21-1

(1) RPA의 개념

① 인간을 대신하여 수행할 수 있도록 반복적인 업무를 알고리즘화하고 소프트웨어적으로 자동화하는 기술
② 물리적 로봇이 아닌 소프트웨어프로그램으로 사람이 하는 규칙기반(rule based) 업무를 기존의 IT 환경에서 동일하게 할 수 있도록 구현하는 것

(2) RPA의 특징

기업의 재무, 회계, 제조, 구매, 고객관리 등에서 데이터 수집, 입력, 비교 등과 같이 반복되는 단순업무를 자동화하여 빠르고 정밀하게 수행함으로써 경영 전반의 업무시간 단축과 비용 절감

02 RPA의 활용 22-1

(1) 유통분야에서 RPA의 활용

① 일단위 및 월단위 업무 마감 처리를 자동화하기 위해 활용
② 판매 시점 상품관리를 위한 데이터의 입력 및 작업 보고서에 대한 자동입력에 활용
③ 단순하고 반복적인 업무를 체계화해서 소프트웨어로 구현하여 일정한 규칙에 의해 자동화된 프로세스를 따라 업무를 수행

(2) 기타 RPA의 활용분야

① 최종 사용자의 관점에서 규칙 기반 비즈니스 프로세스로 설계되어 사람 대신 단순 반복작업을 끊임없이 대량으로 수행
② 기계학습, 음성인식, 자연어처리와 같은 인지기술을 적용하여 사람의 인지능력이 필요한 의료 분야의 암 진단, 금융업계에서의 고객자산관리, 법률판례분석 등에 활용

5 블록체인과 핀테크

01 블록체인 24-1, 23-1, 20-추가, 18-2

(1) 블록체인의 개념

① 공공거래 장부로 불리는 데이터 분산 처리기술로서 네트워크에 참여하는 모든 사용자가 모든 거래내역 등의 데이터를 분산·저장하는 기술을 지칭
② 비트코인의 기반 기술로, 중앙서버 없이 노드(node)들이 자율적으로 연결되는 P2P(peer-to-peer)방식을 기반으로 각 노드에 데이터를 분산 저장하는 데이터분산처리기술

(2) 블록체인의 특징

① 누구에게나 공유·공개되어 투명성을 보장
② 독특한 구조적 특징에 기인하여 데이터의 무결성을 보장
③ 한 번 연결된 블록은 수정하거나 삭제하기 어려워 불변성을 지님
④ 분산된 장부는 네트워크에 참여한 각 노드들의 검증과 합의 과정을 거쳐 데이터 일치에 도달

(3) 블록체인의 유형 25-2

개방형(public) 블록체인	• 누구나 참여할 수 있음 • 모든 참여자의 상호검증을 거치기 때문에 상대적으로 신뢰도가 높으며, 처리 속도가 느림 • 검증 방법 : 작업 증명(Proof of Work), 지분 증명(Proof of Stake) 등
폐쇄형(private) 블록체인	• 서비스 제공자의 승인을 받아야만 참여할 수 있도록 구축되는 형태 • 네트워크 확장이 용이하고, 거래속도가 빠름
컨소시엄형(consortium) 블록체인	• 컨소시엄 구성 주체만이 참여할 수 있음 • 거래속도가 빠르고, 네트워크 확장성이 높음

02 유통분야에서 블록체인의 활용 22-2

(1) 블록체인 기술을 활용한 정보시스템

유통 이력관리시스템은 위변조가 불가하고 정보공유가 용이하여 입고부터 가공·포장·판매에 이르는 과정을 소비자와 공유하는 것이 가능해짐

(2) 블록체인 기술

① 분산식별자(DID ; Decentralized Identity) : 블록체인 기반의 탈중앙화 신원증명으로, 분산원장의 암호학적 특성을 기반으로 한 신뢰된 ID 저장소를 이용하여 제3기관의 통제 없이 분산원장에 참여한 누구나 신원정보의 위조 및 변조 여부를 검증할 수 있도록 지원

② 블록체인 스마트계약(blockchain smart contract) 23-2
   ㉠ 특정 요구사항이 충족되면 네트워크를 통해 실시간으로 계약 실행
   ㉡ 거래 내역이 블록체인상에 기록되기 때문에 높은 신뢰도 형성
   ㉢ 중개자 없이 실행될 수 있기 때문에 상대적으로 낮은 거래비용
   ㉣ 블록체인 기록을 뒷받침하는 높은 수준의 암호화와 분산원장 특성으로 네트워크에서 높은 보안성을 확보

③ 대체불가능토큰(NFT) 23-2
   ㉠ 투명성이 보장되며, 추적 가능
   ㉡ NFT 시장에서 자유롭게 거래 가능
   ㉢ 희소성을 보장할 수 있고, 위조가 어려움
   ㉣ 부분에 대한 소유권이 인정되어 각각 나누어 거래가 가능

03 핀테크

(1) 핀테크(FinTech)의 정의

① Finance(금융)와 Technology(기술)의 합성어로, 금융과 IT의 융합을 통한 금융서비스 및 산업의 변화를 통칭
② 예금, 대출, 자산 관리, 결제, 송금 등 다양한 금융 서비스가 IT, 모바일 기술과 결합된 새로운 유형의 금융서비스

(2) 유통분야에서 핀테크의 활용

유통업체들은 고객의 온라인 또는 오프라인 시장에서 구매상품에 대한 대금결제에 있어 핀테크와 같은 첨단 금융기술을 도입

6 클라우드 컴퓨팅

01 클라우드 컴퓨팅

(1) 클라우드 컴퓨팅의 개념

① 인터넷 기술을 활용하여 가상화된 IT 자원을 서비스로 제공하는 컴퓨팅 기술
② 집적·공유된 정보통신기기, 정보통신설비, 소프트웨어 등 정보통신자원을 이용자의 요구나 수요 변화에 따라 정보통신망을 통하여 신축적으로 이용할 수 있도록 하는 정보처리체계

(2) 클라우드 컴퓨팅의 기술 24-2

가상화 기술	• 물리적인 하드웨어의 한계를 넘어, 가상 하드웨어 인프라스트럭처를 구축하는 소프트웨어 시스템 운영에 대한 기술 • 한 대의 컴퓨팅 자원을 여러 대의 컴퓨터처럼 운영하거나 또는 여러 대의 컴퓨팅 자원을 한 대의 컴퓨터처럼 운영하는 기술
분산처리 기술	• 대량의 정보를 복수의 정보통신자원으로 분산하여 처리하는 기술 • 동시에 여러 개의 연산 등을 수행하는 병렬 컴퓨팅과는 달리 복수의 컴퓨터에서 나누어 처리
옵저버빌리티 (observability) 25-2	• 통합된 단일 플랫폼에서 실시간으로 IT 운영환경 전반을 파악할 수 있도록 지원하는 기술 • 전체 IT 운영환경을 아우르는 혁신적인 접근법으로 이유와 맥락까지 추적하여 문제를 진단할 수 있고 추적할 수 있도록 지원함으로써 안정성과 효율성을 지원

(3) 클라우드 컴퓨팅의 서비스 모델 24-3, 24-2

① IaaS(Infrastructure as a Service) : 클라우드 제공 업체가 가상화된 컴퓨팅 리소스를 인터넷을 통해 제공하는 서비스
② PaaS(Platform as a Service) : 애플리케이션을 개발, 테스트, 배포하기 위한 플랫폼을 클라우드 제공 업체가 제공하는 서비스
③ SaaS(Software as a Service) : 클라우드 제공 업체가 인터넷을 통해 소프트웨어 애플리케이션을 제공하는 서비스

02 기타 컴퓨팅

(1) 그리드 컴퓨팅 22-3
  ① Ian Foster, Carl Kesselman, Steve Tuecke에 의해 제안된 개념
  ② 분산 병렬 컴퓨팅의 한 분야로 원거리통신망(WAN)으로 연결된 서로 다른 기종의 컴퓨터들을 하나로 묶어 가상의 대용량 고성능 컴퓨터를 구성하는 기술
  ③ 거대 데이터 집합 분석과 날씨 모델링 같은 대규모 작업을 수행하는 네트워크로 연결된 컴퓨터 그룹

(2) 광역 컴퓨팅 24-1
  ① 광역 컴퓨팅 개념 : 지리적, 공간적 제약을 극복하고 어디서 누구와도 연결이 가능하도록 해주는 기술
  ② 광역 컴퓨팅 관련 기술 : 인터넷 기술, 미들웨어 기술, 분산처리 기술, 네트워크컴퓨팅 기술 등

(3) 모바일 컴퓨팅 24-2
  ① 이동성과 접근성을 기반으로 언제 어디서나 이동하면서도 컴퓨터 업무와 네트워크에 접속할 수 있는 환경의 이동식 컴퓨팅
  ② 모바일 컴퓨팅의 특징 : 접근성, 보안성, 편리성, 위치확인성, 즉시연결성, 개인화 가능성 등

(4) 뉴로모픽 컴퓨팅 25-1
  ① 인간의 두뇌와 구조·기능을 모방하여 인공신경망과 같은 학습 및 인식을 수행
  ② 에너지 사용 측면에서 효율적인 컴퓨팅 방식으로 향후 전력 소모 절감과 더욱 빠른 의사결정 및 인식도 향상으로 비즈니스에 광범위한 영향을 미칠 것으로 전망

(5) 엣지 컴퓨팅 25-2
  ① 기존 중앙 데이터 처리방식인 클라우드의 한계를 보완한 시스템
  ② 데이터를 중앙 서버가 아닌 현장(엣지)과 가까운 곳에서 처리하는 기술

7 가상현실과 메타버스

01 가상현실 23-1, 19-3

(1) 가상현실의 개념
  ① 마이론 크루거(Myron Krueger) 박사에 의해 제시된 개념으로 인조 두뇌공간이라고도 함
  ② 특정한 장소나 상황을 3차원 컴퓨터 그래픽으로 구현하여 간접적으로 경험할 수 있는 환경을 제공하는 기술

(2) 가상현실의 특성
  ① 3차원의 가상공간에서 사용자가 원하는 방향대로 조작하거나 실행 가능
  ② 영상물의 실시간 렌더링이 가능하므로 원하는 위치에 원하는 모습을 즉시 생산 가능
  ③ 마치 실제 존재하는 환경인 것처럼 가상의 환경을 제공하여, 실제 현실과 상호작용(Interection)을 하는 것과 같은 경험을 제공

02 메타버스(metaverse)

(1) 메타버스의 개념 23-1
① 가상, 초월 등을 뜻하는 영어 단어 '메타(Meta)'와 우주를 뜻하는 '유니버스(Universe)'의 합성어
② 현실세계와 같은 사회·경제·문화 활동이 이뤄지는 3차원의 가상세계를 의미

(2) 메타버스의 유형 24-2
① **증강현실(Augmented Reality)** : 현실세계에 가상의 정보를 증강하여 서비스를 제공
　예 포켓몬 GO, 이케아의 플레이스 등
② **라이프로깅(Life Logging)** : 개인 및 개체들에 대한 현실생활의 정보를 가상세계에 증강하여 정보를 통합 제공
　예 인스타그램, 삼성헬스 등
③ **거울세계(Mirror Worlds)** : 가상세계에서 외부의 환경정보를 통합하여 서비스를 제공(실제세계의 디지털화)
　예 구글 어스, 네이버 지도 등
④ **가상세계(Virtual Worlds)** : 가상공간에서 다양한 개인 및 개체들의 정보를 제공
　예 로블록스, 제페토 등

(3) 메타버스 구현 기술 24-3
① **XR(eXtended Reality)** : 현실과 가상세계를 연결하는 인터페이스로, 현실과 가상세계의 공존을 촉진하고 몰입감 높은 가상융합 공간과 디지털 휴먼 등을 구현하는 데 활용
② **디지털트윈** : 가상세계에 현실세계를 3D로 복제하고 동기화한 뒤 시뮬레이션·가상훈련 등을 통해 지식의 확장과 효과적 의사결정을 지원하는 데 활용
③ **블록체인** : 메타버스 창작물에 대한 저작권 관리, 사용자 신원 확인 및 데이터 프라이버시 보호, 콘텐츠 이용 내역 모니터링 및 저작권료 정산 등을 지원하는 데 활용
④ **클라우드 컴퓨팅** : 이용자 요구나 수요 변화에 따라 컴퓨팅 자원을 유연하게 배분하여 활용
⑤ **데이터 분석** : 실세계 데이터 취득 및 유효성 검증, 데이터 저장·처리·관리 등에 활용

(4) 증강현실의 기술 24-1, 18-3
① 실제로 존재하는 물리적인 장면에 컴퓨터에 의하여 생성된 가상장면을 겹쳐 보임
② 사용자가 현실세계를 인식하도록 지원하며, 가상요소와 현실요소 사이에서의 실시간 상호작용이 가능
③ 현실세계의 기반 위에 가상의 사물을 합성하는 방식이기 때문에 사용자가 여전히 현실세계를 인식 가능
④ 현실에는 존재하지 않는 속성을 가상현실 기술을 통해 현실세계에 내재시킴으로써 현실세계에서는 얻기 어려운 부가적인 정보를 보강하여 제공이 가능

8 스마트물류와 자율주행

01 스마트물류와 자율주행의 개념

(1) 스마트 물류의 개념
  ① 물류분야는 운송과 하역기술의 기계화·자동화 → 물류시스템의 정보화 → 물류의 스마트화 단계로 발전
  ② 인공지능, 사물인터넷, 물류 로봇, 가상현실, 빅데이터 등 다양한 기술을 활용하여 운영효율성과 고객만족을 제고하려는 물류기업이 늘어나며 스마트물류 발전

(2) 스마트 물류의 종류
  ① 블록체인 : 공급사슬 전체와 반품 등의 물류과정을 효과적으로 처리할 수 있도록 추적 및 관리
  ② 빅데이터 : 공급사슬 시스템이 생성한 데이터의 효과적 수집·저장·처리·분석 시각화
  ③ 클라우드 서비스 : 물류 IT 인프라 임대, IaaS, PaaS, SaaS 등으로 구분
  ④ 스마트팩토리 : 제품의 기획, 설계, 생산, 유통, 판매의 전 과정 자동화·지능화로 최소 비용·최소 시간으로 다품종 대량생산이 가능한 미래형 공장
  ⑤ 라스트마일(Last Mile) **24-2, 23-2**
    ㉠ 걷기에는 멀고 택시나 자가용을 이용하기에는 마땅치 않은 애매한 거리를 지칭
    ㉡ 유통업체는 고객이 주문한 상품이 목적지에 도착하기까지의 과정에서 고객만족을 위한 배송품질 향상이나 배송서비스 차별화 측면에서 전략적으로 활용
  ⑥ 콜드체인(cold chain) **19-3**
    ㉠ 농산물 등의 신선식품을 산지에서 수확한 다음 최종 소비지까지 저장 및 운송되는 과정에서 온도를 저온으로 유지하여 신선도와 품질을 유지하는 시스템
    ㉡ 유통업체는 신선식품을 구매하려는 소비자들의 요구 증가에 대응하기 위해 냉장 및 냉동 보관과 안전하고 **빠**른 운송을 위해 새로운 유통 및 물류시스템을 구축

(3) 스마트 물류 구현을 위한 통신기술 **25-1**
  ① LiDAR(Light Detection And Ranging) : 레이저 이용
    ㉠ 빛을 이용해 거리를 측정하는 기술로, 센서에서 레이저 빔을 발사하여 물체에 부딪쳐서 반사되어 돌아오는 시간을 통해 주변환경과 거리를 파악
    ㉡ 장점 : 높은 해상도와 정확성, 실시간 데이터 분석, 다양한 산업 활용 가능
    ㉢ 단점 : 날씨 등 외부환경의 영향에 민감, 비싼 가격
  ② RADAR(Radio Detection And Ranging) : 무선 주파수(RF) 이용
    ㉠ 송수신 안테나로 전파를 송출하여 물체에 부딪쳐서 되돌아오는 신호를 해석하여 사물의 거리, 속도, 방향 정보를 파악
    ㉡ 장점 : 날씨 등 외부환경 영향이 적음, 먼 거리 감지 가능, 상대적으로 낮은 가격
    ㉢ 단점 : 낮은 정밀도·해상도, 벽 투과성이 낮음

(4) 자율주행의 개념 및 유형
  ① **자율주행의 개념** : 기계장치가 외부의 도움을 받지 않고 자체 장착된 센서와 컴퓨팅 시스템에 의해 자율주행하는 것(예 무인자동차나 무인항공기, 로봇주행 등)
  ② **자율주행의 유형** : 교통수단 내에 운행하는 사람이 없고 외부에 있는 서버와 통신하며 서버의 명령에 따라 주행하는 무인운전 방식과 교통수단 내부에 탑재된 인공지능 컴퓨터가 스스로 판단하여 주행하는 방식으로 구분

02 풀필먼트와 드론의 활용

(1) 풀필먼트 22-1
  ① 데이터 기반으로 상품의 입고부터 고객주문 및 배송까지 제공하는 일괄처리 서비스
  ② 물류를 필요로 하는 판매자를 대상으로 상품보관 및 재고관리, 고객이 상품 주문시 선별, 포장, 배송, 반품 및 고객대응까지 일괄적으로 처리하는 서비스
  ③ 주문부터 상품분류, 포장, 출고 등 유통 주기를 빅데이터 등 신기술 기반으로 통합 관리하는 시스템

(2) 드론(Drone) 21-1, 19-3
  ① 조종자가 탑승하지 않은 상태로 항행할 수 있는 비행체로서 동력을 일으키는 기계장치가 1개 이상이거나, 지상에서 비행체의 항행을 통제할 수 있는 것을 의미
  ② 2014년 DHL이 자체 개발한 파슬콥터(Parcelcopter)를 이용하여 독일 북부 노르덴시의 노르트다이흐 항구에서 12km 떨어진 북해의 위스트 섬에 의약품을 배송함
  ③ 드론의 구성 23-3, 22-3

모터	드론의 움직임이 가능하도록 지원하고, 배터리는 모터에 에너지를 제공
항법센서	인공위성으로부터 위치신호를 받아 현재의 위치 및 목표 위치를 설정(예 GPS, 가속도센서, 자이로센서 등)
프로펠러 및 프레임	드론이 비행하도록 프레임워크를 제공
임무장비	드론이 비행을 하면서 특정한 임무를 하도록 관련 장비를 장착(예 전자광학센서, 초분광센서, 적외선센서)
탑재 컴퓨터	드론을 운영하는 브레인 역할을 하며 드론의 위치, 모터, 배터리 상태 등을 확인함

출제지문 퀴즈로 핵심체크!

SECTION 01 신융합기술

01 21-3
O X 디지털 시대의 경영환경에서는 무형의 자산보다 유형의 자산이 중시된다.

02 23-1
(　　　　)은/는 산업과 사회의 각 부문이 디지털화되는 현상으로 인터넷, 정보화 등을 뛰어넘는 초연결(hyper-connectivity) 지능화가 경제·사회 전반에 이를 촉발시키고 있다.

03 19-3
O X 3D 프린팅은 다품종 소량생산 및 개인 맞춤형 제작이 용이하도록 지원하는 신기술이다.

SECTION 02 신융합기술의 개념 및 활용

01 23-1, 21-3
빅데이터의 핵심 특성 3가지에는 데이터 규모, (　　　　), 다양성이 있다.

02 22-3, 21-2
O X 대시보드(dashboards)는 데이터 분석결과에 대한 이용자 이해도를 높이기 위한 데이터 시각화 기술이다.

03 22-1
O X RFID 태그는 바코드와 비교할 때, 오염에 대한 내구성이 강하다.

04 24-1
(　　　　)현실 기술은 실제로 존재하는 물리적인 장면에 컴퓨터에 의하여 생성된 가상 장면을 겹쳐 보이게 하는 기술이다.

05 21-1
(　　　　)은/는 인간을 대신하여 수행할 수 있도록 반복적인 업무를 알고리즘화하고 소프트웨어적으로 자동화하는 기술이다.

06 `23-1`
(　　　　)은/는 중앙 서버없이 노드(node)들이 자율적으로 연결되는 P2P(peer-to-peer)방식을 기반으로 각 노드에 데이터를 분산 저장하는 데이터 분산 처리기술이다.

07 `25-2`
|O|X| 일반적으로 블록체인은 네트워크 관리 권한 및 접근 자격에 따라 개방형(public), 폐쇄형(private), 컨소시엄형(consortium)으로 구분할 수 있다.

08 `24-2`
|O|X| 클라우드 컴퓨팅에서 제공하는 IaaS(Infrastructure as a Service)는 사용자가 소프트웨어를 개발할 수 있는 토대를 제공해주는 서비스 모델을 말한다.

09 `23-2`
(　　　　)은/는 걷기에는 멀고 택시나 자가용을 이용하기에는 마땅치 않은 애매한 거리로, 유통업체의 상품이 고객의 목적지에 도착하는 마지막 단계를 의미한다.

10 `23-3, 22-3`
|O|X| 드론의 항법센서로는 전자광학센서, 초분광센서, 적외선센서 등이 있다.

정답 및 해설

SECTION 01
01 × ▶ 디지털 시대의 경영환경에서는 유형의 자산보다 무형의 자산이 중시된다.
02 디지털 전환(digital transformation)
03 ○

SECTION 02
01 (생성)속도
02 ○
03 ○
04 증강
05 RPA(Robotic Process Automation)
06 블록체인
07 ○
08 × ▶ PaaS(Platform as a Service)에 관한 설명이다. IaaS는 서버, 스토리지 등 인프라를 제공하는 서비스이다.
09 라스트 마일
10 × ▶ 드론의 항법센서로는 위성항법, MEMS, 임베디드 소프트웨어 기술 등이 있으며 전자광학센서, 초분광센서, 적외선센서는 드론의 임무 장비에 해당한다.

테마로 푸는 필수 기출문제

THEME ❶ 디지털 시대

신융합기술의 개념과 주요 기술, 주요 변화 유형에 대해 학습한다. 디지털 전환, 디지털 시대 경영환경의 변화, 디지털 경제와 관련된 법칙(메트칼프의 법칙) 등이 출제되고 있으므로 내용을 숙지한다.

01 23년 1회

아래 글상자의 괄호 안에 공통적으로 들어갈 용어로 가장 옳은 것은?

- ( )은(는) 디지털 기술을 사회전반에 적용하여 전통적인 사회구조를 혁신시키는 것이다. 일반적으로 기업에서 사물인터넷, 클라우드 컴퓨팅, 인공지능, 빅데이터 솔루션 등 정보통신기술을 플랫폼으로 구축·활용하여 기존의 전통적인 운영방식과 서비스 등을 혁신하는 것이다.
- ( )은(는) 산업과 사회의 각 부문이 디지털화되는 현상으로 인터넷, 정보화 등을 뛰어넘는 초연결(hyperconnectivity)지능화가 경제·사회 전반에 이를 촉발시키고 있다.

① 디지타이제이션(digitization)
② 초지능화(hyper-intellectualization)
③ 디지털 컨버전스(digital convergence)
④ 디지털 전환(digital transformation)
⑤ 하이퍼인텐션(hyper-intention)

02 18년 1회

디지털 경제시대에 나타나는 특징으로 가장 옳지 않은 것은?

① 생산량을 증가시킴에 따라 필요한 생산요소의 투입량이 점점 적어지는 현상이 나타난다.
② 투입되는 생산요소가 늘어나면 늘어날수록 산출량이 기하급수적으로 증가하는 현상이 나타난다.
③ 시장에 먼저 진출하여 상당규모의 고객을 먼저 확보한 선두기업이 시장을 지배할 가능성이 높아진다.
④ 생산요소의 투입량을 증가시킬 때 그 생산요소의 추가적인 한 단위의 투입이 발생시키는 추가적인 산출량의 크기가 점점 감소되는 현상이 나타난다.
⑤ 생산량이 많아질수록 한계비용이 급감하여 지속적인 성장이 가능해진다.

03 25년 1회

성공적인 기업 운영을 위해 디지털 경제사회에서 갖추어야 할 비즈니스 사고 방식의 패러다임으로 가장 옳지 않은 것은?

① 비즈니스 사고 방식을 기업지배에서 시장지배로 전환하여야 한다.
② 비즈니스 사고 방식을 지역경제에서 글로벌 경제로 전환하여야 한다.
③ 비즈니스 사고 방식을 대량시장에서 개별고객 시장으로 전환하여야 한다.
④ 비즈니스 사고 방식을 자산의 소유에서 사용권의 획득으로 전환하여야 한다.
⑤ 비즈니스 사고 방식을 수익체증의 경제에서 수익체감의 경제로 전환하여야 한다.

04 23년 2회

아래 글상자에서 설명하는 플랫폼 비즈니스의 두 가지 핵심 특성과 관련한 현상을 순서대로 바르게 나열한 것은?

> ⊙ 플랫폼에 참여하는 이용자들이 증가할수록 그 가치가 더욱 커지는 현상이 나타나고, ⓒ 일정 수준 이상의 플랫폼에 참여하는 이용자를 확보하게 될 경우, 막강한 경쟁력을 확보해서 승자독식의 비즈니스가 가능하게 되는 현상이 나타난다.

① ⊙ 메트칼프의 법칙, ⓒ 티핑 포인트
② ⊙ 팔레토의 법칙, ⓒ 롱테일의 법칙
③ ⊙ 네트워크 효과, ⓒ 무어의 법칙
④ ⊙ 규모의 경제, ⓒ 범위의 경제
⑤ ⊙ 학습효과, ⓒ 공정가치선

THEME ❷ 신융합기술의 개념 및 활용

신융합기술(빅데이터, 비즈니스 애널리틱스(BA), 인공지능(AI), 사물인터넷(IoT), 블록체인, 클라우드 컴퓨팅, 가상현실과 메타버스, 드론 등)의 개념 및 구체적인 사례를 통해 기술을 파악하는 문제가 출제된다. 구체적 사례를 통해 기술의 종류를 파악할 수 있어야 한다.

06 20년 3회

가트너(Gartner)에서 제시한 빅데이터의 3대 특성으로 가장 옳은 것은?

① 데이터 규모, 데이터 생성속도, 데이터 다양성
② 데이터 규모, 데이터 가변성, 데이터 복잡성
③ 데이터 규모, 데이터 다양성, 데이터 가변성
④ 데이터 생성속도, 데이터 가변성, 데이터 복잡성
⑤ 데이터 생성속도, 데이터 다양성, 데이터 복잡성

05 18년 3회

디지털(digital) 기술의 특성으로 가장 올바르지 않은 것은?

① 빛과 같은 속도로 이동하면서 정보를 전달할 수 있는 광속성
② 반복해서 사용해도 정보가 줄어들거나 질이 떨어지지 않는 무한 반복 재현성
③ 정보를 다양한 형태로 가공하고 확대 재생산할 수 있는 용이성
④ 송·수신자가 동시에 서로 정보를 주고받을 수 있는 쌍방향성
⑤ 메트칼프(Metcalfe)의 법칙이 적용되는 수확체감의 법칙성

07 21년 2회

유통업체에서 비즈니스 애널리틱스(analytics)의 유형에 대한 설명으로 가장 옳지 않은 것은?

① 리포트(reports)는 비즈니스에서 요구하는 정보를 포맷화하고, 조직화하기 위해 변환시켜 표현하는 것이다.
② 쿼리(queries)는 데이터베이스로부터 정보를 추출하는 주요 매커니즘이다.
③ 알림(alert)은 특정 사건이 발생했거나, 이를 관리자에게 인지시켜주는 자동화된 기능이다.
④ 대시보드(dashboards)는 데이터 분석결과에 대한 이용자 이해도를 높이기 위한 데이터 시각화 기술이다.
⑤ 스코어카드(scorecards)는 숨겨진 상관관계 및 트렌드를 발견하기 위해 대규모 데이터를 분석하는 통계적 분석이다.

08

아래 글상자의 괄호 안에 들어갈 정보기술로 가장 옳은 것은?

- 유통업체 K사는 자체 개발한 데이터 수집·분석시스템 '데멍이(데이터를 물어다 주는 멍멍이)'를 통해 선발주 기술을 최적화해 상품 폐기율을 1% 미만으로 유지하고 있다. '데멍이'는 기존 주문과 일별 상품 판매량, 매출, 고객 행동 데이터, 구매이력, 성향, 날씨, 요일, 프로모션 등 일평균 수천만 건의 데이터를 기반으로 주문이 지역별로 얼마나 발생할지 예측하는 (　　　　) 시스템이다.
- (　　　　)(은)는 인간이 정의한 목표의 주어진 집합에 대해 실제 또는 가상 환경에 영향을 미치는 예측, 권장 또는 결정을 내릴 수 있는 기술이다.

① 블록체인
② 무인로봇
③ 인공지능
④ 모빌리티
⑤ 메타버스

09

RFID의 특징에 대한 설명으로 가장 옳지 않은 것은?

① 태그는 데이터를 저장하거나 읽어 낼 수 있어야 한다.
② 태그는 인식 방향에 관계없이 ID 및 정보 인식이 가능해야 한다.
③ 태그는 직접 접촉을 하지 않아도 자료를 인식할 수 있어야 한다.
④ 태그는 많은 양의 데이터를 보내고, 받을 수 있어야 한다.
⑤ 수동형 태그는 능동형 태그에 비해 일반적으로 데이터를 보다 멀리까지 전송할 수 있다.

10

사물인터넷 통신기술을 활용해 마케팅을 하고자 할 때, 아래 글상자의 설명에 해당하는 기술로 가장 옳은 것은?

- 선박, 기차 등에서 위치를 확인하는 데 신호를 보내는 기술이다.
- RFID, NFC 방식으로 작동하며 원거리 통신을 지원한다.
- 모바일 결제 서비스와 연동하여 간편 결제 및 포인트 적립에 활용된다.

① 비콘(Beacon)
② 와이파이(Wi-Fi)
③ 지웨이브(Z-Wave)
④ 지그비(ZigBee)
⑤ 울트라와이드밴드(Ultra Wide Band)

11

아래 글상자에서 설명하는 기술로 옳은 것은?

인간을 대신하여 수행할 수 있도록 반복적인 업무를 알고리즘화하고 소프트웨어적으로 자동화하는 기술이다. 물리적 로봇이 아닌 소프트웨어프로그램으로 사람이 하는 규칙기반(rule based) 업무를 기존의 IT 환경에서 동일하게 할 수 있도록 구현하는 것이다. 2014년 이후 글로벌 금융사를 중심으로 확산되었으며, 현재는 다양한 분야에서 일반화되는 추세이다.

① RPA(Robotic Process Automation)
② 비콘(Beacon)
③ 블루투스(Bluetooth)
④ OCR(Optical Character Reader)
⑤ 인공지능(Artificial Intelligence)

12 24년 1회

오늘날 유통업체에서는 블록체인 기술을 활용해 정보시스템을 구현하고 있다. 블록체인에 대한 설명으로 가장 옳지 않은 것은?

① 퍼블릭 블록체인은 누구나 참여할 수 있고 모든 참여자의 상호검증을 거치기 때문에 상대적으로 신뢰도가 높은 반면 처리 속도가 느리다.
② 프라이빗 블록체인은 서비스 제공자의 승인을 받아야만 참여할 수 있도록 구축되는 형태이다.
③ 한 번 연결된 블록은 수정하거나 삭제하기 어려워 불변성을 가진다.
④ 새로운 블록은 생성되는 동시에 모든 참여자에게 전송되어 공유되므로 참여자들 누구나 볼 수 있어 투명성을 가진다.
⑤ 블록체인은 기존의 분권화된 방식을 탈피한 중앙집중식 방식으로 데이터를 보다 빠르게 처리할 수 있다.

13 24년 1회

지리적, 공간적 제약을 극복하고 어디서 누구와도 연결이 가능하도록 해주는 광역컴퓨팅기술과 관련 있는 기술로 가장 옳지 않은 것은?

① 인터넷 기술　② 미들웨어 기술
③ 분산처리 기술　④ 네트워크컴퓨팅 기술
⑤ 데이터 압축복원 기술

14 19년 3회

아래 글상자의 (　　) 안에 들어갈 용어로 가장 적절한 것은?

> 이케아는 (　　) 기술을 이용하여 인테리어를 구성해 볼 수 있는 쇼룸을 공개하였다. 사실적인 3차원 공간으로 랜더링된 가상 쇼룸과 다수의 이케아 가구를 체험할 수 있다. 고객에게 인테리어 과정을 혁신적으로 탈바꿈시키며 매혹적인 360도 입체 인테리어 경험을 제공한다.

① 가상현실　② 옴니채널
③ 증폭현실　④ 공간가상화
⑤ 3차원 랜더링

15 24년 2회

오늘날 유통업체에서는 마케팅을 위해서 메타버스를 활용하고 있다. 메타버스에 대한 설명으로 적절하지 않은 것은?

① 가속연구재단(ASF ; Acceleration Studies Foundation)은 메타버스 서비스를 정보표현 형태(외부 환경 정보와 개인/개체 중심 정보)와 공간활용 특성(현실공간과 가상공간)에 따라 4가지로 구분하였다.
② 가상현실은 현실 세계에 가상의 정보를 증강하여 서비스를 제공하는 메타버스 유형이다.
③ 라이프로깅은 개인 및 개체들에 대한 현실생활의 정보를 가상세계에 증강하여 정보를 통합 제공하는 메타버스 유형이다.
④ 거울세계는 가상세계에서 외부의 환경정보를 통합하여 서비스를 제공하는 메타버스 유형으로 실제세계의 디지털화라 할 수 있다.
⑤ 가상세계는 가상공간에서 다양한 개인 및 개체들의 정보를 제공하는 메타버스 유형이다.

16 21년 1회

아래 글상자에서 설명하는 기술로 옳은 것은?

> ㉠ A사는 행정안전부와 협약을 통해 이 기술을 이용하여 긴급구조 활동에 지원하기로 하였으며, 재난 발생으로 고립된 지역에 의약품 키트를 긴급물품으로 지원하기로 하였다. 독일 제작업체와 합작해 도입한 '○○스카이도어'이다.
> ㉡ B사는 2019년 4월 이것에 대해 미국 FAA로부터 사업허가를 승인받았다. 버지니아와 블랙스버그의 외곽 지역에서 이 기술을 이용하여 기업에서 가정으로 상품을 실어 나르는 상업 서비스를 개시할 수 있게 되었다. 이 승인은 2년간 유효하며, 조종사 1인당 동시에 가능한 조정대수는 최대 5대로 제한되고 위험물질은 실을 수 없다.

① GPS　② 드론
③ 핀테크　④ DASH
⑤ WING

필수 기출문제 정답과 해설

01 정답 ④

해설 **디지털 전환(digital transformation)**
디지털 기술을 사회 전반에 적용하여 전통적인 사회구조를 혁신시키는 것으로, 기업에서 사물인터넷(IoT), 클라우드 컴퓨팅, 인공지능(AI), 빅데이터 솔루션 등 정보통신기술(ICT)을 플랫폼으로 구축·활용하여 기존 전통적인 운영 방식과 서비스 등을 혁신하는 것을 의미한다.

02 정답 ④

해설 디지털 경제시대에는 투입된 생산요소가 늘어나면 늘어날수록 산출량이 기하급수적으로 증가하는 현상이 나타난다(수확체증의 법칙).

03 정답 ⑤

해설 수익체증은 디지털 기술의 주요 특성 중 하나로, 디지털 경제사회에서는 비즈니스 사고 방식을 수익체감의 경제에서 수익체증의 경제로 전환하여야 한다.

04 정답 ①

해설 ⊙ **메트칼프의 법칙** : 네트워크의 규모가 커짐에 따라 그 비용의 증가 규모는 점차 줄어들지만 네트워크의 가치는 기하급수적으로 증가한다는 법칙을 말한다.
ⓒ **티핑 포인트** : 대중의 반응이 한 순간 폭발적으로 늘어날 때, 광고 마케팅이 효과를 발휘하며 폭발적인 주문으로 이어질 때 등을 의미한다.

05 정답 ⑤

해설 수확체감의 법칙성은 전통적인 산업에 적용되던 법칙이다.

06 정답 ①

해설 빅데이터의 3대 특성은 데이터 규모(Volume), 데이터 생성속도(Velocity), 데이터 다양성(Variety)이다.

07 정답 ⑤

해설 ⑤는 데이터 마이닝에 관한 설명이다. 스코어카드는 핵심성과지표를 시각화하는 기술을 말한다.

08 정답 ③

해설 **OECD AI 권고안의 AI(인공지능)시스템**
기계시스템으로 인간이 정의한 목적에 따라 실제 환경 또는 가상 환경에 영향을 미치는 예측, 권장, 의사결정을 할 수 있는 시스템을 의미하며 다양한 수준의 자율성하에서 작동되도록 설계된 시스템이다.

09 정답 ⑤

해설 능동형 태그는 도달거리가 30~100미터로 원거리이고, 수동형 태그는 감지거리가 2~3미터로 매우 근거리이므로 능동형 태그는 수동형 태그에 비해 일반적으로 데이터를 보다 멀리까지 전송할 수 있다.

10 정답 ①

해설 **비콘(Beacon)**
블루투스를 기반으로 한 스마트폰 근거리 통신기술로, 비콘 단말기가 설치된 지점에서 최대 70m 반경 내에 있는 스마트폰 사용자들을 인식하여 특정 앱을 설치한 사용자에게 알림을 보내거나, 무선결제가 가능하도록 하는 기술이다.

11 정답 ①

해설 RPA(Robotic Process Automation)
인간을 대신하여 수행할 수 있도록 반복적인 업무를 알고리즘화하고 소프트웨어적으로 자동화하는 기술로 기업의 재무, 회계, 제조, 구매, 고객 관리 등에서 데이터 수집, 입력, 비교 등과 같이 반복되는 단순 업무를 자동화하여 빠르고 정밀하게 수행함으로써 경영 전반의 업무시간 단축과 비용절감이 가능하다.

12 정답 ⑤

해설 블록체인(Block Chain)
- 블록에 데이터를 담아 P2P(Peer to Peer) 방식의 체인 형태로 연결, 수많은 컴퓨터에 동시에 이를 복제해 저장하는 분산형 데이터 저장기술로 공공거래 장부라고도 부른다.
- 중앙집중형 서버에 거래기록을 보관하지 않고 거래에 참여하는 모든 사용자에게 거래내역을 보내주며, 거래 때마다 모든 거래 참여자가 정보를 공유하고 이를 대조해 데이터 위조나 변조를 할 수 없도록 한다.

13 정답 ⑤

해설 데이터 압축은 대역폭의 제한을 받음으로 저장공간의 용량을 줄이는 방법으로 동일한 정보의 반복적인 출현에 중복성만 제거, 압축 이전의 데이터 정보를 손실 없이 복원할 수 있는 무손실 압축과 중요하지 않은 정보를 삭제, 복원 후 데이터 손실이 있는 손실 압축, 두 가지를 같이 사용하는 혼성 압축 등이 있다.

14 정답 ①

해설 가상현실(virtual reality)
어떤 특정한 환경이나 상황을 컴퓨터로 만들어서, 그것을 사용하는 사람이 마치 실제 주변상황 · 환경과 상호작용을 하고 있는 것처럼 만들어 주는 인간-컴퓨터 사이의 인터페이스를 말한다.

15 정답 ②

해설 ②는 증강현실에 대한 내용이다. 증강현실(AR)은 기기를 통해 보이는 현실의 이미지에 가상의 부가 정보를 실시간으로 덧붙여 향상된 현실을 보여주는 기술이다(예 스마트폰, 태블릿PC, 안경 형태 등).

16 정답 ②

해설 드론(Drone)
조종자가 탑승하지 않은 상태로 항행할 수 있는 비행체로서 동력을 일으키는 기계장치가 1개 이상이거나, 지상에서 비행체의 항행을 통제할 수 있는 것을 말한다.

합격 최적화!
단계별 세분화 커리큘럼

유통관리사 2급 합격을 위한 **최고의 선택!**

시대에듀 온라인 강의로 합격을 준비하세요.

합격에 꼭 필요한 내용만 담았습니다

기본이론

과목별 체계적인 이론 학습으로 기본개념을 정리하는 과정

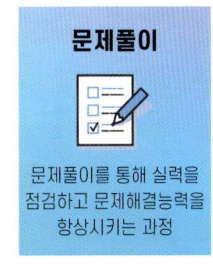

문제풀이

문제풀이를 통해 실력을 점검하고 문제해결능력을 향상시키는 과정

핵심요약

중요 키워드를 정리 및 요약하여 학습한 내용을 복습하는 과정

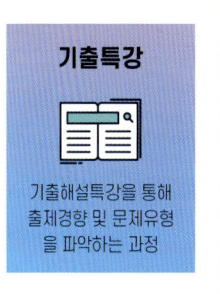

기출특강

기출해설특강을 통해 출제경향 및 문제유형을 파악하는 과정

유통관리사 2급 합격!
시대에듀와 함께라면 문제없습니다.

합격의 공식 **시대에듀**
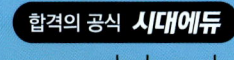
www.sdedu.co.kr

동영상 강의

유통관리사 2급
합격을 꿈꾸는 수험생에게

정성을 다해 만든 유통관리사 2급 도서들을
꿈을 향해 도전하는 수험생 여러분들께 드립니다.

P.S. 단계별 교재를 선택하기 위한 팁!

한권으로 끝내기
시험의 중요개념과 핵심 이론을 파악하고 기초를 잡고 싶은 수험생

시험에 출제되는 핵심이론부터 필수기출문제, 시험장에서 보는 최빈출 필기노트까지 한권에 담았습니다.

동영상 강의 교재

▶

단기완성
시험에 자주 출제된 필수 이론 위주로 학습하고 싶은 수험생!

실제 기출문제 출제경향을 완벽 분석하여 엄선한 핵심 유형이론과 유형별 기출문제를 담았습니다.

▶

기출문제해설
최근 기출문제와 상세한 해설을 통해 학습내용을 확인하고 실전감각을 키우고 싶은 수험생!

시험 준비 마무리 단계에서 알찬 해설을 통해 중요개념 정리부터 공부 방향까지 한 번에 잡을 수 있습니다.

유통관리사 합격!
시대에듀와 함께라면 문제없습니다.

물류관리사
합격을 꿈꾸는 수험생에게

물류관리사 자격시험의 합격을 위해 정성을 다해 만든 물류관리사 도서들을
꿈을 향해 도전하는 수험생 여러분들께 드립니다.

P.S. 단계별 교재를 선택하기 위한 팁!

한권으로 끝내기

이론 파악으로
기본다지기

핵심이론부터 실전문제까지
차근차근 학습하며
기초를 잡고 싶은 수험생

시험에 출제되는 핵심이론부터
키워드별 기출유형문제와 최근에
시행된 기출문제까지 한권에 담았
습니다.

동영상 강의 교재

▶

단기완성 핵심요약집

초단기
합격 PROJECT

시험에 출제된 필수 핵심이론을
테마별로 체계적으로 정리하여
단기간에 합격하고 싶은 수험생

실제 시험에 출제된 중요이론을
압축하여 테마별로 수록하였습
니다.

▶

5개년 첨삭식 기출문제해설

기출문제 정복으로
실력다지기

최신 기출문제와 상세한 첨삭식
해설을 통해 학습내용을 확인하고
실전감각을 키우고 싶은 수험생

최근 5개년 기출문제를 상세한
첨삭식 해설과 함께 한권에 담았
습니다.

물류관리사 합격!
시대에듀와 함께라면 문제없습니다.

시대에듀 회원만을 위한 **특별한 혜택**

회원 가입만 해도 누릴 수 있는 다양한 프리미엄 혜택!

01 무료 회원 혜택
- 전문가와 1:1 무료 상담 서비스 제공
- 자격증/공무원/취업 관련 무료 특강 제공
- 월별 이슈 & 상식 특강 제공
- 인적성 검사 및 면접 특강 지원

02 유료 회원 혜택
- 750명 교수진의 고품질 명품 강의 제공
- 무제한 반복 수강 가능
- 모바일 강의 다운로드 및 스트리밍
- Full HD 고화질 강의 시청

03 추가 제공 서비스
- 교재 및 동영상 구매 시 적립금 3,000원 제공
- 강의 수강료 5% 할인 쿠폰 제공
- 원격지원 서비스를 통한 빠른 문제 해결

※ 모의고사 및 무료특강은 일부 상품에 한해 제공되며, 상품에 따라 제공 여부가 달라질 수 있습니다. 또한, 상품 정책에 따라 서비스 내용은 사전 예고 없이 변경될 수 있습니다.

합격을 위한 최고의 선택! 시대에듀 회원 혜택!
합격을 위한 첫 걸음, 지금 바로 QR코드로 확인하세요!

29.8%

*2024년 유통관리사 2급 합격률

CBT 모의고사로 최종 합격 점검!

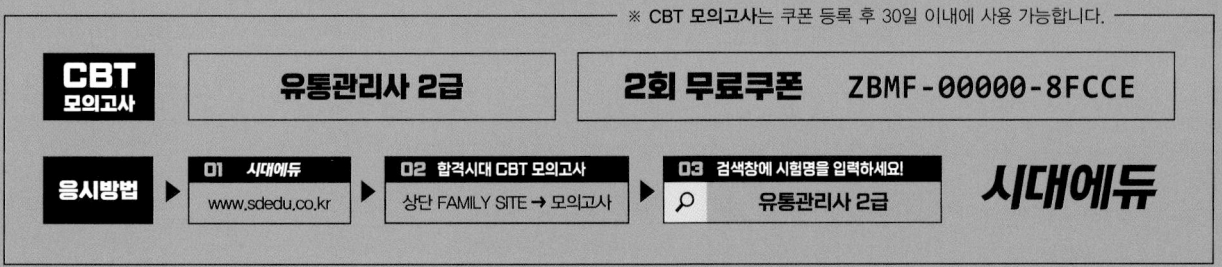

유통관리사
2급 | 한권으로 끝내기

[판매량] YES24 "유통관리사" 부문 월별/주별 베스트셀러 1위
(08년 3월~21년 12월 / 22년 1월, 2월 3주, 10월 4주, 11월 1,4주 / 23년 1월 3~4주, 2월 2주, 12월 3~4주 / 24년 1월 1~2주, 4~5주, 2월 1주 / 25년 5월 3주, 6월 2주, 7월 3주, 8월 2,5주)

[선호도] 유통관리사 시리즈, 20년간 43만 부 판매

시대에듀

발행일 2026년 1월 5일 | **발행인** 박영일 | **책임편집** 이해욱
편저 유범진·유통관리연구소 | **발행처** (주)시대고시기획
등록번호 제10-1521호 | **대표전화** 1600-3600 | **팩스** (02)701-8823
주소 서울시 마포구 큰우물로 75 [도화동 538 성지B/D] 9F
학습문의 www.sdedu.co.kr

※ 이 책은 저작권법에 의해 보호를 받는 저작물이므로 동영상 제작 및 무단전재와 복제를 금합니다.

THE NEXT STEP IN SUCCESS
성공의 다음 단계, 시대에듀와 함께라면 가능합니다.

◀ 온라인
동영상 강의

편저 유범진·유통관리연구소

유통관리사 부문
베스트셀러 1위
산출근거 후면표기

2026

총 10개년 기출 분석 반영!
2025년 최근 출제경향 반영
무료강의(필기노트+최근기출) 제공

유통관리사
2급 | 한권으로 끝내기

3권 | 필수암기 필기노트 + 최빈출 200제

CBT 모의고사
2회 무료쿠폰 제공

시대에듀

PROFILE 편저

유범진
- 현) 시대에듀 물류 · 유통관리사 전임강사
- 현) 고용노동부 NCS확인강사(무역 · 유통관리)(생산관리)(증권 · 외환)
- 현) 스터디채널 보세사 · 국제무역사 1급 강사

유통 · 물류관리사 관련 수험서 SERIES

구분	도서명	판형	가격
유통관리사 1급	유통관리사 1급 한권으로 끝내기(전2권)	4×6배판	45,000원
	유통관리사 1급 기출문제해설	4×6배판	25,000원
유통관리사 2급	유통관리사 2급 한권으로 끝내기(필수암기 필기노트)	210×260	34,000원
	유통관리사 2급 단기완성	4×6배판	25,000원
	유통관리사 2급 기출문제해설	4×6배판	26,000원
유통관리사 3급	유통관리사 3급 한권으로 끝내기	4×6배판	32,000원
	유통관리사 3급 10개년 기출문제해설	4×6배판	24,000원
물류관리사	물류관리사 한권으로 끝내기(전5권)	210×260	42,000원
	물류관리사 5개년 첨삭식 기출문제해설(전2권)	4×6배판	26,000원
	물류관리사 단기완성 핵심요약집	210×260	23,000원

※ 도서의 제목 및 가격은 변동될 수 있습니다.

무료특강 접속방법

시대에듀 홈페이지 접속(www.sdedu.co.kr) → 상단의 **무료강의** 클릭 → **국가자격/기술자격**에서 유통관리사 클릭

끝까지 책임진다! 시대에듀!
QR코드를 통해 도서 출간 이후 발견된 오류나 개정법령, 변경된 시험 정보, 최신기출문제, 도서 업데이트 자료 등이 있는지 확인해 보세요! **시대에듀 합격 스마트 앱**을 통해서도 알려 드리고 있으니 구글 플레이나 앱 스토어에서 다운받아 사용하세요.
또한, 파본 도서인 경우에는 구입하신 곳에서 교환해 드립니다.

편집진행 김준일 · 남민우 · 류채윤 | 표지디자인 김도연 | 본문디자인 김예슬 · 하한우

부록

필수암기 필기노트

제1과목 유통·물류일반관리
제2과목 상권분석
제3과목 유통마케팅
제4과목 유통정보

제1과목 유통·물류일반관리

001 도매상의 기능

① 도매상은 소매상 지원 기능을 통해 제품구매와 관련한 제품 교환, 반환, 설치, 보수 등의 다양한 서비스를 <mark>제조업체 대신</mark> 소매상에게 제공
　└ 소매상을 대신해서 고객에게(X)　└ 좁은 상권(X)
② 도매상은 소매상에 비해 <mark>넓은 상권</mark>을 관리하기에 거래 규모가 큼
③ 도매상은 제조업체를 대신하여 합리적인 비용으로 거래관계를 수행하며, 재고를 보유해 주는 기능을 함
④ 도매상은 <mark>소매상</mark>을 위해 신용 및 금융기능을 수행함
　└ 제조업체(X)
⑤ 도매상은 <mark>제조업체</mark>를 위해 시장 확대 기능을 수행함
　└ 소매상(X)

002 상인도매상

① 개 념
　㉠ 제조업체 또는 소매상과 관련 없는 독립적 사업체로서 대부분의 도매기능을 수행하는 가장 전형적인 형태의 도매상
　㉡ 취급하는 상품에 대한 소유권 가짐
② 구 분
　㉠ 완전기능도매상 : 고객들을 위하여 수행하는 서비스 중 필요한 광범위한 서비스 제공, 취급하는 제품 종류에 따라 종합상인도매상과 전문상인도매상으로 구분
　㉡ <mark>한정기능도매상</mark> : 도매상의 기능 중에서 일부만을 한정해 수행하는 상인도매상
　　└ 예 현금거래도매상, 트럭도매상, 직송도매상, 선반(진열)도매상, 우편주문도매상

003 유통경로의 효용

① <mark>시간적 효용</mark> : 보관기능을 통해 생산과 소비 간 시간적 차이를 극복
　└ 예 24시간 영업을 하는 편의점은 소비자가 원하는 시점 어느 때나 제품을 구매할 수 있도록 함
② <mark>소유적 효용</mark> : 생산자와 소비자 간 소유권 이전을 통해 효용이 발생
　└ 예 제조업체를 대신해서 신용판매나 할부판매를 제공함
③ <mark>장소적 효용</mark> : 운송기능을 통해 생산지와 소비지 간 장소적 차이를 극복
　└ 예 편의점은 소비자의 집 근처에 있어 제품 구매가 쉬움
④ <mark>형태적 효용</mark> : 생산된 상품을 적절한 수량으로 분할 및 분배함으로써 효용이 발생
　└ 예 탄산음료 제조사들이 탄산음료 원액을 중간상인 보틀러에게 제공하면 보틀러가 탄산음료 원액에 설탕·감미료를 첨가하고 탄산과 혼합하여 병이나 캔에 넣어 소매상에게 판매하고, 소비자는 그 탄산음료를 구매

004 중간상 필요 원칙

① **총거래수 최소의 원칙** : 중간상의 개입으로 거래 총량(사회적 총 거래수)이 감소하여 제조업자와 소비자 양자에게 실질적인 비용 감소 제공
② **집중준비의 원칙** : 유통경로 과정에 가능하면 많은 수의 도매상을 개입시켜 소매상의 대량 보관기능을 분담함으로써 각 경로구성원에 의해 보관되는 제품의 수량이 감소될 수 있음
  └ 상품을 항상 준비해 편의점처럼 시간 효용 제공(×)
③ **분업의 원칙** : 다수의 중간상이 분업의 원리로써 유통경로에 참여하면 유통경로 과정의 다양한 기능들(수급조절기능, 보관기능, 위험부담기능, 정보수집기능 등)이 경제적·능률적으로 수행될 수 있음
④ **변동비우위의 원리** : 유통분야는 변동비가 차지하는 비중이 고정비보다 크므로, 중간상을 배제하고 제조와 유통기관을 통합하여 대규모화하는 것보다 제조업체와 중간상이 적절한 규모로 역할을 분담하여 변동비를 분담하는 것이 비용 측면에서 훨씬 유리함
⑤ **정보축약 및 정합의 원칙** : 중간상을 통해 생산자는 수요정보를 얻고, 소비자는 공급정보를 얻음

005 중간상의 선별(분류) 기능

① **분류(sorting out)** : 생산과정에서 이질적인 생산물을 색이나 크기, 용량 등에 따라 동질적인 단위로 나누는 과정
  └ 생산자의 표준화 기능이라고도 함
② **집적, 수합(accumulation)** : 여러 경로를 통해 들어온 제품들을 대규모 공급이 가능하도록 동질적인 집단으로 묶는 기능
  └ 도매상·소매상이 수행
③ **배분, 분배(allocation)** : 동질적인 제품 덩어리를 나누는 기능으로, 흔히 소규모 판매 단위로 나누는 것(bulk, breaking)
  └ 중계도매상이 수행
④ **구색, 구색갖춤(assorting)** : 이질적인 것이 모두 다시 모이는 단계로, 여러 경로를 통해 들어온 제품을 다시 판매하기 위해서 사용 목적이 서로 관련성 있는 상품별로 모으는 것
  └ 도매상과 소매상들이 판매대상을 위해 수행

006 유통경로시스템의 3대 기능

① **전방기능 흐름** : 수송·보관과 같은 물적 소유권이나 촉진 등의 기능들이 생산자로부터 최종 소비자의 방향으로 흐르는 것
  └ 생산자 → 운송업자 → 중간상 → 최종소비자
② **후방기능 흐름** : 주문이나 대금결제와 같이 최종 소비자로부터 소매상 → 도매상 → 생산자의 방향으로 흐르는 것
③ **양방기능 흐름** : 거래를 협상하거나 금융·위험부담과 같은 기능

007 수직적 유통경로의 유형

① **기업형 유통시스템(Corporate System)**: 유통경로상의 한 구성원이 다음 단계의 경로구성원을 인수 등을 통한 소유에 의해 지배하는 형태(전방통합, 후방통합) ← 예 SPA 브랜드 등
② **계약형 유통시스템(Contractual System)**: 수직적 유통시스템 중 가장 일반적인 형태로, 생산이나 유통활동에서 상이한 수준에 있는 독립적인 유통기관들이 상호경제적인 이익 달성을 위해 계약을 체결하고 그 계약에 따라 수직적 계열화를 꾀함 ← 예 도매상 후원 자유 연쇄점, 소매상 협동조합, 프랜차이즈 시스템
③ **관리형 유통시스템(Administrative System)**: 소유권이나 명시적 계약 형태가 아닌 묵시적 협력관계로 형성된 '경로 리더'에 의해 생산 및 유통단계가 통합되는 형태 ← 협력에 대한 계약상 의무 없음
④ **동맹형 유통시스템(Alliances System)**: 둘 이상의 경로구성원들이 대등한 관계에서 상호의존성을 인식하고 긴밀한 관계를 자발적으로 형성한 통합된 시스템 ← '제휴시스템'이라고도 함

008 프랜차이즈 시스템(Franchise System)

① **개념**: 모회사나 본부가 가맹점에게 특정 지역에서 일정 기간 동안 영업할 수 있는 권리를 부여하고 그 대가로 로열티를 받는 시스템
② **의의**: 모회사(프랜차이저)와 개인 혹은 조직(프랜차이지)과의 계약관계로, 프랜차이저가 프랜차이지에게 사업전반에 걸쳐 운영상 필요한 지도·지원과 면허상 특권을 부여하며, 프랜차이지는 사업 자금을 투자하고 본부에 가입금·보증금·로열티 등을 지급함 ← 본부가 자본을 투자하여 매장을 직접 운영함(X)
③ **특징**: 계약형 VMS의 가장 대표적인 사례로, 계약을 통해 생산-유통 과정의 여러 단계를 연결시키는 형태

009 연기-투기이론

① "누가 재고를 유지해야 하는가", "누가 재고 보유에 따른 위험을 감수하느냐"에 의해 경로구조 결정 → 재고를 어느 구성원이 가지는가에 따라 유통경로가 만들어짐
② 경로구성원들은 고객의 요구 시점까지 최종 제품 생산공급을 가능한 한 연기(혹은 회피)하거나 적극적으로 재고를 부담하는 투기 중 선택 가능
③ 선택에 따라 경로길이가 달라짐 → 재고 보유 연기 시 경로 길이가 짧아지고, 투기적 재고 보유 시 경로 길이가 길어짐
④ 연기와 투기
　㉠ **연기, 지연전략**: 제품 생산 마지막 단계에서 완성을 미루었다가 고객의 요구 확인 후 반영하여 최종 생산하는 전략(제품의 완성을 최대한 연장시키는 전략) ← 생산 후 재고보유 시간을 최대한 연장시키는 전략(X)
　㉡ **투기전략**: 제품 이익이 높은 경우, 경로구성원들이 제조업자 대신 투기적 재고를 유지하는 등 적극적인 경로활동 수행으로 제조업자의 재고부담 비용을 대신 부담하는 전략 ← 경로길이가 길어짐

010 기능위양이론

① "누가 어떤 기능을 얼마나 효율적으로 수행하는가?"
② 경로구성원들 가운데서 특정기능을 가장 저렴한 비용으로 수행하는 구성원에게 그 기능이 위양됨
③ 다른 유통경로구성원이 비용 우위를 갖는 기능은 위양하고, 자신이 더 비용 우위를 갖는 일은 직접 수행
 └ 예 유통자금이 부족한 중소기업이 경쟁이 치열한 상품시장에 진입할 경우 전문적인 중간상에게 마케팅 기능 일부를 위탁하는 것이 바람직하나, 기업 규모가 커지면 중간상 이용보다 직접 그 기능을 수행하는 것이 더 효과적일 수 있음

011 거래비용이론

① "기업이 어떻게 유통경로구조의 **수직적 통합**을 통해 경로구성원들과의 시너지 효과를 창출하는가?" ← 수평적 통합(X)
② 거래비용 증가 원인 및 해결방안을 수직적 통합으로 나타냄
③ 기업이 시장을 통해 독립된 경로구성원과 거래하는 것보다, 유통경로와 관련된 활동을 직접 수행할 경우 기회비용을 절감할 수 있기 때문에 기업내부화(수직적 통합)가 이루어짐
④ 거래비용이 높아지는 경우
 ㉠ 거래 당사자 간 **정보의 비대칭성(밀집성)이 높은 경우** → 정보대칭성이 높은 경우(X)
 ㉡ 거래자의 수가 적은 경우
 ㉢ 거래환경의 불확실성이 높은 경우
 ㉣ 거래특유자산이 많고 수요변동이 큰 경우

012 유통경로 커버리지 정책

① 개방적(집중적) 유통경로(Intensive Channel Strategy)
 ㉠ 희망하는 소매점이면 누구나 자사의 상품을 취급할 수 있도록 하는 유통경로전략으로, 많은 경로구성원 이용으로 시장 노출 극대화
 ㉡ 장소의 편의성이 높게 요구되는 품목(담배, 음료, 과자류, 일용품 등 편의품)에 적용
② 전속적(배타적) 유통경로(Exclusive Channel Strategy)
 ㉠ 일정한 상권 내에 하나 또는 극소수의 제한된 소매점에 제품 유통 독점권을 부여하고 자사 상품만 취급하게 하는 유통경로전략
 ㉡ 주로 구매빈도가 낮고 비규칙적인 전문품(자동차, 고가구, 카메라 렌즈, 고급 의류, 보석, 특정 브랜드의 전자제품 등) 유통에 이용 → 주류 제조업체나 제약업체의 영업이 대부분 여기에 해당(X)
③ 선택적 유통경로(Selective Channel Strategy)
 ㉠ 개방적 유통경로와 전속적 유통경로의 중간적 형태
 ㉡ 주로 가구, 의류, 가전제품과 같은 선매품 유통에 이용
④ 다중 유통경로(Multi Channel Strategy) : 2개 이상의 유통경로를 동시에 사용하는 전략

013 유통경로의 길이(channel length)가 상대적으로 긴 제품

① **표준화된 경량품** → 비표준화된 전문품(X)
② 시장 진입과 탈퇴가 자유롭고 장기적 유통비용이 안정적인 제품
③ **구매빈도가 높고 규칙적인 제품** → 구매빈도가 낮고 비규칙적인 제품(X)
④ **생산자수가 많고 생산이 분산되어 있는 제품** → 생산자수가 적고 생산이 지역적으로 집중되어 있는 제품(X)
⑤ **기술적으로 단순한 제품** → 기술적으로 복잡한 제품(X)

014 유통산업의 환경 변화

① 우리나라 유통산업 환경 변화
  ㉠ 대형 유통업체의 성장 : 1996년 국내 유통시장 완전 개방으로 개방 가속화, 소비 트렌드 변화, 유통의 대형화·집중화·통합화, 규모의 경제, 기술혁신, 자사브랜드(PB) 개발
  ㉡ 소비자 변화 : 정보기술 발전으로 소비자의 소비방식 변화(모바일 판매 증가, 프로슈머 등장), 삶의 질 향상, 개성적 쇼핑형태 확산, 합리적 소비형태 확산, 쇼핑의 (시간적) 효율화 추구
  ㉢ 사회적 변화 : 1인 가구 증가, 여성 활동 증가, 고정된 성역할의 구분이 약해짐
② 새로운 유통모델
  ㉠ 옴니채널 : 온라인, 오프라인, 모바일 등 고객을 둘러싸고 있는 모든 쇼핑채널들을 유기적으로 연결해 고객이 다양한 경로를 넘나들며 상품검색과 구매가 가능하도록 돕는 쇼핑환경 제공
  ㉡ 풀필먼트 서비스 : 판매상품의 입고, 분류, 재고관리, 배송 등 **고객에게까지 도착하는 전 과정을 일괄처리하는 시스템**으로 다품종 소량 상품, 주문 빈도가 잦은 온라인 쇼핑몰에 적합 → 티케팅과 마킹은 점포에서 수행 (X)
  ㉢ 플랫폼 비즈니스 : 플랫폼 서비스의 모델을 통해 수익을 내는 모델(서비스 모델과 수익 모델의 결합)로, 플랫폼을 통해 사람과 사람, 사람과 사물을 연결하여 새로운 유형의 서비스 창출

015 앤소프(Ansoff, H. I.)의 성장전략

최상위 경영전략인 기업 수준의 경영전략으로 제품/시장 확장그리드를 이용한 성장전략 유형
① **시장침투전략** : 기존 제품-시장 전략을 유지하면서 기존 시장의 점유율을 확대하여 수익을 내는 전략
② **시장개발전략** : 회사의 기존 제품을 가지고 판매 지역 및 고객층 확대 등을 통해 새로운 시장을 개척하여 판매하는 전략
  └ 시장침투전략, 제품개발전략, 코스트절감전략, 철수전략(X)
③ **제품개발전략** : 회사의 기존 고객들에게 품목 다양화, 기존 제품 업그레이드 등의 신제품 출시를 통해 시장점유율을 높이는 전략
④ **다각화전략** : 완전히 새로운 제품을 새로운 시장에 판매하는 전략

016 규모의 경제와 범위의 경제

① **규모의 경제** : 생산량의 증가에 따라 단위당 생산비가 감소하는 현상
　└ 기업은 생산량을 증대하여 단위당 비용의 하락을 통해 이익을 얻을 수 있음(X)
② **범위의 경제** : 상이한 제품들에 공통적으로 투입되는 생산요소가 존재할 때, 동시생산을 함으로써 별개의 기업들이 각각의 상이한 제품들을 생산할 때보다 비용을 낮추는 시너지효과를 가져옴

017 글로벌 유통산업의 동향

① 무역장벽이 상대적으로 낮아져 유통시장 개방이 가속화되어 글로벌 경영이 증가함
② 소매업체들의 해외 신규출점이 증가하고, 대형업체 간 인수합병(M&A) 및 전략적 제휴를 통해 거대화를 도모하여 경쟁력을 강화함
③ 글로벌 기업들은 효율적인 운영을 위한 방안으로 각 시장마다의 특성이나 관련 국가규정 등을 분석하여 시장잠재성이 높은 신규시장 발굴을 위해 노력함
④ 대형유통업체들은 전자상거래 시장의 선점과 대규모 네트워크 구축을 추진함으로써 해외시장 진출확대를 통해 경쟁력을 강화하고 성장을 도모함

018 거시적·미시적 환경 요인

① **거시적 환경** : 사회 전체 모든 기업에 간접적·공통적으로 영향을 미치는 요인으로 기업이 통제할 수 없는 것
　└ 주요 거시환경 요인 : 인구통계적 환경, 경제적 환경, 자연적 환경, 기술적 환경, 문화적 환경, 정치적 환경
② **미시적 환경** : 경영활동에 직접적으로 영향을 미치는 산업환경(산업구조)으로 기업 생존에 직결되는 것
　└ 주요 미시환경 요인 : 경쟁자, 고객, 기업자신의 핵심역량, 공중 및 이해관계자, 협력자

019 포터(M. Porter)의 산업구조분석모형(5-force model)

① 포터는 산업의 경쟁구조에서 기업의 전략적 위치와 기업 전략은 산업 환경에 있는 '다섯 가지 세력'에 의해 결정되며, 각 요인들의 힘(영향력)이 강할수록 그 기업에 위협이 되고, 약할수록 기회가 된다고 봄
② **다섯 가지 세력** : 잠재적 시장 진입자의 위협, 구매자의 교섭력, 공급자의 교섭력, 기존 경쟁자 간의 경쟁 정도, **대체재의 위협** → 보완재의 위협(X)

020 수평적 경쟁과 수직적 경쟁

① **수평적 경쟁** : 할인점과 할인점 간의 경쟁, 백화점과 백화점 간의 경쟁 → 협력업자 경쟁(X)
② **수직적 경쟁** : 제조업자와 도매상 간의 경쟁
③ **수직적 마케팅 시스템 경쟁** : [제조업자-도매상-소매상]과 [제조업자-도매상-소매상]의 경쟁
④ **업태 간 경쟁** : 할인점과 편의점 간의 경쟁

021 수직적 통합 전략

① **전방통합** : 제품 흐름의 하류 시스템을 통합하는 방법으로, 마케팅 경로상 유통시스템에 대한 소유·통제를 강화
　└ 예 제조사가 도매상 및 소매상을 확보하거나 진출
② **후방통합** : 상류로 진출하는 통합방법으로, 마케팅 경로상 공급시스템에 대한 소유·통제를 강화
　└ 예 유통업체가 공급업체를 인수, 제조업체가 원료공급자를 통합
③ **수직적 통합의 장단점**

장 점	단 점
• 관련된 각종 기능 통제 가능 • 안정적인 원재료 공급효과 • 유통경로구성원에 대한 통제 용이	• 분업에 따른 전문화의 이점을 누리기 어려움 • 경우에 따라 비용구조 증가 • **조직 비대화로 관료화 문제 발생** 　└ 조직의 슬림화로 인해 구성원의 업무량이 증가함(X) • 유연성이 줄어들 수 있음

022 유통기업의 경영전략

　┌ 수직적, 수평적, 집중적, 복합적 다각화
① **다각화 전략**(Diversification Growth Strategy) : 기존의 제품이나 시장과는 완전히 다른 새로운 사업을 시작하거나 인수하는 전략
② **통합 성장 전략**(Integration Growth Strategy) : 가치사슬상에서 2개 이상의 가치 활동을 통합하여 수행하는 것으로 전방통합(하류 시스템을 통합)과 후방통합(상류로 진출)으로 구분
③ **아웃소싱 전략**(Outsourcing Strategy) : 자사의 핵심역량에 집중하면서 비핵심적이고 반복적인 프로세스를 분사 또는 외주 등의 방법을 통해 분리하여 기업가치를 제고하는 전략으로, 투자·고용비용 절감으로 획기적 비용 절감 가능
　　　　　　　　　　　　　　　　　　　　　　　　　　　└ 투자비용이 증가(X)
④ **전략적 제휴**(Strategic Alliance) : 경쟁·협력 관계의 기업 및 사업부 사이에 일시적으로 협력관계를 구축하는 것
⑤ **합작투자**(Joint Venture) : 시장 점유율 성장을 위해 둘 이상 개별기업에 의해 형성되는 기업형태
⑥ **인수합병전략** : 인수(Acquisitions, 하나의 기업이 다른 기업의 경영권을 얻는 것)와 합병(Merger, 둘 이상의 기업들이 하나의 기업으로 합쳐지는 것)이 결합된 개념

023 유통경로 성과를 평가하기 위한 척도(측정변수)

양적(정량적) 척도	질적(정성적) 척도
• 단위당 총 유통비용 • 악성부채(부실채권) 비율 • 판매예측의 정확성 • 새로운 세분시장 수 • 새로운 중간상들의 수와 비율 • 상품별·시장별 고객 재구매 비율 • 가격인하 비율 • 선적비용, 선적오류 비율 • 주문처리에서의 오류 횟수 • 손상된 상품비율 • 재고부족 방지비용 • 고객불평건수, 고객추천수	• 시장상황정보의 획득 가능성 • 기능적 중복수준 • 경로과업의 반복화 수준 • **브랜드 경쟁력** → 양적 척도(X) • 상표 내 경쟁의 정도 • **신기술의 독특성** → 양적 척도(X) • 경로통제능력 • 경로 내 혁신

024 조직구조의 유형

① 라인조직(Line organization) : 군대식 조직과 같이 상급자의 의사 및 명령이 하부에 직선적으로 전달되는 형태의 조직
  ↳ 명령이 통일되지 않아 전체 질서 관리가 혼란스러워지는 경우 발생(X)

② 라인-스태프 조직(직계·참모식 조직, Line & Staff organization) : **명령 전달 및 통제 기능은 라인(Line) 조직의 기능**을, 관리자 결점 보완에는 스태프(Staff) 부문의 기능을 분화하여 전문성을 강화한 조직유형

③ 직능식(기능적) 조직(Functional organization) : 조직 전체업무를 공동기능별로 부서화한 조직으로, **동일집단 구성원은 동일한 기술 소유** → 업무량에 따른 차별적 성과급제로 성과에 따른 보수 산정 용이

④ 사업부형 조직(Operating division) : 제품, 고객, 지역, 프로젝트 등을 기준으로 구성원들의 직무를 집단화하여 조직을 몇 개의 개별부서로 구분하고 독립된 경영을 하도록 하는 조직단위로, 많은 종류의 제품을 생산하는 대규모 조직에 효율적

⑤ 프로젝트 조직(Project organization) : 특정한 사업 목표를 달성하기 위해 해산을 전제로 조직 내의 인적·물적 자원을 임시적으로 결합하는 조직 형태. **사업부만의 목적 달성보다 기업 전체의 목적 달성에 더 관심을 기울임**
  ↳ 기업 전체 목적보다 사업부 목적 달성에 더 관심 (X)

⑥ 매트릭스 조직(Matrix organization) : 구성원이 종적으로는 기능조직에 속해 있으면서, 횡적으로는 프로젝트 조직에도 소속된 이중 명령체계의 조직

025 매슬로우(A. Maslow)의 욕구단계 이론

① 인간의 욕구는 계층적 단계로 구성되어 있으며, 하위욕구에서 상위욕구로 순차적으로 발현
② 발현 순서

제1단계(생리적 욕구)	의식주, 종족보존, 경제적 보상, 근무환경 등 최하위 단계의 욕구
제2단계(안전에 대한 욕구)	복지후생, 연금, 직업의 안정성 등 안전에 대한 욕구
제3단계(애정과 소속에 대한 욕구)	가정을 이루거나 친구를 사귀는 등 어떤 단체에 소속되어 애정을 주고받는 욕구
제4단계(자기존중의 욕구)	소속단체의 구성원으로 명예나 권력을 누리려는 욕구
제5단계(자아실현의 욕구)	자신의 재능과 잠재력을 충분히 발휘해서 자기가 이룰 수 있는 모든 것을 성취하려는 최고수준의 욕구

026 허즈버그(F. Herzberg)의 2 요인 이론

① 인간에게는 상호독립적인 두 종류의 욕구 범주가 존재한다는 이론
② 구 분 ─ 예 회사정책 및 지침, 관리·감독·통제, 상사와의 관계, 직무환경, 근무조건, 급여, 동료와의 관계, 개인 인생, 부하직원과의 관계, 신분의 안정, 작업장 안전
  ㉠ 위생요인(Hygiene factor, 직무불만족 요인) : 인간의 저차원적인 욕구를 충족시켜 주는 요인으로, 빨리 충족되고, 효과가 단기적이므로 동기부여법으로는 비효율적
          ─ 예 성취감, 우수한 업적에 대한 인정, 문제해결 지원, 일이나 직무 그 자체, 책임감, 승진, 개인의 발전
  ㉡ 동기요인(Motivation factor, 직무만족 요인) : 인간의 고차원적인 욕구를 충족시켜 주는 요인으로, 지속적 동기부여 효과를 갖고 있으므로 직무만족도 향상에 효과적

027 앨더퍼(C. Alderfer)의 ERG 이론

① 인간의 욕구를 존재욕구(E), 관계욕구(R), 성장욕구(G)의 세 단계로 축소 분류 ─ 맥클리란드의 세 가지 욕구(X)
② ERG이론

존재욕구(Existence)	• 배고픔, 갈증, 임금, 작업조건 등과 같은 기본적·물리적 욕구 • 매슬로우의 생리적욕구와 안전욕구에 해당
관계욕구(Relatedness)	• 직장에서 타인과의 대인관계, 가족, 친구 등과의 관계와 관련되는 모든 욕구 • 매슬로우의 안전욕구와 사회적 욕구, 그리고 자기존중욕구 일부 포함
성장욕구(Growth)	• 개인의 창조적 성장, 잠재력의 극대화 등과 관련된 모든 욕구 • 매슬로우의 자아실현 욕구와 자기존중 욕구에 해당

┌ 카리스마적 리더십과의 차이 : 카리스마적 리더십은 리더에 대한 추종자들의 개인적 일체화를 더 강조하나, 변혁적 리더십은 사람들의 인식을 변화시키는 데 중점을 둠

028 변혁적 리더십(Transformational leadership)

① 구성원들의 기본적 가치·믿음·태도 등을 변화시켜 조직의 기대보다 더 높은 성과를 스스로 추구하게 만드는 리더십, 변화에 능동적으로 적응
② 리더와 구성원은 공동의 목표를 추구하며, 리더는 구성원과 원활한 상호작용을 통해 구성원을 긍정적으로 변화시키고 성과 도출
③ 리더는 구성원에게 자신의 관심사를 조직발전 속에서 찾도록 영감을 불러일으키고 비전 제시

029 물류의 영역에 의한 기능의 분류

① **순물류** : 고객요구 충족을 위해 원산지부터 소비지까지 원자재, 재공품, 완성품 및 관련 정보 흐름을 가장 합리적인 비용으로 계획·실행·관리하는 프로세스
　└ 고려할 사항 : 포장의 표준화, 수송루트 최적화 도출, 협력업체와 공동화 추진, 파렛트 및 용기 등 규격화, 공차율 최소화, JIT 납품
　㉠ **조달물류** : 물자가 조달처에서 운송되어 매입자의 물자보관창고에 입고, 관리된 후 생산공정에 투입되기 직전까지의 물류활동
　㉡ **생산물류** : 자재창고에서의 출고작업부터 생산공정으로의 운반하역, 창고 입고 작업까지의 물류 활동
　　└ 고려할 사항 : 공정재고 최소화
　㉢ **판매물류** : 물류의 최종단계로 제품을 소비자에게 전달하는 일체의 수·배송활동
　　└ 고려할 사항 : 수·배송센터 설치, 수·배송효율화, 공동물류센터 구축 등
② **역물류** : 물류활동을 통해 소비자에게 전달된 제품이 고객에게 더 이상 필요로 하지 않는 상황 발생 시 제품을 회수하여 상태에 따라 최적으로 처리하는 프로세스
　└ 고려할 사항 : 주문예측 정밀도 향상으로 반품 감소 노력
　㉠ **반품물류** : 소비자에게 판매된 제품 혹은 제품 자체의 문제점(파손, 이상 등) 발생으로 인한 상품 교환·반품을 위한 물류활동
　㉡ **회수물류** : 제품·상품의 판매물류에 부수적으로 발생하는 빈 물류 용기를 회수하는 물류활동
　㉢ **폐기물류** : 파손 등으로 제품·용기 등이 기능을 수행할 수 없거나 기능수행 후 소멸되어야 할 상황일 때 이를 폐기하는 물류활동

030 채찍효과(bullwhip effect)

① 정의 : 제품에 대한 최종소비자의 수요 변동 폭은 크지 않지만, 소매상, 도매상, 제조업자, 원재료 공급업자 등 공급사슬을 거슬러 올라갈수록 변동 폭이 크게 확대되어 수요예측치와 실제판매량 사이의 차이가 커지는 현상
② 해결방안
  ㉠ 전략적 파트너십 : 공급사슬 내 정보 공유를 위해 많은 전략적 파트너십에 참여하여 공급망 관점의 재고관리 강화
  ㉡ 불확실성 최소화 : 공급망 전반에 걸쳐 수요정보를 중앙집중화하고 상호 공유하여 불확실성 최소화, S&OP(Sales and Operations Planning) 활용
  ㉢ 수요변동 최소화 : 가격안정화 정책 도입으로 가격 변동 폭을 줄임으로써 수요 변동 감소, 지나치게 잦은 할인행사 지양
  ㉣ 리드타임 단축 : EDI 활용 등으로 제품 공급 리드타임 단축
  ㉤ 공급체인 전반에 걸쳐 수요에 대한 정보의 집중화·공유화
    └ 공급체인의 각 단계에서 독립적인 수요예측을 행하는 것은 채찍효과가 발생하는 주요 원인

031 공급사슬관리(SCM) 관련 기법

① 칸반(Kanban) 시스템 : 낭비 제거와 효율성 극대화를 위해 적기·적시 방식으로 필요한 것을 필요한 때 필요한 만큼 생산
    └ 적시생산시스템, 재고조달방식
② QR(신속반응 시스템 ; Quick Response) : 고객이 원하는 시간·장소에 필요한 제품을 공급하기 위한 물류정보시스템으로, 수입의류 시장잠식에의 대응을 위해 미국 패션의류업계가 개발·도입
③ 공급자주도형재고관리(VMI ; Vendor Managed Inventory) : 생산자(공급자, 제조업체)가 주도적으로 소매업자와 상호 협의하여 소매업자 재고관리
④ POS시스템 : 판매장의 판매시점에서 발생하는 판매정보를 바코드와 스캐너를 이용하여 컴퓨터로 자동 처리하는 시스템
⑤ 지연전략(Postponement Strategy) : 제품 생산공정을 전공정과 후공정으로 나누고, 마지막까지 최대한 전 공정을 지연시키는 전략
  ㉠ 지리적 지연전략 : 가장 중요한 창고에 재고를 유지하며, 지역 유통업자들에게 고객 주문을 넘겨주거나 고객에게 직접 배송 ─ 예 전자기기 모듈을 공장에서 생산한 후 선박으로 미국이나 유럽에 보낸 후 현지에서 각국의 니즈에 맞게 조립
  ㉡ 제조(생산) 지연전략 : 제품을 완성하지 않고 범용 상태로 유지하다 주문접수 후 최종 완성
    └ 예 주문 이전에는 모든 스웨터를 하얀색으로 생산하고 주문 접수 후 수요에 맞는 염색을 하여 공급
  ㉢ 결합 지연전략 : 대부분의 부품을 표준화하여 대량생산하고, 고객 요청에 따라 최종 완성
    └ 예 컴퓨터를 유통센터에서 프린터, 웹캠 등 장치를 조립하거나 포장하는 것

032 고객서비스 원칙

① 3S 1L 원칙 : 물품을 신속하게(Speedy), 안전하게(Safely), 정확하게(Surely), 저렴하게(Low) 고객에게 공급한다는 원칙
  ─ 최고의 제품을 저렴한 가격으로 제공(X)   └ Smart(X)
② 7R 원칙 : 적절한 상품(Right Commodity), 적절한 품질(Right Quality), 적절한 수량(Right Quantity), 적절한 시기(Right Time), 적절한 장소(Right Place), 좋은 인상(Right Impression), 적정한 가격(Right Price)에 공급한다는 것을 의미

033 서비스 품질모형(SERVQUAL)의 5가지 차원
　　　　　└ 편의성(convience)(X)

① **신뢰성(Reliability)** : 약속된 서비스를 정확하고 일관성 있게 수행하는 능력
　└ 예 신속·정확한 수주정보 처리, 조달 리드타임 단축 등
② **확신성(Assurance)** : 전반적인 업무수행에 대한 확신을 주는 능력
　└ 예 서비스직원의 지식·예절 등
③ **유형성(Tangibles)** : 외관으로 확인 가능한 물리적인 구성(물적 구성의 외형)
　└ 예 서비스 시설·장비, 도구 등
④ **커뮤니케이션, 공감성(Empathy)** : 접근이 용이하고, 의사소통이 잘 되면서 소비자를 잘 이해하는 것
　└ 예 고객에 대한 배려·관심
⑤ **신속성, 응답성(Responsiveness)** : 고객의 요구에 신속하게 서비스를 제공하려는 의지
　└ 예 고객에 대한 신속한 반응 등

034 경제적 주문량(EOQ ; Economic Order Quantity)

① 기본가정
　㉠ 수량할인 없음
　㉡ 각 로트의 크기에 제약조건 없음
　㉢ 해당 품목의 수요가 일정하고 정확히 알려져 있음
　㉣ 입고량(주문량)은 일시에 입고
　㉤ 리드타임과 공급에 불확실성 없음
② 계산방법

$$EOQ = \sqrt{\frac{2 \times 주문당\ 소요비용 \times 연간\ 수요량}{연간\ 단위당\ 재고유지비용}}$$

035 JIT와 JIT-II 시스템의 차이점

구 분	JIT 시스템	JIT-II 시스템
공급 대상	부품과 원자재의 원활한 공급에 초점	부품, 원부자재, 설비공구, 일반자재 등 모든 분야 대상
시스템	개별적인 생산현장(plant floor)을 연결한 것	공급체인(supply chain)상 파트너의 연결과 그 프로세스를 변화시키는 시스템
주력 업무	자사 공장 내의 가치 없는 활동을 감소·제거하는 데 주력 └ JIT-II(X)	기업 간 중복업무와 가치 없는 활동을 감소·제거하는 데 주력 └ JIT(X)
생산방식	푸시(push)형인 MRP와 대비되는 풀(pull)형의 생산방식	JIT와 MRP를 동시에 수용할 수 있는 기업 간의 운영체제
물동량의 흐름	물동량의 흐름을 주된 개선대상으로 삼음	기술, 영업, 개발 동시화(synchronization)로 물동량의 흐름 강력히 통제

036 보관의 원칙

① **통로대면보관의 원칙** : 물품의 효율적인 운반 및 보관을 위하여 되도록 통로면에 보관해야 한다는 원칙
② **높이 쌓기의 원칙** : 컨테이너나 파렛트 등을 이용하여 높이 쌓으면 창고의 용적 효율을 향상시킬 수 있음
③ **선입선출의 원칙** : FIFO(First In First Out), 먼저 입고된 물품을 먼저 출고
④ **회전대응보관의 원칙** : 보관할 물품의 회전정도에 따라 보관장소를 결정
⑤ **동일성·유사성의 원칙** : 동일품종은 동일장소에 보관하고, 유사품은 가까운 장소에 보관
　└─ 통로대면보관의 원칙(X)
⑥ **중량특성의 원칙** : 중량에 따라 보관장소나 높낮이를 결정
⑦ **형상특성의 원칙** : 형상에 따라 보관방법을 결정
⑧ **위치표시의 원칙** : 보관품의 장소와 선반번호 등의 위치를 표시
⑨ **명료성의 원칙** : 시각적으로 보관품을 용이하게 식별할 수 있도록 보관
⑩ **네트워크 보관의 원칙** : 관련 품목을 한 장소에 모아서 보관

037 물류채산분석과 물류원가계산

구 분	물류채산분석	물류원가계산
계산목적	물류 활동에 대한 의사결정	물류 활동의 업적 평가
계산대상	특정의 개선안, 투자안	물류 업무의 전반
계산방식	상황에 따라 상이	항상 일정
계산시기	개선안의 전체나 특정 기간(의사결정 시 실시)	각 예산 시기별로 실시(월별, 분기별)
계산의 계속성	임시적으로 계산 ← 반복적으로 계산(X)	반복적으로 계산
할인계산의 유무	할인 계산함	할인 계산 안 함

038 물류아웃소싱의 장단점

장 점	단 점
• 전문물류업체 활용으로 물류정보시스템 개발 소요 인력·비용절감 • 분업의 원리를 통한 이익 발생 • 고정비용 감소로 획기적 비용절감효과 • 물류전문인력이 활용 가능하며, 물류서비스 수준 향상 • 핵심부분에 대한 집중력 강화	• 기업 기밀, 운영관련 노하우(Know-how) 유출 위험 • 외부 물류기능(리드타임, 수송, 창고비 등)에 대한 프로세스 통제권 **약화** 및 교섭력 약화　　　　　　　　　강화(X)┘ • 아웃소싱에 따른 부서 간 업무 이해상충 발생 • 자사물류에 비해 컴플레인 대처 미흡

039 이해관계자에 대한 기업윤리

└ 정부에 대한 책임(X)

① **사원** : 떳떳한 기업 구성원으로 헌신할 수 있도록 인간의 존엄을 바탕으로 한 자긍심과 비전을 심어주어야 함
　　└ 차별대우, 위험한 노동의 강요, 비윤리적 업무 지시, 사생활침해 금지
② **협력사** : 장기적으로 협조해야 할 상생의 관계
　　└ 부당한 반품, 리베이트 요구 금지
③ **고객** : 신의와 성실을 바탕으로 해야 함
　　└ 부당가격 책정, 허위·과대광고, 정보은폐, 유해·불량 상품 판매 금지
④ **주주(투자자, 자사)** : 투명한 경영 제시 및 운영 시 공평성·형평성 추구
　　└ 부당한 배당, 자금 횡령, 지나친 스톡옵션, 내부자 거래, 인위적 시장 및 시세 조작, 분식결산 등 금지
⑤ **경쟁자** : 공정한 경쟁을 기업가치로 삼아야 함
　　└ 카르텔, 뇌물, 불공정한 경쟁행위, 산업폐기물 수출입, 지구환경관련 규정 위반, 부당한 인재 스카우트, 기술 노하우 절도 금지
⑥ **지역사회** : 기업시민으로서의 가치이념 정립
　　└ 산업재해, 산업공해나 폐기물·오염물질의 불법투기, 분식회계 금지

040 기업의 사회적 책임

① **사회적 책임이 요구되는 이유** : 시장실패, 외부불경제효과(외부효과), 감시비용, 잔여손실, 대리인 문제, 환경과의 갈등, 기업의 영향력 증대
② **사회적 책임의 중요성**
　㉠ 기업의 사회적 책임의 중요성은 자주성의 요구와 기업 자체의 노력에 있음
　㉡ 기업의 사회적 책임의 중요성은 자유주의 발전에 근거를 두고 있음
　㉢ 사회적 책임의 중요성 내지 필요성은 권력-책임-균형의 법칙에 있음
　㉣ 기업의 사회적 책임은 기업이 당연히 지켜야 할 의무를 포함해, **이익을 사회에 공유, 환원하는 것도 포함함**
　　　└ 이익을 사회에 공유, 환원하는 것은 포함하지 않음(X)

제2과목 상권분석

041 상권(Trade Area)의 정의
① 한 점포 또는 점포 집단(집적의 상업시설)이 흡인(유인)할 수 있는 고객이 존재하는 권역으로 일정한 지역에서 재화와 용역의 유통이 이뤄지는 공간적 범위
② 상업활동을 가능하게 하는 지역 조건이 갖춰진 공간적 넓이로 행정구역과 일치하지 않는 경우가 많음
③ 실질 구매력을 갖춘 유효수요가 분포되어 있는 경제적 공간으로 그 형태는 정적이지 않고 **가변적** → 확정적(X)

042 상권의 유형(고객 흡인율, 판매자 측면)
① 1차 상권
  ㉠ 전체상권 중에서 점포에 가장 가까운 지역을 의미
  ㉡ 소비자의 밀도가 가장 높은 곳
  ㉢ 상대적으로 소비자의 충성도가 높으며 1인당 판매액이 가장 큰 핵심적인 지역
② 2차 상권 : 1차 상권을 둘러싸는 형태로 주변에 위치하여 매출이나 소비자의 일정비율을 추가로 흡인하는 지역
③ 3차 상권
  ㉠ 상권으로 인정하는 한계(fringe)가 되는 지역범위로, 많은 경우 지역적으로 넓게 분산되어 위치하여 소비자의 밀도가 가장 낮음
  ㉡ 상권 내 소비자의 내점빈도가 1차 상권에 비해 **낮기** 때문에 점포 매출액에서 차지하는 비중이 낮음
      └ 상권 내 소비자의 내점빈도가 1차 상권에 비해 높음(X)

043 상권의 유형(상권의 범위)
① 도심 상권
  ㉠ 중심업무지구(CBD)를 포함하며 상권의 범위가 넓고 소비자들의 평균 체류시간이 긺
  ㉡ 교통의 결절점으로 대중교통이 편리하나 전통적 도시의 경우에는 주차 문제 심각
② 부도심 상권
  ㉠ 도심 집중화의 감소를 위해 개발된 곳으로 보통 간선도로의 결절점이나 지하철, 철도 등 역세권을 중심으로 형성됨
  ㉡ 주로 공공·상업·업무시설 등이 입지하며, 도시 일부지역만을 상권 대상으로 하므로 **도시 전체의 소비자를 유인하지는 못함** → 도시 전체의 소비자를 유인(X)
③ **역세권 상권** : 지하철이나 철도역을 중심으로 형성되며 지상과 지하의 입체적 상권으로 **고밀도** 개발이 이루어지는 경우가 많음
      └ 저밀도(X)
④ **근린 상권** : 점포 인근 거주자들이 주요 소비자로 생활밀착형 업종의 점포들이 입지하는 경향이 있음
   └ 부도심 상권(X)

⑤ 주택가 상권 : 주거 기능을 위주로 이를 지원하는 일부 상업 기능 및 업무기능을 보완하는 데 필요한 지역인 준주거지역
⑥ 아파트 상권 : 고정고객의 비중이 높아 안정적인 수요 확보가 가능하지만, 외부와 단절되는 경우가 많아 <mark>외부고객을 유치하는 상권 확대 가능성이 낮은 편</mark> → 외부고객을 유치하기 쉬워서 상권 확대가능성이 높음(X)
⑦ 사무실(오피스) 상권 : 사무실 밀집 지역에 형성된 상권을 의미하며 주로 직장인을 상대하므로 구매 패턴이 일정하고 매출이 짧은 시간에 집중
⑧ 대학가 상권 : 대학교를 중심으로 형성되는 상권으로 대학생·청소년층이 주요 소비자
⑨ 포켓 상권 : 1차 상권을 기준으로 외부의 영향을 덜 받으면서 상권 내에서 자체적으로 소비활동이 왕성하게 일어나, 자체 상권으로서의 독립성향이 매우 강한 특성을 발휘하는 도로나 산, 강 등에 둘러싸인 상권

044 상권의 계층적 구조

① 지역 상권(GTA ; General Trading Area) : 가장 포괄적인 상권범위로서 '시' 또는 '군'을 포함하는 넓은 지역범위이며, 도시 간의 흡인범위가 성립하는 범위
② 지구 상권(DTA ; District Trading Area) : 집적된 상업시설이 갖는 상권의 범위로 '구'를 포함
③ 지점 상권(ITA ; Individual Trading Area) : '개별점포 상권'이라고도 하는데, 이는 개별점포가 갖는 상권의 범위
④ **상권의 크기별 구분 : 지역 상권 > 지구 상권 > 지점 상권** → 논리적 순서 : 광역지역 분석 - 지구상권 분석 - 개별점포 분석

045 상권 범위에 영향을 미치는 요인

① 동일 업종으로 형성된 상권이나 구매빈도가 낮은 업종일수록 넓은 상권을 갖는 것이 유리
② 교통이 좋은 곳이나 교통비가 저렴할수록 상권이 큼
③ 대형점일수록 상권이 큼
④ 지형지세가 낮거나 편평한 곳, 배후지가 깊은 곳, 세대수가 많은 곳일수록 유리
⑤ 상품 종류가 같은 점포들 중에서 차별화 전략을 추구하는 점포가 표준화 전략을 구하는 점포보다 상권 범위가 넓음
⑥ '편의품(대형마트) → 선매품(백화점) → 전문품(명품전문점)' 순으로 상권이 넓어짐
⑦ 상품구색이 유사할 때도 판촉·광고활동에 따라 점포 간 상권 범위가 달라짐
⑧ 공급 측면에서 비용 요인이 상대적으로 저렴할수록 상권 <mark>확대</mark> → 축소(X)

046 소매포화지수(IRS)와 시장성장잠재력지수(MEP)

① IRS는 현재시점의 상권 내 경쟁 강도를 측정
② MEP는 미래시점의 신규 수요를 창출할 수 있는 잠재력을 측정
③ IRS 값이 클수록 시장의 포화정도가 낮아 시장의 매력도는 높아지고 시장기회가 커지므로 신규점포 개설에 유리하다고 판단

④ MEP가 크다는 것은 해당 지역에서의 점포 부족으로 지역 주민들이 다른 지역에서 쇼핑한다는 것을 의미하므로 점포 출점 시 성공가능성이 높다고 판단할 수 있어 입지의 상권 매력성은 높아짐
⑤ MEP는 IRS의 단점을 보완해주는 지표로 사용
⑥ IRS와 MEP를 동시에 고려할 때에는 두 지수 값이 가장 큰 지역이 매력성이 가장 높은 지역임
⑦ IRS와 MEP 매트릭스

구분		MEP	
		낮음	높음
IRS	낮음	시장후보지로 가장 적절치 않으며, 검토대상이 되지 않음	현재 치열한 경쟁시장이나 향후 잠재력이 큰 유망한 시장이므로, 매출 쟁탈을 위한 적극적인 판매 노력이 요구되는 상황으로 시간을 두고 적절한 시기에 개발
	높음	시장의 포화정도가 낮아 기존 점포 간의 경쟁이 치열하지 않은 경우 신규점포 개설의 기회는 커 점포개설은 적합하지만 향후 잠재력은 작은 시장	기존 점포 간의 경쟁이 치열하지 않지만 기존 거주자들의 타 지역에서의 쇼핑 정도가 높아 시장확장 잠재력이 향상되는 상황으로 부지 가격만 적정하다면 시장 후보지로 아주 좋은 지역

047 구매력지수(BPI ; Buying Power Index)

① 판매점포의 입지선정과정에서 광역 또는 지역시장의 매력도를 비교분석할 때 특정지역의 개략적인 수요를 측정하기 위해 이용하는 지수
② BPI 표준공식

$$BPI = (인구비 \times 0.2) + (소매 매출액비 \times 0.3) + (유효구매 소득비 \times 0.5)$$
└ 가장 높은 가중치를 부여하는 변수

048 지리정보 시스템(GIS ; Geographic Information System)

① 개념 : 지리적 위치를 갖고 있는 대상에 대한 위치자료와 속성자료를 통합·관리하여 지도, 도표 및 그림들과 같은 여러 형태의 정보를 제공하는 정보시스템
② 특징
  ㉠ 주제도 작성, 공간 조회, 버퍼링을 통해 효과적인 상권분석 가능
  ㉡ 여러 겹의 지도레이어를 활용하여 상권의 중첩 표현
  ㉢ 매출 추정 과정을 시스템화하고, 이를 통해 매출액을 추정하는 상권측정 방법도 점차 확대
  ㉣ 대규모 점포의 입지선정뿐만 아니라 소규모 점포의 입지선정에도 활용가능성이 높음
    └ 백화점, 대형마트 등 대규모 점포의 입지선정 등에 활용될 수 있으나, 편의점 등 소규모 연쇄점의 입지선정이나 잠재고객 추정 등에는 활용가능성이 높지 않다(X)

049 GIS의 주요 용어

① **위상** : 지도 지능의 일종이며, 개별 지도 형상에 대해 경도와 위도 좌표체계를 기반으로 다른 지도 형상과 비교하여 상대적인 위치를 알 수 있는 기능
  └→ 버퍼(buffer)(X)
② **프레젠테이션 지도 작업** : 지도상에 지리적인 형상을 표현하고 데이터의 값과 범위를 지리적인 형상에 할당하고 지도를 확대·축소하는 기능
③ **주제도 작성** : 속성정보를 요약하여 표현한 지도를 작성하는 것이며, 면, 선, 점의 형상으로 구성
  └→ 버퍼(buffer)(X)
④ **데이터 및 공간 조회** : 지도상에서 데이터를 조회하여 표현하고, 특정 공간 기준을 만족시키는 지도를 얻기 위해 조회도구로써 지도를 사용하는 것
  └→ 데이터 및 공간조회(X)
⑤ **버퍼** : 점이나 선 또는 면으로부터 특정 거리 이내에 포함되는 영역을 의미하며, 면의 형태로 나타나 상권 혹은 영향권을 표현하는 데 사용될 수 있음

050 상권분석의 주요 목적

① 업종 선택 및 상권 범위 설정, 경쟁점포 파악
② 소매점의 매출 변화 및 적정 임차료 추정
③ 상권 내외부의 소비자를 상대로 하는 촉진활동의 초점 명확화
④ 소비자의 인구 통계적 특성들을 파악해 성공적인 소매전략을 수립
⑤ 다점포를 운영하는 체인업체가 특정상권 내에서 운영할 수 있는 적정 점포수를 파악하기 위한 입지할당모델로 활용

051 상권 단절 요인

① **자연지형물** : 하천, 공원 등
② **인공지형물** : 도로(6차선 이상), 철도
                  └→ 2차선(X)
③ **장애물 시설** : 쓰레기처리장, 학교, 병원
④ **C급지 분포 업종** : 카센터, 공작기계, 우유 대리점, 가구점, 표구점, 기타 기술 위주 업종
⑤ **기타** : 주유소, 공용주차장, 은행 등

┌─ 서술적 방법에 따른 신규점포 상권·입지분석 : 체크리스트법, 유추법, 현지조사법, 비율법

052 체크리스트법

① 개념 : 경험적 데이터인 상권의 규모에 영향을 미치는 요인들을 수집하여 이들에 대한 평가를 통하여 시장잠재력을 측정하는 것
② 장단점

장 점	단 점
• 이해하기 쉽고 사용하기 쉬움 • 유연성이 있음 • 상대적으로 적은 비용과 시간 • 매력도 파악 가능	• 주관적인 분석이 될 수 있음 • 변수 선정에 따라 다양한 해석 도출 • 매출액이나 상권의 공간적 경계(범위)를 추정하는 데는 도움을 주지 못함 └─ 예상 매출액 추정 가능(X) • 서로 다른 영향 요소 간의 상호작용 효과를 파악할 수 없음

053 애플바움(W. Applebaum)의 유추법

① 개 념
  ㉠ 신규점포와 특성이 비슷한 기존의 유사점포를 선정하여 분석 담당자의 객관적 판단을 토대로 그 점포의 상권 범위를 추정한 결과를 자사 점포의 신규 입지에서의 매출액을 측정하는 데 이용(신규점포와 점포 특성, 고객의 쇼핑패턴, 고객의 사회·경제·인구통계적 특성에서 유사한 기존 점포를 선정)
    └─ 유사점포는 신규점포와 동일한 상권 안에서 영업하고 있는 점포 중에서만 선택해야 함(X)
  ㉡ 상권 규모는 자사 점포를 이용하는 고객들의 거주지를 지도상에 표시한 후 자사 점포를 중심으로 서로 다른 거리의 동심원을 그려 파악하는 CST Map 기법을 이용하여 상권의 규모를 측정
② CST(Customer Spotting Technique) Map 기법 : 설문이나 CRM을 통해 실제 점포이용고객의 주소지를 파악한 후 직접 도면에 표시하여 Quadrat Analysis를 실시한 후 대상지 인근의 토지이용현황, 지형, 지세 등을 고려하여 상권을 파악하는 기법

┌─ 규범적 방법에 따른 신규점포 상권·입지분석 : 중심지 이론, 소매중력(인력) 법칙, 컨버스 법칙

054 레일리(W. Reilly)의 소매인력 법칙

① 점포들의 밀집도가 점포의 매력도를 증가시키는 경향이 있음을 나타내는 법칙으로, 이웃도시 간의 상권 경계를 결정하는 데 주로 이용
② 두 경쟁도시가 그 중간에 있는 소도시의 거주자들을 끌어들일 수 있는 상권의 규모는 두 도시의 크기(인구수)에 비례하고, 각 도시와 중간 도시 간의 거리의 제곱에 반비례(많은 인구를 가진 도시가 더 많은 쇼핑 기회를 제공할 가능성이 크므로 먼 거리에 있는 고객도 흡인할 수 있음) ─ 대도시 A, B 사이의 분기점(X)
③ 대도시 A, B 사이에 위치하는 중소도시 C가 있을 때 A, B가 C로부터 끌어들일 수 있는 상권규모를 분석하기 위해 필요한 정보 : 중소도시 C에서 대도시 A까지의 거리, 중소도시 C에서 대도시 B까지의 거리, 중소도시 C의 인구, 대도시 A의 인구, 대도시 B의 인구

055 컨버스(Converse)의 수정 소매인력 이론(분기점 모형)

① 개념 : 컨버스는 두 도시 사이의 거래가 분기되는 중간지점(분기점)의 정확한 위치를 결정하기 위해 레일리의 소매인력 법칙을 수정하여 거리-감소함수를 도출함(상권의 공간적 경계 파악) → 레일리의 소매인력 법칙(X)
② 컨버스의 제1법칙 : 경쟁도시인 A와 B에 대해서 어느 도시로 소비자가 상품을 구매하러 갈 것인가에 대한 상권 분기점을 찾아내는 것으로, 주로 선매품과 전문품에 적용
③ 컨버스의 제2법칙 : 소비자가 소매점포에서 지출하는 금액이 거주 도시와 경쟁 도시 중 어느 지역으로 흡수되는가에 대한 것

056 크리스탈러(W. Christaller)의 중심지 이론

① 기본 가정
  ㉠ 지표공간은 끝이 없는 등방성의 평지로 되어 있고, 한 지역 내의 교통수단은 오직 하나이며, 운송비는 거리에 비례함
  ㉡ 인구는 공간상에 균일하게 분포되어 있고, 주민의 구매력과 소비행태는 동일
  ㉢ 인간은 합리적인 사고에 따라 의사결정을 하며, 최소의 비용과 최대의 이익을 추구하는 경제인(Economic Man)임
  ㉣ 소비자들의 구매형태는 획일적이며, 유사점포들 중 가장 가까운 곳을 선택한다고 가정
  ㉤ 여러 상권이 존재하는 경우 상권중심지를 거점으로 배후 상권이 다른 상권과 겹치지 않음

② 개 념
  ㉠ 중심지 : 배후지의 거주자들에게 재화와 서비스를 제공하는 상업기능이 밀집된 장소
  ㉡ 배후지 : 중심지에 의해 서비스를 제공받는 주변지역으로서 구매력이 균등하게 분포하고 끝이 없이 동질적인 평지라고 가정
  ㉢ 도달범위 : 중심지 활동이 제공되는 공간적 한계를 말하는데 중심지로부터 어느 재화에 대한 수요가 0이 되는 곳까지의 거리
  ㉣ **최대도달거리(도달범위)** : 중심지에서 제공되는 상품의 가격과 소비자가 그것을 구입하는 데 드는 교통비에 의해 결정 → 최대도달거리가 최소수요충족거리보다 커야 상업시설이 입지할 수 있음
  ㉤ **최소수요충족거리** : 상업중심지의 정상이윤 확보에 필요한 최소한의 수요를 발생시키는 상권범위
    → 최대수요충족거리(X)

057 티센다각형(Thiessen Ploygons) 모형

① 공간독점접근법에 기반한 상권 구획모형의 일종
② 소비자들이 가장 가까운 소매시설을 이용하고, 소매 점포들이 규모나 매력도에 있어서 유사하다고 가정
③ 티센다각형의 크기는 경쟁수준과 **부의 관계**를 가짐
    → 정의 관계(X)
④ 신규점포의 입지가능성을 판단하기 위한 상권범위 예측에 사용 가능

┌─ 확률적 방법에 따른 신규점포 상권·입지분석 : 허프 모델, MNL(Multinomial Logit), MCI 모델

058 루스(R. D. Luce)의 선택적 공리 이론

① 신규점포의 매출액 및 상권 범위를 예측하고, 점포 성과(매출액)와 소매 환경변수 간의 관계를 확률적인 관계로 가정하여 분석하는 확률적 모형으로, 특정 점포의 효용이나 매력도가 높을수록 그 점포가 선택될 확률이 높아진다고 가정
② 어떤 대안이 선택될 확률은 그 대안이 갖는 효용을 전체 선택 대안들이 가지는 효용의 총합으로 나눈 값과 같다고 봄
③ Huff 모형, 수정 Huff 모형, MCI 모형, MNL 모형 등은 확률적 상권분석 기법들에서 이론적 근거로 활용하고 있는 루스의 선택공리와 관련이 있음

059 허프(Huff)의 확률 모델

점포이미지 등 다양한 변수를 반영(X)

① Huff 모델은 소비자의 구매행태를 거리와 매장면적이라는 두 가지 변수로만 설명한 모형으로서 소비자가 점포를 선택함에 있어서 고려되는 다양한 요인들을 반영하지 못한다는 한계가 있음
② Huff 모델은 특정 점포의 효용이나 매력도가 높을수록 그 점포가 선택될 확률이 높아진다고 가정
   └ 개별점포의 상권이 공간상에서 단절되어 단속적이며 타점포 상권과 중복되지 않는다고 가정(X)
③ 개별 소비자들의 점포선택행동을 **확률적 방법으로 분석** ← 기술적 방법(descriptive method)으로 분석(X)
④ 특정 점포가 끌어들일 수 있는 소비자 점유율은 점포까지의 방문거리에 반비례한다고 가정 → 점포별 점유율은 추정하지 못함(X)
⑤ 각 소비자의 거주지와 점포까지의 물리적 거리는 이동시간으로 대체하여 분석하기도 함

060 수정 허프 모델

① 특 성
   ㉠ 실무적 편의를 위해 점포면적과 거리에 대한 민감도를 따로 추정하지 않음
   ㉡ 점포면적과 이동거리에 대한 소비자의 민감도는 '1'과 '-2'로 고정하여 인식
   ㉢ Huff 모델과 같이 점포면적과 점포까지의 거리 두 변수만으로 소비자들의 점포 선택확률을 추정 가능
   ㉣ 점포매력도가 점포크기 이외에 취급상품의 가격, 판매원의 서비스, 소비자의 구매행동 등 다른 요인들로부터 영향을 받을 수 있다는 점을 고려하지 않음 ← 소비자의 개별별 구매행동 데이터를 활용하여 예측의 정확도를 높임(X)
   ㉤ Huff 모델보다 정확도는 낮을 수 있지만, 일반화하여 쉽게 적용하고 대략적 추정을 가능하게 한 것
② 계산공식

$$P_{ij} = \frac{\dfrac{S_j}{D_{ij}^2}}{\sum_{j=1}^{n} \dfrac{S_j}{D_{ij}^2}}$$

- P_{ij} = i지점의 소비자가 j상업 집적에 가는 확률
- S_j = j상업 집적의 매장면적
- D_{ij} = i지점에서 j까지의 거리

061 회귀분석

① 회귀분석은 <mark>2개 이상의 정량적 변수</mark> 간의 관계를 이용하여 나머지 다른 변수들로부터 하나의 변수를 예측하는 통계적 기법
　└ 독립변수가 하나면 단순회귀분석, 2개 이상이면 다중회귀분석
② 소매점포의 성과에 영향을 미치는 다양한 요소들의 상대적 중요도를 파악 가능
③ 점포성과에 영향을 미치는 영향변수에는 상권 내 경쟁수준과 점포의 입지특성이 포함될 수 있음
④ 표본이 되는 점포의 수가 충분하지 않으면 회귀분석 결과의 신뢰성이 낮아질 수 있음
⑤ 독립변수와 종속변수 간의 상관관계를 분석해야 하므로 <mark>독립변수 상호 간에는 상관관계, 즉 서로 관련성이 없어야 함</mark>
　└ 분석에 포함되는 여러 독립변수들끼리는 서로 관련성이 높을수록 좋음(X)

062 상권과 입지의 비교

구 분	상 권	입 지
개념	• 다수 점포의 집단이 존재하는 지역 → 상권은 범위로 비유해 표현 • 점포를 경영하기 위해 선택한 장소 또는 그 장소를 결정하는 행위	지점(점포)이 소재하고 있는 위치적 조건 └ 입지는 지점으로 비유해 표현
물리적 특성	역세권, 대학가, 아파트단지, 시내 중심가, 먹자골목 등의 비물리적인 상거래 활동공간	교통편의, 도로변, 평지, 상업시설, 주차시설 등 물리적 시설
등급	1차 상권, 2차 상권, 3차 상권(한계상권)	1급지(상급지), 2급지(중급지), 3급지(하급지)
분석 방법	업종 경쟁력 분석, 구매력 분석	점포 분석, 통행량 분석
평가 기준 및 항목	경쟁점포의 수, 소비자의 분포 범위, 점포 유효수요의 분포 공간 등 └ 점포의 면적, 층수, 교통망(X)	점포 면적, 형태, 층수, 층고, 주차장, 도로와 교통망, 임대 조건, 가시성 등 → 주변 거주인구, 유동인구, 경쟁점포의 수(X)

063 소매점의 입지

① 소매점은 입지에 따라 매출과 이익이 좌우되기 때문에 점포의 위치는 사업의 성공 여부에 중요한 역할을 함
② 입지 선정의 평가 작업에 있어서 접근성, 현재 및 미래의 수익성에 대한 평가 작업 이외에도 시장 규모의 확장 가능성, 스스로가 속한 유통 단지의 매출액 성장 가능성 및 자사 매장의 매출액이 성장할 가능성에 대한 예상이 중요
　└ 행정구역의 경계(X)
③ **소매점의 입지결정 요인** : 잠재적 고객의 수(주택단지의 분포), 도시의 발전(산업의 종류 및 인구변동 추이), 주민의 구매력, 부의 분산(주택 소유 비율, 자동차 보유 여부, 가정의 형태와 종류 등), 경쟁점의 수(소매단지의 분포), 제반 법령과 제도, 소매상권의 계층화 정도, 시계성(視界性) 등
④ **고객유도시설** : 고객의 접근성을 높여 매출 증대에 기여하는 시설

도시형	지하철역, 철도역, 버스정류장, 버스터미널 등
교외형	인터체인지, 대형 레저시설 등 └ 도시형(X)
인스토어형	주차장 출입구, 푸드코트, 주 출입구, 에스컬레이터, 엘리베이터 등

064 페터(R. M. Petter)의 공간균배원리

① 유사상품을 취급하는 점포들이 서로 도심에 인접해 있어 점포 간에 경쟁이 일어날 경우, 시장의 크기와 수요의 교통비 탄력성에 따라 자신에게 유리한 형태로 점포 사이의 공간을 균등하게 나누게 된다는 이론
② 상권 내 소비자의 동질성과 균질분포를 가정해 경쟁점포들 사이의 상권분배 결과를 설명
③ 시장이 좁고 수요의 교통비 탄력성이 적으면 집심입지현상이 나타나고, 시장이 넓고 수요의 교통비 탄력성이 크면 분산입지현상이 나타남

065 공간균배원리에 따른 점포 유형

① **집심성 점포** : 도시 전체를 배후지로 하여 배후지의 중심부에 입지하여야 유리한 점포로 도시 중심 상업지역이 가장 좋은 입지
　　→ 예 도매상, 대형백화점, 고급 고가품점, 고급음식점, 대형서점, 귀금속점, 대형영화관, 의류 패션전문점
② **집재성 점포** : 동일한 업종의 점포가 한 곳에 모여 입지해야 하는 점포
　　→ 예 선매품점, 가구점, 먹자골목, 약재시장, 은행, 보험회사, 관공서, 사무실
③ **산재성 점포** : 한 곳에 집재하면 서로 불리하기 때문에 분산 입지해야 하는 점포
　　→ 예 편의품점, 소매점포, 잡화점, 주방용품점, 이발소, 목욕탕, 세탁소
④ **국부적 집중성 점포** : 동업종의 점포끼리 특정 지역의 국부적 중심지에 집중적으로 입지하여야 유리한 점포
　　→ 예 부피가 큰 선매품의 소매점, 컴퓨터 부품점, 기계공구점, 철공소, 농기구점, 비료상, 종묘판매상, 화훼도매상

066 백화점(대형점)

① 전통적인 중심상업지역에서 독자적으로 유동인구를 창출함으로써 고객흡인력을 가진 중요한 핵심 선도 업태의 역할을 하고 있으며, 나아가 전통적인 도심지 중심상업지역뿐만 아니라 신생 부도심지 중심상업지역에서도 목적 점포의 역할을 하는 핵심 업태
② 상품구색을 종합화하여 원스톱 쇼핑의 공간을 제공 → 원스톱 쇼핑보다 한 품목에 집중해야 함(X)
③ 입지를 선정할 때는 유동인구와 거주인구 요인이 가장 중요한 요인

067 도심 입지(CBD ; Central Business District)

① 전통적인 도심 상업지역으로 복잡하게 조성되어 있으며, 어느 곳에서든지 사람들이 유입되는 접근성이 좋은 지역
② 고급 백화점, 고급 전문점, 은행 등이 입지하고 있는 전통적인 상업 집적지로, 다양한 분야에 걸쳐 고객흡인력을 지님
③ 도심 재생
　㉠ 도시가 성장하며 인구가 유입되어 도심에 중심상업지구 또는 상점가가 발전
　㉡ 도심 혼잡으로 인해 도심 인구가 교외로 이주하고 교외 지역에 쇼핑센터들이 활성화
　㉢ 도심 활성화를 위한 도심 재생(둥지내몰림 또는 젠트리피케이션) 활동이 시작
　　→ 임대료 상승으로 인해 다양한 소규모 근린상점들이 떠나는 현상

068 쇼핑센터의 주요 공간구성 요소

① **결절점(Node)** : 교차하는 통로의 접합점으로 원형의 광장, 전이 공간, 이벤트 장소가 되는 곳
② **보이드(Void)** : 홀이나 계단 등 주변에 동선이 집중하는 공간에 설치하는 오픈 스페이스
③ **데크(Deck)** : 하나의 열린 공간으로 상업시설에 도입시킬 수 있으며, 여유 및 휴식공간의 창출로 상가의 가치를 높여 줄 수 있음
④ **구역(District)** : 공간과 공간을 분리하여 영역성을 부여
⑤ **에지(Edge)** : 경계선이며 건물에서 꺾이는 부분에 해당
⑥ **지표(Landmark)** : 길 찾기를 위한 방향성 제공
  └ 선큰(X)
⑦ **선큰(Sunken)** : 지하 진입부가 외부와 연결되어 지하공간의 쾌적성과 접근성을 높임

― 테넌트믹스 프로세스 : 업태 믹스 → 업종 믹스 → 테넌트 믹스 → 아이템 믹스

069 테넌트(Tenant)

① **개념** : 상업시설의 일정한 공간을 임대하는 계약을 체결하고, 해당 상업시설에 입점하여 영업을 하는 임차인(임차점포)
② **유형**
  ㉠ **트래픽 풀러(Traffic Puller)** : 원래는 백화점을 일컫는 말이었지만 최근에는 소극장, 극장, 음식점 등과 같이 흡인력이 크고 시설의 이미지 형성에 도움을 주는 점포를 뜻함
  ㉡ **일반 테넌트(General Tenant)** : 트래픽 풀러가 흡인시킨 고객을 수용하기 때문에 트래픽 유저로 불리기도 함
  ㉢ **앵커 테넌트(Anchor Tenant)** : 어떤 상권을 대표하는 상징적인 점포나 대형상가의 중심이 되는 핵심점포로 유통센터나 대형점포, 브랜드 인지도가 높은 점포, 그 지역의 상권 내 가장 번화한 점포인 핵점포가 해당됨

070 넬슨(R. L. Nelson)의 입지 매력도 평가원칙

① **고객차단 원칙** : 사무실 밀집 지역, 쇼핑지역 등은 고객이 특정 지역에서 타 지역으로 이동 시 점포를 방문하게 함
② **동반유인 원칙** : 유사 또는 보충적인 소매업이 흩어진 것보다 군집해서 더 큰 유인잠재력을 갖게 함
③ **보충가능성 원칙** : 두 개의 사업이 고객을 서로 교환할 수 있을 정도로 인접한 지역에 위치하면 매출액이 높아짐
④ **점포밀집 원칙** : 지나치게 유사한 점포나 보충 가능한 점포는 밀집하면 매출액 감소
⑤ **접근가능성 원칙** : 지리적으로 인접하거나 교통이 편리하면 매출 증대

071 넬슨의 8가지 소매입지 선정원칙

① **경합의 최소성(경쟁 회피성)** : 해당 점포와 경쟁관계에 있는 점포의 수가 가장 적은 장소를 선택하는 것이 유리함
② **상권의 잠재력** : 판매하려는 상품이 차지할 시장점유율을 예측하고 점포개설 비용을 파악하여 분석한 종합적 수익성이 높은 곳이 유리함
③ **양립성** : 상호보완관계에 있는 점포가 서로 인접해 있어서 고객의 흡인력을 높일 수 있는 가능성에 대한 검토
  └ 업종이 같은 점포가 인접해서 상호보완관계를 통해 매출을 향상시킬 수 있음(X)

④ **고객의 중간유인 가능성** : 고객이 상업지역에 들어가는 동선의 중간에 위치하여 고객을 중간에서 차단할 수 있는 입지가 유리함
⑤ **집적 흡인력** : 집재성 점포의 경우 유사한 업종이 서로 한 곳에 입지하여 고객흡인력을 공유하는 것이 유리함
⑥ **성장가능성** : 인구 증가와 소득수준의 향상으로 시장규모나 선택한 사업장, 유통 상권의 매출액이 성장할 가능성에 대한 검토
⑦ **경쟁회피성** : 경쟁점의 입지, 규모, 형태 등을 감안하여 예비창업자의 사업장이 기존 점포와의 경쟁에서 우위를 확보할 수 있는 가능성 및 향후 신규경쟁점이 입점함으로써 창업할 사업장에 미칠 영향력의 정도를 파악하기 위한 방법
⑧ **경제성** : 입지의 가격 및 비용 등으로 인한 수익성과 생산성의 정도에 관한 검토

072 점포의 입지 조건 평가

① 점포면적이 매출에 영향을 미치기는 하지만 **일정 크기를 넘으면 점포의 면적이 증가해도 매출은 더 이상 효율적으로 증가하지 않음** ← 점포면적이 커지면 매출도 증가하는 경향이 있어 점포규모가 클수록 좋음(X)
② 건축선 후퇴로 인해 앞 건물에 가려져 보이지 않는 경우도 발생하므로 건축선 후퇴는 직접적으로 가시성에 **부정적인** 영향을 미침   긍정적(X)
③ 점포 출입구 부근에 단차가 없으면 사람과 물품의 출입이 용이하여 좋음
          정사각형(X)
④ 점포의 구조적 형태가 **직사각형**이면 공간을 효율적으로 활용 못 하는 데드 스페이스의 발생 가능성이 적어 집기나 진열 선반 등을 효율적으로 배치하기 쉬움
⑤ 주변을 지나는 유동인구의 수보다는 인구특성과 이동방향 및 목적 등이 더 중요

073 입지영향인자 ; 접근성

적응형 입지	• 거리에서 통행하는 유동인구에 의해 영업이 좌우됨 ← 지역주민들이 주로 이용함(X) • 출입구, 시설물, 계단, 가시성 등 도보자의 접근성을 우선 고려 • 대중교통시설과 근접하면 좋으며, 최적 입지는 차 없는 거리임
목적형 입지	• 단순히 유동인구에 의존하기보다는 상권 자체의 고객 창출 능력에 의해 고객이 유입되는 입지 유형 • 차량이 접근하기 쉬워야 하므로, 주 도로에서 접근이 쉽고, 주차장이 크고 편리성이 있어야 함
생활형 입지	• 지역주민들이 주로 이용하는 유형으로, 도보나 차량을 모두 흡수할 수 있어야 함 └ 동일 업종끼리 한 곳에 집단적으로 입지하는 것이 유리(X) • 주차시설도 갖추고 도보객의 접근도 유리한 지역에 출점해야 함
산재성 입지	동일 업종끼리 모여 있으면 불리한 입지 유형 ← 유동인구에 의해 영업이 좌우(X)
집재성 입지	점포들이 모여 집적 효과를 거둠 ← 동일 업종끼리 모여 있으면 불리함(X)

074 입지영향인자 ; 동선

① **개념** : 고객들의 이동 궤적으로, 사람들이 집중하는 자석(anchor)과 자석을 연결하는 흐름
② **유 형**

주동선	• **자석과 자석을 잇는 가장 기본이 되는 선** → 화물차 통행이 많은 도로는 자석과 자석을 연결하는 동선상에 있다고 할 수 있음(X) • 인스토어형과 고객의 내점 수단이 도보인 경우 주 출입구에서 에스컬레이터까지가 주동선
부동선	• **주동선 이외에 사람들이 통행하는 뒷골목 같은 동선** → 복수의 자석이 있는 경우의 동선을 부동선이라 함(X) • 경제적 사정으로 많은 자금이 필요한 주동선에 입지하기 어려운 점포는 부동선을 중시
접근동선	동선으로 접근할 수 있는 동선
복수동선	복수의 자석이 있는 경우의 동선

075 동선의 심리법칙

① **최단거리실현의 법칙** : 인간은 최단거리로 목적지에 가려는 심리가 있기 때문에 안쪽 동선이라고 하는 뒷길이 발생한다는 법칙
② **보증실현의 법칙** : 인간은 먼저 득을 얻는 쪽을 택하기 때문에 길을 건널 때에도 최초로 만나는 횡단보도를 이용하려는 경향이 있다는 법칙
　└─ 예 사람들은 점포가 눈앞에 보여도 간선도로를 횡단해야 하는 경우 그 점포에 접근하지 않으려는 경향을 보임
③ **안전추구(중시)의 법칙** : 인간은 본능적으로 위험하거나 모르는 길 또는 다른 사람이 잘 가지 않는 장소에는 가려고 하지 않는 심리가 있다는 법칙
④ **집합의 법칙** : 대부분의 사람들은 군중 심리에 의해 사람이 모여 있는 곳에 모인다는 법칙

076 상권 내 경쟁구조분석에 포함될 내용

① **업태 내 경쟁구조** : 유사 상품을 판매하는 서로 동일한 형태의 소매업체 간 경쟁구조 분석
　└─ 백화점, 할인점, SSM, 재래시장 상호 간의 경쟁관계(X)
② **업태 간 경쟁구조** : 유사 상품을 판매하는 서로 상이한 형태의 소매업체 간 경쟁구조 분석
　└─ 동일 상권 내 편의점들 간의 경쟁관계(X)
③ **위계별 경쟁구조** : 도심, 부심, 지역 중심, 지구 중심의 업종을 파악 · 분석
　└─ 근접한 동종점포 간 보완 및 경쟁관계(X)
④ **잠재적 경쟁구조** : 신규 소매업 진출 예정 사업체 및 업종의 파악 · 분석
　└─ 상권 내 진입 가능한 잠재경쟁자와의 경쟁관계(X)
⑤ **경쟁 · 보완관계** : 단골고객의 선호도 조사, 고객의 특성 및 쇼핑경향 분석, 연령 · 소득 · 직업 등 인구통계학적 특성, 문화 · 사회적 특성의 파악 · 분석

077 권리금

① 점포임대차와 관련해 임차인이 누리게 될 장소 또는 영업상의 이익에 대한 대가로 임차보증금과는 별도로 지급되는 금전적 대가 └ 보증금의 일부(X)
② 상가의 위치, 영업상의 노하우, 시설 및 비품 등과 같은 다양한 유무형의 재산적 가치에 대한 양도 또는 이용에 대한 대가로 지급하는 금전
③ 권리금을 일정 기간 안에 회복할 수 있는 수익성이 확보될 수 있는지를 검토해야 함
④ 신축건물에도 바닥권리금이라는 것이 있는데, 이는 주변 상권의 강점을 반영하는 것이라고 볼 수 있음
⑤ 권리금이 보증금보다 많은 경우가 발생하기도 함

078 점포 개점 및 출점 시 고려 사항

① 경쟁관계에 있는 다른 점포의 규모나 위치도 충분히 검토
② 상품의 종류에 따라 소비자의 이동거리에 대한 저항감이 다르기 때문에 상권의 범위도 달라짐
③ 개점으로 인해 인접 주민의 민원제기나 저항이 일어날 부분이 있는지 검토
④ 상권 내 구매력 계산, 유사지역과의 비교 등을 통해 점포의 적정 규모를 산출하고, 법적 가능 면적 및 동원 가능한 자금을 고려해 최종적인 규모를 확정 → 점포의 규모를 키울수록 규모의 경제 효과는 커지기에 최대규모를 지향(X)
⑤ 점포는 단순히 하나의 물리적 시설이 아니고 소비자들의 생활과 직결되며, 라이프스타일에도 영향을 미침

제3과목 유통마케팅

079 시장세분화의 요건

① 측정가능성(Measurability) : 세분화된 시장의 크기나 규모, 구매력의 정도가 측정 가능해야 함
② 접근가능성(Accessibility) : 상품, 서비스에 대한 기업의 메시지가 세분시장에 효과적으로 도달할 수 있어야 함
③ 유지가능성(Sustainability) : 세분화된 시장의 규모가 적정하여 수익이 발생할 만큼 충분한 규모를 가져야 함
④ 실행가능성(Actionability) : 세분화된 시장의 고객들에게 매력적이고 고객 욕구에 부응할 수 있는 효과적인 마케팅 프로그램의 계획·실행이 가능해야 함
⑤ 경쟁성(Competitiveness) : 경쟁사 대비 확실한 경쟁우위 필요
⑥ 이질성(Differentiability) : 세분시장 내의 구성원은 동질성을 보여야 하고, 다른 세분시장 구성원과는 이질성을 보여야 함
　└ 자사가 세분화된 시장에서 높은 경쟁우위를 갖고 있어야 함(X)

080 시장세분화의 기준

세분화 유형	변 수	특 징
인구통계적 세분화	성별, 연령, 직업, 소득수준, 가족규모 등	측정이 용이하므로 보편적으로 사용
지리적 세분화	국가, 지역, 군, 도시, 인구밀도, 기후 등	타 기준보다 시장 구분이 편리하며 지역 특성에 따른 현지화 전략이 필요할 때 사용하면 효과적임
심리묘사적 세분화	라이프스타일, 개성, 성격, 가치 등	인구통계상으로는 동일한 집단에 속해 있더라도 상이할 수 있음
행동분석적 세분화	제품·서비스 추구 편익, 상표충성도, 사용상황, 사용률, 구매 성향 등	제품이나 제품 속성에 대한 소비자의 태도나 반응에 따라 시장을 구분

081 시장표적화 전략

① 비차별적 마케팅 : 세분시장 간의 차이를 무시하고 단일제품이나 서비스로 전체 시장을 공략하는 전략
② 차별적 마케팅 : 여러 개의 표적시장을 선정하고 각각의 표적시장에 적합한 마케팅전략을 개발하여 적용 → 집중적 마케팅(X)
③ 집중적 마케팅 : 대규모 시장에서 낮은 점유율을 추구하는 대신, 매우 매력적인 하나 혹은 적은 수의 세분시장에서 높은 점유율을 추구하는 전략 → 차별적 마케팅(X)
④ 미시마케팅 : 기업이 고객과의 상호작용을 통해 개인화·맞춤화하여 제품을 판매하는 마케팅
⑤ 지역마케팅 : 소매상이나 지역 내 고객을 대상으로 하는 마케팅

082 포지셔닝의 전략유형

① **제품속성에 의한 포지셔닝** : 자사제품에 의한 포지셔닝은 자사제품의 속성이 경쟁제품에 비해 차별적 속성을 지니고 있어서 그에 대한 혜택을 제공한다는 것을 소비자에게 인식시키는 전략
② **이미지 포지셔닝** : 고급성이나 독특성처럼 제품이나 기업이 지니는 추상적인 편익을 강조
③ **경쟁자 포지셔닝** : 경쟁자와 비교해 자사의 서비스가 더 나은 점이나 특이한 점을 부각시키는 것
④ **사용상황에 의한 포지셔닝** : 자사 제품의 적절한 사용상황을 설정하여 포지셔닝
⑤ **소비자 편익에 의한 포지셔닝** : 타깃 고객 스스로 자신의 사용용도에 맞출 수 있도록 서비스를 표준화·시스템화한 것
  └ 표준화에 의한 포지셔닝(X)
⑥ **More for More 전략** : 더 높은 비용에 더 많은 가치를 제공하는 전략

083 유통경쟁의 유형

┌ 예 자동차 제조사 간, 배관공급업자 간, 슈퍼마켓 간의 경쟁
① **수평적 경쟁** : 유통경로의 동일한 단계에 있는 경로구성원들 간의 경쟁을 의미하며, 주로 도·소매상들보다는 생산자나 제조업자들과 관련됨
┌ 예 제조업자와 소매상 간, 도매상과 소매상 간, 도매상과 제조업자 간의 경쟁
② **수직적 경쟁** : 유통경로상의 서로 다른 경로 수준에 위치한 경로구성원 간의 경쟁
┌ 예 편의점과 또 다른 편의점 간의 경쟁, 백화점과 또 다른 백화점 간의 경쟁
③ **업태 내 경쟁** : 품목별 전문 유통기업의 등장으로 유발되는 유사한 상품을 판매하는 서로 동일한 형태의 소매업체 간 경쟁
┌ 예 슈퍼마켓과 편의점 간의 경쟁, 가전전문점과 할인점 가전코너와의 경쟁
④ **업태 간 경쟁** : 소비자 수요의 질적 다양화, 생활필수품의 범위 확대 등으로 유발되는 유사한 상품을 판매하는 서로 상이한 형태의 소매업체 간의 경쟁

084 소매수명주기이론(Retail Life Cycle Theory)

① 한 소매기관이 출현하여 초기 성장단계, 발전단계, 성숙단계, 쇠퇴단계의 4단계 과정을 거쳐 사라지는 소매수명주기를 따라 변화한다는 이론
② 단계별 소매상의 전략

도입기	이익수준이 낮아 위험부담이 높기 때문에 투자를 최소화
성장기 → 도약기(X)	시장을 확장하고 수익을 확보하기 위한 공격적인 침투전략을 수행
성숙기	소매개념을 수정하여 성숙기를 지속시키기 위한 전략을 수행
쇠퇴기	자본의 지출을 최소화하며 시장에서의 탈출을 모색

085 소매아코디언 이론(Retail Accordion Theory)

→ 제품 가격 변화에 초점(X)

제품 구색의 변화에 초점을 맞춘 소매 이론으로, 소매상은 제품 구색이 넓은 소매업태에서 전문화된 좁은 구색의 소매업태로 변화되었다가 다시 넓은 구색의 소매업태로 변화되어 간다고 설명하는 이론

086 앤소프(Ansoff, H. I.)의 성장전략

① **시장침투전략** : 기존 제품-시장 전략을 유지하면서 기존 시장의 점유율을 확대하여 수익을 내는 전략
② **시장개발전략** : 회사의 기존 제품을 가지고 판매 지역 및 고객층 확대 등을 통해 새로운 시장을 개척하여 판매하는 전략
③ **제품개발전략** : 회사의 기존 고객들에게 품목 다양화, 기존 제품 업그레이드 등의 신제품 출시를 통해 시장점유율을 높이는 전략
④ **다각화전략** : 완전히 새로운 제품을 새로운 시장에 판매하는 전략

087 구매관습에 따른 소비재의 분류

편의품 (Convenience Goods)	• 시간 · 노력을 기울이지 않고도 구매할 수 있는 일상용품 • 높은 구매빈도, 낮은 단가 • 대량생산 가능 • 상표에 대한 낮은 관심 • 주거지 근처에서 습관적으로 구매 • 대체품으로 대체 가능 • 식품, 일용품 등 • 집약적(개방적) 유통방식
선매품 (Shopping Goods)	• 구매 시 다수의 점포를 비교하고 시간 · 노력을 아끼지 않음 • 낮은 구매빈도, 높은 단가 • 대량생산에 부적합 • 스타일, 디자인 등 정보가치 중요
전문품 (Specialty Goods)	• 예산계획 수립, 정보수집 후 구매 • 전문판매원의 지도가 큰 역할을 함 • 매우 낮은 구매빈도, 매우 높은 단가 • 브랜드 충성도가 높음 • 프리미엄 가격을 기꺼이 지불함

088 머천다이징(merchandising)의 개념

① 소매점포가 소비자들의 특성에 적합한 제품들을 잘 선정해서 좋은 조건에 매입하고 진열하는 것과 관련된 모든 활동
② 고객의 니즈를 만족시킬 뿐만 아니라 수요를 적극적으로 창출하기 위한 상품화계획의 수립
③ 상품의 시장성을 향상시킬 수 있는 계획활동
④ 머천다이징은 제조업의 머천다이징과 소매업의 머천다이징으로 구분할 수 있음
　└ 머천다이징은 유통업체만의 고유 업무로 고객의 니즈에 부합하는 상품을 기획해 판매하며 제조업체, 서비스업체에는 해당되지 않는다(X)

089 머천다이징 전략

　└ 예 백화점 신사복 코너에서 넥타이와 와이셔츠를 함께 구성하여 진열
① **크로스 머천다이징** : 상품 분류에 상관없이 관련성이 있는 상품들을 모아 진열함으로써 판매액을 향상시키는 것으로, 소비자가 함께 구매할 것으로 예상되는 상품들을 가까이 진열하는 것
② **인스토어 머천다이징** : 소매점포가 자신의 독자적인 콘셉트를 토대로 상품구색과 판매를 하는 것으로, 적절한 상품준비와 연출을 통해 소비자의 상기구매, 연관구매, 충동구매를 유도하기 위한 활동
　└ 예 식료품 종류만 취급하던 슈퍼마켓에서 가정용품을 함께 취급함
③ **스크램블드 머천다이징** : 다양화되고 개성화된 소비자들의 기본욕구에 대처하기 위하여 도입되었으며, 제조업체의 입장 대신 소비자의 입장에서 상품을 다시 분류하는 것
④ **리스크 머천다이징** : 소매상 자신의 책임하에 상품을 매입하고 이에 대한 판매까지 완결 짓는 정책을 의미
⑤ **세그먼트 머천다이징** : 동일한 고객층을 대상으로 하되 경쟁업체와는 다르게 고객이 가장 원하는 제품과 서비스에 중점을 두는 것
⑥ **선별적 머천다이징** : 소매업, 2차 상품 제조업자, 가공업자 및 소재 메이커가 수직적으로 연합하여 상품계획을 수립하는 방식

090 유통업체 브랜드(PB)와 제조업체 브랜드(NB)

① 유통업체 브랜드(PB)
　㉠ 유통업체의 독자적인 브랜드명, 로고, 포장을 가짐
　㉡ 대형마트, 편의점, 온라인 소매상 등에서 PB의 비중을 증가시키고 있음
　㉢ PB를 통해 해당 유통업체에 대한 고객 충성도를 증가시킬 수 있음
　㉣ 유통업체는 PB 도입을 통해 중간상마진을 제거하고 추가이윤을 남길 수 있음
② 제조업체 브랜드(NB)
　㉠ 대규모 제조업체가 전국의 소비자를 대상으로 개발한 브랜드
　㉡ 많은 소비자에게 판매되는 것을 목적으로 하기 때문에 대규모 생산과 대중매체를 통한 광범위한 광고 진행이 일반적임

091 브랜드 관리

① 브랜드 자산(brand equity) : 해당 브랜드를 가졌기 때문에 발생하는 차별적 브랜드 가치
② 브랜드 재인(brand recognition) : 브랜드가 과거에 본인에게 노출된 적이 있음을 알아차리는 것
③ 브랜드 회상(brand recall) : 브랜드 정보를 기억으로부터 인출하는 것
④ 브랜드 인지도(brand awareness) : 소비자가 특정제품이나 서비스의 이름을 얼마나 알고 있는지 나타내는 지표
　　└ 브랜드 이미지의 풍부함을 의미(X)
⑤ 브랜드 로열티(brand loyalty) : 높을수록 브랜드 자산(brand equity)이 증가한다고 볼 수 있음

092 상품믹스(Product Mix)

① 개념 : 기업이 판매하는 모든 상품의 집합
② 상품믹스의 차원
　㉠ 폭(Width) : 기업이 보유한 상품계열의 수 → 상품다양성
　㉡ 길이(Length) : 상품믹스 내 모든 상품 품목의 총수
　㉢ 깊이(Depth) : 상품라인 내 상품품목의 수 → 상품차별성
③ 상품믹스 결정 시 고려사항
　㉠ 다양성 : 한 점포 내에서 취급하는 상품카테고리 종류의 수를 의미하는 것으로, 다양성이 높을수록 상품구성의 폭이 넓어짐 ─ 다양성이 높을수록 점포 전체의 수익성은 높아진다(X)
　㉡ 가용성 : 가용성을 높이기 위해서는 특정 단품에 대해 품절이 발생하지 않도록 재고를 보유하고 있어야 함
　㉢ 전문성 : 특정 카테고리 내에서의 단품의 수를 의미
　㉣ 상품믹스를 전문성 위주로 할지, 다양성 위주로 할지에 따라 소매업태가 달라짐

093 상품수명주기

구 분	도입기	성장기	성숙기	쇠퇴기
마케팅목표	제품인지와 판매증대	시장점유율 확대	경쟁우위	단기수익극대화
가격정책	시장침투가격 (초기고가)	시장침투가격 (저가격)	경쟁대응가격	가격할인
유통정책	부분적 유통	집중적 유통	집중적 유통	선택적 유통
촉진정책	경험프로모션	가치프로모션	가격프로모션	최소한 유지 → 중간상 지원프로그램 강화(X)

094 가격정책전략

① **단일가격정책** : 동일량의 제품을 동일한 조건으로 구매하는 모든 고객에게 동일한 가격으로 판매하는 가격정책
② **탄력가격정책** : 고객에 따라 동종·동량의 제품을 상이한 가격으로 판매하는 가격정책
③ **단일제품가격정책** : 품목별로 따로따로 검토하여 가격을 결정하는 정책
④ **계열가격정책** : 한 기업의 제품이 많은 제품계열을 포함하는 경우 규격·품질 등이 다른 각 제품계열마다 가격을 결정하는 정책
⑤ **상층흡수가격정책** : 신제품을 시장에 도입하는 초기에 고가격을 설정함으로써 가격에 대하여 민감한 반응을 보이지 않는 고소득자층을 흡수한 후 연속적으로 가격을 인하시켜 저소득계층에게도 침투하려는 가격정책
⑥ **시장침투가격정책** : 시장에 도입되는 초기에 제품가격을 낮게 설정하고 점진적으로 가격을 인상하여 장기적인 이익을 올리려는 가격정책
⑦ **오픈프라이스정책** : 제조업체가 가격을 표시하지 않고 최종 판매자인 유통업체가 가격을 책정하게 하여 유통업체 간 경쟁을 통해 상품가격을 전반적으로 낮추기 위한 가격정책
⑧ **가격계열화전략** : 동일 상품군에 속하는 상품들에 다양한 가격대를 설정하는 가격전략
⑨ **종속제품 가격결정** : 주요 제품과 함께 사용해야 하는 종속제품에 대한 가격을 결정하는 방법
　└ 포획가격결정이라고도 함
　　예 면도기의 가격은 낮게 책정하고 면도날의 가격은 비싸게 책정, 프린터의 가격은 낮은 마진을 적용하고 프린터 카트리지나 다른 소모품의 가격은 매우 높은 마진을 적용
⑩ **묶음제품 가격결정** : 몇 개의 제품을 묶어서 인하된 가격으로 결합된 제품을 제공하는 방법
⑪ **유인가격결정** : 어떤 표준적 상품을 비교적 염가로 판매하여 고객들을 매장 안으로 유도하고, 그 고객들에게 다른 상품을 판매함으로써 이익을 얻으려는 가격정책
　└ 후발주자가 시장침투를 위해 선두기업보다 낮은 가격으로 결정(X)
⑫ **스키밍가격결정법(Skimming Pricing)** : 고가전략으로 초기 투자비용을 회수한 뒤 경쟁기업이 진입했을 때 가격할인 경쟁으로 시장점유율을 유지하는 방법
⑬ **명성가격(Prestige Pricing)정책** : 소비자가 제품가격을 품질이나 지위의 상징으로 여기는 경우에 소비자가 지불가능한 가장 높은 가격을 유지하는 전략
⑭ **준거가격(Reference Price)** : 소비자가 어떤 상품을 살 때, 과거 경험이나 기억, 외부에서 들어온 정보 등에 의해 떠올리는 적정하다고 판단하는 수준의 가격
⑮ **수요점화가격수준** : 소비자마다 최하 얼마 이상 최고 얼마 미만의 가격이라면 사겠다고 생각하는 가격 범위
⑯ **상시저가정책(EDLP ; Every Day Low Price)** : 수익성 향상보다는 시장점유율 향상에 초점을 두는 전략으로, 대형마트에서 많이 활용
　└ 표적시장의 다양성 증가(X)
⑰ **할인가격정책(high/low pricing)** : EDLP 전략보다는 고가를 유지하면서, 상황에 따라 저가로 할인하는 가격전략
　└ 표적시장의 다양성 증가
⑱ **거래할인** : 보통 제조업자가 해야 할 일의 일부를 중간상이 대신 하는 경우, 발생한 경비의 일부를 제조업자가 부담하는 것

095 촉진믹스

① 개념 : 효율적인 촉진관리전략의 실행을 위한 도구
② 촉진믹스 전략의 방향 : 많은 제조업체들은 푸시 전략(Push Strategy)과 풀 전략(Pull Strategy)을 병행

푸시 전략	풀 전략
• 제조업자가 소비자를 향해 제품을 밀어낸다는 의미로 **제조업자는 도매상에게, 도매상은 소매상에게, 소매상은 소비자에게 제품을 판매하게 하는 전략** → 인적판매 등 유통채널을 중심에 둔 전략 • 소비자의 브랜드 애호도가 낮고, 브랜드 선택이 점포 안에서 이루어지며, 충동구매가 잦은 제품의 경우에 적합	• 제조업체가 최종소비자들을 상대로 촉진활동을 하여 **소비자로 하여금 중간상에게 자사제품을 요구하도록 하는 전략** └ 예 TV광고, 이벤트, 행사 • 소비자의 충성도, 상표인지도를 높이기 위한 방법이며, 점포 방문 전 브랜드 선택에 대한 관여도가 높은 상품에 적합

096 광고(AD ; Advertising)와 홍보(PR ; Public Relations)

광고(AD)	홍보(PR)
• 매체에 대한 비용을 지불 • 상대적으로 신뢰도가 낮음 • 광고 내용, 위치, 일정 등의 통제 가능 • 신문·라디오 광고, TV, 온라인광고 등	• 매체에 대한 비용을 지불하지 않음 • 상대적으로 신뢰도가 높음 • 메시지에 대한 통제력이 거의 없음 • 뉴스기사, 이벤트, 연설, 스폰서십 등

097 인적판매(Personal Selling)

① 개념 : 고객과 직접적인 커뮤니케이션을 통해 상품을 판매하고 고객과의 관계를 구축하는 일련의 활동을 말함
② 인적판매의 장단점

장 점	단 점
• 개별적이고 심도 있는 쌍방향 커뮤니케이션 가능 └ 소비자 유형별로 개별화된 정보 전달 가능 • 고객과 직접적인 접점을 형성하여 정보를 수집·전달하므로, 전문품, 산업재, 내구성 소비재의 판매에 유리 • 고객의 판단과 선택을 실시간으로 유도할 수 있고, 고객 요구에 즉각적 대응이 가능	• **인건비로 인해 메시지 노출 횟수당 커뮤니케이션 비용이 TV 광고보다 높음** └ 다른 커뮤니케이션 수단에 비해 고객 1인당 접촉비용이 높은 편 • 인적판매원 각자가 다른 메시지를 전달할 수 있으므로 통제력, 일관성이 낮음 • 개별 접촉이 필요하므로 촉진 속도가 느리고, 비용이 많이 소요되며, 신뢰성이 낮음

098 디지털 마케팅 성과측정 지표

① 도달(Reach) : 광고·콘텐츠가 고객들에게 노출된 정도로, 인터넷 광고에서는 해당 웹사이트에 접속한 서로 다른 사람들의 숫자를 말하며, 광고효과를 측정하는 중요한 기준이 됨
② 전환율(CVR) : 광고를 클릭하여 사이트로 유입된 방문자들이 특정 행위를 하는 비율로, 회원가입, 다운로드, 링크 클릭, 제품 구매, 결제하기 등으로 이어진 정도를 측정
③ 히트(Hit) : 웹서버로부터 어느 한 파일이 요청된 상태 또는 요청된 파일
④ 세션(Session) : 사이트 내에서 일정 시간 동안 사용자 브라우저로부터 들어오는 일련의 요구를 하나의 상태로 보고 그 상태를 유지하는 기술로, 사람들이 해당 사이트에 얼마나 자주, 얼마나 오래 머물렀는지 나타내는 지표
⑤ 오가닉 트래픽(Organic Traffic) : 검색엔진을 통해 곧바로 웹사이트에 유입된 방문자 수로, 검색엔진 최적화(SEO)의 성과지표 중 하나임

099 매장 레이아웃의 유형

① **격자형 레이아웃** → 대형마트, 슈퍼마켓, 드럭 스토어, 버라이어티 스토어, 디스카운트 스토어, 하이퍼마켓, 슈퍼센터, 홈센터, 식료품점 등에서 활용
  ㉠ 고객들의 주 통로와 직각을 이루고 있는 여러 단으로 구성된 선반들이 평행으로 늘어서 있는 형태의 레이아웃을 말함
  ㉡ 기둥이 많고 기둥간격이 좁은 상황에서도 점포설비 비용을 절감할 수 있음
  ㉢ 원하는 상품을 쉽게 찾을 수 있고, 고객이 쇼핑에 걸리는 시간을 최소화할 수 있음
  ㉣ **단조로운 구성**으로 딱딱하고 사무적인 분위기를 연출
    └ 레이아웃 변경이 자유롭고 상품의 노출도가 큼(X)
② 자유형 레이아웃
  ㉠ 비품과 통로를 비대칭으로 배치하는 방법이며, 특정 쇼핑경로를 유도하지는 않음
  ㉡ 제품 탐색이 용이하고, 동선을 길게 만들어 쇼핑 시간이 길어짐
  ㉢ 규모가 작은 전문매장, 소규모 전문매장이 여러 개 있는 대형점포의 배치 방식
③ **경주로형 레이아웃** → 선물점, 백화점 등에서 활용
  ㉠ 주 통로를 중심으로 여러 매장 입구가 연결되어 있어, 고객들이 주 통로를 지나다니면서 여러 매장을 손쉽게 둘러볼 수 있음
  ㉡ 다양한 매장의 진열제품을 최대한 노출시켜 충동구매를 유발함

100 조닝(Zoning)과 페이싱(Facing)

① 조닝 : 점포 레이아웃 안에서 상품을 그룹핑하여 진열 순서를 결정하는 것
  └→ 외장 출입구 및 점두 간판의 설치 위치를 신중하게 결정해야 함(X)
② 페이싱 : 페이스의 수량을 뜻하는 것으로 앞에서 볼 때 하나의 단품을 옆으로 늘어놓은 개수를 말하며, 진열량과는 다른 의미임

101 상품진열의 유형

① **점블진열(Jumble Display)** : 과자나 라면 같은 상품들을 정돈하지 않고 뒤죽박죽으로 진열하여 소비자들에게 저렴한 특가품이라는 인상을 주려는 진열방식
② **적재진열** : 다량의 상품을 한꺼번에 쌓아두어 가격이 저렴할 것이라는 기대를 갖게 하는 데 가장 효과적인 진열방법
③ **돌출진열** : 돌출시켜 진열하여 소비자들이 제품에 주목하도록 하는 진열방법
④ **섬진열(Island Display)** : 주 통로와 인접한 곳이나 통로 사이에 징검다리처럼 쌓아두는 진열방법으로 주로 정책상품을 판매하기 위해 활용됨
⑤ **후크진열(Hook Display)** : 제품포장의 위쪽에 구멍을 뚫고 난 후 걸개에 걸어서 활용하는 방식
⑥ **골든라인진열(Golden Line Display)** : 유효한 진열범위 내에서 가장 눈에 띄기 쉽고 손이 닿기 쉬운 높이에 기여도가 높은 상품을 진열
⑦ **조정형진열(Coordinated)** : 각기 다른 아이템의 상품, 색상, 소재, 스타일 등을 특정 의도를 가지고 맞추어 조화를 이루게 하는 진열방법
  ┌→ 상품 노출도가 가장 크고, 인지도가 높은 상품을 진열해 고객이 점내를 회유하게 유도, 고마진 상품을 진열하여 이익·매출 증대
⑧ **엔드매대진열(End Cap Display)** : 고객이 3면에서 상품을 볼 수 있기 때문에 가장 눈에 잘 띄는 진열방식으로 가장 많이 팔리는 상품들을 진열할 때 많이 사용됨
⑨ **벌크진열** : 과일, 야채 등을 매대나 바구니 등에 쌓아놓아 저렴하다는 인식을 주고, 충동구매를 유발하며, 저가격·저마진 상품에 어울리는 진열
⑩ **분류진열** : 주로 슈퍼마켓이나 대형할인점에서 상품계열에 따라 상품을 분류하여 진열하는 방법
⑪ **라이프스타일별 진열** : 상품에 대한 고객의 관심과 태도를 반영하여 진열하는 방식으로, 실생활의 한 장면을 연출하는 진열
  └→ 예 동작을 표현하는 마네킹에 테니스복을 입히고 스포츠카를 배경으로 진열
⑫ **수직적 진열** : 벽과 곤돌라를 이용해 고객의 시선을 효과적으로 사로잡을 수 있는 진열방법
⑬ **샌드위치 진열** : 진열대 내에서 잘 팔리는 상품 곁에 이익은 높지만 잘 팔리지 않는 상품을 진열해서 판매를 촉진하는 방식

102 비주얼 머천다이징(VMD ; Visual Merchandising)

① 개념
  ㉠ 상업공간에 적합한 특정의 상품이나 서비스를 조합하고 판매증진을 위한 시각적 연출계획으로 기획하고 상품·선전·판촉 기능을 수행
  ㉡ 기업의 독자성을 표현하고 타 경쟁점과의 차별화를 위해 상품 진열에 관해 시각적 요소를 반영하여 연출하고 관리하는 전략적인 활동

② 구분
  ㉠ PP(Point of sale Presentation) : 고객의 시선이 머무르는 곳에 볼거리를 제공하여 상품에 관심을 갖도록 유도하기 위해 활용되며, 벽면, 쇼케이스, 테이블 상단 등에서 진열되는 방식
  ㉡ IP(Interior Presentation) : 행거나 선반 등에 상품을 분류·정리하여 보기 쉽게 진열하고 각각의 상품에 대해 고객이 구입의지를 결정하도록 하는 진열방식으로, 각 상품들을 보고 만지고 고르기 쉽도록 지원함
    └ 예) 실제 판매가 이루어지는 장소에서 상품구역별로 진열대에 진열하는 방식으로 주로 충동구매 상품을 배치하여 매출을 극대화하기 위해 활용(X)
  ㉢ VP(Visual Presentation) : 상점의 콘셉트를 부각시키기 위해 쇼윈도 또는 테마 공간 연출을 통해 브랜드 이미지를 표현하기 위해 활용됨

103 POP(Point of Purchase) 광고

① 구매시점 광고(Point of Purchase)를 의미하며, 고객의 시선을 집중시키고 호기심을 유발하여 판매점의 이미지 향상과 고객을 점포 내로 유도하는 역할을 통해 충동구매를 자극하는 광고
② 판매원 대신 상품의 정보(가격, 용도, 소재, 규격, 사용법, 관리법 등)를 알려줌
③ 매장의 행사분위기를 살려 상품판매의 최종단계까지 연결시키는 역할 수행
④ 간결하고 임팩트 있는 메시지 전달에 적합 ← 길고 자세한 메시지 전달에 적합(X)
⑤ 판매원의 도움을 대신하여 셀프판매를 가능하게 함
⑥ 찾고자 하는 매장 및 제품을 안내하여 고객이 빠르고 편리하게 쇼핑을 할 수 있도록 도와주어야 함

104 유통마케팅 조사방법

① 관찰적 조사 : 조사원이 직접 또는 기계장치를 이용해 조사 대상자의 행동이나 현상을 관찰하고 기록하는 조사 방법으로, 질문을 통해 알기 어려운 응답자의 민감한 정보 또는 응답자가 기억하기 어렵거나 답변하기 어려운 무의식 행동을 측정 가능
  └ 인과관계에 대한 가설을 검증해야 하는 경우에는 부적합
② 표적집단면접법(FGI ; Focus Group Interview) : 특정 기준에 따라 주제에 관심이 있거나 관련 경험이 있는 소수의 참가자를 선정하여 하나의 장소에서 진행함
③ 기술적 조사(Descriptive Research) : 표적모집단이나 시장의 특성에 관한 자료를 수집·분석하고 결과를 기술하는 조사
④ 탐색적 조사 : 조사문제가 불명확할 때 기본적인 통찰과 아이디어를 얻기 위해 실시하는 조사
⑤ A&U조사(Attitude and Usage Research) : 대규모 집단을 대상으로 체계화된 설문을 통해 자료를 수집하는 기법

105 표본추출방법

① **확률적 표본추출** : 조사대상이 표본으로 추출될 확률을 미리 알고 실행하는 방법으로, 추출될 표본의 대표성이 인정되고 분석결과를 일반화할 수 있는 방법
  - 예) 단순무작위 추출법, 층화임의 추출법, 집락표본 추출법(군집표본 추출법), 계통 추출법(체계적 추출법)

② **비확률적 표본추출** : 조사대상의 표본추출 확률을 모르는 상태에서 실행하는 방법으로, 추출된 표본의 대표성이 약하여 분석결과가 일반화되기 어렵다는 단점이 있음
  - 예) 편의표본 추출법, 판단표본 추출법, 할당표본 추출법, 눈덩이표본 추출법

106 유통경로의 재무성과 평가자료

① 투자수익률(ROI ; Return On Investment)
  ㉠ 투자에 대한 이익률로, 순자본(소유주의 자본, 주주의 자본 혹은 수권자본)에 대한 순이익의 비율
  ㉡ ROI가 높으면 효과적인 레버리지 기회를 활용했다는 의미로도 해석, ROI가 낮으면 자산의 과잉투자 등으로 인해 사업이 성공적이지 못하다는 의미

② 총마진수익률(GMROI ; Gross Margin Return on Investment)
  ㉠ '총마진율 × 재고회전율'로 나타냄
  ㉡ 일반적으로 재고에 대한 투자가 총이익을 얼마나 잘 달성하는가를 평가할 수 있는 지표로, 소매업체의 수익성 지표로 사용(상이한 품목, 상품계열, 부문들의 성과를 비교하는 데 사용)

③ 마케팅투자수익률(MROI ; Marketing Return on Investment)
  ㉠ '마케팅투자수익 ÷ 마케팅투자비용'으로 나타냄
  ㉡ 마케팅투자비용의 측정보다 마케팅투자수익의 측정이 더 어려우며, 고객생애가치, 고객자산, 브랜드인지도, 매출, 시장점유율 등을 근거로 측정 가능
  ㉢ 정확한 측정을 위해 통합된 척도를 사용해야 함 — 측정과 비교가 용이한 단일 마케팅성과척도를 사용하는 것이 바람직함(X)

제4과목 유통정보

107 자료·정보·지식 간의 관계

구 분	자 료	정 보	지 식
구조화	쉬움	단위 필요	어려움
부가가치	적음	중간	많음
객관성	객관적	가공 필요	주관적
의사결정	관련 없음	객관적 사용	주관적 사용

108 정보화 사회의 소비자

① **프로슈머(prosumer)** : 기업의 생산과정에 직접 참여하는 소비자(생산적인 소비자)
　└ 전문적인 쇼핑을 하는 소비자(X)
② 플레이슈머(playsumer) : 유행에 관심이 많고 소비를 놀이처럼 즐기는 소비자
③ 모디슈머(modisumer) : 생산자가 의도한 제품 활용 방법을 벗어나 소비자 자신만의 방식으로 제품을 활용하는 소비자
④ 에너지 프로슈머(energy prosumer) : 신재생 에너지를 직접 생산하면서 소비하는 주체
⑤ 크로스쇼퍼(cross-shopper) : 온라인과 오프라인을 넘나들면서 제품의 정보를 수집하여 최적의 제품을 찾는 소비자

109 제4차 산업혁명 시대

① ICT를 기반으로 하는 사물인터넷 및 만물인터넷의 진화를 통해 인간-인간, 인간-사물, 사물-사물을 대상으로 한 초연결성(Hyper-connected)이 기하급수적으로 확대
② 인공지능과 빅데이터의 결합과 연계를 통해 기술과 산업구조의 초지능화(Hyper-intelligent)가 강화
③ 초연결성, 초지능화에 기반하여 기술 간, 산업 간, 사물-인간 간의 경계가 사라지는 대융합의 시대
④ 사이버 물리 시스템(Cyber Physical Systems)의 이용 증가

110 암묵지와 형식지

암묵지	형식지
• 언어나 기호로 표현이 곤란한 주관적 지식 • 인지적, 경험적, 비구조적, 고착성 지식 • 저장, 전파, 모방이 어려움 예 개인의 기술, 경험, 숙련된 기능, 조직문화, 풍토 등	• 언어나 기호로 표현이 가능한 객관적 지식 • 합리적, 구조적, 유출성 지식 • 저장, 전파, 모방이 용이함 예 문서, 데이터베이스, 매뉴얼, 컴퓨터 프로그램, 화학식 등의 공식 등

111 노나카의 SECI(Socialization-Externalization-Combination-Internalization) 모델

암묵지와 형식지가 사회화(공동화) → 표출화(외재화 · 외부화) → 연결화(결합화 · 종합화) → 내면화(내재화)의 과정을 거쳐 지식으로 변환

사회화	개인 암묵지를 공유하여 타인의 암묵지로 전환(예 관찰, 모방, 전수, 지도, 현장훈련(OJT) 등) └ 형식지에서 형식지를 얻는 과정(X)
표출화	개인 암묵지를 언어나 기호를 통해 형식지로 전환(예 특허신청, 제품 매뉴얼 작성, 제품개발 과정의 콘셉트 창출 등)
연결화	개인과 집단이 형식지를 다른 형식지로 가공 · 조합 · 편집하여 창조(예 요약서 작성, 데이터베이스에서 새로운 정보 창출(데이터 마이닝 등)
내면화	형식지를 개인의 암묵지로 체득(예 매뉴얼 습득, 역할연기(롤플레이), 시뮬레이션, 노하우 습득 등)

112 지식관리시스템(KMS ; Knowledge Management System)

① 조직 내 인적자원이 축적하고 있는 개별적인 지식을 체계화하여 시스템을 통해 관리 · 공유함으로써 기업경쟁력을 향상시키기 위한 기업정보시스템
② 기업은 고객에게 지속적이고 일관성 있는 정보를 제공하기 위해서 지식관리시스템을 활용함
③ 기업은 지식네트워킹을 통해 새로운 제품을 출시할 수 있고 고객에게 양질의 서비스를 제공함
④ 지식을 보유 · 활용함으로써 제품 및 서비스 가치를 향상시키고 기업의 지속적인 성장에 기여함
⑤ 기업들은 동종 산업에 있는 조직들의 우수사례를 그들 조직에 활용해 많은 시간을 절약함
⑥ 지식관리시스템은 지식관리 플랫폼으로 고객지원센터 등 기업 내부 지원을 위해 활용되고 있으며, 챗봇 · 디지털어시스트 등 고객서비스와도 관련 깊음 → 거리가 멀다(X)

113 바코드(Bar Code)

① 개념 : 영문이나 숫자, 특수글자를 기계가 읽을 수 있는 형태로 표현하기 위해 굵기가 다른 수직 막대들의 조합으로 나타내어 광학적으로 판독이 가능하도록 한 코드
② 특 성
  ㉠ 바코드는 응용범위가 다양하고 도입비용이 저렴
  ㉡ 바코드 높이가 표준 규격보다 축소된 경우에도 인식이 가능
  ㉢ 기존 상품과 중량 또는 규격이 다른 경우 새로운 상품으로 간주하고 새로운 상품식별코드 부여
  ㉣ 최적의 바코드 색상 조합은 흰색바탕에 검은색 바이며, <mark>컬러 색상의 조합도 인식이 가능</mark>
      └ 컬러 색상은 인식하지 못하고, 흑백 색상만 인식(X)

114 소스마킹(source marking)과 인스토어마킹(instore marking)

구 분	소스마킹	인스토어마킹
마킹 시점	생산 및 포장 단계	소분 포장 및 진열 단계
대상 상품	가공식품·잡화 등 ← 과일·농산물에 주로 사용(X)	정육, 생선, 청과, 농산물 등
마킹 활용	전 세계적으로 사용	해당 업체에서만 사용
마킹 방법	국제적인 규격(동일상품 동일코드)	소매업체가 자유롭게 표시
판독률	판독 오류가 거의 없음	판독 시 오독 오류 있음
비용·시간	비용과 시간이 적게 소요	비용과 시간이 많이 소요

└ 문자나 그림 등의 이미지가 중첩된 경우에도 인식률이 매우 높다(X)

115 QR코드의 특징

① 작은 공간에도 인쇄 가능하고, 360° 어느 방향에서나 판독 가능
② 오류복원 기능이 높아 정보가 훼손 시 상당부분 복구 가능
③ 별도의 리더기 없이 휴대폰을 리더기로 사용하여 다양한 분야에서 활용
④ 바코드에 비해 대용량 데이터의 저장이 가능하고, 고밀도 정보표현이 가능

└ CPFR과 연계하여 신속하고 적절한 구매를 할 수 있다(X), CPFR는 e-SCM 구축과 관련됨

116 POS(Point Of Sales) 시스템

① 개념 : 판매시점정보관리시스템을 말하는 것으로, 판매장의 판매 시점의 정보를 실시간으로 취합해서 관리할 수 있도록 지원하는 시스템
② 특 징
  ㉠ 판매정보의 입력을 쉽게 하기 위해 상품포장지에 고유 마크나 바코드를 인쇄 또는 부착시켜 스캐너를 통과할 때 해당 상품의 각종 정보가 자동으로 입력

ⓛ 개인 고객의 구매내역 등을 파악하고, 상품별 판매정보가 컴퓨터에 보관된 발주, 매입, 재고 등 정보와 결합되어 필요한 부문에 활용
　　→ 고객의 프라이버시 보호를 위해 바코드로 입력된 정보와 고객 정보의 연계를 금지하고 있어 유통업체는 개인 고객의 구매내역을 파악할 수 없다(X)
　　ⓒ 수집된 데이터가 즉시 분석되는 리얼타임방식으로 실시간으로 재고 파악 가능
　　ⓔ 상품 판매동향 분석을 통해 인기제품, 비인기 제품을 신속하게 파악 가능
　　ⓜ 전년도 목표 대비 판매량 분석과 같은 시계열 정보를 수집하고 분석 가능 → 한계가 있음(X)

117 공급자재고관리(VMI ; Vender Managed Inventory)

① 개념 : 소매업자와 제조업자의 정보공유를 통해 효과적으로 원재료를 충원하고, 제품을 제조하고, 유통함으로써 효율적인 생산과 공급체인의 재고량을 최소화시키려는 전략
　　ⓐ 공급자가 고객사를 위해 제공하는 가치향상서비스 활동
　　　→ 제조업체나 도매업체가 재고관리를 하던 방식이 소매업에 의한 실시간 발주에 따른 조달방식으로 발전된 것(X)
　　ⓑ 생산자(공급자, 제조업체)가 소매업자와 상호협의하여 소매업자의 재고를 관리
　　ⓒ 제조업체가 상품보충시스템 관리 : 상품보충시스템 실행 때마다 판매·재고정보가 유통업체에서 제조업체로 전송
② 특 징
　　ⓐ 공급자 측은 소매업체의 실시간 판매정보를 기반으로 정확한 판매예측, 재고조절, 상품기획 가능
　　ⓑ 유통업체는 VMI 활용을 통해 재고관리 소요 인력·시간에 대한 비용, 발주처리비용 등 각종 비용절감 효과 획득
③ 효과 : 상품리드타임 단축, 재고감소, 재고회전율 향상, 품절 감소 등
　　　　　　　　　　　　　　└ 재고회전율 저하(X)

118 전자문서교환(EDI ; Electronic Data Interchange)

① EDI는 기업 간에 교환되는 거래서식을 컴퓨터로 작성하고 통신망을 이용하여 직접 전송하는 정보교환 방식을 의미함
② EDI가 이루어지기 위해서는 거래업체들 간에 서로 교환할 데이터의 형태와 그 데이터를 어떻게 표현할 것인가에 대한 상호합의가 필요함
③ EDI를 이용하면 각종 주문서, 송장, 지불명세서 등이 데이터통신망을 통해 전자적으로 전송되고 처리됨
④ EDI는 교환되는 거래문서에 대해 통용될 수 있는 표준양식이 정해져야 하며, 이를 통해 전달되는 데이터의 형식이 통일된 후, 이러한 데이터가 일정한 통신표준에 입각해서 상호 간에 교환될 수 있어야 함
⑤ EDI 표준은 적용범위에 따라 사설표준(전용표준)과 공통표준으로 구분할 수 있는데, 사설표준은 특정 개별기업만이 활용할 수 있는 표준이고, 공통표준은 기업과 산업, 국가단위가 사용할 수 있도록 개발된 표준을 말함
　　┌ 사설표준(X)
⑥ 공통표준의 대표적인 것에는 국제상품 코드관리기관인 EAN(국내의 경우 : KAN)이 개발·보급하고 있는 유통부문의 전자문서 국제표준인 EANCOM이 있음

119 QR(신속반응 시스템, Quick Response)

① 개 념
- ㉠ 고객이 원하는 시간·장소에 필요한 제품을 공급하기 위한 물류정보시스템
- ㉡ 수입의류 시장잠식에 대응하기 위해 미국 패션의류업계가 섬유업계, 직물업계, 의류제조업계, 의류소매업계 간 제휴를 바탕으로 개발·도입한 시스템

② 특 징
- ㉠ EDI, 바코드, POS 등 정보기술 이용
- ㉡ 수요예측이 힘들고 리드타임이 짧은 경우 적용 용이

③ 효 과
- ㉠ 소매업자 측면 : 수익증대 및 고객서비스 개선효과
- ㉡ 제조업자 측면 : 생산 및 수요예측 용이, 상품 품절 방지
- ㉢ 원자재로부터 최종 제품에 이르는 리드타임 단축 및 재고 감소
- ㉣ **적정 수요량 예측으로 안전재고 감소** 및 재고회전율 향상
  - └ 제품 재고를 창고에 저장해 미래 수요에 대비하는 데 도움을 제공(X)
- ㉤ 신속·정확한 소비자 수요동향 분석이 가능하여 시장변화에 효과적 대응

120 데이터의 형태

┌ 예 관계형 데이터베이스(RDB), 스프레드시트 등
① **정형데이터** : 고정된 필드에 저장되며 형식과 값에서 일관성을 가지는 데이터
┌ 예 JSON, XML, 시스템 로그, 센서 데이터, 웹 로그 등
② **반정형데이터** : 고정된 필드에 저장된 데이터는 아니지만 스키마 구조 형태를 가지고 메타데이터를 포함하고 있어 이를 활용해야 해석이 가능
③ **비정형데이터** : 스키마 구조 형태를 가지지 않고 고정된 필드에 저장되지 않는 데이터
  └ 예 소셜데이터, 문자·이미지·오디오·영상 데이터 등

121 데이터베이스 구축과 관련된 용어

① RDB
- ㉠ 관계형 데이터를 저장하거나, 수정하고 관리할 수 있게 해 주는 데이터베이스
- ㉡ 2개 이상의 데이터베이스 또는 테이블을 연결하기 위해 고유의 식별자를 사용하는 데이터베이스로, **데이터베이스를 생성할 때 스키마가 고정되어 있어 테이블의 분할과 결합을 자유롭게 수행 가능**
  └ 테이블 스키마가 고정되어 있지 않아 테이블의 확장과 축소가 용이(X)

② NDB
- ㉠ 모자(母子)집합이라는 레코드 간 구조를 가지며, 자(子) 레코드가 복수의 모(母)레코드를 갖는 복잡한 표현도 가능한 데이터베이스
- ㉡ 레코드 간의 관계가 그물과 같은 형태로 표현력은 좋으나 다소 복잡하여 사용이 어려움

③ NoSQL
　㉠ Not Only SQL의 약자이며, 비관계형 데이터 저장소로 기존의 전통적인 방식의 관계형 데이터베이스와는 다르게 설계된 데이터베이스
　㉡ 테이블 간 조인(Join)연산을 지원하지 않음
　㉢ key-value, Document Key-value, column 기반의 NoSQL이 주로 활용되고 있음
④ ETL : 추출(Extract), 변환(Transform), 로드(Load)를 나타내며, 수집된 자료를 표준화시키거나 변환하여 목표저장소에 저장할 수 있도록 도와주는 기술

122 데이터웨어하우스의 특징
① 주제별로 정리된 데이터베이스
② 다양한 데이터 원천으로부터의 데이터 통합
③ 과거부터 현재에 이르기까지 시계열 데이터
④ 필요에 따라 특정 시점을 기준으로 처리해 놓은 데이터
⑤ ~~구축 시점을 제외하고는 갱신이 일어나지 않는 검색 전용 데이터베이스~~ → 실시간 거래처리가 반영된 최신 데이터(X)

123 데이터 3법
① 데이터 이용에 관한 규제 혁신과 개인정보보호 협치체계 정비의 문제를 해결하기 위해 관련법을 개정한 법
② 개인정보 보호법, 정보통신망 이용촉진 및 정보보호 등에 관한 법률(정보통신망법), 신용정보의 이용 및 보호에 관한 법률(신용정보법)을 지칭

124 고객충성도 프로그램
① 단기적 측면보다는 장기적 측면에서 운영되어야 고객경쟁력 확보 가능
② 유통업체에서 가지고 있는 충성도 강화 프로그램은 사전에 정해진 지침에 따라 운영
③ 고객충성도 프로그램은 금전적 혜택과 비금전적 혜택을 제공하는데, 비금전적 혜택을 제공하는 것이 효율적

125 전자상거래의 보안

① 보안요건
- ㉠ **무결성** : 데이터의 정확성과 일관성을 유지하고 전달과정에서 위변조가 없는 것
  - 위협 사례 : 정보를 가로채어 변조하여 원래의 목적지로 전송하는 것
- ㉡ 기밀성 : 정당한 사용자에게만 접근을 허용함으로써 정보의 안전을 보장하는 것
- ㉢ **인증** : 정보 주체가 본인이 맞는지를 인정하기 위해 사용하는 방법
  - 위협 사례 : 인가되지 않은 사람의 비밀정보 획득, 복사 등
- ㉣ 부인방지 : 메시지의 송수신이나 교환 후에 그 사실을 증명함으로써 사실 부인을 방지하는 기술

② 전자상거래상에서 발생할 수 있는 보안위협
- ㉠ 바이러스 : 자기 자신을 복제하여 다른 파일에 확산시키는 컴퓨터 프로그램
- ㉡ 애드웨어 : 사용자의 동의 없이 설치되는 프로그램으로, 애드웨어 자체는 불법이 아니지만 그에 따르는 보안상의 문제가 위험요소가 됨
- ㉢ **스니핑** : 네트워크에 돌아다니는 정보들을 감시하는 일종의 도청 프로그램
  - 스푸핑(X)
- ㉣ 스푸핑 : 네트워크, 웹사이트 등의 데이터 위변조를 통해 정상 시스템인 것처럼 위장하여 일반 사용자를 속이는 해킹 기법
- ㉤ 피싱(Phishing) : 개인정보(Private data)와 낚시(Fishing)의 합성어로 사칭을 통하여 개인정보를 유출하거나 송금(결제)하도록 유도하는 일종의 사이버 범죄
- ㉥ 파밍 : 사용자의 PC 자체를 악성코드로 감염시켜, 정상적인 웹사이트 주소를 입력해도 자동으로 가짜 사이트로 연결되어 금융 정보를 탈취하는 수법

126 고객관계관리(CRM ; Customer Relationship Management)

① CRM의 도입과 실행을 위한 고려사항
- ㉠ 고객을 중심으로 모든 거래 데이터를 통합
- ㉡ 고객의 정의와 고객그룹별 관리방침을 수립
- ㉢ **단순한 정보기술수준이 아닌 전략적 차원의 수준에서 활용** — 전략적 차원이 아닌 단순 정보기술수준에서 활용(X)
- ㉣ 고객 분석에 필요한 고객의 상세정보를 수집
- ㉤ 고객 분석결과를 활용할 수 있도록 제반 업무절차를 정립하고 시행

② CRM의 특성
- ㉠ 신규고객 창출, 기존고객 유지, 기존고객 강화를 위해 이용
- ㉡ **기업에서는 단기적인 고객관계 형성보다는 장기적인 고객관계 형성을 위해 도입**
  - 기업에서는 장기적인 고객관계 형성보다는 단기적인 고객관계 형성을 위해 도입(X)
- ㉢ 다양한 측면의 정보 분석을 통해 고객에 대한 이해도를 높여줌
- ㉣ 유통업체의 경쟁우위 창출에 도움을 제공
- ㉤ 고객유지율과 경영성과 모두를 향상시키기 위해 정보와 지식을 활용

③ CRM의 도입효과
  ㉠ **교차판매(Cross-Selling) 강화** : 고객선호도에 따라 추가제안을 통해 타 제품의 추가 구입을 유도
    └ 예 카메라 구입을 검색한 고객에게 관련 렌즈와 필름을 추천하여 구매 유도
  ㉡ 상승판매(Up-Selling) 증가 : 동일한 분야로 분류될 수 있는 제품 중 단가가 더 높은 제품의 구입을 유도
  ㉢ 고객유지율 증가
④ CRM 분석 전략
  ㉠ 고객프로필 분석 : 연령, 직업, 취미, 학력 등 전체 고객층 분석
  ㉡ 하우스-홀딩 분석 : 현 고객의 가족 상황, 프로필, 성향 등 분석
  ㉢ 인바운드 분석 : 전화나 인터넷 게시판을 통한 문의, 영업소 방문 등 분석
  ㉣ 현 고객구성원 분석 : 고객의 성격, 사용 실태, 충성도 등 분석
  ㉤ 외부데이터 분석 : 제휴업체의 고객 데이터 분석

127 RFM(Recency, Frequency, Monetary) 분석법

① 재무적 가치측정뿐 아니라 관계 활동에 대한 질적 측면도 함께 고려한 고객가치평가 모형
② Recency(최근 구매시점), Frequency(구매빈도), Monetary(구매금액)의 3가지 지표를 바탕으로 계량적으로 측정

128 전사적자원관리(ERP ; Enterprise Resource Planning)
┌ ERP 시스템 발전순서 : MRP → MRP Ⅱ → ERP → Extended ERP

① 정보기술을 활용하는 경영전략의 하나로, 기업이 통합된 데이터를 기반으로 재무, 생산소요계획, 인적자원, 주문충족 등 기업의 전반적인 업무 프로세스를 시스템으로 구축하여 관리하는 것
② 기업 활동에 필요한 모든 자원을 통합·관리하고 정보를 공유함으로써 효율적인 업무처리 가능
③ 기업 내 부서 간 정보전달을 통한 전사적정보관리를 위해 ERP기술이 보편적으로 사용됨
                                                    └ EDI(X)

129 SCM(Supply Chain Management, 공급사슬관리)의 실행

① 공급업체와 효과적인 커뮤니케이션이 적시에 이루어져야 함
② 장기적으로 강력한 파트너십 구축
③ **인적 네트워크의 활용보다 각종 정보기술의 효과적인 활용을 우선시** → 각종 정보기술의 효과적인 활용보다 인적 네트워크의 활용을 우선시(X)
④ 전사적자원관리(ERP), 고객관계관리(CRM) 등의 통합정보시스템 지원은 필수적
⑤ 고객의 가치와 니즈를 이해하고 만족시킴

130 SCM의 성과지표

① SCOR(Supply Chain Operation Reference)
  ㉠ 개념 : 현재의 프로세스를 진단하고 개선 목표와의 차이를 파악함으로써 개선의 방향을 제시하는 도구
  ㉡ 기본관리 프로세스 : 계획 → 조달(Source) → 제조 → 배송 → 반품
② 균형성과표(BSC ; Balanced Score Card) : 조직의 성과목표 달성을 위해 재무, 고객, 내부프로세스, 학습 및 성장 관점에서 균형 잡힌 성과지표를 설정하고 그 성과를 측정하는 성과관리 기법

131 SCM의 변화 방향

① 재고 중시에서 정보 중시 방향으로 변화
② 공급자 중심에서 고객 중심으로 변화
③ 거래 중시에서 관계 중시 방향으로 변화
④ 기능 중시에서 프로세스 중시 방향으로 변화
⑤ 푸시(push) 관행에서 풀(pull) 관행으로 변화 → 풀(pull) 관행에서 푸시(push) 관행으로 변화(X)

132 빅데이터

① **3대 특성** : 데이터 규모(Volume), 데이터 생성속도(Velocity), 데이터 다양성(Variety)
  └ 최근에는 3대 특성에 가치(Value)나 복잡성(Complexity)을 포함
② 빅데이터 분석 기술
  ㉠ 텍스트 마이닝 : 자연어를 분석하고, 자연어 속에 숨겨진 정보를 파악하는 데이터 분석 기법
  ㉡ 데이터 마이닝 : 대용량 데이터로부터 자동으로 체계적이고 통계적인 규칙이나 형태를 찾아, 숨어 있는 데이터 사이의 상호 연관성 및 유용한 정보를 추출하는 기법
  ㉢ 프로세스 마이닝 : 시스템에 기록된 이벤트 로그를 분석하여 프로세스에 관한 통찰, 병목 구간 발견, 프로세스 낭비 요소 제거, 프로세스 변경의 효과검증, 업무수행 규정 위반 검증, 공정 표준화, 감사 등의 목적으로 활용할 수 있는 기법
  ㉣ 오피니언 마이닝 : 특정한 상품 및 서비스에 대한 시장규모 예측, 고객 구전효과 분석에 활용되는 데이터 분석 기법
  ㉤ 소셜네트워크분석 : 그래프 이론을 활용해서 소셜네트워크의 연구구조 및 강도를 분석하는 데이터 분석 기법
  ㉥ 군집 분석 : 비슷한 특성을 가지고 있는 데이터를 통합해서 유사한 특성으로 군집화하는 데이터 분석 기법
  ㉦ 회귀 분석 : **한 변수 혹은 여러 변수가 다른 변수에 미치는 영향력의 크기를 회귀방정식으로 추정하고 분석하는 통계적 분석 기법** → 종속변수와 독립변수의 상관관계를 분석하는 데이터 분석 기법(X)
  ㉧ CEP : 시스템에서 발생한 다양한 이벤트 로그를 시나리오 기반으로 실시간 분석하여 이에 대응하는 기능을 수행하는 기법

133 RFID(Radio Frequency Identification, 무선주파수식별법) 태그

① 무선(RF)으로 인식하는 기술
  └ QR 코드에 비해 근거리 접촉으로 정보를 확보(X)
② 동시 복수 인증 가능
③ 배터리를 내재한 RFID 태그는 그렇지 않은 태그에 비해 성능이 우월
④ RFID 태그 가격이 지속적으로 하락하고 있어 기업의 유통 및 물류 부분에서의 활용 가능성이 높아지고 있음
⑤ 바코드와 비교할 때, 오염에 대한 내구성이 강함

134 블록체인(Blockchain)

① 공공거래 장부로 불리는 데이터 분산 처리기술로서 네트워크에 참여하는 모든 사용자가 모든 거래내역 등의 데이터를 분산·저장하는 기술을 지칭
  └ 거래 기록에 대하여 가시성을 확보할 수 없음(X)
② 비트코인의 기반 기술로, 중앙서버 없이 노드(node)들이 자율적으로 연결되는 P2P(peer-to-peer)방식을 기반으로 각 노드에 데이터를 분산 저장하는 데이터분산처리기술
③ 일반적으로 네트워크 관리 권한 및 접근 자격에 따라 개방형, 폐쇄형, 컨소시엄형으로 구분

우리가 해야 할 일은 끊임없이 호기심을 갖고
새로운 생각을 시험해보고 새로운 인상을 받는 것이다.

– 월터 페이터 –

부록

최빈출 200제

제1과목 유통·물류일반관리
제2과목 상권분석
제3과목 유통마케팅
제4과목 유통정보

부록 최빈출 200제

제1과목 유통·물류일반관리

001 24년 1회

아래 글상자에서 유통경로상 여러 경로 기관의 유통흐름 유형에 대한 설명으로 옳은 것을 모두 고르면?

> ㉠ 물적 흐름: 생산자로부터 최종소비자에 이르기까지의 제품의 이동
> ㉡ 소유권 흐름: 유통기관으로부터 다른 기관으로의 소유권의 이전
> ㉢ 지급 흐름: 고객이 대금을 지급하거나, 판매점이 생산자에게 송금
> ㉣ 정보 흐름: 유통기관 사이의 정보의 흐름
> ㉤ 촉진 흐름: 광고, 판촉원 등 판매촉진 활동의 흐름

① ㉠
② ㉠, ㉡
③ ㉠, ㉡, ㉢
④ ㉠, ㉡, ㉢, ㉣
⑤ ㉠, ㉡, ㉢, ㉣, ㉤

해설
경로 흐름의 유형 : 물적 흐름, 소유권 흐름, 대금 지급 흐름, 정보 흐름, 촉진 흐름

정답 ⑤

002 21년 2회

상인 도매상은 수행기능의 범위에 따라 크게 완전기능도매상과 한정기능도매상으로 구분한다. 완전기능도매상에 해당되는 것으로 옳은 것은?

① 현금으로 거래하며 수송서비스를 제공하지 않는 현금무배달도매상
② 제품에 대한 소유권을 가지고 제조업자로부터 제품을 취득하여 소매상에게 직송하는 직송도매상
③ 우편을 통해 주문을 접수하여 제품을 배달해주는 우편주문도매상
④ 서로 관련이 있는 몇 가지 제품을 동시에 취급하는 한정상품도매상
⑤ 트럭에 제품을 싣고 이동판매하는 트럭도매상

해설
완전기능도매상과 한정기능도매상
- 완전기능도매상은 고객들을 위하여 수행하는 서비스 중에서 필요한 광범위한 서비스를 제공하는 도매상으로, 고객들이 요구하는 거의 모든 상품을 판매하는 종합상인도매상과 한정된 전문계열의 제품을 판매하는 한정상품도매상(전문상인도매상)으로 분류할 수 있다.
- 한정기능도매상은 완전기능도매상들과는 달리 도매상의 기능 중에서 일부만을 수행하는 도매상으로, 현금판매-무배달 도매상, 트럭도매상, 직송도매상, 선반도매상, 우편주문도매상 등으로 분류할 수 있다.

정답 ④

003 19년 3회

소매상이 소비자에게 제공하는 기능으로 옳지 않은 것은?

① 소매상은 소비자에게 필요한 정보를 제공한다.
② 소매상은 소비자가 원하는 상품구색을 제공한다.
③ 소매상은 자체의 신용정책을 통하여 소비자의 금융부담을 덜어주는 금융기능을 수행한다.
④ 소매상은 소비자에게 애프터서비스의 제공과 제품의 배달, 설치, 사용방법의 교육 등과 같은 서비스를 제공한다.
⑤ 소매상은 제조업자 제품의 일정 부분을 재고로 보유하여 재무부담을 덜어주는 기능을 수행한다.

해설
적절한 재고를 확보·유지하는 기능은 소매상이 생산 및 공급업자에게 제공하는 기능이다.

정답 ⑤

004 25년 1회

소매업의 발전과정을 나타내는 다양한 이론들에 대한 설명으로 옳지 않은 것은?

① 소매업 수레바퀴가설은 저가격을 기반으로 한 새로운 소매업태의 출현을 설명하는 데 유용하다.
② 소매수명주기 중 도입단계에서는 초기투자비용으로 인해 수익성이 낮거나 마이너스인 경우가 많다.
③ 소매수명주기 중 성숙단계에서는 시장점유율은 안정되지만 수익성이 감소하기 시작한다.
④ 소매수명주기 중 쇠퇴단계에서는 기존소매업태는 경쟁에서 우위를 잃고 이익이 급격하게 감소한다.
⑤ 소매아코디언이론은 가격과 마진의 변화에 초점을 맞추고 있다.

해설
소매아코디언이론은 가격과 마진의 변화가 아니라 상품믹스의 변화에 초점을 맞춘 소매 이론으로, 소매상은 제품 구색이 넓은 소매업태에서 전문화된 좁은 소매업태로 변화되었다가 다시 넓은 제품 구색의 소매업태로 변화되어 간다고 설명하는 이론이다.

정답 ⑤

005 20년 3회

아래 글상자 내용은 유통경로의 필요성에 관한 것이다. ㉠~㉤에 들어갈 용어를 순서대로 옳게 나열한 것은?

- **총거래수 (㉠)원칙** : 유통경로에서는 중간상이 개입함으로써 단순화, 통합화됨
- **(㉡)의 원리** : 유통경로상 수행되는 수급조절, 수배송, 보관, 위험부담 등을 생산자와 유통기관이 (㉡)하여 참여함
- **(㉢) 우위의 원리** : 유통분야는 (㉣)가 차지하는 비중이 (㉤)보다 크므로 제조와 유통의 역할을 분담하는 것이 비용 측면에서 유리

	㉠	㉡	㉢	㉣	㉤
①	최대	통합	변동비	고정비	변동비
②	최대	분업	변동비	고정비	변동비
③	최대	통합	고정비	변동비	고정비
④	최소	분업	변동비	변동비	고정비
⑤	최소	분업	고정비	변동비	고정비

해설
- 총거래수 (㉠ 최소의) 원칙 : 유통경로에서 중간상이 개입함으로써 거래수가 결과적으로 단순화, 통합화되어 실질적인 거래비용이 감소한다.
- (㉡ 분업의) 원리 : 유통업에서도 제조업에서와 같이 유통경로상에서 수행되는 수급조절, 수배송, 보관, 위험부담 및 정보수집 등을 생산자와 유통기관이 (㉡ 분업)한다면 경제성과 능률성이 보다 향상된다.
- (㉢ 변동비) 우위의 원칙 : 유통분야에서는 제조업과는 다르게 (㉣ 변동비)의 비중이 (㉤ 고정비)의 비중보다 상대적으로 크기 때문에 제조분야와 유통분야를 통합하여 판매하면 큰 이익을 기대하기 어렵다. 따라서 제조분야와 유통분야를 무조건 통합하여 대규모화하기보다는 제조업자와 유통기관이 적절하게 역할을 분담한다면 비용 면에서 훨씬 유리하다.

정답 ④

006 24년 1회

우리나라 유통업체의 영향력과 역할 변화에 대한 설명으로 옳지 않은 것은?

① 유통업체 영향력 증가의 가장 중요한 요인 중 하나는 유통업계의 대형화와 집중화 현상을 들 수 있다.
② 소비자행동이 대형매장을 찾아 원스톱 쇼핑(one-stop shopping)을 추구하는 것처럼 우리나라 유통업체의 영향력과 역할 변화는 대형 유통업체에 유리한 방향으로 발전해 왔다.
③ 유통채널의 전통적 구조가 무너지면서 제조업체, 도매업체, 소매업체들은 원래 그들이 가지고 있던 고유 기능만 수행하고 있다.
④ 정보 처리기술의 발달은 유통업체들의 정보 수집 능력도 키워 주었고 유통업체의 영향력 증대에도 한몫하고 있다.
⑤ 유통업체들은 자신들이 지닌 막강한 소비자 데이터를 기반으로 공급업체 및 소비자들과의 관계를 구축해 나감으로써 제조업체에 비해 유리한 고지를 점할 수 있게 되었다.

해설
전통적인 유통 구조에서는 제조업체(상품 생산 및 상품의 브랜드 제작, 상품 홍보와 가격결정, 도매업체를 대상으로 하는 판매 등을 담당), 도매업체(제조업체로부터 상품 구매, 상품 수송, 소매업체에 상품 판매 등을 담당), 소매업체(도매업체로부터 상품 구입, 상품의 보관·전시·홍보, 소비자를 대상으로 판매 등을 담당)는 각각 자신들만의 고유한 기능을 수행했지만 유통 채널의 전통적 구조가 무너지면서 고유 기능에 국한하지 않고 모든 기능을 복합적으로 수행하게 되었다.

정답 ③

007 19년 1회

공급사슬관리(SCM)에서 활용하는 지연전략(postponement strategy)에 대한 내용으로 옳은 것은?

① 지연전략은 고객의 수요를 제품설계에 반영시킴으로써 생산 후 재고보유 시간을 최대한 연장시키는 전략이다.
② 주문을 받기 전까지 모든 자동화의 기본색을 유지시키고, 이후 색상주문이 들어오면 페인트칠을 하는 것은 지리적 지연전략이다.
③ 가장 중요한 창고에 재고를 유지하며, 지역 유통업자들에게 고객의 주문을 넘겨주거나 고객에게 직접 배송하는 것은 제조 지연전략이다.
④ 컴퓨터의 경우, 유통센터에서 프린터, 웹캠 등의 장치를 최종적으로 조립하거나 포장하는 경우는 결합 지연전략이다.
⑤ 신차판매 시 사운드 시스템, 선루프 등을 설치옵션으로 두는 것은 지리적 지연전략이다.

해설
① 지연전략은 제품의 완성을 최대한 연장시켜 재고보유 시간을 최대한 줄이는 전략이다.
② 주문을 받기 전까지 모든 자동화의 기본색을 유지시키고, 이후 색상주문이 들어오면 페인트칠을 하는 것은 제조 지연전략이다.
③ 가장 중요한 창고에 재고를 유지하며, 지역 유통업자들에게 고객의 주문을 넘겨주거나 고객에게 직접 배송하는 것은 지리적 지연전략이다.
⑤ 신차판매 시 사운드 시스템, 선루프 등을 설치옵션으로 두는 것은 결합 지연전략이다.

정답 ④

008 24년 3회

아래 글상자에서 유통구성원의 기능 중 쌍방흐름으로만 바르게 나열한 것은?

㉠ 물리적 보유	㉡ 촉 진
㉢ 주 문	㉣ 금 융
㉤ 위험부담	㉥ 협 상
㉦ 대금지급	

① ㉢, ㉣, ㉤
② ㉣, ㉤, ㉥
③ ㉡, ㉢, ㉣, ㉤
④ ㉡, ㉤, ㉥, ㉦
⑤ ㉠, ㉡, ㉢, ㉣, ㉤, ㉥, ㉦

해설
㉠, ㉡은 전방기능 흐름에 해당하고, ㉢, ㉦은 후방기능 흐름에 해당한다.

정답 ②

009 24년 2회

아래 글상자에서 제 원가 요소를 부과하거나 배부해서 산출하는 원가가산기준법(cost plus basis method)의 계산구조 설명으로 옳은 것을 모두 고르면?

| ㉠ 직접재료비 + 직접노무비 + 직접경비 = 직접원가 |
| ㉡ 직접원가 + 제조간접비 = 제조원가 |
| ㉢ 제조원가 + 판매간접비 및 일반관리비 = 총원가 |
| ㉣ 총원가 + 희망(예정)이익 = 판매가격 |

① ㉠
② ㉠, ㉡
③ ㉡, ㉢
④ ㉠, ㉡, ㉢
⑤ ㉠, ㉡, ㉢, ㉣

해설
원가가산기준법(cost plus basis method)은 제품이나 서비스를 생산하는 데 드는 총 생산비용에 원하는 이익 금액을 추가하는 가격책정방법이다.

정답 ⑤

010 25년 2회

유통 경로의 목표를 설정할 경우, 각 특성별로 고려해야 할 사항으로 가장 옳지 않은 것은?

① 중간상 특성 : 중간상 유형별 장단점
② 기업 특성 : 인적, 물적, 재무적 자원
③ 경쟁적 특성 : 경쟁자의 유통경로 믹스
④ 환경적 특성 : 경기변동, 법적 · 제도적 환경요인
⑤ 제품 특성 : 판매증대, 이익증대, 소비자 만족

해설
유통경로의 목표 설정 시 고려해야 할 제품 특성으로는 단가, 부패가능성, 제품의 기술적 특징 등이 있다.

정답 ⑤

011 24년 1회

경로성과를 측정하는 차원 중 투입 대비 산출의 비율로 측정되며, 일정한 산출을 얻기 위해 얼마나 많은 비용이 투입되었는가를 말해줄 수 있는 척도로 옳은 것은?

① 효과성
② 형평성
③ 잠재수요자극
④ 유동성
⑤ 효율성

해설
유통경로 성과평가

효율성	일정한 비용에 의해 얼마나 많은 산출이 발생하였는가를 측정하는 기준을 말한다.
효과성	하나의 경로시스템이 평가하는 표적시장에서 요구하는 서비스 산출을 얼마나 제공하였는가를 측정하는 것에 중점을 두는 목표지향적인 성과기준이다.
형평성	유통시스템에 의해 제공되는 혜택이 여러 세분시장에 어느 정도 골고루 배분되는지를 측정하는 성과기준이다.

정답 ⑤

012 22년 3회

수직적 통합이 일어나는 경우 합병하는 회사측은 현실적으로 여러 문제점에 직면할 수 있는데 이에 대한 설명으로 가장 옳지 않은 것은?

① 분업에 따른 전문화의 이점을 누리기 힘들어진다.
② 유통경로 구성원 간의 관계를 경쟁관계로 바뀌게 한다.
③ 조직의 슬림화로 인해 구성원의 업무량이 증가한다.
④ 통합하려는 기업은 많은 자금을 합병에 투입하게 된다.
⑤ 조직관리에 많은 비용을 소모하게 되어 경기가 좋지 않을 때에는 자금부담이 생길 수 있다.

해설
수직적 통합은 조직의 비대화를 가져와 관료화의 문제를 겪기 쉽다.

정답 ③

013 22년 1회

범위의 경제와 관련된 설명으로 가장 옳지 않은 것은?

① 한 기업이 다양한 제품을 동시에 생산함으로써 비용상 우위를 누리는 것을 말한다.
② 하나의 생산과정에서 두 개 이상의 생산물이 생산되는 경우에 발생한다.
③ 기업은 생산량을 증대하여 단위당 비용의 하락을 통해 이익을 얻을 수 있다.
④ 한 제품을 생산하는 과정에서 부산물이 생기는 경우에 나타날 수 있다.
⑤ 제조업체에게 비용절감 효과를 가져올 수 있다.

해설
③은 규모의 경제와 관련된 설명이다.

정답 ③

014 24년 3회

환경분석을 통해 소매업체가 추구할 수 있는 다양한 성장전략에 관한 설명으로 가장 옳지 않은 것은?

① 시장침투를 증가시키기 위해서는 표적시장에 보다 많은 점포를 개설하거나 기존 점포의 영업시간을 늘리기도 한다.
② 고객에게 드레스를 판매한 후 그에 어울릴 스카프를 판매하는 교차판매는 시장다각화전략의 예이다.
③ 관련다각화는 현재의 표적시장과 새로운 사업기회가 공통점이 있는 경우로 동일한 물류시스템을 활용하기도 한다.
④ PB를 기획하던 소매업체가 생산 공장을 소유하는 것은 일종의 수직적 통합이다.
⑤ 소매업태 개발기회는 동일한 표적시장의 고객에게 다른 소매믹스를 가진 새로운 소매업태를 제공하는 방식이다.

해설
교차판매 전략은 고객이 구매하려는 제품을 보완하거나 이에 호환될 수 있는 제품을 함께 구매하도록 유도하는 전략으로, 기존 제품이 아닌 새로운 시장으로 진출하려는 다각화 전략과 다른 전략이다. 시장 다각화 전략은 기업이 속한 산업 밖에서 기회를 발견하려는 전략으로, 기존의 제품이나 시장과는 다른 새로운 사업을 시작하거나 인수하는 전략이다.

정답 ②

015 24년 1회

유통시장 개방에 따른 국내 유통시장의 긍정적 영향에 대한 설명으로 옳지 않은 것은?

① 선진 유통기법 도입의 촉진
② 소비자의 선택폭 확대
③ 경쟁 촉진에 따른 유통 효율성의 제고
④ 영세유통업자의 시장점유율 확대
⑤ 고객 서비스 수준의 향상

해설
국내 유통시장 개방은 선진 유통기법 도입을 촉진하여 소비자의 선택폭이 확대되는 등 긍정적 발전을 가져올 수 있는 반면에 경쟁력이 약한 국내 영세유통업자의 시장점유율은 그만큼 위축될 수 있다.

정답 ④

016 20년 2회

최근 국내외 유통산업의 동향과 추세에 대한 설명으로 옳지 않은 것은?

① 소비양극화에 따라 개인 가치에 부합하는 상품에 대해서는 과도한 수준의 소비가 발생하고 관심이 적은 생필품은 저가격 상품을 탐색하는 성향이 증가하고 있다.
② 소비자의 멀티채널 소비 증가로 유통업체의 옴니채널 구축이 가속화되고 있다.
③ 복합쇼핑몰, 카테고리킬러 등 신규업태가 탄생하고 업태 간 경계가 모호해지고 있다.
④ 업태 간 경쟁심화에 따라 이익보다는 매출에 초점을 둔 경쟁이 심화되고 있다.
⑤ 모바일과 IT기술 확산에 따른 리테일테크(retail+tech) 발달이 가속화되고 있다.

해설
업태 간 경쟁이 심화됨에 따라 단순한 매출보다는 이익에 초점을 둔 경쟁이 심화되고 있다.

정답 ④

017 19년 2회

아래 글상자 (㉠)과 (㉡)에 들어갈 용어가 옳게 나열된 것은?

> (㉠)에서는 사업자로부터 상품을 구매한 업체가 소비자에게 상품을 판매하는 B2B2C형태의 거래가 이루어진다.
> (㉡)에서는 업체가 제공하는 장소에서 소비자에게 직접 상품을 판매하는 C2C형태의 거래가 이루어진다.

① ㉠ 오픈마켓, ㉡ 카탈로그마케팅
② ㉠ 카탈로그마케팅, ㉡ 소셜커머스
③ ㉠ 소셜커머스, ㉡ 카탈로그마케팅
④ ㉠ 소셜커머스, ㉡ 오픈마켓
⑤ ㉠ 홈쇼핑, ㉡ T 커머스

해설
- 소셜커머스(Social Commerce) : 소셜 미디어와 온라인 미디어를 활용하는 전자상거래의 일종으로 일정 수의 소비자들이 모여서 공동구매를 통해 가격하락을 유도한다.
- 오픈마켓(Open Market) : 개인 또는 소규모 업체가 온라인상에서 직접 상품을 등록해 판매할 수 있도록 한 전자상거래 사이트로 판매자가 직접 제품을 판매하고, 구매자가 직접 판매자에게 제품을 구매하는 방식이다(중개 방식).

정답 ④

018 21년 1회

유통환경 분석의 범위를 거시환경과 미시환경으로 나누어 볼 때 그 성격이 다른 하나는?

① 경제적 환경
② 정치, 법률적 환경
③ 시장의 경쟁 환경
④ 기술적 환경
⑤ 사회문화적 환경

해설
①·②·④·⑤ 거시환경에 속한다.
③ 미시환경에 속한다.

정답 ③

019 22년 1회

유통경영의 외부환경을 분석하기 위해 포터의 산업분석을 활용할 경우에 대한 설명으로 가장 옳지 않은 것은?

① 기존 경쟁자들 간의 경쟁 정도를 확인해야 한다.
② 공급자의 협상능력이 클수록 산업전반의 수익률이 증가하여 시장 매력도가 높아진다.
③ 생산자입장에서 소매상의 힘이 커질수록 가격결정에서 불리하다.
④ 외부환경이 미치는 영향은 기업에 따라 기회 또는 위협으로 작용한다.
⑤ 대체재의 유무에 따라 산업의 수익률이 달라진다.

해설
일반적으로 공급자의 협상능력이 클수록 기업의 원가부담이 증가하여 이윤은 감소하게 된다. 즉 공급자의 교섭능력이 높아질수록 시장 매력도는 낮아진다.

정답 ②

020 19년 1회

마이클 포터(Michael Porter)가 제시한 기업의 경쟁을 결정하는 5가지 요인으로 옳지 않은 것은?

① 공급자의 교섭력
② 구매자의 교섭력
③ 보완재의 유무
④ 잠재적 진입자와의 경쟁
⑤ 기존 기업들 간의 경쟁

해설
보완재의 유무가 아니라 대체재와의 경쟁이다. 마이클 포터(Michael Porter)의 산업구조분석 모형에서 기업의 경쟁을 결정하는 5가지 요인은 공급자의 교섭력, 구매자의 교섭력, 대체재와의 경쟁, 잠재적 시장진입자와의 경쟁, 기존 기업들 간의 경쟁이다.

정답 ③

021 20년 추가

포터(M. Porter)의 가치사슬분석에 의하면 기업 활동을 본원적 활동과 보조적 활동으로 구분할 수 있는데, 이 중 보조적 활동에 속하지 않는 것은?

① 경영혁신
② 서비스활동
③ 인적자원관리
④ 조달활동
⑤ 기술개발

해설
서비스활동은 본원적 활동에 속한다.

정답 ②

022 24년 1회

SWOT 분석의 전략적 활용에 대한 일반적인 설명으로 옳지 않은 것은?

① 전사적 차원에서 활용할 수도 있고 사업 단위 차원에서도 활용할 수 있다.
② SO 전략의 경우, 기업 내부 강점을 이용하여 외부로 확장하는 전략을 활용한다.
③ ST 전략의 경우, 기업 내부 강점을 활용하되 외부 위협은 회피하는 안정 성장전략을 활용한다.
④ WO 전략의 경우, 기업 내부 약점을 보완하고 외부 기회를 활용하는 사업축소 전략을 활용한다.
⑤ WT 전략의 경우, 기업의 내부 약점과 외부 위협이 공존하기에 사업 철수전략을 고려한다.

해설
사업축소 전략은 WT 전략 시 활용된다. WO 전략은 기업 내부의 약점을 보완하여 기회를 포착하는 전략이다.

정답 ④

023 24년 3회

경로목표를 달성하기 위해 경로전략에서 다루는 사항들에 대한 설명으로 옳지 않은 것은?

① 특정 지역 범위 내에 얼마나 많은 중간상을 둘 것인가에 관한 고객커버리지정책을 다룬다.
② 유통경로를 통한 가격과 가격수준 결정을 위한 가격 결정정책을 다룬다.
③ 전속거래, 상품 묶음과 같은 상품계열정책을 다룬다.
④ 경로구성원의 능력 평가 등과 같은 경로구성원의 선별과 결정정책을 다룬다.
⑤ 경로기능을 경로구성원 간 배분하는 과정을 다룬 경로 소유권 정책이 있다.

해설
특정 지역에 자사 제품을 취급하는 점포를 얼마나 많이 활용할 것인지, 어떤 유통경로를 사용할 것인지 결정하는 유통경로 커버리지 정책을 다룬다.

정답 ①

024 23년 3회

아웃소싱을 실시하는 기업이 얻을 수 있는 장점으로 가장 옳지 않은 것은?

① 다른 채널의 파트너로부터 규모의 경제 효과를 얻을 수 있다.
② 분업의 원리를 통해 이익을 얻을 수 있다.
③ 고정비용은 늘어나지만 변동비용을 줄여서 비용 절감 효과를 얻을 수 있다.
④ 아웃소싱 파트너의 혁신적인 혜택을 누릴 수 있다.
⑤ 자사의 기술보다 우월한 기술을 누릴 수 있다.

해설
아웃소싱은 고정비를 변동비로 전환하여 고정비용을 크게 절감할 수 있다.

정답 ③

025 23년 3회

아래 글상자가 설명하는 합작투자 유형으로 옳은 것은?

> 공여기업이 자사의 제조공정, 등록상표, 특허권 등을 수여기업에게 제공하고 로열티 혹은 수수료를 받는 형태이다. 이를 통해, 수여기업은 생산의 전문성 혹은 브랜드를 자체개발 없이 사용할 수 있다는 이점이 있고, 공여기업은 낮은 위험부담으로 해외시장에 진출할 수 있다는 장점이 있다.

① 계약생산(contract manufacturing)
② 관리계약(management contracting)
③ 라이센싱(licensing)
④ 공동소유(joint ownership)
⑤ 간접수출(indirect exporting)

해설
③ 라이센싱은 상표 등록된 재산권을 가지고 있는 개인 또는 단체가 타인에게 대가를 받고 그 재산권을 사용할 수 있도록 상업적 권리를 부여하는 계약이다. 라이센서(Licensor)는 상표 등록된 재산권을 가지고 있는 자를 말하며, 라이센시(Licensee)는 이 권리를 대여받는 자를 지칭한다.
① 계약생산은 라이센싱과 직접투자의 중간적 성격을 띠고 있지만 지분 참여가 없다는 점에서는 직접투자와 확실히 구분되며, 통상 해외 고객에게 자사가 제품을 직접 공급할 수 있는 생산 여력이 미치지 못하거나 현지시장이 협소하여 직접투자형태 진출이 타당하지 않는 경우에 이용된다.
② 관리계약은 국내외에 있는 특정 기업의 경영을 대행하거나 특정 업무를 관리하고, 그에 대한 반대급부로 대가를 받기 위해 맺은 계약이다.
④ 공동소유는 여러 사람이 공동으로 한 개의 물건을 소유하는 형태를 말한다.
⑤ 간접수출은 제조업자가 자국내에 있는 무역상사를 통해서 해외에 수출하는 것을 말한다.

정답 ③

026 24년 2회

풀(Pull) 요인 관련 유통기업들이 글로벌 신규시장으로 진입할 때의 위협요인으로 옳지 않은 것은?

① 통화의 차이가 발생한다.
② 해외정부의 제약조건이 있다.
③ 문화적 차이는 존재하지 않는다.
④ 후진국 진출 시 유통시스템과 기술이 부재하다.
⑤ 경영방식의 차이로 위협요인이 해외에서 수용이 어려울 수도 있다.

해설
글로벌 신규시장으로 진입하려는 유통기업은 문화적 차이를 극복하기 위해 상대 문화에 대한 깊이 있는 지식을 갖추어야 하고 현지인들이 선호하는 비즈니스 방식을 이해해야 한다.

정답 ③

027 23년 2회

에머슨(Emerson, H.)의 직계·참모식 조직(line and staff organization)의 단점에 대한 설명으로 옳지 않은 것은?

① 명령체계와 조언, 권고적 참여가 혼동되기 쉽다.
② 집행부문이 스태프(staff) 부문에 자료를 신속·충분하게 제공하지 않으면 참모 부문의 기능은 잘 발휘되지 못한다.
③ 집행부문의 종업원과 스태프(staff) 부문의 직원 간에 불화를 가져올 우려가 있다.
④ 라인(line)의 창의성을 결여하기 쉽다.
⑤ 명령이 통일되지 않아 전체의 질서적 관리가 혼란스러워지는 경우가 발생할 수 있다.

해설
직계·참모식 조직은 명령 전달과 통제 기능은 라인조직의 이점을 활용하기 때문에 지휘 명령권이 명확하다.

정답 ⑤

028 24년 3회

프로젝트 조직에 대한 내용으로 가장 옳지 않은 것은?

① 과제 진행에 따라 인력 구성의 탄력성이 존재한다.
② 목적달성을 지향하는 조직이므로 구성원들의 과제 해결을 위한 사기를 높일 수 있다.
③ 기업 전체의 목적보다는 사업부만의 목적달성에 더 관심을 기울이게 된다.
④ 해당 조직에 파견된 사람은 선택된 사람이라는 우월감이 조직 단결을 저해하기도 한다.
⑤ 전문가로 구성된 일시적인 조직이므로 그 조직 관리자의 지휘능력이 중요하다.

해설
프로젝트 조직은 특정한 사업 목표를 달성하기 위해 해산을 전제로 임시적으로 조직 내의 인적·물적 자원을 결합하는 조직 형태를 말한다. 임시적이고 작은 규모의 단위이나 하나의 회사처럼 프로젝트에 필요한 모든 인력이 모여 새로운 가치를 창출하는 조직구조이므로, 사업부만의 목적 달성보다 기업 전체의 목적 달성에 더 관심을 기울인다.

정답 ③

029 21년 2회

아래의 글상자에서 설명하고 있는 동기부여전략으로 옳은 것은?

> - 자신의 업무와 관련된 목표를 상사와 협의하여 설정하고 그 과정과 결과를 정기적으로 피드백한다.
> - 구체적인 목표가 동기를 자극하여 성과를 증진시킨다.
> - 목표가 완성되었을 경우 상사와 함께 평가하여 다음 번 목표 설정에 활용한다.

① 목표관리이론
② 직무충실화이론
③ 직무특성이론
④ 유연근로제
⑤ 기대이론

해설
② 직무충실이론은 단순히 직무를 구조적으로 크게 하는 것이 아니라, 직무의 내용을 풍부하게 만들어 작업상 책임을 늘리며 능력을 발휘할 수 있는 여지를 만들고, 도전적이고 보람 있는 일이 되도록 직무를 구성하는 것을 의미한다.
③ 특정한 직무특성이 특정한 심리상태를 유발하고 이것이 다시 직무성과와 연관되는데, 이때 종업원의 개인차가 이러한 일련의 과정에 영향을 줄 수 있다는 이론이다.
④ 일하는 시간이나 기간을 근로자가 선택할 수 있는 제도를 말한다.
⑤ 개인은 자신의 노력의 정도에 따른 결과를 기대하게 되며, 그 기대를 실현하기 위하여 어떤 행동을 결정한다는 동기이론이다.

정답 ①

030 22년 2회

아래 글상자의 동기부여이론을 설명하는 내용으로 가장 옳은 것은?

> - 맥그리거(D. McGregor)가 제시함
> - 종업원은 조직에 의해 조종되고 동기부여되며 통제받는 수동적인 존재임

① 위생요인에 대해 설명하는 이론이다.
② 인간의 행동을 지나치게 일반화 및 단순화하고 있다는 문제가 있다.
③ 고차원의 욕구가 충족되면 저차원의 욕구를 충족시키기 위해 노력한다.
④ Y형 인간에 대해 기술하고 있다.
⑤ 감독, 급료, 작업조건의 개선은 동기부여 자체와는 관련이 없다.

해설
맥그리거(D. McGregor)의 XY이론은 인간의 본성에 대한 부정적 관점인 X이론과 긍정적 관점인 Y이론을 제시하고 있는데, 이 이론은 인간의 다양한 행동양식을 고려하지 않고 지나치게 단순화하고 있다는 문제점이 있다.
① 위생요인은 허즈버그의 2요인 이론에 대한 내용이다.
③ 고차원의 욕구와 저차원의 욕구를 구분하는 것은 매슬로우의 욕구단계이론과 관련된 내용이다.
④ X형 인간에 대해 기술하고 있다.
⑤ 위생요인에 해당하는 감독, 급료, 작업조건의 개선 등은 효과가 단기적이므로 동기부여 방법으로는 비효율적이라고 주장하는 이론은 허즈버그의 2요인이론이다.

정답 ②

031 24년 2회

아래 글상자 내용 중 변혁적 리더십과 관련된 내용으로만 나열한 것을 모두 고르면?

> ㉠ 비전 제시, 자존감 고취
> ㉡ 안정지향적
> ㉢ 규정·법규를 강조하고 일탈 행위를 감시
> ㉣ 개인에 대한 관심과 조언을 제공
> ㉤ 리더와 멤버는 공동의 목표를 추구

① ㉠, ㉡, ㉢
② ㉠, ㉢, ㉣
③ ㉠, ㉣, ㉤
④ ㉡, ㉢, ㉣
⑤ ㉡, ㉢, ㉣, ㉤

해설
㉡·㉢ 거래적 리더십과 관련된 내용이다.

정답 ③

032 21년 3회

직무분석과 직무평가에 대한 설명으로 옳지 않은 것은?

① 직무분석이란 과업과 직무를 수행하는 데 요구되는 인적자질에 의해 직무의 내용을 정의하는 공식적 절차를 말한다.
② 직무분석에서 직무요건 중 인적 요건을 중심으로 정리한 문서를 직무기술서라고 한다.
③ 직무분석은 효과적인 인적자원관리를 위해 선행되어야 할 기초적인 작업이다.
④ 직무평가는 직무를 일정한 기준에 의거하여 서로 비교함으로써 상대적 가치를 결정하는 체계적인 활동을 말한다.
⑤ 직무평가는 직무의 가치에 따라 공정한 임금지급 기준, 합리적인 인력의 확보 및 배치, 인력의 개발 등을 결정할 때 이용된다.

해설
직무기술서는 종업원의 직무분석 결과를 토대로 직무수행과 관련된 각종 과업 및 직무행동 등을 일정한 양식에 따라 기술한 문서를 의미한다.

정답 ②

033 20년 추가

아래 글상자에서 설명하는 조직구성원에 대한 성과평가방법으로 옳은 것은?

> ㉠ 종업원 전체 범주 중 특정범주로 할당해서 성과를 평가하는 방법
> ㉡ S등급 10%, A등급 30%, B등급 30%, C등급 30% 등으로 평가함
> ㉢ 구성원의 성과가 다양한 분포를 보일 때 가장 효과적인 평가방법이며, 갈등을 피하고자 모두를 관대하게 평가하고자 하는 유혹을 극복할 수 있음

① 단순서열법(simply ranking)
② 강제배분법(forced distribution method)
③ 쌍대비교법(paired-comparison method)
④ 행위기준고과법(BARS ; Behaviorally Anchored Rating Scale)
⑤ 행동관찰척도법(BOS ; Behavioral Observation Scale)

해설
① 평가직무의 기술서를 미리 분류 담당자에게 배부해 그 내용을 숙지시킨 뒤, 직무의 곤란성·책임성 및 복잡성과 자격 요건 등을 기준으로 하여 각 직위의 서열을 매기도록 하는 방법이다.
③ 2개씩 비교해가면서 전체의 비교결과를 통해 직무의 가치를 평가하는 방법이다.
④ 업무상 나타나는 피평가자의 실제 행동을 평가의 기준으로 삼는 고과법이다.
⑤ 기존의 행위기준고과법이 변형된 형태로서 평가항목에 대한 구체적인 행위들을 제시하고 피평가자가 그것을 수행한 빈도를 평가하는 방식이다.

정답 ②

034 21년 2회

인적자원관리에 관련된 능력주의와 연공주의를 비교한 설명으로 옳지 않은 것은?

구 분	능력주의	연공주의
㉠ 승진기준	직무중심(직무능력기준)	사람중심(신분중심)
㉡ 승진요소	성과, 업적, 직무수행능력 등	연력, 경력, 근속년수, 학력 등
㉢ 승진제도	직계승진제도	연공승진제도
㉣ 경영내적요인	일반적으로 전문직종의 보편화(절대적은 아님)	일반적으로 일반직종의 보편화(절대적은 아님)
㉤ 특 성	승진관리의 안정성/객관적 기준 확보 가능	승진관리의 불안정/능력평가의 객관성 확보가 힘듦

① ㉠   ② ㉡
③ ㉢   ④ ㉣
⑤ ㉤

해설
능력주의는 승진관리의 불안정/능력평가의 객관성 확보가 힘들고, 연공주의는 승진관리의 안정성/객관적 기준 확보가 가능하다.

정답 ⑤

035 24년 3회

인사관리 패러다임의 변화로 가장 옳지 않은 것은?

① 연공중심에서 능력중심으로 변화하고 있다.
② 표준형 인재관에서 이질적 인재관으로 변화하고 있다.
③ 내부노동시장에서 외부노동시장으로 변화하고 있다.
④ 반응적 인사에서 대응적 인사로 변화하고 있다.
⑤ 인건비에 대해 수익관점에서 비용관점으로 변화하고 있다.

해설
과거에는 인건비에 대해 비용으로 인식하였으나, 최근에는 비용이 아닌 투자 개념의 수익으로 인식하는 관점으로 변화하고 있다.

정답 ⑤

036 23년 1회

증권이나 상품과 같은 기업의 자산을 미리 정해 놓은 기간에 정해 놓은 가격으로 사거나 파는 권리인 옵션과 관련된 설명으로 옳지 않은 것은?

① 행사 가격은 미래에 옵션을 행사할 때 주식을 구입하는 대가로 지불하는 금액이다.
② 매도자는 권리만 가지고 매입자는 의무만을 가지는 전형적인 비대칭적인 계약이다.
③ 일반적으로 무위험이자율이 커질수록 행사가격의 현재가치는 작아진다.
④ 옵션의 종류로는 콜옵션과 풋옵션이 있다.
⑤ 배당금이 클수록 콜옵션의 가격은 낮아진다.

해설
매입자는 콜옵션 또는 풋옵션을 행사할 권리를 가지고, 매도자는 매입자가 권리를 행사할 때만 그 계약을 이행할 의무를 가지는 비대칭적 권리 관계이다.

정답 ②

037 21년 3회

신용등급이 낮은 기업이 자본을 조달하기 위해 발행하는 것으로 높은 이자율을 지급하지만 상대적으로 높은 위험을 동반하는 채무 수단으로 가장 옳은 것은?

① 변동금리채
② 연속상환채권
③ 정크본드
④ 무보증채
⑤ 보증채

해설
① 일반적인 고정금리채와 달리 이자가 계약당시에 결정된 특정이율지표에 링크되어, 계약기간 동안 연동되는 채권을 말한다.
② 만기에 한꺼번에 상환하게 되면 부담이 되므로 1회에 발행하는 채권을 만기가 다르게 수개조로 나누어 발행하는 채권을 말한다.
④ 제3자의 지급보증이 없이 발행자의 신용도에 의해 발행되어 유통되는 채권이다.
⑤ 원리금 상환을 발행회사 이외에 제3자가 보증하는 채권으로 정부보증채, 일반보증채(시중은행, 보증보험, 신용보증기금 등) 등이 있다.

정답 ③

038 22년 3회

경영성과 분석을 위해 글상자 안의 활동성 비율들을 계산할 때 공통적으로 사용되는 요소로 가장 옳은 것은?

> 재고자산회전율, 고정자산회전율, 총자산회전율, 매출채권회전율

① 재고자산
② 자기자본
③ 영업이익
④ 매출액
⑤ 고정자산

해설
- 재고자산회전율 = 매출액/재고자산(평균재고)×100
- 고정자산회전율 = 매출액/고정자산×100
- 총자산회전율 = 매출액/총자산×100
- 매출채권회전율 = 매출액/매출채권(평균채권)×100

정답 ④

039 22년 2회

기업이 사용하는 재무제표 중 손익계산서의 계정만으로 옳게 나열된 것은?

① 자산 - 부채 - 소유주 지분
② 자산 - 매출원가 - 소유주 지분
③ 수익 - 매출원가 - 비용
④ 수익 - 부채 - 비용
⑤ 자산 - 부채 - 비용

해설
손익계산서의 계정과목
매출액, 매출원가, 매출총손익, 판매비와 관리비, 영업외 비용, 영업손익, 영업외 수익, 법인세비용, 당기순이익

정답 ③

040 24년 2회

재무 통제를 유효하게 하기 위한 필요 조건으로 옳지 않은 것은?

① 책임의 소재가 명확할 것
② 시정조치를 유효하게 행할 것
③ 업적의 측정이 정확하게 행해질 것
④ 업적평가에는 적절한 기준을 선택할 것
⑤ 계획목표가 관련자 일부에 의해 지지되고 있을 것

해설
재무통제를 유효하게 행하기 위해서는 계획목표를 관련자 일부만 따르는 것이 아니라, 최고경영자를 비롯한 조직구성원 전체가 계획목표의 내용을 정확히 파악하고 적극 협력하여야 한다.

정답 ⑤

041 22년 1회

수요예측을 위해 사용하는 각종 기법 중 그 성격이 다른 하나는?

① 판매원 추정법 – 판매원들이 수요추정치를 작성하게 하고 이를 근거로 예측하는 기법
② 시장조사법 – 인터뷰, 설문지, 면접법 등으로 수집한 시장 자료를 이용하여 예측하는 기법
③ 경영자판단법 – 경영자 집단의 의견, 경험을 요약하여 예측하는 기법
④ 시계열 분석 – 종속변수의 과거 패턴을 이용해서 예측하는 기법
⑤ 델파이법 – 익명의 전문가 집단으로부터 합의를 도출하여 예측하는 기법

해설
④는 정량적 수요예측기법에 해당하며 ①·②·③·⑤는 정성적 수요예측기법에 해당한다.

정답 ④

042 23년 3회

공급업자 평가방법 중 각 평가 기준의 중요성을 정확하게 판단할 수 없는 경우에 유용한 평가방법은?

① 가중치 평가방법
② 단일기준 평가방법
③ 최소기준 평가방법
④ 주요기준 평가방법
⑤ 평균지수 평가방법

해설
평가 기준의 중요성을 정확하게 판단할 수 없는 경우에는 오류를 최소화해야 하므로 최소기준 평가방법이 유용하다.

정답 ③

043 22년 3회

재고관리에 대한 설명으로 가장 옳지 않은 것은?

① 소비자가 원하는 상품을 적시에 제공하기 위해 소매점은 항상 적절한 양의 재고를 보유해야 할 필요가 있다.
② 재고가 지나치게 많을 경우, 적절한 시기에 처분하기 위해 상품가격을 인하시켜 판매하기 때문에 투매 손실이 발생할 수 있다.
③ 재고가 너무 적은 경우 소비자의 수요에 대응할 수 없는 기회손실이 발생할 수 있다.
④ 투매손실이나 기회손실이 발생하지 않도록 하기 위해서 유지해야 하는 적정 재고량은 표준재고이다.
⑤ 재고가 적정 수준 이하가 되면 미리 결정해둔 일정 주문량을 발주하는 방법은 상황 발주법이다.

해설
미리 결정해둔 일정 주문량을 발주하는 방법은 정량 발주방식이다.

정답 ⑤

044 23년 1회

제품이 고객에게 인도되기 전에 품질요건이 충족되지 못함으로써 발생하는 품질관리 비용으로 옳은 것은?

① 생산준비비용
② 평가비용
③ 예방비용
④ 내부실패비용
⑤ 외부실패비용

해설
내부실패비용은 제품의 선적, 출하 전에 발견된 불량품과 관련된 비용이고, 외부실패비용은 제품을 고객에게 발송한 후 불량품의 발견으로 발생하는 제반 비용이다.

정답 ④

045 24년 3회

풀필먼트센터에 대한 설명으로 가장 옳지 않은 것은?

① 복잡한 유출수송(outbound) 경로 관리를 위해 최신 기술을 활용한 시스템을 구축한다.
② UPC라벨이나 RFID를 통해 상품 수령과 검수가 이루어진다.
③ 유행에 민감한 패션상품이나 부패가능성이 높은 경우는 저장보다 크로스도킹을 이용한다.
④ 플로어 레디(floor-ready)상품은 바로 판매될 수 있는 상태로 배송하는 것을 말한다.
⑤ 티케팅(ticketing)과 마킹(marking)은 시간과 장소를 많이 필요로 하므로 점포에서 수행하는 것이 효과적이다.

해설
풀필먼트센터는 온라인 판매자가 입고, 재고 관리, 주문 처리, 상품 포장, 배송까지 전 과정을 담당하는 시설로, 제품을 식별할 수 있는 레이블을 준비하여 제품에 붙이는 티케팅(ticketing)과 마킹(marking)까지 센터 내에서 수행한다.

정답 ⑤

046 20년 추가

SCM상에서 채찍효과(bullwhip effect)를 방지하기 위한 방법으로 옳지 않은 것은?

① EDI(Electronic Data Interchange) 활용
② 벤더와 소매업체 간의 정보교환
③ VMI(Vendor Managed Inventory) 활용
④ 일괄주문(order batching) 활용
⑤ S&OP(Sales and Operations Planning) 활용

해설
④ 일괄주문은 채찍효과를 발생시키는 원인이다.
⑤ S&OP(판매운영계획)는 기업이 수요와 공급의 균형을 달성할 수 있도록 지원하는 의사결정 프로세스로 채찍효과를 방지하기 위한 방법이다.

정답 ④

047 25년 1회

자재소요계획(MRP) 시스템의 주요 장점에 대한 설명으로 옳지 않은 것은?

① 공급체계 전반의 왜곡 및 문제점을 사전에 감지하고 예방할 수 있다.
② 일부가 아닌 시스템 전체의 원자재 주문 및 수납의 조화를 촉진시킨다.
③ 최종 완제품의 예상수요 및 실수요에 기초하여 생산일정을 수립할 수 있다.
④ 외주처와의 공동관계로 인해 필요한 때 즉시 납품을 받을 수 있다.
⑤ 재고를 자산으로 간주하여 기계고장, 납기 지연 등에 대한 완충 역할을 한다.

해설
④는 풀(Pull)형인 JIT(Just In Time) 방식에 대한 설명이다. MRP는 전산화 프로그램으로 재고관리와 생산일정을 계획·통제하고 적량의 품목을 적시에 주문하여 적정 재고수준을 통제하는 푸시(Push)형 시스템으로, 적량의 품목을 적시에 주문하여 재고수준을 낮게 유지하는 것과 우선순위계획 및 생산능력계획을 수립하는 데 필요한 정보제공을 목적으로 한다.

정답 ④

048 23년 3회

보관을 위한 각종 창고의 유형에 대한 설명으로 가장 옳지 않은 것은?

① 자가 창고의 경우 기업이 자신의 목적에 맞게 맞춤형 창고 설계가 가능하다.
② 영업 창고 요금은 창고 이용에 따른 보관료를 기본으로 하며 하역료를 제외한다.
③ 임대 창고는 영업창고업자가 아닌 개인이나 법인 등이 소유하고 있는 창고를 임대료를 받고 제공하는 것이다.
④ 공공 창고는 공익을 목적으로 건설한 창고로 공립창고가 한 예이다.
⑤ 관설상옥은 정부나 지방자치단체가 해상과 육상 연결용 화물 판매용도로 제공하는 창고이다.

해설
영업 창고는 다른 사람이 기탁한 물품을 보관하고, 그 대가로 보관료를 받는 창고로 창고료는 보관료와 하역료로 구성된다.

정답 ②

049 21년 3회

제품의 연간 수요량은 4,500개이고 단위당 원가는 100원이다. 또한 1회 주문비용은 40원이며 평균재고유지비는 원가의 25%를 차지한다. 이 경우 경제적 주문량(EOQ)으로 가장 옳은 것은?

① 100단위
② 110단위
③ 120단위
④ 1,000단위
⑤ 1,200단위

해설
경제적 주문량(EOQ)

$$= \sqrt{\frac{2 \times 주문당\ 소요비용 \times 연간수요량}{연간단위\ 재고유지비용}}$$

$$= \sqrt{\frac{2 \times 40 \times 4,500}{25}} = \sqrt{\frac{360,000}{25}}$$

$$= \frac{600}{5} = 120$$

정답 ③

050 18년 3회

ABC재고관리방법에 대해 옳게 기술한 것은?

① 정성적 예측기법을 활용한 재고관리방법이다.
② 마케팅 비용에 따른 수요예측을 근거로 경제적 주문량을 결정한다.
③ A그룹에 포함되는 품목은 대체로 수익성이 낮은 품목이다.
④ C그룹에 포함되는 품목은 단가가 낮아 재고관리가 소홀한 경우가 발생하기도 한다.
⑤ 파레토 법칙과는 상반되는 재고관리방법이다.

해설
④ C그룹은 품목비율 50%, 금액비율 5%에 해당하는 그룹으로 단가가 낮아 단순히 보유하는 데 의의를 두기 때문에 재고관리가 소홀해질 수 있다.
① 정량발주시스템과 정기발주시스템을 활용한 재고관리방법이다.
② 품목의 가치나 상대적인 중요도에 따라 주문량을 결정한다.
③ A그룹에 포함되는 품목은 대체로 수익성이 높은 품목이다.
⑤ 80 : 20의 파레토 법칙을 사용하는 재고관리방법이다.

정답 ④

051 25년 2회

아래 글상자의 내용을 이용하여 제품의 손익분기점을 계산한 것으로 옳은 것은?

- 제품 단위당 가격 : 1,000원
- 제품 단위당 변동비 : 500원
- 총고정비 : 500만원
- 임대료 : 100만원
- 개당 인건비 : 50원

① 10,000개
② 11,000개
③ 12,000개
④ 14,000개
⑤ 15,000개

해설
손익분기점 판매량 = $\frac{총고정비}{판매단가 - 단위당\ 변동비}$ 이므로

$\frac{5,000,000}{1,000 - 500} = \frac{5,000,000}{500} = 10,000개$

정답 ①

052 25년 1회

아래 글상자에서 물류 고객서비스 요소 중 거래요소에 해당하는 것만을 모두 골라 나열한 것은?

> ㉠ 제품 추적 및 보증
> ㉡ 거래정책에 관한 문서
> ㉢ 수리기간 중 대체품 제공
> ㉣ 재고 품절 수준
> ㉤ 주문의 편리성
> ㉥ 미납주문의 처리 능력

① ㉠, ㉢, ㉤
② ㉢, ㉣, ㉤
③ ㉢, ㉣, ㉥
④ ㉣, ㉤, ㉥
⑤ ㉡, ㉢, ㉣, ㉤

해설
물류 고객서비스요소 중 거래 요소에 해당하는 것은 ㉣, ㉤, ㉥이다.
㉠·㉢은 거래 후 요소에, ㉡은 거래 전 요소에 해당된다.

정답 ④

053 19년 3회

주로 가스나 액체로 된 화물을 수송하는 방식으로서 수송과정의 제품 파손과 분실 가능성이 가장 적은 수송형태로 옳은 것은?

① 버디백(birdy back)
② 복합운송(multimodal transportation)
③ 더블 스택 트레인(double stack train)
④ 파이프라인(pipeline)
⑤ 피쉬백(fishy back)

해설
① 항공기와 화물차를 연계한 일관운송시스템(항공기+트럭)이다.
② 불가피한 지리적인 상황 또는 운송의 효율성 측면에서 두 가지 이상의 상이한 운송수단에 의하여 화물이 목적지까지 운반되는 운송형태이다.
③ 컨테이너를 2단으로 적재할 수 있는 화차이다.
⑤ 선박운송과 화물자동차운송을 연계한 일관운송시스템(선박+트럭)이다.

정답 ④

054 23년 1회

물류비를 분류하는 다양한 기준 중에서 지급형태별 물류비로만 옳게 나열된 것은?

① 조달물류비, 사내물류비, 역물류비
② 수송비, 보관비, 포장비
③ 자가 물류비, 위탁 물류비
④ 재료비, 노무비, 경비
⑤ 조업도별 물류비, 기타 물류비

해설
① 영역별 물류비에 해당한다.
② 기능별 물류비에 해당한다.
④ 세목별 물류비에 해당한다.
⑤ 물류비를 분류하는 기준 중 하나인 조업도별 물류비는 물류고정비, 물류변동비로 구분된다.

정답 ③

055 24년 1회

물류채산분석에 대한 설명으로 가장 옳은 것은?

① 물류 활동의 업적 평가를 위해 실시한다.
② 물류 업무의 전반을 계산 대상으로 한다.
③ 항상 일정한 계산 방식을 사용한다.
④ 각 예산 시기별로 실시한다.
⑤ 임시로 계산하며 할인계산을 한다.

해설
①·②·③·④ 물류원가분석에 대한 내용이다.

정답 ⑤

056 24년 3회

아래 글상자의 괄호 안에 들어갈 보관의 원칙을 순서대로 바르게 나열한 것은?

> - (㉠)에 따르면 출입구가 동일한 창고의 경우 입출하 빈도가 높은 경우에는 출입구에 가까운 장소에 보관하고, 낮은 경우에는 출입구에서 먼 장소에 보관한다.
> - (㉡)은 식품과 같이 제품의 부패 및 노후화를 회피하기 위해 적용한다.

① ㉠ 통로대면보관의 원칙, ㉡ 선입선출의 법칙
② ㉠ 통로대면보관의 원칙, ㉡ 형상특성의 원칙
③ ㉠ 동일성, 유사성의 원칙, ㉡ 중량특성의 원칙
④ ㉠ 회전대응보관의 원칙, ㉡ 선입선출의 원칙
⑤ ㉠ 네트워크보관의 원칙, ㉡ 명료성의 원칙

해설
㉠ 회전대응보관의 원칙 : 보관할 물품의 회전 정도에 따라 보관장소를 결정하는 것으로, 출입구가 동일한 경우 입출하 빈도가 높은 상품을 출입구 근처에 보관한다.
㉡ 선입선출의 원칙 : FIFO(First In First Out), 즉 먼저 입고된 물품을 먼저 출고하는 것이다.

정답 ④

057 21년 1회

제3자물류가 제공하는 혜택으로 옳지 않은 것은?

① 여러 기업들의 독자적인 물류업무 수행으로 인한 중복투자 등 사회적 낭비를 방지할 뿐만 아니라 수탁업체들의 경쟁을 통해 물류효율을 향상시킬 수 있다.
② 유통 등 물류를 아웃소싱함으로써 리드타임의 증가와 비용의 절감을 통해 고객만족을 높여 기업의 가치를 높일 수 있다.
③ 기업들은 핵심부문에 집중하고 물류를 전문업체에 아웃소싱하여 규모의 경제 등 전문화 및 분업화 효과를 극대화할 수 있다.
④ 아웃소싱을 통해 제조·유통업체는 자본비용 및 인건비 등이 절감되고, 물류업체는 규모의 경제를 통해 화주기업의 비용을 절감해 준다.
⑤ 경쟁력 강화를 위해 IT 및 수송 등 전문업체의 네트워크를 활용하여 비용절감 및 고객서비스를 향상시킬 수 있다.

해설
유통 등 물류를 아웃소싱함으로써 리드타임의 감소와 비용의 절감을 통해 고객만족을 높여 기업의 가치를 높일 수 있다.

정답 ②

058 25년 1회

아래 글상자에서 유통기업 윤리경영의 발전단계 순서가 옳게 나열된 것은?

> ㉠ 윤리선진단계(developed ethical stage)
> ㉡ 윤리관 태동단계(emerging ethical stage)
> ㉢ 대응단계(responsive stage)
> ㉣ 준법단계(legalistic stage)
> ㉤ 부도덕관계(amoral stage)

① ㉠ - ㉤ - ㉣ - ㉢ - ㉡
② ㉡ - ㉠ - ㉤ - ㉣ - ㉢
③ ㉤ - ㉡ - ㉠ - ㉣ - ㉢
④ ㉤ - ㉢ - ㉡ - ㉠ - ㉣
⑤ ㉤ - ㉣ - ㉢ - ㉡ - ㉠

해설
유통기업 윤리경영의 발전 5단계

1단계	부도덕단계 (amoral stage)	윤리를 경영과 무관한 것으로 인식, 윤리적 책임 고려 거의 없음
2단계	준법단계 (legalistic stage)	최소한의 법률만 준수, 윤리는 법의 테두리 내에서만 고려
3단계	대응단계 (responsive stage)	• 사회적 비판이나 외부 압력에 따라 윤리경영에 반응하지만, 일시적·수동적 대응에 그침 • 지역사회 봉사, 대외적 이미지 고려
4단계	윤리관 태동단계 (emerging ethical stage)	기업 내 윤리적 가치관과 문화를 내부적으로 형성, 자발적 윤리경영 시도 시작
5단계	윤리선진단계 (developed ethical stage)	윤리경영이 기업 핵심가치로 내재화, 전략적 차원에서 윤리를 경영에 통합

정답 ⑤

059 23년 2회

기업윤리의 중요성을 강조하기 위해 취할 수 있는 방법으로 가장 옳지 않은 것은?

① 기업윤리와 관련된 헌장이나 강령을 만들어 발표한다.
② 기업윤리가 기업의 모든 의사결정 프로세스에 반영될 수 있게 모니터링한다.
③ 윤리경영의 지표로는 정성적인 지표가 아닌 계량적인 지표를 활용한다.
④ 조직 내의 문제점을 제기할 수 있는 제도를 활성화한다.
⑤ 윤리기준을 적용한 감사 결과를 조직원과 공유한다.

해설
윤리경영의 지표는 단기적 성과가 아닌 장기적인 관점의 질적인 평가 지표를 만들어 평가해야 하므로 정성적인 지표를 활용해야 한다.

정답 ③

060 25년 2회

유통산업발전법(법률 제20444호, 2024. 9. 20., 일부 개정)에 의한 유통관리사 관련 내용으로 가장 옳지 않은 것은?

① 유통관리사가 되려는 사람은 산업통상부장관이 실시하는 유통관리사 자격시험에 합격하여야 한다.
② 산업통상부장관은 거짓이나 그 밖의 부정한 방법으로 유통관리사의 자격을 취득한 사람에 대하여 그 자격을 취소하여야 한다.
③ 유통관리사의 등급, 유통관리사 자격시험의 실시방법·응시자격·시험과목 및 시험과목의 면제나 시험점수의 가산, 자격증의 발급 등에 필요한 사항은 대통령령으로 정한다.
④ 산업통상부장관 또는 지방자치단체의 장은 유통관리사를 고용한 유통사업자 및 유통사업자단체에 대하여 다른 유통사업자 및 사업자단체에 우선하여 자금 등을 지원할 수 있다.
⑤ 산업통상부장관은 다른 사람에게 유통관리사의 명의를 사용하게 하거나 자격증을 빌려준 사람에 대하여 대통령령으로 정하는 바에 따라 3개월 이내의 기간을 정하여 자격을 정지할 수 있다.

해설
산업통상부장관은 다른 사람에게 유통관리사의 명의를 사용하게 하거나 자격증을 빌려준 사람에 대하여 대통령령으로 정하는 바에 따라 6개월 이내의 기간을 정하여 자격을 정지할 수 있다(유통산업발전법 제24조 제6항).

정답 ⑤

제2과목 상권분석

061 21년 1회

소매점 상권의 크기에 영향을 미치는 주요 요인을 모두 나열한 것으로 가장 옳은 것은?

> ㉠ 소매점의 이미지
> ㉡ 기생점포(parasite store)의 입지
> ㉢ 소매점의 규모
> ㉣ 소매점의 접근성
> ㉤ 경쟁점포의 입지

① ㉠, ㉡, ㉢, ㉣, ㉤
② ㉡, ㉢, ㉣, ㉤
③ ㉠, ㉡, ㉢
④ ㉡, ㉣, ㉤
⑤ ㉠, ㉢, ㉣, ㉤

해설
㉠ 점포의 설비, 디자인, 진열 방식 등의 고객서비스와 광고, 판촉 활동 등으로 인한 소매점의 이미지에 따라 상권은 달라진다.
㉢ 동일한 지구 내에 위치하더라도 점포 규모, 구색 갖춤에 따라 상권은 달라진다.
㉣ 상품의 품질이 동일하면서 애프터서비스를 받아야 하는 상품일 경우에 소비자들은 되도록 가까운 곳에서 상품을 구입하려는 경향이 있어서 소매점의 접근성에 따라 상권의 크기는 달라진다.
㉤ 상권 내에 유사하거나 동업종의 경쟁점포가 함께 모여 있으면 커다란 상권을 형성하여 각 점마다 흡인력을 증대시킬 수 있기 때문에 경쟁점포의 입지는 상권의 크기에 영향을 미친다.

정답 ⑤

062 21년 1회

상권분석 및 입지선정에 활용하는 지리정보시스템(GIS)에 대한 설명으로서 가장 옳지 않은 것은?

① 개별 상점이나 상점가의 위치정보를 점(點)데이터로, 토지 이용 등의 정보는 면(面)데이터로 지도에 수록한다.
② 지하철 노선이나 도로 등은 선(線)데이터로 지도에 수록하고 데이터베이스를 구축한다.
③ 상점 또는 상점가를 방문한 고객을 대상으로 인터뷰 조사를 하거나 설문조사를 하여 지도데이터베이스 구축에 활용한다.
④ 라일리, 컨버스 등이 제안한 소매인력모델을 적용하는 경우에도 정확한 위치정보를 얻을 수 있는 지리정보시스템의 지원이 필요하다.
⑤ 백화점, 대형마트 등의 대규모 점포의 입지선정 등에 활용될 수 있으나, 편의점 등 소규모 연쇄점의 입지선정이나 잠재고객 추정 등에는 활용가능성이 높지 않다.

해설
지리정보시스템(GIS)은 대규모 점포의 입지선정뿐만 아니라 소규모 점포의 입지선정에도 활용 가능성이 높다.

정답 ⑤

063 25년 2회

다음 중 상권분석의 내용으로 가장 옳지 않은 것은?

① 상권의 공간적 범위 확정
② 상권 내 임대료의 적절성 분석
③ 자사점포의 시장점유율의 추정
④ 상권 내 상주인구의 인구특성 분석
⑤ 상권 내 경쟁자들의 전략 특성 분석

해설
상권분석은 예상 매출액 추정 등을 위해 상권의 공간적 범위를 확정하고 시장잠재력, 고객(인구) 특성, 경쟁상황 및 발전 가능성 등에 대해 분석하는 것으로, 상권 내 임대조건 분석은 입지분석에 해당한다.

정답 ②

064 24년 1회

상권 범위 내 소비자들이 특정 점포를 선택할 확률을 근거로 예상매출액을 추정할 수 있는 상권분석 기법들로 가장 옳은 것은?

① 유사점포법, Huff모델
② 체크리스트법, 유사점포법
③ 회귀분석법, 체크리스트법
④ Huff모델, MNL모델
⑤ MNL모델, 회귀분석법

해설
Huff모델, MNL모델은 소비자들이 특정 점포를 선택할 확률을 근거로 예상 매출액을 추정할 수 있는 확률적 모형에 의한 상권분석 기법이다.

정답 ④

065 22년 3회

상권분석에서 활용하는 소비자 대상 조사기법 중 조사대상의 선정이 내점객조사법과 가장 유사한 것은?

① 고객점표법
② 점두조사법
③ 가정방문조사법
④ 지역할당조사법
⑤ 편의추출조사법

해설
점두조사법은 점포에서 조사원이 대기하다가 구매 결정을 한 소비자에게 질문을 하는 방식으로, 매장을 방문하는 소비자의 주소를 파악하여 자기 점포의 상권을 조사하는 방법이다. 따라서 해당 점포를 직접 방문한 고객들을 대상으로 하는 내점객조사법과 가장 유사하다.

정답 ②

066 23년 3회

상권분석의 주요한 목적으로 가장 옳지 않은 것은?

① 상권범위 설정
② 경쟁점포 파악
③ 빅데이터 축적
④ 예상매출 추정
⑤ 적정임차료 추정

해설
빅데이터 축적은 상권분석을 위해 선행되어야 하는 작업이므로 상권분석의 주요 목적과는 거리가 멀다.

정답 ③

067 23년 2회

소매점포의 예상매출을 추정하는 분석방법이나 이론으로 볼 수 있는 것들이다. 가장 연관성이 떨어지는 것은?

① 유추법
② 회귀분석법
③ 허프(Huff)모델
④ 컨버스(P.D. Converse)의 분기점분석
⑤ MNL모형

해설
컨버스의 분기점 분석은 소매점포의 예상 매출을 추정하기 위한 분석방법이 아니라 소매점포의 입지선정을 위한 분석방법으로, 흡인되는 구매력 정도가 동일하여 두 도시 사이의 거래가 분기되는 중간지점의 정확한 위치를 결정하기 위해 레일리의 소매인력법칙을 수정하여 거리-감소함수를 도출하는 분석 방법이다.

정답 ④

068 21년 1회

상권측정을 위한 '상권실사'에 관한 설명으로서 가장 옳지 않은 것은?

① 항상 지도를 휴대하여 고객이 유입되는 지역을 정확하게 파악하는 것이 바람직하다.
② 요일별, 시간대별로 내점고객의 숫자나 특성이 달라질 수 있으므로, 상권실사에 이를 반영해야 한다.
③ 내점하는 고객의 범위를 파악하는 것이 목적이므로 상권범위가 인접 도시의 경계보다 넓은 대형교외점포에서는 도보고객을 조사할 필요가 없는 경우도 있다.
④ 주로 자동차를 이용하는 고객이 증가하고 있는바, 도보보다는 자동차주행을 하면서 조사를 실시하는 것이 더 바람직하다.
⑤ 기존 점포의 고객을 잘 관찰하여 교통수단별 내점비율을 파악하는 것이 중요하다.

해설
현장실사원칙에 따라 상권조사는 직접 발로 뛰어서 현장 체험을 해야 한다.

상권 실사의 5원칙
- 매출 예측의 원칙 : 상권을 조사하는 기본적인 목표는 매출을 얼마나 올릴 수 있는지 파악하는 것이다.
- 현장실사의 원칙 : 상권조사는 직접 발로 뛰어서 현장체험을 해야 한다.
- 수치화의 원칙 : 숫자로 매출액 등급 표시를 하는 수치화가 중요하다.
- 비교의 원칙 : 점포별, 상권별로 비교하여 벤치마킹하는 자세가 중요하다.
- 가설검증의 원칙 : 가설을 세워 추정해 보는 능력이 중요하다.

정답 ④

069 20년 2회

상권을 표현하는 다양한 기법 중에서 소비자의 점포선택 등 확률선(isoprobability contours)을 활용하기에 가장 적합한 상권분석 방법은?

① 회귀분석(regression analysis)
② 허프모델(Huff model)
③ 유사점포법(analog method)
④ 체크리스트법(check list)
⑤ 컨버스의 상권분기점(breaking point)모형

해설
소비자의 점포선택 등확률선을 활용하기에 가장 적합한 상권분석 방법은 확률적 모형에 해당하는 허프모델이다. 확률적 모형에서는 소비자의 효용함수를 결정하기 위하여 실제 소비자의 점포선택 행동을 이용한다.

정답 ②

070 21년 1회

소매점포 상권의 분석기법 가운데 하나인 Huff모델의 특징으로서 가장 옳은 것은?

① Huff모형은 점포이미지 등 다양한 변수를 반영하여 상권분석의 정확도를 높일 수 있다.
② 개별점포의 상권이 공간상에서 단절되어 단속적이며 타점포 상권과 중복되지 않는다고 가정한다.
③ 개별 소비자들의 점포선택행동을 확률적 방법 대신 기술적 방법(descriptive method)으로 분석한다.
④ 상권 내 모든 점포의 매출액 합계를 추정할 수 있지만, 점포별 점유율은 추정하지 못한다.
⑤ 각 소비자의 거주지와 점포까지의 물리적 거리는 이동시간으로 대체하여 분석하기도 한다.

해설
① Huff모델은 소비자의 구매 행태를 거리와 매장 면적이라는 두 가지 변수로만 설명한 모형으로서 소비자가 점포를 선택함에 있어서 고려되는 다양한 요인들을 반영하지 못한다는 한계가 있다.
② 여러 상권이 존재하는 경우 상권중심지를 거점으로 배후상권이 다른 상권과 겹치지 않는다고 가정하는 것은 중심지 이론이다. Huff모델은 소매상권이 연속적이고 중복적인 공간이라는 관점에서 분석한다.
③ 개별소비자들의 점포선택 행동을 확률적 방법으로 분석한다.
④ 특정 점포가 끌어들일 수 있는 소비자 점유율은 점포까지의 방문 거리에 반비례한다고 가정한다.

정답 ⑤

071 21년 3회

한 지역의 소매시장의 상권구조에 영향을 미치는 다양한 요인들에 대한 설명으로 가장 옳지 않은 것은?

① 인구의 교외화 현상은 소비자와 도심 상업집적과의 거리를 멀게 만들어 상업집적의 교외 분산화를 촉진한다.
② 대중교통의 개발은 소비자의 거리저항을 줄여 소비자의 이동거리를 증가시킨다.
③ 자가용차 보급은 소비자를 전방위적으로 자유롭게 이동할 수 있게 하여 상권 간 경쟁영역을 축소시킨다.
④ 교외형 쇼핑센터의 건설은 자가용차를 이용한 쇼핑의 보급과 함께 소비자의 쇼핑패턴과 상권구조를 변화시킨다.
⑤ 소비자와 점포사이의 거리는 물리적거리, 시간거리, 심리적거리를 포함하는데, 교통수단의 쾌적함은 심리적 거리에 영향을 미친다.

해설
자가용차 보급은 소비자를 전방위적으로 자유롭게 이동할 수 있게 하여 상권 간 경쟁영역을 확대한다.

정답 ③

072 20년 2회

소매업태들은 주력상품에 따라 서로 다른 크기의 상권을 확보할 수 있는 입지를 선정한다. 필요로 하는 상권크기가 커지는 순서에 따라 소매업태들을 가장 옳게 배열한 것은?

① 대형마트 < 백화점 < 명품전문점
② 대형마트 < 명품전문점 < 백화점
③ 백화점 < 대형마트 < 명품전문점
④ 명품전문점 < 대형마트 < 백화점
⑤ 명품전문점 < 백화점 < 대형마트

해설

편의품 → 선매품 → 전문품을 취급하는 점포의 순으로 상권이 크다. 따라서 편의품을 주로 취급하는 대형마트 → 선매품을 주로 취급하는 백화점 → 전문품을 주로 취급하는 명품전문점 순으로 상권이 크다.

정답 ①

073 20년 2회

상권 및 입지에 대한 아래의 내용 중에서 옳지 않은 것은?

① 상권의 성격과 업종의 성격이 맞으면 좋지 않은 상권에서도 좋은 성과를 올릴 수 있다.
② 상권이 좋아야 좋은 점포가 많이 모여들고 좋은 점포들이 많이 모여들면 상권은 더욱 강화된다.
③ 소매점을 개점하기 위해서는 점포 자체의 영업능력도 중요하지만 상권의 크기나 세력도 매우 중요하다.
④ 동일한 상업지구에 입지하더라도 규모 및 취급상품의 구색에 따라 개별점포의 상권의 범위는 달라질 수 있다.
⑤ 지구 상권을 먼저 정하고 지역 상권을 정하는 것이 일반적인 순서이다.

해설

상권을 크기별로 구분하면 지역 상권 > 지구 상권 > 지점 상권의 순서로 진행되므로 지역 상권을 먼저 정하고 지구 상권을 정하는 것이 일반적이다.

정답 ⑤

074 20년 2회

소매점포의 상권과 제공하는 유통서비스의 상호관계에 대한 설명으로 가장 옳지 않은 것은?

① 최소판매단위가 작을수록 상권의 크기는 줄어든다.
② 공간적 편리성에 대한 소비자의 요구가 강할수록 상권의 크기는 축소된다.
③ 일반적으로 오프라인점포보다 온라인점포의 배달시간이 길다.
④ 상품구색의 전문성이 클수록 점포의 상권은 좁아진다.
⑤ 상품구색의 다양성이 클수록 더 넓은 상권이 필요하다.

해설

상품 구색의 전문성이 클수록 점포의 상권은 넓어진다. 전문품을 취급하는 점포의 경우 잠재고객이 지역적으로 널리 분산되어 있으므로 상권의 밀도는 낮으나, 범위는 넓은 특성이 있다.

정답 ④

075 25년 2회

소매점포의 신규개설 시 개점할 입지결정, 기존 소매점의 폐점, 점포이전, 점포 규모의 축소 및 확대와 관련한 의사결정에 활용할 수 있는 Huff모델과 관련한 설명으로 옳지 않은 것은?

① 점포면적 및 거리에 대한 민감도계수는 분석대상이 되는 상권에서 소비자의 구매행동 자료를 통해 추정한다.
② 상권분석의 대상이 되는 공간상에서 소매상권이 연속적이고 중복적인 성격이 있다는 것을 인정한다.
③ 상권조사 대상지역 개별소비자의 점포 이용자료보다는 평균적이고 객관적인 통계자료를 이용한다.
④ 특정 점포의 효용이 다른 점포들의 효용보다 크면 그 점포의 선택가능성이 높아진다.
⑤ 소비자로부터 점포까지의 이동거리는 소요시간으로 대체하여 계산하기도 한다.

해설

Huff 모델은 개별소비자의 점포선택 행동을 확률적 방법으로 분석하는 것으로, 평균적이고 객관적인 통계자료보다는 개별소비자의 점포 이용자료를 이용한다.

정답 ③

076 25년 1회

레일리(W. J. Reilly)의 소매중력법칙은 도시상권의 흡인력 외에도 광역상권을 갖는 쇼핑센터나 백화점 등의 상권의 매력도를 추정하는 데 실무적으로 활용된다. 이와 관련한 설명으로 가장 옳지 않은 것은?

① 매장 규모가 클수록 주변의 소비자를 흡인하는 매력도가 커진다고 가정한다.
② 쇼핑 시 선택 대안이 되는 주변 점포의 매력도는 소비자로부터의 이동 거리의 제곱에 반비례한다고 가정한다.
③ 경쟁점포의 중간지역에 거주하는 소비자로부터 발생하는 매출액이 해당 경쟁점포들 사이에 어떤 비율로 배분되는지를 추정한다.
④ 상권과 관련한 물리적 환경변수인 인구 규모, 거리뿐만 아니라 점포 이미지, 가격 등을 매력도 추정에 활용할 수 있다.
⑤ 천체 간의 인력을 다룬 뉴턴의 만유인력법칙을 상권분석에 응용한 것이다.

해설
레일리(W. J. Reilly)의 소매중력법칙은 상권의 규모(상권의 흡인력)를 물리적 환경변수인 인구 규모와 거리만을 기반으로 추정한다. 점포 이미지, 가격 등 다양한 변수를 반영하여 점포의 효용(매력도)을 추정할 수 있는 모형은 MNL(Multinomial Logit, 다항로짓) 모형이다.

정답 ④

077 22년 1회

입지를 선정할 때 취급상품의 물류비용을 고려할 필요성이 가장 낮은 도매상 유형으로 옳은 것은?

① 직송도매상(drop shipper)
② 판매대리점(selling agents)
③ 제조업체 판매사무소(manufacturer's branches)
④ 일반잡화도매상(general merchandise wholesaler)
⑤ 전문도매상(specialty wholesaler)

해설
직송도매상은 생산자와 대량구매계약을 하고 상품은 생산자의 창고나 보관 장소에 그대로 두고서 소매상 혹은 산업소비자로부터 주문이 올 때마다 주문받은 수량을 생산자에게 연락하여 직접 구매자 앞으로 직송하게 하고 대금만 회수하는 도매상이므로 입지를 선정할 때 취급 상품의 물류비용을 고려할 필요성이 가장 낮은 도매상 유형에 해당한다.

정답 ①

078 21년 2회

일반적인 백화점의 입지와 소매전략에 관한 설명으로 가장 옳지 않은 것은?

① 입지조건에 따라 도심백화점, 터미널백화점, 쇼핑센터 등으로 구분할 수 있다.
② 대상 지역의 주요산업, 인근지역 소비자의 소비행태 등을 분석해야 한다.
③ 선호하는 브랜드를 찾아다니면서 이용하는 소비자가 존재함을 인지해야 한다.
④ 상품 구색의 종합화를 통한 원스톱 쇼핑보다 한 품목에 집중해야 한다.
⑤ 집객력이 높은 층을 고려한 매장 배치나 차별화가 중요하다.

해설
소비자는 한 군데에 단골을 정하지 않고 좋아하는 브랜드를 찾아다니면서 각 점포를 비교하는 성향이 강하기 때문에 이러한 다양한 소비 형태에 따라 백화점은 상품 구색을 종합화하여 원스톱 쇼핑의 공간을 제공해야 한다.

정답 ④

079 24년 2회

아래 글상자에서 설명하는 입지유형으로 가장 옳은 것은?

- 도시 중심부보다 임대료가 저렴하고 가시성이 크다.
- 고객 스스로 찾아올 수 있도록 서비스와 시설규모가 갖춰진 업종이 적합하다.
- 점포확장이 용이하며 고객의 편의를 제공하는 넓은 주차공간을 확보할 수 있다.

① 편의형 쇼핑센터
② 산재성 점포 입지
③ 도심입지
④ 노면독립입지
⑤ 복합용도 개발지역

해설

노면독립입지
- 점포가 없는 곳에 독립적으로 입지해서 점포를 운영하는 형태이다.
- 대규모 자본을 투자하여 다른 업체와 확실한 비교 우위를 선점할 수 있고, 고객 스스로 찾아오도록 할 수 있는 서비스와 시설 규모가 갖춰진 업종이 적합하다.
- 주차 공간이 넓으므로 고객들에게 높은 편의성을 제공할 수 있다.
- 높은 가시성을 가진다.

정답 ④

080 24년 1회

아래 글상자에서 설명하는 입지 대안을 평가하기 위한 원칙으로 가장 옳은 것은?

> 고객이 특정 지역에서 다른 지역으로 이동할 때 고객이 자연스럽게 어떤 점포를 방문하도록 하는 입지적 특성과 관련된 원칙으로서, 이동 경로에 상업지역, 쇼핑센터 등이 있을 때 적용된다.

① 동반유인원칙(principle of cumulative attraction)
② 접근가능성의 원칙(principle of accessibility)
③ 고객차단원칙(principle of interception)
④ 보충가능성의 원칙(principle of compatibility)
⑤ 점포밀집의 원칙(principle of store congestion)

해설

입지 매력도 평가 원칙

고객차단 원칙	사무실 밀집 지역, 쇼핑지역 등은 고객이 특정 지역에서 타 지역으로 이동 시 점포를 방문하게 함
동반유인 원칙	유사 또는 보충적인 소매업이 흩어진 것보다 군집해서 더 큰 유인잠재력을 갖게 함
보충가능성 원칙	두 개의 사업이 고객을 서로 교환할 수 있을 정도로 인접한 지역에 위치하면 매출액이 높아짐
점포밀집 원칙	지나치게 유사한 점포나 보충 가능한 점포는 밀집하면 매출액 감소
접근가능성 원칙	지리적으로 인접하거나 교통이 편리하면 매출액 증대

정답 ③

081 22년 1회

입지선정을 위해서는 도시공간구조 상에서의 동선(動線)에 대한 이해가 필요하다. 동선에 대한 아래 글상자의 설명 중에서 옳지 않은 설명들만을 바르게 짝지은 것은?

> ㉠ 화물차 통행이 많은 도로는 자석(anchor)과 자석을 연결하는 동선상에 있다고 할 수 있다.
> ㉡ 동선이란 사람들이 집중하는 자석(anchor)과 자석을 연결하는 흐름을 말한다.
> ㉢ 주동선이란 자석(anchor)과 자석을 잇는 가장 기본이 되는 선을 말한다.
> ㉣ 경제적 사정으로 많은 자금이 필요한 주동선에 입지하기 어려운 점포는 부동선(副動線)을 중시한다.
> ㉤ 복수의 자석(anchor)이 있는 경우의 동선을 부동선(副動線)이라 한다.

① ㉠ - ㉡
② ㉠ - ㉤
③ ㉡ - ㉣
④ ㉢ - ㉣
⑤ ㉢ - ㉤

해설

㉠ 화물차 통행이 잦은 도로는 고객들이 이동하기에 위험하므로 동선상에 있다고 할 수 없다.
㉤ 복수의 자석이 있는 경우의 동선을 복수 동선이라 한다.

정답 ②

082 24년 2회

상권분석 과정에서 발견할 수 있는 소매점의 상권범위나 상권형태 등과 같은 일반적 상권 특성에 대한 설명으로 가장 옳지 않은 것은?

① 점포 주변의 도로, 경쟁점포, 하천, 지하철역 등의 영향으로 상권의 범위는 확대, 축소, 단절되기도 한다.
② 점포의 규모가 비슷하더라도 업종이나 업태에 따라 점포들의 상권범위는 차이를 보인다.
③ 특정 지역 경쟁점포들 간의 입지조건에 변화가 없어도 상권의 범위는 다양한 영향요인에 의해 유동적으로 변화하기 마련이다.
④ 기존 점포들의 상품구색이 유사해도 판촉활동이나 광고활동의 차이에 따라 점포들 간의 상권범위가 일시적으로 변화한다.
⑤ 점포를 둘러싼 상권의 형태는 대부분 점포를 중심으로 일정거리 이내를 포함하는 동심원의 형태로 나타난다.

해설
점포를 둘러싼 상권의 형태는 자연조건(하천, 산), 교통체계(도로, 교통수단), 점포 규모와 유통업의 형태 등의 영향으로 어떤 특정한 형태가 아닌 아메바형이나 부정형 형태로 나타난다.

정답 ⑤

083 21년 2회

시계성 관점에서 상대적으로 좋은 입지에 대한 설명으로 가장 옳지 않은 것은?

① 차량 이용보다는 도보의 경우에 더 먼 거리에서부터 인식할 수 있게 해야 한다.
② 간판은 눈에 띄기 쉬운 크기와 색상을 갖춰야 한다.
③ 건물 전체가 눈에 띄는 것이 효과적이다.
④ 교외형인 경우 인터체인지, 대형 교차로 등을 기점으로 시계성을 판단한다.
⑤ 주차장의 진입로를 눈에 띄게 하는 것도 중요하다.

해설
도보의 경우보다는 차량을 이용할 경우에 더 먼 거리에서부터 인식할 수 있게 해야 한다.

정답 ①

084 20년 2회

아래의 내용 중에서 중심업무지역(CBD ; Central Business District)의 입지특성에 대한 설명으로 옳지 않은 것은?

① 대중교통의 중심이며 백화점, 전문점, 은행 등이 밀집되어 있다.
② 주로 차량으로 이동하여 교통이 매우 복잡하고 도보통행량은 상대적으로 많지 않다.
③ 상업활동으로 많은 사람을 유인하지만 출퇴근을 위해서 이곳을 통과하는 사람도 많다.
④ 소도시나 대도시의 전통적인 도심지역을 말한다.
⑤ 접근성이 높고 도시 내 다른 지역에 비해 상주인구가 적다.

해설
교통이 매우 복잡하여 도시 외곽 주거지 및 중심업무지역 간 심각한 교통 문제가 발생하며, 상업활동을 통해 많은 사람을 유인하므로 도보 통행량도 상대적으로 많다.

정답 ②

085 20년 2회

소매점포의 부지(site)를 선정할 때 고려해야 할 가장 중요한 기준으로 옳은 것은?

① 부지의 고객접근성
② 부지의 주요 내점객
③ 점포의 가시성
④ 점포의 수익성
⑤ 점포의 임대료

해설
점포 부지 선정 시 해당 장소에서 점포가 이익을 낼 수 있는지, 즉 수익성이 가장 중요한 기준이다. 점포가 이익을 낼 수 있는지를 결정하는 데는 매출액이 가장 중요한데, 유망한 부지를 선택하기 위해서는 잠재적인 1년 매출액을 추정해야 한다.

정답 ④

086

상권은 유형에 따라 서로 다른 특성을 갖는다. 상권유형별 일반적 특성을 비교하여 설명한 내용 중에서 가장 옳지 않은 것은?

① 도심상권은 중심업무지구(CBD)를 포함하는데 부도심 또는 근린상권보다 상대적으로 상권의 범위가 넓고 소비자들의 체류시간이 길다.
② 부도심상권은 도시 내 주요 간선도로의 결절점이나 역세권을 중심으로 형성되는 경우가 많으며 도시전체의 소비자를 유인하지는 못한다.
③ 근린상권은 점포인근 거주자들을 주요 소비자로 볼 수 있으며 생활필수품을 취급하는 업종의 점포들이 입지하는 경향이 있다.
④ 역세권상권은 지하철역이나 철도역을 중심으로 형성되며 지상의 도로 교통망과 연결되어 지상과 지하의 입체적 상권으로 고밀도 개발이 이루어지는 경우가 많다.
⑤ 아파트상권은 단지 내 거주하는 고정고객 비중이 높아 안정적인 수요확보가 가능하고 보통 외부고객 유치가 쉬워서 상대적으로 상권확대 가능성이 높다.

해설
아파트 상권은 고정고객의 비중이 높아 안정적인 수요확보가 가능하지만, 외부와 단절되는 경우가 많아 외부고객을 유치하는 상권확대 가능성이 낮은 편이다.

정답 ⑤

087

소매점의 입지 유형 중 부도심 소매중심지(SBD ; Secondary Business District)에 대한 설명으로 가장 옳지 않은 것은?

① 도시규모의 확장에 따라 여러 지역으로 인구가 분산, 산재되어 생긴 지역이다.
② 근린형 소매중심지이다.
③ 주된 소매업태는 슈퍼마켓, 일용잡화점, 소규모 소매점 등이 있다.
④ 주간에는 교통 및 인구 이동이 활발하지만 야간에는 인구 격감으로 조용한 지역으로 변한다.
⑤ 주거지역 도로변이나 아파트단지 상점가 등의 형태를 갖추고 있다.

해설
부도심은 대도시 내에서 도심의 중심 기능을 일부 분담하여 수용하는 지역으로서 주거지역 도로변이나 아파트단지 상점가 등의 근린형 소매중심지로 상주인구가 많으므로 야간에도 인구가 격감하지는 않는다.

정답 ④

088

신규로 소매점포를 개점하기 위한 준비과정의 논리적 순서로서 가장 옳은 것은?

① 소매믹스설계 – 점포계획 – 상권분석 – 입지선정
② 소매믹스설계 – 상권분석 – 입지선정 – 점포계획
③ 점포계획 – 소매믹스설계 – 상권분석 – 입지선정
④ 상권분석 – 입지선정 – 소매믹스설계 – 점포계획
⑤ 상권분석 – 입지선정 – 점포계획 – 소매믹스설계

해설
소매점포 개점을 위한 준비과정
상권분석 → 입지선정 → 점포계획 → 소매믹스설계

정답 ⑤

089 22년 1회

아래 글상자에서처럼 월매출액을 추정하려 할 때 괄호 안에 들어갈 용어로 가장 옳은 것은?

> 월매출액 = (㉠)×1일 평균 내점객수×월간 영업일수

① 상권내 점포점유율
② 회전율
③ 내점율
④ 실구매율
⑤ 객단가

해설
매출 추정 시 예상 고객 수 및 객단가 적용
계획지의 객단가와 자사 점포 및 경쟁점의 객단가를 비교하여 추정한 뒤 상권분석을 통해 설정된 예상 고객 수를 감안하여 매출을 추정한다.

정답 ⑤

090 20년 추가

자금의 조달에 어려움이 없다고 가정할 때, 가맹본부가 하나의 상권에 개점할 직영점포의 숫자를 결정하는 가장 합리적인 원칙은?

① 상권 내 경쟁점포의 숫자에 비례하여 개점한다.
② 한계이익이 한계비용보다 높으면 개점한다.
③ 자사 직영점이 입점한 상권에는 개점하지 않는다.
④ 자기잠식을 고려하여 1상권에 1점포만을 개점한다.
⑤ 자사 가맹점의 상권이라도 그 가맹점의 허락을 받으면 개점한다.

해설
추가 점포를 개설하여 얻게 되는 한계이익이 한계비용보다 크다면, 추가로 점포를 개설하는 유인이 된다. 즉, 한 지역 내에 추가적으로 입점하는 점포는 한계이익이 한계비용보다 높을 때까지 입점할 수 있다.

정답 ②

091 25년 2회

권리금에 대한 설명 중 옳은 것은?

① 권리금은 법률적으로 반환을 보장받을 수 있다.
② 임대차 계약기간동안의 사업수익으로 충분히 충당될 수 있는 정도여야 적당하다고 볼 수 있다.
③ 신축건물에도 바닥권리금이라는 것이 있는데, 이는 주변 상권의 강점을 반영하는 것이므로 높아도 무방하다.
④ 일종의 영업권이며 계약 종료 시 원칙적으로 전액 반환받을 수 있다.
⑤ 해당 상권의 강점 등이 반영된 영업권의 일종으로, 점포의 소유자에게 임차인이 제공하는 추가적인 비용이다.

해설
②, ③ 권리금을 일정 기간 안에 회복할 수 있는 수익성이 확보될 수 있는지를 검토해야 한다.
①, ④ 임대차 목적물인 상가건물이 「유통산업발전법」 제2조에 따른 대규모 점포 또는 준대규모점포의 일부인 경우(다만, 「전통시장 및 상점가 육성을 위한 특별법」 제2조 제1호에 따른 전통시장은 제외), 임대차 목적물인 상가건물이 「국유재산법」에 따른 국유재산 또는 「공유재산 및 물품관리법」에 따른 공유재산인 경우 상가임대차법 제10조의 4(권리금 회수기회 보호 등)를 적용하지 아니한다(상가임대차법 제10조의5).
⑤ 권리금 계약이란 신규임차인이 되려는 자가 임차인에게 권리금을 지급하기로 하는 계약이다(상가임대차법 제10조의3 제2항).

정답 ②

092 25년 2회

백화점이나 쇼핑센터 등 다층구조의 대형소매점에서 개점계획 시 공간배치 관련 의사결정을 내릴 때 매장을 찾는 고객의 동선(動線)을 전략적으로 유도하여 매출을 극대화하려는 목적으로 샤워효과, 분수효과, 나비효과를 고려하기도 한다. 이와 관련한 일반적 내용으로 옳지 않은 것은?

① 분수효과(Fountain effect)는 분수의 물이 아래에서 위로 물이 뿜어져 나오는 것처럼 대형소매점 하층부의 이벤트가 상층부로 고객을 유도하여 매장전체의 매출을 증가시키는 효과를 갖는 것을 말한다.
② 분수효과(Fountain effect)는 백화점 등에서 지하매장에 식료품코너를 배치하여 고객집객효과가 위층까지 영향을 미치게 하는 것이 대표적 적용사례이다.

③ 샤워효과(Shower effect)는 대형소매점의 상층부에 고객을 유인하는 상품매장이나 시설 등을 배치하여 그곳을 방문한 고객이 하층부로 내려오면서 고객집객효과가 하층부로 연계되는 효과를 말한다.
④ 샤워효과(Shower effect)는 백화점에서 상층부에 문화센터, 전문식당가, 명품브랜드 매장을 배치하여 고객집객효과가 아래층으로 유도되는 것이 일반적 적용사례이다.
⑤ 나비효과(Butterfly effect)는 브랜드 인지도와 집객력이 큰 앵커매장(anchor shop)을 엘리베이터나 에스컬레이터에서 멀리 떨어져 있는 매장 안쪽에 배치하여 주변 매장의 상품도 구매하는 연계매출 증대를 꾀하는 것을 말한다.

해설
샤워효과를 이용하여 소비자를 상층부로 유인하면서 대형소매점에 머무는 시간을 증가시키고 구매량 증대를 유도하기 위해 식당가와 영화관을 배치하는가 하면, 문화센터나 사은품 증정 장소를 배치하기도 한다. 다만 명품브랜드 매장은 다수 소비자를 위한 매장에 비해 고객집객효과가 떨어지므로 일반적으로 백화점 상층부에 배치하지는 않는다.

정답 ④

093 25년 1회

다음 중 국내에 거주하는 내국인 개인이 사업자등록을 신청하는 경우의 절차와 내용에 관한 원칙적인 설명으로 가장 옳지 않은 것은?

① 사업자는 사업장마다 등록을 신청해야 함
② 사업 개시일부터 10일 이내에 신청해야 함
③ 신규사업자는 사업 개시일 이전에도 신청이 가능함
④ 신청서는 사업자 본인이 자필로 서명해야 함
⑤ 사업자등록증은 일반적으로 신청일로부터 평일 기준 2일 이내에 발급함

해설
부가가치세법 제8조(사업자등록) 제1항
사업자는 사업장마다 대통령령으로 정하는 바에 따라 사업 개시일부터 20일 이내에 사업장 관할 세무서장에게 사업자등록을 신청하여야 한다. 다만, 신규로 사업을 시작하려는 자는 사업 개시일 이전이라도 사업자등록을 신청할 수 있다.

정답 ②

094 25년 1회

프랜차이즈 시스템에 가입하여 출점하는 가맹점(franchisee) 점주가 얻을 수 있는 직접적 혜택으로 가장 옳지 않은 것은?

① 규모의 경제
② 브랜드 인지도 활용
③ 운영 및 관리의 지원
④ 사업 실패 위험의 감소
⑤ 상품 품질의 일관성 유지

해설
규모의 경제(Economies of Scale)란 대량생산을 할 경우, 소량생산을 하는 경우보다 평균비용이 더 낮은 상황을 의미한다. 프랜차이즈 본사는 대량 구매, 대량생산 등을 통해 생산 단가를 낮추어 이익을 늘리는 규모의 경제 효과를 누릴 수 있지만, 가맹점은 본사로부터 상품을 소규모로 구매하는 형태이므로 직접적인 규모의 경제 효과를 누리기 어렵다.

정답 ①

095 23년 1회

아래 글상자의 내용에서 말하는 장단점은 어떤 형태의 소매점포 출점에 대한 내용인가?

장 점	단 점
• 직접 소유로 인한 장기간 영업	• 초기 고정투자부담이 큼
• 영업상의 신축성 확보	• 건설 및 인허가기간 소요
• 새로운 시설 확보	• 적당한 부지 확보 어려움
• 구조 및 설계 유연성	• 점포 이동 등 입지변경 어려움

① 기존건물에 속한 점포임대
② 기존건물 매입
③ 부지매입 건물신축
④ 기존건물의 점포매입
⑤ 신축건물 임대

해설
점포신축을 위한 부지매입
• 일반적으로 자산가치가 상승하는 경우가 많다.
• 점포 형태, 진입로, 주차장, 구조 등 하드웨어에 대한 계획을 새롭게 세울 수 있다.
• 다른 경우에 비해 초기에 투자해야 하는 비용이 많은 편에 속한다.
• 주변 지역(상권)의 환경변화에 빠르게 대응하기가 어렵다.

정답 ③

096 23년 2회

아래 글상자에 제시된 신규점포의 개점 절차의 논리적 진행 순서로 가장 옳은 것은?

> ㉠ 상권분석 및 입지선정
> ㉡ 홍보계획 작성
> ㉢ 가용 자금, 적성 등 창업자 특성 분석
> ㉣ 실내 인테리어, 점포 꾸미기
> ㉤ 창업 아이템 선정

① ㉠ - ㉤ - ㉢ - ㉡ - ㉣
② ㉤ - ㉠ - ㉢ - ㉡ - ㉣
③ ㉤ - ㉢ - ㉠ - ㉡ - ㉣
④ ㉢ - ㉠ - ㉤ - ㉡ - ㉣
⑤ ㉢ - ㉤ - ㉠ - ㉣ - ㉡

해설

신규점포의 개점 절차
- 1단계 : 창업자 특성 및 환경분석 → 창업 아이템 선정 → 사업계획서 작성 → 창업 방법 결정
- 2단계 : 상권분석 및 입지선정 → 사업 타당성 분석
- 3단계 : 실내 인테리어 및 점포 꾸미기 → 기자재 선택 → 초도 물품 준비
- 4단계 : 가격책정 → 인력계획 → 서비스전략 → 홍보계획 작성
- 5단계 : 교육 및 인허가 → 오픈 준비 및 오픈

정답 ⑤

097 23년 3회

상가건물 임대차보호법(법률 제18675호, 2022.1.4., 일부개정) 등의 관련 법규에서는 아래 글상자와 같이 상가 임대료의 인상률 상한을 규정하고 있다. 괄호 안에 들어갈 내용으로 옳은 것은?

> 차임 또는 보증금의 증액청구는 청구당시의 차임 또는 보증금의 100분의 ( )의 금액을 초과하지 못한다.

① 3   ② 4
③ 5   ④ 8
⑤ 10

해설

「상가건물 임대차보호법 시행령」 제4조(차임 등 증액 청구의 기준)
차임 또는 보증금의 증액 청구는 청구 당시의 차임 또는 보증금의 100분의 5의 금액(5%)을 초과하지 못한다.

정답 ③

098 22년 1회

일정 요건을 갖춘 판매시설에 대한 교통영향평가의 실시를 정한 법률로서 옳은 것은?

① 도로법(법률 제17893호, 2021.1.12., 타법개정)
② 유통산업발전법(법률 제17761호, 2020.12.29., 타법개정)
③ 도시교통정비 촉진법(법률 제17871호, 2021.1.5., 일부개정)
④ 지속가능 교통물류 발전법(법률 제18563호, 2021.12.7., 일부개정)
⑤ 국토의 계획 및 이용에 관한 법률(법률 제17893호, 2021.1.12., 타법개정)

해설

「도시교통정비 촉진법」 제15조 제1항 제11호, 영 제13조의2 제6호(교통영향평가 대상사업 등)
도시교통정비지역 또는 도시교통정비지역의 교통권역에서 판매시설의 사업(이하 "대상사업"이라 한다)을 하려는 자(국가와 지방자치단체를 포함하며, 이하 "사업자"라 한다)는 교통영향평가를 실시하여야 한다.

정답 ③

099

주거지역과 상업지역에서 업종을 변경하거나 점포를 확장하려 할 경우 용도변경 신청을 해야 하는 경우가 있다. 이때 하수도법, 주차장법 등 매우 많은 법률의 적용을 다르게 받게 되어 업종변경이나 확장이 어려울 수도 있다. 이와 관련된 행정 처리 절차로서 가장 옳은 것은?

① 용도 변경 신청 – 신고필증 교부 – 공사 착수 – 건축물대장 변경 – 사용 승인
② 용도 변경 신청 – 신고필증 교부 – 건축물대장 변경 – 공사 착수 – 사용 승인
③ 용도 변경 신청 – 사용 승인 – 신고필증 교부 – 공사 착수 – 건축물대장 변경
④ 용도 변경 신청 – 신고필증 교부 – 건축물대장 변경 – 사용 승인 – 공사 착수
⑤ 용도 변경 신청 – 신고필증 교부 – 공사 착수 – 사용 승인 – 건축물대장 변경

해설
용도변경 신청은 해당 건축물의 용도를 변경하기 위해 관할 행정청에 신청하는 절차로 용도변경 신청이 승인되면 신고필증이 교부되며, 건축물의 구조나 용도에 변경이 발생하는 공사에 착수할 수 있다. 공사 완료 후에는 사용 승인을 받게 되며, 건축물대장을 변경하게 된다.

정답 ⑤

100

"국토의 계획 및 이용에 관한 법률"(법률 제17893호, 2021.1.12., 타법개정)에서 규정하고 있는 용도지역 중 상업지역을 구분하는 유형으로 볼 수 없는 것은?

① 중심상업지역
② 일반상업지역
③ 근린상업지역
④ 전용상업지역
⑤ 유통상업지역

해설
「국토의 계획 및 이용에 관한 법률 시행령」 제30조 제1항 제2호 상업지역
가. 중심상업지역 : 도심·부도심의 상업 기능 및 업무기능의 확충을 위하여 필요한 지역
나. 일반상업지역 : 일반적인 상업 기능 및 업무기능을 담당하게 하기 위하여 필요한 지역
다. 근린상업지역 : 근린 지역에서의 일용품 및 서비스의 공급을 위하여 필요한 지역
라. 유통상업지역 : 도시 내 및 지역 간 유통 기능의 증진을 위하여 필요한 지역

정답 ④

제3과목 유통마케팅

101

아래 글상자에서 효과적인 시장세분화 조건으로 옳은 것만을 모두 나열한 것은?

> ㉠ 측정 가능성
> ㉡ 충분한 시장 규모
> ㉢ 접근 가능성
> ㉣ 세분시장 내 동질성과 세분시장 간 이질성

① ㉠, ㉡
② ㉡, ㉢
③ ㉠, ㉡, ㉢
④ ㉡, ㉢, ㉣
⑤ ㉠, ㉡, ㉢, ㉣

해설
㉠ 측정 가능성 : 마케팅관리자가 각 세분시장의 규모나 구매력 등을 측정할 수 있어야 한다.
㉡ 규모의 적정성 : 세분시장이 충분한 규모이거나 이익을 낼 수 있는 크기가 되어야 한다.
㉢ 접근 가능성 : 상품, 서비스에 대한 기업의 메시지가 세분시장에 효과적으로 도달할 수 있어야 한다.
㉣ 이질성 : 특정한 마케팅 믹스에 대한 반응이나 세분화 근거에 있어서 세분시장 내의 구성원은 동질성을 보이고, 다른 세분시장의 구성원과는 이질성을 보여야 한다.

정답 ⑤

102 24년 1회

수평적 마케팅 시스템(horizontal marketing system)에 대한 설명으로 옳지 않은 것은?

① 동일한 경로 단계에 있는 둘 이상의 개별 기업들이 함께 협력하는 것이다.
② 효과적인 마케팅 활동을 수행하는 데 필요한 자본, 노하우, 마케팅자원 등을 결합한다.
③ 경쟁 관계에 있는 기업들로 인해 발생하는 경로 갈등의 문제점을 비경쟁 관계에 있는 기업들과의 협력을 통해 해결하기 위한 것이다.
④ 통합을 통해 시너지 효과를 얻으려 하기 때문에 공생적 마케팅(symbiotic marketing)이라고도 한다.
⑤ 글로벌 시장에 캔커피와 캔홍차음료의 판매를 위해 코카콜라와 네슬레가 제휴한 경우가 대표적 사례이다.

해설
수평적 마케팅 시스템(HMS)은 경쟁 관계에 있는 기업이든 비경쟁 관계에 있는 기업이든 상관없이 서로의 목표를 위해 힘을 결속할 수 있다는 장점이 있다.

정답 ③

103 23년 3회

브랜드 관리와 관련된 설명으로 가장 옳지 않은 것은?

① 브랜드 자산(brand equity)이란 해당 브랜드를 가졌기 때문에 발생하는 차별적 브랜드 가치를 말한다.
② 브랜드 재인(brand recognition)은 브랜드가 과거에 본인에게 노출된 적이 있음을 알아차리는 것이다.
③ 브랜드 회상(brand recall)이란 브랜드 정보를 기억으로부터 인출하는 것을 말한다.
④ 브랜드 인지도(brand awareness)는 브랜드 이미지의 풍부함을 의미한다.
⑤ 브랜드 로열티(brand loyalty)가 높을수록 브랜드 자산(brand equity)이 증가한다고 볼 수 있다.

해설
브랜드 인지도는 소비자가 특정 제품이나 서비스의 이름을 얼마나 알고 있는지를 나타내는 지표다.

정답 ④

104 23년 1회

아래 글상자의 내용과 관련하여 가장 옳지 않은 것은?

> ㉠ 기존 자사 제품을 통해 기존 시장에서 매출액이나 시장점유율을 높이기 위한 전략이다.
> ㉡ 두 개 이상의 소매업체 간의 자원을 공동으로 이용하여 소유권, 통제권, 이익이 공유되는 새로운 회사를 설립할 때 활용하는 전략이다.
> ㉢ 기존의 제품으로 새로운 유통경로를 개척하여 시장을 확장하는 전략이다.

① ㉠은 소매업체의 성장전략 중 시장침투 전략에 대한 설명이다.
② ㉠은 자사 점포에서 쇼핑하지 않은 고객을 유인하거나 기존 고객들이 더 많은 상품을 구매하도록 유인하는 전략이다.
③ ㉡은 위험이 낮고 투자가 적게 요구되는 전략이지만, 가맹계약 해지를 통해 경쟁자가 되는 위험을 가지고 있다.
④ ㉡은 소매업체가 해외시장에 진출할 때 활용되는 진입전략 중 하나이다.
⑤ ㉢은 새로운 시장에서 기존 소매업태를 이용하는 성장전략이다.

해설
㉡은 다각화전략에 대한 설명이고, ③의 내용은 프랜차이즈 전략에 대한 설명이다.

정답 ③

105 23년 3회

표적시장을 수정하거나 제품을 수정하거나 마케팅믹스를 수정하는 마케팅전략을 수행해야 하는 제품수명주기상의 단계로서 가장 옳은 것은?

① 신제품 출시 이전(以前) ② 도입기
③ 성장기   ④ 성숙기
⑤ 쇠퇴기

해설
성숙기에는 심한 경쟁에 대응하기 위해 기존 제품의 품질·특성을 수정하여 새로운 소비자를 찾거나 기존 소비자를 위한 제품의 새로운 용도를 개발하는 시기이다.

정답 ④

106 23년 3회

통합적 마케팅커뮤니케이션(IMC ; Integrated Marketing Communication)에 대한 설명으로 가장 옳지 않은 것은?

① 광고, 판매촉진, PR, 인적판매, 다이렉트 마케팅 등 다양한 촉진믹스들을 활용한다.
② 명확하고 설득력 있는 메시지를 일관되게 전달하는 것이 목적이다.
③ 동일한 표적고객에 대한 커뮤니케이션은 서로 동일한 메시지를 전달한다.
④ 서로 다른 촉진믹스들이 수행하는 차별적 커뮤니케이션 역할들을 신중하게 조정한다.
⑤ 모든 마케팅 커뮤니케이션 캠페인들이 동일한 촉진 목표를 달성하도록 관리한다.

해설
통합적 마케팅커뮤니케이션은 다양한 커뮤니케이션 수단들을 비교·검토하고, 모든 마케팅 믹스 요소들을 조정·통합하여 유기적으로 연계하는 것이지 동일한 촉진 목표를 달성하도록 하는 것은 아니다.

정답 ⑤

107 24년 2회

아래 글상자에서 공통적으로 설명하는 촉진수단으로 가장 옳은 것은?

> - 촉진의 총비용이 상대적으로 저렴한 촉진수단에 속한다.
> - 다른 촉진 믹스들보다 상대적으로 신뢰성이 높다.
> - 메시지에 대한 통제력이 거의 없다

① 광 고
② 인적판매
③ 판매촉진
④ 홍 보
⑤ 직접마케팅

해설
홍보는 감성적으로 소비자의 반응을 유도하며 비용은 거의 들지 않는다. 신뢰도와 촉진효과가 높은 반면 통제가 곤란하고, 효과가 간접적으로 나타나는 단점이 있다.

정답 ④

108 25년 2회

아래 글상자의 괄호 안에 들어갈 판매촉진 관련 용어를 바르게 나열한 것은?

> (㉠)는 소매업자가 신상품을 취급해 주는 대가로 제조업자가 상품대금의 일부를 공제해 주는 것이다.
> (㉡)는 소매업자가 점포 내에 어떤 상품을 일정 기간 동안 눈에 잘 띄게 진열해 주는 대가로 제조업자가 상품대금의 일부를 공제해 주는 것이다.

① ㉠ 입점 공제, ㉡ 광고 공제
② ㉠ 입점 공제, ㉡ 진열 공제
③ ㉠ 진열 공제, ㉡ 구매 공제
④ ㉠ 진열 공제, ㉡ 광고 공제
⑤ ㉠ 광고 공제, ㉡ 구매 공제

해설
㉠은 입점 공제에 대한 설명이고, ㉡은 진열 공제에 대한 설명이다.

정답 ②

109 23년 2회

상시저가전략(EDLP ; everyday low price)과 비교한 고저가격전략(high-low pricing)의 장점으로 가장 옳지 않은 것은?

① 고객의 가격민감도 차이에 기반한 가격차별화를 통해 수익증대가 가능하다.
② 할인행사에 대한 고객 기대를 높이는 효과가 있다.
③ 광고 및 운영비를 절감하는 효과가 있다.
④ 동일 상품을 다양한 고객층에게 판매할 수 있다.
⑤ 제품수명주기의 변화에 따른 가격설정이 용이하다.

해설
광고 및 운영비를 절감하는 효과는 고저가격전략(high-low pricing)과 비교한 상시저가전략(EDLP)의 장점이다.

정답 ③

110 24년 3회

아래 글상자의 설명에 해당하는 용어로 옳은 것은?

> 일반적으로 빅데이터로부터 정보를 추출하는 방법을 의미한다. 빅데이터와 같은 거대한 자료로부터 특정한 규칙을 발견해 내는 컴퓨터 처리 작업이라고 정의할 수 있다.

① 메모리 컴퓨팅
② 데이터 시각화
③ 데이터 마이닝
④ 텍스트 시각화
⑤ 연관성 분석

해설

① 메모리 컴퓨팅 : CPU 기반의 컴퓨터가 아닌 다수의 메모리 노드를 고속의 패브릭으로 연결해 거대한 공유 메모리 풀을 구성하여 컴퓨터 정보 처리 속도가 크게 높아진다.
② 데이터 시각화 : 데이터를 차트, 그래프, 맵과 같은 시각적 요소를 사용하여 데이터 중심 의사결정 및 전략적 계획수립을 지원한다.
④ 텍스트 시각화 : 텍스트 분석 결과를 도표나 그래프로 시각화하는 과정을 말한다.
⑤ 연관성 분석 : 조사 대상에서 수집한 자료의 척도를 기준으로 변수들 간에 어느 정도 밀접한 관계가 있는지를 판단하기 위한 분석 방법이다.

정답 ③

111 23년 2회

소매점의 POS(point of sales)시스템에 대한 설명으로 가장 옳지 않은 것은?

① POS시스템을 통해 소매점별로 수집된 판매제품의 품목명, 수량, 가격, 판촉 등에 관한 정보를 수집할 수 있다.
② POS시스템은 POS 단말기, 바코드 스캐너, 스토어 콘트롤러(store controller)로 구성되어 있다.
③ POS시스템을 통해 확보한 정보는 고객관계관리(CRM)를 위한 기반 데이터로 활용된다.
④ 전년도 목표 대비 판매량 분석 또는 전월 대비 매출액 변화분석과 같은 시계열 정보를 수집하고 분석하는 데 한계가 있다.
⑤ POS시스템을 통해 신제품에 대한 마케팅효과, 판촉효과 등을 분석할 수 있다.

해설

전년도 목표 대비 판매량 분석 또는 전월 대비 매출액 변화분석과 같은 시계열 정보를 효율적으로 수집하고 분석할 수 있다.

정답 ④

112 24년 3회

다음 중 온라인 판매 채널을 추가함으로써 얻을 수 있는 혜택으로 가장 옳지 않은 것은?

① 지역 상권에 제한되지 않고 시장을 확장할 수 있다.
② 더 깊고 넓은 상품구색을 제공할 수 있다.
③ 소비자의 구매 결정에 도움이 되는 더 많은 양의 정보를 제공할 수 있다.
④ 채널 간 갈등을 낮춰 고객에게 통합된 경험을 제공할 수 있다.
⑤ 소비자 구매에 대한 정보를 수집하여 개인 맞춤형 제품을 제공할 수 있다.

해설

④는 옴니채널에 대한 설명이다. 옴니채널은 소비자가 온·오프라인, 모바일 등 다양한 경로를 넘나들며 상품을 검색·구매할 수 있는 서비스로, 독립적으로 운영되던 채널들이 유기적으로 통합되어 온·오프라인을 포함한 모든 채널에서 고객에게 일관되고 통합된 경험을 제공하고, 온·오프라인의 판매실적을 통합함으로써 채널 간의 불필요한 경쟁을 해결한다.

정답 ④

113 23년 1회

로열티 프로그램으로 가장 옳지 않은 것은?

① 구매액에 따라 보너스 점수를 부여하거나 방문수에 따라 스탬프를 모으게 하는 스탬프 제도
② 상품구매자를 대상으로 여러 혜택을 얻을 수 있는 프로그램에 가입하게 하는 회원제도
③ 20%의 우량고객에 집중해 핵심고객에게 많은 혜택이 부여되는 마케팅 프로그램 기획 및 운영
④ 동일 기업 내 다수의 브랜드의 통합 또는 이종기업 간의 제휴를 통한 통합 포인트 적립 프로그램
⑤ 기업의 자선활동 및 공익프로그램과의 연계를 통한 사회문제해결 및 공유가치 창출 프로그램

해설
로열티 프로그램은 고객의 반복적인 구매활동에 대한 보상으로 상품할인, 무료식품, 선물 혹은 여행 같은 인센티브를 제공하기 위해 마련된 마케팅 프로그램이므로 자선활동 및 공익프로그램과는 거리가 멀다.

정답 ⑤

114 23년 1회

전략적 CRM(customer relationship management)의 적용과정으로서 가장 옳지 않은 것은?

① 정보관리과정
② 전략 개발과정
③ 투자 타당성 평가 과정
④ 가치창출 과정
⑤ 다채널 통합과정

해설
전략적 CRM의 적용과정은 고객의 정보를 관리하는 과정, CRM 프로세스를 구현하기 위한 전략 개발과정, 고객 순자산 가치를 창출하는 과정, 부서간 통합 관점에서 고객 피드백을 체계적으로 활용할 수 있는 내부적인 다채널 통합과정으로 구분할 수 있다.

정답 ③

115 25년 2회

아래 글상자에서 설명하는 표본 추출방법으로 옳은 것은?

> 각 표본들이 동일하게 선택될 확률을 가지도록 선정된 표본 프레임 안에서 각 표본 단위들을 난수표 및 컴퓨터 프로그램 등을 통해 무작위로 추출하는 방법이다.

① 편의 표본추출
② 단순무작위 표본추출
③ 판단 표본추출
④ 할당 표본추출
⑤ 층화 표본추출

해설
단순무작위 표본추출은 각 표본들이 동일하게 선택될 확률을 가지도록 선정된 표본프레임 안에서 각 표본단위들에 일련번호를 부여한 다음, 난수표를 이용해서 선정된 번호에 따라서 무작위로 추출하는 확률적 표본추출에 해당한다.

정답 ②

116 21년 3회

마케팅 커뮤니케이션 수단들에 대한 설명으로 가장 옳지 않은 것은?

① 신뢰성이 높은 매체를 통한 홍보(publicity)는 고객의 우호적 태도를 형성하기 위한 좋은 수단이다.
② 인적판매는 대면접촉을 통하기 때문에 고객에게 구매를 유도하기에 적절한 도구이다.
③ 판매촉진은 시험적 구매를 유발하는 데 효과적인 도구이다.
④ 광고의 목적이 판매를 촉진하기 위한 것이라면, 홍보는 이미지와 대중 관계를 향상시키는 데 목적이 있다.
⑤ 광고는 시간과 공간의 제약은 없으나 다른 커뮤니케이션 수단들에 비해 노출당 비용이 많이 소요된다는 단점이 있다.

해설
광고는 정보전달의 양이 제한적이고, 노출기회가 시간적으로 제약될 수 있다.

정답 ⑤

117 22년 2회

세분화된 시장들 중에서 매력적인 표적시장을 선정하기 위한 고려사항으로 가장 옳지 않은 것은?

① 경쟁의 측면에서 개별 세분시장 내의 경쟁강도를 살펴보아야 한다.
② 해당 세분시장이 자사의 역량과 자원에 적합한지를 살펴보아야 한다.
③ 선택할 시장들의 절대적 규모를 고려하여 살펴보아야 한다.
④ 자사가 기존에 가지고 있는 마케팅 믹스체계와 일치하는지를 살펴보아야 한다.
⑤ 선택할 시장이 자사가 가지고 있는 목표 및 이미지와 일치하는지 살펴보아야 한다.

해설
소비자는 각자 독특한 욕구와 필요가 있기 때문에 판매자는 잠재적으로 각 소비자를 서로 다른 표적시장으로 보고 세분화를 하되, 회사 특성을 고려하여 넓게, 좁게 또는 이들의 중간 정도 등 적절한 수준의 세분시장을 선정하게 된다. 따라서 표적시장의 수준을 고려하여 수준이 가장 넓은 무차별적 시장, 차별적 시장, 집중(틈새)시장, 미시시장(지역시장) 등으로 나눌 수 있다.

정답 ③

118 24년 1회

아래 글상자에서 설명하는 용어로 옳은 것은?

> 경쟁 제품과 비교하여 소비자들의 마음속에서 차지하고 있는 자사 제품의 기존 위치를 변화시키는 것을 의미한다.

① 시장세분화
② 목표시장선정
③ 포지셔닝
④ 리포지셔닝
⑤ 지각도

해설
리포지셔닝(Re-Positioning, 재포지셔닝)은 소비자의 욕구 및 경쟁환경의 변화에 따라 기존 제품이 가지고 있던 포지션을 분석하여 새롭게 조정하는 활동을 말한다.

정답 ④

119 23년 2회

아래 글상자의 괄호 안에 들어갈 용어로 가장 옳은 것은?

> (㉠)은 상품흐름이나 판매를 증진시키기 위해 정상가보다 낮은 가격으로 결정하는 것을 말하며, (㉡)은 특정 제품의 가격에 대해 천단위, 백단위로 끝나는 것보다 특정의 홀수로 끝나는 가격을 책정함으로써 소비자로 하여금 더 저렴하다는 느낌을 주기 위한 가격전략이다.

① ㉠ 선도가격(leader pricing)
  ㉡ 수량가격(quantity based pricing)
② ㉠ 단수가격(odd pricing)
  ㉡ 변동가격(dynamic pricing)
③ ㉠ 선도가격(leader pricing)
  ㉡ 단수가격(odd pricing)
④ ㉠ 변동가격(dynamic pricing)
  ㉡ 묶음가격(price bundling)
⑤ ㉠ 묶음가격(price bundling)
  ㉡ 단수가격(odd pricing)

해설
선도가격(㉠), 단수가격(㉡)에 대한 설명이다.

정답 ③

120 24년 1회

다음 촉진 예산 결정 방법 중 상향식 접근방법으로 옳은 것은?

① 가용 예산법(affordable method)
② 매출액 비율법(percentage-of-sales method)
③ 단위당 고정 비용법(fixed-sum-per-unit method)
④ 경쟁자 기준법(competitive parity method)
⑤ 목표 및 과업기준법(objective and task method)

해설
목표 및 과업기준법은 광고 부서에서 광고 예산을 수립해 예산편성부서에 보고하는 '상향식 접근방법'이다.

정답 ⑤

121 23년 1회

제품에 맞는 판매기법으로 가장 옳지 않은 것은?

① 편의품은 입지 조건에 따라 판매가 크게 좌우되므로 접근이 더 용이하도록 배달서비스 제공을 고려할 필요가 있다.
② 편의품은 보다 풍요로운 생활과 즐거움을 제공하는 제품으로 스타일과 디자인을 강조한다.
③ 선매품의 경우 고객의 질문에 충분히 답할 수 있는 판매원의 교육 훈련이 필요하다.
④ 선매품은 패션성이 강하기 때문에 재고가 누적되지 않도록 시의적절한 판촉을 수행한다.
⑤ 전문품은 전문적이고 충분한 설명을 통해 소비자의 구매의욕을 충분히 자극시켜야 한다.

해설
선매품은 보다 풍요로운 생활과 즐거움을 제공하는 제품으로 스타일과 디자인을 강조한다.

정답 ②

122 24년 2회

매장 환경 구성 및 관리에 대한 설명으로 가장 옳지 않은 것은?

① 잠재고객이 무리한 노력을 기울이지 않더라도 상품을 쉽게 찾을 수 있도록 구성해야 한다.
② 누구를 위한 매장이며 무엇을 판매하고 있는지 명확하게 표현하여야 한다.
③ 다층점포의 경우 수직 이동시설과 인접한 공간을 고객편의공간으로 구성하여 고객편의성을 강화해야 한다.
④ 사고에 대한 사전 예방 시설을 갖추고 사고 조치나 대책이 포함된 작업환경을 마련해야 한다.
⑤ 후방시설의 창고는 판매영역과 구분하여 구역화하고 상품 정리 시 낱개 상품이 보관되지 않도록 한다.

해설
예전의 다층점포에서는 수직이동을 위한 인접한 자투리 공간에 고객편의공간을 구성하였으나, 최근에는 고객들의 다양한 니즈를 수용하는 원스톱 공간으로 저층을 운용하고 있는 추세이다.

정답 ③

123 22년 2회

소매점포의 공간 분류와 그 용도에 대한 연결이 가장 옳지 않은 것은?

	항목	용도
㉠	고객존	고객용 출입구, 통로 계단
㉡	상품존	상품매입, 보관 장소
㉢	직원존	사무실, 종업원을 위한 식당과 휴게실
㉣	매장존	매장, 고객 휴게실과 화장실, 비상구
㉤	후방존	물류 공간, 작업 공간

① ㉠
② ㉡
③ ㉢
④ ㉣
⑤ ㉤

해설
고객 휴게실과 화장실, 비상구는 고객존에 해당한다.

정답 ④

124 25년 2회

소셜미디어에 대한 설명 중 가장 옳지 않은 것은?

① 소셜미디어는 4대매체인 TV, 라디오, 신문, 잡지가 아닌 블로그나 트위터, 인스타그램 등 새로운 뉴미디어를 의미한다.
② 소셜미디어의 생산주체는 주로 미디어 제작자나 광고주가 아닌 개인이다.
③ 소셜미디어의 콘텐츠 내용은 일반적으로 객관적·계획적이지 않고 주관적·개인적이다.
④ 소셜미디어의 커뮤니케이션 형태는 일방향적이다.
⑤ 소셜미디어 콘텐츠의 소유 주체는 보통 자본가가 아닌 개인이다.

해설
소셜미디어의 커뮤니케이션은 쌍방향 커뮤니케이션이 가능해 일방적 메시지 전달을 위한 미디어 비용을 줄이고 고객 참여, 공유, 대화가 가능하다.

정답 ④

125 23년 1회

매장의 내부 환경요소로 가장 옳지 않은 것은?

① 매장의 입출구와 주차시설
② 매장의 색채와 조명
③ 매장의 평면배치
④ 매장의 상품진열
⑤ 매장의 배경음악 및 분위기

해설
매장의 입출구와 주차시설은 매장 외부 환경요소에 해당한다.

정답 ①

126 22년 1회

매장외관(exterior) 관리에 대한 설명으로 가장 옳지 않은 것은?

① 매장의 외관은 기업의 이미지에 매우 중요한 영향을 미치므로 사전에 면밀히 계획되어야 한다.
② 매장의 외관은 매장의 이미지를 상징적으로 표현할 수 있도록 디자인되어야 한다.
③ 매장 입구는 입구의 수, 형태, 그리고 통로를 고려해서 설계해야 한다.
④ 매장의 외관은 플래노그램(planogram)을 통해 효과성을 평가해야 한다.
⑤ 매장의 외관을 꾸미는 데 있어서 중요한 목적은 고객 관심을 유발하는 것이다.

해설
플래노그램(planogram)은 진열공간의 생산성을 평가하게 해주는 지침이나 분석프로그램으로, 상품을 점포 내에 어디에 어떻게 진열하는 것이 효과적인지를 알려준다.

정답 ④

127 20년 2회

중간상 포트폴리오 분석에 대한 설명으로 옳지 않은 것은?

① 경제성장률로 조정된 중간상의 이익성장률과 특정제품군에 대한 중간상의 매출액 중 자사제품 매출액의 점유율이라는 두 개의 차원으로 구성된다.
② 공격적인 투자전략은 적극적이며 급속한 성장을 보이는 중간상에게 적용한다.
③ 방어전략은 성장 중이면서 현재 자사와 탄탄한 거래관계를 가지는 중간상에게 적용하는 거래전략이다.
④ 전략적 철수전략을 사용하는 경우 제조업자들은 중간상에게 주던 공제를 줄이는 것이 바람직하다.
⑤ 포기전략은 마이너스 성장률과 낮은 시장점유율을 보이는 중간상에게 적용한다.

해설
중간상 포트폴리오 분석은 인플레이션으로 조정된 중간상의 특정제품군에서의 매출성장률과 그 제품군에 대한 중간상 매출액 중 자사제품의 점유율이라는 두 개의 차원상에서 거래 중간상들의 상대적 위치를 토대로 각 중간상에 대한 투자전략을 결정하는 기법이다.

정답 ①

128 23년 2회

고객생애가치 이론에 관한 설명으로 가장 옳은 것은?

① 고객생애가치는 특정 고객으로부터 얻게 되는 이익흐름의 미래가치를 의미한다.
② 고객 애호도가 높다는 것은 곧 고객생애가치가 높다는 것을 가리킨다.
③ 기업은 고객생애가치를 높이기 위하여 경쟁자보다 더 높은 가치를 제공해 주어야 한다.
④ 올바른 고객생애가치를 산출하기 위해서는 기업의 수입흐름만 고려하면 된다.
⑤ 고객생애가치는 고객과의 한 번의 거래에서 나오는 이익을 의미한다

해설
기업은 고객생애가치를 높이기 위하여 경쟁사보다 더 높은 가치를 제공해 당사 제품을 사용하게 하여 획득률을 향상시킨다.

정답 ③

129

아래의 글상자가 설명하는 머천다이징의 종류로 가장 옳은 것은?

> 소매업, 2차상품 제조업자, 가공업자 및 소재메이커가 수직적으로 연합하여 상품계획을 수립하는 머천다이징 방식이다. 이는 시장을 세분화하여 파악한 한정된 세분시장을 타겟고객으로 하여 이들에 알맞은 상품화 전략을 전개하는 것이다.

① 혼합식 머천다이징
② 세그먼트 머천다이징
③ 선별적 머천다이징
④ 계획적 머천다이징
⑤ 상징적 머천다이징

해설
선별적 머천다이징은 흔히 유행상품의 상품화, 즉 패션 머천다이징(fashion merchandising)에 이용된다.

정답 ③

130

옴니채널(omni-channel)의 특징으로 옳지 않은 것은?

① 독립적으로 운영되던 채널들이 유기적으로 통합되어 서로의 부족한 부분을 메워주는 보완적 관계를 갖는다.
② 채널 간의 불필요한 경쟁은 온·오프라인의 판매실적을 통합함으로써 해결한다.
③ 동일한 제품을 온라인이나 오프라인에 상관없이 동일한 가격과 프로모션으로 구매할 수 있다.
④ 온·오프라인의 재고관리 시스템을 일원화할 수 있다.
⑤ 동일한 기업으로부터 공급받은 제품을 매장별로 독특한 마케팅 프로그램을 활용하여 판매한다.

해설
옴니채널은 소비자가 온·오프라인, 모바일 등 다양한 경로를 넘나들면서 상품을 검색·구매할 수 있는 서비스이다.

정답 ⑤

131

소매가격전략에 대한 설명으로 옳지 않은 것은?

① EDLP는 Every Day Low Price의 준말로, 상품의 일시적인 가격할인이 아닌 항상 저렴한 가격으로 판매하는 전략을 의미한다.
② EDLP는 경쟁자와의 지나친 가격전쟁의 압박을 덜어주며 가격이 자주 변하지 않는다는 장점이 있다.
③ High-Low가격 전략은 일반적으로 저가격을 지향하기보다는 품질이나 서비스를 강조하는 가격정책이다.
④ High-Low가격 전략은 소비자들을 유인하기 위해 필요한 시기에 적극적으로 할인된 낮은 가격을 제공한다.
⑤ High-Low가격 전략의 경우 EDLP에 비해 수요변동성이 낮고 상품의 재고관리가 용이하다는 장점이 있다.

해설
EDLP의 경우 상시 저가전략이기 때문에 High-Low가격 전략에 비해 수요변동성이 낮고 효율적인 물류시스템 구축을 통한 상품의 재고관리가 용이하다는 장점이 있다.

정답 ⑤

132

광고 매체를 선정할 때 고려해야 할 여러 가지 요인에 대한 설명으로 옳지 않은 것은?

① 도달범위(reach)란 일정기간 동안 특정 광고에 적어도 한 번 이상 노출된 청중의 수 또는 비율을 말한다.
② GRP(gross rating points)란 광고효과를 계량화하여 측정하기 위한 기준으로 보통 시청자들의 광고 인지도를 중심으로 측정한다.
③ 광고스케줄링이란 일정기간 동안 광고예산을 어떻게 배분하여 집행할 것인가에 대한 결정이다.
④ 도달빈도(frequency)란 일정기간 동안 특정광고가 한 사람에게 노출된 평균 횟수를 말한다.
⑤ CPRP(cost per rating points)란 매체비용을 시청률로 나눈 비용이라 할 수 있다.

해설
GRP(gross rating points)란 총시청률로, 도달범위와 도달빈도를 곱해서 측정한다.

정답 ②

133 21년 1회

유통마케팅 조사과정 순서로 가장 옳은 것은?

① 조사목적 정의 – 조사 설계 – 조사 실시 – 데이터분석 및 결과해석 – 전략수립 및 실행 – 실행결과 평가
② 조사목적 정의 – 조사 실시 – 조사 설계 – 데이터분석 및 결과해석 – 전략수립 및 실행 – 실행결과 평가
③ 조사목적 정의 – 조사 설계 – 조사 실시 – 전략수립 및 실행 – 데이터분석 및 결과해석 – 실행결과 평가
④ 조사목적 정의 – 실행결과 평가 – 전략수립 및 실행 – 조사 실시 – 데이터분석 및 결과해석 – 대안선택 및 실행
⑤ 조사목적 정의 – 조사 실시 – 데이터분석 및 결과해석 – 조사 설계 – 전략수립 및 실행 – 실행결과 평가

해설
유통마케팅 조사의 절차
문제 정의 → 조사 설계 → 자료수집방법 결정 → 표본설계 → 조사 시행 → 통계 분석 → 전략수립 및 실행 → 실행결과 평가

정답 ①

134 23년 1회

구매자들을 라이프 스타일 또는 개성과 관련된 특징들을 근거로 서로 다른 시장으로 세분화하는 것을 지칭하는 개념으로 옳은 것은?

① 지리적 세분화
② 인구통계적 세분화
③ 행동적 세분화
④ 심리묘사적 세분화
⑤ 시장형태의 세분화

해설
소비자의 심리적 행태 또는 생활양식상의 특성에 따라 시장을 분류하는 것으로 시장세분화의 심리묘사적 변수에는 생활양식, 개성, 가치 등이 있다.

정답 ④

135 22년 1회

아래 글상자는 표적시장 범위에 따른 표적시장 선정 전략에 대한 내용이다. 설명이 옳은 것만을 모두 나열한 것은?

> ⊙ 비차별적 마케팅 전략은 세분시장 간 차이를 무시하고 전체 시장 혹은 가장 규모가 큰 대중시장을 표적으로 하나의 제공물을 제공하는 것이다.
> ⓒ 집중적 마케팅 전략은 여러 세분시장을 표적시장으로 선정하고, 각 세분시장별로 서로 다른 시장제공물을 개발하는 전략이다.
> ⓒ 차별적 마케팅 전략은 큰 시장에서 작은 점유율을 추구하는 대신 하나 혹은 소수의 작은 세분시장 또는 틈새시장에서 높은 점유율을 추구하는 전략이다.

① ⊙
② ⊙, ⓒ
③ ⓒ, ⓒ
④ ⊙, ⓒ
⑤ ⊙, ⓒ, ⓒ

해설
비차별적 마케팅은 제품계열이 축소되어 생산·재고·수송비용 및 마케팅 조사·광고비·제품관리비용을 절감할 수 있다.

정답 ①

136 23년 1회

원가가산법(cost plus pricing)에 의한 가격책정에 관한 설명으로 가장 옳지 않은 것은?

① 제품의 원가에 일정률의 판매수익률(또는 마진)을 가산하여 판매가격을 결정하는 방법을 말한다.
② 단위당 변동비, 고정비, 예상판매량, 판매수익률을 바탕으로 산출할 수 있다.
③ 예상판매량이 예측 가능한 경우 주로 사용하는 방법이다.
④ 생산자 입장에서 결정되는 가격이므로 소비자에게 최종적으로 전달되는 가격과는 차이가 있다.
⑤ 가격변화가 판매량에 큰 영향을 미치지 않거나 기업이 가격을 통제할 수 있는 경우에 효과적이다.

해설
원가가산법은 제품의 원가와 이익률만을 이용하여 가격을 결정하기 때문에 내부 자료만으로 가격을 산출할 수 있다는 장점이 있으나, 시장의 수요상황, 경쟁사의 가격 등을 고려하지 않는다는 한계가 있어 예상판매량이 예측 가능한 경우 주로 사용하는 방법과는 거리가 멀다.

정답 ③

137 23년 3회

카테고리 매니지먼트에 대한 설명으로 가장 옳지 않은 것은?

① 특정 제품 카테고리의 매출과 이익을 최대화하기 위한 원료공급부터 유통까지의 공급망에 대한 통합적 관리
② 제조업체와 협력을 통해 특정 제품 카테고리를 공동경영하는 과정
③ 제품 카테고리의 효율 극대화를 위한 전반적인 머천다이징 전략과 계획
④ 소매업체와 벤더, 제조업체를 포함하는 유통경로 구성원들 간에 제품 카테고리에 대한 사전 합의 필요
⑤ 고객니즈 변화에 대한 신속한 대응뿐만 아니라 재고와 점포운영비용의 절감 효과 가능

해설
카테고리 매니지먼트는 유통업체와 제조업체가 공동으로 고객의 관점에서 상품을 카테고리 수준에서 관리하는 경영기법이다. 원료공급부터 유통까지의 공급망에 대한 통합적 관리는 공급사슬관리에 대한 내용이다.

정답 ①

138 22년 1회

서비스 실패의 회복 과정에서 고객이 지각하는 다양한 유형의 공정성은 고객 만족에 영향을 미친다. 종업원 행동의 영향을 받는 공정성 유형으로서 가장 옳은 것은?

① 법적 공정성
② 절차적 공정성
③ 산출적 공정성
④ 결과적 공정성
⑤ 상호작용적 공정성

해설
상호작용적 공정성의 측정변수에는 설명, 정중한 태도, 진정한 노력, 관심, 정직, 커뮤니케이션이 있다.

정답 ⑤

139 23년 3회

유통경로에 대한 촉진 전략 중 푸시 전략에 해당하는 것으로 가장 옳지 않은 것은?

① 소매상과의 협력 광고
② 신제품의 입점 및 진열비 지원
③ 진열과 판매 보조물 제공
④ 매장 내 콘테스트와 경품추첨
⑤ 판매경연대회와 인센티브 제공

해설
매장 내 콘테스트와 경품추첨은 최종 소비자를 대상으로 하는 촉진전략이므로 풀 전략에 해당한다.

정답 ④

140 24년 3회

관계지향적 판매방식에 관한 내용으로 가장 옳지 않은 것은?

① 판매보다는 고객 요구를 이해하는 데 초점을 맞춘다.
② 설득, 화술, 가격 조건 등을 통해 신규고객을 확보하고 매출을 늘리고자 노력한다.
③ 제품에 대해 설명하는 데 치중하기보다는 고객의 욕구를 이해하고 문제를 해결하는 데 중점을 둔다.
④ 상호 신뢰와 신속한 반응을 통해 고객과 장기적인 관계를 형성하고자 한다.
⑤ 단기적인 매출은 낮아질 수 있으나, 장기적인 매출은 높아지는 것이 일반적이다.

해설
과거에는 판매를 빠르게 달성하는 기술적 판매방식이 더욱 부각되었으나 현재는 전략적 관점에서 고객과 관계를 형성하는 판매방식을 중요시하는 추세로, 기존 고객의 이탈을 방지하고 유지함으로써 수익성을 극대화하는 것을 목표로 한다.

정답 ②

141 23년 3회

매장의 상품배치에 관한 제안으로 가장 옳지 않은 것은?

① 가격 저항이 낮은 상품은 고객의 출입이 잦은 곳에 배치한다.
② 충동구매 성격이 높은 상품은 고객을 유인하기 위해 매장의 안쪽에 배치한다.
③ 고객이 꼭 구매하려고 계획한 상품의 경우 위치와 상관없이 움직이는 경향이 있다.
④ 일반적으로 선매품의 경우 매장 안쪽에 배치한다.
⑤ 매장 입구에서 안쪽으로 들어갈수록 가격이 높은 상품을 배치하면 가격저항감을 줄일 수 있다.

해설
충동구매 성격이 높은 상품은 고객을 유인하기 위해 매장의 입구 쪽에 배치한다.

정답 ②

142 23년 1회

아래 글상자의 (㉠)과 (㉡)에 들어갈 용어로 가장 옳은 것은?

> 유통경로에서의 수직적 통합에는 두 가지 유형이 있다. (㉠)은(는) 제조회사가 도·소매업체를 소유하거나, 도매상이 소매업체를 소유하는 것과 같이 공급망의 상류 기업이 하류의 기능을 통합하는 것이다. 반면 (㉡)은 도·소매업체가 제조기능을 수행하거나 소매업체가 도매기능을 수행하는 것과 같이 공급망의 하류에 위치한 기업이 상류의 기능까지 통합하는 것이다.

① ㉠ 후방통합, ㉡ 전방통합
② ㉠ 전방통합, ㉡ 후방통합
③ ㉠ 경로통합, ㉡ 전방통합
④ ㉠ 전략적 제휴, ㉡ 후방통합
⑤ ㉠ 전략적 제휴, ㉡ 경로통합

해설
- 전방통합 : 제조회사가 자사소유의 판매지점이나 소매상을 통하여 판매하는 형태
- 후방통합 : 소매상이나 도매상이 제조회사를 소유하는 형태

정답 ②

143 23년 3회

CRM(customer relationship management) 실행 순서를 나열한 것으로 가장 옳은 것은?

① 고객니즈분석 – 대상고객선정 – 가치창조 – 가치제안 – 성과평가
② 가치제안 – 가치창조 – 고객니즈분석 – 대상고객선정 – 성과평가
③ 고객니즈분석 – 가치제안 – 대상고객선정 – 가치창조 – 성과평가
④ 가치창조 – 고객니즈분석 – 대상고객선정 – 가치제안 – 성과평가
⑤ 대상고객선정 – 고객니즈분석 – 가치창조 – 가치제안 – 성과평가

해설
고객관계관리(CRM)의 실행 순서 : 대상고객선정 → 고객니즈분석 → 가치창조 → 가치제안 → 성과평가

정답 ⑤

144 22년 1회

고객별 수익과 비용을 고려한 고객관계관리에서 개별고객의 수익성을 평가하는 기준 중 하나인 고객평생가치(CLV ; Customer Lifetime Value)를 추정하는 데 필요한 정보로서 가장 옳지 않은 것은?

① 충성도
② 고객확보비용
③ 평균총마진
④ 평균구매금액
⑤ 관계 유지 기간

해설
고객평생가치(CLV) 공식

$$\frac{\text{고객 1인당 평균매출} - \text{고객 1인당 평균비용}}{1 - \text{고객유지비율} + \text{할인율}} - \text{고객획득비용}$$

- 고객유지비율 : 첫 번째 구매에서 두 번째 구매까지 이어진 비율
- 할인율 : 정가에서의 할인율
- 고객획득비용 : 신규고객 유입을 위해 지출한 비용

정답 ①

145 19년 1회

구매욕구세분화에 대한 설명으로 옳지 않은 것은?

① 구매욕구는 소비자가 '왜' 제품을 구매하는가를 설명한다.
② 구매욕구차원에는 기능적 편익, 감각적 편익, 상징적 편익이 있다.
③ 기능적 편익은 다양한 상품구색, 좋은 위치, 정보제공 등의 구매상의 실질적인 혜택을 의미한다.
④ 감각적 편익은 구매자가 제품을 구매할 때 느끼는 오감적 즐거움과 느낌을 말한다.
⑤ 상징적 편익이란 구매자가 느끼는 경쟁사 대비 특정 소매점의 상대적 차이를 말한다.

해설
상징적 편익은 소비자들이 제품 구매를 통해 사회적으로 인정받고 싶어 하는 욕구를 채워 주는 것이다.

정답 ⑤

146 25년 2회

기존의 마케팅 커뮤니케이션과 인터랙티브 캠페인의 특징을 비교한 내용으로 옳지 않은 것은?

구 분	기존 마케팅 커뮤니케이션	인터랙티브 캠페인
㉠ 마케팅 패러다임	생산지향, 판매지향	고객지향
㉡ 과 제	매출 및 점유율 증대	이익확보, 고객유지
㉢ 마케팅 전략	타깃 마케팅	대중 마케팅
㉣ 방향성	참여성, 전파성	일방향

① ㉠, ㉡
② ㉠, ㉢
③ ㉡, ㉢
④ ㉡, ㉣
⑤ ㉢, ㉣

해설
기존 마케팅 커뮤니케이션은 대중 대상, 일방향 중심인 반면, 인터랙티브 캠페인은 타깃 중심, 쌍방향, 참여형, 개인화된 일대일 마케팅을 지향한다.

정답 ⑤

147 22년 1회

레이아웃의 영역에 해당하지 않는 것은?

① 상품 및 집기의 배치와 공간의 결정
② 집기 내 상품 배치와 진열 양의 결정
③ 출입구와 연계된 주통로의 배치와 공간 결정
④ 상품품목을 구분한 보조통로의 배치와 공간 결정
⑤ 상품 계산대의 배치와 공간결정

해설
레이아웃이란 보다 효율적인 매장 구성이나 상품진열, 고객동선, 작업동작 등을 위한 일련의 배치작업을 의미하는 것으로, 세부적인 진열 양을 결정하는 것은 진열의 기본조건 영역에 해당한다.

정답 ②

148 18년 3회

고객의 행동에 대처하는 판매자의 적합한 행동으로 보기 어려운 것은?

① 고객이 특정상품을 주시한다. → 재빠른 동작으로 다가가 주시한 상품의 특장점을 설명한다.
② 특정상품을 주목하고 만져본다. → 고객의 시선이나 동작을 주목하고 타이밍 좋게 어프로치 한다.
③ 특정 상품의 가격표를 본다. → 제품을 갖고 싶은 욕망을 보이므로 소비상황 및 구매동기를 상기시켜 준다.
④ 특정상품과 비슷한 다른 상품에 대해 질문한다. → 고객 욕망을 파악하고 셀링 포인트를 강조한다.
⑤ 판매원에게 '이것 주세요' 한다. → 판매가 이루어지는 귀중한 시간이므로 판매가 끝날 때까지 그 분위기를 잘 이끌어간다.

해설
고객이 특정상품을 단순히 주시할 때는 고객 구매심리 단계 중 '주의' 단계로 구체적인 관심을 나타내기 전까지는 대기하는 것이 좋다.

정답 ①

149 19년 2회

소비자가 지각한 가치를 기준으로 한 가격결정법에 대한 설명으로 옳지 않은 것은?

① 제품가격이 소비자들의 유보가격보다 높으면 소비자들은 비싸다고 인식한다.
② 최저수용가격보다 낮으면 가격은 싸다고 인식하지만 품질에 의심을 가진다.
③ 소비자들이 해당 제품에 대해 지각하는 가치 수준에 맞추어 가격을 결정하는 방법이다.
④ 준거가격이란 소비자가 적정하다고 판단하는 수준의 가격이다.
⑤ 구매를 유도하려면 유보가격과 준거가격 사이에서 가격을 설정해야 한다.

해설

준거가격은 소비자가 제품의 구매를 결정할 때 기준이 되는 가격으로, 소비자는 준거가격이 실제 판매가보다 높을수록 구매의사가 높아지고, 반대인 경우 비싸다고 인식해 구매 행동을 자제한다. 따라서 준거가격을 기준으로 하여 제품 가격이 유보가격에 가까워질수록 소비자는 비싸다고 느끼고, 최저수용가격에 가까워질수록 싸다고 느끼므로 소비자의 구매를 유도하기 위해서는 시장의 최저수용가격과 유보가격 사이에서 가격을 설정해야 한다. 최저수용가격보다 낮아지면 품질을 의심하게 되어 구매를 자제한다.

• 유보가격 : 소비자가 어떠한 제품에 대해서 지불할 용의가 있는 최고가

정답 ⑤

150 22년 2회

단수가격설정정책(odd pricing)에 대한 설명으로 옳은 것은?

① 최대한 인하된 상품 가격이라는 인상을 주어 판매량을 증가시키기 위해 가격을 990원, 1,990원처럼 설정하는 것을 말한다.
② 가격이 높을수록 우수한 품질이나 높은 지위를 상징하는 경우에 주로 사용된다.
③ 캔음료나 껌처럼 오랫동안 같은 가격을 지속적으로 유지함으로써 소비자가 그 가격을 당연하게 받아들이는 것을 말한다.
④ 같은 계열에 속하는 몇 개의 제품 가격을 품질에 따라 1만원, 3만원, 5만원 등으로 설정하는 것을 말한다.
⑤ 고객을 모으기 위해서 특정 제품을 아주 저렴한 가격으로 판매하는 방법이다.

해설

단수가격설정정책(odd pricing)은 시장에서 경쟁이 치열할 때 소비자들에게 심리적으로 값싸다는 느낌을 주어 판매량을 늘리려는 가격결정방법이다.

정답 ①

151 24년 3회

촉진 믹스 전략에 대한 내용으로 가장 옳지 않은 것은?

① 푸시 전략은 제조업자가 유통업자들을 대상으로 주로 판매촉진과 인적판매 수단을 동원하여 촉진활동을 하는 것이다.
② 푸시 전략은 최종 구매자들의 브랜드 애호도가 낮을 때 적합하다.
③ 풀 전략은 최종구매자를 대상으로 제품에 대한 정보를 제공하고 촉진활동을 하는 것이다.
④ 홍보는 매체비용을 지불하지 않고 회사의 활동이나 상품에 대한 정보를 언론의 기사나 뉴스 형태로 내보내는 풀 전략 활동이다.
⑤ 광고는 기업과 직·간접적으로 관련이 있는 여러 집단들과 좋은 관계를 구축하고 유지함으로써 기업이미지를 높이고 구매를 촉진하기 위해 수행하는 푸시 전략 활동이다.

해설
광고는 제조업체가 최종소비자들을 상대로 촉진활동을 하여 이 소비자들로 하여금 중간상에게 자사제품을 요구하도록 하는 풀 전략이다.

정답 ⑤

152 22년 1회

선발주자의 이점 또는 선점우위효과(first mover advantage)로 가장 옳지 않은 것은?

① 경험곡선효과
② 규모의 경제효과
③ 기술적 불확실성 제거효과
④ 시장선점에 따른 진입장벽 구축효과
⑤ 전환비용에 의한 진입장벽 구축효과

해설
기술적 불확실성 제거효과는 후발자 우위효과에 해당한다.

정답 ③

153 25년 2회

머천다이징(merchandising)은 좁은 의미(협의) 또는 넓은 의미(광의)로 정의할 수 있다. 협의의 머천다이징의 정의로서 가장 옳은 것은?

① 상품계획 수립
② 상품구매계획 수립
③ 구매처 평가 및 확정
④ 재고관리계획 수립
⑤ 판매활동계획 수립

해설
머천다이징은 고객의 니즈를 만족시킬 뿐만 아니라 수요를 적극적으로 창출하기 위한 상품화계획의 수립을 말하며, 나아가 소비자들의 특성에 적합한 제품들을 잘 선정해서 좋은 조건에 매입하고 진열하는 것과 관련된 모든 활동을 의미한다.

정답 ①

154 22년 2회

판매촉진 방법 가운데 프리미엄(premium)의 장점으로 가장 옳지 않은 것은?

① 지속적으로 사용해도 제품 자체 이미지에 손상을 가져오지 않는다.
② 많은 비용을 투입하지 않으면서 신규고객을 확보하는 효과적인 방법이다.
③ 제품에 별도의 매력을 부가함으로써 부족할 수 있는 상품력을 보완할 수 있다.
④ 제품수준이 평준화되어 차별화가 어려운 상황에서 특히 효과적이다.
⑤ 치열한 경쟁상황에서 제품에 대한 주목률을 높여주고 특히 구매시점에 경쟁제품보다 돋보이게 한다.

해설
프리미엄은 자사의 제품이나 서비스를 구매하는 고객에 한해 다른 상품을 무료로 제공하거나 저렴한 가격에 구입할 수 있는 기회를 제공하는 것으로, 기존고객의 구매행위가 계속되도록 촉진하거나 현재 구매하는 것보다 더 많은 양을 구매하도록 유도하는 데 효과적인 방법이다.

정답 ②

155 25년 2회

재고자산의 손실은 감모손실과 평가손실로 구분한다. 다음 중 감모손실의 직접적 관리 대상으로 가장 옳지 않은 것은?

① 도 난
② 파 손
③ 마 모
④ 증 발
⑤ 가격할인

해설
재고자산의 손실
- 감모손실 : 재고자산의 장부상 수량보다 실제 수량이 더 적은 경우에 발생하는 손실을 말하며, 도난, 분실, 파손, 증발, 부패 등 다양한 원인으로 발생할 수 있다.
- 평가손실 : 재고자산의 장부상 원가가 시가보다 높을 때 발생하는 손실을 말하며, 재고자산이 유행에 뒤처지거나 기술 변화로 인해 가치가 떨어졌을 경우, 또는 시장 가격이 하락했을 경우 주로 발생한다.

정답 ⑤

156 18년 1회

영향력 행사 방식과 관련된 '힘의 원천'을 연결한 것으로 옳은 것은?

> ㉠ 약속 – 준거력
> ㉡ 위협 – 보상력
> ㉢ 법적 제소 – 합법력
> ㉣ 요청 – 준거력, 보상력
> ㉤ 정보교환 – 강압력

① ㉠, ㉡
② ㉠, ㉤
③ ㉡, ㉤
④ ㉢, ㉣
⑤ ㉢, ㉤

해설
㉠ 약속 – 보상력
㉡ 위협 – 강압력
㉢ 법적 제소 – 합법력
㉣ 요청 – 준거력, 보상력, 강압력
㉤ 정보교환 – 전문성, 보상력

정답 ④

157 22년 3회

효과적인 진열을 위해 활용하는 IP(item presentation), PP(point of presentation), VP(visual presentation)에 대한 설명으로 가장 옳지 않은 것은?

① IP의 목적은 판매포인트 전달과 판매유도이다.
② IP는 고객이 하나의 상품에 대한 구입의사를 결정할 수 있도록 돕기 위한 진열이다.
③ VP의 목적은 중점상품과 테마에 따른 매장 전체 이미지 표현이다.
④ VP는 점포나 매장 입구에서 유행, 인기, 계절상품 등을 제안하기 위한 진열이다.
⑤ PP는 어디에 어떤 상품이 있는가를 알려주는 진열이다.

해설
PP의 목적은 판매포인트 전달과 판매유도이다.

정답 ①

158 25년 2회

거래형 마케팅(transactional marketing)과 관계형 마케팅(relational marketing)을 비교한 내용 중에서 옳지 않은 것은?

① 거래형 마케팅은 특정거래처와의 거래경험의 중요성이 높지만, 관계형 마케팅은 거래경험의 중요성이 낮다.
② 거래형 마케팅은 시장점유율을 중시한다면, 관계형 마케팅은 고객점유율을 중시한다.
③ 거래형 마케팅은 거래처에 대한 상대적 의존도가 낮지만, 관계형 마케팅은 상대적 의존도가 높다.
④ 거래형 마케팅은 잠재거래선이 다수이지만, 관계형 마케팅은 잠재거래선이 소수이다.
⑤ 거래형 마케팅은 거래처에 대한 신뢰의 정도가 낮지만, 관계형 마케팅은 신뢰의 정도가 높다.

해설
거래형 마케팅은 특정거래처와의 거래경험의 중요성이 낮지만, 관계형 마케팅은 거래경험의 중요성이 높다.

정답 ①

159 22년 3회

고객관계를 강화하기 위한 고객관리전략으로 가장 옳지 않은 것은?

① 잠재가능고객 파악 및 차별적 프로모션 실행
② 구매 후 고객관리를 통한 관계 심화
③ 고객충성도의 주기적 측정 및 관리
④ 적극적이고 체계적인 불평관리
⑤ 고객이탈을 방지하는 인센티브 제공

해설
고객관계를 강화하기 위해서는 축적된 기존 고객들의 정보를 파악하여 장기적인 관계를 형성하기 위한 1:1 마케팅 서비스를 실행해야 한다.

정답 ①

160 21년 3회

유통목표의 달성 성과를 평가하기 위한 방법으로 옳지 않은 것은?

① 소비자 기대치와 비교
② 경로구성원 간 갈등비교
③ 업계평균과 비교
④ 경쟁사와 비교
⑤ 사전 목표와 비교

해설

경로구성원 간 갈등비교는 성과를 평가하기 위한 방법이 아니다. 경로구성원이 경로산출물을 얻기 위해 자원을 효율적으로 사용한 정도를 비교하는 것이 평가 방법이 될 수 있다.

정답 ②

제4과목 유통정보

161 19년 2회

아래 글상자의 괄호 안에 들어갈 용어를 순서대로 짝지은 결과로 옳은 것은?

> • (㉠)은(는) 상황정보, 경험, 규칙, 가치가 포함되어 체계화된 결과로 인과, 원인관계를 형성하여 새로운 가치를 창출해 낸 또 다른 사실
> • 피터 드러커는 관련성과 목적성이 부여된 사실들을 (㉡)(이)라고 하였음
> • (㉢)은(는) "45개의 재고가 남아있다"와 같이 구체적이고 객관적인 사실 또는 관찰 결과

① ㉠ 데이터, ㉡ 정보, ㉢ 지식
② ㉠ 지혜, ㉡ 지식, ㉢ 데이터
③ ㉠ 정보, ㉡ 지식, ㉢ 사실
④ ㉠ 지식, ㉡ 정보, ㉢ 데이터
⑤ ㉠ 지식, ㉡ 데이터, ㉢ 사실

해설

㉠ 지식 : 자료나 정보와는 다른 개념으로 행동과 의사결정에 지침을 제공하는 아이디어, 본능, 규칙, 절차 등을 의미
㉡ 정보 : 어떤 행동을 취하기 위한 의사결정을 목적으로 하여 수집된 각종 자료를 처리하여 획득한 것
㉢ 데이터 : 아직 특정의 목적에 대하여 평가되지 않은 상태의 단순한 여러 사실로, 가공을 통해 의미·목적·유용성 등을 부여받아 유용한 형태로 전환되고 가치를 함유하여 의미 있는 형태로 보관되는 것

정답 ④

---

162 22년 1회

산업혁명 발전과정을 설명한 것으로 가장 옳은 것은?

① 1차 산업혁명 시기에는 전자기기의 활용을 통한 업무 생산성 개선이 이루어졌다.
② 2차 산업혁명 시기에는 전력을 활용해 대량생산 체계를 구축하기 시작하였다.
③ 3차 산업혁명 시기에는 사물인터넷과 인공지능 기술이 업무처리에 활용되기 시작하였다.
④ 4차 산업혁명 시기에는 업무처리에 인터넷 활용이 이루어지기 시작하였다.
⑤ 2차 산업혁명 초기에는 정보통신기술을 통한 데이터수집과 이를 분석한 업무처리가 이루어지기 시작하였다.

해설

산업혁명 발전과정
• 1차 산업혁명 : 증기기관 기반의 기계화 혁명
• 2차 산업혁명 : 전기에너지 기반의 대량생산 혁명
• 3차 산업혁명 : 컴퓨터와 인터넷 기반의 지식정보 혁명
• 4차 산업혁명 : 빅데이터, AI, 사물인터넷 등 정보기술 기반의 초연결 혁명

정답 ②

163 22년 3회

아래 글상자의 내용을 의사결정에 활용되는 시뮬레이션 절차대로 바르게 나열한 것으로 가장 옳은 것은?

```
㉠ 모델 설정
㉡ 문제 규정
㉢ 모형의 타당성 검토
㉣ 시뮬레이션 시행
㉤ 결과 분석 및 추론
```

① ㉠ – ㉡ – ㉢ – ㉣ – ㉤
② ㉠ – ㉡ – ㉣ – ㉢ – ㉤
③ ㉠ – ㉢ – ㉡ – ㉣ – ㉤
④ ㉡ – ㉠ – ㉢ – ㉣ – ㉤
⑤ ㉡ – ㉠ – ㉣ – ㉢ – ㉤

해설
의사결정에 활용되는 시뮬레이션 절차는 ㉡ 문제 규정 → ㉠ 모델 설정 → ㉢ 모형의 타당성 검토 → ㉣ 시뮬레이션 시행 → ㉤ 결과 분석 및 추론의 순으로 이루어진다.

정답 ④

164 21년 1회

지식관리에 대한 설명으로 옳지 않은 것은?

① 명시적 지식은 쉽게 체계화할 수 있는 특성이 있다.
② 암묵적 지식은 조직에서 명시적 지식보다 강력한 힘을 발휘하기도 한다.
③ 명시적 지식은 경쟁기업이 쉽게 모방하기 어려운 지식으로 경쟁우위 창출에 기반이 된다.
④ 암묵적 지식은 사람의 머릿속에 있는 지식으로 지적자본(intellectual capital)이라고도 한다.
⑤ 기업에서는 구성원의 지식공유를 활성화하기 위하여 인센티브(incentive)를 도입한다.

해설
암묵적 지식은 경쟁기업이 쉽게 모방하기 어려운 지식으로 경쟁우위 창출에 기반이 된다.

정답 ③

165 20년 2회

지식의 창조는 암묵지를 어떻게 활성화, 형식지화 하여 활용할 것인가의 문제라고 볼 수 있다. 암묵지와 형식지를 활용한 지식창조 프로세스 순서대로 나타낸 것으로 가장 옳은 것은?

① 표출화 – 내면화 – 공동화 – 연결화
② 표출화 – 연결화 – 공동화 – 내면화
③ 연결화 – 공동화 – 내면화 – 표출화
④ 공동화 – 표출화 – 연결화 – 내면화
⑤ 내면화 – 공동화 – 연결화 – 표출화

해설
노나카(Nonaka)의 SECI 모델(지식창조 프로세스)
암묵지와 형식지라는 두 종류의 지식이 공동화(Socialization ; 암묵지가 또 다른 암묵지로 변하는 과정), 표출화(Externalization ; 암묵지가 형식지로 변환하는 과정), 연결화(Combination ; 형식지가 또다른 형식지로 변하는 과정), 내면화(Internalization ; 형식지가 암묵지로 변환하는 과정)라는 4가지 변환과정을 거쳐 지식이 창출된다는 이론이다.

정답 ④

166 22년 2회

소스마킹과 인스토어마킹에 관련된 설명으로 가장 옳지 않은 것은?

① 인스토어마킹은 소분포장, 진열 단계에서 마킹이 이루어진다.
② 소스마킹은 생산 및 제품 포장 단계에서 마킹이 이루어진다.
③ 소스마킹은 전 세계적으로 공통 사용이 가능하다.
④ 소스마킹은 과일이나 농산물에 주로 사용된다.
⑤ 인스토어마킹은 원칙적으로 소매업체가 자유롭게 표시한다.

해설
소스마킹은 가공식품·잡화 등에 주로 사용되며, 인스토어마킹은 청과·생선·야채·정육 등에 주로 사용된다.

정답 ④

167 22년 3회

QR 코드에 대한 설명으로 가장 옳지 않은 것은?

① 1994년 일본의 덴소 웨이브(DENSO WAVE)에서 데이터를 빠르게 읽는 데 중점을 두고 개발보급한 기술이다.
② 360° 어느 방향에서나 빠르게 데이터를 읽을 수 있다.
③ 기존 바코드 기술과 비교할 때, 대용량 데이터의 저장이 가능하고, 고밀도 정보표현이 가능하다.
④ 일부 찢어지거나 젖었을 때 오류를 복원하는 기능이 포함되어 있다.
⑤ 바이너리(binary), 제어 코드를 제외한 모든 숫자와 문자를 처리할 수 있다.

해설
QR 코드는 대표적인 2차원 바코드로, 바이너리, 제어코드를 포함한 문자·숫자·이미지를 처리할 수 있다.

정답 ⑤

168 25년 2회

상품식별코드에 관한 설명으로 가장 옳지 않은 것은?

① 표준상품식별코드는 상품을 식별하기 위한 상품 고유의 번호이다.
② 표준상품식별코드가 바코드에 입력되면 GS1표준 바코드가 만들어진다.
③ 바코드는 식별코드를 기계가 읽을 수 있도록 막대 모양으로 표현한 것이다.
④ 상품식별코드만으로도 해당 상품의 상품명, 가격 등의 정보를 알 수 있다.
⑤ 식별코드는 주민등록번호나 자동차등록번호 등과 같이 사람 또는 사물의 식별을 위한 번호체계이다.

해설
상품식별코드는 국내 또는 국외로 유통되는 상품을 식별하기 위해 사용하는 유통표준코드이다. 표준형 상품식별코드(GTIN-13)의 경우 국가식별코드(3자리), 제조업체코드(6자리), 상품품목코드(3자리), 체크디지트(1자리)로 13자리 숫자코드로 구성되어 있으며, 코드 자체만으로 상품의 상세정보(상품명, 가격 등)를 알 수 없다.

정답 ④

169 20년 추가

자기의 수요를 예측하여 해당하는 양을 주문하고자 할 때, 수요정보의 처리과정에서 왜곡현상이 나타날 수 있다. 소비자에게 판매될 시점의 데이터를 실시간으로 수집할 수 있도록 기능을 지원하는 정보기술로 가장 옳은 것은?

① POS(Point Of Sales) 시스템
② IoT(Internet of Things)
③ BYOD(Bring Your Own Device)
④ ONO(Online and Offline)
⑤ JRE(Java Runtime Environment)

해설
POS(Point Of Sales) 시스템
POS시스템이란 판매시점 정보관리시스템을 말하며, 판매장의 판매시점에서 발생하는 판매정보를 컴퓨터로 자동 처리하는 시스템이다.

정답 ①

170 22년 1회

공급자재고관리(VMI)의 목적으로 가장 옳지 않은 것은?

① 비즈니스 가치 증가
② 고객서비스 향상
③ 재고 정확성의 제고
④ 재고회전율 저하
⑤ 공급자와 구매자의 공급사슬 운영의 원활화

해설
재고회전율 저하(×) → 재고회전율 향상(○)

정답 ④

171 24년 3회

전자서식교환(EDI)은 웹, 클라우드와 결합된 형태로 진화하고 있다. EDI에 관련된 내용으로 가장 옳지 않은 것은?

① 기업 간 전자상거래 서식 또는 공공 서식을 서로 합의된 표준에 따라 표준화된 메시지 형태로 변환해 거래 당사자끼리 통신망을 통해 교환하는 방식이다.
② 통신 링크를 통해 한 컴퓨터 애플리케이션에서 다른 컴퓨터 애플리케이션으로 사전 정의된 형식의 전자 데이터를 전송하는 방법이다.
③ 웹 EDI 서비스는 전세계 어디서나 이용가능하다는 장점에 비해 고가의 특별한 접속 프로그램이 필요하며 보안에 취약하다는 단점이 있다.
④ EDI는 문서거래시간의 단축, 자료의 재입력 방지, 업무처리의 오류감소 등의 직접적 효과가 있다.
⑤ EDIFACT는 여러 행정, 상업 및 운송을 위한 전자 자료 교환이라는 뜻이다.

해설
웹 EDI는 전용망인 부가가치 통신망(VAN)을 사용하는 대신 공중망인 인터넷 통신망과 웹 기술을 사용하여 서비스되는 전자 서식 교환(EDI) 시스템으로 복잡한 EDI 인프라 구축 없이도 가능하다.

정답 ③

172 23년 3회

아래 글상자에서 설명하는 용어로 가장 옳은 것은?

> 모든 디바이스가 정보의 뜻을 이해하고 논리적인 추론까지 할 수 있는 지능형 기술로 사람의 머릿속에 있는 언어에 대한 이해를 컴퓨터 언어로 표현하고 이것을 컴퓨터가 사용할 수 있게 만드는 것이다. 이 기술은 웹페이지에 담긴 내용을 이해하고 개인 맞춤형 서비스를 제공받아 지능화된 서비스를 제공하는 웹 3.0의 기반이 된다.

① 고퍼(gopher)
② 냅스터(napster)
③ 시맨틱웹(semantic-web)
④ 오페라(opera)
⑤ 웹클리퍼(web-clipper)

해설
시맨틱웹
사람이 마우스나 키보드를 이용해 원하는 정보를 찾아 눈으로 보고 이해하는 웹이 아니라, 컴퓨터가 이해할 수 있는 웹을 말한다. 즉 사람이 읽고 해석하기에 편리하게 설계되어 있는 현재의 웹 대신에 컴퓨터가 이해할 수 있는 형태의 새로운 언어로 표현해 기계들끼리 서로 의사소통을 할 수 있는 지능형 웹이다.

정답 ③

173 22년 2회

다음 중 QR(Quick Response)에 대한 설명으로 가장 옳지 않은 것은?

① QR은 1980년대 중반 미국의 의류업계와 유통업체가 상호 협력하면서 시작되었다.
② QR의 도입으로 기업은 리드타임의 증가, 재고비용의 감소, 판매의 증진 등의 획기적인 성과를 거둘 수 있다.
③ QR이 업계 전반에 걸쳐 확산되기 위해서는 유통업체마다 각각 다르게 운영되고 있는 의류상품에 대한 상품분류체계를 표준화하여야 한다.
④ 미국의 식품업계는 QR에 대한 벤치마킹을 통해 식품업계에 적용할 수 있는 SCM 시스템인 ECR을 개발했다.
⑤ QR의 핵심은 유통업체가 제조업체에게 판매된 의류에 대한 정보를 매일 정기적으로 제공함으로써 제조업체로 하여금 판매가 부진한 상품에 대해서는 생산을 감축하고 잘 팔리는 상품의 생산에 주력할 수 있도록 하는 데 있다.

해설
QR의 도입으로 기업은 리드타임의 감소, 재고비용의 감소, 판매의 증진 등의 획기적인 성과를 거둘 수 있다.

정답 ②

174 23년 3회

빅데이터는 다양한 유형으로 존재하는 모든 데이터가 대상이 된다. 데이터 유형과 데이터 종류, 그에 따른 수집 기술의 연결이 가장 옳지 않은 것은?

① 정형데이터 – RDB – ETL
② 정형데이터 – RDB – Open API
③ 반정형데이터 – 비디오 – Open API
④ 비정형데이터 – 이미지 – Crawling
⑤ 비정형데이터 – 소셜데이터 – Crawling

해설

비디오는 비정형데이터이다. 반정형데이터는 데이터의 형식과 구조가 변경될 수 있는 데이터로 데이터의 구조 정보를 데이터와 함께 제공하는 파일 형식의 데이터이다. 대표적인 반정형데이터 구조에는 하이퍼텍스트 마크업 언어(html), 확장성 마크업 언어(XML), 자원 기술 프레임워크(RDF), 제이슨(JSON) 등이 있다.

정답 ③

175 24년 1회

고객관계관리(CRM)를 통해 수집된 자료를 분석하는 마이닝 기법과 그 설명이 가장 옳지 않은 것은?

① 텍스트 마이닝의 주요 분석기법들로는 주제어 분석, 동시 출현 단어 분석, 토픽 모델링, 감성 분석 등이 있다.
② 오피니언 마이닝은 문서에 나타난 의견의 극성을 분석하는 감성 분석이 중요하다.
③ 감성 분석의 대표적 예로는 영화 리뷰 분석, 온라인 쇼핑몰의 제품에 대한 구매 후기 분석 등이 있다.
④ 웹콘텐츠 마이닝은 웹상에서 사용자가 찾고자 했던 것을 기록하고 있는 웹 서버 로그에서 유용한 정보를 추출하는 과정이다.
⑤ 웹구조 마이닝은 웹사이트의 노드와 연결 구조를 분석하기 위해 그래프 이론을 사용하는 과정이다.

해설

④는 웹 사용 마이닝에 대한 설명이다. 웹콘텐츠 마이닝은 웹 사이트를 구성하는 페이지 내용 중 유용한 정보를 추출하기 위한 기법이다.

정답 ④

176 20년 3회

다음은 데이터웨어하우스를 구축하고, 사용자에게 필요에 맞는 정보를 제공해 주는 데이터마트를 구축한 개념도이다. 그림의 (가)에 해당하는 기술 용어로 가장 옳은 것은?

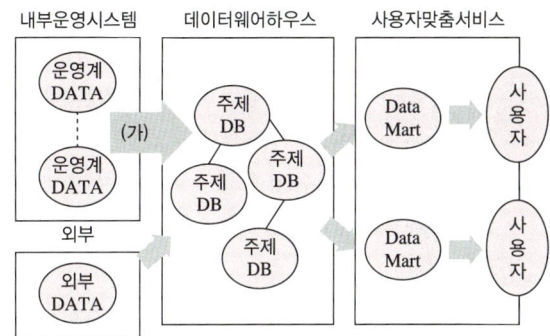

① Classify
② Multi-D(Demension)
③ IC(Integration Cycle)
④ STAR(Simple Target Apply Regular)
⑤ ETL(Extraction Transformation Loading)

해설

ETL(Extraction Transformation Loading)
데이터 이동 및 변환절차와 관련된 업계 표준 용어로, Extraction(추출), Transformation(변환), Loading(적재)으로 구성된다.

정답 ⑤

177 25년 2회

고객충성도 프로그램에 대한 설명으로 가장 옳지 않은 것은?

① 고객충성도 프로그램으로는 마일리지 프로그램과 우수 고객 우대 프로그램 등이 있다.
② 고객충성도에는 행동적 충성도와 태도적 충성도가 있다.
③ 고객충성도 프로그램은 단기적 측면보다는 장기적 측면에서 운영되어야 유통업체가 고객 경쟁력을 확보할 수 있다.
④ 고객충성도 프로그램 운영에 있어 비금전적 혜택보다는 금전적 혜택을 제공하는 것이 유통업체 측면에서 보다 효율적이다.
⑤ 각종 혜택을 통해 경쟁업체가 아닌 자사를 이용하도록 브랜드 충성도를 강화시킨다.

해설
유통업체는 고객충성도 프로그램에 운영에 있어 금전적 혜택(할인, 포인트 등)보다 비금전적 혜택(특별한 경험 제공, VIP 전용 서비스 등)을 제공하는 것이 더 효율적이다.

정답 ④

178 23년 1회

아래 글상자의 괄호 안에 들어갈 용어로 가장 옳은 것은?

> ( )은(는) 전자상거래 이용 고객이 기업에서 발송하는 광고성 메일에 대해 수신거부 의사를 전달하여 더 이상 광고성 메일을 받지 않을 수 있는 것을 말한다.

① 옵트 온(opt on)
② 옵트 오프(opt off)
③ 옵트 오버(opt over)
④ 옵트 인(opt in)
⑤ 옵트 아웃(opt out)

해설
옵트 아웃(opt out)
수신자가 발송자에게 수신거부 의사를 밝혀야만 광고성 메일 발송이 안 되는 방식이다.

정답 ⑤

179 22년 1회

데이터 내에 포함된 개인정보를 식별하기 어렵게 하는 조치를 비식별화라 한다. 이에 대한 설명으로 가장 옳지 않은 것은?

① 정형데이터는 개인정보 비식별 조치 가이드라인의 대상 데이터이다.
② 비식별화를 위해 개인이 식별가능한 데이터를 삭제처리 하는 방법이 있다.
③ 성별, 생년월일, 국적, 고향, 거주지 등 개인특성에 대한 정보는 비식별화 대상이다.
④ 혈액형, 신장, 몸무게, 허리둘레, 진료내역 등 신체특성에 대한 정보는 비식별화 대상이다.
⑤ JSON, XML 포맷의 반정형데이터는 개인정보 비식별화 대상이 아니다.

해설
반정형·비정형 데이터의 경우 비식별화가 쉽지 않기 때문에 이 데이터 중에서 개인정보를 찾아내 비식별화시켜야 하는 대상이다.

정답 ⑤

180 22년 1회

인터넷 기반의 전자상거래를 위협하는 요소와 그 설명이 가장 옳지 않은 것은?

① 바이러스 - 자체 복제되며, 특정 이벤트로 트리거 되어 컴퓨터를 감염시키도록 설계된 컴퓨터 프로그램
② 트로이 목마 - 해킹 기능을 가지고 있어 인터넷을 통해 감염된 컴퓨터의 정보를 외부로 유출하는 것이 특징
③ 애드웨어 - 사용자의 동의 없이 시스템에 설치되어서 무단으로 사용자의 파일을 모두 암호화하여 인질로 잡고 금전을 요구하는 악성 프로그램
④ 웜 - 자체적으로 실행되면서 다른 컴퓨터에 전파가 가능한 프로그램
⑤ 스파이웨어 - 이용자의 동의 없이 또는 이용자를 속여 설치되어 이용자 몰래 정보를 빼내거나 시스템 및 정상 프로그램의 설정을 변경 또는 운영을 방해하는 등의 악성행위를 하는 프로그램

해설
애드웨어는 마케팅이나 상품광고를 노린 업체의 인터넷 사이트에서 다운로드된 불법 프로그램으로 일반 팝업(POP-UP)광고와 달리 광고창을 지속적으로 띄우거나, 임의로 특정 웹사이트에 연결하기도 한다.

정답 ③

181 20년 2회

e-비즈니스 유형과 주요 수익원천이 옳지 않은 것은?

① 온라인 판매 - 판매수익
② 검색서비스 - 광고료와 스폰서십
③ 커뮤니티운영 - 거래수수료
④ 온라인광고서비스 - 광고수입
⑤ 전자출판 - 구독료

해설
커뮤니티운영의 주요 수익원천은 회원들의 회비와 광고수입원이다.

정답 ③

182 22년 3회

고객이 기존에 구매한 상품보다 가치가 높고, 성능이 우수한 상품을 추천하는 시스템을 활용하는 것을 지칭하는 용어로 가장 옳은 것은?

① 클릭 앤드 모타르(click and mortar)
② 옴니채널(omnichannel)
③ 서비스 시점(point of service)
④ 크로스 셀링(cross selling)
⑤ 업 셀링(up selling)

해설
업 셀링(up selling)
동일한 분야로 분류될 수 있는 제품 중 소비자가 희망하는 제품보다 단가가 높은 제품의 구입을 유도하는 판매방법을 의미한다.

정답 ⑤

183 21년 3회

국가종합전자조달 사이트인 나라장터를 전자상거래 거래주체별 모델로 구분하였을 때 가장 옳은 것은?

① B2B
② G2B
③ G4C
④ B2C
⑤ C2C

해설
G2B는 정부 전자 조달을 의미하는 정부와 기업 간 거래로, 공공기관이 물품을 구매하거나 시설 공사 등의 서비스를 계약할 때 참가 업체 등록과 입찰에서부터 계약, 대금 지불에 이르기까지 전 단계를 인터넷을 통해 처리하는 시스템이다.

정답 ②

184 22년 3회

인터넷 상거래의 비즈니스 모델 유형별로 세부 비즈니스 모델을 짝지어 놓은 것으로 가장 옳지 않은 것은?

① 소매 모델 - 소비자에게 제품이나 서비스 판매 - 온·오프 병행소매
② 중개 모델 - 판매자와 구매자 연결 - 이마켓플레이스
③ 콘텐츠서비스 모델 - 이용자에게 콘텐츠 제공 - 포털
④ 광고 모델 - 인터넷을 매체로 광고 - 배너광고
⑤ 커뮤니티 모델 - 공통관심의 이용자들에게 만남의 장 제공 - 검색 에이전트

해설
커뮤니티 모델 - 공통관심의 이용자들에게 만남의 장 제공 - 소셜 네트워크

정답 ⑤

185 22년 2회

유통정보시스템 이용에 있어서 정보보안의 주요 목표에 대한 내용으로 가장 옳은 것은?

① 허락받지 않은 사용자가 정보를 변경해서는 안 되는 것은 기밀성이다.
② 정보의 소유자가 원치 않으면 정보를 공개할 수 없는 것은 무결성이다.
③ 보낸 이메일을 상대가 읽었는지 알 수 있는 수신 확인 기능은 부인방지 원칙을 잘 반영한 것이다.
④ 웹사이트에 접속하려고 할 때 에러 등 서비스 장애가 일어나는 것은 무결성이 떨어진다고 볼 수 있다.
⑤ 인터넷 거래에 필요한 공인인증서에 기록된 내용은 타인이 조작할 수 없도록 만들어 가용성을 유지해야 한다.

해설
① 허락받지 않은 사용자가 정보를 변경해서는 안 되는 것은 무결성이다.
② 정보의 소유자가 원치 않으면 정보를 공개할 수 없는 것은 기밀성이다.
④ 웹사이트에 접속하려고 할 때 에러 등 서비스 장애가 일어나는 것은 가용성이 떨어진다고 볼 수 있다.
⑤ 인터넷 거래에 필요한 공인인증서에 기록된 내용은 타인이 조작할 수 없도록 만들어 무결성을 유지해야 한다.

정답 ③

186 22년 2회

CRM시스템을 구축하는 이유에 대한 설명으로 가장 옳지 않은 것은?

① 고객과의 장기적인 관계 형성
② 거래 업무 효율화와 수익 증대
③ 의사결정 향상을 위한 고객에 대한 이해 활성화
④ 우수한 고객서비스 제공 및 확고한 경쟁우위 점유
⑤ 기존 고객유지보다 신규 고객유치 활성화를 통한 비용 절감

해설
CRM 시스템은 신규 고객유치보다 고객평생가치 극대화를 통한 기존 고객유지에 중점을 둔다.

정답 ⑤

187 20년 2회

고객관계관리를 위한 성과지표에 대한 설명으로 가장 옳지 않은 것은?

① 신규 캠페인 빈도는 마케팅 성과를 측정하기 위한 지표이다.
② 고객 불만 처리 시간은 서비스 성과를 측정하기 위한 지표이다.
③ 고객유지율은 판매성과를 위한 성과지표이다.
④ 신규 판매자 수는 판매성과를 측정하기 위한 지표이다.
⑤ 캠페인으로 창출된 수익은 마케팅 성과를 측정하기 위한 지표이다.

해설
고객유지율은 고객관점에서 고객가치창출과 차별화에 대한 성과를 측정하기 위한 지표이다.

정답 ③

188 21년 2회

아래 글상자의 ( ) 안에 들어갈 용어로 가장 옳은 것은?

> e-CRM은 단 한 명의 고객까지 세분화하여 고객의 개별화된 특성을 파악하고 이들 고객에게 맞춤 서비스를 제공하는 데 목적을 두고 구현한다. 이를 위해 다양한 정보를 수집하고 분석하여 활용하는데, 고객이 인터넷을 서핑하면서 만들어 내는 고객의 ( )는 고객의 성향을 파악할 수 있는 훌륭한 정보가 된다.

① 웹 로그(Web log)
② 웹 서버(Web Server)
③ 웹 사이트(Web Site)
④ 웹 서비스(Web Service)
⑤ 웹 콘텐츠(Web Contents)

해설
웹 로그(Web log)
웹 서버를 통해 이루어지는 내용이나 활동 사항을 시간의 흐름에 따라 기록되는 접속 기록 정보이다.

정답 ①

189 24년 3회

아래 글상자에서 설명하는 잠재고객 발굴을 위한 기존고객에 대한 CRM 분석 방법으로 가장 옳은 것은?

> 기존고객과 비슷한 모습을 지닌 그룹을 찾아내는 방법이다. 현 고객의 가족 상황, 프로필, 계약동기, 상품, 성향, 추세 분석, 인구통계적 자료, 구매의사결정과 의견제시 등을 목적으로 이용되는 분석 방법이다.

① 아웃바운드 분석
② 인바운드 고객분석
③ 하우스 홀딩 분석
④ 현재 고객 구성원 분석
⑤ 캠페인 효과 분석과 최적 고객 추출

해설
하우스 홀딩 분석은 현 고객의 가족 상황, 프로필, 성향 등을 분석한다.

정답 ③

190 22년 3회

데이터의 깊이와 분석차원을 마음대로 조정해가며 분석하는 OLAP(online analytical processing)의 기능으로 가장 옳은 것은?

① 분해(slice & dice)
② 리포팅(reporting)
③ 드릴링(drilling)
④ 피보팅(pivoting)
⑤ 필터링(filtering)

해설
드릴링(drilling)
데이터 분석 차원의 깊이를 조절해 가며 분석할 수 있는 기능이다.

정답 ③

191 21년 3회

오늘날 공급사슬관리는 IT의 지원 없이 작동할 수 없다. 공급사슬관리에 일어난 주요 변화로 옳지 않은 것은?

① 공급자 중심에서 고객중심으로 - 비용보다는 유연한 대응력, 즉 민첩성이 핵심요인
② 풀(pull)관행에서 푸시(push)관행으로 - 생산 풀로부터 소비자 주문 또는 구매를 근거로 하는 푸시관행으로 이동
③ 재고에서 정보로 - 실질 수요에 대한 더 나은 가시성 확보가 중요
④ 운송과 창고관리에서 엔드투엔드 파이프라인관리가 강조 - 가시성과 시간단축 중요
⑤ 기능에서 프로세스로 - 급변하는 환경에 다기능적이고 시장지향적인 프로세스에 초점

해설
정보기술의 발전에 따라 푸시(push) 방식보다 풀(pull) 방식의 활용이 늘고 있다.

정답 ②

192 22년 3회

아래 글상자에서 설명하고 있는 용어로 가장 옳은 것은?

> - Robert Kaplan과 David Norton이 재무적 성과, 고객성과, 프로세스 혁신 성과, 학습 및 성장 성과 등을 기업의 핵심 성공요소로 파악하고 이들 요소를 종합적으로 평가할 것을 제안하였다.
> - 기업의 지적재산에 대한 체계적인 관리와 전략적 활용에 중점을 두고 있다.

① IC Index
② 스칸디아네비게이터
③ 균형성과표
④ 기술요소평가법
⑤ 무형자산모니터

해설
균형성과표
SCM 추진을 진행 중이거나 준비 중인 기업(제조, 도매, 물류, 유통)이 자사 및 거래파트너의 SCM 추진의 준비정도, 협업수준 및 그에 대한 성과를 객관적으로 측정할 수 있도록 하는 계량적 평가도구이다.

정답 ③

193 21년 3회

아래 글상자의 ㉠, ㉡에 해당되는 각각의 용어로 가장 옳은 것은?

> 전통적인 경제학에서 기업의 생산활동은 ㉠이 주로 적용된다고 가정하고 있다. 정보화 사회에 들어서면서 컴퓨터산업을 포함한 정보통신 산업분야에서는 이러한 현상이 적용되지 않는다. 오히려 ㉡이 적용되고 있다. 브라이언 아서 교수는 농업이나 자연자원을 많이 소모하는 대량생산 체제에서는 ㉠이 지배하고, 첨단기술의 개발과 지식중심의 생산 체제에서는 반대로 ㉡이 지배한다고 주장하였다.

① ㉠ 수확체증의 법칙, ㉡ 수확불변의 법칙
② ㉠ 수확체증의 법칙, ㉡ 수확체감의 법칙
③ ㉠ 수확체감의 법칙, ㉡ 수확불변의 법칙
④ ㉠ 수확체감의 법칙, ㉡ 수확체증의 법칙
⑤ ㉠ 수확불변의 법칙, ㉡ 수확체감의 법칙

해설

㉠ 수확체감의 법칙 : 노동력이 한 단위 추가될 때 이로 인해 늘어나는 한계생산량은 점차 줄어드는 현상을 말한다. 즉 생산요소를 추가적으로 계속 투입해 나갈 때, 어느 시점이 지나면 새롭게 투입하는 요소로 인해 발생하는 수확의 증가량은 감소한다는 것이다.

㉡ 수확체증의 법칙 : 전통적인 산업에 적용되던 수확체감의 법칙에 대응하는 개념으로, 어떤 기업이 상품을 만들기 위해 생산설비를 갖추고 생산을 시작하여 일정 규모의 생산을 초과하게 되면 비용이 점차 줄어들게 되고 수익이 커지는 현상을 말한다.

정답 ④

194 23년 1회

빅데이터의 핵심 특성 3가지를 바르게 나열한 것은?

① 가치, 생성 속도, 유연성
② 가치, 생성 속도, 가변성
③ 데이터 규모, 가치, 복잡성
④ 데이터 규모, 속도, 다양성
⑤ 데이터 규모, 가치, 가변성

해설

빅데이터의 핵심 특성 3가지는 데이터의 양(Volume), 데이터의 생성 속도(Velocity), 형태의 다양성(Variety)으로 요약할 수 있다.

정답 ④

195 22년 1회

RFID 태그에 대한 설명으로 가장 옳지 않은 것은?

① RFID 태그는 QR 코드에 비해 근거리 접촉으로 정보를 확보할 수 있다.
② RFID 태그는 동시 복수 인증이 가능하다.
③ 배터리를 내재한 RFID 태그는 그렇지 않은 태그에 비해 성능이 우월하다.
④ RFID 태그 가격이 지속적으로 하락하고 있어 기업의 유통 및 물류부분에서의 활용가능성이 높아지고 있다.
⑤ RFID 태그는 바코드와 비교할 때, 오염에 대한 내구성이 강하다.

해설

RFID는 데이터 입력장치로 개발된 무선 주파수(RF)를 이용하여 대상을 식별할 수 있는 기술로 능동형 태그의 경우 3m 이상의 장거리 전송도 가능하다.

정답 ①

196 25년 2회

유통업체에서 활용이 증가하고 있는 블록체인에 대한 설명으로 가장 옳지 않은 것은?

① 일반적으로 블록체인은 네트워크 관리 권한 및 접근 자격에 따라 개방형(public), 폐쇄형(private), 컨소시엄형(consortium)으로 구분할 수 있다.
② 폐쇄형 블록체인은 네트워크 확장이 용이하고, 거래 속도가 빠르다.
③ 컨소시엄형 블록체인은 거래 속도가 빠르고, 네트워크 확장성이 높다.
④ 개방형 블록체인 검증을 위해서는 작업 증명(Proof of Work), 지분 증명(Proof of Stake) 등의 방법이 활용된다.
⑤ 개방형 블록체인은 네트워크 확장이 용이하고, 익명성이 보장되며, 거래속도가 빠르다.

해설

개방형 블록체인은 누구나 참여 가능하며 모든 참여자의 상호검증을 거치기 때문에 상대적으로 신뢰도는 높지만 처리 속도는 느리다. 반면 폐쇄형 블록체인은 서비스 제공자의 승인을 받아야만 참여할 수 있으며, 네트워크 확장이 용이하고 거래속도가 빠르다.

정답 ⑤

197 23년 1회

아래 글상자의 괄호 안에 공통적으로 들어갈 용어로 가장 옳은 것은?

> - ( )은(는) 마이론 크루거(Myron Krueger) 박사에 의해 제시된 개념으로 인조 두뇌 공간이라고도 한다.
> - ( )에서는 3차원의 가상공간에서 사용자가 원하는 방향 대로 조작하거나 실행할 수 있다.
> - ( )의 특성은 영상물의 실시간 렌더링이 가능하므로 원하는 위치에 원하는 모습을 즉시 생산해낼 수 있다.

① 가상 현실
② 증강 현실
③ UI/UX
④ 사이버 물리 시스템
⑤ 브레인 컴퓨터 인터페이스

해설

가상 현실(virtual reality)
- 특정한 장소나 상황을 3차원 컴퓨터 그래픽으로 구현하여 간접적으로 경험할 수 있는 환경을 제공하는 기술이다.
- 마치 실제 존재하는 환경인 것처럼 가상의 환경을 제공하여, 실제 현실과 상호작용(Interection)을 하는 것과 같은 경험을 제공한다.

정답 ①

198 24년 2회

고객이 주문한 상품이 목적지에 도착하기까지의 과정에서 고객 만족도 증대를 위해 유통업체가 활용하는 배송 품질 차별화 전략으로 가장 옳은 것은?

① 푸시 전략
② 퍼스트 마일 배송 전략
③ 스마트 로지스틱 전략
④ 라스트 마일 배송 전략
⑤ 공급망 동기화 전략

해설

라스트 마일 배송은 고객이 주문한 상품이 목적지에 도착하기 바로 직전의 마지막 구간을 의미한다. 이 배송 전략은 마지막까지 안전하게 배송하는 방법을 통해 오배송으로 인한 비용을 절감할 뿐 아니라 고객 컴플레인 등을 감소시켜 차별화된 브랜드 이미지를 구축할 수 있다.

정답 ④

199 23년 1회

아래 글상자의 기사 내용과 관련성이 높은 정보기술 용어로 가장 옳은 것은?

> B**리테일이 'C*제*토 한강점'을 선보였다. C*제*토 한강점은 제*토월드에서 한강공원을 검색한 뒤 C*편의점에 입장하면 자체 브랜드(PB)상품뿐만 아니라 C*제**당과 협업을 통한 일반 제조사 브랜드(NB)상품을 둘러볼 수 있다. 또한 제품 위에 떠 있는 화살표를 선택하면 해당 제품을 손에 쥐는 것도 가능하다. 아바타들은 원두커피 기기에서 커피를 내리거나 한강공원 편의점 인기 메뉴인 즉석조리 라면도 먹을 수 있다.

① 가상 에이전트
② O2O
③ BICON
④ 아바타 에이전트
⑤ 메타버스

해설

메타버스는 '가상', '초월' 등을 뜻하는 영어 단어 '메타(Meta)'와 우주를 뜻하는 '유니버스(Universe)'의 합성어로, 현실세계와 같은 사회·경제·문화 활동이 이뤄지는 3차원의 가상세계를 가리킨다.

정답 ⑤

200 23년 3회

드론의 구성요인에 대한 설명으로 가장 옳지 않은 것은?

① 드론의 항법센서로는 전자광학센서, 초분광센서, 적외선센서 등이 있다.
② 드론 탑재 컴퓨터는 드론을 운영하는 브레인 역할을 하며 드론의 위치, 모터, 배터리 상태 등을 확인할 수 있게 한다.
③ 드론 모터는 드론의 움직임이 가능하도록 지원하고, 배터리는 모터에 에너지를 제공한다.
④ 드론 임무장비는 드론이 비행을 하면서 특정한 임무를 하도록 장착된 관련 장비를 의미한다.
⑤ 드론 프로펠러 및 프레임은 드론이 비행하도록 프레임워크를 제공한다.

해설

드론의 항법센서로는 위성항법, MEMS(Micro Electro Mechanical Systems), 임베디드 소프트웨어 기술 등이 있다. 전자광학센서, 초분광센서, 적외선센서는 드론의 임무 장비에 해당한다.

정답 ①

2026 시대에듀 유통관리사 2급 한권으로 끝내기

개정24판1쇄 발행	2026년 01월 05일 (인쇄 2025년 11월 27일)
초 판 발 행	2004년 07월 05일 (인쇄 2004년 06월 25일)
발 행 인	박영일
책 임 편 집	이해욱
저 자	유범진 · 유통관리연구소
편 집 진 행	김준일 · 남민우 · 류채윤
표지디자인	김도연
편집디자인	김예슬 · 하한우
발 행 처	(주)시대고시기획
출 판 등 록	제10-1521호
주 소	서울시 마포구 큰우물로 75 [도화동 538 성지 B/D] 9F
전 화	1600-3600
팩 스	02-701-8823
홈 페 이 지	www.sdedu.co.kr
I S B N	979-11-434-0447-3 (13320)
정 가	34,000원

※ 이 책은 저작권법의 보호를 받는 저작물이므로 동영상 제작 및 무단전재와 배포를 금합니다.
※ 잘못된 책은 구입하신 서점에서 바꾸어 드립니다.